공 인 노 무 사 1 차 시 험 대 비

공인노무사
객관식 민법 600제

김춘환 편저

Certified Public Labor Attorney

Preface

전면개정판

    민법은 조문 1118조, 부칙 27조로 이루어진 방대한 법이다. 이런 방대한 민법을 정리한다는 것은 상당히 어려운 일이다. 민법총칙(제1조 ~ 제184조), 채권법(제373조 ~ 제766조)으로 이루어진 공인노무사 민법도 마찬가지이다. 하지만 객관식 시험을 준비하는 입장에서는 제대로 민법을 정리해서 고득점을 해야 하는 부담감이 있다. 그렇다면 가장 쉽게, 가장 효율적으로 객관식 민법을 정리하는 방법은 무엇일까? 바로 기출문제를 숙지하는 것이다. 객관식 시험은 문제 하나 하나를 맞추어야 하는 시험이므로, 준비하는 시험에 대한 경향 파악이 중요하다. 특히 공인노무사 시험은 한국산업인력공단에서 실시하는 자격증 시험이므로, 같은 공단에서 실시하는 감정평가사, 세무사, 변리사 시험 등과 중복되는 문제가 많다. 따라서 공인노무사 시험을 준비하는 입장에서는 다른 자격증 시험의 기출문제도 숙지하여 시험에 대비해야 할 것이다.

이 책의 특징은 다음과 같다.

1 공인노무사 시험에 충분히 대비할 수 있게 2022년 1월까지의 기출문제들을 모두 분석하여, 최신의 기출경향을 숙지할 수 있게 하였다. 무엇보다 공인노무사 시험은 한국산업인력공단에서 주관하므로, 공단의 다른 자격증 시험 문제(감정평가사, 세무사, 변리사 등)도 같이 풀어보는 것이 실제 시험에서 상당히 도움이 된다. 따라서 감정평가사, 세무사 시험 문제도 해당 부분에서 충분히 반영하였다.

2 객관식 시험은 4지 내지 5지 선다형일 경우에 단순히 답을 맞히는 것이 아니라, "왜" 다른 지문들은 답이 아닌지 알아야, 유사한 문제가 나왔을 때 맞힐 수가 있다. 따라서 단순히 답이 되는 지문뿐만 아니라 답이 아닌 지문들도 풍부한 해설을 하려고 노력하였다.

3 기출이 되지는 않았지만, 중요한 주제에 대한 부분은 예상문제를 만들어서, 출제가 될 경우 대비가 될 수 있도록 하였다.

4 최근의 2022년 1월 판례까지 예상문제로 만들어서, 따로 판례집을 보지 않아도 이 책 한권으로 최신 판례가 정리가 될 수 있도록 하였다.

Civil Law
공인노무사 객관식 민법 600제

　객관식 시험은 기출문제와의 싸움이라고 해도 과언이 아니다. 꼭 이 책에 있는 문제들을 숙지해서, 공인노무사 시험에서 "합격"이라는 열매를 맺는다면 편저자는 더 이상 바랄 것이 없겠다.

　항상 교재, 강의에 대해 많은 조언을 주고 있는 한림법학원 김지훈 원장님께 감사드리며, 멋진 교재를 만들어준 원성일 실장을 비롯한 윌비스 출판부 관계자 분들에게도 고마움을 전한다. 그리고 아내 지은, 딸 라희, 아들 라찬에게 감사하며, 무엇보다 편저자를 믿어주고, 아껴주는 수험생 여러분께 고마움을 전하면서 꼭 시험에서 합격하기를 기원한다.

2022. 3. 10. 시흥동 寓居에서
김춘환 드림

Contents

제1편 / 민법총칙

제1장 서 설 ─── 2
제1절 민법의 의의, 법원 ─── 2
제2절 민법의 해석과 적용 ─── 10
제3절 법률관계와 권리 ─── 13
제4절 신의성실의 원칙 ─── 19

제2장 권리의 주체 ─── 34
제1절 총 설 ─── 34
제2절 자연인 ─── 34
제3절 법 인 ─── 83

제3장 권리의 객체 ─── 147

제4장 권리의 변동 ─── 169
제1절 총 설 ─── 169
제2절 법률행위 ─── 170
제3절 의사표시 ─── 214
제4절 법률행위의 대리 ─── 260
제5절 법률행위의 무효와 취소 ─── 301
제6절 법률행위의 부관 ─── 319

제5장 기 간 ─── 341

제6장 소멸시효 ─── 347

제2편 / 채권총칙

제1장 채권의 목적 ─────────────── 382
- 제1절 총 설 ·············· 382
- 제2절 목적에 의한 채권의 종류 ·············· 382

제2장 채권의 효력 ─────────────── 388
- 제1절 이행지체와 기한이익의 상실 ·············· 388
- 제2절 채무불이행에 대한 구제 ·············· 393
- 제3절 채권자지체 ·············· 410
- 제4절 책임재산의 보전 ·············· 411

제3장 수인의 채권자 및 채무자 ─────────────── 424
- 제1절 분할채권관계 ·············· 424
- 제2절 불가분채권과 불가분채무 ·············· 424
- 제3절 연대채무 ·············· 427
- 제4절 보증채무 ·············· 431

제4장 채권의 양도와 채무인수 ─────────────── 438
- 제1절 채권의 양도 ·············· 438
- 제2절 채무인수 ·············· 446

제5장 채권의 소멸 ─────────────── 454
- 제1절 변 제 ·············· 454
- 제2절 공 탁 ·············· 458
- 제3절 상 계 ·············· 461
- 제4절 기타 채권의 소멸원인 ·············· 470

Contents

제3편 / 채권각칙

제1장 계약총론 — 476
- 제1절 계약의 성립 … 476
- 제2절 계약의 효력 … 485
- 제3절 계약의 해제와 해지 … 495

제2장 계약각론 — 505
- 제1절 전형계약의 분류 … 505
- 제2절 증 여 … 505
- 제3절 매 매 … 507
- 제4절 사용대차 및 임대차 … 515
- 제5절 소비대차 … 526
- 제6절 도 급 … 528
- 제7절 위 임 … 531
- 제8절 임 치 … 532
- 제9절 조 합 … 532
- 제10절 화 해 … 539
- 제11절 기타의 전형계약 … 541

제3장 사무관리 — 544

제4장 부당이득 — 547

제5장 불법행위 — 557

민법총칙

제1편

- 제1장 　서 설
- 제2장 　**권리의 주체**
- 제3장 　**권리의 객체**
- 제4장 　**권리의 변동**
- 제5장 　**기 간**
- 제6장 　**소멸시효**

제1장 서설

제1절 민법의 의의, 법원

Ⅰ. 민법의 의의

001 민법에 대한 정의로서 틀린 것은? [예상]

① 민법은 행위규범임과 동시에 재판규범이다.
② 형식적 의미의 민법은 민법전과 부동산등기법 및 『가족관계의 등록 등에 관한 법률』만을 가리킨다.
③ 민법은 권리의무의 발생이나 그 내용·성질 및 변경·소멸에 관한 직접적인 규정으로 이루어져 있으므로 실체법이라 할 수 있다.
④ 민법은 시민사회에 있어서의 일반사법이다.
⑤ 실질적 의미의 민법은 모든 성문민법과 불문민법을 포함한다.

해설

① (O) : 민법은 일상생활에 있어서 개인이 지켜야 할 행위규범인 동시에, 법원이 재판하는 준거인 재판규범이기도 하다.
② (×) : 형식적 의미의 민법은 내용과 관계없이 민법이라는 이름을 가진 성문의 민법전만을 말한다.
③ (O) : 직접적으로 개인의 권리의무에 관하여 정하는 법을 실체법이라 하고, 실체법상의 권리를 실행하거나 또는 의무를 실현시키기 위한 절차, 특히 재판절차 및 강제집행절차를 정하고 있는 법을 절차법이라고 한다. 따라서 예외가 있기는 하나(예컨대 실종선고 및 그 취소의 절차에 관한 제27조·제29조 등), 민법은 일반적으로 실체법이라 할 수 있다.
④ (O) : 사람·장소·사항 등에 특별한 한정 없이 일반적으로 적용되는 법을 일반법이라 하고, 일정한 한정된 사람·장소·사항에 관하여서만 적용되는 법을 특별법이라고 한다. 따라서 민법은 일반법으로 개인의 일상·보통의 사적 생활관계를 규율하는 원칙법으로서, 민법에 대한 특별법이 적용되지 않는 한 사법관계에는 민법이 일반적으로 적용된다.
⑤ (O) : 실질적 의미의 민법은 사법 중에서 상법 기타의 특별사법을 제외한 일반사법만을 의미하며(민법부속법령·관습민법·형식적 민법 등), 그 존재형식은 민법의 법원이다.

정답 ②

002 조선민사령에 의하여 사용된 민법의 폐지와 동시에 제정된 우리나라의 현행 민법이 최초로 시행된 날은?

① 1954. 10. 13.　　② 1957. 9. 12.　　③ 1958. 2. 22.
④ 1960. 1. 1.　　⑤ 1963. 1. 1.

해설

④ (O) : 본법은 단기 4293년(서기 1960년) 1월 1일부터 시행한다(부칙 제28조).

정답 ④

003 다음 법전 중 판덱텐식 편별법을 따르지 않은 것은?

① 프랑스 민법전　　② 스위스 민법전　　③ 우리 민법전
④ 일본 민법전　　⑤ 독일 민법전

해설

① 로마식(인스티투찌오네스식) 편별법 : 인사·재산·소송의 3편으로 나누어 실체법과 절차법을 동일 법전체계로 함이 특색이며, 프랑스민법이 대표적이다. ②, ③, ④, ⑤ 독일식(판덱텐식) 편별법 : 실체법과 절차법을 체제상 구분하여 절차법인 소송법을 민법전에서 독립시키고, 실체법인 민법은 총칙·물권·채권·친족·상속의 5편으로 구성된다. 독일민법이 대표적이며, 스위스·일본·우리나라 등도 이 편별법을 취하고 있다.

정답 ①

Ⅱ. 민법의 법원

004 법원(法源)에 관한 설명으로 옳지 않은 것은? (다툼이 있으면 판례에 따름)　　[17 감평]

① 사회생활규범이 관습법으로 승인되었다면 그것을 적용하여야 할 시점에서의 전체 법질서에 부합하지 않아도, 그 관습법은 법적 규범으로서의 효력이 인정된다.
② 법원은 관습법의 존부를 알 수 없는 경우를 제외하고 당사자의 주장·증명이 없어도 관습법을 직권으로 확정하여야 한다.
③ 관습법은 법령과 같은 효력을 가지는 것으로서 법령에 저촉되지 않는 한 법칙으로서의 효력이 있다.
④ 물권은 법률 또는 관습법에 의하는 외에는 임의로 창설하지 못한다.
⑤ 강행규정 자체에 결함이 있거나 강행규정 자체가 관습에 따르도록 위임한 경우에는 사실인 관습에 법적 효력을 부여할 수 있다.

해설

① (✕) : 관습법은 법원이 될 수 있지만 법령에 저촉되지 않는 범위 내에서 효력이 있으므로 종중의 구성원을 성인남자로 제한하는 관습이 법질서에 반하기 때문에 사회 구성원의 법적 확신이 상당부분 흔들리거나 약화되었다면 이러한 관습은 더 이상 법적 효력을 갖지 않는다(대판[숲습] 2005. 7.21, 2002다1178).

② (O) : 법령과 같은 효력을 갖는 관습법은 당사자의 주장 입증을 기다림이 없이 법원이 직권으로 이를 확정하여야 하고 사실인 관습은 그 존재를 당사자가 주장 입증하여야 하나, 관습은 그 존부자체도 명확하지 않을 뿐만 아니라 그 관습이 사회의 법적 확신이나 법적 인식에 의하여 법적 규범으로까지 승인되었는지의 여부를 가리기는 더욱 어려운 일이므로, 법원이 이를 알 수 없는 경우 결국은 당사자가 이를 주장・입증할 필요가 있다(대판 1983.06.14. 80다3231).

③ (O) : 判例는 관습법은 법원으로서 법령에 저촉되지 아니하는 한 법칙으로서의 효력이 있다고 하여 제정법에 대한 보충적 효력을 인정 한다(대판[전합] 2005.7.21, 2002다1178, 보충적 효력설).

④ (O) : 제185조【물권의 종류】물권은 법률 또는 관습법에 의하는 외에는 임의로 창설하지 못한다.

⑤ (O) : 사실인 관습은 사적 자치가 인정되는 분야 즉 그 분야의 제정법이 주로 임의규정일 경우에는 법률행위의 해석기준으로서 또는 의사를 보충하는 기능으로서 이를 재판의 자료로 할 수 있을 것이나 이 이외의 즉 그 분야의 제정법이 주로 강행규정일 경우에는 그 강행규정 자체에 결함이 있거나 강행규정 스스로가 관습에 따르도록 위임한 경우등 이외에는 법적 효력을 부여할 수 없다(대판 1983. 6. 14. 80다3231).

정답 ①

---

005 법원(法源)에 관한 설명으로 옳지 않은 것은? [18 세무사]

① 민법의 법원으로서 법률은 형식적 의미의 민법에 한정된다.
② 지방의회가 제정한 조례는 민사에 관한 것이면 민법의 법원이 된다.
③ 대법원규칙은 민사에 관한 것이면 민법의 법원이 된다.
④ 대통령이 발하는 긴급명령이 민사에 관한 것이면 민법의 법원이 된다.
⑤ 일반적으로 승인된 국제법규인 국제조약이 민사에 관한 것이면 민법의 법원이 된다.

해설

① (✕) : 민법 제1조의 「법률」이란 형식적 의미의 법률에 한정하지 않고 실질적 의미의 법률도 포함한다. 따라서 형식적 의미의 법률을 의미하는 민법 제185조 물권법정주의에서의 법률과는 다르다.

② (O) : 지방자치단체가 법령의 범위 안에서 그 사무에 관하여 제정한 "조례"와 지방자치단체의 장이 법령 또는 조례가 위임한 범위 안에서 그 권한에 속하는 사무에 관하여 제정한 "규칙"도 민사에 관한 것은 민법의 법원이 된다.

③ (O) : 대법원은 법률에 저촉되지 않는 범위 안에서 소송에 관한 절차, 법원의 내부규율과 사무처리에 관한 규정을 제정할 수 있다(헌법 제108조). 이 규칙이 민사에 관한 사항을 정한 것이면 민법의 법원이 된다. 부동산규칙・공탁규칙・공탁금이자에관한규칙 등이 그것이다.

④ (O) : 대통령은 헌법이 정한 요건을 갖추어 긴급명령을 발할 수 있다(헌법 제76조). 긴급명령은 법률과 동등한 효력이 인정되고 그 내용이 민사에 관한 것인 때에는 민법의 법원이 된다.

⑤ (O) : 헌법에 의하여 체결·공포된 조약과 일반적으로 승인된 국제법규는 국내법과 같은 효력을 가진다(헌법 제6조). 따라서 조약이 민사에 관한 것을 정하면 민법의 법원이 된다.

정답 ①

006 민법의 법원(法源)에 관한 설명으로 옳은 것은? (다툼이 있으면 판례에 따름) [19 감평]

① 관습법에 앞서 적용되는 법률이란 국회에서 제정된 법률만을 말한다.
② 관습법에 의한 분묘기지권은 더 이상 인정되지 않는다.
③ 판례는 관습법과 사실인 관습을 구별하지 않는다.
④ 상급법원 재판에서의 판단은 해당 사건에 관하여 하급심을 기속한다.
⑤ 헌법재판소의 결정은 그것이 민사에 관한 것이라도 민법의 법원으로 되지 않는다.

해설

① (✕) : 민법 제1조의 「법률」이란 형식적 의미의 법률에 한정하지 않고 실질적 의미의 법률도 포함한다. 따라서 형식적 의미의 법률을 의미하는 민법 제185조 물권법정주의에서의 법률과는 다르다.

② (✕) : 타인 소유의 토지에 분묘를 설치한 경우에 20년간 평온, 공연하게 분묘의 기지를 점유하면 지상권과 유사한 관습상의 물권인 분묘기지권을 시효로 취득한다는 점은 오랜 세월 동안 지속되어 온 관습 또는 관행으로서 법적 규범으로 승인되어 왔고, 이러한 법적 규범이 장사법(법률 제6158호) 시행일인 2001. 1. 13. 이전에 설치된 분묘에 관하여 현재까지 유지되고 있다고 보아야 한다(대판[전합] 2017.1.19. 2013다17292).

③ (✕) : 법령과 같은 효력을 갖는 관습법은 당사자의 주장 입증을 기다림이 없이 법원이 직권으로 이를 확정하여야 하고 사실인 관습은 그 존재를 당사자가 주장 입증하여야 하나, 관습은 그 존부자체도 명확하지 않을 뿐만 아니라 그 관습이 사회의 법적 확신이나 법적 인식에 의하여 법적 규범으로까지 승인되었는지의 여부를 가리기는 더욱 어려운 일이므로, 법원이 이를 알 수 없는 경우 결국은 당사자가 이를 주장·입증할 필요가 있다(대판 1983.6.14. 80다3231).

④ (O) : 判例의 법원성을 부정하는 견해가 다수설, 判例이다. 다만 하급심에 대한 기속력은 있다(법원조직법 제8조, 민사소송법 제436조 2항).

⑤ (✕) : 헌법재판소의 결정은 법률과 동일한 효력을 가지므로(헌재법 제47조, 제75조), 그 결정내용이 민사에 관한 것이라면 민법의 법원이 된다.

정답 ④

007 법원(法源)에 관한 설명으로 옳지 않은 것은? (다툼이 있으면 판례에 따름) [19 세무사]

① 법원(法院)의 재판에 의하여 관습법의 존재 및 그 구체적인 내용이 확인되면 그 시점부터 관습법이 성립하였다고 인정된다.
② 관습법은 법령과 같은 효력을 갖는 관습이고, 사실인 관습은 법령으로서의 효력이 없는 단순한 관행으로서 법률행위 당사자의 의사를 보충함에 그친다.
③ 관습법은 법원(法院)이 직권으로 확정하여야 하고, 사실인 관습은 그 존재를 당사자가 주장·증명하여야 한다.
④ 관습이 관습법으로 성립하기 위해서는 전체 법질서에 반하지 않는 것으로 정당성과 합리성이 있어야 한다.
⑤ 여성은 종중원이 될 수 없다는 종중에 관한 관습법은 양성평등을 이념으로 하는 헌법에 위반되어 효력이 없다.

해설

① (X) : 관습법이란 자연적으로 발생한 관행이나 관례가 수범자에 의해 인정된 법적 확신을 기초로 법규범화된 것을 말하며(법적 확신설, 통설·판례), 우리 민법상 법원이 된다(제1조). 특히 관습법은 법원의 판결에 의해서 비로소 그 존재가 인정되지만, 그 성립시기는 그 관습이 법적 확신을 획득한 때로 소급한다(통설).

② (O) : 사실인 관습은 사적자치가 인정되는 분야, 즉 그 분야의 제정법이 주로 임의규정일 경우에는 법률행위의 해석기준으로서 또는 의사를 보충하는 기능으로서 이를 재판의 자료로 할 수 있을 것이나, 이 이외의, 즉 그 분야의 제정법이 주로 강행규정일 경우에는 그 강행규정 자체에 결함이 있거나 강행규정 스스로가 관습에 따르도록 위임한 경우 등 이외에는 법적 효력을 부여할 수 없다(대판 1983.6.14., 80다3231).

③ (O) : 법령과 같은 효력을 갖는 <u>관습법은 당사자의 주장 입증을 기다림이 없이 법원이 직권으로 이를 확정하여야 하고 사실인 관습은 그 존재를 당사자가 주장 입증하여야 하나, 관습은 그 존부자체도 명확하지 않을 뿐만 아니라 그 관습이 사회의 법적 확신이나 법적 인식에 의하여 법적 규범으로까지 승인되었는지의 여부를 가리기는 더욱 어려운 일이므로, 법원이 이를 알 수 없는 경우 결국은 당사자가 이를 주장·입증할 필요가 있다</u>(대판 1983.06.14. 80다3231). 사실인 관습은 법령과 같은 효력이 없으므로, 원칙상 그 존재를 당사자가 주장, 입증하여야 한다(대판 1983.6.14, 80다3231). 다만 사실인 관습은 일상생활에 있어서의 일종의 경험칙에 속하고 경험칙은 일종의 법칙으로서 당사자의 주장이나 입증에 구애됨이 없이 법관이 직권에 의하여 판단할 수 있다(대판 1977.4.12 76다1124).

④ (O), ⑤ (O) : 관습법은 법원이 될 수 있지만 법령에 저촉되지 않는 범위 내에서 효력이 있으므로 종중의 구성원을 성인남자로 제한하는 관습이 법질서에 반하기 때문에 사회 구성원의 법적 확신이 상당부분 흔들리거나 약화되었다면 이러한 관습은 더 이상 법적 효력을 갖지 않는다. **성년남자만 종중의 구성원이 되는 기존의 관습법에 대한 법적 확신이 흔들리고 그러한 관습이 헌법을 정점으로 하는 우리나라의 법질서에 맞지 않는다**는 이유로 **관습법이 효력을 상실하였다**고 판단하였다. 종중의 구성원에 관한 기존의 관습법이 효력을 상실하였으므로 구성원에 관한 기준은 존재하지 않게 되었고 따라서 조리에 따라야 한다. **조리에 따라 성인여자도 당연히 종중의 구성원이 되어야 한다**고 보았다(대판[全合] 2005. 7.21, 2002다1178).

정답 ①

008 법원에 관한 설명으로 옳지 않은 것은? (다툼이 있으면 판례에 따름) [20 세무사]

① 대법원규칙은 민사에 관한 것이면 민법의 법원이 된다.
② 헌법에 의하여 체결, 공포 된 국제조약은 민사에 관한 것인 때에는 민법의 법원이 된다.
③ 대통령령은 민사에 관한 것인 때에는 민법의 법원이 된다.
④ 헌법재판소의 결정이 민사에 관한 것인 때에는 민법의 법원이 된다.
⑤ 민사에 관한 사실인 관습은 법률행위 해석의 표준으로서 민법의 법원이 된다.

해설

① (○) : 대법원은 법률에 저촉되지 않는 범위 안에서 소송에 관한 절차, 법원의 내부규율과 사무처리에 관한 규정을 제정할 수 있다(헌법 제108조). 이 규칙이 민사에 관한 사항을 정한 것이면 민법의 법원이 된다. 부동산규칙·공탁규칙·공탁금이자에관한규칙 등이 그것이다.
② (○) : 헌법에 의하여 체결·공포된 조약과 일반적으로 승인된 국제법규는 국내법과 같은 효력을 가진다(헌법 제6조). 따라서 조약이 민사에 관한 것을 정하면 민법의 법원이 된다.
③ (○) : 명령은 국회가 아닌 국가기관이 일정한 절차를 거쳐 제정하는 법규를 말한다. 이는 ① 법률에 의하여 위임된 사항을 정하는 위임명령[1] ② 법률의 규정을 집행하기 위하여 필요한 세칙을 정하는 집행명령[2]이 있다. 그리고 제정권자에 따라 대통령령·총리령·부령으로 나뉜다. 명령도 민사에 관해 규정하고 있으면 민법의 법원이 된다.
④ (○) : 헌법재판소의 결정은 법률과 동일한 효력을 가지므로(헌재법 제47조, 제75조), 그 결정내용이 민사에 관한 것이라면 민법의 법원이 된다.
⑤ (×) : 제1조 【법원】 민사에 관하여 법률에 규정이 없으면 관습법에 의하고 관습법이 없으면 조리에 의한다.

정답 ⑤

009 관습법에 관한 설명으로 옳지 않은 것은? (다툼이 있으면 판례에 따름) [20 세무사]

① 「장사 등에 관한 법률」이 시행됨에 따라 기존에 성립된 분묘기지권의 관습법적 효력은 유지될 수 없게 되었다.
② 관습법이 헌법에 위반되는 경우, 법원은 그 관습법의 효력을 부인할 수 있다.
③ 관습법은 성문의 법률에 반하지 아니하는 경우에 한하여 보충적인 법원이 된다.
④ 관습법은 사회의 거듭된 관행으로 생성한 사회생활규범이 사회의 법적 확신과 인식에 의하여 법적 규범으로 승인·강행되기에 이른 것을 말한다.
⑤ 관습법은 당사자의 주장·입증을 기다림이 없이 법원이 직권으로 이를 확정하여야 한다.

---

[1] 민법 제312조의 2 단서의 시행에 관한 규칙
[2] 주택임대차보호법 시행령

> **해설**

① (✕) : 타인 소유의 토지에 분묘를 설치한 경우에 20년간 평온, 공연하게 분묘의 기지를 점유하면 지상권과 유사한 관습상의 물권인 분묘기지권을 시효로 취득한다는 점은 오랜 세월 동안 지속되어 온 관습 또는 관행으로서 법적 규범으로 승인되어 왔고, 이러한 법적 규범이 장사법(법률 제6158호) 시행일인 2001. 1. 13. 이전에 설치된 분묘에 관하여 현재까지 유지되고 있다고 보아야 한다(대판[전합] 2017.1.19. 2013다17292).

② (○) : 대법원은 **성년남자만 종중의 구성원이 되는 기존의 관습법**에 대한 **법적 확신이 흔들리고 그러한 관습이 헌법을 정점으로 하는 우리나라의 법질서에 맞지 않는다는 이유로 관습법이 효력을 상실하였다고** 판단하였다. 종중의 구성원에 관한 기존의 관습법이 효력을 상실하였으므로 구성원에 관한 기준은 존재하지 않게 되었고 따라서 조리에 따라야 한다. **조리에 따라 성인여자도 당연히 종중의 구성원**이 되어야 한다고 보았다(대판[全合] 2005. 7.21. 2002다1178).

③ (○) : 判例는 관습법은 법원으로서 법령에 저촉되지 아니하는 한 법칙으로서의 효력이 있다고 하여 제정법에 대한 보충적 효력을 인정한다(대판[전합] 2005.7.21. 2002다1178, 보충적 효력설).

④ (○) : 법으로서의 관행과 국민이 그 관습을 법으로서 받아들인다는 확신이 있을 때 관습법이 성립된다. 즉 관습법은 법원의 판결에 의해서 비로소 그 존재가 인정되지만, 그 성립 시기는 그 관습이 법적 확신을 획득한 때로 소급한다(통설).

⑤ (○) : 법령과 같은 효력을 갖는 관습법은 당사자의 주장 입증을 기다림이 없이 법원이 직권으로 이를 확정하여야 하고 사실인 관습은 그 존재를 당사자가 주장 입증하여야 하나, 관습은 그 존부자체도 명확하지 않을 뿐만 아니라 그 관습이 사회의 법적 확신이나 법적 인식에 의하여 법적 규범으로까지 승인되었는지의 여부를 가리기는 더욱 어려운 일이므로, 법원이 이를 알 수 없는 경우 결국은 당사자가 이를 주장·입증할 필요가 있다(대판 1983.06.14. 80다3231).

정답 ①

---

010 법원(法源)에 관한 설명으로 옳지 않은 것은? (다툼이 있으면 판례에 따름) [20 감평]

① 사회구성원이 관습법으로 승인된 관행의 법적 구속력을 확신하지 않게 될 때에는 그 관습법은 효력을 잃는다.
② 헌법의 기본권은 특별한 사정이 없으면 사법관계에 직접 적용된다.
③ 법원은 당사자의 주장·증명을 기다림이 없이 관습법을 직권으로 조사·확정하여야 한다.
④ 우리나라가 가입한 국제조약은 일반적으로 민법이나 상법 또는 국제사법보다 우선적으로 적용된다.
⑤ 관습법은 법령에 저촉되지 아니하는 한 법칙으로서의 효력이 있다.

> **해설**

① (○) : 관습법은 법원이 될 수 있지만 법령에 저촉되지 않는 범위 내에서 효력이 있으므로 종중의 구성원을 성인남자로 제한하는 관습이 법질서에 반하기 때문에 사회 구성원의 법적 확신이 상당부분 흔들리거나 약화되었다면 이러한 관습은 더 이상 법적 효력을 갖지 않는다(대판[全] 2005.07.21. 2002다1178).

② (✕) : 헌법상 기본권은 제1차적으로 개인의 자유로운 영역을 공권력의 침해로부터 보호하기 위한 방어적 권리이지만 다른 한편으로 헌법의 기본적인 결단인 객관적인 가치질서를 구체화한 것으로서, 사법(사법)을 포함한 모든 법 영역에 그 영향을 미치는 것이므로 사인 간의 사적인 법률관계도 헌법상의 기본권 규정에 적합하게 규율되어야 한다. 다만 기본권 규정은 성질상 사법관계에 직접 적용될 수 있는 예외적인 것을 제외하고는 관련 법규범 또는 사법상의 일반원칙을 규정한 민법 제2조, 제103조 등의 내용을 형성하고 그 해석기준이 되어 간접적으로 사법관계에 효력을 미치게 된다(대판 2018.09.13. 2017두38560).

③ (O) : 법령과 같은 효력을 갖는 관습법은 당사자의 주장 입증을 기다림이 없이 법원이 직권으로 이를 확정하여야 하고 사실인 관습은 그 존재를 당사자가 주장 입증하여야 하나, 관습은 그 존부자체도 명확하지 않을 뿐만 아니라 그 관습이 사회의 법적 확신이나 법적 인식에 의하여 법적 규범으로까지 승인되었는지의 여부를 가리는 더욱 어려운 일이므로, 법원이 이를 알 수 없는 경우 결국은 당사자가 이를 주장·입증할 필요가 있다(대판 1983.06.14. 80다3231).

④ (O) : 헌법에 의하여 체결·공포된 조약과 일반적으로 승인된 국제법규는 국내법과 같은 효력을 가진다(헌법 제6조). 따라서 조약이 민사에 관한 것을 정하면 민법의 법원이 된다.

⑤ (O) : 관습법은 법원으로서 법령에 저촉되지 아니하는 한 법칙으로서의 효력이 있다고 하여 제정법에 대한 보충적 효력을 인정한다(대판[全] 2005.07.21. 2002다1178, 보충적 효력설).

정답 ②

011 관습법과 사실인 관습에 관한 설명으로 옳지 않은 것은? (다툼이 있으면 판례에 따름)
[21 감평]

① 관습법은 성문법에 대하여 보충적 효력을 갖는다.
② 공동선조와 성과 본을 같이하는 미성년자인 후손은 종중의 구성원이 될 수 없다.
③ 관습법이 성립한 후 사회구성원들이 그러한 관행의 법적 구속력에 더 이상 법적 확신을 갖지 않게 된 경우, 그 관습법은 법적 규범으로서의 효력이 없다.
④ 사실인 관습은 법령으로서의 효력이 없고, 법률행위의 당사자의 의사를 보충함에 그친다.
⑤ 미등기 무허가건물의 매수인은 그 소유권이전등기를 마치지 않아도 소유권에 준하는 관습상의 물권을 취득한다.

해설

① (O) : 判例는 관습법은 법원으로서 법령에 저촉되지 아니하는 한 법칙으로서의 효력이 있다고 하여 제정법에 대한 보충적 효력을 인정 한다(대판[전합] 2005.7.21. 2002다1178, 보충적 효력설).

② (O), ③ (O) : 성년남자만 종중의 구성원이 되는 기존의 관습법에 대한 법적 확신이 흔들리고 그러한 관습이 헌법을 정점으로 하는 우리나라의 법질서에 맞지 않는다는 이유로 관습법이 효력을 상실하였다고 판단하였다. 종중의 구성원에 관한 기존의 관습법이 효력을 상실하였으므로 구성원에 관한 기준은 존재하지 않게 되었고 따라서 조리에 따라야 한다. 조리에 따라 성인여자도 당연히 종중의 구성원이 되어야 한다(대판[전합] 2005. 7.21. 2002다1178).

④ (O) : 사실인 관습은 사적 자치가 인정되는 분야 즉 그 분야의 제정법이 주로 임의규정일 경우에는 법률행위의 해석기준으로서 또는 의사를 보충하는 기능으로서 이를 재판의 자료로 할 수 있을 것이나 이 이외의 즉 그 분야의 제정법이 주로 강행규정일 경우에는 그 강행규정 자체에 결함이 있거나 강행규정 스스로가 관습에 따르도록 위임한 경우 등 이외에는 법적 효력을 부여할 수 없다(대판 1983.6.14, 80다3231).

⑤ (×) : 미등기 무허가건물의 양수인이라 할지라도 그 소유권이전등기를 경료 받지 않는 한 건물에 대한 소유권을 취득할 수 없고, 그러한 건물의 취득자에게 소유권에 준하는 관습상의 물권이 있다고 볼 수 없다(대판 1999.3.23, 98다59118 참조).

정답 ⑤

제2절 민법의 해석과 적용

012 다음 중 근대민법의 3대원칙(기본원리)만으로 묶어진 것은? [96 주사보]

① 사적자치의 원칙, 사유재산권존중의 원칙, 공공복리의 원칙
② 사유재산권존중의 원칙, 사적자치의 원칙, 과실책임의 원칙
③ 사유재산권존중의 원칙, 계약자유의 원칙, 신의성실의 원칙
④ 법률행위자유의 원칙, 과실책임의 원칙, 사회적 형평의 원칙
⑤ 소유권절대의 원칙, 과실책임의 원칙, 계약공정의 원칙

해설

② (O) : 근대민법의 3대원칙은 사유재산권존중의 원칙, 사적자치(법률행위자유·계약자유)의 원칙, 과실책임(자기책임)의 원칙을 말한다.

정답 ②

013 다음 [보기]의 (A)·(B)와 같이 이해하는 민법의 해석방법은? [예상]

(A) 대리인이 대리권의 범위 내에서 본인을 위한 것임을 표시하여 대리행위를 하였으나 실제로는 자기의 사리를 도모하기 위하여 대리행위를 한 경우에는 비진의표시에 관한 규정에 의하여 상대방이 알았거나 알 수 있었을 때에는 그 대리행위를 무효로 한다.
(B) 비법인사단에 대해서 민법의 법인에 관한 규정 중 정관에 관한 규정·행위능력 및 불법행위능력에 관한 규정·기관에 관한 규정을 적용할 수 있다.

① 유추해석   ② 확장해석   ③ 물론해석
④ 논리해석   ⑤ 반대해석

해설

유추해석은 서로 유사한 A·B 2개의 사실 중 A에 관하여만 규정이 있는 경우에 B에 관하여도 A와 동일한 결과를 인정하는 해석이다. (A) 대리권남용의 경우 제107조 제1항 단서 유추적용설에 대한 기술이므로 유추해석이다. (B) 비법인사단에 대해서는 조합의 규정이 아니라 법인격을 전제로 하는 규정을 제외하고는 사단법인에 관한 규정을 유추적용 하므로, 유추해석이다.

정답 ①

014 다음은 민법에서 많이 사용하는 법률용어의 설명이다. 틀린 것은?

① 『준용』은 입법기술상의 한 방법이며, 『유추』는 법해석의 한 방법이므로 양자는 같지 않다.
② 『제3자』란 당사자 이외의 모든 자를 가리키나, 때로는 그 범위가 제한된다.
③ 『대항하지 못 한다』는 뜻은 법률행위의 제3자가 법률행위의 효력을 인정하는 것은 상관없다는 것이다.
④ 『선의』라고 함은 어떤 사정을 알지 못하는 것이고, 『악의』는 이를 알고 있는 것이다.
⑤ 『간주』는 반대의 증거가 제출되면 규정의 적용을 면할 수 있는 것이며, 민법은 간주조항에 관하여 "…으로 본다."고 표현한다.

해설

① (O) : 준용은 입법기술이고, 유추는 법해석의 한 방법이다.
② (O) : 제3자는 선의의 제3자로 제한 될 수 있다.
③ (O) : 당사자 및 다른 제3자는 선의의 제3자에 대하여 무효를 주장할 수 없다는 것이다. 그러나 선의의 제3자가 당사자에 대하여 무효를 주장하는 것은 무방하다.
④ (O) : 선의는 不知, 악의는 知를 의미한다.
⑤ (X) : 추정은 반대의 증거가 제출되면 규정(제30조·제198조·제830조 제2항·제844조 등)의 적용을 면할 수 있지만, 간주는 반대의 증거의 제출을 허용하지 않고서 법률이 정한 효력(제28조·제115조 등)을 당연히 생기게 하는 것이다.

정답 ⑤

015 민법의 적용과 해석방법에 관한 설명으로 옳지 않은 것은? (다툼이 있으면 판례에 따름)

[17 세무사]

① 민사에 관한 특별법은 민법에 우선하여 적용하여야 한다.
② 민법은 원칙적으로 대한민국의 영토 내에 있는 외국인에 대하여도 적용된다.
③ 민법을 해석함에 있어서 조문의 통상적인 의미에 따라 해석하는 것을 문리해석(문언적 해석, 문법적 해석)이라고 한다.
④ 어떤 법률요건에 관한 규정을 이와 유사한 다른 것에 적용하는 민법의 해석방법을 준용이라고 한다.
⑤ 민법의 해석은 구체적 타당성과 법적 안정성이 조화될 수 있도록 하여야 한다.

해설

① (O) : 특별법 우선의 원칙
② (O) : 민법은 우리나라 국적을 가진 모든 사람에게 적용되며, 국내에 있는 외국인에게도 적용된다.
③ (O), ⑤ (O) : 법은 원칙적으로 불특정 다수인에 대하여 동일한 구속력을 갖는 사회의 보편타당한 규범이므로 이를 해석함에 있어서는 법의 표준적 의미를 밝혀 객관적 타당성이 있도록 하여야 하고, 가급적 모든 사람이 수긍할 수 있는 일관성을 유지함으로써 법적 안정성이 손상되지 않도록 하여야 한다. 한편 실정법은 보편적이고 전형적인 사안을 염두에 두고 규정되기 마련이므로 사회현실에서 일어나는 다양한 사안에서 그 법을 적용함에 있어서는 구체적 사안에 맞는 가장 타당한 해결이 될 수 있도록 해석할 것도 또한 요구된다. 요컨대 법해석의 목표는 어디까지나 법적 안정성을 저해하지 않는 범위 내에서 구체적 타당성을 찾는 데 두어야 한다. 나아가 그러기 위해서는 가능한 한 법률에 사용된 문언의 통상적인 의미에 충실하게 해석하는 것을 원칙으로 하면서, 법률의 입법 취지와 목적, 그 제·개정 연혁, 법질서 전체와의 조화, 다른 법령과의 관계 등을 고려하는 체계적·논리적 해석방법을 추가적으로 동원함으로써, 위와 같은 법해석의 요청에 부응하는 타당한 해석을 하여야 한다(대판[전합] 2013. 1. 17. 선고 2011다83431).
④ (X) : 유추해석이라고 한다. 유추해석은 서로 유사한 A·B 2개의 사실 중 A에 관하여만 규정이 있는 경우에 B에 관하여도 A와 동일한 결과를 인정하는 해석이다.

정답 ④

제3절 ▶ 법률관계와 권리

Ⅰ. 법률관계와 호의관계

016 甲은 출근하는 길에 호의로 회사 동료 乙을 자동차에 태워주기로 약속하였다. 甲과 乙 사이에 법적으로 구속당할 의사가 없는 경우, 이에 관한 설명으로 옳은 것은? (다툼이 있으면 판례에 따름) [15 세무사]

① 甲과 乙의 약속은 법률관계이다.
② 甲이 약속을 어길 경우 乙은 약속을 지킬 것을 법원에 청구할 수 있다.
③ 甲이 자동차에 태워주지 않음으로 인해 乙이 택시비를 지출한 경우 乙은 약속 위반을 이유로 한 손해배상을 청구할 수 있다.
④ 甲이 乙을 자동차에 태우고 가다가 과실로 교통사고를 일으켜 乙이 다친 경우 원칙적으로 乙은 甲에게 손해배상을 청구할 수 있다.
⑤ 甲은 원칙적으로 乙에게 자동차에 태워준 대가를 청구할 수 있다.

해설

① (×) : 호의관계이다. 예를 들어 출근하는 길에 자동차에 동승을 하게 해 주거나, 옆집 아이를 부모의 외출 중에 대신 돌봐주는 경우 같이, 법적 구속력을 받으려는 의사 없이 호의로 급부를 이행해 주는 관계를 호의관계라고 한다.

② (×), ⑤ (×) : 호의관계는 상대방에게 급부청구권이 인정되지 않고, 따라서 그것을 강제로 실현할 수 없다는 점에서 법률관계와 구별된다.

③ (×) : 채무가 없으므로, 채무불이행책임(제390조)을 청구할 수 없다.

④ (○) : 다만 차량의 운행자가 아무런 대가를 받지 아니하고 동승자의 편의와 이익을 위하여 동승을 허락하고 동승자도 그 자신의 편의와 이익을 위하여 그 제공을 받은 경우 그 운행 목적, 동승자와 운행자의 인적관계, 그가 차에 동승한 경위, 특히 동승을 요구한 목적과 적극성 등 여러 사정에 비추어 가해자에게 일반 교통사고와 동일한 책임을 지우는 것이 신의칙이나 형평의 원칙으로 보아 매우 불합리하다고 인정될 때에는 그 배상액을 경감할 수 있으나, 사고 차량에 단순히 호의로 동승하였다는 사실만 가지고 바로 이를 배상액 경감사유로 삼을 수 있는 것은 아니다(대판 1996.3.22. 95다24302).

정답 ④

Ⅱ. 권리와 의무

017 사권에 관한 설명으로 옳은 것은? [13 노무]

① 채권자대위권은 일신전속권이다.
② 매매계약에 기한 소유권이전등기청구권은 물권이다.
③ 저당권은 그 피담보채권의 주된 권리이다.
④ 건물의 소유를 목적으로 한 토지임차인의 건물매수청구권은 형성권이다.
⑤ 보증인의 최고·검색의 항변권은 청구권의 작용을 영구적으로 저지할 수 있는 권리이다.

해설

① (✕) : 채권자대위권도 채권자대위권의 객체가 될 수 있다(대판1989.5.9. 88다카15338).
② (✕) : '매매계약'에 기하여 발생한 '채권적'청구권이므로 채권이다.
③ (✕) : 저당권의 부종성 때문에 저당권설정계약은 피담보채권의 발생을 위한 계약(금전소비대차계약 등)에 종된 계약이다.
④ (○) : 지상물매수청구권이 행사되면 임대인과 임차인 사이에서는 임차지상의 건물에 대하여 매수청구권 행사 당시의 건물시가를 대금으로 하는 매매계약이 체결된 것과 같은 효과가 발생하는 것이지, 임대인이 기존 건물의 철거비용을 포함하여 임차인이 임차지상의 건물을 신축하기 위하여 지출한 모든 비용을 보상할 의무를 부담하게 되는 것은 아니다(대판 2002.11.13. 2002다46003,46027).
⑤ (✕) : 최고·검색의 항변에 의해 채권자가 주채무자에게 청구 및 집행을 한 후에는 주채무자의 자력이 회복하더라도 보증인은 다시 최고·검색의 항변을 할 수는 없다는 것이 통설이다. 최고·검색의 항변을 반복적으로 행사할 수 있게 하면 채권자에게 너무 불리하기 때문이다.

정답 ④

018 다음 중 형성권인 것은? [17 감평]

① 부동산공사 수급인의 저당권설정청구권
② 저당권설정자의 저당물보충청구권
③ 미성년자의 법률행위의 취소권
④ 점유자의 유익비상환청구권
⑤ 점유취득시효 완성자의 등기청구권

해설

① (✕) : 제666조 【수급인의 목적 부동산에 대한 저당권설정청구권】 부동산공사의 수급인은 전조의 보수에 관한 채권을 담보하기 위하여 그 부동산을 목적으로 한 저당권의 설정을 청구할 수 있다.

② (✕) : 제362조【저당물의 보충】저당권설정자의 책임 있는 사유로 인하여 저당물의 가액이 현저히 감소된 때에는 저당권자는 저당권설정자에 대하여 그 원상회복 또는 상당한 담보제공을 청구할 수 있다.

③ (O) : 형성권은 권리자의 일방적인 의사표시에 의하여 법률관계를 창설·변경·소멸되는 권리이다. 특히 형성권 중에는 권리자가 법원에 권리를 재판상 행사하여야 하는 경우도 있다(形成訴權). 권리자의 의사표시만으로 효과가 발생하는 형성권으로는 동의권(제5조, 제10조), 취소권(제140조), 해제권(제543조) 등이 있고, 법원에 재판상 행사해야 하는 경우로는 채권자취소권(제406조), 재판상 이혼권(제840조), 친생부인권(제846조) 등이 있다.

④ (✕) : 제203조【점유자의 상환청구권】② 점유자가 점유물을 개량하기 위하여 지출한 금액 기타 유익비에 관하여는 그 가액의 증가가 현존한 경우에 한하여 회복자의 선택에 좇아 그 지출금액이나 증가액의 상환을 청구할 수 있다.

⑤ (✕) : 제245조【점유로 인한 부동산소유권의 취득기간】① 20년간 소유의 의사로 평온, 공연하게 부동산을 점유하는 자는 등기함으로써 그 소유권을 취득한다.

정답 ③

019 권리의 성질에 관한 설명으로 옳지 않은 것은? [17 세무사]

① 동산에 대한 소유권은 일신전속권이다.
② 저당권은 피담보채권의 종된 권리이다.
③ 임금채권은 청구권이다.
④ 부동산에 대한 소유권은 절대권이다.
⑤ 건물의 소유를 위하여 토지에 설정한 지상권은 지배권이다.

해설

① (✕) : 일신전속권이란 권리의 성질상 타인에게 귀속될 수 없거나(귀속상 일신전속권) 타인이 행사할 수 없는 권리(행사상 일신전속권)를 말하는데, 양도나 상속이 가능하지 않은 권리(특히 귀속상 일신전속권의 경우)를 말한다. 이에 반해 비전속권은 양도나 상속이 가능한 권리이다. 소유권은 비전속권이다.

② (O) : 담보물권은 피담보채권의 종된 권리이다.

③ (O) : 청구권은 특정인이 다른 특정인에 대하여 일정한 행위를 요구 할 수 있는 권리이다. 소비대차계약에 기해 금전을 빌려준 사람(대주)가 빌린 사람(차주)에 대하여 금전의 지급을 요구할 수 있는 것이 그 예이다. 청구권은 지배권과는 달리 권리의 객체(금전)을 직접 지배할 수는 없으며, 단지 의무자에 대하여 일정한 행위(금전지급행위)를 요구할 수 있을 뿐이다. 청구권은 기초되는 권리의 효력으로 발생하며, 그 기초되는 권리가 채권이면 채권적 청구권, 물권이면 물권적 청구권이 된다. 그 외에도 지식재산권, 상속권, 가족권 등도 기초되는 권리가 될 수 있다.

④ (O) : 절대권은 모든 자에게 주장할 수 있는 권리이고, 상대권은 특정인에 대해서만 주장할 수 있는 권리이다. 물권·지적재산권·친권 등은 절대권이고, 채권 등은 상대권이다.

⑤ (O) : 지배권은 다른 사람의 행위를 개입시키지 않고 일정한 객체에 대하여 직접 지배력을 미치게 하는 권리이다. 물권이 가장 전형적이고, 그 밖에 지식재산권·인격권·친권 등이 있다. 지상권은 물권이므로, 지배권에 속한다.

정답 ①

020 권리의 충돌과 경합에 관한 설명으로 옳은 것은? (다툼이 있으면 판례에 따름) [17 세무사]

① 권리가 경합되는 경우에는 권리자는 그 중 가장 먼저 성립한 권리를 행사하여야 한다.
② 동일한 목적을 위하여 경합되는 권리 중 하나를 행사하여 그 목적을 달성한 경우에는 나머지 권리는 모두 소멸한다.
③ 일반채권이 서로 충돌하는 경우에는 먼저 성립한 채권이 우선한다.
④ 소유권과 제한물권이 충돌하면 소유권이 제한물권에 우선한다.
⑤ 물권과 채권이 충돌하는 경우에는 원칙적으로 채권이 물권에 우선한다.

해설

① (X), ② (O) : 하나의 생활사실이 수개의 법규가 정하는 요건을 충족하여, 수개의 권리가 발생하고 이 수개의 권리가 동일한 목적을 가지고, 동일한 효과를 가져 오는 경우를 '권리의 경합'이라고 한다. 권리의 경합은 다시 ① 형성권의 경합(하나의 계약에 대해 해제권과 취소권이 경합하는 경우) ② 청구권의 경합으로 나뉜다. 특히 청구권의 경합이 많이 문제된다. 예를 들어 임대인 甲이 임차인 乙과 임대차계약을 체결하였는데, 임대차기간이 경과되었음에도 乙이 甲에게 임대물건을 반환하지 않고 있다면, 甲은 乙에게 소유권에 기한 반환청구권과 임대차계약 종료에 따른 계약상의 반환청구권을 모두 행사할 수 있다. 그리고 택시기사 乙이 손님 甲을 태워 운전하다 DMB를 보다 부주의로 교통사고를 내어 甲을 다치게 하였다면, 甲은 채무불이행에 따른 손해배상청구권(제390조)과 불법행위에 따른 손해배상청구권(제750조)을 모두 행사할 수 있다. 다만 채무불이행에 의한 손해배상청구권을 행사하여 배상을 받은 때에는 불법행위에 의한 손해배상청구권은 소멸한다.
③ (X) : 채권 상호간에는 '채권자평등의 원칙'에 따라, 동일한 채무자에 대한 채권은 발생원인·발생시기·채권액을 불문하고 평등하다.
④ (X) : 소유권과 제한물권 간에는 언제나 제한물권이 소유권에 우선한다. 예를 들어 지상권 설정 기간 동안은 부동산의 소유자는 그 부동산을 사용·수익할 수 없다.
⑤ (X) : 성립시기를 불문하고, 항상 물권이 우선한다. 물권은 물건에 대한 직접적인 지배권이기 때문이다.

정답 ②

021 재판상 행사하여야만 효과가 발생하는 것은? [18 세무사]

① 동의권 ② 취소권 ③ 상계권
④ 계약해제권 ⑤ 채권자취소권

> **해설**

형성권은 권리자의 일방적인 의사표시에 의하여 법률관계가 창설·변경·소멸되는 권리이다. 특히 형성권 중에는 권리자가 법원에 권리를 재판상 행사하여야 하는 경우도 있다(形成訴權, 형성소권). 권리자의 의사표시만으로 효과가 발생하는 형성권으로는 동의권(제5조, 제10조), 취소권(제140조), 해제권(제543조) 등이 있고, 법원에 재판상 행사해야 하는 경우로는 채권자취소권3)(제406조), 재판상 이혼권(제840조), 친생부인권(제846조) 등이 있다.

정답 ⑤

022 민법상 권리에 관한 설명으로 옳지 않은 것은? [19 감평]

① 조건부권리는 기대권에 속한다.
② 채권과 청구권은 동일한 개념이다.
③ 지상권자의 지료증감청구권은 형성권이다.
④ 보증인의 최고·검색의 항변권은 연기적 항변권이다.
⑤ 주된 권리가 시효로 소멸하면 종된 권리도 소멸한다.

> **해설**

① (O) : 소멸시효는 권리를 행사할 수 있는 때로부터 진행하며 여기서 권리를 행사할 수 있는 때라 함은 권리행사에 법률상의 장애가 없는 때를 말하므로 정지조건부권리의 경우에는 조건 미성취의 동안은 권리를 행사할 수 없는 것이어서 소멸시효가 진행되지 않는 것이다. 이와 같은 취지의 원심 판단은 정당하고 거기에 소론과 같은 기대권의 소멸시효에 관한 법리를 오해한 위법이 없다(대판 1992. 12. 22. 92다28822).
② (X) : 청구권은 기초되는 권리의 효력으로 발생하며, 그 기초되는 권리가 채권이면 채권적 청구권, 물권이면 물권적 청구권이 된다. 그 외에도 지식재산권, 상속권, 가족권 등도 기초되는 권리가 될 수 있다.
③ (O) : 지료액은 당사자의 협의로 결정되지만, 그후에 토지에 관한 조세 기타 부담의 증감이나 지가의 변동으로 인하여 지료의 액수가 상당하지 않게 된 때에는 당사자는 그 증감을 청구할 수 있다. 이 지료증감청구권은 일종의 형성권이다(통설).

---

3) 제406조(채권자취소권) ① 채무자가 채권자를 해함을 알고 재산권을 목적으로 한 법률행위를 한 때에는 채권자는 그 취소 및 원상회복을 법원에 청구할 수 있다. 그러나 그 행위로 인하여 이익을 받은 자나 전득한 자가 그 행위 또는 전득 당시에 채권자를 해함을 알지 못한 경우에는 그러하지 아니하다. ② 전항의 소는 채권자가 취소원인을 안 날로부터 1년, 법률행위 있은 날로부터 5년 내에 제기하여야 한다.

④ (O) : 항변권은 상대방의 청구권의 작용을 일시적으로 저지 할 수도 있고(연기적 항변권), 영구적으로 저지할 수도 있다(영구적 항변권). 전자의 예로는 동시이행의 항변권(제536조), 보증인의 최고·검색의 항변권(제437조) 등이 있고, 후자의 예로는 한정승인의 항변권(제1028조) 등이 있다.
⑤ (O) : 제183조【종속된 권리에 대한 소멸시효의 효력】주된 권리의 소멸시효가 완성한 때에는 종속된 권리에 그 효력이 미친다.

정답 ②

023 사권(私權)과 그 성격이 올바르게 연결되지 않은 것은? (다툼이 있으면 판례에 따름) [19 노무]
① 물권 - 지배권
② 제한능력자의 취소권 - 형성권
③ 매매예약의 완결권 - 형성권
④ 동시이행의 항변권 - 연기적 항변권
⑤ 임차인의 부속물매수청구권 - 청구권

해설

① (O) : 지배권은 다른 사람의 행위를 개입시키지 않고 일정한 객체에 대하여 직접 지배력을 미치게 하는 권리이다. 물권이 가장 전형적이고, 그 밖에 지식재산권·인격권·친권 등이 있다.
② (O) : 형성권은 권리자의 일방적인 의사표시에 의하여 법률관계를 창설·변경·소멸되는 권리이다. 특히 형성권 중에는 권리자가 법원에 권리를 재판상 행사하여야 하는 경우도 있다(형성소권, 形成訴權). 권리자의 의사표시만으로 효과가 발생하는 형성권으로는 동의권(제5조, 제10조), 취소권(제140조), 해제권(제543조) 등이 있고, 법원에 재판상 행사해야 하는 경우로는 채권자취소권(제406조), 재산상 이혼권(제840조), 친생부인권(제846조) 등이 있다.
③ (O) : 예약완결권은 일방 또는 쌍방 당사자가 상대방에 대하여 매매완결의 의사표시를 할 수 있는 형성권이다. 제564조【매매의 일방예약】① 매매의 일방예약은 상대방이 매매를 완결할 의사를 표시하는 때에 매매의 효력이 생긴다.
④ (O) : 항변권은 상대방이 청구권을 행사한 경우에 그 청구권의 작용을 저지할 수 있는 권리이다. 항변권은 상대방의 청구권의 작용을 일시적으로 저지할 수도 있고(연기적 항변권), 영구적으로 저지할 수도 있다(영구적 항변권). 전자의 예로는 동시이행의 항변권(제536조), 보증인의 최고·검색의 항변권(제437조) 등이 있고, 후자의 예로는 한정승인의 항변권(제1028조) 등이 있다.
⑤ (X) : 지상물매수청구권은 이른바 형성권으로서 그 행사로 임대인·임차인 사이에 지상물에 관한 매매가 성립하게 되며, 임차인이 지상물의 매수청구권을 행사한 경우에는 임대인은 그 매수를 거절하지 못하고, 이 규정은 강행규정이므로 이에 위반하는 것으로서 임차인에게 불리한 약정은 그 효력이 없다(대판[전합] 1995.7.11. 94다34265).

정답 ⑤

024 형성권에 관한 설명으로 옳은 것을 모두 고른 것은? (다툼이 있으면 판례에 따름) [20 감평]

> ㄱ. 형성권의 행사는 상대방에 대한 일방적 의사표시로 한다.
> ㄴ. 다른 사정이 없으면, 형성권의 행사에 조건 또는 기한을 붙이지 못한다.
> ㄷ. 다른 사정이 없으면, 형성권은 그 일부를 행사할 수 있다.
> ㄹ. 다른 사정이 없으면, 형성권은 제척기간의 적용을 받는다.

① ㄱ, ㄴ, ㄷ   ② ㄱ, ㄴ, ㄹ   ③ ㄱ, ㄷ, ㄹ
④ ㄴ, ㄷ, ㄹ   ⑤ ㄱ, ㄴ, ㄷ, ㄹ

해설

ㄱ. (○) : 형성권은 권리자의 일방적인 의사표시에 의하여 법률관계를 창설·변경·소멸되는 권리이다. 특히 형성권 중에는 권리자가 법원에 권리를 재판상 행사하여야 하는 경우도 있다(形成訴權). 권리자의 의사표시만으로 효과가 발생하는 형성권으로는 동의권(제5조, 제10조), 취소권(제140조), 해제권(제543조) 등이 있고, 법원에 재판상 행사해야 하는 경우로는 채권자취소권(제406조), 재산상 이혼권(제840조), 친생부인권(제846조) 등이 있다.

ㄴ. (○) : 단독행위는 원칙적으로 조건을 붙을 수 없다. 조건에 의하여 상대방의 지위가 불안정하게 되기 때문이다. 예를 들어 취소, 해제·해지, 추인, 상계, 철회, 선택채권의 선택, 환매 및 주식청약 등이 이에 속한다.

ㄷ. (✕) : 형성권은 전부를 행사하여야 한다.

ㄹ. (○) : 민법 제146조는 취소권은 추인할 수 있는 날로부터 3년 내에 행사하여야 한다고 규정하고 있는 바, 이때의 3년이라는 기간은 일반 소멸시효기간이 아니라 **제척기간으로서**, 제척기간이 도과하였는지 여부는 당사자의 주장에 관계없이 **법원이 당연히 조사하여 고려하여야 할 사항**이다(대판 1996.09.20. 96다25371).

정답 ②

제4절 신의성실의 원칙

025 신의칙에 관한 설명으로 옳은 것은? (다툼이 있는 경우에는 판례에 의함) [13 노무]

① 본인의 지위를 단독으로 상속한 무권대리인은 본인의 지위에서 추인거절권을 행사할 수 있다.
② 차임을 증액하지 않기로 하는 특약이 있더라도, 그 특약을 유지시키는 것이 신의칙에 반한다고 인정될 정도의 사정변경이 있는 경우에는 임대인의 차임증액 청구를 인정하여야 한다.

③ 법령에 위반되어 무효임을 알면서 법률행위를 한 자는 강행법규 위반을 이유로 그 법률행위의 무효를 주장할 수 없다.
④ 신의칙에 반하는지의 여부는 당사자의 주장이 없는 한, 법원이 직권으로 판단할 수 없다.
⑤ 매매계약의 당사자가 계약체결 시에 신의칙 위반을 이유로 매매의 효력을 다투지 않기로 한 특약은 유효하다.

해설

① (✕) : 상속으로 인하여 무권대리인이 본인의 지위를 상속한 경우, 본인의 지위(추인권·추인거절권)와 무권대리인의 지위(제135조 책임)는 혼동되지 않고 병존하나, 본인의 지위에서 추인을 거절하는 것은 신의칙상 허용되지 않는다(대판 1994.9.27. 94다20617).
② (○) : 임대차계약에 있어서 차임불증액의 특약이 있더라도 그 약정 후 그 특약을 그대로 유지시키는 것이 신의칙에 반한다고 인정될 정도의 사정변경이 있다고 보여지는 경우에는 형평의 원칙상 임대인에게 차임증액청구를 인정할 수 있다(대판 1996.11.12. 96다34061).
③ (✕) : 강행법규를 위반한 자가 스스로 강행법규에 위배된 약정의 무효를 주장하는 것이 신의칙에 위반되는 권리의 행사라는 이유로 그 주장을 배척한다면, 이는 오히려 강행법규에 의하여 배제하려는 결과를 실현시키는 셈이 되어 입법 취지를 완전히 몰각하게 되므로 달리 특별한 사정이 없는 한 위와 같은 주장은 신의칙에 반하는 것이라고 할 수 없고, 한편 신의성실의 원칙에 위배된다는 이유로 권리의 행사를 부정하기 위해서는 상대방에게 신의를 공여하였다거나 객관적으로 보아 상대방이 신의를 가짐이 정당한 상태에 있어야 하며, 이러한 상대방의 신의에 반하여 권리를 행사하는 것이 정의관념에 비추어 용인될 수 없는 정도의 상태에 이르러야 한다.(대판 2011.3.10. 2007다17482).
④ (✕) : 신의칙위반이나 권리남용은 **강행규정**에 위반되는 것이므로, **당사자의 주장이 없더라도** 법원은 **직권으로 판단**할 수 있다(대판 1995.12.22. 94다42129).
⑤ (✕) : 신의칙은 강행규정이므로, 당사자의 주장이 없더라도 법원은 직권으로 판단할 수 있고 신의칙을 배제하는 특약도 무효이다.

정답 ②

026 신의성실의 원칙에 관한 설명으로 옳지 않은 것은? (다툼이 있으면 판례에 따름) [18 세무사]

① 신의성실의 원칙은 합법성의 원칙을 희생해서라도 구체적 신뢰보호의 필요성이 인정되는 경우에 한해 예외적으로 적용되는 것이다.
② 신의성실에 반하는 것은 강행규정에 위배되는 것으로 당사자의 주장이 없더라도 법원이 직권으로 판단 할 수 있다.
③ 이사의 지위에서 부득이 회사의 계속적 거래관계로 인한 불확정한 채무에 대하여 보증인이 된 자가 이사의 지위를 떠난 경우, 사정변경을 이유로 보증계약을 해지할 수 없다.
④ 농지를 매수하기로 하는 매매계약을 체결한 농지매수인 자신이 농가가 아니고 자영의 의사도 없다는 이유를 들어 그 농지 매매계약의 무효를 주장하는 것은 신의칙에 위배된다.

⑤ 채권자가 채권을 확보하기 위하여 제3자의 부동산을 채무자에게 명의신탁 하도록 한 다음 그 부동산에 대해 강제집행을 하는 행위는 신의칙에 비추어 허용할 수 없다.

해설

① (O) : 신의성실의 원칙은 법률관계의 당사자는 상대방의 이익을 배려하여 형평에 어긋나거나 신뢰를 저버리는 내용 또는 방법으로 권리를 행사하거나 의무를 이행하여서는 아니된다는 추상적 규범을 말하는 것으로서, 신의성실의 원칙에 위배된다는 이유로 그 권리의 행사를 부정하기 위하여는 상대방에게 신의를 주었다거나 객관적으로 보아 상대방이 그러한 신의를 가짐이 정당한 상태에 이르러야 하고, 이와 같은 상대방의 신의에 반하여 권리를 행사하는 것이 정의 관념에 비추어 용인될 수 없는 정도의 상태에 이르러야 하고, 일반 행정법률관계에서 관청의 행위에 대하여 신의칙이 적용되기 위해서는 합법성의 원칙을 희생하여서라도 처분의 상대방의 신뢰를 보호함이 정의의 관념에 부합하는 것으로 인정되는 특별한 사정이 있을 경우에 한하여 예외적으로 적용된다(대판 2004. 7. 22. 2002두11233).

② (O) : 신의칙위반이나 권리남용은 **강행규정**에 위반되는 것이므로, **당사자의 주장이 없더라도** 법원은 **직권으로 판단**할 수 있다(대판 1995.12.22. 94다42129).

③ (×) : 判例는 계속적 계약관계에 있어서는 사정변경의 원칙을 계속적으로 적용하고 있다. 즉 회사의 임원 또는 직원이 회사의 요구로 회사와 제3자 사이의 계속적 거래로 인한 회사 채무를 보증했지만 그 후 퇴사한 경우라면, 사정변경에 의한 보증계약의 해지가 인정 된다(대판 2000.3.10, 99다61750). 하지만 회사의 이사가 채무액과 변제기가 특정되어 있는 회사 채무에 대하여 보증계약을 체결한 경우에는 계속적 보증이나 포괄근보증의 경우와는 달리 이사직 사임이라는 사정변경을 이유로 보증인인 이사가 일방적으로 보증계약을 해지할 수 없다(대판 1999.12.28, 99다25938 ; 대판 2000.3.10, 99다61750).

④ (O) : 농지에 대해 자경의사가 있는 것처럼 소재지관서의 증명을 받아 소유권이전등기를 마친 후 증여세의 부과를 면하기 위하여 등기의 무효를 주장하는 것은 신의칙에 위배 된다(대판 1990.7.24, 89누8224).

⑤ (O) : 채권자가 채권을 담보하기 위하여 제3자의 부동산을 채무자에게 명의신탁하게 한 다음 그 부동산에 대하여 강제집행 하는 것은 신의칙에 위배 된다(대판 1981.7.7 80다2064).

정답 ③

027 신의칙과 권리남용에 관한 설명으로 옳지 않은 것은? (다툼이 있으면 판례에 따름) [19 감평]

① 신의칙에 반하는 것인지 여부는 당사자의 주장이 없더라도 법원이 직권으로 판단할 수 있다.
② 신의칙에 기한 사정변경의 원칙에 의하여 계약해제권이 발생할 수 있다.
③ 강행법규에 반한다는 사정을 알면서 법률행위를 한 자가 강행법규 위반을 이유로 그 법률행위의 무효를 주장하는 것은 특별한 사정이 없는 한 신의칙에 위배되지 않는다.
④ 권리남용금지의 원칙은 본래적 의미의 권리뿐만 아니라 법인격의 남용에도 적용된다.
⑤ 국민을 보호할 의무가 있는 국가가 국민에 대하여 부담하는 손해배상채무의 소멸시효완성을 주장하는 것은 원칙적으로 신의칙에 반한다.

해설

① (O) : 신의칙위반이나 권리남용은 강행규정에 위반되는 것이므로, 당사자의 주장이 없더라도 법원은 직권으로 판단할 수 있다(대판 1995.12.22. 94다42129).

② (O) : 이른바 사정변경으로 인한 계약해제는, 계약 성립 당시 당사자가 예견할 수 없었던 현저한 사정의 변경이 발생하였고 그러한 사정의 변경이 해제권을 취득하는 당사자에게 책임 없는 사유로 생긴 것으로서, 계약내용대로의 구속력을 인정한다면 신의칙에 현저히 반하는 결과가 생기는 경우에 계약준수 원칙의 예외로서 인정되는 것이고, 여기에서 말하는 사정이라 함은 계약의 기초가 되었던 객관적인 사정으로서, 일방당사자의 주관적 또는 개인적인 사정을 의미하는 것은 아니다. 또한, 계약의 성립에 기초가 되지 아니한 사정이 그 후 변경되어 일방당사자가 계약 당시 의도한 계약목적을 달성할 수 없게 됨으로써 손해를 입게 되었다 하더라도 특별한 사정이 없는 한 그 계약내용의 효력을 그대로 유지하는 것이 신의칙에 반한다고 볼 수도 없다(대판 2007.3.29. 2004다31302).

③ (O) : 법정대리인의 동의를 얻지 않고 신용카드 가맹점과 신용구매계약을 체결한 미성년자가 사후에 법정대리인의 동의 없음을 들어 그 계약을 취소하는 것은 신의칙에 반하지 않는다(대판 2007.11.16. 2005다71659·71666·71673).

④ (O) : 기존회사가 채무를 면탈할 목적으로 기업의 형태·내용이 실질적으로 동일한 신설회사를 설립하였다면, 신설회사 설립은 기존회사의 채무면탈이라는 위법한 목적달성을 위하여 회사제도를 남용한 것이므로, 기존회사의 채권자에게 위 두 회사가 별개의 법인격을 갖고 있음을 주장하는 것은 신의성실 원칙상 허용될 수 없다 할 것이어서 기존회사의 채권자는 위 두 회사 어느 쪽에 대하여서도 채무 이행을 청구할 수 있고, 이와 같은 법리는 어느 회사가 채무를 면탈할 목적으로 기업의 형태·내용이 실질적으로 동일한 이미 설립되어 있는 다른 회사를 이용한 경우에도 적용된다(대판 2011.5.13. 2010다94472).

⑤ (✗) : 국정의 최고책임자인 대통령이 입법조치 등을 통하여 적절한 피해보상을 해 줄 정치·도의적인 책임을 지는 것은 별론으로 하고 국가의 소멸시효 주장이 금반언의 원칙에 위배되거나 신의성실의 원칙에 반하여 권리남용에 해당된다고 할 수는 없다(대판 1997.02.11. 94다23692).

정답 ⑤

028 신의성실의 원칙에 관한 설명으로 옳은 것은? (다툼이 있으면 판례에 따름) [18 노무]

① 인지청구권의 포기는 허용되지 않지만, 인지청구권에는 실효의 법리가 적용될 수 있다.
② 임대차계약 당사자가 차임을 증액하지 않기로 약정한 경우, 사정변경의 원칙에 따라 차임을 증액할 수 없다.
③ 신의성실의 원칙에 반한다는 것을 당사자가 주장하지 않더라도 법원은 직권으로 판단할 수 있다.
④ 취득시효 완성 후 그 사실을 모르고 권리를 주장하지 않기로 하였다가 후에 시효주장을 하는 것은 특별한 사정이 없는 한 신의칙상 허용된다.
⑤ 강행법규를 위반한 약정을 한 사람이 스스로 그 약정의 무효를 주장하는 것은 신의칙상 허용되지 않는다.

해설

① (✕) : 인지청구권은 본인의 일신전속적인 신분관계상의 권리로서 포기할 수도 없으며 포기하였더라도 그 효력이 발생할 수 없는 것이고, 이와 같이 인지청구권의 포기가 허용되지 않는 이상 거기에 실효의 법리가 적용될 여지도 없다. 인지청구권의 행사가 상속재산에 대한 이해관계에서 비롯되었다 하더라도 정당한 신분관계를 확정하기 위해서라면 신의칙에 반하는 것이라 하여 막을 수 없다(대판 2001.11.27, 2001므1353).

② (✕) : 차임불증액의 특약 후 그 특약을 그대로 유지시키는 것이 신의칙에 반한다고 인정될 정도의 사정변경이 있는 경우에는 형평의 원칙상 임대인에게 차임증액청구를 인정하여야 할 것이다(대판 1996. 11. 12. 96다34061).

③ (○) : 신의칙위반이나 권리남용은 **강행규정**에 위반되는 것이므로, **당사자의 주장이 없더라도** 법원은 **직권으로 판단**할 수 있다(대판 1995. 12. 22. 94다42129).

④ (✕) : 취득시효완성 후에 그 사실을 모르고 당해 토지에 관하여 어떠한 권리도 주장하지 않기로 하였다 하더라도 이에 반하여 시효주장을 하는 것은 특별한 사정이 없는 한 신의칙상 허용되지 않는다(대판 1998. 5. 22. 96다24101).

⑤ (✕) : 강행법규를 위반한 자가 스스로 그 약정의 무효를 주장하는 것이 신의칙에 위배되는 권리의 행사라는 이유로 그 주장을 배척한다면, 이는 오히려 강행법규에 의하여 배제하려는 결과를 실현시키는 셈이 되어 입법 취지를 완전히 몰각하게 되므로, 달리 특별한 사정이 없는 한 위와 같은 주장이 권리남용에 해당되거나 신의성실 원칙에 반한다고 할 수 없다(대판 2018. 4. 26. 2017다288757).

정답 ③

029 신의성실의 원칙에 반하는 것은? (다툼이 있으면 판례에 따름) [19 세무사]

① 해고된 후 공탁된 퇴직금을 조건 없이 수령한 근로자가 공탁금 수령 후 8개월이 지나서 해고무효의 확인을 구하는 경우
② 주식회사가 주주 전원의 동의 없이 영업의 전부 또는 중요한 일부를 양도한 후, 주주총회 특별결의가 없었다는 이유를 들어 스스로 약정의 무효를 주장하는 경우
③ 증권회사가 고객 유치를 위하여 수익보장약정을 해준 후, 약정의 무효를 주장하는 경우
④ 상속인이 피상속인과 상속을 포기하기로 약정한 후, 상속개시 후 자신의 상속권을 주장하는 경우
⑤ 사립학교법에 위반되어 무효라는 사실을 알면서 학교교육에 직접 사용되고 있는 학교법인의 재산인 교지, 교사 등을 매도하거나 담보로 제공한 후 그 무효를 주장하는 경우

해설

① (○) : 회사가 해고한 근로자에게 지급할 퇴직금과 갑근세반환금 등을 청산하여 변제공탁하고 근로자가 그 공탁을 조건 없이 수락하고 출급청구를 하여 수령하였다면 그 근로자는 그때에 회사의 해고처분을 유효한 것으로 인정하였다고 볼 수밖에 없으므로 그 후 8개월 가까이 지나 제기한 해고무효확인청구는 금반언의 원칙에 위배되어 위법하다(대판 1989. 9. 29. 88다카19804).

② (✗) : 민법상 신의성실의 원칙은 법률관계의 당사자는 상대방의 이익을 배려하여 형평에 어긋나거나, 신뢰를 저버리는 내용 또는 방법으로 권리를 행사하거나 의무를 이행하여서는 아니 된다는 추상적 규범으로서, 신의성실의 원칙에 위배된다는 이유로 권리의 행사를 부정하기 위해서는 상대방에게 신의를 공여하였다거나 객관적으로 보아 상대방이 신의를 가짐이 정당한 상태에 있어야 하고, 이러한 상대방의 신의에 반하여 권리를 행사하는 것이 정의관념에 비추어 용인될 수 없는 정도의 상태에 이르러야 한다. 또한 강행법규를 위반한 자가 스스로 그 약정의 무효를 주장하는 것이 신의칙에 위배되는 권리의 행사라는 이유로 그 주장을 배척한다면, 이는 오히려 강행법규에 의하여 배제하려는 결과를 실현시키는 셈이 되어 입법 취지를 완전히 몰각하게 되므로, 달리 특별한 사정이 없는 한 위와 같은 주장이 권리남용에 해당되거나 신의성실 원칙에 반한다고 할 수 없다(대판 2018. 4. 26. 2017다288757).

③ (✗) : 강행규정에 위반된 투자수익보장약정을 권유한 자가 나중에 약정금의 이행을 구하는 상대방에 대하여 무효주장을 하는 것이 신의칙에 반하지 않고, 구 국토이용관리법상 허가구역 내에서 허가받지 않은 매매의 경우 매도인이 매수인에게 무효주장을 하는 것이 신의칙에 반하지 않는다(대판 2003.4.22. 2003다2390·2406).

④ (✗) : 상속인 중의 1인이 피상속인의 생존시에 피상속인에 대하여 상속을 포기하기로 약정하였다고 하더라도, 상속개시 후 민법이 정하는 절차와 방식에 따라 상속포기를 하지 아니한 이상, 상속개시 후에 자신의 상속권을 주장하는 것은 정당한 권리행사로서 권리남용에 해당하거나 또는 신의칙에 반하는 권리의 행사라고 할 수 없다(대판 1998. 7. 24. 98다9021).

⑤ (✗) : 사립학교법 제51조, 제28조 제2항은 사립학교의 존립 및 목적수행에 필수적인 교육시설을 보전함으로써 사립학교의 건전한 발달을 도모하는 데 그 목적이 있으므로 강행규정인 위 규정을 위반하였을 경우에 위반한 자 스스로가 무효를 주장하는 것이 신의칙에 위배되는 권리의 행사라는 이유로 이를 배척한다면 위와 같은 입법취지를 완전히 몰각시키는 결과가 되므로 특별한 사정이 없는 한 그러한 주장이 신의칙에 위반된다고 볼 수 없으며, 위 사립학교법 규정들이 헌법에 위배된다고 볼 수도 없다(대판 2000. 6. 23. 2000다12761,12778).

정답 ①

030 권리실효의 원칙에 관한 설명으로 옳지 않은 것은? (다툼이 있으면 판례에 따름) [19 세무사]

① 포기할 수 없는 권리도 권리 실효는 인정될 수 있다.
② 종전 토지 소유자의 권리 불행사라는 사정은 새로운 소유자에게 실효의 원칙을 적용함에 있어서 고려되지 않는다.
③ 소멸시효에 걸리지 않는 권리라도 권리 실효가 인정되면 더 이상 권리를 행사할 수 없다.
④ 권리 실효가 인정되기 위해서는 의무자인 상대방이 더 이상 권리자가 그 권리를 행사하지 아니할 것으로 믿을 만한 정당한 사유가 있어야 한다.
⑤ 항소권과 같이 소송법상의 권리에도 실효의 원칙이 적용될 수 있다.

해설

① (✗) : 인지청구권은 본인의 일신전속적인 신분관계상의 권리로서 포기할 수도 없으며 포기하였더라도 그 효력이 발생할 수 없는 것이고, 이와 같이 인지청구권의 포기가 허용되지 않는 이상 거기에

실효의 법리가 적용될 여지도 없다. 인지청구권의 행사가 상속재산에 대한 이해관계에서 비롯되었다 하더라도 정당한 신분관계를 확정하기 위해서라면 신의칙에 반하는 것이라 하여 막을 수 없다(대판 2001.11.27, 2001므1353).

② (O), ④ (O) : 실효의 원칙이라 함은 권리자가 장기간에 걸쳐 그 권리를 행사하지 아니함에 따라 그 의무자인 상대방이 더 이상 권리자가 그 권리를 행사하지 아니할 것으로 신뢰할 만한 정당한 기대를 가지게 되는 경우에 새삼스럽게 권리자가 그 권리를 행사하는 것은 법질서 전체를 지배하는 신의성실의 원칙에 위반되어 허용되지 않는다는 것을 의미하는 것이므로, 종전 토지 소유자가 자신의 권리를 행사하지 않았다는 사정은 그 토지의 소유권을 적법하게 취득한 새로운 권리자에게 실효의 원칙을 적용함에 있어서 고려하여야 할 것은 아니다(대판 1995. 8. 25. 94다27069).

③ (O), ⑤ (O) : 실효의 원칙이라 함은 권리자가 장기간에 걸쳐 그 권리를 행사하지 아니함에 따라 그 의무자인 상대방이 더 이상 권리자가 권리를 행사하지 아니할 것으로 신뢰할 만한 정당한 기대를 가지게 된 경우에 새삼스럽게 권리자가 그 권리를 행사하는 것은 법질서 전체를 지배하는 신의성실의 원칙에 위반되어 허용되지 아니한다는 것을 의미하고, **항소권과 같은 소송법상의 권리에 대하여도 이러한 원칙은 적용될 수 있다고 할 것**이다(대판 1996.7.30, 94다51840).

정답 ①

031 권리남용에 관한 설명으로 옳지 않은 것은? (다툼이 있으면 판례에 따름) [19 세무사]

① 소유권의 행사가 권리남용이 되기 위해서는 권리행사의 목적이 오직 상대방에게 고통을 주고 손해를 입히려는 데 있을 뿐, 행사하는 사람에게 아무런 이익이 없는 경우이어야 한다.
② 권리의 행사에 의하여 얻는 이익보다 상대방이 잃을 손해가 현저히 크다는 사정만으로는 권리남용이라 할 수 없다.
③ 권리남용의 주관적 요건은 권리자의 정당한 이익을 결여한 권리행사로 보이는 객관적 사정에 의하여 추인할 수 있다.
④ 토지 소유권 침해를 이유로 하는 건물 철거 청구가 권리남용이 되는 한 건물 소유자[4]는 그 토지 사용에 대하여 부당이득의 반환을 청구하지 못한다.
⑤ 채무자가 상계할 목적으로 부도가 난 채권자가 발행한 어음을 헐값으로 매입하여 자신의 채무와 상계하는 경우, 주관적 요건이 없어도 권리남용이 인정된다.

해설

① (O), ② (O) : 判例는 "권리행사의 목적이 오직 상대방에게 고통을 주고 손해를 입히려는 데 있을 뿐 행사하는 사람에게 아무런 이익이 없어야 한다"(대판 1986.7.22, 85다카2307 외 다수)라고 하여, 객관적 요건 외에 주관적 요건을 갖출 것을 요구한다.

③ (O) : 다만 判例는 "… 주관적 요건은 권리자의 정당한 이익을 결여한 권리행사로 보여지는 **객관적인 사정에 의하여 추인할 수 있다**"라고 판시한 것이 있다(대판 1993.5.14, 93다4366).

---
4) 토지소유자의 오타로 보인다.

④ (✗) : 권리의 행사가 권리남용으로 되면 권리 본래의 효과가 발생하지 않는다. 다만 소유자의 건물 철거청구가 권리남용에 해당하여 철거청구(제214조) 자체는 인용되지 않더라도, 소유자의 소유권 자체가 부정되는 것은 아니고 침해자의 불법점유가 적법한 권원에 기한 것으로 전환되지도 않으므로, 소유자는 침해자에 대하여 부당이득반환청구를 할 수 있고(제741조), 권리남용으로 인하여 상대방에게 손해가 발생하였다면 불법행위가 성립할 수 있다(제750조).

⑤ (○) : 부도 직전에 있는 甲에 대하여 채무를 부담하고 있는 乙이 甲의 채권자들로부터 채권을 헐값으로 양도받아, 상계하는 경우에는 일반적인 권리남용의 경우에 요구되는 주관적 요건을 필요로 하지 않는다5)(대판 2003.4.11, 2002다59481).

정답 ④

032 신의성실의 원칙에 관한 설명으로 옳은 것은? (다툼이 있으면 판례에 따름) [20 세무사]

① 사적 자치의 영역을 넘어 공공질서를 위하여 공익적 요구를 선행시켜야 할 경우에도 원칙적으로 신의성실의 원칙이 합법성의 원칙보다 우선한다.
② 당사자의 주장이 없음에도 법원이 직권으로 신의성실의 원칙에 반한다고 판단하는 것은 위법하다.
③ 병원은 입원환자의 휴대품 등의 도난을 방지함에 필요한 적절한 조치를 강구해야 할 신의칙상의 보호의무를 지닌다.
④ 이사가 채무액과 변제기가 특정된 회사 채무에 대하여 보증계약을 체결한 경우 이사직 사임이라는 사정변경을 이유로 보증계약을 해지할 수 있다.
⑤ 강행법규를 위반한 자가 스스로 그 약정의 무효를 주장하는 것은 특별한 사정이 없는 한 신의성실 원칙에 반한다.

해설

① (✗) : 사적 자치의 영역을 넘어 공공질서를 위하여 공익적 요구를 선행시켜야 할 경우 합법성의 원칙은 신의성실의 원칙보다 우월한 것이므로, 신의성실의 원칙은 합법성의 원칙을 희생하여서라도 구체적 신뢰보호의 필요성이 인정되는 경우에 한하여 예외적으로 적용되는 것인바, 어떠한 경우에 합법성의 원칙보다 구체적 신뢰보호를 우선할 필요가 있는지를 판단하기 위하여는 신뢰보호를 주

---

5) 일반적으로 당사자 사이에 상계적상이 있는 채권이 병존하고 있는 경우에는 이를 상계할 수 있는 것이 원칙이고, 이러한 상계의 대상이 되는 채권은 상대방과 사이에서 직접 발생한 채권에 한하는 것이 아니라, 제3자로부터 양수 등을 원인으로 하여 취득한 채권도 포함한다 할 것인바, 이러한 상계권자의 지위가 법률상 보호를 받는 것은, 원래 상계제도가 서로 대립하는 채권, 채무를 간이한 방법에 의하여 결제함으로써 양자의 채권채무관계를 원활하고 공평하게 처리함을 목적으로 하고 있고, 상계권을 행사하려고 하는 자에 대하여는 수동채권의 존재가 사실상 자동채권에 대한 담보로서의 기능을 하는 것이어서 그 담보적 기능에 대한 당사자의 합리적 기대가 법적으로 보호받을 만한 가치가 있음에 근거하는 것이므로 당사자가 상계의 대상이 되는 채권이나 채무를 취득하게 된 목적과 경위, 상계권을 행사함에 이른 구체적·개별적 사정에 비추어, 그것이 위와 같은 상계 제도의 목적이나 기능을 일탈하고, 법적으로 보호받을 만한 가치가 없는 경우에는, 그 상계권의 행사는 신의칙에 반하거나 상계에 관한 권리를 남용하는 것으로서 허용되지 않는다고 함이 상당하고, 상계권 행사를 제한하는 위와 같은 근거에 비추어 볼 때 일반적인 권리 남용의 경우에 요구되는 주관적 요건을 필요로 하는 것은 아니다.

장하는 사람에게 위법행위와 관련한 주관적 귀책사유가 있는지 여부 및 그와 같은 신뢰가 법적으로 보호할 가치가 있는지 여부 등을 종합적으로 고려하여야 한다(대판 2014. 5. 29. 2012다44518).

② (×) : 신의칙위반이나 권리남용은 **강행규정**에 위반되는 것이므로, **당사자의 주장이 없더라도** 법원은 **직권으로 판단할** 수 있다(대판 1995.12.22. 94다42129).

③ (O) : 환자가 병원에 입원하여 치료를 받는 경우에 있어서, 병원은 진료뿐만 아니라 환자에 대한 숙식의 제공을 비롯하여 간호·보호 등 입원에 따른 포괄적 채무를 지는 것인 만큼 병원은 병실에의 출입자를 통제·감독하든가 그것이 불가능하다면 최소한 입원환자에게 휴대품을 안전하게 보관할 수 있는 시정장치가 있는 사물함을 제공하는 등으로 입원환자의 휴대품 등의 도난을 방지함에 필요한 적절한 조치를 강구하여 줄 신의칙상의 보호의무가 있다(대판 2003.04.11. 2002다63275).

④ (×) : 회사의 이사가 채무액과 변제기가 **특정되어 있는 회사 채무**에 대하여 보증계약을 체결한 경우에는 계속적 보증이나 포괄근보증의 경우와는 달리 이사직 사임이라는 사정변경을 이유로 보증인인 이사가 일방적으로 보증계약을 해지할 수 없다(대판 1999.12.28. 99다25938; 대판 2000.03.10. 99다61750).

⑤ (×) : 강행법규를 위반한 자가 스스로 그 약정의 무효를 주장하는 것이 신의칙에 위배되는 권리의 행사라는 이유로 그 주장을 배척한다면, 이는 오히려 강행법규에 의하여 배제하려는 결과를 실현시키는 셈이 되어 입법 취지를 완전히 몰각하게 되므로, 달리 특별한 사정이 없는 한 위와 같은 주장이 권리남용에 해당되거나 신의성실 원칙에 반한다고 할 수 없다(대판 2018.04.26. 2017다288757).

정답 ③

033 신의성실의 원칙에 위반되는 행위가 아닌 것은? (다툼이 있으면 판례에 따름) [20 세무사]

① 해제권을 장기간 행사하지 않아 상대방이 해제권은 더 이상 행사되지 않을 것으로 정당하게 신뢰하였음에도 그 해제권을 행사하는 행위
② 상속인이 피상속인 생존 시 상속포기의 약정을 하였으나 상속개시 후 상속포기의 절차를 밟지 않고 자신의 상속권을 주장하는 행위
③ 특별한 사정이 없는 경우, 해고된 근로자가 퇴직금을 이의 없이 수령하고 그로부터 아무런 이의제기 등이 없는 상태에서 오랜 기간이 지난 후에 해고무효의 소를 제기하는 행위
④ 대항력을 갖춘 임차인이 임대인의 근저당권자에게 자신은 임차인이 아니며, 임차인으로서의 권리를 주장하지 않겠다고 확인서를 작성해 준 후 나중에 임차권을 주장하는 행위
⑤ 농지 매매계약을 체결한 매수인이 자신은 농가가 아니고 자영의 의사도 없다는 이유를 들어 그 매매계약의 무효를 주장하는 행위

해설

① (O) : 일반적으로 권리의 행사는 신의에 좇아 성실히 하여야 하고 권리는 남용하지 못하는 것이므로, 해제권을 갖는 자가 상당한 기간이 경과하도록 이를 행사하지 아니하여 상대방으로서도 이제는 그 권리가 행사되지 아니할 것이라고 신뢰할 만한 정당한 사유를 갖기에 이르러 그 후 새삼스럽게 이를 행사하는 것이 법질서 전체를 지배하는 신의성실의 원칙에 위반하는 것으로 인정되는 결과가

될 때에는 이른바 실효의 원칙에 따라 그 해제권의 행사가 허용되지 않는다고 보아야 할 것이다(대판 1994. 11. 25. 94다12234).

② (✕) : 상속인 중의 1인이 피상속인의 생존시에 피상속인에 대하여 상속을 포기하기로 약정하였다고 하더라도, 상속개시 후 민법이 정하는 절차와 방식에 따라 상속포기를 하지 아니한 이상, 상속개시 후에 자신의 상속권을 주장하는 것은 정당한 권리행사로서 권리남용에 해당하거나 또는 신의칙에 반하는 권리의 행사라고 할 수 없다(대판 1998. 7. 24. 98다9021).

③ (○) : 근로자가 사직원의 작성·제출이 자신이 아닌 그의 형에 의하여 이루어졌음을 이유로 의원면직의 무효확인을 구하는 사안에서, 근로자의 형이 사직원을 제출하게 된 경위 및 근로자가 아무런 이의 없이 퇴직금을 수령한 점 등 제반 사정에 비추어 볼 때 의원면직일로부터 5년이 넘게 경과한 후에 위와 같은 소송을 제기한 것은 신의칙에 반하는 것이다(대판 2005.10.28, 2005다45827).

④ (○) : 은행에게 보증금 없이 임차하고 있다고 말하고 확인서까지 써 준 임차인이 경락인인 은행에게 보증금반환을 내세워 건물의 명도를 거부하는 것은 신의칙에 위배된다(대판 1987.11.24, 87다카1708).

⑤ (○) : 농지에 대해 자경의사가 있는 것처럼 소재지관서의 증명을 받아 소유권이전등기를 마친 후 증여세의 부과를 면하기 위하여 등기의 무효를 주장하는 것은 신의칙에 위배된다(대판 1990.7.24, 89누8224).

정답 ②

034 신의성실의 원칙에 관한 설명으로 옳은 것을 모두 고른 것은? (다툼이 있으면 판례에 따름)
[21 감평]

> ㄱ. 회사의 이사가 회사의 확정채무를 보증한 경우에는 그 직을 사직하더라도 사정변경을 이유로 그 보증계약을 해지할 수 없다.
> ㄴ. 소멸시효 완성 전에 채무자가 시효중단을 현저히 곤란하게 하여 채권자가 아무런 조치를 취할 수 없었던 경우, 그 채무자가 시효완성을 주장하는 것은 신의칙상 허용되지 않는다.
> ㄷ. 강행법규를 위반한 자가 스스로 강행법규 위반을 이유로 약정의 무효를 주장하는 것은 특별한 사정이 없는 한 신의칙에 반한다.

① ㄱ   ② ㄷ   ③ ㄱ, ㄴ
④ ㄴ, ㄷ   ⑤ ㄱ, ㄴ, ㄷ

해설

ㄱ. (○) : 회사의 이사가 채무액과 변제기가 특정되어 있는 회사 채무에 대하여 보증계약을 체결한 경우에는 계속적 보증이나 포괄근보증의 경우와는 달리 이사직 사임이라는 사정변경을 이유로 보증인인 이사가 일방적으로 보증계약을 해지할 수 없다(대판 1999.12.28, 99다25938 ; 대판 2000.3.10, 99다61750).

ㄴ. (○) : 채무자의 소멸시효에 기한 항변권 행사도 우리 민법의 대원칙인 신의성실 원칙과 권리남용 금지 원칙의 지배를 받는 것이어서, 채무자가 시효완성 전에 채권자의 권리행사나 시효중단을 불가능 또는 현저히 곤란하게 하였거나, 그러한 조치가 불필요하다고 믿게 하는 행동을 하였거나, 객관적으로 채권자가 권리를 행사할 수 없는 장애사유가 있었거나 또는 일단 시효완성 후에 채무자가 시효를 원용하지 아니할 것 같은 태도를 보여 권리자로 하여금 그와 같이 신뢰하게 하였거나, 채권자보호의 필요성이 크고, 같은 조건의 다른 채권자가 채무변제를 수령하는 등의 사정이 있어 채무이행 거절을 인정함이 현저히 부당하거나 불공평하게 되는 등 특별한 사정이 있는 경우에는 채무자가 소멸시효 완성을 주장하는 것이 신의성실 원칙에 반하여 권리남용으로서 허용될 수 없다(대판 2008.11.27. 2006다18129).

ㄷ. (×) : 강행법규를 위반한 자가 스스로 그 약정의 무효를 주장하는 것이 신의칙에 위배되는 권리의 행사라는 이유로 그 주장을 배척한다면, 이는 오히려 강행법규에 의하여 배제하려는 결과를 실현시키는 셈이 되어 입법 취지를 완전히 몰각하게 되므로, 달리 특별한 사정이 없는 한 위와 같은 주장이 권리남용에 해당되거나 신의성실 원칙에 반한다고 할 수 없다(대판 2018. 4. 26. 2017다288757).

정답 ③

035 신의성실의 원칙(신의칙) 및 권리남용에 관한 설명으로 옳은 것은? (다툼이 있으면 판례에 따름)
[21 세무사]

① 법정대리인의 동의 없이 신용구매계약을 체결한 미성년자가 사후에 법정대리인의 동의 없음을 이유로 이를 취소하는 것은 신의칙에 위배되지 않는다.
② 채무자의 소멸시효에 기한 항변권의 행사는 신의칙의 지배를 받지 않는다.
③ 신의칙은 당사자의 주장이 없으면 법원이 직권으로 판단할 수 없다.
④ 권리의 행사에 의하여 얻는 이익보다 상대방에게 발생할 손해가 현저히 크다는 사정만으로도 권리남용이 된다.
⑤ 채권자가 유효하게 성립한 계약에 따른 급부의 이행을 청구하는 때에 법원이 신의칙에 따라 급부의 일부를 감축하는 것은 원칙적으로 허용된다.

해설

① (○) : 법정대리인의 동의를 얻지 않고 신용카드 가맹점과 신용구매계약을 체결한 미성년자가 사후에 법정대리인의 동의 없음을 들어 그 계약을 취소하는 것은 신의칙에 반하지 않는다(대판 2007.11.16. 2005다71659・71666・71673).

② (×) : 채무자의 소멸시효에 기한 항변권 행사도 우리 민법의 대원칙인 신의성실 원칙과 권리남용금지 원칙의 지배를 받는 것이어서, 채무자가 시효완성 전에 채권자의 권리행사나 시효중단을 불가능 또는 현저히 곤란하게 하였거나, 그러한 조치가 불필요하다고 믿게 하는 행동을 하였거나, 객관적으로 채권자가 권리를 행사할 수 없는 장애사유가 있었거나 또는 일단 시효완성 후에 채무자가 시효를 원용하지 아니할 것 같은 태도를 보여 권리자로 하여금 그와 같이 신뢰하게 하였거나, 채권자보호의 필요성이 크고, 같은 조건의 다른 채권자가 채무변제를 수령하는 등의 사정이 있어 채무이행 거절을 인정함이 현저히 부당하거나 불공평하게 되는 등 특별한 사정이 있는 경우에는 채무자가

소멸시효 완성을 주장하는 것이 신의성실 원칙에 반하여 권리남용으로서 허용될 수 없다(대판 2008.11.27. 2006다18129).

③ (×) : 신의칙위반이나 권리남용은 **강행규정**에 위반되는 것이므로, **당사자의 주장이 없더라도** 법원은 **직권으로 판단**할 수 있다(대판 1995.12.22. 94다42129).

④ (×) : 判例는 "권리행사의 목적이 오직 상대방에게 고통을 주고 손해를 입히려는 데 있을 뿐 행사하는 사람에게 아무런 이익이 없어야 한다(대판 1986.7.22. 85다카2307 외 다수)."라고 하여, 객관적 요건 외에 주관적 요건을 갖출 것을 요구한다.

⑤ (×) : 유효하게 성립한 계약상의 책임을 공평의 이념 또는 신의칙과 같은 일반원칙에 의하여 제한하는 것은 사적 자치의 원칙이나 법적 안정성에 대한 중대한 위협이 될 수 있으므로, 채권자가 유효하게 성립한 계약에 따른 급부의 이행을 청구하는 때에 법원이 급부의 일부를 감축하는 것은 원칙적으로 허용되지 않는다. 甲 공사가 乙 주식회사와 체결한 전기공급계약에 따라 전기를 공급한 후 착오로 청구하지 않았던 전기요금의 지급을 구하자 乙 회사가 채무부존재 확인을 구한 사안에서, 甲 공사가 乙 회사에 유효하게 성립한 전기공급계약에 따른 전기요금을 청구하는 것이 신의성실의 원칙이나 형평의 원칙에 반하여 허용될 수 없어 전기요금을 감액할 수 있다고 보기 어려운데도, 乙 회사가 甲 공사에 지급할 추가 전기요금채무를 1/2로 감액한 원심판단에 법리오해의 잘못이 있다(대판 2016. 12. 1. 2016다240543).

정답 ①

036 신의칙(민법 제2조)에 관한 설명으로 옳지 않은 것은? (다툼이 있으면 판례에 따름) [예상]

① 신의칙에 반하는 것은 강행규정에 위배되는 것이므로 당사자의 주장이 없더라도 법원은 직권으로 이를 판단할 수 있다.

② 임차인은 임대인과 사업을 홍보하기 위한 견본주택을 건축하기 위해 토지를 임차하기로 하는 임대차계약을 체결하였는데, 임차인이 이 토지에 견본주택을 건축할 수 없다는 사실을 알게 되어 사정변경을 이유로 임대차계약을 해지하는 것은 부적법하다.

③ 기존회사가 채무를 면탈할 목적으로 기업의 형태·내용이 실질적으로 동일한 신설회사를 설립하였다면, 신설회사의 설립은 기존회사의 채무면탈이라는 위법한 목적달성을 위하여 회사제도를 남용한 것이므로 기존회사의 채권자에 대하여 두 회사가 별개의 법인격을 갖고 있음을 주장하는 것은 신의성실의 원칙상 허용될 수 없고, 기존회사의 채권자는 두 회사 어느 쪽에 대하여서도 채무의 이행을 청구할 수 있다.

④ 재산권의 거래관계에 있어서 계약의 일방 당사자가 상대방에게 그 계약의 효력에 영향을 미치거나 상대방의 권리 확보에 위험을 가져올 수 있는 구체적 사정을 고지하였다면 상대방이 그 계약을 체결하지 아니하거나 적어도 그와 같은 내용 또는 조건으로 계약을 체결하지 아니하였을 것임이 경험칙 상 명백한 경우 그 계약 당사자는 신의성실의 원칙상 상대방에게 미리 그와 같은 사정을 고지할 의무가 있다고 하겠으나, 이때에도 상대방이 고지의무의 대상이 되는 사실을 이미 알고 있거나 스스로 이를 확인할 의무가 있는 경우 또는 거래 관행상 상대방이 당연히 알고 있을 것으로 예상되는 경우 등에는 상대방에게 위와 같은 사정을 알리지 아니하였다고 하여 고지의무를 위반하였다고 볼 수 없다.

⑤ 소멸시효 제도는 법률관계의 주장에 일정한 시간적 한계를 설정함으로써 그에 관한 당사자 사이의 다툼을 종식시키려는 것으로서, 누구에게나 무차별적·객관적으로 적용되는 시간의 경과가 1차적인 의미를 가지는 것으로 설계되었음을 고려하면, 법적 안정성의 요구는 더욱 선명하게 제기된다. 따라서 소멸시효 완성의 주장이 신의성실의 원칙에 반하여 허용되지 아니한다고 평가하는 것은 신중을 기할 필요가 있다.

해설

① (O) : 신의칙위반이나 권리남용은 **강행규정**에 위반되는 것이므로, **당사자의 주장이 없더라도** 법원은 **직권으로 판단**할 수 있다(대판 1995.12.22. 94다42129).

② (X) : 임차인은 임대인과 사업을 홍보하기 위한 견본주택을 건축하기 위해 토지를 임차하기로 하는 임대차계약을 체결하였는데, 임차인이 이 토지에 견본주택을 건축할 수 없다는 사실을 알게 되어 사정변경을 이유로 임대차계약을 해지하는 것은 적법하다(대판 2020. 12. 10. 2020다254846).

③ (O) : 기존회사가 채무를 면탈할 목적으로 기업의 형태·내용이 실질적으로 동일한 신설회사를 설립하였다면, 신설회사의 설립은 기존회사의 채무면탈이라는 위법한 목적달성을 위하여 회사제도를 남용한 것이므로 기존회사의 채권자에 대하여 두 회사가 별개의 법인격을 갖고 있음을 주장하는 것은 신의성실의 원칙상 허용될 수 없고, 기존회사의 채권자는 두 회사 어느 쪽에 대하여서도 채무의 이행을 청구할 수 있다고 볼 것이다(대판 2016. 4. 28. 2015다13690).

④ (O) : 재산권의 거래관계에 있어서 계약의 일방 당사자가 상대방에게 그 계약의 효력에 영향을 미치거나 상대방의 권리 확보에 위험을 가져올 수 있는 구체적 사정을 고지하였다면 상대방이 그 계약을 체결하지 아니하거나 적어도 그와 같은 내용 또는 조건으로 계약을 체결하지 아니하였을 것임이 경험칙상 명백한 경우 그 계약 당사자는 신의성실의 원칙상 상대방에게 미리 그와 같은 사정을 고지할 의무가 있다고 하겠으나, 이때에도 상대방이 고지의무의 대상이 되는 사실을 이미 알고 있거나 스스로 이를 확인할 의무가 있는 경우 또는 거래 관행상 상대방이 당연히 알고 있을 것으로 예상되는 경우 등에는 상대방에게 위와 같은 사정을 알리지 아니하였다고 하여 고지의무를 위반하였다고 볼 수 없다(대판 2016. 4. 15. 2013다97694).

⑤ (O) : [1] 채무자의 소멸시효에 기한 항변권의 행사도 우리 민법의 대원칙인 신의성실의 원칙과 권리남용금지의 원칙의 지배를 받는 것이어서, 채무자가 시효완성 전에 채권자의 권리행사나 시효중단을 불가능 또는 현저히 곤란하게 하였거나, 그러한 조치가 불필요하다고 믿게 하는 행동을 하였거나, 객관적으로 채권자가 권리를 행사할 수 없는 장애사유가 있었거나, 또는 일단 시효완성 후에 채무자가 시효를 원용하지 아니할 것 같은 태도를 보여 권리자가 그와 같이 신뢰하게 하였거나, 채권자 보호의 필요성이 크고 같은 조건의 다른 채권자가 채무의 변제를 수령하는 등의 사정이 있어 채무이행의 거절을 인정함이 현저히 부당하거나 불공평하게 되는 등의 특별한 사정이 있는 경우에는 채무자가 소멸시효의 완성을 주장하는 것이 신의성실의 원칙에 반하여 권리남용으로서 허용될 수 없다. 다만 실정법에 정하여진 개별 법제도의 구체적 내용에 좇아 판단되는 바를 신의칙과 같은 일반조항에 의한 법원칙을 들어 배제 또는 제한하는 것은 중요한 법가치의 하나인 법적 안정성을 후퇴시킬 우려가 있다. 특히 소멸시효 제도는 법률관계의 주장에 일정한 시간적 한계를 설정함으로써 그에 관한 당사자 사이의 다툼을 종식시키려는 것으로서, 누구에게나 무차별적·객관적으로 적용되는 시간의 경과가 1차적인 의미를 가지는 것으로 설계되었음을 고려하면, 법적 안정성의 요구는 더욱 선명하게 제기된다. 따라서 소멸시효 완성의 주장이 신의성실의 원칙에 반하여 허용되지 아니한다고 평가하는 것은 신중을 기할 필요가 있다. [2] 甲 보험회사와 보험계약을 체결한

乙이 계약의 책임개시일로부터 2년 후 자살하였는데 수익자인 丙이 甲 회사를 상대로 재해사망특약에 기한 보험금의 지급을 구한 사안에서, 丙의 재해사망보험금 청구권은 소멸시효의 완성으로 소멸하였고, 甲 회사가 특약에 기한 재해사망보험금 지급의무가 있음에도 지급을 거절하였다는 사정만으로는 甲 회사의 소멸시효 항변이 권리남용에 해당하지 않는다고 본 원심판단이 정당하다(대판 2016. 9. 30. 2016다218713).

정답 ②

> **최신판례**
>
> 1. 헌법상 기본권은 제1차적으로 개인의 자유로운 영역을 공권력의 침해로부터 보호하기 위한 방어적 권리이지만 다른 한편으로 헌법의 기본적인 결단인 객관적인 가치질서를 구체화한 것으로서, 사법(私法)을 포함한 모든 법 영역에 그 영향을 미치는 것이므로 사인 간의 사적인 법률관계도 헌법상의 기본권 규정에 적합하게 규율되어야 한다. 다만 기본권 규정은 성질상 사법관계에 직접 적용될 수 있는 예외적인 것을 제외하고는 관련 법규범 또는 사법상의 일반원칙을 규정한 민법 제2조, 제103조 등의 내용을 형성하고 그 해석기준이 되어 간접적으로 사법관계에 효력을 미치게 된다(대판 2018. 9. 13. 2017두38560).
>
> 2. 변호사의 소송위임 사무처리 보수에 관하여 변호사와 의뢰인 사이에 약정이 있는 경우 위임사무를 완료한 변호사는 원칙적으로 약정 보수액 전부를 청구할 수 있다. 다만 의뢰인과의 평소 관계, 사건 수임 경위, 사건처리 경과와 난이도, 노력의 정도, 소송물 가액, 의뢰인이 승소로 인하여 얻게 된 구체적 이익, 그 밖에 변론에 나타난 여러 사정을 고려하여, 약정 보수액이 부당하게 과다하여 신의성실의 원칙이나 형평의 관념에 반한다고 볼 만한 특별한 사정이 있는 경우에는 예외적으로 적당하다고 인정되는 범위 내의 보수액만을 청구할 수 있다. 그런데 이러한 보수 청구의 제한은 어디까지나 계약자유의 원칙에 대한 예외를 인정하는 것이므로, 법원은 그에 관한 합리적인 근거를 명확히 밝혀야 한다(대판[전합] 2018. 5. 17. 2016다35833).
>
> 3. 신의성실의 원칙(이하 '신의칙'이라고 한다)은, 법률관계의 당사자는 상대방의 이익을 배려하여 형평에 어긋나거나 신뢰를 저버리는 내용 또는 방법으로 권리를 행사하거나 의무를 이행하여서는 아니 된다는 추상적 규범을 말하는 것으로서, 신의칙에 위배된다는 이유로 권리행사를 부정하기 위해서는 상대방에게 신의를 공여하였거나 객관적으로 보아 상대방이 신의를 가지는 것이 정당한 상태에 이르러야 하고 이와 같은 상대방의 신의에 반하여 권리를 행사하는 것이 정의 관념에 비추어 용인될 수 없는 정도의 상태에 이르러야 한다. 단체협약 등 노사합의의 내용이 근로기준법 등의 강행규정을 위반하여 무효인 경우에, 그 무효를 주장하는 것이 신의칙에 위배되는 권리의 행사라는 이유로 이를 배척한다면 강행규정으로 정한 입법 취지를 몰각시키는 결과가 되므로, 신의칙을 적용하기 위한 일반적인 요건을 갖춤은 물론 강행규정성에도 불구하고 신의칙을 우선하여 적용하는 것을 수긍할 만한 특별한 사정이 있는 예외적인 경우에 해당하지 않는 한 그러한 주장이 신의칙에 위배된다고 볼 수 없다(대판 2018. 7. 11. 2016다9261, 9278).
>
> 4. 기존회사의 자산이 기업의 형태, 내용이 실질적으로 동일한 다른 회사로 바로 이전되지 않고, 기존회사에 정당한 대가를 지급한 제3자에게 이전되었다가 다시 다른 회사로 이전되었다고 하더라도, 다른 회사가 제3자로부터 자산을 이전받는 대가로 기존회사의 다른 자산을 이용하고도 기존회사에 정당한 대가를 지급하지 않았다면, 이는 기존회사에서 다른 회사로 직접 자산이 유용되거나 정당한 대가 없이 자산이 이전된 경우와 다르지 않다. 이러한 경우에도 기존회사의 채무를 면탈할 의도나 목적, 기존회사의 경영상태, 자산상황 등 여러 사정을 종합적으로 고려하여 회사제도를 남용한 것으로 판단된다면, 기존회사의 채권자는 다른 회사에 채무이행을 청구할 수 있다(대판 2019. 12. 13. 2017다271643)).

5. 임차인은 임대인과 사업을 홍보하기 위한 견본주택을 건축하기 위해 토지를 임차하기로 하는 임대차계약을 체결하였는데, 임차인이 이 토지에 견본주택을 건축할 수 없다는 사실을 알게 되어 사정변경을 이유로 임대차계약을 해지하는 것은 적법하다(2020. 12. 10. 2020다254846).

---

6) ☞ 공사 하도급업자인 원고 甲과 재하도급업자들인 나머지 원고들이 그 사이의 채권 양수 등을 원인으로 하여 원래 건축주에 대한 공사대금채권을 가지고 있었는데, 그 건물 건축주 명의가 판결에 기하여 원래 건축주인 A회사에서 소외인으로 변경되고 다시 피고가 소외인으로부터 건축주 명의를 양수한 사안에서, 정당한 소외인이 중간에 개입하였다는 사정만으로 회사제도 남용 법리가 적용되지 않는다고 단정할 수 없고, 이러한 경우에도 소외인으로부터 피고에게 건축주 지위가 이전되는 과정에서 A회사가 차용한 자금이 사용되는 등 A회사의 자산이 정당한 대가 없이 이전되거나 유용되었다면, A회사의 채무면탈이라는 위법한 목적달성을 위해 피고를 이용하여 회사제도를 남용한 것으로 볼 수 있으므로, A회사의 채권자인 원고들이 피고에 대해서도 채무의 이행을 구할 수 있다고 볼 여지가 있다고 하여, 이와 달리 피고의 책임을 부정한 원심을 파기한 사례

제 2 장 권리의 주체

제1절 총 설

제2절 자연인

제1관 자연인의 권리능력

037 민법상 능력에 관한 설명으로 옳지 않은 것은? (다툼이 있으면 판례에 따름) [19 세무사]

① 사람은 생존한 동안 권리와 의무의 주체가 된다.
② 법인은 법률의 규정에 좇아 정관으로 정한 목적 범위 내에서 권리와 의무의 주체가 된다.
③ 의사능력이란 자신의 행위의 의미나 결과를 정상적인 인식력과 예기력을 바탕으로 합리적으로 판단할 수 있는 정신적 능력 내지 지능을 말한다.
④ 행위 능력의 유무는 구체적인 법률행위와 관련하여 개별적으로 판단되어야 한다.
⑤ 법인은 이사 기타 대표자가 그 직무에 관하여 타인에게 가한 손해를 배상할 책임이 있다.

해설

① (O) : 제3조【권리능력의 존속기간】 사람은 생존한 동안 권리와 의무의 주체가 된다.
② (O) : 제34조【법인의 권리능력7)】 법인은 법률의 규정에 좇아 정관으로 정한 목적의 범위 내에서 권리와 의무의 주체가 된다.
③ (O) : 의사능력이란 자신의 행위의 의미나 결과를 정상적인 인식력과 예기력을 바탕으로 합리적으로 판단할 수 있는 정신적 능력 내지는 지능을 말하는 것으로서, 의사능력의 유무는 구체적인 법률행위와 관련하여 개별적으로 판단되어야 하므로, 특히 어떤 법률행위가 그 일상적인 의미만을 이해하여서는 알기 어려운 특별한 법률적인 의미나 효과가 부여되어 있는 경우 의사능력이 인정되기 위하여는 그 행위의 일상적인 의미뿐만 아니라 법률적인 의미나 효과에 대하여도 이해할 수 있을 것을 요한다(대판 2009.1.15. 2008다58367).

---

7) 제34조는 구민법 제43조와 내용이 동일한데, 일본에서는 입법취지를 "법인의제설의 입장에서 영미법의 'ultra vires rule(월권 이론)'에 따라 기초된 것"으로 이해하고 있다. 이는 회사는 정관상의 목적을 수행하는 범위에서만 권능을 가지고(intra vires), 그 목적을 벗어난 경우(ultra vires)에는 무효이며, 추인에 의해 유효로 될 수 없다는 이론이다. 그러나 최근 영미에서는 이 이론을 폐지하고 있으며, 독일 민법은 처음부터 이러한 이론을 알지 못하며, 이러한 규정도 없다. ultra vires rule은 법인을 보호하는 반면에 정관상의 그러한 제한을 알지 못하고 거래한 제3자에게 불측의 손해를 주고, 또 최근의 추세가 이를 폐지하고 있는 점에 비추어 제34조의 해석에 있어서도 이를 감안해야 한다(김준호, 계약법, 64면, 법문사, 참고).

④ (×) : 의사능력의 유무는 구체적인 법률행위와 관련하여 개별적으로 판단되어야 한다. 그러나 행위능력은 획일적으로 판단된다.

⑤ (○) : 제35조【법인의 불법행위능력】① 법인은 이사 기타 대표자가 그 직무에 관하여 타인에게 가한 손해를 배상할 책임이 있다. 이사 기타 대표자는 이로 인하여 자기의 손해배상책임을 면하지 못한다.

정답 ④

038 A의 과실로 인한 교통사고로 사망한 甲의 유족으로 임신 중인 처 乙이 있다. 이 사항과 관련하여 "태아인 동안에도 법정대리인이 있다"는 주장과 합치하지 않는 것은? [13 세무사]

① 태아는 권리능력을 가진다.
② 태아는 乙과 공동상속인이 된다.
③ 태아가 불출생한 경우 乙은 태아의 재산을 상속한다.
④ 乙은 태아를 대리하여 A에게 손해배상을 청구할 수 있다.
⑤ 만일 태아가 유증을 받은 경우 유증인이 사망하면 乙은 태아를 대리하여 그의 상속인에게 유증의 이행을 청구할 수 있다.

해설

해제조건설과 합치되지 않는 지문을 찾는 것이다. 해제조건설은 다수설의 입장으로서 태아일 때라도 **제한적 권리능력**을 가지며, 사산한 경우 권리능력 취득효과가 소급하여 소멸한다. 태아는 법정대리인을 둘 수 있으므로 태아의 보호에 장점은 있으나, 사산인 경우 타인에게 불측의 손해를 입힌다는 단점이 있다. 따라서 불출생인 경우 소급해서 권리능력이 없는 것이므로, 을은 태아의 재산을 상속하는 것이 아니라, 소급하여 甲으로부터 단독상속인으로서 상속재산 전부를 상속 받는 것이다.

정답 ③

039 태아의 권리능력에 관한 설명으로 옳지 않은 것은? (다툼이 있으면 판례에 따름) [15 세무사]

① 태아는 증여에 관하여 이미 출생한 것으로 본다.
② 태아는 상속에 관하여 이미 출생한 것으로 본다.
③ 태아의 법정대리인은 인정되지 않는다.
④ 태아는 부(父)의 생명침해로 인한 위자료청구권에 관하여 이미 출생한 것으로 본다.
⑤ 태아는 자신이 입은 불법행위로 인한 손해배상청구권에 관하여 이미 출생한 것으로 본다.

해설

① (✗) : 다수설・판례는 민법의 규정은 예외적・열거적 규정이므로 유추적용에 반대한다. 예외규정은 좁게 해석해야 하기 때문이다. 따라서 태아에게 인지청구권(제863조)을 인정할 수 없고, 생전증여능력을 인정할 수 없다. 사인증여에 관하여 태아의 권리능력이 인정되지 않는다는 판례는 보이지 않지만, 증여에 있어 수증능력이 없다는 판례는 있다(대판 1982.2.9. 81다534).

② (O) : 제1000조【상속의 순위】③ 태아는 상속순위에 관하여는 이미 출생한 것으로 본다.

③ (O) : 태아가 살아서 출생한 경우 그의 **권리능력취득의 효과가 문제의 사건발생시기까지 소급한다**는 것으로서, 태아에 권리능력이 없으므로 법정대리인을 둘 수 없고 상속재산의 보존・관리가 불가능한 단점이 있으나, 태아사산 시 타인에게 불측의 손해가 없다는 것이 장점이다.

④ (O), ⑤ (O) : 제762조【손해배상청구권에 있어서의 태아의 지위】태아는 손해배상의 청구권에 관하여는 이미 출생한 것으로 본다. 제752조【생명침해로 인한 위자료】타인의 생명을 해한 자는 피해자의 직계존속, 직계비속 및 배우자에 대하여는 재산상의 손해 없는 경우에도 손해배상의 책임이 있다.

정답 ①

040 능력에 관한 설명으로 옳은 것은? (다툼이 있으면 판례에 따름) [17 감평]

① 2인 이상이 동일한 위난으로 사망한 경우에는 동시에 사망한 것으로 본다.
② 태아는 불법행위로 인한 손해배상청구권에 관하여 이미 출생한 것으로 추정한다.
③ 태아는 그 법정대리인에 의하여 수증행위를 할 수 있다.
④ 제한능력을 이유로 법률행위를 취소한 경우, 제한능력자는 선의・악의를 묻지 아니하고 그 행위로 인하여 받은 이익이 현존하는 한도에서 상환할 책임이 있다.
⑤ 계약자유의 원칙상 제한능력자를 보호하는 규정에 반하는 매매계약도 유효하다.

해설

① (✗) : 제30조【동시사망】2인 이상이 동일한 위난으로 사망한 경우에는 동시에 사망한 것으로 추정한다.

② (✗) : 제762조【손해배상청구권에 있어서의 태아의 지위】태아는 손해배상의 청구권에 관하여는 이미 출생한 것으로 본다.

③ (✗) : 사인증여에 관하여 태아의 권리능력이 인정되지 않는다는 판례는 보이지 않지만, 증여에 있어 수증능력이 없다는 판례는 있다(대판 1982.2.9. 81다534).

④ (O) : **무능력자의 책임을 제한하는 민법 제141조 단서**는 부당이득에 있어 수익자의 반환범위를 정한 민법 제748조의 특칙으로서 무능력자의 보호를 위해 그 선의・악의를 묻지 아니하고 반환범위를 현존 이익에 한정시키려는 데 그 취지가 있다(대판 2009.1.15. 2008다58367).

⑤ (✗) : 강행규정에 반하는 계약은 무효이다.

정답 ④

041 자연인의 능력에 관한 설명으로 옳지 않은 것은? (다툼이 있으면 판례에 따름) [17 세무사]

① 생후 1개월인 영아는 권리능력을 가진다.
② 15세인 대학생은 행위능력이 제한된다.
③ 의사능력의 유무는 구체적인 법률행위와 관련하여 개별적으로 판단되어야 한다.
④ 태아는 출생하는 것을 전제로 하여 불법행위를 이유로 한 손해배상청구권을 가질 수 있다.
⑤ 상속개시 당시에 태아인 경우에는 그 후 출생하더라도 상속권이 인정되지 않는다.

> **해설**

① (O) : 제3조 【권리능력의 존속기간】 사람은 생존한 동안 권리와 의무의 주체가 된다.
② (O) : 신법 제4조 【성년기】 사람은 19세로 성년에 이르게 된다.
③ (O) : 의사능력의 유무는 **구체적인 법률행위와 관련**하여 **개별적으로 판단**되어야 한다. 그러나 행위능력은 획일적으로 판단된다.
④ (O) : 判例는 "민법 제762조의 취지는 태아가 살아서 출생한 때에 출생시기가 문제의 사건의 시기까지 소급하여 그때에 태아가 출생한 것과 같이 법률상 보아준다고 해석함이 상당하므로 그가 모체와 같이 사망하여 출생의 기회를 못 가졌다면 손해배상청구권을 논할 여지가 없다(대판 1976. 9. 14, 76다1365)."고 하여 정지조건설을 따른다.
⑤ (✗) : 제1000조 【상속의 순위】 ③ 태아는 상속순위에 관하여는 이미 출생한 것으로 본다.

정답 ⑤

042 태아의 권리능력에 관한 설명으로 옳지 않은 것은? (다툼이 있으면 판례에 따름) [18 세무사]

① 태아는 법정대리인에 의한 수증(受贈)행위를 할 수 있다.
② 상속에 관하여 태아는 이미 출생한 것으로 본다.
③ 태아에게 유류분권이 인정된다.
④ 부(父)가 교통사고로 상해를 입은 경우에 태아 자신의 정신적 고통에 대한 위자료 청구가 인정된다.
⑤ 태아에게 대습상속권이 인정된다.

> **해설**

① (✗) : 의용 민법이나 구관습하에 태아에게는 일반적으로 권리능력이 인정되지 아니하고 손해배상청구권 또는 상속 등 특별한 경우에 한하여 제한된 권리능력을 인정하였을 따름이므로 증여에 관하여는 태아의 수증능력이 인정되지 아니하였고, 또 태아인 동안에는 법정대리인이 있을 수 없으므로 법정대리인에 의한 수증행위도 할 수 없다(대판 1982. 2. 9. 81다534).
② (O) : 제1000조 【상속의 순위】 ③ 태아는 상속순위에 관하여는 이미 출생한 것으로 본다.

③ (O) : 제1118조【준용규정】제1001조, 제1008조, 제1010조의 규정은 유류분에 이를 준용한다.
④ (O) : 제762조【손해배상청구권에 있어서의 태아의 지위】태아는 손해배상의 청구권에 관하여는 이미 출생한 것으로 본다.
⑤ (O) : 제1001조【대습상속】전조 제1항 제1호와 제3호의 규정에 의하여 상속인이 될 직계비속 또는 형제자매가 상속개시 전에 사망하거나 결격자가 된 경우에 그 직계비속이 있는 때에는 그 직계비속이 사망하거나 결격된 자의 순위에 갈음하여 상속인이 된다.

정답 ①

043 태아에게 권리능력이 인정되는 경우를 모두 고른 것은? [19 세무사]

ㄱ. 상속
ㄴ. 유증
ㄷ. 태아의 인지청구권
ㄹ. 불법행위로 인한 손해배상청구권

① ㄱ, ㄴ, ㄷ   ② ㄱ, ㄴ, ㄹ   ③ ㄱ, ㄷ, ㄹ
④ ㄴ, ㄷ, ㄹ   ⑤ ㄱ, ㄴ, ㄷ, ㄹ

해설

ㄱ. (O) : 제1000조【상속의 순위】③ 태아는 상속순위에 관하여는 이미 출생한 것으로 본다. 〈개정 1990.1.13〉
ㄴ. (O) : 제1064조【유언과 태아, 상속결격자】제1000조제3항, 제1004조의 규정은 수증자에 준용한다. 〈개정 1990.1.13〉
ㄷ. (X) : 제858조【포태 중인 자의 인지】부는 포태 중에 있는 자에 대하여도 이를 인지할 수 있다.
ㄹ. (O) : 제762조【손해배상청구권에 있어서의 태아의 지위】태아는 손해배상의 청구권에 관하여는 이미 출생한 것으로 본다.

정답 ②

1. 태아는 원칙적으로 권리능력이 없고 개별적으로만 권리능력을 예외적으로 인정하고 있을 뿐이므로, 상해보험계약을 체결할 때 약관 또는 보험자와 보험계약자의 개별 약정으로 태아를 상해보험의 피보험자로 할 수는 없다. ( )
☞ (X) : 상해보험계약을 체결할 때 약관 또는 보험자와 보험계약자의 개별 약정으로 태아를 상해보험의 피보험자로 할 수 있다. 그 이유는 다음과 같다. 상해보험은 피보험자가 보험기간 중에 급격하고 우연한 외래의 사고로 인하여 신체에 손상을 입는 것을 보험사고로 하는 인보험이므로, 피보험자는 신체를 가진 사람(인)임을 전제로 한다(상법 제737조). 그러나 상법상 상해보험계약 체결에서 태아의 피보험자 적격이 명시적으로 금지되어 있지 않다. 인보

험인 상해보험에서 피보험자는 '보험사고의 객체'에 해당하여 그 신체가 보험의 목적이 되는 자로서 보호받아야 할 대상을 의미한다. 헌법상 생명권의 주체가 되는 태아의 형성 중인 신체도 그 자체로 보호해야 할 법익이 존재하고 보호의 필요성도 본질적으로 사람과 다르지 않다는 점에서 보험보호의 대상이 될 수 있다. 이처럼 약관이나 개별 약정으로 출생 전 상태인 태아의 신체에 대한 상해를 보험의 담보범위에 포함하는 것이 보험제도의 목적과 취지에 부합하고 보험계약자나 피보험자에게 불리하지 않으므로 상법 제663조에 반하지 아니하고 민법 제103조의 공서양속에도 반하지 않는다. 따라서 계약자유의 원칙상 태아를 피보험자로 하는 상해보험계약은 유효하고, 그 보험계약이 정한 바에 따라 보험기간이 개시된 이상 출생 전이라도 태아가 보험계약에서 정한 우연한 사고로 상해를 입었다면 이는 보험기간 중에 발생한 보험사고에 해당한다(대판 2019. 3. 28. 2016다211224).

2. 임신한 여성 근로자에게 그 업무에 기인하여 발생한 태아의 건강손상은 여성 근로자의 노동능력에 미치는 영향이나 그 정도와 관계없이 여성 근로자의 업무상 재해에 해당한다고 보아야 한다. ( )

☞ (O) : 사람은 생존한 동안 권리와 의무의 주체가 되므로(민법 제3조), 개별 법률에서 예외적으로 태아의 권리능력을 인정하는 규정을 두지 아니하는 한 태아는 원칙적으로 권리능력이 없다. 산재보험법에는 태아의 권리능력을 인정하는 별도의 규정이 없으므로 산재보험법의 해석상 모체와 태아는 '한 몸' 즉 '본성상 단일체'로 취급된다. 태아는 모체 없이는 존재하지도 않고 존재할 수도 없으며, 태아는 모체의 일부로 모(母)와 함께 근로현장에 있기 때문에 언제라도 사고와 위험에 노출될 수 있다. 그리고 산재보험법상 요양급여는 근로자가 업무상의 사유로 부상을 당하거나 질병에 걸린 경우에 그 근로자에게 지급하는 것이므로, 장해급여와는 달리 그 부상이나 질병으로 인하여 반드시 노동능력을 상실할 것을 요건으로 하지는 않는다. (따라서) 임신한 여성 근로자에게 그 업무에 기인하여 모체의 일부인 태아의 건강이 손상되는 업무상 재해가 발생하여 산재보험법에 따른 요양급여 수급관계가 성립하게 되었다면, 이후 출산으로 모체와 단일체를 이루던 태아가 분리되었다 하더라도 이미 성립한 요양급여 수급관계가 소멸된다고 볼 것은 아니다. 따라서 여성 근로자는 출산 이후에도 모체에서 분리되어 태어난 출산아의 선천성 질병 등에 관하여 요양급여를 수급할 수 있는 권리를 상실하지 않는다고 보아야 한다(대판 2020. 4. 29. 2016두41071).

044 권리능력에 관한 설명으로 옳지 않은 것은? (다툼이 있으면 판례에 따름) [18 세무사]

① 2인 이상이 동일한 위난으로 사망한 경우에는 동시에 사망한 것으로 추정한다.
② 특허권, 상표권에 관해서는 상호주의에 따라 외국인의 권리능력이 제한된다.
③ 인정사망이란 사망의 확증은 없으나 사망이 확실하다고 인정되는 경우, 가족관계 등록부에 사망으로 기재하여 사망을 간주하는 제도이다.
④ 동시사망 시에도 대습상속이 가능하다.
⑤ 실존인물인 경우에 특별한 사정이 없는 한 생존한다고 추정되고, 사망의 사실 및 시기에 대한 증명책임은 그것은 전제로 한 법률효과를 주장하는 자가 진다.

> 해설

① (O) : 제30조【동시사망】 2인 이상이 동일한 위난으로 사망한 경우에는 동시에 사망한 것으로 추정한다.

② (O) : 상호주의란 외국인의 권리능력을 그의 본국이 자국민에게 인정하는 것과 같은 정도로 인정하는 것을 말한다. 특히 (ⅰ) 외국인이 대한민국 내에 일반 토지를 취득하는 계약을 체결한 경우에는 계약체결일로부터 60일 이내에 시장 등에게 신고하여야 한다(외국인토지법 제4조 1항). 하지만 대한민국 국민 또는 대한민국 법인에 대하여 자국 내의 토지의 취득 또는 양도를 금지하거나 제한하는 국가의 개인 또는 법인 등에 대하여는, 대통령령이 정하는 바에 따라 대한민국 내의 토지의 취득 또는 양도를 금지하거나 제한할 수 있다고 하여, 상호주의에 의한 제한을 가하고 있다(동법 제3조). (ⅱ) 특허권·실용신안권·디자인권·상표권·저작권 등의 지식재산권의 취득(특허법 제25조, 실용신안법 제3조, 디자인보호법 제4조, 상표법 제5조, 저작권법 제3조), 국가배상청구(국가배상법 제7조) 등도 상호주의를 취한다.

③ (X) : 사망이 간주되는 실종은 사망한 것으로 '추정'하는 인정사망과 다르다.

④ (O) : 민법 제1001조의 '상속인이 될 직계비속이 상속개시 전에 사망한 경우'에는 '상속인이 될 직계비속이 상속개시와 동시에 사망한 것으로 추정되는 경우'도 포함하는 것으로 합목적적으로 해석함이 상당하다[8](대판 2001.3.9. 99다13157).

⑤ (O) : 일반적으로 원고가 내세우는 피고나 피대위자 등이 실존인물임이 인정되고 그러한 연령의 사람이 생존한다는 것이 매우 이례적이라고 보여지는 고령에 해당되지 않는 이상 특별한 사정이 없는 한 그들은 생존한 것으로 추정함이 상당하므로, 채권자대위소송에서 원고가 내세우는 피대위자가 실존인물이고, 오늘날 그 나이가 될 때까지 생존한다는 것이 매우 희귀한 예에 속한다고도 할 수 없는 것이어서 생존하였을 가능성이 극히 희박하다고 할 정도는 아닌 것으로 인정되는 이상 특별한 사정이 없는 한 그 피대위자는 현재 생존하고 있는 것으로 추정되고, 오히려 그가 사망하였다는 점을 피고가 적극적으로 입증하여야 하겠지만, 사람이 110세까지 생존한다는 것은 매우 희귀한 예에 속하므로 위와 같은 사실에 제반 사정을 종합하여 피대위자 또는 피고가 소 제기 이전에 이미 사망하였을 것으로 쉽게 짐작되는 경우에는 그 사망 사실을 추인할 수 있다(대판 2002. 4. 26. 2002다5873).

> 정답 ③

---

[8] 원래 대습상속제도는 대습자의 상속에 대한 기대를 보호함으로써 공평을 꾀하고 생존 배우자의 생계를 보장하여 주려는 것이고, 또한 동시사망 추정규정도 자연과학적으로 엄밀한 의미의 동시사망은 상상하기 어려운 것이나 사망의 선후를 입증할 수 없는 경우 동시에 사망한 것으로 다루는 것이 결과에 있어 가장 공평하고 합리적이라는 데에 그 입법 취지가 있는 것인바, 상속인이 될 직계비속이나 형제자매(피대습자)의 직계비속 또는 배우자(대습자)는 피대습자가 상속개시 전에 사망한 경우에는 대습상속을 하고, 피대습자가 상속개시 후에 사망한 경우에는 피대습자를 거쳐 피상속인의 재산을 본위상속을 하므로 두 경우 모두 상속을 하는데, 만일 피대습자가 피상속인의 사망, 즉 상속개시와 동시에 사망한 것으로 추정되는 경우에만 그 직계비속 또는 배우자가 본위상속과 대습상속의 어느 쪽도 하지 못하게 된다면 동시사망 추정 이외의 경우에 비하여 현저히 불공평하고 불합리한 것이라 할 것이고, 이는 앞서 본 대습상속제도 및 동시사망 추정규정의 입법 취지에도 반하는 것이므로,

045 권리능력에 관한 설명으로 옳지 않은 것은? (다툼이 있으면 판례에 따름) [19 감평]

① 사람은 생존한 동안 권리와 의무의 주체가 된다.
② 사람이 권리능력을 상실하는 사유로는 사망이 유일하다.
③ 수인(數人)이 동일한 위난으로 사망한 경우, 그들은 동시에 사망한 것으로 추정되므로 이 추정이 깨어지지 않는 한 그들 사이에는 상속이 일어나지 않는다.
④ 의사의 과실로 태아가 사망한 경우, 태아의 부모는 태아의 의사에 대한 손해배상채권을 상속하여 행사할 수 있다.
⑤ 인정사망에 의한 가족관계등록부에의 기재는 그 기재된 사망일에 사망한 것으로 추정하는 효력을 가진다.

해설

① (O) : 제3조 【권리능력의 존속기간】 사람은 생존한 동안 권리와 의무의 주체가 된다.
② (O) : 통설은 자연인의 호흡과 심장이 영구적으로 정지한 때 사망한 것으로 본다(맥박종지설, 심장정지설).
③ (O) : 동시사망자 간에는 상속의 문제가 발생하지 않는다.
④ (×) : 민법 제762조의 취지는 태아가 살아서 출생한 때에 출생시기가 문제의 사건의 시기까지 소급하여 그때에 태아가 출생한 것과 같이 법률상 보아준다고 해석함이 상당하므로 그가 모체와 같이 사망하여 출생의 기회를 못 가졌다면 손해배상청구권을 논할 여지가 없다(대판 1976.9.14, 76다1365).
⑤ (O) : 判例는 가족관계등록부(구 호적부) 상 이미 사망한 것으로 기재되어 있는 자에게는 가족관계등록부의 추정력 때문에 실종선고를 할 수 없다고 하였다(대결 1997.11.27, 97스4).

정답 ④

046 권리능력에 관한 설명으로 옳은 것은? (다툼이 있으면 판례에 따름) [20 세무사]

① 애완견은 물건을 소유할 수 있다.
② 사망한 사람도 채무를 부담한다.
③ 사단법인 소유의 물건은 사원들의 공동소유이다.
④ 치매로 사물을 판단할 능력이 전혀 없는 사람도 권리능력이 제한되지 않는다.
⑤ 태아는 사람과 동일한 권리능력을 가진다.

해설

① (×) : 동물은 권리능력이 없다.
② (×) : 사망한 자는 권리능력이 소멸하므로, 채무를 부담할 수 없다.

③ (✕) : 사단법인 자체의 소유가 된다.
④ (○) : 의사능력과 권리능력은 구별된다.
⑤ (✕) : 태아는 원칙적으로 권리능력이 없다.

정답 ④

047 권리주체에 관한 설명으로 옳지 않은 것은? (다툼이 있으면 판례에 따름) [20 감평]

① 의사능력은 자신의 행위의 의미와 결과를 합리적으로 판단할 수 있는 정신적 능력으로 구체적인 법률행위와 관련하여 개별적으로 판단되어야 한다.
② 어떤 법률행위가 일상적인 의미만으로 알기 어려운 특별한 법률적 의미나 효과를 가진 경우, 이를 이해할 수 있을 때 의사능력이 인정된다.
③ 현행 민법은 태아의 권리능력에 관하여 일반적 보호주의를 취한다.
④ 태아의 상태에서는 법정대리인이 있을 수 없고, 법정대리인에 의한 수증행위도 할 수 없다.
⑤ 피상속인과 그의 직계비속 또는 형제자매가 동시에 사망한 것으로 추정되는 경우에도 대습상속이 인정된다.

해설

① (○) : 의사능력의 유무는 **구체적인 법률행위와 관련**하여 **개별적으로 판단**되어야 한다. 그러나 행위능력은 획일적으로 판단된다.
② (○) : **어떤 법률행위가** 그 일상적인 의미만을 이해하여서는 알기 어려운 **특별한 법률적인 의미나 효과가 부여되어 있는 경우** 의사능력이 인정되기 위하여는 그 행위의 **일상적인 의미뿐만 아니라 법률적인 의미나 효과에 대하여도 이해할 수 있을 것**을 요한다(대판 2009.01.15. 2008다58367).
③ (✕) : 민법은 태아의 권리능력을 총칙 편에서 일반적으로 정하는 것 보다는 개별적으로 규정하는 것이 그 적용의 범위를 명료하게 하는 장점이 있다는 이유에서 개별적 보호주의를 채택하고 있다.
④ (○) : 의용 민법이나 구관습하에 태아에게는 일반적으로 권리능력이 인정되지 아니하고 손해배상청구권 또는 상속 등 특별한 경우에 한하여 제한된 권리능력을 인정하였을 따름이므로 증여에 관하여는 태아의 수증능력이 인정되지 아니하였고, 또 태아인 동안에는 법정대리인이 있을 수 없으므로 법정대리인에 의한 수증행위도 할 수 없다(대판 1982. 2. 9. 81다534).
⑤ (○) : 동시사망자 간에는 상속의 문제가 발생하지 않는다. 다만 동시사망으로 추정되는 경우 대습상속은 가능하다(대판 2001.03.09. 99다13157).

정답 ③

■ 제2관 자연인의 의사능력, 행위능력

Ⅰ. 서 설

1. 의사능력
2. 의사능력과 제한능력의 경합
3. 행위능력의 적용범위

Ⅱ. 미성년자

048 미성년자의 법률행위에 관한 설명으로 옳은 것을 모두 고른 것은? (다툼이 있는 경우에는 판례에 의함)

[14 변리사]

> ㄱ. 법정대리인의 동의 없이 계약을 체결한 미성년자는 단독으로 그 계약을 취소할 수 있다.
> ㄴ. 미성년자의 법정대리인은 그를 대리하여 근로계약을 체결할 수 있다.
> ㄷ. 법정대리인의 동의 없이 미성년자가 자신을 수증자로 하는 부담부 증여계약을 체결한 경우, 이는 확정적으로 유효한 법률행위이다.
> ㄹ. 법정대리인이 미성년자에게 영업을 허락함에는 반드시 영업의 종류를 특정하여야 한다.
> ㅁ. 혼인한 미성년자는 법정대리인의 동의 없이 확정적으로 이혼할 수 있다.

① ㄹ
② ㄱ, ㅁ
③ ㄴ, ㄷ
④ ㄱ, ㄹ, ㅁ
⑤ ㄴ, ㄷ, ㄹ

해설

ㄱ. (○) : 제5조 2항, 제140조 **제5조【미성년자의 능력】** ① 미성년자가 법률행위를 함에는 법정대리인의 동의를 얻어야 한다. 그러나 **권리만을 얻거나 의무만을 면하는 행위**는 그러하지 아니하다. ② 전항의 규정에 위반한 행위는 취소할 수 있다.

ㄴ. (×) : 미성년자라도 근로계약은 법정대리인의 동의를 얻어 유효하게 체결할 수 있고(다수설), 법정대리인의 대리는 허용되지 않는다. 또한 미성년자는 단독으로 근로에 의한 임금을 청구할 수 있으며 법정대리인의 임금대리수령은 허용되지 않는다(근로기준법 제67조, 제68조).

ㄷ. (×) : 권리만을 얻거나 의무만을 면하는 행위가 아니므로, 법정대리인의 동의가 필요하고 동의를 얻지 못하면 취소할 수 있는 유동적 유효의 법률행위가 된다.

ㄹ. (○) : 제8조 **제8조【영업의 허락】** ① 미성년자가 법정대리인으로부터 허락을 얻은 특정한 영업에 관하여는 성년자와 동일한 행위능력이 있다. ② 법정대리인은 전항의 허락을 취소 또는 제한할 수 있다. 그러나 선의의 제3자에게 대항하지 못한다.

ㅁ. (○) : 성년의제(제826조의2) **제826조의2【성년의제】** 미성년자가 혼인을 한 때에는 성년자로 본다.

정답 ④

049 제과점을 경영하는 자가 단독으로 제빵용 기계를 새로 구입하는 계약을 체결하였으나, 그 계약을 취소하고자 한다. 제한능력자임을 이유로 취소권을 행사할 수 있는 경영자인 경우는?

[17 세무사]

① 미성년자이지만 법정대리인으로부터 제과점의 영업허락을 얻은 경우
② 미성년자이지만 혼인한 경우
③ 법원으로부터 취소할 수 없는 법률행위의 범위를 지정받지 않은 피성년후견인이지만 혼인한 경우
④ 부동산 거래로 국한하여 후견범위가 정하여진 피특정후견인인 경우
⑤ 법률행위를 함에 있어서 한정후견인의 동의를 받을 필요가 없는 피한정후견인인 경우

해설

① (×) : 제8조【영업의 허락】① 미성년자가 법정대리인으로부터 허락을 얻은 특정한 영업에 관하여는 성년자와 동일한 행위능력이 있다.
② (×) : 제826조의2【성년의제】미성년자가 혼인을 한 때에는 성년자로 본다. [본조신설 1977.12.31]
③ (○) : 제10조【피성년후견인의 행위와 취소】① 피성년후견인의 법률행위는 취소할 수 있다. ② 제1항에도 불구하고 가정법원은 취소할 수 없는 피성년후견인의 법률행위의 범위를 정할 수 있다.
④ (×) : 피특정후견인의 행위는 법률행위를 취소할 수 없다.
⑤ (×) : 제13조【피한정후견인의 행위와 동의】① 가정법원은 피한정후견인이 한정후견인의 동의를 받아야 하는 행위의 범위를 정할 수 있다. ④ 한정후견인의 동의가 필요한 법률행위를 피한정후견인이 한정후견인의 동의 없이 하였을 때에는 그 법률행위를 취소할 수 있다. 다만, **일용품의 구입 등 일상생활에 필요하고 그 대가가 과도하지 아니한 법률행위에 대하여는 그러하지 아니하다.**

정답 ③

050 미성년자의 법률행위에 관한 설명으로 옳지 않은 것은? (다툼이 있으면 판례에 따름)

[18 세무사]

① 의무만을 면하는 법률행위를 하는 경우, 미성년자는 법정대리인의 동의를 얻지 않고 할 수 있다.
② 법정대리인의 동의 없이 신용구매계약을 체결한 미성년자가 사후에 법정대리인의 동의 없음을 사유로 들어 이를 취소하는 것은 신의칙에 위배된다.
③ 만 17세에 달한 미성년자는 단독으로 유효한 유언을 할 수 있다.
④ 미성년자는 독자적으로 임금을 청구할 수 있다.
⑤ 미성년자가 법률행위를 함에 있어 요구되는 법정대리인의 동의는 묵시적으로도 가능하다.

> 해설

① (O) : 제5조【미성년자의 능력】① 미성년자가 법률행위를 함에는 법정대리인의 동의를 얻어야 한다. 그러나 **권리만을 얻거나 의무만을 면하는 행위는 그러하지 아니하다.**
② (X) : 미성년자의 법률행위에 법정대리인의 동의를 요하도록 하는 것은 강행규정인데, 위 규정에 반하여 이루어진 신용구매계약을 미성년자 스스로 취소하는 것을 신의칙 위반을 이유로 배척한다면, 이는 오히려 위 규정에 의해 배제하려는 결과를 실현시키는 셈이 되어 미성년자 제도의 입법취지를 몰각시킬 우려가 있으므로, 법정대리인의 동의 없이 신용구매계약을 체결한 미성년자가 사후에 법정대리인의 동의 없음을 사유로 들어 이를 취소하는 것이 신의칙에 위배된 것이라고 할 수 없다(대판 2007.11.16, 2005다71659·71673).
③ (O) : 제1061조【유언적령】만17세에 달하지 못한 자는 유언을 하지 못한다.
④ (O) : 미성년자는 단독으로 근로에 의한 임금을 청구할 수 있으며 법정대리인의 임금대리수령은 허용되지 않는다(근로기준법 제67조, 제68조).
⑤ (O) : 미성년자의 법률행위에 있어서 법정대리인의 묵시적 동의나 처분허락이 있다고 볼 수 있는지 여부를 판단함에 있어서는, 미성년자의 연령·지능·직업·경력·법정대리인과의 동거 여부, 독자적인 소득의 유무와 그 금액, 경제활동의 여부, 계약의 성질·체결경위·내용, 기타 제반 사정을 종합적으로 고려하여야 할 것이고, 위와 같은 법리는 신용카드를 이용하여 재화와 용역을 신용구매한 후 사후에 결제하려는 경우와 곧바로 현금구매 하는 경우를 달리 볼 필요는 없다(대판 2007.11.16, 2005다71659·71673).

정답 ②

051 16세인 미성년자가 단독으로 유효하게 할 수 없는 법률행위는? [18 감평]

① 유언행위
② 대리행위
③ 의무만을 면하는 행위
④ 권리만을 얻는 행위
⑤ 법정대리인이 범위를 정하여 처분을 허락한 재산의 처분행위

> 해설

① (X) : 제1061조【유언적령】만17세에 달하지 못한 자는 유언을 하지 못한다.
② (O) : 제117조【대리인의 행위능력】대리인은 행위능력자임을 요하지 아니한다.
③ (O), ④ (O) : 제5조【미성년자의 능력】① 미성년자가 법률행위를 함에는 법정대리인의 동의를 얻어야 한다. 그러나 권리만을 얻거나 의무만을 면하는 행위는 그러하지 아니하다.
⑤ (O) : 제6조【처분을 허락한 재산】법정대리인이 "범위를 정하여" 처분을 허락한 재산은 미성년자가 임의로 처분할 수 있다.

정답 ①

052 18세인 미성년자가 단독으로 유효하게 할 수 있는 행위가 아닌 것은? [19 감평]

① 자신이 제한행위능력자임을 이유로 취소할 수 있는 법률행위의 취소
② 부모로부터 받은 한 달분의 용돈을 친구에게 빌려주는 행위
③ 자전거를 부담부로 증여받는 행위
④ 타인의 대리인으로서 토지를 매도하는 행위
⑤ 부모의 동의를 받아 법률상 혼인을 한 후, 주택을 구입하는 행위

해설

① (O) : 제한능력자는 제한능력인 상태에서 상대방에 대하여 법정대리인의 동의 없이 단독으로 자신이 한 법률행위를 취소할 수 있다.
② (O) : 제6조【처분을 허락한 재산】법정대리인이 "범위를 정하여" 처분을 허락한 재산은 미성년자가 임의로 처분할 수 있다.
③ (X) : 기존의 채권에 대하여 변제를 받는 경우, 부담부 증여를 받는 경우, 유리한 매매계약을 체결하는 경우, 상속을 승인·포기하는 행위, 경매목적물을 경락하는 행위, 상계권 행사 등은 불가능하다.
④ (O) : 제117조【대리인의 행위능력】대리인은 행위능력자임을 요하지 아니한다.
⑤ (O) : 제826조의2(성년의제) 미성년자가 혼인을 한 때에는 성년자로 본다.

정답 ③

---

053 18세의 甲은 법정대리인 乙의 동의 없이 중고레코드 도매업자 丙에게서 1960년대 재즈레코드판 50장을 1장당 1만원에 사는 계약을 체결하고 대금은 1주일 후에 지급하기로 하였다. 이에 관한 설명으로 옳은 것은? (다툼이 있으면 판례에 따름) [20 세무사]

① 재즈레코드판이 사실 1장당 20만원의 가치가 있었던 경우, 乙은 계약을 취소할 수 없다.
② 甲이 그 대금을 乙에게서 받은 세뱃돈으로 지급한 경우, 甲은 계약을 취소할 수 있다.
③ 위 계약이 체결되기 전에 乙이 甲에게 중고레코드 소매업을 하도록 허락한 경우, 甲은 계약을 취소할 수 있다.
④ 甲이 매수한 레코드를 乙이 다른 사람에게 매도하고 인도한 경우, 甲은 계약을 취소할 수 없다.
⑤ 甲이 계약 후 혼인을 한 경우, 甲은 계약을 취소할 수 없다.

해설

① (X) : 제5조【미성년자의 능력】① 미성년자가 법률행위를 함에는 법정대리인의 동의를 얻어야 한다. 그러나 권리만을 얻거나 의무만을 면하는 행위는 그러하지 아니하다. 사안에서 유리한 매매계

약을 체결하는 경우라고 하여도 매매계약을 하는 것은 권리만을 얻거나 의무만을 면하는 행위가 아니므로, 甲은 乙의 동의를 받아야 하는데, 乙의 동의가 없었으므로 乙은 계약을 취소할 수 있다.
② (×) : 목적에 구속되는지에 견해 대립이 있으나, 목적불구속설[사용목적을 정하여(예 등록금, 여비 등) 일정한 범위의 재산을 주었어도 미성년자는 그 목적과 관계없이 그 재산을 임의로 처분할 수 있다]이 통설이다. 따라서 甲이 그 대금을 乙에게서 받은 세뱃돈으로 지급한 경우라고 하여도 처분을 허락한 재산이 되어 甲은 계약을 취소할 없다.
③ (×) : 제8조【영업의 허락】① 미성년자가 법정대리인으로부터 허락을 얻은 특정한 영업에 관하여는 성년자와 동일한 행위능력이 있다. 이는 허락 받은 영업의 범위 내에서 법정대리인의 대리권은 소멸한다는 의미이다. 따라서 甲은 계약을 취소할 수 없다.
④ (○) : 제145조【법정추인】취소할 수 있는 법률행위에 관하여 전조의 규정에 의하여 추인할 수 있는 후에 다음 각 호의 사유가 있으면 추인한 것으로 본다. 그러나 이의를 보류한 때에는 그러하지 아니하다. 5. 취소할 수 있는 행위로 취득한 권리의 전부나 일부의 양도, 제144조【추인의 요건】① 추인은 취소의 원인이 소멸된 후에 하여야만 효력이 있다. ② 제1항은 법정대리인 또는 후견인이 추인하는 경우에는 적용하지 아니한다. 따라서 甲이 매수한 레코드를 법정대리인 乙이 다른 사람에게 매도하고 인도한 경우, 甲은 계약을 취소 할 수 없다.
⑤ (×) : 제826조의2(성년의제) 미성년자가 혼인을 한 때에는 성년자로 본다. 다만 甲이 계약 후 혼인을 한 경우이므로, 甲은 계약을 취소할 수 있다.

정답 ④

054 미성년자의 행위능력에 관한 설명으로 옳은 것은? (다툼이 있으면 판례에 따름) [20 감평]

① 행위능력제도는 자기책임의 원칙을 구현하여 거래의 안전을 도모하기 위한 것이다.
② 미성년자가 그 소유의 부동산을 그의 친권자에게 증여하고 소유권이전등기를 마친 경우, 다른 사정이 없으면 적법한 절차를 거친 등기로 추정된다.
③ 친권자는 그의 미성년 자(子)의 이름으로 체결한 계약을 자(子)가 미성년임을 이유로 취소할 수 있다.
④ 친권자가 그의 친구의 제3자에 대한 채무를 담보하기 위하여 미성년 자(子) 소유의 부동산에 담보를 설정하는 행위는 이해상반행위이다.
⑤ 미성년자가 타인을 대리할 때에는 법정대리인의 동의를 얻어야 한다.

해설

① (×) : 행위능력제도는 거래의 안전보다는 본인의 보호에 중점이 있는 것이고, 이는 개인 본위의 사상에서 출발한 제도이다.
② (○) : 전 등기명의인이 미성년자이고 당해 부동산을 친권자에게 증여하는 행위가 이해상반행위라 하더라도 일단 친권자에게 이전등기가 경료 된 이상, 특별한 사정이 없는 한, 그 이전등기에 관하여 필요한 절차를 적법하게 거친 것으로 추정된다(대판 2002. 2. 5. 2001다72029).
③ (×) : 법정대리인인 친권자가 자를 대리하여 계약을 체결한 것이므로, 이는 적법하여 자의 미성년을 이유로 취소할 수 없다.

④ (✗) : 미성년자의 친권자인 모가 자기 오빠의 제3자에 대한 채무의 담보로 미성년자 소유의 부동산에 근저당권을 설정하는 행위가, 채무자를 위한 것으로서 미성년자에게는 불이익만을 주는 것이라고 하더라도, 민법 제921조 제1항에 규정된 "법정대리인인 친권자와 그 자 사이에 이해상반 되는 행위"라고 볼 수는 없다(대판 1991. 11. 26. 91다32466).

⑤ (✗) : 제117조【대리인의 행위능력】대리인은 행위능력자임을 요하지 아니한다.

정답 ②

---

055 미성년자 甲과 행위능력자 乙 간의 매매계약과 관한 설명으로 옳은 것은? (다툼이 있으면 판례에 따름) [20 노무]

① 甲의 법정대리인이 동의하면 위 계약은 확정적으로 유효하게 되는데 이때 그 동의는 명시적으로 행해져야 한다.
② 乙은 계약체결 시 甲이 미성년자임을 알았더라도 추인이 있기 전까지는 자신의 의사표시를 철회 할 수 있다.
③ 甲이 단독으로 乙과의 계약을 체결한 후, 제한능력을 이유로 甲 스스로 위 계약을 취소하는 것은 신의칙에 반한다.
④ 계약체결 시 乙이 甲에게 나이를 물었을 때 甲이 만 20세라 답하였다고 하더라도 甲의 법정대리인은 위 계약을 취소할 수 있다.
⑤ 甲의 법정대리인에 의하여 위 계약이 甲의 제한능력을 이유로 취소되었다면, 甲의 부당이득반환범위는 그 법정대리인의 선의·악의에 따라 달라진다.

해설

① (✗) : 미성년자의 법률행위에 있어서 법정대리인의 묵시적 동의나 처분허락이 있다고 볼 수 있는지 여부를 판단함에 있어서는, 미성년자의 연령·지능·직업·경력·법정대리인과의 동거 여부, 독자적인 소득의 유무와 그 금액, 경제활동의 여부, 계약의 성질·체결경위·내용, 기타 제반 사정을 종합적으로 고려하여야 할 것이고, 위와 같은 법리는 신용카드를 이용하여 재화와 용역을 신용구매한 후 사후에 결제하려는 경우와 곧바로 현금구매 하는 경우를 달리 볼 필요는 없다(대판 2007.11.16. 2005다71659·71673).

② (✗) : 제16조【제한능력자의 상대방의 철회권과 거절권】① 제한능력자가 맺은 계약은 추인이 있을 때까지 상대방이 그 의사표시를 철회할 수 있다. 다만, 상대방이 계약 당시에 제한능력자임을 알았을 경우에는 그러하지 아니하다.

③ (✗) : 미성년자의 법률행위에 법정대리인의 동의를 요하도록 하는 것은 강행규정인데, 위 규정에 반하여 이루어진 신용구매계약을 미성년자 스스로 취소하는 것을 신의칙 위반을 이유로 배척한다면, 이는 오히려 위 규정에 의해 배제하려는 결과를 실현시키는 셈이 되어 미성년자 제도의 입법 취지를 몰각시킬 우려가 있으므로, 법정대리인의 동의 없이 신용구매계약을 체결한 미성년자가 사후에 법정대리인의 동의 없음을 사유로 들어 이를 취소하는 것이 신의칙에 위배된 것이라고 할 수 없다(대판 2007.11.16. 2005다71659·71673).

④ (○) : 사술을 쓴 때라 함은 무능력자가 상대방으로 하여금 그 능력자임을 믿게 하기 위하여 적극적으로 사기수단을 쓴 것을 말하고 **단순히 자기가 능력자라 칭한 것만으로 사술을 쓴 것이라 할 수 없다**(대판 1971.12.24. 71다2045). 따라서 계약체결 시 乙이 甲에게 나이를 물었을 때 甲이 만 20세라 답하였다고 하더라도 속임수가 아니어서 취소권이 배제되지 않으므로, 甲의 법정대리인은 계약을 취소할 수 있다.
⑤ (×) : 제141조【취소의 효과】취소된 법률행위는 처음부터 무효인 것으로 본다. 다만, 제한능력자는 그 행위로 인하여 받은 이익이 현존하는 한도에서 상환(상환)할 책임이 있다.

정답 ④

056 미성년자의 행위능력에 관한 설명으로 옳지 않은 것은? (다툼이 있으면 판례에 따름)
[21 세무사]

① 혼인한 미성년자에게는 민사소송법상의 소송능력이 인정된다.
② 만18세의 미성년자는 단독으로 유효한 유언을 할 수 있다.
③ 미성년자 자신의 노무제공에 따른 임금의 청구는 미성년자가 독자적으로 할 수 있다.
④ 미성년자는 법정대리인의 동의 없이 타인의 대리인으로서 법률행위를 할 수 있다.
⑤ 법정대리인이 미성년자에게 영업을 허락한 경우 법정대리인은 이를 취소할 수 있고 이로써 선의의 제3자에게 대항할 수 있다.

해설

① (○) : 제826조의2【성년의제】미성년자가 혼인을 한 때에는 성년자로 본다. 민사소송법 제51조【당사자능력·소송능력 등에 대한 원칙】당사자능력, 소송능력, 소송무능력자의 법정대리와 소송행위에 필요한 권한의 수여는 이 법에 특별한 규정이 없으면 민법, 그 밖의 법률에 따른다.
② (○) : 제1061조【유언적령】만17세에 달하지 못한 자는 유언을 하지 못한다.
③ (○) : 근로기준법 제68조【임금의 청구】미성년자는 독자적으로 임금을 청구할 수 있다.
④ (○) : 제117조【대리인의 행위능력】대리인은 행위능력자임을 요하지 아니한다.
⑤ (×) : 제8조【영업의 허락】① 미성년자가 법정대리인으로부터 허락을 얻은 특정한 영업에 관하여는 성년자와 동일한 행위능력이 있다. ② 법정대리인은 전항의 허락을 취소 또는 제한할 수 있다. 그러나 선의의 제3자에게 대항하지 못한다.

정답 ⑤

057 아래의 〈사례〉에 관한 다음 〈설명〉 중 옳지 않은 것을 모두 고른 것은? [20 서기보]

〈사 례〉

甲은 2002. 2. 1.생으로 이 사건 당시 만 18세의 미성년자였다. 甲은 법정대리인 A의 동의 없이 L신용카드회사와 신용카드 이용계약을 체결하여 신용카드를 발급받았다. 甲은 乙이 운영하는 노트북 대리점에서 10만 원 상당의 외장하드를 3개월 할부로 구입하면서, 이를 위 신용카드로 결제하였다. 한편 甲은 당시 아르바이트 등을 통해 월 60만원 이상의 소득을 얻고 있었다. 이후 甲은 A의 동의가 없었음을 이유로 L사와의 위 신용 카드 이용계약과 乙과의 위 신용구매계약을 각각 취소하였다.

〈설 명〉

ㄱ. 甲이 L사와의 신용카드 이용계약의 취소를 구하는 것은 신의칙에 반하므로 인정 될 수 없다.
ㄴ. 甲과 乙과의 신용구매계약은 A의 묵시적 처분허락을 받은 재산범위 내의 처분이므로 취소할 수 없다.
ㄷ. 만일 甲과 L사와의 신용카드 이용계약이 취소되었음에도 L사가 乙에게 甲의 신용카드 이용대금을 지급한 경우, L사는 여전히 甲에게 신용카드 이용계약에 따라 신용카드 이용대금을 청구할 수 있다.
ㄹ. 만일 甲과 L사와의 신용카드 이용계약이 취소되었음에도 L사가 乙에게 甲의 신용카드 이용대금을 지급한 경우, L사는 甲에게 부당이득의 반환을 구할 수 있다.
ㅁ. 위 ㄹ.의 경우, 甲이 반환하여야 할 이익은 乙로부터 구입한 재화, 즉 외장하드이다.

① ㄱ, ㄷ, ㅁ
② ㄴ, ㄹ
③ ㄷ, ㅁ
④ ㄱ, ㄴ, ㄷ, ㅁ

해설

ㄱ. (×) : 미성년자의 법률행위에 법정대리인의 동의를 요하도록 하는 것은 강행규정인데, 위 규정에 반하여 이루어진 신용구매계약을 미성년자 스스로 취소하는 것을 신의칙 위반을 이유로 배척한다면, 이는 오히려 위 규정에 의해 배제하려는 결과를 실현시키는 셈이 되어 미성년자 제도의 입법 취지를 몰각시킬 우려가 있으므로, 법정대리인의 동의 없이 신용구매계약을 체결한 미성년자가 사후에 법정대리인의 동의 없음을 사유로 들어 이를 취소하는 것이 신의칙에 위배된 것이라고 할 수 없다(대판 2007.11.16, 2005다71659·71673).

ㄴ. (○) : 만 19세가 넘은 미성년자가 월 소득범위 내에서 신용구매계약을 체결한 것은, 스스로 얻고 있던 소득에 대하여는 법정대리인의 묵시적 처분허락이 있었다고 보아 위 신용구매계약은 처분허락을 받은 재산범위 내의 처분행위에 해당 한다(대판 2007.11.16, 2005다71659·71673).

ㄷ. (×), ㄹ. (○), ㅁ. (×) : 미성년자가 신용카드발행인과 사이에 신용카드 이용계약을 체결하여 신용카드거래를 하다가 신용카드 이용계약을 취소하는 경우 미성년자는 그 행위로 인하여 받은 이익이 현존하는 한도에서 상환할 책임이 있는바, 신용카드 이용계약이 취소됨에도 불구하고 신용카드

회원과 해당 가맹점 사이에 체결된 개별적인 매매계약은 특별한 사정이 없는 한 신용카드 이용계약 취소와 무관하게 유효하게 존속한다 할 것이고, 신용카드발행인이 가맹점들에 대하여 그 신용카드 사용대금을 지급한 것은 신용카드 이용계약과는 별개로 신용카드발행인과 가맹점 사이에 체결된 가맹점 계약에 따른 것으로서 유효하므로, 신용카드발행인의 가맹점에 대한 신용카드이용대금의 지급으로써 신용카드회원은 자신의 가맹점에 대한 매매대금 지급채무를 법률상 원인 없이 면제받는 이익을 얻었으며, 이러한 이익은 금전상의 이득으로서 특별한 사정이 없는 한 현존하는 것으로 추정 된다(대판 2005.4.15. 2003다60297, 60303, 60310, 60327).

정답 ①

Ⅲ. 제한능력자(피성년후견인, 피한정후견인)

058 행위능력에 관한 설명으로 옳은 것은? [17 노무]

① 미성년후견인이 미성년자에게 특정한 영업을 허락한 경우, 미성년후견인의 대리권은 그 영업과 관련하여서도 여전히 유지된다.
② 가정법원이 성년후견개시의 심판을 하는 경우 취소할 수 없는 피성년후견인의 법률행위의 범위를 정할 수 있다.
③ 가정법원이 한정후견개시의 심판을 하는 경우 본인의 의사를 고려할 필요는 없다.
④ 특정후견은 본인의 의사에 반하여서도 할 수 있다.
⑤ 성년후견은 가족관계등록부에 공시된다.

해설

① (✕) : 제8조【영업의 허락】① 미성년자가 법정대리인으로부터 허락을 얻은 특정한 영업에 관하여는 성년자와 동일한 행위능력이 있다. – 허락받은 영업의 범위 내에서 법정대리인의 대리권은 소멸한다는 의미이다.
② (○) : 제10조【피성년후견인의 행위와 취소】① 피성년후견인의 법률행위는 취소할 수 있다.② 제1항에도 불구하고 가정법원은 취소할 수 없는 피성년후견인의 법률행위의 범위를 정할 수 있다.
③ (✕) : 제9조【성년후견개시의 심판】② 가정법원은 성년후견개시의 심판을 할 때 본인의 의사를 고려하여야 한다. 제12조【한정후견개시의 심판】② 한정후견개시의 경우에 제9조제2항을 준용한다.
④ (✕) : 제14조의2【특정후견의 심판】② 특정후견은 본인의 의사에 반하여 할 수 없다.
⑤ (✕) : 후견등기부에 공시된다. 후견등기부란 전산정보처리조직에 의하여 입력·처리된 성년후견, 한정후견, 특정후견 및 후견계약에 관한 등기 정보자료를 대법원규칙으로 정하는 바에 따라 편성한 것을 말한다(후견등기에 관한 법률 제2조 1항).

정답 ②

059 제한능력자에 관한 설명으로 옳지 않은 것은? [18 노무]

① 미성년자가 법정대리인으로부터 허락을 얻은 특정한 영업에 관하여는 성년자와 동일한 행위능력이 있다.
② 가정법원은 성년후견개시의 심판을 할 때 본인의 의사를 고려하여야 한다.
③ 특정후견은 본인의 의사에 반하여 할 수 없다.
④ 가정법원이 피성년후견인에 대하여 한정후견개시의 심판을 할 때에는 종전의 성년후견의 종료 심판을 한다.
⑤ 가정법원은 질병, 장애, 노령, 그 밖의 사유로 인한 정신적 제약으로 사무를 처리할 능력이 부족한 사람에 대하여 일정한 자의 청구로 성년후견개시의 심판을 한다.

해설

① (O) : 제8조【영업의 허락】① 미성년자가 법정대리인으로부터 허락을 얻은 특정한 영업에 관하여는 성년자와 동일한 행위능력이 있다.
② (O) : 제9조【성년후견개시의 심판】② 가정법원은 성년후견개시의 심판을 할 때 본인의 의사를 고려하여야 한다.
③ (O) : 제14조의2【특정후견의 심판】② 특정후견은 본인의 의사에 반하여 할 수 없다.
④ (O) : 제14조의3【심판 사이의 관계】② 가정법원이 피성년후견인 또는 피특정후견인에 대하여 한정후견개시의 심판을 할 때에는 종전의 성년후견 또는 특정후견의 종료 심판을 한다.
⑤ (X) : 제9조【성년후견개시의 심판】① 가정법원은 질병, 장애, 노령, 그 밖의 사유로 인한 정신적 제약으로 사무를 처리할 능력이 지속적으로 결여된 사람에 대하여 본인, 배우자, 4촌 이내의 친족, 미성년후견인, 미성년후견감독인, 한정후견인, 한정후견감독인, 특정후견인, 특정후견감독인, 검사 또는 지방자치단체의 장의 청구에 의하여 성년후견개시의 심판을 한다.

정답 ⑤

060 피특정후견인에 관한 설명으로 옳지 않은 것은? [19 세무사]

① 피특정후견인이 단독으로 한 법률행위는 특정후견인이 취소할 수 있다.
② 본인의 복리상 필요하더라도 본인의 의사에 반하여 특정후견을 개시할 수 없다.
③ 정신적 제약으로 일시적 후원 또는 특정한 사무에 관한 후원이 필요한 사람에 대하여 특정후견개시심판을 청구할 수 있다.
④ 가정법원은 기간이나 범위를 정하여 특정후견인에게 대리권을 수여하는 심판을 할 수 있다.
⑤ 특정후견은 별도의 종료 심판 없이 기간의 종료나 정해진 사무 처리의 종결로 종료한다.

해설

① (X) : 피특정후견인의 법률행위는 취소할 수 없다.

② (O), ③ (O), ④ (O), ⑤ (O) : 제14조의2【특정후견의 심판】① 가정법원은 질병, 장애, 노령, 그 밖의 사유로 인한 정신적 제약으로 일시적 후원 또는 특정한 사무에 관한 후원이 필요한 사람에 대하여 본인, 배우자, 4촌 이내의 친족, 미성년후견인, 미성년후견감독인, 검사 또는 지방자치단체의 장의 청구에 의하여 특정후견의 심판을 한다. ② 특정후견은 본인의 의사에 반하여 할 수 없다. ③ 특정후견의 심판을 하는 경우에는 특정후견의 기간 또는 사무의 범위를 정하여야 한다.

정답 ①

061 성년후견에 관한 설명으로 옳지 않은 것은? [19 세무사]

① 피성년후견인은 일상생활에 필요하고 대가가 과도하지 않은 일용품은 단독으로 구입할 수 있다.
② 피성년후견인은 혼인, 협의상 이혼은 단독으로 할 수 있다.
③ 미성년후견인도 성년후견개시심판을 청구할 수 있다.
④ 피성년후견인이 행한 재산상 법률행위는 성년후견인이 추인하면 유효하게 된다.
⑤ 가정법원을 취소할 수 없는 피성년후견인의 행위의 범위를 정할 수 있다.

해설

① (O) : 제10조【피성년후견인의 행위와 취소】④ 제1항에도 불구하고 일용품의 구입 등 일상생활에 필요하고 그 대가가 과도하지 아니한 법률행위는 성년후견인이 취소할 수 없다.

② (X) : 제808조【동의를 요하는 혼인】② 피성년후견인은 부모나 성년후견인의 동의를 받아 혼인할 수 있다. 제835조【성년후견과 협의상 이혼】피성년후견인의 협의상 이혼에 관하여는 제808조제2항을 준용한다.

③ (O) : 제9조【성년후견개시의 심판】① 가정법원은 질병, 장애, 노령, 그 밖의 사유로 인한 정신적 제약으로 사무를 처리할 능력이 지속적으로 결여된 사람에 대하여 본인, 배우자, 4촌 이내의 친족, 미성년후견인, 미성년후견감독인, 한정후견인, 한정후견감독인, 특정후견인, 특정후견감독인, 검사 또는 지방자치단체의 장의 청구에 의하여 성년후견개시의 심판을 한다.

④ (O) : 제144조【추인의 요건】① 추인은 취소의 원인이 종료한 후에 하지 아니하면 효력이 없다. ② 전항의 규정은 법정대리인이 추인하는 경우에는 적용하지 아니한다.

⑤ (O) : 제10조【피성년후견인의 행위와 취소】② 제1항에도 불구하고 가정법원은 취소할 수 없는 피성년후견인의 법률행위의 범위를 정할 수 있다.

정답 ②

062 성년후견제도에 관한 설명으로 옳지 않은 것은? (다툼이 있으면 판례에 따름) [20 세무사]

① 피성년후견인이 일용품의 구입 등 일상생활에 필요하고 그 대가가 과도하지 아니한 법률행위를 한 경우, 성년후견인은 이를 취소할 수 없다.
② 한정후견인은 한정후견감독인의 동의를 얻어 피한정후견인이 한정후견인의 동의를 받아야 하는 행위의 범위를 변경할 수 있다.
③ 가정법원은 필요한 경우 피한정후견인의 청구에 의하여 한정후견인의 동의를 갈음하는 허가를 할 수 있다.
④ 특정후견의 심판을 하는 경우, 가정법원은 특정후견의 기간 또는 사무의 범위를 정하여야 한다.
⑤ 피특정후견인이 치매로 인해 사무를 처리할 능력을 지속적으로 상실하게 된 경우, 특정후견인은 성년후견개시의 심판을 청구할 수 있다.

해설

① (O) : 제10조【피성년후견인의 행위와 취소】① 피성년후견인의 법률행위는 취소할 수 있다. ④ 제1항에도 불구하고 일용품의 구입 등 일상생활에 필요하고 그 대가가 과도하지 아니한 법률행위는 성년후견인이 취소할 수 없다.

② (×) : 제13조【피한정후견인의 행위와 동의】① 가정법원은 피한정후견인이 한정후견인의 동의를 받아야 하는 행위의 범위를 정할 수 있다. ② 가정법원은 본인, 배우자, 4촌 이내의 친족, 한정후견인, 한정후견감독인, 검사 또는 지방자치단체의 장의 청구에 의하여 제1항에 따른 한정후견인의 동의를 받아야만 할 수 있는 행위의 범위를 변경할 수 있다.

③ (O) : 제13조【피한정후견인의 행위와 동의】③ 한정후견인의 동의를 필요로 하는 행위에 대하여 한정후견인이 피한정후견인의 이익이 침해될 염려가 있음에도 그 동의를 하지 아니하는 때에는 가정법원은 피한정후견인의 청구에 의하여 한정후견인의 동의를 갈음하는 허가를 할 수 있다.

④ (O) : 제14조의2【특정후견의 심판】③ 특정후견의 심판을 하는 경우에는 특정후견의 기간 또는 사무의 범위를 정하여야 한다.

⑤ (O) : 제9조【성년후견개시의 심판】① 가정법원은 질병, 장애, 노령, 그 밖의 사유로 인한 정신적 제약으로 사무를 처리할 능력이 지속적으로 결여된 사람에 대하여 본인, 배우자, 4촌 이내의 친족, 미성년후견인, 미성년후견감독인, 한정후견인, 한정후견감독인, 특정후견인, 특정후견감독인, 검사 또는 지방자치단체의 장의 청구에 의하여 성년후견개시의 심판을 한다.

정답 ②

063 제한능력에 관한 설명으로 옳지 않은 것은? (다툼이 있으면 판례에 따름) [21 감평]

① 가정법원은 한정후견개시의 심판을 할 때 본인의 의사를 고려하지 않아도 된다.
② 가정법원은 취소할 수 없는 피성년후견인의 법률행위의 범위를 정할 수 있으나, 성년후견인의 청구에 의하여 이를 변경할 수 있다.
③ 성년후견인은 일상생활에 필요하고 그 대가가 과도하지 않은 피성년후견인의 법률행위를 취소할 수 없다.
④ 가정법원은 성년후견개시의 심판을 할 때 본인의 의사를 고려하여야 한다.
⑤ 피성년후견인이 성년후견인의 동의를 얻어 재산상의 법률행위를 한 경우에도 성년후견인은 이를 취소할 수 있다.

해설

① (×) : 제12조【한정후견개시의 심판】② 한정후견개시의 경우에 제9조제2항을 준용한다. 제9조【성년후견개시의 심판】② 가정법원은 성년후견개시의 심판을 할 때 본인의 의사를 고려하여야 한다.
② (○), ③ (○) : 제10조【피성년후견인의 행위와 취소】① 피성년후견인의 법률행위는 취소할 수 있다. ② 제1항에도 불구하고 가정법원은 취소할 수 없는 피성년후견인의 법률행위의 범위를 정할 수 있다. ③ 가정법원은 본인, 배우자, 4촌 이내의 친족, 성년후견인, 성년후견감독인, 검사 또는 지방자치단체의 장의 청구에 의하여 제2항의 범위를 변경할 수 있다. ④ <u>제1항에도 불구하고 일용품의 구입 등 일상생활에 필요하고 그 대가가 과도하지 아니한 법률행위는 성년후견인이 취소할 수 없다.</u>
④ (○) : 제9조【성년후견개시의 심판】② 가정법원은 성년후견개시의 심판을 할 때 본인의 의사를 고려하여야 한다.
⑤ (○) : 제10조【피성년후견인의 행위와 취소】① 피성년후견인의 법률행위는 취소할 수 있다.

정답 ①

---

064 제한능력자제도에 관한 설명으로 옳지 않은 것은? [21 세무사]

① 특정후견은 본인의 의사에 반하여 할 수 없다.
② 가정법원은 한정후견개시의 심판을 할 때 본인의 의사를 고려해야 한다.
③ 제한능력자의 단독행위는 추인이 있을 때까지 상대방이 제한능력자에 대해 이를 거절할 수 있다.
④ 피특정후견인의 행위능력은 특정후견심판에서 정해진 특정후견의 사무 범위내로 제한된다.
⑤ 가정법원은 취소할 수 없는 피성년후견인의 법률행위의 범위를 정할 수 있다.

> 해설

① (O), ④ (X) : 제14조의2 【특정후견의 심판】 ① 가정법원은 질병, 장애, 노령, 그 밖의 사유로 인한 정신적 제약으로 일시적 후원 또는 특정한 사무에 관한 후원이 필요한 사람에 대하여 본인, 배우자, 4촌 이내의 친족, 미성년후견인, 미성년후견감독인, 검사 또는 지방자치단체의 장의 청구에 의하여 특정후견의 심판을 한다. ② 특정후견은 본인의 의사에 반하여 할 수 없다. ③ 특정후견의 심판을 하는 경우에는 특정후견의 기간 또는 사무의 범위를 정하여야 한다.

② (O) : 제12조 【한정후견개시의 심판】 ② 한정후견개시의 경우에 제9조제2항을 준용한다. 제9조 【성년후견개시의 심판】 ② 가정법원은 성년후견개시의 심판을 할 때 본인의 의사를 고려하여야 한다.

③ (O) : 제16조 【제한능력자의 상대방의 철회권과 거절권】 ② 제한능력자의 단독행위는 추인이 있을 때까지 상대방이 거절할 수 있다.

⑤ (O) : 제10조 【피성년후견인의 행위와 취소】 ① 피성년후견인의 법률행위는 취소할 수 있다. ② 제1항에도 불구하고 가정법원은 취소할 수 없는 피성년후견인의 법률행위의 범위를 정할 수 있다.

> 정답 ④

Ⅳ. 제한능력자의 상대방 보호

065 甲이 한정후견인 乙의 동의 없이 丙과 거래행위를 한 경우, 그 추인 전에 丙이 할 수 없는 것은? (甲은 행위능력을 회복하지 못한 상태이고, 丙의 선의와 악의는 甲의 제한능력에 관한 것임)

[16 세무사]

① 선의인 丙의 甲에 대한 확답촉구권 행사
② 악의인 丙의 乙에 대한 확답촉구권 행사
③ 선의인 丙의 甲에 대한 단독행위의 거절권 행사
④ 선의인 丙의 乙에 대한 단독행위의 거절권 행사
⑤ 선의인 丙의 甲에 대한 계약의 철회권 행사

> 해설

① (X) : 제한능력자의 상대방이 제한능력자가 능력자가 된 후에 1개월 이상의 기간을 정하여 그 취소할 수 있는 행위의 추인여부의 확답을 촉구한 경우에, 능력자로 된 자가 그 기간 내에 확답을 발하지 아니한 때에는 그 행위를 추인한 것으로 본다(제15조 제1항).

② (O) : 제15조 【제한능력자의 상대방의 확답을 촉구할 권리】 ② 제한능력자가 아직 능력자가 되지 못한 경우에는 그의 법정대리인에게 제1항의 촉구를 할 수 있고, 법정대리인이 그 정하여진 기간 내에 확답을 발송하지 아니한 경우에는 그 행위를 추인한 것으로 본다.

③, ④, ⑤ (O) : 제16조 【제한능력자의 상대방의 철회권과 거절권】 ① 제한능력자가 맺은 계약은 추인이 있을 때까지 상대방이 그 의사표시를 철회할 수 있다. 다만, 상대방이 계약 당시에 제한능력자임을 알았을 경우에는 그러하지 아니하다. ② 제한능력자의 단독행위는 추인이 있을 때까지 상대방이 거절할 수 있다. ③ 제1항 철회나 제2항의 거절의 의사표시는 제한능력자에게도 할 수 있다.

> 정답 ①

066 제한능력자에 관한 설명으로 옳은 것만을 모두 고른 것은? (다툼이 있으면 판례에 따름)

[17 감평]

> ㄱ. 만18세의 미성년자가 자기의 월 근로소득 범위 내에서 신용구매계약을 체결한 경우, 그 신용구매계약은 처분허락을 받은 재산범위 내의 처분행위에 해당한다.
> ㄴ. 한정후견인의 동의가 필요한 법률행위를 피한정후견인이 한정후견인의 동의 없이 하였을 때에는 그것이 일상생활에 필요하고 그 대가가 과도하지 아니한 법률행위가 아닌 경우 그 법률행위를 취소할 수 있다.
> ㄷ. 제한능력자가 아직 능력자가 되지 못한 경우에도 그 상대방은 그에게 1개월 이상의 기간을 정하여 추인 여부의 확답을 촉구할 수 있다.
> ㄹ. 제한능력자와 계약을 맺은 선의의 상대방은 추인이 있기 전까지 의사표시를 거절할 수 있다.

① ㄱ, ㄴ ② ㄱ, ㄷ ③ ㄴ, ㄷ
④ ㄴ, ㄹ ⑤ ㄷ, ㄹ

해설

ㄱ. (O) : 만 18세가 넘은 미성년자가 월 소득범위 내에서 신용구매계약을 체결한 것은, 스스로 얻고 있던 소득에 대하여는 법정대리인의 묵시적 처분허락이 있었다고 보아 위 신용구매계약은 처분허락을 받은 재산범위 내의 처분행위에 해당 한다(대판 2007.11.16, 2005다71659・71673).

ㄴ. (O) : 제13조【피한정후견인의 행위와 동의】④ 한정후견인의 동의가 필요한 법률행위를 피한정후견인이 한정후견인의 동의 없이 하였을 때에는 그 법률행위를 취소할 수 있다. 다만, **일용품의 구입 등 일상생활에 필요하고 그 대가가 과도하지 아니한 법률행위에 대하여는 그러하지 아니하다.**

ㄷ. (X) : 제15조【제한능력자의 상대방의 확답을 촉구할 권리】① 제한능력자의 상대방은 제한능력자가 능력자가 된 후에 그에게 1개월 이상의 기간을 정하여 그 취소할 수 있는 행위를 추인할 것인지 여부의 확답을 촉구할 수 있다. 능력자로 된 사람이 그 기간 내에 확답을 발송하지 아니하면 그 행위를 추인한 것으로 본다.

ㄹ. (X) : 제16조【제한능력자의 상대방의 철회권과 거절권】① 제한능력자가 맺은 계약은 추인이 있을 때까지 상대방이 그 의사표시를 철회할 수 있다. 다만, 상대방이 계약 당시에 제한능력자임을 알았을 경우에는 그러하지 아니하다. ② 제한능력자의 단독행위는 추인이 있을 때까지 상대방이 거절할 수 있다.

정답 ①

067 甲은 취소할 수 없는 법률행위의 범위를 정함이 없이 성년후견개시심판을 받았다. 그 후 甲은 법정대리인 乙의 동의서를 위조하는 방법으로 乙의 동의가 있는 것처럼 믿게 하여 자기 소유 건물을 丙에게 매각하는 계약을 체결하였다. 이에 관한 설명으로 옳지 않은 것을 모두 고른 것은? (다툼이 있으면 판례에 따름) [18 감평]

> ㄱ. 乙은 丙을 상대로 계약을 취소할 수 있다.
> ㄴ. 丙은 甲을 상대로 계약의 추인여부에 대한 확답을 촉구할 수 있다.
> ㄷ. 계약 당시 甲이 제한능력자임을 丙이 알았더라도 그 추인이 있기 전까지 丙은 乙을 상대로 자기의 의사표시를 철회할 수 있다.

① ㄱ　　② ㄷ　　③ ㄱ, ㄴ
④ ㄴ, ㄷ　　⑤ ㄱ, ㄴ, ㄷ

해설

ㄱ. (O) : 判例는 제한능력자가 법정대리인의 동의서를 위조하여 제시한 경우로서 "사술을 쓴 때라 함은 무능력자가 상대방으로 하여금 그 능력자임을 믿게 하기 위하여 적극적으로 사기수단을 쓴 것을 말하고 단순히 자기가 능력자라 칭한 것만으로 사술을 쓴 것이라 할 수 없다(대판 1971.12.24, 71다2045)."고 한다. 제17조【제한능력자의 속임수】① 제한능력자가 속임수로써 자기를 능력자로 믿게 한 경우에는 그 행위를 취소할 수 없다. ② 미성년자나 피한정후견인이 속임수로써 법정대리인의 동의가 있는 것으로 믿게 한 경우에도 제1항과 같다.

ㄴ. (×) : 제15조【제한능력자의 상대방의 확답을 촉구할 권리】① 제한능력자의 상대방은 제한능력자가 능력자가 된 후에 그에게 1개월 이상의 기간을 정하여 그 취소할 수 있는 행위를 추인할 것인지 여부의 확답을 촉구할 수 있다. 능력자로 된 사람이 그 기간 내에 확답을 발송하지 아니하면 그 행위를 추인한 것으로 본다.

ㄷ. (×) : 제16조【제한능력자의 상대방의 철회권과 거절권】① 제한능력자가 맺은 계약은 추인이 있을 때까지 상대방이 그 의사표시를 철회할 수 있다. 다만, 상대방이 계약 당시에 제한능력자임을 알았을 경우에는 그러하지 아니하다.

정답 ④

068 제한능력제도에 관한 설명으로 옳은 것은? [18 세무사]

① 긴급을 요하는 경우에 특정후견은 본인의 의사에 반해서도 할 수 있다.
② 피한정후견인이 속임수로써 법정대리인의 동의가 있는 것으로 믿게 한 경우에도 그 행위를 취소할 수 있다.
③ 피성년후견인이 일용품을 구입하는 경우에 성년후견인의 동의가 필요하다.
④ 가정법원은 한정후견개시심판을 할 때 본인의 의사를 고려할 필요가 없다.
⑤ 특정후견인이 선임되더라도 피특정후견인의 행위능력은 제한되지 않는다.

해설

① (✕) : 제14조의2 【특정후견의 심판】 ② 특정후견은 본인의 의사에 반하여 할 수 없다.
② (✕) : 제17조 【제한능력자의 속임수】 ① 제한능력자가 속임수로써 자기를 능력자로 믿게 한 경우에는 그 행위를 취소할 수 없다. ② 미성년자나 피한정후견인이 속임수로써 법정대리인의 동의가 있는 것으로 믿게 한 경우에도 제1항과 같다.
③ (✕) : 제10조 【피성년후견인의 행위와 취소】 ① 피성년후견인의 법률행위는 취소할 수 있다. ④ **제1항에도 불구하고 일용품의 구입 등 일상생활에 필요하고 그 대가가 과도하지 아니한 법률행위는 성년후견인이 취소할 수 없다.**
④ (✕) : 제12조 【한정후견개시의 심판】 ② 한정후견개시의 경우에 제9조 제2항을 준용한다. 제9조 【성년후견개시의 심판】 ② 가정법원은 성년후견개시의 심판을 할 때 본인의 의사를 고려하여야 한다.
⑤ (○) : 피특정후견인은 행위능력자이다.

정답 ⑤

069 제한능력자에 관한 설명으로 옳지 않은 것은? (다툼이 있으면 판례에 따름) [19 노무]

① 미성년자가 속임수로써 법정대리인의 동의가 있는 것으로 믿게 하고 자신의 부동산을 매도한 경우, 그 매매계약은 취소할 수 없다.
② 2018년 12월 1일 오후 4시에 출생한 자는 2037년 12월 1일 0시에 성년이 된다.
③ 일상생활에 필요하고 그 대가가 과도하지 아니한 피성년후견인의 법률행위는 성년후견인이 취소할 수 없다.
④ 제한능력자의 취소권은 재판 외에서 의사표시를 하는 방법으로는 행사할 수 없다.
⑤ 제한능력자가 맺은 계약은 추인이 있을 때까지 상대방이 그 의사표시를 철회할 수 있지만, 상대방이 계약 당시에 제한능력자임을 알았을 경우에는 철회할 수 없다.

해설

① (○) : 제17조 【제한능력자의 속임수】 ① 제한능력자가 속임수로써 자기를 능력자로 믿게 한 경우에는 그 행위를 취소할 수 없다. ② 미성년자나 피한정후견인이 속임수로써 법정대리인의 동의가 있는 것으로 믿게 한 경우에도 제1항과 같다.
② (○) : 2013.7.1.부터 시행되고 있는 현행 민법에서는 사람은 19세로 성년에 이르게 된다(제4조). 그리고 연령계산에는 출생일을 산입한다(제158조). 따라서 이에 따라 계산하면 초일을 산입하므로 2018.12.01. 이 기산점이 되고, 19년을 더하면 2037.12.01. 이 되지만 전일로 만료하므로, 2037.11.30. 24시 즉 2037.12.01. 0시에 성년이 된다.
③ (○) : 제10조 【피성년후견인의 행위와 취소】 ④ 제1항에도 불구하고 일용품의 구입 등 일상생활에 필요하고 그 대가가 과도하지 아니한 법률행위는 성년후견인이 취소할 수 없다.
④ (✕) : 형성권은 권리자의 일방적인 의사표시에 의하여 법률관계를 창설·변경·소멸되는 권리이다. 특히 형성권 중에는 권리자가 법원에 권리를 재판상 행사하여야 하는 경우도 있다(形成訴權).

권리자의 의사표시만으로 효과가 발생하는 형성권으로는 동의권(제5조, 제10조), 취소권(제140조), 해제권(제543조) 등이 있고, 법원에 재판상 행사해야 하는 경우로는 채권자취소권(제406조), 재산상 이혼권(제840조), 친생부인권(제846조) 등이 있다.

⑤ (O) : 제16조【제한능력자의 상대방의 철회권과 거절권】① 제한능력자가 맺은 계약은 추인이 있을 때까지 상대방이 그 의사표시를 철회할 수 있다. 다만, 상대방이 계약 당시에 제한능력자임을 알았을 경우에는 그러하지 아니하다.

정답 ④

070 제한능력자의 상대방 보호에 관한 설명으로 옳지 않은 것은? (다툼이 있으면 판례에 따름)

[20 세무사]

① 상대방은 1개월 이상의 기간을 정하여 그 취소할 수 있는 행위에 대한 추인 여부의 확답을 제한능력자에게 촉구할 수 있다.
② 제한능력자와 계약을 맺은 상대방은 법정대리인의 추인이 있으면 자신의 의사표시를 철회할 수 없다.
③ 상대방은 제한능력자의 단독행위에 대한 거절의 의사표시를 제한능력자에 대하여 할 수 있다.
④ 제한능력자임을 알면서 계약을 맺은 상대방에게는 추인 여부와 관계없이 철회권이 인정되지 않는다.
⑤ 제한능력자가 주민등록증을 위조하여 자기를 능력자로 믿게 하고 법률행위를 한 경우에는 취소할 수 없다.

해설

① (X) : 제15조【제한능력자의 상대방의 확답을 촉구할 권리】① 제한능력자의 상대방은 제한능력자가 능력자가 된 후에 그에게 1개월 이상의 기간을 정하여 그 취소할 수 있는 행위를 추인할 것인지 여부의 확답을 촉구할 수 있다. 능력자로 된 사람이 그 기간 내에 확답을 발송하지 아니하면 그 행위를 추인한 것으로 본다.
② (O), ④ (O) : 제16조【제한능력자의 상대방의 철회권과 거절권】① 제한능력자가 맺은 계약은 추인이 있을 때까지 상대방이 그 의사표시를 철회할 수 있다. 다만, 상대방이 계약 당시에 제한능력자임을 알았을 경우에는 그러하지 아니하다.
③ (O) : 제16조【제한능력자의 상대방의 철회권과 거절권】② 제한능력자의 단독행위는 추인이 있을 때까지 상대방이 거절할 수 있다.
⑤ (O) : 판례는 제한능력자가 법정대리인의 동의서를 위조하여 제시한 경우로서 "사술을 쓴 때라 함은 무능력자가 상대방으로 하여금 그 능력자임을 믿게 하기 위하여 적극적으로 사기수단을 쓴 것을 말하고 **단순히 자기가 능력자라 칭한 것만으로 사술을 쓴 것이라 할 수 없다**(대판 1971.12.24, 71다2045)."고 한다.

정답 ①

071 제한능력자에 관한 설명으로 옳은 것은? (다툼이 있으면 판례에 따름) [21 노무]

① 미성년자가 법정대리인의 동의 없이 매매계약을 체결하고 성년이 되기 전에 스스로 채무의 일부를 이행한 경우에는 그 계약을 추인한 것으로 본다.
② 피성년후견인이 속임수로써 상대방으로 하여금 성년후견인의 동의가 있는 것으로 믿게 하여 체결한 토지매매계약은 제한능력을 이유로 취소할 수 없다.
③ 가정법원은 본인의 의사에 반하여 한정후견개시의 심판을 할 수 없다.
④ 가정법원이 특정후견의 심판을 하는 경우에는 특정후견의 기간 또는 사무의 범위를 정하여야 한다.
⑤ 제한능력자의 취소권은 재판 외에서 의사표시를 하는 방법으로는 행사할 수 없다.

해설

① (✕) : 제144조【추인의 요건】① 추인은 취소의 원인이 소멸된 후에 하여야만 효력이 있다.
② (✕) : 제17조【제한능력자의 속임수】① 제한능력자가 속임수로써 자기를 능력자로 믿게 한 경우에는 그 행위를 취소할 수 없다. ② 미성년자나 피한정후견인이 속임수로써 법정대리인의 동의가 있는 것으로 믿게 한 경우에도 제1항과 같다. 즉 피성년후견인이 속임수로써 법정대리인의 동의가 있는 것으로 믿게 한 경우에는 그 행위를 취소할 수 있다. 피성년후견인은 법정대리인의 동의가 있어도 취소할 수 있으므로, 속임수가 되지 않기 때문이다.
③ (✕) : 제12조【한정후견개시의 심판】② 한정후견개시의 경우에 제9조제2항을 준용한다. 제9조【성년후견개시의 심판】② 가정법원은 성년후견개시의 심판을 할 때 본인의 의사를 고려하여야 한다.
④ (○) : 제14조의2【특정후견의 심판】③ 특정후견의 심판을 하는 경우에는 특정후견의 기간 또는 사무의 범위를 정하여야 한다.
⑤ (✕) : 判例는 그 기간을 제척기간으로는 보지만, 재판 외에서 권리를 행사해도 그 청구권이 보전된다고 한다(대판 1990.3.9, 88다카31866).

정답 ④

■ 제3관 주소

072 다음 중 민법상 주소에 관한 원칙과 관계가 없는 것은? [예상]

① 실질주의
② 복수주의
③ 부재와 실종의 표준
④ 형식주의
⑤ 객관주의

> 해설

① (O), ② (O), ④ (X) : 민법은 주소에 관하여 형식주의가 아니라 실질주의를(제18조 제1항), 단일주의가 아니라 복수주의(제18조 제2항)를 명문으로 인정하고 있다. ⑤ (O) : 민법에 명문규정은 없으나 해석상 의사주의가 아니라 객관주의에 따라 주소를 정하여야 한다(통설). ③ (O) : 주소는 부재 및 실종의 표준(제22조·제27조), 변제의 장소(제467조), 상속개시지(제998조)로 된다.

정답 ④

073 민법상 주소에 관한 설명 중 옳은 것을 모두 고른 것은? [10 감평]

ㄱ. 주소는 정주(定住)의 의사를 요건으로 한다.
ㄴ. 주소는 부재와 실종의 표준이 된다.
ㄷ. 법인의 주소는 그 주된 사무소의 소재지에 있는 것으로 한다.
ㄹ. 거래안전을 위해 주소는 동시에 두 곳 이상 둘 수 없다.

① ㄱ, ㄴ   ② ㄱ, ㄷ   ③ ㄴ, ㄷ
④ ㄴ, ㄹ   ⑤ ㄷ, ㄹ

> 해설

ㄱ. (X) : 주소의 설정 또는 변경에 관하여 객관주의는 '정주의 사실'만을 요구하는 것이고, 의사주의는 '정주의 사실' 이외에 '정주의 의사'도 요구한다. 우리 민법은 객관주의를 취한 것으로 보므로 정주의 의사를 요건으로 하지 않는다.
ㄴ. (O) : 제22조【부재자의 재산의 관리】① 종래의 주소나 거소를 떠난 자가 재산관리인을 정하지 아니한 때에는 법원은 이해관계인이나 검사의 청구에 의하여 재산관리에 관하여 필요한 처분을 명하여야 한다. 본인의 부재중 재산관리인의 권한이 소멸한 때에도 같다.
ㄷ. (O) : 제37조【법인의 사무의 검사, 감독】법인의 사무는 주무관청이 검사, 감독한다.
ㄹ. (X) : 주소의 개수에 관하여 단일주의는 주소 하나만을 인정하는 것이고, 복수주의는 복수로 인정하는 것이다. 우리 민법은 "주소는 동시에 두 곳 이상 있을 수 있다(제18조 제2항)"라고 규정하여 복수주의를 취하고 있다. ※ 민법상 주소 : 실질주의, 객관주의, 복수주의

정답 ③

074 주소에 관한 설명으로 옳지 않은 것은? [13 세무사]

① 주소를 결정하는 기준은 형식주의에 의한다.
② 주소는 두 곳 이상 있을 수 있다.
③ 생활의 근거되는 곳을 주소로 한다.
④ 주소를 알 수 없으면 거소를 주소로 본다.
⑤ 어느 행위에 있어서 가주소를 정한 때에는 그 행위에 관하여 이를 주소로 본다.

해설

제18조【주소】① 생활의 근거되는 곳을 주소로 한다. – 실질주의

정답 ①

---

075 민법상 주소에 관한 설명으로 옳지 않은 것은? [15 세무사]

① 주소는 동시에 세 곳에 있을 수 있다
② 국내에 주소 없는 자에 대하여는 국내에 있는 거소를 주소로 본다..
③ 가주소는 당사자의 의사에 의하여 설정되고 당해 거래에 관하여 주소로 본다.
④ 가주소를 정할 경우 최소한 생활의 근거가 되는 곳이어야 한다.
⑤ 현재지에 대해서는 민법전에 별도로 명문규정을 두고 있지 않다.

해설

① (O) : 제18조【주소】① 생활의 근거되는 곳을 주소로 한다. – 실질주의 ② 주소는 동시에 두곳이상 있을 수 있다. – 복수주의
② (O) : 제20조【거소】국내에 주소없는 자에 대하여는 국내에 있는 거소를 주소로 본다.
③ (O) : 제21조【가주소】어느 행위에 있어서 가주소를 정한 때에는 그 행위에 관하여는 이를 주소로 본다.
④ (X) : 가주소란 당사자가 어떤 거래관계에서 일정한 장소를 정하여 그 거래관계에 관하여 주소로서의 법적 기능을 부여한 장소를 말하므로, 생활의 근거가 될 필요는 없다. 즉 가주소는 당사자의 의사에 의하여 설정되고, 따라서 제한능력자는 독자적으로 가주소를 설정할 수 없으며, 당해 거래관계에 관하여 주소로서의 효과를 가진다.
⑤ (O) : 민법에 명문의 규정은 없다.

정답 ④

076 주소에 관한 설명으로 옳지 않은 것은? [18 세무사]

① 생활의 근거가 되는 곳을 말한다.
② 동시에 두 곳 이상 있을 수 있다.
③ 주소를 알 수 없으면 거소를 주소로 본다.
④ 국내에 주소가 없는 자에 대해서는 국내에 있는 거소를 주소로 본다.
⑤ 어느 행위에 있어 가주소를 정한 때에는 그 행위에 관하여는 이를 주소로 추정한다.

해설

① (O), ② (O) : 제18조【주소】① 생활의 근거되는 곳을 주소로 한다. ② 주소는 동시에 두곳이상 있을 수 있다.
③ (O) : 제19조【거소】주소를 알 수 없으면 거소를 주소로 본다.
④ (O) : 제20조【거소】국내에 주소 없는 자에 대하여는 국내에 있는 거소를 주소로 본다.
⑤ (×) : 제21조【가주소】어느 행위에 있어서 가주소를 정한 때에는 그 행위에 관하여는 이를 주소로 본다.

정답 ⑤

■ 제4관 부재와 실종

Ⅰ. 서 설

Ⅱ. 부재자의 재산관리

077 외국에 장기체류하고 있는 甲은 당분간 국내에 돌아올 가능성이 없다. 이에 관한 설명으로 옳지 않은 것은? (다툼이 있는 경우에는 판례에 의함) [14 변리사]

① 甲의 법정대리인 乙이 甲의 재산을 관리하는 경우, 부재자의 재산관리에 관한 규정이 적용되지 않는다.
② 甲이 丙에게 자신의 재산을 관리할 것을 부탁한 때에는, 특별한 사정이 없으면 법원은 이해관계인의 청구로 새로운 재산관리인을 정할 수 없다.
③ 법원이 丁을 甲의 재산관리인으로 선임결정하기 전에 이미 甲이 사망하였음이 확인된 때에도 그 결정이 취소되지 않으면 甲의 재산에 대한 丁의 처분행위는 유효하다.
④ 법원이 선임한 재산관리인 丁이 법원의 명령으로 甲의 재산을 보전하기 위하여 필요한 처분을 한 경우, 법원은 甲의 재산으로 그 비용을 지급한다.
⑤ 법원이 선임한 甲의 재산관리인 丁이 甲의 재산에 대한 법원의 매각처분허가를 얻은 때에도 甲의 채무를 담보하기 위하여 甲의 부동산에 저당권을 설정하려면 다시 법원의 허가를 얻어야 한다.

> 해설

① (O) : 제916조【자의 특유재산과 그 관리】자가 자기의 명의로 취득한 재산은 그 특유재산으로 하고 법정대리인인 친권자가 이를 관리한다. 즉 법정대리인 乙이 재산관리권을 가지므로, 부재자의 재산관리에 관한 규정이 적용되지 않는다.

② (O) : 부재자가 관리인을 두고 떠난 경우에는 법원이 간섭하지 않음이 원칙이나, 관리인을 두지 않고 떠난 경우에는 일정한 자의 청구에 의하여 가정법원이 재산관리에 필요한 처분을 명해야 한다(불간섭의 원칙). 제22조【부재자의 재산의 관리】① 종래의 주소나 거소를 떠난 자가 재산관리인을 정하지 아니한 때에는 법원은 이해관계인이나 검사의 청구에 의하여 재산관리에 관하여 필요한 처분을 명하여야 한다. 본인의 부재중 재산관리인의 권한이 소멸한 때에도 같다. ② 본인이 그 후에 재산관리인을 정한 때에는 법원은 본인, 재산관리인, 이해관계인 또는 검사의 청구에 의하여 전항의 명령을 취소하여야 한다.

③ (O) : 법원에 의하여 부재자재산관리인으로 선임된 자는 그 부재자의 사망이 확인된 후라 할지라도 위 선임결정이 취소되지 않는 한 관리인으로서의 권한이 소멸하지 않는다(대판 1971.3.23, 71다189; 대판 1991.11.25, 91다11810).

④ (O) : 제24조【관리인의 직무】① 법원이 선임한 재산관리인은 관리할 재산목록을 작성하여야 한다. ② 법원은 그 선임한 재산관리인에 대하여 부재자의 재산을 보존하기 위하여 필요한 처분을 명할 수 있다. ③ 부재자의 생사가 분명하지 아니한 경우에 이해관계인이나 검사의 청구가 있는 때에는 법원은 부재자가 정한 재산관리인에게 제2항의 처분을 명할 수 있다. ④ 전3항의 경우에 그 비용은 부재자의 재산으로써 지급한다.

⑤ (×) : 일단 법원의 처분허가를 받았다면 재산관리인이 그 처분방법을 임의로 정할 수 있고, 나중에 허가가 취소되더라도 유효하다(대판 1960.2.4. 4291민상636).

정답 ⑤

078 부재자의 재산관리인에 관한 설명으로 옳은 것은? (다툼이 있으면 판례에 따름) [16 세무사]

① 법원에 의하여 선임된 재산관리인은 보수를 청구할 수 없다.
② 부재자가 정한 재산관리인은 재산의 관리 및 반환에 관한 담보제공의무를 지지 않는다.
③ 법원은 재산관리인이 허가 없이 한 처분행위를 추인하기 위해서 사후에 이를 허가할 수는 없다.
④ 법원이 선임한 재산관리인은 부재자의 사망을 확인하였더라도 그 선임결정이 취소되지 않는 한 계속해서 권한을 행사할 수 있다.
⑤ 재산관리인이 부재자의 재산매각처분에 대한 법원의 허가를 받았으면, 통상의 경우 부재자와 무관한 제3자의 채무담보만을 위하여 부재자의 재산에 근저당권을 설정하는 것도 유효하다.

해설

① (×), ② (×) : **제26조【관리인의 담보제공, 보수】**① 법원은 그 선임한 재산관리인으로 하여금 재산의 관리 및 반환에 관하여 상당한 담보를 **제공하게 할 수 있다.** ② 법원은 그 선임한 재산관리인에 대하여 부재자의 재산으로 상당한 보수를 지급할 수 있다. ③ 전2항의 규정은 **부재자의 생사가 분명하지 아니한 경우에 부재자가 정한 재산관리인에 준용**한다.

③ (×) : 허가받은 재산에 대한 장래의 처분행위 뿐 아니라 기왕의 처분행위를 추인하는 방법으로도 할 수 있다. 따라서 관리인이 허가 없이 부재자 소유 부동산을 매각한 경우라도 사후에 법원의 허가를 얻어 이전등기절차를 경료 케 하였다면 추인에 의하여 유효한 처분행위로 된다(대판 1982.9.14, 80다3063, 대판 1982.12.14, 80다1872).

④ (○) : 법원에 의하여 부재자재산관리인으로 선임된 자는 그 부재자의 사망이 확인된 후라 할지라도 위 선임결정이 취소되지 않는 한 관리인으로서의 권한이 소멸하지 않고(대판 1971.3.23, 71다189; 대판 1991.11.25, 91다11810), **부재자 재산관리인으로서 권한초과 행위의 허가를 받고 그 선임결정이 취소되기 전에 위 권한에 의하여 이루어진 행위는 부재자에 대한 실종선고기간이 만료된 뒤에 이루어졌다고 하더라도 유효하다**(대판 1981.7.28, 80다2668).

⑤ (×) : 법원의 허가가 있었더라도 그 처분은 부재자의 이익을 위한 것에 한정되고, 부재자의 이익을 위한 정당한 관리행위가 아닌 때에는 그 권한범위를 일탈한 것으로서 무권대리로 되고 표현대리가 성립하지 않는 한 본인에 대하여 효력이 없다. 그러므로, 관리인이 법원의 매각처분허가를 얻었더라도 부재자와 아무 관계없는 남의 채무의 담보를 위하여 부재자 재산에 근저당권을 설정한 때에는 달리 그 권한이 있다고 믿음에 정당한 이유가 없는 한 상대방은 선의, 무과실이라 볼 수 없고 본인은 책임이 없다(대판 1976.12.21 75마551, 대판 1977.11.8 77다1159).

정답 ④

---

079 권리능력의 종기(終期)에 관한 설명으로 옳지 않은 것은? (다툼이 있으면 판례에 따름)

[16 세무사]

① 2인 이상이 동일한 위난으로 사망한 경우에 이들은 동시에 사망한 것으로 추정된다.
② 법인의 청산종결등기가 마쳐졌더라도 청산사무가 종결되지 않았다면 그 범위 내에서는 청산법인으로 존속한다.
③ 법인에 대해서도 부재자 재산관리인이 선임될 수 있다.
④ 인정사망은 그 확증이 없더라도 사망이 확실시되는 경우, 가족관계등록부에 사망의 기재를 통하여 사망을 추정하는 제도이다.
⑤ 위 ④의 경우, 가족관계등록부에 사망으로 기재되었더라도, 그 기재가 진실이 아니라고 볼 만한 특별한 사정이 있으면, 그 사망의 추정은 번복될 수 있다.

해설

① (○) : **제30조【동시사망】**2인 이상이 동일한 위난으로 사망한 경우에는 동시에 사망한 것으로 추정한다.

② (O) : 청산종결의 등기가 종료한 후에도 청산사무가 종결되었다고 할 수 없는 경우에는 청산법인으로 계속 존속 한다(대판 1980.4.8, 79다2036).
③ (X) : 자연인이 아닌 법인에 대해서는 부재자의 개념을 인정할 수 없다(대결 1965.2.9. 64스9). 따라서 법인에 대해서는 부재자 재산관리인이 선임될 수 없다.
④ (O) : 인정사망은 실종과는 달리 사망한 것으로 추정하는 제도이다.
⑤ (O) : 간주가 아니라 추정이기 때문이다.

정답 ③

080 법원에 의한 부재자재산관리가 종료될 수 있는 사유가 아닌 것은? (다툼이 있으면 판례에 따름)
[17 세무사]

① 부재자가 재산관리인을 선임한 경우
② 부재자가 스스로 재산관리를 할 수 있게 된 경우
③ 부재자가 사망한 경우
④ 부재자에 대하여 실종선고가 행하여진 경우
⑤ 부재자가 행방불명이 된 경우

해설

부재자가 관리인을 두고 떠난 경우에는 법원이 간섭하지 않음이 원칙이나(불간섭의 원칙), 관리인을 두지 않고 떠난 경우에는 일정한 자의 청구에 의하여 가정법원이 재산관리에 필요한 처분을 명해야 한다. 따라서 부재자가 재산관리인을 선임하거나 스스로 재산관리를 할 수 있게 되었다면, 법원에 의한 부재자재산관리가 종료될 수 있다. 그리고 부재자가 사망하거나 사망간주 되는 경우에도 상속인이 재산을 상속 받으므로, 부재자재산관리가 종료될 수 있다.

정답 ⑤

081 부재자의 재산관리인에 관한 설명으로 옳지 않은 것은? [18 세무사]

① 부재자가 재산관리인을 정하였다면 이해관계인이 재산관리인의 개임을 청구할 수 없다.
② 법원이 선임한 재산관리인은 관리할 재산목록을 작성하여야 한다.
③ 부재자의 생사가 분명하지 아니한 경우에 부재자가 정한 재산관리인은 법원의 허가 없이는 권한을 넘는 행위를 할 수 없다.
④ 법원은 그 선임한 재산관리인으로 하여금 재산의 반환에 관하여 상당한 담보를 제공하게 할 수 있다.
⑤ 법원은 그 선임한 재산관리인에 대하여 부재자의 재산으로 상당한 보수를 지급 할 수 있다.

해설

① (×) : 제23조【관리인의 개임】부재자가 재산관리인을 정한 경우에 부재자의 생사가 분명하지 아니한 때에는 법원은 재산관리인, 이해관계인 또는 검사의 청구에 의하여 재산관리인을 개임할 수 있다.
② (○) : 제24조【관리인의 직무】① 법원이 선임한 재산관리인은 관리할 재산목록을 작성하여야 한다.
③ (○) : 제25조【관리인의 권한】법원이 선임한 재산관리인이 제118조에 규정한 권한을 넘는 행위를 함에는 법원의 허가를 얻어야 한다. 부재자의 생사가 분명하지 아니한 경우에 부재자가 정한 재산관리인이 권한을 넘는 행위를 할 때에도 같다.
④ (○) : 제26조【관리인의 담보제공, 보수】① 법원은 그 선임한 재산관리인으로 하여금 재산의 관리 및 반환에 관하여 상당한 담보를 제공하게 할 수 있다.
⑤ (○) : 제26조【관리인의 담보제공, 보수】② 법원은 그 선임한 재산관리인에 대하여 부재자의 재산으로 상당한 보수를 지급할 수 있다.

정답 ①

082 부재자 재산관리인에 관한 설명으로 옳지 않은 것은? (다툼이 있으면 판례에 따름) [18 노무]

① 부재자가 재산관리인을 정한 경우에 부재자의 생사가 분명하지 않은 대에는 법원은 재산관리인을 개임할 수 있다.
② 법원은 재산관리인의 과거의 처분행위를 추인하는 허가도 할 수 있다.
③ 법원이 선임한 재산관리인의 권한은 부재자가 사망하면 선임결정이 취소되지 않더라도 소멸한다.
④ 법원이 선임한 재산관리인은 관리할 재산목록을 작성하여야 한다.
⑤ 부재자의 생사가 분명하지 않은 경우, 법원은 부재자가 정한 재산관리인에게 재산의 관리 및 반환에 관하여 상당한 담보를 제공하게 할 수 있다.

해설

① (○) : 제23조【관리인의 개임】부재자가 재산관리인을 정한 경우에 부재자의 생사가 분명하지 아니한 때에는 법원은 재산관리인, 이해관계인 또는 검사의 청구에 의하여 재산관리인을 개임할 수 있다.
② (○) : 허가받은 재산에 대한 장래의 처분행위 뿐 아니라 기왕의 처분행위를 추인하는 방법으로도 할 수 있다. 따라서 관리인이 허가 없이 부재자 소유 부동산을 매각한 경우라도 사후에 법원의 허가를 얻어 이전등기절차를 경료하게 하였다면 추인에 의하여 유효한 처분행위로 된다(대판 1982.9.14, 80다3063, 대판 1982.12.14, 80다1872).
③ (×) : 법원에 의하여 부재자재산관리인으로 선임된 자는 그 부재자의 사망이 확인된 후라 할지라도 위 선임결정이 취소되지 않는 한 관리인으로서의 권한이 소멸하지 않는다(대판 1971.3.23, 71다189; 대판 1991.11.25, 91다11810).

④ (○) : 제24조【관리인의 직무】① 법원이 선임한 재산관리인은 관리할 재산목록을 작성하여야 한다.
⑤ (○) : 제26조【관리인의 담보제공, 보수】① 법원은 그 선임한 재산관리인으로 하여금 재산의 관리 및 반환에 관하여 상당한 **담보를 제공**하게 할 수 있다. ② 법원은 그 선임한 재산관리인에 대하여 부재자의 재산으로 상당한 보수를 지급할 수 있다. ③ 전2항의 규정은 **부재자의 생사가 분명하지 아니한 경우에 부재자가 정한 재산관리인**에 준용한다.

정답 ③

083 부재자 재산관리인에 관한 설명으로 옳은 것은? (다툼이 있으면 판례에 따름) [19 세무사]

① 부재자 재산관리인은 자기의 재산에 대한 것과 동일한 주의의무로 부재자의 재산을 관리하여야 한다.
② 부재자가 정한 재산관리인은 부재자의 생사가 분명하지 아니한 경우, 가정법원 허가를 얻어 권한을 넘는 행위를 할 수 있다.
③ 법원이 부재자 재산관리인의 권한을 정하지 않은 때에는 보존행위만을 할 수 있다.
④ 부재자 재산관리인이 법원의 허가를 받아 부동산을 매매한 후 그 허가결정이 취소되면 그 매매행위는 효력을 상실한다.
⑤ 부재자 재산관리인이 법원의 허가를 받아 처분행위를 하였으나 처분 시점에서 부재자가 이미 사망한 경우에는 부재자의 처분행위는 효력이 없다.

해설

① (✕) : 이 경우 재산관리인은 부재자의 수임인이며, 임의대리인이므로 위임에 관한 규정(제680조 이하)에 의하여 규율 된다(대판 1973.7.24, 72다2136). 따라서 관리인의 권한과 관리의 방법 등은 부재자와 관리인 사이의 계약 및 제118조에 의하여 결정된다. 제681조【수임인의 선관의무】수임인은 위임의 본지에 따라 선량한 관리자의 주의로써 위임사무를 처리하여야 한다.
② (○) : 제25조【관리인의 권한】법원이 선임한 재산관리인이 제118조에 규정한 권한을 넘는 행위를 함에는 법원의 허가를 얻어야 한다. 부재자의 생사가 분명하지 아니한 경우에 부재자가 정한 재산관리인이 권한을 넘는 행위를 할 때에도 같다.
③ (✕) : 제118조【대리권의 범위】권한을 정하지 아니한 대리인은 다음 각호의 행위만을 할 수 있다. 1. 보존행위 2. 대리의 목적인 물건이나 권리의 성질을 변하지 아니하는 범위에서 그 이용 또는 개량하는 행위
④ (✕) : 법원의 허가를 얻어 권한초과행위를 한 후에는 그 허가결정이 취소되더라도 소급효가 없으며, 취소전의 처분행위는 유효하다(대판 1960.2.4, 4291민상636).
⑤ (✕) : 법원에 의하여 부재자재산관리인으로 선임된 자는 그 부재자의 사망이 확인된 후라 할지라도 위 선임결정이 취소되지 않는 한 관리인으로서의 권한이 소멸하지 않고(대판 1971.3.23, 71다189; 대판 1991.11.25, 91다11810), **부재자 재산관리인으로서 권한초과 행위의 허가를 받고 그 선임결정이 취소되기 전에 위 권한에 의하여 이루어진 행위는 부재자에 대한 실종선고기간이 만료된 뒤에 이루어졌다고 하더라도 유효하다**(대판 1981.7.28, 80다2668).

정답 ②

084 부재자의 재산관리에 관한 설명으로 옳지 않은 것은? (다툼이 있으면 판례에 따름) [20 감평]

① 부재자가 스스로 위임한 재산관리인에게 재산처분권까지 준 경우에도 그 재산관리인은 재산처분에 법원의 허가를 얻어야 한다.
② 재산관리인의 권한초과행위에 대한 법원의 허가결정은 기왕의 처분행위를 추인하는 방법으로도 할 수 있다.
③ 재산관리인이 소송절차를 진행하던 중 부재자에 대한 실종선고가 확정되면 그 재산관리인의 지위도 종료한다.
④ 생사불명의 부재자를 위하여 법원이 선임한 재산관리인은 그가 부재자의 사망을 확인한 때에도 선임결정이 취소되지 않으면 계속 권한을 행사할 수 있다.
⑤ 생사불명의 부재자에 대하여 실종이 선고되더라도 법원이 선임한 재산관리인의 처분행위에 근거한 등기는 그 선임결정이 취소되지 않으면 적법하게 마친 것으로 추정된다.

해설

① (X) : 부재자로부터 재산처분권까지 위임받은 재산관리인은 그 재산을 처분함에 있어 법원의 허가를 요하는 것은 아니다(대판 1973. 7. 24. 72다2136).
② (O) : 허가받은 재산에 대한 장래의 처분행위 뿐 아니라 기왕의 처분행위를 추인하는 방법으로도 할 수 있다. 따라서 관리인이 허가 없이 부재자 소유 부동산을 매각한 경우라도 사후에 법원의 허가를 얻어 이전등기절차를 경료하게 하였다면 추인에 의하여 유효한 처분행위로 된다(대판 1982.09.14. 80다3063, 대판 1982.12.14. 80다1872).
③ (O) : 부재자의 재산관리인에 의하여 소송절차가 진행되던 중 부재자 본인에 대한 실종선고가 확정되면 그 재산관리인으로서의 지위는 종료되는 것이므로 상속인등에 의한 적법한 소송수계가 있을 때까지는 소송절차가 중단된다(대판 1987. 3. 24. 85다카1151).
④ (O) : 법원에 의하여 부재자재산관리인으로 선임된 자는 그 부재자의 사망이 확인된 후라 할지라도 위 선임결정이 취소되지 않는 한 관리인으로서의 권한이 소멸하지 않는다(대판 1971.03.23. 71다189; 대판 1991.11.25. 91다11810).
⑤ (O) : 부재자 재산관리인으로서 권한초과 행위의 허가를 받고 그 선임결정이 취소되기 전에 위 권한에 의하여 이루어진 행위는 부재자에 대한 실종선고기간이 만료된 뒤에 이루어졌다고 하더라도 유효하다(대판 1981.07.28. 80다2668).

정답 ①

085 부재자의 재산관리인에 관한 설명으로 옳지 않은 것은? [21 세무사]

① 부재자가 재산관리인을 정하지 않은 때에는 법원은 이해관계인이나 검사의 청구에 의해 재산관리에 필요한 처분을 명해야 한다.
② 부재자의 부재중에 재산관리인의 권한이 소멸한 때 법원은 이해관계인이나 검사의 청구에 의해 부재자의 실종선고를 해야 한다.

③ 법원은 그 선임한 재산관리인에게 재산의 관리 및 반환에 관해 상당한 담보를 제공하게 할 수 있다.
④ 부재자가 재산관리인을 정한 경우에 부재자의 생사가 분명하지 않은 때는 법원은 이해관계인의 청구에 의해 재산관리인을 개임할 수 있다.
⑤ 법원은 그 선임한 재산관리인에 대해 부재자의 재산으로 보수를 지급할 수 있다.

해설

① (○), ② (×) : 제22조【부재자의 재산의 관리】① 종래의 주소나 거소를 떠난 자가 재산관리인을 정하지 아니한 때에는 법원은 이해관계인이나 검사의 청구에 의하여 재산관리에 관하여 필요한 처분을 명하여야 한다. 본인의 부재 중 재산관리인의 권한이 소멸한 때에도 같다.

③ (○) : 제26조【관리인의 담보제공, 보수】① 법원은 그 선임한 재산관리인으로 하여금 재산의 관리 및 반환에 관하여 상당한 담보를 **제공하게 할 수 있다**.

④ (○) : 제23조【관리인의 개임】부재자가 재산관리인을 정한 경우에 부재자의 생사가 분명하지 아니한 때에는 법원은 재산관리인, 이해관계인 또는 검사의 청구에 의하여 재산관리인을 개임할 수 있다.

⑤ (○) : 제24조【관리인의 직무】① 법원이 선임한 재산관리인은 관리할 재산목록을 작성하여야 한다. ② 법원은 그 선임한 재산관리인에 대하여 부재자의 재산을 보존하기 위하여 필요한 처분을 명할 수 있다. ③ 부재자의 생사가 분명하지 아니한 경우에 이해관계인이나 검사의 청구가 있는 때에는 법원은 부재자가 정한 재산관리인에게 전2항의 처분을 명할 수 있다. ④ 전3항의 경우에 그 비용은 부재자의 재산으로써 지급한다.

정답 ②

Ⅲ. 실종선고

086 실종선고에 관한 설명으로 옳지 않은 것은? (다툼이 있으면 판례에 따름) [15 변리사]

① 실종선고를 받은 자가 생존하여 새로운 주소에서 체결한 부동산 매매계약은 실종선고가 취소되지 않았더라도 유효하다.
② 가정법원은 실종선고를 취소하기 위해서는 6개월 이상 공고를 하여야 한다.
③ 2013년 4월 16일 제주도행 여객선이 침몰하여 행방불명된 甲에 대하여 2015년 2월 11일 실종선고가 내려진 경우, 甲은 2014년 4월 16일 24시에 사망한 것으로 간주된다.
④ 해녀인 甲이 해산물을 채취하다가 행방불명되었다면, 이는 특별실종선고를 위한 '사망의 원인이 될 위난'이라고 할 수 없다.
⑤ 실종선고가 취소된 경우, 실종선고를 직접원인으로 하여 재산을 취득한 자가 선의인 경우에는 그 받은 이익이 현존하는 한도에서 반환할 의무가 있다.

해설

① (O) : 실종선고를 받은 자라 할지라도 권리능력은 상실되지 않으므로 유효한 법률행위를 할 수 있다.

② (×) : 실종선고를 선고하기 위해서는 6개월 이상 공고를 하여야 하나, 실종선고를 취소할 때에는 공고를 거칠 필요가 없다.

③ (O) : 실종선고를 받은 자는 실종기간이 만료한 때에 사망한 것으로 본다. 초일불산입의 원칙에 따라 2013년 4월 17일이 기산점이 되고, 특별실종기간은 1년이므로 2014년 4월 16일 24시에 실종기간이 만료된다.

④ (O) : [1] 민법 제27조의 문언이나 규정의 체계 및 취지 등에 비추어, 그 제2항에서 정하는 "사망의 원인이 될 위난"이라고 함은 화재·홍수·지진·화산 폭발 등과 같이 일반적·객관적으로 사람의 생명에 명백한 위험을 야기하여 사망의 결과를 발생시킬 가능성이 현저히 높은 외부적 사태 또는 상황을 가리킨다. [2] 甲이 잠수장비를 착용한 채 바다에 입수하였다가 부상하지 아니한 채 행방불명되었다 하더라도, 이는 "사망의 원인이 될 위난"이라고 할 수 없다는 원심판단이 정당하다(대결 2011.1.31. 자 2010스165).

⑤ (O) : 실종선고의 취소가 있을 때에 실종의 선고를 직접원인으로 하여 재산을 취득한 자(예컨대 상속인·수유자·사인증여의 수증자·생명보험수익자 등)가 선의인 경우에는 그 받은 이익이 현존하는 한도에서 반환할 의무가 있다(제29조 제2항). 다만 악의인 경우에는 그 받은 이익에 이자를 붙여서 반환하고 손해가 있으면 이를 배상하여야 한다.

정답 ②

---

087 甲은 2000. 8. 1. 해상에서 물놀이를 하던 중 수영 미숙으로 행방불명되어 생사를 알 수 없다. 이에 관한 설명으로 옳은 것은? (다툼이 있으면 판례에 따름) [15 세무사]

① 2001. 8. 1.까지도 甲의 생사가 불명일 경우 이해관계인은 실종선고를 청구할 수 있다.
② 甲에게 제1순위 상속인이 있다고 해도 제2순위의 상속인은 실종선고를 청구할 수 있다.
③ 甲이 실종선고를 받은 경우 실종기간이 만료한 때에 사망한 것으로 본다.
④ 甲의 생존 사실이 밝혀져 실종선고가 취소되면 그 때부터 실종선고의 효력이 상실된다.
⑤ 甲의 실종선고로 인해 선의로 생명보험금을 수령한 자는 실종선고가 취소되더라도 반환의무가 없다.

해설

① (×) : 민법 제27조의 문언이나 규정의 체계 및 취지 등에 비추어, 그 제2항에서 정하는 "사망의 원인이 될 위난"이라고 함은 화재·홍수·지진·화산 폭발 등과 같이 일반적·객관적으로 사람의 생명에 명백한 위험을 야기하여 사망의 결과를 발생시킬 가능성이 현저히 높은 외부적 사태 또는 상황을 가리킨다. 甲이 잠수장비를 착용한 채 바다에 입수하였다가 부상하지 아니한 채 행방불명되었다 하더라도, 이는 "사망의 원인이 될 위난"이라고 할 수 없다는 원심판단이 정당하다(대결 2011. 1. 31. 자 2010스165). 따라서 제1항이 적용되므로 5년이 지난 2005.8.1. 까지 甲의 생사가 불명일 경우 이해관계인은 실종선고를 청구할 수 있다.

② (×) : 판례는 부재자의 자매로서 **제3순위 상속인에 불과한 자**는 부재자에 대한 실종선고의 여부에 따라 상속지분에 차이가 생긴다고 하더라도 위 부재자의 사망 간주시기에 다른 간접적인 영향에 불과하고 부재자의 실종선고 자체를 원인으로 한 직접적인 결과는 아니므로 부재자에 대한 실종선고를 청구할 이해관계인이 될 수 없다고 하고(대판 1986.10.10. 86스20).

③ (○) : 제28조【실종선고의 효과】실종선고를 받은 자는 전조의 기간이 만료한 때에 사망한 것으로 본다.

④ (×) : 선고가 취소되면 사망을 전제로 한 여러 가지 권리변동(재산상속, 신분관계의 변동)은 모두 소급하여 소멸한다.

⑤ (×) : 실종선고를 직접원인으로 재산을 취득한 자는 상속인, 수유자, 생명보험수익자, 사인증여의 수증자 등을 가리키며 전득자는 포함하지 않는다. 이 자들은 선의, 악의를 불문하고 반환하여야 하며 그 반환범위에만 차이가 있을 뿐이다(제29조 2항 참고).

정답 ③

088 실종선고에 관한 설명으로 옳지 않은 것은? (다툼이 있으면 판례에 따름) [16 감평]

① 실종선고 취소의 청구를 받은 가정법원은 공시최고의 절차를 거칠 필요가 없다.
② 실종선고가 확정되면 실종선고를 받은 자는 실종기간이 만료한 때에 사망한 것으로 본다.
③ 실종선고가 취소되더라도 실종기간 만료 후 실종선고 취소 전에 선의로 한 행위의 효력에는 영향을 미치지 아니한다.
④ 실종선고의 취소가 있는 경우, 실종선고를 직접원인으로 하여 재산을 취득한 자는 선의이면 그 받은 이익이 현존하는 한도에서 반환할 의무가 있다.
⑤ 부재자의 1순위 상속인이 있는 경우에 4순위의 상속인에 불과한 자는 특별한 사정이 없는 한 부재자에 대한 실종선고를 청구할 이해관계인이 될 수 없다.

해설

① (○) : 실종선고 청구를 받은 가정법원은 부재자 자신 또는 부재자의 생사를 알고 있는 자에 대하여 신고하도록 6월 이상 공고하여야 한다(공시최고, 가사소송규칙 제53조, 제54조). 공시최고기간이 지나도 신고가 없으면, 가정법원은 반드시 실종선고를 하여야 한다(제27조 1항, 필요적 선고). 다만 실종선고를 취소하는 경우에는 공시최고가 필요 없다.

② (○) : 제28조【실종선고의 효과】실종선고를 받은 자는 전조의 기간이 만료한 때에 사망한 것으로 본다.

③ (×) : 제29조【실종선고의 취소】① 실종자의 생존한 사실 또는 전조의 규정과 상이한 때에 사망한 사실의 증명이 있으면 법원은 본인, 이해관계인 또는 검사의 청구에 의하여 실종선고를 취소하여야 한다. 그러나 <u>실종선고 후 그 취소 전에 선의로 한 행위의 효력에 영향을 미치지 아니한다.</u>

④ (○) : 제29조【실종선고의 취소】② 실종선고의 취소가 있을 때에 실종의 선고를 직접원인으로 하여 재산을 취득한 자가 선의인 경우에는 그 받은 이익이 현존하는 한도에서 반환할 의무가 있고 악의인 경우에는 그 받은 이익에 이자를 붙여서 반환하고 손해가 있으면 이를 배상하여야 한다.

⑤ (O) : 부재자의 자매로서 **제3순위 상속인에 불과한 자**는 부재자에 대한 실종선고의 여부에 따라 상속지분에 차이가 생긴다고 하더라도 위 부재자의 사망 간주시기에 다른 간접적인 영향에 불과하고 부재자의 실종선고 자체를 원인으로 한 직접적인 결과는 아니므로 부재자에 대한 실종선고를 청구할 이해관계인이 될 수 없다(대판 1986.10.10, 86스20).

정답 ③

089 甲은 2014. 10. 20. 탑승한 항공기가 추락하여 그 생사를 알 수 없게 되었다. 당시 甲의 가족으로 배우자 乙, 어머니 丙, 동생 丁이 있었고, 甲은 2016. 1.20. 실종선고를 받았다. 이에 관한 설명으로 옳은 것은? (다툼이 있으면 판례에 따름) [16 세무사]

① 2015. 4. 20. 乙이 甲에 대한 실종선고를 청구하면 인용될 수 있다.
② 乙과 丙의 생존에도 불구하고, 甲에 대한 丁의 실종선고 청구는 인용될 수 있다.
③ 甲에 대한 실종선고에 의하여 甲은 실종된 날인 2014. 10. 20. 사망한 것으로 의제된다.
④ 丙이 2016. 1. 5. 사망한 경우, 甲은 丙을 상속할 수 없는 것으로 된다.
⑤ 乙이 2016. 3. 10. 甲소유의 물건을 戊에게 매각하여 소유권을 넘겨준 후 甲의 실종선고가 취소되면, 실종선고를 신뢰한 선의의 戊는 甲에게 현존이익을 반환하면 된다.

해설

① (X) : 특별실종기간인 1년이 지나야 한다. 제27조【실종의 선고】② 전지에 임한 자, 침몰한 선박중에 있던 자, 추락한 항공기중에 있던 자 기타 사망의 원인이 될 위난을 당한 자의 생사가 전쟁종지 후 또는 선박의 침몰, 항공기의 추락 기타 위난이 종료한 후 1년간 분명하지 아니한 때에도 제1항과 같다. 〈개정 1984.4.10〉
② (X) : 判例는 부재자의 자매로서 **제3순위 상속인에 불과한 자**는 부재자에 대한 실종선고의 여부에 따라 상속지분에 차이가 생긴다고 하더라도 위 부재자의 사망 간주시기에 다른 간접적인 영향에 불과하고 부재자의 실종선고 자체를 원인으로 한 직접적인 결과는 아니므로 부재자에 대한 실종선고를 청구할 이해관계인이 될 수 없다(대판 1986.10.10, 86스20). 즉 선순위 상속인이 있다면 실종선고를 청구할 수 없다.
③ (X) : 특별실종기간인 1년이 지난 2015.10.20.에 사망간주 된다.
④ (O) : 甲은 특별실종에 해당하므로, 실종기간이 만료한 때인 2015. 10. 20. 24시에 사망한 것으로 간주된다. 따라서 丙이 사망한 2016.1.5. 에 甲은 이미 사망한 것으로 간주되므로, 甲은 丙을 상속할 수 없다.
⑤ (X) : 제29조【실종선고의 취소】① 실종자의 생존한 사실 또는 전조의 규정과 상이한 때에 사망한 사실의 증명이 있으면 법원은 본인, 이해관계인 또는 검사의 청구에 의하여 실종선고를 취소하여야 한다. 그러나 <u>실종선고 후 그 취소 전에 선의로 한 행위의 효력에 영향을 미치지 아니한다.</u> ② 실종선고의 취소가 있을 때에 실종의 선고를 직접원인으로 하여 재산을 취득한 자가 선의인 경우에는 그 받은 이익이 현존하는 한도에서 반환할 의무가 있고 악의인 경우에는 그 받은 이익에 이자를 붙여서 반환하고 손해가 있으면 이를 배상하여야 한다. 따라서 乙이 선의라면 甲에게 현존이익을 반환하면 된다. 즉 '실종선고를 신뢰한 선의의 戊는 甲에게 현존이익을 반환하면 된다.' 부분이 틀렸다.

정답 ④

090 실종선고에 관한 설명으로 옳지 않은 것은? (다툼이 있으면 판례에 따름) [16 감평]

① 실종선고 취소의 청구를 받은 가정법원은 공시최고의 절차를 거칠 필요가 없다.
② 실종선고가 확정되면 실종선고를 받은 자는 실종기간이 만료한 때에 사망한 것으로 본다.
③ 실종선고가 취소되더라도 실종기간 만료 후 실종선고 취소 전에 선의로 한 행위의 효력에는 영향을 미치지 아니한다.
④ 실종선고의 취소가 있는 경우, 실종선고를 직접원인으로 하여 재산을 취득한 자는 선의이면 그 받은 이익이 현존하는 한도에서 반환할 의무가 있다.
⑤ 부재자의 1순위 상속인이 있는 경우에 4순위의 상속인에 불과한 자는 특별한 사정이 없는 한 부재자에 대한 실종선고를 청구할 이해관계인이 될 수 없다.

해설

① (O) : 실종선고 청구를 받은 가정법원은 부재자 자신 또는 부재자의 생사를 알고 있는 자에 대하여 신고하도록 6월 이상 공고하여야 한다(공시최고, 가사소송규칙 제53조, 제54조). 공시최고기간이 지나도 신고가 없으면, 가정법원은 반드시 실종선고를 하여야 한다(제27조 1항, 필요적 선고). 다만 실종선고를 취소하는 경우에는 공시최고가 필요 없다.

② (O) : 제28조【실종선고의 효과】 실종선고를 받은 자는 전조의 기간이 만료한 때에 사망한 것으로 본다.

③ (×) : 제29조【실종선고의 취소】 ① 실종자의 생존한 사실 또는 전조의 규정과 상이한 때에 사망한 사실의 증명이 있으면 법원은 본인, 이해관계인 또는 검사의 청구에 의하여 실종선고를 취소하여야 한다. 그러나 **실종선고 후 그 취소 전에 선의로 한 행위의 효력에 영향을 미치지 아니한다**.

④ (O) : 제29조【실종선고의 취소】 ② 실종선고의 취소가 있을 때에 실종의 선고를 직접원인으로 하여 재산을 취득한 자가 선의인 경우에는 그 받은 이익이 현존하는 한도에서 반환할 의무가 있고 악의인 경우에는 그 받은 이익에 이자를 붙여서 반환하고 손해가 있으면 이를 배상하여야 한다.

⑤ (O) : 부재자의 자매로서 **제3순위 상속인에 불과한 자**는 부재자에 대한 실종선고의 여부에 따라 상속분에 차이가 생긴다고 하더라도 위 부재자의 사망 간주시기에 다른 간접적인 영향에 불과하고 부재자의 실종선고 자체를 원인으로 한 직접적인 결과는 아니므로 부재자에 대한 실종선고를 청구할 이해관계인이 될 수 없다(대판 1986.10.10, 86스20).

정답 ③

---

091 부재와 실종에 관한 설명으로 옳지 않은 것은? (다툼이 있으면 판례에 따름) [17 감평]

① 부재자는 성질상 자연인에 한한다.
② 법원은 선임한 재산관리인에 대하여 부재자의 재산으로 상당한 보수를 지급할 수 있다.
③ 외국에 장기 체류하는 자가 국내에 있는 재산을 관리하고 있으면 그는 부재자에 해당하지 않는다.

④ 부재자에 대한 실종선고 이전에 법원이 선임한 부재자의 재산관리인이 선임결정취소 전에 한 처분행위에 기하여 경료 된 등기는 적법한 것으로 추정된다.
⑤ 피상속인의 사망 후에 그의 아들에 대한 실종선고가 있었으나 피상속인의 사망 이전에 실종기간이 만료된 경우, 그 아들은 상속인이 될 수 있다.

해설

① (O) : 자연인이 아닌 법인에 대해서는 부재자의 개념을 인정할 수 없다(대결 1965.2.9. 64스9).
② (O) : 제26조【관리인의 담보제공, 보수】① 법원은 그 선임한 재산관리인으로 하여금 재산의 관리 및 반환에 관하여 상당한 담보를 제공하게 할 수 있다. ② 법원은 그 선임한 재산관리인에 대하여 부재자의 재산으로 상당한 보수를 지급할 수 있다.
③ (O) : 제22조【부재자의 재산의 관리】① 종래의 주소나 거소를 떠난 자가 재산관리인을 정하지 아니한 때에는 법원은 이해관계인이나 검사의 청구에 의하여 재산관리에 관하여 필요한 처분을 명하여야 한다. 본인의 부재중 재산관리인의 권한이 소멸한 때에도 같다.
④ (O) : 부재자 재산관리인으로서 권한초과 행위의 허가를 받고 그 선임결정이 취소되기 전에 위 권한에 의하여 이루어진 행위는 부재자에 대한 실종선고기간이 만료된 뒤에 이루어졌다고 하더라도 유효하다(대판 1981.7.28, 80다2668).
⑤ (X) : 제28조【실종선고의 효과】실종선고를 받은 자는 전조의 기간이 만료한 때에 사망한 것으로 본다. 따라서 피상속인의 사망 이전에 아들은 사망으로 간주되므로, 상속인이 될 수 없다.

정답 ⑤

092 실종선고에 관한 설명으로 옳은 것은? (다툼이 있으면 판례에 따름) [17 세무사]
① 실종선고를 받은 자는 실종기간이 만료한 때에 사망한 것으로 추정한다.
② 실종자를 사망한 것으로 보는 시기는 실종기간이 만료한 때가 아니라 실종선고가 이루어진 때이다.
③ 실종선고의 효력은 사법상 법률관계는 물론이고, 공법상 법률관계에도 그 효력이 미친다.
④ 이해관계 없는 후순위 상속인은 선순위 상속인이 있더라도 실종선고를 청구할 수 있다.
⑤ 실종선고가 취소되지 않는 한, 실종자의 생존 등의 반증을 들어도 선고의 효력을 부정할 수 없다.

해설

① (X), ② (X) : 제28조【실종선고의 효과】실종선고를 받은 자는 전조의 기간이 만료한 때에 사망한 것으로 본다.
③ (X) : 사망한 것으로 추정하는 인정사망과 다르고, 실종선고는 종래의 주소와 거소를 중심으로 한 사법상의 법률관계에 관하여만 사망한 것으로 간주할 뿐, 권리능력 자체를 박탈하는 제도는 아니다. 즉 실종의 효과는 원칙적으로 선거권 등 공법상의 법률관계에는 영향을 미치지 않는다[9].

④ (×) : 判例는 부재자의 자매로서 **제3순위 상속인에 불과한 자**는 부재자에 대한 실종선고의 여부에 따라 상속지분에 차이가 생긴다고 하더라도 위 부재자의 사망 간주시기에 다른 간접적인 영향에 불과하고 부재자의 실종선고 자체를 원인으로 한 직접적인 결과는 아니므로 부재자에 대한 실종선고를 청구할 이해관계인이 될 수 없다고 한다(대판 1986.10.10. 86스20).

⑤ (○) : 사망간주이므로, 추정과는 달리 실종자의 생존 기타 반증을 들어 선고의 효과를 다투지 못하며, 사망의 효과를 저지하려면 실종선고를 취소하여야 한다(대판 1995.2.17. 94다52751).

정답 ⑤

093 실종선고에 관한 설명으로 옳지 않은 것은? (다툼이 있으면 판례에 따름) [18 세무사]

① 사망의 원인이 될 위난을 당한 자의 실종기간은 위난종료 시로부터 1년이다.
② 실종선고를 받은 자는 사망한 것으로 의제되며, 실종선고 그 자체가 법원에 의해 취소되지 않는 한 이 사망의 효과는 계속된다.
③ 가족관계등록부상 사망한 것으로 기재되어 있는 자는 그 사망기재의 추정력을 뒤집을 수 있는 자료가 없는 한 실종선고를 할 수 없다.
④ 제1순위 상속인이 있어도 제2순위 상속인은 실종선고를 청구할 수 있는 이해관계인에 해당한다.
⑤ 피상속인의 사망 후에 피상속인의 딸에 대한 실종선고가 이루어졌으나 실종기간이 피상속인의 사망 전에 만료되었다면 그 딸은 상속인이 될 수 없다.

해설

① (○) : 제27조【실종의 선고】① 부재자의 생사가 5년간 분명하지 아니한 때에는 법원은 이해관계인이나 검사의 청구에 의하여 실종선고를 하여야 한다. ② 전지에 임한 자, 침몰한 선박 중에 있던 자, 추락한 항공기 중에 있던 자 기타 사망의 원인이 될 위난을 당한 자의 생사가 전쟁종지 후 또는 선박의 침몰, 항공기의 추락 기타 위난이 종료한 후 1년간 분명하지 아니한 때에도 제1항과 같다. 〈개정 1984.4.10〉

② (○) : 사망간주이므로, 추정과는 달리 실종자의 생존 기타 반증을 들어 선고의 효과를 다투지 못하며, 사망의 효과를 저지하려면 실종선고를 취소하여야 한다(대판 1995.2.17. 94다52751).

③ (○) : 判例는 가족관계등록부(구 호적부) 상 이미 사망한 것으로 기재되어 있는 자에게는 가족관계등록부의 추정력 때문에 실종선고를 할 수 없다[10]고 하였다(대결 1997.11.27. 97스4).

---

9) 다만 주민등록법 제13조의 2, 시행령 제18조에 의하여 실종선고가 있으면 주민등록이 정리되고, 공직선거법 제15조에 의하면 주민등록이 되어 있지 않으면 선거권이 인정되지 않으므로, 실무상으로는 선거권을 행사할 수 없다.
10) 가족관계등록부의 기재사항은 이를 번복할 만한 명백한 반증이 없는 한 진실에 부합하는 것으로 추정되고, 특히 가족관계등록부의 사망기재는 쉽게 번복할 수 있게 해서는 안 되며, 그 기재내용을 뒤집기 위해서는 사망신고 당시에 첨부된 서류들이 위조 또는 허위조작된 문서임이 증명되거나 신고인이 공정증서원본불실기재죄로 처단되었거나 또는 사망으로 기재된 본인이 현재 생존해 있다는 사실이 증명되고 있을 때, 또는 이에 준하는 사유가 있을 때 등에 한해서 가족관계등록부상의 사망기재의 추정력을 뒤집을 수 있을 뿐이고, 그러한 정도에 미치지 못한 경우에는 그 추정력을 깰 수 없다 할 것이므로, "가족관계등록부상 이미 사망한 것으로 기재되어 있는 자는 그 가족관계등록부상 사망기재의 추정

④ (✗) : 실종선고를 받은 피상속인이 청구인이 주장하는 시점에 사망하였다 하더라도 그 당시 자식 없이 생존해 있던 처가 민법 시행 전의 관습상 제1순위 상속인이므로, 피상속인의 조카로서 후순위 상속인에 불과한 청구인은 실종선고취소를 청구할 이해관계인이 될 수 없다(대결 2008.8.28. 자 2008스20).

⑤ (O) : 제28조【실종선고의 효과】실종선고를 받은 자는 전조의 기간이 만료한 때에 사망한 것으로 본다. 따라서 피상속인의 사망 이전에 상속인이 사망한 것으로 되므로, 상속인이 될 수 없다.

정답 ④

094 부재와 실종에 관한 설명으로 옳지 않은 것은? (다툼이 있으면 판례에 따름) [18 감평]

① 부재자로부터 재산처분권을 위임받은 재산관리인은 그 재산을 처분함에 있어서 법원의 허가를 받을 필요가 없다.
② 제1순위 상속인이 있는 경우에 제2순위 상속인은 실종선고를 청구할 수 있는 이해관계인이 될 수 없다.
③ 부재자 재산관리인의 재산처분행위를 허가하는 법원의 결정은 기왕의 처분행위를 추인하는 방법으로도 할 수 있다.
④ 실종선고를 받은 자가 실종기간 동안 생존하였다는 사실이 밝혀진 경우, 실종선고의 취소 없이도 이미 개시된 상속을 부정할 수 있다.
⑤ 피상속인의 사망 후 그 상속인에 대한 실종선고가 이루어졌으나 실종기간 만료시점이 피상속인의 사망 이전인 경우, 실종선고 된 자는 상속인이 될 수 없다.

해설

① (O) : 제25조【관리인의 권한】법원이 선임한 재산관리인이 제118조에 규정한 권한을 넘는 행위를 함에는 법원의 허가를 얻어야 한다. 부재자의 생사가 분명하지 아니한 경우에 부재자가 정한 재산관리인이 권한을 넘는 행위를 할 때에도 같다.
② (O) : 부재자의 자매로서 제3순위 상속인에 불과한 자는 부재자에 대한 실종선고의 여부에 따라 상속지분에 차이가 생긴다고 하더라도 위 부재자의 사망 간주시기에 다른 간접적인 영향에 불과하고 부재자의 실종선고 자체를 원인으로 한 직접적인 결과는 아니므로 부재자에 대한 실종선고를 청구할 이해관계인이 될 수 없다(대판 1986.10.10, 86스20).
③ (O) : 허가받은 재산에 대한 장래의 처분행위 뿐 아니라 기왕의 처분행위를 추인하는 방법으로도 할 수 있다. 따라서 관리인이 허가 없이 부재자 소유 부동산을 매각한 경우라도 사후에 법원의 허가를 얻어 이전등기절차를 경료하게 하였다면 추인에 의하여 유효한 처분행위로 된다(대판 1982.9.14, 80다3063, 대판 1982.12.14, 80다1872).
④ (✗) : 사망간주이므로, 추정과는 달리 실종자의 생존 기타 반증을 들어 선고의 효과를 다투지 못하며, 사망의 효과를 저지하려면 실종선고를 취소하여야 한다(대판 1995.2.17. 94다52751).

력을 뒤집을 수 있는 자료가 없는 한 그 생사가 불분명한 자라고 볼 수 없어 실종선고를 할 수 없다(대결 1997.11.27, 97스4).

⑤ (○) : 소외망인이 1951.7.2 사망하였으며, 그의 장남인 소외 (갑)은 1970.1.30 서울가정법원의 실종선고에 의하여 소외망인 사망전인 1950.8.1생사 불명기간 만료로 사망 간주된 사실이 인정되는 사안에 있어서 소외 (갑)은 소외 망인의 사망이전에 사망한 것으로 간주되었으므로 소외망인의 재산상속인이 될 수 없다고 한 원심의 판단은 실종선고로 인하여 사망으로 간주되는 시기에 관하여 실종기간 만료시기설을 취하는 우리 민법하에서는 정당하다(대판 1982. 9. 14. 82다144).

정답 ④

---

095 어부 甲은 2015년 7월 1일 조업 중 태풍으로 인하여 선박이 침몰하여 실종된 후 2017년 10월 1일 실종선고를 받았다. 이 사안에 관한 설명으로 옳은 것은? (다툼이 있으면 판례에 따름)
[19 감평]

① 위 실종선고를 위해 필요한 실종기간은 1년이다.
② 甲은 2017년 10월 1일에 사망한 것으로 간주된다.
③ 1순위 상속인이 있더라도 2순위 상속인은 위 실종선고를 신청할 수 있다.
④ 甲이 극적으로 살아서 종래의 주소지로 돌아오면 위 실종선고는 자동으로 취소된다.
⑤ 甲의 생환으로 실종선고가 취소되면 甲의 상속인은 악의인 경우에만 상속재산을 甲에게 반환할 의무가 있다.

해설

① (○) : 제27조【실종의 선고】② 전지에 임한 자, 침몰한 선박 중에 있던 자, 추락한 항공기 중에 있던 자 기타 사망의 원인이 될 위난을 당한 자의 생사가 전쟁종지 후 또는 선박의 침몰, 항공기의 추락 기타 위난이 종료한 후 1년간 분명하지 아니한 때에도 제1항과 같다. 〈개정 1984.4.10〉
② (×) : 제28조【실종선고의 효과】실종선고를 받은 자는 전조의 기간이 만료한 때에 사망한 것으로 본다. 즉 2016년 7월 1일에 사망한 것으로 간주된다.
③ (×) : 判例는 부재자의 자매로서 제3순위 상속인에 불과한 자는 부재자에 대한 실종선고의 여부에 따라 상속지분에 차이가 생긴다고 하더라도 위 부재자의 사망 간주시기에 다른 간접적인 영향에 불과하고 부재자의 실종선고 자체를 원인으로 한 직접적인 결과는 아니므로 부재자에 대한 실종선고를 청구할 이해관계인이 될 수 없다고 한다[11](대판 1986.10.10. 86스20).
④ (×) : 제29조【실종선고의 취소】① 실종자의 생존한 사실 또는 전조의 규정과 상이한 때에 사망한 사실의 증명이 있으면 법원은 본인, 이해관계인 또는 검사의 청구에 의하여 실종선고를 취소하여야 한다. 그러나 실종선고 후 그 취소 전에 선의로 한 행위의 효력에 영향을 미치지 아니한다.
⑤ (×) : 제29조【실종선고의 취소】② 실종선고의 취소가 있을 때에 실종의 선고를 직접원인으로 하여 재산을 취득한 자가 선의인 경우에는 그 받은 이익이 현존하는 한도에서 반환할 의무가 있고 악의인 경우에는 그 받은 이익에 이자를 붙여서 반환하고 손해가 있으면 이를 배상하여야 한다.

정답 ①

---

[11] 부재자가 사망할 경우 제1순위 상속자가 따로 있어 제2순위의 상속인에 불과한 부재자의 증손자(대결 1992.4.14. 92스4·5·6), 부재자의 처와 장녀가 따로 있는 경우의 부재자의 친형(대판 1961.12.29. 4294민재항649).

096 실종선고 및 그 취소에 관한 설명으로 옳은 것은? (다툼이 있으면 판례에 따름) [20 세무사]

① 부재자의 부모가 생존해 있는 경우에도 부재자의 형제는 상속인이라는 이유로 실종선고를 청구할 수 있다.
② 침몰한 선박 중에 있던 자가 실종선고를 받은 경우, 그는 선박이 완전히 침몰한 때에 사망한 것으로 본다.
③ 실종자가 실종기간이 만료한 때와 다른 시기에 사망한 것이 증명되고 이해관계인이 실종선고의 취소를 청구한 경우, 법원은 실종선고를 취소하여야 한다.
④ 실종선고의 취지는 실종선고 후 그 취소 전에 악의로 한 행위의 효력에도 영향을 미치지 아니한다.
⑤ 실종선고가 취소되면 실종의 선고를 직접원인으로 하여 재산을 취득한 자는 그 받은 이익을 모두 반환할 의무가 있다.

해설

① (×) : 부재자의 자매로서 **제3순위 상속인에 불과한 자**는 부재자에 대한 실종선고의 여부에 따라 상속지분에 차이가 생긴다고 하더라도 위 부재자의 사망 간주시기에 다른 간접적인 영향에 불과하고 부재자의 실종선고 자체를 원인으로 한 직접적인 결과는 아니므로 부재자에 대한 실종선고를 청구할 이해관계인이 될 수 없다(대판 1986.10.10, 86스20).

② (×) : 제27조【실종의 선고】② 전지에 임한 자, 침몰한 선박중에 있던 자, 추락한 항공기중에 있던 자 기타 사망의 원인이 될 위난을 당한 자의 생사가 전쟁종지후 또는 선박의 침몰, 항공기의 추락 기타 위난이 종료한 후 1년 분명하지 아니한 때에도 제1항과 같다.〈개정 1984.4.10.〉제28조【실종선고의 효과】실종선고를 받은 자는 전조의 기간이 만료한 때에 사망한 것으로 본다.

③ (○) : 제29조【실종선고의 취소】① 실종자의 생존한 사실 또는 전조의 규정과 상이한 때에 사망한 사실의 증명이 있으면 법원은 본인, 이해관계인 또는 검사의 청구에 의하여 실종선고를 취소하여야 한다. 그러나 실종선고후 그 취소전에 선의로 한 행위의 효력에 영향을 미치지 아니한다.

④ (×) : 제29조【실종선고의 취소】① 실종자의 생존한 사실 또는 전조의 규정과 상이한 때에 사망한 사실의 증명이 있으면 법원은 본인, 이해관계인 또는 검사의 청구에 의하여 실종선고를 취소하여야 한다. 그러나 실종선고 후 그 취소 전에 선의로 한 행위의 효력에 영향을 미치지 아니한다.

⑤ (×) : 제29조【실종선고의 취소】② 실종선고의 취소가 있을 때에 실종의 선고를 직접원인으로 하여 재산을 취득한 자가 선의인 경우에는 그 받은 이익이 현존하는 한도에서 반환할 의무가 있고 악의인 경우에는 그 받은 이익에 이자를 붙여서 반환하고 손해가 있으면 이를 배상하여야 한다.

정답 ③

097 실종선고에 관한 설명으로 옳지 않은 것은? (다툼이 있으면 판례에 따름) [21 감평]

① 가족관계등록부상 이미 사망으로 기재되어 있는 자에 대해서는 원칙적으로 실종선고를 할 수 없다.
② 실종선고를 받아 사망으로 간주된 자는 실종선고가 취소되지 않는 한 반증을 통해 그 효력을 번복할 수 없다.
③ 실종선고 후 그 취소 전에 선의로 한 행위의 효력은 실종선고의 취소에 의해 영향을 받지 않는다.
④ 실종선고의 취소에는 공시최고를 요하지 않는다.
⑤ 실종자를 당사자로 한 판결이 확정된 후에 실종선고가 확정되어 그 사망간주의 시점이 소 제기 전으로 소급하는 경우, 특별한 사정이 없는 한 그 판결은 당사자능력이 없는 사람을 상대로 한 판결로서 무효로 된다.

해설

① (O) : 判例는 가족관계등록부(구 호적부) 상 이미 사망한 것으로 기재되어 있는 자에게는 가족관계등록부의 추정력 때문에 실종선고를 할 수 없다[12]고 하였다(대결 1997.11.27. 97스4).
② (O) : 사망간주이므로, 추정과는 달리 실종자의 생존 기타 반증을 들어 선고의 효과를 다투지 못하며, 사망의 효과를 저지하려면 실종선고를 취소하여야 한다(대판 1995.2.17. 94다52751).
③ (O) : 제29조【실종선고의 취소】① 실종자의 생존한 사실 또는 전조의 규정과 상이한 때에 사망한 사실의 증명이 있으면 법원은 본인, 이해관계인 또는 검사의 청구에 의하여 실종선고를 취소하여야 한다. 그러나 실종선고 후 그 취소 전에 선의로 한 행위의 효력에 영향을 미치지 아니한다.
④ (O) : 실종선고 청구를 받은 가정법원은 부재자 자신 또는 부재자의 생사를 알고 있는 자에 대하여 신고하도록 6월 이상 공고하여야 한다(공시최고, 가사소송규칙 제53조, 제54조). 공시최고기간이 지나도 신고가 없으면, 가정법원은 반드시 실종선고를 하여야 한다(제27조 1항, 필요적 선고). 다만 실종선고를 취소하는 경우에는 공시최고가 필요 없다.
⑤ (X) : 비록 실종자를 당사자로 한 판결이 확정된 후에 실종선고가 확정되어 그 사망간주의 시점이 소 제기 전으로 소급하는 경우에도 위 판결 자체가 소급하여 당사자능력이 없는 사망한 사람을 상대로 한 판결로서 무효가 된다고는 볼 수 없다(대판 1992. 7. 14, 92다2455). 부재자가 실종선고를 받은 경우에 실종자는 그가 사망한 것으로 간주되는 시기까지 **생존한 것으로 간주 된다**(대판 1977. 3. 22, 77다81・82).

정답 ⑤

---

[12] 가족관계등록부의 기재사항은 이를 번복할 만한 명백한 반증이 없는 한 진실에 부합하는 것으로 추정되고, 특히 가족관계등록부의 사망기재는 쉽게 번복할 수 있게 해서는 안 되며, 그 기재내용을 뒤집기 위해서는 사망신고 당시에 첨부된 서류들이 위조 또는 허위조작 된 문서임이 증명되거나 신고인이 공정증서원본불실기재죄로 처단되었거나 또는 사망으로 기재된 본인이 현재 생존해 있다는 사실이 증명되고 있을 때, 또는 이에 준하는 사유가 있을 때 등에 한해서 가족관계등록부상의 사망기재의 추정력을 뒤집을 수 있을 뿐이고, 그러한 정도에 미치지 못한 경우에는 그 추정력을 깰 수 없다 할 것이므로, "가족관계등록부상 이미 사망한 것으로 기재되어 있는 자는 그 가족관계등록부상 사망기재의 추정력을 뒤집을 수 있는 자료가 없는 한 그 생사가 불분명한 자라고 볼 수 없어 실종선고를 할 수 없다(대결 1997.11.27, 97스4).

098 실종선고에 관한 설명으로 옳은 것은? (다툼이 있으면 판례에 따름) [21 세무사]

① 강가에서 낚시를 하고 있던 자의 생사가 1년간 분명하지 않은 경우에 이해관계인은 실종선고를 청구할 수 있다.
② 가족관계등록부상 이미 사망한 것으로 기재되어 있는 자에 대해서는 그 사망기재의 추정력을 뒤집을 수 있는 자료가 없는 한 실종선고를 할 수 없다.
③ 실종선고는 실종자의 종래 주소 또는 거소를 중심으로 하는 사법적·공법적 법률관계를 종료시킨다.
④ 실종자가 실종기간의 기산점 이후에 생존했음을 이유로 실종선고가 취소된 경우에는 다시 실종선고를 청구할 수 없다.
⑤ 실종선고가 취소되면 실종선고를 직접원인으로 하여 재산을 취득한 자는 악의인 경우라도 발생한 손해를 배상할 필요가 없다.

해설

① (✗) : 제27조【실종의 선고】① 부재자의 생사가 5년간 분명하지 아니한 때에는 법원은 이해관계인이나 검사의 청구에 의하여 실종선고를 하여야 한다. ② 전지에 임한 자, 침몰한 선박중에 있던 자, 추락한 항공기중에 있던 자 기타 사망의 원인이 될 위난을 당한 자의 생사가 전쟁종지후 또는 선박의 침몰, 항공기의 추락 기타 위난이 종료한 후 1년간 분명하지 아니한 때에도 제1항과 같다. 〈개정 1984.4.10〉

② (○) : 가족관계등록부(구 호적부) 상 이미 사망한 것으로 기재되어 있는 자에게는 가족관계등록부의 추정력 때문에 실종선고를 할 수 없다(대결 1997.11.27. 97스4).

③ (✗) : 사망한 것으로 추정하는 인정사망과 다르고, 실종선고는 종래의 주소와 거소를 중심으로 한 사법상의 법률관계에 관하여만 사망한 것으로 간주할 뿐, 권리능력 자체를 박탈하는 제도는 아니다. 즉 실종의 효과는 원칙적으로 선거권 등 공법상의 법률관계에는 영향을 미치지 않는다[13].

④ (✗) : 제29조【실종선고의 취소】① 실종자의 생존한 사실 또는 전조의 규정과 상이한 때에 사망한 사실의 증명이 있으면 법원은 본인, 이해관계인 또는 검사의 청구에 의하여 실종선고를 취소하여야 한다. 그러나 실종선고 후 그 취소 전에 선의로 한 행위의 효력에 영향을 미치지 아니한다.

⑤ (✗) : 제29조【실종선고의 취소】① 실종자의 생존한 사실 또는 전조의 규정과 상이한 때에 사망한 사실의 증명이 있으면 법원은 본인, 이해관계인 또는 검사의 청구에 의하여 실종선고를 취소하여야 한다. 그러나 실종선고 후 그 취소 전에 선의로 한 행위의 효력에 영향을 미치지 아니한다. ② 실종선고의 취소가 있을 때에 실종의 선고를 직접원인으로 하여 재산을 취득한 자가 선의인 경우에는 그 받은 이익이 현존하는 한도에서 반환할 의무가 있고 악의인 경우에는 그 받은 이익에 이자를 붙여서 반환하고 손해가 있으면 이를 배상하여야 한다.

정답 ②

---

[13] 다만 주민등록법 제13조의 2, 시행령 제18조에 의하여 실종선고가 있으면 주민등록이 정리되고, 공직선거법 제15조에 의하면 주민등록이 되어 있지 않으면 선거권이 인정되지 않으므로, 실무상으로는 선거권을 행사할 수 없다.

제3절 법인

- 제1관 법인의 설립

Ⅰ. 법인의 의의 및 종류

1. 의의

2. 종류

   (1) 공법인과 사법인

   (2) 영리법인과 비영리법인

   (3) 사단법인과 재단법인

Ⅱ. 비영리법인의 설립

1. 비영리사단법인의 설립

099 사단법인의 설립에 관한 설명으로 옳지 않은 것은? (다툼이 있으면 판례에 따름) [19 세무사]

① 사단법인은 법률의 규정에 의함이 아니면 성립하지 못한다.
② 사원자격의 득실에 관한 규정은 정관에 기재되고 등기되어야만 한다.
③ 사단법인은 그 주된 사무소의 소재지에서 설립등기를 함으로써 성립한다.
④ 사원의 지위를 상속할 수 있다는 정관규정은 유효하다.
⑤ 사단법인이 공익을 해하는 행위를 한 경우, 주무관청은 설립허가를 취소할 수 있다.

해설

① (O) : 제31조【법인성립의 준칙】법인은 법률의 규정에 의함이 아니면 성립하지 못한다.
② (X) : 제40조【사단법인의 정관】사단법인의 설립자는 다음 각호의 사항을 기재한 정관을 작성하여 기명날인하여야 한다. 6. 사원자격의 득실에 관한 규정
③ (O) : 제33조【법인설립의 등기】법인은 그 주된 사무소의 소재지에서 설립등기를 함으로써 성립한다.
④ (O) : "사단법인의 사원의 지위는 양도 또는 상속할 수 없다"고 한 민법 제56조의 규정은 강행규정은 아니라고 할 것이므로, 정관에 의하여 이를 인정하고 있을 때에는 양도·상속이 허용 된다(대판 1992.4.14, 91다26850).
⑤ (O) : 제38조【법인의 설립허가의 취소】법인이 목적이외의 사업을 하거나 설립허가의 조건에 위반하거나 기타 공익을 해하는 행위를 한 때에는 주무관청은 그 허가를 취소할 수 있다[14].

정답 ②

100 민법상 법인의 설립에 관한 설명으로 옳은 것은? [16 세무사]

① 법인은 법률의 규정에 의함이 아니면 성립하지 못한다.
② 법인설립등기는 주무관청의 설립허가가 있은 때로부터 4주 내에 주된 사무소 소재지에서 하여야 한다.
③ 유언으로 재단법인을 설립하는 경우에는 증여에 관한 규정이 준용된다.
④ 법인이 설립허가의 조건에 위반하더라도 주무관청은 그 설립허가를 취소할 수 없다.
⑤ 사단법인의 설립행위는 불요식행위이다.

해설

① (○) : 제31조【법인성립의 준칙】법인은 법률의 규정에 의함이 아니면 성립하지 못한다.
② (✕) : 제33조【법인설립의 등기】법인은 그 주된 사무소의 소재지에서 설립등기를 함으로써 성립한다.
③ (✕) : 제47조【증여, 유증에 관한 규정의 준용】② 유언으로 재단법인을 설립하는 때에는 유증에 관한 규정을 준용한다.
④ (✕) : 제38조【법인의 설립허가의 취소】법인이 목적이외의 사업을 하거나 설립허가의 조건에 위반하거나 기타 공익을 해하는 행위를 한 때에는 주무관청은 그 허가를 취소할 수 있다.
⑤ (✕) : 일정한 방식을 필요로 하는 요식행위이다.

정답 ①

101 민법상 비영리사단법인이 법인격을 취득하는 시기는? [17 세무사]

① 설립자들이 단체를 결성하기로 합의한 때
② 설립자들이 사단법인의 정관을 작성한 때
③ 주무관청으로부터 설립에 관한 허가를 받은 때
④ 주된 사무소의 소재지에서 설립등기를 마친 때
⑤ 기본 재산이 법인의 명의로 등기된 때

---

14) 민법 제38조는 "법인이 목적 이외의 사업을 하거나 설립허가의 조건에 위반하거나 기타 공익을 해하는 행위를 한 때에는 주무관청은 그 허가를 취소할 수 있다."라고 규정하여 비영리법인에 관한 설립허가 취소사유를 정하고 있다. 여기에서 비영리법인이 '공익을 해하는 행위를 한 때'란 법인의 기관이 그 직무의 집행으로서 공익을 침해하는 행위를 하거나 그 사원총회가 그러한 결의를 한 경우를 의미한다. 그리고 민법 제38조는 법인이 설립될 당시에는 그가 목적하는 사업이 공익을 해하는 것이 아니었으나 그 후의 사정변경에 의하여 그것이 공익을 해하는 것으로 되었을 경우에 대처하기 위한 규정인 점, 법인 설립허가취소는 법인을 해산하여 결국 법인격을 소멸하게 하는 제재처분인 점(민법 제77조 제1항) 등에 비추어 보면, 민법 제38조에서 정한 '공익을 해하는 행위'를 한 때에 해당하려면 당해 법인의 목적사업 또는 존재 자체가 공익을 해한다고 인정되거나 당해 법인의 행위가 직접적이고도 구체적으로 공익을 침해하는 것이어야 하고, 목적사업의 내용, 행위의 태양 및 위법성의 정도, 공익 침해의 정도와 경위 등을 종합하여 볼 때 당해 법인의 소멸을 명하는 것이 불법적인 공익 침해 상태를 제거하고 정당한 법질서를 회복하기 위한 제재수단으로서 긴요하게 요청되는 경우이어야 한다(대판 2020. 2. 27. 2019두39611).

해설

제33조【법인설립의 등기】법인은 그 주된 사무소의 소재지에서 설립등기를 함으로써 성립한다.

정답 ④

102 법인의 설립에 관한 설명으로 옳지 않은 것은? [18 세무사]

① 민법상 법인은 영리를 목적으로 설립될 수 없다.
② 종교 활동을 목적으로 하는 사단은 주무관청의 허가를 얻어 이를 법인으로 할 수 있다.
③ 법인의 사무는 주무관청이 검사, 감독한다.
④ 재단법인은 출연재산의 소재지에서 등기함으로써 성립한다.
⑤ 법인이 목적 이외의 사업을 한 경우, 주무 관청은 설립허가를 취소할 수 있다.

해설

① (O), ② (O) : 제32조【비영리법인의 설립과 허가】학술, 종교, 자선, 기예, 사교 기타 영리 아닌 사업을 목적으로 하는 사단 또는 재단은 주무관청의 허가를 얻어 이를 법인으로 할 수 있다.
③ (O) : 제37조【법인의 사무의 검사, 감독】법인의 사무는 주무관청이 검사, 감독한다.
④ (×) : 제33조【법인설립의 등기】법인은 그 주된 사무소의 소재지에서 설립등기를 함으로써 성립한다.
⑤ (O) : 제38조【법인의 설립허가의 취소】법인이 목적이외의 사업을 하거나 설립허가의 조건에 위반하거나 기타 공익을 해하는 행위를 한 때에는 주무관청은 그 허가를 취소할 수 있다.

정답 ④

103 사단법인의 설립에 관한 설명으로 옳지 않는 것은? (다툼이 있으면 판례에 따름) [20 세무사]

① 민법상 법인이라도 반드시 공익을 목적으로 할 필요는 없다.
② 존립 시기나 해산사유를 정하지 않아서 기재하지 않은 정관은 정관으로서의 효력이 없다.
③ 설립등기는 종 된 사무소 소재지에 하여서는 안 된다.
④ 사단법인의 설립행위는 서면으로 하는 요식행위이다.
⑤ 정관의 임의적 기재사항도 정관에 기재되면 필수적 기재사항과 동일한 효력을 지닌다.

해설

① (O) : 비영리란 구성원의 이익을 목적으로 하지 않는 사업을 말하며, 반드시 공익을 목적으로 할 필요는 없다.

② (×) : 제40조【사단법인의 정관】 사단법인의 설립자는 다음 각 호의 사항을 기재한 정관을 작성하여 기명날인하여야 한다. 7. 존립 시기나 해산사유를 정하는 때에는 그 시기 또는 사유

③ (O) : 제36조【법인의 주소】 법인의 주소는 그 주된 사무소의 소재지에 있는 것으로 한다.

④ (O) : 법률행위의 요소인 의사표시가 서면 기타 일정한 방식에 따라 행하여질 때 그 성립이 인정되는 경우를 요식행위라고 한다. 당사자로 하여금 법률행위를 신중하게 하기 위하여(예 혼인), 법률행의의 존재와 범위를 명료하게 하기 위하여(예 법인설립행위, 유언, 단체협약체결), 또는 외관을 신뢰하고 신속하며 안전하게 거래할 수 있도록 하기 위하여(예 어음행위) 일정한 방식을 요구하는 경우가 있다.

⑤ (O) : 사단법인의 근본원칙이 될 수 있는 사항(총회소집절차, 이사의 대표권제한, 감사의 임면)을 기재할 수 있다.

정답 ②

104 민법상 법인의 설립에 관한 설명으로 옳지 않은 것은? (다툼이 있으면 판례에 따름)

[21 세무사]

① 사단법인의 설립행위는 요식행위이다.
② 사단법인 정관의 법적 성질은 자치법규이다.
③ 생전처분으로 재단법인을 설립하는 때에는 유증에 관한 규정을 준용한다.
④ 재단법인의 발기인은 법인설립인가를 받기 위한 준비행위로서 재산의 증여를 받을 수 있다.
⑤ 유언으로 부동산을 출연하여 재단법인을 설립하는 경우 제3자에 대한 관계에서는 등기를 마쳐야 출연부동산의 소유권이 법인에 귀속된다.

해설

① (O) : 법률행위의 요소인 의사표시가 서면 기타 일정한 방식에 따라 행하여질 때 그 성립이 인정되는 경우를 요식행위라고 한다. 우리 민법은 법률행위자유의 원칙에 기초하고 있으므로 의사표시의 방식도 자유롭게 결정할 수 있다. 그러나 당사자로 하여금 법률행위를 신중하게 하기 위하여(예 혼인), 법률행의의 존재와 범위를 명료하게 하기 위하여(예 법인설립행위, 유언, 단체협약체결), 또는 외관을 신뢰하고 신속하며 안전하게 거래할 수 있도록 하기 위하여(예 어음행위) 일정한 방식을 요구하는 경우가 있다.

② (O) : 사단법인의 정관은 법적 성질은 계약이 아니라 자치법규로 보므로(통설, 판례), 어느 시점의 사단법인의 사원들이 정관의 규범적인 의미내용과 다른 해석을 사원총회의 결의라는 방법으로 표명하였다고 하더라도 그 결의에 의한 해석은 그 사단법인의 구성원인 사원이나 법인을 구속할 수 없다(대판 2000.11.24, 98다12437).

③ (×) : 제47조【증여, 유증에 관한 규정의 준용】 ① 생전처분으로 재단법인을 설립하는 때에는 증여에 관한 규정을 준용한다.

④ (O) : 재단법인의 발기인은 법인설립인가를 받기 위한 준비행위로 재산의 증여를 받을 수 있고 그 등기의 명의신탁을 할 수 있으며 이러한 법률행위의 효과는 그 법인이 법인격을 취득함과 동시에 당연히 이를 계승한다(대판 1973. 2. 28. 72다2344, 2345).

⑤ (O) : 재단법인을 설립함에 있어서 출연재산은 그 법인이 성립된 때로부터 법인에 귀속된다는 제48조의 규정은 출연자와 법인과의 관계를 상대적으로 결정하는 기준에 불과하여, 출연재산이 부동산인 경우 출연자와 법인 사이에는 법인의 성립 외에 등기를 필요로 하는 것은 아니지만, 제3자에 대한 관계에 있어서는 출연행위는 법률행위이므로 출연재산의 법인에의 귀속에는 등기를 필요로 한다(대판[전합] 1979.12.11, 78다481).

정답 ③

2. 비영리재단법인의 설립

(1) 목적의 비영리성

(2) 설립행위

3. 재단법인설립행위

(1) 증여·유증에 관한 규정의 준용

(2) 출연재산의 귀속시기

105 甲이 생전처분으로 재산을 출연하여, 乙재단법인이 성립되었다. 이에 관한 설명으로 옳지 않은 것은? (다툼이 있으면 판례에 따름) [16 세무사]

① 甲의 출연재산이 지명채권인 경우, 채무자에게 통지한 때에 乙법인에게 귀속된다.
② 甲의 출연재산이 동산인 경우, 법인설립등기를 마친 때에 乙법인에게 귀속된다.
③ 甲의 출연행위가 민법상의 착오에 해당하는 경우, 출연재산이 乙법인의 기본재산이더라도 甲은 출연의 의사표시를 취소할 수 있다.
④ 甲의 출연재산이 부동산이고, 乙법인 앞으로 소유권이전등기를 하기 전에 甲의 사망으로 丙에게 상속등기가 된 경우라도 그 부동산은 乙법인의 소유이다.
⑤ 위 ④의 경우, 상속인 丙이 부동산을 丁에게 처분하여 소유권이전등기를 마쳤다면, 그 부동산은 丁의 소유이다.

해설

① (×) : 지명채권의 경우 채권증서는 증거방법에 불과한 것으로서 제48조가 정한 시기에 법인에게 귀속함에 학설은 일치하고 있다. 判例도 유언에 의한 지명채권 출연 시 유언자가 사망하면 법인의 것이 되고 상속재산에 속하지 않는다고 한다. 지명채권에 있어 증서는 증거방법에 불과하기 때문이다. 즉 지명채권을 재단법인에 유언방식에 의하여 출연한 경우 유언자가 사망하면 이는 법인의 것

으로 되고, 유언자의 상속인이 처분하면 무권한자의 처분행위가 될 수밖에 없다고 한다(대판 1984. 9.11, 83누578).

② (O) : 제48조【출연재산의 귀속시기】① 생전처분으로 재단법인을 설립하는 때에는 출연재산은 법인이 성립된 때로부터 법인의 재산이 된다.

③ (O) : 제109조【착오로 인한 의사표시】① 의사표시는 법률행위의 내용의 중요부분에 착오가 있는 때에는 취소할 수 있다.

④ (O), ⑤ (O) : 출연재산이 부동산인 경우 출연자와 법인 사이에는 법인의 성립 외에 등기를 필요로 하는 것은 아니지만, 제3자에 대한 관계에 있어서는 출연행위는 법률행위이므로 출연재산의 법인에의 귀속에는 등기를 필요로 한다(대판[전합] 1979.12.11, 78다481)"고 한다.

정답 ①

106 민법상 법인에 관한 설명으로 옳은 것을 모두 고른 것은? (다툼이 있으면 판례에 따름)

[19 감평]

> ㄱ. 재단법인의 설립을 위해 부동산의 출연이 행해진 경우, 그 부동산의 소유권은 그 출연시에 곧바로 설립중인 재단법인에게 귀속된다.
> ㄴ. 법인의 불법행위책임이 성립하기 위해서는 대표기관의 행위일 것이 요구되며, 여기서의 대표기관에는 사실상의 대표자도 포함된다.
> ㄷ. 사단법인 이사의 대표권 제한은 등기되지 않았다고 하더라도 정관에 그 기재가 있는 한, 악의의 제3자에게 대항할 수 있다.
> ㄹ. 재단법인의 감사는 임의기관이다.

① ㄱ, ㄴ   ② ㄱ, ㄷ   ③ ㄴ, ㄷ
④ ㄴ, ㄹ   ⑤ ㄷ, ㄹ

해설

ㄱ. (×) : 제48조【출연재산의 귀속시기】① 생전처분으로 재단법인을 설립하는 때에는 출연재산은 법인이 성립된 때로부터 법인의 재산이 된다.

ㄴ. (O) : 민법 제35조 제1항은 "법인은 이사 기타 대표자가 그 직무에 관하여 타인에게 가한 손해를 배상할 책임이 있다"라고 정한다. 여기서 '법인의 대표자'에는 그 명칭이나 직위 여하, 또는 대표자로 등기되었는지 여부를 불문하고 당해 법인을 실질적으로 운영하면서 법인을 사실상 대표하여 법인의 사무를 집행하는 사람을 포함한다고 해석함이 상당하다. 구체적인 사안에서 이러한 사람에 해당하는지는 법인과의 관계에서 그 지위와 역할, 법인의 사무 집행 절차와 방법, 대내적·대외적 명칭을 비롯하여 법인 내부자와 거래 상대방에게 법인의 대표행위로 인식되는지 여부, 공부상 대표자와의 관계 및 공부상 대표자가 법인의 사무를 집행하는지 여부 등 제반 사정을 종합적으로 고려하여 판단하여야 한다. 그리고 이러한 법리는 주택조합과 같은 비법인사단에도 마찬가지로 적용된다(대판 2011. 4. 28. 2008다15438).

ㄷ. (×) : 判例는 무제한설의 입장에서 "등기가 되어 있지 않는 한, 악의의 제3자에게도 대항할 수 없다 (대판 1987.11.24, 86다카2484; 대판 1992.2.14, 91다24564)."고 한다.

ㄹ. (○) : 제66조【감사】법인은 정관 또는 총회의 결의로 감사를 둘 수 있다.

정답 ④

4. 법인의 설립허가 취소

5. 법인의 검사, 감독

■ 제2관 법인의 능력

Ⅰ. 서 설

Ⅱ. 법인의 권리능력

107 법인의 권리능력에 관한 설명으로 옳지 않은 것은? (다툼이 있으면 판례에 따름) [15 세무사]

① 법인의 권리능력은 정관으로 정한 목적의 범위 내로 제한된다.
② 법인에게는 상속권이 인정되지 않는다.
③ 법인도 명예에 관한 권리를 가질 수 있다.
④ 재단법인의 권리능력은 설립자가 재산을 출연하고 정관을 작성한 때부터 인정된다.
⑤ 법인은 권리능력의 범위 내에서 행위능력을 갖는다.

해설

① (○) : 제34조【법인의 권리능력15)】법인은 법률의 규정에 좇아 정관으로 정한 목적의 범위 내에서 권리와 의무의 주체가 된다.

② (○), ③ (○) : 법인은 사람만이 가질 수 있는 권리를 가질 수 없다. 생명권·친권·배우자의 권리 등이 그것이다. 그리고 재산상속권도 자연인만이 누릴 수 있으나, 법인은 포괄적 유증을 받을 수 있어 상속과 동일한 효과를 가져 온다. 다만 재산권·명예권·성명권·신용권·정신적 자유권은 가질 수 있다. 그리고 법인은 파산관재인·청산인·유언집행자 등은 될 수 있으나, 후견인이 될 수는 없다. 또한 이사는 성질상 자연인이어야 하고, 법인은 이사가 될 수 없다.

---

15) 제34조는 구민법 제43조와 내용이 동일한데, 일본에서는 입법취지를 "법인의제설의 입장에서 영미법의 'ultra vires rule (월권 이론)'에 따라 기초된 것"으로 이해하고 있다. 이는 회사는 정관상의 목적을 수행하는 범위에서만 권능을 가지고 (intra vires), 그 목적을 벗어난 경우(ultra vires)에는 무효이며, 추인에 의해 유효로 될 수 없다는 이론이다. 그러나 최근 영미에서는 이 이론을 폐지하고 있으며, 독일 민법은 처음부터 이러한 이론을 알지 못하며, 이러한 규정도 없다. ultra vires rule은 법인을 보호하는 반면에 정관상의 그러한 제한을 알지 못하고 거래한 제3자에게 불측의 손해를 주고, 또 최근의 추세가 이를 폐지하고 있는 점에 비추어 제34조의 해석에 있어서도 이를 감안해야 한다(김준호, 계약법, 64면, 법문사, 참고).

④ (×) : 제33조【법인설립의 등기】법인은 그 주된 사무소의 소재지에서 설립등기를 함으로써 성립한다. 따라서 재단법인도 등기를 하여야 권리능력이 인정된다.
⑤ (O) : 명문의 규정은 없으나 법인의 권리능력의 범위 내에서 행위능력을 가진다고 하는 것이 통설이다.

정답 ④

Ⅲ. 법인의 행위능력

Ⅳ. 법인의 불법행위능력

108 민법상 법인에 관한 설명으로 옳지 않은 것은? (다툼이 있으면 판례에 따름) [16 노무]

① 비법인사단의 대표자가 직무에 관하여 타인에게 손해를 가한 경우, 그 비법인사단은 그 손해를 배상하여야 한다.
② 대표권이 없는 이사는 법인의 대표기관이 아니기 때문에 그의 행위로 인하여 법인의 불법행위가 성립하지 않는다.
③ 법인의 대표이사가 그 대표권의 범위 내에서 한 행위는 자기의 이익을 도모할 목적으로 그 권한을 남용한 것이라 할지라도, 특별한 사정이 없는 한, 법인의 행위로서 유효하다.
④ 정관에 다른 규정이 없는 경우, 법인은 정당한 이유 없이도 이사를 언제든지 해임할 수 있다.
⑤ 후임이사가 유효하게 선임되었다고 하더라도 그 선임의 효력을 둘러싼 다툼이 있다면, 그 다툼이 해결되기 전까지는 구(舊) 이사만이 직무수행권을 가진다.

해설

① (O) : 비법인사단의 대표자가 직무에 관하여 타인에게 손해를 가한 경우 그 비법인사단은 민법 제35조 제1항의 유추적용에 의하여 그 손해를 배상할 책임이 있다(대판 2008.1.18. 2005다34711).
② (O) : 민법 제35조에서 말하는 '이사 기타 대표자'는 법인의 대표기관을 의미하는 것이고 대표권이 없는 이사는 법인의 기관이기는 하지만 대표기관은 아니기 때문에 그들의 행위로 인하여 법인의 불법행위가 성립하지 않는다.(대판 2005. 12. 23, 2003다30159)
③ (O) : 행위의 외형상 법인의 대표자의 직무행위라고 인정할 수 있는 것이라면 설사 그것이 대표자 개인의 사리를 도모하기 위한 것이었거나 혹은 법령의 규정에 위배된 것이었다 하더라도 직무행위에 해당 한다(대판 1969.8.26, 68다2320).
④ (O) : 법인과 이사의 법률관계는 신뢰를 기초로 한 위임 유사의 관계이고(대판 2008. 9. 25, 2007다17109), 위임계약은 원래 해지의 자유가 인정되어 쌍방 누구나 정당한 이유 없이도 언제든지 해지할 수 있으며, 다만 불리한 시기에 부득이한 사유 없이 해지한 경우에 한하여 상대방에게 그로 인한 손해배상책임을 질뿐이다(대판 2000. 4. 25, 98다47108 판결).

⑤ (×) : 민법상 법인의 이사나 감사 전원 또는 그 일부의 임기가 만료되었음에도 불구하고 그 후임 이사나 감사의 선임이 없거나 또는 그 후임 이사나 감사의 선임이 있었다고 하더라도 그 선임결의가 무효이고, 임기가 만료되지 아니한 다른 이사나 감사만으로는 정상적인 법인의 활동을 할 수 없는 경우, 임기가 만료된 구 이사나 감사로 하여금 법인의 업무를 수행케 함이 부적당하다고 인정할 만한 특별한 사정이 없는 한, 구 이사나 감사는 후임 이사나 감사가 선임될 때까지 종전의 직무를 수행할 수 있다 할 것이나, 후임 이사가 유효하게 선임되었는데도 그 선임의 효력을 둘러싼 다툼이 있다고 하여 그 다툼이 해결되기 전까지는 후임 이사에게는 직무수행권한이 없고 임기가 만료된 구 이사만이 직무수행권한을 가진다고 할 수는 없다(대판 2006. 4. 27, 2005도8875)

정답 ⑤

109 법인의 불법행위책임에 관한 설명으로 옳지 않은 것은? (다툼이 있으면 판례에 따름) [18 감평]

① 대표자는 그 명칭이나 직위는 문제되지 않으며, 대표자로 등기되지 않은 자도 이에 포함될 수 있다.
② 대표자의 행위가 직무에 관한 것이 아님을 피해자가 안 경우, 법인은 책임을 지지 않는다.
③ 외형상 대표자의 직무행위로 인정되어도 그것이 대표자 개인의 사리를 도모하기 위한 것이면, 직무에 관한 행위에 해당하지 않는다.
④ 법인의 책임이 성립하는 경우 특별한 사정이 없는 한, 사원이 그 사항의 총회 의결에 찬성했다는 사실만으로 법인과 연대책임을 부담하지는 않는다.
⑤ 법인책임이 대표자의 고의적인 불법행위로 인한 경우에도 피해자에게 과실이 있다면, 법원은 이를 참작하여야 한다.

해설

① (O) : 민법 제35조 제1항은 "법인은 이사 기타 대표자가 그 직무에 관하여 타인에게 가한 손해를 배상할 책임이 있다"라고 정한다. 여기서 '법인의 대표자'에는 그 명칭이나 직위 여하, 또는 대표자로 등기되었는지 여부를 불문하고 당해 법인을 실질적으로 운영하면서 법인을 사실상 대표하여 법인의 사무를 집행하는 사람을 포함한다고 해석함이 상당하다. 구체적인 사안에서 이러한 사람에 해당하는지는 법인과의 관계에서 그 지위와 역할, 법인의 사무 집행 절차와 방법, 대내적·대외적 명칭을 비롯하여 법인 내부자와 거래 상대방에게 법인의 대표행위로 인식되는지 여부, 공부상 대표자와의 관계 및 공부상 대표자가 법인의 사무를 집행하는지 여부 등 제반 사정을 종합적으로 고려하여 판단하여야 한다. 그리고 이러한 법리는 주택조합과 같은 비법인사단에도 마찬가지로 적용된다(대판 2011. 4. 28. 2008다15438).
② (O) : 법인의 대표자의 행위가 직무에 관한 행위에 해당하지 아니함을 피해자 자신이 알았거나 또는 중대한 과실로 인하여 알지 못한 경우에는 법인에게 손해배상책임을 물을 수 없다고 하여 보호가치 있는 상대방만 보호 한다(대판 2004.3.26, 2003다34045).
③ (×) : 행위의 외형상 법인의 대표자의 직무행위라고 인정할 수 있는 것이라면 설사 그것이 대표자 개인의 사리를 도모하기 위한 것이었거나 혹은 법령의 규정에 위배된 것이었다 하더라도 직무행위에 해당 한다(대판 1969.8.26, 68다2320).

④ (O) : 사원도 위 대표자와 공동으로 불법행위를 저질렀거나 이에 가담하였다고 볼 만한 사정이 있으면 제3자에 대하여 위 대표자와 연대하여 손해배상책임을 진다. 그러나 <u>사원총회, 대의원 총회, 이사회의 의결은 원칙적으로 법인의 내부 행위에 불과하므로 특별한 사정이 없는 한 그 사항의 의결에 찬성하였다는 이유만으로 제3자의 채권을 침해한다거나 대표자의 행위에 가공 또는 방조한 자로서 제3자에 대하여 불법행위책임을 부담한다고 할 수는 없다.</u> 이 때 의결에 참여한 사원 등이 대표자와 공동으로 불법행위를 저질렀거나 이에 가담하였다고 볼 수 있는지 여부는, 그 의결에 참여한 법인의 기관이 당해 사항에 관하여 의사결정권한이 있는지 여부 및 대표자의 집행을 견제할 위치에 있는지 여부, 그 사원이 의결과정에서 대표자의 불법적인 집행 행위를 적극적으로 요구하거나 유도하였는지 여부 및 그 의결이 대표자의 업무 집행에 구체적으로 미친 영향력의 정도, 침해되는 권리의 내용, 의결내용, 의결행위의 태양을 비롯한 위법성의 정도를 종합적으로 평가하여 법인 내부 행위를 벗어나 제3자에 대한 관계에서 사회상규에 반하는 위법한 행위라고 인정될 수 있는 정도에 이르러야 한다(대결 2009.1.30. 2006마930).

⑤ (O) : 법인에 대한 손해배상책임원인이 대표기관의 고의적인 불법행위라고 하여도, 피해자에게 그 불법행위 내지 손해발생에 과실이 있다면 법원은 과실상계법리에 좇아 손해배상의 책임 및 그 금액을 정함에 있어 이를 참작하여야 한다(대판 1987.12.8, 86다카1170).

정답 ③

---

110 법인의 불법행위책임에 관한 설명으로 옳은 것은? (다툼이 있으면 판례에 따름) [18 세무사]

① 대표권이 없는 이사의 행위로는 법인의 불법행위가 성립하지 않는다.
② 감사의 불법행위에 대해서도 법인의 불법행위가 성립된다.
③ 대표자의 행위가 외형상 비법인사단의 행위로 보이지만 개인의 이익을 위한 것인 경우, 비법인사단의 불법행위는 성립하지 않는다.
④ 법인의 불법행위책임이 인정되는 경우, 그 사항의 결의에 찬성한 사원은 특별한 사정이 없는 한 법인과 연대하여 책임을 진다.
⑤ 법인이 피해자에게 불법행위에 의한 손해배상을 한 경우에 대표기관에 대하여 구상권을 행사할 수 없다.

해설

① (O) : 민법 제35조에서 말하는 '이사 기타 대표자'는 법인의 대표기관을 의미하는 것이고 대표권이 없는 이사는 법인의 기관이기는 하지만 대표기관은 아니기 때문에 그들의 행위로 인하여 법인의 불법행위가 성립하지 않는다(대판 2005. 12. 23, 2003다30159).
② (×) : 이사 외의 기타 대표자에 임시이사, 특별대리인, 청산인, 직무대행자가 있다. 감사는 대표자가 아니다.
③ (×) : <u>행위의 외형상 법인의 대표자의 직무행위라고 인정할 수 있는 것이라면 설사 그것이 대표자 개인의 사리를 도모하기 위한 것이었거나 혹은 법령의 규정에 위배된 것이었다 하더라도 직무행위에 해당 한다</u>(대판 1969.8.26, 68다2320).

④ (✕) : 제35조【법인의 불법행위능력】② 법인의 목적범위외의 행위로 인하여 타인에게 손해를 가한 때에는 그 사항의 의결에 찬성하거나 그 의결을 집행한 사원, 이사 및 기타 대표자가 연대하여 배상하여야 한다.

⑤ (✕) : 기관도 법인과 경합하여 피해자에게 배상책임을 지며, 그 성질은 부진정연대채무이며 법인이 피해자에게 배상을 하면 법인은 기관 개인에 대하여 구상권을 행사할 수 있다(제35조 제1항 후단). 따라서 피해자는 법인이나 개인에게 동시나 순차로 전부나 일부의 이행을 청구할 수 있고 피해자에게 배상한 후 법인은 이사 기타 대표자에게 구상권을 행사할 수 있다.

> **예상지문**
> 법인이 대표기관을 통하여 법률행위를 한 때에는 대리에 관한 규정이 준용되므로, 적법한 대표권을 가진 자와 맺은 법률행위의 효과는 대표자 개인이 아니라 본인인 법인에게 귀속하지만, 그러한 법률행위상의 의무를 위반하여 발생한 채무불이행으로 인한 손해배상책임은 법인과 함께 대표기관 개인도 책임의 귀속주체가 되는 것이 원칙이다. ( )
>
> ☞ (✕) : 법인이 대표기관을 통하여 법률행위를 한 때에는 대리에 관한 규정이 준용된다(민법 제59조 제2항). 따라서 적법한 대표권을 가진 자와 맺은 법률행위의 효과는 대표자 개인이 아니라 본인인 법인에게 귀속하고, 마찬가지로 그러한 법률행위상의 의무를 위반하여 발생한 채무불이행으로 인한 손해배상책임도 대표기관 개인이 아닌 법인만이 책임의 귀속주체가 되는 것이 원칙이다. 또한, 민법 제391조는 법정대리인 또는 이행보조자의 고의·과실을 채무자 자신의 고의·과실로 간주함으로써 채무불이행책임을 채무자 본인에게 귀속시키고 있는데, 법인의 경우도 법률행위에 관하여 대표기관의 고의·과실에 따른 채무불이행책임의 주체는 법인으로 한정된다. 따라서 법인의 적법한 대표권을 가진 자가 하는 법률행위는 그 성립상 효과뿐만 아니라 위반의 효과인 채무불이행책임까지 법인에게 귀속될 뿐이고, 다른 법령에서 정하는 등의 특별한 사정이 없는 한 법인이 당사자인 법률행위에 관하여 대표기관 개인이 손해배상책임을 지려면 민법 제750조에 따른 불법행위책임 등이 별도로 성립하여야 한다. 이때 법인의 대표기관이 법인과 사이에 계약을 체결한 거래상대방인 제3자에 대하여 자연인으로서 민법 제750조에 기한 불법행위책임을 진다고 보기 위해서는, 그 대표기관의 행위로 인해 법인에 귀속되는 효과가 대외적으로 제3자에 대한 채무불이행의 결과를 야기한다는 점만으로는 부족하고, 법인의 내부행위를 벗어나 제3자에 대한 관계에서 사회상규에 반하는 위법한 행위라고 인정될 수 있는 정도에 이르러야 한다. 그와 같은 행위에 해당하는지 여부는 대표기관이 의사결정 및 그에 따른 행위에 이르게 된 경위, 의사결정의 내용과 그 절차과정, 침해되는 권리의 내용, 침해행위의 태양, 대표기관의 고의 내지 해의의 유무 등을 종합적으로 평가하여 개별적·구체적으로 판단하여야 한다(대판 2019. 5. 30. 2017다53265).

정답 ①

111 법인에 관한 설명으로 옳지 않은 것은? (다툼이 있으면 판례에 따름) [20 감평]

① 법인은 설립등기를 함으로써 성립한다.
② 어느 사단법인과 다른 사단법인의 동일 여부는, 다른 사정이 없으면 사원의 동일 여부를 기준으로 결정된다.
③ 법인의 대표자는 그 명칭이나 직위 여하가 아니라 법인등기를 기준으로 엄격하게 확정하여야 한다.
④ 행위의 외형상 직무행위로 인정할 수 있으면, 대표자 개인의 이익을 위한 것이거나 법령에 위반한 것이라도 직무에 관한 행위이다.
⑤ 대표자의 행위가 직무에 관한 것이 아님을 알았거나 중대한 과실로 모른 피해자는 법인에 손해배상책임을 물을 수 없다.

해설

① (O) : 제33조【법인설립의 등기】법인은 그 주된 사무소의 소재지에서 설립등기를 함으로써 성립한다.

② (O) : 사단법인은 일정한 목적을 위해 결합한 사람의 단체에 법인격이 인정된 것을 말하고, 사단법인에 있어 사원 자격의 득실변경에 관한 사항은 정관의 기재사항이므로(민법 제40조 제6호), 어느 사단법인과 다른 사단법인이 동일한 것인지 여부는 그 구성원인 사원이 동일한지 여부에 따라 결정됨이 원칙이다. 다만, 사원 자격의 득실변경에 관한 정관의 기재사항이 적법한 절차를 거쳐서 변경된 경우에는 구성원이 다르더라도 그 변경 전후의 사단법인은 동일성을 유지하면서 존속하는 것이고, 이러한 법리는 법인 아닌 사단에 있어서도 마찬가지이다(대판 2008.9.25. 2006다37021).

③ (X) : 여기서 '법인의 대표자'에는 그 명칭이나 직위 여하, 또는 대표자로 등기되었는지 여부를 불문하고 당해 법인을 실질적으로 운영하면서 법인을 사실상 대표하여 법인의 사무를 집행하는 사람을 포함한다고 해석함이 상당하다.16)

④ (O) : 행위의 외형상 법인의 대표자의 직무행위라고 인정할 수 있는 것이라면 설사 그것이 대표자 개인의 사리를 도모하기 위한 것이었거나 혹은 법령의 규정에 위배된 것이었다 하더라도 직무행위에 해당 한다(대판 1969.8.26. 68다2320).

⑤ (O) : 법인의 대표자의 행위가 직무에 관한 행위에 해당하지 아니함을 피해자 자신이 알았거나 또는 중대한 과실로 인하여 알지 못한 경우에는 법인에게 손해배상책임을 물을 수 없다고 하여 보호가치 있는 상대방만 보호 한다17)(대판 2004.3.26. 2003다34045).

정답 ③

---

16) 민법 제35조 제1항은 "법인은 이사 기타 대표자가 그 직무에 관하여 타인에게 가한 손해를 배상할 책임이 있다"라고 정한다. 여기서 '법인의 대표자'에는 그 명칭이나 직위 여하, 또는 대표자로 등기되었는지 여부를 불문하고 당해 법인을 실질적으로 운영하면서 법인을 사실상 대표하여 법인의 사무를 집행하는 사람을 포함한다고 해석함이 상당하다. 구체적인 사안에서 이러한 사람에 해당하는지는 법인과의 관계에서 그 지위와 역할, 법인의 사무 집행 절차와 방법, 대내적・대외적 명칭을 비롯하여 법인 내부자와 거래 상대방에게 법인의 대표행위로 인식되는지 여부, 공부상 대표자와의 관계 및 공부상 대표자가 법인의 사무를 집행하는지 여부 등 제반 사정을 종합적으로 고려하여 판단하여야 한다. 그리고 이러한 법리는 주택조합과 같은 비법인사단에도 마찬가지로 적용된다(대판 2011.4.28. 2008다15438).
17) 비법인사단의 대표자가 직무에 관하여 타인에게 손해를 가한 경우 그 사단은 민법 제35조 제1항의 유추적용에 의하여 그 손해를 배상할 책임이 있고, 비법인사단의 대표자의 행위가 대표자 개인의 사리를 도모하기 위한 것이었거나 혹은

112 甲은 A법인(이하 'A'라 함)의 대표이사이다. 이에 관한 설명으로 옳지 않은 것은? (다툼이 있으면 판례에 따름) [20 세무사]

① 甲으로부터 포괄적으로 업무를 위임받아 행한 사원 乙의 대행행위는 A에 대하여 그 효력이 미치지 않는다.

② A를 사실상 대표하여 법인 사무를 집행하는 자가 丙이라면 그 자의 명칭, 직위 여하를 불문하고 민법 제35조 제1항의 법인의 대표자로 볼 수 있다.

③ 甲이 자신의 자동차 구매를 위하여, A의 시설확충 명목으로 X은행으로부터 대출을 받았더라도, 甲의 차용행위는 A의 사무집행행위에 속한다.

④ 위 ③에서 대출로 인하여 손해를 입은 X은행이 甲의 대출 목적을 알았다면, A에게 불법행위에 따른 손해배상책임을 물을 수 없다.

⑤ 위 ③에서 A가 X은행에 대하여 불법행위책임을 지는 경우, A의 사원 丁은 甲의 대출건에 관한 의결에 찬성한 것만으로도 X은행에 대하여 불법행위책임을 부담한다.

해설

① (○) : 제62조【이사의 대리인 선임】이사는 정관 또는 총회의 결의로 금지하지 아니한 사항에 한하여 타인으로 하여금 특정한 행위를 대리하게 할 수 있다.

② (○) : 민법 제35조 제1항은 "법인은 이사 기타 대표자가 그 직무에 관하여 타인에게 가한 손해를 배상할 책임이 있다"라고 정한다. 여기서 '법인의 대표자'에는 그 명칭이나 직위 여하, 또는 대표자로 등기되었는지 여부를 불문하고 당해 법인을 실질적으로 운영하면서 법인을 사실상 대표하여 법인의 사무를 집행하는 사람을 포함한다고 해석함이 상당하다. 구체적인 사안에서 이러한 사람에 해당하는지는 법인과의 관계에서 그 지위와 역할, 법인의 사무 집행 절차와 방법, 대내외·대외적 명칭을 비롯하여 법인 내부자와 거래 상대방에게 법인의 대표행위로 인식되는지 여부, 공부상 대표자와의 관계 및 공부상 대표자가 법인의 사무를 집행하는지 여부 등 제반 사정을 종합적으로 고려하여 판단하여야 한다. 그리고 이러한 법리는 주택조합과 같은 비법인사단에도 마찬가지로 적용된다(대판 2011.4.28. 2008다15438).

③ (○) : 외형상 기관의 직무수행행위라고 볼 수 있는 행위뿐만 아니라 직무행위와 사회관념상 견련성을 가지는 행위를 포함한다(대판 1974.5.28. 73다2014). 사용자책임, 국가배상책임의 경우에도 외형설의 입장에 있다.

④ (○) : 법인의 대표자의 행위가 직무에 관한 행위에 해당하지 아니함을 피해자 자신이 알았거나 또는 중대한 과실로 인하여 알지 못한 경우에는 법인에게 손해배상책임을 물을 수 없다고 하여 보호가치 있는 상대방만 보호 한다[18](대판 2004.3.26. 2003다34045).

법령의 규정에 위배된 것이었다 하더라도 외관상, 객관적으로 직무에 관한 행위라고 인정할 수 있다면 민법 제35조 제1항의 직무에 관한 행위에 해당한다 할 것이나, 한편 그 대표자의 행위가 직무에 관한 행위에 해당하지 아니함을 피해자 자신이 알았거나 또는 중대한 과실로 인하여 알지 못한 경우에는 비법인사단에게 손해배상책임을 물을 수 없다. 여기서 중대한 과실이라 함은, 거래의 상대방이 조금만 주의를 기울였더라면 대표자의 행위가 그 직무권한 내에서 적법하게 행하여진 것이 아니라는 사정을 알 수 있었음에도 만연히 이를 직무권한 내의 행위라고 믿음으로써 일반인에게 요구되는 주의의무에 현저히 위반하는 것으로 거의 고의에 가까운 정도의 주의를 결여하고, 공평의 관점에서 상대방을 구태여 보호할 필요가 없다고 봄이 상당하다고 인정되는 상태를 말한다(대판 2008.1.18. 2005다34711).

⑤ (✗) : 사원도 위 대표자와 공동으로 불법행위를 저질렀거나 이에 가담하였다고 볼 만한 사정이 있으면 제3자에 대하여 위 대표자와 연대하여 손해배상책임을 진다. 그러나 사원총회, 대의원 총회, 이사회의 의결은 원칙적으로 법인의 내부 행위에 불과하므로 특별한 사정이 없는 한 그 사항의 의결에 찬성하였다는 이유만으로 제3자의 채권을 침해한다거나 대표자의 행위에 가공 또는 방조한 자로서 제3자에 대하여 불법행위책임을 부담한다고 할 수는 없다(대결 2009.1.30. 2006마930).

정답 ⑤

113 민법상 법인에 관한 설명으로 옳은 것은? (다툼이 있으면 판례에 따름) [20 노무]

① 사단법인 정관의 법적 성질은 자치법규이다.
② 청산종결등기가 행해졌다면 청산사무가 아직 남아있다 하더라도 그 법인의 권리능력은 소멸된다.
③ 대표이사의 불법행위가 법인의 불법행위로 되는 경우에 대표이사는 자기의 불법행위 책임을 면한다.
④ 법인의 대표권을 가진 자가 하는 법률행위는 성립 상 효과만 법인에게 귀속할 뿐 그 위반의 효과인 채무불이행까지 법인에 귀속하는 것은 아니다.
⑤ 사단법인 사원의 지위는 정관에 의하여도 상속할 수 없다.

해설

① (○) : 사단법인의 정관은 법적 성질은 계약이 아니라 자치법규로 보므로(통설, 판례), 어느 시점의 사단법인의 사원들이 정관의 규범적인 의미내용과 다른 해석을 사원총회의 결의라는 방법으로 표명하였다고 하더라도 그 결의에 의한 해석은 그 사단법인의 구성원인 사원이나 법인을 구속할 수 없다(대판 2000.11.24. 98다12437).

② (✗) : 청산종결의 등기가 종료한 후에도 청산사무가 종결되었다고 할 수 없는 경우에는 청산법인으로 계속 존속 한다(대판 1980.04.08. 79다2036).

③ (✗) : 제35조【법인의 불법행위능력】① 법인은 이사 기타 대표자가 그 직무에 관하여 타인에게 가한 손해를 배상할 책임이 있다. 이사 기타 대표자는 이로 인하여 자기의 손해배상책임을 면하지 못한다.

④ (✗) : 적법한 대표권을 가진 자와 맺은 법률행위의 효과는 대표자 개인이 아니라 본인인 법인에게 귀속하고, 마찬가지로 그러한 법률행위상의 의무를 위반하여 발생한 채무불이행으로 인한 손해배

---

18) 비법인사단의 대표자가 직무에 관하여 타인에게 손해를 가한 경우 그 사단은 민법 제35조 제1항의 유추적용에 의하여 그 손해를 배상할 책임이 있고, 비법인사단의 대표자의 행위가 대표자 개인의 사리를 도모하기 위한 것이었거나 혹은 법령의 규정에 위배된 것이었다 하더라도 외관상, 객관적으로 직무에 관한 행위라고 인정할 수 있다면 민법 제35조 제1항의 직무에 관한 행위에 해당한다 할 것이나, 한편 그 대표자의 행위가 직무에 관한 행위에 해당하지 아니함을 피해자 자신이 알았거나 또는 중대한 과실로 인하여 알지 못한 경우에는 비법인사단에게 손해배상책임을 물을 수 없다. 여기서 중대한 과실이라 함은, 거래의 상대방이 조금만 주의를 기울였더라면 대표자의 행위가 그 직무권한 내에서 적법하게 행하여진 것이 아니라는 사정을 알 수 있었음에도 만연히 이를 직무권한 내의 행위라고 믿음으로써 일반인에게 요구되는 주의의무에 현저히 위반하는 것으로 거의 고의에 가까운 정도로 주의를 결여하고, 공평의 관점에서 상대방을 구태여 보호할 필요가 없다고 봄이 상당하다고 인정되는 상태를 말한다(대판 2008.1.18. 2005다34711).

상책임도 대표기관 개인이 아닌 법인만이 책임의 귀속주체가 되는 것이 원칙이다(대판 2019. 5. 30. 2017다53265).

⑤ (×) : "사단법인의 사원의 지위는 양도 또는 상속할 수 없다"고 한 **민법 제56조의 규정은 강행규정은 아니라고 할 것이므로**, 정관에 의하여 이를 인정하고 있을 때에는 양도·상속이 허용 된다(대판 1992.4.14, 91다26850).

정답 ①

114 법인의 불법행위책임에 관한 설명으로 옳은 것은? (다툼이 있으면 판례에 따름) [21 감평]

① 외형상 직무행위로 인정되는 대표자의 권한 남용행위에 대해서도 법인의 불법행위 책임이 인정될 수 있다.
② 등기된 대표자의 행위로 인하여 타인에게 손해를 가한 경우에만 법인의 불법행위책임이 성립할 수 있다.
③ 대표자의 행위가 직무에 관한 행위에 해당하지 않음을 피해자 자신이 중대한 과실로 알지 못한 경우, 법인의 불법행위 책임이 인정된다.
④ 대표권 없는 이사가 그 직무와 관련하여 타인에게 손해를 가한 경우, 법인의 불법행위책임이 성립한다.
⑤ 법인의 불법행위책임이 성립하는 경우 그 대표기관은 손해배상책임이 없다.

해설

① (○) : 행위의 외형상 법인의 대표자의 직무행위라고 인정할 수 있는 것이라면 설사 그것이 대표자 개인의 사리를 도모하기 위한 것이었거나 혹은 법령의 규정에 위배된 것이었다 하더라도 직무행위에 해당 한다(대판 1969.8.26, 68다2320).
② (×) : 여기서 '법인의 대표자'에는 그 명칭이나 직위 여하, 또는 대표자로 등기되었는지 여부를 불문하고 당해 법인을 실질적으로 운영하면서 법인을 사실상 대표하여 법인의 사무를 집행하는 사람을 포함한다고 해석함이 상당하다(대판 2011.4.28, 2008다15438).
③ (×) : 법인의 대표자의 행위가 직무에 관한 행위에 해당하지 아니함을 피해자 자신이 알았거나 또는 중대한 과실로 인하여 알지 못한 경우에는 법인에게 손해배상책임을 물을 수 없다고 하여 보호가치 있는 상대방만 보호 한다[19](대판 2004.3.26, 2003다34045).

---

[19] 비법인사단의 대표자가 직무에 관하여 타인에게 손해를 가한 경우 그 사단은 민법 제35조 제1항의 유추적용에 의하여 그 손해를 배상할 책임이 있고, 비법인사단의 대표자의 행위가 대표자 개인의 사리를 도모하기 위한 것이었거나 혹은 법령의 규정에 위배된 것이었다 하더라도 외관상, 객관적으로 직무에 관한 행위라고 인정할 수 있다면 민법 제35조 제1항의 직무에 관한 행위에 해당한다 할 것이나, 한편 그 대표자의 행위가 직무에 관한 행위에 해당하지 아니함을 피해자 자신이 알았거나 또는 중대한 과실로 인하여 알지 못한 경우에는 비법인사단에게 손해배상책임을 물을 수 없다. 여기서 중대한 과실이라 함은, 거래의 상대방이 조금만 주의를 기울였더라면 대표자의 행위가 그 직무권한 내에서 적법하게 행하여진 것이 아니라는 사정을 알 수 있었음에도 만연히 이를 직무권한 내의 행위라고 믿음으로써 일반인에게 요구되는 주의의무에 현저히 위반하는 것으로 거의 고의에 가까운 정도의 주의를 결여하고, 공평의 관점에서 상대방을 구태여 보호할 필요가 없다고 봄이 상당하다고 인정되는 상태를 말한다(대판 2008.1.18, 2005다34711).

④ (×) : '이사 기타 대표자'는 법인의 대표기관을 의미하는 것이고 대표권이 없는 이사는 법인의 기관이기는 하지만 대표기관은 아니기 때문에 그들의 행위로 인하여 법인의 불법행위가 성립하지 않는다(대판 2005. 12. 23, 2003다30159).

⑤ (×) : 제35조【법인의 불법행위능력】① 법인은 이사 기타 대표자가 그 직무에 관하여 타인에게 가한 손해를 배상할 책임이 있다. 이사 기타 대표자는 이로 인하여 자기의 손해배상책임을 면하지 못한다.

정답 ①

115 민법상 A법인의 이사 甲의 불법행위로 乙에게 손해가 발생하였다. A의 불법행위(민법 제35조)에 관한 설명으로 옳지 않은 것은? (다툼이 있는 경우 판례에 따름) [21 세무사]

① A의 불법행위가 인정되는 경우에 甲은 면책되지 않는다.
② A의 불법행위책임이 인정되는 경우에 A는 민법 제756조의 사용자책임을 부담하지 않는다.
③ 甲의 불법행위가 외형상 대표기관의 직무행위라고 볼 수 있다면, 乙이 그 행위가 직무에 관한 행위가 아님을 안 경우에도 A의 불법행위는 인정된다.
④ 甲에게 대표권이 없다면 A의 불법행위는 인정되지 않는다.
⑤ 甲이 A의 목적범위 외의 행위를 한 경우라면 A의 불법행위는 인정되지 않는다.

해설

① (○) : 제35조【법인의 불법행위능력】① 법인은 이사 기타 대표자가 그 직무에 관하여 타인에게 가한 손해를 배상할 책임이 있다. 이사 기타 대표자는 이로 인하여 자기의 손해배상책임을 면하지 못한다.

② (○) : 법인에 있어서 그 대표자가 직무에 관하여 불법행위를 한 경우에는 민법 제35조 제1항에 의하여, 법인의 피용자가 사무집행에 관하여 불법행위를 한 경우에는 민법 제756조 제1항에 의하여 각기 손해배상책임을 부담한다. (따라서) 현대상호저축은행의 대표이사인 원심 공동피고 1은 법인의 대표자로서 그 직무에 관한 불법행위에 관하여는 현대상호저축은행이 민법 제35조 제1항에 의한 손해배상책임을 지게 되는 것이고, 사용자책임을 규정한 민법 제756조 제1항이 적용된다고 할 수 없다(대판 2009.11.26. 2009다57033).

③ (×) : 법인의 대표자의 행위가 직무에 관한 행위에 해당하지 아니함을 피해자 자신이 알았거나 또는 중대한 과실로 인하여 알지 못한 경우에는 법인에게 손해배상책임을 물을 수 없다고 하여 보호가치 있는 상대방만 보호 한다(대판 2004.3.26, 2003다34045).

④ (○) : 민법 제35조에서 말하는 '이사 기타 대표자'는 법인의 대표기관을 의미하는 것이고 대표권이 없는 이사는 법인의 기관이기는 하지만 대표기관은 아니기 때문에 그들의 행위로 인하여 법인의 불법행위가 성립하지 않는다(대판 2005. 12. 23, 2003다30159).

⑤ (○) : 제35조【법인의 불법행위능력】② 법인의 목적범위외의 행위로 인하여 타인에게 손해를 가한 때에는 그 사항의 의결에 찬성하거나 그 의결을 집행한 사원, 이사 및 기타 대표자가 연대하여 배상하여야 한다.

정답 ③

▪ 제3관 법인의 기관

I. 서 설

II. 이 사

116 민법상 법인의 기관에 관한 설명으로 옳은 것은? [15 변리사]

① 감사는 재단법인에서는 필요기관이지만 사단법인에서는 임의기관이다.
② 정관으로 정한 이사의 수가 여럿인 경우, 특별한 사정이 없는 한 공동으로 법인을 대표한다.
③ 이사의 성명과 주소는 등기사항이지만, 그 변경등기가 경료되기 전이라도 신임이사가 한 직무행위는 법인에 대하여 유효하다.
④ 법인과 이사의 이익이 상반되는 경우, 법원은 이해관계인이나 검사의 청구에 의하여 임시이사를 선임하여야 한다.
⑤ 정관에 달리 정함이 없으면 총사원 10분의 1이 회의의 목적사항을 제시하여 청구한 경우, 이사는 임시총회를 소집하여야 한다.

[해설]

① (✗) : 감사는 임의기관이다.
② (✗) : 이사는 법인의 사무에 관하여 각자 법인을 대표한다.(제59조)
③ (○) : 제54조 【설립등기이외의 등기의 효력과 등기사항의 공고】 ① 설립등기이외의 본절의 등기사항은 그 등기후가 아니면 제3자에게 대항하지 못한다. 즉 변경등기는 대항요건에 불과하므로 신임이사가 한 행위는 법인에 대하여 유효하다.
④ (✗) : 법인과 이사의 이익이 상반하는 사항에 관하여는 이사는 대표권이 없다. 이 경우에는 전조의 규정에 의하여 특별대리인을 선임하여야 한다(제64조).
⑤ (✗) : 총사원의 5분의 1 이상으로부터 회의의 목적사항을 제시하여 청구한 때에는 이사는 임시총회를 소집하여야 한다. 이 정수는 정관으로 증감할 수 있다(제70조 제2항).

정답 ③

117 민법상 법인에 관한 설명으로 옳지 않은 것은? [16 노무]

① 비법인사단의 대표자가 직무에 관하여 타인에게 손해를 가한 경우, 그 비법인사단은 그 손해를 배상하여야 한다.
② 대표권 없는 이사는 법인의 대표기관이 아니기 때문에 그의 행위로 인하여 법인의 불법행위는 성립하지 않는다.
③ 법인의 대표이사가 그 대표권의 범위 내에서 한 행위는 자기의 이익을 도모할 목적으로 그 권한을 남용한 것이라 할지라도, 특별한 사정이 없는 한, 법인의 행위로서 유효하다.
④ 정관에 다른 규정이 없는 경우, 법인은 정당한 사유 없이도 언제든지 이사를 해임할 수 있다.
⑤ 후임이사가 유효하게 선임되었다고 하더라도 그 선임의 효력을 둘러싼 다툼이 있다면, 그 다툼이 해결되기 전까지는 구 이사만이 직무수행권을 가진다.

해설

① (O) : 종중에 관하여 제35조 제1항이 유추적용 되고(대판 2003.7.25, 2002다27088), 노동조합의 간부들이 불법쟁의행위를 주도한 경우, 민법 제35조 제1항을 유추적용한다(대판 1994.3.25. 93다32828 · 32835).

② (O) : 민법 제35조에서 말하는 '이사 기타 대표자'는 법인의 대표기관을 의미하는 것이고 대표권이 없는 이사는 법인의 기관이기는 하지만 대표기관은 아니기 때문에 그들의 행위로 인하여 법인의 불법행위가 성립하지 않는다(대판 2005. 12. 23, 2003다30159).

③ (O) : 법인의 대표기관이 형식적으로는 대표권의 범위 내에서 대표행위를 하였지만, 자신이나 제3자의 이익을 도모하기 위하여 대표행위를 한 경우는 일단 법인의 행위로서 유효하지만, 대표권 남용행위의 상대방이 대표이사의 진의를 알았거나 알 수 있었을 때에는 회사에 대하여 무효가 된다(대판 1988.8.9 86다카1858 ; 대판 1997.8.29, 97다18059).

④ (O) : 법인과 이사의 법률관계는 신뢰를 기초로 한 위임 유사의 관계이므로, 이사는 민법 제689조 제1항이 규정한 바에 따라 언제든지 사임할 수 있고, 법인의 이사를 사임하는 행위는 상대방 있는 단독행위이므로 그 의사표시가 상대방에게 도달함과 동시에 그 효력을 발생하고, 그 의사표시가 효력을 발생한 후에는 마음대로 이를 철회할 수 없음이 원칙이다. 그러나 법인이 정관에서 이사의 사임절차나 사임의 의사표시의 효력발생시기 등에 관하여 특별한 규정을 둔 경우에는 그에 따라야 하는바, 위와 같은 경우에는 이사의 사임의 의사표시가 법인의 대표자에게 도달하였다고 하더라도 그와 같은 사정만으로 곧바로 사임의 효력이 발생하는 것은 아니고 정관에서 정한 바에 따라 사임의 효력이 발생하는 것이므로, 이사가 사임의 의사표시를 하였더라도 정관에 따라 사임의 효력이 발생하기 전에는 그 사임의사를 자유롭게 철회할 수 있다(대판 2008.9.25. 2007다17109).

⑤ (×) : 후임 이사가 유효히 선임되었는데도 그 선임의 효력을 둘러싼 다툼이 있다고 하여 그 다툼이 해결되기 전까지는 후임 이사에게는 직무수행권한이 없고 임기가 만료된 구 이사만이 직무수행권한을 가진다고 할 수는 없다(대판 2006.04.27. 2005도8875).

정답 ⑤

118 민법상 법인의 이사에 관한 설명으로 옳지 않은 것은? (다툼이 있으면 판례에 따름) [16 세무사]

① 이사의 임면에 관한 사항은 정관에 반드시 기재하여야 하며, 이사의 성명과 주소는 등기하여야 한다.
② 이사가 여러 명인 경우에는 법인의 사무에 관하여 원칙적으로 각자 법인을 대표한다.
③ 이사가 여러 명인 경우에는 정관에 다른 규정이 없는 한, 법인의 사무집행은 이사의 과반수로써 결정한다.
④ 이사의 대표권제한은 이를 정관에 기재하지 아니하면 효력이 없고, 등기하지 아니하면 제3자에게 대항하지 못한다.
⑤ 이사의 결원으로 손해가 생길 염려가 있는 경우, 법원은 특별대리인을 선임하여야 한다.

해설

① (O) : 제40조【사단법인의 정관】사단법인의 설립자는 다음 각호의 사항을 기재한 정관을 작성하여 기명날인하여야 한다. 5. 이사의 임면에 관한 규정, 제49조【법인의 등기사항】8. 이사의 성명, 주소
② (O) : 대외적으로 법인사무에 관하여 법인을 대표하고 수인의 이사가 있는 경우 각자 법인을 단독대표하며(제59조 제1항 본문) 대표의 방식에는 대리규정을 준용한다(제59조 제2항).
③ (O) : 이사가 수인이 있는 경우 정관에 다른 규정이 없으면 법인의 **사무집행은 이사의 과반수**로써 결정한다(제58조).
④ (O) : 대표권의 제한은 정관에 기재하면 효력은 발생하지만, 등기해야만 제3자에게 대항할 수 있다. (제41조, 제60조)
⑤ (×) : 제63조【임시이사의 선임】이사가 없거나 결원이 있는 경우에 이로 인하여 손해가 생길 염려 있는 때에는 "법원"은 이해관계인이나 검사의 청구에 의하여 임시이사를 선임하여야 한다.

정답 ⑤

119 민법상 법인의 기관에 관한 설명으로 옳지 않은 것은? [16 감평]

① 특별대리인은 임시기관으로 법인의 대표기관이다.
② 이사에 의해 선임된 대리인은 법인의 대표기관이 아니다.
③ 감사는 필요기관으로 그 성명과 주소를 등기하여야 한다.
④ 이사가 없는 경우에 이로 인하여 손해가 생길 염려가 있는 때에는 법원은 이해관계인이나 검사의 청구에 의해 임시이사를 선임하여야 한다.
⑤ 법인의 불법행위가 성립하는 경우, 그 가해행위를 한 이사 기타 대표자는 자기의 손해배상책임을 면하지 못한다.

해설

① (O) : 제64조【특별대리인의 선임】법인과 이사의 이익이 상반하는 사항에 관하여는 이사는 대표권이 없다. 이 경우에는 전조의 규정에 의하여 특별대리인을 선임하여야 한다.
② (O) : 제62조【이사의 대리인 선임】이사는 정관 또는 총회의 결의로 금지하지 아니한 사항에 한하여 타인으로 하여금 특정한 행위를 대리하게 할 수 있다.
③ (X) : 제66조【감사】법인은 정관 또는 총회의 결의로 감사를 둘 수 있다.
④ (O) : 제63조【임시이사의 선임】이사가 없거나 결원이 있는 경우에 이로 인하여 손해가 생길 염려 있는 때에는 "법원"은 이해관계인이나 검사의 청구에 의하여 임시이사를 선임하여야 한다.
⑤ (O) : 제35조【법인의 불법행위능력】① 법인은 이사 기타 대표자가 그 직무에 관하여 타인에게 가한 손해를 배상할 책임이 있다. 이사 기타 대표자는 이로 인하여 자기의 손해배상책임을 면하지 못한다.

정답 ③

120 민법상 법인의 이사에 관한 설명으로 옳지 않은 것은? (다툼이 있으면 판례에 따름) [17 세무사]

① 사단법인에는 이사를 두어야 한다.
② 법인의 이사가 그 직무에 관하여 타인에게 손해를 가한 경우, 법인은 그 손해를 배상하여야 한다.
③ 임시이사는 이사가 없거나 결원이 있어서 법인이나 제3자에게 손해가 생길 우려가 있을 경우에 이해관계인이나 검사의 청구에 의하여 법원이 선임한다.
④ 이사가 수인인 경우에는 정관에 다른 규정이 없으면 법인의 사무집행은 이사 각자가 단독으로 결정한다.
⑤ 이사는 정관이나 총회의 결의로 금지하지 않은 사항에 한하여 타인으로 하여금 특정한 행위를 대리하게 할 수 있다.

해설

① (O) : 제57조【이사】법인은 이사를 두어야 한다.
② (O) : 제35조【법인의 불법행위능력】① 법인은 이사 기타 대표자가 그 직무에 관하여 타인에게 가한 손해를 배상할 책임이 있다.
③ (O) : 제63조【임시이사의 선임】이사가 없거나 결원이 있는 경우에 이로 인하여 손해가 생길 염려 있는 때에는 "**법원**"은 이해관계인이나 검사의 청구에 의하여 임시이사를 선임하여야 한다.
④ (X) : 제58조【이사의 사무집행】① 이사는 법인의 사무를 집행한다. ② 이사가 수인인 경우에는 정관에 다른 규정이 없으면 법인의 사무집행은 이사의 과반수로써 결정한다.
⑤ (O) : 제62조【이사의 대리인 선임】이사는 정관 또는 총회의 결의로 금지하지 아니한 사항에 한하여 타인으로 하여금 특정한 행위를 대리하게 할 수 있다.

정답 ④

121 법인의 이사 등에 관한 설명으로 옳은 것은? [19 세무사 변형]

① 정관에 이사의 해임사유에 관한 규정이 있는 경우, 법인은 특별한 사정이 없는 한 정관에서 정하지 아니한 사유로 이사를 해임할 수 없다.
② 이사의 대표권에 대한 제한은 등기하여야 효력이 있다.
③ 법인의 특별대리인은 대표권이 없다.
④ 이사는 정관 또는 총회의 결의로 금지하지 아니한 사항에 대하여 포괄적 대리권을 수여할 수 있다.
⑤ 법인과 이사의 이익이 상반하는 경우, 임시이사를 둘 수 있다.
⑥ 비법인 사단에 대하여 민법 제63조에 의하여 법원이 선임한 임시이사는 임시적 성격을 가지므로, 원칙적으로 정식이사와 동일한 권한을 가지지는 아니한다.

해설

① (O) : 법인과 이사의 법률관계는 신뢰를 기초로 한 위임 유사의 관계로 볼 수 있는데, 민법 제689조 제1항에서는 위임계약은 각 당사자가 언제든지 해지할 수 있다고 규정하고 있으므로, 법인은 원칙적으로 이사의 임기 만료 전에도 이사를 해임할 수 있지만, 이러한 민법의 규정은 임의규정에 불과하므로 법인이 자치법규인 정관으로 이사의 해임사유 및 절차 등에 관하여 별도의 규정을 두는 것도 가능하다. 그리고 이와 같이 법인이 정관에 이사의 해임사유 및 절차 등을 따로 정한 경우 그 규정은 법인과 이사와의 관계를 명확히 함은 물론 이사의 신분을 보장하는 의미도 아울러 가지고 있어 이를 단순히 주의적 규정으로 볼 수는 없다. 따라서 법인의 정관에 이사의 해임사유에 관한 규정이 있는 경우 법인으로서는 이사의 중대한 의무위반 또는 정상적인 사무집행 불능 등의 특별한 사정이 없는 이상, 정관에서 정하지 아니한 사유로 이사를 해임할 수 없다(대판 2013. 11. 28. 2011다41741).
② (×) : 제60조【이사의 대표권에 대한 제한의 대항요건】이사의 대표권에 대한 제한은 등기하지 아니하면 제삼자에게 대항하지 못한다.
③ (×) : 특별대리인도 대표자이다. 제64조【특별대리인의 선임】법인과 이사의 이익이 상반하는 사항에 관하여는 이사는 대표권이 없다. 이 경우에는 전조의 규정에 의하여 특별대리인을 선임하여야 한다.
④ (×) : 제62조【이사의 대리인 선임】이사는 정관 또는 총회의 결의로 금지하지 아니한 사항에 한하여 타인으로 하여금 특정한 행위를 대리하게 할 수 있다.
⑤ (×) : 제64조【특별대리인의 선임】법인과 이사의 이익이 상반하는 사항에 관하여는 이사는 대표권이 없다. 이 경우에는 전조의 규정에 의하여 특별대리인을 선임하여야 한다.
⑥ (×) : 비법인 사단에 대하여 민법 제63조에 의하여 법원이 선임한 임시이사는 원칙적으로 정식이사와 동일한 권한을 가진다(대판 2019. 9. 10. 2019다208953).

정답 ①

Ⅲ. 감사와 사원총회, 사원

1. 감사

122 민법상 법인에 관한 설명으로 옳지 않은 것은?   [15 노무사]

① 이사는 선량한 관리자의 주의로 그 직무를 행하여야 한다.
② 이사는 정관 또는 총회의 결의로 금지하지 아니한 사항에 한하여 타인으로 하여금 특정한 행위를 대리하게 할 수 있다.
③ 법인은 정관 또는 총회의 결의로 감사를 둘 수 있다.
④ 해산한 법인은 청산의 목적범위 내에서만 권리가 있고 의무를 부담한다.
⑤ 이사가 없거나 결원이 있는 경우에 이로 인하여 손해가 생길 염려 있는 때에는 법원은 이해관계인이나 검사의 청구에 의하여 특별대리인을 선임하여야 한다.

해설

① (○) : 제61조【이사의 주의의무】이사는 선량한 관리자의 주의로 그 직무를 행하여야 한다.
② (○) : 제62조【이사의 대리인 선임】이사는 정관 또는 총회의 결의로 금지하지 아니한 사항에 한하여 타인으로 하여금 특정한 행위를 대리하게 할 수 있다.
③ (○) : 제66조【감사】법인은 정관 또는 총회의 결의로 감사를 둘 수 있다.
④ (○) : 제81조【청산법인】해산한 법인은 청산의 목적범위 내에서만 권리가 있고 의무를 부담한다.
⑤ (×) : 제63조【임시이사의 선임】이사가 없거나 결원이 있는 경우에 이로 인하여 손해가 생길 염려 있는 때에는 법원은 이해관계인이나 검사의 청구에 의하여 임시이사를 선임하여야 한다.

정답 ⑤

123 민법상 법인의 기관에 관한 설명으로 옳은 것은? (다툼이 있으면 판례에 따름)   [20 세무사]

① 감사는 법인의 대표기관이 아니지만, 그 성명과 주소는 등기하여야 한다.
② 이사의 사임 의사표시가 효력을 발생하기 위해서는 이사회의 결의나 관할관청의 승인이 있어야 한다.
③ 검사는 법인의 특별대리인 선임을 청구할 수 없다.
④ 이사의 대표권 제한에 관한 정관 규정이 등기 되어 있지 않으면, 법인은 그 규정과 관련하여 제3자의 선의·악의를 불문하고 그에게 대항할 수 없다.
⑤ 감사는 재산상황에 관한 부정을 발견한 때에 이를 총회에 보고 할 수는 있으나, 총회를 소집할 수는 없다.

해설

① (×) : 제49조【법인의 등기사항】② 전항의 등기사항은 다음과 같다. 8. 이사의 성명, 주소
② (×) : 법인과 이사의 법률관계는 신뢰를 기초로 한 위임 유사의 관계이므로, 이사는 민법 제689조 제1항이 규정한 바에 따라 언제든지 사임할 수 있고, 법인의 이사를 사임하는 행위는 상대방 있는 단독행위이므로 그 의사표시가 상대방에게 도달함과 동시에 그 효력을 발생하고, 그 의사표시가 효력을 발생한 후에는 마음대로 이를 철회할 수 없음이 원칙이다(대판 2008.9.25. 2007다17109).
③ (×) : 제64조【특별대리인의 선임】법인과 이사의 이익이 상반하는 사항에 관하여는 이사는 대표권이 없다. 이 경우에는 전조의 규정에 의하여 특별대리인을 선임하여야 한다. 제63조【임시이사의 선임】이사가 없거나 결원이 있는 경우에 이로 인하여 손해가 생길 염려 있는 때에는 "법원"은 이해관계인이나 검사의 청구에 의하여 임시이사를 선임하여야 한다.
④ (○) : 등기가 되어 있지 않는 한, 악의의 제3자에게도 대항할 수 없다(대판 1987.11.24. 86다카2484; 대판 1992.2.14. 91다24564).
⑤ (×) : 제67조【감사의 직무】감사의 직무는 다음과 같다. 3. 재산상황 또는 업무집행에 관하여 부정, 불비한 것이 있음을 발견한 때에는 이를 총회 또는 주무관청에 보고하는 일 4. 전호의 보고를 하기 위하여 필요 있는 때에는 총회를 소집하는 일

정답 ④

124 A비법인사단은 대표자 甲을 두고 있으며, A의 구성원들은 집합체로서 X부동산을 소유하고 있다. 다음 설명 중 옳지 않은 것은? (다툼이 있으면 판례에 따름) [21 세무사]

① A의 구성원들은 X를 총유 한다.
② A명의로도 X에 대한 등기를 할 수 있다.
③ A는 민사소송에서 당사자가 될 수 있다.
④ 甲이 그 직무에 관하여 제3자에게 불법행위를 한 경우에 A는 제3자에게 손해배상책임을 부담한다.
⑤ 甲이 정관에서 정한 대표권제한을 위반하여 제3자와 거래행위를 한 경우에 제3자가 선의·무과실이더라도 그 거래행위는 무효이다.

해설

① (○) : 비법인사단의 재산은 사원의 총유에 속한다(제275조).
② (○) : 종중, 문중, 그 밖에 대표자나 관리인이 있는 법인 아닌 사단이나 재단에 속하는 부동산의 등기에 관하여는 그 사단이나 재단을 등기권리자 또는 등기의무자로 한다(부동산등기법 제26조).
③ (○) : 법인 아닌 사단·재단 그 자체가 당사자[20]가 되며(민소법 제52조), 사단 또는 재단의 대표자·관리인은 법정대리인에 준해 취급된다(민소법 제64조).
④ (○) : 비법인사단의 대표자가 직무에 관하여 타인에게 손해를 가한 경우 그 사단은 민법 제35조 제1항의 유추적용에 의하여 그 손해를 배상할 책임이 있다(대판 2008. 1. 18. 2005다34711).

⑤ (×) : 비법인사단의 경우에는 대표자의 대표권 제한에 관하여 등기할 방법이 없어 민법 제60조의 규정을 준용할 수 없고, 비법인사단의 대표자가 정관에서 사원총회의 결의를 거쳐야 하도록 규정한 대외적 거래행위에 관하여 이를 거치지 아니한 경우라도, 이와 같은 사원총회 결의사항은 비법인사단의 내부적 의사결정에 불과하다 할 것이므로, 그 거래 상대방이 그와 같은 대표권 제한 사실을 알았거나 알 수 있었을 경우가 아니라면 그 거래행위는 유효하다고 봄이 상당하고, 이 경우 거래의 상대방이 대표권 제한 사실을 알았거나 알 수 있었음은 이를 주장하는 비법인사단 측이 주장·입증하여야 한다(대판 2003.7.22. 2002다64780).

정답 ⑤

125 민법상 법인의 대표에 관한 설명으로 옳지 않은 것은? (다툼이 있으면 판례에 따름)

[21 세무사]

① 임시이사는 법인의 대표기관이다.
② 법인의 대표기관은 정관에 정한 목적을 수행하는데 있어 간접으로 필요한 행위를 할 수 있다.
③ 법인의 대표기관의 행위가 대표권 남용인 것을 상대방이 안 경우에 법인은 상대방에 대해 계약상 책임을 지지 않는다.
④ 재단법인과 이사의 이익이 상반하는 사항에 대해서는 특별대리인이 선임되기 전까지 그 이사에게 대표권이 있다.
⑤ 이사가 여럿 있는 경우에 정관에 다른 특별한 규정이 없으면 법인의 사무집행은 이사의 과반수로써 결정한다.

해설

① (O) : 비법인 사단에 대하여 민법 제63조에 의하여 법원이 선임한 임시이사는 원칙적으로 정식이사와 동일한 권한을 가진다(대판 2019. 9. 10. 2019다208953).

② (O) : 회사의 권리능력은 회사의 설립근거가 된 법률과 회사의 정관상의 목적에 의하여 제한되나 그 목적범위 내의 행위라 함은 정관에 명시된 목적 자체에 국한되는 것이 아니라 그 목적을 수행하는 데 있어 직접, 간접으로 필요한 행위는 모두 포함되고 목적수행에 필요한지의 여부는 행위의 객관적 성질에 따라 판단할 것이고 행위자의 주관적, 구체적 의사에 따라 판단할 것은 아니다(대판 2009.12.10. 2009다63236).

③ (O) : 주식회사의 대표이사가 그 대표권의 범위 내에서 한 행위는 설사 대표이사가 회사의 영리목적과 관계없이 자기 또는 제3자의 이익을 도모할 목적으로 그 권한을 남용한 것이라 할지라도 일단 회사의 행위로서 유효하고, 다만 그 행위의 상대방이 대표이사의 진의를 알았거나 알 수 있었을 때에는 회사에 대하여 무효가 되는 것이다(대판 1988.8.9 86다카1858 ; 대판 1997.8.29. 97다18059).

---

20) 학교에 대하여 判例는 국립·공립·사립·각종 학교 등 어느 것을 막론하고 교육을 위한 시설(영조물)에 불과하다고 하여 학교의 당사자능력을 부인하고 있다. 즉 학교의 경우에는 ① 국립학교의 경우에는 국가가 ② 공립학교의 경우에는 자치단체가 ③ 사립학교의 경우에는 학교법인이 ④ 각종 학교의 경우에는 설립자 등 운영주체가 당사자가 된다.

④ (✗) : 제64조【특별대리인의 선임】**법인과 이사의 이익이 상반하는 사항에 관하여**는 이사는 대표권이 없다. 이 경우에는 전조의 규정에 의하여 특별대리인을 선임하여야 한다.

⑤ (○) : 제58조【이사의 사무집행】① 이사는 법인의 사무를 집행한다. ② 이사가 수인인 경우에는 정관에 다른 규정이 없으면 법인의 사무집행은 이사의 과반수로써 결정한다.

정답 ④

2. 사원총회

126 사단법인의 사원총회에 관한 설명으로 옳지 않은 것은? [16 감평]

① 사원총회에는 대외적인 대표권이나 대내적인 업무집행권이 없다.
② 각 사원은 평등한 결의권을 가지며, 정관으로도 달리 정할 수 없다.
③ 정관에 다른 규정이 없는 한, 총사원의 5분의 1 이상이 회의의 목적사항을 제시하여 총회소집을 청구한 경우에 이사는 임시총회를 소집하여야 한다.
④ 총회는, 정관에 규정이 있으면, 소집 통지에 기재한 목적사항 이외에 대해서도 결의할 수 있다.
⑤ 정관에 다른 규정이 없는 한, 정관변경을 위해서는 총사원의 3분의 2 이상의 동의가 있어야 한다.

해설

① (○) : 사단법인을 구성하는 사원의 전원으로써 구성되는 의결기관이고 최고의사결정기관이며 필요기관이다. 재단법인에는 사원이 없으므로 사원총회는 없다. 총회는 필요기관이므로 정관으로도 이를 폐지할 수 없다.

② (✗) : 제73조【사원의 결의권】① 각사원의 결의권은 평등으로 한다. ② 사원은 서면이나 대리인으로 결의권을 행사할 수 있다. ③ 전2항의 규정은 정관에 다른 규정이 있는 때에는 적용하지 아니한다.

③ (○) : 제70조【임시총회】② 총사원의 5분의 1이상으로부터 회의의 목적사항을 제시하여 청구한 때에는 이사는 임시총회를 소집하여야 한다. 이 정수는 정관으로 증감할 수 있다.

④ (○) : 제72조【총회의 결의사항】총회는 전조의 규정에 의하여 통지한 사항에 관하여서만 결의할 수 있다. 그러나 정관에 다른 규정이 있는 때에는 그 규정에 의한다.

⑤ (○) : 제42조【사단법인의 정관의 변경】① 사단법인의 정관은 총 사원 3분의 2이상의 동의가 있는 때에 한하여 이를 변경할 수 있다. 그러나 정수에 관하여 정관에 다른 규정이 있는 때에는 그 규정에 의한다.

정답 ②

127 사원총회에 관한 설명으로 옳은 것은? [16 노무]

① 사원총회는 사원총회 및 재단법인의 필수기관이다.
② 정관에 다른 규정이 없는 경우, 사원은 서면이나 대리인으로 결의권을 행사할 수 있다.
③ 사원총회는 소집통지에 의해 통지한 사항에 대해서만 결의할 수 있으나, 총회의 결의로 이와 달리 정할 수 있다.
④ 사원총회를 소집하려고 하는 경우, 1주일간 전에 회의의 목적사항을 기재한 통지가 도달해야 한다.
⑤ 임시총회의 소집을 요구할 수 있는 사원의 수는 정관으로 증감할 수 없다.

해설

① (×) : 재단법인은 사원이 없으므로, 사원총회가 존재하지 않는다.
② (○) : 제73조【사원의 결의권】① 각사원의 결의권은 평등으로 한다. ② 사원은 서면이나 대리인으로 결의권을 행사할 수 있다. ③ 전2항의 규정은 정관에 다른 규정이 있는 때에는 적용하지 아니한다.
③ (×) : 제72조【총회의 결의사항】총회는 전조의 규정에 의하여 통지한 사항에 관하여서만 결의할 수 있다. 그러나 정관에 다른 규정이 있는 때에는 그 규정에 의한다.
④ (×) : 제71조【총회의 소집】총회의 소집은 1주간 전에 그 회의의 목적사항을 기재한 통지를 <u>발하고</u> 기타 정관에 정한 방법에 의하여야 한다.
⑤ (×) : 제70조【임시총회】② 총사원의 5분의 1이상으로부터 회의의 목적사항을 제시하여 청구한 때에는 이사는 임시총회를 소집하여야 한다. <u>이 정수는 정관으로 증감할 수 있다.</u>

정답 ②

128 민법상 법인의 사원총회에 관한 설명으로 옳지 않은 것은? [16 세무사]

① 사원총회는 사단법인에는 반드시 두어야 하지만 재단법인에는 이를 둘 수 없다.
② 사단법인의 이사는 1년에 1회 이상 통상총회를 소집하여야 한다.
③ 사단법인의 감사는 법인의 재산상황에 관하여 부정한 점이 있음을 발견한 때에는 이를 총회 또는 주무관청에 보고하기 위하여 필요한 경우, 사원총회를 소집 할 수 있다.
④ 사원총회는 정관에 다른 규정이 없는 한, 원칙적으로 소집절차에 따라 통지한 사항에 관해서만 결의할 수 있다.
⑤ 각 사원은 평등한 결의권을 가지며, 정관에서 이를 달리 정할 수 없다.

해설

① (○) : 사원총회는 사단법인에만 있고, 사원이 없는 재단법인은 사원총회가 없다.
② (○) : 제69조【통상총회】사단법인의 이사는 매년 1회 이상 통상총회를 소집하여야 한다.

③ (O) : 제67조【감사의 직무】감사의 직무는 다음과 같다. 1. 법인의 재산상황을 감사하는 일 2. 이사의 업무집행의 상황을 감사하는 일 3. 재산상황 또는 업무집행에 관하여 부정, 불비한 것이 있음을 발견한 때에는 이를 총회 또는 주무관청에 보고하는 일 4. 전호의 보고를 하기 위하여 필요 있는 때에는 총회를 소집하는 일

④ (O) : 제72조【총회의 결의사항】총회는 전조의 규정에 의하여 통지한 사항에 관하여서만 결의할 수 있다. 그러나 정관에 다른 규정이 있는 때에는 그 규정에 의한다.

⑤ (X) : 제73조【사원의 결의권】① 각사원의 결의권은 평등으로 한다. ② 사원은 서면이나 대리인으로 결의권을 행사할 수 있다. ③ 전2항의 규정은 정관에 다른 규정이 있는 때에는 적용하지 아니한다.

정답 ⑤

129 민법상 사단법인의 사원총회에 관한 설명으로 옳지 않은 것은? [17 세무사]

① 사원총회는 정관의 규정에 의해서도 폐지할 수 없는 사단법인의 필수기관이다.
② 법인의 정관변경은 사원총회의 전속적 권한에 속하지 않으므로, 이사회의 결의로써 정관을 변경할 수 있다.
③ 사단법인의 사무는 정관으로 이사 또는 기타 임원에게 위임한 사항이외에는 총회의 결의에 의하여야 한다.
④ 임시총회는 총 사원 5분의 1 이상이 회의의 목적사항을 제시하여 청구하는 경우에 소집될 수 있으나, 그 정수는 정관으로 증감할 수 있다.
⑤ 사원총회의 결의는 정관에서 달리 규정하지 않은 한, 서면 또는 대리인에 의할 수 있다.

해설

① (O) : 사단법인을 구성하는 사원의 전원으로써 구성되는 의결기관이고 최고의사결정기관이며 필요기관이다. 재단법인에는 사원이 없으므로 사원총회는 없다. 총회는 필요기관이므로 정관으로도 이를 폐지할 수 없다.

② (X) : 법인의 정관변경은 사원총회의 전속적 권한에 속하므로, 이사회의 결의로써 정관을 변경할 수 없다.

③ (O) : 제68조【총회의 권한】사단법인의 사무는 정관으로 이사 또는 기타 임원에게 위임한 사항 외에는 총회의 결의에 의하여야 한다.

④ (O) : 제70조【임시총회】② 총사원의 5분의 1이상으로부터 회의의 목적사항을 제시하여 청구한 때에는 이사는 임시총회를 소집하여야 한다. 이 정수는 정관으로 증감할 수 있다.

⑤ (O) : 제73조【사원의 결의권】① 각사원의 결의권은 평등으로 한다. ② 사원은 서면이나 대리인으로 결의권을 행사할 수 있다. ③ 전2항의 규정은 정관에 다른 규정이 있는 때에는 적용하지 아니한다.

정답 ②

130 법인의 기관에 관한 설명으로 옳은 것은? (다툼이 있으면 판례에 따름) [18 세무사]

① 정관에 다른 규정이 없으면 이사가 수인인 경우 법인의 사무집행은 이사의 과반수로써 결정하고 공동으로 법인을 대표한다.
② 사원총회는 법인의 의사를 결정하고, 그 결정을 집행할 권한을 가진다.
③ 정관에 다른 규정이 없으면, 재단법인의 이사의 업무를 감독하기 위하여 감사를 두어야 한다.
④ 직무대행자는 법인의 통상 사무에 속하는 행위를 할 수 있다.
⑤ 법원은 임시이사 선임결정을 한 후 사정변경이 생겨 그 선임결정이 부당하다고 인정될 경우에도 이를 취소할 수 없다.
⑥ 사단법인의 소수사원이 이사에게 요건을 갖추어 임시총회의 소집을 요구하였으나 2주간 내에 이사가 총회소집의 절차를 밟지 아니한 경우 법원의 허가를 얻어 임시총회를 소집할 수 있도록 규정한 민법 제70조 제3항은 민법상 법인의 집행기관인 이사회 소집에 유추 적용할 수 있다.

해설

① (×) : 제58조【이사의 사무집행】② 이사가 수인인 경우에는 정관에 다른 규정이 없으면 법인의 사무집행은 이사의 과반수로써 결정한다. 제59조【이사의 대표권】① 이사는 법인의 사무에 관하여 각자 법인을 대표한다. 그러나 정관에 규정한 취지에 위반할 수 없고 특히 사단법인은 총회의 의결에 의하여야 한다.
② (×) : 사단법인을 구성하는 사원의 전원으로써 구성되는 의결기관이고 최고의사결정기관이며 필요기관이다. 다만 그 결정을 집행할 기관은 이사이다.
③ (×) : 제66조【감사】법인은 정관 또는 총회의 결의로 감사를 둘 수 있다.
④ (○) : 제60조의2【직무대행자의 권한】① 제52조의2의 직무대행자는 가처분명령에 다른 정함이 있는 경우 외에는 법인의 통상사무에 속하지 아니한 행위를 하지 못한다. 다만, 법원의 허가를 얻은 경우에는 그러하지 아니하다.
⑤ (×) : 민법 제63조에 의한 임시이사의 선임은 비송사건절차법의 규제를 받는 것인바, 법원은 임시이사 선임결정을 한 후에 사정변경이 생겨 그 선임결정이 부당하다고 인정될 때에는 이를 취소 또는 변경할 수 있다(대결 1992. 7. 3. 자 91마730).
⑥ (×) : <u>사단법인의 소수사원이 이사에게 요건을 갖추어 임시총회의 소집을 요구하였으나 2주간 내에 이사가 총회소집의 절차를 밟지 아니한 경우 법원의 허가를 얻어 임시총회를 소집할 수 있도록 규정한 민법 제70조 제3항</u>은, 사단법인의 최고의결기관인 사원총회의 구성원들이 사원권에 기초하여 일정한 요건을 갖추어 최고의결기관의 의사를 결정하기 위한 회의의 개최를 요구하였는데도 집행기관인 이사가 절차를 밟지 아니하는 경우에 법원이 후견적 지위에서 소수사원의 임시총회 소집권을 인정한 법률의 취지를 실효성 있게 보장하기 위한 규정이다. 따라서 <u>위 규정을 구성과 운영의 원리가 다르고 법원이 후견적 지위에서 관여하여야 할 필요성을 달리하는 민법상 법인의 집행기관인 이사회 소집에 유추 적용할 수 없다</u>[21](대결 2017. 12. 1. 자 2017그661).

정답 ④

131 법인의 사원총회에 관한 설명으로 옳지 않은 것은? (다툼이 있으면 판례에 따름)

[20 세무사 변형]

① 정관에 다른 규정이 없는 한 사원총회에서 1주일 전에 통지하지 않은 사항에 대해서는 결의할 수 없다.
② 정관으로 각 사원의 결의권이 불평등한 것으로 정할 수 있다.
③ 사단법인과 어느 사원과의 관계사항을 의결하는 경우에는 그 사원은 결의권이 없다.
④ 정관에 다른 규정이 있다면 사원총회를 거치지 않고도 임의해산 할 수 있다.
⑤ 결의권은 대리인을 통하여도 행사할 수 있는데, 그 경우 당해 사원은 출석한 것으로 한다.
⑥ 비법인사단이 총회에서 의결한 안건의 내용이나 범위가 명확하지 않은 경우 그 의결이 가지는 법적 의미와 그에 따른 법률관계의 실체를 밝히는 것은 법적 판단의 영역에 속한다. 그것은 총회를 개최한 목적과 경위, 총회에 상정된 안건의 구체적 내용과 그에 관한 논의 과정, 의결에 따른 후속 조치가 있다면 그 조치의 내용과 경과 등을 종합적으로 고찰하여 논리와 경험칙에 따라 합리적으로 해석해야 한다.

해설

① (○) : 제71조 【총회의 소집】 총회의 소집은 1주간 전에 그 회의의 목적사항을 기재한 통지를 발하고 기타 정관에 정한 방법에 의하여야 한다. 제72조 【총회의 결의사항】 총회는 전조의 규정에 의하여 통지한 사항에 관하여서만 결의할 수 있다. 그러나 정관에 다른 규정이 있는 때에는 그 규정에 의한다.

② (○) : 제73조 【사원의 결의권】 ① 각사원의 결의권은 평등으로 한다. ② 사원은 서면이나 대리인으로 결의권을 행사할 수 있다. ③ 전2항의 규정은 정관에 다른 규정이 있는 때에는 적용하지 아니한다.

③ (○) : 제74조 【사원이 결의권 없는 경우】 사단법인과 어느 사원과의 관계사항을 의결하는 경우에는 그 사원은 결의권이 없다.

④ (×) : 제78조 【사단법인의 해산결의】 사단법인은 **총사원 4분의 3이상의 동의가 없으면** 해산을 결의하지 못한다. 그러나 정관에 다른 규정이 있는 때에는 그 규정에 의한다.

---

21) [1] 민법 제58조 제1항은 민법상 법인의 사무집행은 이사가 하도록 규정하고 있고, 같은 조 제2항은 이사가 수인인 경우에는 이사의 과반수로써 결정하되 정관에 다른 규정이 있으면 이에 따르도록 규정하고 있다. 그러므로 이사가 수인인 민법상 법인의 정관에 대표권 있는 이사만 이사회를 소집할 수 있다고 규정하고 있다고 하더라도 이는 과반수의 이사가 본래 할 수 있는 이사회 소집에 관한 행위를 대표권 있는 이사로 하여금 하게 한 것에 불과하다. 따라서 정관에 다른 이사가 요건을 갖추어 이사회 소집을 요구하면 대표권 있는 이사가 이에 응하도록 규정하고 있는데도 대표권 있는 이사가 다른 이사의 정당한 이사회 소집을 거절하였다면, 대표권 있는 이사만 이사회를 소집할 수 있는 규정은 적용될 수 없다. 이 경우 이사는 정관의 이사회 소집권한에 관한 규정 또는 민법에 기초하여 법인의 사무를 집행할 권한에 의하여 이사회를 소집할 수 있다. [2] 민법상 법인의 필수기관이 아닌 이사회는 이사가 사무집행권한에 의해 소집하는 것이므로, 과반수에 미치지 못하는 이사는 특별한 사정이 없는 한 민법 제58조 제2항에 반하여 이사회를 소집할 수 없다. 반면 과반수에 미치지 못하는 이사가 정관의 특별한 규정에 근거하여 이사회를 소집하거나 과반수의 이사가 민법 제58조 제2항에 근거하여 이사회를 소집하는 경우에는 법원의 허가를 받을 필요 없이 본래적 사무집행권에 기초하여 이사회를 소집할 수 있다. 법원은 민법상 법인의 이사회 소집을 허가할 법률상 근거가 없고, 다만 이사회 결의의 효력에 관하여 다툼이 발생하면 소집절차의 적법 여부를 판단할 수 있을 뿐이다.

⑤ (○) : 제73조【사원의 결의권】② 사원은 서면이나 대리인으로 결의권을 행사할 수 있다. 제75조【총회의 결의방법】② 제73조제2항의 경우에는 당해 사원은 출석한 것으로 한다.
⑥ (○) : 대판 2019. 6. 27. 2017다244054

정답 ④

132 민법상 법인의 사원총회에 관한 설명으로 옳은 것은? (다툼이 있으면 판례에 따름) [21 세무사]

① 사원총회의 결의로 사단법인을 해산할 수 없도록 한 정관은 유효하다.
② 사원이 대리인에 의하여 사원총회의 결의권을 행사하는 경우에는 출석한 것으로 보지 않는다.
③ 사단법인의 이사는 매년 2회 이상 통상총회를 소집하여야 한다.
④ 사단법인과 어느 사원과의 관계사항을 의결하는 경우에도 그 사원에게 사원총회에서의 결의권이 인정된다.
⑤ 정관에 따라서 사원의 지위를 양수한 자는 사원총회에서의 결의권을 가진다.

해설

① (✕) : 제78조【사단법인의 해산결의】사단법인은 **총 사원 4분의 3이상의 동의가 없으면** 해산을 결의하지 못한다. 그러나 정관에 다른 규정이 있는 때에는 그 규정에 의한다.
② (✕) : 제75조【총회의 결의방법】② 제73조제2항의 경우에는 당해 사원은 출석한 것으로 한다. 제73조【사원의 결의권】② 사원은 서면이나 대리인으로 결의권을 행사할 수 있다.
③ (✕) : 제69조【통상총회】사단법인의 이사는 매년 1회 이상 통상총회를 소집하여야 한다.
④ (✕) : 제74조【사원이 결의권 없는 경우】사단법인과 어느 사원과의 관계사항을 의결하는 경우에는 그 사원은 결의권이 없다.
⑤ (○) : "사단법인의 사원의 지위는 양도 또는 상속할 수 없다"고 한 **민법 제56조의 규정은 강행규정은 아니라고 할 것이므로**, 정관에 의하여 이를 인정하고 있을 때에는 양도·상속이 허용 된다(대판 1992. 4. 14. 91다26850).

정답 ⑤

3. 사원

133 민법상 법인에 관한 설명으로 옳지 않은 것은? (다툼이 있으면 판례에 따름) [17 감평]

① 사단법인의 정관에 다른 규정이 없는 한, 그 정관은 총사원 3분의 2 이상의 동의가 있는 때에 한하여 이를 변경할 수 있다.
② 법인은 법률의 규정에 의함이 아니면 성립하지 못한다.
③ 법인의 목적 범위 외의 행위로 인하여 타인에게 손해를 가한 때에는 그 사항의 의결에 찬성하거나 그 의결을 집행한 사원, 이사 및 기타 대표자가 연대하여 배상하여야 한다.

④ 사단법인의 사원의 지위는 양도 또는 상속할 수 없고, 이는 정관으로 달리 정할 수 없다.
⑤ 이사가 수인(數人)인 경우에 법인의 사무집행은 정관에 다른 규정이 없는 한 이사의 과반수로써 결정한다.

해설

① (O) : 제42조【사단법인의 정관의 변경】① 사단법인의 정관은 총사원 3분의 2이상의 동의가 있는 때 에 한하여 이를 변경할 수 있다. 그러나 정수에 관하여 정관에 다른 규정이 있는 때에는 그 규정에 의한다. ② 정관의 변경은 주무관청의 허가를 얻지 아니하면 그 효력이 없다.
② (O) : 제31조【법인성립의 준칙】법인은 법률의 규정에 의함이 아니면 성립하지 못한다.
③ (O) : 제35조【법인의 불법행위능력】① 법인은 이사 기타 대표자가 그 직무에 관하여 타인에게 가한 손해를 배상할 책임이 있다. 이사 기타 대표자는 이로 인하여 자기의 손해배상책임을 면하지 못한다. ② 법인의 목적범위외의 행위로 인하여 타인에게 손해를 가한 때에는 그 사항의 의결에 찬성하거나 그 의결을 집행한 사원, 이사 및 기타 대표자가 연대하여 배상하여야 한다.
④ (×) : "사단법인의 사원의 지위는 양도 또는 상속할 수 없다"고 한 **민법 제56조의 규정은 강행규정은 아니라고 할 것이므로**, 정관에 의하여 이를 인정하고 있을 때에는 양도·상속이 허용 된다(대판 1992.4.14. 91다26850). **민법 제56조의 규정은 임의규정이며, 조합원의 사망을 조합원의 당연탈퇴 사유로 규정한 제717조 1호의 규정도 임의규정으로 해석된다.**
⑤ (O) : 제58조【이사의 사무집행】① 이사는 법인의 사무를 집행한다. ② 이사가 수인인 경우에는 정관에 다른 규정이 없으면 법인의 사무집행은 이사의 과반수로써 결정한다.

정답 ④

▪ 제4관 법인의 소멸

134 사단법인과 재단법인의 공통된 해산사유를 모두 고른 것은? [17 세무사]

| ㄱ. 총회의 결의 | ㄴ. 법인의 목적달성 |
| ㄷ. 설립허가의 취소 | ㄹ. 대표이사에 대한 직무집행정지처분 |

① ㄱ, ㄴ   ② ㄱ, ㄷ   ③ ㄱ, ㄹ
④ ㄴ, ㄷ   ⑤ ㄷ, ㄹ

해설

제77조【해산사유】① 법인은 존립기간의 만료, 법인의 목적의 달성 또는 달성의 불능 기타 정관에 정한 해산사유의 발생, 파산 또는 설립허가의 취소로 해산한다.

정답 ④

135 민법상 법인의 해산 및 청산에 관한 설명으로 옳은 것은? [17 세무사]

① 파산에 의하여 법인이 해산하는 경우에는 원칙적으로 파산선고 당시의 이사가 청산인이 된다.
② 법인의 해산 및 청산에 관한 사무에 대해서는 주무관청이 이를 감독한다.
③ 청산인이 알고 있는 법인의 채권자라도 채권신고 기간 내에 채권신고를 하지 않으면 청산에서 배제된다.
④ 청산인은 채권신고기간 내에는 채권자에게 변제하지 못하므로, 청산인이 채권신고기간 내에 이행기가 도달한 채권을 변제하지 않더라도 법인은 지연손해배상의무를 부담하지 않는다.
⑤ 청산중의 법인은 변제기에 이르지 않은 채권이라도 변제할 수 있으나, 이 경우 조건부 채권 기타 가액이 불확정한 채권에 관해서는 법원이 선임한 감정인의 평가에 의하여 변제하여야 한다.

해설

① (✕) : 제82조【청산인】법인이 해산한 때에는 파산의 경우를 제하고는 이사가 청산인이 된다. 그러나 정관 또는 총회의 결의로 달리 정한 바가 있으면 그에 의한다.
② (✕) : 제95조【해산, 청산의 검사, 감독】법인의 해산 및 청산은 법원이 검사, 감독한다.
③ (✕) : 제89조【채권신고의 최고】청산인은 알고 있는 채권자에게 대하여는 각각 그 채권신고를 최고하여야 한다. 알고 있는 채권자는 청산으로부터 제외하지 못한다.
④ (✕) : 제90조【채권신고기간내의 변제금지】청산인은 제88조 제1항의 채권신고기간 내에는 채권자에 대하여 변제하지 못한다. 그러나 법인은 채권자에 대한 지연손해배상의 의무를 면하지 못한다.
⑤ (○) : 제91조【채권변제의 특례】① 청산중의 법인은 변제기에 이르지 아니한 채권에 대하여도 변제할 수 있다. ② 전항의 경우에는 조건 있는 채권, 존속기간의 불확정한 채권 기타 가액의 불확정한 채권에 관하여는 법원이 선임한 감정인의 평가에 의하여 변제하여야 한다.

정답 ⑤

136 법인의 해산 및 청산에 관한 설명으로 옳은 것은? (다툼이 있으면 판례에 따름) [18 세무사]

① 비법인사단인 교회의 구성원이 1인이 된 것은 교회의 해산사유에 해당한다.
② 법인의 설립허가취소는 일반적 행동의 자유에 대한 침해 여부와 과잉금지의 원칙 등을 고려하여 엄격하게 판단하여야 한다.
③ 정관의 규정에 따른 잔여재산의 처분행위는 민법의 청산절차에 관한 규정에 반하더라도 유효하다.
④ 청산으로부터 제외된 채권자는 귀속권리자에게 인도된 재산에 대해서만 변제를 청구할 수 있다.
⑤ 법인이 파산한 때에는 이사가 청산인이 된다.

해설

① (✗) : 제77조 【해산사유】 ① 법인은 **존립기간의 만료, 법인의 목적의 달성 또는 달성의 불능 기타 정관에 정한 해산사유의 발생, 파산 또는 설립허가의 취소**로 해산한다. ② 사단법인은 **사원이 없게 되거나 총회의 결의로도 해산**한다.

② (○) : 민법 제38조는 "법인이 목적 이외의 사업을 하거나 설립허가의 조건에 위반하거나 기타 공익을 해하는 행위를 한 때에는 주무관청은 그 허가를 취소할 수 있다."라고 규정하여 비영리법인에 관한 설립허가 취소사유를 정하고 있다. 그리고 비영리법인이 '공익을 해하는 행위'를 한 때에 해당된다고 하기 위해서는 해당 법인의 목적사업 또는 존재 자체가 공익을 해한다고 인정되거나 법인의 행위가 직접적이고도 구체적으로 공익을 침해하는 것이어야 하고, 목적사업의 내용, 행위의 태양 및 위법성의 정도, 공익 침해의 정도와 경위 등을 종합하여 볼 때 해당 법인의 소멸을 명하는 것이 그 불법적인 공익 침해 상태를 제거하고 정당한 법질서를 회복하기 위한 제재수단으로서 긴요하게 요청되는 경우이어야 한다. 나아가 '법인의 목적사업 또는 존재 자체가 공익을 해한다'고 하려면 해당 법인이 추구하는 목적 내지 법인의 존재로 인하여 법인 또는 구성원이 얻는 이익과 법질서가 추구하고 보호하며 조장해야 할 객관적인 공공의 이익이 서로 충돌하여 양자의 이익을 비교형량하였을 때 공공의 이익을 우선적으로 보호하여야 한다는 점에 의문의 여지가 없어야 하고, 그 경우에도 법인의 해산을 초래하는 설립허가취소는 헌법 제10조에 내재된 일반적 행동의 자유에 대한 침해 여부와 과잉금지의 원칙 등을 고려하여 엄격하게 판단하여야 한다(대판 2017. 12. 22. 2016두49891).

③ (✗) : 청산절차에 관한 규정은 모두 제3자의 이해관계에 중대한 영향을 미치기 때문에 이른바 강행규정이다(대판 1992. 4. 28. 91누9848).

④ (✗) : 제92조 【청산으로부터 제외된 채권】 청산으로부터 제외된 채권자는 법인의 채무를 완제한 후 귀속권리자에게 인도하지 아니한 재산에 대하여서만 변제를 청구할 수 있다.

⑤ (✗) : 제82조 【청산인】 법인이 해산한 때에는 파산의 경우를 제하고는 이사가 청산인이 된다. 그러나 정관 또는 총회의 결의로 달리 정한 바가 있으면 그에 의한다.

정답 ②

137 법인의 청산에 관한 설명으로 옳은 것은? [19 세무사]

① 청산절차에 관한 규정은 임의규정이다.
② 파산의 경우, 정관에 달리 정한 바가 없는 한 해산 당시의 이사가 청산인이 된다.
③ 청산 중의 법인은 변제기에 이르지 아니한 채권에 대하여도 변제할 수 있다.
④ 청산사무가 종료되지 않더라도 청산종결등기를 마치면 청산법인은 소멸한다.
⑤ 청산인이 알고 있는 채권자라도 채권신고 기간 내에 신고하지 않으면 청산절차에서 배제된다.

해설

① (✗) : 민법 제80조, 제81조, 제87조와 같은 청산절차에 관한 규정은 모두 제3자의 이해관계에 중대한 영향을 미치기 때문에 소위 강행규정이라고 해석되므로 만일 그 청산법인이나 그 청산인이 청산법인의 목적범위 외의 행위를 한 때는 무효라 아니할 수 없다(대판 1980. 4. 8. 79다203.6).

② (X) : 제82조【청산인】법인이 해산한 때에는 파산의 경우를 제하고는 이사가 청산인이 된다. 그러나 정관 또는 총회의 결의로 달리 정한 바가 있으면 그에 의한다.
③ (O) : 제91조【채권변제의 특례】① 청산중의 법인은 변제기에 이르지 아니한 채권에 대하여도 변제할 수 있다.
④ (X) : 청산종결등기가 경료 된 경우에도 청산사무가 종료되었다 할 수 없는 경우에는 청산법인으로 존속한다(대판 1980. 4. 8. 79다2036).
⑤ (X) : 제89조【채권신고의 최고】청산인은 알고 있는 채권자에게 대하여는 각각 그 채권신고를 최고하여야 한다. 알고 있는 채권자는 청산으로부터 제외하지 못한다.

정답 ③

138 청산인의 직무권한으로 볼 수 없는 것은? [19 세무사]

① 해산등기와 해산신고
② 파산사무의 집행
③ 채권의 추심 및 채무의 변제
④ 현존사무의 종결
⑤ 잔여재산의 인도

해설

① (O) : 제85조【해산등기】① 청산인은 파산의 경우를 제하고는 그 취임 후 3주간 내에 해산의 사유 및 년월일, 청산인의 성명 및 주소와 청산인의 대표권을 제한한 때에는 그 제한을 주된 사무소 및 분사무소 소재지에서 등기하여야 한다.
② (X) : 파산관재인의 직무이다.
③ (O), ④ (O), ⑤ (O) : 제87조【청산인의 직무】① 청산인의 직무는 다음과 같다. 1. 현존사무의 종결 2. 채권의 추심 및 채무의 변제 3. 잔여재산의 인도

정답 ②

139 법인의 당연해산사유에 해당하는 것은? (다툼이 있으면 판례에 따름) [20 세무사]

① 설립허가 조건을 위반한 경우
② 공익을 행하는 행위를 한 경우
③ 목적 외의 사업 수행을 한 경우
④ 주무관청 허가 없이 정관을 변경한 경우
⑤ 법인 설립 후 목적달성이 불능하게 된 경우

> **해설**

제77조 【해산사유】 ① 법인은 **존립기간의 만료, 법인의 목적의 달성 또는 달성의 불능 기타 정관에 정한 해산사유의 발생, 파산 또는 설립허가의 취소로 해산한다.**

정답 ⑤

140 법인의 청산에 관한 설명으로 옳지 않은 것은? (다툼이 있으면 판례에 따름) [20 세무사]

① 청산절차에 관한 규정은 강행규정이다.
② 청산법인이 청산 목적과 관계없이 한 행위는 특별한 사정이 없는 한 무효이다.
③ 청산인이 알고 있는 채권자에 대하여는 채권신고를 하지 않았더라도 청산에서 제외하지 못한다.
④ 재단법인의 정관에 잔여재산의 귀속권리자를 지정하지 아니하거나 이를 지정하는 방법을 정하지 아니한 경우, 이사 또는 청산인은 주무관청의 허가를 얻어 그 법인의 목적에 유사한 목적을 위하여 그 재산을 처분할 수 있다.
⑤ 청산사무가 종료되지 않았더라도 청산종결등기가 경료 되었다면 청산법인은 소멸한다.

> **해설**

① (○) : 청산에 관한 규정은 강행규정으로서 정관에서 달리 규정할 수 없다.
② (○) : 제81조 【청산법인】 해산한 법인은 청산의 목적범위 내에서만 권리가 있고 의무를 부담한다. 해산한 법인은 그 능력이 청산의 목적범위 내에 한정되며 목적범위 외의 행위는 무효가 된다.
③ (○) : 제89조 【채권신고의 최고】 청산인은 알고 있는 채권자에게 대하여는 각각 그 채권신고를 최고하여야 한다. 알고 있는 채권자는 청산으로부터 제외하지 못한다.
④ (○) : 제80조 【잔여재산의 귀속】 ① **해산한 법인의 재산은 정관으로 지정한 자에게 귀속한다.** ② 정관으로 귀속권리자를 지정하지 아니하거나 이를 지정하는 방법을 정하지 아니한 때에는 이사 또는 청산인은 주무관청의 허가를 얻어 그 법인의 목적에 유사한 목적을 위하여 그 재산을 처분할 수 있다. 그러나 **사단법인에 있어서는** 총회의 결의가 있어야 한다. ③ 전2항의 규정에 의하여 처분되지 아니한 재산은 국고에 귀속한다.
⑤ (×) : 청산종결의 등기가 종료한 후에도 청산사무가 종결되었다고 할 수 없는 경우에는 청산법인으로 계속 존속 한다(대판 1980.4.8, 79다2036).

정답 ⑤

141 청산인의 직무권한에 관한 설명으로 옳지 않은 것은? [21 세무사]

① 청산인은 변제기에 이르지 아니한 채권을 변제할 수 있다.
② 청산인은 청산법인의 대표기관이다.
③ 청산인은 취임한 날로부터 2월내에 3회 이상의 공고로 채권자에 대하여 2월 이상의 기간 내에 그 채권을 신고할 것을 최고하여야 한다.
④ 청산인이 알고 있는 채권자에 대해 각각 그 채권신고를 최고하였으나 채권신고가 없는 경우 청산인은 알고 있는 채권자를 청산에서 제외할 수 있다.
⑤ 법인이 해산한 때에는 파산의 경우를 제외하고 정관 또는 총회의 결의로 달리 정한 바가 없으면 이사가 청산인이 된다.

해설

① (O) : 제91조【채권변제의 특례】① 청산중의 법인은 변제기에 이르지 아니한 채권에 대하여도 변제할 수 있다.
② (O), ⑤ (O) : 제82조【청산인】법인이 해산한 때에는 파산의 경우를 제하고는 이사가 청산인이 된다. 그러나 정관 또는 총회의 결의로 달리 정한 바가 있으면 그에 의한다.
③ (O) : 제88조【채권신고의 공고】① 청산인은 취임한 날부터 2월내에 3회 이상의 공고로 채권자에 대하여 일정한 기간 내에 그 채권을 신고할 것을 최고하여야 한다. 그 기간은 2월 이상이어야 한다.
④ (X) : 제89조【채권신고의 최고】청산인은 알고 있는 채권자에게 대하여는 각각 그 채권신고를 최고하여야 한다. 알고 있는 채권자는 청산으로부터 제외하지 못한다.

정답 ④

142 민법상 법인의 해산 및 청산에 관한 설명으로 옳은 것은? (다툼이 있으면 판례에 따름) [21 세무사]

① 비법인사단인 교회의 교인이 존재하지 않는 경우 청산법인에 관한 민법규정이 유추적용된다.
② 법인의 목적달성이 불능한 경우에는 설립허가가 취소된 경우에 한하여 법인은 해산할 수 있다.
③ 청산사무가 종료되지 않았더라도 청산종결등기가 마쳐지면 청산법인은 소멸한다.
④ 청산 중에 법인의 채무초과상태가 분명하게 되어 청산인이 파산선고를 신청하면, 그 즉시 청산인의 임무는 종료된다.
⑤ 정관으로 이사 전원의 의결에 의하여 잔여재산을 처분하도록 하였으나 이를 등기하지 않은 경우, 그 정관을 위반한 잔여재산처분은 상대방이 이에 대해 선의라면 특별한 사정이 없는 한 유효하다.

해설

① (○) : [1] 비법인사단에 대하여는 사단법인에 관한 민법규정 중 법인격을 전제로 하는 것을 제외한 규정들을 유추적용 하여야 할 것이므로 비법인사단인 교회의 교인이 존재하지 않게 된 경우 그 교회는 해산하여 청산절차에 들어가서 청산의 목적범위 내에서 권리·의무의 주체가 되며, 이 경우 해산 당시 그 비법인사단의 총회에서 향후 업무를 수행할 자를 선정하였다면 민법 제82조 제1항을 유추하여 그 선임된 자가 청산인으로서 청산 중의 비법인사단을 대표하여 청산업무를 수행하게 된다. [2] 비법인사단인 교회의 교인들이 예배를 중단하고 다른 교회로 나가기로 결의한 후 교인 중 한 사람인 甲이 교회의 재산을 보관·관리하여 오다가 교회건물에 대하여 보상금이 책정된 경우, 위 교회의 보상금처리를 위한 청산업무를 수행할 자는 해산 당시 교인들에 의하여 묵시적인 방법으로 청산인으로 선임된 甲이라고 한 사례(대판 2003. 11. 14. 2001다32687).

② (×) : 제77조【해산사유】① 법인은 **존립기간의 만료, 법인의 목적의 달성 또는 달성의 불능 기타 정관에 정한 해산사유의 발생, 파산** 또는 **설립허가의 취소로 해산**한다. ② 사단법인은 **사원이 없게 되거나 총회의 결의로도 해산**한다.

③ (×) : 청산종결의 등기가 종료한 후에도 청산사무가 종결되었다고 할 수 없는 경우에는 청산법인으로 계속 존속 한다(대판 1980. 4. 8. 79다2036).

④ (×) : 제93조【청산중의 파산】① 청산 중 법인의 재산이 그 채무를 완제하기에 부족한 것이 분명하게 된 때에는 청산인은 지체 없이 파산선고를 신청하고 이를 공고하여야 한다. ② 청산인은 파산관재인에게 그 사무를 인계함으로써 그 임무가 종료한다. ③ 제88조제3항의 규정은 제1항의 공고에 준용한다.

⑤ (×) : 가. 민법 제80조 제1항과 제2항의 각 규정 내용을 대비하여 보면, 법인 해산시 잔여재산의 귀속권리자를 직접 지정하지 아니하고 사원총회나 이사회의 결의에 따라 이를 정하도록 하는 등 간접적으로 그 귀속권리자의 지정방법을 정해 놓은 정관 규정도 유효하다. 나. 민법상의 청산절차에 관한 규정은 모두 제3자의 이해관계에 중대한 영향을 미치기 때문에 이른바 강행규정이라고 해석되므로 이에 반하는 잔여재산의 처분행위는 특단의 사정이 없는 한 무효라고 보아야 한다. 다. 이사 전원의 의결에 의하여 잔여재산을 처분하도록 한 정관 규정은 성질상 등기하여야만 제3자에게 대항할 수 있는 청산인의 대표권에 관한 제한이라고 볼 수 없다(대판 1995. 2. 10. 94다13473). 따라서 그 정관을 위반한 잔여재산처분은 상대방이 선의, 악의를 불문하고 무효가 된다.

정답 ①

▪ **제5관 법인에 관한 그 밖의 규정들**

Ⅰ. 법인의 주소

Ⅱ. 정관의 변경

143 민법상 법인의 정관에 관한 설명으로 옳지 않은 것은? (다툼이 있으면 판례에 따름) [15 세무사]

① 사단법인의 정관의 법적 성질은 자치법규가 아닌 계약으로 보아야 한다.
② 사단법인의 정관의 변경은 정관에 달리 정함이 없다면 총사원 3분의 2 이상의 동의가 필요하다.
③ 재단법인의 정관은 원칙적으로 그 변경방법을 정관에 정한 때에 한하여 변경할 수 있다.
④ 법인의 정관을 변경할 때에는 주무관청의 허가를 얻어야만 그 효력이 있다.
⑤ 새로운 재산을 재단법인의 기본재산으로 편입하는 행위는 정관변경을 초래하므로 주무관청의 허가가 있어야 한다.

해설

① (X) : 사단법인의 정관은 법적 성질은 계약이 아니라 자치법규로 보므로(통설, 판례), 어느 시점의 사단법인의 사원들이 정관의 규범적인 의미내용과 다른 해석을 사원총회의 결의라는 방법으로 표명하였다고 하더라도 그 결의에 의한 해석은 그 사단법인의 구성원인 사원이나 법인을 구속할 수 없다(대판 2000.11.24. 98다12437).
② (O), ④ (O) : 제42조【사단법인의 정관의 변경】① 사단법인의 정관은 총사원 3분의 2이상의 동의가 있는때 에 한하여 이를 변경할 수 있다. 그러나 정수에 관하여 정관에 다른 규정이 있는 때에는 그 규정에 의한다. ② 정관의 변경은 주무관청의 허가를 얻지 아니하면 그 효력이 없다.
③ (O) : 제45조【재단법인의 정관변경】① 재단법인의 정관은 그 변경방법을 정관에 정한 때에 한하여 변경할 수 있다.
⑤ (O) : 재단법인의 기본재산 편입행위는 기부행위의 변경에 속하는 사항이므로 주무관청의 인가가 있어야 그 효력이 발생 한다(대판 1978.8.22. 78다1038·1039).

정답 ①

---

144 민법상 재단법인 설립 시 정관의 필요적 기재사항이 아닌 것은? [16 세무사]

① 목적
② 명칭
③ 해산사유
④ 자산에 관한 규정
⑤ 사무소의 소재지

해설

③ (×) : 제40조【사단법인의 정관】사단법인의 설립자는 다음 각호의 사항을 기재한 정관을 작성하여 기명날인하여야 한다. 1. 목적 2. 명칭 3. 사무소의 소재지 4. 자산에 관한 규정 5. 이사의 임면에 관한 규정 6. **사원자격의 득실에 관한 규정** 7. 존립시기나 해산사유를 정하는 때에는 그 시기 또는 사유, 제43조【재단법인의 정관】재단법인의 설립자는 일정한 재산을 출연하고 **제40조제1호 내지 제5호의 사항**을 기재한 정관을 작성하여 기명날인하여야 한다.

정답 ③

---

145 민법상 재단법인에 관한 설명으로 옳은 것은? [17 세무사]

① 재단법인은 정관 또는 총회의 결의를 통하여 반드시 감사를 두어야 한다.
② 재단법인이 목적을 달성할 수 없는 경우, 설립자나 이사는 주무관청의 허가를 얻어 설립 취지를 참작하여 그 목적 기타 정관의 규정을 변경할 수 있다.
③ 대표이사는 매년 1회 이상 사원총회를 소집하여야 한다.
④ 재단법인의 존립시기와 해산사유는 정관에 반드시 기재되어야 하는 사항이다.
⑤ 유언으로 재단법인을 설립하는 행위는 특별한 방식이 요구되지 않는 불요식행위이다.

해설

① (×) : 제66조【감사】법인은 정관 또는 총회의 결의로 감사를 둘 수 있다.
② (○) : 제46조【재단법인의 목적 기타의 변경】**재단법인의 목적을 달성할 수 없는 때**에는 설립자나 이사는 주무관청의 허가를 얻어 설립의 취지를 참작하여 그 목적 기타 정관의 규정을 변경할 수 있다.
③ (×) : 재단법인은 사원총회가 존재하지 않는다.
④ (×) : 제40조【사단법인의 정관】사단법인의 설립자는 다음 각호의 사항을 기재한 정관을 작성하여 기명날인하여야 한다. 7. 존립시기나 해산사유를 정하는 때에는 그 시기 또는 사유, 제43조【재단법인의 정관】재단법인의 설립자는 일정한 재산을 출연하고 **제40조제1호 내지 제5호의 사항**을 기재한 정관을 작성하여 기명날인하여야 한다.
⑤ (×) : 제48조【출연재산의 귀속시기】② 유언으로 재단법인을 설립하는 때에는 출연재산은 유언의 효력이 발생한 때로부터 법인에 귀속한 것으로 본다. - 유언은 요식행위이다.

정답 ②

146 사단법인의 정관에 관한 설명으로 옳지 않은 것은? (다툼이 있으면 판례에 따름) [18 세무사]

① 자산에 관한 규정은 정관에 포함되어야 한다.
② 정관은 정관에 그 변경방법의 규정이 없어도 변경이 가능하다.
③ 정관의 변경은 주무관청의 허가를 얻어야 효력이 있다.
④ 정관의 법적 성질을 계약이 아니라 자치 법규이다.
⑤ 사원의 지위를 양도할 수 있다는 정관규정은 무효이다.

해설

① (O) : 제40조【사단법인의 정관】 사단법인의 설립자는 다음 각호의 사항을 기재한 정관을 작성하여 기명날인하여야 한다. 4. 자산에 관한 규정
② (O) : 제42조【사단법인의 정관의 변경】 ① 사단법인의 정관은 총사원 3분의 2이상의 동의가 있는 때에 한하여 이를 변경할 수 있다. 그러나 정수에 관하여 정관에 다른 규정이 있는 때에는 그 규정에 의한다. ② 정관의 변경은 주무관청의 허가를 얻지 아니하면 그 효력이 없다. 제45조【재단법인의 정관변경】 ① **재단법인의 정관은 그 변경방법을 정관에 정한 때에 한하여 변경할 수 있다.**
③ (O) : 제42조【사단법인의 정관의 변경】 ② 정관의 변경은 주무관청의 허가를 얻지 아니하면 그 효력이 없다.
④ (O) : 사단법인의 정관은 법적 성질은 계약이 아니라 자치법규로 보므로(통설, 판례), 어느 시점의 사단법인의 사원들이 정관의 규범적인 의미내용과 다른 해석을 사원총회의 결의라는 방법으로 표명하였다고 하더라도 그 결의에 의한 해석은 그 사단법인의 구성원인 사원이나 법인을 구속할 수 없다(대판 2000.11.24, 98다12437).
⑤ (X) : "사단법인의 사원의 지위는 양도 또는 상속할 수 없다"고 한 **민법 제56조의 규정은 강행규정은 아니라고 할 것이므로**, 정관에 의하여 이를 인정하고 있을 때에는 양도·상속이 허용 된다(대판 1992.4.14, 91다26850). **민법 제56조의 규정은 임의규정이며, 조합원의 사망을 조합원의 당연탈퇴 사유로 규정한 제717조 1호의 규정도 임의규정으로 해석된다.**

정답 ⑤

147 민법상 법인의 정관에 관한 설명으로 옳은 것은? [18 감평]

① 사단법인의 정관변경은 법원의 허가를 얻지 않으면 그 효력이 없다.
② 사단법인에서 이사의 대표권에 대한 제한은 정관에 기재되지 않더라도 효력이 있다.
③ 재단법인 설립자는 정관에 그 존립 시기나 해산사유를 기재하고 기명날인하여야 한다.
④ 재단법인 설립자가 이사의 임면방법을 정하지 아니하고 사망한 경우, 이해관계인의 청구에 의하여 주무관청이 이를 정한다.
⑤ 재단법인의 재산보전을 위하여 적당한 때에는 정관에 변경방법이 없더라도 명칭 또는 사무소의 소재지를 변경할 수 있다.

> 해설

① (×) : 제45조【재단법인의 정관변경】③ 제42조제2항의 규정은 전2항의 경우에 준용한다. 제42조【사단법인의 정관의 변경】② 정관의 변경은 주무관청의 허가를 얻지 아니하면 그 효력이 없다.

② (×) : 제41조【이사의 대표권에 대한 제한】이사의 대표권에 대한 제한은 이를 정관에 기재하지 아니하면 그 효력이 없다.

③ (×) : 제43조【재단법인의 정관】재단법인의 설립자는 일정한 재산을 출연하고 제40조제1호 내지 제5호의 사항을 기재한 정관을 작성하여 기명날인하여야 한다. 제40조【사단법인의 정관】사단법인의 설립자는 다음 각호의 사항을 기재한 정관을 작성하여 기명날인하여야 한다. 7. 존립시기나 해산사유를 정하는 때에는 그 시기 또는 사유

④ (×) : 제44조【재단법인의 정관의 보충】재단법인의 설립자가 그 명칭, 사무소 소재지 또는 이사 임면의 방법을 정하지 아니하고 사망한 때에는 이해관계인 또는 검사의 청구에 의하여 법원이 이를 정한다.

⑤ (O) : 제45조【재단법인의 정관변경】① 재단법인의 정관은 그 변경방법을 정관에 정한 때에 한하여 변경할 수 있다. ② 재단법인의 목적달성 또는 그 재산의 보전을 위하여 적당한 때에는 전항의 규정에 불구하고 명칭 또는 사무소의 소재지를 변경할 수 있다.

정답 ⑤

148 재단법인에 관한 설명으로 옳지 않은 것은? [18 세무사]

① 설립자는 일정한 재산을 출연하고 법률에서 정한 사항을 기재한 정관을 작성하여 기명날인하여야 한다.
② 설립자가 사무소 소재지를 정하지 않고 사망한 경우 이해관계인의 청구가 있더라도 법원이 이를 정할 수 없다.
③ 설립자가 생전처분으로 재단법인을 설립하는 경우 증여에 관한 규정이 준용된다.
④ 재단법인의 등기사항 중 변경사항이 있는 경우 3주간 내에 변경등기를 하여야 한다.
⑤ 사업연도를 정한 재단법인은 성립한 때 및 그 연도 말에 재산목록을 작성하여야 한다.

> 해설

① (O) : 제43조【재단법인의 정관】재단법인의 설립자는 일정한 재산을 출연하고 **제40조 제1호 내지 제5호의 사항**을 기재한 정관을 작성하여 기명날인하여야 한다.

② (×) : 제44조【재단법인의 정관의 보충】재단법인의 설립자가 그 명칭, 사무소 소재지 또는 이사 임면의 방법을 정하지 아니하고 사망한 때에는 이해관계인 또는 검사의 청구에 의하여 **법원이** 이를 정한다.

③ (O) : 제47조【증여, 유증에 관한 규정의 준용】① 생전처분으로 재단법인을 설립하는 때에는 증여에 관한 규정을 준용한다.

④ (O) : 제52조【변경등기】제49조 제2항의 사항 중에 변경이 있는 때에는 3주간 내에 변경등기를 하여야 한다.
⑤ (O) : 제55조【재산목록과 사원명부】① 법인은 성립한 때 및 매년 3월내에 재산목록을 작성하여 사무소에 비치하여야 한다. 사업연도를 정한 법인은 성립한 때 및 그 연도 말에 이를 작성하여야 한다.

정답 ②

149 법인의 정관변경에 관한 설명으로 옳지 않은 것은? [19 세무사]

① 사단법인은 정관에 다른 규정이 없는 한 총 사원 3분의 2 이상의 동의로 정관을 변경할 수 있다.
② 사단법인의 정관변경을 주무관청의 허가를 얻어야 효력이 있다.
③ 재단법인의 정관은 그 변경방법을 정관에 정하지 않았더라도 언제든지 이사회 전원의 결의를 통하여 변경할 수 있다.
④ 재단법인의 정관변경은 주무관청의 허가를 얻어야 효력이 있다.
⑤ 임의적 기재사항도 정관에 기재된 이상 그것을 변경할 때에는 정관변경절차를 거쳐야 한다.

해설

① (O) : 제42조【사단법인의 정관의 변경】① 사단법인의 정관은 총사원 3분의 2이상의 동의가 있는 때에 한하여 이를 변경할 수 있다. 그러나 정수에 관하여 정관에 다른 규정이 있는 때에는 그 규정에 의한다.
② (O) : 제42조【사단법인의 정관의 변경】② 정관의 변경은 주무관청의 허가를 얻지 아니하면 그 효력이 없다.
③ (X) : 제45조【재단법인의 정관변경】① 재단법인의 정관은 그 변경방법을 정관에 정한 때에 한하여 변경할 수 있다.
④ (O) : 제45조【재단법인의 정관변경】③ 제42조제2항의 규정은 전2항의 경우에 준용한다. 제42조【사단법인의 정관의 변경】② 정관의 변경은 주무관청의 허가를 얻지 아니하면 그 효력이 없다.
⑤ (O) : 정관 기재사항이므로, 정관변경 절차를 거쳐야 한다.

정답 ③

150 법인의 정관과 그 변경에 관한 설명으로 옳지 않은 것은? (다툼이 있으면 판례에 따름)

[20 세무사]

① 재단법인의 설립자가 그 명칭을 정하지 아니하고 사망한 경우에도 법인 성립이 가능하다.
② 재단법인의 기본재산 처분을 위한 매매계약 성립 후 주무관청의 사후허가가 있더라도 그 계약은 무효하다.
③ 재단법인의 설립자는 법인의 목적을 달성 할 수 없는 경우, 주무관청의 허가를 얻어 목적 기타 정관의 규정을 변경할 수 있다.
④ 사단법인은 정관으로 총 사원 2분의 1 이상의 동의에 의한 사원총회 결의로 정관변경이 가능하도록 정할 수 있다.
⑤ 사단법인과 재단법인 모두 정관변경 시 주무관청의 허가를 받아야 효력이 있다.

해설

① (○) : 제44조【재단법인의 정관의 보충】재단법인의 설립자가 그 명칭, 사무소 소재지 또는 이사 임면의 방법을 정하지 아니하고 사망한 때에는 이해관계인 또는 검사의 청구에 의하여 **법원이** 이를 정한다.
② (✕) : 재단법인의 정관에는 자산에 관한 규정을 기재하여야 하므로 재단법인의 기본재산의 처분은 결국 정관의 변경을 초래하게 되어 주무관청의 허가를 얻지 못하면 그 효력이 발생하지 않는 것이지만, 그 후 재단법인이 그 기본재산을 보통재산으로 변경하는 정관변경에 대하여 주무관청으로부터 허가를 받은 다음 그 재산의 처분행위를 추인하였다면 종전의 처분행위는 추인한 때로부터 유효하게 된다(대판 2006.3.23, 2005다66534).
③ (○) : 제46조【재단법인의 목적 기타의 변경】**재단법인의 목적을 달성할 수 없는 때**에는 설립자나 이사는 주무관청의 허가를 얻어 설립의 취지를 참작하여 그 목적 기타 정관의 규정을 변경할 수 있다.
④ (○) : 제42조【사단법인의 정관의 변경】① 사단법인의 정관은 총사원 3분의 2이상의 동의가 있는 때에 한하여 이를 변경할 수 있다. 그러나 정수에 관하여 정관에 다른 규정이 있는 때에는 그 규정에 의한다.
⑤ (○) : 제42조【사단법인의 정관의 변경】② 정관의 변경은 주무관청의 허가를 얻지 아니하면 그 효력이 없다. 제45조【재단법인의 정관변경】③ **제42조제2항의 규정은 전2항의 경우에 준용**한다.

정답 ②

151 민법상 법인에 관한 설명으로 옳은 것은? (다툼이 있으면 판례에 따름) [20 노무 변형]

① 사단법인 정관의 법적 성질은 자치법규이다.
② 청산종결등기가 행해졌다면 청산사무가 아직 남아있다 하더라도 그 법인의 권리능력은 소멸된다.
③ 대표이사의 불법행위가 법인의 불법행위로 되는 경우에 대표이사는 자기의 불법행위 책임을 면한다.

④ 법인의 대표권을 가진 자가 하는 법률행위는 성립 상 효과만 법인에게 귀속할 뿐 그 위반의 효과인 채무불이행까지 법인에 귀속하는 것은 아니다.
⑤ 사단법인 사원의 지위는 정관에 의하여도 상속할 수 없다.
⑥ 민법상 재단법인의 기본재산에 관한 저당권 설정행위는 특별한 사정이 없는 한 정관의 기재사항을 변경하여야 하는 경우에 해당하므로, 그에 관하여는 주무관청의 허가를 얻을 필요가 있다.
⑦ 민법상 재단법인의 정관에 기본재산은 담보설정 등을 할 수 없으나 주무관청의 허가·승인을 받은 경우에는 이를 할 수 있다는 취지로 정해져 있고, 정관 규정에 따라 주무관청의 허가·승인을 받아 민법상 재단법인의 기본재산에 관하여 근저당권을 설정한 경우라고 하여도, 그와 같이 설정된 근저당권을 실행하여 기본재산을 매각할 때에는 주무관청의 허가를 다시 받아야 한다.

해설

① (O) : 사단법인의 정관은 법적 성질은 계약이 아니라 자치법규로 보므로(통설, 판례), 어느 시점의 사단법인의 사원들이 정관의 규범적인 의미내용과 다른 해석을 사원총회의 결의라는 방법으로 표명하였다고 하더라도 그 결의에 의한 해석은 그 사단법인의 구성원인 사원이나 법인을 구속할 수 없다(대판 2000.11.24. 98다12437).

② (X) : 청산종결의 등기가 종료한 후에도 청산사무가 종결되었다고 할 수 없는 경우에는 청산법인으로 계속 존속 한다(대판 1980.04.08. 79다2036).

③ (X) : 제35조【법인의 불법행위능력】① 법인은 이사 기타 대표자가 그 직무에 관하여 타인에게 가한 손해를 배상할 책임이 있다. 이사 기타 대표자는 이로 인하여 자기의 손해배상책임을 면하지 못한다.

④ (X) : 적법한 대표권을 가진 자와 맺은 법률행위의 효과는 대표자 개인이 아니라 본인인 법인에게 귀속하고, 마찬가지로 그러한 법률행위상의 의무를 위반하여 발생한 채무불이행으로 인한 손해배상책임도 대표기관 개인이 아닌 법인만이 책임의 귀속주체가 되는 것이 원칙이다(대판 2019. 5. 30. 2017다53265).

⑤ (X) : "사단법인의 사원의 지위는 양도 또는 상속할 수 없다"고 한 **민법 제56조의 규정은 강행규정은 아니라고 할 것이므로**, 정관에 의하여 이를 인정하고 있을 때에는 양도·상속이 허용 된다(대판 1992.4.14. 91다26850).

⑥ (X) : [1] 민법 제32조, 제40조 제4호, 제42조 제2항, 제43조, 제45조 제3항, 제1항에 의하면, 재단법인은 정관에 재단법인의 자산에 관한 규정을 두어야 하고, 재단법인의 설립과 정관의 변경에는 주무관청의 허가를 얻어야 한다. 따라서 주무관청의 허가를 얻은 정관에 기재된 기본재산의 처분행위로 인하여 재단법인의 정관 기재사항을 변경하여야 하는 경우에는, 그에 관하여 주무관청의 허가를 얻어야 한다. 이는 재단법인의 기본재산에 대하여 강제집행을 실시하는 경우에도 동일하나, 주무관청의 허가는 반드시 사전에 얻어야 하는 것은 아니므로, 재단법인의 정관변경에 대한 주무관청의 허가는, 경매개시요건은 아니고, 경락인의 소유권취득에 관한 요건이다. 그러므로 집행법원으로서는 그 허가를 얻어 제출할 것을 특별매각조건으로 경매절차를 진행하고, 매각허가결정 시까지 이를 제출하지 못하면 매각불허가결정을 하면 된다. [2] 민법상 재단법인의 기본재산에 관한 저당

권 설정행위는 특별한 사정이 없는 한 정관의 기재사항을 변경하여야 하는 경우에 해당하지 않으므로, 그에 관하여는 주무관청의 허가를 얻을 필요가 없다(대결 2018. 7. 20. 자 2017마1565).

⑦ (✕) : 민법상 재단법인의 정관에 기본재산은 담보설정 등을 할 수 없으나 주무관청의 허가·승인을 받은 경우에는 이를 할 수 있다는 취지로 정해져 있고, 정관 규정에 따라 주무관청의 허가·승인을 받아 민법상 재단법인의 기본재산에 관하여 근저당권을 설정한 경우, 그와 같이 설정된 근저당권을 실행하여 기본재산을 매각할 때에는 주무관청의 허가를 다시 받을 필요는 없다(대결 2019. 2. 28. 자 2018마800).22)

정답 ①

152 법인에 관한 설명으로 옳지 않은 것은? (다툼이 있으면 판례에 따름) [21 감평]

① 사단법인 이사의 대표권 제한은 이를 등기하지 않으면 악의의 제3자에게도 대항하지 못한다.
② 재단법인의 정관변경은 그 변경방법을 정관에서 정한 때에도 주무관청의 허가를 얻지 않으면 그 효력이 없다.
③ 재단법인의 기본재산에 관한 근저당권 설정행위는 특별한 사정이 없는 한 주무관청의 허가를 얻을 필요가 없다.
④ 재단법인의 기본재산 변경 시, 그로 인하여 기본재산이 새로이 편입되는 경우에는 주무관청의 허가를 얻을 필요가 없다.
⑤ 법인에 대한 청산종결등기가 경료 된 경우에도 청산사무가 종결되지 않는 한 그 범위 내에서는 청산법인으로서 존속한다.

해설

① (O) : 법인의 정관에 법인 대표권의 제한에 관한 규정이 있으나 그와 같은 취지가 등기되어 있지 않다면 법인은 그와 같은 정관의 규정에 대하여 선의냐 악의냐에 관계없이 제3자에 대하여 대항할 수 없다(대판 1992. 2. 14. 91다24564, 무제한설).

② (O) : 기본재산의 변경은 곧 정관의 변경이 되므로 정관을 변경하여 주무관청의 허가를 얻지 아니하면 그 효력이 없는 것이고, 정관변경의 절차와 주무관청의 허가를 얻으면 처분이 가능하며, 기본재산이 아닌 재산의 매각은 정관변경을 초래하지 않으므로 주무관청의 허가를 요하지 않는다(대판 1967.12.19. 67다1337).

③ (O) : 민법상 재단법인의 기본재산에 관한 저당권 설정행위는 특별한 사정이 없는 한 정관의 기재사항을 변경하여야 하는 경우에 해당하지 않으므로, 그에 관하여는 주무관청의 허가를 얻을 필요가 없다23)(대결 2018. 7. 20. 자 2017마1565).

---

22) ☞ 민법상 재단법인인 재항고인이 건물을 신축하기 위한 자금 조달 목적으로 주무관청의 허가를 받아 기본재산에 근저당권을 설정하였는데, 근저당권의 실행으로 기본재산이 경매절차에서 매각되자 재항고인이 주무관청의 매각허가가 없었다는 이유를 들어 매각허가결정에 대하여 재항고한 사안에서, 근저당권 설정 당시 정관 규정에 따라 이미 주무관청의 허가·승인을 받았다면 근저당권의 실행으로 재단법인의 기본재산을 매각할 때에는 주무관청의 허가를 다시 받을 필요가 없다는 이유로 재항고를 기각하여 매각허가결정이 적법하다고 판단한 사례

④ (×) : 재단법인의 기본재산 편입행위는 기부행위의 변경에 속하는 사항이므로 주무관청의 인가가 있어야 그 효력이 발생 한다(대판 1978.8.22, 78다1038·1039).
⑤ (○) : 청산종결의 등기가 종료한 후에도 청산사무가 종결되었다고 할 수 없는 경우에는 청산법인으로 계속 존속 한다(대판 1980.4.8, 79다2036).

정답 ④

153 재단법인에 관한 설명으로 옳지 않은 것은? (다툼이 있으면 판례에 따름) [21 세무사]
① 설립자가 정관에 그 변경방법을 정한 때는 그 방법에 따라 정관을 변경할 수 있다.
② 재단법인의 재산의 보전을 위하여 적당한 때에는 사무소의 소재지를 변경할 수 있다.
③ 재단법인의 기본재산에 새로운 재산을 편입하는 행위는 주무장관의 허가가 필요하다.
④ 재단법인의 설립자가 이사 임면의 방법을 정하지 않고 사망한 때는 이해관계인 또는 검사의 청구에 의해 법원이 이를 정한다.
⑤ 재단법인의 목적을 달성할 수 없는 때 이사는 주무관청의 허가 없이 그 목적 기타 정관의 규정을 변경할 수 있다.

해설

① (○), ② (○) : 제45조【재단법인의 정관변경】① **재단법인의 정관은 그 변경방법을 정관에 정한 때에 한하여 변경할 수 있다.** ② 재단법인의 목적달성 또는 그 재산의 보전을 위하여 적당한 때에는 전항의 규정에 불구하고 명칭 또는 사무소의 소재지를 변경할 수 있다. ③ **제42조제2항의 규정은 전2항의 경우에 준용**한다.
③ (○) : 기본재산의 변경은 곧 정관의 변경이 되므로 정관을 변경하여 주무관청의 허가를 얻지 아니하면 그 효력이 없는 것이고, 정관변경의 절차와 주무관청의 허가를 얻으면 처분이 가능하며, 기본재산이 아닌 재산의 매각은 정관변경을 초래하지 않으므로 주무관청의 허가를 요하지 않는다(대판 1967.12.19, 67다1337).
④ (○) : 제44조【재단법인의 정관의 보충】재단법인의 설립자가 그 명칭, 사무소 소재지 또는 이사 임면의 방법을 정하지 아니하고 사망한 때에는 이해관계인 또는 검사의 청구에 의하여 **법원이** 이를 정한다.
⑤ (×) : 제46조【재단법인의 목적 기타의 변경】**재단법인의 목적을 달성할 수 없는 때**에는 설립자나 이사는 주무관청의 허가를 얻어 설립의 취지를 참작하여 그 목적 기타 정관의 규정을 변경할 수 있다.

정답 ⑤

23) 민법 제32조, 제40조 제4호, 제42조 제2항, 제43조, 제45조 제3항, 제1항에 의하면, 재단법인은 정관에 재단법인의 자산에 관한 규정을 두어야 하고, 재단법인의 설립과 정관의 변경에는 주무관청의 허가를 얻어야 한다. 따라서 주무관청의 허가를 얻은 정관에 기재된 기본재산의 처분행위로 인하여 재단법인의 정관 기재사항을 변경하여야 하는 경우에는, 그에 관하여 주무관청의 허가를 얻어야 한다. 이는 재단법인의 기본재산에 대하여 강제집행을 실시하는 경우에도 동일하나, 주무관청의 허가는 반드시 사전에 얻어야 하는 것은 아니므로, 재단법인의 정관변경에 대한 주무관청의 허가는, 경매개시요건은 아니고, 경락인의 소유권취득에 관한 요건이다. 그러므로 집행법원으로서는 그 허가를 얻어 제출할 것을 특별매각조건으로 경매절차를 진행하고, 매각허가결정 시까지 이를 제출하지 못하면 매각불허가결정을 하면 된다.

Ⅲ. 법인의 등기
Ⅳ. 법인의 감독과 벌칙

■ 제6관 권리능력 없는 사단 및 재단

154 비법인사단에 관한 설명으로 옳지 않은 것은? (다툼이 있으면 판례에 따름) [20 노무]

① 비법인사단의 대표자로부터 포괄적 위임을 받은 수임인의 대행행위는 비법인사단에 효력을 미치지 않는다.
② 비법인사단 대표자의 대표권이 정관으로 제한된 경우, 비법인사단은 그 등기가 없더라도 그 거래상대방이 악의라면 이로써 대항할 수 있다.
③ 법인의 불법행위책임에 관한 민법 제35조 제1항은 비법인사단에 유추적용 된다.
④ 비법인사단의 구성원들이 집단으로 탈퇴하면 2개의 비법인사단으로 분열되고, 이 때 각 비법인사단은 종전의 재산을 구성원 수의 비율로 총유 한다.
⑤ 사원총회 결의를 거치지 않아 무효가 되는 비법인사단 대표자의 총유물 처분행위에 대해서는 '권한을 넘은 표현대리'의 법리가 적용되지 않는다.

해설

① **(O)** : 비법인사단에 대하여는 사단법인에 관한 민법 규정 가운데 법인격을 전제로 하는 것을 제외하고는 이를 유추적용 하여야 하는데, 민법 제62조에 비추어 보면 비법인사단의 대표자는 정관 또는 총회의 결의로 금지하지 아니한 사항에 한하여 타인으로 하여금 특정한 행위를 대리하게 할 수 있을 뿐 비법인사단의 제반 업무처리를 포괄적으로 위임할 수는 없으므로 비법인사단 대표자가 행한 타인에 대한 업무의 포괄적 위임과 그에 따른 포괄적 수임인의 대행행위는 민법 제62조를 위반한 것이어서 비법인사단에 대하여 그 효력이 미치지 않는다(대판 1996. 9. 6. 94다18522).

② **(O)** : **비법인사단의 경우에는 대표자의 대표권 제한에 관하여 등기할 방법이 없어 민법 제60조의 규정을 준용할 수 없고**, 비법인사단의 대표자가 정관에서 사원총회의 결의를 거쳐야 하도록 규정한 대외적 거래행위에 관하여 이를 거치지 아니한 경우라도, 이와 같은 사원총회 결의사항은 비법인사단의 내부적 의사결정에 불과하다 할 것이므로, <u>그 거래 상대방이 그와 같은 대표권 제한 사실을 알았거나 알 수 있었을 경우가 아니라면 그 거래행위는 유효하다고 봄이 상당하고, 이 경우 거래의 상대방이 대표권 제한 사실을 알았거나 알 수 있었음은 이를 주장하는 비법인사단 측이 주장·입증하여야 한다</u>(대판 2003.7.22. 2002다64780).

③ **(O)** : 주택조합과 같은 비법인사단의 대표자가 직무에 관하여 타인에게 손해를 가한 경우 그 사단은 민법 제35조 제1항의 유추적용에 의하여 그 손해를 배상할 책임이 있으며, 비법인사단의 대표자의 행위가 대표자 개인의 사리를 도모하기 위한 것이었거나 혹은 법령의 규정에 위배된 것이었다 하더라도 외관상, 객관적으로 직무에 관한 행위라고 인정할 수 있는 것이라면 민법 제35조 제1항의 직무에 관한 행위에 해당한다(대판 2003. 7. 25. 2002다27088).

④ (×) : 우리 민법이 사단법인에 있어서 구성원의 탈퇴나 해산은 인정하지만 사단법인의 구성원들이 2개의 법인으로 나뉘어 각각 독립한 법인으로 존속하면서 종전 사단법인에게 귀속되었던 재산을 소유하는 방식의 사단법인의 분열은 인정하지 아니한다. 그 법리는 법인 아닌 사단에 대하여도 동일하게 적용되며, 법인 아닌 사단의 구성원들의 집단적 탈퇴로써 사단이 2개로 분열되고 분열되기 전 사단의 재산이 분열된 각 사단들의 구성원들에게 각각 총유적으로 귀속되는 결과를 초래하는 형태의 법인 아닌 사단의 분열은 허용되지 않는다(대판[전합] 2006.04.20. 2004다37775).

⑤ (○) : 비법인사단인 교회의 대표자는 총유물인 교회 재산의 처분에 관하여 교인총회의 결의를 거치지 아니하고는 이를 대표하여 행할 권한이 없다. 그리고 교회의 대표자가 권한 없이 행한 교회 재산의 처분행위에 대하여는 민법 제126조의 표현대리에 관한 규정이 준용되지 아니한다(대판 2009. 2. 12. 2006다23312).

정답 ④

155 법인 아닌 사단에 관한 설명으로 옳지 않은 것은? (다툼이 있으면 판례에 따름) [15 세무사]

① 아파트입주자 대표회의는 법인 아닌 사단에 해당한다.
② 법인 아닌 사단 명의로도 부동산 등기를 할 수 있다.
③ 법인 아닌 사단은 소송에서 원고 또는 피고가 될 수 있다.
④ 법인 아닌 사단의 사원이 집합체로서 물건을 소유할 때에는 총유로 한다.
⑤ 법인 아닌 사단의 사원이 갖는 사용·수익권은 정관 기타 규약으로 제한할 수 없다.

해설

① (○) : 공동주택의 입주자대표회의는 법인 아닌 사단으로 보아야 한다(대판 1991.4.23. 91다4478 ; 대판 2007.1.26. 2002다73333 등).
② (○) : 부동산등기법 제30조 제1항
③ (○) : 민사소송법 제52조
④ (○) : 제275조【물건의 총유】① 법인이 아닌 사단의 사원이 집합체로서 물건을 소유할 때에는 총유로 한다.
⑤ (×) : 제276조【총유물의 관리, 처분과 사용, 수익】① 총유물의 관리 및 처분은 사원총회의 결의에 의한다. ② 각사원은 정관 기타의 규약에 좇아 총유물을 사용, 수익할 수 있다.

정답 ⑤

156 법인 아닌 사단의 대표자가 특별한 사정이 없는 한 사원총회의 결의를 거쳐야 하는 것은? (다툼이 있으면 판례에 따름) [15 세무사]

① 법인 아닌 사단의 세무업무 처리를 위해 세무사에게 지급하기로 한 보수 약정
② 타인간의 금전채무를 보증하는 행위
③ 총유재산을 보존하기 위하여 제기하는 소송행위
④ 총유재산에 대한 사용・수익
⑤ 법인 아닌 사단의 창고를 짓기 위한 설계용역계약의 체결

해설

① (×) : 종중이 그 소유 토지의 매매를 중개한 중개업자에게 중개수수료를 지급하기로 하는 약정을 체결하는 행위는 관리・처분행위에 해당하지 않는다(대판 2012.4.12. 2011다107900).

② (×) : 민법 제275조, 제276조 제1항에서 말하는 총유물의 관리 및 처분이라 함은 총유물 그 자체에 관한 이용・개량행위나 법률적・사실적 처분행위를 의미하는 것이므로, 비법인사단이 타인 간의 금전채무를 보증하는 행위는 총유물 그 자체의 관리・처분이 따르지 아니하는 단순한 채무부담행위에 불과하여 이를 총유물의 관리・처분행위라고 볼 수는 없다. 따라서 비법인사단인 재건축조합의 조합장이 채무보증계약을 체결하면서 조합규약에서 정한 조합 임원회의 결의를 거치지 아니하였다거나 조합원총회 결의를 거치지 않았다고 하더라도 그것만으로 바로 그 보증계약이 무효라고 할 수는 없다. 다만, 이와 같은 경우에 조합 임원회의 결의 등을 거치도록 한 조합규약은 조합장의 대표권을 제한하는 규정에 해당하는 것이므로, 거래 상대방이 그와 같은 대표권 제한 및 그 위반사실을 알았거나 과실로 인하여 이를 알지 못한 때에는 그 거래행위가 무효로 된다고 봄이 상당하며, 이 경우 그 거래 상대방이 대표권 제한 및 그 위반 사실을 알았거나 알지 못한 데에 과실이 있다는 사정은 그 거래의 무효를 주장하는 측이 이를 주장・입증하여야 한다(대판[전합] 2007.4.19. 2004다60072・60089).

③ (O) : 각 사원이 총유물에 관한 보존행위를 단독으로 할 수 있는가에 관해서는 민법에 규정이 없다. 과거의 판례는 각 사원이 총회의 결의를 얻어 단독으로 보존행위를 할 수 있다고 하였으나, 최근의 판례는 "법인 아닌 사단이 그 명의로 사원총회의 결의를 거쳐서 하거나 또는 그 구성원 전원이 당사자가 되어 필수적 공동소송의 형태로 할 수 있을 뿐 그 사단의 구성원은 설령 그가 사단의 대표자이거나 사원총회의 결의를 거쳤다 하더라도 보존행위를 할 수 없다(대판[전합] 2005.9.15. 2004다44971)."고 하고 있다.

④ (×) : 제276조【총유물의 관리, 처분과 사용, 수익】① 총유물의 관리 및 처분은 사원총회의 결의에 의한다. ② 각사원은 정관 기타의 규약에 좇아 총유물을 사용, 수익할 수 있다.

⑤ (×) : 주택건설촉진법에 의하여 설립된 재건축조합이 재건축사업의 시행을 위하여 설계용역계약을 체결하는 행위는 관리・처분행위에 해당하지 않는다(대판 2003. 7. 22. 2002다64780).

정답 ③

157 비법인사단 및 재단에 관한 설명으로 옳지 않은 것은? (다툼이 있으면 판례에 따름) [15 감평]

① 비법인사단의 대표자가 총유물의 관리·처분과 무관한 대외적 거래행위에 관하여 사원총회 의 결의를 거치도록 한 정관 규정에 위반하여 그러한 거래행위를 한 경우, 상대방이 그와 같은 대표권 제한 사실을 알 수 없었다면 그 거래행위는 유효하다.
② 규약에 달리 정한 바가 없으면, 종중이 그 명의로 총유재산에 대한 보존행위로서 소송을 하기 위해서 종중총회의 결의를 거쳐야 하는 것은 아니다.
③ 비법인사단에 대하여는 법인격을 전제로 하는 것을 제외하고는 사단법인에 관한 민법규정을 유추적용 한다.
④ 매매계약에 의하여 부담하고 있는 채무의 존재를 인식하고 있다는 뜻을 표시함에 불과한 소멸시효 중단사유로서의 승인은 총유물의 관리·처분행위라고 볼 수 없다.
⑤ 비법인재단의 경우에도 대표자가 있는 때에는 재단명의로 그 재단에 속하는 부동산의 등기를 할 수 있다.

해설

① (O) : 비법인사단의 대표자가 대표권 제한에 관한 정관 등의 규정에 위반하여 대외적 거래를 한 경우에도 거래 상대방이 그와 같은 대표권 제한 사실을 알았거나 알 수 있었던 것이 아니라면 그 거래행위는 유효하고 거래 상대방이 대표권 제한 사실을 알았거나 알 수 있었음은 이를 주장하는 비법인사단 측이 주장·입증하여야 한다(대판 2008.10.23. 2006다2476).

② (X) : 민법 제276조 제1항은 "총유물의 관리 및 처분은 사원총회의 결의에 의한다.", 같은 조 제2항은 "각 사원은 정관 기타의 규약에 좇아 총유물을 사용·수익할 수 있다."라고 규정 하고 있을 뿐 공유나 합유의 경우처럼 보존행위는 그 구성원 각자가 할 수 있다는 민법 제 265조 단서 또는 제 272조 단서와 같은 규정을 두고 있지 아니한바, 이는 법인 아닌 사단의 소유형태인 총유가 공유나 합유에 비하여 단체성이 강하고 구성원 개인들의 총유재산에 대한 지분권이 인정되지 아니하는 데에서 나온 당연한 귀결이라고 할 것이므로 총유재산에 관한 소송은 법인 아닌 사단이 그 명의로 사원총회의 결의를 거쳐 하거나 또는 그 구성원 전원이 당사자가 되어 필수적 공동소송의 형태로 할 수 있을 뿐 그 사단의 구성원은 설령 그가 사단의 대표자라거나 사원총회의 결의를 거쳤다 하더라도 그 소송의 당사자가 될 수 없고, 이러한 법리는 총유재산의 보존행위로서 소를 제기하는 경우에도 마찬가지라 할 것이다(대판 전합 2005.9.15. 2004다44971).

③ (O) : 사단법인에 관한 민법규정 중 법인격을 전제로 하는 것을 제외한 규정들을 유추적용 하여야 할 것이다(대판 2003.11.14. 2001다32687).

④ (O) : [1] 비법인사단의 사원총회가 그 총유물에 관한 매매계약의 체결을 승인하는 결의를 하였다면, 통상 그러한 결의에는 그 매매계약의 체결에 따라 발생하는 채무의 부담과 이행을 승인하는 결의까지 포함되었다고 봄이 상당하므로, 비법인사단의 대표자가 그 채무에 대하여 소멸시효 중단의 효력이 있는 승인을 하거나 그 채무를 이행할 경우에는 특별한 사정이 없는 한 별도로 그에 대한 사원총회의 결의를 거칠 필요는 없다고 보아야 한다. [2] 비법인사단이 총유물에 관한 매매계약을 체결하는 행위는 총유물 그 자체의 처분이 따르는 채무부담행위로서 총유물의 처분행위에 해당하나, 그 매매계약에 의하여 부담하고 있는 채무의 존재를 인식하고 있다는 뜻을 표시하는 데 불과한 소멸시효 중단사유로서의 승인은 총유물 그 자체의 관리·처분이 따르는 행위가 아니어서 총유물

의 관리·처분행위라고 볼 수 없다. [3] 비법인사단의 대표자가 총유물의 매수인에게 소유권이전등기를 해주기 위하여 매수인과 함께 법무사 사무실을 방문한 행위가 소유권이전등기청구권의 소멸시효 중단의 효력이 있는 승인에 해당한다(대판 2009.11.26. 2009다64383).

⑤ (O) : 부동산등기법 제26조

정답 ②

158 민법상 비법인사단에 관한 설명으로 옳지 않은 것은? (다툼이 있으면 판례에 따름) [16 세무사]

① 비법인사단은 대표자가 있는 경우, 민사소송에서 그 사단의 이름으로 당사자가 될 수 있다.
② 비법인사단은 대표자가 있는 경우, 부동산등기에 관하여 등기권리자가 될 수 있다.
③ 비법인사단은 그 대표자가 직무에 관하여 타인에게 손해를 가한 경우에 불법행위책임을 진다.
④ 대표자는 대리인에게 비법인사단의 제반 업무처리를 포괄적으로 위임할 수 있다.
⑤ 비법인사단의 사원들은 정관이나 규약에 좇아 총유물을 사용·수익할 수 있다.

해설

① (O) : 민사소송법 제52조【법인이 아닌 사단 등의 당사자 능력】법인이 아닌 사단이나 재단은 대표자 또는 관리인이 있는 경우에는 그 사단이나 재단의 이름으로 당사자가 될 수 있다.
② (O) : 종중, 문중 기타 대표자나 관리인이 있는 법인 아닌 사단이나 재단에 속하는 부동산의 등기에 관하여서는 그 사단 또는 재단을 등기권리자 또는 등기의무자로 한다(부동산등기법 제30조 제1항).
③ (O) : 제35조【법인의 불법행위능력】① 법인은 이사 기타 대표자가 그 직무에 관하여 타인에게 가한 손해를 배상할 책임이 있다. 이사 기타 대표자는 이로 인하여 자기의 손해배상책임을 면하지 못한다.
④ (×) : 제62조【이사의 대리인 선임】이사는 정관 또는 총회의 결의로 금지하지 아니한 사항에 한하여 타인으로 하여금 <u>특정한 행위를 대리하게</u> 할 수 있다.
⑤ (O) : 비법인사단의 재산은 사원의 총유에 속한다(제275조). 그리고 소유권 이외의 재산권은 준총유가 된다(제278조). 따라서 각 사원은 지분권이나 총유물분할청구권이 없다(통설, 판례).

정답 ④

159 비법인사단에 관한 설명으로 옳지 않은 것은? (다툼이 있으면 판례에 따름) [17 감평]

① 사단법인의 하부조직이라도 스스로 단체로서의 실체를 갖추고 독자적인 활동을 하고 있다면 그 사단법인과는 별개의 독립된 비법인사단으로 볼 수 있다.
② 정관 기타 규약에 다른 정함이 없는 한, 사원총회의 결의를 거치지 않은 총유물의 관리행위는 무효이다.
③ 비법인사단의 대표자의 행위가 외관상·객관적으로 직무에 관한 행위로 인정될 수 있으면, 그의 행위가 직무에 관한 것이 아님을 피해자가 중대한 과실로 알지 못한 경우에도 비법인사단에게 손해배상책임을 물을 수 있다.
④ 소집절차에 하자가 있어 그 효력을 인정할 수 없는 종중총회의 결의라도 후에 적법하게 소집된 종중총회에서 이를 추인하면 처음부터 유효로 된다.
⑤ 재건축조합의 총회에서는 정관에 다른 정함이 없는 한 소집 1주간 전에 통지된 그 회의의 목적 사항에 관하여만 결의할 수 있다.

해설

① (O) : 사단법인의 하부조직의 하나라 하더라도 스스로 단체로서의 실체를 갖추고 독자적인 활동을 하고 있다면 사단법인과는 별개의 독립된 비법인사단으로 볼 수 있다(대판 2009.1.30. 2006다60908).
② (O) : 제276조【총유물의 관리, 처분과 사용, 수익】① 총유물의 관리 및 처분은 사원총회의 결의에 의한다. ② 각사원은 정관 기타의 규약에 좇아 총유물을 사용, 수익할 수 있다.
③ (X) : 법인의 대표자의 행위가 직무에 관한 행위에 해당하지 아니함을 피해자 자신이 알았거나 또는 중대한 과실로 인하여 알지 못한 경우에는 법인에게 손해배상책임을 물을 수 없다고 하여 보호가치 있는 상대방만 보호 한다(대판 2004.3.26, 2003다34045).
④ (O) : 소집절차에 하자가 있어 그 효력을 인정할 수 없는 종중총회의 결의라도 후에 적법하게 소집된 종중총회에서 이를 추인하면 처음부터 유효로 된다(대판 1995. 6. 16. 94다53563).
⑤ (O) : 법원의 소집허가에 의하여 개최된 종중임시총회에서는 법원의 소집허가결정 및 소집통지서에 기재된 회의 목적사항과 이에 관련된 사항에 관하여 결의할 수 있다(대판 1993.10.12, 92다50799).

정답 ③

160 민법상 법인 아닌 사단에 관한 설명으로 옳은 것은? (다툼이 있으면 판례에 따름) [17 세무사]

① 사단법인에 관한 민법 규정은 법인 아닌 사단에도 모두 유추 적용된다.
② 사원이 없게 되면 법인 아닌 사단은 청산절차를 거치지 않더라도 즉시 소멸한다.
③ 정관에 기재된 대표권 제한에 관하여 거래의 상대방이 알았거나 알 수 있었다면, 법인 아닌 사단은 대표권 제한 위반의 거래행위가 유효하지 않음을 주장할 수 있다.

④ 법인 아닌 사단의 구성원 일부가 집단적으로 사단을 탈퇴하였다면 기존의 법인 아닌 사단은 각각 두 개의 독립한 사단으로 분열되었다고 보아야 한다.
⑤ 종중(宗中) 재산의 관리 및 처분에 관하여 종중규약에서 규정하고 있지 않다면, 특별한 사정이 없는 한, 종중 대표가 단독으로 종중재산을 유효하게 처분할 수 있다.

해설

① (×), ③ (○) : 비법인사단의 경우에는 대표자의 대표권 제한에 관하여 등기할 방법이 없어 민법 제60조의 규정을 준용할 수 없고, 비법인사단의 대표자가 정관에서 사원총회의 결의를 거쳐야 하도록 규정한 대외적 거래행위에 관하여 이를 거치지 아니한 경우라도, 이와 같은 사원총회 결의사항은 비법인사단의 내부적 의사결정에 불과하다 할 것이므로, <u>그 거래 상대방이 그와 같은 대표권 제한 사실을 알았거나 알 수 있었을 경우가 아니라면 그 거래행위는 유효하다고 봄이 상당하고, 이 경우 거래의 상대방이 대표권 제한 사실을 알았거나 알 수 있었음은 이를 주장하는 비법인사단 측이 주장·입증하여야 한다</u>(대판 2003.7.22. 2002다64780).

② (×) : 제77조【해산사유】② 사단법인은 **사원이 없게 되거나 총회의 결의로도 해산**한다. 청산이란 해산된 법인이 잔무의 처리, 재산의 정리를 하고 완전히 소멸하기에 이르는 절차를 말한다. 따라서 청산 절차를 거쳐야 한다.

④ (×) : 우리 민법이 사단법인에 있어서 구성원의 탈퇴나 해산은 인정하지만 사단법인의 구성원들이 2개의 법인으로 나뉘어 각각 독립한 법인으로 존속하면서 종전 사단법인에게 귀속되었던 재산을 소유하는 방식의 사단법인의 분열은 인정하지 아니한다. 그 법리는 법인 아닌 사단에 대하여도 동일하게 적용되며, 법인 아닌 사단의 구성원들의 집단적 탈퇴로써 사단이 2개로 분열되고 분열되기 전 사단의 재산이 분열된 각 사단들의 구성원들에게 각각 총유적으로 귀속되는 결과를 초래하는 형태의 법인 아닌 사단의 분열은 허용되지 않는다(대판 2006.4.20. 2004다37775).

⑤ (×) : 제276조【총유물의 관리, 처분과 사용, 수익】① 총유물의 관리 및 처분은 사원총회의 결의에 의한다.

정답 ③

161 정관이 있는 비법인사단에 유추적용 할 수 없는 규정은? (다툼이 있으면 판례에 따름) [18 감평]

① 이사의 대표권에 대한 제한은 등기하지 아니하면 제3자에게 대항하지 못한다는 민법 제60조
② 법인은 법률의 규정에 좇아 정관으로 정한 목적의 범위 내에서 권리와 의무의 주체가 된다는 민법 제34조
③ 법인은 이사 기타 대표자가 그 직무에 관하여 타인에게 가한 손해를 배상할 책임이 있다는 민법 제35조 제1항
④ 사단 법인의 사무는 정관으로 이사 또는 기타 임원에게 위임한 사항 외에는 총회의 결의에 의하여야 한다는 민법 제68조
⑤ 이사는 정관 또는 총회의 결의로 금지하지 아니한 사항에 한하여 타인으로 하여금 특정한 행위를 대리하게 할 수 있다는 민법 제62조

> **해설**

비법인사단의 경우에는 대표자의 대표권 제한에 관하여 등기할 방법이 없어 민법 제60조의 규정을 준용할 수 없고, 비법인사단의 대표자가 정관에서 사원총회의 결의를 거쳐야 하도록 규정한 대외적 거래행위에 관하여 이를 거치지 아니한 경우라도, 이와 같은 사원총회 결의사항은 비법인사단의 내부적 의사결정에 불과하다 할 것이므로, <u>그 거래 상대방이 그와 같은 대표권 제한 사실을 알았거나 알 수 있었을 경우가 아니라면 그 거래행위는 유효하다고 봄이 상당하고, 이 경우 거래의 상대방이 대표권 제한 사실을 알았거나 알 수 있었음은 이를 주장하는 비법인사단 측이 주장·입증하여야 한다</u>(대판 2003.7.22. 2002다64780).

정답 ①

162 비법인사단에 관한 설명으로 옳지 않은 것은? (다툼이 있으면 판례에 따름)   [18 세무사]

① 비법인사단이 교회의 대표자가 교회를 위하여 취득한 권리의무는 교회에 귀속한다.
② 종중은 관리 중인 분묘를 훼손한 자에 대하여 불법행위책임을 물을 수 있다.
③ 부동산은 비법인사단의 명의로 등기할 수 있다.
④ 종중의 토지에 대한 수용보상금은 정관 기타 규약에 다른 규정이 없으면 종중총회의 결의 없이 분배가 가능하다.
⑤ 비법인사단의 각 사원은 정관 기타의 규약에 따라 총유물을 사용, 수익할 수 있다.

> **해설**

① (O) : 교회가 그 실체를 갖추어 법인 아닌 사단으로 성립한 경우에 교회의 대표자가 교회를 위하여 취득한 권리의무는 교회에 귀속하나, 교회가 아직 실체를 갖추지 못하여 법인 아닌 사단으로 성립하기 전에 설의 주체인 개인이 취득한 권리의무는 그것이 앞으로 성립할 교회를 위한 것이라 하더라도 바로 법인 아닌 사단인 교회에 귀속될 수는 없고, 또한 설립중의 회사의 개념과 법적 성격에 비추어, 법인 아닌 사단인 교회가 성립하기 전의 단계에서 설립중의 회사의 법리를 유추적용 할 수는 없다(대판 2008. 2. 28. 2007다37394,37400).

② (O) : 분묘의 수호 관리나 봉제사에 대하여 현실적으로 또는 관습상 호주상속인인 종손이 그 권리를 가지고 있다면 그 권리는 종손에게 전속하는 것이고 종손이 아닌 다른 후손이나 종중에서 관여할 수는 없다고 할 것이나, 공동선조의 후손들로 구성된 종중이 선조 분묘를 수호 관리하여 왔고, 타인에 의한 그 분묘 등의 훼손행위가 있었다면 종중은 불법행위를 원인으로 한 손해배상의 청구를 할 수 있다(대판 1992. 3. 13. 91다30491).

③ (O) : 종중(宗中), 문중(門中), 그 밖에 대표자나 관리인이 있는 법인 아닌 사단(社團)이나 재단(財團)에 속하는 부동산의 등기에 관하여는 그 사단이나 재단을 등기권리자 또는 등기의무자로 한다(부동산등기법 제26조).

④ (X) : 비법인사단인 종중의 토지에 대한 수용보상금은 종원의 총유에 속하고, 위 수용보상금의 분배는 총유물의 처분에 해당하므로 정관 기타 규약에 달리 정함이 없는 한 종중총회의 분배결의가 없으면 종원이 종중에 대하여 직접 분배청구를 할 수 없으나, 종중 토지에 대한 수용보상금을 종원

에게 분배하기로 결의하였다면, 그 분배대상자라고 주장하는 종원은 종중에 대하여 직접 분배금의 청구를 할 수 있다(대판 1994. 4. 26. 93다32446).
⑤ (O) : 제276조【총유물의 관리, 처분과 사용, 수익】② 각사원은 정관 기타의 규약에 좇아 총유물을 사용, 수익할 수 있다.

정답 ④

163 법인 아닌 사단에 관한 설명으로 옳지 않은 것은? (다툼이 있으면 판례에 따름) [19 감평]

① 법인 아닌 사단의 사원이 집합체로서 물건을 소유할 때에는 총유로 한다.
② 법인 아닌 사단이 타인간의 금전채무를 보증하는 행위는 총유물의 관리 및 처분행위라고 볼 수 없다.
③ 법인 아닌 사단의 총회 결의에 대해서는 민법상 사단법인에 대한 규정이 유추적용 될 수 있다.
④ 정관이나 규약에 정함이 없는 이상 사원총회의 결의를 거치지 않은 총유물의 관리 및 처분행위는 무효이다.
⑤ 법인 아닌 사단은 부동산 등기능력이 없다.

해설

① (O) : 제275조【물건의 총유】① 법인이 아닌 사단의 사원이 집합체로서 물건을 소유할 때에는 총유로 한다.
② (O) : 민법 제275조, 제276조 제1항에서 말하는 총유물의 관리 및 처분이라 함은 총유물 그 자체에 관한 이용·개량행위나 법률적·사실적 처분행위를 의미하는 것이므로, 비법인사단이 타인 간의 금전채무를 보증하는 행위는 총유물 그 자체의 관리·처분이 따르지 아니하는 단순한 채무부담행위에 불과하여 이를 총유물의 관리·처분행위라고 볼 수는 없다(대판[전합] 2007.4.19. 2004다60072·60089).
③ (O) : 우리 민법은 법인 아닌 사단의 법률관계에 관하여 재산의 소유 형태 및 관리 등을 규정하는 제275조 내지 제277조를 두고 있을 뿐이므로, 사단의 실체·성립, 사원자격의 득실, 대표의 방법, 총회의 운영, 해산사유와 같은 그 밖의 법률관계에 관하여는 민법의 법인에 관한 규정 중 법인격을 전제로 하는 조항을 제외한 나머지 조항이 원칙적으로 유추적용 된다(대판 1992. 10. 9. 92다23087).
④ (O) : 제276조【총유물의 관리, 처분과 사용, 수익】① 총유물의 관리 및 처분은 사원총회의 결의에 의한다.
⑤ (X) : 종중, 문중, 그 밖에 대표자나 관리인이 있는 법인 아닌 사단이나 재단에 속하는 부동산의 등기에 관하여는 그 사단이나 재단을 등기권리자 또는 등기의무자로 한다(부동산등기법 제26조).

정답 ⑤

164 비법인 사단인 종중에 관한 설명을 옳지 않은 것은? (다툼이 있으면 판례에 따름) [19 세무사]

① 종중원이 집합체로서 물건을 소유할 때에는 총유로 한다.
② 공동선조의 성과 본을 같이 하는 후손은 성별의 구별 없이 성년이 되면 당연히 종중의 구성원이 된다.
③ 종중은 관습상 당연히 성립하기 때문에 특별한 조직행위를 필요로 하지 않는다.
④ 종중은 종중원의 신분이나 지위를 박탈시킬 수 없으나 종중원은 종중을 탈퇴할 수 있다.
⑤ 종중총회의 소집통지의 방법은 구두 또는 전화로 하여도 되고 다른 종중원을 통하여도 할 수 있다.

해설

① (O) : 제275조【물건의 총유】① 법인이 아닌 사단의 사원이 집합체로서 물건을 소유할 때에는 총유로 한다.

② (O) : 성년남자만 종중의 구성원이 되는 기존의 관습법에 대한 **법적 확신이 흔들리고** 그러한 관습이 **헌법을 정점으로 하는 우리나라의 법질서에 맞지 않는다**는 이유로 **관습법이 효력을 상실하였다**고 판단하였다. 종중의 구성원에 관한 기존의 관습법이 효력을 상실하였으므로 구성원에 관한 기준은 존재하지 않게 되었고 따라서 조리에 따라야 한다. **조리에 따라 성인여자도 당연히 종중의 구성원**이 되어야 한다고 보았다(대판[숙심] 2005. 7. 21. 2002다1178).

③ (O) : 고유한 의미의 종중은 공동선조의 후손들에 의하여 선조의 분묘 수호와 봉제사 및 후손 상호 간의 친목 도모를 목적으로 형성되는 자연발생적인 친족단체로서 그 선조의 사망과 동시에 그 자손에 의하여 성립하는 것으로 그 대수(대수)에 제한이 없다(대판 2010. 4. 29. 2010다1166).

④ (X) : 고유의 의미의 종중의 경우에는 종중이 종중원의 자격을 박탈한다든지 종중원이 종중을 탈퇴할 수 없는 것이어서 공동선조의 후손들은 종중을 양분하는 것과 같은 종중분열을 할 수 없는 것이고, 따라서 한 개의 종중이 내분으로 인하여 사실상 2개로 분파된 상태에서 별도의 종중총회가 개최되어 종중대표자로 선임된 자는 그 분파의 대표자일 뿐 종중의 대표자로 볼 수는 없다(대판 1998. 2. 27. 97도1993).

⑤ (O) : 종중의 대표 자격이 있는 연고항존자가 직접 종회를 소집하지 아니하였다 하더라도 그가 다른 종중원의 종회 소집에 동의하여 그 종중원으로 하여금 소집케 하였다면 그와 같은 종회 소집을 권한 없는 자의 소집이라고 할 수 없고, 나아가 종중총회는 특별한 사정이 없는 한 족보에 의하여 소집통지 대상이 되는 종원의 범위를 확정한 후 국내에 거주하고 소재가 분명하여 통지가 가능한 종원에게 개별적으로 소집통지를 하되, 그 소집통지의 방법은 반드시 서면으로 하여야만 하는 것은 아니고 구두 또는 전화로 하거나 다른 종원이나 세대주를 통하여 하여도 무방하다(대판 2010. 12. 9. 2010다77583).

정답 ④

165 법인 아닌 사단에 관한 설명으로 옳은 것은? (다툼이 있으면 판례에 따름) [20 세무사]

① 종중총회가 종중의 토지에 대한 수용보상금을 종원에게 분배하기로 결의하였다면, 종원은 종중에 대하여 직접 분배금을 지급을 청구할 수 있다.
② 법인 아닌 사단의 구성원 개인이 사원총회의 결의를 거쳤다면 총유재산에 관한 소송의 당사자가 될 수 있다.
③ 교회의 구성원들이 각각 독립한 2개의 교회로 나뉘어 존속하면서 종전 교회에게 귀속되었던 재산을 소유하는 방식의 분열도 인정된다.
④ 종중총회의 소집통지는 반드시 서면으로 하여야 한다.
⑤ 단체로서의 실체를 갖추고 독자적인 활동을 하고 있더라도 사단법인의 하부조직은 사단법인과는 별개의 독립된 법인 아닌 사단으로 볼 수 없다.

해설

① (O) : 총유물인 종중 토지 매각대금의 분배는 정관 기타 규약에 달리 정함이 없는 한 종중총회의 결의에 의하여만 처분할 수 있고 이러한 분배결의가 없으면 종원이 종중에 대하여 직접 분배청구를 할 수 없다. 따라서 종중 토지 매각대금의 분배에 관한 종중총회의 결의가 무효인 경우, 종원은 그 결의의 무효확인 등을 소구하여 승소판결을 받은 후 새로운 종중총회에서 공정한 내용으로 다시 결의하도록 함으로써 그 권리를 구제받을 수 있을 뿐이고 새로운 종중총회의 결의도 거치지 아니한 채 종전 총회결의가 무효라는 사정만으로 곧바로 종중을 상대로 하여 스스로 공정하다고 주장하는 분배금의 지급을 구할 수는 없다(대판 2010. 9. 9. 2007다42310, 42327).

② (X) : 법인 아닌 사단이 그 명의로 사원총회의 결의를 거쳐서 하거나 또는 그 구성원 전원이 당사자가 되어 필수적 공동소송의 형태로 할 수 있을 뿐 그 사단의 구성원은 설령 그가 사단의 대표자라거나 사원총회의 결의를 거쳤다 하더라도 보존행위를 할 수 없다(대판[전] 2005.09.15. 2004다44971).

③ (X) : 우리 민법이 사단법인에 있어서 구성원의 탈퇴나 해산은 인정하지만 사단법인의 구성원들이 2개의 법인으로 나뉘어 각각 독립한 법인으로 존속하면서 종전 사단법인에게 귀속되었던 재산을 소유하는 방식의 사단법인의 분열은 인정하지 아니한다. 그 법리는 법인 아닌 사단에 대하여도 동일하게 적용되며, 법인 아닌 사단의 구성원들의 집단적 탈퇴로써 사단이 2개로 분열되고 분열되기 전 사단의 재산이 분열된 각 사단들의 구성원들에게 각각 총유적으로 귀속되는 결과를 초래하는 형태의 법인 아닌 사단의 분열은 허용되지 않는다. 교회가 법인 아닌 사단으로서 존재하는 이상, 그 법률관계를 둘러싼 분쟁을 소송적인 방법으로 해결함에 있어서는 법인 아닌 사단에 관한 민법의 일반 이론에 따라 교회의 실체를 파악하고 교회의 재산 귀속에 대하여 판단하여야 하고, 이에 따라 법인 아닌 사단의 재산관계와 그 재산에 대한 구성원의 권리 및 구성원 탈퇴, 특히 집단적인 탈퇴의 효과 등에 관한 법리는 교회에 대하여도 동일하게 적용되어야 한다. 따라서 교인들은 교회 재산을 총유의 형태로 소유하면서 사용·수익할 것인데, 일부 교인들이 교회를 탈퇴하여 그 교회 교인으로서의 지위를 상실하게 되면 탈퇴가 개별적인 것이든 집단적인 것이든 이와 더불어 종전 교회의 총유 재산의 관리처분에 관한 의결에 참가할 수 있는 지위나 그 재산에 대한 사용·수익권을 상실하고, 종전 교회는 잔존 교인들을 구성원으로 하여 실체의 동일성을 유지하면서 존속하며 종전 교회의 재산은 그 교회에 소속된 "잔존" 교인들의 총유로 귀속됨이 원칙이다. 그리고 교단에 소속되어 있던 지교회의 교인들의 일부가 소속 교단을 탈퇴하기로 결의한 다음 종전 교회를 나가 별도의 교

회를 설립하여 별도의 대표자를 선정하고 나아가 다른 교단에 가입한 경우, 그 교회는 종전 교회에서 집단적으로 이탈한 교인들에 의하여 새로이 법인 아닌 사단의 요건을 갖추어 설립된 신설 교회라 할 것이어서, 그 교회 소속 교인들은 더 이상 종전 교회의 재산에 대한 권리를 보유할 수 없게 된다(대판[전합] 2006.4.20. 2004다37775).

④ (×) : 종중총회는 특별한 사정이 없는 한 족보에 의하여 소집통지 대상이 되는 종중원의 범위를 확정한 후 국내에 거주하고 소재가 분명하여 통지가 가능한 모든 종중원에게 개별적으로 소집통지를 함으로써 각자가 회의와 토의 및 의결에 참가할 수 있는 기회를 주어야 하고, 일부 종중원에게 소집통지를 결여한 채 개최된 종중총회의 결의는 효력이 없으나, 그 소집통지의 방법은 반드시 직접 서면으로 하여야만 하는 것은 아니고 구두 또는 전화로 하여도 되고 다른 종중원이나 세대주를 통하여 하여도 무방하다. 종중의 족보에 종중원으로 등재된 성년 여성들에게 소집통지를 함이 없이 개최된 종중 임시총회에서의 결의는 모두 무효이다(대판 2007. 9. 6. 2007다34982).

⑤ (×) : 사단법인의 하부조직의 하나라 하더라도 스스로 단체로서의 실체를 갖추고 독자적인 활동을 하고 있다면 사단법인과는 별개의 독립된 비법인사단으로 볼 수 있다(대판 2009.1.30. 2006다60908).

정답 ①

166 법인에 관한 설명으로 옳지 않은 것은? (다툼이 있으면 판례에 따름) [20 감평 변형]

① 법인의 대표기관이 법인을 위하여 계약을 체결한 경우, 다른 사정이 없으면 그 성립의 효과는 직접 법인에 미치고 계약을 위반한 때에는 법인이 손해를 배상할 책임이 있다.
② 단체의 실체를 갖추어 법인 아닌 사단으로 성립하기 전에 설립주체인 개인이 취득한 권리·의무는 바로 법인 아닌 사단에 귀속된다.
③ 법인 아닌 사단은 대표권제한을 등기할 수 없으므로 거래상대방이 사원총회가 대표권 제한을 결의한 사실을 몰랐고 모른데 잘못이 없으면, 제한을 넘는 이사의 거래행위는 유효하다.
④ 민법에서 법인과 그 기관인 이사의 관계는 위임인과 수임인의 법률관계와 같다.
⑤ 사단법인의 하부조직 중 하나라 하더라도 스스로 단체의 실체를 갖추고 독자활동을 한다면 독립된 법인 아닌 사단으로 볼 수 있다.
⑥ 공동선조의 후손 중 특정 범위내의 자들만으로 구성된 종중이란 있을 수 없으므로, 만일 공동선조의 후손 중 특정 범위 내의 종원 만으로 조직체를 구성하여 활동하고 있다면 이는 본래의 의미의 종중으로는 볼 수 없고, 종중 유사단체가 될 수 있을 뿐이다.

해설

① (O) : 적법한 대표권을 가진 자와 맺은 법률행위의 효과는 대표자 개인이 아니라 본인인 법인에게 귀속하고, 마찬가지로 그러한 법률행위상의 의무를 위반하여 발생한 채무불이행으로 인한 손해배상책임도 대표기관 개인이 아닌 법인만이 책임의 귀속주체가 되는 것이 원칙이다[24](대판 2019. 5. 30. 2017다53265).

② (×) : 교회가 그 실체를 갖추어 법인 아닌 사단으로 성립한 경우에 교회의 대표자가 교회를 위하여 취득한 권리의무는 교회에 귀속되나, 교회가 아직 실체를 갖추지 못하여 법인 아닌 사단으로 성립하기 전에 설립의 주체인 개인이 취득한 권리의무는 그것이 앞으로 성립할 교회를 위한 것이라 하더라도 바로 법인 아닌 사단인 교회에 귀속될 수는 없고, 또한 설립중의 회사의 개념과 법적 성격에 비추어, 법인 아닌 사단인 교회가 성립하기 전의 단계에서 설립중의 회사의 법리를 유추적용 할 수는 없다(대판 2008.2.28. 2007다37394·37400).

③ (O) : 법인의 대표자의 행위가 직무에 관한 행위에 해당하지 아니함을 피해자 자신이 알았거나 또는 중대한 과실로 인하여 알지 못한 경우에는 법인에게 손해배상책임을 물을 수 없다고 하여 보호가치 있는 상대방만 보호 한다[25](대판 2004.3.26. 2003다34045).

④ (O) : 법인과 이사의 법률관계는 신뢰를 기초로 한 위임 유사의 관계이므로, 이사는 민법 제689조 제1항이 규정한 바에 따라 언제든지 사임할 수 있고, 법인의 이사를 사임하는 행위는 상대방 있는 단독행위이므로 그 의사표시가 상대방에게 도달함과 동시에 그 효력을 발생하고, 그 의사표시가 효력을 발생한 후에는 마음대로 이를 철회할 수 없음이 원칙이다(대판 2008.9.25. 2007다17109).

⑤ (O) : 사단법인의 하부조직의 하나라 하더라도 스스로 단체로서의 실체를 갖추고 독자적인 활동을 하고 있다면 사단법인과는 별개의 독립된 비법인사단으로 볼 수 있다(대판 2009.1.30. 2006다60908).

⑥ (O) : 고유 의미의 종중(이하 '고유 종중'이라 한다)이란 공동선조의 분묘 수호와 제사, 종원 상호 간 친목 등을 목적으로 하는 자연발생적인 관습상 종족집단체로서 특별한 조직행위를 필요로 하는 것이 아니고, 공동선조의 후손은 그 의사와 관계없이 성년이 되면 당연히 그 구성원(종원)이 되는 것이며 그중 일부 종원을 임의로 그 종원에서 배제할 수 없다. 따라서 공동선조의 후손 중 특정 범위 내의 자들만으로 구성된 종중이란 있을 수 없으므로, 만일 공동선조의 후손 중 특정 범위 내의 종원만으로 조직체를 구성하여 활동하고 있다면 이는 본래의 의미의 종중으로는 볼 수 없고, 종중 유사단체가 될 수 있을 뿐이다. 종중 유사단체는 비록 그 목적이나 기능이 고유 종중과 별다른 차이가

---

[24] 법인이 대표기관을 통하여 법률행위를 한 때에는 대리에 관한 규정이 준용된다(민법 제59조 제2항). 따라서 적법한 대표권을 가진 자와 맺은 법률행위의 효과는 대표자 개인이 아니라 본인인 법인에게 귀속하고, 마찬가지로 그러한 법률행위상의 의무를 위반하여 발생한 채무불이행으로 인한 손해배상책임도 대표기관 개인이 아닌 법인만이 책임의 귀속주체가 되는 것이 원칙이다. 또한, 민법 제391조는 법정대리인 또는 이행보조자의 고의·과실을 채무자 자신의 고의·과실로 간주함으로써 채무불이행책임을 채무자 본인에게 귀속시키고 있는데, 법인의 경우도 법률행위에 관하여 대표기관의 고의·과실에 따른 채무불이행책임의 주체는 법인으로 한정된다. 따라서 법인의 적법한 대표권을 가진 자가 하는 법률행위는 그 성립 상 효과뿐만 아니라 위반의 효과인 채무불이행책임까지 법인에게 귀속될 뿐이고, 다른 법령에서 정하는 등의 특별한 사정이 없는 한 법인이 당사자인 법률행위에 관하여 대표기관 개인이 손해배상책임을 지려면 민법 제750조에 따른 불법행위책임 등이 별도로 성립하여야 한다. 이때 법인의 대표기관이 법인과 사이에 계약을 체결한 거래상대방인 제3자에 대하여 자연인으로서 민법 제750조에 기한 불법행위책임을 진다고 보기 위해서는, 그 대표기관의 행위로 인해 법인에 귀속되는 효과가 대외적으로 제3자에 대한 채무불이행의 결과를 야기한다는 점만으로는 부족하고, 법인의 내부행위를 벗어나 제3자에 대한 관계에서 사회상규에 반하는 위법한 행위라고 인정될 수 있는 정도에 이르러야 한다. 그와 같은 행위에 해당하는지 여부는 대표기관이 의사결정 및 그에 따른 행위에 이르게 된 경위, 의사결정의 내용과 그 절차과정, 침해되는 권리의 내용, 침해행위의 태양, 대표기관의 고의 내지 해의의 유무 등을 종합적으로 평가하여 개별적·구체적으로 판단하여야 한다.

[25] 비법인사단의 대표자가 직무에 관하여 타인에게 손해를 가한 경우 그 사단은 민법 제35조 제1항의 유추적용에 의하여 그 손해를 배상할 책임이 있고, 비법인사단의 대표자의 행위가 대표자 개인의 사리를 도모하기 위한 것이었거나 혹은 법령의 규정에 위배된 것이었다 하더라도 외관상, 객관적으로 직무에 관한 행위라고 인정할 수 있다면 민법 제35조 제1항의 직무에 관한 행위에 해당한다 할 것이나, 한편 그 대표자의 행위가 직무에 관한 행위에 해당하지 아니함을 피해자 자신이 알았거나 또는 중대한 과실로 인하여 알지 못한 경우에는 비법인사단에게 손해배상책임을 물을 수 없다. 여기서 중대한 과실이라 함은, 거래의 상대방이 조금만 주의를 기울였더라면 대표자의 행위가 그 직무권한 내에서 적법하게 행하여진 것이 아니라는 사정을 알 수 있었음에도 만연히 이를 직무권한 내의 행위라고 믿음으로써 일반인에게 요구되는 주의의무에 현저히 위반하는 것으로 거의 고의에 가까운 정도의 주의를 결여하고, 공평의 관점에서 상대방을 구태여 보호할 필요가 없다고 봄이 상당하다고 인정되는 상태를 말한다(대판 2008.1.18. 2005다34711).

없다 하더라도 공동선조의 후손 중 일부에 의하여 인위적인 조직행위를 거쳐 성립된 경우에는 사적 임의단체라는 점에서 고유 종중과 그 성질을 달리하므로, 그러한 경우에는 사적 자치의 원칙 내지 결사의 자유에 따라 구성원의 자격이나 가입조건을 자유롭게 정할 수 있으나, 어떠한 단체가 고유 의미의 종중이 아니라 종중 유사단체를 표방하면서 그 단체에 권리가 귀속되어야 한다고 주장하는 경우, 우선 권리 귀속의 근거가 되는 법률행위나 사실관계 등이 발생할 당시 종중 유사단체가 성립하여 존재하는 사실을 증명하여야 하고, 다음으로 당해 종중 유사단체에 권리가 귀속되는 근거가 되는 법률행위 등 법률요건이 갖추어져 있다는 사실을 증명하여야 한다. 특히 자연발생적으로 형성된 고유 종중이 아니라 그 구성원 중 일부만으로 범위를 제한한 종중 유사단체의 성립 및 소유권 귀속을 인정하려면, 고유 종중이 소를 제기하는 데 필요한 여러 절차(종중원 확정, 종중 총회 소집, 총회 결의, 대표자 선임 등)를 우회하거나 특정 종중원을 배제하기 위한 목적에서 종중 유사단체를 표방하였다고 볼 여지가 없는지 신중하게 판단하여야 한다26)(대판 2020.4.9. 2019다216411).

정답 ②

167 비법인사단에 관한 설명으로 옳은 것은? (다툼이 있으면 판례에 따름) [21 감평]

① 비법인사단의 대표자는 자신의 업무를 타인에게 포괄적으로 위임할 수 있다.
② 여성은 종중구성원이 되지만, 종중총회의 소집권을 가지는 연고항존자가 될 수는 없다.
③ 이사의 선임에 관한 민법 제63조는 비법인사단에 유추적용 될 수 없다.
④ 교회는 비법인사단이므로 그 합병과 분열이 인정된다.
⑤ 비법인사단의 대표자가 총회의 결의를 거치지 않고 총유물을 권한 없이 처분한 경우에는 권한을 넘은 표현대리에 관한 민법 제126조가 준용되지 않는다.

해설

① (✕) : 제62조 【이사의 대리인 선임】 이사는 정관 또는 총회의 결의로 금지하지 아니한 사항에 한하여 타인으로 하여금 특정한 행위를 대리하게 할 수 있다.

② (✕) : 대표자를 선임하기 위하여 개최되는 종중총회의 소집권을 가지는 연고항존자를 확정함에 있어서 여성을 제외할 아무런 이유가 없으므로, 여성을 포함한 전체 종원 중 항렬이 가장 높고 나이가 가장 많은 사람이 연고항존자가 된다. 다만 이러한 연고항존자는 족보 등의 자료에 의하여 형식적·객관적으로 정하여지는 것이지만 이에 따라 정하여지는 연고항존자의 생사가 불명한 경우나 연락이 되지 아니한 경우도 있으므로, 사회통념상 가능하다고 인정되는 방법으로 생사 여부나 연락처를 파악하여 연락이 가능한 범위 내에서 종중총회의 소집권을 행사할 연고항존자를 특정하면 충분하다(대판 2010. 12. 9. 2009다26596).

---

26) ☞ 원고가 자신이 특정인을 공동시조로 하는 후손들 중 특정 지역의 남성들로만 이루어진 종중 유사단체라고 주장하면서 이 사건 토지의 등기사항증명서상 소유자와 동일한 단체임을 이유로 원인무효인 등기의 말소를 구한 사건에서, 원고가 내세우는 종중 유사단체가 이 사건 토지의 소유자와 동일한 단체인지에 대한 증명이 충분히 이루어지지 않았고, 오히려 원고가 주장하는 여러 사정들에 비추어보면 이 사건 토지의 등기사항증명서상 소유자는 고유 종중임에도 특정한 종중원들을 배제하려는 목적으로 종중 유사단체임을 내세워 이 사건 소를 제기한 것으로 의심 여지가 충분하다고 보아 파기환송한 사례

③ (✕) : 민법 제63조는 법인의 조직과 활동에 관한 것으로서 법인격을 전제로 하는 조항이 아니고, 법인 아닌 사단이나 재단의 경우에도 이사가 없거나 결원이 생길 수 있으며, 통상의 절차에 따른 새로운 이사의 선임이 극히 곤란하고 종전 이사의 긴급처리권도 인정되지 아니하는 경우에는 사단이나 재단 또는 타인에게 손해가 생길 염려가 있을 수 있으므로, 민법 제63조는 법인 아닌 사단이나 재단에도 유추 적용할 수 있다(대판[전합] 2009.11.19. 2008마699).

④ (✕) : 우리 민법이 사단법인에 있어서 구성원의 탈퇴나 해산은 인정하지만 사단법인의 구성원들이 2개의 법인으로 나뉘어 각각 독립한 법인으로 존속하면서 종전 사단법인에게 귀속되었던 재산을 소유하는 방식의 사단법인의 분열은 인정하지 아니한다. 그 법리는 법인 아닌 사단에 대하여도 동일하게 적용되며, 법인 아닌 사단의 구성원들의 집단적 탈퇴로써 사단이 2개로 분열되고 분열되기 전 사단의 재산이 분열된 각 사단들의 구성원들에게 각각 총유적으로 귀속되는 결과를 초래하는 형태의 법인 아닌 사단의 분열은 허용되지 않는다. 교회가 법인 아닌 사단으로서 존재하는 이상, 그 법률관계를 둘러싼 분쟁을 소송적인 방법으로 해결함에 있어서는 법인 아닌 사단에 관한 민법의 일반 이론에 따라 교회의 실체를 파악하고 교회의 재산 귀속에 대하여 판단하여야 하고, 이에 따라 법인 아닌 사단의 재산관계와 그 재산에 대한 구성원의 권리 및 구성원 탈퇴, 특히 집단적인 탈퇴의 효과 등에 관한 법리는 교회에 대하여도 동일하게 적용되어야 한다. 따라서 교인들은 교회 재산을 총유의 형태로 소유하면서 사용·수익할 것인데, 일부 교인들이 교회를 탈퇴하여 그 교회 교인으로서의 지위를 상실하게 되면 탈퇴가 개별적인 것이든 집단적인 것이든 이와 더불어 종전 교회의 총유 재산의 관리처분에 관한 의결에 참가할 수 있는 지위나 그 재산에 대한 사용·수익권을 상실하고, 종전 교회는 잔존 교인들을 구성원으로 하여 실체의 동일성을 유지하면서 존속하며 종전 교회의 재산은 그 교회에 소속된 "잔존" 교인들의 총유로 귀속됨이 원칙이다. 그리고 교단에 소속되어 있던 지교회의 교인들의 일부가 소속 교단을 탈퇴하기로 결의한 다음 종전 교회를 나가 별도의 교회를 설립하여 별도의 대표자를 선정하고 나아가 다른 교단에 가입한 경우, 그 교회는 종전 교회에서 집단적으로 이탈한 교인들에 의하여 새로이 법인 아닌 사단의 요건을 갖추어 설립된 신설 교회라 할 것이어서, 그 교회 소속 교인들은 더 이상 종전 교회의 재산에 대한 권리를 보유할 수 없게 된다(대판[전합] 2006.4.20. 2004다37775).

⑤ (O) : 주택조합이 주체가 되어 신축 완공한 건물로서 일반에게 분양되는 부분은 조합원 전원의 총유에 속하며, 총유물의 관리 및 처분에 관하여 주택조합의 정관이나 규약에 정한 바에 따라야 하고, 그에 관한 정관이나 규약이 없으면 조합원 총회의 결의에 의하여야 할 것이며, 그와 같은 절차를 거치지 않은 행위는 무효이다(대판 2001.5.29. 2000다10246; 대판 2003.7.11. 2001다73626).

정답 ⑤

168 법인 아닌 사단에 관한 설명으로 옳지 않은 것은? (다툼이 있으면 판례에 따름) [21 노무]

① 이사에 결원이 생겨 손해가 생길 염려가 있는 경우, 임시이사의 선임에 관한 민법 제63조가 유추적용 될 수 있다.

② 법인 아닌 사단이 그 명의로 총유재산에 관한 소송을 제기할 때에는 특별할 사정이 없는 한 사원총회의 결의를 거쳐야 한다.

③ 대표자로부터 사단의 제반 업무처리를 포괄적으로 위임 받은 자의 대행행위의 효력은 원칙적으로 법인 아닌 사단에 미친다.

④ 대표자가 정관에 규정된 대표권 제한을 위반하여 법률행위를 한 경우, 그 상대방이 대표권 제한 사실을 알았거나 알 수 있었을 경우가 아니라면 그 법률행위는 유효하다.
⑤ 사원이 존재하지 않게 된 경우, 법인 아닌 사단은 청산사무가 완료될 때까지 청산의 목적 범위 내에서 권리의무의 주체가 된다.

해설

① (O) : 민법 제63조는 법인의 조직과 활동에 관한 것으로서 법인격을 전제로 하는 조항이 아니고, 법인 아닌 사단이나 재단의 경우에도 이사가 없거나 결원이 생길 수 있으며, 통상의 절차에 따른 새로운 이사의 선임이 극히 곤란하고 종전 이사의 긴급처리권도 인정되지 아니하는 경우에는 사단이나 재단 또는 타인에게 손해가 생길 염려가 있을 수 있으므로, 민법 제63조는 법인 아닌 사단이나 재단에도 유추 적용할 수 있다(대판[전합] 2009.11.19. 2008마699).

② (O) : 총유재산에 관한 소송은 법인 아닌 사단이 그 명의로 사원총회의 결의를 거쳐 하거나 또는 그 구성원 전원이 당사자가 되어 필수적 공동소송의 형태로 할 수 있을 뿐 그 사단의 구성원은 설령 그가 사단의 대표자라거나 사원총회의 결의를 거쳤다 하더라도 그 소송의 당사자가 될 수 없고, 이러한 법리는 총유재산의 보존행위로서 소를 제기하는 경우에도 마찬가지라 할 것이다(대판[전합] 2005.9.15. 2004다44971).

③ (X) : 비법인사단에 대하여는 사단법인에 관한 민법 규정 가운데 법인격을 전제로 하는 것을 제외하고는 이를 유추적용 하여야 하는데, 민법 제62조에 비추어 보면 비법인사단의 대표자는 정관 또는 총회의 결의로 금지하지 아니한 사항에 한하여 타인으로 하여금 특정한 행위를 대리하게 할 수 있을 뿐 비법인사단의 제반 업무처리를 포괄적으로 위임할 수는 없으므로 비법인사단 대표자가 행한 타인에 대한 업무의 포괄적 위임과 그에 따른 포괄적 수임인의 대행행위는 민법 제62조를 위반한 것이어서 비법인사단에 대하여 그 효력이 미치지 않는다(대판 1996. 9. 6. 94다18522).

④ (O) : 비법인사단의 경우에는 대표자의 대표권 제한에 관하여 등기할 방법이 없어 민법 제60조의 규정을 준용할 수 없고, 비법인사단의 대표자가 정관에서 사원총회의 결의를 거쳐야 하도록 규정한 대외적 거래행위에 관하여 이를 거치지 아니한 경우라도, 이와 같은 사원총회 결의사항은 비법인사단의 내부적 의사결정에 불과하다 할 것이므로, 그 거래 상대방이 그와 같은 대표권 제한 사실을 알았거나 알 수 있었을 경우가 아니라면 그 거래행위는 유효하다고 봄이 상당하고, 이 경우 거래의 상대방이 대표권 제한 사실을 알았거나 알 수 있었음은 이를 주장하는 비법인사단 측이 주장·입증하여야 한다(대판 2003.7.22. 2002다64780).

⑤ (O) : 사단법인에 있어서는 사원이 없게 된다고 하더라도 이는 해산사유가 될 뿐 막바로 권리능력이 소멸하는 것이 아니므로 법인 아닌 사단에 있어서도 구성원이 없게 되었다 하여 막바로 그 사단이 소멸하여 소송상의 당사자능력을 상실하였다고 할 수는 없고 청산사무가 완료되어야 비로소 그 당사자능력이 소멸하는 것이다(대판 1992. 10. 9. 92다23087).

정답 ③

169 법인과 비법인 사단에 관한 다음 설명 중 가장 옳은 것은? [20 서기보]

① 대표이사가 대표권의 범위 내에서 한 행위라도 회사의 영리목적과 관계없이 자기 또는 제3자의 이익을 도모할 목적으로 그 권한을 남용한 것이라면 원칙적으로 회사에 대하여 무효이다.

② 민법 제35조 제1항은 "법인은 이사 기타 대표자가 그 직무에 관하여 타인에게 가한 손해를 배상할 책임이 있다."라고 규정하고 있는데, 여기서 '법인의 대표자'란 당해 법인을 실질적으로 운영하면서 법인을 사실상 대표하였는지를 불문하고, 대표자로 등기되어 법인의 사무를 집행하는 사람에 한정된다.

③ 법인 아닌 사단은 사단의 실질은 가지고 있으나 아직 권리능력을 취득하지 못 한 것이므로, 법인 아닌 사단의 사원은 집합체로서 재산을 소유 할 수 없고, 법인 아닌 사단은 대표자가 있더라도 그 사단의 이름으로 소송의 당사자가 될 수 없다.

④ 공동선조의 후손 중 일부에 의하여 인위적인 조직행위를 거쳐 성립된 종중 유사단체는 사적 임의단체라는 점에서 자연발생적인 종족집단인 고유한 의미의 종중과 그 성질을 달리하므로, 종중 유사단체의 규약에서 공동선조의 후손 중 남성만으로 그 구성원을 한정하고 있다 하더라도 특별한 사정 이 없는 한 그 규약이 양성평등 원칙을 정한 헌법 제11조 및 민법 제103조를 위반하여 무효라고 볼 수는 없다.

해설

① (✕) : 주식회사의 대표이사가 그 대표권의 범위 내에서 한 행위는 설사 대표이사가 회사의 영리목적과 관계없이 자기 또는 제3자의 이익을 도모할 목적으로 그 권한을 남용한 것이라 할지라도 일단 회사의 행위로서 유효하고, 다만 그 행위의 상대방이 대표이사의 진의를 알았거나 알 수 있었을 때에는 회사에 대하여 무효가 되는 것이다(대판 1997. 8. 29. 97다18059).

② (✕) : 민법 제35조 제1항은 "법인은 이사 기타 대표자가 그 직무에 관하여 타인에게 가한 손해를 배상할 책임이 있다"라고 정한다. 여기서 '법인의 대표자'에는 그 명칭이나 직위 여하, 또는 대표자로 등기되었는지 여부를 불문하고 당해 법인을 실질적으로 운영하면서 법인을 사실상 대표하여 법인의 사무를 집행하는 사람을 포함한다고 해석함이 상당하다. 구체적인 사안에서 이러한 사람에 해당하는지는 법인과의 관계에서 그 지위와 역할, 법인의 사무 집행 절차와 방법, 대내적 · 대외적 명칭을 비롯하여 법인 내부자와 거래 상대방에게 법인의 대표행위로 인식되는지 여부, 공부상 대표자와의 관계 및 공부상 대표자가 법인의 사무를 집행하는지 여부 등 제반 사정을 종합적으로 고려하여 판단하여야 한다. 그리고 이러한 법리는 주택조합과 같은 비법인사단에도 마찬가지로 적용된다(대판 2011.4.28. 2008다15438).

③ (✕) : 종중, 문중, 그 밖에 대표자나 관리인이 있는 법인 아닌 사단이나 재단에 속하는 부동산의 등기에 관하여는 그 사단이나 재단을 등기권리자 또는 등기의무자로 한다(부동산등기법 제26조).

④ (O) : 고유 의미의 종중(이하 '고유 종중'이라 한다)이란 공동선조의 분묘 수호와 제사, 종원 상호 간 친목 등을 목적으로 하는 자연발생적인 관습상 종족집단으로서 특별한 조직행위를 필요로 하는 것이 아니고, 공동선조의 후손은 그 의사와 관계없이 성년이 되면 당연히 그 구성원(종원)이 되는 것이며 그중 일부 종원을 임의로 그 종원에서 배제할 수 없다. 따라서 공동선조의 후손 중 특정 범위

내의 자들만으로 구성된 종중이란 있을 수 없으므로, 만일 공동선조의 후손 중 특정 범위 내의 종원만으로 조직체를 구성하여 활동하고 있다면 이는 본래의 의미의 종중으로는 볼 수 없고, 종중 유사단체가 될 수 있을 뿐이다. 종중 유사단체는 비록 그 목적이나 기능이 고유 종중과 별다른 차이가 없다 하더라도 공동선조의 후손 중 일부에 의하여 인위적인 조직행위를 거쳐 성립된 경우에는 사적 임의단체라는 점에서 고유 종중과 그 성질을 달리하므로, 그러한 경우에는 사적 자치의 원칙 내지 결사의 자유에 따라 구성원의 자격이나 가입조건을 자유롭게 정할 수 있으나, 어떠한 단체가 고유 의미의 종중이 아니라 종중 유사단체를 표방하면서 그 단체에 권리가 귀속되어야 한다고 주장하는 경우, 우선 권리 귀속의 근거가 되는 법률행위나 사실관계 등이 발생할 당시 종중 유사단체가 성립하여 존재하는 사실을 증명하여야 하고, 다음으로 당해 종중 유사단체에 권리가 귀속되는 근거가 되는 법률행위 등 법률요건이 갖추어져 있다는 사실을 증명하여야 한다. 특히 자연발생적으로 형성된 고유 종중이 아니라 그 구성원 중 일부만으로 범위를 제한한 종중 유사단체의 성립 및 소유권 귀속을 인정하려면, 고유 종중이 소를 제기하는 데 필요한 여러 절차(종중원 확정, 종중 총회 소집, 총회 결의, 대표자 선임 등)를 우회하거나 특정 종중원을 배제하기 위한 목적에서 종중 유사단체를 표방하였다고 볼 여지가 없는지 신중하게 판단하여야 한다[27](대판 2020.4.9. 2019다216411).

> 정답 ④

---

[27] ☞ 원고가 자신이 특정인을 공동시조로 하는 후손들 중 특정 지역의 남성들로만 이루어진 종중 유사단체라고 주장하면서 이 사건 토지의 등기사항증명서상 소유자와 동일한 단체임을 이유로 원인무효인 등기의 말소를 구한 사건에서, 원고가 내세우는 종중 유사단체가 이 사건 토지의 소유자와 동일한 단체인지에 대한 증명이 충분히 이루어지지 않았고, 오히려 원고가 주장하는 여러 사정들에 비추어보면 이 사건 토지의 등기사항증명서상 소유자는 고유 종중임에도 특정한 종중원들을 배제하려는 목적으로 종중 유사단체임을 내세워 이 사건 소를 제기한 것으로 의심할 여지가 충분하다고 보아 파기환송한 사례

제 3 장 권리의 객체

Ⅰ. 특정의 물건

170 甲은 乙소유 토지 위에 식재된 입목등기가 되어 있지 않은 소나무 50그루에 대하여 매매계약 체결과 동시에 소유권을 이전받기로 약정하였다. 甲은 계약 체결 후 잔금을 지급하지 않은 채 乙의 동의하에 소나무 50그루에 각각 '소유자 甲'이라는 표기를 써서 붙였다. 이후 乙은 이 소나무를 丙에게 이중으로 매도하였다. 이에 관한 설명으로 옳은 것은? (다툼이 있으면 판례에 따름)

[17 감평]

① 乙은 여전히 소나무에 대하여 소유권을 가진다.
② 甲은 소나무에 대하여 입목등기 없이 소유권을 취득한다.
③ 丙이 乙과의 계약에 의해 명인방법을 갖추면 丙이 소유권을 취득한다.
④ 甲은 명인방법을 통해 소나무에 대하여 저당권을 설정할 수 있다.
⑤ 甲은 소나무에 대하여 입목등기 없이 丙에게 대항할 수 없다.

해설

① (✕) : 甲이 명인방법으로 소유권을 취득하였다.
② (○) : 判例는 입목법이 적용되지 않는 수목의 집단도 명인방법을 갖추면 독립한 부동산으로서 거래의 목적이 된다고 본다. 명인방법이란 수목의 집단 또는 미분리의 과실의 소유권이 누구에게 속하고 있는지를 제3자가 명백하게 인식할 수 있도록 하는 관습법상의 공시방법이다. 예를 들어 나무껍질을 깎아 거기에 소유자의 이름을 먹물로 적어놓은 것, 과수원 주변에 새끼줄을 치고 소유자의 이름을 기재한 표찰을 붙여 놓은 것 등이 있다.
③ (✕) : 乙은 무권리자이므로, 丙의 선의취득이 문제되나, 소나무는 토지와는 별개의 부동산이어서, 선의취득도 가능하지 않으므로, 丙은 소유권을 취득하지 못한다.
④ (✕) : 명인방법은 불완전한 공시방법이어서, 소유권·양도담보권을 공시할 수 있을 뿐, 저당권은 공시하지 못한다.
⑤ (✕) : 甲은 명인방법으로 인하여 소유권을 취득하였으므로, 丙에게 대항할 수 있다.

정답 ②

171 민법상 물건에 관한 설명으로 옳지 않은 것은? (다툼이 있으면 판례에 따름) [15 노무사]

① 「입목에 관한 법률」에 따라 등기된 입목이나 명인방법을 갖춘 수목의 경우에는 독립하여 거래의 객체가 된다.
② 사람의 유체·유골은 매장·관리·제사·공양의 대상이 될 수 있는 유체물로서 그 제사주재자에게 승계된다.
③ 당사자는 주물을 처분할 때에 특약으로 종물을 제외할 수 있고 종물만을 별도로 처분할 수도 있다.
④ 천연과실은 수취할 권리의 존속기간 일수의 비율로 취득한다.
⑤ 주물과 다른 사람의 소유에 속하는 물건은 종물이 될 수 없다.

해설

① (O) : 입목법의 적용을 받는 수목의 집단, 명인방법에 의해 공시된 수목의 집단 등은 **토지의 정착물 중 토지와 별개의 독립한 부동산이 된다.**
② (O) : 사람의 유체·유골은 매장·관리·제사·공양의 대상이 될 수 있는 유체물로서, 분묘에 안치되어 있는 선조의 유체·유골은 민법 제1008조의3 소정의 제사용 재산인 분묘와 함께 그 제사주재자에게 승계되고, 피상속인 자신의 유체·유골 역시 위 제사용 재산에 준하여 그 제사주재자에게 승계된다(대판[전합] 2008.11.20. 2007다27670).
③ (O) : 제100조 제2항은 강행규정이 아니므로 당사자의 약정에 의하여 종물만의 처분도 가능하다. 제100조【주물, 종물】② 종물은 주물의 처분에 따른다.
④ (X) : 제102조【과실의 취득】① 천연과실은 그 원물로부터 분리하는 때에 이를 수취할 권리자에게 속한다. ② 법정과실은 수취할 권리의 존속기간일수의 비율로 취득한다.
⑤ (O) : 종물은 물건의 소유자가 그 물건의 상용에 공하기 위하여 자기 소유인 다른 물건을 이에 부속하게 한 것을 말하므로(민법 제100조 제1항) 주물과 다른 사람의 소유에 속하는 물건은 종물이 될 수 없다(대판 2008.5.8. 2007다36933,36940).

정답 ④

172 주물과 종물에 관한 설명으로 옳지 않은 것은? (다툼이 있으면 판례에 따름) [16 세무사]

① 몽리(蒙利)농지에 부속한 양수장시설은 특별한 사정이 없는 한 그 농지의 종물이다.
② 종물은 특정의 주물에 부속된다고 인정될 만한 밀접한 장소적 관계에 있어야 한다.
③ 주물의 상용에 공여되고 있더라도 주물 자체의 효용과 직접적으로 관계되지 않으면 종물이 아니다.
④ 주물을 처분할 때에 종물만을 별도로 처분하기로 하는 약정은 유효하다.
⑤ 주물과 종물의 관계에 관한 민법상 법리는 물건 상호간에 적용되고 권리 상호간에는 적용되지 않는다.

해설

① (○) : 종물이 주물의 구성부분이거나, 주종이 합하여 단일물이나 합성물인 경우는 종물이 아니며, 주물·종물은 모두 동산이건 부동산이건 상관없다(주유소의 주유기, 백화점 내의 전화교환설비, 횟집건물 내의 수족관, 양수시설). **정화조는** 건물의 대지가 아닌 다른 필지의 지하에 설치되어 있다 하더라도 독립된 물건인 종물이라기보다 **건물의 구성부분**이다(대판 1993.12.10, 93다42399).

② (○) : "상용에 공한다"는 의미는 사회통념상 계속하여 주물의 효용을 완성시키는 작용을 한다고 인정되는 종류의 물건이고 또 특정의 주물에 부속된다고 인정될 만한 장소적 관계에 있어야 한다는 것을 의미한다(대판 1988.2.23, 87다카600).

③ (○) : 계속적으로 주물의 경제적 효용을 도와야 한다. 어느 건물이 주된 건물의 종물이기 위하여는 주된 건물의 경제적 효용을 보조하기 위하여 계속적으로 이바지되어야 하는 관계가 있어야 한다(대판 1988.2.23, 87다카600).

④ (○) : 제100조 제2항은 강행규정이 아니므로 당사자의 약정에 의하여 종물만의 처분도 가능하다.

⑤ (×) : 종물이론을 권리상호간에도 유추적용 할 수 있는지가 문제되는데, 학설은 제100조 제2항의 취지로 보아 유추적용 한다는 것이 통설이다. 예를 들어 **건물이 양도되면 그 건물을 위한 대지의 임차권도 건물의 양수인에게 이전하며,** 원본채권이 양도되면 기본적 이자채권도 원본채권과 운명을 같이한다고 본다.

정답 ⑤

---

173 물건에 관한 설명으로 옳지 않은 것은? (다툼이 있으면 판례에 따름) [16 세무사]

① 부동산 이외의 물건은 동산이다.
② 입목등기가 되지 아니한 식재된 수목은 명인방법을 갖추면 토지와 독립된 거래의 객체로 된다.
③ 유체 및 유골은 제사주재자에게 소유권이 귀속되기 때문에 제사주재자는 이를 포기할 수 있다.
④ 1필 토지의 일부분이 별개의 부동산으로 되기 위해서는 원칙적으로 분필절차를 거쳐야 한다.
⑤ 특정된 물건의 일부나 집단에 대해서도 공시방법을 갖추면 하나의 독립한 물건이 될 수 있다.

해설

① (○) : 토지와 그 정착물은 부동산(제99조 1항)이고, 부동산 이외의 물건은 동산(제99조 2항)이다.

② (○) : 判例는 입목법이 적용되지 않는 수목의 집단도 명인방법을 갖추면 독립한 부동산으로서 거래의 목적이 된다고 본다.

③ (×) : 사람의 유체·유골은 매장·관리·제사·공양의 대상이 될 수 있는 유체물로서, 분묘에 안치되어 있는 선조의 유체·유골은 민법 제1008조의3 소정의 제사용 재산인 분묘와 함께 그 제사주재

자에게 승계되고, 피상속인 자신의 유체·유골 역시 위 제사용 재산에 준하여 그 제사주재자에게 승계된다(대판[전합] 2008.11.20. 2007다27670). 즉 유체 및 유골은 포기의 대상은 되지 아니한다.

④ (O) : 토지의 개수는 지적법에 의한 지적공부상의 토지의 필수를 표준으로 하여 결정되는 것으로서 1필지의 토지를 수필의 토지로 분할하여 등기하려면 지적법이 정하는 바에 따라 먼저 지적공부 소관청에 의하여 지적측량을 하고 그에 따라 필지마다 지번, 지목, 경계 또는 좌표와 면적이 정하여진 후 지적공부에 등록되는 등 분할의 절차를 밟아야 되고, 가사 등기부에만 분필의 등기가 이루어졌다고 하여도 이로써 분필의 효과가 발생할 수는 없다(대판 1995.6.16. 94다4615).

⑤ (O) : 특별법이 있는 경우 또는 특별법이 없더라도 경제적 독립성이 있고 공시방법 등이 갖추어져 그 범위를 특정할 수 있으면, 물건의 집단 내지 집합물에 대해서도 물권의 성립을 인정할 수 있다.

정답 ③

---

174 주물과 종물에 관한 설명으로 옳은 것은? (다툼이 있으면 판례에 따름) [16 감평]

① 독립한 부동산은 종물이 될 수 없다.
② 주물을 처분할 때 당사자의 특약으로 종물만을 별도로 처분할 수도 있다.
③ 주물 위에 설정된 저당권의 효력은, 법률의 규정 또는 다른 약정이 없으면, 설정 후의 종물에까지 미치지 않는다.
④ 구분건물의 전유부분에 대한 가압류 결정의 효력은 특별한 사정이 없는 한 그 대지권에 미치지 않는다.
⑤ 권리 상호간에는 주물과 종물의 법리가 적용되지 않는다.

해설

① (X) : 주물·종물은 모두 동산이건 부동산이건 상관없다(주유소의 주유기, 백화점 내의 전화교환설비, 횟집건물 내의 수족관, 양수시설).
② (O) : 제100조 제2항은 강행규정이 아니므로 당사자의 약정에 의하여 종물만의 처분도 가능하다.
③ (X) : 제358조 【저당권의 효력의 범위】 저당권의 효력은 저당부동산에 부합된 물건과 종물에 미친다.
④ (X), ⑤ (X) : 종물이론을 권리상호간에도 유추적용할 수 있는지가 문제되는데, 학설은 제100조 제2항의 취지로 보아 유추적용한다는 것이 통설이다. 예를 들어 **건물이 양도되면 그 건물을 위한 대지의 임차권도 건물의 양수인에게 이전하며**, 원본채권이 양도되면 기본적 이자채권도 원본채권과 운명을 같이한다고 본다.

정답 ②

175 주물과 종물에 관한 설명으로 옳지 않은 것은?(다툼이 있으면 판례에 따름) [16 노무사]

① 종물은 주물의 처분에 따르므로 종물만을 별도로 처분하기로 하는 약정은 무효이다.
② 주물 소유자의 소유가 아닌 물건은 종물이 될 수 없다.
③ 건물에 대한 저당권의 효력은, 특별한 사정이 없는 한, 그 건물의 소유를 목적으로 하는 지상권에도 미친다.
④ 주물 소유자의 사용에 공여되고 있더라도 주물 그 자체의 효용과 직접 관계가 없는 물건은 종물이 아니다.
⑤ 어떤 권리를 다른 권리에 대하여 종된 권리라고 할 수 있으려면 종물과 마찬가지로 다른 권리의 경제적 효용에 이바지하는 관계에 있어야 한다.

해설

① (×) : 제100조 제2항은 강행규정이 아니므로 당사자의 약정에 의하여 종물만의 처분도 가능하다.
② (O) : 종물은 물건의 소유자가 그 물건의 상용에 공하기 위하여 자기 소유인 다른 물건을 이에 부속하게 한 것을 말하므로(민법 제100조 제1항) 주물과 다른 사람의 소유에 속하는 물건은 종물이 될 수 없다(대판 2008.5.8. 2007다36933,36940).
③ (O) : "저당권의 효력은 저당부동산에 부합된 물건과 종물에 미친다"는 제358조 본문의 규정은 저당부동산에 관한 종된 권리에도 유추적용 되어서, **건물에 대한 저당권의 효력은 그 건물의 소유를 목적으로 하는 지상권에도 미친다**(대판 1992.7.14. 92다527).
④ (O) : 폐수처리시설이 공장저당법에 의하여 근저당권이 설정된 공장 토지와 그에 인접한 공장 토지가 아닌 타인 소유의 토지에 걸쳐서 설치되어 있는 경우, <u>주물의 소유자나 이용자의 상용에 공여되고 있더라도 주물 그 자체의 효용과 직접 관계가 없는 물건은 종물이 아니다</u>(대판 1997.10.10. 97다3750).
⑤ (O) : 계속적으로 주물의 경제적 효용을 도와야 한다. 어느 건물이 주된 건물의 종물이기 위하여는 주된 건물의 경제적 효용을 보조하기 위하여 계속적으로 이바지되어야 하는 관계가 있어야 한다(대판 1988.2.23. 87다카600).

정답 ①

176 물건에 관한 설명으로 옳은 것은? (다툼이 있으면 판례에 따름) [19 세무사]

① 주물과 종물은 법률적 운명을 같이 하므로 1개의 물건이 된다.
② 원상복구가 사회통념상 불가능한 상태에 이른 포락지라 하더라도 토지소유권의 객체가 된다.
③ 관리할 수 있는 자연력은 물건이 아니다.
④ 건물의 대지가 아닌 다른 인접한 필지의 지하에 설치된 정화조는 건물의 구성부분이므로 그 건물의 종물이 아니다.
⑤ 1동의 건물이 구분 건물로 구성되어 있더라도 1동의 건물의 일부는 독립한 소유권의 객체가 되지 못한다.

해설

① (✕) : 종물은 독립한 물건이어야 한다는 점에서 부속물, 지상물과 같다.
② (✕) : 바다에 인접한 토지가 유실되어 바닷물에 잠기게 되어 과다한 비용을 요하고 원상복구가 불가능하다면 포락으로 소유권이 소멸하였다(대판 1972.9.26, 71다2488; 대판 1995.8.25. 95다18659).
③ (✕) : 제98조【물건의 정의】본법에서 물건이라 함은 유체물 및 전기 기타 관리할 수 있는 자연력을 말한다.
④ (○) : 정화조는 독립된 물건으로서의 종물이 아니라 건물의 구성부분이다(대판 1993.12.10. 93다42399).
⑤ (✕) : 건물은 건물등기부에 공시되고, 집합건물의 경우 1동의 건물의 일부에 구분소유가 가능하다.

정답 ④

177 주물·종물의 법리에 관한 설명으로 옳은 것은? (다툼이 있으면 판례에 따름) [19 세무사]

① 주물 그 자체의 효용과 직접 관계가 없더라도 주물의 소유자나 이용자의 상용에 공여되고 있다면 종물이 된다.
② 원본채권이 양도되면 이미 변제기에 도달한 이자채권도 당연히 함께 양도된다.
③ 건물에 대한 저당권이 실행된 경우, 건물의 소유권이 경락인에게 이전되더라도 그 건물의 소유를 위한 대지의 임차권은 함께 이전되지 않는다.
④ 주물을 점유하여 시효취득하면 점유하지 않은 종물도 시효취득 한다.
⑤ 종물은 주물의 처분에 따른다고 하였을 때 처분에는 물권적 처분뿐만 아니라 채권적 처분도 포함된다.

해설

① (✕) : 종물은 물건의 소유자가 그 물건의 상용에 공하기 위하여 자기 소유인 다른 물건을 이에 부속하게 한 것을 말하므로(민법 제100조 제1항) 주물과 다른 사람의 소유에 속하는 물건은 종물이 될 수 없다(대판 2008.5.8. 2007다36933,36940).
② (✕) : 이자채권은 원본채권에 대하여 종속성을 갖고 있으나 이미 변제기에 도달한 이자채권은 원본채권과 분리하여 양도할 수 있고 원본채권과 별도로 변제할 수 있으며 시효로 인하여 소멸되기도 하는 등 어느 정도 독립성을 갖게 되는 것이므로, 원본채권이 양도된 경우 이미 변제기에 도달한 이자채권은 원본채권의 양도당시 그 이자채권도 양도한다는 의사표시가 없는 한 당연히 양도되지는 않는다(대판 1989. 3. 28. 88다카12803).
③ (✕) : 종물이론을 권리상호간에도 유추적용 할 수 있는지가 문제되는데, 학설은 제100조 제2항의 취지로 보아 유추적용 한다는 것이 통설이다. 예를 들어 <u>건물이 양도되면 그 건물을 위한 대지의 임차권도 건물의 양수인에게 이전하며, 원본채권이 양도되면 기본적 이자채권도 같이 양도된다.</u>
④ (✕) : 종물은 독립한 물건이므로, 같이 시효취득하는 것은 아니다.

⑤ **(O)** : 종물은 주물의 처분에 따른다. 이때 처분은 물권적 처분뿐만 아니라 채권적 처분도 포함하므로 소유권양도, 저당권설정뿐만 아니라 매매, 임대차 등을 의미한다.

정답 ⑤

178 물건에 관한 설명으로 옳지 않은 것은? (다툼이 있으면 판례에 따름) [20 감평]

① 종물은 주물소유자의 상용에 공여된 물건을 말한다.
② 주물과 다른 사람의 소유에 속하는 물건은 종물이 될 수 없다.
③ 주물과 종물의 관계에 관한 법리는 권리 상호간에도 적용된다.
④ 저당권의 효력이 종물에 미친다는 규정은 종물은 주물의 처분에 따른다는 것과 이론적 기초를 같이 한다.
⑤ 토지의 개수는 지적공부의 등록단위가 되는 필(筆)을 표준으로 한다.

해설

① **(X)** : 물건의 소유자가 그 물건의 상용에 공하기 위하여 자기 소유인 다른 물건을 이에 부속하게 한 때에는 그 부속물은 종물이다(제100조 1항).

② **(O)** : 종물은 물건의 소유자가 그 물건의 상용에 공하기 위하여 자기 소유인 다른 물건을 이에 부속하게 한 것을 말하므로(민법 제100조 제1항) 주물과 다른 사람의 소유에 속하는 물건은 종물이 될 수 없다(대판 2008.5.8. 2007다36933,36940).

③ **(O)**, ④ **(O)** : 민법 제100조 제2항의 종물과 주물의 관계에 관한 법리는 물건 상호간의 관계뿐 아니라 권리 상호간에도 적용되고, 위 규정에서의 처분은 처분행위에 의한 권리변동뿐 아니라 주물의 권리관계가 압류와 같은 공법상의 처분 등에 의하여 생긴 경우에도 적용되어야 하는 점, 저당권의 효력이 종물에 대하여도 미친다는 민법 제358조 본문 규정은 같은 법 제100조 제2항과 이론적 기초를 같이하는 점, 집합건물의 소유 및 관리에 관한 법률 제20조 제1항, 제2항에 의하면 구분건물의 대지사용권은 전유부분과 종속적 일체불가분성이 인정되는 점 등에 비추어 볼 때, 구분건물의 전유부분에 대한 소유권보존등기만 경료 되고 대지지분에 대한 등기가 경료되기 전에 전유부분 만에 대해 내려진 가압류결정의 효력은, 대지사용권의 분리처분이 가능하도록 규약으로 정하였다는 등의 특별한 사정이 없는 한, 종물 내지 종 된 권리인 그 대지권에까지 미친다(대판 2006.10.26. 2006다29020).

⑤ **(O)** : 토지의 개수는 지적법에 의한 지적공부상의 토지의 필수를 표준으로 하여 결정되는 것으로서 1필지의 토지를 수필의 토지로 분할하여 등기하려면 지적법이 정하는 바에 따라 먼저 지적공부 소관청에 의하여 지적측량을 하고 그에 따라 필지마다 지번, 지목, 경계 또는 좌표와 면적이 정하여진 후 지적공부에 등록되는 등 분할의 절차를 밟아야 되고, 가사 등기부에만 분필의 등기가 이루어졌다고 하여도 이로써 분필의 효과가 발생할 수는 없다(대판 1995.6.16. 94다4615).

정답 ①

Ⅱ. 물건의 분류

Ⅲ. 부동산과 동산

Ⅳ. 주물과 종물

179 민법상 물건에 관한 설명으로 옳지 않은 것은? (다툼이 있으면 판례에 따름) [15 노무사]

① 「입목에 관한 법률」에 따라 등기된 입목이나 명인방법을 갖춘 수목의 경우에는 독립하여 거래의 객체가 된다.
② 사람의 유체·유골은 매장·관리·제사·공양의 대상이 될 수 있는 유체물로서 그 제사주재자에게 승계된다.
③ 당사자는 주물을 처분할 때에 특약으로 종물을 제외할 수 있고 종물만을 별도로 처분할 수도 있다.
④ 천연과실은 수취할 권리의 존속기간 일수의 비율로 취득한다.
⑤ 주물과 다른 사람의 소유에 속하는 물건은 종물이 될 수 없다.

해설

① (O) : 입목법의 적용을 받는 수목의 집단, 명인방법에 의해 공시된 수목의 집단 등은 **토지의 정착물 중 토지와 별개의 독립한 부동산이 된다.**
② (O) : 사람의 유체·유골은 매장·관리·제사·공양의 대상이 될 수 있는 유체물로서, 분묘에 안치되어 있는 선조의 유체·유골은 민법 제1008조의3 소정의 제사용 재산인 분묘와 함께 그 제사주재자에게 승계되고, 피상속인 자신의 유체·유골 역시 위 제사용 재산에 준하여 그 제사주재자에게 승계된다(대판[전합] 2008.11.20. 2007다27670).
③ (O) : 제100조 제2항은 강행규정이 아니므로 당사자의 약정에 의하여 종물만의 처분도 가능하다. 제100조【주물, 종물】② 종물은 주물의 처분에 따른다.
④ (X) : 제102조【과실의 취득】① 천연과실은 그 원물로부터 분리하는 때에 이를 수취할 권리자에게 속한다. ② 법정과실은 수취할 권리의 존속기간일수의 비율로 취득한다.
⑤ (O) : 종물은 물건의 소유자가 그 물건의 상용에 공하기 위하여 자기 소유인 다른 물건을 이에 부속하게 한 것을 말하므로(민법 제100조 제1항) 주물과 다른 사람의 소유에 속하는 물건은 종물이 될 수 없다(대판 2008.5.8. 2007다36933,36940).

정답 ④

180 주물과 종물에 관한 설명으로 옳지 않은 것은? (다툼이 있으면 판례에 따름) [16 세무사]

① 몽리(蒙利)농지에 부속한 양수장시설은 특별한 사정이 없는 한 그 농지의 종물이다.
② 종물은 특정의 주물에 부속된다고 인정될 만한 밀접한 장소적 관계에 있어야 한다.
③ 주물의 상용에 공여되고 있더라도 주물 자체의 효용과 직접적으로 관계되지 않으면 종물이 아니다.
④ 주물을 처분할 때에 종물만을 별도로 처분하기로 하는 약정은 유효하다.
⑤ 주물과 종물의 관계에 관한 민법상 법리는 물건 상호간에 적용되고 권리 상호간에는 적용되지 않는다.

해설

① (O) : 종물이 주물의 구성부분이거나, 주종이 합하여 단일물이나 합성물인 경우는 종물이 아니며, 주물·종물은 모두 동산이건 부동산이건 상관없다(주유소의 주유기, 백화점 내의 전화교환설비, 횟집건물 내의 수족관, 양수시설). **정화조**는 건물의 대지가 아닌 다른 필지의 지하에 설치되어 있다 하더라도 독립된 물건인 종물이라기보다 **건물의 구성부분**이다(대판 1993.12.10, 93다42399).

② (O) : "상용에 공한다"는 의미는 사회통념상 계속하여 주물의 효용을 완성시키는 작용을 한다고 인정되는 종류의 물건이고 또 특정의 주물에 부속된다고 인정될 만한 장소적 관계에 있어야 한다는 것을 의미한다(대판 1988.2.23, 87다카600).

③ (O) : 계속적으로 주물의 경제적 효용을 도와야 한다. 어느 건물이 주된 건물의 종물이기 위하여는 주된 건물의 경제적 효용을 보조하기 위하여 계속적으로 이바지되어야 하는 관계가 있어야 한다(대판 1988.2.23, 87다카600).

④ (O) : 제100조 제2항은 강행규정이 아니므로 당사자의 약정에 의하여 종물만의 처분도 가능하다.

⑤ (X) : 종물이론을 권리상호간에도 유추적용 할 수 있는지가 문제되는데, 학설은 제100조 제2항의 취지로 보아 유추적용 한다는 것이 통설이다. 예를 들어 **건물이 양도되면 그 건물을 위한 대지의 임차권도 건물의 양수인에게 이전하며**, 원본채권이 양도되면 기본적 이자채권도 원본채권과 운명을 같이한다고 본다.

정답 ⑤

181 물건에 관한 설명으로 옳지 않은 것은? (다툼이 있으면 판례에 따름) [16 세무사]

① 부동산 이외의 물건은 동산이다.
② 입목등기가 되지 아니한 식재된 수목은 명인방법을 갖추면 토지와 독립된 거래의 객체로 된다.
③ 유체 및 유골은 제사주재자에게 소유권이 귀속되기 때문에 제사주재자는 이를 포기할 수 있다.
④ 1필 토지의 일부분이 별개의 부동산으로 되기 위해서는 원칙적으로 분필절차를 거쳐야 한다.
⑤ 특정된 물건의 일부나 집단에 대해서도 공시방법을 갖추면 하나의 독립한 물건이 될 수 있다.

> **해설**

① (O) : 토지와 그 정착물은 부동산(제99조 1항)이고, 부동산 이외의 물건은 동산(제99조 2항)이다.
② (O) : 判例는 입목법이 적용되지 않는 수목의 집단도 명인방법을 갖추면 독립한 부동산으로서 거래의 목적이 된다고 본다.
③ (X) : 사람의 유체·유골은 매장·관리·제사·공양의 대상이 될 수 있는 유체물로서, 분묘에 안치되어 있는 선조의 유체·유골은 민법 제1008조의3 소정의 제사용 재산인 분묘와 함께 그 제사주재자에게 승계되고, 피상속인 자신의 유체·유골 역시 위 제사용 재산에 준하여 그 제사주재자에게 승계된다(대판[전합] 2008.11.20. 2007다27670). 즉 유체 및 유골은 포기의 대상은 되지 아니한다.
④ (O) : 토지의 개수는 지적법에 의한 지적공부상의 토지의 필수를 표준으로 하여 결정되는 것으로서 1필지의 토지를 수필의 토지로 분할하여 등기하려면 지적법이 정하는 바에 따라 먼저 지적공부 소관청에 의하여 지적측량을 하고 그에 따라 필지마다 지번, 지목, 경계 또는 좌표와 면적이 정하여진 후 지적공부에 등록되는 등 분할의 절차를 밟아야 되고, 가사 등기부에만 분필의 등기가 이루어졌다고 하여도 이로써 분필의 효과가 발생할 수는 없다(대판 1995.6.16. 94다4615).
⑤ (O) : 특별법이 있는 경우 또는 특별법이 없더라도 경제적 독립성이 있고 공시방법 등이 갖추어져 그 범위를 특정할 수 있으면, 물건의 집단 내지 집합물에 대해서도 물권의 성립을 인정할 수 있다.

정답 ③

182 주물과 종물에 관한 설명으로 옳은 것은? (다툼이 있으면 판례에 따름) [16 감평]

① 독립한 부동산은 종물이 될 수 없다.
② 주물을 처분할 때 당사자의 특약으로 종물만을 별도로 처분할 수도 있다.
③ 주물 위에 설정된 저당권의 효력은, 법률의 규정 또는 다른 약정이 없으면, 설정 후의 종물에까지 미치지 않는다.
④ 구분건물의 전유부분에 대한 가압류 결정의 효력은 특별한 사정이 없는 한 그 대지권에 미치지 않는다.
⑤ 권리 상호간에는 주물과 종물의 법리가 적용되지 않는다.

> **해설**

① (X) : 주물·종물은 모두 동산이건 부동산이건 상관없다(주유소의 주유기, 백화점 내의 전화교환설비, 횟집건물 내의 수족관, 양수시설).
② (O) : 제100조 제2항은 강행규정이 아니므로 당사자의 약정에 의하여 종물만의 처분도 가능하다.
③ (X) : 제358조 【저당권의 효력의 범위】 저당권의 효력은 저당부동산에 부합된 물건과 종물에 미친다.
④ (X), ⑤ (X) : 종물이론을 권리상호간에도 유추적용할 수 있는지가 문제되는데, 학설은 제100조 제2항의 취지로 보아 유추적용한다는 것이 통설이다. 예를 들어 **건물이 양도되면 그 건물을 위한**

대지의 임차권도 건물의 양수인에게 이전하며, 원본채권이 양도되면 기본적 이자채권도 원본채권과 운명을 같이한다고 본다.

정답 ②

183 주물과 종물에 관한 설명으로 옳지 않은 것은?(다툼이 있으면 판례에 따름) [16 노무사]

① 종물은 주물의 처분에 따르므로 종물만을 별도로 처분하기로 하는 약정은 무효이다.
② 주물 소유자의 소유가 아닌 물건은 종물이 될 수 없다.
③ 건물에 대한 저당권의 효력은, 특별한 사정이 없는 한, 그 건물의 소유를 목적으로 하는 지상권에도 미친다.
④ 주물 소유자의 사용에 공여되고 있더라도 주물 그 자체의 효용과 직접 관계가 없는 물건은 종물이 아니다.
⑤ 어떤 권리를 다른 권리에 대하여 종된 권리라고 할 수 있으려면 종물과 마찬가지로 다른 권리의 경제적 효용에 이바지하는 관계에 있어야 한다.

해설

① (✗) : 제100조 제2항은 강행규정이 아니므로 당사자의 약정에 의하여 종물만의 처분도 가능하다.
② (○) : 종물은 물건의 소유자가 그 물건의 상용에 공하기 위하여 자기 소유인 다른 물건을 이에 부속하게 한 것을 말하므로(민법 제100조 제1항) 주물과 다른 사람의 소유에 속하는 물건은 종물이 될 수 없다(대판 2008.5.8. 2007다36933,36940).
③ (○) : "저당권의 효력은 저당부동산에 부합된 물건과 종물에 미친다"는 제358조 본문의 규정은 저당부동산에 관한 종된 권리에도 유추적용 되어서, **건물에 대한 저당권의 효력은 그 건물의 소유를 목적으로 하는 지상권에도 미친다**(대판 1992.7.14. 92다527).
④ (○) : 폐수처리시설이 공장저당법에 의하여 근저당권이 설정된 공장 토지와 그에 인접한 공장 토지가 아닌 타인 소유의 토지에 걸쳐서 설치되어 있는 경우, 주물의 소유자나 이용자의 상용에 공여되고 있더라도 주물 그 자체의 효용과 직접 관계가 없는 물건은 종물이 아니다(대판 1997.10.10. 97다3750).
⑤ (○) : 계속적으로 주물의 경제적 효용을 도와야 한다. 어느 건물이 주된 건물의 종물이기 위하여는 주된 건물의 경제적 효용을 보조하기 위하여 계속적으로 이바지되어야 하는 관계가 있어야 한다(대판 1988.2.23. 87다카600).

정답 ①

184 물건에 관한 설명으로 옳은 것은? (다툼이 있으면 판례에 따름) [19 세무사]

① 주물과 종물은 법률적 운명을 같이 하므로 1개의 물건이 된다.
② 원상복구가 사회통념상 불가능한 상태에 이른 포락지라 하더라도 토지소유권의 객체가 된다.
③ 관리할 수 있는 자연력은 물건이 아니다.
④ 건물의 대지가 아닌 다른 인접한 필지의 지하에 설치된 정화조는 건물의 구성부분이므로 그 건물의 종물이 아니다.
⑤ 1동의 건물이 구분 건물로 구성되어 있더라도 1동의 건물의 일부는 독립한 소유권의 객체가 되지 못한다.

해설

① (✕) : 종물은 독립한 물건이어야 한다는 점에서 부속물, 지상물과 같다.
② (✕) : 바다에 인접한 토지가 유실되어 바닷물에 잠기게 되어 과다한 비용을 요하고 원상복구가 불가능하다면 포락으로 소유권이 소멸하였다(대판 1972.9.26, 71다2488; 대판 1995.8.25, 95다18659).
③ (✕) : 제98조 【물건의 정의】 본법에서 물건이라 함은 유체물 및 전기 기타 관리할 수 있는 자연력을 말한다.
④ (○) : 정화조는 독립된 물건으로서의 종물이 아니라 건물의 구성부분이다(대판 1993.12.10, 93다42399).
⑤ (✕) : 건물은 건물등기부에 공시되고, 집합건물의 경우 1동의 건물의 일부에 구분소유가 가능하다.

정답 ④

185 주물·종물의 법리에 관한 설명으로 옳은 것은? (다툼이 있으면 판례에 따름) [19 세무사]

① 주물 그 자체의 효용과 직접 관계가 없더라도 주물의 소유자나 이용자의 상용에 공여되고 있다면 종물이 된다.
② 원본채권이 양도되면 이미 변제기에 도달한 이자채권도 당연히 함께 양도된다.
③ 건물에 대한 저당권이 실행된 경우, 건물의 소유권이 경락인에게 이전되더라도 그 건물의 소유를 위한 대지의 임차권은 함께 이전되지 않는다.
④ 주물을 점유하여 시효취득하면 점유하지 않은 종물도 시효취득 한다.
⑤ 종물은 주물의 처분에 따른다고 하였을 때 처분에는 물권적 처분뿐만 아니라 채권적 처분도 포함된다.

해설

① (✗) : 종물은 물건의 소유자가 그 물건의 상용에 공하기 위하여 자기 소유인 다른 물건을 이에 부속하게 한 것을 말하므로(민법 제100조 제1항) 주물과 다른 사람의 소유에 속하는 물건은 종물이 될 수 없다(대판 2008.5.8. 2007다36933, 36940).

② (✗) : 이자채권은 원본채권에 대하여 종속성을 갖고 있으나 이미 변제기에 도달한 이자채권은 원본채권과 분리하여 양도할 수 있고 원본채권과 별도로 변제할 수 있으며 시효로 인하여 소멸되기도 하는 등 어느 정도 독립성을 갖게 되는 것이므로, 원본채권이 양도된 경우 이미 변제기에 도달한 이자채권은 원본채권의 양도당시 그 이자채권도 양도한다는 의사표시가 없는 한 당연히 양도되지는 않는다(대판 1989. 3. 28. 88다카12803).

③ (✗) : 종물이론을 권리상호간에도 유추적용 할 수 있는지가 문제되는데, 학설은 제100조 제2항의 취지로 보아 유추적용 한다는 것이 통설이다. 예를 들어 건물이 양도되면 그 건물을 위한 대지의 임차권도 건물의 양수인에게 이전하며, 원본채권이 양도되면 기본적 이자채권도 같이 양도된다.

④ (✗) : 종물은 독립한 물건이므로, 같이 시효취득하는 것은 아니다.

⑤ (O) : 종물은 주물의 처분에 따른다. 이때 처분은 물권적 처분뿐만 아니라 채권적 처분도 포함하므로 소유권양도, 저당권설정뿐만 아니라 매매, 임대차 등을 의미한다.

정답 ⑤

186 물건에 관한 설명으로 옳지 않은 것은? (다툼이 있으면 판례에 따름) [20 감평]

① 종물은 주물소유자의 상용에 공여된 물건을 말한다.
② 주물과 다른 사람의 소유에 속하는 물건은 종물이 될 수 없다.
③ 주물과 종물의 관계에 관한 법리는 권리 상호간에도 적용된다.
④ 저당권의 효력이 종물에 미친다는 규정은 종물은 주물의 처분에 따른다는 것과 이론적 기초를 같이 한다.
⑤ 토지의 개수는 지적공부의 등록단위가 되는 필(筆)을 표준으로 한다.

해설

① (✗) : 물건의 소유자가 그 물건의 상용에 공하기 위하여 자기 소유인 다른 물건을 이에 부속하게 한 때에는 그 부속물은 종물이다(제100조 1항).

② (O) : 종물은 물건의 소유자가 그 물건의 상용에 공하기 위하여 자기 소유인 다른 물건을 이에 부속하게 한 것을 말하므로(민법 제100조 제1항) 주물과 다른 사람의 소유에 속하는 물건은 종물이 될 수 없다(대판 2008.5.8. 2007다36933, 36940).

③ (O), ④ (O) : 민법 제100조 제2항의 종물과 주물의 관계에 관한 법리는 물건 상호간의 관계뿐 아니라 권리 상호간에도 적용되고, 위 규정에서의 처분은 처분행위에 의한 권리변동뿐 아니라 주물의 권리관계가 압류와 같은 공법상의 처분 등에 의하여 생긴 경우에도 적용되어야 하는 점, 저당권의 효력이 종물에 대하여도 미친다는 민법 제358조 본문 규정은 같은 법 제100조 제2항과 이론적 기초

를 같이하는 점, 집합건물의 소유 및 관리에 관한 법률 제20조 제1항, 제2항에 의하면 구분건물의 대지사용권은 전유부분과 종속적 일체불가분성이 인정되는 점 등에 비추어 볼 때, 구분건물의 전유부분에 대한 소유권보존등기만 경료되고 대지지분에 대한 등기가 경료되기 전에 전유부분만에 대해 내려진 가압류결정의 효력은, 대지사용권의 분리처분이 가능하도록 규약으로 정하였다는 등의 특별한 사정이 없는 한, 종물 내지 종된 권리인 그 대지권에까지 미친다(대판 2006. 10. 26. 2006다29020).

⑤ (O) : 토지의 개수는 지적법에 의한 지적공부상의 토지의 필수를 표준으로 하여 결정되는 것으로서 1필지의 토지를 수필의 토지로 분할하여 등기하려면 지적법이 정하는 바에 따라 먼저 지적공부 소관청에 의하여 지적측량을 하고 그에 따라 필지마다 지번, 지목, 경계 또는 좌표와 면적이 정하여진 후 지적공부에 등록되는 등 분할의 절차를 밟아야 되고, 가사 등기부에만 분필의 등기가 이루어졌다고 하여도 이로써 분필의 효과가 발생할 수는 없다(대판 1995.6.16, 94다4615).

정답 ①

187 물건에 관한 설명으로 옳지 않은 것은? (다툼이 있으면 판례에 따름) [21 감평]

① 주물 소유자의 사용에 공여되는 물건이라도 주물 자체의 효용과 직접 관계가 없으면 종물이 아니다.
② '입목에 관한 법률'에 의하여 소유권보존등기를 한 수목의 집단은 저당권의 객체가 된다.
③ 종물과 주물의 관계에 관한 법리는 권리 상호간에도 적용될 수 있다.
④ 분필절차는 거치지 않은 1필의 토지의 일부에 대해서도 저당권을 설정할 수 있다.
⑤ 저당권의 효력은 저당부동산의 종물에 미치므로 경매를 통하여 저당부동산의 소유권을 취득한 자는 특별한 사정이 없는 한 종물의 소유권을 취득한다.

해설

① (O) : 폐수처리시설이 공장저당법에 의하여 근저당권이 설정된 공장 토지와 그에 인접한 공장 토지가 아닌 타인 소유의 토지에 걸쳐서 설치되어 있는 경우, 주물의 소유자나 이용자의 상용에 공여되고 있더라도 주물 그 자체의 효용과 직접 관계가 없는 물건은 종물이 아니다(대판 1997.10.10, 97다3750).

② (O) : 입목에 관한 법률은 이 법에 의하여 소유권보존등기를 받은 수목의 집단을 "입목"이라고 하면서(동법 제2조 1항), 토지와는 별개의 부동산으로 다룬다(동법 제3조 1항).

③ (O) : 종물이론을 권리상호간에도 유추적용 할 수 있는지가 문제되는데, 학설은 제100조 제2항의 취지로 보아 유추적용 한다는 것이 통설, 判例이다. 예를 들어 건물이 양도되면 그 건물을 위한 대지의 임차권도 건물의 양수인에게 이전하며, 원본채권이 양도되면 기본적 이자채권도 같이 양도된다. 다만 이미 변제기에 도달한 이자채권은 당연히 함께 양도되는 것은 아니다.

④ (X) : 1필의 토지의 일부는 분필등기가 되기 전이라면 저당권의 객체가 될 수 없다.

⑤ (O) : 저당권의 실행으로 부동산이 경매된 경우에 그 부동산에 부합된 물건은 그것이 부합될 당시에 누구의 소유이었는지를 가릴 것 없이 그 부동산을 낙찰 받은 사람이 소유권을 취득하지만, 그 부동산의 상용에 공하여진 물건일지라도 그 물건이 부동산의 소유자가 아닌 다른 사람의 소유인

때에는 이를 종물이라고 할 수 없으므로, 부동산에 대한 저당권의 효력에 미칠 수 없어 부동산의 낙찰자가 당연히 그 소유권을 취득하는 것은 아니다. 다만, 부동산의 낙찰자가 그 물건을 선의취득 하였다고 할 수 있으려면 그 물건이 경매의 목적물로 되었고 낙찰자가 선의이며 과실 없이 그 물건을 점유하는 등으로 선의취득의 요건을 구비하여야 한다(대판 2008.5.8, 2007다36933·36940).

정답 ④

---

188 물건에 관한 설명으로 옳지 않은 것은? (다툼이 있으면 판례에 따름) [21 세무사]

① 전기 기타 관리할 수 있는 자연력은 물건이다.
② 원칙적으로 주물의 소유자와 종물의 소유자는 동일인이어야 한다.
③ 명인방법을 갖춘 수목은 독립하여 거래의 객체가 되지 못한다.
④ 당사자는 특약으로 주물과 따로 종물만을 처분할 수 있다.
⑤ 주된 건물의 경제적 효용을 보조하기 위하여 계속적으로 이바지하는 관계에 있는 건물은 종물에 해당한다.

해설

① (○) : 제98조【물건의 정의】본법에서 물건이라 함은 유체물 및 전기 기타 관리할 수 있는 자연력을 말한다.
② (○) : 제100조【주물, 종물】① 물건의 소유자가 그 물건의 상용에 공하기 위하여 자기 소유인 다른 물건을 이에 부속하게 한 때에는 그 부속물은 종물이다. ; 종물은 물건의 소유자가 그 물건의 상용에 공하기 위하여 자기 소유인 다른 물건을 이에 부속하게 한 것을 말하므로(민법 제100조 제1항) 주물과 다른 사람의 소유에 속하는 물건은 종물이 될 수 없다(대판 2008.5.8. 2007다36933,36940).
③ (×) : 判例는 입목법이 적용되지 않는 수목의 집단도 명인방법을 갖추면 독립한 부동산으로서 거래의 목적이 된다고 본다[28].
④ (○) : 제100조【주물, 종물】② 종물은 주물의 처분에 따른다. 제100조 제2항은 강행규정이 아니므로 당사자의 약정에 의하여 종물만의 처분도 가능하다.
⑤ (○) : 어느 건물이 주된 건물의 종물이기 위하여는 주된 건물의 경제적 효용을 보조하기 위하여 계속적으로 이바지되어야 하는 관계가 있어야 한다(대판 1988.2.23, 87다카600).

정답 ③

---

[28] 임야지반과 분리하여 입목을 매수하여 그 소유권양도를 받은 사람이 임야의 수개소에 "입산금지 소유자 아무"라는 표기를 써서 붙였다면 입목 소유권 취득의 명인방법으로 부족하다 할 수 없다(대판 1967. 12. 18. 66다2382,2383).

189 물건에 관한 설명으로 옳지 않은 것은? (다툼이 있으면 판례에 따름) [21 노무]

① 주물과 종물은 원칙적으로 동일한 소유자에게 속하여야 한다.
② 주물과 종물에 관한 민법 제100조 제2항의 법리는 압류와 같은 공법상 처분에는 적용되지 않는다.
③ 당사자는 주물을 처분할 때에 특약으로 종물을 제외하거나 종물만 별도로 처분할 수 있다.
④ 노동의 대가인 임금은 법정과실이 아니다.
⑤ 매매목적물이 인도되지 않았고 매수인도 대금을 완제 하지 않은 경우, 특별한 사정이 없는 한 매도인의 이행지체가 있더라도 매매목적물로부터 발생하는 과실은 매도인에게 귀속된다.

해설

① (O) : 종물은 물건의 소유자가 그 물건의 상용에 공하기 위하여 자기 소유인 다른 물건을 이에 부속하게 한 것을 말하므로(민법 제100조 제1항) 주물과 다른 사람의 소유에 속하는 물건은 종물이 될 수 없다(대판 2008.5.8. 2007다36933, 36940).
② (×) : 종물은 주물의 처분에 따른다. 이때 처분은 물권적 처분뿐만 아니라 채권적 처분도 포함하므로 소유권양도, 저당권설정뿐만 아니라 매매, 임대차 등을 의미한다. 判例는 압류와 같은 공법상의 처분의 경우에도 처분의 수반성 원칙을 적용 한다29).
③ (O) : 제100조 제2항은 강행규정이 아니므로 당사자의 약정에 의하여 종물만의 처분도 가능하다.
④ (O) : 권리의 과실(주식의 배당금, 특허권의 사용료, 노동의 대가인 임금)이라는 관념은 인정하지 않는다.
⑤ (O) : 제587조【과실의 귀속, 대금의 이자】매매계약 있은 후에도 인도하지 아니한 목적물로부터 생긴 과실은 매도인에게 속한다. 매수인은 목적물의 인도를 받은 날로부터 대금의 이자를 지급하여야 한다. 그러나 대금의 지급에 대하여 기한이 있는 때에는 그러하지 아니하다.

정답 ②

V. 원물과 과실

190 원물과 과실에 관한 설명으로 옳지 않은 것은? (다툼이 있으면 판례에 따름) [16 세무사]

① 물건의 사용대가로 받는 물건은 법정과실이다.
② 물건의 용법에 따라 수취하는 산출물은 천연과실이다.
③ 법정과실의 귀속에 관한 민법규정은 강행규정이다.

---

29) 구분건물의 대지사용권은 전유부분과 종속적 일체불가분성이 인정되는 점 등에 비추어 볼 때, 구분건물의 전유부분에 대한 소유권보존등기만 경료 되고 대지지분에 대한 등기가 경료되기 전에 전유부분 만에 대해 내려진 가압류결정의 효력은, 대지사용권의 분리처분이 가능하도록 규약으로 정하였다는 등의 특별한 사정이 없는 한, 종물 내지 종된 권리인 그 대지권에까지 미친다고 본다(대판 2006.10.26. 2006다29020).

④ 천연과실의 귀속에 관한 민법규정은 임의규정이다.
⑤ 건물을 사용함으로써 얻는 이득은 그 건물의 과실에 준한다.

해설

①, ② (O) : 제101조【천연과실, 법정과실】① 물건의 용법에 의하여 수취하는 산출물은 천연과실이다. ② 물건의 사용대가로 받는 금전 기타의 물건은 법정과실로 한다.
③ (×), ④ (O) : 제102조은 강행규정이 아니라 **임의규정**이므로 귀속관계는 특약으로 달리 정할 수 있다.
⑤ (O) : 判例는 건물을 사용함으로써 얻는 이득은 법정과실에 준하여 보아야 하므로 선의로 건물을 점유하고 있던 자는 과실을 취득하고 부당이득반환의무는 발생하지 않는다고 한다. 사용이익도 과실에 준하는 것으로 보는 것이 判例의 태도이다. 따라서 민법 제201조 제1항에 의하여 선의의 점유자에게는 반환의무가 없다(대판 1996.1.26, 95다44290).

정답 ③

191 물건에 관한 설명으로 옳지 않은 것은? (다툼이 있으면 판례에 따름) [17 감평]

① 법률상 공시방법이 인정되지 않은 집합물이라도 특정성이 있으면 이를 양도담보의 목적으로 할 수 있다.
② 법정과실은 원칙적으로 수취할 권리의 존속기간 일수의 비율로 취득한다.
③ 수목에 달려있는 미분리의 과실에 대해 명인방법을 갖추면 그 과실은 독립한 물건으로 거래의 목적으로 할 수 있다.
④ 천연과실은 다른 특약이 있더라도 그 원물로부터 분리하는 때에 이를 수취할 권리자에게 속한다.
⑤ 권원 없이 타인의 토지에서 경작한 농작물도 성숙하여 독립한 물건으로 인정되면 그 소유권은 명인방법을 갖출 필요 없이 경작자에게 있다.

해설

① (O) : 일단의 증감 변동하는 동산을 하나의 물건으로 보아 이를 채권담보의 목적으로 삼는 이른바 유동집합물에 대한 양도담보계약의 경우에, 양도담보의 효력이 미치는 범위를 명시하여 제3자에게 불측의 손해를 입지 않도록 하고 권리관계를 미리 명확히 하여 집행절차가 부당히 지연되지 않도록 하기 위하여 그 목적물을 특정할 필요가 있으므로, 담보목적물은 담보설정자의 다른 물건과 구별될 수 있도록 그 종류, 소재하는 장소 또는 수량의 지정 등의 방법에 의하여 외부적·객관적으로 특정되어 있어야 하고(대법원 1990. 12. 26. 선고 88다카20224 판결 등 참조), 목적물의 특정 여부 및 목적물의 범위는 목적물의 종류, 장소, 수량 등에 관한 계약의 전체적 내용, 계약 당사자의 의사, 목적물 자체가 가지는 유기적 결합의 정도, 목적물의 성질, 담보물 관리와 이용방법 등 여러 가지 사정을 종합하여 구체적으로 판단하여야 할 것이다(대판 2013.01.16. 2012다78726).

② (O) : 제102조【과실의 취득】① 천연과실은 그 원물로부터 분리하는 때에 이를 수취할 권리자에게 속한다. ② 법정과실은 수취할 권리의 존속기간일수의 비율로 취득한다.

③ (O) : 判例는 입목법이 적용되지 않는 수목의 집단도 명인방법을 갖추면 독립한 부동산으로서 거래의 목적이 된다고 본다. 명인방법이란 수목의 집단 또는 미분리의 과실의 소유권이 누구에게 속하고 있는지를 제3자가 명백하게 인식할 수 있도록 하는 관습법상의 공시방법이다. 예를 들어 나무껍질을 깎아 거기에 소유자의 이름을 먹물로 적어놓은 것, 과수원 주변에 새끼줄을 치고 소유자의 이름을 기재한 표찰을 붙여 놓은 것 등이 있다.

④ (X) : 제102조【과실의 취득】① 천연과실은 그 원물로부터 분리하는 때에 이를 수취할 권리자에게 속한다. 제102조 제1항은 강행규정이 아니라 **임의규정**이므로 귀속관계는 특약으로 달리 정할 수 있다.

⑤ (O) : 아무런 권원 없이 타인의 토지에서 경작·재배한 경우에는 **명인방법을 갖추지 않았다** 하더라도 그 농작물의 소유권은 경작자에게 있다(대판 1963.2.21. 62다913). 명인방법을 갖추지 않은 경우에도 농작물의 소유권은 경작자에게 있다.

정답 ④

192 민법상 물건에 관한 설명으로 옳지 않은 것은? (다툼이 있으면 판례에 따름) [17 세무사]

① 무기명채권은 부동산이 아니므로 동산에 해당한다.
② 독립한 부동산도 종물이 될 수 있다.
③ 물건의 용법에 따라 수취하는 산출물은 천연과실이다.
④ 토지의 사용대가로 받는 차임은 법정과실이다.
⑤ 주물의 소유자나 이용자의 사용에 제공되고 있는 물건이라 하더라도, 주물 그 자체의 경제적 효용과 직접적인 관련이 없는 것은 종물이 아니다.

해설

① (X) : 제98조【물건의 정의】본법에서 물건이라 함은 유체물 및 전기 기타 관리할 수 있는 자연력을 말한다. 제99조【부동산, 동산】① 토지 및 그 정착물은 부동산이다. ② 부동산이외의 물건은 동산이다. 즉 무기명채권은 물건이 아니므로, 동산에 해당하지 아니한다.

② (O) : 주물·종물은 모두 동산이건 부동산이건 상관없다(주유소의 주유기, 백화점 내의 전화교환설비, 횟집건물 내의 수족관, 양수시설).

③ (O) : 제101조【천연과실, 법정과실】① 물건의 용법에 의하여 수취하는 산출물은 천연과실이다.

④ (O) : 제101조【천연과실, 법정과실】② 물건의 사용대가로 받는 금전 기타의 물건은 법정과실로 한다.

⑤ (O) : 종물은 주물의 상용에 이바지하는 관계에 있어야 하고, 주물의 상용에 이바지한다 함은 주물 그 자체의 경제적 효용을 다하게 하는 것을 말하는 것으로서 주물의 소유자나 이용자의 상용에 공여되고 있더라도 주물 그 자체의 효용과 직접 관계가 없는 물건은 종물이 아니다(대판 1997.10.10. 97다3750).

정답 ①

193 물건에 관한 설명으로 옳지 않은 것은? (다툼이 있으면 판례에 따름) [17 노무]

① 부동산 외의 물건은 모두 동산이다.
② 임대료는 법정과실에 해당한다.
③ 종물은 주물의 구성부분이 아닌 독립한 물건이어야 한다.
④ 부동산은 주물뿐만 아니라 종물도 될 수 있다.
⑤ 당사자는 주물을 처분할 때 특약으로 종물을 제외할 수 없다.

해설

① (○) : 제99조【부동산, 동산】① 토지 및 그 정착물은 부동산이다. ② 부동산이외의 물건은 동산이다.
② (○) : 제101조【천연과실, 법정과실】① 물건의 용법에 의하여 수취하는 산출물은 천연과실이다. ② 물건의 사용대가로 받는 금전 기타의 물건은 법정과실로 한다.
③ (○), ④ (○) : 종물이 주물의 구성부분이거나, 주종이 합하여 단일물이나 합성물인 경우는 종물이 아니며, 주물·종물은 모두 동산이건 부동산이건 상관없다(주유소의 주유기, 백화점 내의 전화교환설비, 횟집건물 내의 수족관, 양수시설).
⑤ (✕) : 제100조 제2항은 강행규정이 아니므로 당사자의 약정에 의하여 종물만의 처분도 가능하다.

정답 ⑤

194 과실을 수취할 수 있는 자를 모두 고른 것은? [18 감평]

> ㄱ. 질물의 과실에 대한 질권자
> ㄴ. 유치물의 과실에 대한 유치권자
> ㄷ. 점유물의 과실에 대한 선의의 점유자
> ㄹ. 토지전세권에서 토지의 과실에 대한 전세권설정자

① ㄱ, ㄴ ② ㄷ, ㄹ ③ ㄱ, ㄴ, ㄷ
④ ㄱ, ㄷ, ㄹ ⑤ ㄴ, ㄷ, ㄹ

해설

ㄱ. (○) : 제343조【준용규정】제249조 내지 제251조, 제321조 내지 제325조의 규정은 동산질권에 준용한다.
ㄴ. (○) : 제323조【과실수취권】① 유치권자는 유치물의 과실을 수취하여 다른 채권보다 먼저 그 채권의 변제에 충당할 수 있다. 그러나 과실이 금전이 아닌 때에는 경매하여야 한다. ② 과실은 먼저 채권의 이자에 충당하고 그 잉여가 있으면 원본에 충당한다.

ㄷ. (O) : 제201조【점유자와 과실】① 선의의 점유자는 점유물의 과실을 취득한다.

ㄹ. (×) : 제303조【전세권의 내용】① 전세권자는 전세금을 지급하고 타인의 부동산을 점유하여 그 부동산의 용도에 좇아 사용·수익하며, 그 부동산 전부에 대하여 후순위권리자 기타 채권자보다 전세금의 우선변제를 받을 권리가 있다. 〈개정 1984.4.10〉

정답 ③

195 물건에 관한 설명으로 옳지 않은 것은? (다툼이 있으면 판례에 따름) [18 세무사]

① 저당권설정자의 저당부동산에 관한 차임채권은 법정과실이다.
② 법정과실은 수취할 권리의 존속기간일수의 비율로 취득한다.
③ 국립공원의 입장료는 토지 사용의 대가로서 과실에 해당한다.
④ 주물의 소유자가 아닌 다른 사람의 소유에 속하는 물건은 종물이 될 수 없다.
⑤ 전기 기타 관리할 수 있는 자연력은 물건이다.

해설

① (O) : 제101조【천연과실, 법정과실】② 물건의 사용대가로 받는 금전 기타의 물건은 법정과실로 한다.

② (O) : 제102조【과실의 취득】② 법정과실은 수취할 권리의 존속기간일수의 비율로 취득한다.

③ (×) : 자연공원법(1995. 12. 30. 법률 제5122호로 개정된 것) 제26조 및 제33조의 규정내용과 입법목적을 종합하여 보면, 국립공원의 입장료는 토지의 사용대가라는 민법상 과실이 아니라 수익자 부담의 원칙에 따라 국립공원의 유지·관리비용의 일부를 국립공원 입장객에게 부담시키고자 하는 것이어서 토지의 소유권이나 그에 기한 과실수취권과는 아무런 관련이 없고, 국립공원의 유지·관리비는 원칙적으로 국가가 부담하여야 할 것이지만 형평에 따른 수익자부담의 원칙을 적용하여 국립공원 이용자에게 입장료를 징수하여 국립공원의 유지·관리비의 일부에 충당하는 것도 가능하다고 할 것이며, 징수된 공원입장료 전부가 자연공원법 제33조 제2항에 의하여 국립공원의 관리와 국립공원 안에 있는 문화재의 관리·보수를 위한 비용에만 사용되고 있는 점 등에 비추어 국립공원 내 토지소유자에게 입장료 수입을 분배하지 않고 공원관리청에 전부 귀속되도록 규정한 자연공원법 제33조 제1항이 헌법상의 평등권이나 재산권 보장을 침해하는 규정이라고 볼 수 없다(대판 2001. 12. 28. 2000다27749).

④ (O) : 종물은 물건의 소유자가 그 물건의 상용에 공하기 위하여 자기 소유인 다른 물건을 이에 부속하게 한 것을 말하므로(민법 제100조 제1항) 주물과 다른 사람의 소유에 속하는 물건은 종물이 될 수 없다(대판 2008.5.8. 2007다36933,36940).

⑤ (O) : 제98조【물건의 정의】본법에서 물건이라 함은 유체물 및 전기 기타 관리할 수 있는 자연력을 말한다.

정답 ③

196 원물과 과실에 관한 설명으로 옳은 것은? (다툼이 있으면 판례에 따름) [20 세무사]

① 물건의 용법에 의하여 수취하는 산출물은 법정과실이다.
② 토지의 사용대가인 지료는 법정과실이 아니다.
③ 국립공원의 입장료는 민법상 과실이다.
④ 물건의 소유자가 아니면 과실수취권을 가질 수 없다.
⑤ 미분리의 과실은 명인방법을 갖춘 경우 독립한 소유권의 객체가 될 수 있다.

해설

① (×) : 제101조【천연과실, 법정과실】① 물건의 용법에 의하여 수취하는 산출물은 천연과실이다.
② (×) : 제101조【천연과실, 법정과실】② 물건의 사용대가로 받는 금전 기타의 물건은 법정과실로 한다.
③ (×) : 국립공원의 입장료는 토지의 사용대가라는 민법상 과실이 아니라 수익자 부담의 원칙에 따라 국립공원의 유지·관리비용의 일부를 국립공원 입장객에게 부담시키고자 하는 것이어서 토지의 소유권이나 그에 기한 과실수취권과는 아무런 관련이 없다(대판 2001. 12. 28. 2000다27749).
④ (×) : 제102조【과실의 취득】① 천연과실은 그 원물로부터 분리하는 때에 이를 수취할 권리자에게 속한다.
⑤ (O) : 원래 과일·잎담배·뽕잎·입도(立稻, 서 있는 벼)와 같은 미분리의 과실은 수목의 일부에 지나지 않지만, 이러한 것들도 명인방법을 갖추면 독립한 물건으로서 거래의 목적이 될 수 있다.

정답 ⑤

197 물건에 관한 설명으로 옳지 않은 것은? (다툼이 있으면 판례에 따름) [20 노무]

① 주물과 다른 사람의 소유에 속하는 물건은 종물이 될 수 없다.
② 주물을 처분할 때 당사자 간의 특약으로 종물만을 별도로 처분할 수도 있다.
③ 국립공원의 입장료는 법정과실에 해당한다.
④ 관리할 수 있는 자연력은 동산이다.
⑤ 명인방법을 갖춘 수목의 경우 토지와 독립된 물건으로서 거래의 객체가 된다.

해설

① (O) : 제100조【주물, 종물】① 물건의 소유자가 그 물건의 상용에 공하기 위하여 자기소유인 다른 물건을 이에 부속하게 한 때에는 그 부속물은 종물이다. ② 종물은 주물의 처분에 따른다.
② (O) : 민법 제100조 2항은 강행규정이 아니므로 당사자의 약정에 의하여 종물만의 처분도 가능하다.

③ (×) : 자연공원법(1995. 12. 30. 법률 제5122호로 개정된 것) 제26조 및 제33조의 규정내용과 입법목적을 종합하여 보면, 국립공원의 입장료는 토지의 사용대가라는 민법상 과실이 아니라 수익자 부담의 원칙에 따라 국립공원의 유지·관리비용의 일부를 국립공원 입장객에게 부담시키고자 하는 것이어서 토지의 소유권이나 그에 기한 과실수취권과는 아무런 관련이 없고, 국립공원의 유지·관리비는 원칙적으로 국가가 부담하여야 할 것이지만 형평에 따른 수익자부담의 원칙을 적용하여 국립공원 이용자에게 입장료를 징수하여 국립공원의 유지·관리비의 일부에 충당하는 것도 가능하다고 할 것이며, 징수된 공원입장료 전부가 자연공원법 제33조 제2항에 의하여 국립공원의 관리와 국립공원 안에 있는 문화재의 관리·보수를 위한 비용에만 사용되고 있는 점 등에 비추어 국립공원 내 토지소유자에게 입장료 수입을 분배하지 않고 공원관리청에 전부 귀속되도록 규정한 자연공원법 제33조 제1항이 헌법상의 평등권이나 재산권 보장을 침해하는 규정이라고 볼 수 없다(대판 2001. 12. 28. 2000다27749).

④ (O) : 제98조【물건의 정의】본법에서 물건이라 함은 유체물 및 전기 기타 관리할 수 있는 자연력을 말한다.

⑤ (O) : 미분리의 천연과실과 수목의 집단은 토지의 일부이지만 명인방법을 갖춘 경우에는 독립한 부동산이다(대판 1977. 4. 12, 76도2887).

정답 ③

198 원물과 과실에 관한 설명으로 옳지 않은 것은? (다툼이 있으면 판례에 따름) [21 세무사]

① 천연과실에는 유기물과 인공적·무기적으로 수취되는 물건도 포함된다.
② 전세권자는 천연과실의 수취권자가 될 수 있다.
③ 주식배당금은 법정과실이다.
④ 국립공원의 입장료는 토지의 사용대가라는 민법상 과실이 아니다.
⑤ 법정과실은 수취할 권리의 존속기간일수의 비율로 취득한다.

해설

① (O) : 제101조【천연과실, 법정과실】① 물건의 용법에 의하여 수취하는 산출물은 천연과실이다. 자연적·유기적으로 생산되는 물건(열매, 우유, 가축의 새끼, 양모)과 인공적·무기적으로 생산되는 것(석재, 토사)도 포함 한다.

② (O) : 전세권자(제303조 제1항)는 천연과실의 수취권자이다.

③ (×) : **권리의 과실**(주식의 배당금, 특허권의 사용료, 노동의 대가인 임금)**이라는 관념은 인정하지 않는다.**

④ (O) : 국립공원의 입장료는 토지의 사용대가라는 민법상 과실이 아니라 수익자 부담의 원칙에 따라 국립공원의 유지·관리비용의 일부를 국립공원 입장객에게 부담시키고자 하는 것이어서 토지의 소유권이나 그에 기한 과실수취권과는 아무런 관련이 없다(대판 2001. 12. 28. 2000다27749).

⑤ (O) : 제102조【과실의 취득】① 천연과실은 그 원물로부터 분리하는 때에 이를 수취할 권리자에게 속한다. ② 법정과실은 수취할 권리의 존속기간일수의 비율로 취득한다.

정답 ③

제4장 권리의 변동

제1절 총설

199 다음 권리취득의 모습 중 원시취득에 해당하는 것만을 나열한 것은? [01 변리사]

- ㉠ 시효로 인한 취득
- ㉡ 상속에 의한 소유권취득
- ㉢ 유실물의 습득
- ㉣ 전세권의 취득
- ㉤ 유증에 의한 소유권취득
- ㉥ 건물의 신축

① ㉠, ㉡, ㉢
② ㉡, ㉣, ㉤
③ ㉠, ㉤, ㉥
④ ㉠, ㉢, ㉥
⑤ ㉡, ㉤, ㉥

해설

㉠·㉢·㉥ 원시취득 : 권리의 절대적 발생(원시취득)이란 어떤 권리가 타인의 권리에 기함이 없이 특정인에게 새로 발생하는 것을 말한다. 예컨대 무주물선점(제252조)·유실물습득(제253조)·신축한 주택의 소유권취득(제187조) 등이 이에 속하고, 인격권·가족권(子의 출산으로 인한 친권취득) 등도 원시취득이라 할 수 있다. 그리고 선의취득(제249조)과 시효취득(제245조)도 원시취득이다(통설). ㉡·㉣·㉤ 승계취득 : 권리의 상대적 발생(승계취득)이란 어떤 권리가 타인의 권리에 기하여 특정인에게 승계적으로 발생하는 것을 말한다. 이에는 ⅰ) 구권리자(전주 또는 피승계인)에 속하고 있었던 권리가 그 동일성을 유지하면서 그대로 신권리자(후주 또는 승계인)에게 이전되는 移轉的 承繼와 ⅱ) 구권리자의 권리는 그대로 존속하면서 신권리자가 그 권리의 내용의 일부에 어떤 권리를 취득하는 設定的 承繼(예컨대 소유권자로부터 지상권·저당권 등의 제한물권이나 임차권을 설정 받는 경우)가 있다. 이전적 승계는 다시 a) 개개의 권리가 개개의 취득원인에 의해 취득되는 특정승계(예컨대 매매·교환 등)와, b) 하나의 취득원인에 의해 다수의 권리가 일괄적으로 취득되는 포괄승계(예컨대 상속·포괄유증·회사의 합병 등)로 나누어진다.

정답 ④

200 권리의 변동과 그에 관한 예시가 옳지 않은 것은? [16 세무사]

① 원시취득 - 무주물선점
② 특정승계 - 회사합병
③ 포괄승계 - 상속
④ 내용의 변경 - 저당권의 순위승진
⑤ 절대적 소멸 - 건물의 멸실

> **해설**

② (X) : 권리의 이전적 승계란 구권리자에 속하고 있었던 권리가 그 동일성을 유지하면서 그대로 신권리자에게 이전되는 경우로서, 권리의 주체만이 바뀌는 것을 말한다. 이에는 ① 개개의 권리가 개개의 취득원인에 의해 취득되는 특정승계(예컨대 매매·교환 등)와 ② 하나의 취득원인에 의해 다수의 권리가 일괄적으로 취득되는 포괄승계(예컨대 상속·포괄유증·회사의 합병 등)가 있다.

정답 ②

제2절 ▶ 법률행위

■ 제1관 총 설

201 물건의 승계취득에 해당하는 것은? (다툼이 있으면 판례에 따름) [21 감평]

① 무주물 선점에 의한 소유권 취득
② 상속에 의한 소유권 취득
③ 환지처분에 의한 국가의 소유권 취득
④ 건물 신축에 의한 소유권 취득
⑤ 공용징수에 의한 토지 소유권 취득

> **해설**

권리의 이전적 승계란 구권리자에 속하고 있었던 권리가 그 동일성을 유지하면서 그대로 신권리자에게 이전되는 경우로서, 권리의 주체만이 바뀌는 것을 말한다. 이에는 ① 하나의 취득원인에 의해 다수의 권리가 일괄적으로 취득되는 포괄승계(예컨대 상속·포괄유증·회사의 합병 등)와 ② 개개의 권리가 개개의 취득원인에 의해 취득되는 특정승계(예컨대 매매·교환 등)가 있다.

정답 ②

✱ 권리변동의 모습

1. **권리의 발생(취득)**

    (1) 원시취득(절대적 발생)

    원시취득(권리의 절대적 발생)이란 어떤 권리가 타인의 권리에 기함이 없이 특정인에게 새로 발생하는 것을 말한다. 예를 들어 선의취득(제249조), 취득시효(제245조), 무주물선점(제252조)·유실물습득(제253조)·신축한 주택의 소유권취득(제187조) 등이 이에 속한다.

(2) 승계취득

1) 의의
어떠한 권리가 타인의 권리에 기인하여 특정인에게 승계적으로 발생하는 것을 말한다. 이는 다시 이전적 승계와 설정적 승계로 나뉜다.

2) 이전적 승계
권리의 이전적 승계란 구권리자에 속하고 있었던 권리가 그 동일성을 유지하면서 그대로 신권리자에게 이전되는 경우로서, 권리의 주체만이 바뀌는 것을 말한다. 이에는 ① 하나의 취득원인에 의해 다수의 권리가 일괄적으로 취득되는 포괄승계(예컨대 상속·포괄유증·회사의 합병 등)와 ② 개개의 권리가 개개의 취득원인에 의해 취득되는 특정승계(예컨대 매매·교환 등)가 있다.

3) 설정적 승계
권리의 설정적 승계란 구권리자의 권리는 그대로 존속하면서 신권리자가 그 권리의 일부에 어떠한 권리를 취득하는 경우를 말한다. 예를 들어 타인의 소유권에 대해 저당권을 설정하여 이를 취득하는 경우를 들 수 있다.

2. 권리의 변경
권리내용의 변경에는 ① 물건의 인도를 목적으로 하는 채권이 인도를 할 수 없게 됨으로써 손해배상채권으로 변하는 것·대물변제(제466조)와 같은 질적 변경과 ② 소유권의 객체에 제한물권이 설정되거나 또는 이미 설정된 제한물권이 소멸하여 소유권이 원만한 상태로 회복되는 것(소유자의 입장)·첨부(제256조 이하)와 같은 양적 변경이 있다.

3. 권리의 소멸
권리가 권리주체로부터 이탈하는 것을 말한다. 권리 자체가 소멸하는 절대적·객관적 소멸이 있는 반면(예 소멸시효), 권리 자체는 소멸되지 않고 권리주체만 변경되는 상대적·주관적 소멸(예 매매로 인하여 매도인이 물건의 소유권을 상실하는 경우)이 있다.

202 법률사실과 법률행위에 관한 설명으로 옳지 않은 것은? [12 세무사]

① 사원총회의 소집통지는 법률사실 중 관념의 통지이다.
② 의사표시와 법률행위는 반드시 동일한 것은 아니다.
③ 법률행위는 하나의 의사표시만으로 구성될 수는 없다.
④ 사람의 정신작용에 기하지 않은 법률사실도 있다.
⑤ 부작위에 의한 의사표시도 가능하다.

해설

① (O) : 준법률행위는 당사자의 의사 내지 의욕과는 상관없이 법률에 의해 효과가 부여되는 행위이고, 관념의 통지는 당사자일방이 상대방에게 과거 또는 현재의 사실을 알리는 것(예 : 제71조, 제168조 3호, 제450조, 제488조, 제528조 2항 등)을 말한다.
② (O) : 법률행위는 당사자, 목적, 의사표시로 구성된다.

③ (×) : 하나의 의사표시만으로 구성되는 법률행위를 단독행위라고 한다.
④ (○) : 사건은 사람의 정신작용에 기하지 않는 법률사실로서, 사람의 출생·사망, 실종, 시간의 경과, 물건의 자연적 발생 및 소멸을 말한다.
⑤ (○) : 의사표시는 작위, 부작위로 이루어진다.

정답 ③

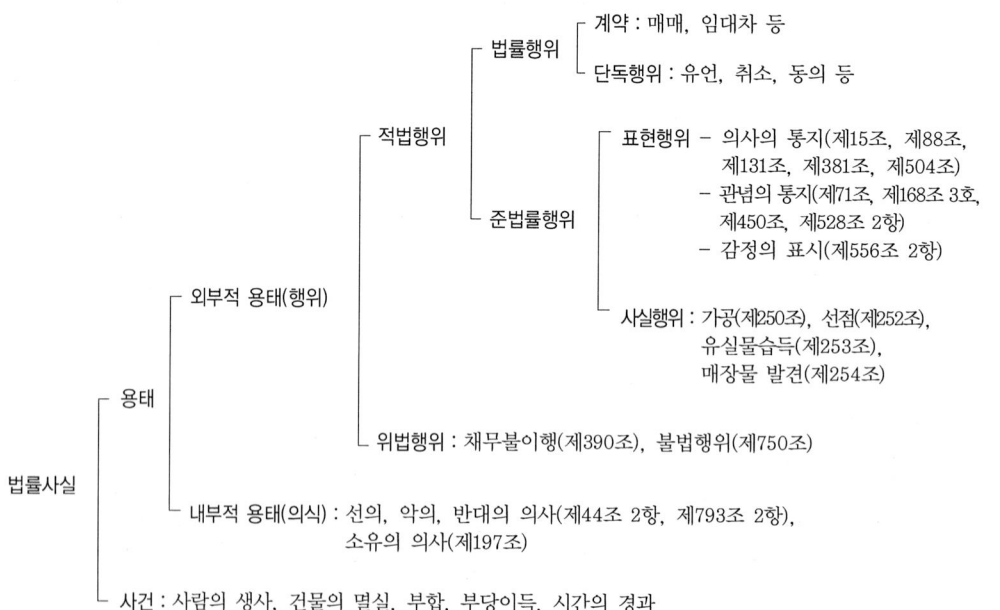

203 법률행위의 효력이 유효하기 위한 요건 중에서 특별효력요건에 해당하지 않는 것은? (다툼이 있으면 판례에 따름) [17 세무사]

① 미성년자의 법률행위에 대한 법정대리인의 동의
② 대리행위에서의 대리권의 존재
③ 시기(始期) 있는 법률행위에서의 기한의 도래
④ 재단법인의 기본재산 처분에 대한 주무관청의 허가
⑤ 법률행위에서 표의자의 의사능력의 존재

해설

의사능력은 일반효력요건이다.

정답 ⑤

1. 성립요건
   (1) 일반성립요건
      당사자, 목적, 의사표시가 있어야 한다.
   (2) 특별성립요건
      질권설정계약에서 물건의 인도(제330조), 대물변제에서 물건의 인도(제466조), 혼인에서 신고(제812조) 등이 있다.

2. 효력요건
   (1) 일반효력요건
      1) 당사자
         ① 권리능력은 권리·의무의 주체가 될 수 있는 법률상 지위 내지 능력(제3조)을 말한다.
         ② 의사능력은 자기의 행위결과를 인식·판단하여 정상적인 의사결정을 할 수 있는 정신능력을 말한다.
         ③ 행위능력은 의사능력을 가진 자가 법률행위를 단독으로 할 수 있는 능력(제5조)을 말한다.
      2) 목적
         법률행위의 내용(목적)이 확정될 수 있어야 하고, 실현가능하여야 하며, 강행법규에 위반하지 않아야 하고, 사회질서에 위반하지 않아야 한다(제103조, 제104조).
      3) 의사표시
         ① 의사와 표시의 일치가 아닌 경우로서 비진의표시를 상대방이 알거나 알 수 있었던 경우(제107조 1항 단서), 통정허위표시는 무효(제108조). 착오는 표의자가 취소할 수 있다(제109조).
         ② 하자(흠)가 있는 경우로서 사기·강박에 의한 의사표시는 표의자가 취소할 수 있다(제110조).
   (2) 특별효력요건
      ① 대리행위에서 대리권의 존재(제114조 ~ 제136조) ② 부관부(조건부·기한부) 법률행위에서 조건의 성취 또는 기한의 도래(제147조 ~ 제154조) ③ 유언에서 유언자의 사망 및 수증자의 생존(제1073조, 제1089조) 등이 있다.

제2관 법률행위의 종류

204 다음 중 상대방 없는 단독행위는? [11 노무사]

① 해제　　② 추인　　③ 유언
④ 취소　　⑤ 상계

해설

동의, 채무면제, 상계, 추인, 취소, 해제, 해지 등은 상대방 있는 단독행위이고, 유언, 재단법인의 설립행위, 권리의 포기 등은 상대방 없는 단독행위이다.

정답 ③

205 법률행위가 아닌 것은? [15 감평]

① 지상권 설정의 합의
② 대리권의 수여
③ 사단법인의 설립행위
④ 동산의 가공
⑤ 의사표시의 취소

해설

① (O) : 계약이란 두 권리주체의 대립하는 의사표시가 서로 내용적으로 합치함으로써 성립하는 법률행위이다. 계약은 공법과 사법의 영역에 다 같이 존재하며, 사법에 있어서는 재산법뿐만 아니라 신분법에도 존재한다. 다만, 민법은 계약이란 용어를 채권 편에서 채권적 청구권을 발생하게 하는 합의의 의미로 사용하고 있으며, 가족법에 있어서는 계약이라는 용어 대신에 협의라는 표현을 주로 사용한다. 물권법에 있어서는 물권적 합의라는 용어를 주로 사용한다.
② (O), ③ (O) : **상대방 있는 단독행위**와 **상대방 없는 단독행위**로 구별된다. 상대방이 있는 경우에 단독행위의 법률효과가 발생하려면 의사표시가 상대방에게 도달하여야 한다. 예를 들어 법정대리인의 동의, 채무면제, 무권대리행위에 대한 본인의 추인, 매매계약의 해지, 제한물권의 포기 등이 여기에 해당한다. 반면에 '상대방 없는 단독행위'라 함은 의사표시가 그 효력을 발생하는데 특정한 상대방에게 행하여질 필요가 없는 법률행위를 말한다. 이 경우는 의사표시가 표시되는 즉시 단독행위가 성립한다. 예를 들어 유언, 재단법인의 설립행위, 소유권에 대한 포기, 상속의 승인과 포기 등이 이에 해당한다.
④ (X) : 준법률행위 중 사실행위이다.
⑤ (O) : 동의, 채무면제, 상계, 추인, 취소, 해제, 해지 등은 상대방 있는 단독행위이고, 유언, 재단법인의 설립행위, 권리의 포기 등은 상대방 없는 단독행위이다.

정답 ④

206 법률행위에 관한 설명으로 옳지 않은 것은? [16 세무사]

① 법률행위는 하나 이상의 의사표시를 불가결의 요소로 한다.
② 청약과 승낙이라는 의사표시의 합치로 계약이 성립한다.
③ 유언은 상대방 있는 단독행위에 해당한다.
④ 채무면제는 준물권행위에 해당한다.
⑤ 서로 대가적 의미가 있는 재산상의 출연행위를 유상행위라 한다.

해설

① (O) : 일반성립요건 당사자, 목적, 의사표시가 있어야 한다.

② (O) : 계약이란 두 권리주체의 대립하는 의사표시가 서로 내용적으로 합치함으로써 성립하는 법률행위이다. 계약은 공법과 사법의 영역에 다 같이 존재하며, 사법에 있어서는 재산법뿐만 아니라 신분법에도 존재한다. 다만, 민법은 계약이란 용어를 채권 편에서 채권적 청구권을 발생하게 하는 합의의 의미로 사용하고 있으며, 가족법에 있어서는 계약이라는 용어 대신에 협의라는 표현을 주로 사용한다. 물권법에 있어서는 물권적 합의라는 용어를 주로 사용한다.

③ (×) : **상대방 있는 단독행위**와 **상대방 없는 단독행위**로 구별된다. 상대방이 있는 경우에 단독행위의 법률효과가 발생하려면 의사표시가 상대방에게 도달하여야 한다. 예를 들어 <u>법정대리인의 동의, 채무면제, 무권대리행위에 대한 본인의 추인, 매매계약의 해지, 제한물권의 포기</u> 등이 여기에 해당한다. 반면에 '상대방 없는 단독행위'라 함은 의사표시가 그 효력을 발생하는데 특정한 상대방에게 행하여질 필요가 없는 법률행위를 말한다. 이 경우는 의사표시가 표시되는 즉시 단독행위가 성립한다. 예를 들어 <u>유언, 재단법인의 설립행위, 소유권에 대한 포기, 상속의 승인과 포기</u> 등이 이에 해당한다.

④ (O) : 준물권행위는 물권 이외의 권리(채권, 물체재산권)의 변동을 일으켜, 이를 이전하게 하고, 이행이라는 문제를 남기지 않는 법률행위로서 법률적 처분행위의 일종이다. 예를 들어 채권양도(제449조), 채무면제(제453조), 무체재산권의 양도 등이 여기에 속한다.

⑤ (O) : 대가를 받고 출연하는 행위를 유상행위라고 한다. 對價라 함은 출연과 교환적으로 행하여지는 것으로, 행위자의 출연을 전보하는 의의를 가지는 상대방의 출연을 말한다. 그러나 출연의 대가의 객관적 가치가 양적으로 반드시 일치할 필요는 없다. 매매, 교환, 임대차, 고용 및 도급 등은 유상행위이다.

정답 ③

제3관 법률행위의 목적

1. 목적의 확정

207 다음은 법률행위 목적의 확정에 관한 설명이다. 틀린 것은? [예상]

① 법률행위 목적의 확정성은 법률행위 해석의 문제와 관련된다.

② 매매계약은 당사자 일방이 재산권을 상대방에게 이전할 것을 약정하고 상대방이 그 대금을 지급할 것을 약정하는 계약으로 매도인이 재산권을 이전하는 것과 매수인이 그 대가로서 금원을 지급하는 것에 관하여 쌍방 당사자의 합의가 이루어짐으로써 성립하는 것이므로, 특별한 사정이 없는 한 부실기업 인수를 위한 주식 매매계약의 체결 시 '주식 및 경영권 양도 가계약서'와 '주식매매계약서'에 인수 회사의 대표이사가 각 서명날인 한 행위는 주식 매수의 의사표시(청약)이고, 부실기업의 대표이사가 이들에 각 서명날인 한 행위는 주식 매도의 의사표시(승낙)로서 두 개의 의사표시가 합치됨으로써 그 주식 매매계약은 성립하는 것이다.

③ 그리고 이 경우 매매 목적물과 대금은 반드시 그 계약 체결 당시에 구체적으로 확정하여야 하고, 이를 사후에라도 구체적으로 확정할 수 있는 방법과 기준이 정하여져 있는 경우도 마찬가지이다.

④ 당사자 사이에 계약을 체결하면서 일정한 사항에 관하여 장래의 합의를 유보한 경우에 당사자에게 계약에 구속되려는 의사가 있고 계약 내용을 나중에라도 구체적으로 특정할 수 있는 방법과 기준이 있다면 계약 체결 경위, 당사자의 인식, 조리, 경험칙 등에 비추어 당사자의 의사를 탐구하여 계약 내용을 정해야 한다. 매매대금의 확정을 장래에 유보하고 매매계약을 체결한 경우에도 이러한 법리가 적용 된다.

해설

① (O) : 법률행위의 목적은 확정될 수 있어야 하지만, 법률행위의 '성립 당시에' 확정될 필요는 없다. 즉 목적이 실현될 시점까지 예를 들어 채권행위라면 계약에 따라 채무를 변제할 시기까지 확정될 수 있으면 된다. 따라서 법률행위 목적의 확정성은 법률행위 해석의 문제와 관련된다.

② (O), ③ (X) : 매매계약은 당사자 일방이 재산권을 상대방에게 이전할 것을 약정하고 상대방이 그 대금을 지급할 것을 약정하는 계약으로 매도인이 재산권을 이전하는 것과 매수인이 그 대가로서 금원을 지급하는 것에 관하여 쌍방 당사자의 합의가 이루어짐으로써 성립하는 것이므로, 특별한 사정이 없는 한 부실기업 인수를 위한 주식 매매계약의 체결 시 '주식 및 경영권 양도 가계약서'와 '주식매매계약서'에 인수 회사의 대표이사가 각 서명날인 한 행위는 주식 매수의 의사표시(청약)이고, 부실기업의 대표이사가 이들에 각 서명날인 한 행위는 주식 매도의 의사표시(승낙)로서 두 개의 의사표시가 합치됨으로써 그 주식 매매계약은 성립하고, 이 경우 매매 목적물과 대금은 반드시 그 계약 체결 당시에 구체적으로 확정하여야 하는 것은 아니고 이를 사후에라도 구체적으로 확정할 수 있는 방법과 기준이 정하여져 있으면 족하다(대판 1996.04.26. 94다34432).

④ (O) : 당사자 사이에 계약을 체결하면서 일정한 사항에 관하여 장래의 합의를 유보한 경우에 당사자에게 계약에 구속되려는 의사가 있고 계약 내용을 나중에라도 구체적으로 특정할 수 있는 방법과 기준이 있다면 계약 체결 경위, 당사자의 인식, 조리, 경험칙 등에 비추어 당사자의 의사를 탐구하여 계약 내용을 정해야 한다. 매매대금의 확정을 장래에 유보하고 매매계약을 체결한 경우에도 이러한 법리가 적용 된다(대판 2020.04.09. 2017다20371).

정답 ③

2. 목적의 가능

208 법률행위의 목적에 관한 설명으로 옳지 않은 것은? (다툼이 있으면 판례에 따름) [16 세무사]

① 법률행위의 목적은 이미 확정되어 있거나 장차 확정될 수 있어야 한다.
② 법률행위의 목적이 물리적으로는 실현될 수 있어도 사회통념상 실현될 수 없는 것은 불능에 해당한다.
③ 주택의 매매계약에 있어서 계약체결 전날에 주택이 화재로 멸실된 경우는 원시적 불능에 해당한다.
④ 중간생략등기의 합의에 관한 사법상 효력은 무효가 아니다.
⑤ 법률행위의 목적이 사회적 타당성을 결여하였더라도 개별적인 강행법규에 위반하지 않았다면 그 법률행위는 유효하다.

해설

① (O) : 매매계약은 당사자 일방이 재산권을 상대방에게 이전할 것을 약정하고 상대방이 그 대금을 지급할 것을 약정하는 계약으로 매도인이 재산권을 이전하는 것과 매수인이 그 대가로서 금원을 지급하는 것에 관하여 쌍방 당사자의 합의가 이루어짐으로써 성립하는 것이므로, 특별한 사정이 없는 한 부실기업 인수를 위한 주식 매매계약의 체결시 '주식 및 경영권 양도 가계약서'와 '주식매매계약서'에 인수 회사의 대표이사가 각 서명날인한 행위는 주식 매수의 의사표시(청약)이고, 부실기업의 대표이사가 이들에 각 서명날인한 행위는 주식 매도의 의사표시(승낙)로서 두 개의 의사표시가 합치됨으로써 그 주식 매매계약은 성립하고, <u>이 경우 매매 목적물과 대금은 반드시 그 계약 체결 당시에 구체적으로 확정하여야 하는 것은 아니고 이를 사후에라도 구체적으로 확정할 수 있는 방법과 기준이 정하여져 있으면 족하다</u>(대판 1996. 4. 26. 94다34432).

② (O) : 법률행위의 가능 또는 불능 여부는 그 시대의 사회통념에 따라 결정된다.

③ (O) : 법률행위 성립 당시에 이미 불능인 것을 원시적 불능, 법률행위 성립 후 그 이행 전에 불능인 것을 후발적 불능이라고 한다.

④ (O) : 중간생략등기의 합의란 부동산이 전전매도된 경우 각 매매계약이 유효하게 성립함을 전제로 그 이행의 편의상 최초의 매도인으로부터 최종의 매수인 앞으로 소유권이전등기를 경료하기로 한다는 당사자 사이의 합의를 말하는데, 이를 금하는 부동산등기특별조치법의 규정은 단속규정이므로 그 합의는 유효하다.

⑤ (×) : 제103조【반사회질서의 법률행위】선량한 풍속 기타 사회질서에 위반한 사항을 내용으로 하는 법률행위는 무효로 한다.

구 분	원시적 불능(법률행위 성립 前)	구 분	후발적 불능(법률행위 성립 後)
전부불능	무효, 계약체결상의 과실책임(제535조)	과실 (O)	이행불능(제390조)
일부불능	담보책임(제574조, 제580조 등)	과실 (×)	위험부담(제537조), 대상청구권

정답 ⑤

209 법률행위의 목적에 관한 설명으로 옳은 것은? (다툼이 있으면 판례에 따름) [17 세무사]

① 법률행위가 성립하기 위해서는 법률행위 당시에 그 목적이 확정되어 있어야 한다.
② 법률행위는 효력규정에 위반한 경우는 물론이고 단속규정에 위반한 경우에도 무효로 된다.
③ 법률행위의 목적 실현이 후발적으로 불가능하게 되더라도 그로 인하여 법률행위가 무효로 되는 것은 아니다.
④ 동기가 불법인 경우에는 그 동기가 표시되지 않아 상대방이 인식하지 못하더라도 법률행위는 무효로 된다.
⑤ 법률행위의 목적이 사회적 타당성을 결여하였더라도 개별적인 강행법규에 위반하지 않았다면 그 법률행위는 유효하다.

> 해설

① (×) : 매매 목적물과 대금은 반드시 그 계약 체결 당시에 구체적으로 확정하여야 하는 것은 아니고 이를 사후에라도 구체적으로 확정할 수 있는 방법과 기준이 정하여져 있으면 족하다(대판 1996. 4. 26. 94다34432).

② (×) : 통설은 강행규정을 효력규정과 단속규정으로 나눈다. 즉 효력규정에 반하는 법률행위는 무효이지만, 단속규정에 반하는 법률행위는 유효라고 한다. 예를 들어 무허가음식점의 음식물판매행위와 같이 단순한 단속규정 위반은 행정법상 과태료 제재 등은 별론으로 하고, 사법상 효력에는 영향이 없다고 한다(곽윤직).

③ (○) : 법률행위 성립 당시에 이미 불능인 것을 원시적 불능, 법률행위 성립 후 그 이행 전에 불능인 것을 후발적 불능이라고 한다. 법률행위 목적이 원시적 전부불능이라면 무효가 되고, 계약체결상의 과실책임이 문제될 수 있다. 그러나 후발적 불능이라면 채무자의 고의·과실이 문제되면 채무불이행 책임(제390조) 등이 문제되고, 고의·과실이 없다면 위험부담(제537조)이 문제된다.

④ (×) : 민법 제103조에 의하여 무효로 되는 반사회질서행위는 법률행위의 목적인 권리의무내용이 선량한 풍속 기타 사회질서에 위반되는 경우뿐만 아니라 그 내용자체는 반사회질서적인 것이 아니라고 하여도 법률적으로 이를 강제하거나 그 법률행위에 반사회질서적인 조건 또는 금전적 대가가 결부됨으로써 반사회질서적 성질을 띠게 되는 경우 및 표시되거나 상대방에게 알려진 법률행위의 동기가 반사회질서적인 경우를 포함 한다(대판 1984.12.11. 84다카1402).

⑤ (×) : 제103조【반사회질서의 법률행위】선량한 풍속 기타 사회질서에 위반한 사항을 내용으로 하는 법률행위는 무효로 한다.

정답 ③

3. 목적의 적법

210 법률행위에 관한 설명으로 옳지 않은 것은? (다툼이 있으면 판례에 따름) [19 세무사]

① 강행법규에 위반한 계약에는 계약상대방이 선의·무과실이더라도 비진의표시의 법리 또는 표현대리 법리가 적용될 여지가 없다.

② 세무사법을 위반하여 세무사와 세무사 자격이 없는 사람 사이에 이루어진 세무대리의 동업 및 이익분재 약정은 무효이다.

③ 강행법규를 위반한 자가 스스로 그 약정의 무효를 주장하는 것은 특별한 사정이 없는 한 권리남용에 해당되거나 신의성실 원칙에 반한다.

④ 법률행위의 일부가 강행법규인 효력규정에 위반되어 무효가 되는 경우, 개별 법령에 일부무효의 효력에 관한 규정이 없다면 원칙적으로 법률행위의 전부가 무효가 된다.

⑤ 사법상의 계약 기타 법률행위가 일정한 행위를 금지하는 법 규정에 위반하여 행하여진 경우, 그 법률행위가 무효인가 또는 그 효력이 제한되는가의 여부는 당해 법 규정의 해석에 따라 정해진다.

해설

① (○) : 강행규정위반의 대리행위이어서는 안 된다. 따라서 주택조합의 대표자가 조합원 총회의 결의를 거치지 아니하고 건물을 처분한 행위에 관하여 민법 제126조 표현대리에 관한 규정을 준용할 수 없다.

② (○) : 세무사 자격이 없으면서 세무대리를 하는 행위 및 세무사가 다른 사람에게 명의를 대여하는 등의 행위는 형사처벌의 대상이 되는 범죄행위에 해당할 뿐 아니라 거기에 따를 수 있는 국민의 재산권과 정부의 재정수입에 대한 악영향에 비추어 사회통념상 쉽게 용인되기 어렵고, 위와 같은 위반행위에 대하여 단순히 형사처벌 하는 것만으로는 세무사제도를 확립하여 세무행정의 원활과 납세의무의 적정한 이행을 도모할 목적으로 제정된 세무사법이 실효를 거둘 수 없어 그 위반행위로 인한 경제적 이익이 귀속되는 것을 근본적으로 방지하여야 할 필요가 있는 점 등을 종합적으로 고려하면, 위 각 규정은 세무사 자격이 없는 사람이 세무대리를 하는 경우에 초래될 세무행정의 원활과 납세의무의 적정한 이행상의 중대한 위험을 방지하기 위한 강행법규에 해당한다. 따라서 이를 위반하여 세무사와 세무사 자격이 없는 사람 사이에 이루어진 세무대리의 동업 및 이익분배 약정은 무효이고, 나아가 그와 같이 무효인 약정을 종료시키면서 기왕의 출자금의 단순한 반환을 넘어 동업으로 인한 경제적 이익을 상호 분배하는 내용의 정산약정을 하였다면 이 또한 강행법규인 위 각 규정의 입법 취지를 몰각시키는 것으로서 무효이다(대판 2015. 4. 9. 2013다35788).

③ (✗) : 강행법규에 위반하여 무효인 수익보장약정이 투자신탁회사가 먼저 고객에게 제의를 함으로써 체결된 것이라고 하더라도, 이러한 경우에 강행법규를 위반한 투자신탁회사 스스로가 그 약정의 무효를 주장함이 신의칙에 위반되는 권리의 행사라는 이유로 그 주장을 배척한다면, 이는 오히려 강행법규에 의하여 배제하려는 결과를 실현시키는 셈이 되어 입법취지를 완전히 몰각하게 되므로, 달리 특별한 사정이 없는 한 위와 같은 주장이 신의성실의 원칙에 반하는 것이라고 할 수 없다(대판 1999. 3. 23. 99다4405).

④ (○), ⑤ (○) : 민법 제137조는 임의규정으로서 의사자치의 원칙이 지배하는 영역에서 적용된다고 할 것이므로, 법률행위의 일부가 강행법규인 효력규정에 위배되어 무효가 되는 경우 그 부분의 무효가 나머지 부분의 유효·무효에 영향을 미치는가의 여부를 판단함에 있어서는 개별 법령이 일부무효의 효력에 관한 규정을 두고 있는 경우에는 그에 따라야 하고, 그러한 규정이 없다면 원칙적으로 민법 제137조가 적용될 것이나, 당해 효력규정 및 그 효력규정을 둔 법의 입법 취지를 고려하여 볼 때 나머지 부분을 무효로 한다면 당해 효력규정 및 그 법의 취지에 명백히 반하는 결과가 초래되는 경우에는 나머지 부분까지 무효가 된다고 할 수는 없다(대판 2007. 6. 28. 2006다38161).

정답 ③

211 다음 중 임의규정에 해당하는 것을 모두 고른 것은? (다툼이 있으면 판례에 따름) [20 세무사]

> ㄱ. 미성년자의 법률행위에 법정대리인의 동의를 요구하는 규정
> ㄴ. 천연과실의 귀속에 관한 규정
> ㄷ. 일부무효의 법리에 관한 규정

① ㄱ　　② ㄷ　　③ ㄱ, ㄴ　　④ ㄴ, ㄷ　　⑤ ㄱ, ㄴ, ㄷ

해설

ㄱ. (✗) : 행위능력에 관한 규정은 강행규정이다.

ㄴ. (○) : 제102조 제1항은 강행규정이 아니라 **임의규정**이므로 귀속관계는 특약으로 달리 정할 수 있다.

ㄷ. (○) : 민법 제137조는 "법률행위의 일부분이 무효인 때에는 그 전부를 무효로 한다. 그러나 그 무효부분이 없더라도 법률행위를 하였을 것이라고 인정될 때에는 나머지 부분은 무효가 되지 아니한다."라고 규정하고 있다. 위 조항은 임의규정으로서 의사자치의 원칙이 지배하는 영역에서 적용된다고 할 것이므로, 법률행위의 일부가 강행법규에 위반되어 무효가 되는 경우 그 부분의 무효가 나머지 부분의 유효·무효에 영향을 미치는지 여부를 판단함에 있어서는 개별 법령이 일부무효의 효력에 관한 규정을 두고 있는 경우에는 그에 따라야 하고, 그러한 규정이 없다면 원칙적으로 민법 제137조가 적용될 것이나 당해 강행법규 및 그 규정을 둔 법의 입법 취지를 고려하여 볼 때 나머지 부분을 무효로 한다면 당해 강행법규 및 그 법의 취지에 명백히 반하는 결과가 초래되는 경우에는 나머지 부분까지 무효가 된다고 할 수는 없는 것이다(대판[전합] 2016. 11. 18. 2013다42236).

정답 ④

---

212 강행규정에 위반되어 그 효력이 인정되지 않는 것을 모두 고른 것은? (다툼이 있으면 판례에 따름)   [20 감평]

ㄱ. 제3자가 타인의 동의를 받지 않고 타인을 보험계약자 및 피보험자로 하여 체결한 생명보험계약
ㄴ. 건물의 임차인이 비용을 지출하여 개조한 부분에 대한 원상회복의무를 면하는 대신 그 개조비용의 상환청구권을 포기하기로 하는 약정
ㄷ. 사단법인의 사원의 지위를 양도·상속할 수 있다는 규약
ㄹ. 승소를 시켜주면 소송물의 일부를 양도하겠다는 민사소송의 당사자와 변호사 아닌 자 사이의 약정

① ㄱ, ㄴ ② ㄱ, ㄷ ③ ㄱ, ㄹ
④ ㄴ, ㄷ ⑤ ㄷ, ㄹ

해설

ㄱ. (✗) : 타인의 사망을 보험사고로 하는 보험계약에서는 보험계약체결시에 그 타인의 서면에 의한 동의를 얻어야 한다는 상법 제731조 제1항의 규정은 강행법규로서 위 규정에 위반하여 체결된 보험계약은 무효라고 할 것이고, 상법 제731조 제1항을 위반하여 계약을 체결한 자 스스로가 무효를 주장함이 신의성실의 원칙 또는 금반언의 원칙에 위배되는 권리행사라는 이유로 이를 배척한다면, 위와 같은 입법취지를 완전히 몰각시키는 결과가 초래되므로 특단의 사정이 없는 한 그러한 주장이 신의성실 또는 금반언의 원칙에 반한다고 볼 수는 없다(대판 1999.12.07. 99다39999).

ㄴ. (O) : 임차인의 비용상환청구권에 관한 규정은 강행규정이 아니며(제652조 참조), 당사자 간의 약정으로 이를 포기할 수 있다. 즉 임차인이 임차건물을 증·개축 기타 필요한 시설을 하되 임대인에게 그 투입비용의 변상이나 일체의 권리주장을 포기하기로 특약하였다면, 이는 임차인이 임차건물을 반환 시에 비용상환청구 등 일체의 권리를 포기하는 대신 원상복구의무도 부담하지 아니한다는 내용을 포함하는 약정으로 볼 것이다(대판 1981.11.24. 80다320·321 ; 대판 1998.05.29. 98다6497 등).

ㄷ. (O) : "사단법인의 사원의 지위는 양도 또는 상속할 수 없다"고 한 민법 제56조의 규정은 강행규정은 아니라고 할 것이므로 정관에 의하여 이를 인정하고 있을 때에는 양도·상속이 허용된다(대판 1992.04.14. 91다26850 ; 대판 2003.07.08. 2001다19097 등).

ㄹ. (✕) : 변호사 아닌 甲과 소송당사자인 乙이 甲은 乙이 소송당사자로 된 민사소송사건에 관하여 乙을 승소시켜주고 乙은 소송물의 일부인 임야지분을 그 대가로 甲에게 양도하기로 약정한 경우 위 약정은 강행법규인 변호사법 제78조(현 제109조) 제2호에 위반되는 반사회적 법률행위로서 무효이다(대판 1990. 5. 11. 89다카10514).

최신判例

1. 구 종자산업법상 등록제 및 신고제는 그 행위 자체를 금지하고 예외적인 경우에 허가하는 것이 아니라, 종자산업의 기반조성, 종자의 유통·관리 등 종자산업 발전을 위한 행정목적 달성을 위하여 일정한 기준을 세우고 그 요건이 갖추어지면 이를 거부할 수 없는 것으로, 위 규정들은 강행규정이 아니라 단속규정이라고 보아야 한다. (　)

  ☞ (O) : 구 종자산업법(2012. 6. 1. 법률 제11458호로 전부 개정되기 전의 것) 제137조는 종자업을 하려면 일정한 시설기준을 갖추고 종자관리사 1명 이상을 두어 시장·군수에게 등록하여야 한다고 규정하고, 같은 법 제138조 제3항은 같은 항 제1, 2호가 정한 종자, 즉 출원공개된 품종의 종자나 품종목록에 등재된 품종의 종자가 아닌 종자를 생산, 수입, 판매하려면 농림수산식품부장관에게 신고할 것을 요구하며, 이를 위반할 경우 각 같은 법 제173조 제3호, 제5호에 따라 형사처벌을 하도록 규정하고 있다. 이러한 등록제와 신고제는 '식물의 신품종에 대한 육성자의 권리 보호, 주요 작물의 품종성능 관리, 종자의 생산·보증 및 유통, 종자산업의 육성 및 지원 등에 관한 사항을 규정함으로써 종자산업의 발전을 도모'하려는 구 종자산업법의 목적을 달성하기 위한 수단인바, 위 규정을 위반한 행위가 그 법률상 효과까지도 부인하지 않으면 안 될 정도로 현저히 반사회성, 반도덕성을 지닌 것이라고 보기 어렵다(대판 2020. 4. 9. 2019다294824).

2. 문화재수리업자의 명의대여 행위를 금지한 문화재수리법 제21조는 강행규정에 해당하고, 이를 위반한 명의대여 계약이나 이에 기초하여 대가를 정산하여 받기로 하는 정산금 약정은 모두 무효라고 보아야 한다. (　)

  ☞ (O) : [1] 계약 등 법률행위의 당사자에게 일정한 의무를 부과하거나 일정한 행위를 금지하는 법규에서 이를 위반한 법률행위의 효력을 명시적으로 정하고 있는 경우에는 그 규정에 따라 법률행위의 유·무효를 판단하면 된다. 법률에서 해당 규정을 위반한 법률행위를 무효라고 정하고 있거나 해당 규정이 효력규정이나 강행규정이라고 명시하고 있으면 그러한 규정을 위반한 법률행위는 무효이다. 이와 달리 금지규정을 위반한 법률행위의 효력에 관하여 명확하게 정하지 않은 경우에는 규정의 입법 배경과 취지, 보호법익과 규율대상, 위반의 중대성, 당사자에게 법규정을 위반하려는 의도가 있었는지 여부, 규정 위반이 법률행위의 당사자나 제3자에게 미치는 영향, 위반행위에 대한 사회적·경제적·윤리적 가치평가, 이와 유사하거나 밀접한 관련이 있는 행위에 대한 법의 태도 등 여러 사정을 종합적으로 고려해서 효력을 판단해야 한다. [2] 문화재수리 등에 관한 법률(이하

'문화재수리법'이라 한다)은 제21조에서 문화재수리업자의 명의대여 행위를 금지하면서도 이를 위반한 법률행위의 효력에 관해서는 명확하게 정하지 않고 있다. 문화재수리업자의 명의대여 행위를 금지한 문화재수리법 제21조는 강행규정에 해당하고, 이를 위반한 명의대여 계약이나 이에 기초하여 대가를 정산하여 받기로 하는 정산금 약정은 모두 무효라고 보아야 한다(대판 2020. 11. 12. 2017다228236).

정답 ③

4. 목적의 타당

213 사회질서에 반하는 행위(민법 제103조)로 무효가 아닌 것은? (다툼이 있으면 판례에 따름)

[15 세무사]

① 도박 채무의 변제를 위하여 채무자가 부동산 처분에 관한 대리권을 도박 채권자에게 수여한 행위
② 보험계약자가 보험금을 부정 취득할 목적으로 다수의 보험계약을 체결한 행위
③ 영리목적의 윤락행위를 알선한 자가 성매매를 유인할 목적으로 그 윤락행위를 하는 자에게 대여한 선불금의 반환약정
④ 도급인이 공사의 완공이 불가능할 정도의 공사기간 단축을 요구하여 수급인이 부득이 이에 응한 경우 그 단축된 준공기한 위반을 이유로 지체상금을 물게 하는 것
⑤ 이중매매에 있어서 제2매수인이 매도인의 배임행위에 적극 가담한 경우의 제2의 매매

해설

① 유효 : 도박채무의 변제를 위하여 채무자로부터 부동산의 처분을 위임받은 채권자가 그 부동산을 제3자에게 매도한 경우, 도박채무 부담행위 및 그 변제약정이 민법 제103조의 선량한 풍속 기타 사회질서에 위반되어 무효라 하더라도, 그 무효는 변제약정의 이행행위에 해당하는 위 부동산을 제3자에게 처분한 대금으로 도박채무의 변제에 충당한 부분에 한정되고, <u>위 변제약정의 이행행위에 직접 해당하지 아니하는 부동산 처분에 관한 대리권을 도박 채권자에게 수여한 행위 부분까지 무효라고 볼 수는 없으므로</u>, 위와 같은 사정을 알지 못하는 거래 상대방인 제3자가 도박 채무자부터 그 대리인인 도박 채권자를 통하여 위 부동산을 매수한 행위까지 무효가 된다고 할 수는 없다(대판 1995.07.14. 94다40147).
② 무효 : <u>보험계약자가 다수의 보험계약을 통하여 보험금을 부정취득할 목적으로 보험계약을 체결한 경우, 이러한 목적으로 체결된 보험계약에 의하여 보험금을 지급하게 하는 것은 보험계약을 악용하여 부정한 이득을 얻고자 하는 사행심을 조장함으로써 사회적 상당성을 일탈하게 될 뿐만 아니라 합리적인 위험의 분산이라는 보험제도의 목적을 해치고 위험발생의 우발성을 파괴하며 다수의 선량한 보험가입자들의 희생을 초래하여 보험제도의 근간을 해치게 되므로, 이와 같은 보험계약은 민법 제103조의 선량한 풍속 기타 사회질서에 반하여 무효라고 할 것이다. 그리고 보험계약자가</u>

보험금을 부정취득할 목적으로 다수의 보험계약을 체결하였는지에 관하여는 이를 인정할 직접적인 증거가 없다면 보험계약자의 직업 및 재산상태, 다수 보험계약의 체결 시기와 경위, 보험계약의 규모와 성질, 보험계약 체결 후의 정황 등 제반 사정을 종합하여 판단하여야 한다(대판 2016.01.14. 2015다206461).

③ 무효 : [1] 영리를 목적으로 윤락행위를 하도록 권유·유인·알선 또는 강요하거나 이에 협력하는 것은 선량한 풍속 기타 사회질서에 위반되므로 그러한 행위를 하는 자가 영업상 관계 있는 윤락행위를 하는 자에 대하여 가지는 채권은 계약의 형식에 관계없이 무효라고 보아야 한다. [2] 부당이득의 반환청구가 금지되는 사유로 민법 제746조가 규정하는 불법원인이라 함은 그 원인되는 행위가 선량한 풍속 기타 사회질서에 위반하는 경우를 말하는 것인바, 윤락행위 및 그것을 유인·강요하는 행위는 선량한 풍속 기타 사회질서에 위반되므로, 윤락행위를 할 자를 고용·모집하거나 그 직업을 소개·알선한 자가 윤락행위를 할 자를 고용·모집함에 있어 성매매의 유인·강요의 수단으로 이용되는 선불금 등 명목으로 제공한 금품이나 그 밖의 재산상 이익 등은 불법원인급여에 해당하여 그 반환을 청구할 수 없다(대판 2004. 9. 3. 2004다27488,27495).

④ 무효 : 도급인의 지위에 있는 행정기관이 당초의 입찰이나 계약체결 시에 약정한 공사기간을 그 후 행정상의 이유로 일방적으로, 수급인이 당초 전혀 예상하지 못했을 정도로 상당한 기간의 단축을 요구하여 수급인으로 하여금 이에 부득이 응하게 한 경우, 공사기간을 단축할 당시에 있어서의 기성공정률과 그 공사의 완공에 필요한 총기간 및 남은 공사기간 등을 참작하여 그 단축된 기간 내에 공사를 준공하는 것이 물리적으로 불가능하거나 총체적으로 부실공사를 강요하는 것이 될 수밖에 없다면, 당초의 지체상금에 관한 약정을 그대로 적용하여 그와 같이 준공이 불가능할 정도로 단축된 준공기한을 기준으로 일률적으로 계산한 지체 일수 전부에 대하여 당초의 약정에 의한 지체상금의 배상을 그대로 물게 하는 것은 선량한 풍속 기타 사회질서에 비추어 허용할 수 없으므로, <u>준공기한을 앞당기기로 하는 그 합의는 준공에 절대적으로 필요한 최소한의 기간에 해당하는 지체상금 부분에 한하여 무효</u>라고 한 사례(대판 1997.06.24. 97다2221).

⑤ 무효 : 부동산의 이중매매가 반사회적 법률행위로서 무효가 되기 위하여는 매도인의 배임행위와 매수인이 매도인의 배임행위에 적극 가담한 행위로 이루어진 매매로서, 그 적극가담하는 행위는 매수인이 다른 사람에게 매매목적물이 매도된 것을 안다는 것만으로는 부족하고, 적어도 그 매도사실을 알고도 매도를 요청하여 매매계약에 이르는 정도가 되어야 한다(대판 1994.03.11. 93다55289).

정답 ①

214 강행법규 위반 등 반사회질서의 법률행위에 관한 다음의 설명 중 옳지 않은 것은? (다툼이 있는 경우 판례에 의함) [예상]

① 어떠한 위임계약이 행정청의 허가 등을 목적으로 하는 신청행위를 대상으로 하는 경우에 신청행위 자체에는 전문성이 크게 요구되지 않고 허가에는 공무원의 재량적 판단이 필요하며, 신청과 관련된 절차에 필수적으로 필요한 비용은 크지 않은 데 반하여 약정보수액은 지나치게 다액으로서, 수임인이 허가를 얻기 위하여 공무원의 직무 관련 사항에 관하여 특별한 청탁을 하면서 뇌물공여 등 로비를 하는 자금이 보수액에 포함되어 있다고 볼 만한 특수한 사정이 있는 때에는 위임계약은 반사회질서적인 조건이 결부됨으로써 반사회질서적 성질을 띠고 있어 민법 제103조에 따라 무효이다.

② 의료법 제33조 제2항에 위반하여 의료인이 비의료인과 동업하여 의료기관을 개설하기로 한 약정은 반사회질서의 법률행위로서 무효이고, 의료인이 이러한 사정을 알고서 위 동업계약에 이르렀으면서도 사후에 위 동업계약의 무효를 주장하더라도 신의칙 또는 금반언의 원칙에 반한다고 볼 수 없다.

③ 형사사건에서의 성공보수약정은 수사·재판의 결과를 금전적인 대가와 결부시킴으로써, 기본적 인권의 옹호와 사회정의의 실현을 그 사명으로 하는 변호사 직무의 공공성을 저해하고, 의뢰인과 일반 국민의 사법제도에 대한 신뢰를 현저히 떨어뜨릴 위험이 있으므로, 선량한 풍속 기타 사회질서에 위반되는 것으로 평가할 수 있어 무효가 되고, 이는 종래 이루어진 보수약정의 경우에도 마찬가지이다.

④ 신용협동조합이 여신규정상 대출이 제한된 유흥주점 업주를 상대로 대출을 하면서 그 대출금이 종업원들에 대한 선불금으로 사용되고 대출금의 상환 역시 종업원들이 윤락행위를 통해 얻은 수익으로 상환할 것이 예정된 경우, 신용협동조합 의 유흥업소 업주에 대한 위 대출약정이 반사회질서의 법률 행위로서 무효일 뿐만 아니라 위 선불금을 실제 사용한 당사자로서 위 대출에 연대보증 한 종업원에 대하여도 보증채무의 이행을 구할 수 없다.

⑤ 다수의 문화재를 보유하고 있는 전통사찰의 주지직을 거액의 금품을 대가로 양도·양수하기로 하는 약정이 있음을 알고도 이를 묵인 혹은 방조한 상태에서 한 종교법인의 주지임명 행위라고 하여 반사회질서의 법률행위라고 볼 수 없다.

해설

① (O) : 어떠한 위임계약이 행정청의 허가 등을 목적으로 하는 신청행위를 대상으로 하는 경우에 신청행위 자체에는 전문성이 크게 요구되지 않고 허가에는 공무원의 재량적 판단이 필요하며, 신청과 관련된 절차에 필수적으로 필요한 비용은 크지 않은 데 반하여 약정보수액은 지나치게 다액으로서, 수임인이 허가를 얻기 위하여 공무원의 직무 관련 사항에 관하여 특별한 청탁을 하면서 뇌물공여 등 로비를 하는 자금이 보수액에 포함되어 있다고 볼 만한 특수한 사정이 있는 때에는 위임계약은 반사회질서적인 조건이 결부됨으로써 반사회질서적 성질을 띠고 있어 민법 제103조에 따라 무효이다(대판 2016. 2. 18. 2015다35560).

② (O) : [1] 의료법은 제30조 제2항에서 의료인이나 의료법인 등 비영리법인이 아닌 자의 의료기관 개설을 원천적으로 금지하고, 제66조 제3호에서 이를 위반하는 경우 5년 이하의 징역 또는 2천만 원 이하의 벌금에 처하도록 규정하고 있는바, 의료법이 의료의 적정을 기하여 국민의 건강을 보호 증진함을 목적으로 하고 있으므로 위 금지규정의 입법 취지는 의료기관 개설자격을 의료전문성을 가진 의료인이나 공적인 성격을 가진 자로 엄격히 제한함으로써 건전한 의료질서를 확립하고, 영리 목적으로 의료기관을 개설하는 경우에 발생할지도 모르는 국민 건강상의 위험을 미리 방지하고자 하는 데에 있다고 보이는 점, 의료인이나 의료법인 등이 아닌 자가 의료기관을 개설하여 운영하는 행위는 형사처벌의 대상이 되는 범죄행위에 해당할 뿐 아니라, 거기에 따를 수 있는 국민보건상의 위험성에 비추어 사회통념상으로 도저히 용인될 수 없는 정도로 반사회성을 띠고 있다는 점, 위와 같은 위반행위에 대하여 단순히 형사 처벌하는 것만으로는 의료법의 실효를 거둘 수 없다고 보이는 점 등을 종합하여 보면, 위 규정은 의료인이나 의료법인 등이 아닌 자가 의료기관을 개설하여 운영 하는 경우에 초래될 국민 보건위생상의 중대한 위험을 방지하기 위하여 제정된 이른바 강행법규에 속하는 것으로서 이에 위반하여 이루어진 약정은 무효라고 할 것이다.

[2] 신의성실의 원칙은 법률관계의 당사자가 상대방의 이익을 배려하여 형평에 어긋나거나, 신뢰를 저버리는 내용 또는 방법으로 권리를 행사하거나 의무를 이행하여서는 아니된다는 추상적 규범으로서, 신의성실의 원칙에 위배된다는 이유로 그 권리의 행사를 부정하기 위해서는 상대방에게 신의를 공여하였다거나, 객관적으로 보아 상대방이 신의를 가짐이 정당한 상태에 있어야 하고, 이러한 상대방의 신의에 반하여 권리를 행사하는 것이 정의관념에 비추어 용인될 수 없는 정도의 상태에 이르러야 할 것인바, 특별한 사정이 없는 한, 법령에 위반되어 무효임을 알고서도 그 법률행위를 한 자가 강행법규 위반을 이유로 무효를 주장한다 하여 신의칙 또는 금반언의 원칙에 반하거나 권리남용에 해당한다고 볼 수는 없다(대판 2003. 4. 22. 2003다2390,2406).

③ (×) : 형사사건에 관하여 체결된 성공보수약정이 가져오는 여러 가지 사회적 폐단과 부작용 등을 고려하면, 비록 구속영장청구 기각, 보석 석방, 집행유예나 무죄 판결 등과 같이 의뢰인에게 유리한 결과를 얻어내기 위한 변호사의 변론활동이나 직무수행 그 자체는 정당하다 하더라도, 형사사건에서의 성공보수약정은 수사 · 재판의 결과를 금전적인 대가와 결부시킴으로써, 기본적 인권의 옹호와 사회정의의 실현을 그 사명으로 하는 변호사 직무의 공공성을 저해하고, 의뢰인과 일반 국민의 사법제도에 대한 신뢰를 현저히 떨어뜨릴 위험이 있으므로, 선량한 풍속 기타 사회질서에 위반되는 것으로 평가할 수 있다. 다만 선량한 풍속 기타 사회질서는 부단히 변천하는 가치관념으로서 어느 법률행위가 이에 위반되어 민법 제103조에 의하여 무효인지 여부는 그 법률행위가 이루어진 때를 기준으로 판단하여야 하고, 또한 그 법률행위가 유효로 인정될 경우의 부작용, 거래자유의 보장 및 규제의 필요성, 사회적 비난의 정도, 당사자 사이의 이익균형 등 제반 사정을 종합적으로 고려하여 사회통념에 따라 합리적으로 판단하여야 한다. 그런데 그동안 대법원은 수임한 사건의 종류나 그 특성에 관한 구별 없이 성공보수약정이 원칙적으로 유효하다는 입장을 취해 왔고, 대한변호사협회도 1983년에 제정한 '변호사보수기준에 관한 규칙'에서 형사사건의 수임료를 착수금과 성공보수금으로 나누어 규정하였으며, 위 규칙이 폐지된 후에 권고양식으로 만들어 제공한 형사사건의 수임약정서에도 성과보수에 관한 규정을 마련하여 놓고 있었다. 이에 따라 변호사나 의뢰인은 형사사건에서의 성공보수약정이 안고 있는 문제점 내지 그 문제점이 약정의 효력에 미칠 수 있는 영향을 제대로 인식하지 못한 것이 현실이고, 그 결과 당사자 사이에 당연히 지급되어야 할 정상적인 보수까지도 성공보수의 방식으로 약정하는 경우가 많았던 것으로 보인다. 이러한 사정들을 종합하여 보면, 종래 이루어진 보수약정의 경우에는 보수약정이 성공보수라는 명목으로 되어 있다는 이유만으로 민법 제103조에 의하여 무효라고 단정하기는 어렵다. 그러나 대법원이 이 판결을 통하여 형사사건에 관한 성공보수약정이 선량한 풍속 기타 사회질서에 위반되는 것으로 평가할 수 있음을 명확히 밝혔음에도 불구하고 향후에도 성공보수약정이 체결된다면 이는 민법 제103조에 의하여 무효로 보

아야 한다. 이와 달리 종래 대법원은 형사사건에서의 성공보수약정이 선량한 풍속 기타 사회질서에 어긋나는지를 고려하지 아니한 채 위임사무를 완료한 변호사는 특별한 사정이 없는 한 약정된 보수액을 전부 청구할 수 있는 것이 원칙이고, 다만 약정된 보수액이 부당하게 과다하여 신의성실의 원칙이나 형평의 원칙에 반한다고 볼 만한 특별한 사정이 있는 경우에는 예외적으로 상당하다고 인정되는 범위 내의 보수액만을 청구할 수 있다고 판시하여 왔는바, 대법원 2009. 7. 9. 선고 2009다21249 판결을 비롯하여 그와 같은 취지의 판결들은 이 판결의 견해에 배치되는 범위 내에서 모두 변경하기로 한다(대판[전합] 2015. 7. 23. 2015다200111).

④ (O) : 금융기관이 유흥업소 업주 등의 연대보증 아래 유흥업소 여종업원에게 대출을 해 준 사안에서, 금융기관은 대출금이 선불금 용도로 사용된다는 사정과 위 업주가 여종업원의 윤락행위를 알선 또는 강요한다는 사정을 잘 알면서도 고율의 이자를 상환받을 목적으로 위 대출을 해 줌으로써 업주에게 협력하였다고 볼 것이므로, 위 대출약정은 구 윤락행위 등 방지법(2004. 3. 22. 법률 제7196호 성매매알선 등 행위의 처벌에 관한 법률 부칙 제2조로 폐지) 제20조, 제4조 제3호를 위반하여 무효이고, 이에 대해 업주 등이 한 연대보증약정 역시 보증채무의 부종성 원칙에 따라 무효라고 한 사례(울산지법 2008.4.25. 2007가단33094).

⑤ (O) : 원고와 전임 주지이던 자 사이에 주지직 사임대가로 3억원을 주기로 한 약정은 전통사찰보존법 소정의 전통사찰의 주지직을 거액의 금품을 대가로 양도·양수하는 계약으로서 그 내용이 선량한 풍속 기타 사회질서에 반하는 행위로서 무효라고 보아야 할 것이나, 피고 법인(불교종단)이 원고와 전임 주지 사이에 위와 같은 약정이 있음을 알고 이를 묵인하거나 혹은 방조한 상태에서 원고를 주지로 임명하였다고 하더라도 그 임명행위 자체가 선량한 풍속 기타 사회질서에 반한다고 할 수는 없고, 법률적으로 이를 강제하거나 법률행위에 반사회질서적인 조건이나 금전적 대가가 결부됨으로써 반사회질서적 성질을 띠게 되는 경우 또는 표시되거나 상대방에게 알려진 법률행위의 동기가 반사회질서적인 경우에도 해당한다고 보기도 어렵다(대판 2001.2.9, 99다38613).

정답 ③

215 반사회질서 또는 불공정한 법률행위에 관한 설명으로 옳은 것은? (다툼이 있으면 판례에 따름)
[17 노무]

① 소송사건에 증인으로서 증언에 대한 대가를 약정하였다면 그 자체로 반사회질서 행위로서 무효이다.
② 반사회질서 법률행위에 해당되는 매매계약을 원인으로 한 소유권이전등기명의자의 물권적 청구권 행사에 대하여 상대방은 법률행위의 무효를 주장할 수 없다.
③ 급부 간 현저한 불균형이 있더라도 폭리자가 피해 당사자 측의 사정을 알면서 이를 이용하려는 의사가 없다면 불공정한 법률행위가 아니다.
④ 경매 목적물이 시가에 비해 현저하게 낮은 가격으로 매각된 경우 불공정한 법률행위로 무효가 될 수 있다.
⑤ 민사사건에 관한 변호사의 성공보수약정은 선량한 풍속 기타 사회질서에 위배되어 무효이다.

해설

① (×) : 소송사건에서 일방당사자를 위하여 증인으로 출석하여 증언하였거나 증언할 것을 조건으로 어떤 대가를 받을 것을 약정한 경우(또는 어떠한 사실을 알고 있는 사람과의 사이에 소송에서 사실대로 증언하여 줄 것을 조건으로 어떠한 급부를 할 것을 약정한 경우), 증인은 법률에 의하여 증언거부권이 인정되지 않은 한 진실을 진술할 의무가 있는 것이므로 그 대가의 내용이 통상적으로 용인될 수 있는 수준(예컨대 증인에게 일당과 여비가 지급되기는 하지만 증인이 법원에 출석함으로써 입게 되는 손해에는 미치지 못하는 경우 그러한 손해를 전보 해 주는 정도)을 초과하는 경우에는 그와 같은 약정은 금전적 대가가 결부됨으로써 선량한 풍속 기타 사회질서에 반하는 법률행위가 되어 민법 제103조에 따라 효력이 없다고 할 것이다 (대판 1999.4.13. 98다52483 ; 대판 1994.3.11., 93다40522).

② (×) : 거래 상대방이 배임행위를 유인·교사하거나 배임행위의 전 과정에 관여하는 등 배임행위에 적극 가담하는 경우에는 실행행위자와 체결한 계약이 반사회적 법률행위에 해당하여 무효로 될 수 있고, 선량한 풍속 기타 사회질서에 위반한 사항을 내용으로 하는 법률행위의 무효는 이를 주장할 이익이 있는 자는 누구든지 무효를 주장할 수 있다. 따라서 반사회질서 법률행위를 원인으로 하여 부동산에 관한 소유권이전등기를 마쳤더라도 그 등기는 원인무효로서 말소될 운명에 있으므로 등기명의자가 소유권에 기한 물권적 청구권을 행사하는 경우에, 권리 행사의 상대방은 법률행위의 무효를 항변으로서 주장할 수 있다(대판 2016.03.24. 2015다11281).

③ (○) : 폭리자는 위와 같은 사정이 있었음을 알고서 그것을 이용하려는 의도, 즉 악의(폭리의사)를 가지고 있어야 한다는 것이 통설, 판례이다(대판 1988.9.13, 86다카563; 대판 2008.3.14. 2007다11996).

④ (×) : 경매에 있어서는 불공정한 법률행위 또는 채무자에게 불리한 약정에 관한 것으로서 효력이 없다는 민법 제104조, 제608조는 적용될 여지가 없다(대판 1980.03.21. 80마77).

⑤ (×) : 형사사건에 관하여 체결된 성공보수약정이 가져오는 여러 가지 사회적 폐단과 부작용 등을 고려하면, 비록 구속영장청구 기각, 보석 석방, 집행유예나 무죄 판결 등과 같이 의뢰인에게 유리한 결과를 얻어내기 위한 변호사의 변론활동이나 직무수행 그 자체는 정당하다 하더라도, 형사사건에서의 성공보수약정은 수사·재판의 결과를 금전적인 대가와 결부시킴으로써, 기본적 인권의 옹호와 사회정의의 실현을 그 사명으로 하는 변호사 직무의 공공성을 저해하고, 의뢰인과 일반 국민의 사법제도에 대한 신뢰를 현저히 떨어뜨릴 위험이 있으므로, 선량한 풍속 기타 사회질서에 위반되는 것으로 평가할 수 있다. 다만 선량한 풍속 기타 사회질서는 부단히 변천하는 가치관념으로서 어느 법률행위가 이에 위반되어 민법 제103조에 의하여 무효인지 여부는 그 법률행위가 이루어진 때를 기준으로 판단하여야 하고, 또한 그 법률행위가 유효로 인정될 경우의 부작용, 거래자유의 보장 및 규제의 필요성, 사회적 비난의 정도, 당사자 사이의 이익균형 등 제반 사정을 종합적으로 고려하여 사회통념에 따라 합리적으로 판단하여야 한다. 그런데 그동안 대법원은 수임한 사건의 종류나 그 특성에 관한 구별 없이 성공보수약정이 원칙적으로 유효하다는 입장을 취해 왔고, 대한변호사협회도 1983년에 제정한 '변호사보수기준에 관한 규칙'에서 형사사건의 수임료를 착수금과 성공보수금으로 나누어 규정하였으며, 위 규칙이 폐지된 후에 권고양식으로 만들어 제공한 형사사건의 수임약정서에도 성과보수에 관한 규정을 마련하여 놓고 있었다. 이에 따라 변호사나 의뢰인은 형사사건에서의 성공보수약정이 안고 있는 문제점 내지 그 문제점이 약정의 효력에 미칠 수 있는 영향을 제대로 인식하지 못한 것이 현실이고, 그 결과 당사자 사이에 당연히 지급되어야 할 정상적인 보수까지도 성공보수의 방식으로 약정하는 경우가 많았던 것으로 보인다. 이러한 사정들을 종합하여 보면, 종래 이루어진 보수약정의 경우에는 보수약정이 성공보수라는 명목으로 되어 있다는 이유만으로 민법 제103조에 의하여 무효라고 단정하기는 어렵다. 그러나 대법원이 이 판결을 통하여 형사사건에 관한 성공보수약정이 선량한 풍속 기타 사회질서에 위반되는 것으로 평가할 수 있음을 명확히

밝혔음에도 불구하고 향후에도 성공보수약정이 체결된다면 이는 민법 제103조에 의하여 무효로 보아야 한다. 이와 달리 종래 대법원은 형사사건에서의 성공보수약정이 선량한 풍속 기타 사회질서에 어긋나는지를 고려하지 아니한 채 위임사무를 완료한 변호사는 특별한 사정이 없는 한 약정된 보수액을 전부 청구할 수 있는 것이 원칙이고, 다만 약정된 보수액이 부당하게 과다하여 신의성실의 원칙이나 형평의 원칙에 반한다고 볼 만한 특별한 사정이 있는 경우에는 예외적으로 상당하다고 인정되는 범위 내의 보수액만을 청구할 수 있다고 판시하여 왔는바, 대법원 2009. 7. 9. 선고 2009다21249 판결을 비롯하여 그와 같은 취지의 판결들은 이 판결의 견해에 배치되는 범위 내에서 모두 변경하기로 한다(대판[전합] 2015. 7. 23. 2015다200111).

정답 ③

216 반사회질서의 법률행위가 아닌 것은? (다툼이 있으면 판례에 따름) [18 세무사]

① 변호사가 아닌 자가 승소를 조건으로 소송당사자로부터 소송목적물의 일부를 양도 받기로 한 경우
② 수증자가 매도인의 배임행위에 적극 가담하여 그로부터 매매목적물을 증여받은 경우
③ 해외연수 근로자가 귀국 후 일정기간 근무하지 않으면 그 소요경비를 배상한다는 약정을 한 경우
④ 보험계약자가 다수의 보험계약을 통하여 보험금을 부정 취득할 목적으로 보험계약을 체결한 경우
⑤ 부첩관계의 종료를 해제조건으로 하여 증여계약이 체결된 경우

해설

① (O) : 변호사 아닌 甲과 소송당사자인 乙이 甲은 乙이 소송당사자로 된 민사소송사건에 관하여 乙을 승소시켜주고 乙은 소송물의 일부인 임야지분을 그 대가로 甲에게 양도하기로 약정한 경우 위 약정은 강행법규인 변호사법 제78조 제2호에 위반되는 반사회적 법률행위로서 무효이다(대판 1990. 5. 11. 89다카10514).
② (O) : 피고는 그 부가 이 건 부동산을 원고에게 매도하여 원고로부터 등기독촉을 받고 있는 사정을 잘 알면서 그로부터 이를 증여받음으로써 그 부의 배임행위에 적극 가담하였다면 위 수증행위는 반사회적 법률행위로서 무효라고 할 것이다(대판 1982. 2. 9. 81다1134).
③ (X) : 해외파견 된 근무자가 귀국 후 3년간 회사에 근무하여야 하고, 위반시 해외파견에 소요된 경비를 배상하여야 한다는 회사의 내규(근무기간의 제한이 아니라 경비반환채무의 면제기간을 제한한 것으로서 유효(대판 1982.6.22, 82다카90)
④ (O) : 보험계약자가 다수의 보험계약을 통하여 보험금을 부정취득할 목적으로 보험계약을 체결한 경우, 이러한 목적으로 체결된 보험계약에 의하여 보험금을 지급하게 하는 것은 보험계약을 악용하여 부정한 이득을 얻고자 하는 사행심을 조장함으로써 사회적 상당성을 일탈하게 될 뿐만 아니라 합리적인 위험의 분산이라는 보험제도의 목적을 해치고 위험발생의 우발성을 파괴하며 다수의 선량한 보험가입자들의 희생을 초래하여 보험제도의 근간을 해치게 되므로, 이와 같은 보험계약은 민법 제103조의 선량한 풍속 기타 사회질서에 반하여 무효라고 할 것(대판 2016.01.14. 2015다206461).

⑤ (O) : 부부관계의 종료를 해제조건으로 하는 증여계약(대판 1966.6.21, 66다530) - 이 경우에는 조건만이 무효가 되는 것이 아니라 법률행위자체가 무효가 된다.

정답 ③

217 선량한 풍속 기타 사회질서에 위반한다는 이유로 무효 또는 일부무효로 되는 법률행위가 아닌 것은? (다툼이 있으면 판례에 따름) [19 감평]

① 어떤 일이 있어도 이혼하지 않겠다는 약정
② 과도한 위약벌의 약정
③ 민사사건에 관하여 변호사와 체결한 성공보수약정
④ 부첩(夫妾)관계의 종료를 해제조건으로 하는 증여계약
⑤ 보험사고를 가장하여 보험금을 취득할 목적으로 체결한 생명보험계약

해설

형사사건에 관하여 체결된 성공보수약정이 가져오는 여러 가지 사회적 폐단과 부작용 등을 고려하면, 비록 구속영장청구 기각, 보석 석방, 집행유예나 무죄 판결 등과 같이 의뢰인에게 유리한 결과를 얻어내기 위한 변호사의 변론활동이나 직무수행 그 자체는 정당하다 하더라도, 형사사건에서의 성공보수약정은 수사·재판의 결과를 금전적인 대가와 결부시킴으로써, 기본적 인권의 옹호와 사회정의의 실현을 그 사명으로 하는 변호사 직무의 공공성을 저해하고, 의뢰인과 일반 국민의 사법제도에 대한 신뢰를 현저히 떨어뜨릴 위험이 있으므로, 선량한 풍속 기타 사회질서에 위반되는 것으로 평가할 수 있다(대판[전합] 2015. 7. 23. 2015다200111).

정답 ③

218 반사회적 법률행위나 불공정한 법률행위에 관한 설명으로 옳지 않은 것은? (다툼이 있으면 판례에 따름) [19 세무사]

① 경매에는 불공정한 법률행위의 법리가 적용되지 않는다.
② 대리인에 의한 법률행위의 경우, 경솔 또는 무경험은 대리인을 기준으로 판단하지만 궁박의 여부는 본인을 기준으로 판단한다.
③ 불공정한 법률행위로 무효가 되면 추인에 의해서도 법률행위가 유효로 될 수 없다.
④ 형사사건에 관하여 2019년 현재 체결된 성공보수약정은 반사회적 법률행위에 해당하지 않는다.
⑤ 양도소득세를 줄이기 위해 매매계약서를 실제 거래금액보다 낮은 금액으로 작성하는 행위는 반사회적 법률행위가 아니다.

해설

① (O) : 경매에 있어서는 불공정한 법률행위 또는 채무자에게 불리한 약정에 관한 것으로서 효력이 없다는 민법 제104조, 제608조는 적용될 여지가 없다(대판 1980.03.21. 80마77).

② (O) : 대리인에 의하여 법률행위가 이루어진 경우 그 법률행위가 민법 제104조의 불공정한 법률행위에 해당하는지 여부를 판단함에 있어서 경솔과 무경험은 대리인을 기준으로 하여 판단하고, 궁박은 본인의 입장에서 판단하여야 한다(대판 2002. 10. 22. 2002다38927). 궁박은 효과적인 측면이고 경솔, 무경험은 행위적 측면이기 때문이다.

③ (O) : 무효의 주장에는 제한이 없으므로, 선의의 제3자에 대하여도 주장할 수 있으며, 시적 제한도 없으므로 언제나 행사할 수 있다. 그리고 무효행위의 추인의 대상은 되지 않는다는 것이 判例이다.

④ (×) : 형사사건에 관하여 체결된 성공보수약정이 가져오는 여러 가지 사회적 폐단과 부작용 등을 고려하면, 비록 구속영장청구 기각, 보석 석방, 집행유예나 무죄 판결 등과 같이 의뢰인에게 유리한 결과를 얻어내기 위한 변호사의 변론활동이나 직무수행 그 자체는 정당하다 하더라도, 형사사건에서의 성공보수약정은 수사·재판의 결과를 금전적인 대가와 결부시킴으로써, 기본적 인권의 옹호와 사회정의의 실현을 그 사명으로 하는 변호사 직무의 공공성을 저해하고, 의뢰인과 일반 국민의 사법제도에 대한 신뢰를 현저히 떨어뜨릴 위험이 있으므로, 선량한 풍속 기타 사회질서에 위반되는 것으로 평가할 수 있다. 다만 선량한 풍속 기타 사회질서는 부단히 변천하는 가치관념으로서 어느 법률행위가 이에 위반되어 민법 제103조에 의하여 무효인지 여부는 그 법률행위가 이루어진 때를 기준으로 판단하여야 하고, 또한 그 법률행위가 유효로 인정될 경우의 부작용, 거래자유의 보장 및 규제의 필요성, 사회적 비난의 정도, 당사자 사이의 이익균형 등 제반 사정을 종합적으로 고려하여 사회통념에 따라 합리적으로 판단하여야 한다. 그런데 그동안 대법원은 수임한 사건의 종류나 그 특성에 관한 구별 없이 성공보수약정이 원칙적으로 유효하다는 입장을 취해 왔고, 대한변호사협회도 1983년에 제정한 '변호사보수기준에 관한 규칙'에서 형사사건의 수임료를 착수금과 성공보수금으로 나누어 규정하였으며, 위 규칙이 폐지된 후에 권고양식으로 만들어 제공한 형사사건의 수임약정서에도 성과보수에 관한 규정을 마련하여 놓고 있었다. 이에 따라 변호사나 의뢰인은 형사사건에서의 성공보수약정이 안고 있는 문제점 내지 그 문제점이 약정의 효력에 미칠 수 있는 영향을 제대로 인식하지 못한 것이 현실이고, 그 결과 당사자 사이에 당연히 지급되어야 할 정상적인 보수까지도 성공보수의 방식으로 약정하는 경우가 많았던 것으로 보인다. 이러한 사정들을 종합하여 보면, 종래 이루어진 보수약정의 경우에는 보수약정이 성공보수라는 명목으로 되어 있다는 이유만으로 민법 제103조에 의하여 무효라고 단정하기는 어렵다. 그러나 대법원이 이 판결을 통하여 형사사건에 관한 성공보수약정이 선량한 풍속 기타 사회질서에 위반되는 것으로 평가할 수 있음을 명확히 밝혔음에도 불구하고 향후에도 성공보수약정이 체결된다면 이는 민법 제103조에 의하여 무효로 보아야 한다. 이와 달리 종래 대법원은 형사사건에서의 성공보수약정이 선량한 풍속 기타 사회질서에 어긋나는지를 고려하지 아니한 채 위임사무를 완료한 변호사는 특별한 사정이 없는 한 약정된 보수액을 전부 청구할 수 있는 것이 원칙이고, 다만 약정된 보수액이 부당하게 과다하여 신의성실의 원칙이나 형평의 원칙에 반한다고 볼 만한 특별한 사정이 있는 경우에는 예외적으로 상당하다고 인정되는 범위 내의 보수액만을 청구할 수 있다고 판시하여 왔는바, 대법원 2009. 7. 9. 선고 2009다21249 판결을 비롯하여 그와 같은 취지의 판결들은 이 판결의 견해에 배치되는 범위 내에서 모두 변경하기로 한다(대판[전합] 2015. 7. 23. 2015다200111).

⑤ (O) : 양도소득세를 회피하기 위한 방법으로 매매계약을 체결하였더라도 그 때문에 매매계약이 민법 제103조의 반사회적 법률행위로서 무효라고 할 수 없다(대판 1992. 12. 22. 91다35540, 35557).

정답 ④

219 반사회질서의 법률행위에 해당하는 것은? (다툼이 있으면 판례에 따름) [20 세무사]

① 부첩관계의 단절을 정지조건으로 하는 금전지급 약정
② 강제집행을 면할 목적으로 부동산에 허위의 근저당권설정등기를 마친 행위
③ 양도소득세를 회피하기 위해 자신 앞으로 소유권이전등기를 하지 않은 채로 체결한 매매계약
④ 수사기관에 허위진술을 해주는 대가로 금전을 지급하기로 하는 약정
⑤ 비자금을 소극적으로 은닉하기 위한 임치계약

해설

① (✕) : 불륜관계의 단절을 조건으로 하는 금전지급계약, 첩의 생활비나 자녀의 양육비를 지급하는 계약은 제103조 위반이 아니다(대판 1980.6.24. 80다458).

② (✕) : 강제집행을 면할 목적으로 부동산에 허위의 근저당권설정등기를 경료 하는 행위는 선량한 풍속 기타 사회질서에 위반한 사항을 내용으로 하는 법률행위로 볼 수 없다(대판 2004.5.28. 2003다70041).

③ (✕) : 양도소득세를 회피하기 위한 방법으로 매매계약을 체결하였더라도 그 때문에 매매계약이 민법 제103조의 반사회적 법률행위로서 무효라고 할 수 없다(대판 1992. 12. 22. 91다35540, 35557).

④ (○) : 수사기관에서 참고인으로 진술하면서 자신이 잘 알지 못하는 내용에 대하여 허위의 진술을 하는 경우에 그 허위 진술행위가 범죄행위를 구성하지 않는다고 하여도 이러한 행위 자체는 국가사회의 일반적인 도덕관념이나 국가사회의 공공질서이익에 반하는 행위라고 볼 것이니, 그 급부의 상당성 여부를 판단할 필요 없이 허위 진술의 대가로 작성된 각서에 기한 급부의 약정은 민법 제103조 소정의 반사회적질서행위로 무효이다(대판 2001. 4. 24. 2000다71999).

⑤ (✕) : 반사회적 행위에 의하여 조성된 재산인 이른바 비자금을 소극적으로 은닉하기 위하여 임치한 것이 사회질서에 반하는 법률행위로 볼 수 없다(대판 2001.04.10. 2000다49343).

정답 ④

최신판례

1. 甲 종중이 乙 등에게 명의신탁 되어 있던 토지의 반환을 위하여 소제기 등에 필요한 모든 권한을 회장인 丙에게 위임하였고, 이에 丙이 甲 종중을 대표하여 종토반환소송을 제기하여 승소판결이 확정되었는데, 그 후 甲 종중이 '종토 환원을 위하여 사비를 출연하고 소송실무를 대행하여 종토 전부를 종중으로 환원하여 감사의 의미로 환수 종토의 일부를 증여하기로 한다.'면서 丙 등에게 종토 일부를 증여하기로 하는 결의를 한 사안에서, 丙 등이 종중재산의 회복에 기여한 부분이 있다고 하더라도 이는 선관주의의무를 부담하는 종중의 임원으로서 당연히 해야 할 업무를 수행한 것에 지나지 않으므로 이들에게 실비를 변상하거나 합리적인 범위 내에서 보수를 지급하는 외에 이를 벗어나 회복한 종중재산의 상당 부분을 丙 등에게 분배하는 위 증여결의는 내용이 현저하게 불공정하거나 사회적 타당성을 결하여 무효이다. ( )

☞ (○) : [1] 종중은 공동선조의 분묘수호와 제사 및 종중원 상호 간의 친목 등을 목적으로 하여 구성되는 자연발생적인 종족집단으로, 종중재산은 이러한 종중의 목적을 달성하는 데 본

질적으로 중요한 요소이다. 이와 같은 종중의 목적과 본질, 종중재산의 성격과 중요성에 비추어, 종중재산의 분배에 관한 종중총회의 결의 내용이 현저하게 불공정하거나 선량한 풍속 기타 사회질서에 반하여 사회적 타당성을 결한 경우에 그 결의는 무효이다(대판 2017. 10. 26. 2017다231249).

220 반사회적 법률행위에 관한 설명으로 옳지 않은 것은? (다툼이 있으면 판례에 따름) [21 감평]

① 어느 법률행위가 사회질서에 반하는지 여부는 특별한 사정이 없는 한 법률행위 당시를 기준으로 판단해야 한다.
② 강제집행을 면할 목적으로 부동산에 허위의 근저당권을 설정하는 행위는 특별한 사정이 없는 한 반사회적 법률행위라고 볼 수 없다.
③ 대리인이 매도인의 배임행위에 적극 가담하여 이루어진 부동산의 이중매매의 경우, 본인인 매수인이 그러한 사정을 몰랐다면 반사회적 법률행위가 되지 않는다.
④ 법률행위의 성립과정에서 단지 강박이라는 불법적 방법이 사용된 것이 불과한 때에는 반사회적 법률행위로 볼 수 없다.
⑤ 반사회적 법률행위임을 이유로 하는 무효는 선의의 제3자에게 대항할 수 있다.

해설

① (O) : 통설, 판례(대판 1965.6.15. 65다610)는 법률행위시를 표준으로 하고 있다.
② (O) : 강제집행을 면할 목적으로 부동산에 허위의 근저당권설정등기를 경료 하는 행위는 선량한 풍속 기타 사회질서에 위반한 사항을 내용으로 하는 법률행위로 볼 수 없다(대판 2004.5.28. 2003다70041).
③ (X) : 제116조【대리행위의 하자】① 의사표시의 효력이 의사의 흠결, 사기, 강박 또는 어느 사정을 알았거나 과실로 알지 못한 것으로 인하여 영향을 받을 경우에 그 사실의 유무는 대리인을 표준하여 결정한다.
④ (O) : 법률행위 성립과정에서 불법적 방법이 사용된데 불과한 때에 그 불법이 의사표시의 형성에 영향을 미친 경우에는 의사표시의 하자를 이유로 그 효력을 논의할 수 있을지언정 반사회질서의 법률행위로서 무효라고 할 수는 없다(대판 1996.4.26. 94다34432).
⑤ (O) : 무효행위의 추인(제139조), 전환(제138조)의 문제가 발생하지 않으며, 무효를 가지고 선의의 제3자에게도 대항할 수 있으며, 시적인 제한이 없다.

정답 ③

221 반사회질서의 법률행위에 관한 설명으로 옳은 것을 모두 고른 것은? (다툼이 있으면 판례에 따름)   [21 세무사]

> ㄱ. 법률행위의 성립과정에 강박이라는 불법적 방법이 사용된 것만으로도 반사회질서의 법률행위로서 무효이다.
> ㄴ. 표시된 법률행위의 동기가 반사회질서적인 경우, 그 법률행위는 반사회질서 법률행위이다.
> ㄷ. 반사회질서 법률행위는 무효이며, 이는 선의의 제3자에게도 대항할 수 있다.

① ㄱ　　② ㄷ　　③ ㄱ, ㄴ
④ ㄴ, ㄷ　　⑤ ㄱ, ㄴ, ㄷ

해설

ㄱ. (✕) : 법률행위 성립과정에서 불법적 방법이 사용된데 불과한 때에 그 불법이 의사표시의 형성에 영향을 미친 경우에는 의사표시의 하자를 이유로 그 효력을 논의할 수 있을지언정 반사회질서의 법률행위로서 무효라고 할 수는 없다(대판 1996.4.26. 94다34432).

ㄴ. (○) : 민법 제103조에 의하여 무효로 되는 반사회질서행위는 법률행위의 목적인 권리의무내용이 선량한 풍속 기타 사회질서에 위반되는 경우뿐만 아니라 그 내용자체는 반사회질서적인 것이 아니라고 하여도 법률적으로 이를 강제하거나 그 법률행위에 반사회질서적인 조건 또는 금전적 대가가 결부됨으로써 반사회질서적 성질을 띠게 되는 경우 및 표시되거나 상대방에게 알려진 법률행위의 동기가 반사회질서적인 경우를 포함 한다(대판 1984.12.11. 84다카1402).

ㄷ. (○) : 무효행위의 추인(제139조), 전환(제138조)의 문제가 발생하지 않으며, 무효를 가지고 선의의 제3자에게도 대항할 수 있으며, 시적인 제한이 없다.

정답 ④

222 민법 제103조에 관한 다음 설명 중 옳은 것을 모두 고른 것은?   [예상]

> 가. 민법 제103조에서 정하는 '반사회질서의 법률행위'는 법률행위의 목적인 권리의무의 내용이 선량한 풍속 기타 사회질서에 위반되는 경우뿐만 아니라, 그 내용자체는 반사회질서적인 것이 아니라고 하여도 법적으로 이를 강제하거나 법률행위에 사회질서의 근간에 반하는 조건 또는 금전적인 대가가 결부됨으로써 그 법률행위가 반사회질서적 성질을 띠게 되는 경우도 포함한다.
> 나. 표시되거나 상대방에게 알려진 법률행위의 동기가 반사회질서적이라 해도 동기는 법률행위의 내용은 아니므로 그 법률행위가 민법 제103조에서 정하는 '반사회질서의 법률행위'가 되는 것은 아니다.

다. 단지 법률행위의 성립과정에 강박이라는 불법적 방법이 사용된 데에 불과한 때에는 강박에 의한 의사표시의 하자나 의사의 흠결을 이유로 무효라고 할 수 있을 뿐 반사회질서의 법률행위로서 무효라고 할 수는 없다.

라. 형사사건에 관한 변호사의 성공보수약정은 그 체결시기를 불문하고 모두 선량한 풍속 기타 사회질서에 위배되어 무효이다.

마. 소송사건에 증인으로 출석하여 증언하는 것과 연계하여 어떤 급부를 하기로 약정한 경우 그 급부의 내용이 전체적으로 통상 용인될 수 있는 수준을 넘는 것이라면, 그 약정은 민법 제103조가 규정한 반사회질서행위에 해당하여 전부가 무효이다.

사. 사용자가 노동조합과의 단체교섭에 따라 업무상 재해로 인한 사망 등 일정한 사유가 발생하는 경우 조합원의 직계가족 등을 채용하기로 하는 내용의 단체협약을 체결하였다면, 선량한 풍속 기타 사회질서에 반하는 것이 원칙이다.

① 가. 나. 다.
② 가. 라. 마.
③ 나. 라. 마.
④ 가. 다. 마.
⑤ 가, 마, 사.

해설

가. (O), 나. (X) : 민법 제103조에 의하여 무효로 되는 반사회질서행위는 법률행위의 목적인 권리의 무내용이 선량한 풍속 기타 사회질서에 위반되는 경우뿐만 아니라 그 내용자체는 반사회질서적인 것이 아니라고 하여도 법률적으로 이를 강제하거나 그 법률행위에 반사회질서적인 조건 또는 금전적 대가가 결부됨으로써 반사회질서적 성질을 띠게 되는 경우 및 표시되거나 상대방에게 알려진 법률행위의 동기가 반사회질서적인 경우를 포함 한다(대판 1984.12.11. 84다카1402).

다. (O) : 법률행위 성립과정에서 불법적 방법이 사용되데 불과한 때에 그 불법이 의사표시의 형성에 영향을 미친 경우에는 의사표시의 하자를 이유로 그 효력을 논의할 수 있을지언정 반사회질서의 법률행위로서 무효라고 할 수는 없다(대판 1996.4.26. 94다34432).

라. (X) : 형사사건에 관하여 체결된 성공보수약정이 가져오는 여러 가지 사회적 폐단과 부작용 등을 고려하면, 비록 구속영장청구 기각, 보석 석방, 집행유예나 무죄 판결 등과 같이 의뢰인에게 유리한 결과를 얻어내기 위한 변호사의 변론활동이나 직무수행 그 자체는 정당하다 하더라도, 형사사건에서의 성공보수약정은 수사·재판의 결과를 금전적인 대가와 결부시킴으로써, 기본적 인권의 옹호와 사회정의의 실현을 그 사명으로 하는 변호사 직무의 공공성을 저해하고, 의뢰인과 일반 국민의 사법제도에 대한 신뢰를 현저히 떨어뜨릴 위험이 있으므로, 선량한 풍속 기타 사회질서에 위반되는 것으로 평가할 수 있다. …. 그러나 대법원이 이 판결을 통하여 형사사건에 관한 성공보수약정이 선량한 풍속 기타 사회질서에 위반되는 것으로 평가할 수 있음을 명확히 밝혔음에도 불구하고 향후에도 성공보수약정이 체결된다면 이는 민법 제103조에 의하여 무효로 보아야 한다. 이와 달리 종래 대법원은 형사사건에서의 성공보수약정이 선량한 풍속 기타 사회질서에 어긋나는지를

고려하지 아니한 채 위임사무를 완료한 변호사는 특별한 사정이 없는 한 약정된 보수액을 전부 청구할 수 있는 것이 원칙이고, 다만 약정된 보수액이 부당하게 과다하여 신의성실의 원칙이나 형평의 원칙에 반한다고 볼 만한 특별한 사정이 있는 경우에는 예외적으로 상당하다고 인정되는 범위 내의 보수액만을 청구할 수 있다고 판시하여 왔는바, 대법원 2009. 7. 9. 선고 2009다21249 판결을 비롯하여 그와 같은 취지의 판결들은 이 판결의 견해에 배치되는 범위 내에서 모두 변경하기로 한다(대판[전합] 2015. 7. 23. 2015다200111).

마. (O) : 소송사건에서 일방당사자를 위하여 증인으로 출석하여 증언하였거나 증언할 것을 조건으로 어떤 대가를 받을 것을 약정한 경우(또는 어떠한 사실을 알고 있는 사람과의 사이에 소송에서 사실대로 증언하여 줄 것을 조건으로 어떠한 급부를 할 것을 약정한 경우), 증인은 법률에 의하여 증언거부권이 인정되지 않은 한 진실을 진술할 의무가 있는 것이므로 그 대가의 내용이 통상적으로 용인될 수 있는 수준(예컨대 증인에게 일당과 여비가 지급되기는 하지만 증인이 법원에 출석함으로써 입게 되는 손해에는 미치지 못하는 경우 그러한 손해를 전보해 주는 정도)을 초과하는 경우에는 그와 같은 약정은 금전적 대가가 결부됨으로써 선량한 풍속 기타 사회질서에 반하는 법률행위가 되어 민법 제103조에 따라 효력이 없다고 할 것이다(대판 1999.4.13, 98다52483 ; 대판 1994.3.11., 93다40522).

사. (X) : 단체협약이 민법 제103조의 적용대상에서 제외될 수는 없으므로 단체협약의 내용이 선량한 풍속 기타 사회질서에 위배된다면 그 법률적 효력은 배제되어야 한다. 다만 단체협약이 선량한 풍속 기타 사회질서에 위배되는지 판단할 때에는 단체협약이 헌법이 직접 보장하는 기본권인 단체교섭권의 행사에 따른 것이자 헌법이 제도적으로 보장한 노사의 협약자치의 결과물이라는 점 및 노동조합 및 노동관계조정법에 의해 이행이 특별히 강제되는 점 등을 고려하여 법원의 후견적 개입에 보다 신중할 필요가 있다. 헌법 제15조가 정하는 직업선택의 자유, 헌법 제23조 제1항이 정하는 재산권 등에 기초하여 사용자는 어떠한 근로자를 어떠한 기준과 방법에 의하여 채용할 것인지를 자유롭게 결정할 자유가 있다. 다만 사용자는 스스로 이러한 자유를 제한할 수 있는 것이므로, 노동조합과 사이에 근로자 채용에 관하여 임의로 단체교섭을 진행하여 단체협약을 체결할 수 있고, 그 내용이 강행법규나 선량한 풍속 기타 사회질서에 위배되지 아니하는 이상 단체협약으로서의 효력이 인정된다. 사용자가 노동조합과의 단체교섭에 따라 업무상 재해로 인한 사망 등 일정한 사유가 발생하는 경우 조합원의 직계가족 등을 채용하기로 하는 내용의 단체협약을 체결하였다면, 그와 같은 단체협약이 사용자의 채용의 자유를 과도하게 제한하는 정도에 이르거나 채용 기회의 공정성을 현저히 해하는 결과를 초래하는 등의 특별한 사정이 없는 한 선량한 풍속 기타 사회질서에 반한다고 단정할 수 없다. 이러한 단체협약이 사용자의 채용의 자유를 과도하게 제한하는 정도에 이르거나 채용 기회의 공정성을 현저히 해하는 결과를 초래하는지는 단체협약을 체결한 이유나 경위, 그와 같은 단체협약을 통해 달성하고자 하는 목적과 수단의 적합성, 채용대상자가 갖추어야 할 요건의 유무와 내용, 사업장 내 동종 취업규칙 유무, 단체협약의 유지 기간과 준수 여부, 단체협약이 규정한 채용의 형태와 단체협약에 따라 채용되는 근로자의 수 등을 통해 알 수 있는 사용자의 일반 채용에 미치는 영향과 구직희망자들에 미치는 불이익 정도 등 여러 사정을 종합하여 판단하여야 한다(대판[전합] 2020. 8. 27. 2016다248998).

정답 ④

223 반사회질서 또는 불공정한 법률행위에 관한 설명으로 옳지 않은 것은? (다툼이 있으면 판례에 따름) [17 감평]

① 부첩관계의 종료를 해제조건으로 하는 증여계약은 그 조건뿐만 아니라 그 계약 자체도 무효이다.
② 감정평가사를 통해 공무원에게 직무상 부정한 청탁을 하게하고 그 대가로 상당한 금품을 교부하기로 한 약정은 무효이다.
③ 불공정한 법률행위가 되기 위해서는 피해자의 궁박, 경솔, 무경험 중 어느 하나만 있으면 되고 그 모두가 있어야 할 필요는 없다.
④ 계약이 불공정한 법률행위에 해당하여 무효라 하더라도 특별한 사정이 없는 한 그 계약에 관한 부제소합의는 유효하다.
⑤ 법률행위의 내용이 반사회적인 것은 아니지만 반사회적 조건이 붙어 반사회적인 성질을 띠게 되면 그 법률행위는 무효이다.

해설

① (O) : 부부관계의 종료를 해제조건으로 하는 증여계약(대판 1966.6.21, 66다530) -이 경우에는 조건만이 무효가 되는 것이 아니라 법률행위자체가 무효가 된다.
② (O) : 공무원의 직무에 관한 사항에 관해 특별한 청약을 하고 그 대가를 지급하는 계약30)(대판 1971.10.11, 71다1645)
③ (O) : 궁박, 경솔, 무경험 중 하나만 성립해도 되고(대판 1998.3.13, 97다51506), 궁박은 반드시 경제적인 것일 필요는 없으며, 정신적 곤궁을 포함하고 궁박의 상태가 계속적인 것이든 일시적인 것이든 무방하며(대판 2008.3.14, 2007다11996), **대리인에 의한 매매의 경우 궁박은 본인을 표준으로 경솔, 무경험은 대리인을 표준하여 결정한다는 것이 판례이다.**
④ (X) : 매매계약과 같은 쌍무계약이 급부와 반대급부와의 불균형으로 말미암아 민법 제104조에서 정하는 '불공정한 법률행위'에 해당하여 무효라고 한다면, 그 계약으로 인하여 불이익을 입는 당사자로 하여금 위와 같은 불공정성을 소송 등 사법적 구제수단을 통하여 주장하지 못하도록 하는 부제소합의 역시 다른 특별한 사정이 없는 한 무효라고 할 것이다(대판 2010. 7. 15. 2009다50308).
⑤ (O) : 상대방 또는 제3자의 강박에 의하여 의사결정의 자유가 완전히 박탈된 상태에서 이루어진 의사표시는 효과의사에 대응하는 내심의 의사가 결여된 것이므로 무효라고 볼 수밖에 없으나, 강박이 의사결정의 자유를 완전히 박탈하는 정도에 이르지 아니하고 이를 제한하는 정도에 그친 경우에는 그 의사표시는 취소할 수 있음에 그치고 무효라고까지 볼 수 없다. 민법 제103조에 의하여 무효로 되는 반사회질서행위는 법률행위의 목적인 권리의무내용이 선량한 풍속 기타 사회질서에 위반되는 경우뿐만 아니라 그 내용자체는 반사회질서적인 것이 아니라고 하여도 법률적으로 이를 강제하거

---

30) 어떠한 위임계약이 행정청의 허가 등을 목적으로 하는 신청행위를 대상으로 하는 경우에 신청행위 자체에는 전문성이 크게 요구되지 않고 허가에는 공무원의 재량적 판단이 필요하며, 신청과 관련된 절차에 필수적으로 필요한 비용은 크지 않은 데 반하여 약정보수액은 지나치게 다액으로서, 수임인이 허가를 얻기 위하여 공무원의 직무 관련 사항에 관하여 특별한 청탁을 하면서 뇌물공여 등 로비를 하는 자금이 보수액에 포함되어 있다고 볼 만한 특수한 사정이 있는 때에는 위임계약은 반사회질서적인 조건이 결부됨으로써 반사회질서적 성질을 띠고 있어 민법 제103조에 따라 무효이다. (대판 2016.02.18, 2015다35560).

나 그 법률행위에 반사회질서적인 조건 또는 금전적 대가가 결부됨으로써 반사회질서적 성질을 띠게 되는 경우 및 표시되거나 상대방에게 알려진 법률행위의 동기가 반사회질서적인 경우를 포함한다(대판 1984.12.11. 84다카1402).

정답 ④

224 다음은 키코(KIKO) 통화옵션계약[31]에 관한 판시이다. 틀린 설명은 무엇인가?

① 위 계약의 구조는 환율 변동의 확률적 분포를 고려하여 쌍방의 기대이익을 대등하게 한 것이므로 계약 체결 후 시장환율이 당초 예상과 달리 변동함으로써 결과적으로 쌍방의 이익에 불균형이 생겼다면 그 때문에 계약 자체가 현저하게 불공정하게 체결되었다고 볼 수 있기 때문에 통화옵션계약은 불공정행위에 해당한다.

② 통화옵션계약의 구조는 다른 장외파생상품들과 마찬가지로 을 은행 등이 고객의 필요에 따라 구조나 조건을 적절히 변경하여 사용하기 편하도록 표준화하여 미리 마련해 놓은 것일 뿐, 구조만으로는 거래당사자 사이에 아무런 권리의무가 발생하지 않고 거기에 개별적 교섭에 의해서 결정된 계약금액, 행사환율 등 구체적 계약조건들이 결부됨으로써 비로소 전체 계약의 내용으로 완결되는 것이므로, 그 구조 자체는 따로 약관에 해당하지 않는다.

③ 일반적으로 재화나 용역의 판매자가 자신이 판매하는 재화나 용역의 판매가격에 관하여 구매자에게 그 원가나 판매이익 등 구성요소를 알려주거나 밝혀야 할 의무가 없다.

④ 불법행위로 인한 손해의 발생 또는 확대에 관하여 피해자에게도 과실이 있는 때에는 가해자의 손해배상의 범위를 정함에 있어 당연히 이를 참작하여야 하고, 가해행위가 사기, 횡령, 배임 등의 영득행위인 경우 등 과실상계를 인정하게 되면 가해자로 하여금 불법행위로 인한 이익을 최종적으로 보유하게 하여 공평의 이념이나 신의칙에 반하는 결과를 가져오는 경우에만 예외적으로 과실상계가 허용되지 않는다.

---

[31] 환율이 일정 범위 안에서 변동할 경우, 미리 약정한 환율에 약정금액을 팔 수 있도록 한 파생금융상품이다. 녹인 녹아웃(Kn (O) ck-In Kn (O) ck- (O) ut)의 영문 첫 글자에서 따왔다. 약정환율과 변동의 상한(Kn (O) ck-In) 및 하한(Kn (O) ck- (O) ut)을 정해놓고 환율이 일정한 구간 안에서 변동한다면 약정환율을 적용 받는 대신, 하한 이하로 떨어지면 계약을 무효화하고 상한 이상으로 올라가면 약정액의 1~2배를 약정한 환율에 매도하는 방식이다. 예를 들어, 환율 상하단 900~1,000원, 약정 환율 1,000원으로 1억 달러의 키코 계약을 체결했다면, 환율이 상하단 범위 내인 910원이면 달러당 90원의 환차익을 누리게 된다. 반면, 환율이 900원 밑으로 내려가면(녹아웃) 계약은 자동으로 종료되고 업체는 환손실을 입는다. 반대로 환율이 상단보다 높은 1,050원이 됐을 때(녹인)는 달러당 50원씩 손해를 감수해야 한다. 이와 같이 환율이 하한과 상한 사이에서 변동한다면 기업에게 어느 정도 이익을 안겨줄 수 있지만, 궁극적으로는 얻을 수 있는 이익에 비해 손실의 위험성이 훨씬 크다. 환율이 상승하면 가입자는 피해를 보게 설계되어 있기 때문이다. 2008년 한국에서 환율이 급등했을 때 은행과 키코 계약을 맺은 중소기업들이 큰 손실을 입어, 견실한 중견기업체가 환차손으로 흑자 도산한 사례도 있다. 이후 피해 중소기업들이 키코피해기업공동대책위원회를 만들어 은행들을 상대로 민사·형사 소송을 제기하여 재판을 진행하였는데, 최근 이에 대한 판단이 나왔다.

해설

* 대판(전합) 2013. 9. 26. 2012다1146, 1153

① (X) : 甲이 乙 은행 등과 체결한 키코(KIKO) 통화옵션계약이 불공정행위인지 문제 된 사안에서, 위 계약의 구조는 환율 변동의 확률적 분포를 고려하여 쌍방의 기대이익을 대등하게 한 것이므로 계약 체결 후 시장환율이 당초 예상과 달리 변동함으로써 결과적으로 쌍방의 이익에 불균형이 생겼다 하더라도 그 때문에 계약 자체가 현저하게 불공정하게 체결되었다고 볼 수 없다는 등 이유로 통화옵션계약이 불공정행위에 해당하지 않는다(대판[전합] 2013. 9. 26. 2012다1146, 1153).

② (O) : 계약의 일방 당사자가 일정한 형식에 의하여 미리 계약서를 마련하여 두었다가 이를 상대방에게 제시하여 그 내용대로 계약을 체결하는 경우에도 특정 조항에 관하여 상대방과 개별적인 교섭을 거침으로써 상대방이 자신의 이익을 조정할 기회를 가졌다면, 그 조항은 '약관의 규제에 관한 법률'의 규율대상이 아닌 개별약정이 된다고 보아야 한다. 이때 개별적인 교섭이 있었다고 하기 위해서는 그 교섭의 결과가 반드시 특정 조항의 내용을 변경하는 형태로 나타나야 하는 것은 아니고, 계약 상대방이 그 특정 조항을 미리 마련한 당사자와 대등한 지위에서 당해 조항에 대하여 충분한 검토와 고려를 한 뒤 그 내용을 변경할 가능성이 있었다고 인정되면 된다.

③ (O) : 일반적으로 재화나 용역의 판매자가 자신이 판매하는 재화나 용역의 판매가격에 관하여 구매자에게 그 원가나 판매이익 등 구성요소를 알려주거나 밝혀야 할 의무는 없다. 이러한 이치는 은행이 고객으로부터 별도로 비용이나 수수료를 수취하지 아니하는 이른바 제로 코스트(zero cost) 구조의 장외파생상품 거래를 하는 경우에도 다르지 않다. 또한 은행이 장외파생상품 거래의 상대방으로서 일정한 이익을 추구하리라는 점은 시장경제의 속성상 당연하여 누구든지 이를 예상할 수 있다. 따라서 달리 계약 또는 법령 등에 의하여 가격구성요소의 고지의무가 인정되는 등의 특별한 사정이 없는 한 <u>은행은 고객에게 제로 코스트의 장외파생상품 구조 내에 포함된 옵션(option)의 이론가, 수수료 및 그로 인하여 발생하는 마이너스 시장가치에 대하여 고지하여야 할 의무가 있다고 할 수 없고</u>, 이를 고지하지 아니하였다고 하여 그것이 고객에 대한 기망행위가 된다거나 고객에게 당해 장외파생상품 거래에서 비용이나 수수료를 부담하지 않는다는 착오를 일으킨다고 볼 수도 없다.

④ (O) : 불법행위로 인한 손해의 발생 또는 확대에 관하여 피해자에게도 과실이 있는 때에는 가해자의 손해배상의 범위를 정함에 있어 당연히 이를 참작하여야 하고, 가해행위가 사기, 횡령, 배임 등의 영득행위인 경우 등 과실상계를 인정하게 되면 가해자로 하여금 불법행위로 인한 이익을 최종적으로 보유하게 하여 공평의 이념이나 신의칙에 반하는 결과를 가져오는 경우에만 예외적으로 과실상계가 허용되지 않는다.

정답 ①

225 불공정한 법률행위에 관한 설명으로 옳지 않은 것은? (다툼이 있으면 판례에 따름) [18 감평]

① 성립요건인 궁박, 경솔, 무경험은 그 중 하나만 갖추어도 충분하다.
② 궁박은 경제적 원인 외에 정신적 또는 심리적 원인에 기인할 수도 있다.
③ 대리인에 의하여 행해진 법률행위에서 불공정한 법률행위가 문제되는 경우, 경솔이나 무경험은 대리인을 기준으로 판단한다.
④ 무경험은 일반적인 생활체험의 부족을 의미하는 것으로, 어느 특정영역이 아니라 거래 일반에 대한 경험부족을 말한다.

⑤ 매매계약이 약정된 매매대금의 과다로 인하여 불공정한 법률행위에 해당하는 경우, 무효행위의 전환에 관한 민법 제138조가 적용될 수 없다.

해설

① (O) : 사실과 다른 고소에 의하여 구속된 상태에서 고소인의 주장을 인정하고 한 합의는 불공정한 법률행위에 해당한다고 하면서 궁박, 경솔, 무경험 중 하나만 성립해도 된다(대판 1998.3.13. 97다51506).
② (O) : 궁박은 반드시 경제적인 것일 필요는 없으며, 정신적 곤궁을 포함하고 궁박의 상태가 계속적인 것이든 일시적인 것이든 무방하다(대판 2008.3.14. 2007다11996).
③ (O) : 대리인에 의하여 법률행위가 이루어진 경우 그 법률행위가 민법 제104조의 불공정한 법률행위에 해당하는지 여부를 판단함에 있어서 경솔과 무경험은 대리인을 기준으로 하여 판단하고, 궁박은 본인의 입장에서 판단하여야 한다(대판 2002. 10. 22. 2002다38927). 궁박은 효과적인 측면이고 경솔, 무경험은 행위적 측면이기 때문이다.
④ (O) : '무경험'이라 함은 일반적인 생활체험의 부족을 의미하는 것으로서 어느 특정영역에 있어서의 경험부족이 아니라 거래일반에 대한 경험부족을 뜻하고, 당사자가 궁박 또는 무경험의 상태에 있었는지 여부는 그의 나이와 직업, 교육 및 사회경험의 정도, 재산 상태 및 그가 처한 상황의 절박성의 정도 등 제반 사정을 종합하여 구체적으로 판단하여야 한다(대판 2002. 10. 22. 2002다38927).
⑤ (X) : 매매계약이 약정된 매매대금의 과다로 말미암아 민법 제104조에서 정하는 '불공정한 법률행위'에 해당하여 무효인 경우에도 무효행위의 전환에 관한 민법 제138조가 적용될 수 있다. 그러므로 재건축사업부지에 포함된 토지에 대하여 재건축사업조합과 토지의 소유자가 체결한 매매계약이 매매대금의 과다로 말미암아 불공정한 법률행위에 해당하지만, 그 매매대금을 적정한 금액으로 감액하여 매매계약의 유효성을 인정할 수 있다(대판 2010.7.15. 2009다50308).

정답 ⑤

226 민법 제104조의 불공정한 법률행위에 관한 설명으로 옳은 것은? (다툼이 있으면 판례에 따름)
[18 노무]

① '무경험'이란 일반적인 생활체험의 부족이 아니라 어느 특정영역에서의 경험부족을 의미한다.
② 급부와 반대급부 사이의 '현저한 불균형'은 당사자의 주관적 가치가 아닌 거래상의 객관적 가치에 의하여 판단한다.
③ '궁박'에는 정신적 또는 심리적 원인에 기인한 것은 포함되지 않는다.
④ 불공정한 법률행위가 성립하기 위해서는 피해자에게 궁박, 경솔, 무경험 요건이 모두 구비되어야 한다.
⑤ 법률행위가 현저하게 공정을 잃은 경우, 그 행위는 궁박, 경솔, 무경험으로 이루어진 것으로 추정된다.

> 해설

① (✗) : '무경험'이라 함은 일반적인 생활체험의 부족을 의미하는 것으로서 어느 특정영역에 있어서의 경험부족이 아니라 거래일반에 대한 경험부족을 뜻하고, 당사자가 궁박 또는 무경험의 상태에 있었는지 여부는 그의 나이와 직업, 교육 및 사회경험의 정도, 재산 상태 및 그가 처한 상황의 절박성의 정도 등 제반 사정을 종합하여 구체적으로 판단하여야 하며, 한편 피해 당사자가 궁박, 경솔 또는 무경험의 상태에 있었다고 하더라도 그 상대방 당사자에게 그와 같은 피해 당사자측의 사정을 알면서 이를 이용하려는 의사, 즉 폭리행위의 악의가 없었다거나 또는 객관적으로 급부와 반대급부 사이에 현저한 불균형이 존재하지 아니한다면 불공정 법률행위는 성립하지 않는다(대판 2002. 10. 22. 2002다38927).

② (O) : 민법 제104조에 규정된 불공정한 법률행위는 객관적으로 급부와 반대급부 사이에 현저한 불균형이 존재하고, 주관적으로 위와 같이 균형을 잃은 거래가 피해당사자의 궁박, 경솔, 또는 무경험을 이용하여 이루어진 경우에 한하여 성립하는 것으로서 약자적 지위에 있는 자의 궁박, 경솔 또는 무경험을 이용한 폭리행위를 규제하려는 데에 그 목적이 있다.(대법원 1994. 11. 8. 선고 94다31969 판결)

③ (✗) : 궁박은 반드시 경제적인 것일 필요는 없으며, 정신적 곤궁을 포함하고 궁박의 상태가 계속적인 것이든 일시적인 것이든 무방하다(대판 2008.3.14, 2007다11996).

④ (✗) : 사실과 다른 고소에 의하여 구속된 상태에서 고소인의 주장을 인정하고 한 합의는 불공정한 법률행위에 해당한다고 하면서 궁박, 경솔, 무경험 중 하나만 성립해도 된다(대판 1998.3.13, 97다51506).

⑤ (✗) : 법률행위가 <u>현저히 공정을 잃었다고 하여 곧 그 법률행위가 궁박·경솔·무경험에 의하여 이루어진 것으로 추정되는 것은 아니다</u>(대판 1969.12.30, 69다1873).

정답 ②

227 불공정한 법률행위에 관한 설명으로 옳은 것은? (다툼이 있으면 판례에 따름) [18 세무사]

① 당사자 일방이 대가 없이 상대방에게 일방적인 급부를 하는 법률행위는 불공정한 법률행위가 될 수 없다.
② 피해자의 궁박한 상태가 인정되면 상대방에게 이를 이용하려는 의사가 없어도 불공정한 법률행위가 인정될 수 있다.
③ 불공정한 법률행위에 해당하여 무효인 경우에는 무효행위의 전환에 관한 규정이 적용될 수 없다.
④ 쌍무계약이 불공정한 법률행위에 해당하여 무효라도 그 계약에 관한 부제소합의는 원칙적으로 유효하다.
⑤ 계약당시를 기준으로 불공정한 것이 아니라도 그 후 외부적 환경에 의하여 현저한 급부의 불균형이 발생하면 불공정한 법률행위가 인정된다.

해설

① (○) : 기부행위(증여)와 같이 아무 대가관계 없이 일방적인 급부를 하는 행위는 그 성질상 공정성 여부를 논할 수 있는 법률행위라 할 수 없다(대판 1997.3.11. 96다49650).

② (×) : 폭리자는 위와 같은 사정이 있었음을 알고서 그것을 이용하려는 의도, 즉 악의(폭리의사)를 가지고 있어야 한다는 것이 통설, 판례이다(대판 1988.9.13. 86다카563; 대판 2008.3.14. 2007다11996).

③ (×) : 매매계약이 약정된 매매대금의 과다로 말미암아 민법 제104조에서 정하는 '불공정한 법률행위'에 해당하여 무효인 경우에도 무효행위의 전환에 관한 민법 제138조가 적용될 수 있다. 그러므로 재건축사업부지에 포함된 토지에 대하여 재건축사업조합과 토지의 소유자가 체결한 매매계약이 매매대금의 과다로 말미암아 불공정한 법률행위에 해당하지만, 그 매매대금을 적정한 금액으로 감액하여 매매계약의 유효성을 인정할 수 있다(대판 2010.7.15. 2009다50308).

④ (×) : 매매계약과 같은 쌍무계약이 급부와 반대급부와의 불균형으로 말미암아 민법 제104조에서 정하는 '불공정한 법률행위'에 해당하여 무효라고 한다면, 그 계약으로 인하여 불이익을 입는 당사자로 하여금 위와 같은 불공정성을 소송 등 사법적 구제수단을 통하여 주장하지 못하도록 하는 부제소합의 역시 다른 특별한 사정이 없는 한 무효라고 할 것이다(대판 2010. 7. 15. 2009다50308).

⑤ (×) : 키코(KIKO) 통화옵션계약[32]의 구조는 환율 변동의 확률적 분포를 고려하여 쌍방의 기대이익을 대등하게 한 것이므로 계약 체결 후 시장환율이 당초 예상과 달리 변동함으로써 결과적으로 쌍방의 이익에 불균형이 생겼다 하더라도 그 때문에 계약 자체가 현저하게 불공정하게 체결되었다고 볼 수 없기 때문에 통화옵션계약은 불공정행위에 해당하지 않는다(대판[전합] 2013.9.26. 2012다1146,1153).

정답 ①

---

[32] 환율이 일정 범위 안에서 변동할 경우, 미리 약정한 환율에 약정금액을 팔 수 있도록 한 파생금융상품이다. 녹인 녹아웃(Knock-In Knock-Out)의 영문 첫 글자에서 따왔다. 약정환율과 변동의 상한(Knock-In) 및 하한(Knock-Out)을 정해놓고 환율이 일정한 구간 안에서 변동한다면 약정환율을 적용 받는 대신, 하한 이하로 떨어지면 계약을 무효화하고 상한 이상으로 올라가면 약정액의 1~2배를 약정한 환율에 매도하는 방식이다. 예를 들어, 환율 상하단 900~1,000원, 약정 환율 1,000원으로 1억 달러의 키코 계약을 체결했다면, 환율이 상단 범위 내인 910원이면 달러당 90원의 환차익을 누리게 된다. 반면, 환율이 900원 밑으로 내려가면(녹아웃) 계약은 자동으로 종료되고 업체는 환손실을 입는다. 반대로 환율이 상단보다 높은 1,050원이 됐을 때(녹인)는 달러당 50원씩 손해를 감수해야 한다. 이와 같이 환율이 하한과 상한 사이에서 변동한다면 기업에게 어느 정도 이익을 안겨줄 수 있지만, 궁극적으로는 얻을 수 있는 이익에 비해 손실의 위험성이 훨씬 크다. 환율이 상승하면 가입자는 피해를 보게 설계되어 있기 때문이다. 2008년 한국에서 환율이 급등했을 때 은행과 키코 계약을 맺은 중소기업들이 큰 손실을 입어, 견실한 중견 기업체가 환차손으로 흑자 도산한 사례도 있다. 이후 피해 중소기업들이 키코피해기업공동대책위원회를 만들어 은행들을 상대로 민사·형사 소송을 제기하여 재판을 진행하고 있다.

228 민법 제103조의 반사회적 법률행위에 해당하여 무효인 것을 모두 고른 것은? (다툼이 있으면 판례에 따름)
[19 노무]

> ㄱ. 뇌물로 받은 금전을 소극적으로 은닉하기 위하여 이를 임치하는 약정
> ㄴ. 강제집행을 면할 목적으로 허위의 근저당권을 설정하는 행위
> ㄷ. 도박자금에 제공할 목적으로 금전을 대여하는 행위
> ㄹ. 해외파견 후 귀국일로부터 상당기간 동안 소속회사에서 근무하지 않으면 해외파견 소요 경비를 배상한다는 사규나 약정

① ㄱ   ② ㄷ   ③ ㄱ, ㄴ
④ ㄴ, ㄷ   ⑤ ㄷ, ㄹ

해설

ㄱ. (X) : 반사회적 행위에 의하여 조성된 재산인 이른바 비자금을 소극적으로 은닉하기 위하여 임치한 것이 사회질서에 반하는 법률행위로 볼 수 없다(대판 2001.04.10. 2000다49343).

ㄴ. (X) : 강제집행을 면할 목적으로 부동산에 허위의 근저당권설정등기를 경료 하는 행위는 선량한 풍속 기타 사회질서에 위반한 사항을 내용으로 하는 법률행위로 볼 수 없다(대판 2004.5.28. 2003다70041).

ㄷ. (O) : 밀수나 도박을 위한 자금의 소비대차(대판 1962.4.4. 4294민상1296 등) 는 정의의 관념에 반하는 행위이다.

ㄹ. (X) : 해외파견 된 근무자가 귀국 후 3년간 회사에 근무하여야 하고, 위반 시 해외파견에 소요된 경비를 배상하여야 한다는 회사의 내규(근무기간의 제한이 아니라 경비반환채무의 면제기간을 제한한 것으로서 유효)는 제103조 위반이 아니다(대판 1982.6.22. 82다카90).

정답 ②

229 불공정한 법률행위에 관한 설명으로 옳지 않은 것은? (다툼이 있으면 판례에 따름) [20 세무사]

① 경매에 대해서도 불공정한 법률행위에 관한 규정이 적용된다.
② 궁박은 급박한 곤궁을 말하는 것으로 경제적 원인뿐만 아니라 정신적, 심리적 원인에 기인할 수 있다.
③ 불공정한 법률행위가 대리인에 의하여 행해진 경우 궁박 상태는 본인을 기준으로 판단하여야 한다.
④ 불공정한 법률행위가 인정되기 위해서는 폭리자가 피해자의 궁박이나 경솔, 무경험을 알고서 이를 이용하려는 의사가 있어야 한다.
⑤ 불공정한 법률행위는 추인에 의해서도 유효하게 될 수 없다.

해설

① (×) : 경매에 있어서는 불공정한 법률행위 또는 채무자에게 불리한 약정에 관한 것으로서 효력이 없다는 민법 제104조, 제608조는 적용될 여지가 없다(대판 1980.03.21. 80마77).
② (○) : 궁박은 반드시 경제적인 것일 필요는 없으며, 정신적 곤궁을 포함하고 궁박의 상태가 계속적인 것이든 일시적인 것이든 무방하다(대판 2008.3.14. 2007다11996).
③ (○) : 매도인의 대리인이 매매한 경우에 있어서 그 매매가 본 조의 불공정한 법률행위인가를 판단함에는 매도인의 경솔, 무경험은 그 대리인을 기준으로 하여 판단하여야 하고 궁박 상태에 있었는지의 여부는 매도인 본인의 입장에서 판단되어야 한다(대판 1972. 4. 25. 71다2255).
④ (○) : 피해 당사자가 궁박, 경솔 또는 무경험의 상태에 있었다고 하더라도 그 상대방 당사자에게 그와 같은 피해 당사자 측의 사정을 알면서 이를 이용하려는 의사, 즉 폭리행위의 악의가 없었다거나 또는 객관적으로 급부와 반대급부 사이에 현저한 불균형이 존재하지 아니한다면 불공정 법률행위는 성립하지 않는다(대판 1988.9.13. 86다카563; 대판 2008.3.14. 2007다11996).
⑤ (○) : 무효행위의 추인의 대상은 되지 않는다(대판 2003. 2. 11. 99다66427, 73371).

정답 ①

230 불공정한 법률행위에 관한 설명으로 옳은 것은? (다툼이 있으면 판례에 따름) [20 감평]
① 불공정한 법률행위로 무효가 된 행위의 전환은 인정되지 않는다.
② 불공정한 법률행위라도 당사자가 무효임을 알고 추인한 경우 유효로 될 수 있다.
③ 불공정한 법률행위에 해당하는지 여부는 그 행위를 한 때를 기준으로 판단한다.
④ 불공정한 법률행위의 요건을 갖추지 못한 법률행위는 반사회질서행위가 될 수 없다.
⑤ 증여와 같이 아무런 대가관계 없이 당사자 일방이 상대방에게 일방적인 급부를 하는 행위도 불공정한 법률행위가 될 수 있다.

해설

① (×) : 매매계약이 약정된 매매대금의 과다로 말미암아 민법 제104조에서 정하는 '불공정한 법률행위'에 해당하여 무효인 경우에도 무효행위의 전환에 관한 민법 제138조가 적용될 수 있다. 그러므로 재건축사업부지에 포함된 토지에 대하여 재건축사업조합과 토지의 소유자가 체결한 매매계약이 매매대금의 과다로 말미암아 불공정한 법률행위에 해당하지만, 그 매매대금을 적정한 금액으로 감액하여 매매계약의 유효성을 인정할 수 있다(대판 2010.07.15. 2009다50308).
② (×) : 무효행위의 추인의 대상은 되지 않는다는 것이 判例이다.
③ (○) : 통설, 判例(대판 1965.06.15. 65다610)는 법률행위시를 표준으로 하고 있다.
④ (×) : 불공정한 법률행위는 반사회질서행위의 특칙이므로, 불공정한 법률행위의 요건을 갖추지 못한 법률행위는 반사회질서행위가 될 수 있다.
⑤ (×) : 기부행위(증여)와 같이 아무 대가관계 없이 일방적인 급부를 하는 행위는 그 성질상 공정성 여부를 논할 수 있는 법률행위라 할 수 없다(대판 1997.03.11. 96다49650).

정답 ③

231 법률행위의 효력에 관한 설명으로 옳은 것을 모두 고른 것은? (다툼이 있으면 판례에 따름)

[20 감평]

> ㄱ. 매매계약을 체결하면서 양도소득세를 면탈할 의도로 소유권이전등기를 일정기간 유보하는 약정은 반사회질서행위로 볼 수 없다.
> ㄴ. 경매목적물과 매각대금이 현저하게 공정을 잃은 경우에도 그 경매는 불공정한 법률행위에 해당하지 않는다.
> ㄷ. 도박에 쓸 것을 알면서 빌려준 금전을 담보하기 위하여 저당권을 설정한 사람은 저당권설정등기의 말소를 청구할 수 있다.

① ㄱ   ② ㄴ   ③ ㄱ, ㄷ
④ ㄴ, ㄷ   ⑤ ㄱ, ㄴ, ㄷ

해설

ㄱ. (O) : 양도소득세를 회피하기 위한 방법으로 매매계약을 체결하였더라도 그 때문에 매매계약이 민법 제103조의 반사회적 법률행위로서 무효라고 할 수 없다(대판 1992.12.22. 91다35540・35557).

ㄴ. (O) : 경매에 있어서는 불공정한 법률행위 또는 채무자에게 불리한 약정에 관한 것으로서 효력이 없다는 민법 제104조, 제608조는 적용될 여지가 없다(대판 1980.03.21. 80마77).

ㄷ. (O) : 도박자금으로 금원을 대여함으로 인하여 발생한 채권을 담보하기 위한 근저당권설정등기가 경료 되었을 뿐인 경우와 같이 수령자가 그 이익을 향수하려면 경매신청을 하는 등 별도의 조치를 취하여야 하는 경우에는, 그 불법원인급여로 인한 이익이 종국적인 것이 아니므로 등기설정자는 무효인 근저당권설정등기의 말소를 구할 수 있다(대판 1995.08.11. 94다54108).

정답 ⑤

232 민법 제104조(불공정한 법률행위)에 관한 설명으로 옳은 것은? (다툼이 있으면 판례에 따름)

[20 노무]

① 증여계약은 민법 제104조에서의 공정성 여부를 논의할 수 있는 성질의 법률행위가 아니다.
② 급부와 반대급부가 현저히 균형을 잃은 경우에는 법률행위가 궁박, 경솔, 무경험으로 인해 이루어진 것으로 추정된다.
③ 대리인에 의하여 법률행위가 이루어진 경우 경솔과 무경험은 본인을 기준으로, 궁박은 대리인을 기준으로 판단한다.
④ 불공정한 법률행위의 성립요건인 궁박, 경솔, 무경험은 모두 구비되어야 한다.
⑤ 불공정한 법률행위로서 무효인 경우라도 당사자의 추인에 의하여 유효로 된다.

해설

① (O) : 기부행위(증여)와 같이 아무 대가관계 없이 일방적인 급부를 하는 행위는 그 성질상 공정성 여부를 논할 수 있는 법률행위라 할 수 없다(대판 1997.3.11, 96다49650). 즉 민법 제104조가 규정하는 현저히 공정을 잃은 법률행위라 함은 자기의 급부에 비하여 현저하게 균형을 잃은 반대급부를 하게 하여 부당한 재산적 이익을 얻는 행위를 의미하는 것이므로 증여와 같이 아무런 대가관계 없이 당사자 일방이 상대방에게 일방적인 급부를 하는 법률행위는 그 공정성 여부를 논의할 수 있는 성질의 법률행위가 아니다(대판 2000.2.11, 99다56833 등).

② (X) : 무효를 주장하려면 주장자가 위의 주관적 요건, 객관적 요건, 급부와 반대급부 사이에 현저한 불공정, 불균형이 있음을 입증하여야 하며(대판 1970.11.24, 70다2056), 법률행위가 현저히 공정을 잃었다고 하여 곧 그 법률행위가 궁박·경솔·무경험에 의하여 이루어진 것으로 추정되는 것은 아니다(대판 1969.12.30, 69다1873).

③ (X) : 대리인에 의하여 법률행위가 이루어진 경우 그 법률행위가 민법 제104조의 불공정한 법률행위에 해당하는지 여부를 판단함에 있어서 경솔과 무경험은 대리인을 기준으로 하여 판단하고, 궁박은 본인의 입장에서 판단하여야 한다(대판 2002. 10. 22. 2002다38927).

④ (X) : 사실과 다른 고소에 의하여 구속된 상태에서 고소인의 주장을 인정하고 한 합의는 불공정한 법률행위에 해당한다고 하면서 궁박, 경솔, 무경험 중 하나만 성립해도 된다(대판 1998.3.13, 97다51506).

⑤ (X) : 무효의 주장에는 제한이 없으므로, 선의의 제3자에 대하여도 주장할 수 있으며, 시적 제한도 없으므로 언제나 행사할 수 있다. 그리고 무효행위의 추인의 대상은 되지 않는다.

정답 ①

233 불공정한 법률행위에 관한 설명으로 옳지 않은 것은? (다툼이 있으면 판례에 따름) [21 노무]

① 법률행위가 대리인에 의해서 행해진 경우, 궁박 상태는 본인을 기준으로 판단하여야 한다.
② 불공정한 법률행위의 무효는 선의의 제3자에게 대항할 수 없다.
③ 불공정한 법률행위의 무효는 원칙적으로 추인에 의해 유효로 될 수 없다.
④ 경매절차에서 매각대금이 시가보다 현저히 저렴하더라고 불공정한 법률행위를 이유로 무효를 주장할 수 없다.
⑤ 매매계약이 불공정한 법률행위에 해당하여 무효인 경우, 특별한 사정이 없는 한 그 계약에 관한 부제소 합의도 무효가 된다.

해설

① (O) : 대리인에 의하여 법률행위가 이루어진 경우 그 법률행위가 민법 제104조의 불공정한 법률행위에 해당하는지 여부를 판단함에 있어서 경솔과 무경험은 대리인을 기준으로 하여 판단하고, 궁박은 본인의 입장에서 판단하여야 한다[33](대판 2002. 10. 22. 2002다38927). 궁박은 효과적인 측면이고 경솔, 무경험은 행위적 측면이기 때문이다.

② (×) : 무효의 주장에는 제한이 없으므로, 선의의 제3자에 대하여도 주장할 수 있으며, 시적 제한도 없으므로 언제나 행사할 수 있다.
③ (○) : 무효행위의 추인의 대상은 되지 않는다는 것이 判例이다.
④ (○) : 경매에 있어서는 불공정한 법률행위 또는 채무자에게 불리한 약정에 관한 것으로서 효력이 없다는 민법 제104조, 제608조는 적용될 여지가 없다(대판 1980.03.21. 80마77).
⑤ (○) : 매매계약과 같은 쌍무계약이 급부와 반대급부와의 불균형으로 말미암아 민법 제104조에서 정하는 '불공정한 법률행위'에 해당하여 무효라고 한다면, 그 계약으로 인하여 불이익을 입는 당사자로 하여금 위와 같은 불공정성을 소송 등 사법적 구제수단을 통하여 주장하지 못하도록 하는 부제소합의 역시 다른 특별한 사정이 없는 한 무효라고 할 것이다(대판 2010. 7. 15. 2009다50308).

정답 ②

234 불공정한 법률행위(민법 제104조)에 관한 설명으로 옳지 않은 것은? (다툼이 있으면 판례에 따름)
[21 세무사]

① 불공정한 법률행위로서 무효인 경우에도 무효행위의 전환에 관한 민법 규정이 적용될 수 있다.
② 경매에도 민법 제104조가 적용된다.
③ 어떠한 법률행위가 불공정한 법률행위에 해당하는지는 법률행위 당시를 기준으로 판단하여야 한다.
④ 불공정한 법률행위가 성립하기 위한 요건인 궁박, 경솔, 무경험은 그 중 일부만 갖추어져도 충분하다.
⑤ 대리인에 의하여 법률행위가 이루어진 경우, 경솔과 무경험은 대리인을 기준으로 판단하고, 궁박은 본인의 입장에서 판단해야 한다.

해설

① (○) : 매매계약이 약정된 매매대금의 과다로 말미암아 민법 제104조에서 정하는 '불공정한 법률행위'에 해당하여 무효인 경우에도 무효행위의 전환에 관한 민법 제138조가 적용될 수 있다. 그러므로

---

33) 민법 제104조에 규정된 불공정한 법률행위는 객관적으로 급부와 반대급부 사이에 현저한 불균형이 존재하고, 주관적으로 그와 같이 균형을 잃은 거래가 피해 당사자의 궁박, 경솔 또는 무경험을 이용하여 이루어진 경우에 성립하는 것으로서, 약자적 지위에 있는 자의 궁박, 경솔 또는 무경험을 이용한 폭리행위를 규제하려는 데에 그 목적이 있고, 불공정한 법률행위가 성립하기 위한 요건인 궁박, 경솔, 무경험은 모두 구비되어야 하는 요건이 아니라 그 중 일부만 갖추어져도 충분한데, 여기에서 '궁박'이라 함은 '급박한 곤궁'을 의미하는 것으로서 경제적 원인에 기인할 수도 있고 정신적 또는 심리적 원인에 기인할 수도 있으며, '무경험'이라 함은 일반적인 생활체험의 부족을 의미하는 것으로서 어느 특정영역에 있어서의 경험부족이 아니라 거래일반에 대한 경험부족을 뜻하고, 당사자가 궁박 또는 무경험의 상태에 있었는지 여부는 그의 나이와 직업, 교육 및 사회경험의 정도, 재산 상태 및 그가 처한 상황의 절박성의 정도 등 제반 사정을 종합하여 구체적으로 판단하여야 하며, 한편 피해 당사자가 궁박, 경솔 또는 무경험의 상태에 있었다고 하더라도 그 상대방 당사자에게 그와 같은 피해 당사자측의 사정을 알면서 이를 이용하려는 의사, 즉 폭리행위의 악의가 없었다거나 또는 객관적으로 급부와 반대급부 사이에 현저한 불균형이 존재하지 아니한다면 불공정 법률행위는 성립하지 않는다(대판 2002. 10. 22. 2002다38927).

재건축사업부지에 포함된 토지에 대하여 재건축사업조합과 토지의 소유자가 체결한 매매계약이 매매대금의 과다로 말미암아 불공정한 법률행위에 해당하지만, 그 매매대금을 적정한 금액으로 감액하여 매매계약의 유효성을 인정할 수 있다(대판 2010.7.15. 2009다50308).

② (X) : 경매에 있어서는 불공정한 법률행위 또는 채무자에게 불리한 약정에 관한 것으로서 효력이 없다는 민법 제104조, 제608조는 적용될 여지가 없다(대판 1980.03.21. 80마77).

③ (O) : 통설, 판례(대판 1965.6.15. 65다610)는 법률행위시를 표준으로 하고 있다. 判例도 "키코(KIKO) 통화옵션계약34)의 구조는 환율 변동의 확률적 분포를 고려하여 쌍방의 기대이익을 대등하게 한 것이므로 계약 체결 후 시장환율이 당초 예상과 달리 변동함으로써 결과적으로 쌍방의 이익에 불균형이 생겼다 하더라도 그 때문에 계약 자체가 현저하게 불공정하게 체결되었다고 볼 수 없기 때문에 통화옵션계약은 불공정행위에 해당하지 않는다(대판[전합] 2013.9.26. 2012다1146,1153)."고 하였다.

④ (O) : 사실과 다른 고소에 의하여 구속된 상태에서 고소인의 주장을 인정하고 한 합의는 불공정한 법률행위에 해당한다고 하면서 궁박, 경솔, 무경험 중 하나만 성립해도 된다(대판 1998.3.13. 97다51506).

⑤ (O) : 매도인의 대리인이 매매한 경우에 있어서 그 매매가 불공정한 법률행위인가를 판단함에는 매도인의 경솔, 무경험은 그 대리인을 기준으로 하여 판단하여야 하고 궁박 상태에 있었는지의 여부는 매도인 본인의 입장에서 판단되어야 한다(대판 1972. 4. 25. 71다2255 ; 대판 2002. 10. 22. 2002다38927).

정답 ②

▪ 제4관 법률행위의 해석

235 당사자 확정 및 법률행위의 해석에 관한 설명으로 옳은 것은? (다툼이 있으면 판례에 따름)

[17 노무]

① 예금명의자의 위임에 의하여 자금출연자가 대리인으로 예금계약을 체결한 경우, 예금계약의 반환청구권자는 자금출연자이다.

② 불법행위로 인한 손해배상에 관하여 가해자와 피해자 사이에 피해자가 일정한 금액을 지급받고 그 나머지의 청구를 포기하기로 약정한 때에는 모든 후발손해에 대해서도 배상청구권을 포기한 것으로 해석하여야 한다.

---

34) 환율이 일정 범위 안에서 변동할 경우, 미리 약정한 환율에 약정금액을 팔 수 있도록 한 파생금융상품이다. 녹인 녹아웃(Knock-In Knock-Out)의 영문 첫 글자에서 따왔다. 약정환율과 변동의 상한(Knock-In) 및 하한(Knock-Out)을 정해놓고 환율이 일정한 구간 안에서 변동한다면 약정환율을 적용 받는 대신, 하한 이하로 떨어지면 계약을 무효화하고 상한 이상으로 올라가면 약정액의 1~2배를 약정한 환율에 매도하는 방식이다. 예를 들어, 환율 상하단 900~1,000원, 약정 환율 1,000원으로 1억 달러의 키코 계약을 체결했다면, 환율이 상하단 범위 내인 910원이면 달러당 90원의 환차익을 누리게 된다. 반면, 환율이 900원 밑으로 내려가면(녹아웃) 계약은 자동으로 종료되고 업체는 환손실을 입는다. 반대로 환율이 상단보다 높은 1,050원이 됐을 때(녹인)는 달러당 50원씩 손해를 감수해야 한다. 이와 같이 환율이 하한과 상한 사이에서 변동한다면 기업에게 어느 정도 이익을 안겨줄 수 있지만, 궁극적으로는 얻을 수 있는 이익에 비해 손실의 위험성이 훨씬 크다. 환율이 상승하면 가입자는 피해를 보게 설계되어 있기 때문이다. 2008년 한국에서 환율이 급등했을 때 은행과 키코 계약을 맺은 중소기업들이 큰 손실을 입어, 견실한 중견 기업체가 환차손으로 흑자 도산한 사례도 있다. 이후 피해 중소기업들이 키코피해기업공동대책위원회를 만들어 은행들을 상대로 민사·형사 소송을 제기하여 재판을 진행하고 있다.

③ 본인이 대리인을 통하여 계약을 체결하는 것에 대하여 상대방이 그러한 사정을 알고 대리인과 계약을 체결하였는데 대리권이 존재하지 않은 경우, 계약의 당사자는 대리인과 상대방이 된다.

④ 甲이 乙의 행세를 하여 乙 명의로 丙과 부동산을 매수하는 계약을 체결한 후 丙으로부터 인도받아 거주하고 있고, 丙이 甲을 매수인으로 알고 있는 경우 부동산 매매계약의 당사자는 乙과 丙이다.

⑤ 부동산 매매계약에 있어서 당사자 쌍방 모두 지번 등에 착오를 일으켜 실제로 합의하지 않은 토지(Y)를 계약서에 매매목적물로 기재한 경우, 실제로 합의된 토지(X)가 매매목적물이다.

해설

① (✗) : 본인인 예금명의자의 의사에 따라 예금명의자의 실명확인 절차가 이루어지고 예금명의자를 예금주로 하여 예금계약서를 작성하였음에도 불구하고, 예금명의자가 아닌 출연자 등을 예금계약의 당사자라고 볼 수 있으려면, 금융기관과 출연자 등과 사이에서 실명확인 절차를 거쳐 서면으로 이루어진 예금명의자와의 예금계약을 부정하여 예금명의자의 예금반환청구권을 배제하고 출연자 등과 예금계약을 체결하여 출연자 등에게 예금반환청구권을 귀속시키겠다는 명확한 의사의 합치가 있는 극히 예외적인 경우로 제한되어야 한다. 그리고 이러한 의사의 합치는 금융실명거래 및 비밀보장에 관한 법률에 따라 실명확인 절차를 거쳐 작성된 예금계약서 등의 증명력을 번복하기에 충분할 정도의 명확한 증명력을 가진 구체적이고 객관적인 증거에 의하여 매우 엄격하게 인정하여야 한다(대판[전합] 2009.3.19. 2008다45828).

② (✗) : 불법행위로 인한 손해배상에 관하여 가해자와 피해자 사이에 피해자가 일정한 금액을 지급받고 그 나머지 청구를 포기하기로 합의가 이루어진 때에는 그 후 그 이상의 손해가 발생하였다 하여 다시 그 배상을 청구할 수 없는 것이지만, 그 합의가 손해의 범위를 정확히 확인하기 어려운 상황에서 이루어진 것이고, 후발손해가 합의 당시의 사정으로 보아 예상이 불가능한 것으로서, 당사자가 후발손해를 예상하였더라면 사회통념상 그 합의금액으로는 화해하지 않았을 것이라고 보는 것이 상당할 만큼 그 손해가 중대한 것일 때에는 당사자의 의사가 이러한 손해에 대해서까지 그 배상청구권을 포기한 것이라고 볼 수 없으므로 다시 그 배상을 청구할 수 있다(대판 2001. 9. 4. 2001다9496).

③ (✗) : 제114조【대리행위의 효력】① 대리인이 그 권한 내에서 본인을 위한 것임을 표시한 의사표시는 직접본인에게 대하여 효력이 생긴다. 제115조【본인을 위한 것임을 표시하지 아니한 행위】대리인이 본인을 위한 것임을 표시하지 아니한 때에는 그 의사표시는 자기를 위한 것으로 본다. 그러나 상대방이 대리인으로서 한 것임을 알았거나 알 수 있었을 때에는 전조 제1항의 규정을 준용한다. 즉 계약의 당사자는 본인과 상대방이다.

④ (✗) : 계약을 체결하는 행위자가 타인의 이름으로 법률행위를 한 경우에 행위자 또는 명의인 가운데 누구를 계약의 당사자로 볼 것인가에 관하여는, 우선 행위자와 상대방의 의사가 일치하는 경우에는 그 일치한 의사대로 행위자 또는 명의인을 계약의 당사자로 확정하여야 할 것이고, 행위자와 상대방의 의사가 일치하지 않는 경우에는 그 계약의 성질·내용·목적·체결 경위 등 그 계약 체결 전후의 구체적인 제반 사정을 토대로 상대방이 합리적인 사람이라면 행위자와 명의자 중 누구를 계약당사자로 이해할 것인가에 의하여 당사자를 결정하여야 한다[35](대판 2003.9.5, 2001다32120). 즉 甲과 丙이 된다.

⑤ (○) : 목적물지번에 관한 당사자쌍방의 공통하는 착오 사안에서 甲, 乙이 모두 A토지를 계약목적으로 삼았으나 계약서에 B토지를 잘못 표기한 경우에도 쌍방당사자의 의사합치가 있는 이상 A토지에 관하여 매매계약이 성립하며, 만약 B토지에 관해 이전등기가 경료 되었다면 이는 원인 없이 경료된 것으로 무효이다(대판 1993.10.26, 93다2629).

정답 ⑤

236
甲이 乙과 계약을 체결하면서 丙의 이름으로 계약서를 작성한 경우에 관한 설명으로 옳지 않은 것은? (다툼이 있으면 판례에 따름) [19 세무사]

① 일반적으로 계약당사자가 누구인지는 계약에 관여한 당사자의 의사해석의 문제이다.
② 甲과 乙 모두 甲이 계약당사자라고 이해한 경우에는 甲이 계약당사자가 된다.
③ 계약당사자가 甲과 丙중 누구인지에 관하여 甲과 乙의 의사가 일치하지 않고, 乙의 입장에서 합리적으로 평가할 때 甲이 계약당사자로 이해될 경우에는 甲이 계약당사자가 된다.
④ 甲과 乙 모두 丙이 계약당사자라고 이해한 경우에는 甲의 대리권 존부 문제와는 무관하게 丙이 계약당사자가 된다.
⑤ 계약당사자에 관하여 甲과 乙의 의사가 일치하지 않고, 乙의 입장에서 합리적으로 평가할 때 丙이 계약당사자로 이해될 경우라도 丙이 허무인인 경우에는 甲이 계약당사자가 된다.

해설

① (○), ② (○), ③ (○), ④ (○), ⑤ (✕) : 계약을 체결하는 행위자가 타인의 이름으로 법률행위를 한 경우에 행위자 또는 명의인 가운데 누구를 계약의 당사자로 볼 것인가에 관하여는, 우선 행위자와 상대방의 의사가 일치한 경우에는 그 일치한 의사대로 행위자 또는 명의인을 계약의 당사자로 확정하여야 할 것이고, 행위자와 상대방의 의사가 일치하지 않는 경우에는 그 계약의 성질·내용·목적·체결 경위 등 그 계약 체결 전후의 구체적인 제반 사정을 토대로 상대방이 합리적인 사람이라면 행위자와 명의자 중 누구를 계약당사자로 이해할 것인가에 의하여 당사자를 결정하여야 한다[36](대판 2003.9.5, 2001다32120). 즉 丙이 계약당사자로 이해될 경우라면 丙이 당사자가 된다.

정답 ⑤

---

35) 계약을 체결하는 행위자가 타인의 이름으로 법률행위를 한 경우에 행위자 또는 명의인 가운데 누구를 당사자로 볼 것인가에 관하여는, 우선 행위자와 상대방의 의사가 일치한 경우에는 그 일치한 의사대로 행위자 또는 명의인을 계약의 당사자로 확정하여야 할 것이고, 쌍방의 의사가 일치하지 않는 경우에는 그 계약의 성질·내용·목적·경위 등 계약체결 전후의 구체적인 제반 사정을 토대로 상대방이 합리적인 사람이라면 행위자와 명의인 중 누구를 계약당사자로 이해할 것인지에 의하여 결정하여야지 그 계약상의 명의인이 언제나 계약당사자가 되는 것은 아니라 할 것이고, 이러한 법리는 종합건설업자로 등록되어 있지 아니한 수급인이 도급인과 건축도급계약을 체결하면서, 당사자의 합의하에 계약상의 수급인 명의를 종합건설업자로 등록된 사업자로 표시하여 도급계약을 체결하기는 하였지만 그 공사를 직접 시공하고 공사대금도 자기의 계산으로 하는 등 스스로 계약당사자가 될 의사이었음이 인정되는 경우에도 마찬가지로 적용된다(대판 2016.03.10. 2015다240768).

36) 계약을 체결하는 행위자가 타인의 이름으로 법률행위를 한 경우에 행위자 또는 명의인 가운데 누구를 당사자로 볼 것인가에 관하여는, 우선 행위자와 상대방의 의사가 일치한 경우에는 그 일치한 의사대로 행위자 또는 명의인을 계약의 당사자로 확정하여야 할 것이고, 쌍방의 의사가 일치하지 않는 경우에는 그 계약의 성질·내용·목적·경위 등 계

237 법률행위 해석에 관한 설명으로 옳지 않은 것은? (다툼이 있으면 판례에 따름) [21 세무사]

① 의사표시의 해석은 법률적 판단의 영역에 속한다.
② 당사자 일방이 주장하는 계약의 내용이 상대방에게 중대한 책임을 부과하게 되는 경우에는 그 계약의 해석은 더욱 엄격하게 하여야 한다.
③ 처분문서의 성립의 진정함이 인정되고 그 기재 내용을 부인할 만한 반증이 없으면 법원은 처분문서에 기재된 문언대로 의사표시의 존재와 내용을 인정하여야 한다.
④ 하나의 법률관계에 관해 서로 모순된 내용을 담은 여러 개의 계약서가 순차로 작성되었으나 그 우열관계가 정해지지 않았다면 원칙적으로 먼저 작성된 계약서가 우선한다.
⑤ 쌍방 당사자가 모두 특정의 A토지를 계약의 목적물로 삼았으나 착오로 계약서상 목적물을 B토지로 표시한 경우 계약 목적물은 A토지이다.

해설

① (O) : 의사표시와 관련하여, 당사자에 의하여 무엇이 표시되었는가 하는 점과 그것으로써 의도하려는 목적을 확정하는 것은 사실인정의 문제이고, 인정된 사실을 토대로 그것이 가지는 법률적 의미를 탐구 확정하는 것은 이른바 의사표시의 해석으로서, 이는 사실인정과는 구별되는 법률적 판단의 영역에 속하는 것이다. 그리고 어떤 목적을 위하여 한 당사자의 일련의 행위가 법률적으로 다듬어지지 아니한 탓으로 그것이 가지는 법률적 의미가 명확하지 아니한 경우에는 그것을 법률적인 관점에서 음미, 평가하여 그 법률적 의미가 무엇인가를 밝히는 것 역시 의사표시의 해석에 속한다(대판 2011. 1. 13. 2010다69940).

② (O) : 계약당사자 간에 어떠한 계약 내용을 처분문서인 서면으로 작성한 경우, 문언의 객관적인 의미가 명확하다면 특별한 사정이 없는 한 문언대로의 의사표시의 존재와 내용을 인정하여야 하지만, 문언의 객관적인 의미가 명확하게 드러나지 않는 경우에는 당사자의 내심의 의사 여하에 관계없이 문언의 내용과 계약이 이루어지게 된 동기 및 경위, 당사자가 계약에 의하여 달성하려고 하는 목적과 진정한 의사, 거래의 관행 등을 종합적으로 고찰하여 사회정의와 형평의 이념에 맞도록 논리와 경험의 법칙, 그리고 사회일반의 상식과 거래의 통념에 따라 당사자 사이의 계약의 내용을 합리적으로 해석하여야 하고, 특히 당사자 일방이 주장하는 계약의 내용이 상대방에게 중대한 책임을 부과하거나 그가 보유하는 소유권 등 권리의 중요한 부분을 침해 내지 제한하게 되는 경우에는 문언의 내용을 더욱 엄격하게 해석하여야 한다(대판 2014. 6. 26. 2014다14115).

③ (O) : 처분문서의 진정성립이 인정되면 반증에 의하여 그 기재 내용과 다른 특별한 명시적 또는 묵시적 약정이 있었다는 사실이 인정되지 아니하는 한 법원은 그 문서의 기재 내용에 따른 의사표시의 존재와 내용을 인정하여야 하고, 합리적인 이유 설시도 없이 이를 배척하여서는 아니 된다(대판 2000. 1. 21. 97다1013).

약체결 전후의 구체적인 제반 사정을 토대로 상대방이 합리적인 사람이라면 행위자와 명의인 중 누구를 계약당사자로 이해할 것인지에 의하여 결정하여야지 그 계약상의 명의인이 언제나 계약당사자가 되는 것은 아니라 할 것이고, 이러한 법리는 종합건설업자로 등록되어 있지 아니한 수급인이 도급인과 건축도급계약을 체결하면서, 당사자의 합의하에 계약상의 수급인 명의를 종합건설업자로 등록된 사업자로 표시하여 도급계약을 체결하기는 하였지만 그 공사를 직접 시공하고 공사대금도 자기의 계산으로 하는 등 스스로 계약당사자가 될 의사이었음이 인정되는 경우에도 마찬가지로 적용 된다(대판 2016.3.10. 2015다240768).

④ (✕) : 하나의 법률관계를 둘러싸고 각기 다른 내용을 정한 여러 개의 계약서가 순차로 작성되어 있는 경우 당사자가 그러한 계약서에 따른 법률관계나 우열관계를 명확하게 정하고 있다면 그와 같은 내용대로 효력이 발생한다. 그러나 여러 개의 계약서에 따른 법률관계 등이 명확히 정해져 있지 않다면 각각의 계약서에 정해져 있는 내용 중 서로 양립할 수 없는 부분에 관해서는 원칙적으로 나중에 작성된 계약서에서 정한 대로 계약 내용이 변경되었다고 해석하는 것이 합리적이다[37](대판 2020.12.30. 2017다17603).

⑤ (○) : 목적물지번에 관한 당사자쌍방의 공통하는 착오 사안에서 甲, 乙이 모두 A토지를 계약목적으로 삼았으나 계약서에 B토지를 잘못 표기한 경우에도 쌍방당사자의 의사합치가 있는 이상 A토지에 관하여 매매계약이 성립하며, 만약 B토지에 관해 이전등기가 경료 되었다면 이는 원인 없이 경료된 것으로 무효이다(대판 1993.10.26. 93다2629).

정답 ④

238 다음은 법률행위의 해석에 관한 설명이다. 틀린 것은?   [예상]

① 기본권 규정은 성질상 사법관계에 직접 적용될 수 있는 예외적인 것을 제외하고는 관련 법규범 또는 사법상의 일반원칙을 규정한 민법 제2조, 제103조 등의 내용을 형성하고 그 해석기준이 되어 간접적으로 사법관계에 효력을 미치게 된다.

② 하나의 법률관계를 둘러싸고 각기 다른 내용을 정한 여러 개의 계약서가 순차로 작성되어 있는 경우 당사자가 그러한 계약서에 따른 법률관계나 우열관계를 명확하게 정하고 있다면 그와 같은 내용대로 효력이 발생한다. 그러나 여러 개의 계약서에 따른 법률관계 등이 명확히 정해져 있지 않다면 각각의 계약서에 정해져 있는 내용 중 서로 양립할 수 없는 부분에 관해서는 원칙적으로 나중에 작성된 계약서에서 정한 대로 계약 내용이 변경되었다고 해석하는 것이 합리적이다.

③ 원래의 계약에 있는 위약금이나 손해배상에 관한 약정은 그것이 계약 내용이나 당사자의 의사표시 등에 비추어 합의해제·해지의 경우에까지 적용되는 것이 원칙이다.

④ 대한민국 국민 개인이 주장하는 일제징용회사에 대한 손해배상청구권은 한일청구권협정의 적용대상에 포함되지 않으므로, 이에 대한 손해배상청구는 가능하다.

⑤ 계약사항에 대하여 이의가 생긴 경우에는 일방당사자의 해석에 따른다는 계약서상의 조항은 법원의 법률행위 해석권을 구속할 수 없다.

⑥ 하나의 법률관계를 둘러싸고 각기 다른 내용을 정한 여러 개의 계약서가 순차로 작성되어 있는 경우 당사자가 그러한 계약서에 따른 법률관계나 우열관계를 명확하게 정하고 있다면 그와 같은 내용대로 효력이 발생한다. 그러나 여러 개의 계약서에 따른 법률관계 등이

---

[37] 원고(임차인)가 피고(임대인)와 상가에 관한 기존 임대차계약 내용을 변경하면서 임차보증금 액수는 같지만 임차면적, 임대차기간(5년/8년), 월차임, 특약사항의 내용이 조금씩 다른 4개의 임대차계약서를 차례로 작성하였고, 이들 계약서의 진정성립과 그 중 세 번째 임대차계약서가 허위로 작성되었다는 점은 다툼이 없었던 사안에서, 가장 마지막으로 작성된 네 번째 임대차계약서가 허위로 작성된 것이라고 보기 어려워 네 번째 계약서에 따라 임대차관계가 계약기간(5년) 만료로 종료되었다고 보아 피고에게 임차보증금의 반환을 명한 원심 판단을 수긍하면서 피고의 상고를 기각함

명확히 정해져 있지 않다면 각각의 계약서에 정해져 있는 내용 중 서로 양립할 수 없는 부분에 관해서는 원칙적으로 나중에 작성된 계약서에서 정한 대로 계약 내용이 변경되었다고 해석하는 것이 합리적이다.

> **해설**

① (O) : 헌법상 기본권은 제1차적으로 개인의 자유로운 영역을 공권력의 침해로부터 보호하기 위한 방어적 권리이지만 다른 한편으로 헌법의 기본적인 결단인 객관적인 가치질서를 구체화한 것으로서, 사법(사법)을 포함한 모든 법 영역에 그 영향을 미치는 것이므로 사인 간의 사적인 법률관계도 헌법상의 기본권 규정에 적합하게 규율되어야 한다. 다만 <u>기본권 규정은 성질상 사법관계에 직접 적용될 수 있는 예외적인 것을 제외하고는 관련 법규범 또는 사법상의 일반원칙을 규정한 민법 제2조, 제103조 등의 내용을 형성하고 그 해석기준이 되어 간접적으로 사법관계에 효력을 미치게 된다</u>(대판 2018. 9. 13. 2017두38560).

② (O) : 대판 2020.12.30. 2017다17603. 원고(임차인)가 피고(임대인)와 상가에 관한 기존 임대차계약 내용을 변경하면서 임차보증금 액수는 같지만 임차면적, 임대차기간(5년/8년), 월차임, 특약사항의 내용이 조금씩 다른 4개의 임대차계약서를 차례로 작성하였고, 이들 계약서의 진정성립과 그 중 세 번째 임대차계약서가 허위로 작성되었다는 점은 다툼이 없었던 사안에서, 가장 마지막으로 작성된 네 번째 임대차계약서가 허위로 작성된 것이라고 보기 어려워 네 번째 계약서에 따라 임대차관계가 계약기간(5년) 만료로 종료되었다고 보아 피고에게 임차보증금의 반환을 명한 원심 판단을 수긍하면서 피고의 상고를 기각함

③ (X) : 법률행위의 해석은 당사자가 그 표시행위에 부여한 객관적인 의미를 명백하게 확정하는 것으로서, 서면에 사용된 문구에 구애받는 것은 아니지만 어디까지나 당사자의 내심적 의사의 여하에 관계없이 그 서면의 기재 내용에 의하여 당사자가 그 표시행위에 부여한 객관적 의미를 합리적으로 해석하여야 하는 것이고, 당사자가 표시한 문언에 의하여 그 객관적인 의미가 명확하게 드러나지 않는 경우에는 그 문언의 내용과 그 법률행위가 이루어진 동기 및 경위, 당사자가 그 법률행위에 의하여 달성하려는 목적과 진정한 의사, 거래의 관행 등을 종합적으로 고려하여 사회정의와 형평의 이념에 맞도록 논리와 경험의 법칙, 그리고 사회일반의 상식과 거래의 통념에 따라 합리적으로 해석하여야 한다. 따라서 계약을 합의하여 해제하거나 해지하면서 상대방에게 손해배상을 하기로 하는 특약이나 손해배상청구를 유보하는 의사표시를 하였는지를 판단할 때에도 위와 같은 법률행위 해석에 관한 법리가 적용된다. 위와 같은 특약이나 의사표시가 있었는지는 합의해제·해지 당시를 기준으로 판단하여야 하는데, 원래의 계약에 있는 위약금이나 손해배상에 관한 약정은 그것이 계약 내용이나 당사자의 의사표시 등에 비추어 합의해제·해지의 경우에도 적용된다고 볼 만한 특별한 사정이 없는 한 합의해제·해지의 경우에까지 적용되지는 않는다(대판 2021. 5. 7. 2017다220).

④ (O) : [다수의견] 일제강점기에 강제동원되어 기간 군수사업체인 일본제철 주식회사에서 강제노동에 종사한 甲 등이 위 회사가 해산된 후 새로이 설립된 신일철주금 주식회사(이하 '신일철주금'이라 한다)를 상대로 위자료 지급을 구한 사안에서, 甲 등의 손해배상청구권은, 일본 정부의 한반도에 대한 불법적인 식민지배 및 침략전쟁의 수행과 직결된 일본 기업의 반인도적인 불법행위를 전제로 하는 강제동원 피해자의 일본 기업에 대한 위자료청구권(이하 '강제동원 위자료청구권'이라 한다)인 점, '대한민국과 일본국 간의 재산 및 청구권에 관한 문제의 해결과 경제협력에 관한 협정'(조약 제172호, 이하 '청구권협정'이라 한다)의 체결 경과와 전후 사정들에 의하면, 청구권협정은 일본의 불법적 식민지배에 대한 배상을 청구하기 위한 협상이 아니라 기본적으로 샌프란시스코 조약 제4조에 근거하여 한일 양국 간의 재정적·민사적 채권·채무관계를 정치적 합의에 의하여 해결하기 위한 것이었다

고 보이는 점, 청구권협정 제1조에 따라 일본 정부가 대한민국 정부에 지급한 경제협력자금이 제2조에 의한 권리문제의 해결과 법적인 대가관계가 있다고 볼 수 있는지도 분명하지 아니한 점, 청구권협정의 협상 과정에서 일본 정부는 식민지배의 불법성을 인정하지 않은 채 강제동원 피해의 법적 배상을 원천적으로 부인하였고, 이에 따라 한일 양국의 정부는 일제의 한반도 지배의 성격에 관하여 합의에 이르지 못하였는데, 이러한 상황에서 강제동원 위자료청구권이 청구권협정의 적용대상에 포함되었다고 보기는 어려운 점 등에 비추어, 甲 등이 주장하는 신일철주금에 대한 손해배상청구권은 청구권협정의 적용대상에 포함되지 않는다(대판[전합] 2018. 10. 30. 2013다61381).

⑤ (O) : 매매계약서의 계약사항에 대한 이의가 생겼을 때에는 매도인의 해석에 따른다는 조항은 법원의 법률행위 해석권을 구속하는 조항이라 볼 수 없다(대판 1974.9.24. 74다1057).

⑥ (O) : 대판 2020.12.30. 2017다17603. 원고(임차인)가 피고(임대인)와 상가에 관한 기존 임대차계약 내용을 변경하면서 임차보증금 액수는 같지만 임차면적, 임대차기간(5년/8년), 월차임, 특약사항의 내용이 조금씩 다른 4개의 임대차계약서를 차례로 작성하였고, 이들 계약서의 진정성립과 그 중 세 번째 임대차계약서가 허위로 작성되었다는 점은 다툼이 없었던 사안에서, 가장 마지막으로 작성된 네 번째 임대차계약서가 허위로 작성된 것이라고 보기 어려워 네 번째 계약서에 따라 임대차관계가 계약기간(5년) 만료로 종료되었다고 보아 피고에게 임차보증금의 반환을 명한 원심 판단을 수긍하면서 피고의 상고를 기각함

정답 ③

제3절 의사표시

- 제1관 총 설
- 제2관 흠 있는 의사표시

Ⅰ. 서 설

Ⅱ. 진의 아닌 의사표시

239 진의 아닌 의사표시에 관한 설명으로 옳지 않은 것은? (다툼이 있으면 판례에 따름)

[17 세무사]

① 진의 아닌 의사표시는 표시된 대로 효력이 발생하는 것이 원칙이다.
② 진의와 표시가 일치하지 않음을 표의자가 알지 못한 경우에도 진의 아닌 의사표시가 성립할 수 있다.
③ 상대방이 표의자의 진의 아님을 알았거나 알 수 있었던 경우에는 무효이다.
④ 객관적으로 보아 명백히 사교적인 농담의 경우에는 상대방이 그 표시를 믿었더라도 효력이 발생하지 않는다.
⑤ 어떠한 의사표시가 진의 아닌 의사표시라는 것을 이유로 무효라고 주장하는 경우에 그 입증책임은 그 주장자에게 있다.

해설

① (○) : 제107조【진의 아닌 의사표시】① 의사표시는 표의자가 진의 아님을 알고한 것이라도 그 효력이 있다.
② (✕) : 의사와 표시의 불일치를 표의자가 의식하지 못하고 있는 착오와는 다르다.
③ (○) : 제107조【진의 아닌 의사표시】① 의사표시는 표의자가 진의 아님을 알고한 것이라도 그 효력이 있다. 그러나 상대방이 표의자의 진의 아님을 알았거나 이를 알 수 있었을 경우에는 무효로 한다.
④ (○) : 의사표시가 존재해야 한다. 따라서 법률관계의 발생을 의욕 하는 의사표시가 아닌 경우(예 연극배우의 대사)는 의사표시가 존재하지 않는다.
⑤ (○) : 어떠한 의사표시가 비진의 의사표시로서 무효라고 주장하는 경우에 그 입증책임은 그 주장자에게 있다(대판 1992. 5. 22. 92다2295).

정답 ②

240 비진의 의사표시에 관한 설명으로 옳지 않은 것은? (다툼이 있으면 판례에 따름) [17 노무]

① 근로자가 회사의 경영방침에 따라 사직원을 제출하고 퇴사 후 즉시 재입사하여 근로자가 그 퇴직 전후에 걸쳐 실질적인 근로관계의 단절이 없이 계속 근무하였다면 그 사직원 제출은 비진의 의사표시에 해당한다.
② 근로자가 희망퇴직의 권고를 받고 제반 사항 등을 종합적으로 고려하여 심사숙고한 결과 사직서를 제출한 경우라면 그 사직서 제출은 비진의 의사표시에 해당한다.
③ 근로자들이 사용자의 지시에 따라 사직의 의사 없이 사직서를 제출하였고 사용자가 선별적으로 수리하여 의원면직 처리하였다면 그 사직서의 제출은 비진의 의사표시에 해당한다.
④ 학교법인이 그 학교의 교직원의 명의로 금융기관으로부터 금전을 차용한 경우, 명의대여자의 의사표시는 비진의 의사표시가 아니므로 주채무자로서 책임이 있다.
⑤ 장관의 지시에 따라 공무원이 일괄사표를 제출하여 일부 공무원에 대해 의원면직 처분이 이루어진 경우 그 사직원 제출행위는 비진의 의사표시로 당연 무효가 된다고 볼 수 없다.

해설

① (O) : 근로자가 회사의 경영방침에 따라 사직원을 제출하고 회사가 이를 받아들여 퇴직처리를 하였다가 즉시 재입사하는 형식을 취함으로써 근로자가 그 퇴직 전후에 걸쳐 **실질적인 근로관계의 단절이 없이 계속 근무**한 경우 제107조 제1항 단서가 적용 된다(대판 1988.5.10, 87다카2578).
② (X) : 원고들이 사직의 의사가 없었음에도 불구하고 피고 회사측의 강요에 의하여 공포심을 느낀 결과 어쩔 수 없이 사직서를 제출하였다고 보기 어려운 반면, 원고들은 당시 희망퇴직의 권고를 선뜻 받아들일 수는 없었다고 할지라도 그 당시의 경제상황, 피고 회사의 구조조정계획, 피고 회사가 제시하는 희망퇴직의 조건, 정리해고를 시행할 경우 정리기준에 따라 정리해고 대상자에 포함될 가능성, 퇴직할 경우와 계속 근무할 경우의 이해득실 등 제반 사항을 종합적으로 고려하여 심사숙고한 결과 사직서를 제출하였다고 봄이 상당하다(대판 2003. 4. 11. 2002다60528).
③ (O) : 사용자가 사직의 의사 없는 근로자로 하여금 어쩔 수 없이 사직서를 작성·제출하게 한 후 이를 수리하는 이른바 의원면직의 형식을 취하여 근로계약관계를 종료시키는 경우처럼 근로자의 사직서 제출이 진의 아닌 의사표시에 해당하는 등으로 무효이어서 사용자의 그 수리행위를 실질적으로 사용자의 일방적 의사에 의하여 근로계약관계를 종료시키는 해고라고 볼 수 있는 경우가 아닌 한, 사용자가 사직서 제출에 따른 사직의 의사표시를 수락함으로써 사용자와 근로자 사이의 근로계약관계는 합의해지에 의하여 종료되는 것이므로 사용자의 의원면직처분을 해고라고 볼 수 없다(대판 2000. 4. 25. 99다34475).
④ (O) : 학교법인이 사립학교법상의 제한규정 때문에 그 학교의 교직원들인 소외인들의 명의를 빌려서 피고로부터 금원을 차용한 경우에 피고 역시 그러한 사정을 알고 있었다고 하더라도 위 소외인들의 의사는 위 금전의 대차에 관하여 그들이 주채무자로서 채무를 부담하겠다는 뜻이라고 해석함이 상당하므로 이를 진의 아닌 의사표시라고 볼 수 없다(대판 1980. 7. 8. 80다639).
⑤ (O) : 본조는 표시행위를 중시하는 공법행위에는 적용되지 않는다. 공무원의 사표제출의 경우 진의가 없고 상대방이 이를 알았다 하더라도 효력이 있다(대판 1997.12.12, 97누13962). 그리고 군인의 전역지원의 경우 진의가 없고 상대방이 이를 알았다 하더라도 효력이 있다(대판 1994.1.11, 93누10057).

정답 ②

241 진의 아닌 의사표시에 관한 설명으로 옳지 않은 것은? (다툼이 있으면 판례에 따름) [18 감평]

① 사인의 공법행위에는 적용되지 않으므로 공무원의 사직 의사가 외부에 표시된 이상 그 의사는 표시된 대로 효력을 발생한다.
② 진의는 특정한 내용의 의사표시를 하려는 생각을 말하는 것이지 표의자가 진정으로 마음에서 바라는 사항을 뜻하는 것은 아니다.
③ 표의자가 강박에 의하여 어쩔 수 없이 증여의 의사표시를 하였다면 이는 비진의표시에 해당하지 않는다.
④ 표의자가 비진의표시임을 이유로 의사표시의 무효를 주장하는 경우, 비진의표시에 해당한다는 사실은 표의자가 증명해야 한다.
⑤ 표의자가 비진의표시임을 이유로 의사표시의 무효를 주장하는 경우, 상대방이 자신의 선의·무과실을 증명해야 한다.

해설

① (○) : 본조는 표시행위를 중시하는 공법행위에는 적용되지 않는다. 공무원의 사표제출의 경우 진의가 없고 상대방이 이를 알았다 하더라도 효력이 있다(대판 1997.12.12, 97누13962).
② (○) : 비진의 의사표시에 있어서의 진의란 특정한 내용의 의사표시를 하고자 하는 표의자의 생각을 말하는 것이지 표의자가 진정으로 마음속에서 바라는 사항을 뜻하는 것은 아니므로, 표의자가 의사표시의 내용을 진정으로 마음속에서 바라지는 아니하였다고 하더라도 당시의 상황에서는 그것을 최선이라고 판단하여 그 의사표시를 하였을 경우에는 이를 내심의 효과의사가 결여된 비진의 의사표시라고 할 수 없다(대판 1996.12.20, 95누16059; 대판 2000.4.25, 99다34475).
③ (○) : 비록 재산을 강제로 빼앗긴다는 것이 표의자의 본심으로 잠재되어 있었다 하더라도 표의자가 강제에 의해서나마 증여하기로 하였으므로 진의가 없다고 할 수 없다(대판 1993.7.16, 92다41528·41535).
④ (○) : 어떠한 의사표시가 비진의 의사표시로서 무효라고 주장하는 경우에 그 증명책임은 그 주장자에게 있다(대판 1992.5.22, 92다2295).
⑤ (✕) : 따라서 표의자가 상대방의 악의, 유과실을 증명해야 한다.

정답 ⑤

242 진의 아닌 의사표시에 관한 설명으로 옳지 않은 것은? [18 세무사]

① 진의 아닌 의사표시는 원칙적으로 유효하다.
② 상대방이 표의자의 진의 아님을 알았거나 알 수 있었을 경우에는 무효이다.
③ 진의 아닌 의사표시의 무효는 선의의 제3자에게 대항하지 못한다.
④ 진의 아닌 의사표시는 계약은 물론 상대방 있는 단독행위에도 적용된다.
⑤ 진의 아닌 의사표시는 표의자가 진의와 표시가 일치하지 않음을 과실로 알지 못한 경우에도 성립할 수 있다.

[해설]

① (O), ② (O), ③ (O) : 제107조【진의 아닌 의사표시】① 의사표시는 표의자가 진의 아님을 알고한 것이라도 그 효력이 있다. 그러나 상대방이 표의자의 진의 아님을 알았거나 이를 알 수 있었을 경우에는 무효로 한다. ② 전항의 의사표시의 무효는 선의의 제3자에게 대항하지 못한다.

④ (O) : 통설, 다만 상대방 없는 의사표시의 경우에 제107조 제1항 단서의 적용이 없으므로, 언제나 유효라는 견해가 유력하다(곽윤직).

⑤ (X) : 이는 착오의 문제가 된다.

[정답] ⑤

243 진의 아닌 의사표시에 관한 설명으로 옳지 않은 것은? (다툼이 있으면 판례에 따름)

[19 세무사]

① 공무원이 진정으로 사직의 의사가 없음에도 사직서를 제출하여 의원면직된 경우에는 그대로 효력이 발생한다.
② 표의자가 의사표시의 내용을 진정으로 의욕 하지는 않았더라도 당시의 상황에서 그것이 최선이라고 판단하여 그 의사표시를 하였을 경우에는 진의 아닌 의사표시로 볼 수 없다.
③ 사용자가 사직의 의사가 없는 근로자로 하여금 어쩔 수 없이 사직서를 제출케 하여 의원면직한 경우, 그 사직의 의사표시는 무효이다.
④ 甲이 乙로 하여금 甲의 명의로 대출계약을 체결하게 한 경우, 甲의 내심의 의사가 법률상의 효과는 자신에게 귀속시키고 경제적 효과는 乙에게 귀속시키는 것이라면, 대출계약상 甲의 의사표시는 진의 아닌 의사표시에 해당하지 않는다.
⑤ 대리행위로 진의 아닌 의사표시를 한 대리인의 진의가 본인의 이익에 반하는 것임을 그 상대방이 과실로 알 수 없었을 경우에는 그 대리행위에 대하여 본인은 책임을 진다.

[해설]

① (O) : 공무원의 사표제출의 경우 진의가 없고 상대방이 이를 알았다 하더라도 효력이 있다(대판 1997.12.12, 97누13962). 그리고 군인의 전역지원의 경우 진의가 없고 상대방이 이를 알았다 하더라도 효력이 있다(대판 1994.1.11, 93누10057).

② (O) : 비진의 의사표시에 있어서의 진의란 특정한 내용의 의사표시를 하고자 하는 표의자의 생각을 말하는 것이지 표의자가 진정으로 마음속에서 바라는 사항을 뜻하는 것은 아니므로, 표의자가 의사표시의 내용을 진정으로 마음속에서 바라지는 아니하였다고 하더라도 당시의 상황에서는 그것을 최선이라고 판단하여 그 의사표시를 하였을 경우에는 이를 내심의 효과의사가 결여된 비진의 의사표시라고 할 수 없다(대판 1996.12.20, 95다16059; 대판 2000.4.25, 99다34475).

③ (O) : 상대방의 지시, 강요, 방침에 의한 사표제출은 제107조 제1항 단서 또는 제108조 제1항에 의하여 무효이다. 즉 근로자가 회사의 경영방침에 따라 사직원을 제출하고 회사가 이를 받아들여 퇴직처리를 하였다가 즉시 재입사하는 형식을 취함으로써 근로자가 그 퇴직 전후에 걸쳐 실질적인

근로관계의 단절이 없이 계속 근무한 경우 제107조 제1항 단서가 적용 된다(대판 1988. 5. 10, 87다카 2578).

④ (O) : 통정허위표시가 성립하기 위해서는 의사표시의 진의와 표시가 일치하지 아니하고 그 불일치에 관하여 상대방과 사이에 합의가 있어야 하는데, 제3자가 금전소비대차약정서 등 대출관련서류에 주채무자 또는 연대보증인으로서 직접 서명·날인하였다면 제3자는 자신이 그 소비대차계약의 채무자임을 금융기관에 대하여 표시한 셈이고, 제3자가 금융기관이 정한 여신제한 등의 규정을 회피하여 타인으로 하여금 제3자 명의로 대출을 받아 이를 사용하도록 할 의사가 있었다거나 그 원리금을 타인의 부담으로 상환하기로 하였더라도, 특별한 사정이 없는 한 이는 소비대차계약에 따른 경제적 효과를 타인에게 귀속시키려는 의사에 불과할 뿐, 그 법률상의 효과까지도 타인에게 귀속시키려는 의사로 볼 수는 없으므로 제3자의 진의와 표시에 불일치가 있다고 보기는 어렵다(대판 2008. 6. 12. 2008다7772,7789).

⑤ (×) : 진의 아닌 의사표시가 대리인에 의하여 이루어지고 그 대리인의 진의가 본인의 이익이나 의사에 반하여 자기 또는 제3자의 이익을 위한 배임적인 것임을 그 상대방이 알았거나 알 수 있었을 경우에는, 민법 제107조 제1항 단서의 유추해석상 그 대리인의 행위는 본인의 대리행위로 성립할 수 없으므로 본인은 대리인의 행위에 대하여 아무런 책임이 없으며, 이 때에 그 상대방이 대리인의 표시의사가 진의 아님을 알았거나 알 수 있었는가의 여부는 표의자인 대리인과 상대방 사이에 있었던 의사표시의 형성 과정과 그 내용 및 그로 인하여 나타나는 효과 등을 객관적인 사정에 비추어 합리적으로 판단하여야 한다(대판 1997. 12. 26. 97다39421).

정답 ⑤

244 진의 아닌 의사표시에 관한 설명으로 옳은 것은? (다툼이 있으면 판례에 따름) [20 세무사]

① 진의는 표의자가 진정으로 마음속으로 바라는 사항을 말한다.
② 객관적으로 보아 명백히 사교적인 농담의 경우에도 상대방이 그 표시를 믿었다면 효력이 발생한다.
③ 민법 제107조 제1항 단서의 진의 아닌 의사표시의 무효에 관한 규정은 공법행위에 적용되지 않는다.
④ 진의 아닌 의사표시의 무효에 대항할 수 있기 위해서 제3자는 선의이며 무과실이어야 한다.
⑤ 대리인에 의하여 이루어진 진의 아닌 의사표시가 제3자의 이익을 위한 배임적인 것임을 상대방이 알았더라도 그 의사표시의 효력은 본인에게 미친다.

해설

① (×) : 비진의 의사표시에 있어서의 진의란 특정한 내용의 의사표시를 하고자 하는 표의자의 생각을 말하는 것이지 표의자가 진정으로 마음속에서 바라는 사항을 뜻하는 것은 아니므로, 표의자가 의사표시의 내용을 진정으로 마음속에서 바라지는 아니하였다고 하더라도 당시의 상황에서는 그것을 최선이라고 판단하여 그 의사표시를 하였을 경우에는 이를 내심의 효과의사가 결여된 비진의 의사표시라고 할 수 없다(대판 1996. 12. 20, 95누16059; 대판 2000. 4. 25, 99다34475).

② (✕) : 의사표시가 존재해야 한다. 따라서 법률관계의 발생을 의욕 하는 의사표시가 아닌 경우(예 연극배우의 대사)는 의사표시가 존재하지 않는다.

③ (O) : 본조는 표시행위를 중시하는 공법행위에는 적용되지 않는다. 공무원의 사표제출의 경우 진의가 없고 상대방이 이를 알았다 하더라도 효력이 있다(대판 1997.12.12, 97누13962). 그리고 군인의 전역지원의 경우 진의가 없고 상대방이 이를 알았다 하더라도 효력이 있다(대판 1994.1.11, 93누10057).

④ (✕) : 제108조【통정한 허위의 의사표시】② 전항의 의사표시의 무효는 선의의 제3자에게 대항하지 못한다.

⑤ (✕) : 진의 아닌 의사표시가 대리인에 의하여 이루어지고 그 대리인의 진의가 본인의 이익이나 의사에 반하여 **자기 또는 제3자의 이익을 위한 배임적인 것임을 그 상대방이 알았거나 알 수 있었을 경우**에는 민법 제107조 제1항 단서의 유추해석상 그 대리인의 행위는 본인의 대리행위로 성립할 수 없다 하겠으므로 본인은 대리인의 행위에 대하여 아무런 계약 책임이 없다(대판 1987.7.7, 86다카1004).

정답 ③

245 비진의표시에 관한 설명으로 옳지 않은 것은? (다툼이 있으면 판례에 따름) [20 노무]

① 비진의표시에서 '진의'란 특정한 표시의 의사표시를 하고자 하는 표의자의 생각을 말하는 것이지 진정으로 마음속으로 바라는 사항을 뜻하는 것은 아니다.

② 법률상의 장애로 자기명의로 대출받을 수 없는 자를 위하여 대출금채무자로서 명의를 빌려준 자는 특별한 사정이 없는 한 채무부담의사를 가지지 않으므로 그가 행한 대출계약상의 의사표시는 비진의표시이다.

③ 재산을 강제로 뺏긴다는 인식을 하고 있는 자가 고지된 해악이 두려워 어쩔 수 없이 증여의 의사표시를 한 경우 이는 비진의표시라 할 수 없다.

④ 근로자가 회사의 경영방침에 따라 사직원을 제출하고 회사가 이를 받아들여 퇴직처리를 하였다가 즉시 재입사하는 형식으로 실질적 근로관계의 단절 없이 계속 근무하였다면 그 사직의 의사표시는 무효이다.

⑤ 비리공무원이 감사기관의 사직권고를 받고 사직의 의사표시를 하여 의원면직처분이 된 경우, 그 사표 제출자의 내심에 사직할 의사가 없었더라도 그 사직의 의사표시는 효력이 발생한다.

해설

① (O) : 비진의 의사표시에 있어서의 진의란 특정한 내용의 의사표시를 하고자 하는 표의자의 생각을 말하는 것이지 표의자가 진정으로 마음속에서 바라는 사항을 뜻하는 것은 아니므로, 표의자가 의사표시의 내용을 진정으로 마음속에서 바라지는 아니하였다고 하더라도 당시의 상황에서는 그것을 최선이라고 판단하여 그 의사표시를 하였을 경우에는 이를 내심의 효과의사가 결여된 비진의 의사표시라고 할 수 없다(대판 1996.12.20, 95누16059; 대판 2000.4.25, 99다34475).

② (✕) : 법률상 또는 사실상의 장애로 자기 명의로 대출받을 수 없는 자를 위하여 대출금채무자로서의 명의를 빌려준 자에게 그와 같은 채무부담의 의사가 없는 것이라고는 할 수 없으므로 그 의사표시를 비진의표시에 해당한다고 볼 수 없고, 설령 명의대여자의 의사표시가 비진의표시에 해당한다고 하더라도 그 의사표시의 상대방인 상호신용금고로서는 명의대여자가 전혀 채무를 부담할 의사 없이 진의에 반한 의사표시를 하였다는 것까지 알았다거나 알 수 있었다고 볼 수도 없다고 보아, 그 명의대여자는 표시행위에 나타난 대로 대출금채무를 부담한다(대판 1996. 9. 10. 96다18182).

③ (○) : 비진의의사표시에 있어서의 진의란 특정한 내용의 의사표시를 하고자 하는 표의자의 생각을 말하는 것이지 표의자가 진정으로 마음속에서 바라는 사항을 뜻하는 것은 아니라고 할 것이므로, 비록 재산을 강제로 뺏긴다는 것이 표의자의 본심으로 잠재되어 있었다 하여도 표의자가 강박에 의하여서나마 증여를 하기로 하고 그에 따른 증여의 의사표시를 한 이상 증여의 내심의 효과의사가 결여된 것이라고 할 수는 없다(대판 2002. 12. 27. 2000다47361).

④ (○) : 상대방의 지시, 강요, 방침에 의한 사표제출은 제107조 제1항 단서 또는 제108조 제1항에 의하여 무효이다. 즉 근로자가 회사의 경영방침에 따라 사직원을 제출하고 회사가 이를 받아들여 퇴직처리를 하였다가 즉시 재입사하는 형식을 취함으로써 근로자가 그 퇴직 전후에 걸쳐 <u>실질적인 근로관계의 단절이 없이 계속 근무한 경우 제107조 제1항 단서가 적용</u> 된다(대판 1988.5.10, 87다카2578).

⑤ (○) : 공무원이 사직의 의사표시를 하여 의원면직처분을 하는 경우 그 사직의 의사표시는 그 법률관계의 특수성에 비추어 외부적·객관적으로 표시된 바를 존중하여야 할 것이므로, 비록 사직원제출자의 내심의 의사가 사직할 뜻이 아니었다고 하더라도 진의 아닌 의사표시에 관한 민법 제107조는 그 성질상 사직의 의사표시와 같은 사인의 공법행위에는 준용되지 아니하므로 그 의사가 외부에 표시된 이상 그 의사는 표시된 대로 효력을 발한다(대판 1997. 12. 12. 97누13962).

정답 ②

246 진의 아닌 의사표시에 관한 설명으로 옳지 않은 것은? (다툼이 있으면 판례에 따름)

[21 세무사]

① 공무원이 한 사직의 의사표시와 같은 사인의 공법행위에는 비진의표시에 관한 규정이 적용되지 않는다.
② 법률상 장애로 자기 명의로 대출받을 수 없는 자를 위하여 대출금채무자로서의 명의를 빌려준 자의 대출기관에 대한 채무부담의 의사표시는 원칙적으로 비진의표시이다.
③ 비진의표시가 무효인 경우, 그 무효는 선의의 제3자에게 대항하지 못한다.
④ 상대방이 표의자의 진의 아님을 알았거나 이를 알 수 있었을 경우 그 비진의표시는 무효이다.
⑤ 비진의표시에 있어서의 진의란 특정한 내용의 의사표시를 하고자 하는 표의자의 생각을 말한다.

해설

① (○) : 본조는 표시행위를 중시하는 공법행위에는 적용되지 않는다. 공무원의 사표제출의 경우 진의가 없고 상대방이 이를 알았다 하더라도 효력이 있다(대판 1997.12.12, 97누13962). 그리고 군인의 전역지원의 경우 진의가 없고 상대방이 이를 알았다 하더라도 효력이 있다(대판 1994.1.11, 93누10057).

② (✗) : 은행이 동일인 여신한도의 제한을 회피하기 위하여 실질적 주채무자 아닌 제3자와 사이에 제3자를 주채무자로 하는 소비대차계약을 체결한 경우의 효력에 관하여 은행이 양해하지 않은 경우 진의가 있는 경우로서 유효이고, 양해한 경우에는 무효이다(대판 2007.11.29, 2007다53013).

③ (O), ④ (O) : 제107조【진의 아닌 의사표시】① 의사표시는 표의자가 진의 아님을 알고한 것이라도 그 효력이 있다. 그러나 상대방이 표의자의 진의 아님을 알았거나 이를 알 수 있었을 경우에는 무효로 한다. ② 전항의 의사표시의 무효는 선의의 제3자에게 대항하지 못한다.

⑤ (O) : 비진의 의사표시에 있어서의 진의란 특정한 내용의 의사표시를 하고자 하는 표의자의 생각을 말하는 것이지 표의자가 진정으로 마음속에서 바라는 사항을 뜻하는 것은 아니므로, 표의자가 의사표시의 내용을 진정으로 마음속에서 바라지는 아니하였다고 하더라도 당시의 상황에서는 그것을 최선이라고 판단하여 그 의사표시를 하였을 경우에는 이를 내심의 효과의사가 결여된 비진의 의사표시라고 할 수 없다(대판 1996.12.20, 95누16059; 대판 2000.4.25, 99다34475).

정답 ②

Ⅲ. 통정허위표시

247 甲은 乙과 통모하여 자기소유의 토지에 대한 허위의 매매계약을 체결하고 乙에게 소유권이전등기를 해주었다. 이에 관한 설명으로 옳은 것을 모두 고른 것은? (다툼이 있으면 판례에 따름)

[16 세무사]

> ㄱ. 甲과 乙사이의 매매계약은 무효이다.
> ㄴ. 甲은 乙명의의 소유권이전등기말소를 청구할 수 없다.
> ㄷ. 乙이 선의의 丙에게 토지를 매각하고 丙명의로 소유권이전등기를 해준 경우, 丙은 그 소유권을 취득한다.
> ㄹ. 위 ㄷ.의 경우, 선의의 丙이 악의의 丁에게 토지를 매각하고 丁명의로 소유권이전등기를 해주었다면 丁은 그 소유권을 취득한다.

① ㄱ, ㄴ   ② ㄱ, ㄷ   ③ ㄴ, ㄹ
④ ㄱ, ㄷ, ㄹ   ⑤ ㄴ, ㄷ, ㄹ

해설

ㄱ. (O) : 제108조【통정한 허위의 의사표시】① 상대방과 통정한 허위의 의사표시는 무효로 한다.

ㄴ. (✗) : 통정허위표시는 불법원인급여가 아니므로, 원인무효인 乙 명의의 등기의 말소를 구할 수 있다.

ㄷ. (O) : 제108조【통정한 허위의 의사표시】② 전항의 의사표시의 무효는 선의의 제3자에게 대항하지 못한다.

ㄹ. (O) : 선의의 제3자로부터 다시 전득한 자에 대하여는 그 전득자가 악의이더라도 허위표시의 무효를 가지고 대항하지 못 한다(엄폐물이론).

정답 ④

248 통정허위표시의 무효를 이유로 대항할 수 없는 '제3자'가 될 수 있는 자를 모두 고른 것은? (다툼이 있으면 판례에 따름) [16 감평]

> ㄱ. 가장의 금전소비대차에 기한 대여금채권을 가압류한 자
> ㄴ. 가장매매에 의한 매수인으로부터 목적 부동산에 대한 소유권이전등기청구권 보전을 위한 가등기를 마친 제3자
> ㄷ. 가장매매에 의한 매수인으로부터 목적 부동산을 매수하여 소유권이전등기를 마친 제3자
> ㄹ. 가장의 전세권설정계약에 기하여 등기가 경료된 전세권에 관하여 저당권을 취득한 제3자

① ㄱ, ㄴ ② ㄷ, ㄹ ③ ㄱ, ㄴ, ㄷ
④ ㄴ, ㄷ, ㄹ ⑤ ㄱ, ㄴ, ㄷ, ㄹ

해설

ㄱ. (O) : 통정허위표시에 의한 채권을 가압류한 자는 민법 제108조 제2항의 '제3자'에 해당(대판 2004.5.28, 2003다70041)
ㄴ. (O) : 대법원 1970.9.29. 선고 70다466 판결
ㄷ. (O) : 대법원 1996.4.26. 선고 94다12074 판결
ㄹ. (O) : 대법원 2006.2.9. 선고 2005다59864 판결

정답 ⑤

---

249 의사표시에 관한 설명으로 옳지 않은 것은? (다툼이 있으면 판례에 따름) [17 감평]

① 통정허위표시에서 파산관재인은 제3자에 해당하지 않는다.
② 통정허위표시에서 제3자가 보호받기 위해서는 선의이면 되고 그 과실 유무는 묻지 않는다.
③ 상대방에 의해 유발된 동기의 착오는 동기가 표시되지 않았더라도 법률행위 내용의 중요 부분의 착오가 될 수 있다.
④ 통정허위표시는 제3자 유무와 상관없이 당사자 사이에서는 무효이다.
⑤ 사기에 의한 의사표시의 취소는 선의의 제3자에게 대항하지 못한다.

해설

① (X) : 파산자가 가장채권을 보유한 경우에 파산관재인은 제108조 제2항 소정의 제3자에 해당하고(대판 2003.6.24, 2002다48214), 그 선의·악의도 파산관재인 개인의 선의·악의를 기준으로 할 수는 없고 총파산채권자를 기준으로 하여 파산채권자 모두가 악의로 되지 않는 한 파산관재인은 선의의 제3자라고 할 수밖에 없다(대판 2006.11.10, 2004다10299; 대판 2010.4.29, 2009다96083).

② (O), ④ (O) : 제108조【통정한 허위의 의사표시】① 상대방과 통정한 허위의 의사표시는 무효로 한다. ② 전항의 의사표시의 무효는 선의의 제3자에게 대항하지 못한다.

③ (O) : 判例는 동기를 계약내용으로 하는 의사를 표시하지 아니한 이상 그 착오를 이유로 계약을 취소할 수 없다고 한다. 그러나 '동기가 상대방의 부정한 방법에 의하여 유발된 경우', '동기가 상대방으로부터 제공된 경우'에는 동기가 표시되지 않았다고 하더라도 동기의 착오에 의한 의사표시는 취소될 수 있다고 한다.

⑤ (O) : 제110조【사기, 강박에 의한 의사표시】① 사기나 강박에 의한 의사표시는 취소할 수 있다. ② 상대방 있는 의사표시에 관하여 제삼자가 사기나 강박을 행한 경우에는 상대방이 그 사실을 알았거나 알 수 있었을 경우에 한하여 그 의사표시를 취소할 수 있다. ③ 전2항의 의사표시의 취소는 선의의 제3자에게 대항하지 못한다.

정답 ①

250 통정허위표시의 성립요건이 아닌 것은? (다툼이 있으면 판례에 따름) [17 세무사]

① 사회통념상 의사표시로 인정될 수 있는 법률사실이 있어야 한다.
② 진의와 표시가 일치하지 않아야 한다.
③ 진의와 표시가 일치하지 않음을 표의자가 알고 있어야 한다.
④ 표시된 법률행위와 다른 법률행위를 은닉할 목적으로 하여야 한다.
⑤ 상대방과 통정하여 의사표시를 하여야 한다.

해설

제108조【통정한 허위의 의사표시】① 상대방과 통정한 허위의 의사표시는 무효로 한다.

251 통정허위표시의 효과에 관한 설명으로 옳지 않은 것은? (다툼이 있으면 판례에 따름) [17 세무사]

① 당사자 사이의 의사표시가 통정허위표시에 해당하는 경우, 그 의사표시에 따른 권리와 의무가 발생하지 않는다.
② 통정허위표시인 매매계약에 따라 대금을 지급한 경우, 그 대금의 반환을 청구할 수 없다.
③ 통정허위표시에 따른 법률행위도 채권자취소권의 대상이 될 수 있다.
④ 어떤 행위가 통정허위표시에 해당하는 경우, 허위의 의사표시를 한 자도 상대방에 대하여 그 의사표시가 무효임을 주장할 수 있다.
⑤ 허위의 의사표시를 한 자는 통정허위표시의 무효를 가지고 선의의 제3자에게 대항하지 못한다.

해설

① (O) : 무효이기 때문이다.
② (✗) : 불법원인급여에 해당하지 않으므로, 부당이득으로 반환이 가능하다.
③ (O) : 제406조에서 말하는 법률행위는 유효인 법률행위만을 가리키는 것은 아니므로 허위표시에 관하여도 채권자취소권(제406조)을 행사할 수 있다고 한다(대판 1984.7.24, 84다카68).
④ (O) : 무효는 누구나 주장할 수 있다.
⑤ (O) : 제108조【통정한 허위의 의사표시】① 상대방과 통정한 허위의 의사표시는 무효로 한다. ② 전항의 의사표시의 무효는 선의의 제3자에게 대항하지 못한다.

정답 ②

252 민법 제108조의 통정허위표시에 관한 내용으로 옳지 않은 것은? (다툼이 있으면 판례에 따름)

[17 노무]

① 甲이 乙로 하여금 금융기관에 대해 乙을 주채무자로 하는 금전소비대차계약을 체결하도록 하고 甲이 그 원리금을 상환하기로 한 경우, 특별한 사정이 없는 한 위 소비대차계약은 통정허위표시이다.
② 甲이 통정허위표시로 乙에게 전세권설정등기를 마친 후 丙이 이러한 사정을 알면서도 전세권근저당권설정등기를 마쳤다. 위 사실을 모르는 丁이 丙의 전세권근저당권부 채권을 압류하면 甲은 丁에게 대항할 수 없다.
③ 채권양도인과 채무자 사이의 허위표시에 의해 성립한 지명채권을 선의로 양수한 채권양수인이 채무자에게 채권을 행사하기 위하여 양도에 관한 합의 외에 채권양도의 대항요건을 갖추어야 한다.
④ 파산자가 상대방과 통정하여 허위의 의사표시를 통해 가장채권을 보유하고 있다가 파산선고를 받은 경우, 파산관재인은 민법 제108조 제2항의 제3자에 해당된다.
⑤ 민법 제108조 제2항에서 규정하고 있는 제3자에 대한 무효의 대항력 유무는 제3자의 선의만이 판단기준이며, 무과실은 요구되지 않는다.

해설

① (✗) : 통정허위표시가 성립하기 위해서는 의사표시의 진의와 표시가 일치하지 아니하고 그 불일치에 관하여 상대방과 사이에 합의가 있어야 하는데, 제3자가 금전소비대차약정서 등 대출관련서류에 주채무자 또는 연대보증인으로서 직접 서명·날인하였다면 제3자는 자신이 그 소비대차계약의 채무자임을 금융기관에 대하여 표시한 셈이고, 제3자가 금융기관이 정한 여신제한 등의 규정을 회피하여 타인으로 하여금 제3자 명의로 대출을 받아 이를 사용하도록 할 의사가 있었다거나 그 원리금을 타인의 부담으로 상환하기로 하였더라도, 특별한 사정이 없는 한 이는 소비대차계약에 따른 경제적 효과를 타인에게 귀속시키려는 의사에 불과할 뿐, 그 법률상의 효과까지도 타인에게 귀속시키려는 의사로 볼 수는 없으므로 제3자의 진의와 표시에 불일치가 있다고 보기는 어렵다 할 것인바,

구체적 사안에 있어서 위와 같은 특별한 사정의 존재를 인정하기 위해서는, 실제 차주와 명의대여자의 이해관계의 일치 여부, 대출금의 실제 지급 여부 및 직접 수령자, 대출서류 작성과정에 있어서 명의대여자의 관여 정도, 대출의 실행이 명의대여자의 신용에 근거하여 이루어진 것인지 혹은 실제 차주의 담보제공이 있었는지 여부, 명의대여자에 대한 신용조사의 실시 여부 및 조사의 정도, 대출원리금의 연체에 따라 명의대여자에게 채무이행의 독촉이 있었는지 여부 및 그 독촉 시점 기타 명의대여의 경위와 명의대여자의 직업, 신분 등의 모든 사정을 종합하여, <u>금융기관이 명의대여자와 사이에 당해 대출에 따르는 법률상의 효과까지 실제 차주에게 귀속시키고 명의대여자에게는 그 채무부담을 지우지 않기로 약정 내지 양해하였음이 적극적으로 입증되어야 할 것이다</u>(대판 2008.6.12, 2008다7772,7789).

② (O) : 실제로는 전세권설정계약을 체결하지 아니하였으면서도 담보의 목적 등으로 당사자 사이의 합의에 따라 전세권설정등기를 마친 경우, 전세권부채권의 가압류권자가 선의의 제3자에 해당하여 보호받을 수 있다. 즉, 甲이 통정허위표시에 해당하여 무효인 전세권설정계약에 의하여 형성된 법률관계로 생긴 채권(전세권부채권)을 가압류한 사안에서, 가압류 등기를 마칠 당시 전세권설정등기가 말소되지 아니한 상태였고, 전세권갱신에 관한 등기가 불필요한 전세권명의자가 부동산 일부를 여전히 점유·사용하고 있었던 이상, 甲은 통정허위표시를 기초로 하여 새로이 법률상 이해관계를 가진 선의의 제3자에 해당한다고 봄이 상당하다고 한다(대판 2010.3.25, 2009다35743).

③ (O) : 채권양수인이 채권양도인으로부터 지명채권을 양도받았음을 이유로 채무자에 대하여 그 채권을 행사하기 위하여는 지명채권 양도에 관한 합의 이외에 양도받은 당해 채권에 관하여 민법 제450조 소정의 대항요건을 갖추어야 하는 것이고, 이러한 법리는 채권양도인과 채무자 사이의 법률행위가 허위표시인 경우에도 마찬가지로 적용된다(대판 2011. 4. 28. 2010다100315).

④ (O) : 파산자가 가장채권을 보유한 경우에 파산관재인은 제108조 제2항 소정의 제3자에 해당하고(대판 2003.6.24, 2002다48214), 그 선의·악의도 파산관재인 개인의 선의·악의를 기준으로 할 수는 없고 총파산채권자를 기준으로 하여 파산채권자 모두가 악의로 되지 않는 한 파산관재인은 선의의 제3자라고 할 수밖에 없다(대판 2006.11.10, 2004다10299; 대판 2010.4.29, 2009다96083).

⑤ (O) : 제3자는 선의이기만 하면 되고, 무과실은 요구되지 않는다(대판 2007.11.29, 2007다53013).

정답 ①

253 통정허위표시의 효과에 대한 설명으로 옳지 않은 것은? (다툼이 있으면 판례에 따름)

[18 세무사]

① 당사자 사이의 의사표시가 통정허위표시에 해당하는 경우, 그 의사표시에 따른 권리와 의무가 발생하지 않는다.
② 통정허위표시에 따른 법률행위도 채권자취소권의 대상이 될 수 있다.
③ 통정허위표시인 매매계약에 따라 그 대금을 지급한 매수인은 그 대금의 반환을 청구할 수 없다.
④ 통정허위표시인 매매계약의 매수인으로부터 매매목적물을 매수한 제3자가 악의인 경우, 매도인은 제3자에 대하여 허위표시의 무효를 주장할 수 있다.
⑤ 통정허위표시인 매매계약의 매수인에게서 목적물을 매수한 악의의 제3자로부터 다시 그 목적물을 매수한 전득자가 선의인 경우, 매도인은 전득자에 대하여 허위표시의 무효를 주장할 수 없다.

해설

① (O) : 제108조【통정한 허위의 의사표시】① 상대방과 통정한 허위의 의사표시는 무효로 한다. ② 전항의 의사표시의 무효는 선의의 제3자에게 대항하지 못한다.
② (O) : 채무자의 법률행위가 통정허위표시인 경우에도 채권자취소권의 대상이 되고, 한편 채권자취소권의 대상으로 된 채무자의 법률행위라도 통정허위표시의 요건을 갖춘 경우에는 무효라고 할 것이다(대판 1998. 2. 27. 97다50985).
③ (×) : 불법원인급여가 아니므로, 반환을 구할 수 있다.
④ (O), ⑤ (O) : 제108조【통정한 허위의 의사표시】② 전항의 의사표시의 무효는 선의의 제3자에게 대항하지 못한다.

정답 ③

254 통정허위표시에 관한 설명으로 옳지 않은 것은? (다툼이 있으면 판례에 따름) [19 감평]

① 상대방과 통정한 허위의 의사표시는 무효이지만, 이러한 무효는 과실로 인하여 허위표시라는 사실을 인식하지 못한 제3자에게 대항할 수 없다.
② 강제집행을 면할 목적으로 부동산에 허위의 근저당권설정등기를 경료 하는 행위는 민법제103조의 선량한 풍속 기타 사회질서에 위반한 사항을 내용으로 하는 법률행위이다.
③ 선의의 제3자에 대해서는 통정허위표시의 당사자뿐만 아니라 그 누구도 통정허위표시의 무효로 대항할 수 없다.
④ 부동산의 가장양수인으로부터 해당 부동산을 취득한 제3자 A가 악의이고, 그로부터 그 부동산을 전득한 B가 선의라면 통정허위표시의 무효로써 B에게 대항할 수 없다.
⑤ 당사자들이 실제로는 증여계약을 체결하면서 매매계약인 것처럼 통정허위표시를 하였다면 은닉행위인 증여계약은 유효할 수 있다.

해설

① (O) : 제3자는 선의이기만 하면 되고, 무과실은 요구되지 않는다(대판 2007.11.29. 2007다53013).
② (×) : 강제집행을 면할 목적으로 부동산에 허위의 근저당권설정등기를 경료 하는 행위는 선량한 풍속 기타 사회질서에 위반한 사항을 내용으로 하는 법률행위로 볼 수 없다(대판 2004.5.28. 2003다70041).
③ (O) : 상대방과 통정한 허위의 의사표시는 무효이고 누구든지 그 무효를 주장할 수 있는 것이 원칙이나, 허위표시의 당사자 및 포괄승계인 이외의 자로서 허위표시에 의하여 외형상 형성된 법률관계를 토대로 실질적으로 새로운 법률상 이해관계를 맺은 선의의 제3자에 대하여는 허위표시의 당사자뿐만 아니라 그 누구도 허위표시의 무효를 대항하지 못하고, 따라서 선의의 제3자에 대한 관계에 있어서는 허위표시도 그 표시된 대로 효력이 있다(대판 1996.4.26. 94다12074).
④ (O) : 甲이 乙의 임차보증금반환채권을 담보하기 위하여 통정허위표시로 乙에게 전세권설정등기를 마친 후 丙이 이러한 사정을 알면서도 乙에 대한 채권을 담보하기 위하여 위 전세권에 대하여 전세

권근저당권설정등기를 마쳤는데, 그 후 丁이 丙의 전세권근저당권부 채권을 가압류하였다가 이를 본압류로 이전하는 압류명령을 받은 사안에서, 丙의 전세권근저당권부 채권은 통정허위표시에 의하여 외형상 형성된 전세권을 목적물로 하는 전세권근저당권의 피담보채권이고, 丁은 이러한 丙의 전세권근저당권부 채권을 가압류하고 압류명령을 얻음으로써 그 채권에 관한 담보권인 전세권근저당권의 목적물에 해당하는 전세권에 대하여 새로이 법률상 이해관계를 가지게 되었으므로, 丁이 통정허위표시에 관하여 선의라면 비록 丙이 악의라 하더라도 허위표시자는 그에 대하여 전세권이 통정허위표시에 의한 것이라는 이유로 대항할 수 없음에도, 이와 달리 본 원심판결에 법리오해의 위법이 있다(대판 2013.2.15. 2012다49292).

⑤ (O) : 매도인이 경영하던 기업이 부도가 나서 그가 주식을 매도할 경우 매매대금이 모두 채권자은행에 귀속될 상황에 처하자 이러한 사정을 잘 아는 매수인이 매매계약서상의 매매대금은 형식상 금 8,000원으로 하고 나머지 실질적인 매매대금은 매도인의 처와 상의하여 그에게 적절히 지급하겠다고 하여 매도인이 그와 같은 주식매매계약을 체결한 경우, 매매계약상의 대금 8,000원이 적극적 은닉행위를 수반하는 허위표시라 하더라도 실지 지급하여야 할 매매대금의 약정이 있는 이상 위 매매대금에 관한 외형행위가 아닌 내면적 은닉행위는 유효하고 따라서 실지매매대금에 의한 위 매매계약은 유효하다(대판 1993. 8. 27. 93다12930).

정답 ②

255 통정허위표시에 관한 설명으로 옳지 않은 것은? (다툼이 있으면 판례에 따름) [19 세무사]

① 허위표시는 상대방 있는 단독행위에도 적용된다.
② 대리인이 상대방과 통정하여 허위표시를 한 경우, 상대방은 본인이 선의이면 허위표시의 무효를 주장할 수 없다.
③ 추심을 위한 채권양도는 허위표시가 아니다.
④ 허위표시에서 선의의 제3자로부터 권리를 전득한 자는 전득 시 악의이더라도 유효하게 권리를 취득한다.
⑤ 허위표시로 인한 무효는 과실 있는 선의의 제3자에게도 대항할 수 없다.

해설

① (O) : 제108조는 계약과 상대방 있는 단독행위에 적용된다.
② (X) : 제116조 【대리행위의 하자】 ① 의사표시의 효력이 의사의 흠결, 사기, 강박 또는 어느 사정을 알았거나 과실로 알지 못한 것으로 인하여 영향을 받을 경우에 그 사실의 유무는 대리인을 표준하여 결정한다. 그리고 본인은 제3자가 되지 못하므로, 무효를 주장할 수 있다.
③ (O) : 추심을 위한 의사가 있기 때문이다.
④ (O) : 선의의 제3자로부터 다시 전득한 자에 대하여는 그 전득자가 악의이더라도 허위표시의 무효를 가지고 대항하지 못 한다(엄폐물이론).
⑤ (O) : 제3자는 선의이기만 하면 되고, 무과실은 요구되지 않는다(대판 2007.11.29. 2007다53013).

정답 ②

256 통정한 허위의 의사표시에 제3자에 해당하지 않는 자는? (다툼이 있으면 판례에 따름)

[20 세무사]

① 가장매매로 양도된 부동산에 대하여 저당권을 설정 받은 자
② 허위로 양도된 임대차보증금반환채권에 대하여 채권압류 및 추심명령을 받은 자
③ 파산채무자가 통정한 허위의 의사표시를 통하여 가장채권을 보유하는 중 파산이 선고된 경우의 파산관재인
④ 가장 소비대차의 계약상 지위를 이전받은 자
⑤ 허위의 전세권설정계약에 따라 설정된 전세권에 저당권을 설정 받은 자

해설

① (○) : 통정허위표시의 무효를 대항할 수 없는 제3자란 허위표시의 당사자 및 포괄승계인 이외의 자로서 허위표시에 의하여 외형상 형성된 법률관계를 토대로 새로운 법률원인으로써 이해관계를 갖게 된 자를 말한다(대판 1982.5.25. 80다1403).

② (○) : 임대차보증금반환채권이 양도된 후 양수인의 채권자가 임대차보증금반환채권에 대하여 채권압류 및 추심명령을 받았는데 임대차보증금반환채권 양도계약이 허위표시로서 무효인 경우 채권자는 그로 인해 외형상 형성된 법률관계를 기초로 실질적으로 새로운 법률상 이해관계를 맺은 제3자에 해당한다(대판 2014. 4. 10. 2013다59753).

③ (○) : 파산자가 가장채권을 보유한 경우에 파산관재인은 제108조 제2항 소정의 제3자에 해당하고(대판 2003.6.24. 2002다48214), 그 선의·악의도 파산관재인 개인의 선의·악의를 기준으로 할 수는 없고 총파산채권자를 기준으로 하여 파산채권자 모두가 악의로 되지 않는 한 파산관재인은 선의의 제3자라고 할 수밖에 없다(대판 2006.11.10. 2004다10299; 대판 2010.4.29. 2009다96083).

④ (✕) : 계약이전을 받은 금융기관은 원계약 당사자 사이의 통정허위표시에 있어서 민법 제108조 제2항의 제3자에 해당하지 않는다고 한다(대판 2004.1.15. 2002다31537[38]).

⑤ (○) : 실제로는 전세권설정계약이 없으면서도 임차보증금 반환채권을 담보할 목적으로 전세권설정등기를 마친 후 그 전세권에 대하여 근저당권이 설정된 경우, 임대인이 그와 같은 사정을 알지 못한 근저당권자에게 위 전세권설정계약이 통정허위표시에 해당함을 이유로 무효를 주장할 수 없다(대판 2008.3.13. 2006다29372·29389).

정답 ④

---

[38] 구 상호신용금고법(2000. 1. 28. 법률 제6203호로 개정되기 전의 것) 소정의 계약이전은 금융거래에서 발생한 계약상의 지위가 이전되는 사법상의 법률효과를 가져오는 것이므로, 계약이전을 받은 금융기관은 계약이전을 요구받은 금융기관과 대출채무자 사이의 통정허위표시에 따라 형성된 법률관계를 기초로 하여 새로운 법률상 이해관계를 가지게 된 민법 제108조 제2항의 제3자에 해당하지 않는다(대판 2004.1.15. 2002다31537).

257 통정허위표시에 의하여 외형상 형성된 법률관계를 기초로 하여 '새로운 법률상 이해관계를 맺은 제3자'에 해당하지 않은 자는? (다툼이 있으면 판례에 따름) [21 감평]

① 가장전세권에 관하여 저당권을 취득한 자
② 가장소비대차에 기한 대여금채권을 양수한 자
③ 가장저당권 설정행위에 기한 저당권의 실행에 의하여 목적부동산을 경락받은 자
④ 가장의 채권양도 후 채무가 변제되지 않고 있는 동안 채권양도가 허위임이 밝혀진 경우에 있어서의 채무자
⑤ 가장소비대차의 대주가 파산한 경우, 파산자와는 독립한 지위에서 파산채권자 전체의 공동의 이익을 위하여 직무를 행하게 된 파산관재인

해설

① (O) : 실제로는 전세권설정계약이 없으면서도 임차보증금 반환채권을 담보할 목적으로 전세권설정등기를 마친 후 그 전세권에 대하여 근저당권이 설정된 경우, 임대인이 그와 같은 사정을 알지 못한 근저당권자에게 위 전세권설정계약이 통정허위표시에 해당함을 이유로 무효를 주장할 수 없다(대판 2008.3.13, 2006다29372).

② (O), ③ (O) : 허위표시의 당사자 및 포괄승계인 이외의 자로서 허위표시에 의하여 외형상 형성된 법률관계를 토대로 실질적으로 새로운 법률상 이해관계를 맺은 선의의 제3자에 해당한다.

④ (×) : 채권의 가장양도에서 채무자는 제3자에 해당하지 않는다(대판 1983.1.18, 82다594[39]).

⑤ (O) : 파산자가 가장채권을 보유한 경우에 파산관재인은 제108조 제2항 소정의 제3자에 해당하고(대판 2003.6.24, 2002다48214), 그 선의·악의도 파산관재인 개인의 선의·악의를 기준으로 할 수는 없고 총파산채권자를 기준으로 하여 파산채권자 모두가 악의로 되지 않는 한 파산관재인은 선의의 제3자라고 할 수밖에 없다(대판 2006.11.10, 2004다10299; 대판 2010.4.29, 2009다96083).

정답 ④

---

[39] 민법 제108조 제2항에서 말하는 제3자는 허위표시의 당사자와 그의 포괄승계인 이외의 자 모두를 가리키는 것이 아니고 그 가운데서 허위표시행위를 기초로 새로운 이해관계를 맺은 자를 한정해서 가리키는 것으로 새겨야 할 것이므로 이 사건 퇴직금 채무자인 피고는 원채권자인 소외(갑)이 소외(을)에게 퇴직금채권을 양도했다고 하더라도 그 퇴직금을 양수인에게 지급하지 않고 있는 동안에 위 양도계약이 허위표시란 것이 밝혀진 이상 위 허위표시의 선의의 제3자임을 내세워 진정한 퇴직금전부채권자인 원고에게 그 지급을 거절할 수 없다(대판 1983.1.18, 82다594).

258 통정한 허위의 의사표시에 관한 설명으로 옳지 않은 것은? (다툼이 있으면 판례에 따름)

[21 세무사]

① 상대방과 통정한 허위의 의사표시는 무효이고, 누구든지 그 무효를 주장할 수 있는 것이 원칙이다.
② 상대방과 통정한 허위의 의사표시의 무효는 선의의 제3자에게 과실이 있는 경우에도 그 제3자에게 대항하지 못한다.
③ 통정허위표시의 제3자는 허위표시에 의하여 외형상 형성된 법률관계를 토대로 실질적으로 새로운 법률상 이해관계를 맺은 자이다.
④ 선의의 제3자에 대하여는 통정허위표시의 당사자뿐만 아니라 그 누구도 허위표시의 무효로 대항하지 못한다.
⑤ 제3자가 악의이면 제3자로부터의 전득자가 선의라도 전득자에게 통정허위표시의 무효로 대항할 수 있다.

해설

① (O), ③ (O), ④ (O) : 상대방과 통정한 허위의 의사표시는 무효이고 누구든지 그 무효를 주장할 수 있는 것이 원칙이나, 허위표시의 당사자 및 포괄승계인 이외의 자로서 허위표시에 의하여 외형상 형성된 법률관계를 토대로 실질적으로 새로운 법률상 이해관계를 맺은 선의의 제3자에 대하여는 허위표시의 당사자뿐만 아니라 그 누구도 허위표시의 무효를 대항하지 못하고, 따라서 선의의 제3자에 대한 관계에 있어서는 허위표시도 그 표시된 대로 효력이 있다40)(대판 1996.4.26. 94다12074).

② (O) : 제3자는 선의이기만 하면 되고, 무과실은 요구되지 않는다(대판 2007.11.29. 2007다53013).

⑤ (X) : 甲이 乙의 임차보증금반환채권을 담보하기 위하여 통정허위표시로 乙에게 전세권설정등기를 마친 후 丙이 이러한 사정을 알면서도 乙에 대한 채권을 담보하기 위하여 위 전세권에 대하여 전세권근저당권설정등기를 마쳤는데, 그 후 丁이 丙의 전세권근저당권부 채권을 가압류하였다가 이를 본압류로 이전하는 압류명령을 받은 사안에서, 丙의 전세권근저당권부 채권은 통정허위표시에 의하여 외형상 형성된 전세권을 목적물로 하는 전세권근저당권의 피담보채권이고, 丁은 이러한 丙의 전세권근저당권부 채권을 가압류하고 압류명령을 얻음으로써 그 채권에 관한 담보권인 전세권근저당권의 목적물에 해당하는 전세권에 대하여 새로이 법률상 이해관계를 가지게 되었으므로, 丁이 통정허위표시에 관하여 선의라면 비록 丙이 악의라 하더라도 허위표시자는 그에 대하여 전세권이 통정허위표시에 의한 것이라는 이유로 대항할 수 없음에도, 이와 달리 본 원심판결에 법리오해의 위법이 있다(대판 2013.2.15. 2012다49292).

정답 ⑤

---

40) 통정 허위표시를 원인으로 한 부동산에 관한 가등기 및 그 가등기에 기한 본등기로 인하여 甲의 소유권이전등기가 말소된 후 다시 그 본등기에 터 잡아 乙이 부동산을 양수하여 소유권이전등기를 마친 경우, 乙이 통정 허위표시자로부터 실질적으로 부동산을 양수하고 또 이를 양수함에 있어 통정 허위표시자 명의의 각 가등기 및 이에 기한 본등기의 원인이 된 각 의사표시가 허위표시임을 알지 못하였다면, 甲은 선의의 제3자인 乙에 대하여는 그 각 가등기 및 본등기의 원인이 된 각 허위표시가 무효임을 주장할 수 없고, 따라서 乙에 대한 관계에서는 그 각 허위표시가 유효한 것이 되므로 그 각 허위표시를 원인으로 한 각 가등기 및 본등기와 이를 바탕으로 그 후에 이루어진 乙 명의의 소유권이전등기도 유효하다는 이유로, 乙이 선의라 하더라도 乙에 대하여 甲이 그 부동산의 소유권자임을 주장할 수 있다고 한 원심판결을 파기한 사례

259 통정허위표시에 관한 설명으로 옳지 않은 것은? (다툼이 있으면 판례에 따름)   [21 노무]

① 통정허위표시가 성립하기 위해서는 표의자의 진의와 표시의 불일치에 관하여 상대방과의 사이에 합의가 있어야 한다.
② 통정허위표시로 무효인 법률행위는 채권자취소권의 대상이 될 수 있다.
③ 통정허위표시로서 의사표시가 무효라고 주장하는 자는 그 무효사유에 해당하는 사실을 증명할 책임이 있다.
④ 가장근저당권설정계약이 유효하다고 믿고 그 피담보채권을 가압류한 자는 통정허위표시의 무효로 대항할 수 없는 제3자에 해당하지 않는다.
⑤ 가장양수인으로부터 소유권이전등기청구권 보전을 위한 가등기를 경료 받은 자는 특별한 사정이 없는 한 선의로 추정된다.

해설

① (O) : 통정은 표의자가 진의 아닌 의사표시를 하는 것을 상대방이 알고 있는 것만으로는 부족하며, 그에 관하여 상대방과의 사이에 의사의 합치가 있어야 한다. 즉 통정이란 진의가 없는 의사표시의 외형만을 서로 짜고 일치시키는 것을 말한다. 그런 의미에서 진정한 의사표시의 내용적 합치를 뜻하는 합의와 구별된다.

② (O) : 채무자의 법률행위가 통정허위표시인 경우에도 채권자취소권의 대상이 되고, 한편 채권자취소권의 대상으로 된 채무자의 법률행위라도 통정허위표시의 요건을 갖춘 경우에는 무효라고 할 것이다(대판 1998.2.27. 97다50985).

③ (O) : 어음발행행위 등 어떠한 의사표시가 통정허위표시로서 무효라고 주장하는 자에게 그 사유에 해당하는 사실을 증명할 책임이 있다(대판 2017. 8. 18. 2014다87595).

④ (X) : X가 통정허위표시에 해당하여 무효인 전세권설정계약에 의하여 형성된 법률관계로 생긴 채권(전세권부채권)을 가압류한 사안에서, 가압류 등기를 마칠 당시 전세권설정등기가 말소되지 아니한 상태였고, 전세권갱신에 관한 등기가 불필요한 전세권명의자가 부동산 일부를 여전히 점유·사용하고 있었던 이상, X는 통정허위표시를 기초로 하여 새로이 법률상 이해관계를 가진 선의의 제3자에 해당한다고 봄이 상당하다(대판 2010.3.25. 2009다35743).

⑤ (O) : 제3자는 특별한 사정이 없는 한 선의로 추정되므로, 허위표시를 한 부동산양도인이 소유권주장 시 제3자의 악의를 입증하여야 한다고 한다(대판 2007.11.29. 2007다53013).

정답 ④

260 허위표시에 관한 다음 설명 중 가장 옳은 것으로 묶은 것은? [예상]

ㄱ. 실제로는 전세권설정계약을 체결하지 않았으면서 임차인의 임차보증금반환채권을 담보하기 위해 임대인과 임차인이 합의 아래 임차인 명의로 전세권설정등기를 마쳤는데, 甲이 이러한 사정을 알면서 임차인에 대한 채권을 담보하기 위하여 위 전세권에 대하여 전세권근저당권설정등기를 마쳤고, 乙이 甲의 전세권근저당권부 채권을 가압류하였다가 이를 본압류로 이전하는 압류명령을 받은 경우, 乙이 임대인과 임차인 사이의 통정허위표시에 관하여 선의라면 비록 甲이 악의라 하더라도 임대인과 임차인은 전세권이 통정허위표시에 의한 것이라는 이유로 대항할 수 없다.

ㄴ. 甲이 乙로부터 돈을 차용하고 그 담보로 甲의 부동산에 가등기를 하기로 약정하였는데 채권자들의 강제집행을 우려하여 丙에게 가장양도하고 乙 앞으로 가등기를 해준 경우, 위 가등기는 실질적인 새로운 법률상 원인에 의하여 이루어진 것이 아니므로, 乙은 甲과 丙 사이의 통정허위표시에 의한 가장양도에 있어 제3자에 해당하지 않는다.

ㄷ. 동일인에 대한 대출액 한도를 제한한 법령이나 금융기관 내부규정의 적용을 회피하기 위하여 실질적인 주채무자가 실제 대출받고자 하는 채무액에 대하여 제3자를 형식상 주채무자로 내세우고, 금융기관도 이를 양해하여 제3자에 대하여는 채무자로서 책임을 지우지 않을 의도로 제3자 명의로 대출관계서류를 작성 받은 경우, 제3자는 형식상 명의 대여자에 불과하므로 제3자 명의로 되어 있는 대출약정은 통정허위표시에 해당하는 무효의 법률행위이다.

ㄹ. 허위의 근저당권에 대하여 배당이 이루어진 경우, 통정한 허위의 의사표시는 당사자 사이에서는 물론 제3자에 대하여도 무효이고 다만, 선의의 제3자에 대하여는 이를 대항하지 못한다고 할 것이나, 다른 배당채권자는 채권자취소의 소로써 통정허위표시를 취소하지 않는 이상 그 무효를 주장하여 그에 기한 채권의 존부, 범위, 순위에 관한 배당이의의 소를 제기할 수는 없다.

ㅁ. A는 B와 통정하여 허위로 B 앞으로 매매를 원인으로 하여 가등기를 마쳤고, 후에 이러한 통정한 허위의 의사표시는 철회되었다. 그 이후 B는 A를 피고로 하여 가등기에 기한 본등기이행청구의 소를 제기하여 제1심에서 승소판결을 받아 B명의로 본등기를 경료하였고, 이후 A의 항소로 인하여 제1심판결은 취소되었다. 이 경우 B의 본등기를 신뢰하여 B로부터 다시 이전등기를 받은 甲 등은 제108조 제2항의 선의의 제3자가 될 수 있다.

① ㄱ
② ㄱ, ㄴ, ㅁ
③ ㄱ, ㄴ, ㄷ, ㅁ
④ ㄱ, ㄴ, ㄷ, ㄹ
⑤ ㄱ, ㄴ, ㄷ

해설

ㄱ. (O) : 실제로는 전세권설정계약이 없으면서도 임차보증금 반환채권을 담보할 목적으로 전세권설정등기를 마친 후 그 전세권에 대하여 근저당권이 설정된 경우, 임대인이 그와 같은 사정을 알지 못한 근저당권자에게 위 전세권설정계약이 통정허위표시에 해당함을 이유로 무효를 주장할 수 없다[41](대판 2008. 3. 13, 2006다29372·29389).

ㄴ. (○) : 통정허위표시의 무효를 대항할 수 없는 제3자란 허위표시의 당사자 및 포괄승계인 이외의 자로서 허위표시에 의하여 외형상 형성된 법률관계를 토대로 새로운 법률원인으로써 이해관계를 갖게 된 자를 말한다. 따라서, 소외인 (A)가 부동산의 매수자금을 피고로부터 차용하고 담보조로 가등기를 경료하기로 약정한 후 채권자들의 강제집행을 우려하여 소외인 (B)에게 가장양도한 후 피고 앞으로 가등기를 경료케 한 경우에 있어서 피고는 형식상은 가장 양수인으로부터 가등기를 경료 받은 것으로 되어 있으나 실질적인 새로운 법률원인에 의한 것이 아니므로 통정허위표시에서의 제3자로 볼 수 없다[42] (대판 1982.5.25. 80다1403).

ㄷ. (○) : 은행이 동일인 여신한도의 제한을 회피하기 위하여 실질적 주채무자 아닌 제3자와 사이에 제3자를 주채무자로 하는 소비대차계약을 체결한 경우의 효력에 관하여 은행이 양해하지 않은 경우 진의가 있는 경우로서 유효이고, 양해한 경우에는 무효이다(대판 2007.11.29, 2007다53013). 즉 동일인에 대한 대출액 한도를 제한한 구 상호신용금고법 제12조의 적용을 회피하기 위하여 실질적인 주채무자가 실제 대출받고자 하는 채무액에 대하여 제3자를 형식상의 주채무자로 내세우고, 상호신용금고도 이를 양해하여 제3자에 대하여는 채무자로서의 책임을 지우지 않을 의도 하에 제3자 명의로 대출관계서류를 작성 받은 경우, <u>제3자는 형식상의 명의만을 빌려준 자에 불과하고 그 대출계약의 실질적인 당사자는 상호신용금고와 실질적 주채무자이므로, 제3자 명의로 되어 있는 대출약정은 상호신용금고의 "양해" 하에 그에 따른 채무부담의 의사 없이 형식적으로 이루어진 것에 불과하여 통정허위표시에 해당하는 무효의 법률행위이다</u>(대판 1999.3.12, 98다48989).

ㄹ. (✕) : 허위의 근저당권에 대하여 배당이 이루어진 경우, 통정한 허위의 의사표시는 당사자 사이에서는 물론 제3자에 대하여도 무효이고 다만, 선의의 제3자에 대하여만 이를 대항하지 못한다고 할 것이므로, 배당채권자는 채권자취소의 소로써 통정허위표시를 취소하지 않았다 하더라도 그 무효를 주장하여 그에 기한 채권의 존부, 범위, 순위에 관한 배당이의의 소를 제기할 수 있다(대판 2001.5.8. 2000다9611).

ㅁ. (✕) : (1) 상대방과 통정한 허위의 의사표시는 무효이고 누구든지 그 무효를 주장할 수 있는 것이 원칙이나, 허위표시의 당사자와 포괄승계인 이외의 자로서 허위표시에 의하여 외형상 형성된 법률관계를 토대로 실질적으로 새로운 법률상 이해관계를 맺은 선의의 제3자에 대하여는 허위표시의 당사자뿐만 아니라 그 누구도 허위표시의 무효를 대항하지 못하는 것인데, <u>허위표시를 선의의 제3자에게 대항하지 못하게 한 취지는 이를 기초로 하여 별개의 법률원인에 의하여 고유한 법률상의 이익을 갖는 법률관계에 들어간 자를 보호하기 위한 것이므로 제3자의 범위는 권리관계에 기초하여 형식적으로만 파악할 것이 아니라 허위표시행위를 기초로 하여 새로운 법률상 이해관계를 맺었</u>

---

41) 甲이 乙의 임차보증금반환채권을 담보하기 위하여 통정허위표시로 乙에게 전세권설정등기를 마친 후 丙이 이러한 사정을 알면서도 乙에 대한 채권을 담보하기 위하여 위 전세권에 대하여 전세권근저당권설정등기를 마쳤는데, 그 후 丁이 丙의 전세권근저당권부 채권을 가압류하였다가 이를 본압류로 이전하는 압류명령을 받은 사안에서, 丙의 전세권근저당권부 채권은 통정허위표시에 의하여 외형상 형성된 전세권을 목적물로 하는 전세권근저당권의 피담보채권이고, 丁은 이러한 丙의 전세권근저당권부 채권을 가압류하고 압류명령을 얻음으로써 그 채권에 관한 담보권인 전세권근저당권의 목적물에 해당하는 전세권에 대하여 새로이 법률상 이해관계를 가지게 되었으므로, 丁이 통정허위표시에 관하여 선의라면 비록 丙이 악의라 하더라도 허위표시자는 그에 대하여 전세권이 통정허위표시에 의한 것이라는 이유로 대항할 수 없음에도, 이와 달리 본 원심판결에 법리오해의 위법이 있다(대판 2013.2.15. 2012다49292).
42) 형식상(등기부상)은 가장양수인인 소외 장인석과의 매매예약을 원인으로 피고 이신호 명의의 가등기가 경료된 것이라 하더라도 이는 장인석과 피고 사이에 실질적인 새로운 법률상의 원인에 의하여 이루어진 것은 아니어서 피고는 위 통정 허위표시에 있어서의 제3자라고 볼 수는 없으며, 부동산의 매수자(실질적 소유자)인 위 손왈승과의 당초의 판시와 같이 매매대금 차용에 따른 담보제공약정에 따라 그 이행으로서 이루어진 것이므로 피고가 소외 장 인석 명의의 소유권이전등기가 진실에 합치되지 않음을 알았건 몰랐건 간에 같은 피고 명의의 본건 가등기는 실체관계에 부합된다 할 것이니, 동 손왈승으로서는 그 채무를 이행하지 않고서는 본건 가등기의 말소를 구할 수는 없다 할 것인즉 손왈승의 채권자로서 그를 대위하는 원고로서도 피고 명의의 본건 가등기가 손왈승과 장인석 간의 통정 허위표시에 터잡아 이루어진 것이라는 이유만으로는 그 말소를 구할 수는 없다할 것이다.

는지 여부에 따라 실질적으로 파악하여야 한다. (2) 이 사건 부동산에 관한 소외 1 명의의 본등기는 소외 2와 소외 1 사이의 허위 가등기 설정이라는 통정한 허위의 의사표시 자체에 기한 것이 아니라, 이러한 통정한 허위의 의사표시가 철회된 이후에 소외 1이 항소심판결에 의해 취소 확정되어 소급적으로 무효가 된 위 제1심판결에 기초하여 일방적으로 마친 원인무효의 등기라고 봄이 타당하다. 이에 따라 소외 1 명의의 본등기를 비롯하여 그 후 원고에 이르기까지 순차적으로 마쳐진 각 지분소유권이전등기는 부동산등기에 관하여 공신력이 인정되지 아니하는 우리 법제 하에서는 특별한 사정이 없는 한 무효임을 면할 수 없다. 나아가 소외 2와 소외 1이 통정한 허위의 의사표시에 기하여 마친 가등기와 소외 3 명의의 지분소유권이전등기 사이에는 앞서 본 바와 같이 소외 1이 일방적으로 마친 원인무효의 본등기가 중간에 개재되어 있으므로, 이를 기초로 마쳐진 소외 3 명의의 지분소유권이전등기는 소외 1 명의의 가등기와는 서로 단절된 것으로 평가된다. 그리고 <u>가등기의 설정행위와 본등기의 설정행위는 엄연히 구분되는 것으로서 소외 3 내지 그 후 지분소유권이전등기를 마친 자들에게 신뢰의 대상이 될 수 있는 '외관'은 소외 1 명의의 가등기가 아니라 단지 소외 1 명의의 본등기일 뿐이라는 점에서도 이들은 소외 1 명의의 허위 가등기 자체를 기초로 하여 새로운 법률상 이해관계를 맺은 제3자의 지위에 있다고 볼 수 없다. 이는 소외 2의 추완항소를 계기로 소외 2와 소외 1 사이의 통정한 허위의 의사표시가 실체적으로는 철회되었음에도 불구하고 그 외관인 가등기가 미처 제거되지 않고 잔존하는 동안에 소외 1 명의의 본등기가 마쳐졌다고 하여 달리 볼 수 없다</u>43)(대판 2020.1.30. 2019다280375).

정답 ⑤

Ⅳ. 착오에 의한 의사표시

261 착오에 의한 의사표시에 해당하지 않은 것은? (다툼이 있으면 판례에 따름) [17 세무사]

① 본인이 대리인에게 A토지에 대한 매수대리권을 수여하였으나 대리인이 평소 자신이 눈여겨 보아왔던 B토지를 매수한 경우
② 토지에 대한 매매계약을 체결하면서 3.3㎡당 10,000원인 가격을 100,000원으로 잘못 기재한 경우
③ 신원보증서류에 서명한다는 착각에 빠진 상태로 연대보증서류에 서명한 경우
④ 고려청자로 알고 고가로 매수한 도자기가 진품이 아닌 것으로 밝혀진 경우
⑤ 공부상의 표시를 믿고 농지인 것으로 오해하여 매수하였지만 실제로는 하천부지인 경우

해설

① (✕) : 매수인이 대리인을 통하여 분양택지 매수지분의 매매계약을 체결한 경우, 대리행위의 하자의 유무는 대리인을 표준으로 판단하여야 하므로, 대리인이 매도인과 분양자와의 매매계약에 있어서 매수인의 1인으로서 그 계약 내용, 잔금의 지급 기일, 그 지급 여부 및 연체 지연손해금 액수에 관하

---

43) ☞ 대법원은 이와 같이 판단하면서, 원심이 원고가 통정한 허위의 의사표시의 제3자에 해당한다고 보아 원고가 이 사건 부동산에 관하여 적법하게 지분소유권을 취득하거나 시효완성을 원용할 수 있는 지위에 있지 않다는 피고의 주장을 배척한 것은 잘못이라면서, 원심판결을 전부 파기환송 한 사례임

여 잘 알고 있었다고 인정되는 때에는, 설사 매수인이 연체 지연손해금 여부 및 그 액수에 관하여 모른 채로 대리인에게 대리권을 수여하여 매도인과의 사이에 그 매매계약을 체결하였다고 하더라도, 매수인으로서는 그 자신의 착오를 이유로 매도인과의 매매계약을 취소할 수는 없게 되었다고 볼 여지가 있다(대판 1996. 2. 13. 95다41406).

② (O) : 표시행위를 잘못하는 착오로서, 표의자가 내심에서 사용할 의사가 없었던 표시수단이 사용된 경우를 말한다. 예를 들어 청약서에 300만원이라고 타이핑하려 했는데, 나중에 보니 30만원이라고 표기된 경우가 그것이다.

③ (O) : 判例는 **제3자의 기망행위로 신원보증서면에 서명한다는 착각에 빠져 연대보증서면에 서명한 경우, 사기를 이유로 의사표시를 취소할 수 없고 착오에 의한 의사표시 취소만 문제 된다**44)고 한다 (대판 2005.5.27. 2004다43824).

④ (O) : 전문적 감정인에게 문의하지 않고 가짜 골동품을 진품으로 알고 매수한 자에게 '중과실'이 없다고 하였다(대판 1997.8.22. 96다26657).

⑤ (O) : 토지의 현황에 관한 착오는 중요부분의 착오이다(대판 1968.3.26. 67다2160).

정답 ①

262 착오로 인한 의사표시에 관한 설명으로 옳은 것은? (다툼이 있으면 판례에 따름) [18 세무사]

① 동기의 착오의 경우 그 동기가 표시되었다면 그것이 법률행위의 내용으로 되었다고 해석되지 않더라도 표의자는 착오를 이유로 취소할 수 있다.

② 대리인의 의사표시를 한 경우 착오의 유무는 대리인을 표준으로 판단하여야 한다.

③ 상대방이 표의자는 착오를 알고 이용한 경우라도 표의자에게 그 착오에 중대한 과실이 있다면, 표의자는 그 법률행위를 취소할 수 없다.

④ 착오로 의사표시를 한 자의 중대한 과실에 대한 증명책임은 착오자에게 있다.

⑤ 주채무자의 차용금반환채무를 보증할 의사로 주채무자의 기존의 구상금채무를 보증한 것은 중요부분의 착오이다.

---

44) 사기에 의한 의사표시란 타인의 기망행위로 말미암아 착오에 빠지게 된 결과 어떠한 의사표시를 하게 되는 경우이므로 거기에는 의사와 표시의 불일치가 있을 수 없고, 단지 의사의 형성과정 즉 의사표시의 동기에 착오가 있는 것에 불과하며, 이 점에서 고유한 의미의 착오에 의한 의사표시와 구분되는데, 신원보증서류에 서명날인한다는 착각에 빠진 상태로 연대보증의 서면에 서명날인한 경우, 결국 위와 같은 행위는 강학상 기명날인의 착오(또는 서명의 착오), 즉 어떤 사람이 자신의 의사와 다른 법률효과를 발생시키는 내용의 서면에, 그것을 읽지 않거나 올바르게 이해하지 못한 채 기명날인을 하는 이른바 표시상의 착오에 해당하므로, 비록 위와 같은 착오가 제3자의 기망행위에 의하여 일어난 것이라 하더라도 그에 관하여는 사기에 의한 의사표시에 관한 법리, 특히 상대방이 그러한 제3자의 기망행위 사실을 알았거나 알 수 있었을 경우가 아닌 한 의사표시자가 취소권을 행사할 수 없다는 민법 제110조 제2항의 규정을 적용할 것이 아니라, 착오에 의한 의사표시에 관한 법리만을 적용하여 취소권 행사의 가부를 가려야 한다. 취소의 의사표시란 반드시 명시적이어야 하는 것은 아니고, 취소자가 그 착오를 이유로 자신의 법률행위의 효력을 처음부터 배제하려고 한다는 의사가 드러나면 족한 것이며, 취소원인의 진술 없이도 취소의 의사표시는 유효한 것이므로, 신원보증서류에 서명날인하는 것으로 잘못 알고 이행보증보험약정서를 읽어보지 않은 채 서명날인한 것일 뿐 연대보증약정을 한 사실이 없다는 주장은 위 연대보증약정을 착오를 이유로 취소한다는 취지로 볼 수 있다고 한 사례.

> 해설

① (✕) : 동기의 착오가 법률행위의 내용의 중요 부분의 착오에 해당함을 이유로 표의자가 법률행위를 취소하려면 그 동기를 당해 의사표시의 내용으로 삼을 것을 상대방에게 표시하고 의사표시의 해석상 법률행위의 내용으로 되어 있다고 인정되면 충분하고 당사자들 사이에 별도로 그 동기를 의사표시의 내용으로 삼기로 하는 합의까지 이루어질 필요는 없지만, 그 법률행위의 내용의 착오는 보통 일반인이 표의자의 입장에 섰더라면 그와 같은 의사표시를 하지 아니하였으리라고 여겨질 정도로 그 착오가 중요한 부분에 관한 것이어야 한다(대판 1998.2.10. 97다44737).

② (O) : 제116조【대리행위의 하자】① 의사표시의 효력이 의사의 흠결, 사기, 강박 또는 어느 사정을 알았거나 과실로 알지 못한 것으로 인하여 영향을 받을 경우에 그 사실의 유무는 대리인을 표준하여 결정한다.

③ (✕) : 표의자로 하여금 그 의사표시를 취소케 하지 않으려는 상대방이 부담하며, **상대방이 표의자의 착오를 알면서 이를 이용한 경우에 표의자에게 중대한 과실이 있더라도 표의자는 그 의사표시를 취소할 수 있다**(대판 1955.11.10. 4288민상321).

④ (✕) : 중대한 과실이 있다는 점에 대한 증명책임은 착오를 이유로 의사표시를 취소하고자 하는 표의자의 상대방이 부담 한다[통설, 주석 민법총칙(2), 735면].

⑤ (✕) : 연대보증인이 주채무자가 채권자에게 부담하는 차용금반환채무를 연대보증 할 의사가 있었던 이상 착오로 인하여 경제적인 불이익을 입었거나 장차 불이익을 당할 염려도 없으므로 위와 같은 착오는 연대보증계약의 중요 부분의 착오가 아니다(대판 2006.12.7. 2006다41457).

정답 ②

263 甲은 자신의 점포를 32만 달러에 팔기로 의욕 하였지만, 미국인 乙에게 실수로 매매대금을 23만 달러로 표시하여 이 가격으로 계약이 체결되었다. 이 사안에 관한 설명으로 옳은 것은?

[19 감평]

① 위 매매계약은 甲의 진의 아닌 의사표시로서 일단 유효하지만, 甲이 乙의 악의 또는 과실을 입증하여 무효를 주장할 수 있다.
② 甲과 乙은 모두 통정허위표시에 따른 무효를 주장할 수 있다.
③ 甲은 오표시무해의 원칙을 주장하여 '32만 달러'를 대금으로 하는 매매계약의 성립을 주장할 수 있다.
④ 甲은 착오를 주장하여 위 매매계약을 취소할 수 있지만, 乙이 甲의 중대한 과실을 증명하면 취소할 수 없다.
⑤ 위 매매계약은 불합의에 해당하므로, 매매계약 자체가 성립하지 않는다.

> 해설

표시행위를 잘못하는 착오로서, 표의자가 내심에서 사용할 의사가 없었던 표시수단이 사용된 경우를 말한다. 예를 들어 청약서에 300만원이라고 타이핑하려 했는데, 나중에 보니 30만원이라고 표기된 경우가 그것이다. 중대한 과실이 있다는 점에 대한 증명책임은 착오를 이유로 의사표시를 취소하고자 하는 표의자의 상대방이 부담 한다[통설, 주석 민법총칙(2), 735면].

정답 ④

264 법률행위에 관한 설명으로 옳지 않은 것은? (다툼이 있으면 판례에 따름) [19 세무사]

① 표시되거나 상대방에게 알려진 법률행위의 동기가 반사회질서적인 경우, 그 법률행위는 무효이다.
② 부동산의 이중매매에서 제2매수인이 매도인의 배임행위에 적극적으로 가담한 경우, 매도인과 제2매수인과의 매매계약은 무효이다.
③ 동기의 착오를 이유로 표의자가 법률행위를 취소하려면 당사자들 사이에 별도로 그 동기를 의사표시의 내용으로 삼기로 하는 합의까지 이루어져야 한다.
④ 조건이 선량한 풍속 기타 사회질서에 위반한 것인 때에는 그 법률행위는 무효로 한다.
⑤ 부동산의 이중매매계약이 반사회적 법률행위에 해당하는 경우에는 절대적 무효이다.

해설

① (O) : 민법 제103조에 의하여 무효로 되는 반사회질서행위는 법률행위의 목적인 권리의무의 내용이 선량한 풍속 기타 사회질서에 위반하는 경우뿐만 아니라, 그 내용 자체는 반사회질서적인 것이 아니라고 하여도 ① 법률적으로 이를 강제하거나 그 법률행위에 ② 반사회질서적인 조건 또는 ③ 금전적 대가가 결부됨으로써 반사회질서적 성질을 띠게 되는 경우 및 ④ 표시되거나 상대방에게 알려진 법률행위의 동기가 반사회질서적인 경우를 포함 한다(대판 2001.2.9, 99다38613).
② (O) : 제2매수인이 매도인의 배임행위에 적극 가담하여 이루어진 매매계약은 사회질서에 반하는 법률행위로서 무효이다(대판 1980.6.10, 80다569).
③ (×) : 동기의 착오가 법률행위의 내용의 중요 부분의 착오에 해당함을 이유로 표의자가 법률행위를 취소하려면 그 동기를 당해 의사표시의 내용으로 삼을 것을 상대방에게 표시하고 의사표시의 해석상 법률행위의 내용으로 되어 있다고 인정되면 충분하고 당사자들 사이에 별도로 그 동기를 의사표시의 내용으로 삼기로 하는 합의까지 이루어질 필요는 없지만, 그 법률행위의 내용의 착오는 보통 일반인이 표의자의 입장에 섰더라면 그와 같은 의사표시를 하지 아니하였으리라고 여겨질 정도로 그 착오가 중요한 부분에 관한 것이어야 한다(대판 1998.2.10, 97다44737).
④ (O) : 제103조【반사회질서의 법률행위】선량한 풍속 기타 사회질서에 위반한 사항을 내용으로 하는 법률행위는 무효로 한다.
⑤ (O) : 무효행위의 추인, 전환의 문제가 발생하지 않으며, 무효를 가지고 선의의 제3자에게도 대항할 수 있으며, 시적인 제한이 없다.

정답 ③

265 착오에 관한 설명으로 옳지 않은 것은? (다툼이 있으면 판례에 따름) [19 세무사]

① 사자(使者)가 甲에게 전달할 의사표시를 乙에게 전달한 경우 착오로 보지 않는다.
② 상대방이 표의자의 착오를 알고 이용한 경우에는 표의자에게 중과실이 있더라도 의사표시를 취소할 수 있다.
③ 착오로 인한 취소권의 행사는 당사자들의 합의에 의하여 배제할 수 없다.
④ 매매계약에 따른 양도소득세 산정에 착오가 있었으나 관계 법령이 개정되어 위 착오로 인한 불이익이 소멸한 경우, 의사표시의 취소는 신의칙상 허용될 수 없다.
⑤ 착오를 이유로 법률행위를 취소한 경우, 표의자에게 경과실이 있더라도 상대방은 불법행위로 인한 손해배상을 청구할 수 없다.

해설

① (O) : 이 경우 사자가 본인의 의사에 대하여 악의라면, 표현대리가 성립할 수 있다.
② (O) : 상대방이 표의자의 착오를 알면서 이를 이용한 경우에 표의자에게 중대한 과실이 있더라도 표의자는 그 의사표시를 취소할 수 있다(대판 1955.11.10, 4288민상321).
③ (X) ; 당사자의 합의로 착오로 인한 의사표시 취소에 관한 민법 제109조 제1항의 적용을 배제할 수 있다(대판 2016. 4. 15. 2013다97694).
④ (O) : 착오로 인하여 표의자가 어떤 경제적 불이익을 입은 것이 아닌 때에는 중요부분의 착오가 아니다(대판 2006.12.7, 2006다41457).
⑤ (O) : 불법행위로 인한 손해배상책임이 성립하기 위하여는 가해자의 고의 또는 과실 이외에 행위의 위법성이 요구되므로, 전문건설공제조합이 계약보증서를 발급하면서 조합원이 수급할 공사의 실제 도급금액을 확인하지 아니한 과실이 있다고 하더라도 민법 제109조에서 중과실이 없는 착오자의 착오를 이유로 한 의사표시의 취소를 허용하고 있는 이상, 전문건설공제조합이 과실로 인하여 착오에 빠져 계약보증서를 발급한 것이나 그 착오를 이유로 보증계약을 취소한 것이 위법하다고 할 수는 없다(대판 1997.08.22. 97다13023).

정답 ③

266 착오로 인한 의사표시에 관한 설명으로 옳지 않은 것은? (다툼이 있으면 판례에 따름) [18 감평]

① 제3자의 기망으로 표시상의 착오가 발생한 경우, 표의자는 사기를 이유로 의사표시를 취소할 수 있다.
② 착오로 인하여 표의자가 경제적인 불이익을 입지 않았다면, 법률행위 내용의 중요부분의 착오라고 할 수 없다.
③ 표의자의 착오를 알고 상대방이 이를 이용한 경우에는 착오가 표의자의 중대한 과실로 발생하여도 취소할 수 있다.
④ 당사자의 합의로 착오로 인한 의사표시의 취소에 관한 민법 제109조 제1항의 적용을 배제할 수 있다.

⑤ 동기의 착오를 이유로 의사표시를 취소할 때 그 동기를 의사표시의 내용으로 하는 당사자의 합의까지는 필요 없다.

해설

① (✕) : 사기에 의한 의사표시란 타인의 기망행위로 말미암아 착오에 빠지게 된 결과 어떠한 의사표시를 하게 되는 경우이므로 거기에는 의사와 표시의 불일치가 있을 수 없고, 단지 의사의 형성과정 즉 의사표시의 동기에 착오가 있는 것에 불과하며, 이 점에서 고유한 의미의 착오에 의한 의사표시와 구분되는데, 신원보증서류에 서명날인한다는 착각에 빠진 상태로 연대보증의 서면에 서명날인한 경우, 결국 위와 같은 행위는 강학상 기명날인의 착오(또는 서명의 착오), 즉 어떤 사람이 자신의 의사와 다른 법률효과를 발생시키는 내용의 서면에, 그것을 읽지 않거나 올바르게 이해하지 못한 채 기명날인을 하는 이른바 표시상의 착오에 해당하므로, 비록 위와 같은 착오가 제3자의 기망행위에 의하여 일어난 것이라 하더라도 그에 관하여는 사기에 의한 의사표시에 관한 법리, 특히 상대방이 그러한 제3자의 기망행위 사실을 알았거나 알 수 있었을 경우가 아닌 한 의사표시자가 취소권을 행사할 수 없다는 민법 제110조 제2항의 규정을 적용할 것이 아니라, 착오에 의한 의사표시에 관한 법리만을 적용하여 취소권 행사의 가부를 가려야 한다(대판 2005.5.27, 2004다43824).

② (○) : 착오로 인하여 표의자가 어떤 경제적 불이익을 입은 것이 아닌 때에는 중요부분의 착오가 아니다(대판 2006.12.7, 2006다41457).

③ (○) : 상대방이 표의자의 착오를 알면서 이를 이용한 경우에 표의자에게 중대한 과실이 있더라도 표의자는 그 의사표시를 취소할 수 있다(대판 1955.11.10, 4288민상321).

④ (○) : 당사자의 합의로 착오로 인한 의사표시 취소에 관한 민법 제109조 제1항의 적용을 배제할 수 있다(대판 2016. 4. 15. 2013다97694). 즉 민법 제109조는 의사표시에 착오가 있는 경우 이를 취소할 수 있도록 하여 표의자를 보호하면서도, 착오가 법률행위 내용의 중요 부분에 관한 것이 아니거나 표의자의 중대한 과실로 인한 경우에는 취소권 행사를 제한하는 한편, 표의자가 의사표시를 취소하는 경우에도 취소로 선의의 제3자에게 대항하지 못하도록 하여 거래의 안전과 상대방의 신뢰를 아울러 보호하고 있다. 이러한 민법 제109조의 법리는 적용을 배제하는 취지의 별도 규정이 있거나 당사자의 합의로 적용을 배제하는 등의 특별한 사정이 없는 한 원칙적으로 모든 사법상 의사표시에 적용된다(대판 2014. 11. 27. 2013다49794).

⑤ (○) : 동기의 착오가 법률행위의 내용의 중요 부분의 착오에 해당함을 이유로 표의자가 법률행위를 취소하려면 그 동기를 당해 의사표시의 내용으로 삼을 것을 상대방에게 표시하고 의사표시의 해석상 법률행위의 내용으로 되어 있다고 인정되면 충분하고 당사자들 사이에 별도로 그 동기를 의사표시의 내용으로 삼기로 하는 합의까지 이루어질 필요는 없지만, 그 법률행위의 내용의 착오는 보통 일반인이 표의자의 입장에 섰더라면 그와 같은 의사표시를 하지 아니하였으리라고 여겨질 정도로 그 착오가 중요한 부분에 관한 것이어야 한다(대판 1998.2.10. 97다44737).

정답 ①

예상지문

1. 보험회사 또는 보험모집종사자가 설명의무를 위반하여 고객이 보험계약의 중요사항에 관하여 제대로 이해하지 못한 채 착오에 빠져 보험계약을 체결한 경우, 그러한 착오가 동기의 착오에 불과하다고 하더라도 그러한 착오를 일으키지 않았더라면 보험계약을 체결하지 않았거나 아니면 적어도 동일한 내용으로 보험계약을 체결하지 않았을 것이 명백하다면, 위와 같은 착오는 보험계약의 내용의 중요부분에 관한 것에 해당하므로 이를 이유로 보험계약을 취소할 수 있다. ( )
☞ (○) : 대판 2018. 4. 12. 2017다229536

2. 착오로 인한 취소 제도에 대하여 매도인의 하자담보책임 제도는 특칙의 성질을 가지므로, 매매계약 내용의 중요 부분에 착오가 있는 경우에도 매도인의 하자담보책임이 우선 적용되어, 매수인은 착오를 이유로 매매계약을 취소할 수 없다. (　)
☞ (✕) : 착오로 인한 취소 제도와 매도인의 하자담보책임 제도는 취지가 서로 다르고, 요건과 효과도 구별된다. 따라서 매매계약 내용의 중요 부분에 착오가 있는 경우 매수인은 매도인의 하자담보책임이 성립하는지와 상관없이 착오를 이유로 매매계약을 취소할 수 있다(대판 2018. 9. 13. 2015다78703).

267 甲은 X토지의 경계를 잘못 인식한 채로 X토지의 소유자 乙로부터 이를 매수하는 계약을 체결하였다. 이에 관한 설명으로 옳은 것을 모두 고른 것은?(다툼이 있으면 판례에 따름) [20 세무사]

ㄱ. 甲이 중요부분에 착오를 일으켰지만 과실이 없는 경우, 甲은 특별한 사정이 없는 한 자신의 의사표시를 취소할 수 있다.
ㄴ. X토지에 대하여 표시된 지적과 비교했을 때 실면적이 부족하더라도 그 차이가 지극히 근소하다면 중요부분의 착오가 인정되지 않는다.
ㄷ. 중요부분의 착오는 일반인이 아닌 甲을 기준으로 판단해야 한다.
ㄹ. 특별한 사정이 없는 한 甲은 X토지가 지적도와 정확히 일치하는지 여부를 미리 확인하여야 할 주의의무가 있다.

① ㄱ, ㄴ　　② ㄴ, ㄷ　　③ ㄷ, ㄹ
④ ㄱ, ㄴ, ㄷ　　⑤ ㄱ, ㄴ, ㄹ

해설

ㄱ. (O) : 제109조【착오로 인한 의사표시】① 의사표시는 법률행위의 내용의 중요부분에 착오가 있는 때에는 취소할 수 있다. 그러나 그 착오가 표의자의 중대한 과실로 인한 때에는 취소하지 못한다.
ㄴ. (O) : 지번에 표시된 지적이 실제 면적보다 적은 때(대판 1969.5.13. 69다196), 토지의 면적, 평수에 관한 착오(매수 토지의 실제 면적이 장부상의 면적과 다소 차이나는 때)(대판 1956.2.23. 4288민상558 등), 피고의 **지분이 부족**하다 하더라도 그러한 근소한 차이만으로써는 매매계약의 중요부분에 착오가 있었다거나 기망행위가 있었다고는 보기 어렵다(대판 1984.4.10. 83다카1328). 매매목적물 지분의 근소한 부족은 중요부분의 착오가 되지 않는다.
ㄷ. (✕) : 표의자에게 그러한 착오가 없었더라면 그 의사표시를 하지 않았으리라고 생각될 정도로 중요한 것이어야 하고, 보통 일반인도 표의자의 처지에 섰더라면 그러한 의사표시를 하지 않았으리라고 생각될 정도로 중요한 것이어야 한다(대판 1996.3.26. 93다55487).
ㄹ. (✕) : 토지매매에서 특별한 사정이 없는 한 매수인에게 측량을 하거나 지적도와 대조하는 등의 방법으로 매매목적물이 지적도상의 그것과 정확히 일치하는지 여부를 미리 확인하여야 할 주의의무가 있다고 볼 수 없다(대판 2020. 3. 26. 2019다288232).

정답 ①

268 착오에 관한 설명으로 옳지 않은 것은? (다툼이 있으면 판례에 따름) [20 감평]

① 매도인이 매매대금 미지급을 이유로 매매계약을 해제한 후에도 매수인은 착오를 이유로 이를 취소할 수 있다.
② 보험회사의 설명의무 위반으로 보험계약의 중요사항을 제대로 이해하지 못하고 착오에 빠져 계약을 체결한 고객은 그 계약을 취소할 수 있다.
③ 계약서에 X토지를 목적물로 기재한 때에도 Y토지에 대하여 의사의 합치가 있었다면 Y토지를 목적으로 하는 계약이 성립한다.
④ 착오에 관한 민법규정은 법률의 착오에 적용되지 않는다.
⑤ 취소의 의사표시는 취소자가 그 착오를 이유로 자신의 법률행위의 효력을 처음부터 없애려는 의사가 드러나면 충분하다.

해설

① **(O)** : 매도인이 매수인의 중도금 지급채무 불이행을 이유로 매매계약을 적법하게 해제한 후라도 매수인으로서는 상대방이 한 계약해제의 효과로서 발생하는 손해배상책임을 지거나 매매계약에 따른 계약금의 반환을 받을 수 없는 불이익을 면하기 위하여 착오를 이유로 한 취소권을 행사하여 매매계약 전체를 무효로 돌리게 할 수 있다(대판 1996.12.06. 95다24982·24999).

② **(O)** : 判例는 "기망행위로 인하여 법률행위의 중요부분에 관하여 착오를 일으킨 경우뿐만 아니라 법률행위의 내용으로 표시되지 아니한 의사결정의 동기에 관하여 착오를 일으킨 경우에도 표의자는 그 법률행위를 사기에 의한 의사표시로서 취소할 수 있다(대판 1985.04.09. 85도167)."라고 판시하여 양자의 경합을 인정한다.

③ **(O)** : 목적물지번에 관한 당사자쌍방의 공통하는 착오 사안에서 甲, 乙이 모두 X토지를 계약목적으로 삼았으나 계약서에 Y토지를 잘못 표기한 경우에도 쌍방당사자의 의사합치가 있는 이상 X토지에 관하여 매매계약이 성립하며, 만약 Y토지에 관해 이전등기가 경료 되었다면 이는 원인 없이 경료된 것으로 무효이다(대판 1993.10.26. 93다2629).

④ **(X)** : 법률의 착오는 중요부분의 착오이다. 토지를 매도하면서 현물출자의 방식을 취하면 양도소득세가 면제된다는 매수인의 말을 믿고 계약을 체결하였으나, 양도소득세가 부과되었다면 착오를 이유로 취소할 수 있다(대판 1981.11.10. 80다2475).

⑤ **(O)** : 취소의 의사표시란 반드시 명시적이어야 하는 것은 아니고, 취소권자가 그 착오를 이유로 자신의 법률행위의 효력을 처음부터 배제하려고 한다는 의사가 드러나면 족한 것이며, 취소원인의 진술 없이도 취소의 의사표시는 유효한 것이므로, 신원보증서류에 서명날인 하는 것으로 잘못 알고 이행보증보험약정서를 읽어보지 않은 채 서명날인 한 것일 뿐 연대보증약정을 한 사실이 없다는 주장은 위 연대보증약정을 착오를 이유로 취소한다는 취지로 볼 수 있다(대판 2005.05.27. 2004다43824).

정답 ④

269 의사표시를 한 자가 착오를 이유로 그 의사표시를 취소할 수 없는 경우를 모두 고른 것은? (단, 표의자의 중대한 과실은 없으며 다툼이 있으면 판례에 따름) [20 노무]

> ㄱ. 매매에서 매도인이 목적물의 시가를 몰라서 대금과 시가에 근소한 차이가 있는 경우
> ㄴ. 주채무자의 차용금반환채무를 보증할 의사로 공정증서에 서명·날인하였으나 그 공정증서가 주채무자의 기존의 구상금채무에 관한 준소비대차계약의 공정증서이었던 경우
> ㄷ. 건물 및 부지를 현상태대로 매수하였으나 그 부지의 지분이 근소하게 부족한 경우

① ㄱ   ② ㄷ   ③ ㄱ, ㄴ
④ ㄴ, ㄷ   ⑤ ㄱ, ㄴ, ㄷ

해설

ㄱ. (✗): 토지매매에 있어서 시가에 관한 착오는 토지를 매수하려는 의사를 결정함에 있어 그 동기의 착오에 불과할 뿐 법률행위의 중요부분에 관한 착오라 할 수 없다(대판 1985.4.23, 84다카890).

ㄴ. (✗): 착오로 인하여 표의자가 어떤 경제적 불이익을 입은 것이 아닌 때에는 중요부분의 착오가 아니다(대판 2006.12.7, 2006다41457). 이에 관하여 기부채납사안이 있고(대판 1999.2.23, 98다47924[45]), 연대보증사안이 있다. 연대보증인이 주채무자가 채권자에게 부담하는 차용금반환채무를 연대보증 할 의사가 있었던 이상 착오로 인하여 경제적인 불이익을 입었거나 장차 불이익을 당할 염려도 없으므로 위와 같은 착오는 연대보증계약의 중요 부분의 착오가 아니다(대판 2006.12.7, 2006다41457).

ㄷ. (✗): 지번에 표시된 지적이 실제 면적보다 적은 때(대판 1969.5.13, 69다196), 토지의 면적, 평수에 관한 착오(매수 토지의 실제 면적이 장부상의 면적과 다소 차이나는 때)(대판 1956.2.23, 4288민상558 등), 피고의 지분이 부족하다 하더라도 그러한 근소한 차이만으로써는 매매계약의 중요부분에 착오가 있었다거나 기망행위가 있었다고는 보기 어렵다(대판 1984.4.10, 83다카1328). 매매목적물 지분의 근소한 부족은 중요부분의 착오가 되지 않는다.

정답 ⑤

---

45) 착오가 법률행위 내용의 중요 부분에 있다고 하기 위하여는 표의자에 의하여 추구된 목적을 고려하여 합리적으로 판단하여 볼 때 표시와 의사의 불일치가 객관적으로 현저하여야 하고, 만일 그 착오로 인하여 표의자가 무슨 경제적인 불이익을 입은 것이 아니라고 한다면 이를 법률행위 내용의 중요 부분의 착오라고 할 수 없다. 군유지로 등기된 군립공원 내에 건물 기타 영구 시설물을 지어 이를 군(군)에 기부채납하고 그 부지 및 기부채납 한 시설물을 사용하기로 약정하였으나 후에 그 부지가 군유지가 아니라 이(이) 주민의 총유로 밝혀진 사안에서, 군수가 여전히 공원관리청이고 기부채납자의 관리권이 계속 보장되는 점에 비추어 소유권 귀속에 대한 착오가 기부채납의 중요 부분에 관한 착오라고 볼 수 없다(대판 1999.2.23, 98다47924).

270 착오로 인한 의사표시에 관한 설명으로 옳은 것은? (다툼이 있으면 판례에 따름) [21 노무]

① 상대방이 표의자의 착오를 알고 이를 이용한 경우, 표의자에게 중과실이 있으면 그 의사표시를 취소할 수 없다.
② 착오의 존재와 그 착오가 법률행위의 중요부분에 관한 것이라는 점은 표의자의 상대방이 증명하여야 한다.
③ 신원보증서류에 서명날인 한다는 착각에 빠진 상태로 연대보증서면에 서명날인한 것은 동기의 착오이다.
④ 재단법인설립을 위한 출연행위는 상대방 없는 단독행위이므로 착오를 이유로 취소할 수 없다.
⑤ 표시상 착오가 제3자의 기망행위에 의하여 일어난 경우, 표의자는 제3자의 기망행위를 상대방이 알았는지 여부를 불문하고 착오를 이유로 의사표시를 취소할 수 있다.

해설

① (✕) : 상대방이 표의자의 착오를 알면서 이를 이용한 경우에 표의자에게 중대한 과실이 있더라도 표의자는 그 의사표시를 취소할 수 있다(대판 1955.11.10, 4288민상321).
② (✕) : 착오의 존재 및 그 착오가 법률행위 내용의 중요부분에 관한 것이라는 점에 대한 증명책임은 표의자가 진다[주석 민법총칙(2), 735면]. 즉 착오를 이유로 의사표시를 취소하는 자는 법률행위의 내용에 착오가 있었다는 사실과 함께 그 착오가 의사표시에 결정적인 영향을 미쳤다는 점, 즉 만약 그 착오가 없었더라면 의사표시를 하지 않았을 것이라는 점을 증명하여야 한다(대판 2008.1.17, 2007다74188).
③ (✕) : 判例는 제3자의 기망행위로 신원보증서면에 서명한다는 착각에 빠져 연대보증서면에 서명한 경우, 사기를 이유로 의사표시를 취소할 수 없고 착오에 의한 의사표시 취소만 문제 된다고 한다(대판 2005.5.27, 2004다43824). 즉 취소의 의사표시란 반드시 명시적이어야 하는 것은 아니고, 취소자가 그 착오를 이유로 자신의 법률행위의 효력을 처음부터 배제하려고 한다는 의사가 드러나면 족한 것이며, 취소원인의 진술 없이도 취소의 의사표시는 유효한 것이므로, 신원보증서류에 서명날인 하는 것으로 잘못 알고 이행보증보험약정서를 읽어보지 않은 채 서명날인 한 것일 뿐 연대보증약정을 한 사실이 없다는 주장은 위 연대보증약정을 착오를 이유로 취소한다는 취지로 볼 수 있다.
④ (✕) : 재단법인의 출연자가 착오를 원인으로 취소를 한 경우에는 출연자는 재단법인의 성립 여부나 출연된 재산의 기본재산인 여부와 관계없이 그 의사표시를 취소할 수 있다(대판 1999.7.9, 98다9045).
⑤ (○) : 어떤 사람이 자신의 의사와 다른 법률효과를 발생시키는 내용의 서면에, 그것을 읽지 않거나 올바르게 이해하지 못한 채 기명날인을 하는 이른바 표시상의 착오에 해당하므로, 비록 위와 같은 착오가 제3자의 기망행위에 의하여 일어난 것이라 하더라도 그에 관하여는 사기에 의한 의사표시에 관한 법리, 특히 상대방이 그러한 제3자의 기망행위 사실을 알았거나 알 수 있었을 경우가 아닌 한 의사표시자가 취소권을 행사할 수 없다는 민법 제110조 제2항의 규정을 적용할 것이 아니라, 착오에 의한 의사표시에 관한 법리만을 적용하여 취소권 행사의 가부를 가려야 한다(대판 2005.5.27, 2004다43824).

정답 ⑤

271 착오에 의한 의사표시에 관한 설명으로 옳지 않은 것은? (다툼이 있으면 판례에 따름)

[21 감평]

① 토지매매에 있어서 특별한 사정이 없는 한, 매수인이 측량을 통하여 매매목적물이 지적도 상의 그것과 정확히 일치하는지 확인하지 않은 경우 중대한 과실이 인정된다.
② 상대방이 표의자의 진의에 동의한 경우 표의자는 착오를 이유로 의사표시를 취소할 수 없다.
③ 상대방에 의해 유발된 동기의 착오는 동기가 표시되지 않았더라도 중요부분의 착오가 될 수 있다.
④ 상대방이 표의자의 착오를 알면서 이용한 경우에는 착오가 표의자의 중대한 과실로 인한 것이더라도 표의자는 착오에 의한 의사표시를 취소할 수 있다.
⑤ 제3자의 기망행위에 의해 표시상의 착오에 빠진 경우에 사기가 아닌 착오를 이유로 의사 표시를 취소할 수 있다.

해설

① (✗) : [1] 의사표시는 법률행위 내용의 중요부분에 착오가 있는 때에는 취소할 수 있다. 법률행위 중요부분의 착오란 표의자가 그러한 착오가 없었더라면 그 의사표시를 하지 않았으리라고 생각될 정도로 중요한 것이어야 하고 보통 일반인도 표의자의 처지에 있었더라면 그러한 의사표시를 하지 않았으리라고 생각될 정도로 중요한 것이어야 한다. 가령 토지의 현황과 경계에 착오가 있어 계약을 체결하기 전에 이를 알았다면 계약의 목적을 달성할 수 없음이 명백하여 계약을 체결하지 않았을 것으로 평가할 수 있을 경우에 계약의 중요부분에 관한 착오가 인정된다. 법률행위 내용의 중요부분에 착오가 있는 때에는 그 의사표시를 취소할 수 있으나 그 착오가 표의자의 중대한 과실로 인한 때에는 취소하지 못한다. 여기서 '중대한 과실'이란 표의자의 직업, 행위의 종류, 목적 등에 비추어 보통 요구되는 주의를 현저히 게을리한 것을 의미한다. <u>토지매매에서 특별한 사정이 없는 한 매수인에게 측량을 하거나 지적도와 대조하는 등의 방법으로 매매목적물이 지적도상의 그것과 정확히 일치하는지 여부를 미리 확인하여야 할 주의의무가 있다고 볼 수 없다.</u> [2] 甲이 乙로부터 토지를 매수하는 계약을 체결하면서 '위 토지에 인접한 매실나무 밭 바로 앞부분 약 80평이 포함되고 인접한 도로 부분 약 40평이 포함되지 않는다'고 잘못 알고 있었는데, 乙도 甲과 같이 토지의 경계를 잘못 인식하고 있어 매매계약 당시 甲에게 토지의 경계에 대하여 정확한 설명을 하지 않은 사안에서, 甲이 잘못 인식한 부분의 면적이 위 토지면적의 상당한 부분을 차지하므로, 甲은 매매계약의 목적물의 경계에 대하여 착오를 하였고, 그 착오는 중요한 부분에 해당하며, 乙 측의 잘못된 설명으로 甲의 착오가 유발되었으므로 甲의 착오에는 중대한 과실이 있다고 보기 어렵다(대판 2020. 3. 26. 2019다288232).
② (○) : 진의로 당사자의 의사가 일치하고 있으므로, 착오로 다툴 수는 없다(오표시무해의 원칙).
③ (○) : 判例는 동기를 계약내용으로 하는 의사를 표시하지 아니한 이상 그 착오를 이유로 계약을 취소할 수 없다(대판 1998.2.10. 97다44737)고 한다. 그러나 '동기가 상대방의 부정한 방법에 의하여 유발된 경우(대판 1987.7.21. 85다카2339)', '동기가 상대방으로부터 제공된 경우(대판 1978.7.11. 78다719)'에는 동기가 표시되지 않았다고 하더라도 동기의 착오에 의한 의사표시는 취소될 수 있다고 한다.

④ (O) : 상대방이 표의자의 착오를 알면서 이를 이용한 경우에 표의자에게 중대한 과실이 있더라도 표의자는 그 의사표시를 취소할 수 있다(대판 1955.11.10, 4288민상321).

⑤ (O) : 判例는 제3자의 기망행위로 신원보증서면에 서명한다는 착각에 빠져 연대보증서면에 서명한 경우, 사기를 이유로 의사표시를 취소할 수 없고 착오에 의한 의사표시 취소만 문제 된다46)고 한다(대판 2005.5.27, 2004다43824).

정답 ①

272 착오로 인한 의사표시에 관한 설명으로 옳지 않은 것은? (다툼이 있으면 판례에 따름)

[21 세무사]

① 계약당사자들이 착오를 이유로 한 취소권을 배제하기로 합의한 경우에는 착오를 이유로 취소할 수 없다.
② 부동산중개업자가 다른 점포를 매매 목적물로 잘못 소개하여 매수인이 매매 목적물에 관하여 착오를 일으킨 경우, 법률행위 내용의 중요부분의 착오에 해당한다.
③ 경과실로 착오에 빠진 표의자가 착오를 이유로 법률행위를 취소하면 표의자는 불법행위책임을 진다.
④ 상대방이 표의자의 착오를 알고 이를 이용한 경우에는 착오가 표의자의 중대한 과실로 인한 것이라고 하더라도 표의자는 의사표시를 취소할 수 있다.
⑤ 표의자의 중대한 과실 유무에 관한 주장과 증명책임은 착오자의 상대방에게 있다.

해설

① (O) : 당사자의 합의로 착오로 인한 의사표시 취소에 관한 민법 제109조 제1항의 적용을 배제할 수 있다(대판 2016. 4. 15. 2013다97694). 즉 민법 제109조는 의사표시에 착오가 있는 경우 이를 취소할 수 있도록 하여 표의자를 보호하면서도, 착오가 법률행위 내용의 중요 부분에 관한 것이 아니거나 표의자의 중대한 과실로 인한 경우에는 취소권 행사를 제한하는 한편, 표의자가 의사표시를 취소하는 경우에도 취소로 선의의 제3자에게 대항하지 못하도록 하여 거래의 안전과 상대방의 신뢰를 아

---

46) 사기에 의한 의사표시란 타인의 기망행위로 말미암아 착오에 빠지게 된 결과 어떠한 의사표시를 하게 되는 경우이므로 거기에는 의사와 표시의 불일치가 있을 수 없고, 단지 의사의 형성과정 즉 의사표시의 동기에 착오가 있는 것에 불과하며, 이 점에서 고유한 의미의 착오에 의한 의사표시와 구분되는데, 신원보증서류에 서명날인 한다는 착각에 빠진 상태로 연대보증의 서면에 서명날인 한 경우, 결국 위와 같은 행위는 강학 상 기명날인의 착오(또는 서명의 착오), 즉 어떤 사람이 자신의 의사와 다른 법률효과를 발생시키는 내용의 서면에, 그것을 읽지 않거나 올바르게 이해하지 못한 채 기명날인을 하는 이른바 표시상의 착오에 해당하므로, 비록 위와 같은 착오가 제3자의 기망행위에 의하여 일어난 것이라 하더라도 그에 관하여는 사기에 의한 의사표시에 관한 법리, 특히 상대방이 그러한 제3자의 기망행위 사실을 알았거나 알 수 있었을 경우가 아닌 한 의사표시자가 취소권을 행사할 수 없다는 민법 제110조 제2항의 규정을 적용할 것이 아니라, 착오에 의한 의사표시에 관한 법리만을 적용하여 취소권 행사의 가부를 가려야 한다. 취소의 의사표시란 반드시 명시적이어야 하는 것은 아니고, 취소자가 그 착오를 이유로 자신의 법률행위의 효력을 처음부터 배제하려고 한다는 의사가 드러나면 족한 것이며, 취소원인의 진술 없이도 취소의 의사표시는 유효한 것이므로, 신원보증서류에 서명날인 하는 것으로 잘못 알고 이행보증보험약정서를 읽어보지 않은 채 서명날인 한 것일 뿐 연대보증약정을 한 사실이 없다는 주장은 위 연대보증약정을 착오를 이유로 취소한다는 취지로 볼 수 있다고 한 사례.

울러 보호하고 있다. 이러한 민법 제109조의 법리는 적용을 배제하는 취지의 별도 규정이 있거나 당사자의 합의로 적용을 배제하는 등의 특별한 사정이 없는 한 원칙적으로 모든 사법상 의사표시에 적용된다(대판 2014. 11. 27. 2013다49794).

② (O) : 부동산중개업자가 다른 점포를 매매 목적물로 잘못 소개하여 매수인이 매매 목적물에 관하여 착오를 일으킨 경우, 매수인에게 중대한 과실이 없다47)(대판 1997. 11. 28. 97다32772,32789). 따라서 중요부분의 착오에 해당한다.

③ (X) : 경과실의 착오 취소자에게 '위법성'을 이유로 불법행위가 성립할 수 있는가에 관하여, 判例는 "불법행위로 인한 손해배상책임이 성립하기 위하여는 가해자의 고의 또는 과실 이외에 행위의 위법성이 요구되므로, 전문건설공제조합이 계약보증서를 발급하면서 조합원이 수급할 공사의 실제 도급금액을 확인하지 아니한 과실이 있다고 하더라도 민법 제109조에서 중과실이 없는 착오자의 착오를 이유로 한 의사표시의 취소를 허용하고 있는 이상, 전문건설공제조합이 과실로 인하여 착오에 빠져 계약보증서를 발급한 것이나 그 착오를 이유로 보증계약을 취소한 것이 위법하다고 할 수는 없다(대판 1997. 8. 22. 97다13023)."고 하여 부정하고 있다.

④ (O) : 상대방이 표의자의 착오를 알면서 이를 이용한 경우에 표의자에게 중대한 과실이 있더라도 표의자는 그 의사표시를 취소할 수 있다(대판 1955.11.10. 4288민상321).

⑤ (O) : 중대한 과실이 있다는 점에 대한 증명책임은 착오를 이유로 의사표시를 취소하고자 하는 표의자의 상대방이 부담 한다[통설, 주석 민법총칙(2), 735면].

정답 ③

V. 사기, 강박에 의한 의사표시

273 사기 · 강박에 의한 의사표시에 관한 설명으로 옳은 것은? (다툼이 있으면 판례에 따름)

[18 세무사]

① 상대방이 해악을 가하겠다고 고지하였지만 표의자가 그에 공포심을 느끼지 않고서 상대방이 원하는 대로의 의사표시를 하였다면 그 의사표시에는 하자가 없다.

② 사기를 이유로 매매계약을 취소한 경우 취소의 의사표시가 상대방에게 도달한 때로부터 무효이다.

---

47) 거래 당사자 사이의 권리의 득실변경에 관한 행위의 알선을 업으로 삼고 있어 고도의 직업적인 주의의무를 부담하고 있는 부동산중개업자의 지위나 중개행위를 함에 있어 고의 또는 과실로 거래 당사자에게 재산상의 손해를 받게 할 때에는 그 손해를 배상하도록 한 부동산중개업법 제19조의 규정에 비추어 보면, 부동산중개업자에게 중개를 의뢰하여 매매 등의 계약을 체결하는 일반인으로서는 부동산중개업자가 전문적인 지식과 경험을 가진 것으로 신뢰하고 그의 개입에 의한 거래 조건의 지시, 설명에 과오가 없을 것이라고 믿고 거래하는 것이라는 점, 매수인이 중개업자의 말을 믿어 착오에 빠지게 되었지만 중개업자가 착오에 빠지게 된 과정에 명확하게 당해 점포를 지적하지 아니하였던 매도인의 잘못도 개입되어 있는 점, 중개인을 통하여 하는 부동산 매매 거래에 있어 언제나 매수인 측에서 매매 목적물을 현장에서 확인하여야 할 의무까지 있다고 할 수 없을 뿐만 아니라 매매 당사자에게 중개업자가 매매 목적물을 혼동한 상태에 있는지의 여부까지 미리 확인하거나 주의를 촉구할 의무까지는 없다고 할 것인 점 등 매매 중개와 계약 체결의 경위 및 부동산 매매 중개업의 제반 성질에 비추어 볼 때, 매수인이 다른 점포를 매매계약의 목적물이라고 오인한 과실이 중대한 과실이라고 단정하기는 어렵고, 매수인과 매도인 쌍방을 위하여 중개행위를 한 중개업자 스스로 매매계약의 목적물을 다른 점포로 오인한 채 매수인에게 알려 준 과실을 바로 매수인 자신의 중대한 과실이라고 평가할 수도 없다(대판 1997. 11. 28. 97다32772,32789).

③ 상대방이 기망행위를 이유로 취소하려면 법률행위의 내용의 중요부분에 관한 기망행위여야 한다.
④ 설명의무가 있더라도 단순히 고지하지 않고 침묵한 것이라면 기망행위가 되지 않는다.
⑤ 대리인이 상대방을 기망하여 계약을 체결한 경우 상대방은 본인이 대리인의 기망사실을 알았거나 알 수 있었을 때에 한하여 취소할 수 있다.

해설

① (O) : 표의자로 하여금 공포심을 생기게 하고 이로 인하여 법률행위의사를 결정하게 할 고의가 필요하다(대판 1975.3.25. 73다1048).
② (×) : 제141조【취소의 효과】취소된 법률행위는 처음부터 무효인 것으로 본다. 다만, 제한능력자는 그 행위로 인하여 받은 이익이 현존하는 한도에서 상환(상환)할 책임이 있다.
③ (×) : 기망행위로 인하여 법률행위의 중요부분에 관하여 착오를 일으킨 경우 뿐만 아니라 법률행위의 내용으로 표시되지 아니한 의사결정의 동기에 관하여 착오를 일으킨 경우에도 표의자는 그 법률행위를 사기에 의한 의사표시로서 취소할 수 있다(대판 1985. 4. 9. 85도167).
④ (×) : 리스이용자와 공급자 사이에서 미리 결정된 매매가격이 거래관념상 극히 고가로 이례적인 것이어서 리스회사에게 불측의 손해를 가할 염려가 있는 경우와 같은 특별한 사정이 있는 경우에는, 리스물건 공급자는 리스회사에게 그 매매가격의 내역을 고지하여 승낙을 받을 신의칙상의 주의의무를 부담하며 리스회사는 이를 고지 받지 못한 경우 위 부작위에 의한 기망을 이유로 매매계약을 취소할 수 있고(대판 1997.11.28. 97다26098), 아파트 분양자는 아파트단지 인근에 공동묘지가 조성되어 있는 사실을 수분양자에게 고지할 신의칙상의 의무를 부담 한다(대판 2007.6.1, 2005다5812・5829・5836)
⑤ (×) : 判例는 상대방의 대리인 등 상대방과 동일시할 수 있는 자의 사기 또는 강박은 상대방의 사기・강박에 해당한다고 하면서(대판 1999.2.23, 98다60828・60835), 은행의 출장소장의 행위는 은행 또는 은행과 동일시할 수 있는 자의 사기일 뿐 제3자의 사기로 볼 수 없으므로, 은행이 그 사기 사실을 알았거나 알 수 있었을 경우에 한하여 위 약정을 취소할 수 있는 것은 아니라고 본다.

정답 ①

274 사기・강박에 의한 의사표시에 관한 설명으로 옳지 않은 것은? (다툼이 있으면 판례에 따름)
[19 세무사]

① 상대방의 과실 있는 기망행위로 표의자가 착오에 빠져 의사표시를 한 경우, 표의자는 사기에 의한 의사표시를 이유로 취소할 수 없다.
② 부작위에 의한 기망행위로도 사기에 의한 의사표시가 성립할 수 있다.
③ 소송행위가 강박에 의하여 이루어진 것임을 이유로 취소할 수는 없다.
④ 의사결정의 자유를 완전히 박탈하는 정도의 강박에 의한 의사표시는 무효이다.
⑤ 상대방의 대리인이 기망행위를 한 경우에는 상대방이 그 기망사실에 대해 선의・무과실이라도 표의자는 의사표시를 취소할 수 없다.

해설

① (O) : 사기는 표의자를 기망하여 착오에 빠지게 하려는 고의(1단계 고의)와 다시 그 착오에 기하여 표의자로 하여금 의사표시를 하게 하려는 고의(2단계 고의)가 있어야 한다(통설). 따라서 과실 있는 기망행위 만으로는 사기에 해당하지 않는다.

② (O) : 아파트 분양자는 아파트단지 인근에 공동묘지가 조성되어 있는 사실을 수분양자에게 고지할 신의칙상의 의무를 부담 한다(대판 2007.6.1, 2005다5812·5829·5836).

③ (O) : 소송행위에는 민법 제109조, 제110조의 규정이 적용될 여지가 없으므로 위 원고 대리인의 가처분신청의 취소가 사기, 강박 등 형사상 처벌을 받을 타인의 행위로 인한 것이라 하더라도 유효하다(대판 1984.5.29, 82다카963).

④ (O) : 상대방 또는 제3자의 강박에 의하여 의사결정의 자유가 완전히 박탈된 상태에서 이루어진 의사표시는 효과의사에 대응하는 내심의 의사가 결여된 것이므로 무효라고 볼 수밖에 없으나, 강박이 의사결정의 자유를 완전히 박탈하는 정도에 이르지 아니하고 이를 제한하는 정도에 그친 경우에는 그 의사표시는 취소할 수 있음에 그치고 무효라고까지 볼 수 없다(대판 1984.12.11. 84다카1402).

⑤ (✕) : 상대방의 대리인 등 상대방과 동일시할 수 있는 자의 사기 또는 강박은 상대방의 사기·강박에 해당 한다(대판 1999.2.23, 98다60828·60835). 따라서 상대방이 그 기망사실에 대해 선의·무과실이라도 표의자는 의사표시를 취소할 수 있다.

정답 ⑤

275 사기·강박에 의한 의사표시에 관한 설명으로 옳은 것은? (다툼이 있으면 판례에 따름)

[20 세무사]

① 사기에 의한 의사표시의 경우, 의사와 표시에 불일치가 존재한다.
② 강박행위가 위법하지 않아도 강박에 의한 의사표시로서 취소 할 수 있다.
③ 기망행위로 인한 동기의 착오의 경우, 표의자는 자신의 의사표시를 사기에 의한 의사 표시로서 취소 할 수 없다.
④ 특별한 사정이 있다면 강박에 의한 법률행위는 하자 있는 의사표시로서 취소되는 것에 그치지 않고 무효가 될 수도 있다.
⑤ 강박에 의한 의사표시로서 취소하기 위해서는 고의 또는 과실에 의한 강박행위가 있어야 한다.

해설

① (✕) : 사기에 의한 의사표시란 타인의 기망행위로 말미암아 착오에 빠지게 된 결과 어떠한 의사표시를 하게 되는 경우이므로 거기에는 의사와 표시의 불일치가 있을 수 없고, 단지 의사의 형성과정 즉 의사표시의 동기에 착오가 있는 것에 불과하며, 이 점에서 고유한 의미의 착오에 의한 의사표시와 구분 된다(대판 2005.5.27, 2004다43824).

② (✕) : 강박에 의한 의사표시라고 하려면 상대방이 불법으로 어떤 해악을 고지함으로 말미암아 공포를 느끼고 의사표시를 한 것이어야 한다(대판 2003.5.13, 2002다73708·73715).

③ (✗) : 기망행위가 있었으므로, 사기로 의사표시를 취소할 수 있다.
④ (O) : 상대방 또는 제3자의 강박에 의하여 의사결정의 자유가 완전히 박탈된 상태에서 이루어진 의사표시는 효과의사에 대응하는 내심의 의사가 결여된 것이므로 무효라고 볼 수밖에 없으나, 강박이 의사결정의 자유를 완전히 박탈하는 정도에 이르지 아니하고 이를 제한하는 정도에 그친 경우에는 그 의사표시는 취소할 수 있음에 그치고 무효라고까지 볼 수 없다(대판 1984.12.11. 84다카1402).
⑤ (✗) : 고의, 과실은 요건이 아니다.

정답 ④

276 제3자의 사기・강박에 의한 의사표시에 관한 설명으로 옳지 않은 것을 모두 고른 것은? (다툼이 있으면 판례에 따름) [20 세무사]

ㄱ. 상대방이 있는 의사표시의 경우, 표의자는 상대방이 그 사실을 알았거나 알 수 있었을 경우에 한하여 그 의사표시를 취소할 수 있다.
ㄴ. 상대방과 동일할 수 있는 자의 사기・강박은 제3자의 사기・강박에 해당하지 않는다.
ㄷ. 제3자의 사기행위로 인하여 계약을 체결한 경우, 제3자에 대하여 불법행위로 인한 손해배상을 청구하기 위해서는 그 계약을 취소해야 한다.

① ㄱ ② ㄷ ③ ㄱ, ㄴ
④ ㄴ, ㄷ ⑤ ㄱ, ㄴ, ㄷ

해설

ㄱ. (O) : 표의자는 그 의사표시의 상대방이 제3자에 의한 사기나 강박의 사실을 알고 있거나(악의) 알 수 있었을 경우(과실)에 한하여 그 의사표시를 취소할 수 있다(제110조 제2항).
ㄴ. (O) : 判例는 상대방의 대리인 등 상대방과 동일시할 수 있는 자의 사기 또는 강박은 상대방의 사기・강박에 해당한다고 하면서(대판 1999.2.23. 98다60828・60835), 은행의 출장소장의 행위는 은행 또는 은행과 동일시할 수 있는 자의 사기일 뿐 제3자의 사기로 볼 수 없으므로, 은행이 그 사기 사실을 알았거나 알 수 있었을 경우에 한하여 위 약정을 취소할 수 있는 것은 아니라고 본다.
ㄷ. (✗) : 제3자의 사기행위로 인하여 피해자가 주택건설사와 사이에 주택에 관한 분양계약을 체결하였다고 하더라도 제3자의 사기행위 자체가 불법행위를 구성하는 이상, 제3자로서는 그 불법행위로 인하여 피해자가 입은 손해를 배상할 책임을 부담하는 것이므로, 피해자가 제3자를 상대로 손해배상청구를 하기 위하여 반드시 그 분양계약을 취소할 필요는 없다(대판 1998. 3. 10. 97다55829).

정답 ②

277 甲은 乙의 기망으로 그 소유의 X토지를 丙에게 팔았고, 丙은 그의 채권자 丁에게 X토지에 근저당권을 설정하였다. 甲은 기망행위를 이유로 매매계약을 취소하려고 한다. 이에 관한 설명으로 옳지 않은 것은? (다툼이 있으면 판례에 따름) [20 감평]

① 甲은 丙이 그의 잘못 없이 기망사실을 몰랐을 때에만 매매계약을 취소할 수 있다.
② 丙의 악의 또는 과실은 甲이 증명하여야 한다.
③ 甲은 매매계약을 취소하지 않고 乙에게 불법행위책임을 물을 수 있다.
④ 丁의 선의는 추정된다.
⑤ 매매계약을 취소한 甲은, 丁이 선의이지만 과실이 있으면 근저당권설정등기의 말소를 청구할 수 있다.

해설

① (✕) : 제110조【사기, 강박에 의한 의사표시】② 상대방 있는 의사표시에 관하여 제3자가 사기나 강박을 행한 경우에는 상대방이 그 사실을 알았거나 알 수 있었을 경우에 한하여 그 의사표시를 취소할 수 있다.
② (○) : 丙의 악의 또는 과실은 취소권을 주장하는 甲이 증명하여야 한다.
③ (○) : 불법행위에 기한 손해배상을 청구하기 위하여 반드시 의사표시를 취소하여야 하는 것은 아니다(대판 1998.03.10. 97다55829).
④ (○) : 제3자의 선의는 추정된다.
⑤ (✕) : 제3자는 선의이면 충분하다.

정답 ①, ⑤

278 사기·강박에 의한 의사표시에 관한 설명으로 옳은 것은? (다툼이 있으면 판례에 따름) [21 감평]

① 교환계약의 당사자가 자기 소유 목적물의 시가를 묵비하였다면 특별한 사정이 없는 한, 위법한 기망행위가 성립한다.
② 강박에 의해 자유로운 의사결정의 여지가 완전히 박탈되어 그 외형만 있는 법률행위라고 하더라도 이를 무효라고 할 수는 없다.
③ 토지거래허가를 받지 않아 유동적 무효 상태에 있는 법률행위라도 사기에 의한 의사표시의 요건이 충족된 경우 사기를 이유로 취소할 수 있다.
④ 대리인의 기망행위로 계약을 체결한 상대방은 본인이 대리인의 기망행위에 대해 선의·무과실이면 계약을 취소할 수 없다.
⑤ 강박행위의 목적이 정당한 경우에는 비록 그 수단이 부당하다고 하더라도 위법성이 인정될 여지가 없다.

해설

① (✕) : 교환계약의 경우 일방 당사자가 자기가 소유하는 목적물의 시가를 묵비하여 상대방에게 고지하지 아니하거나 혹은 허위로 시가보다 높은 가액을 시가라고 고지하였다 하더라도 이는 상대방의 의사결정에 불법적인 간섭을 한 것이라고 볼 수 없다(대판 2002.9.4, 2000다54406·54413).

② (✕) : 강박에 의한 법률행위가 무효로 되기 위하여는 의사표시자로 하여금 의사결정을 스스로 할 수 있는 여지를 완전히 박탈한 상태에서 의사표시가 이루어져 단지 법률행위의 외형만이 만들어진 것에 불과한 정도이어야 한다(대판 1997.3.11, 96다49353; 대판 2003.5.13, 2002다73708·73715).

③ (○) : 국토이용관리법상 거래허가를 받지 아니하고 계약당사자의 표시와 불일치한 의사(비진의표시, 허위표시 또는 착오) 또는 사기, 강박과 같은 하자 있는 의사에 의하여 토지거래 등이 이루어진 경우에 있어서, 이들 사유에 기하여 그 거래의 무효 또는 취소를 주장할 수 있는 당사자는 그러한 거래허가를 신청하기 전 단계에서 이러한 사유를 주장하여 거래허가 신청협력에 거절의사를 일방적으로 명백히 함으로써 그 계약을 확정적으로 무효화시키고 자신의 거래허가절차에 협력할 의무를 면함은 물론 기왕에 지급된 계약금 등의 반환도 구할 수 있다(대판 1996.11.8. 96다35309).

④ (✕) : 判例는 상대방의 대리인 등 상대방과 동일시할 수 있는 자의 사기 또는 강박은 상대방의 사기·강박에 해당한다고 하면서(대판 1999.2.23, 98다60828·60835), 은행의 출장소장의 행위는 은행 또는 은행과 동일시할 수 있는 자의 사기일 뿐 제3자의 사기로 볼 수 없으므로, 은행이 그 사기 사실을 알았거나 알 수 있었을 경우에 한하여 위 약정을 취소할 수 있는 것은 아니라고 본다.

⑤ (✕) : 해악을 고지하는 강박행위가 위법하다고 하기 위하여는 강박행위 당시의 거래관념과 제반 사정에 비추어 해악의 고지로써 추구하는 이익이 정당하지 아니하거나 강박의 수단으로 상대방에게 고지하는 해악의 내용이 법질서에 위배된 경우 또는 어떤 해악의 고지가 거래관념상 그 해악의 고지로써 추구하는 이익의 달성을 위한 수단으로 부적당한 경우 등에 해당하여야 할 것이다(대판 2000.3.23, 99다64049).

정답 ③

279 사기, 강박에 의한 의사표시에 관한 설명으로 옳지 않은 것은? (다툼이 있으면 판례에 따름)
[21 세무사]

① 계약당사자 사이에 신의칙상 고지의무가 인정되는 경우, 고지의무 위반은 부작위에 의한 기망행위가 될 수 있다.
② 상품의 선전 광고에 다소의 과장 허위가 수반되는 것은 그것이 일반 상거래의 관행과 신의칙에 비추어 시인될 수 있는 한 기망성이 결여된다.
③ 부정행위에 대한 고소가 부정한 이익의 취득을 목적으로 하는 경우에는 위법한 강박 행위로 되는 경우가 있다.
④ 강박으로 인한 의사무능력 상태에서의 법률행위는 무효이다.
⑤ 상대방의 피용자가 대리권이 없다면 그 피용자의 사기는 제3자의 사기에 해당하지 않는다.

> 해설

① (O) : 리스이용자와 공급자 사이에서 미리 결정된 매매가격이 거래관념상 극히 고가로 이례적인 것이어서 리스회사에게 불측의 손해를 가할 염려가 있는 경우와 같은 특별한 사정이 있는 경우에는, <u>리스물건 공급자는 리스회사에게 그 매매가격의 내역을 고지하여 승낙을 받을 신의칙상의 주의의무를 부담하며 리스회사는 이를 고지 받지 못한 경우 위 부작위에 의한 기망을 이유로 매매계약을 취소할 수 있고</u>(대판 1997.11.28. 97다26098), 아파트 분양자는 아파트단지 인근에 공동묘지가 조성되어 있는 사실을 수분양자에게 고지할 신의칙상의 의무를 부담 한다(대판 2007.6.1. 2005다5812·5829·5836).

② (O) : 일반적으로 상품의 선전·광고에 있어 다소의 과장·허위가 수반되는 것은 그것이 일반 상거래의 관행과 신의칙에 비추어 시인될 수 있는 한 기망성이 결여된다. 연립주택을 분양함에 있어 평형의 수치를 다소 과장하여 광고를 하였으나, 그 분양가의 결정방법, 분양계약 체결의 경위, 피분양자가 그 분양계약서나 건축물관리대장 등에 의하여 그 공급면적을 평(평)으로 환산하여 쉽게 확인할 수 있었던 점 등 제반 사정에 비추어 볼 때, 그 광고는 그 거래당사자 사이에서 매매대금을 산정하기 위한 기준이 되었다고 할 수 없고, 단지 분양 대상 주택의 규모를 표시하여 분양이 쉽게 이루어지도록 하려는 의도에서 한 것에 지나지 아니한다는 이유로, 연립주택의 서비스면적을 포함하여 평형을 과장한 광고가 거래에 있어 중요한 사항에 관하여 구체적 사실을 거래상의 신의성실의 의무에 비추어 비난받을 정도의 방법으로 허위로 고지함으로써 사회적으로 용인될 수 있는 상술의 정도를 넘은 기망행위에 해당하지 않는다(대판 1995.7.28. 95다19515,95다19522).

③ (O) : 일반적으로 부정행위에 대한 고소, 고발은 그것이 부정한 이익을 목적으로 하는 것이 아닌 때에는 정당한 권리행사가 되어 위법하다고 할 수 없으나, 부정한 이익의 취득을 목적으로 하는 경우에는 위법한 강박행위가 되는 경우가 있고 목적이 정당하다 하더라도 행위나 수단 등이 부당한 때에는 위법성이 있는 경우가 있을 수 있다(대판 1992.12.24. 92다25120).

④ (O) : 강박에 의한 법률행위가 무효로 되기 위하여는 의사표시자로 하여금 의사결정을 스스로 할 수 있는 여지를 완전히 박탈한 상태에서 의사표시가 이루어져 단지 법률행위의 외형만이 만들어진 것에 불과한 정도이어야 한다(대판 1997.3.11. 96다49353; 대판 2003.5.13. 2002다73708·73715).

⑤ (×) : <u>상대방의 피용자이거나 상대방이 사용자책임을 져야 할 관계에 있는 피용자에 지나지 않는 자는 상대방과 동일시할 수는 없어 이 규정에서 말하는 제3자에 해당 한다</u>(대판 1998.1.23. 96다41496).

정답 ⑤

제3관 의사표시의 효력발생

280 의사표시의 효력발생에 관한 설명으로 옳은 것은? (다툼이 있으면 판례에 따름) [16 세무사]

① 상대방 없는 의사표시에 대해서는 도달주의의 원칙이 적용된다.

② 상대방 있는 의사표시에 있어서 표의자가 그 통지를 발송한 후 사망하더라도 의사표시의 효력에는 영향이 없다.

③ 의사표시가 도달하였다고 하기 위해서는 의사표시의 상대방이 통지를 현실적으로 수령하였다거나 통지의 내용을 알았어야 한다.

④ 표의자가 과실로 상대방을 알지 못한 경우에도 의사표시는 민사소송법 공시송달의 규정에 의해 송달할 수 있다.
⑤ 의사표시를 받은 자가 제한능력자인 경우, 그 법정대리인이 의사표시의 도달을 안 후에도 표의자는 그 의사표시로써 대항할 수 없다.

해설

① (X) : 표시행위가 완료된 때 효력을 발생한다(표백주의, 곽윤직).
② (O) : 제111조【의사표시의 효력발생시기】① 상대방이 있는 의사표시는 상대방에게 도달한 때에 그 효력이 생긴다. ② 의사표시자가 그 통지를 발송한 후 사망하거나 제한능력자가 되어도 의사표시의 효력에 영향을 미치지 아니한다.
③ (X) : 도달이라 함은 사회통념상 상대방이 통지의 내용을 알 수 있는 객관적 상태에 놓여졌다고 인정되는 상태를 가리킨다(대법원 1997. 11. 25. 선고 97다31281).
④ (X) : 제113조【의사표시의 공시송달】표의자가 과실 없이 상대방을 알지 못하거나 상대방의 소재를 알지 못하는 경우에는 의사표시는 민사소송법공시송달의 규정에 의하여 송달할 수 있다.
⑤ (X) : 제112조【제한능력자에 대한 의사표시의 효력】의사표시의 상대방이 의사표시를 받은 때에 제한능력자인 경우에는 의사표시자는 그 의사표시로써 대항할 수 없다. 다만, <u>그 상대방의 법정대리인이 의사표시가 도달한 사실을 안 후에는 그러하지 아니하다.</u>

정답 ②

281 의사표시의 효력발생에 관한 설명으로 옳은 것을 모두 고른 것은?(다툼이 있으면 판례에 따름)
[16 노무사]

ㄱ. 특별한 사정이 없는 한, 아파트 경비원이 집배원으로부터 우편물을 수령한 후 이를 아파트 공동출입구의 우편함에 넣어 두었다는 사실만으로도 수취인이 그 우편물을 수취하였다고 추단할 수 있다.
ㄴ. 의사표시가 기재된 내용증명 우편물이 발송되고 반송되지 않았다면 특별한 사정이 없는 한, 그 무렵에 송달되었다고 볼 수 있다.
ㄷ. 채권양도의 통지와 같은 준법률행위의 도달은 의사표시와 마찬가지로 사회 관념상 채무자가 통지의 내용을 알 수 있는 객관적 상태에 놓여졌을 때를 말한다.
ㄹ. 법인의 대표이사가 사임서 제출 당시 권한 대행자에게 사표의 처리를 일임한 경우, 권한 대행자의 수리행위가 있어야 사임의 효력이 발생한다.

① ㄱ, ㄴ
② ㄴ, ㄷ
③ ㄷ, ㄹ
④ ㄱ, ㄷ, ㄹ
⑤ ㄴ, ㄷ, ㄹ

해설

ㄱ. (✕) : 아파트 경비원이 집배원으로부터 우편물을 수령한 후 이를 우편함에 넣어 둔 사실만으로 수취인이 그 우편물을 수취하였다고 볼 수 없다(대판 2006.3.24, 2005다66411).

ㄴ. (○) : 내용증명우편물이 발송되고 반송되지 아니한 경우 특별한 사정이 없는 한 그 무렵에 송달되었다고 볼 수 있다(대판 1997.2.25, 96다38322).

ㄷ. (○) : 채권양도의 통지는 채무자에게 도달됨으로써 효력을 발생하는 것이고, 여기서 **도달이라 함은 사회관념 상 채무자가 통지의 내용을 알 수 있는 객관적 상태에 놓여 졌다고 인정되는 상태**를 지칭한다고 해석되므로, 채무자가 이를 현실적으로 수령하였다거나 그 통지의 내용을 알았을 것까지는 필요로 하지 않으나 채권양도통지서가 채무자의 주소나 사무소가 아닌 **동업자의 사무소에서 그 신원이 분명치 않은 자에게 송달된 경우**에는 사회관념상 채무자가 통지의 내용을 알 수 있는 객관적 상태에 놓여 졌다고 인정할 수 없다(대판 1997.11.25, 97다31281).

ㄹ. (○) : 법인의 대표이사가 사임하는 경우에는 그 사임의 의사표시가 대표이사의 사임으로 그 권한을 대행하게 될 자에게 도달한 때에 사임의 효력이 발생하고 그 의사표시가 효력을 발생한 후에는 마음대로 이를 철회할 수 없으나, 사임서 제출 당시 그 권한 대행자에게 사표의 처리를 일임한 경우에는 권한 대행자의 수리행위가 있어야 사임의 효력이 발생하고, 그 이전에 사임의사를 철회할 수 있다(대판 2007.05.10, 2007다7256).

정답 ⑤

282 의사표시의 효력발생에 관한 설명으로 옳지 않은 것은? (다툼이 있으면 판례에 따름)
[17 감평]

① 상대방 있는 의사표시는 상대방에게 도달한 때에 효력이 발생하는 것이 원칙이다.
② 의사표시의 상대방이 의사표시를 받은 때에 제한능력자인 경우에는 그 상대방의 법정대리인이 의사표시가 도달한 사실을 안 후라도 표의자는 그 의사표시로써 대항할 수 없다.
③ 표의자가 의사표시의 통지를 발송한 후에 사망한 경우, 그 의사표시의 효력에 영향을 미치지 않는다.
④ 내용증명우편이나 등기로 발송된 우편물은 반송 등의 특별한 사정이 없는 한 그 무렵 수취인에게 배달된 것으로 본다.
⑤ 표의자가 과실 없이 상대방을 알지 못하거나 상대방의 소재를 알지 못하는 경우, 의사표시는 민사소송법의 공시송달의 규정에 의하여 송달할 수 있다.

해설

① (○), ③ (○) : 제111조【의사표시의 효력발생시기】① 상대방이 있는 의사표시는 상대방에게 도달한 때에 그 효력이 생긴다. ② 의사표시자가 그 통지를 발송한 후 사망하거나 제한능력자가 되어도 의사표시의 효력에 영향을 미치지 아니한다.
② (✕) : 제112조【제한능력자에 대한 의사표시의 효력】의사표시의 상대방이 의사표시를 받은 때에 제한

능력자인 경우에는 의사표시자는 그 의사표시로써 대항할 수 없다. 다만, 그 상대방의 법정대리인이 의사표시가 도달한 사실을 안 후에는 그러하지 아니하다.

④ (O) : 내용증명우편물이 발송되고 반송되지 아니한 경우 특별한 사정이 없는 한 그 무렵에 송달되었다고 볼 수 있고(대판 1997.2.25, 96다38322), 우편물이 등기취급의 방법으로 발송되었다면 반송되는 등의 특별한 사정이 없는 한 그 무렵 수취인에게 배달되었다고 본다(대판 1992.3.27, 91누3819).

⑤ (O) : 제113조【의사표시의 공시송달】 표의자가 과실 없이 상대방을 알지 못하거나 상대방의 소재를 알지 못하는 경우에는 의사표시는 민사소송법공시송달의 규정에 의하여 송달할 수 있다.

정답 ②

283 의사표시의 도달에 관한 설명으로 옳지 않은 것은? (다툼이 있으면 판례에 따름) [17 세무사]

① 상대방 있는 의사표시는 원칙적으로 상대방에게 도달한 때에 그 효력이 생긴다.
② 표의자가 의사표시를 발송한 후 사망한 경우에는 그 의사표시의 효력이 소멸한다.
③ 보통우편으로 의사표시를 발송한 경우에는 상당기간 내에 도달한 것으로 추정되지 않는다.
④ 의사표시가 등기우편으로 발송된 경우에는 반송되는 등의 특별한 사정이 없는 한 그 무렵 수취인에게 배달되었다고 보아야 한다.
⑤ 상대방이 정당한 사유 없이 통지의 수령을 거절한 경우에도 통지의 내용을 알 수 있는 객관적인 상태에 놓인 때에 도달한 것으로 보아야 한다.

해설

① (O) : 제111조【의사표시의 효력발생시기】 ① 상대방이 있는 의사표시는 상대방에게 도달한 때에 그 효력이 생긴다.

② (X) : 제111조【의사표시의 효력발생시기】 ② 의사표시자가 그 통지를 발송한 후 사망하거나 제한능력자가 되어도 의사표시의 효력에 영향을 미치지 아니한다.

③ (O) : 통상우편의 방법으로 발송된 사실만으로는 발송일로부터 상당한 기간 내에 수취인에게 송달된 것으로 추정할 수 없고, 송달의 효력을 주장하는 측에서 증거에 의하여 도달사실을 입증하여야 한다(대판 2002.7.26, 2000다25052).

④ (O) : 우편물이 등기취급의 방법으로 발송되었다면 반송되는 등의 특별한 사정이 없는 한 그 무렵 수취인에게 배달되었다고 본다(대판 1992.3.27, 91누3819).

⑤ (O) : 도달이라 함은 사회관념 상 상대방이 의사표시의 내용을 알 수 있는 객관적 상태에 놓여 졌다고 인정되는 상태를 말한다. 그리고 채권양도의 통지는 채무자에게 도달됨으로써 효력을 발생하는 것이고, 여기서 **도달이라 함은 사회관념 상 채무자가 통지의 내용을 알 수 있는 객관적 상태에 놓여 졌다고 인정되는 상태**를 지칭 한다(대판 1997.11.25, 97다31281).

정답 ②

284 의사표시의 효력발생에 관한 설명으로 옳은 것은? (다툼이 있으면 판례에 따름) [18 세무사]

① 상대방 없는 의사표시에 대해서는 도달주의가 원칙이다.
② 상대방 있는 의사표시에 있어서 표의자가 그 통지를 발송한 후 사망하더라도 의사표시의 효력에는 영향이 없다.
③ 의사표시가 도달하였다고 하기 위해서는 의사표시의 상대방이 통지를 현실적으로 수령하여 그 내용을 알았어야 한다.
④ 표의자는 의사표시를 발신한 이상, 상대방에게 도달하기 전이라도 철회할 수 없다.
⑤ 제한능력자에게 의사표시를 한 경우 제한능력자의 법정대리인이 의사표시가 도달한 사실을 알았더라고 표의자는 그 의사표시로써 대항할 수 없다.

해설

① (✗) : 표시행위가 완료된 때 효력을 발생한다(표백주의, 곽윤직).
② (○) : 제111조【의사표시의 효력발생시기】② 의사표시자가 그 통지를 발송한 후 사망하거나 제한능력자가 되어도 의사표시의 효력에 영향을 미치지 아니한다.
③ (✗) : 도달이라 함은 사회통념상 상대방이 통지의 내용을 알 수 있는 객관적 상태에 놓여 졌다고 인정되는 상태를 가리킨다(대법원 1997. 11. 25. 선고 97다31281 판결 등 참조).
④ (✗) : 도달 전에는 효력이 발생하지 않으므로, 의사표시를 철회할 수 있다.
⑤ (✗) : 제112조【제한능력자에 대한 의사표시의 효력】의사표시의 상대방이 의사표시를 받은 때에 제한능력자인 경우에는 의사표시자는 그 의사표시로써 대항할 수 없다. 다만, 그 상대방의 법정대리인이 의사표시가 도달한 사실을 안 후에는 그러하지 아니하다.

정답 ②

285 의사표시의 효력발생에 관한 설명으로 옳지 않은 것은? (다툼이 있으면 판례에 따름) [19 감평]

① 의사표시의 도달이란 상대방이 그 내용을 안 것을 의미한다.
② 의사표시의 부도달로 인한 불이익은 표의자가 부담한다.
③ 도달주의의 원칙을 정하는 민법 제111조는 임의규정이므로 당사자는 약정으로 의사표시의 효력발생시기를 달리 정할 수 있다.
④ 매매계약 승낙의 의사표시를 발신한 후 승낙자가 사망하였다고 하더라도 그 의사표시가 청약자에게 정상적으로 도달하였다면 매매계약은 유효하게 성립한다.
⑤ 제한능력자는 원칙적으로 의사표시의 수령무능력자이다.

해설

① (×) : 도달이라 함은 사회관념 상 상대방이 의사표시의 내용을 알 수 있는 객관적 상태에 놓여 졌다고 인정되는 상태를 말한다(대판 1997.11.25, 97다31281).

② (○), ③ (○) : 통설

④ (○) : 제111조【의사표시의 효력발생시기】② 의사표시자가 그 통지를 발송한 후 사망하거나 제한능력자가 되어도 의사표시의 효력에 영향을 미치지 아니한다.

⑤ (○) : 제112조【제한능력자에 대한 의사표시의 효력】의사표시의 상대방이 의사표시를 받은 때에 제한능력자인 경우에는 의사표시자는 그 의사표시로써 대항할 수 없다. 다만, 그 상대방의 법정대리인이 의사표시가 도달한 사실을 안 후에는 그러하지 아니하다.

정답 ①

286 의사표시의 효력발생에 관한 설명으로 옳은 것을 모두 고른 것은? (다툼이 있으면 판례에 따름)

[20 세무사]

> ㄱ. 특별한 사정이 없는 한, 반송되지 않은 내용증명우편물은 송달되었다고 봄이 상당하다.
> ㄴ. 의사표시자가 통지를 발송한 후 사망하여도 의사표시의 효력에 영향을 미치지 않는다.
> ㄷ. 특별한 사정이 없는 한, 의사표시자는 의사표시가 상대방에게 도달하기 전에 그 의사표시를 철회할 수 있다.

① ㄱ
② ㄷ
③ ㄱ, ㄴ
④ ㄴ, ㄷ
⑤ ㄱ, ㄴ, ㄷ

해설

ㄱ. (○) : 내용증명우편물이 발송되고 반송되지 아니한 경우 특별한 사정이 없는 한 그 무렵에 송달되었다고 볼 수 있고(대판 1997.2.25, 96다38322), 우편물이 등기취급의 방법으로 발송되었다면 반송되는 등의 특별한 사정이 없는 한 그 무렵 수취인에게 배달되었다고 본다(대판 1992.3.27, 91누3819).

ㄴ. (○) : 제111조【의사표시의 효력발생시기】② 의사표시자가 그 통지를 발송한 후 사망하거나 제한능력자가 되어도 의사표시의 효력에 영향을 미치지 아니한다.

ㄷ. (○) : 근로자가 사직원을 제출하여 근로계약관계의 해지를 청약하는 경우 그에 대한 사용자의 승낙의사가 형성되어 그 승낙의 의사표시가 근로자에게 도달하기 이전에는 그 의사표시를 철회할 수 있고, 다만 근로자의 사직 의사표시 철회가 사용자에게 예측할 수 없는 손해를 주는 등 신의칙에 반한다고 인정되는 특별한 사정이 있는 경우에 한하여 그 철회가 허용되지 않는다(대판 2000. 9. 5. 99두8657).

정답 ⑤

287 의사표시의 효력발생시기에 관한 설명으로 옳지 않은 것은? (다툼이 있으면 판례에 따름)

[20 감평]

① 상대방 있는 의사표시는 상대방에게 도달한 때에 그 효력이 생긴다.
② 표의자가 의사표시의 통지를 발송한 후 제한능력자가 되어도 그 의사표시의 효력은 영향을 받지 아니한다.
③ 상대방이 현실적으로 통지를 수령하거나 그 내용을 안 때에 도달한 것으로 본다.
④ 상대방이 정당한 사유 없이 통지의 수령을 거절한 경우, 상대방이 그 통지의 내용을 알 수 있는 객관적 상태에 놓여 있는 때에 의사표시의 효력이 생긴다.
⑤ 등기우편으로 발송된 경우, 상당한 기간 내에 도달하였다고 추정된다.

해설

① (○) : 제111조【의사표시의 효력발생시기】① 상대방이 있는 의사표시는 상대방에게 도달한 때에 그 효력이 생긴다.
② (○) : 제111조【의사표시의 효력발생시기】② 의사표시자가 그 통지를 발송한 후 사망하거나 제한능력자가 되어도 의사표시의 효력에 영향을 미치지 아니한다.
③ (×) : 요지주의에 대한 설명이다.
④ (○) : 도달이라 함은 사회통념상 상대방이 통지의 내용을 알 수 있는 객관적 상태에 놓여 졌다고 인정되는 상태를 가리킨다(대판 1997.11.25. 97다31281 등 참조).
⑤ (○) : 우편물이 등기취급의 방법으로 발송되었다면 반송되는 등의 특별한 사정이 없는 한 그 무렵 수취인에게 배달되었다고 본다(대판 1992.03.27. 91누3819).

정답 ③

288 의사표시의 효력발생에 관한 설명으로 옳지 않은 것은? (다툼이 있으면 판례에 따름)

[21 감평]

① 도달주의의 원칙은 채권양도의 통지와 같은 준법률행위에도 유추적용 될 수 있다.
② 의사표시의 부도달 또는 연착으로 인한 불이익은 특별한 사정이 없는 한 표의자가 이를 부담한다.
③ 의사표시자가 그 통지를 발송한 후 제한능력자가 되었다면 특별한 사정이 없는 한 그 의사표시는 취소할 수 있다.
④ 수령무능력자에게 의사표시를 한 경우, 특별한 사정이 없는 한 표의자는 그 의사표시로써 수령무능력자에게 대항할 수 없다.
⑤ 상대방이 정당한 사유 없이 의사표시 통지의 수령을 거절한 경우, 상대방이 그 통지의 내용을 알 수 있는 객관적 상태에 놓여 있는 때에 의사표시의 효력이 생기는 것으로 보아야 한다.

해설

① (O) : 채권양도의 통지는 채무자에게 도달됨으로써 효력이 발생하는 것이고, 여기서 도달이라 함은 사회통념상 상대방이 통지의 내용을 알 수 있는 객관적 상태에 놓여 졌다고 인정되는 상태를 가리킨다(대판 1997. 11. 25. 97다31281).

② (O), ③ (X) : 제111조【의사표시의 효력발생시기】① 상대방이 있는 의사표시는 상대방에게 도달한 때에 그 효력이 생긴다. ② 의사표시자가 그 통지를 발송한 후 사망하거나 제한능력자가 되어도 의사표시의 효력에 영향을 미치지 아니한다.

④ (O) : 제112조【제한능력자에 대한 의사표시의 효력】의사표시의 상대방이 의사표시를 받은 때에 제한능력자인 경우에는 의사표시자는 그 의사표시로써 대항할 수 없다. 다만, 그 상대방의 법정대리인이 의사표시가 도달한 사실을 안 후에는 그러하지 아니하다.

⑤ (O) : 상대방이 부당하게 등기취급 우편물의 수취를 거부함으로써 우편물의 내용을 알 수 있는 객관적 상태의 형성을 방해한 경우 그러한 상태가 형성되지 아니하였다는 사정만으로 발송인의 의사표시의 효력을 부정하는 것은 신의성실의 원칙에 반하므로 허용되지 아니한다. 이러한 경우에는 부당한 수취 거부가 없었더라면 상대방이 우편물의 내용을 알 수 있는 객관적 상태에 놓일 수 있었던 때, 즉 수취 거부 시에 의사표시의 효력이 생긴 것으로 보아야 한다. 여기서 우편물의 수취 거부가 신의성실의 원칙에 반하는지는 발송인과 상대방과의 관계, 우편물의 발송 전에 발송인과 상대방 사이에 우편물의 내용과 관련된 법률관계나 의사교환이 있었는지, 상대방이 발송인에 의한 우편물의 발송을 예상할 수 있었는지 등 여러 사정을 종합하여 판단하여야 한다. 이때 우편물의 수취를 거부한 것에 정당한 사유가 있는지에 관해서는 수취 거부를 한 상대방이 이를 증명할 책임이 있다(대판 2020. 8. 20. 2019두34630).

정답 ③

289 의사표시의 효력발생에 관한 설명으로 옳은 것을 모두 고른 것은? (다툼이 있으면 판례에 따름)

[21 세무사 변형]

> ㄱ. 상대방이 있는 의사표시의 표시자가 그 통지를 발송한 후 사망하여도 의사 표시의 효력에 영향을 미치지 아니한다.
> ㄴ. 상대방을 과실로 알지 못한 표의자는 공시송달을 할 수 있다.
> ㄷ. 상대방이 있는 의사표시의 상대방이 통지를 현실적으로 수령하지 않았다면 효력이 생기지 않는다.
> ㄹ. 상대방이 부당하게 등기취급 우편물의 수취를 거부함으로써 우편물의 내용을 알 수 있는 객관적 상태의 형성을 방해한 경우 그러한 상태가 형성되지 아니하였다는 사정만으로 발송인의 의사표시의 효력을 부정하는 것은 가능하다.

① ㄱ
② ㄷ
③ ㄱ, ㄴ
④ ㄴ, ㄷ
⑤ ㄱ, ㄴ, ㄷ

> **해설**

ㄱ. (O) : 제111조【의사표시의 효력발생시기】① 상대방이 있는 의사표시는 상대방에게 도달한 때에 그 효력이 생긴다. ② 의사표시자가 그 통지를 발송한 후 사망하거나 제한능력자가 되어도 의사표시의 효력에 영향을 미치지 아니한다.

ㄴ. (×) : 제113조【의사표시의 공시송달】표의자가 과실 없이 상대방을 알지 못하거나 상대방의 소재를 알지 못하는 경우에는 의사표시는 민사소송법 공시송달의 규정에 의하여 송달할 수 있다.

ㄷ. (×) : 도달이라 함은 사회통념상 상대방이 통지의 내용을 알 수 있는 객관적 상태에 놓여 졌다고 인정되는 상태를 가리킨다(대판 1997. 11. 25. 97다31281).

ㄹ. (×) : 상대방이 부당하게 등기취급 우편물의 수취를 거부함으로써 우편물의 내용을 알 수 있는 객관적 상태의 형성을 방해한 경우 그러한 상태가 형성되지 아니하였다는 사정만으로 발송인의 의사표시의 효력을 부정하는 것은 신의성실의 원칙에 반하므로 허용되지 아니한다. 이러한 경우에는 부당한 수취 거부가 없었더라면 상대방이 우편물의 내용을 알 수 있는 객관적 상태에 놓일 수 있었던 때, 즉 수취 거부 시에 의사표시의 효력이 생긴 것으로 보아야 한다. 여기서 우편물의 수취 거부가 신의성실의 원칙에 반하는지는 발송인과 상대방과의 관계, 우편물의 발송전에 발송인과 상대방 사이에 우편물의 내용과 관련된 법률관계나 의사교환이 있었는지, 상대방이 발송인에 의한 우편물의 발송을 예상할 수 있었는지 등 여러 사정을 종합하여 판단하여야 한다. 이때 우편물의 수취를 거부한 것에 정당한 사유가 있는지에 관해서는 수취 거부를 한 상대방이 이를 증명할 책임이 있다(대판 2020. 8. 20. 2019두34630).

정답 ①

제4절 ▶ 법률행위의 대리

■ 제1관 대리 일반

Ⅰ. 대리제도의 등장

Ⅱ. 대리의 본질

Ⅲ. 대리가 인정되는 범위

290 다음 중 대리가 인정되는 것은? [07 감평]

① 유언
② 채권양도에서의 채무자의 승낙
③ 근로계약의 체결
④ 부정행위에 대한 용서
⑤ 가공

해설

① (✕) : 법률행위라 하더라도 성질상 대리가 인정되지 아니하는 경우가 있다. 예컨대 혼인·인지·입양·유언 등의 가족법상의 일신전속적 행위에는 대리가 허용되지 않는다. ② (○), ④ (✕) : 준법률행위는 의사표시가 아니므로 대리가 인정되지 않음이 원칙이다. 따라서 감정의 표시에 해당하는 용서(제556조 제2항·제841조)에 대하여는 대리가 허용되지 아니한다. 그러나 준법률행위 중 의사의 통지·관념의 통지와 같이 의사표시와 유사한 행위에는 의사표시규정의 유추적용이 가능하므로 대리가 허용된다(통설, 판례). 예컨대 채권양도의 승낙은 채권양도의 사실에 대한 인식을 표명하는 채무자의 관념의 통지이므로, 대리인·사자에 의한 승낙도 유효하다. ③ (✕) : 친권자나 후견인은 미성년자의 근로계약을 대리할 수 없다(근로기준법 제67조 제1항). ⑤ (✕) : 준법률행위 중 사실행위에 대하여는 대리가 인정되지 않는다. 예컨대 가공·물건의 현실의 인도 등에 관하여 제3자의 협력이 있더라도 그것은 대리가 아니라 사실상의 보조행위에 불과하다.

정답 ②

---

291 다음 중 대리가 허용되는 것으로만 연결된 것은? [01 변리사]

㉠ 채권양도의 통지	㉡ 사무관리
㉢ 어음행위	㉣ 물건의 인도
㉤ 증여	㉥ 최고

① ㉠, ㉡, ㉥
② ㉠, ㉢, ㉤, ㉥
③ ㉠, ㉢, ㉣, ㉤, ㉥
④ ㉢, ㉣, ㉤, ㉥
⑤ ㉢, ㉣, ㉤

해설

㉠ (○), ㉥ (○) : 준법률행위는 의사표시가 아니므로 대리가 인정되지 않음이 원칙이다. 그러나 준법률행위 중 의사의 통지·관념의 통지와 같이 의사표시와 유사한 행위에는 의사표시규정의 유추적용이 가능하므로 대리가 허용된다(통설). ㉡ (✕), ㉣ (✕) : 사실행위에 대하여는 원칙적으로 대리가 허용되지 않는다. 예컨대 가공·물건의 현실의 인도 등과 같은 순수사실행위와 사무관리와 혼합사실행위에 관하여는 대리가 허용되지 아니한다. ㉢ (○), ㉤ (○) : 대리가 인정되는 범위는 재산적 법률행위에 한하여 허용됨이 원칙이다. 따라서 매매·증여 등은 물론이고, 어음·수표행위에도 대리가 허용된다.

292 대리에 관한 설명으로 옳지 않은 것은? (다툼이 있으면 판례에 따름) [17 세무사]
① 혼인에 대하여는 대리가 허용되지 않는다.
② 대리인이 사망하면 원칙적으로 대리권이 소멸한다.
③ 대리인이 행한 불법행위에 대하여도 대리가 성립한다.
④ 대리행위에 따른 법률효과가 본인에게 귀속하기 위해서는 본인에게 권리능력이 있어야 한다.
⑤ 매수인이 대리인을 통하여 매매계약을 체결한 경우, 대리행위의 하자의 유무는 대리인을 표준으로 판단하여야 한다.

해설

① (O) : 법률행위라고 해도 대리를 금지하는 법률규정48)이 있거나 법률행위의 성질상 대리가 적합하지 않은 경우에는 대리가 허용되지 않는다. 예를 들어 일신전속적 행위인 혼인, 입양, 인지, 유언 등이 이에 해당한다.

② (O) : 제127조【대리권의 소멸사유】대리권은 다음 각 호의 사유로 소멸한다. 1. 본인의 사망 2. 대리인의 사망, 성년후견의 개시 또는 파산

③ (X) : 불법행위에는 대리가 허용될 수 없다. 다만 대리인이 본인의 피용자인 경우에는 본인의 사용자책임(제756조)이 문제될 수는 있다.

④ (O) : 본인이 스스로 법률행위를 하는 것이 아니므로 의사능력이나 행위능력을 가질 필요는 없다. 하지만 법률행위의 효과가 본인에게 귀속하므로 권리능력은 가지고 있어야 한다(통설). 다만 본인이 수권행위나 그 원인이 되는 법률관계를 형성하기 위해서는 의사능력과 행위능력이 필요할 수밖에 없다(통설).

⑤ (O) : 제116조【대리행위의 하자】① 의사표시의 효력이 의사의 흠결, 사기, 강박 또는 어느 사정을 알았거나 과실로 알지 못한 것으로 인하여 영향을 받을 경우에 그 사실의 유무는 대리인을 표준 하여 결정한다. ② 특정한 법률행위를 위임한 경우에 대리인이 본인의 지시에 좇아 그 행위를 한 때에는 본인은 자기가 안 사정 또는 과실로 인하여 알지 못한 사정에 관하여 대리인의 부지를 주장하지 못한다.

정답 ③

---

48) 친권자나 후견인은 미성년자의 근로계약을 대리할 수 없다(근로기준법 제67조 제1항).

Ⅳ. 구별개념
Ⅴ. 대리의 종류

▪ 제2관 대리권

293 대리에 관한 설명으로 옳은 것을 모두 고른 것은? (다툼이 있으면 판례에 따름) [17 노무]

> ㄱ. 어떤 사람이 대리인의 외양을 가지고 행위 하는 것을 본인이 알면서도 이의를 하지 아니하고 방임하는 경우, 본인의 대리권 수여가 추단될 수 있다.
> ㄴ. 계약이 적법한 대리인에 의하여 체결되었는데 상대방이 채무불이행을 이유로 계약을 해제한 경우, 대리인이 수령한 계약상 급부를 본인이 현실적으로 인도 받지 못하였다면 본인에게는 원상회복의무가 없다.
> ㄷ. 대리권이 없는 자가 재단법인의 설립행위를 대리한 경우 본인이 추인을 하여도 언제나 무효이며 무권대리인도 이행책임을 지지 않는다.
> ㄹ. 대리인이 계약체결에 관한 권한을 수여받았다면, 그 계약의 해제권 및 상대방의 의사를 수령할 권한은 특별한 사정이 없는 한 대리인에게 부여된다.

① ㄱ, ㄴ ② ㄱ, ㄷ ③ ㄱ, ㄹ
④ ㄴ, ㄷ ⑤ ㄷ, ㄹ

해설

ㄱ. (○) : 대리권을 수여하는 수권행위는 불요식의 행위로서 명시적인 의사표시에 의함이 없이 묵시적인 의사표시에 의하여 할 수도 있으며, 어떤 사람이 대리인의 외양을 가지고 행위하는 것을 본인이 알면서도 이의를 하지 아니하고 방임하는 등 사실상의 용태에 의하여 대리권의 수여가 추단되는 경우도 있다(대판 2016. 5. 26. 2016다203315).

ㄴ. (✕) : 계약이 적법한 대리인에 의하여 체결된 경우에 대리인은 다른 특별한 사정이 없는 한 본인을 위하여 계약상 급부를 변제로서 수령할 권한도 가진다. 그리고 대리인이 그 권한에 기하여 계약상 급부를 수령한 경우에, 그 법률효과는 계약 자체에서와 마찬가지로 직접 본인에게 귀속되고 대리인에게 돌아가지 아니한다. 따라서 계약상 채무의 불이행을 이유로 계약이 상대방 당사자에 의하여 유효하게 해제되었다면, 해제로 인한 원상회복의무는 대리인이 아니라 계약의 당사자인 본인이 부담한다. 이는 본인이 대리인으로부터 그 수령한 급부를 현실적으로 인도받지 못하였다거나 해제의 원인이 된 계약상 채무의 불이행에 관하여 대리인에게 책임 있는 사유가 있다고 하여도 다른 특별한 사정이 없는 한 마찬가지라고 할 것이다(대판 2011. 8. 18. 2011다30871).

ㄷ. (○) : 상대방 없는 단독행위에 경우에는 능동대리·수동대리 상관없이 언제나 무효이다. 본인의 추인이 있다고 해도 무효이다(통설).

ㄹ. (✗) : 일반적으로 법률행위에 의하여 수여된 대리권은 원인된 법률관계의 종료에 의하여 소멸하는 것이므로 특별한 다른 사정이 없는 한, 본인을 대리하여 금전소비대차 내지 그를 위한 담보권설정 계약을 체결할 권한을 수여받은 대리인에게 **본래의 계약관계를 해제할 대리권까지 있다고 볼 수 없고**(대판 1993.1.15, 92다39365; 대판 2008.1.31, 2007다74713), 사채알선업자에 대하여도 특별수권이 없는 한 해제의 대리권이 없다고 하였다(대판 1997.9.30, 97다23372). 해제권은 형성권이며 처분행위이기 때문이다.

정답 ②

294 민법상 임의대리에 관한 설명으로 옳지 않은 것은? [17 감평]

① 대리인은 행위능력자임을 요하지 않는다.
② 대리권은 다른 특약이 없으면 법률관계의 종료 전에 수권행위를 철회한 경우에도 소멸한다.
③ 대리인이 그 권한 내에서 본인을 위한 것임을 표시한 의사표시는 직접 본인에 대하여 효력이 생긴다.
④ 특정한 법률행위를 위임한 경우에 대리인이 본인의 지시에 좇아 그 행위를 한 때에는 본인은 자기가 안 사정 또는 과실로 인하여 알지 못한 사정에 관하여 대리인의 부지를 주장하지 못한다.
⑤ 대리인이 수인(數人)인 경우에 대리인은 원칙적으로 공동으로 대리하고 수권행위 또는 법률로 달리 정하는 경우에만 각자 본인을 대리한다.

해설

① (○) : 제117조【대리인의 행위능력】대리인은 행위능력자임을 요하지 아니한다.
② (○) : 제128조【임의대리의 종료】법률행위에 의하여 수여된 대리권은 전조의 경우 외에 그 원인된 법률관계의 종료에 의하여 소멸한다. 법률관계의 종료 전에 본인이 수권행위를 철회한 경우에도 같다.
③ (○) : 제114조【대리행위의 효력】① 대리인이 그 권한 내에서 본인을 위한 것임을 표시한 의사표시는 직접본인에게 대하여 효력이 생긴다.
④ (○) : 제116조【대리행위의 하자】① 의사표시의 효력이 의사의 흠결, 사기, 강박 또는 어느 사정을 알았거나 과실로 알지 못한 것으로 인하여 영향을 받을 경우에 그 사실의 유무는 대리인을 표준하여 결정한다. ② 특정한 법률행위를 위임한 경우에 대리인이 본인의 지시에 좇아 그 행위를 한 때에는 본인은 자기가 안 사정 또는 과실로 인하여 알지 못한 사정에 관하여 대리인의 부지를 주장하지 못한다.
⑤ (✗) : 제119조【각자대리】대리인이 수인인 때에는 각자가 본인을 대리한다. 그러나 법률 또는 수권행위에 다른 정한 바가 있는 때에는 그러하지 아니하다.

정답 ⑤

295 민법상 대리권의 제한에 관한 설명으로 옳은 것은? (다툼이 있으면 판례에 따름) [17 세무사]

① 본인의 허락이 있더라도 대리인은 자기계약이나 쌍방대리를 할 수 없다.
② 자기계약에 따라 본인이 대리인에 대하여 부담하는 채무를 대리인이 면제하여 주는 경우에도 본인의 동의를 받아야 한다.
③ 자기계약·쌍방대리의 금지에 관한 규정은 법정대리에는 적용되지 않는다.
④ 대리인이 수인인 경우에는 원칙적으로 대리인 각자가 본인을 대리한다.
⑤ 친권자가 그 소유 부동산을 미성년인 아들에게 증여하는 행위는 자기계약에 해당하여 무효이다.

해설

① (×) : 제124조 【자기계약, 쌍방대리】 대리인은 본인의 허락이 없으면 본인을 위하여 자기와 법률행위를 하거나 동일한 법률행위에 관하여 당사자쌍방을 대리하지 못한다. 그러나 채무의 이행은 할 수 있다.
② (×) : 본인에게 유리하므로, 동의를 받을 필요가 없다.
③ (×) : 임의대리, 법정대리 모두에게 적용된다.
④ (○) : 제119조 【각자대리】 대리인이 수인인 때에는 각자가 본인을 대리한다. 그러나 법률 또는 수권행위에 다른 정한 바가 있는 때에는 그러하지 아니하다.
⑤ (×) : 법정대리인인 친권자가 부동산을 매수하여 이를 그 자에게 증여하는 행위는 미성년자인 자에게 이익만을 주는 행위이므로 친권자와 자 사이의 이해상반행위에 속하지 아니하고, 또 자기계약이지만 유효하다(대판 1981.10.13., 81다649).

정답 ④

296 대리에 관한 설명으로 옳지 않은 것은? (다툼이 있으면 판례에 따름) [18 세무사]

① 대리인이 본인을 위한 것임을 표시하지 않아도 상대방이 대리인으로서 한 것임을 알았거나 알 수 있었을 때에는 본인에게 효력이 생긴다.
② 권한을 정하지 않은 임의대리인은, 권리의 성질이 변하더라도 본인에게 이익이 된다고 판단되면 개량행위를 할 수 있다.
③ 부동산 소유자로부터 매매계약 체결의 대리권을 수여받은 대리인은 특별한 사정이 없는 한 그 매매계약에서 약정한 바에 따라 중도금이나 잔금을 수령할 권한도 있다.
④ 매매계약의 체결과 이행에 관하여 포괄적으로 대리권을 수여받은 대리인은 특별한 사정이 없는 한 상대방에 대하여 약정된 매매대금지급기일을 연기하여 줄 권한도 가진다.
⑤ 매도인의 대리인이 매매계약상의 계약금을 받고서도 본인에게 지급하지 않고 있던 중 그 매매계약이 대리인의 잘못으로 해제되어 원상회복을 하여야 할 경우, 그 원상회복의무는 본인이 부담한다.

> **해설**

① (O) : 제115조【본인을 위한 것임을 표시하지 아니한 행위】대리인이 본인을 위한 것임을 표시하지 아니한 때에는 그 의사표시는 자기를 위한 것으로 본다. 그러나 상대방이 대리인으로서한 것임을 알았거나 알 수 있었을 때에는 전조 제1항의 규정을 준용한다.

② (×) : 제118조【대리권의 범위】권한을 정하지 아니한 대리인은 다음 각호의 행위만을 할 수 있다. 1. 보존행위 2. 대리의 목적인 물건이나 권리의 성질을 변하지 아니하는 범위에서 그 이용 또는 개량하는 행위

③ (O) : 부동산의 소유자를 대리하여 매매계약을 체결할 권한이 있는 대리인은 특별한 사정이 없는 한 그 잔대금도 수령할 권한이 있다(대판 1991.1.29, 90다9247). 즉 임의대리에 있어서 대리권의 범위는 수권행위(대리권수여행위)에 의하여 정하여지는 것이므로 어느 행위가 대리권의 범위 내의 행위인지의 여부는 개별적인 수권행위의 내용이나 그 해석에 의하여 판단할 것이나, 일반적으로 말하면 수권행위의 통상의 내용으로서의 임의대리권은 그 권한에 부수하여 필요한 한도에서 상대방의 의사표시를 수령하는 이른바 수령대리권을 포함하는 것으로 보아야 한다(대판 2015.12.23. 2013다81019).

④ (O) : 소비대차계약체결의 대리권은 그 계약 내용을 이루는 기한을 연기하고 이자와 임금을 수령할 권한이 있다(대판 1948.2.17, 4280민상286).

⑤ (O) : 계약이 적법한 대리인에 의하여 체결된 경우에 대리인은 다른 특별한 사정이 없는 한 본인을 위하여 계약상 급부를 변제로서 수령할 권한도 가진다. 그리고 대리인이 그 권한에 기하여 계약상 급부를 수령한 경우에, 그 법률효과는 계약 자체에서와 마찬가지로 직접 본인에게 귀속되고 대리인에게 돌아가지 아니한다. 따라서 계약상 채무의 불이행을 이유로 계약이 상대방 당사자에 의하여 유효하게 해제되었다면, 해제로 인한 원상회복의무는 대리인이 아니라 계약의 당사자인 본인이 부담한다. 이는 본인이 대리인으로부터 그 수령한 급부를 현실적으로 인도받지 못하였다거나 해제의 원인이 된 계약상 채무의 불이행에 관하여 대리인에게 책임 있는 사유가 있다고 하여도 다른 특별한 사정이 없는 한 마찬가지라고 할 것이다(대판 2011. 8. 18. 2011다30871).

정답 ②

297 대리권의 범위에 관한 설명으로 옳지 않은 것은? (다툼이 있으면 판례에 따름) [18 감평]

① 법정대리권의 범위는 법정대리인에 관한 규정에 의하여 결정된다.
② 임의대리권은 통상 그 권한에 부수하여 필요한 한도에서 상대방의 의사표시를 수령하는 대리권을 포함한다.
③ 계약체결의 대리권을 수여받은 대리인은 특별한 사정이 없는 한 체결된 계약을 해제할 수 있는 권한을 갖지 않는다.
④ 대리권의 범위를 정하지 않은 임의대리인은 대리의 목적인 물건의 성질이 변하지 않는 범위에서 그 이용행위를 할 수 있다.
⑤ 예금계약의 체결을 위임받은 자의 대리권에는 특별한 사정이 없는 한 그 예금을 담보로 대출을 받을 수 있는 권한이 포함되어 있다.

해설

① (O) : 법률의 규정 등에 의하여 발생되는 대리권에 기한 대리를 말한다.
② (O) : 임의대리에 있어서 대리권의 범위는 수권행위(대리권수여행위)에 의하여 정하여지는 것이므로 어느 행위가 대리권의 범위 내의 행위인지의 여부는 개별적인 수권행위의 내용이나 그 해석에 의하여 판단할 것이나, 일반적으로 말하면 수권행위의 통상의 내용으로서의 임의대리권은 그 권한에 부수하여 필요한 한도에서 상대방의 의사표시를 수령하는 이른바 수령대리권을 포함하는 것으로 보아야 한다(대판 2015.12.23. 2013다81019).
③ (O) : 일반적으로 법률행위에 의하여 수여된 대리권은 원인된 법률관계의 종료에 의하여 소멸하는 것이므로 특별한 다른 사정이 없는 한, 본인을 대리하여 금전소비대차 내지 그를 위한 담보권설정계약을 체결할 권한을 수여받은 대리인에게 본래의 계약관계를 해제할 대리권까지 있다고 볼 수 없다(대판 1993.1.15. 92다39365 ; 대판 2008.1.31. 2007다74713).
④ (O) : 제118조【대리권의 범위】권한을 정하지 아니한 대리인은 다음 각 호의 행위만을 할 수 있다. 2. 대리의 목적인 물건이나 권리의 성질을 변하지 아니하는 범위에서 그 이용 또는 개량하는 행위
⑤ (X) : 예금계약의 체결을 위임받은 자가 가지는 대리권에 당연히 그 예금을 담보로 하여 대부를 받거나 기타 이를 처분할 수 있는 대리권이 포함되어 있는 것은 아니다(대판 1992. 6. 23. 91다14987).

정답 ⑤

298 대리권에 관한 설명으로 옳지 않은 것은? (다툼이 있으면 판례에 따름) [20 세무사]

① 매매계약의 체결에 관하여 대리권을 수여 받은 대리인은 특별한 사정이 없는 한 그 계약에 따른 잔금을 수령할 권한이 있다.
② 예금계약의 체결에 관하여 대리권을 수여받은 대리인은 그 예금을 담보로 대출을 받을 수 있는 권한이 있다.
③ 권한을 정하지 않은 대리인은 대리의 목적인 물건이나 권리의 성질이 변하지 않는 범위에서 이를 이용 또는 개량하는 행위를 할 수 있다.
④ 상대방으로부터 대여금의 수령을 위임받은 대리인에게는 그 상대방의 대여금채무 일부를 면제할 수 있는 권한이 없다.
⑤ 매매계약의 체결과 이행에 관하여 포괄적 대리권을 수여 받은 대리인은 특별한 사정이 없는 한 약정된 매매대금 지급기일을 연기해 줄 권한이 있다.

해설

① (O) : 부동산의 소유자를 대리하여 매매계약을 체결할 권한이 있는 대리인은 특별한 사정이 없는 한 그 잔대금도 수령할 권한이 있다(대판 1991.1.29. 90다9247).
② (X) : 예금계약의 체결을 위임받은 자가 가지는 대리권에 당연히 그 예금을 담보로 하여 대출을 받거나 이를 처분할 수 있는 대리권이 포함되어 있는 것은 아니다(대판 1995. 8. 22. 94다59042).
③ (O) : 제118조【대리권의 범위】권한을 정하지 아니한 대리인은 다음 각호의 행위만을 할 수 있다.

1. 보존행위 2. 대리의 목적인 물건이나 권리의 성질을 변하지 아니하는 범위에서 그 이용 또는 개량하는 행위

④ (O) : 대여금의 영수권한만을 위임받은 대리인이 대여금채무를 면제할 수는 없다(대판 1981. 6. 23, 80다3221).

⑤ (O) : 부동산의 소유자로부터 매매계약을 체결할 대리권을 수여받은 대리인은 특별한 다른 사정이 없는 한 그 매매계약에서 약정한 바에 따라 중도금이나 잔금을 수령할 수도 있다고 보아야 하고, 매매계약의 체결과 이행에 관하여 포괄적으로 대리권을 수여받은 대리인은 특별한 다른 사정이 없는 한 상대방에 대하여 약정된 매매대금지급기일을 연기하여 줄 권한도 가진다고 보아야 할 것이다(대판 1992. 4. 14. 91다43107).

정답 ②

299 대리에 관한 설명으로 옳지 않은 것은? (다툼이 있으면 판례에 따름) [20 감평]

① 계약체결의 권한을 수여받은 대리인은 체결한 계약을 처분할 권한이 있다.
② 본인이 이의제기 없이 무권대리행위를 장시간 방치한 것을 추인으로 볼 수는 없다.
③ 매매계약의 체결과 이행에 관한 대리권을 가진 대리인은, 특별한 사정이 없으면 매수인의 대금지급기일을 연기할 수 있는 권한을 가진다.
④ 본인이 사회통념상 대리권을 추단할 수 있는 직함이나 명칭 등의 사용을 승낙한 경우, 수권행위가 있는 것으로 볼 수 있다.
⑤ 무권대리행위가 제3자의 위법행위로 야기된 경우에도, 본인이 추인하지 않으면 무권대리인은 계약을 이행하거나 손해를 배상하여야 한다.

해설

① (X) : 제118조 【대리권의 범위】 권한을 정하지 아니한 대리인은 다음 각 호의 행위만을 할 수 있다.
1. 보존행위 2. 대리의 목적인 물건이나 권리의 성질을 변하지 아니하는 범위에서 그 이용 또는 개량하는 행위

② (O) : 무권대리행위에 대하여 본인이 그 직후에 그것이 자기에게 효력이 없다고 이의를 제기하지 아니하고 이를 장시간에 걸쳐 방치하였다고 하여 무권대리행위를 추인하였다고 볼 수 없다(대판 1990. 3. 27. 88다카181).

③ (O) : 부동산의 소유자로부터 매매계약을 체결할 대리권을 수여받은 대리인은 특별한 다른 사정이 없는 한 그 매매계약에서 약정한 바에 따라 중도금이나 잔금을 수령할 수도 있다고 보아야 하고, 매매계약의 체결과 이행에 관하여 포괄적으로 대리권을 수여받은 대리인은 특별한 다른 사정이 없는 한 상대방에 대하여 약정된 매매대금지급기일을 연기하여 줄 권한도 가진다고 보아야 할 것이다(대판 1992. 4. 14. 91다43107).

④ (O) : 대리권을 수여하는 수권행위는 불요식의 행위로서 명시적인 의사표시에 의함이 없이 묵시적인 의사표시에 의하여 할 수도 있으며, 어떤 사람이 대리인의 외양을 가지고 행위 하는 것을 본인이 알면서도 이의를 하지 아니하고 방임하는 등 사실상의 용태에 의하여 대리권의 수여가 추단되는 경우도 있다(대판 2016.05.26. 2016다203315).

⑤ **(O)** : 대리인으로서 대리행위를 한 자가 의사표시 당시에 객관적으로 대리권이 결여되어 있으면 족하고 대리권의 결여에 대한 대리인의 과실이 있어야 하는 것은 아니다(대판 1962.04.12. 4294민상1021; 대판 2014.02.27. 2013다213038).

정답 ①

300 민법상 대리권의 범위와 제한에 관한 설명으로 옳지 않은 것은? (다툼이 있으면 판례에 따름)
[21 세무사]

① 본인이 허락하면 본인으로부터 부동산 매매의 대리권을 수여받은 대리인이 스스로 그 부동산의 매수인이 되더라도 그 거래행위는 유효하다.
② 권한을 정하지 않은 임의대리인은 보존행위를 할 수 있다.
③ 임의대리권은 그 권한에 부수하여 필요한 한도에서 상대방의 의사표시를 수령하는 수령대리권을 포함한다.
④ 새로운 이해관계를 창설하지 않는 채무의 이행에도 쌍방대리금지의 규정이 적용된다.
⑤ 계약체결에 관한 대리권을 수여받은 대리인은 그에 따라 체결된 계약을 해제하거나 상대방의 해제의사를 수령할 권한이 없다.

해설

① **(O)**, ④ **(X)** : 제124조【자기계약, 쌍방대리】대리인은 본인의 허락이 없으면 본인을 위하여 자기와 법률행위를 하거나 동일한 법률행위에 관하여 당사자쌍방을 대리하지 못한다. 그러나 채무의 이행은 할 수 있다.
② **(O)** : 제118조【대리권의 범위】권한을 정하지 아니한 대리인은 다음 각호의 행위만을 할 수 있다.
1. 보존행위
③ **(O)** : 부동산의 소유자를 대리하여 매매계약을 체결할 권한이 있는 대리인은 특별한 사정이 없는 한 그 잔대금도 수령할 권한이 있다(대판 1991.1.29. 90다9247).
⑤ **(O)** : 어떠한 계약의 체결에 관한 대리권을 수여받은 대리인이 수권된 법률행위를 하게 되면 그것으로 대리권의 원인된 법률관계는 원칙적으로 목적을 달성하여 종료하는 것이고, 법률행위에 의하여 수여된 대리권은 그 원인된 법률관계의 종료에 의하여 소멸하는 것이므로(민법 제128조), 그 계약을 대리하여 체결하였던 대리인이 체결된 계약의 해제 등 일체의 처분권과 상대방의 의사를 수령할 권한까지 가지고 있다고 볼 수는 없다(대판 2008.6.12. 2008다11276).

정답 ④

301 민법상 대리에 관한 설명으로 옳지 않은 것은? (다툼이 있으면 판례에 따름) [21 노무]

① 매매계약 체결의 대리권을 수여받은 대리인은 특별한 사정이 없는 한 중도금을 수령할 권한이 있다.
② 권한의 정함이 없는 대리인은 기한이 도래한 채무를 변제할 수 있다.
③ 대리인이 수인인 경우 대리인은 특별한 사정이 없는 한 각자가 본인을 대리한다.
④ 대리인의 쌍방대리는 금지되나 채무의 이행은 가능하므로, 쌍방의 허락이 없더라도 경개계약을 체결할 수 있다.
⑤ 사채알선업자가 대주와 차주 쌍방을 대리하여 소비대차계약을 유효하게 체결한 경우, 사채알선업자는 특별한 사정이 없는 한 차주가 한 변제를 수령할 권한이 있다.

해설

① (O) : 부동산의 소유자를 대리하여 매매계약을 체결할 권한이 있는 대리인은 특별한 사정이 없는 한 그 중도금, 잔대금도 수령할 권한이 있다(대판 1991.1.29, 90다9247).
② (O) : **무제한으로 행사할 수 있다.** 보존행위는 재산의 가치를 현상 그대로 유지하는 것을 목적으로 하는 행위로서 건물의 수선, 소멸시효의 중단, 미등기부동산의 등기, 기한이 도래한 채무의 변제, 채권의 추심 등이 이에 속한다.
③ (O) : 제119조【각자대리】대리인이 수인인 때에는 각자가 본인을 대리한다. 그러나 법률 또는 수권행위에 다른 정한 바가 있는 때에는 그러하지 아니하다.
④ (X) : 기존의 법률관계를 이행하는 것이므로 가능하다. 주식명의개서는 가능하지만, 경개, 대물변제, 다툼이 있는 채무의 이행, 선택채무의 이행, 기한미도래 채무의 변제는 불가능하다.
⑤ (O) : 소비대차계약체결의 대리권은 그 계약 내용을 이루는 기한을 연기하고 이자와 임금을 수령할 권한이 있다(대판 1948.2.17, 4280민상286).

302 임의대리권의 소멸사유가 아닌 것은? [16 세무사]

① 본인의 사망   ② 대리인의 사망
③ 대리인의 성년후견의 개시   ④ 대리인의 한정후견의 개시
⑤ 대리인의 파산

해설

제127조【대리권의 소멸사유】대리권은 다음 각 호의 사유로 소멸한다. 1. 본인의 사망 2. 대리인의 사망, 성년후견개시 또는 파산

정답 ④

303 대리권의 소멸사유가 아닌 것은? [16 감평]

① 본인의 사망
② 대리인의 사망
③ 본인의 성년후견의 개시
④ 대리인의 성년후견의 개시
⑤ 대리인의 파산

> **해설**

제127조【대리권의 소멸사유】대리권은 다음 각 호의 사유로 소멸한다. 1. 본인의 사망 2. 대리인의 사망, 성년후견의 개시 또는 파산

304 임의대리권의 소멸사유가 아닌 것은? [18 세무사]

① 본인의 사망
② 대리인의 사망
③ 원인된 법률관계의 종료
④ 대리인의 한정후견의 개시
⑤ 대리인의 파산

> **해설**

제127조【대리권의 소멸사유】대리권은 다음 각 호의 사유로 소멸한다. 1. 본인의 사망 2. 대리인의 사망, 성년후견의 개시 또는 파산, 제128조【임의대리의 종료】법률행위에 의하여 수여된 대리권은 전조의 경우 외에 그 원인된 법률관계의 종료에 의하여 소멸한다. 법률관계의 종료 전에 본인이 수권행위를 철회한 경우에도 같다.

■ 제3관 대리행위

305 대리에 관한 설명으로 옳지 않은 것은? (다툼이 있으면 판례에 따름) [19 세무사]

① 사실상의 용태에 의하여 대리권의 수여가 추단되는 경우도 있다.
② 수동대리의 경우 상대방이 본인에 대한 의사표시라는 것을 표시해야 한다.
③ 임의대리인은 행위능력이 있어야 한다.
④ 대리권을 수여하는 수권행위는 묵시적인 의사표시에 의하여도 할 수 있다.
⑤ 대리인은 본인의 허락이 없으면 본인을 위하여 자기와 법률행위를 하거나 동일한 법률행위에 관하여 당사자 쌍방을 대리하지 못하지만, 채무의 이행은 할 수 있다.

해설

① (O), ④ (O) : 대리권을 수여하는 수권행위는 불요식의 행위로서 명시적인 의사표시에 의함이 없이 묵시적인 의사표시에 의하여 할 수도 있으며, 어떤 사람이 대리인의 외양을 가지고 행위 하는 것을 본인이 알면서도 이의를 하지 아니하고 방임하는 등 사실상의 용태에 의하여 대리권의 수여가 추단되는 경우도 있다(대판 2016.5.26. 2016다203315).

② (O) : 제114조【대리행위의 효력】① 대리인이 그 권한 내에서 본인을 위한 것임을 표시한 의사표시는 직접본인에게 대하여 효력이 생긴다. ② 전항의 규정은 대리인에게 대한 제3자의 의사표시에 준용한다.

③ (X) : 제117조【대리인의 행위능력】대리인은 행위능력자임을 요하지 아니한다.

⑤ (O) : 제124조【자기계약, 쌍방대리】대리인은 본인의 허락이 없으면 본인을 위하여 자기와 법률행위를 하거나 동일한 법률행위에 관하여 당사자쌍방을 대리하지 못한다. 그러나 채무의 이행은 할 수 있다.

정답 ③

---

306 민법상 대리행위의 현명에 관한 설명으로 옳은 것을 모두 고른 것은? (다툼이 있으면 판례에 따름) [20 세무사]

> ㄱ. 현명이 없는 대리행위라도 상대방이 대리인으로서 한 것임을 알았을 때에는 본인에 대하여 효력이 있다.
> ㄴ. 현명은 명시적으로 할 수 있을 뿐이고 묵시적으로 할 수는 없다.
> ㄷ. 현명주의는 법인의 대표자에게도 동일하게 인정된다.

① ㄱ　　② ㄴ　　③ ㄱ, ㄷ
④ ㄴ, ㄷ　　⑤ ㄱ, ㄴ, ㄷ

해설

ㄱ. (O), ㄴ. (X) : 대리에 있어 본인을 위한 것임을 표시하는 이른바 현명은 반드시 명시적으로만 할 필요는 없고 묵시적으로도 할 수 있는 것이고, 채권양도통지를 함에 있어 현명을 하지 아니한 경우라도 채권양도통지를 둘러싼 여러 사정에 비추어 양수인이 대리인으로서 통지한 것임을 상대방이 알았거나 알 수 있었을 때에는 민법 제115조 단서의 규정에 의하여 유효하다(대판 2004.02.13. 2003다43490).

ㄷ. (O) : 제59조【이사의 대표권】② 법인의 대표에 관하여는 대리에 관한 규정을 준용한다. 제114조【대리행위의 효력】① 대리인이 그 권한 내에서 본인을 위한 것임을 표시한 의사표시는 직접본인에게 대하여 효력이 생긴다. ② 전항의 규정은 대리인에게 대한 제3자의 의사표시에 준용한다.

정답 ③

307 대리에 관한 설명으로 옳은 것은? (다툼이 있으면 판례에 따름) [20 노무]

① 대리인 乙이 자신을 본인 甲이라고 하면서 계약을 체결한 경우 그것이 대리권의 범위 내일지라도 그 계약의 효력은 甲이 아닌 乙에게 귀속된다.
② 대리행위를 한 자에게 대리권이 있다는 점에 대한 증명책임은 대리행위의 효과를 주장하는 자에게 있다.
③ 금전소비대차계약에서 원리금반환채무 변제의 수령권한을 위임받은 대리인은 원칙적으로 그 원리금반환채무를 면제해 줄 대리권도 있다.
④ 수인의 대리인이 본인을 위하여 각각 상충되는 내용의 계약을 체결한 경우 가장 먼저 체결된 계약만이 본인에게 효력이 있다.
⑤ 임의대리인은 본인의 승낙이 있는 경우에만 복대리인을 선임할 수 있다.

해설

① (✕) : 실제로는 대리인이 자기의 이름을 표시하지 않고서 마치 본인 자신이 하는 것과 같은 외관으로 행위를 하는 경우가 있다. 예를 들어 계약서 등의 서면에 본인의 이름만을 적고 본인의 인장을 찍는 방법으로 대리행위를 하는 경우로서, 대리인에게 대리의사가 있는 것으로 인정되는 한 유효한 대리행위로 보아야 할 것이다[기관방식 또는 서명대리방식[49]), 주석 민법총칙(3), 43면].
② (○) : 대리인이 본인의 명의로 법률행위를 하였더라도 대리인에게 대리의사가 있는 한 유효한 대리행위가 되고 그 효과는 본인에게 귀속된다. 청구권의 권리발생사실이므로, 상대방이 주장, 증명책임을 진다.
③ (✕) : 대여금의 영수권한만을 위임받은 대리인이 그 대여금 채무의 일부를 면제하기 위하여는 본인의 특별수권이 필요하다
④ (✕) : 제119조【각자대리】대리인이 수인인 때에는 각자가 본인을 대리한다. 그러나 법률 또는 수권행위에 다른 정한 바가 있는 때에는 그러하지 아니하다.
⑤ (✕) : 제120조【임의대리인의 복임권】대리권이 법률행위에 의하여 부여된 경우에는 대리인은 본인의 승낙이 있거나 부득이한 사유 있는 때가 아니면 복대리인을 선임하지 못한다.

정답 ②

---

49) 다른 사람이 본인을 위하여 한다는 대리문구를 어음상에 기재하지 않고 직접 본인명의로 기명날인을 하여 어음행위를 하는 이른바 기관방식 또는 서명대리방식의 어음행위가 권한 없는 자에 의하여 행하여졌다면 이는 어음행위의 무권대리가 아니라 어음의 위조에 해당하는 것이기는 하나, 그 경우에도 제3자가 어음행위를 실제로 한 자에게 그와 같은 어음행위를 할 수 있는 권한이 있다고 믿을 만한 사유가 있고, 본인에게 책임을 질 만한 사유가 있는 때에는 대리방식에 의한 어음행위의 경우와 마찬가지로 민법상의 표현대리규정을 유추적용 하여 본인에게 그 책임을 물을 수 있다(대판 2000.3.23, 99다50385).

308 대리에 관한 설명으로 옳지 않은 것은? (다툼이 있으면 판례에 따름) [19 감평]

① 불법행위에는 대리의 법리가 적용되지 않는다.
② 대리인이 자신의 이익을 도모하기 위하여 대리권을 남용한 경우는 무권대리에 해당한다.
③ 대리인의 대리행위가 공서양속에 반하는 경우, 본인이 그 사정을 몰랐다고 하더라도 그 행위는 무효이다.
④ 대리인이 상대방에게 사기·강박을 하였다면 상대방은 본인이 그에 대해 선의·무과실이라 하더라도 대리인과 행한 법률행위를 취소할 수 있다.
⑤ 복대리인은 본인의 대리인이다.

해설

① (O) : 불법행위에는 대리가 허용될 수 없다. 다만 대리인이 본인의 피용자인 경우에는 본인의 사용자책임(제756조)이 문제될 수는 있다.
② (×) : 대리권 남용도 일단은 대리권의 범위 내에서 한 것이므로, 일단은 유효하다. 즉 "본인을 위한 것"임을 표시해야 함은 대리의사를 표시해야 한다는 것을 의미하며, 본인에게 효과를 귀속시키려는 의사를 뜻한다. 따라서 "본인의 이익을 위하여"라는 뜻은 아니다. 다만 그 대리권 남용 의사를 상대방이 알았거나 알 수 있었다면 무효가 된다(제107조 1항 단서 유추적용설).
③ (O) : 제116조【대리행위의 하자】① 의사표시의 효력이 의사의 흠결, 사기, 강박 또는 어느 사정을 알았거나 과실로 알지 못한 것으로 인하여 영향을 받을 경우에 그 사실의 유무는 대리인을 표준하여 결정한다.
④ (O) : 判例는 상대방의 대리인 등 상대방과 동일시할 수 있는 자의 사기 또는 강박은 상대방의 사기·강박에 해당한다고 하면서(대판 1999.2.23, 98다60828·60835), 은행의 출장소장의 행위는 은행 또는 은행과 동일시할 수 있는 자의 사기일 뿐 제3자의 사기로 볼 수 없으므로, 은행이 그 사기 사실을 알았거나 알 수 있었을 경우에 한하여 위 약정을 취소할 수 있는 것은 아니라고 본다.
⑤ (O) : 제123조【복대리인의 권한】① 복대리인은 그 권한 내에서 본인을 대리한다.

정답 ②

309 대리에 관한 설명으로 옳지 않은 것은? (다툼이 있으면 판례에 따름) [20 세무사]

① 본인은 계약 내용을 잘 알지도 못하고 대리권을 수여하였더라도 대리인이 그 내용을 알면서 계약을 체결하였다면, 본인은 그 내용에 관한 착오를 이유로 계약을 취소할 수 없다.
② 대리인이 수인인 경우 법률 또는 수권행위에 달리 정함이 없으면 각자가 본인을 대리한다.
③ 법률행위에 의하여 수여된 대리권은 그 원인된 법률관계의 종료에 의하여 소멸한다.
④ 법률행위에 의하여 수여된 대리권은 법률관계의 종료 전에 본인의 수권행위 철회에 의하여 소멸한다.
⑤ 대리인이 적극적으로 가담하여 부동산의 이중매매계약을 체결한 경우, 본인이 그러한 사정을 몰랐다면 그 매매계약은 유효하다.

해설

① (O) : 매수인이 대리인을 통하여 분양택지 매수지분의 매매계약을 체결한 경우, 대리행위의 하자의 유무는 대리인을 표준으로 판단하여야 하므로, 대리인이 매도인과 분양자와의 매매계약에 있어서 매수인의 1인으로서 그 계약 내용, 잔금의 지급 기일, 그 지급 여부 및 연체 지연손해금 액수에 관하여 잘 알고 있었다고 인정되는 때에는, 설사 매수인이 연체 지연손해금 여부 및 그 액수에 관하여 모른 채로 대리인에게 대리권을 수여하여 매도인과의 사이에 그 매매계약을 체결하였다고 하더라도, 매수인으로서는 그 자신의 착오를 이유로 매도인과의 매매계약을 취소할 수는 없게 되었다고 볼 여지가 있다(대판 1996. 2. 13. 95다41406).

② (O) : 제119조【각자대리】대리인이 수인인 때에는 각자가 본인을 대리한다. 그러나 법률 또는 수권행위에 다른 정한 바가 있는 때에는 그러하지 아니하다.

③ (O), ④ (O) : 제128조【임의대리의 종료】법률행위에 의하여 수여된 대리권은 전조의 경우 외에 그 원인된 법률관계의 종료에 의하여 소멸한다. 법률관계의 종료 전에 본인이 수권행위를 철회한 경우에도 같다.

⑤ (X) : 제116조【대리행위의 하자】① 의사표시의 효력이 의사의 흠결, 사기, 강박 또는 어느 사정을 알았거나 과실로 알지 못한 것으로 인하여 영향을 받을 경우에 그 사실의 유무는 대리인을 표준하여 결정한다. 따라서 대리인이 적극적으로 가담하여 부동산의 이중매매계약을 체결한 경우, 본인이 그러한 사정을 몰랐다고 하더라도 그 매매계약은 무효하다.

정답 ⑤

310 대리에 관한 설명으로 옳지 않은 것은? (다툼이 있으면 판례에 따름) [21 세무사]

① 미성년자인 대리인은 제한능력자임을 이유로 본인과의 위임계약을 취소할 수 없다.
② 대리행위에 있어서 대리권의 존부에 관한 증명책임은 대리행위의 효과를 주장하는 상대방에게 있다.
③ 부동산 입찰절차에서 동일물건에 관하여 이해관계가 다른 2인 이상의 대리인이 된 경우에는 본인의 허락이 없는 한 그 대리인이 한 입찰은 무효이다.
④ 대리인이 사기나 강박을 당한 경우 본인은 그 대리행위를 취소할 수 있다.
⑤ 어떤 사람이 대리인인 것처럼 행위 하는 것을 본인이 이의 없이 방임하였다는 사실로부터 대리권 수여를 추단할 수도 있다.

해설

① (X) : 대리관계는 기초적 법률관계로부터 독립되어 있으며, 또한 대리권의 수여를 목적으로 하는 법률행위(수권행위)는 기초적 내부관계와 독립하여 대리권의 발생만을 목적으로 하는 행위이다(통설). 判例도 "위임과 대리권수여는 별개의 독립된 행위로서 위임은 위임자와 수임자간의 내부적인 채권채무관계를 말하고 대리권은 대리인의 행위의 효과가 본인에게 미치는 대외적 자격을 말하는 것이다(대판 1962.5.24. 4294민상251,252)."고 한다. 따라서 대리인이 제한능력자라면 기초적 법률관계인 위임계약 자체는 취소할 수 있다.

② (O) : 대리권수여사실은 특별유효요건이므로, 권리발생사실이 되어 권리자인 상대방에게 증명책임이 있다.

③ (O) : 부동산 입찰절차에서 동일한 물건에 관하여 1인이 2인 이상의 대리인이 된 경우, 그 대리인이 한 입찰행위는 무효라고 한다(대판 2004.2.13, 2003마44).

④ (O) : 제116조【대리행위의 하자】① 의사표시의 효력이 의사의 흠결, 사기, 강박 또는 어느 사정을 알았거나 과실로 알지 못한 것으로 인하여 영향을 받을 경우에 그 사실의 유무는 대리인을 표준하여 결정한다. 대리행위의 법률효과는 의사표시에 의한 1차적 법률효과와 의사표시의 직접적 효과가 아닌 2차적 효과로 나눌 수 있다. 예를 들어 소유권이전등기청구권은 전자에, 하자담보청구권이나 사기・강박을 이유로 한 취소권은 후자에 속한다(통설).

⑤ (O) : 대리권을 수여하는 수권행위는 불요식의 행위로서 명시적인 의사표시에 의함이 없이 묵시적인 의사표시에 의하여 할 수도 있으며, 어떤 사람이 대리인의 외양을 가지고 행위 하는 것을 본인이 알면서도 이의를 하지 아니하고 방임하는 등 사실상의 용태에 의하여 대리권의 수여가 추단되는 경우도 있다(대판 2016. 5. 26. 2016다203315).

정답 ①

311 민법상 대리에 관한 설명으로 옳지 않은 것은? (다툼이 있으면 판례에 따름) [21 세무사]

① 대리인이 그 권한 내에서 본인을 위한 것임을 표시한 경우 대리행위가 유효하게 성립한다.
② 대리인이 본인을 위한 것임을 표시하지 않은 경우에는 상대방이 대리행위임을 알 수 있었더라도 본인에게 그 효력이 미치지 않는다.
③ 채권양도인이 양수인에게 채권양도통지 권한을 위임하지 않았다면 상대방이 그 양수인에 의한 통지가 양도인을 위한 것임을 알았더라도 그 통지는 양도인에게 효력이 미치지 않는다.
④ 수동대리의 경우 상대방은 본인에 대한 의사표시임을 표시하여야 본인에게 그 효력이 미친다.
⑤ 대리인이 매매위임장을 제시하고 매매계약을 체결하면서 매매계약서에 자신의 이름을 기재한 경우 특별한 사정이 없는 한 대리행위로서 계약을 체결한 것이다.

해설

① (O) : 제114조【대리행위의 효력】① 대리인이 그 권한 내에서 본인을 위한 것임을 표시한 의사표시는 직접본인에게 대하여 효력이 생긴다.

② (×) : 제115조【본인을 위한 것임을 표시하지 아니한 행위】대리인이 본인을 위한 것임을 표시하지 아니한 때에는 그 의사표시는 자기를 위한 것으로 본다. 그러나 상대방이 대리인으로서 한 것임을 알았거나 알 수 있었을 때에는 전조 제1항의 규정을 준용한다.

③ (O) : 민법 제450조에 의한 채권양도통지는 양도인이 직접 하지 아니하고 사자를 통하여 하거나 대리인으로 하여금 하게 하여도 무방하고, 채권의 양수인도 양도인으로부터 채권양도통지 권한을 위임받아 대리인으로서 그 통지를 할 수 있다(대판 2004. 2. 13. 2003다43490). 따라서 양수인이 채권양도통지 권한을 위임받지 않았다면 상대방이 그 양수인에 의한 통지가 양도인을 위한 것임을 알았더라도 그 통지는 양도인에게 효력이 미치지 않는다.

④ (O) : 제114조【대리행위의 효력】① 대리인이 그 권한 내에서 본인을 위한 것임을 표시한 의사표시는 직접본인에게 대하여 효력이 생긴다. ② 전항의 규정은 대리인에게 대한 제3자의 의사표시에 준용한다.

⑤ (O) : 매매위임장을 제시하고 매매계약을 체결하는 자는 특단의 사정이 없는 한 소유자를 대리하여 매매행위 하는 것이라고 보아야 하고 매매계약서에 대리관계의 표시 없이 그 자신의 이름을 기재하였다고 해서 그것만으로 그 자신이 매도인으로서 타인물을 매매한 것이라고 볼 수는 없다(대판 1982. 5. 25. 81다1349,81다카1209).

정답 ②

제4관 대리의 효과

312 대리에 관한 설명으로 옳은 것은?(다툼이 있으면 판례에 따름) [16 노무사]

① 대리에 있어 본인을 위한 것임을 표시하는 이른바 현명은 명시적으로 하여야 하고 묵시적으로는 할 수 없다.
② 적법한 대리인에 의하여 체결된 계약이 상대방에 의하여 유효하게 해제된 경우, 대리인이 수령한 상대방의 급부를 본인이 현실적으로 인도받지 못하였더라도, 특별한 사정이 없는 한 본인이 해제로 인한 원상회복의무를 부담한다.
③ 부동산의 이중매매의 경우, 제2매수인의 대리인이 매매대상 토지에 관한 거래의 사정을 잘 알면서 매도인의 배임행위에 가담하였다면, 대리행위의 하자 유무는 본인을 표준으로 판단해야 한다.
④ 대리인의 대리권은 복대리인의 선임에 의해 소멸한다.
⑤ 부동산의 소유자로부터 매매계약을 체결할 대리권을 수여받은 대리인은, 특별한 사정이 없는 한, 중도금이나 잔금을 수령할 권한은 없다고 보아야 한다.

해설

① (X) : 대리인이 본인을 대리하여 행위를 함에 있어서는 민법 제114조 제1항의 규정에 따라 본인과 대리인을 표시하여야 하는 것이므로, 대리관계의 현명(현명)을 하지 아니한 채 행위를 하더라도 본인에게 효력이 없는 것이지만, 대리에 있어 본인을 위한 것임을 표시하는 이른바 현명은 반드시 명시적으로만 할 필요는 없고 묵시적으로도 할 수 있는 것이고, 나아가 현명을 하지 아니한 경우라도 여러 사정에 비추어 대리인으로서 행위한 것임을 상대방이 알았거나 알 수 있었을 때에는 민법 제115조 단서의 규정에 의하여 본인에게 효력이 미치는 것이다(대판 2008.05.15. 2007다14759).

② (O) : 계약이 적법한 대리인에 의하여 체결된 경우에 대리인은 다른 특별한 사정이 없는 한 본인을 위하여 계약상 급부를 변제로서 수령할 권한도 가진다. 그리고 대리인이 그 권한에 기하여 계약상 급부를 수령한 경우에, 그 법률효과는 계약 자체에서와 마찬가지로 직접 본인에게 귀속되고 대리인에게 돌아가지 아니한다. 따라서 계약상 채무의 불이행을 이유로 계약이 상대방 당사자에 의하여 유효하게 해제되었다면, 해제로 인한 원상회복의무는 대리인이 아니라 계약의 당사자인 본인이 부

담한다. 이는 본인이 대리인으로부터 그 수령한 급부를 현실적으로 인도받지 못하였다거나 해제의 원인이 된 계약상 채무의 불이행에 관하여 대리인에게 책임 있는 사유가 있다고 하여도 다른 특별한 사정이 없는 한 마찬가지라고 할 것이다(대판 2011.08.18. 2011다30871).

③ (✕) : 제116조【대리행위의 하자】① 의사표시의 효력이 의사의 흠결, 사기, 강박 또는 어느 사정을 알았거나 과실로 알지 못한 것으로 인하여 영향을 받을 경우에 그 사실의 유무는 대리인을 표준하여 결정한다.

④ (✕) : 복대리인은 대리인의 지휘·감독을 받고, 복대리인의 대리권은 대리인의 대리권에 의존하고 그 범위는 대리인의 대리권 범위로 제한된다. 그리고 대리인의 대리권은 복대리인의 선임에 의해 소멸하는 것은 아니다.

⑤ (✕) : 부동산의 소유자를 대리하여 매매계약을 체결할 권한이 있는 대리인은 특별한 사정이 없는 한 그 잔대금도 수령할 권한이 있다(대판 1991.1.29. 90다9247).

정답 ②

제5관 복대리

313 복대리에 관한 설명으로 옳지 않은 것은? (다툼이 있으면 판례에 따름) [17 감평]

① 복대리인은 그 권한 내에서 본인을 대리한다.
② 임의대리인은 본인의 승낙이 있거나 부득이한 사유 있는 때가 아니면 복대리인을 선임하지 못한다.
③ 법정대리인이 부득이한 사유로 복대리인을 선임한 경우, 그 선임감독에 관한 책임만이 있다.
④ 복대리인을 선임하더라도 대리인의 대리권은 소멸하지 않는다.
⑤ 복대리인이 선임한 대리인은 모두 법정대리인이다.

정답 ⑤

해설

① (O) : 제123조【복대리인의 권한】① 복대리인은 그 권한 내에서 본인을 대리한다.
② (O) : 제120조【임의대리인의 복임권】대리권이 법률행위에 의하여 부여된 경우에는 대리인은 본인의 승낙이 있거나 부득이한 사유 있는 때가 아니면 복대리인을 선임하지 못한다.
③ (O) : 제122조【법정대리인의 복임권과 그 책임】법정대리인은 그 책임으로 복대리인을 선임할 수 있다. 그러나 부득이한 사유로 인한 때에는 전조 제1항에 정한 책임만이 있다.
④ (O) : 대리인의 대리권은 복대리인의 선임에 의해 소멸하는 것은 아니다.
⑤ (✕) : 복대리인은 임의대리인이 선임하였든 법정대리인이 선임하였든 수권행위에 의해 선임된 대리인이므로, 모두 임의대리인이다.

314 甲은 아파트를 임차할 수 있는 대리권을 乙에게 수여하였고, 乙은 丙을 복대리인으로 선임하였다. 이에 관한 설명으로 옳은 것은? (다툼이 있으면 판례에 따름) [17 세무사]

① 乙은 부득이한 사유가 없음에도 甲의 승낙을 얻지 않고 丙을 복대리인으로 선임할 수 있다.
② 乙이 부득이한 사유로 丙을 복대리인으로 선임하였다면 乙은 甲에 대하여 丙의 선임감독에 관한 책임을 지지 않는다.
③ 乙이 甲의 지명에 의하여 丙을 복대리인으로 선임한 경우에는 乙은 대리인의 지위를 상실한다.
④ 甲이 수권행위를 철회함으로써 乙의 대리권을 소멸시키면 丙의 복대리권도 소멸 한다.
⑤ 丙이 적법한 대리행위를 통하여 아파트를 임차한 경우, 그 효과는 乙에게 귀속 한다.

해설

① (×) : 제120조【임의대리인의 복임권】대리권이 법률행위에 의하여 부여된 경우에는 대리인은 본인의 승낙이 있거나 부득이한 사유 있는 때가 아니면 복대리인을 선임하지 못한다.
② (×) : 제121조【임의대리인의 복대리인 선임의 책임】① 전조의 규정에 의하여 대리인이 복대리인을 선임한 때에는 본인에게 대하여 그 선임감독에 관한 책임이 있다.
③ (×) : 복대리인은 대리인의 지휘·감독을 받고, 복대리인의 대리권은 대리인의 대리권에 의존하고 그 범위는 대리인의 대리권 범위로 제한된다. 그리고 대리인의 대리권은 복대리인의 선임에 의해 소멸하는 것은 아니다.
④ (○) : 복대리권은 대리인의 대리권을 전제로 하므로 대리권이 소멸하면 복대리권도 소멸한다.
⑤ (×) : 甲에게 귀속한다. 복대리인도 본인의 대리인이기 때문이다.

정답 ④

315 복대리에 관한 설명으로 옳지 않은 것은? (다툼이 있으면 판례에 따름) [18 감평]

① 법정대리인은 자신의 책임으로 복대리인을 선임할 수 있다.
② 임의대리인은 부득이한 사유가 있는 경우, 복대리인을 선임할 수 있다.
③ 법정대리인이 부득이한 사유로 복대리인을 선임한 경우, 본인에 대하여 그 선임감독에 관한 책임이 있다.
④ 임의 대리인이 본인의 승낙을 얻어 복대리인을 선임한 경우, 본인에 대하여 그 선임감독에 관한 책임이 없다.
⑤ 대리인이 대리권 소멸 후 복대리인을 선임하여 그로 하여금 대리행위를 하도록 한 경우, 복대리인의 대리행위에 대하여 표현대리에 관한 규정이 적용될 수 있다.

해설

① (O) : 제122조【법정대리인의 복임권과 그 책임】법정대리인은 그 책임으로 복대리인을 선임할 수 있다. 그러나 부득이한 사유로 인한 때에는 전조 제1항에 정한 책임만이 있다.

② (O) : 제120조【임의대리인의 복임권】대리권이 법률행위에 의하여 부여된 경우에는 대리인은 본인의 승낙이 있거나 부득이한 사유 있는 때가 아니면 복대리인을 선임하지 못한다.

③ (O) : 제122조【법정대리인의 복임권과 그 책임】법정대리인은 그 책임으로 복대리인을 선임할 수 있다. 그러나 부득이한 사유로 인한 때에는 전조 제1항에 정한 책임만이 있다.

④ (×) : 제121조【임의대리인의 복대리인 선임의 책임】① 전조의 규정에 의하여 대리인이 복대리인을 선임한 때에는 본인에게 대하여 그 선임감독에 관한 책임이 있다.

⑤ (O) : 대리인이 대리권 소멸 후 복대리인을 선임하여 복대리인으로 하여금 상대방과 사이에 대리행위를 하도록 한 경우에도 제129조에 의한 표현대리가 성립할 수 있다고 하였다(대판 1998.5.29, 97다55317).

정답 ④

316 복대리에 관한 설명으로 옳지 않은 것은? [18 세무사]

① 대리인이 복대리인을 선임한 때에는 대리인의 대리권은 소멸한다.
② 복대리인은 본인에 대하여 대리인과 동일한 권리의무가 있다.
③ 대리인의 대리권이 소멸하면 복대리인의 대리권도 소멸한다.
④ 법정대리인은 언제든지 복대리인을 선임할 수 있다.
⑤ 법정대리인의 복대리인은 본인의 임의대리인이다.

해설

① (×) : 복대리인은 대리인의 지휘·감독을 받고, 복대리인의 대리권은 대리인의 대리권에 의존하고 그 범위는 대리인의 대리권 범위로 제한된다. 그리고 대리인의 대리권은 복대리인의 선임에 의해 소멸하는 것은 아니다.

② (O) : 제123조【복대리인의 권한】① 복대리인은 그 권한 내에서 본인을 대리한다. ② 복대리인은 본인이나 제3자에 대하여 대리인과 동일한 권리의무가 있다.

③ (O) : 복대리권은 대리인의 대리권을 전제로 하므로 대리권이 소멸하면 복대리권도 소멸한다.

④ (O) : 제122조【법정대리인의 복임권과 그 책임】법정대리인은 그 책임으로 복대리인을 선임할 수 있다. 그러나 부득이한 사유로 인한 때에는 전조제1항에 정한 책임만이 있다.

⑤ (O) : 복대리인은 임의대리인이 선임하였든 법정대리인이 선임하였든 수권행위에 의해 선임된 대리인이므로, 모두 임의대리인이다.

정답 ①

317 甲 소유 X토지에 관하여 매매계약의 체결에 관한 대리권을 수여 받은 乙은 甲의 승낙을 얻어 복대리인 丙을 선임하였다. 그 후 乙은 丁의 이익을 위하여 시가보다 훨씬 낮은 금액으로 丁과 X토지의 매매계약을 체결하였고, 丁도 그 사실을 알고 있었다. 이에 관한 설명으로 옳은 것은? (다툼이 있으면 판례에 따름) [20 세무사]

① 乙은 언제든지 丁과 합의하여 매매계약을 해제할 수 있다.
② 丙은 그의 권한 내에서 乙을 대리한다.
③ 丙은 甲에게 대해서는 乙과 동일한 의무가 있지만, 丁에 대해서는 그렇지 않다.
④ 丁은 甲을 상대로 X토지의 소유권이전등기를 청구할 수 있다.
⑤ 丁이 선의인 戊에게 X토지를 매도하고 소유권이전등기를 넘겨준 경우, 甲은 戊를 상대로 소유권이전등기의 말소를 청구할 수 없다.

해설

① (✗) : 대리의 효과는 본인 甲에게 귀속하여 계약의 당사자가 되므로, 甲이 丁과 합의해제를 할 수 있다.
② (✗) : 제123조【복대리인의 권한】① 복대리인은 그 권한 내에서 본인을 대리한다.
③ (✗) : 제123조【복대리인의 권한】② 복대리인은 본인이나 제3자에 대하여 대리인과 동일한 권리의무가 있다.
④ (✗) : 진의 아닌 의사표시가 대리인에 의하여 이루어지고 그 대리인의 진의가 본인의 이익이나 의사에 반하여 자기 또는 제3자의 이익을 위한 배임적인 것임을 그 상대방이 알았거나 알 수 있었을 경우에는, 민법 제107조 제1항 단서의 유추해석상 그 대리인의 행위는 본인의 대리행위로 성립할 수 없으므로 본인은 대리인의 행위에 대하여 아무런 책임이 없으며, 이 때에 그 상대방이 대리인의 표시의사가 진의 아님을 알았거나 알 수 있었는가의 여부는 표의자인 대리인과 상대방 사이에 있었던 의사표시의 형성 과정과 그 내용 및 그로 인하여 나타나는 효과 등을 객관적인 사정에 비추어 합리적으로 판단하여야 한다(대판 1997. 12. 26. 97다39421).
⑤ (○) : 제107조【진의 아닌 의사표시】① 의사표시는 표의자가 진의 아님을 알고한 것이라도 그 효력이 있다. 그러나 상대방이 표의자의 진의 아님을 알았거나 이를 알 수 있었을 경우에는 무효로 한다. ② 전항의 의사표시의 무효는 선의의 제3자에게 대항하지 못한다. 즉 선의인 戊에게 대항하지는 못하므로, 甲은 戊를 상대로 소유권이전등기의 말소를 청구할 수 없다.

정답 ⑤

318 복대리인에 관한 설명으로 옳은 것은? (다툼이 있으면 판례에 따름) [20 세무사]

① 복대리인을 선임한 법정대리인의 대리권이 소멸하더라도 복대리인의 대리권은 소멸하지 않는다.
② 대리권 소멸 후의 표현대리에 관한 민법 규정은 복대리인에 대하여 적용되지 않는다.
③ 법정대리인이 부득이한 사유로 복대리인을 선임한 경우, 본인에 대하여 그 선임감독에 대한 책임을 지지 않는다.
④ 임의대리인이 본인의 승낙을 받아 복대리인을 선임한 경우, 본인에 대하여 그 선임감독에 대한 책임을 진다.
⑤ 대리인 자신이 처리할 필요가 없는 법률행위에 관하여 본인이 복대리의 금지 의사를 명시하지 않은 것은 복대리인의 선임에 관한 묵시적 승낙이라고 볼 수 없다.

해설

① (✕) : 복대리권은 대리인의 대리권을 전제로 하므로 대리권이 소멸하면 복대리권도 소멸한다.
② (✕) : 대리인이 대리권 소멸 후 복대리인을 선임하여 복대리인으로 하여금 상대방과 사이에 대리행위를 하도록 한 경우에도 제129조에 의한 표현대리가 성립할 수 있다(대판 1998.5.29. 97다55317).
③ (✕) : 제122조【법정대리인의 복임권과 그 책임】법정대리인은 그 책임으로 복대리인을 선임할 수 있다. 그러나 부득이한 사유로 인한 때에는 전조 제1항에 정한 책임만이 있다. 제121조【임의대리인의 복대리인 선임의 책임】① 전조의 규정에 의하여 대리인이 복대리인을 선임한 때에는 본인에게 대하여 그 선임감독에 관한 책임이 있다.
④ (○) : 제120조【임의대리인의 복임권】대리권이 법률행위에 의하여 부여된 경우에는 대리인은 본인의 승낙이 있거나 부득이한 사유 있는 때가 아니면 복대리인을 선임하지 못한다. 제121조【임의대리인의 복대리인 선임의 책임】① 전조의 규정에 의하여 대리인이 복대리인을 선임한 때에는 본인에게 대하여 그 선임감독에 관한 책임이 있다.
⑤ (✕) : 대리의 목적인 법률행위의 성질상 대리인 자신에 의한 처리가 필요하지 아니한 경우에는, 본인이 복대리인 선임금지의 의사를 명시하지 아니하는 한, 복대리인 선임에 관하여 묵시적 승낙이 있는 것으로 보는 것이 타당하지만 오피스텔 분양 업무는 성질상 대리인 자신에 의한 처리가 필요한 경우에 해당 한다(대판 1996.1.26. 94다30690).

정답 ④

319 복대리에 관한 설명으로 옳은 것은? (다툼이 있으면 판례에 따름) [21 감평]

① 복대리인은 제3자에 대하여 대리인과 동일한 권리의무가 있다.
② 본인의 묵시적 승낙에 기초한 임의대리인의 복임권행사는 허용되지 않는다.
③ 임의대리인이 본인의 명시적 승낙을 얻어 복대리인을 선임한 때에는 본인에 대하여 그 선임감독에 관한 책임이 없다.

④ 법정대리인이 그 자신의 이름으로 선임한 복대리인은 법정대리인의 대리인이다.
⑤ 복대리인의 대리행위에 대해서는 표현대리가 성립할 수 없다.

해설

① (○) : 제123조【복대리인의 권한】① 복대리인은 그 권한 내에서 본인을 대리한다. ② 복대리인은 본인이나 제3자에 대하여 대리인과 동일한 권리의무가 있다.

② (×) : 대리의 목적인 법률행위의 성질상 대리인 자신에 의한 처리가 필요하지 아니한 경우에는, 본인이 복대리인 선임금지의 의사를 명시하지 아니하는 한, 복대리인 선임에 관하여 묵시적 승낙이 있는 것으로 보는 것이 타당하지만 오피스텔 분양 업무는 성질상 대리인 자신에 의한 처리가 필요한 경우에 해당 한다(대판 1996.1.26, 94다30690).

③ (×) : 제120조【임의대리인의 복임권】대리권이 법률행위에 의하여 부여된 경우에는 대리인은 본인의 승낙이 있거나 부득이한 사유 있는 때가 아니면 복대리인을 선임하지 못한다. 제121조【임의대리인의 복대리인 선임의 책임】① 전조의 규정에 의하여 대리인이 복대리인을 선임한 때에는 본인에게 대하여 그 선임감독에 관한 책임이 있다.

④ (×) : 복대리인은 대리인이 그의 권한 내의 행위를 행하게 하기 위하여 대리인 자신의 이름으로 선임한 본인의 대리인이다.

⑤ (×) : 대리인이 대리권 소멸 후 복대리인을 선임하여 복대리인으로 하여금 상대방과 사이에 대리행위를 하도록 한 경우에도 제129조에 의한 표현대리가 성립할 수 있다(대판 1998.5.29, 97다55317).

정답 ①

320 복대리에 관한 설명으로 옳은 것은? (다툼이 있으면 판례에 따름) [21 세무사]

① 법정대리인이 복대리인을 선임한 경우에 그 선임 및 감독상 과실이 있는 때에 한하여 책임이 있다.
② 대리인이 대리권 소멸 후 복대리인을 선임하여 대리행위를 하게 한 경우에도 표현대리가 성립할 수 있다.
③ 법정대리인은 본인의 승낙이 있거나 부득이한 사유가 있는 때가 아니면 복대리인을 선임하지 못한다.
④ 임의대리의 목적인 법률행위의 성질이 대리인 자신에 의한 처리를 요하는 경우라도 본인이 복대리 금지의 의사를 명시하지 않았다면 복대리인의 선임이 허용된다.
⑤ 복대리인은 대리인의 대리인이다.

해설

① (×), ③ (×) : 제122조【법정대리인의 복임권과 그 책임】법정대리인은 그 책임으로 복대리인을 선임할 수 있다. 그러나 부득이한 사유로 인한 때에는 전조제1항에 정한 책임만이 있다.

② (O) : 대리인이 대리권 소멸 후 복대리인을 선임하여 복대리인으로 하여금 상대방과 사이에 대리행위를 하도록 한 경우에도 제129조에 의한 표현대리가 성립할 수 있다(대판 1998.5.29, 97다55317).
④ (✕) : 대리의 목적인 법률행위의 성질상 대리인 자신에 의한 처리가 필요하지 아니한 경우에는, 본인이 복대리인 선임금지의 의사를 명시하지 아니하는 한, 복대리인 선임에 관하여 묵시적 승낙이 있는 것으로 보는 것이 타당하지만 오피스텔 분양 업무는 성질상 대리인 자신에 의한 처리가 필요한 경우에 해당 한다(대판 1996.1.26, 94다30690).
⑤ (✕) : 제123조【복대리인의 권한】① 복대리인은 그 권한 내에서 본인을 대리한다.

정답 ②

- 제6관 무권대리

Ⅰ. 서 설

Ⅱ. 표현대리

321 표현대리에 관한 설명으로 옳지 않은 것은? (다툼이 있으면 판례에 따름) [17 노무]

① 권한을 넘은 표현대리에 해당하는지 여부를 판단할 경우, 정당한 이유가 존재하는지 여부는 대리행위 당시를 기준으로 판단한다.
② 표현대리가 성립했다면 상대방에게 과실이 있다고 하더라도 과실상계의 법리를 유추적용할 수 없다.
③ 대리권수여의 표시에 의한 표현대리에 해당하여 본인에게 대리의 효과가 귀속하기 위해서는 상대방은 선의·무과실이어야 한다.
④ 대리인이 대리권 소멸 후 선임한 복대리인과 상대방 사이의 법률행위에는 대리권소멸 후 표현대리가 성립할 수 없다.
⑤ 교회의 정관 기타 규약에 교회 재산에 관한 교회대표자의 권한 규정이 없음에도 불구하고, 교회의 대표자가 교인총회의 결의를 거치지 아니하고 교회 재산을 처분한 경우 권한을 넘은 표현대리에 관한 규정을 준용할 수 없다.

해설

① (O) : 권한을 넘은 표현대리에 있어서 정당한 이유의 유무는 대리행위 당시를 기준으로 하여 판정하여야 하고 대리행위 성립 후의 사정은 고려할 것이 아니다(대판 2002.6.28, 2001다49814).
② (O) : 표현대리행위의 책임은 본인이 전적으로 져야 하고, 상대방에게 과실이 있어도 과실상계의 법리를 유추적용 할 수 없다(대판 1996.7.12, 95다49554).
③ (O) : 제129조【대리권소멸후의 표현대리】대리권의 소멸은 선의의 제3자에게 대항하지 못한다. 그러나 제3자가 과실로 인하여 그 사실을 알지 못한 때에는 그러하지 아니하다.
④ (✕) : 표현대리의 법리는 거래의 안전을 위하여 어떠한 외관적 사실을 야기한 데 원인을 준 자는

그 외관적 사실을 믿음에 정당한 사유가 있다고 인정되는 자에 대하여는 책임이 있다는 일반적인 권리외관 이론에 그 기초를 두고 있는 것인 점에 비추어 볼 때, 대리인이 대리권 소멸 후 직접 상대방과 사이에 대리행위를 하는 경우는 물론 대리인이 대리권 소멸 후 복대리인을 선임하여 복대리인으로 하여금 상대방과 사이에 대리행위를 하도록 한 경우에도, 상대방이 대리권 소멸 사실을 알지 못하여 복대리인에게 적법한 대리권이 있는 것으로 믿었고 그와 같이 믿은 데 과실이 없다면 민법 제129조에 의한 표현대리가 성립할 수 있다(대판 1998. 5. 29. 97다55317).

⑤ (O) : 判例는 주택조합이 주체가 되어 신축 완공한 건물로서 일반에게 분양되는 부분은 조합원 전원의 총유에 속하며, 총유물의 관리 및 처분에 관하여 주택조합의 정관이나 규약에 정한 바에 따라야 하고, 그에 관한 정관이나 규약이 없으면 조합원 총회의 결의에 의하여야 할 것이며, 그와 같은 절차를 거치지 않은 행위는 무효라고 본다(대판 2001.5.29, 2000다10246; 대판 2003.7.11, 2001다73626).

정답 ④

322 권한을 넘은 표현대리(민법 제126조)에 관한 설명으로 옳지 않은 것은? (다툼이 있으면 판례에 따름) [18 세무사]

① 기본대리권에는 법정대리권도 포함된다.
② 대리권이 소멸된 대리인이 복대리인의 선임한 경우, 그 복대리인의 대리권도 기본대리권이 될 수 있다.
③ 권한을 넘은 대리행위가 기본대리권과 동종 또는 유사한 것이 아니어도 권한을 넘은 표현대리가 성립할 수 있다.
④ 정당한 이유의 존부는 자칭 대리인의 대리행위가 행하여질 때에 존재하는 모든 사정을 객관적으로 관찰하여 판단하여야 한다.
⑤ 대리행위가 강행법규 위반으로 무효인 경우라도 권한을 넘은 표현대리가 성립한다.

해설

① (O) : 判例는 구법 상 한정치산자의 후견인이 친족회 동의를 얻지 않고 피후견인의 부동산을 처분한 경우, 상대방이 친족회의 동의가 있다고 믿은데 정당한 이유가 있으면 한정치산자에게 그 효력이 미친다고 하였다. 즉, 제126조는 법정대리에도 적용 된다(대판 1997.6.27, 97다3828).

② (O) : 표현대리의 법리는 거래의 안전을 위하여 어떠한 외관적 사실을 야기한 데 원인을 준 자는 그 외관적 사실을 믿음에 정당한 사유가 있다고 인정되는 자에 대하여는 책임이 있다는 일반적인 권리외관 이론에 그 기초를 두고 있는 것인 점에 비추어 볼 때, 대리인이 대리권 소멸 후 직접 상대방과 사이에 대리행위를 하는 경우는 물론 대리인이 대리권 소멸 후 복대리인을 선임하여 복대리인으로 하여금 상대방과 사이에 대리행위를 하도록 한 경우에도, 상대방이 대리권 소멸 사실을 알지 못하여 복대리인에게 적법한 대리권이 있는 것으로 믿었고 그와 같이 믿은 데 과실이 없다면 민법 제129조에 의한 표현대리가 성립할 수 있다(대판 1998.5.29. 97다55317).

③ (O) : 대리행위는 기본대리권과 다른 종류의 것이라도 무방하다. 判例는 기본대리권이 공법상의 권리(등기신청권)이고, 표현대리행위가 사법상의 행위일지라도 제126조의 표현대리는 적용된다고 하

고(대판 1978.3.28, 78다282), 구청에 대한 영업허가신청의 경우에도 가능하다고 한다(대판 1965.3.30, 65다44).

④ (O) : 권한을 넘은 표현대리에 있어서 정당한 이유의 유무는 대리행위 당시를 기준으로 하여 판정하여야 하고 대리행위 성립 후의 사정은 고려할 것이 아니다(대판 2002.6.28. 2001다49814).

⑤ (×) : 강행규정위반의 대리행위이어서는 안 된다. 따라서 주택조합의 대표자가 조합원 총회의 결의를 거치지 아니하고 건물을 처분한 행위에 관하여 민법 제126조 표현대리에 관한 규정을 준용할 수 없다. 判例는 주택조합이 주체가 되어 신축 완공한 건물로서 일반에게 분양되는 부분은 조합원 전원의 총유에 속하며, 총유물의 관리 및 처분에 관하여 주택조합의 정관이나 규약에 정한 바에 따라야 하고, 그에 관한 정관이나 규약이 없으면 조합원 총회의 결의에 의하여야 할 것이며, 그와 같은 절차를 거치지 않은 행위는 무효라고 본다(대판 2001.5.29, 2000다10246; 대판 2003.7.11, 2001다73626).

정답 ⑤

323 표현대리에 관한 설명으로 옳지 않은 것은? (다툼이 있으면 판례에 따름) [19 세무사]

① 사회통념상 대리권을 추단할 수 있는 직함이나 명칭 등의 사용을 승낙 또는 묵인한 경우에도 대리권 수여의 표시가 있은 것으로 볼 수 있다.
② 권한을 넘는 표현대리 규정은 법정대리에도 적용된다.
③ 대리인이 대리권 소멸 후 복대리인을 선임하여 대리행위를 하도록 한 경우에도 상대방이 대리권 소멸 사실에 대해 선의·무과실이라면 표현대리가 성립할 수 있다.
④ 표현대리의 법리는 일반적인 권리외관이론에 그 기초를 두고 있다.
⑤ 표현대리가 성립되면 무권대리의 성질이 유권대리로 전환된다.

해설

① (O) : 判例는 명의의 사용승인은 대리권 수여표시에 해당한다고 하면서 대리권수여표시는 반드시 대리권 또는 대리인이라는 말을 사용하여야 하는 것이 아니라 **사회통념상 대리권을 추단할 수 있는 직함이나 명칭 등의 사용을 승낙 또는 묵인한 경우**에도 대리권 수여의 표시가 있은 것으로 본다(대판 1998.6.12, 97다53762). 따라서 호텔 등의 시설이용 우대회원 모집계약을 체결하면서 자신의 판매점, 총대리점 또는 연락사무소 등의 명칭을 사용하여 모집 안내를 하거나 입회계약체결을 승낙 또는 묵인하였다면 제125조의 표현대리가 성립할 수 있다고 하였다.

② (O) : 判例는 한정치산자의 후견인이 친족회 동의를 얻지 않고 피후견인의 부동산을 처분한 경우, 상대방이 친족회의 동의가 있다고 믿는데 정당한 이유가 있으면 한정치산자에게 그 효력이 미친다고 하였다. 즉, 제126조는 법정대리에도 적용 된다(대판 1997.6.27, 97다3828).

③ (O) : 대리인이 대리권 소멸 후 복대리인을 선임하여 복대리인으로 하여금 상대방과 사이에 대리행위를 하도록 한 경우에도 제129조에 의한 표현대리가 성립할 수 있다(대판 1998.5.29, 97다55317).

④ (O) : 표현대리의 법리는 거래의 안전을 위하여 어떠한 외관적 사실을 야기하는 데 원인을 준 자는 그 외관적 사실을 믿음에 정당한 사유가 있다고 인정되는 자에 대하여는 책임이 있다는 일반적인 권리외관 이론에 그 기초를 두고 있는 것인 점에 비추어 볼 때, 대리인이 대리권 소멸 후 직접 상대

방과 사이에 대리행위를 하는 경우는 물론 대리인이 대리권 소멸 후 복대리인을 선임하여 복대리인으로 하여금 상대방과 사이에 대리행위를 하도록 한 경우에도, 상대방이 대리권 소멸 사실을 알지 못하여 복대리인에게 적법한 대리권이 있는 것으로 믿었고 그와 같이 믿은 데 과실이 없다면 민법 제129조에 의한 표현대리가 성립할 수 있다(대판 1998. 5. 29. 97다55317).

⑤ (×) : 유권대리에 있어서는 본인이 대리인에게 수여한 대리권의 효력에 의하여 법률효과가 발생하는 반면 표현대리에 있어서는 대리권이 없음에도 불구하고 법률이 특히 거래상대방 보호와 거래안전유지를 위하여 본래 무효인 무권대리행위의 효과를 본인에게 미치게 한 것으로서 표현대리가 성립된다고 하여 무권대리의 성질이 유권대리로 전환되는 것은 아니므로, 양자의 구성요건 해당사실 즉 주요사실은 다르다고 볼 수 밖에 없으니 유권대리에 관한 주장 속에 무권대리에 속하는 표현대리의 주장이 포함되어 있다고 볼 수 없다(대판[전합] 1983. 12. 13. 83다카1489).

정답 ⑤

324 대리에 관한 설명으로 옳지 않은 것은? (다툼이 있으면 판례에 따름) [19 세무사]

① 대리인이 대리권 범위 내에서 본인 명의로 법률행위를 한 경우, 본인에게 법률효과가 귀속된다.
② 표현대리행위가 성립하는 경우에 상대방에게 과실이 있다면 과실상계의 법리를 유추적용하여 본인의 책임을 감경할 수 있다.
③ 법정대리인은 그 책임으로 복대리인을 선임할 수 있다.
④ 복수의 대리인이 있는 경우에 법률의 규정이나 수권행위에서 특별히 정하고 있지 않은 한 각자 본인을 대리한다.
⑤ 부모의 일방이 공동명의로 미성년의 자를 대리한 경우, 다른 일방의 의사에 반하더라도 상대방이 악의가 아니면 그 효력이 있다.

해설

① (○) : 제114조【대리행위의 효력】① 대리인이 그 권한 내에서 본인을 위한 것임을 표시한 의사표시는 직접본인에게 대하여 효력이 생긴다.
② (×) : 표현대리행위의 책임은 본인이 전적으로 져야 하고, 상대방에게 과실이 있어도 과실상계의 법리를 유추적용 할 수 없다(대판 1996.7.12. 95다49554).
③ (○) : 제122조【법정대리인의 복임권과 그 책임】법정대리인은 그 책임으로 복대리인을 선임할 수 있다. 그러나 부득이한 사유로 인한 때에는 전조 제1항에 정한 책임만이 있다.
④ (○) : 제119조【각자대리】대리인이 수인인 때에는 각자가 본인을 대리한다. 그러나 법률 또는 수권행위에 다른 정한 바가 있는 때에는 그러하지 아니하다.
⑤ (○) : 제920조의2【공동친권자의 일방이 공동명의로 한 행위의 효력】부모가 공동으로 친권을 행사하는 경우 부모의 일방이 공동명의로 자를 대리하거나 자의 법률행위에 동의한 때에는 다른 일방의 의사에 반하는 때에도 그 효력이 있다. 그러나 상대방이 악의인 때에는 그러하지 아니한다.

정답 ②

325 표현대리에 관한 설명으로 옳지 않은 것은? (다툼이 있으면 판례에 따름)   [20 세무사]

① 표현대리가 성립된다고 하여 무권대리의 성질이 유권대리로 전환되는 것은 아니다.
② 대리권 소멸 후의 표현대리가 성립된 경우에도 그 표현대리의 권한을 넘는 대리행위가 있을 때에는 권한을 넘은 표현대리가 성립할 수 있다.
③ 대리행위가 강행법규에 위반되어 무효인 경우에도 표현대리의 법리가 준용될 수 있다.
④ 민법상의 표현대리 규정은 소송행위에 적용되지 않는다.
⑤ 대리행위의 상대방이 유권대리임을 주장한다고 하여 그 속에 표현대리의 주장이 당연히 포함되는 것은 아니다.

해설

① (O), ⑤ (O) : 유권대리에 있어서는 본인이 대리인에게 수여한 대리권의 효력에 의하여 법률효과가 발생하는 반면 표현대리에 있어서는 대리권이 없음에도 불구하고 법률이 특히 거래상대방 보호와 거래안전유지를 위하여 본래 무효인 무권대리행위의 효과를 본인에게 미치게 한 것으로서 표현대리가 성립된다고 하여 <u>무권대리의 성질이 유권대리로 전환되는 것은 아니므로</u>, 양자의 구성요건 해당사실 즉 주요사실은 다르다고 볼 수 밖에 없으니 <u>유권대리에 관한 주장 속에 무권대리에 속하는 표현대리의 주장이 포함되어 있다고 볼 수 없다</u>(대판[전합] 1983.12.13, 83다카1489).

② (O) : 제129조에 의한 표현대리로 인정되는 경우에 그 표현대리의 권한을 넘은 대리행위가 있을 때에도 제126조의 표현대리가 성립할 수 있다고 한다(대판 2008.1.31, 2007다74713).

③ (✗) : 강행규정위반의 대리행위이어서는 안 된다. 따라서 주택조합의 대표자가 조합원 총회의 결의를 거치지 아니하고 건물을 처분한 행위에 관하여 민법 제126조 표현대리에 관한 규정을 준용할 수 없다. 판례는 주택조합이 주체가 되어 신축 완공한 건물로서 일반에게 분양되는 부분은 조합원 전원의 총유에 속하며, 총유물의 관리 및 처분에 관하여 주택조합의 정관이나 규약에 정한 바에 따라야 하고, 그에 관한 정관이나 규약이 없으면 조합원 총회의 결의에 의하여야 할 것이며, 그와 같은 절차를 거치지 않은 행위는 무효라고 본다(대판 2001.5.29, 2000다10246; 대판 2003.7.11, 2001다73626).

④ (O) : 이행지체가 있으면 즉시 강제집행을 하여도 이의가 없다는 강제집행 수락의사표시는 소송행위라 할 것이고, 이러한 **소송행위에는 민법상의 표현대리규정이 적용 또는 유추적용 될 수는 없다**(대판 1983.2.8, 81다카621).

정답 ③

326 표현대리에 관한 설명으로 옳지 않은 것을 모두 고른 것은? (다툼이 있으면 판례에 따름)

[21 감평]

> ㄱ. 대리권 소멸 후의 표현대리에 관한 규정은 임의대리에만 적용된다.
> ㄴ. 표현대리를 주장할 때에는 무권대리인과 표현대리에 해당하는 무권대리 행위를 특정하여 주장하여야 한다.
> ㄷ. 강행법규를 위반하여 무효인 법률행위라 하더라도 표현대리의 법리는 준용될 수 있다.
> ㄹ. 표현대리가 성립하는 경우에도 상대방에게 과실이 있다면 과실상계의 법리를 유추 적용하여 본인의 책임을 경감 할 수 있다.

① ㄱ, ㄴ
② ㄴ, ㄷ
③ ㄱ, ㄴ, ㄷ
④ ㄱ, ㄷ, ㄹ
⑤ ㄴ, ㄷ, ㄹ

해설

ㄱ. (✗) : 본조는 임의대리, 법정대리 모두에 적용된다. 즉 대리권소멸 후의 표현대리에 관한 민법 제129조는 법정대리인의 대리권소멸에 관하여도 적용이 있다(대판 1975.1.28, 74다1199).

ㄴ. (○) : 표현대리 제도는 대리권이 있는 것 같은 외관이 생긴데 대해 본인이 민법 제125조, 제126조 및 제129조 소정의 원인을 주고 있는 경우에 그러한 외관을 신뢰한 선의 무과실의 제3자를 보호하기 위하여 그 무권대리 행위에 대하여 본인이 책임을 지게 하려는 것이고 이와 같은 문제는 무권대리인과 본인과의 관계, 무권대리인의 행위 당시의 여러가지 사정 등에 따라 결정되어야 할 것이므로 당사자가 표현대리를 주장함에는 무권대리인과 표현대리에 해당하는 무권대리 행위를 특정하여 주장하여야 한다 할 것이고 따라서 당사자의 표현대리의 항변은 특정된 무권대리인의 행위에만 미치고 그 밖의 무권대리인이나 무권대리 행위에는 미치지 아니한다(대판 1984. 7. 24. 83다카1819).

ㄷ. (✗) : 강행규정위반의 대리행위이어서는 안 된다. 따라서 주택조합의 대표자가 조합원 총회의 결의를 거치지 아니하고 건물을 처분한 행위에 관하여 민법 제126조 표현대리에 관한 규정을 준용할 수 없다. 判例는 주택조합이 주체가 되어 신축 완공한 건물로서 일반에게 분양되는 부분은 조합원 전원의 총유에 속하며, 총유물의 관리 및 처분에 관하여 주택조합의 정관이나 규약에 정한 바에 따라야 하고, 그에 관한 정관이나 규약이 없으면 조합원 총회의 결의에 의하여야 할 것이며, 그와 같은 절차를 거치지 않은 행위는 무효라고 본다(대판 2001.5.29, 2000다10246; 대판 2003.7.11, 2001다73626).

ㄹ. (✗) : 표현대리행위의 책임은 본인이 전적으로 져야 하고, 상대방에게 과실이 있어도 과실상계의 법리를 유추적용 할 수 없다(대판 1996.7.12, 95다49554).

정답 ④

327 甲은 자신 소유 X아파트의 임대에 관하여 乙에게 대리권을 수여하였고, 乙은 X를 丙에게 매도하는 계약을 체결하였다. 다음 설명 중 옳은 것을 모두 고른 것은? (다툼이 있으면 판례에 따름)

[21 세무사]

> ㄱ. X에 대한 매매행위가 강행법규에 위반되어 무효인 경우에는 표현대리가 성립하지 않는다.
> ㄴ. 乙이 자신이 甲인 것처럼 기망하여 甲의 명의로 丙과 매매계약을 체결한 경우 원칙적으로 표현대리가 성립한다.
> ㄷ. 乙이 복임권 없이 복대리인을 선임하여 丙과의 매매계약을 체결하게 한 경우에도 권한을 넘은 표현대리의 기본대리권이 존재한다.

① ㄴ ② ㄱ, ㄴ ③ ㄱ, ㄷ
④ ㄴ, ㄷ ⑤ ㄱ, ㄴ, ㄷ

해설

ㄱ. (○) : 주택조합의 대표자가 조합원 총회의 결의를 거치지 아니하고 건물을 처분한 행위에 관하여 민법 제126조 표현대리에 관한 규정을 준용할 수 없다. 判例는 주택조합이 주체가 되어 신축 완공한 건물로서 일반에게 분양되는 부분은 조합원 전원의 총유에 속하며, 총유물의 관리 및 처분에 관하여 주택조합의 정관이나 규약에 정한 바에 따라야 하고, 그에 관한 정관이나 규약이 없으면 조합원 총회의 결의에 의하여야 할 것이며, 그와 같은 절차를 거치지 않은 행위는 무효라고 본다(대판 2001.5.29, 2000다10246; 대판 2003.7.11, 2001다73626).

ㄴ. (×) : 判例는 "사술"을 써서 위와 같은 대리행위의 표시를 하지 아니하고 단지 본인의 성명을 "모용"하여 자기가 마치 본인인 것처럼 기망하여 본인 명의로 직접 법률행위를 한 경우에는 특별한 사정이 없는 한 위 법조 소정의 표현대리는 성립될 수 없다. 즉 처가 제3자를 남편으로 가장시켜 관련 서류를 위조하여 남편 소유의 부동산을 담보로 금원을 대출받은 경우, 남편에 대한 민법 제126조 소정의 표현대리책임을 부정한다(대판 2002.6.28, 2001다49814).

ㄷ. (○) : 대리인이 사자 내지 임의로 선임한 복대리인을 통하여 권한 외의 법률행위를 한 경우, 상대방이 그 행위자를 대리권을 가진 대리인으로 믿었고 또한 그렇게 믿는 데에 정당한 이유가 있는 때에는, 복대리인 선임권이 없는 대리인에 의하여 선임된 복대리인의 권한도 기본대리권이 될 수 있을 뿐만 아니라, 그 행위자가 사자라고 하더라도 대리행위의 주체가 되는 대리인이 별도로 있고 그들에게 본인으로부터 기본대리권이 수여된 이상, 민법 제126조를 적용함에 있어서 기본대리권의 흠결 문제는 생기지 않는다(대판 1998.3.27., 97다48982).

정답 ③

328 표현대리에 관한 설명으로 옳지 않은 것은? (다툼이 있으면 판례에 따름) [21 세무사]

① 상대방에게 과실이 있더라도 과실상계를 적용하여 본인의 계약상 책임을 경감할 수 없다.
② 유권대리의 주장에 표현대리의 주장이 당연히 포함되는 것은 아니다.
③ 대리권 수여의 표시에 의해 표현대리가 성립한 경우에 본인과 대리행위를 한 자 사이의 법률관계의 성질이나 그 효력은 고려하지 않는다.
④ 상대방의 과실을 판단할 때 표현대리인의 주관적 사정은 고려하지 않는다.
⑤ 타인간의 거래에서 세무회계상 필요로 자신의 납세번호증을 이용하도록 허락한 사실만으로 그 거래에 관하여 대리권 수여의 표시가 있다고 본다.

해설

① (O) : 표현대리행위의 책임은 본인이 전적으로 져야 하고, 상대방에게 과실이 있어도 과실상계의 법리를 유추적용 할 수 없다(대판 1996.7.12, 95다49554).

② (O) : 유권대리에 있어서는 본인이 대리인에게 수여한 대리권의 효력에 의하여 법률효과가 발생하는 반면 표현대리에 있어서는 대리권이 없음에도 불구하고 법률이 특히 거래상대방 보호와 거래안전유지를 위하여 본래 무효인 무권대리행위의 효과를 본인에게 미치게 한 것으로서 표현대리가 성립된다고 하여 무권대리의 성질이 유권대리로 전환되는 것은 아니므로, 양자의 구성요건 해당사실 즉 주요사실은 다르다고 볼 수 밖에 없으니 유권대리에 관한 주장 속에 무권대리에 속하는 표현대리의 주장이 포함되어 있다고 볼 수 없다(대판[전합] 1983.12.13, 83다카1489).

③ (O) : 민법 제125조가 규정하는 대리권 수여의 표시에 의한 표현대리는 본인과 대리행위를 한 자 사이의 기본적인 법률관계의 성질이나 그 효력의 유무와는 직접적인 관계가 없이 어떤 자가 본인을 대리하여 제3자와 법률행위를 함에 있어 본인이 그 자에게 대리권을 수여하였다는 표시를 제3자에게 한 경우에는 성립될 수가 있고, 또 본인에 의한 대리권 수여의 표시는 반드시 대리권 또는 대리인이라는 말을 사용하여야 하는 것이 아니라 사회통념상 대리권을 추단할 수 있는 직함이나 명칭 등의 사용을 승낙 또는 묵인한 경우에도 대리권 수여의 표시가 있는 것으로 볼 수 있다(대판 1998.6.12, 97다53762). 따라서 호텔 등의 시설이용우대회원 모집계약을 체결하면서 자신의 판매점, 총대리점 또는 연락사무소 등의 명칭을 사용하여 모집안내를 하거나 입회계약체결을 승낙 또는 묵인하였다면 제125조의 표현대리가 성립할 수 있다.

④ (O) : 표현대리에 있어서 표현대리인이 대리권을 갖고 있다고 믿는 데 상대방의 과실이 있는지 여부는 계약성립 당시의 제반사정을 객관적으로 판단하여 결정하여야 하고 표현대리인의 주관적 사정을 고려하여서는 안 된다(대판 1989. 4. 11. 88다카13219).

⑤ (X) : 타인간의 거래에 있어 단지 세무회계상의 필요로 자기의 납세번호증을 이용하게 한 사실 만으로서는 그 거래에 관한 대리권을 수여하였음을 표시하였거나 또는 자기의 명의(상호)를 대여하였다고 보기 어렵다(대판 1978.06.27. 78다864).

정답 ⑤

Ⅲ. 협의의 무권대리

329 협의의 무권대리에 관한 설명으로 옳은 것은? (다툼이 있으면 판례에 따름) [18 세무사]

① 무권대리인과 계약을 체결한 상대방이 악의인 경우, 상대방은 본인에게 추인 여부의 확답을 최고할 수 없다.
② 무권대리인과 계약을 체결한 상대방은 악의인 경우에도 그 계약의 의사표시를 철회할 수 있다.
③ 본인은 무권대리행위 중 그 일부에 대한 추인만으로 그 행위를 유효하게 만들 수 있다.
④ 추인은 본인이 무권대리행위가 있음을 알고서 하여야 효력이 있다.
⑤ 무권대리인과 계약을 체결한 상대방이 철회한 후에도 본인은 추인함으로써 그 계약을 유효하게 만들 수 있다.

해설

① (✕) : 제131조【상대방의 최고권】대리권 없는 자가 타인의 대리인으로 계약을 한 경우에 상대방은 상당한 기간을 정하여 본인에게 그 추인여부의 확답을 최고할 수 있다. 본인이 그 기간 내에 확답을 발하지 아니한 때에는 추인을 거절한 것으로 본다.

② (✕) : 제134조【상대방의 철회권】대리권 없는 자가 한 계약은 본인의 추인이 있을 때까지 상대방은 본인이나 그 대리인에 대하여 이를 철회할 수 있다. 그러나 계약당시에 상대방이 대리권 없음을 안 때에는 그러하지 아니하다.

③ (✕) : 추인은 의사표시의 전부에 대하여 행하여져야 하고, 그 **일부에 대하여 추인**을 하거나 그 **내용을 변경하여 추인**을 하였을 경우에는 상대방의 동의를 얻지 못하는 한 무효이다. 무권대리행위의 추인은 대리행위 전부에 대하여 행해져야 한다(대판 1982.1.26, 81다카549).

④ (○) : 무효행위 또는 무권대리행위의 추인은 무효행위 등이 있음을 알고 그 행위의 효과를 자기에게 귀속시키도록 하는 단독행위로서 묵시적인 방법으로도 할 수 있으므로, 본인이 그 행위로 처하게 된 법적 지위를 충분히 이해하고 그럼에도 진의에 기하여 그 행위의 결과가 자기에게 귀속된다는 것을 승인한 것으로 볼 만한 사정이 있는 경우에는 묵시적으로 추인한 것으로 볼 수 있다(대판 2011.2.10, 2010다83199,83205).

⑤ (✕) : 확정적 무효가 되므로, 본인은 무권대리를 추인할 수 없다. 그리고 본인이 추인하지 않을 때 무권대리인이 책임을 지는 무권대리인 책임(제135조)도 발생하지 않는다. 다만 상대방이 무권대리인에게 이미 이행한 것이 있다면 부당이득반환청구가 가능하다.

정답 ④

330 무권대리와 표현대리에 관한 설명으로 옳은 것은? (다툼이 있으면 판례에 따름)   [18 감평]

① 강행법규에 위반한 무효의 대리행위에 대해서도 표현대리의 법리가 적용될 수 있다.
② 무권대리행위의 추인은 본인이 무권대리행위의 상대방뿐만 아니라 무권대리인에 대해서도 할 수 있다.
③ 상대방의 유권대리 주장에는 표현대리의 성립 역시 포함되므로 법원은 표현대리의 성립 여부까지 판단해야 한다.
④ 무권대리인이 무권대리행위 후 본인을 단독상속 한 경우, 그 무권대리행위가 무효임을 주장하는 것은 신의칙에 반하지 않는다.
⑤ 표현대리가 성립하는 경우, 상대방에게 과실이 있으면 과실상계의 법리가 적용된다.

해설

① (✗) : 강행규정위반의 대리행위이어서는 안 된다. 따라서 주택조합의 대표자가 조합원 총회의 결의를 거치지 아니하고 건물을 처분한 행위에 관하여 민법 제126조 표현대리에 관한 규정을 준용할 수 없다.

② (○) : 추인의 상대방은 무권대리인이나 무권대리행위의 상대방에 대하여도 할 수 있다(대판 2009.11.12. 2009다46828).

③ (✗) : 유권대리에 있어서는 본인이 대리인에게 수여한 대리권의 효력에 의하여 법률효과가 발생하는 반면 표현대리에 있어서는 대리권이 없음에도 불구하고 법률이 특히 거래상대방 보호와 거래안전유지를 위하여 본래 무효인 무권대리행위의 효과를 본인에게 미치게 한 것으로서 표현대리가 성립된다고 하여 무권대리의 성질이 유권대리로 전환되는 것은 아니므로, 양자의 구성요건 해당사실 즉 주요사실은 다르다고 볼 수 밖에 없으니 유권대리에 관한 주장 속에 무권대리에 속하는 표현대리의 주장이 포함되어 있다고 볼 수 없다(대판[전합] 1983. 12. 13. 83다카1489).

④ (✗) : 상속으로 인하여 무권대리인이 본인의 지위를 상속한 경우, 본인의 지위(추인권·추인거절권)와 무권대리인의 지위(제135조 책임)는 혼동되지 않고 병존하나, 본인의 지위에서 추인을 거절하는 것은 신의칙상 허용되지 않는다[50](대판 1994.9.27. 94다20617).

⑤ (✗) : 표현대리행위의 책임은 본인이 전적으로 져야 하고, 상대방에게 과실이 있어도 과실상계의 법리를 유추적용 할 수 없다(대판 1996.7.12. 95다49554).

정답 ②

---

50) 甲이 대리권 없이 乙 소유 부동산을 丙에게 매도하여 부동산소유권이전등기등에관한특별조치법에 의하여 소유권이전등기를 마쳐주었다면 그 매매계약은 무효이고 이에 터잡은 이전등기 역시 무효가 되나, 甲은 乙의 무권대리인으로서 민법 제135조 제1항의 규정에 의하여 매수인인 丙에게 부동산에 대한 소유권이전등기를 이행할 의무가 있으므로 그러한 지위에 있는 甲이 乙로부터 부동산을 상속받아 그 소유자가 되어 소유권이전등기이행의무를 이행하는 것이 가능하게 된 시점에서 자신이 소유자라고 하여 자신으로부터 부동산을 전전매수한 丁에게 원래 자신의 매매행위가 무권대리행위여서 무효였다는 이유로 丁 앞으로 경료 된 소유권이전등기가 무효의 등기라고 주장하여 그 등기의 말소를 청구하거나 부동산의 점유로 인한 부당이득금의 반환을 구하는 것은 금반언의 원칙이나 신의성실의 원칙에 반하여 허용될 수 없다.

331 甲으로부터 대리권을 수여받지 못한 乙은 甲의 대리인이라고 사칭하여 甲의 토지에 대해 丙과 매매계약을 체결하였다. 甲, 乙, 丙 사이의 법률관계에 관한 설명으로 옳은 것은? (다툼이 있으면 판례에 따름) [19 감평]

① 甲은 乙의 대리행위를 추인할 수 있으며, 그 추인은 乙이 아닌 丙에게 하여야 효력이 있다.
② 甲이 추인하지 않고 乙이 자신의 대리권을 증명하지 못한 경우, 乙은 자신의 선택에 좇아 선의·무과실인 丙에게 계약의 이행이나 손해배상 책임을 진다.
③ 甲이 추인하면서 특별한 의사표시를 하지 않았다면 乙의 대리행위는 추인한 때로부터 甲에게 효력이 생긴다.
④ 丙이 계약당시에 乙에게 대리권이 없다는 사실을 알았다면 철회권을 행사할 수 없다.
⑤ 丙은 甲에게 상당한 기간을 정하여 추인 여부의 확답을 최고할 수 있으며, 甲이 그 기간 내에 확답을 발하지 아니하면 甲이 추인한 것으로 본다.

해설

① (✗) : 추인의 상대방은 무권대리인이나 무권대리행위의 상대방에 대하여도 할 수 있다(대판 2009.11.12. 2009다46828).
② (✗) : 제135조【상대방에 대한 무권대리인의 책임】① 다른 자의 대리인으로서 계약을 맺은 자가 그 대리권을 증명하지 못하고 또 본인의 추인을 받지 못한 경우에는 그는 상대방의 선택에 따라 계약을 이행할 책임 또는 손해를 배상할 책임이 있다.
③ (✗) : 제133조【추인의 효력】추인은 다른 의사표시가 없는 때에는 계약 시에 소급하여 그 효력이 생긴다. 그러나 제3자의 권리를 해하지 못한다.
④ (○) : 제134조【상대방의 철회권】대리권 없는 자가 한 계약은 본인의 추인이 있을 때까지 상대방은 본인이나 그 대리인에 대하여 이를 철회할 수 있다. 그러나 계약당시에 상대방이 대리권 없음을 안 때에는 그러하지 아니하다.
⑤ (✗) : 제131조【상대방의 최고권】대리권 없는 자가 타인의 대리인으로 계약을 한 경우에 상대방은 상당한 기간을 정하여 본인에게 그 추인여부의 확답을 최고할 수 있다. 본인이 그 기간 내에 확답을 발하지 아니한 때에는 추인을 거절한 것으로 본다.

정답 ④

332 추인에 관한 설명으로 옳지 않은 것은? [19 세무사]

① 제한능력자의 상대방은 제한능력자가 능력자가 된 후에 그에게 1개월 이상의 기간을 정하여 그 취소할 수 있는 행위를 추인할 것인지 여부의 확답을 촉구할 수 있고, 능력자로 된 사람이 그 기간 내에 확답을 발송하지 아니하면 그 행위를 추인한 것으로 본다.
② 무권대리인이 체결한 계약은 본인이 이를 추인하지 아니하면 본인에 대하여 효력이 없다.
③ 무권대리인이 계약을 체결한 경우에 상대방은 상당한 기간을 정하여 본인에게 그 추인 여부의 확답을 최고할 수 있고, 본인이 그 기간 내에 확답을 발하지 아니한 때에는 추인한 것으로 본다.
④ 취소할 수 있는 법률행위를 추인한 후에는 취소하지 못한다.
⑤ 취소할 수 있는 법률행위에 관하여 추인 할 수 있는 후에 이의를 보류하지 않은 채 이행의 청구를 하면 추인한 것으로 본다.

해설

① (O) : 제15조【제한능력자의 상대방의 확답을 촉구할 권리】① 제한능력자의 상대방은 제한능력자가 능력자가 된 후에 그에게 1개월 이상의 기간을 정하여 그 취소할 수 있는 행위를 추인할 것인지 여부의 확답을 촉구할 수 있다. 능력자로 된 사람이 그 기간 내에 확답을 발송하지 아니하면 그 행위를 추인한 것으로 본다.

② (O) : 제130조【무권대리】 대리권 없는 자가 타인의 대리인으로 한 계약은 본인이 이를 추인하지 아니하면 본인에 대하여 효력이 없다.

③ (×) : 제131조【상대방의 최고권】 대리권 없는 자가 타인의 대리인으로 계약을 한 경우에 상대방은 상당한 기간을 정하여 본인에게 그 추인여부의 확답을 최고할 수 있다. 본인이 그 기간 내에 확답을 발하지 아니한 때에는 추인을 거절한 것으로 본다.

④ (O) : 제143조【추인의 방법, 효과】① 취소할 수 있는 법률행위는 제140조에 규정한 자가 추인할 수 있고 추인 후에는 취소하지 못한다.

⑤ (O) : 제145조【법정추인】 취소할 수 있는 법률행위에 관하여 전조의 규정에 의하여 추인할 수 있는 후에 다음 각 호의 사유가 있으면 추인한 것으로 본다. 그러나 이의를 보류한 때에는 그러하지 아니하다. 2. 이행의 청구

정답 ③

333 계약의 무권대리에 관한 설명으로 옳은 것은? (다툼이 있으면 판례에 따름) [19 세무사 변형]

① 무권대리의 추인은 무권대리행위의 상대방에 대해서만 가능하다.
② 협의의 무권대리행위는 본인에 대하여 유동적 무효가 된다.
③ 무권대리행위의 상대방은 선의인 경우에만 최고권을 행사할 수 있다.
④ 子가 대리권한 없이 父의 재산을 처분한 후 父를 단독상속 한 경우, 子는 상속인의 지위에서 父의 재산에 관한 처분행위의 추인을 거절할 수 있다.
⑤ 무권대리행위의 추인은 본인만이 할 수 있다.
⑥ 무권대리인의 책임이 성립하는 경우 상대방이 계약의 이행을 선택한 경우 무권대리인은 계약이 본인에게 효력이 발생하였더라면 본인이 상대방에게 부담하였을 것과 같은 내용의 채무를 이행할 책임이 있고, 이 경우 무권대리인이 계약에서 정한 채무를 이행하지 않으면 상대방에게 채무불이행에 따른 손해를 배상할 책임을 지지만, 위 계약에서 채무불이행에 대비하여 손해배상액의 예정에 관한 조항을 두었다고 하여도, 무권대리인은 계약의 당사자가 아니었으므로, 손해배상액의 예정에 관한 민법 제398조가 적용되지는 아니한다.

해설

① (×) : 추인의 상대방은 무권대리인이나 무권대리행위의 상대방에 대하여도 할 수 있다(대판 2009. 11.12. 2009다46828).
② (○) : 제130조【무권대리】대리권 없는 자가 타인의 대리인으로 한 계약은 본인이 이를 추인하지 아니하면 본인에 대하여 효력이 없다.
③ (×) : 제131조【상대방의 최고권】대리권 없는 자가 타인의 대리인으로 계약을 한 경우에 상대방은 상당한 기간을 정하여 본인에게 그 추인여부의 확답을 최고할 수 있다. 본인이 그 기간 내에 확답을 발하지 아니한 때에는 추인을 거절한 것으로 본다.
④ (×) : 상속으로 인하여 무권대리인이 본인의 지위를 상속한 경우, 본인의 지위(추인권·추인거절권)와 무권대리인의 지위(제135조 책임)는 혼동되지 않고 병존하나, 본인의 지위에서 추인을 거절하는 것은 신의칙상 허용되지 않는다(대판 1994.9.27. 94다20617).
⑤ (×) : 본인의 법정대리인도 가능하다.
⑥ (×) : [1] 다른 자의 대리인으로서 계약을 맺은 자가 그 대리권을 증명하지 못하고 또 본인의 추인을 받지 못한 경우에는 그는 상대방의 선택에 따라 계약을 이행할 책임 또는 손해를 배상할 책임이 있다(민법 제135조 제1항). 이때 상대방이 계약의 이행을 선택한 경우 무권대리인은 계약이 본인에게 효력이 발생하였더라면 본인이 상대방에게 부담하였을 것과 같은 내용의 채무를 이행할 책임이 있다. 무권대리인은 마치 자신이 계약의 당사자가 된 것처럼 계약에서 정한 채무를 이행할 책임을 지는 것이다. 무권대리인이 계약에서 정한 채무를 이행하지 않으면 상대방에게 채무불이행에 따른 손해를 배상할 책임을 진다. 위 계약에서 채무불이행에 대비하여 손해배상액의 예정에 관한 조항을 둔 때에는 특별한 사정이 없는 한 무권대리인은 조항에서 정한 바에 따라 산정한 손해액을 지급하여야 한다. 이 경우에도 손해배상액의 예정에 관한 민법 제398조가 적용됨은 물론이다. [2] 민법 제135조 제2항은 '대리인으로서 계약을 맺은 자에게 대리권이 없다는 사실을 상대방이 알았거나 알 수 있었을 때에는 제1항을 적용하지 아니한다.'고 정하고 있다. 이는 무권대리인의 무과실책임에

관한 원칙 규정인 제1항에 대한 예외 규정이므로 상대방이 대리권이 없음을 알았다는 사실 또는 알 수 있었는데도 알지 못하였다는 사실에 관한 주장·증명책임은 무권대리인에게 있다(대판 2018. 6. 28. 2018다210775).

정답 ②

334 무권대리행위에 관한 설명으로 옳지 않은 것은? (다툼이 있으면 판례에 따름) [20 세무사]

① 무권대리행위의 추인은 명시적인 방법뿐만 아니라 묵시적인 방법으로도 가능하다.
② 무권대리행위의 추인은 무권대리인뿐만 아니라 그 상대방에게 하여도 무방하다.
③ 상대방이 유효한 철회를 하면 무권대리행위는 확정적으로 무효가 되어 그 후에는 본인이 무권대리행위를 추인할 수 없다.
④ 무권대리행위를 유효하게 철회하기 위하여 상대방은 대리인에게 대리권이 없음을 몰랐다는 점에 대한 주장, 입증책임을 진다.
⑤ 상대방은 상당한 기간을 정하여 본인에게 그 추인 여부와 확답을 최고할 수 있고, 본인이 그 기간 내에 확답을 발하지 아니하면 추인을 거절한 것으로 본다.

해설

① (O) : 무권대리행위나 무효행위의 추인은 무권대리행위 등이 있음을 알고 그 행위의 효과를 자기에게 귀속시키도록 하는 단독행위로서 그 의사표시의 방법에 관하여 일정한 방식이 요구되는 것이 아니므로 명시적이든 묵시적이든 묻지 않는다 할 것이지만, 묵시적 추인을 인정하기 위해서는 본인이 그 행위로 처하게 된 법적 지위를 충분히 이해하고 그럼에도 진의에 기하여 그 행위의 결과가 자기에게 귀속된다는 것을 승인한 것으로 볼 만한 사정이 있어야 할 것이므로 이를 판단함에 있어서는 관계되는 여러 사정을 종합적으로 검토하여 신중하게 하여야 한다고 한다(대판 2009.9.24. 2009다37831).
② (O) : 추인의 상대방은 무권대리인이나 무권대리행위의 상대방에 대하여도 할 수 있다(대판 2009. 11.12. 2009다46828).
③ (O), ④ (X) : 민법 제134조는 "대리권 없는 자가 한 계약은 본인의 추인이 있을 때까지 상대방은 본인이나 그 대리인에 대하여 이를 철회할 수 있다. 그러나 계약 당시에 상대방이 대리권 없음을 안 때에는 그러하지 아니하다."고 규정하고 있다. 민법 제134조에서 정한 상대방의 철회권은, 무권대리행위가 본인의 추인에 따라 효력이 좌우되어 상대방이 불안정한 지위에 놓이게 됨을 고려하여 대리권이 없었음을 알지 못한 상대방을 보호하기 위하여 상대방에게 부여된 권리로서, 상대방이 유효한 철회를 하면 무권대리행위는 확정적으로 무효가 되어 그 후에는 본인이 무권대리행위를 추인할 수 없다. 한편 상대방이 대리인에게 대리권이 없음을 알았다는 점에 대한 주장·입증책임은 철회의 효과를 다투는 본인에게 있다(대판 2017. 6. 29. 2017다213838).
⑤ (O) : 제131조【상대방의 최고권】대리권 없는 자가 타인의 대리인으로 계약을 한 경우에 상대방은 상당한 기간을 정하여 본인에게 그 추인여부의 확답을 최고할 수 있다. 본인이 그 기간 내에 확답을 발하지 아니한 때에는 추인을 거절한 것으로 본다.

정답 ④

335 18세의 甲은 乙의 대리인을 사칭하여 그가 보관하던 乙의 노트북을 그 사정을 모르는 丙에게 팔았다. 이에 관한 설명으로 옳지 않은 것은? (다툼이 있으면 판례에 따름) [20 감평]

① 乙이 丙에게 매매계약을 추인한 때에는 매매계약은 확정적으로 효력이 생긴다.
② 乙이 甲에게 추인한 때에도 그 사실을 모르는 丙은 매매계약을 철회할 수 있다.
③ 乙이 추인하지 않으면, 甲은 자신의 선택으로 丙에게 매매계약을 이행하거나 손해를 배상하여야 한다.
④ 丙이 甲에게 대리권이 없음을 알았더라도 丙은 乙에게 추인 여부의 확답을 최고할 수 있다.
⑤ 乙이 추인한 때에는 甲은 자신이 미성년자임을 이유로 매매계약을 취소하지 못한다.

해설

① (O) : 제133조【추인의 효력】<u>추인은 다른 의사표시가 없는 때에는 계약 시에 소급하여 그 효력이 생긴다.</u> 그러나 제3자의 권리를 해하지 못한다.
② (O) : 본인이 무권대리인에게 추인의 의사표시를 한 경우에는 상대방이 그 사실을 알지 못하는 한, 본인이 상대방에게 추인의 효과를 주장하지는 못하므로(제132조 단서), 이 경우에는 상대방이 철회권을 행사할 수 있다.
③ (×) : 제135조【상대방에 대한 무권대리인의 책임】① 다른 자의 대리인으로서 계약을 맺은 자가 그 대리권을 증명하지 못하고 또 본인의 추인을 받지 못한 경우에는 그는 상대방의 선택에 따라 계약을 이행할 책임 또는 손해를 배상할 책임이 있다.
④ (O) : 최고는 본인에 대하여 무권대리행위를 추인할 것인지 여부의 확답을 촉구하는 것이다. 제한 능력자의 상대방이 하는 촉구와 같이 준법률행위 중 의사의 통지에 속한다. 무권대리행위의 유동적 무효상태를 끝낼 수 있는 최고권은 형성권의 일종이며, 철회권과는 달리 악의의 상대방도 이를 행사할 수 있다.
⑤ (O) : 제117조【대리인의 행위능력】대리인은 행위능력자임을 요하지 아니 한다.

정답 ③

336 무권대리에 관한 설명으로 옳은 것은? (표현대리는 성립하지 않았고, 다툼이 있으면 판례에 따름) [21 세무사]

① 상대방이 무권대리인과 체결한 계약을 유효하게 철회한 경우 본인은 그 계약을 추인할 수 있다.
② 본인의 상속인이 부동산 매도에 관하여 본인의 승낙을 얻었다는 무권대리인의 말을 믿고 소유권이전에 필요한 인감증명서를 교부하였다면, 그 무권대리행위가 추인된다.
③ 상대방의 동의 없이 의사표시 일부에 대해 추인하는 것은 유효하다.
④ 무권대리행위로 인한 권리·법률관계의 승계인은 추인의 상대방이 되지 않는다.
⑤ 상대방이 계약당시에 대리인에게 대리권 없음을 안 때에는 철회할 수 없다.

해설

① (×) : 철회권을 행사하면 무권대리인과의 계약은 확정적 무효가 된다는 점에서 일종의 형성권이다. 확정적 무효가 되므로, 본인은 무권대리를 추인할 수 없다.

② (×) : 무권대리행위나 무효행위의 추인은 무권대리행위 등이 있음을 알고 그 행위의 효과를 자기에게 귀속시키도록 하는 단독행위로서 그 의사표시의 방법에 관하여 일정한 방식이 요구되는 것이 아니므로 명시적이든 묵시적이든 묻지 않는다 할 것이지만, 묵시적 추인을 인정하기 위해서는 본인이 그 행위로 처하게 된 법적 지위를 충분히 이해하고 그럼에도 진의에 기하여 그 행위의 결과가 자기에게 귀속된다는 것을 승인한 것으로 볼 만한 사정이 있어야 할 것이므로 이를 판단함에 있어서는 관계되는 여러 사정을 종합적으로 검토하여 신중하게 하여야 할 것이다(대판 2009. 9. 24. 2009다37831).

③ (×) : 추인은 의사표시의 전부에 대하여 행하여져야 하고, 그 **일부에 대하여 추인**을 하거나 그 **내용을 변경하여 추인**을 하였을 경우에는 상대방의 동의를 얻지 못하는 한 무효이다. 무권대리행위의 추인은 대리행위 전부에 대하여 행해져야 한다(대판 1982.1.26. 81다카549).

④ (×) : 무권대리행위의 추인에 특별한 방식이 요구되는 것이 아니므로 명시적인 방법만 아니라 묵시적인 방법으로도 할 수 있고, 그 추인은 무권대리인, 무권대리행위의 직접의 상대방 및 그 무권대리행위로 인한 권리 또는 법률 관계의 승계인에 대하여도 할 수 있다(대판 1981. 4. 14. 80다2314).

⑤ (○) : 제134조【상대방의 철회권】대리권 없는 자가 한 계약은 본인의 추인이 있을 때까지 상대방은 본인이나 그 대리인에 대하여 이를 철회할 수 있다. 그러나 계약당시에 상대방이 대리권 없음을 안 때에는 그러하지 아니하다.

정답 ⑤

337 甲은 대리권 없이 乙 소유의 부동산을 丙에게 매도하는 계약을 체결하였다. 다음 설명 중 옳지 않은 것은? (표현대리는 성립하지 않았고, 다툼이 있으면 판례에 따름) [21 세무사]

① 丙은 甲에게 대리권 없음을 안 경우에는 乙에게 추인여부의 확답을 최고할 수 없다.
② 甲이 미성년자인 경우에는 丙에게 계약의 이행 또는 손해를 배상할 책임이 없다.
③ 乙이 사망하여 甲이 乙을 단독 상속한 경우, 甲이 소유자로서 무권대리를 이유로 매매계약의 무효를 주장하는 것은 신의칙에 반한다.
④ 乙이 甲으로부터 매매대금 일부를 수령한 경우 특별한 사정이 없는 한 매매계약의 추인으로 볼 수 있다.
⑤ 乙의 추인의 의사표시는 원칙적으로 丙에게 하지 않으면 丙에게 대항하지 못한다.

해설

① (×) : 제131조【상대방의 최고권】대리권 없는 자가 타인의 대리인으로 계약을 한 경우에 상대방은 상당한 기간을 정하여 본인에게 그 추인여부의 확답을 최고할 수 있다. 본인이 그 기간 내에 확답을 발하지 아니한 때에는 추인을 거절한 것으로 본다. : 최고는 본인에 대하여 무권대리행위를 추인할

것인지 여부의 확답을 촉구하는 것이다. 제한능력자의 상대방이 하는 촉구와 같이 준법률행위 중 의사의 통지에 속한다. 무권대리행위의 유동적 무효상태를 끝낼 수 있는 최고권은 형성권의 일종이며, 철회권과는 달리 악의 상대방도 이를 행사할 수 있다.

② (O) : 제135조【상대방에 대한 무권대리인의 책임】① 다른 자의 대리인으로서 계약을 맺은 자가 그 대리권을 증명하지 못하고 또 본인의 추인을 받지 못한 경우에는 그는 상대방의 선택에 따라 계약을 이행할 책임 또는 손해를 배상할 책임이 있다. ② 대리인으로서 계약을 맺은 자에게 대리권이 없다는 사실을 상대방이 알았거나 알 수 있었을 때 또는 대리인으로서 계약을 맺은 사람이 제한능력자일 때에는 제1항을 적용하지 아니한다.

③ (O) : 상속으로 인하여 무권대리인이 본인의 지위를 상속한 경우, 본인의 지위(추인권·추인거절권)와 무권대리인의 지위(제135조 책임)는 혼동되지 않고 병존하나, 본인의 지위에서 추인을 거절하는 것은 신의칙상 허용되지 않는다(대판 1994.9.27. 94다20617).

④ (O) : 매매계약을 체결한 무권대리인으로부터 **매매대금의 전부 또는 일부를 본인이 수령한 경우** 매매계약의 추인으로 볼 수 있다(대판 1963.4.11. 63다64).

⑤ (O) : 제132조【추인, 거절의 상대방】추인 또는 거절의 의사표시는 상대방에 대하여 하지 아니하면 그 상대방에 대항하지 못한다. 그러나 상대방이 그 사실을 안 때에는 그러하지 아니하다.

정답 ①

338 계약의 무권대리에 관한 설명으로 옳은 것은? (다툼이 있으면 판례에 따름) [21 노무]

① 무권대리행위의 목적이 가분적인 경우, 본인은 상대방의 동의 없이 그 일부에 대하여 추인할 수 있다.
② 계약체결 당시 상대방이 대리인의 대리권 없음을 알았다는 사실에 관한 주장·증명 책임은 무권대리인에게 있다.
③ 상대방이 무권대리로 인하여 취득한 권리를 양도한 경우, 본인은 그 양수인에게 추인할 수 없다.
④ 무권대리의 추인은 다른 의사표시가 없는 한 추인한 때로부터 그 효력이 생긴다.
⑤ 계약체결 당시 대리인의 무권대리 사실을 알 수 있었던 상대방은 최고권을 행사할 수 없다.

해설

① (X) : 추인은 의사표시의 전부에 대하여 행하여져야 하고, 그 **일부에 대하여 추인을 하거나 그 내용을 변경하여 추인을 하였을 경우에는 상대방의 동의를 얻지 못하는 한 무효**이다. 무권대리행위의 추인은 대리행위 전부에 대하여 행해져야 한다(대판 1982.1.26. 81다카549).

② (O) : 민법 제135조 제2항은 '대리인으로서 계약을 맺은 자에게 대리권이 없다는 사실을 상대방이 알았거나 알 수 있었을 때에는 제1항을 적용하지 아니한다.'고 정하고 있다. 이는 무권대리인의 무과실책임에 관한 원칙 규정인 제1항에 대한 예외 규정이므로 상대방이 대리권이 없음을 알았다는 사실 또는 알 수 있었는데도 알지 못하였다는 사실에 관한 주장·증명책임은 무권대리인에게 있다(대판 2018. 6. 28. 2018다210775).

③ (✕) : 제132조【추인, 거절의 상대방】추인 또는 거절의 의사표시는 상대방에 대하여 하지 아니하면 그 상대방에 대항하지 못한다. 그러나 상대방이 그 사실을 안 때에는 그러하지 아니하다.

④ (✕) : 제133조【추인의 효력】추인은 다른 의사표시가 없는 때에는 계약 시에 소급하여 그 효력이 생긴다. 그러나 제3자의 권리를 해하지 못한다.

⑤ (✕) : 제131조【상대방의 최고권】대리권 없는 자가 타인의 대리인으로 계약을 한 경우에 상대방은 상당한 기간을 정하여 본인에게 그 추인여부의 확답을 최고할 수 있다. 본인이 그 기간 내에 확답을 발하지 아니한 때에는 추인을 거절한 것으로 본다.

정답 ②

제5절 ▶ 법률행위의 무효와 취소

I. 서 설

II. 법률행위의 무효

339 무효와 취소에 관한 설명으로 옳은 것은? [13 노무]

① 무능력자의 법률행위에 대한 법정대리인의 추인은 그 취소원인이 소멸하기 전에 하여도 효력이 있다.
② 무효인 법률행위의 당사자가 그 무효임을 알고 추인한 때에는 법률행위시에 소급하여 효력이 있는 것으로 본다.
③ 사기·강박에 의하여 의사표시를 한 자의 포괄승계인은 그 의사표시를 취소할 수 없다.
④ 매매계약이 적법하게 해제된 후에는 착오를 이유로 그 계약을 다시 취소할 수 없다.
⑤ 토지거래허가구역 내의 토지에 대한 매매계약이 유동적 무효인 상태에서는 토지거래허가 신청을 위한 협력의무가 성립하지 않는다.

해설

① (O) : 추인은 취소의 원인이 종료한 후에 하지 아니하면 효력이 없다. 따라서 무능력자는 능력자가 된 후에 추인할 수 있다. 그러나 무능력자의 법정대리인은 무능력인 동안에도 추인할 수 있다(제144조).
② (✕) : 무효인 법률행위는 추인하여도 그 효력이 생기지 아니한다. 그러나 당사자가 그 무효임을 알고 추인한 때에는 새로운 법률행위로 본다(제139조).
③ (✕) : 취소할 수 있는 법률행위는 무능력자, 하자있는 의사표시를 한 자, 그 대리인 또는 승계인에 한하여 취소할 수 있다(제140조).
④ (✕) : 매도인이 매수인의 중도금 지급채무불이행을 이유로 매매계약을 적법하게 해제한 후라도 매수인으로서는 상대방이 한 계약해제의 효과로서 발생하는 손해배상책임을 지거나 매매계약에 따른

계약금의 반환을 받을 수 없는 불이익을 면하기 위하여 착오를 이유로 한 취소권을 행사하여 위 매매계약 전체를 무효로 돌리게 할 수 있다(대판1991.8.27. 91다11308).

⑤ (×) : 유동적 무효인 상태에서도 토지거래허가 신청절차에 협력할 의무가 있고, 이에 협력하지 않는 당사자에 대하여는 상대방이 협력의무의 이행을 소로써 구할 이익이 있다(전합1999.6.17. 98다40459).

정답 ①

340 토지거래 허가 구역 내의 토지매매 계약에 관한 설명으로 옳지 않은 것은? (다툼이 있으면 판례에 따름) [19 세무사]

① 매수인의 매매대금의 이행제공이 있어야 매도인은 토지거래허가신청에 협력할 의무가 있다.
② 매도인은 관할 관청으로부터 종국적으로 허가를 받을 수 없을 것이라는 사유로 협력의무의 이행을 거절할 수 없다.
③ 당사자 일방은 허가를 받기 전에 상대방에 대하여 채무불이행에 의한 손해배상을 청구할 수 없다.
④ 토지거래에 대하여 관할 관청의 불허가 처분이 확정된 경우에는 특별한 사정이 없으면 그 매매는 확정적으로 무효가 된다.
⑤ 당사자 일방은 상대방의 협력의무의 불이행을 이유로 유동적 무효 상태의 매매계약 자체를 해제할 수는 없다.

해설

① (×) : 국토이용관리법상의 토지거래규제구역 내의 토지에 관하여 관할 관청의 토지거래허가 없이 매매계약이 체결됨에 따라 그 매수인이 그 계약을 효력이 있는 것으로 완성시키기 위하여 매도인에 대하여 그 매매계약에 관한 토지거래허가 신청절차에 협력할 의무의 이행을 청구하는 경우, 매도인의 토지거래계약허가 신청절차에 협력할 의무와 토지거래허가를 받으면 매매계약 내용에 따라 매수인이 이행하여야 할 매매대금 지급의무나 이에 부수하여 매수인이 부담하기로 특약한 양도소득세 상당 금원의 지급의무 사이에는 상호 이행상의 견련성이 있다고 할 수 없으므로, 매도인으로서는 그러한 의무이행의 제공이 있을 때까지 그 협력의무의 이행을 거절할 수 있는 것은 아니다(대판 1996. 10. 25. 96다23825).

② (O) ; 협력의무를 소구당한 당사자는 계쟁토지에 대하여 결국 관할 관청으로부터 거래허가를 받을 수 없을 것이라는 사유를 들어 그 협력의무 자체를 거절할 수는 없다(대판 1992. 10. 27. 92다34414).

③ (O) : 허가받을 것을 전제로 한 거래계약은 허가받기 전의 상태에서는 거래계약의 채권적 효력도 전혀 발생하지 않으므로 권리의 이전 또는 설정에 관한 어떠한 내용의 이행청구도 할 수 없다(대판 [전합] 1991.12.24. 90다12243). 따라서 그러한 거래계약의 당사자로서는 허가받기 전의 상태에서 상대방의 거래계약상 채무불이행을 이유로 거래계약을 해제하거나 그로 인한 손해배상을 청구할 수 없다(대판 1997. 7. 25. 97다4357,4364).

④ (O) : 국토이용관리법상의 거래허가를 받지 않은 유동적 무효상태의 계약은 관할 도지사에 의한 불

허가처분이 있을 때뿐만이 아니라, 당사자 쌍방이 허가신청을 하지 아니하기로 의사표시를 명백히 한 경우에도 유동적 무효상태의 계약은 확정적으로 무효로 된다고 보아야 할 것이다(대판 1993.7.27. 91다33766).

⑤ (O) : 유동적 무효의 상태에 있는 거래계약의 당사자는 상대방이 그 거래계약의 효력이 완성되도록 협력할 의무를 이행하지 아니하였음을 들어 일방적으로 유동적 무효의 상태에 있는 거래계약 자체를 해제할 수 없다51)(대판[전합] 1999.6.17. 98다40459).

정답 ①

341 법률행위의 무효에 관한 설명으로 옳지 않은 것은? (다툼이 있으면 판례에 따름) [16 감평]

① 법률행위의 일부분이 무효인 경우, 그 무효부분이 없더라도 법률행위를 하였을 것이라고 인정될 때에는 나머지 부분은 무효가 되지 않는다.
② 매매계약이 매매대금의 과다로 인하여 불공정한 법률행위로서 무효인 경우, 무효행위의 전환에 관한 규정이 적용될 수 없다.
③ 무효행위의 추인은 명시적으로뿐만 아니라 묵시적으로도 할 수 있다.
④ 부동산 이중매매에서 매도인의 배임행위에 제2매수인이 적극 가담한 경우, 제2매수인의 매매계약은 무효이고 추인에 의하여 유효로 되지 않는다.
⑤ 무효인 가등기를 유효한 등기로 전용하기로 한 약정은 그 때부터 유효하고, 이로써 그 가등기가 소급하여 유효한 등기로 전환될 수 없다.

해설

① (O) : 제137조【법률행위의 일부무효】법률행위의 일부분이 무효인 때에는 그 전부를 무효로 한다. 그러나 그 무효부분이 없더라도 법률행위를 하였을 것이라고 인정될 때에는 나머지 부분은 무효가 되지 아니한다.
② (×) : 매매계약이 약정된 매매대금의 과다로 말미암아 민법 제104조에서 정하는 '불공정한 법률행위'에 해당하여 무효인 경우에도 무효행위의 전환에 관한 민법 제138조가 적용될 수 있다. 따라서 당사자 쌍방이 위와 같은 무효를 알았더라면 대금을 다른 액으로 정하여 매매계약에 합의하였을

---

51) 토지거래허가구역으로 지정된 토지에 관하여 건설교통부장관이 허가구역 지정을 해제하거나, 또는 허가구역 지정기간이 만료되었음에도 허가구역 재지정을 하지 아니한(이하 '허가구역 지정해제 등'이라고 한다) 취지는 당해 구역 안에서의 개별적인 토지거래에 관하여 더 이상 허가를 받지 않도록 하더라도 투기적 토지거래의 성행과 이로 인한 지가의 급격한 상승의 방지라는 토지거래허가제도가 달성하려고 하는 공공의 이익에 아무런 지장이 없게 되었고 허가의 필요성도 소멸되었으므로, 허가구역 안의 토지에 대한 거래계약에 대하여 허가를 받은 것과 마찬가지로 취급함으로써 사적자치에 대한 공법적인 규제를 해제하여 거래 당사자들이 당해 토지거래계약으로 달성하고자 한 사적자치를 실현할 수 있도록 함에 있다고 할 것이므로, 허가구역 지정기간 중에 허가구역 안의 토지에 대하여 토지거래허가를 받지 아니하고 토지거래계약을 체결한 후 허가구역 지정해제 등이 된 때에는 그 토지거래계약이 허가구역 지정이 해제되기 전에 확정적으로 무효로 된 경우를 제외하고는, 더 이상 관할 행정청으로부터 토지거래허가를 받을 필요가 없이 확정적으로 유효로 되어 거래 당사자는 그 계약에 기하여 바로 토지의 소유권 등 권리의 이전 또는 설정에 관한 이행청구를 할 수 있고, 상대방도 반대급부의 청구를 할 수 있다고 보아야 할 것이지, 여전히 그 계약이 유동적 무효상태에 있다고 볼 것은 아니다.

것이라고 예외적으로 인정되는 경우에는, 그 대금액을 내용으로 하는 매매계약이 유효하게 성립한다. (대판 2010. 7. 15. 2009다50308)

③ (O) : 무효행위의 추인은 그 방법에 관하여 일정한 방식이 요구되는 것이 아니므로 명시적이든 묵시적이든 묻지 않는다.

④ (O) : 제103조 무효행위는 추인가능성이 없고(대판 2002. 3. 15. 2001다77352·77369), 무효인 행위를 사후에 유효로 하는 것이 아니라 새로운 의사표시에 의하여 새로운 행위가 있는 것이고, 그때부터 유효하게 되는 것이므로 원칙적으로 소급효가 인정되지 않는다(대판 1990. 9. 27. 83므22).

⑤ (O) : 비소급적 추인이 원칙이다. 따라서 무효인 가등기를 유효한 등기로 전용키로 한 약정은 그때부터 유효하고 이로써 위 가등기가 소급하여 유효한 등기로 전환될 수 없다(대판 1992. 5. 12. 91다26546).

정답 ②

342 법률행위의 무효에 관한 설명으로 옳지 않은 것은? (다툼이 있으면 판례에 따름) [17 감평]

① 무효인 재산상 법률행위에 대하여 당사자가 무효임을 알고 추인하면 그 추인에는 원칙적으로 소급효가 인정된다.
② 위증하기로 하는 계약은 당사자가 무효임을 알고 추인하여도 유효로 될 수 없다.
③ 불공정한 법률행위에 대하여도 무효행위의 전환에 관한 민법 규정이 적용될 수 있다.
④ 무효행위의 추인은 명시적으로뿐만 아니라 묵시적으로도 할 수 있다.
⑤ 무효인 법률행위에 따른 법률효과를 침해하는 것처럼 보이는 채무불이행이 있다고 하여도 그 법률효과의 침해에 따른 손해배상을 청구할 수는 없다.

해설

① (✕) : 제139조【무효행위의 추인】 무효인 법률행위는 추인하여도 그 효력이 생기지 아니한다. 그러나 당사자가 그 무효임을 알고 추인한 때에는 새로운 법률행위로 본다.

② (O) : 제103조 무효행위는 추인가능성이 없고(대판 2002. 3. 15. 2001다77352·77369), 무효인 행위를 사후에 유효로 하는 것이 아니라 새로운 의사표시에 의하여 새로운 행위가 있는 것이고, 그때부터 유효하게 되는 것이므로 원칙적으로 소급효가 인정되지 않는다(대판 1990. 9. 27. 83므22).

③ (O) : 매매계약이 약정된 매매대금의 과다로 말미암아 민법 제104조에서 정하는 '불공정한 법률행위'에 해당하여 무효인 경우에도 무효행위의 전환에 관한 민법 제138조가 적용될 수 있다. 그러므로 재건축사업부지에 포함된 토지에 대하여 재건축사업조합과 토지의 소유자가 체결한 매매계약이 매매대금의 과다로 말미암아 불공정한 법률행위에 해당하지만, 그 매매대금을 적정한 금액으로 감액하여 매매계약의 유효성을 인정할 수 있다(대판 2010. 7. 15. 2009다50308).

④ (O) : 무효행위 또는 무권대리행위의 추인은 무효행위 등이 있음을 알고 그 행위의 효과를 자기에게 귀속시키도록 하는 단독행위로서 묵시적인 방법으로도 할 수 있으므로, 본인이 그 행위로 처하게 된 법적 지위를 충분히 이해하고 그럼에도 진의에 기하여 그 행위의 결과가 자기에게 귀속된다는 것을 승인한 것으로 볼 만한 사정이 있는 경우에는 묵시적으로 추인한 것으로 볼 수 있다(대판 2011. 2. 10. 2010다83199,83205).

⑤ (O) : 무효인 법률행위는 그 법률행위가 성립한 당초부터 당연히 효력이 발생하지 않는 것이므로, 무효인 법률행위에 따른 법률효과를 침해하는 것처럼 보이는 위법행위나 채무불이행이 있다고 하여도 법률효과의 침해에 따른 손해는 없는 것이므로 그 손해배상을 청구할 수는 없다(대판 2003. 03.28. 2002다72125).

정답 ①

343 법률행위의 무효에 관한 설명으로 옳지 않은 것은? (다툼이 있으면 판례에 따름) [18 감평]

① 강박의 정도가 극심하여 의사결정을 스스로 할 수 있는 여지가 완전히 박탈된 상태에서 의사표시가 이루어진 경우 그 의사표시는 무효이다.
② 반사회적 법률행위를 원인으로 부동산에 관한 소유권이전등기를 마친 등기명의자가 소유권에 기한 물권적 청구권을 행사하는 경우, 상대방은 법률행위의 무효를 항변으로서 주장할 수 없다.
③ 무효인 법률행위를 추인에 의하여 새로운 법률행위로 보기 위해서는 당사자가 이전의 법률행위가 무효임을 알고 그 행위에 대하여 추인하여야 한다.
④ 무효인 법률행위가 다른 법률행위의 요건을 구비하고 당사자가 그 무효를 알았더라면 다른 법률행위를 하는 것을 의욕 하였으리라고 인정될 때에는 다른 법률행위로서 효력을 가진다.
⑤ 후속행위를 한 것이 묵시적 추인으로 인정되기 위해서는 이전의 법률행위가 무효임을 알거나, 무효임을 의심하면서도 그 행위의 효과를 자기에게 귀속시키도록 하는 의사로 후속행위를 하였음이 인정되어야 한다.

해설

① (O) : 상대방 또는 제3자의 강박에 의하여 의사결정의 자유가 완전히 박탈된 상태에서 이루어진 의사표시는 효과의사에 대응하는 내심의 의사가 결여된 것이므로 무효라고 볼 수밖에 없으나, 강박이 의사결정의 자유를 완전히 박탈하는 정도에 이르지 아니하고 이를 제한하는 정도에 그친 경우에는 그 의사표시는 취소할 수 있음에 그치고 무효라고까지 볼 수 없다(대판 1984.12.11. 84다카1402).
② (X) : 거래 상대방이 배임행위를 유인·교사하거나 배임행위의 전 과정에 관여하는 등 배임행위에 적극 가담하는 경우에는 실행행위자와 체결한 계약이 반사회적 법률행위에 해당하여 무효로 될 수 있고, 선량한 풍속 기타 사회질서에 위반한 사항을 내용으로 하는 법률행위의 무효는 이를 주장할 이익이 있는 자는 누구든지 무효를 주장할 수 있다. 따라서 반사회질서 법률행위를 원인으로 하여 부동산에 관한 소유권이전등기를 마쳤더라도 그 등기는 원인무효로서 말소될 운명에 있으므로 등기명의자가 소유권에 기한 물권적 청구권을 행사하는 경우에, 권리 행사의 상대방은 법률행위의 무효를 항변으로서 주장할 수 있다(대판 2016.3.24. 2015다11281).
③ (O) : 제139조【무효행위의 추인】무효인 법률행위는 추인하여도 그 효력이 생기지 아니한다. 그러나 당사자가 그 무효임을 알고 추인한 때에는 새로운 법률행위로 본다.
④ (O) : 제138조【무효행위의 전환】무효인 법률행위가 다른 법률행위의 요건을 구비하고 당사자가 그

무효를 알았더라면 다른 법률행위를 하는 것을 의욕 하였으리라고 인정될 때에는 다른 법률행위로서 효력을 가진다.

⑤ (O) : 당사자가 이전의 법률행위가 존재함을 알고 그 유효함을 전제로 하여 이에 터 잡은 후속행위를 하였다고 해서 그것만으로 이전의 법률행위를 묵시적으로 추인하였다고 단정할 수는 없고, 묵시적 추인을 인정하기 위해서는 이전의 법률행위가 무효임을 알거나 적어도 무효임을 의심하면서도 그 행위의 효과를 자기에게 귀속시키도록 하는 의사로 후속행위를 하였음이 인정되어야 할 것이다 (대판 2014. 3. 27. 2012다106607).

정답 ②

344 법률행위의 무효에 관한 설명으로 옳지 않은 것은? (다툼이 있으면 판례에 따름) [18 세무사]

① 무효인 법률행위가 물권행위이면 물권변동이 일어나지 않는다.
② 무효의 효과를 선의의 제3자에게 주장할 수 없는 경우도 있다.
③ 법률행위가 불성립된 경우에도 법률행위의 일부무효에 관한 규정이 적용될 수 있다.
④ 무효인 법률행위에 따른 법률효과를 침해하는 것처럼 보이는 채무불이행이 있더라도 손해배상을 청구할 수 없다.
⑤ 법률행위의 일부분이 무효인 경우, 다른 규정이 없으면 원칙적으로 법률행위 전부가 무효이다.

해설

① (O) : 법률행위의 무효란 해당 법률행위가 의욕한 법률효과가 발생하지 않는 것을 말한다. 즉 무효인 법률행위는 사실적 현상으로는 존재하나 법적으로는 존재하지 않는 것을 의미한다.
② (O) : 선의의 제3자 보호규정(제107조 2항, 제108조 2항, 제109조 2항, 제110조 3항)
③ (×) : 법률행위가 성립요건을 결한 때를 '법률행위의 부존재'라고 하고, 성립요건은 갖추었으나 효력요건을 결한 경우를 '법률행위의 무효'라고 한다. 이 구별은 '법률행위의 일부무효(제137조)', '무효행위의 전환'(제138조), '무효인 법률행위의 추인'(제139조)에서 의미가 있다.
④ (O) : 무효인 법률행위는 그 법률행위가 성립한 당초부터 당연히 효력이 발생하지 않는 것이므로, 무효인 법률행위에 따른 법률효과를 침해하는 것처럼 보이는 위법행위나 채무불이행이 있다고 하여도 법률효과의 침해에 따른 손해는 없는 것이므로 그 손해배상을 청구할 수는 없다(대판 2003. 03.28. 2002다72125).
⑤ (O) : 제137조 【법률행위의 일부무효】 법률행위의 일부분이 무효인 때에는 그 전부를 무효로 한다. 그러나 그 무효부분이 없더라도 법률행위를 하였을 것이라고 인정될 때에는 나머지 부분은 무효가 되지 아니한다.

정답 ③

345 민법상 법률행위의 무효에 관한 설명으로 옳지 않은 것은? (다툼이 있으면 판례에 따름)

[21 세무사 변형]

① 법률행위의 일부분이 무효인 때 그 무효부분이 없더라도 법률행위를 하였을 것이라고 인정될 때에는 나머지 부분은 무효가 되지 않는다.
② 무효인 법률행위가 다른 법률행위의 요건을 구비하고 당사자가 그 무효를 알았더라면 다른 법률행위를 하는 것을 의욕 하였으리라고 인정될 때에는 다른 법률행위로서 효력을 가진다.
③ 무효인 법률행위를 당사자가 그 무효임을 알고 추인한 경우에는 그 무효원인이 소멸되기 전이라도 새로운 법률행위로 본다.
④ 무효행위의 추인은 단독행위로서 묵시적인 방법으로도 할 수 있다.
⑤ 유동적 무효상태의 거래계약이 확정적으로 무효가 된 경우에는 확정적 무효로 됨에 있어서 귀책사유가 있는 자라고 하더라도 그 계약의 무효를 주장할 수 있다.
⑥ 사법상의 계약 기타 법률행위가 일정한 행위를 금지하는 구체적 법 규정을 위반하여 행하여진 경우에 법률행위가 무효인가 또는 법원이 법률행위 내용의 실현에 대한 조력을 거부하거나 기타 다른 내용으로 그 효력이 제한되는가의 여부는 당해 법규정이 가지는 넓은 의미에서의 법률효과에 관한 문제의 일환으로서, 법 규정의 해석 여하에 의하여 정하여지므로, 그 점에 관한 명문의 정함이 있다면 당연히 이에 따라야 할 것이고, 그러한 정함이 없는 때에는 종국적으로 금지규정의 목적과 의미에 비추어 그에 반하는 법률행위의 무효 기타 효력 제한이 요구되는지를 검토하여 이를 정할 것이다.

해설

① (O) : 제137조 【법률행위의 일부무효】 법률행위의 일부분이 무효인 때에는 그 전부를 무효로 한다. 그러나 그 무효부분이 없더라도 법률행위를 하였을 것이라고 인정될 때에는 나머지 부분은 무효가 되지 아니한다.

② (O) : 제138조 【무효행위의 전환】 무효인 법률행위가 다른 법률행위의 요건을 구비하고 당사자가 그 무효를 알았더라면 다른 법률행위를 하는 것을 의욕하였으리라고 인정될 때에는 다른 법률행위로서 효력을 가진다.

③ (X) : 취소한 법률행위는 처음부터 무효인 것으로 간주되므로 취소할 수 있는 법률행위가 일단 취소된 이상 그 후에는 취소할 수 있는 법률행위의 추인에 의하여 이미 취소되어 무효인 것으로 간주된 당초의 의사표시를 다시 확정적으로 유효하게 할 수는 없고, 다만 무효인 법률행위의 추인의 요건과 효력으로서 추인할 수는 있으나, 무효행위의 추인은 그 무효 원인이 소멸한 후에 하여야 그 효력이 있고, 따라서 강박에 의한 의사표시임을 이유로 일단 유효하게 취소되어 당초의 의사표시가 무효로 된 후에 추인한 경우 그 추인이 효력을 가지기 위하여는 그 무효 원인이 소멸한 후일 것을 요한다고 할 것인데, 그 무효 원인이란 바로 위 의사표시의 취소사유라 할 것이므로 결국 무효원인이 소멸한 후란 것은 당초의 의사표시의 성립 과정에 존재하였던 취소의 원인이 종료된 후, 즉 강박 상태에서 벗어난 후라고 보아야 한다(대판 1997.12.12, 95다38240).

④ (O) : 무효행위 또는 무권대리행위의 추인은 무효행위 등이 있음을 알고 그 행위의 효과를 자기에게 귀속시키도록 하는 단독행위로서 묵시적인 방법으로도 할 수 있으므로, 본인이 그 행위로 처하게 된 법적 지위를 충분히 이해하고 그럼에도 진의에 기하여 그 행위의 결과가 자기에게 귀속된다는 것을 승인한 것으로 볼 만한 사정이 있는 경우에는 묵시적으로 추인한 것으로 볼 수 있다(대판 2011. 2. 10. 2010다83199,83205).

⑤ (O) : 거래계약이 확정적으로 무효가 된 경우에는 거래계약이 확정적으로 무효로 됨에 있어서 귀책사유가 있는 자라고 하더라도 그 계약의 무효를 주장할 수 있다(대판 1997. 7. 25. 97다4357,4364).

⑥ (O) : 사법상의 계약 기타 법률행위가 일정한 행위를 금지하는 구체적 법 규정을 위반하여 행하여진 경우에 법률행위가 무효인가 또는 법원이 법률행위 내용의 실현에 대한 조력을 거부하거나 기타 다른 내용으로 그 효력이 제한되는가의 여부는 당해 법규정이 가지는 넓은 의미에서의 법률효과에 관한 문제의 일환으로서, 법 규정의 해석 여하에 의하여 정하여진다. 따라서 그 점에 관한 명문의 정함이 있다면 당연히 이에 따라야 할 것이고, 그러한 정함이 없는 때에는 종국적으로 금지규정의 목적과 의미에 비추어 그에 반하는 법률행위의 무효 기타 효력 제한이 요구되는지를 검토하여 이를 정할 것이다(대판 2019. 6. 13. 2018다258562).

정답 ③

Ⅲ. 법률행위의 취소

346 1993년 3월 25일 생인 甲은 법정대리인의 동의 없이 2010년 3월 24일 자기 소유의 부동산을 乙에게 매도하는 계약을 체결하였다. 이 경우 제한능력을 이유로 甲자신이 위 매매계약을 취소하려면 언제까지 취소권을 행사하여야 하는가? [10 노무사 변형]

① 2013년 3월 23일 24시
② 2015년 3월 24일 24시
③ 2015년 3월 25일 24시
④ 2020년 3월 23일 24시
⑤ 2020년 3월 24일 24시

해설

甲은 2012년 3월 24일 24시에 성년이 된다(초일 산입, 제158조). 한편, 취소권은 추인할 수 있는 날로부터 3년, 법률행위를 한 날로부터 10년의 경과로 소멸한다(제146조). 그러므로 추인할 수 있는 날인 2012년 3월 25일부터 기산(기간이 오전 0시부터 시작하는 때에는 초일 산입, 제157조 단서)하면 2015년 3월 24일 24시까지 취소권을 행사하여야 한다.

정답 ②

347 2016년 5월 2일 甲은 자기 소유의 X부동산을 미성년자 乙에게 매도하는 매매계약을 체결하였다. 매매계약 당시에 乙은 법정대리인의 동의를 받지 않았으며, 2018년 3월 3일에 乙은 만 19세가 되었다. 이에 관한 설명으로 옳은 것은? (다툼이 있으면 판례에 따름) [예상]

① 乙이 2021년 6월경 매매계약을 취소하더라도 이때에는 이미 취소권의 행사기간 경과로 인하여 취소권이 소멸되었으므로 취소권 행사의 효력이 발생하지 않는다.
② 2017년 3월경 甲이 乙에 대한 매매대금 지급청구권을 제3자에게 양도한 경우에는 법정추인이 되므로, 乙은 더 이상 매매계약을 취소할 수 없다.
③ 2016년 6월경 甲이 乙에게 1월 이상의 기간을 정하여 매매계약을 추인할 것인지의 확답을 촉구하였는데, 이에 대하여 乙이 확답을 발송하지 않은 경우에는 乙은 매매계약을 취소할 수 없다.
④ 甲은 乙이 추인을 하기 전에는 매매계약의 이행을 거절할 수 있다.
⑤ 매매계약 체결 시에 乙이 주민등록증을 위조하여 성년자인 것처럼 속임수를 쓰고 이에 甲이 속아서 매매계약을 체결하였더라도 乙은 그 매매계약을 취소할 수 있다.

해설

① (O) : 제146조【취소권의 소멸】취소권은 추인할 수 있는 날로부터 3년 내에 법률행위를 한 날로부터 10년 내에 행사하여야 한다. – 乙은 추인할 수 있는 날인 2018년 3월 3일부터 만 19세가 되었으므로, 그 때부터 3년이 지난 2021년 6월경에는 취소권이 소멸하였다.
② (✕) : 甲은 취소권자가 아니어서, 법정추인이 되지 않는다.
③ (✕) : 乙은 능력자가 아직 되지 않았으므로, 촉구는 부적법하다(제15조 1항 참고).
④ (✕) : 계약은 일단 유효하므로, 甲은 매매계약의 이행을 거절 할 수 없다.
⑤ (✕) : 제17조【제한능력자의 속임수】① 제한능력자가 속임수로써 자기를 능력자로 믿게 한 경우에는 그 행위를 취소할 수 없다.

정답 ①

348 취소할 수 있는 법률행위의 추인에 관한 설명으로 옳지 않은 것은? (다툼이 있으면 판례에 따름) [17 세무사]

① 착오에 의하여 의사표시를 한 자는 착오에서 벗어난 상태가 아니면 추인할 수 없다.
② 취소권자는 취소할 수 있는 행위임을 알고서 추인하여야 한다.
③ 추인은 상대방에 대한 의사표시로 하여야 한다.
④ 취소권자가 채권자로서 강제집행을 하는 것은 법정추인사유에 해당한다.
⑤ 묵시적 추인은 허용되지 않는다.

> **해설**

① (O) : 제144조【추인의 요건】① 추인은 취소의 원인이 소멸된 후에 하여야만 효력이 있다.
② (O) : 추인은 취소권을 가지는 자가 취소원인이 종료한 후에 취소할 수 있는 행위임을 알고서 추인의 의사표시를 하거나 법정추인사유에 해당하는 행위를 행할 때에만 법률행위의 효력을 유효로 확정시키는 효력이 발생한다(대판 1997. 5. 30. 97다2986).
③ (O) : 제143조【추인의 방법, 효과】① 취소할 수 있는 법률행위는 제140조에 규정한 자가 추인할 수 있고 추인 후에는 취소하지 못한다. ② 전조의 규정은 전항의 경우에 준용한다. 제142조【취소의 상대방】취소할 수 있는 법률행위의 상대방이 확정한 경우에는 그 취소는 그 상대방에 대한 의사표시로 하여야 한다.
④ (O) : 통설은 취소권자가 채권자로서 집행하는 경우와 취소권자가 채무자로서 집행을 받는 경우도 포함한다고 한다. 이때는 취소권자가 채무자로서 소송상 이의를 주장할 수 있음에도 불구하고 이를 하지 아니한 때문이다.
⑤ (×) : 명시, 묵시를 불문한다.

정답 ⑤

349 법률행위의 무효와 취소에 관한 설명으로 옳지 않은 것은? (다툼이 있으면 판례에 따름)

[17 노무]

① 가분적 법률행위의 일부분에만 취소사유가 있는 경우 나머지 부분이라도 이를 유지하려는 당사자의 가정적 의사가 인정되더라도 그 일부만의 취소는 불가능하다.
② 반사회적 법률행위는 당사자의 추인으로 유효하게 될 수 없다.
③ 법정대리인의 동의 없이 행한 미성년자의 법률행위는 미성년자가 단독으로 취소할 수 있다.
④ 법률행위의 일부분이 무효인 경우 원칙적으로 그 전부를 무효로 한다.
⑤ 제한능력을 이유로 법률행위가 취소된 경우, 제한능력자는 현존이익의 한도에서 상환할 책임이 있다.

> **해설**

① (×) : 하나의 법률행위의 일부분에만 취소사유가 있다고 하더라도 그 법률행위가 가분적이거나 그 목적물의 일부가 특정될 수 있다면, 그 나머지 부분이라도 이를 유지하려는 당사자의 가정적 의사가 인정되는 경우 그 일부만의 취소도 가능하다 할 것이고, 그 일부의 취소는 법률행위의 일부에 관하여 효력이 생긴다(대판 1998.2.10. 97다44737).
② (O) : 제103조, 제104조 무효행위는 추인가능성이 없다(대판 2002.3.15. 2001다77352·77369).
③ (O) : 제5조【미성년자의 능력】① 미성년자가 법률행위를 함에는 법정대리인의 동의를 얻어야 한다. 그러나 **권리만을 얻거나 의무만을 면하는 행위**는 그러하지 아니하다. ② 전항의 규정에 위반한 행위는 취소할 수 있다.

④ (O) : 제137조【법률행위의 일부무효】법률행위의 일부분이 무효인 때에는 그 전부를 무효로 한다. 그러나 그 무효부분이 없더라도 법률행위를 하였을 것이라고 인정될 때에는 나머지 부분은 무효가 되지 아니한다.

⑤ (O) : 제141조【취소의 효과】취소된 법률행위는 처음부터 무효인 것으로 본다. 다만, 제한능력자는 그 행위로 인하여 받은 이익이 현존하는 한도에서 상환(상환)할 책임이 있다.

정답 ①

350 법률행위의 취소에 관한 설명으로 옳지 않은 것은? (다툼이 있으면 판례에 따름) [18 감평]

① 법률행위를 취소한 후라도 무효행위 추인의 요건을 충족할 경우, 무효행위의 추인은 가능하다.
② 제한능력자가 맺은 계약은 추인이 있을 때까지 상대방이 그 의사표시를 취소할 수 있다.
③ 제한능력을 이유로 법률행위가 취소된 경우, 제한능력자는 그 행위로 인하여 받은 이익이 현존하는 한도에서 상환할 책임이 있다.
④ 법률행위의 취소를 전제로 한 소송상의 이행청구에는 취소의 의사표시가 포함되어 있다고 볼 수 있다.
⑤ 취소권은 추인할 수 있는 날로부터 3년 내에 법률행위를 한 날로부터 10년 내에 행사하여야 한다.

해설

① (O) : 취소한 법률행위는 처음부터 무효인 것으로 간주되므로 취소할 수 있는 법률행위가 일단 취소된 이상 그 후에는 취소할 수 있는 법률행위의 추인에 의하여 이미 취소되어 무효인 것으로 간주된 당초의 의사표시를 다시 확정적으로 유효하게 할 수는 없고, 다만 무효인 법률행위의 추인의 요건과 효력으로서 추인할 수는 있으나, 무효행위의 추인은 그 무효 원인이 소멸한 후에 하여야 그 효력이 있고, 따라서 강박에 의한 의사표시임을 이유로 일단 유효하게 취소되어 당초의 의사표시가 무효로 된 후에 추인한 경우 그 추인이 효력을 가지기 위하여는 그 무효 원인이 소멸한 후일 것을 요한다고 할 것인데, 그 무효 원인이란 바로 위 의사표시의 취소사유라 할 것이므로 결국 무효 원인이 소멸한 후란 것은 당초의 의사표시의 성립 과정에 존재하였던 취소의 원인이 종료된 후, 즉 강박 상태에서 벗어난 후라고 보아야 한다(대판 1997.12.12. 95다38240).

② (X) : 제16조【제한능력자의 상대방의 철회권과 거절권】① 제한능력자가 맺은 계약은 추인이 있을 때까지 상대방이 그 의사표시를 철회할 수 있다.

③ (O) : 제141조【취소의 효과】취소된 법률행위는 처음부터 무효인 것으로 본다. 다만, 제한능력자는 그 행위로 인하여 받은 이익이 현존하는 한도에서 상환(상환)할 책임이 있다.

④ (O) : 법률행위의 취소는 상대방에 대한 의사표시로 하여야 하나 그 취소의 의사표시는 특별히 재판상 행하여짐이 요구되는 경우 이외에는 특정한 방식이 요구되는 것이 아니고, 취소의 의사가 상대방에 의하여 인식될 수 있다면 어떠한 방법에 의하더라도 무방하다고 할 것이고, 법률행위의 취소를 당연한 전제로 한 소송상의 이행청구나 이를 전제로 한 이행거절 가운데는 취소의 의사표시가 포함되어 있다고 볼 수 있다(대판 1993.09.14. 93다13162).

⑤ (O) : 제146조【취소권의 소멸】취소권은 추인할 수 있는 날로부터 3년 내에 법률행위를 한 날로부터 10년 내에 행사하여야 한다.

정답 ②

351 법률행위의 취소에 관한 설명으로 옳지 않은 것은?   [18 세무사]

① 취소는 취소권자의 일방적 의사표시에 의하여 한다.
② 제한능력자가 스스로 행한 법률행위를 취소하려면 법정대리인의 동의를 얻어야 한다.
③ 취소할 수 있는 법률행위의 상대방이 확정한 경우에는 그 취소는 그 상대방에 대한 의사표시로 하여야 한다.
④ 사기·강박에 의하여 의사표시를 한 자의 상속인은 의사표시를 취소할 수 있다.
⑤ 취소할 수 있는 법률행위에 대하여 추인할 수 있는 자가 이의를 보류하면서 전부 이행한 경우에는 추인한 것으로 보지 않는다.

해설

① (O) : 취소할 수 있는 지위를 취소권이라 하고, 이는 권리자의 일방적 의사표시에 의하여 법률관계 변동의 효력이 생기므로 형성권이다.
② (×) : 제140조【법률행위의 취소권자】취소할 수 있는 법률행위는 제한능력자, 착오로 인하거나 사기·강박에 의하여 의사표시를 한 자, 그의 대리인 또는 승계인만이 취소할 수 있다.
③ (O) : 제142조【취소의 상대방】취소할 수 있는 법률행위의 상대방이 확정한 경우에는 그 취소는 그 상대방에 대한 의사표시로 하여야 한다.
④ (O) : 제한능력자, 하자 있는 의사표시를 한 자로부터 취소권을 승계한 자(포괄승계인, 특정승계인 포함). **취소권만의 승계는 불가능하다.**
⑤ (O) : 제145조【법정추인】취소할 수 있는 법률행위에 관하여 전조의 규정에 의하여 추인할 수 있는 후에 다음 각호의 사유가 있으면 추인한 것으로 본다. 그러나 이의를 보류한 때에는 그러하지 아니하다. 1. 전부나 일부의 이행

정답 ②

352 미성년자인 甲은 자신의 자전거를 乙에게 매도하는 계약을 체결하였다. 甲의 법정대리인 丙이 취소권을 행사할 수 있는 경우는?   [18 세무사]

① 丙이 乙에게 자전거를 인도한 경우
② 丙이 乙에게 자전거 대금을 청구한 경우
③ 매매계약체결 후 10년이 지난 경우
④ 甲이 丙의 동의를 받고 추인한 경우
⑤ 乙이 丙에게 자전거의 인도를 청구한 경우

해설

① (✕) : 제145조【법정추인】 취소할 수 있는 법률행위에 관하여 전조의 규정에 의하여 추인할 수 있는 후에 다음 각호의 사유가 있으면 추인한 것으로 본다. 그러나 이의를 보류한 때에는 그러하지 아니하다. 1. 전부나 일부의 이행
② (✕) : 2. 이행의 청구
③ (✕) : 제146조【취소권의 소멸】 취소권은 추인할 수 있는 날로부터 3년 내에 법률행위를 한 날로부터 10년 내에 행사하여야 한다.
④ (✕) : 피성년후견인이 아닌 제한능력자는 법정대리인이나 후견인의 동의가 있으면 확정적으로 유효한 행위를 할 수 있으므로, 능력자가 되기 전에도 법정대리인 또는 후견인의 동의가 있다면 유효한 추인을 할 수 있다(통설).
⑤ (○) : 취소권자가 청구한 경우에 한하며, 취소권자가 상대방으로부터 청구 받은 경우는 포함하지 않는다(통설).

정답 ⑤

353 법률행위의 취소에 관한 설명으로 옳지 않은 것은? [19 감평]

① 착오로 인하여 취소할 수 있는 법률행위를 한 자의 포괄승계인은 그 법률행위를 취소할 수 있다.
② 미성년자가 동의 없이 단독으로 행한 법률행위를 그 법정대리인이 추인하는 경우, 그 추인은 취소의 원인이 소멸한 후에 하여야만 효력이 있다.
③ 제한능력자가 제한능력을 이유로 법률행위를 취소한 경우, 그 행위로 인하여 받은 이익이 현존하는 한도에서 상환할 책임이 있다.
④ 취소할 수 있는 법률행위를 추인한 후에는 이를 다시 취소하지 못한다.
⑤ 취소권은 추인할 수 있는 날로부터 3년 내에, 법률행위를 한 날로부터 10년 내에 행사하여야 한다.

해설

① (○) : 제140조【법률행위의 취소권자】 취소할 수 있는 법률행위는 제한능력자, 착오로 인하거나 사기·강박에 의하여 의사표시를 한 자, 그의 대리인 또는 승계인만이 취소할 수 있다.
② (✕) : 제144조【추인의 요건】① 추인은 취소의 원인이 소멸된 후에 하여야만 효력이 있다. ② 제1항은 법정대리인 또는 후견인이 추인하는 경우에는 적용하지 아니한다.
③ (○) : 제141조【취소의 효과】 취소된 법률행위는 처음부터 무효인 것으로 본다. 다만, 제한능력자는 그 행위로 인하여 받은 이익이 현존하는 한도에서 상환(상환)할 책임이 있다.
④ (○) : 확정적 유효가 되었기 때문이다.
⑤ (○) : 제146조【취소권의 소멸】 취소권은 추인할 수 있는 날로부터 3년 내에 법률행위를 한 날로부터 10년 내에 행사하여야 한다.

정답 ②

354 민법 제140조의 법률행위의 취소에 관한 설명으로 옳지 않은 것은? (다툼이 있으면 판례에 따름)

[19 세무사]

① 제한능력자는 단독으로 법률행위를 취소할 수 있다.
② 법률행위의 일부에만 취소사유가 있고 그 법률행위가 가분적이거나 그 목적물의 일부가 특정될 수 있다면, 그 나머지 부분이라도 이를 유지하려는 당사자의 가정적 의사가 인정되는 경우 그 일부만의 취소가 가능하다.
③ 법률행위를 취소한 경우에도 무효인 법률행위의 추인요건에 따라 당사자는 이를 추인할 수 있고, 이 경우 그 추인한 때부터 새로운 법률행위를 한 것으로 본다.
④ 근로계약에 따른 노무 제공 후 근로계약이 취소되면 근로계약은 소급하여 무효가 된다.
⑤ 매매계약이 적법하게 해제된 경우에도 필요한 경우 당사자는 착오를 이유로 취소할 수 있다.

해설

① (O) : 제140조【법률행위의 취소권자】취소할 수 있는 법률행위는 제한능력자, 착오로 인하거나 사기·강박에 의하여 의사표시를 한 자, 그의 대리인 또는 승계인만이 취소할 수 있다.

② (O) : 하나의 법률행위의 일부분에만 취소사유가 있다고 하더라도 그 법률행위가 가분적이거나 그 목적물의 일부가 특정될 수 있다면, 그 나머지 부분이라도 이를 유지하려는 당사자의 가정적 의사가 인정되는 경우 그 일부만의 취소도 가능하다 할 것이고, 그 일부의 취소는 법률행위의 일부에 관하여 효력이 생긴다(대판 1998.2.10, 97다44737).

③ (O) : 취소한 법률행위는 처음부터 무효인 것으로 간주되므로 취소할 수 있는 법률행위가 일단 취소된 이상 그 후에는 취소할 수 있는 법률행위의 추인에 의하여 이미 취소되어 무효인 것으로 간주된 당초의 의사표시를 다시 확정적으로 유효하게 할 수는 없고, 다만 무효인 법률행위의 추인의 요건과 효력으로서 추인할 수는 있으나, 무효행위의 추인은 그 무효 원인이 소멸한 후에 하여야 그 효력이 있고, 따라서 강박에 의한 의사표시임을 이유로 일단 유효하게 취소되어 당초의 의사표시가 무효로 된 후에 추인한 경우 그 추인이 효력을 가지기 위하여는 그 무효 원인이 소멸한 후일 것을 요한다고 할 것인데, 그 무효 원인이란 바로 위 의사표시의 취소사유라 할 것이므로 결국 무효 원인이 소멸한 후란 것은 당초의 의사표시의 성립 과정에 존재하였던 취소의 원인이 종료된 후, 즉 강박 상태에서 벗어난 후라고 보아야 한다(대판 1997.12.12, 95다38240).

④ (X) : 근로계약은 근로자가 사용자에게 근로를 제공하고 사용자는 이에 대하여 임금을 지급하는 것을 목적으로 체결된 계약으로서(근로기준법 제2조 제1항 제4호) 기본적으로 그 법적 성질이 사법상 계약이므로 계약 체결에 관한 당사자들의 의사표시에 무효 또는 취소의 사유가 있으면 상대방은 이를 이유로 근로계약의 무효 또는 취소를 주장하여 그에 따른 법률효과의 발생을 부정하거나 소멸시킬 수 있다. 다만 그와 같이 근로계약의 무효 또는 취소를 주장할 수 있다 하더라도 근로계약에 따라 그동안 행하여진 근로자의 노무 제공의 효과를 소급하여 부정하는 것은 타당하지 않으므로 이미 제공된 근로자의 노무를 기초로 형성된 취소 이전의 법률관계까지 효력을 잃는다고 보아서는 아니 되고, 취소의 의사표시 이후 장래에 관하여만 근로계약의 효력이 소멸된다고 보아야 한다(대판 2017. 12. 22. 2013다25194, 25200).

⑤ (O) : 매도인이 매수인의 중도금 지급채무 불이행을 이유로 매매계약을 적법하게 해제한 후라도 매수인으로서는 상대방이 한 계약해제의 효과로서 발생하는 손해배상책임을 지거나 매매계약에 따른

계약금의 반환을 받을 수 없는 불이익을 면하기 위하여 착오를 이유로 한 취소권을 행사하여 매매계약 전체를 무효로 돌리게 할 수 있다(대판 1996.12.6, 95다24982·24999).

정답 ④

355 법률행위의 추인에 관한 설명으로 옳지 않은 것은? (다툼이 있으면 판례에 따름) [20 세무사]

① 법률행위가 취소된 후에 취소할 수 있는 법률행위에 관한 추인으로 취소된 법률행위를 다시 확정적으로 유효하게 할 수 있다.
② 무효인 법률행위의 추인은 그 무효 원인이 소멸한 후에 하여야 효력이 있다.
③ 강박에 의한 의사표시임을 이유로 취소된 법률행위를 추인하는 경우, 그 추인이 효력을 갖기 위해서는 강박 상태에서 벗어난 후에 추인하여야 한다.
④ 불공정한 법률행위에 해당하여 무효인 경우에도 무효행위의 전환에 관한 민법규정이 적용될 수 있다.
⑤ 무효인 법률행위의 추인은 명시적인 방법뿐만 아니라 묵시적인 방법으로 할 수도 있다.

해설

① (×), ② (○), ③ (○) : 취소한 법률행위는 처음부터 무효인 것으로 간주되므로 취소할 수 있는 법률행위가 일단 취소된 이상 그 후에는 취소할 수 있는 법률행위의 추인에 의하여 이미 취소되어 무효인 것으로 간주된 당초의 의사표시를 다시 확정적으로 유효하게 할 수는 없고, 다만 무효인 법률행위의 추인의 요건과 효력으로서 추인할 수는 있으나, 무효행위의 추인은 그 무효 원인이 소멸한 후에 하여야 그 효력이 있고, 따라서 강박에 의한 의사표시임을 이유로 일단 유효하게 취소되어 당초의 의사표시가 무효로 된 후에 추인한 경우 그 추인이 효력을 가지기 위하여는 그 무효 원인이 소멸한 후일 것을 요한다고 할 것인데, 그 무효 원인이란 바로 위 의사표시의 취소사유라 할 것이므로 결국 무효 원인이 소멸한 후란 것은 당초의 의사표시의 성립 과정에 존재하였던 취소의 원인이 종료된 후, 즉 강박 상태에서 벗어난 후라고 보아야 한다(대판 1997.12.12, 95다38240).
④ (○) : 매매계약이 약정된 매매대금의 과다로 말미암아 민법 제104조에서 정하는 '불공정한 법률행위'에 해당하여 무효인 경우에도 무효행위의 전환에 관한 민법 제138조가 적용될 수 있다(대판 2010.7.15, 2009다50308).
⑤ (○) : 무효인 법률행위를 추인에 의하여 새로운 법률행위로 보기 위하여서는 당사자가 이전의 법률행위가 무효임을 알고 그 행위에 대하여 추인하여야 한다. 한편 추인은 묵시적으로도 가능하나, 묵시적 추인을 인정하기 위해서는 본인이 그 행위로 처하게 된 법적 지위를 충분히 이해하고 그럼에도 진의에 기하여 그 행위의 결과가 자기에게 귀속된다는 것을 승인한 것으로 볼 만한 사정이 있어야 할 것이므로 이를 판단함에 있어서는 관계되는 여러 사정을 종합적으로 검토하여 신중하게 하여야 한다(대판 2014. 3. 27. 2012다106607).

정답 ①

356 취소할 수 있는 법률행위의 법정추인 사유가 아닌 것은? (다툼이 있으면 판례에 따름)

[20 세무사]

① 전부나 일부의 이행
② 이행의 청구
③ 이의를 보류한 경개
④ 담보의 제공
⑤ 강제집행

해설

제145조 【법정추인】 취소할 수 있는 법률행위에 관하여 전조의 규정에 의하여 추인할 수 있는 후에 다음 각 호의 사유가 있으면 추인한 것으로 본다. 그러나 이의를 보류한 때에는 그러하지 아니하다. 1. 전부나 일부의 이행 2. 이행의 청구 3. 경개 4. 담보의 제공 5. 취소할 수 있는 행위로 취득한 권리의 전부나 일부의 양도 6. 강제집행

정답 ③

---

357 법률행위의 무효 또는 취소에 관한 설명으로 옳은 것은? ((다툼이 있으면 판례에 따름)

[20 노무]

① 법률행위의 일부분이 무효인 경우 원칙적으로 그 일부분만 무효이다.
② 제한능력자가 법률행위를 취소한 경우 원칙적으로 그가 받은 이익전부를 상환하여야 한다.
③ 취소할 수 있는 법률행위는 추인권자의 추인이 있은 후에는 취소하지 못한다.
④ 법률행위의 취소권은 법률행위를 한 날로부터 3년 내에, 추인할 수 있는 날로부터 10년 내에 행사하여야 한다.
⑤ 매도인에게 부과될 공과금을 매수인이 책임진다는 취지의 특약은 사회질서에 반하므로 무효이다.

해설

① (✗) : 제137조 【법률행위의 일부무효】 법률행위의 일부분이 무효인 때에는 그 전부를 무효로 한다. 그러나 그 무효부분이 없더라도 법률행위를 하였을 것이라고 인정될 때에는 나머지 부분은 무효가 되지 아니한다.
② (✗) : 제141조 【취소의 효과】 취소된 법률행위는 처음부터 무효인 것으로 본다. 다만, 제한능력자는 그 행위로 인하여 받은 이익이 현존하는 한도에서 상환(상환)할 책임이 있다.
③ (○) : 제143조 【추인의 방법, 효과】 ① 취소할 수 있는 법률행위는 제140조에 규정한 자가 추인할 수 있고 추인 후에는 취소하지 못한다. ② 전조의 규정은 전항의 경우에 준용한다.
④ (✗) : 제146조 【취소권의 소멸】 취소권은 추인할 수 있는 날로부터 3년내에 법률행위를 한 날로부터 10년 내에 행사하여야 한다

⑤ (✕) : 매매계약에서 매도인에게 부과될 공과금을 매수인이 책임진다는 취지의 특약을 하였다 하더라도 이는 공과금이 부과되는 경우 그 부담을 누가 할 것인가에 관한 약정으로서 그 자체가 불법조건이라고 할 수 없고 이것만 가지고 사회질서에 반한다고 단정하기도 어렵다(대판 1993. 5. 25. 93다296).

정답 ③

358 법률행위의 취소에 관한 설명으로 옳지 않은 것은? (다툼이 있으면 판례에 따름) [21 세무사]

① 취소할 수 있는 법률행위는 제한능력자, 착오로 인하거나 사기·강박에 의하여 의사 표시를 한 자, 그의 대리인 또는 승계인만이 취소할 수 있다.
② 취소할 수 있는 법률행위를 추인한 후에는 그 법률행위를 취소하지 못한다.
③ 취소할 수 있는 법률행위가 일단 취소되면, 무효인 법률행위의 추인의 요건과 효력으로서 추인할 수 없다.
④ 취소권자인 법정대리인이 이의를 보류하지 않고 강제집행을 하면 추인한 것으로 본다.
⑤ 취소권은 추인할 수 있는 날로부터 3년 내에, 법률행위를 한 날로부터 10년 내에 행사해야 한다.

해설

① (○) : 제140조【법률행위의 취소권자】취소할 수 있는 법률행위는 제한능력자, 착오로 인하거나 사기·강박에 의하여 의사표시를 한 자, 그의 대리인 또는 승계인만이 취소할 수 있다.
② (○) : 제143조【추인의 방법, 효과】① 취소할 수 있는 법률행위는 제140조에 규정한 자가 추인할 수 있고 추인 후에는 취소하지 못한다.
③ (✕) : 취소한 법률행위는 처음부터 무효인 것으로 간주되므로 취소할 수 있는 법률행위가 일단 취소된 이상 그 후에는 취소할 수 있는 법률행위의 추인에 의하여 이미 취소되어 무효인 것으로 간주된 당초의 의사표시를 다시 확정적으로 유효하게 할 수는 없고, 다만 무효인 법률행위의 추인의 요건과 효력으로서 추인할 수는 있으나, 무효행위의 추인은 그 무효 원인이 소멸한 후에 하여야 그 효력이 있고, 따라서 강박에 의한 의사표시임을 이유로 일단 유효하게 취소되어 당초의 의사표시가 무효로 된 후에 추인한 경우 그 추인이 효력을 가지기 위하여는 그 무효 원인이 소멸한 후일 것을 요한다고 할 것인데, 그 무효 원인이란 바로 위 의사표시의 취소사유라 할 것이므로 결국 무효 원인이 소멸한 후란 것은 당초의 의사표시의 성립 과정에 존재하였던 취소의 원인이 종료된 후, 즉 강박 상태에서 벗어난 후라고 보아야 한다(대판 1997.12.12. 95다38240).
④ (○) : 제145조【법정추인】취소할 수 있는 법률행위에 관하여 전조의 규정에 의하여 추인할 수 있는 후에 다음 각 호의 사유가 있으면 추인한 것으로 본다. 그러나 이의를 보류한 때에는 그러하지 아니하다. 6. 강제집행
⑤ (○) : 제146조【취소권의 소멸】취소권은 추인할 수 있는 날로부터 3년 내에 법률행위를 한 날로부터 10년 내에 행사하여야 한다.

정답 ③

359 무효행위에 관한 설명으로 옳지 않은 것은? (다툼이 있으면 판례에 따름) [21 노무]

① 취소할 수 있는 법률행위가 취소된 후에는 무효행위의 추인요건을 갖추더라도 다시 추인될 수 없다.
② 무효행위의 추인은 묵시적으로 이루어질 수 있다.
③ 무효행위의 추인이 있었다는 사실은 새로운 법률행위의 성립을 주장하는 자가 증명하여야 한다.
④ 법률행위의 일부분이 무효인 때에는 특별한 사정이 없는 한 그 전부를 무효로 한다.
⑤ 불공정한 법률행위에는 무효행위의 전환에 관한 민법 제138조가 적용될 수 있다.

> **해설**

① (×) : 취소한 법률행위는 처음부터 무효인 것으로 간주되므로 취소할 수 있는 법률행위가 일단 취소된 이상 그 후에는 취소할 수 있는 법률행위의 추인에 의하여 이미 취소되어 무효인 것으로 간주된 당초의 의사표시를 다시 확정적으로 유효하게 할 수는 없고, 다만 무효인 법률행위의 추인의 요건과 효력으로서 추인할 수는 있으나, 무효행위의 추인은 그 무효 원인이 소멸한 후에 하여야 그 효력이 있고, 따라서 강박에 의한 의사표시임을 이유로 일단 유효하게 취소되어 당초의 의사표시가 무효로 된 후에 추인한 경우 그 추인이 효력을 가지기 위하여는 그 무효 원인이 소멸한 후일 것을 요한다고 할 것인데, 그 무효 원인이란 바로 위 의사표시의 취소사유라 할 것이므로 결국 무효 원인이 소멸한 후란 것은 당초의 의사표시의 성립 과정에 존재하였던 취소의 원인이 종료된 후, 즉 강박 상태에서 벗어난 후라고 보아야 한다(대판 1997.12.12. 95다38240).

② (O) : 무효인 법률행위를 추인에 의하여 새로운 법률행위로 보기 위하여서는 당사자가 이전의 법률행위가 무효임을 알고 그 행위에 대하여 추인하여야 한다. 한편 추인은 묵시적으로도 가능하나, 묵시적 추인을 인정하기 위해서는 본인이 그 행위로 처하게 된 법적 지위를 충분히 이해하고 그럼에도 진의에 기하여 그 행위의 결과가 자기에게 귀속된다는 것을 승인한 것으로 볼만한 사정이 있어야 할 것이므로 이를 판단함에 있어서는 관계되는 여러 사정을 종합적으로 검토하여 신중하게 하여야 한다(대판 2014.3.27. 2012다106607).

③ (O) : 무효인 법률행위를 추인에 의하여 새로운 법률행위로 보기 위하여는 당사자가 이전의 법률행위가 무효임을 알고 그 행위에 대하여 추인하여야 한다(대판 1998. 12. 22. 97다15715). 따라서 무효행위의 추인이 있었다는 사실은 새로운 법률행위의 성립을 주장하는 자가 증명하여야 한다.

④ (O) : 제137조【법률행위의 일부무효】법률행위의 일부분이 무효인 때에는 그 전부를 무효로 한다. 그러나 그 무효부분이 없더라도 법률행위를 하였을 것이라고 인정될 때에는 나머지 부분은 무효가 되지 아니한다.

⑤ (O) : 매매계약이 약정된 매매대금의 과다로 말미암아 민법 제104조에서 정하는 '불공정한 법률행위'에 해당하여 무효인 경우에도 무효행위의 전환에 관한 민법 제138조가 적용될 수 있다. 그러므로 재건축사업부지에 포함된 토지에 대하여 재건축사업조합과 토지의 소유자가 체결한 매매계약이 매매대금의 과다로 말미암아 불공정한 법률행위에 해당하지만, 그 매매대금을 적정한 금액으로 감액하여 매매계약의 유효성을 인정할 수 있다(대판 2010.7.15. 2009다50308).

정답 ①

제6절 법률행위의 부관

I. 서 설

II. 조 건

360 법률행위의 조건에 관한 설명으로 옳은 것은? [17 세무사]

① 불법조건이 붙어 있는 경우 그 조건만 무효로 되고 그 법률행위의 전부가 무효로 되는 것은 아니다.
② 기성조건이 해제조건이라면 그 법률행위가 무효이다.
③ 불능조건이 정지조건이라면 그 법률행위는 조건 없는 법률행위이다.
④ 가족법상 법률행위에도 조건을 자유롭게 붙일 수 있다.
⑤ 조건부 권리의 경우 아직 조건이 성취되기 전에는 처분할 수 없다.

해설

① (×) : 제151조【불법조건, 기성조건】① 조건이 선량한 풍속 기타 사회질서에 위반한 것인 때에는 그 법률행위는 무효로 한다.
② (○) : 제151조【불법조건, 기성조건】② 조건이 법률행위의 당시 이미 성취한 것인 경우에는 그 조건이 정지조건이면 조건 없는 법률행위로 하고 해제조건이면 그 법률행위는 무효로 한다.
③ (×) : 제151조【불법조건, 기성조건】③ 조건이 법률행위의 당시에 이미 성취할 수 없는 것인 경우에는 그 조건이 해제조건이면 조건 없는 법률행위로 하고 정지조건이면 그 법률행위는 무효로 한다.
④ (×) : 혼인, 인지, 입양, 상속 승인·포기 등은 조건에 친하지 않다. 다만 예외적으로 유언은 조건을 붙이는 것이 가능하다(제1073조 제2항).
⑤ (×) : 제149조【조건부권리의 처분 등】조건의 성취가 미정한 권리의무는 일반규정에 의하여 처분, 상속, 보존 또는 담보로 할 수 있다.

정답 ②

361 법률행위의 조건에 관한 설명으로 옳은 것은? (다툼이 있으면 판례에 따름) [18 감평]

① 조건의 성취가 미정인 권리는 일반규정에 의하여 처분, 상속할 수 있으나 담보로 제공할 수는 없다.
② 조건이 법률행위의 당시 이미 성취한 것인 경우에는 그 조건이 해제조건이면 조건 없는 법률행위로 한다.
③ 조건의 성취로 인하여 이익을 받을 당사자가 신의성실에 반하여 조건을 성취시킨 때에도 상대방은 그 조건이 성취하지 아니한 것으로 주장할 수 없다.
④ 조건부 법률행위에 있어 조건의 내용 자체가 불법적인 것이어서 무효일 경우 그 조건만을 분리하여 무효로 할 수 있다.
⑤ 조건의 성취로 인하여 불이익을 받을 당사자가 신의성실에 반하여 조건의 성취를 방해한 경우, 조건이 성취된 것으로 의제되는 시점은 신의성실에 반하는 행위가 없었더라면 조건이 성취되었으리라고 추산되는 시점이다.

해설

① (✕) : 제149조【조건부권리의 처분 등】조건의 성취가 미정한 권리의무는 일반규정에 의하여 처분, 상속, 보존 또는 담보로 할 수 있다.
② (✕) : 제151조【불법조건, 기성조건】② 조건이 법률행위의 당시 이미 성취한 것인 경우에는 그 조건이 정지조건이면 조건 없는 법률행위로 하고 해제조건이면 그 법률행위는 무효로 한다.
③ (✕) : 제150조【조건성취, 불성취에 대한 반신의행위】① 조건의 성취로 인하여 불이익을 받을 당사자가 신의성실에 반하여 조건의 성취를 방해한 때에는 상대방은 그 조건이 성취한 것으로 주장할 수 있다.
④ (✕) : 제151조【불법조건, 기성조건】① 조건이 선량한 풍속 기타 사회질서에 위반한 것인 때에는 그 법률행위는 무효로 한다.
⑤ (○) : 조건의 성취로 인하여 불이익을 받을 당사자가 신의성실에 반하여 조건의 성취를 방해한 경우, 조건이 성취된 것으로 의제되는 시점은 이러한 신의성실에 반하는 행위가 없었더라면 조건이 성취되었으리라고 추산되는 시점이다(대판 1998.12.22. 98다42356).

정답 ⑤

362 조건에 관한 설명으로 옳은 것은? (다툼이 있으면 판례에 따름) [18 세무사]

① 정지조건이 있는 법률행위는 조건이 성취한 때로부터 그 효력을 잃는다.
② 조건부 권리는 조건의 성취가 미정인 동안 일반 규정에 의하여 처분하거나 담보로 제공할 수 없다.
③ 약혼예물의 수수는 혼인의 성립을 해제조건으로 하는 증여와 유사한 성질을 갖는다.
④ 주택건설을 위한 토지매매에서 건축허가를 받지 못한 때에는 토지매매계약을 무효로 한다는 조건은 해제조건이다.
⑤ 반사회질서의 조건이 붙은 법률행위는 조건 없는 법률행위이다.

해설

① (×) : 제147조【조건성취의 효과】② 해제조건 있는 법률행위는 조건이 성취한 때로부터 그 효력을 잃는다.
② (×) : 제149조【조건부권리의 처분등】조건의 성취가 미정한 권리의무는 일반규정에 의하여 처분, 상속, 보존 또는 담보로 할 수 있다.
③ (×) : 약혼예물의 수수는 약혼의 성립을 증명하고 혼인이 성립한 경우 당사자 내지 양가의 정리를 두텁게 할 목적으로 수수되는 것으로 혼인의 불성립을 해제조건으로 하는 증여와 유사한 성질을 가지므로, 예물의 수령자측이 혼인 당초부터 성실히 혼인을 계속할 의사가 없고 그로 인하여 혼인의 파국을 초래하였다고 인정되는 등 특별한 사정이 있는 경우에는 신의칙 내지 형평의 원칙에 비추어 혼인 불성립의 경우에 준하여 예물반환의무를 인정함이 상당하나, 그러한 특별한 사정이 없는 한 일단 부부관계가 성립하고 그 혼인이 상당 기간 지속된 이상 후일 혼인이 해소되어도 그 반환을 구할 수는 없으므로, 비록 혼인 파탄의 원인이 며느리에게 있더라도 혼인이 상당 기간 계속된 이상 약혼예물의 소유권은 며느리에게 있다(대판 1996. 5. 14. 96다5506).
④ (○) : 건축허가를 필할 때 매매계약이 성립하고 **건축허가신청이 불허되었을 때에는 이를 무효로 한다는 약정**은 건축허가신청의 불허가를 해제조건으로 하는 매매계약이다(대판 1983. 8. 23, 83다카552).
⑤ (×) : 제151조【불법조건, 기성조건】① 조건이 선량한 풍속 기타 사회질서에 위반한 것인 때에는 그 법률행위는 무효로 한다.

정답 ④

363 민법상 조건에 관한 설명으로 옳지 않은 것은? (다툼이 있으면 판례에 따름) [20 세무사]

① 조건의사가 있더라도 외부에 표시되지 않은 이상 이는 법률행위의 동기에 불과하다.
② 불능조건이 정지조건이면, 그 법률행위는 무효이다.
③ 현상광고에 정한 지정행위의 완료에 조건을 붙일 수 있다.
④ 조건부 권리는 조건이 성취되기 전까지 담보로 제공될 수 없다.
⑤ 조건을 붙이는 것이 허용되지 않는 법률행위에 조건을 붙인 경우, 그 법률행위의 전부가 무효이다.

해설

① (O) : 조건은 법률행위의 효력의 발생 또는 소멸을 장래의 불확실한 사실의 성부에 의존하게 하는 법률행위의 부관으로서 해당 법률행위를 구성하는 의사표시의 일체적인 내용을 이루는 것이므로, 의사표시의 일반원칙에 따라 조건을 붙이고자 하는 의사 즉 조건의사와 그 표시가 필요하며, 조건의사가 있더라도 그것이 외부에 표시되지 않으면 법률행위의 동기에 불과할 뿐이고 그것만으로는 법률행위의 부관으로서의 조건이 되지는 아니한다(대판 2015. 10. 29. 2015다219504).

② (O) : 제151조【불법조건, 기성조건】③ 조건이 법률행위의 당시에 이미 성취할 수 없는 것인 경우에는 그 조건이 해제조건이면 조건 없는 법률행위로 하고 정지조건이면 그 법률행위는 무효로 한다.

③ (O) : 민법 제675조에 정하는 현상광고라 함은, 광고자가 어느 행위를 한 자에게 일정한 보수를 지급할 의사를 표시하고 이에 응한 자가 그 광고에 정한 행위를 완료함으로써 그 효력이 생기는 것으로서, 그 광고에 정한 행위의 완료에 조건이나 기한을 붙일 수 있다[52](대판 2000.08.22. 2000다3675).

④ (X) : 제149조【조건부권리의 처분 등】조건의 성취가 미정한 권리의무는 일반규정에 의하여 처분, 상속, 보존 또는 담보로 할 수 있다. 다만 여기서의 담보란 조건부 권리를 위해 담보를 설정할 수 있다는 의미이고, 조건부 권리를 담보로 제공하는 것을 의미하지는 않는다(통설). 그러나 기대권을 담보의 목적으로 할 수도 있으므로, 조건부 권리를 담보로 할 수 있다는 견해(김상용)도 있다. 따라서 통설에 의하면 문제가 있는 지문이다.

⑤ (O) : 조건부 법률행위에 있어 조건의 내용 자체가 불법적인 것이어서 무효일 경우 또는 조건을 붙이는 것이 허용되지 아니하는 법률행위에 조건을 붙인 경우 그 조건만을 분리하여 무효로 할 수는 없고 그 법률행위 전부가 무효로 된다(대결 2005. 11. 8. 자 2005마541).

정답 ④

364 민법상 조건에 관한 설명으로 옳은 것은? (다툼이 있으면 판례에 따름) [20 노무]

① '대금이 완납되면 매매목적물의 소유권이 이전된다.'는 조항이 있는 소유권유보부 매매에서 대금완납은 해제조건이다.
② 선량한 풍속에 반하는 불법조건이 붙은 법률행위는 조건 없는 법률행위가 된다.
③ 당사자의 의사표시로 조건성취의 효력을 소급시킬 수 없다.
④ 조건은 법률행위의 내용을 이룬다.
⑤ 유언에는 조건을 붙일 수 없다.

---

[52] '검거'라 함은, 수사기관이 범죄의 예방·공안의 유지 또는 범죄수사상 혐의자로 지목된 자를 사실상 일시 억류하는 것으로서, 반드시 형사소송법상의 현행범인의 체포·긴급체포·구속 등의 강제처분만을 의미하지는 아니하고 그보다는 넓은 개념이라고 보아야 한다. 경찰이 탈옥수 신창원을 수배하면서 '제보로 검거되었을 때에 신고인 또는 제보자에게 현상금을 지급한다.'는 내용의 현상광고를 한 경우, 현상광고의 지정행위는 신창원의 거처 또는 소재를 경찰에 신고 내지 제보하는 것이고 신창원이 '검거되었을 때'는 지정행위의 완료에 조건을 붙인 것인데, 제보자가 신창원의 소재를 발견하고 경찰에 이를 신고함으로써 현상광고의 지정행위는 완료되었고, 그에 따라 경찰관 등이 출동하여 신창원이 있던 호프집 안에서 그를 검문하고 나아가 차량에 태워 파출소까지 데려간 이상 그에 대한 검거는 이루어진 것이므로, 현상광고상의 지정행위 완료에 붙인 조건도 성취되었다.

해설

① (✗) : 대금 완납이 정지조건이 된다.
② (✗) : 제151조【불법조건, 기성조건】① 조건이 선량한 풍속 기타 사회질서에 위반한 것인 때에는 그 법률행위는 무효로 한다.
③ (✗) : 제147조【조건성취의 효과】① 정지 조건 있는 법률행위는 조건이 성취한 때로부터 그 효력이 생긴다. ② 해제조건 있는 법률행위는 조건이 성취한 때로부터 그 효력을 잃는다. ③ 당사자가 조건성취의 효력을 그 성취 전에 소급하게 할 의사를 표시한 때에는 그 의사에 의한다.
④ (○) : 법률행위의 특별유효요건중 하나이다.
⑤ (✗) : 혼인, 인지, 입양, 상속의 승인·포기 등에는 조건을 붙일 수 없지만 예외적으로 유언은 조건을 붙이는 것이 가능하다(민법1073조).

정답 ④

365 조건에 관한 설명으로 옳지 않은 것은? (다툼이 있으면 판례에 따름) [21 세무사]

① 조건부 권리는 특별한 사정이 없는 한 그 조건이 성취되기 전이라도 처분할 수 있다.
② 법률행위에 불법조건이 붙은 경우에는 그 조건뿐 아니라 법률행위도 무효이다.
③ 다른 의사표시가 없는 한 조건 성취의 효과는 조건이 성취한 때부터 발생한다.
④ 조건이 법률행위의 당시에 이미 성취할 수 없는 것인 경우에는 그 조건이 해제조건이면 무효로 하고 정지조건이면 조건 없는 법률행위로 한다.
⑤ 조건이 법률행위의 당시에 이미 성취한 것인 경우에는 그 조건이 정지조건이면 조건 없는 법률행위로 하고 해제조건이면 그 법률행위는 무효로 한다.

해설

① (○) : 제149조【조건부권리의 처분 등】조건의 성취가 미정한 권리의무는 일반규정에 의하여 처분, 상속, 보존 또는 담보로 할 수 있다.
② (○) : 제151조【불법조건, 기성조건】① 조건이 선량한 풍속 기타 사회질서에 위반한 것인 때에는 그 법률행위는 무효로 한다.
③ (○) : 제147조【조건성취의 효과】① 정지조건 있는 법률행위는 조건이 성취한 때로부터 그 효력이 생긴다. ② 해제조건 있는 법률행위는 조건이 성취한 때로부터 그 효력을 잃는다.
④ (✗) : 제151조【불법조건, 기성조건】③ 조건이 법률행위의 당시에 이미 성취할 수 없는 것인 경우에는 그 조건이 해제조건이면 조건 없는 법률행위로 하고 정지조건이면 그 법률행위는 무효로 한다.
⑤ (○) : 제151조【불법조건, 기성조건】② 조건이 법률행위의 당시 이미 성취한 것인 경우에는 그 조건이 정지조건이면 조건 없는 법률행위로 하고 해제조건이면 그 법률행위는 무효로 한다.

정답 ④

366 법률행위의 조건에 관한 설명으로 옳은 것은? (다툼이 있으면 판례에 따름) [21 노무]

① 법률행위에 조건이 붙어 있는지 여부는 사실인정의 문제로서 그 조건의 존재를 주장하는 자가 이를 증명하여야 한다.
② 조건의 성취가 미정한 권리의무는 일반규정에 의하여 담보로 할 수 없다.
③ 조건이 선량한 풍속 기타 사회질서에 위반한 경우, 그 조건만 무효로 될 뿐 그 법률행위는 조건 없는 법률행위로 유효하다.
④ 법률행위 당시 조건이 이미 성취된 경우, 그 조건이 정지조건이면 그 법률행위는 무효이다.
⑤ 당사자가 조건성취의 효력을 그 성취 전으로 소급하게 할 의사를 표시한 경우, 그 소급의 의사표시는 효력이 없다.

해설

① (O) : 조건은 법률행위의 당사자가 그 의사표시에 의하여 그 법률행위와 동시에 그 법률행위의 내용으로서 부가시켜 그 법률행위의 효력을 제한하는 법률행위의 부관이므로 구체적인 사실관계가 어느 법률행위에 붙은 조건의 성취에 해당하는지 여부는 의사표시의 해석에 속하는 경우도 있다고 할 수 있지만, 어느 법률행위에 어떤 조건이 붙어 있었는지 아닌지는 사실인정의 문제로서 그 조건의 존재를 주장하는 자가 이를 입증하여야 한다고 할 것이다(대판 2006. 11. 24. 2006다35766).
② (X) : 제149조【조건부권리의 처분 등】조건의 성취가 미정한 권리의무는 일반규정에 의하여 처분, 상속, 보존 또는 담보로 할 수 있다.
③ (X), ④ (X) : 제151조【불법조건, 기성조건】① 조건이 선량한 풍속 기타 사회질서에 위반한 것인 때에는 그 법률행위는 무효로 한다. ② 조건이 법률행위의 당시 이미 성취한 것인 경우에는 그 조건이 정지조건이면 조건 없는 법률행위로 하고 해제조건이면 그 법률행위는 무효로 한다.
⑤ (X) : 제147조【조건성취의 효과】③ 당사자가 조건성취의 효력을 그 성취 전에 소급하게 할 의사를 표시한 때에는 그 의사에 의한다.

정답 ①

367 법률행위의 부관으로서 조건에 관한 다음의 설명 중 가장 옳지 않은 것은? [예상]

① 법률행위 효력의 발생 또는 소멸을 장래의 불확실한 사실의 성부에 의존케 하는 조건을 법률행위에 붙이고자 하는 의사가 있다 하더라도 이를 외부에 표시하지 않으면 이는 법률행위의 동기에 불과한 것이다.
② 정지조건부 법률행위에 있어서 조건이 성취되었다는 사실은 이에 의하여 권리를 취득하고자 하는 측에서 증명하여야 한다.
③ 정지조건부 법률행위는 조건을 성취한 때로부터 그 효력이 생기고, 해제조건부 법률행위는 조건을 성취한 때로부터 그 효력을 잃는다.
④ 甲과 乙이 빌라 분양을 甲이 대행하고 수수료를 받기로 하는 내용의 분양전속계약을 체결

하면서, 특약사항으로 "분양계약기간 완료 후 미분양 물건은 甲이 모두 인수하는 조건으로 한다."라고 정한 경우 위 특약사항은 미분양 물건 세대를 인수하지 아니할 경우 분양전속계약은 효력이 없다는 법률행위의 부관으로서 조건을 정한 것이다.
⑤ 조건의 성취로 인하여 불이익을 받을 당사자가 신의성실에 반하여 조건의 성취를 방해한 경우, 조건이 성취된 것으로 의제되는 시점은 이러한 신의성실에 반하는 행위가 없었더라면 조건이 성취되었으리라고 추산되는 시점이다.

해설

① (O) : 조건은 법률행위의 효력의 발생 또는 소멸을 장래의 불확실한 사실의 성부에 의존케 하는 법률행위의 부관으로서 당해 법률행위를 구성하는 의사표시의 일체적인 내용을 이루는 것이므로, 의사표시의 일반원칙에 따라 조건을 붙이고자 하는 의사 즉 조건의사와 그 표시가 필요하며, 조건의사가 있더라도 그것이 외부에 표시되지 않으면 법률행위의 동기에 불과할 뿐이고 그것만으로는 법률행위의 부관으로서의 조건이 되는 것은 아니다(대판 2003. 5. 13. 2003다10797).

② (O) : 정지조건부 법률행위에 있어서 조건이 성취되었다는 사실은 이에 의하여 권리를 취득하고자 하는 측에서 그 입증책임이 있다 할 것이므로, 정지조건부 채권양도에 있어서 정지조건이 성취되었다는 사실은 채권양도의 효력을 주장하는 자에게 그 입증책임이 있다(대판 1983.4.12., 81다카692).

③ (O) : 제147조【조건성취의 효과】① 정지조건 있는 법률행위는 조건이 성취한 때로부터 그 효력이 생긴다. ② 해제조건 있는 법률행위는 조건이 성취한 때로부터 그 효력을 잃는다.

④ (×) : 조건은 법률행위 효력의 발생 또는 소멸을 장래 불확실한 사실의 발생 여부에 따라 좌우되게 하는 법률행위의 부관이고, 법률행위에서 효과의사와 일체적인 내용을 이루는 의사표시 그 자체이다. 조건을 붙이고자 하는 의사는 법률행위의 내용으로 외부에 표시되어야 하고, 조건을 붙이고자 하는 의사가 있는지는 의사표시에 관한 법리에 따라 판단하여야 한다. 조건을 붙이고자 하는 의사가 외부에 표시되었다고 인정하려면, 법률행위가 이루어진 동기와 경위, 법률행위에 의하여 달성하려는 목적, 거래의 관행 등을 종합적으로 고려하여 법률행위 효력의 발생 또는 소멸을 장래의 불확실한 사실의 발생 여부에 따라 좌우되게 하려는 의사가 인정되어야 한다. [2] 甲과 乙이 빌라 분양을 갑이 대행하고 수수료를 받기로 하는 내용의 분양전속계약을 체결하면서, 특약사항으로 "분양계약기간 완료 후 미분양 물건은 甲이 모두 인수하는 조건으로 한다."라고 정한 사안에서, 위 특약사항은 '인수하는 조건'이라는 문언을 사용하고 있기는 하나 그 자체만으로 당사자가 조건을 붙여 효력 발생이 좌우되게 하려는 계약의 내용이 특정되어 있지 아니한 점, 오히려 '인수하는 조건'이라는 문언은 미분양 세대의 인수에 따라 계약의 효력발생이 좌우되게 하려는 의사라기보다는 단순히 이를 계약의 내용 중 하나로 정한다는 의미로 사용되었다고 볼 소지가 큰 점, 위 특약사항을 둔 이유가 분양계약기간이 만료되었음에도 미분양 세대가 있는 경우 갑이 이를 인수할 의무를 부담하도록 하기 위함이지 甲이 미분양 세대를 인수하지 아니할 경우 조건이 성취되지 않은 것으로 보아 수수료 전부를 포기하게 할 의사였다고 보기는 어려운 점, 甲이 빌라 분양을 전부 완료하지 못한 채 계약이 중단된 경우에도 甲이 이미 분양하거나 인수한 세대만큼 乙에 이익이 된다면, 신의칙에 비추어 甲에게 적어도 그에 상응하는 수수료를 지급하도록 하는 것이 옳은 점을 종합하면, <u>위 특약사항은 甲이 분양계약기간 만료 후 미분양 세대를 인수할 의무를 부담한다는 계약의 내용을 정한 것에 불과하고, 계약의 효력발생이 좌우되게 하려는 법률행위의 부관으로서 조건을 정한 것이라고 보기는 어려운데도</u>, 이와 달리 본 원심판단에 법리오해의 잘못이 있다(대판 2020. 7. 9. 2020다202821).

⑤ (O) : 상대방이 하도급 받은 부분에 대한 공사를 완공하여 준공필증을 제출하는 것을 정지조건으로

하여 공사대금채무를 부담하거나 위 채무를 보증한 사람은 위 조건의 성취로 인하여 불이익을 받을 당사자의 지위에 있다고 할 것이므로, 이들이 위 공사에 필요한 시설을 해주지 않았을 뿐만 아니라 공사장에의 출입을 통제함으로써 위 상대방으로 하여금 나머지 공사를 수행할 수 없게 하였다면, 그것이 고의에 의한 경우만이 아니라 과실에 의한 경우에도 신의성실에 반하여 조건의 성취를 방해한 때에 해당한다고 할 것이므로, 그 상대방은 민법 제150조 제1항의 규정에 의하여 위 공사대금채무자 및 보증인에 대하여 그 조건이 성취된 것으로 주장할 수 있다(대판 1998.12.22, 98다42356). 그리고 조건의 성취로 인하여 불이익을 받을 당사자가 신의성실에 반하여 조건의 성취를 방해한 경우, 조건이 성취된 것으로 의제되는 시점은 이러한 신의성실에 반하는 행위가 없었더라면 조건이 성취되었으리라고 추산되는 시점이다. 그리고 민법 제150조 제1항은 계약 당사자 사이에서 정당하게 기대되는 협력을 신의성실에 반하여 거부함으로써 계약에서 정한 사항을 이행할 수 없게 된 경우에 유추적용될 수 있다. 그러나 민법 제150조 제1항이 방해행위로 조건이 성취되지 않을 것을 요구하는 것과 마찬가지로, 위와 같이 유추적용 되는 경우에도 단순한 협력 거부만으로는 부족하고 이 조항에서 정한 방해행위에 준할 정도로 신의성실에 반하여 협력을 거부함으로써 계약에서 정한 사항을 이행할 수 없는 상태가 되어야 한다. 또한 민법 제150조는 사실관계의 진행이 달라졌더라면 발생하리라고 희망했던 결과를 의제하는 것은 아니므로, 이 조항을 유추적용 할 때에도 조건 성취 의제와 직접적인 관련이 없는 사실관계를 의제하거나 계약에서 정하지 않은 법률효과를 인정해서는 안 된다(대판 2021. 1. 14. 2018다223054).

정답 ④

Ⅲ. 기한

368 당사자 간에 다른 약정이 없는 경우 기한의 이익을 갖는 자를 모두 고른 것은? [18 세무사]

> ㄱ. 사용대차의 경우 차주
> ㄴ. 무상임치의 경우 수치인
> ㄷ. 이자부소비대차의 경우 차주
> ㄹ. 이자부소비대차의 경우 대주
> ㅁ. 무이자부소비대차의 경우 차주

① ㄴ, ㄷ, ㄹ   ② ㄴ, ㄷ, ㅁ   ③ ㄱ, ㄴ, ㄹ, ㅁ
④ ㄱ, ㄷ, ㄹ, ㅁ   ⑤ ㄱ, ㄴ, ㄷ, ㄹ, ㅁ

해설

기한의 이익을 가지는 자는 사용대차의 차주, 무상임치의 임치인, 소비대차의 차주, 이자부소비대차의 대주 등이다.

정답 ④

369 기한의 이익에 관한 설명으로 옳은 것은? [17 세무사]

① 기한의 이익은 원칙적으로 채권자의 이익을 위한 것으로 추정한다.
② 무이자 소비대차의 경우, 채권자가 기한의 이익을 가진다.
③ 이자부 소비대차의 경우, 채무자가 기한의 이익을 가지고 채권자는 기한의 이익을 가지지 못한다.
④ 기한의 이익을 가지는 자는 기한이 도래하기 전에는 그 이익을 포기하지 못한다.
⑤ 기한의 이익을 가지는 자가 그 이익을 포기하는 경우, 그로 말미암아 상대방에게 손해를 준 경우에는 그 손해를 배상하여야 한다.

> **해설**
>
> ① (✗) : 제153조【기한의 이익과 그 포기】① 기한은 채무자의 이익을 위한 것으로 추정한다.
> ② (✗) : 채무자가 기한의 이익을 가진다.
> ③ (✗) : 이자부 소비대차는 채무자, 채권자 모두에게 기한의 이익이 있다.
> ④ (✗), ⑤ (○) : 제153조【기한의 이익과 그 포기】① 기한은 채무자의 이익을 위한 것으로 추정한다. ② 기한의 이익은 이를 포기할 수 있다. 그러나 상대방의 이익을 해하지 못한다.
>
> **정답** ⑤

370 기한에 관한 설명으로 옳지 않은 것은? (다툼이 있으면 판례에 의함) [13 감평]

① 정지조건부 기한이익의 상실특약이 있는 경우 그 특약사유가 발생하더라도 채권자의 의사표시가 있어야 채무자는 기한의 이익을 상실한다.
② 파산선고를 받은 채무자는 기한의 이익을 주장하지 못한다.
③ 채권자는 변제기까지의 이자를 포기하고 채무자에게 기한 전에 변제할 것을 청구할 수 없다.
④ 종기 있는 법률행위는 기한이 도래한 때로부터 그 효력을 잃는다.
⑤ 당사자가 불확정한 사실이 발생한 때를 이행기한으로 정한 경우 그 사실의 발생이 불가능하게 된 때에도 이행기한이 도래한 것으로 보아야 한다.

> **해설**
>
> ① (✗) : 판례는 "기한이익 상실의 특약은 그 내용에 의하여 일정한 사유가 발생하면 채권자의 청구 등을 요함이 없이 당연히 기한의 이익이 상실되어 이행기가 도래하는 것으로 하는 정지조건부 기한이익 상실의 특약과 일정한 사유가 발생한 후 채권자의 통지나 청구 등 채권자의 의사행위를 기다려 비로소 이행기가 도래하는 것으로 하는 형성권적 기한이익 상실의 특약의 두 가지로 대별할 수 있고, 기한이익 상실의 특약이 위의 양자 중 어느 것에 해당하느냐는 당사자의 의사해석의 문제이

지만 일반적으로 기한이익 상실의 특약이 채권자를 위하여 둔 것인 점에 비추어 명백히 정지조건부 기한이익 상실의 특약이라고 볼 만한 특별한 사정이 없는 이상 형성권적 기한이익 상실의 특약으로 추정하는 것이 타당하다(대판 2002.9.4. 2002다28340).".고 한다.

② (O) : ① 채무자가 담보를 손상, 감소 또는 멸실하게 한 때(제388조 제1호) ② 채무자가 담보제공의 의무를 이행하지 아니하는 때(제388조 제2항) 그리고 ③ 채무자가 파산선고를 받은 때(파산법 제16조)에는 기한의 이익을 주장하지 못 한다.

③ (O) : 제153조【기한의 이익과 그 포기】 ① 기한은 채무자의 이익을 위한 것으로 추정한다.

④ (O) : 제152조【기한도래의 효과】 ② 종기 있는 법률행위는 기한이 도래한 때로부터 그 효력을 잃는다.

⑤ (O) : 判例는 부관이 붙은 법률행위에 있어서 부관에 표시된 사실이 발생하지 아니하면 채무를 이행하지 아니하여도 된다고 보는 것이 상당한 경우에는 조건으로 보아야 하고, 표시된 사실이 발생한 때에는 물론이고 반대로 발생하지 아니하는 것이 확정된 때에도 그 채무를 이행하여야 한다고 보는 것이 상당한 경우에는 표시된 사실의 발생 여부가 확정되는 것을 불확정기한으로 정한 것으로 보아야 한다고 판시 한다(대판 2003.8.19. 2003다24215). 이때 당사자가 불확정한 사실이 발생한 때를 이행기한으로 정한 경우에는 그 사실이 발생한 때는 물론 그 사실의 발생이 불가능하게 된 때에도 이행기한은 도래한 것으로 보아야 한다고 본다(대판 2002.3.29. 2001다41766).

정답 ①

371 기한에 관한 설명으로 옳지 않은 것은? (다툼이 있는 경우에는 판례에 의함)   [13 세무사]

① 담보제공의무를 이행하지 않은 채무자는 기한의 이익을 상실한다.
② 다음 번 눈이 오는 날에 스키장 가는 모든 비용을 부담하겠다는 의사표시는 기한부 법률행위이다.
③ 기한도래의 효력은 절대적이므로 당사자는 특약으로 이를 소급시킬 수 없다.
④ 할부금지급채무에서 기한이익상실의 약정은 특별한 사정이 없으면 정지조건부 특약으로 추정된다.
⑤ 상대방도 기한의 이익을 가지는 경우 채무자는 그 손해를 배상하고 기한의 이익을 포기할 수 있다.

해설

① (O) : 제388조【기한의 이익의 상실】 채무자는 다음 각 호의 경우에는 기한의 이익을 주장하지 못한다. 1. 채무자가 담보를 손상, 감소 또는 멸실하게 한 때 2. 채무자가 담보제공의 의무를 이행하지 아니한 때

② (O) : 장래에 눈이 오는 것은 발생이 확실한 사실이므로 기한이다.

③ (O) : 기한에 소급효를 인정하면 더 이상 기한이 아니기 때문이다.

④ (×) : 정지조건부 기한이익상실의 특약과 형성권적 기한이익상실의 특약의 두 가지로 대별되는 기한이익상실의 특약이 양자 중 어느 것에 해당하느냐는 당사자의 의사해석의 문제이지만, 일반적으로 기한이익상실의 특약이 채권자를 위하여 둔 것인 점에 비추어 명백히 정지조건부 기한이익상실

의 특약이라고 볼 만한 특별한 사정이 없는 이상 형성권적 기한이익상실의 특약으로 추정하는 것이 타당하다(대판 2002.9.3. 2002다28340).
⑤ (O) : 제153조【기한의 이익과 그 포기】① 기한은 채무자의 이익을 위한 것으로 추정한다. ② 기한의 이익은 이를 포기할 수 있다. 그러나 상대방의 이익을 해하지 못한다.

정답 ④

372 조건과 기한에 관한 설명으로 옳지 않은 것은? (다툼이 있으면 판례에 따름) [15 노무사]

① 법률이 요구하는 요건인 법정조건은 법률행위의 부관으로서의 조건이 아니다.
② 조건부 법률행위에서 조건이 불법조건이라고 해서 그 법률행위 전부가 무효로 되는 것은 아니다.
③ 기한이익 상실의 특약은 명백히 정지조건부 기한이익 상실의 특약이라고 볼 만한 특별한 사정이 없는 이상 형성권적 기한이익 상실의 특약으로 추정된다.
④ 주택건설을 위한 토지매매계약에 앞서 당사자 간의 협의에 의하여 건축허가를 필할 때에 매매계약이 성립하고 건축허가 신청이 불허되었을 때에는 이를 무효로 한다고 약정한 토지매매계약은 해제조건부계약이다.
⑤ 이미 부담하고 있는 채무의 변제에 관하여 일정한 사실이 부관으로 붙여진 경우에는 특별한 사정이 없는 한, 그것은 변제기를 유예한 것으로서 그 사실이 발생한 때 또는 발생하지 아니하는 것으로 확정된 때에 기한이 도래한다.

해설

① (O) : 부관은 당사자의 의사에 기해 부가되어야 하므로, 법률이 요구하는 조건은 조건이 아니다.
② (X) : 제151조【불법조건, 기성조건】① 조건이 선량한 풍속 기타 사회질서에 위반한 것인 때에는 그 법률행위는 무효로 한다.
③ (O) : 판례는 "기한이익 상실의 특약은 그 내용에 의하여 일정한 사유가 발생하면 채권자의 청구 등을 요함이 없이 당연히 기한의 이익이 상실되어 이행기가 도래하는 것으로 하는 정지조건부 기한이익 상실의 특약과 일정한 사유가 발생한 후 채권자의 통지나 청구 등 채권자의 의사행위를 기다려 비로소 이행기가 도래하는 것으로 하는 형성권적 기한이익 상실의 특약의 두 가지로 대별할 수 있고, 기한이익 상실의 특약이 위의 양자 중 어느 것에 해당하느냐는 당사자의 의사해석의 문제이지만 일반적으로 기한이익 상실의 특약이 채권자를 위하여 둔 것인 점에 비추어 명백히 정지조건부 기한이익 상실의 특약이라고 볼 만한 특별한 사정이 없는 이상 형성권적 기한이익 상실의 특약으로 추정하는 것이 타당하다(대판 2002. 9. 4. 2002다28340)."고 한다.
④ (O) : 매매 토지 중 **공장부지에 편입되지 아니한 부분을 매도인에게 원가로 반환한다는 약정**은 환매계약이 아니라, 공장부지로 사용되지 아니하는 것을 해제조건으로 하는 매매이다(대판 1981.6.9. 80다3195).
⑤ (O) : 부관이 붙은 법률행위에 있어서 부관에 표시된 사실이 발생하지 아니하면 채무를 이행하지 아니하여도 된다고 보는 것이 상당한 경우에는 조건으로 보아야 하고, 표시된 사실이 발생한 때에

는 물론이고 반대로 발생하지 아니하는 것이 확정된 때에도 그 채무를 이행하여야 한다고 보는 것이 상당한 경우에는 표시된 사실의 발생 여부가 확정되는 것을 불확정기한으로 정한 것으로 보아야 한다. 따라서 어떠한 법률행위에 불확정기한이 부관으로 붙여진 경우에는 특별한 사정이 없는 한 그 법률행위에 따른 채무는 이미 발생하여 있고 불확정기한은 그 변제기나 이행기를 유예한 것에 불과하다(대판 2014.10.15. 2012두22706 판결).

정답 ②

373 기한의 이익에 관한 설명으로 옳은 것은? (다툼이 있으면 판례에 따름) [17 감평]

① 기한의 이익이 채권자 및 채무자 쌍방에게 있는 경우, 채무자는 기한의 이익을 포기할 수 없다.
② 채무자인 甲이 저당권자 乙이외의 다른 채권자 丙에게 동일한 부동산 위에 후 순위저당권을 설정해 준 경우 원칙적으로 甲은 乙에게 기한의 이익을 주장하지 못한다.
③ 기한이익 상실의 특약은 특별한 사정이 없는 한 형성권적 기한이익 상실의 특약으로 추정된다.
④ 형성권적 기한이익 상실의 특약이 있는 할부채무의 경우, 특별한 사정이 없는 한 1회의 불이행이 있으면 채무전액에 대하여 소멸시효가 진행한다.
⑤ 정지조건부 기한이익 상실의 특약이 있는 경우, 그 특약에 정한 기한이익 상실 사유가 발생하더라도 기한이익을 상실케 하는 채권자의 의사표시가 없다면 특별한 사정이 없는 한 이행기 도래의 효과가 발생하지 않는다.

해설

① (✗) : 제153조【기한의 이익과 그 포기】① 기한은 채무자의 이익을 위한 것으로 추정한다. ② 기한의 이익은 이를 포기할 수 있다. 그러나 상대방의 이익을 해하지 못한다.

② (✗) : ① 채무자가 담보를 손상, 감소 또는 멸실하게 한 때(제388조 제1호) ② 채무자가 담보제공의 무를 이행하지 아니하는 때(제388조 제2항) 그리고 ③ 채무자가 파산선고를 받은 때(파산법 제16조)에는 기한의 이익을 주장하지 못 한다. 그러나 후순위저당권을 설정하는 것은 남은 담보가치에 대하여 이를 설정하는 것이므로 선순위저당권자에 대하여 담보를 손상, 감소 또는 멸실하게 한 때에 해당하지 아니한다.

③ (O) : 기한이익 상실의 특약은 그 내용에 의하여 일정한 사유가 발생하면 채권자의 청구 등을 요함이 없이 당연히 기한의 이익이 상실되어 이행기가 도래하는 것으로 하는 정지조건부 기한이익 상실의 특약과 일정한 사유가 발생한 후 채권자의 통지나 청구 등 채권자의 의사행위를 기다려 비로소 이행기가 도래하는 것으로 하는 형성권적 기한이익 상실의 특약의 두 가지로 대별할 수 있고, <u>기한이익 상실의 특약이 위의 양자 중 어느 것에 해당하느냐는 당사자의 의사해석의 문제이지만 일반적으로 기한이익 상실의 특약이 채권자를 위하여 둔 것인 점에 비추어 명백히 정지조건부 기한이익 상실의 특약이라고 볼 만한 특별한 사정이 없는 이상 형성권적 기한이익 상실의 특약으로 추정하는 것이 타당하다</u>(대판 2002. 9. 4. 2002다28340).

④ (✕) : 채권자의 통지나 청구 등 채권자의 의사행위가 있어야 한다.
⑤ (✕) : 채권자의 청구 등을 요함이 없이 당연히 기한의 이익이 상실된다.

정답 ③

374 법률행위의 조건과 기한에 관한 설명으로 옳지 않은 것은? (다툼이 있으면 판례에 따름)

[17 노무]

① 조건이 법률행위의 당시 이미 성취한 것인 경우에는 그 조건이 정지조건이면 조건 없는 법률행위이다.
② 조건의 성취 여부가 확정 전인 권리의무는 일반규정에 의하여 처분, 상속, 보존 또는 담보로 할 수 있다.
③ 어느 법률행위에 어떤 조건이 붙어 있었는지 여부는 그 조건의 존재를 주장하는 자가 이를 증명하여야 한다.
④ 당사자의 특약이 없거나 법률행위의 성질상 분명하지 않으면 기한의 이익은 채권자에게 있는 것으로 추정된다.
⑤ 기한의 이익이 상대방에게 있는 경우 당사자 일방은 상대방의 손해를 배상하고 기한의 이익을 포기할 수 있다.

해설

① (O) : 제151조【불법조건, 기성조건】② 조건이 법률행위의 당시 이미 성취한 것인 경우에는 그 조건이 정지조건이면 조건 없는 법률행위로 하고 해제조건이면 그 법률행위는 무효로 한다.
② (O) : 제149조【조건부권리의 처분 등】조건의 성취가 미정한 권리의무는 일반규정에 의하여 처분, 상속, 보존 또는 담보로 할 수 있다.
③ (O) : 어떠한 법률행위가 조건의 성취 시 법률행위의 효력이 발생하는 소위 정지조건부 법률행위에 해당한다는 사실은 그 법률행위로 인한 법률효과의 발생을 저지하는 사유로서 그 법률효과의 발생을 다투려는 자에게 주장, 입증책임이 있다(대판 1993.9.28 93다20832).
④ (✕), ⑤ (O) : 제153조【기한의 이익과 그 포기】① 기한은 채무자의 이익을 위한 것으로 추정한다. ② 기한의 이익은 이를 포기할 수 있다. 그러나 상대방의 이익을 해하지 못한다.

정답 ④

375 법률행위의 조건과 기한에 관한 설명으로 옳은 것은? [18 감평]

① 조건은 법률행위의 효력의 발생 또는 소멸을 장래에 생기는 것이 확실한 사실에 의존하게 하는 법률행위의 부관이다.
② 법률행위 당시에 곧바로 효력을 발생하게 할 필요가 있는 입양에는 시기를 붙이지 못한다.
③ 단독행위의 경우 상대방이 동의한 경우에도 조건을 붙일 수 없다.
④ 정지조건 있는 법률행위에서 당사자는 조건성취의 효력을 그 성취 전에 소급하게 할 수 없다.
⑤ 종기 있는 법률행위는 기한이 도래한 때로부터 그 효력이 생긴다.

해설

① (✗) : 조건이란 그 성취 여부가 불확실한 장래의 사실을 말하고, 이러한 조건이 붙은 법률행위를 조건부 법률행위라고 한다.
② (○) : 혼인, 인지, 입양, 상속 승인·포기 등이 이에 해당한다. 다만 예외적으로 유언은 조건을 붙이는 것이 가능하다(제1073조 제2항).
③ (✗) : 단독행위는 원칙적으로 조건을 붙을 수 없다. 조건에 의하여 상대방의 지위가 불안정하게 되기 때문이다. 예를 들어 취소, 해제·해지, 추인, 상계, 철회, 선택채권의 선택, 환매 및 주식청약 등이 이에 속한다. 다만 예외적으로 상대방의 동의가 있는 경우, 채무면제, 유증 등(상대방에게 이익만을 주거나 상대방의 지위를 불안케 할 염려가 없는 행위)과 상대방이 결정할 수 있는 사실을 조건으로 한 경우에는 상대방의 지위나 이익을 해하지 않으므로 단독행위에도 조건을 붙일 수 있다.
④ (✗) : 제147조【조건성취의 효과】③ 당사자가 조건성취의 효력을 그 성취 전에 소급하게 할 의사를 표시한 때에는 그 의사에 의한다.
⑤ (✗) : 제152조【기한도래의 효과】② 종기 있는 법률행위는 기한이 도래한 때로부터 그 효력을 잃는다.

정답 ②

376 조건과 기한에 관한 설명으로 옳지 않은 것은? [19 감평]

① 조건성취의 효력은 당사자의 의사표시로 소급하게 할 수 없다.
② 조건이 법률행위 당시에 이미 성취할 수 없는 것일 경우에는 그 조건이 해제조건이면 조건 없는 법률행위로 한다.
③ 조건의 성취가 미정인 권리는 일반규정에 의하여 담보로 할 수 있다.
④ 당사자의 특약이나 법률행위의 성질상 분명하지 않으면 기한은 채무자의 이익을 위한 것으로 추정한다.
⑤ 기한의 이익은 포기할 수 있지만, 이로 인해 상대방의 이익을 해하지 못한다.

해설

① (×) : 제147조【조건성취의 효과】③ 당사자가 조건성취의 효력을 그 성취 전에 소급하게 할 의사를 표시한 때에는 그 의사에 의한다.
② (○) : 제151조【불법조건, 기성조건】③ 조건이 법률행위의 당시에 이미 성취할 수 없는 것인 경우에는 그 조건이 해제조건이면 조건 없는 법률행위로 하고 정지조건이면 그 법률행위는 무효로 한다.
③ (○) : 제149조【조건부권리의 처분 등】조건의 성취가 미정한 권리의무는 일반규정에 의하여 처분, 상속, 보존 또는 담보로 할 수 있다.
④ (○) : 제153조【기한의 이익과 그 포기】① 기한은 채무자의 이익을 위한 것으로 추정한다.
⑤ (○) : 제153조【기한의 이익과 그 포기】② 기한의 이익은 이를 포기할 수 있다. 그러나 상대방의 이익을 해하지 못한다.

정답 ①

377 조건과 기한에 관한 설명으로 옳지 않은 것은? (다툼이 있으면 판례에 따름) [19 세무사]

① 조건은 법률행위 효력의 발생 또는 소멸을 장래의 불확실한 사실의 성부에 의존하게 하는 법률행위의 부관이다.
② 장래의 사실이더라도 그것이 장래 반드시 실현되는 사실이면 실현되는 시기가 비록 확정되지 않더라도 이는 기한으로 보아야 한다.
③ 법률행위에 붙은 부관이 조건인지 기한인지가 불명확한 경우 법률행위의 해석을 통해서 이를 결정해야 한다.
④ 부관에 표시된 사실이 발생하지 않으면 채무를 이행하지 않아도 된다고 보는 것이 합리적인 경우에는 조건으로 보아야 한다.
⑤ 조건이 법률행위의 당시 이미 성취한 것인 경우에는 그 조건이 해제조건이면 조건 없는 법률행위로 하고 정지조건이면 그 법률행위는 무효로 한다.

해설

① (○) : 조건이란 법률행위의 효력 발생 여부를 장래의 불확실한 사실에 의존시키는 부관을 말하고, 기한이란 법률행위의 효력 발생 여부를 장래의 확실한 사실에 의존시키는 부관을 말한다.
② (○) : 불확정기한이라고 한다.
③ (○) : 조건과 기한은 법률행위의 내용을 이루는 일부이기 때문에 이에 대한 다툼이 있으면 법률행위의 해석문제로 다루어진다(통설).
④ (○) : 判例는 부관이 붙은 법률행위에 있어서 부관에 표시된 사실이 발생하지 아니하면 채무를 이행하지 아니하여도 된다고 보는 것이 상당한 경우에는 조건으로 보아야 하고, 표시된 사실이 발생한 때에는 물론이고 반대로 발생하지 아니하는 것이 확정된 때에도 그 채무를 이행하여야 한다고 보는 것이 상당한 경우에는 표시된 사실의 발생 여부가 확정되는 것을 불확정기한으로 정한 것으로 보아야 한다53)고 판시 한다(대판 2003. 8. 19, 2003다24215).

⑤ (×) : 제151조【불법조건, 기성조건】② 조건이 법률행위의 당시 이미 성취한 것인 경우에는 그 조건이 정지조건이면 조건 없는 법률행위로 하고 해제조건이면 그 법률행위는 무효로 한다.

정답 ⑤

378 기한의 이익에 관한 설명으로 옳지 않은 것은? (다툼이 있으면 판례에 따름) [19 세무사]

① 기한의 이익이 채권자와 채무자 모두에게 있는 경우, 채무자는 채권자에게 손해를 배상하고 기한 전에 변제할 수 있다.
② 일정한 사유가 발생하면 채권자의 청구 등을 요함이 없이 당연히 기한의 이익이 상실되어 이행기가 도래하는 것으로 하는 특약은 정지조건부 기한이익 상실의 특약이다.
③ 일정한 사유가 발생한 후 채권자의 통지나 청구 등 채권자의 의사행위를 기다려 비로소 이행기가 도래하는 것으로 하는 특약은 형성권적 기한이익 상실의 특약이다.
④ 기한이익 상실의 특약이 정지조건부 기한이익 상실의 특약과 형성권적 기한이익 상실의 특약 중 어느 것에 해당하느냐는 당사자의 의사해석의 문제이다.
⑤ 일반적으로 기한이익 상실의 특약이 명백히 형성권적 기한이익 상실의 특약이라고 볼만한 특별한 사정이 없는 이상 정지조건부 기한이익 상실의 특약으로 추정하는 것이 타당하다.

해설

① (○) : 제153조【기한의 이익과 그 포기】② 기한의 이익은 이를 포기할 수 있다. 그러나 상대방의 이익을 해하지 못한다.
② (○), ③ (○), ④ (○), ⑤ (×) : 기한이익 상실의 특약은 그 내용에 의하여 일정한 사유가 발생하면 채권자의 청구 등을 요함이 없이 당연히 기한의 이익이 상실되어 이행기가 도래하는 것으로 하는 정지조건부 기한이익 상실의 특약과 일정한 사유가 발생한 후 채권자의 통지나 청구 등 채권자의 의사행위를 기다려 비로소 이행기가 도래하는 것으로 하는 형성권적 기한이익 상실의 특약의 두 가지로 대별할 수 있고, 기한이익 상실의 특약이 위의 양자 중 어느 것에 해당하느냐는 당사자의 의사해석의 문제이지만 일반적으로 기한이익 상실의 특약이 채권자를 위하여 둔 것인 점에 비추어 명백히 정지조건부 기한이익 상실의 특약이라고 볼 만한 특별한 사정이 없는 이상 형성권적 기한이익 상실의 특약으로 추정하는 것이 타당하다(대판 2002. 9. 4. 2002다28340).

정답 ⑤

---

53) 채무의 변제에 관하여 일정한 사실이 부관으로 붙여진 경우에는 특별한 사정이 없는 한 사실이 발생한 때뿐만 아니라 사실의 발생이 불가능하게 된 때에도 이행기한은 도래한 것으로 보아야 하고, 부관으로 정한 사실의 실현이 주로 채무를 변제하는 사람의 성의나 노력에 따라 좌우되고, 채권자가 사실의 실현에 영향을 줄 수 없는 경우에는 사실이 발생하는 때는 물론이고 사실의 발생이 불가능한 것으로 확정되지는 않았더라도 합리적인 기간 내에 사실이 발생하지 않는 때에도 채무의 이행기한은 도래한다(대판 2018. 4. 24. 2017다205127).

379 기한에 관한 설명으로 옳지 않은 것은? (다툼이 있으면 판례에 따름) [19 세무사]

① 기한부 권리는 기한이 도래하기 전에 처분, 상속, 보존 또는 담보로 할 수 있다.
② 기한은 채무자의 이익을 위한 것으로 추정한다.
③ 기한에는 소급효가 없으나 당사자의 약정에 의해 소급효를 인정할 수 있다.
④ 기한의 이익은 포기할 수 있다.
⑤ 어음에는 시기를 붙일 수 있다.

해설

① (O) : 제149조【조건부권리의 처분 등】조건의 성취가 미정한 권리의무는 일반규정에 의하여 처분, 상속, 보존 또는 담보로 할 수 있다.
② (O) : 제153조【기한의 이익과 그 포기】① 기한은 채무자의 이익을 위한 것으로 추정한다.
③ (×) : 기한은 조건과는 달리 당사자의 특약으로 소급효를 인정할 수 없다(통설).
④ (O) : 제153조【기한의 이익과 그 포기】② 기한의 이익은 이를 포기할 수 있다. 그러나 상대방의 이익을 해하지 못한다.
⑤ (O) : 어음법과 수표법상 배서에 붙인 조건은 이를 기재하지 아니한 것으로 보므로(어음법 제12조 1항, 제77조 1항, 수표법 제15조 1항), 조건이 없는 어음 및 수표행위로서 효력을 발생한다. 따라서 시기는 붙일 수 있다.

정답 ③

380 조건과 기한에 관한 설명으로 옳지 않은 것은? (다툼이 있으면 판례에 따름) [20 감평]

① 법률행위의 조건은 그 조건의 존재를 주장하는 사람이 증명하여야 한다.
② 정지조건부 법률행위에서 조건이 성취된 사실은 조건의 성취로 권리를 취득하는 사람이 증명하여야 한다.
③ 불능조건이 정지조건인 경우 그 법률행위는 무효이다.
④ 조건의 성취로 불이익을 받을 당사자가 신의성실에 반하여 조건의 성취를 방해한 경우, 처음부터 조건 없는 법률행위로 본다.
⑤ 기한이익 상실의 약정은 특별한 사정이 없으면 형성권적 기한이익 상실의 약정으로 추정한다.

해설

① (O), ② (O) : 어떠한 법률행위가 조건의 성취 시 법률행위의 효력이 발생하는 소위 정지조건부 법률행위에 해당한다는 사실은 그 법률행위로 인한 법률효과의 발생을 저지하는 사유로서 그 법률효과의 발생을 다투려는 자에게 주장, 입증책임이 있다고 할 것이므로, 원심이 인정한 바와 같이

이 사건 명의신탁계약의 해지가 정지조건부 법률행위라면 그 사실에 대한 주장, 입증책임은 그 명의신탁해지의 효과를 다투는 피고에게 있다고 할 것인데(그 정지조건의 성취에 관한 주장, 입증책임이 원고에게 있음은 별론으로 하고)……(대판 1993.09.28. 93다20832).

③ (O) : 법률행위의 당시 이미 성취할 수 없는 조건을 불능조건이라고 한다. 그 조건이 해제조건이면 조건 없는 법률행위로 하고 정지조건이면 그 법률행위는 무효로 한다.

④ (X) : 제150조【조건성취, 불성취에 대한 반신의행위】① 조건의 성취로 인하여 불이익을 받을 당사자가 신의성실에 반하여 조건의 성취를 방해한 때에는 상대방은 그 조건이 성취한 것으로 주장할 수 있다. ② 조건의 성취로 인하여 이익을 받을 당사자가 신의성실에 반하여 조건을 성취시킨 때에는 상대방은 그 조건이 성취하지 아니한 것으로 주장할 수 있다.

⑤ (O) : 기한이익 상실의 특약은 그 내용에 의하여 일정한 사유가 발생하면 채권자의 청구 등을 요함이 없이 당연히 기한의 이익이 상실되어 이행기가 도래하는 것으로 하는 정지조건부 기한이익 상실의 특약과 일정한 사유가 발생한 후 채권자의 통지나 청구 등 채권자의 의사행위를 기다려 비로소 이행기가 도래하는 것으로 하는 형성권적 기한이익 상실의 특약의 두 가지로 대별할 수 있고, <u>기한이익 상실의 특약이 위의 양자 중 어느 것에 해당하느냐는 당사자의 의사해석의 문제이지만 일반적으로 기한이익 상실의 특약이 채권자를 위하여 둔 것인 점에 비추어 명백히 정지조건부 기한이익 상실의 특약이라고 볼 만한 특별한 사정이 없는 이상 형성권적 기한이익 상실의 특약으로 추정하는 것이 타당하다</u>(대판 2002.09.04. 2002다28340).

[정답] ④

---

381 소급효가 원칙적으로 인정되지 않는 것은? (다툼이 있으면 판례에 따름)　　　[21 감평]
① 무권대리인이 체결한 계약에 대한 추인의 효과
② 기한부 법률행위에서의 기한도래의 효과
③ 토지거래 허가구역 내의 토지거래계약에 대한 허가의 효과
④ 소멸시효 완성의 효과
⑤ 법률행위 취소의 효과

해설

① (O) : 제133조【추인의 효력】<u>추인은 다른 의사표시가 없는 때에는 계약 시에 소급하여 그 효력이 생긴다.</u> 그러나 제3자의 권리를 해하지 못한다.

② (X) : 제152조【기한도래의 효과】① 시기 있는 법률행위는 기한이 도래한 때부터 그 효력이 생긴다. ② 종기 있는 법률행위는 기한이 도래한 때부터 그 효력을 잃는다.

③ (O) : 국토이용관리법상의 규제구역 내의 토지에 대하여 관할 도지사의 허가를 받기 전에 허가받을 것을 전제로 한 계약일 경우에는 허가를 받을 때까지는 법률상의 미완성의 법률행위로서 소유권 등 권리의 이전에 관한 계약의 효력이 전혀 발생하지 않음은 위의 확정적 무효의 경우와 다를 바 없지만, 일단 허가를 받으면 그 계약은 소급하여 유효한 계약이 되고, 이와 달리 불허가가 된 때에는 무효로 확정되므로 **허가를 받기까지는 '유동적 무효'의 상태에 있다**(대판[전합] 1991.12.24. 90다12243).

④ (O) : 제167조【소멸시효의 소급효】소멸시효는 그 기산일에 소급하여 효력이 생긴다.

⑤ (O) : 제141조【취소의 효과】취소된 법률행위는 처음부터 무효인 것으로 본다. 다만, 제한능력자는 그 행위로 인하여 받은 이익이 현존하는 한도에서 상환(상환)할 책임이 있다.

정답 ②

382 법률행위의 조건과 기한에 관한 설명으로 옳은 것은? (다툼이 있으면 판례에 따름) [21 감평]

① 법정조건도 법률행위의 부관으로서 조건에 해당한다.
② 채무면제와 같은 단독행위에는 조건을 붙일 수 없다.
③ 기한은 특별한 사정이 없는 한 채권자의 이익을 위한 것으로 추정한다.
④ 조건에 친하지 않은 법률행위에 불법조건을 붙이면 조건 없는 법률행위로 전환된다.
⑤ 불확정한 사실의 발생을 기한으로 한 경우, 특별한 사정이 없는 한 그 사실의 발생이 불가능한 것으로 확정된 때에도 기한이 도래한 것으로 본다.

해설

① (X) : 조건은 법률행위의 내용으로 당사자들이 임의로 정한 것이므로 법정조건은 이미 조건이 아니다(통설). 다만 그 성질에 반하지 않는 범위에서 조건의 규정을 법정조건에 유추적용 할 수 있다(대판 1962.4.18. 4294민상1603).

② (X) : 단독행위는 원칙적으로 조건을 붙일 수 없다. 조건에 의하여 상대방의 지위가 불안정하게 되기 때문이다. 예를 들어 취소, 해제・해지, 추인, 상계, 철회, 선택채권의 선택, 환매 및 주식청약 등이 이에 속한다. 다만 예외적으로 상대방의 동의가 있는 경우, 채무면제, 유증 등(상대방에게 이익만을 주거나 상대방의 지위를 불안케 할 염려가 없는 행위)과 상대방이 결정할 수 있는 사실을 조건으로 한 경우에는 상대방의 지위나 이익을 해하지 않으므로 단독행위에도 조건을 붙일 수 있다.

③ (X) : 제153조【기한의 이익과 그 포기】① 기한은 채무자의 이익을 위한 것으로 추정한다.

④ (X) : 제151조【불법조건, 기성조건】① 조건이 선량한 풍속 기타 사회질서에 위반한 것인 때에는 그 법률행위는 무효로 한다.

⑤ (O) : 부관이 붙은 법률행위에 있어서 부관에 표시된 사실이 발생하지 아니하면 채무를 이행하지 아니하여도 된다고 보는 것이 상당한 경우에는 조건으로 보아야 하고, 표시된 사실이 발생한 때에는 물론이고 반대로 발생하지 아니하는 것이 확정된 때에도 그 채무를 이행하여야 한다고 보는 것이 상당한 경우에는 표시된 사실의 발생 여부가 확정되는 것을 불확정기한으로 정한 것으로 보아야 한다[54](대판 2003.8.19, 2003다24215).

정답 ⑤

---

[54] 채무의 변제에 관하여 일정한 사실이 부관으로 붙여진 경우에는 특별한 사정이 없는 한 사실이 발생한 때뿐만 아니라 사실의 발생이 불가능하게 된 때에도 이행기한은 도래한 것으로 보아야 하고, 부관으로 정한 사실의 실현이 주로 채무를 변제하는 사람의 성의나 노력에 따라 좌우되고, 채권자가 사실의 실현에 영향을 줄 수 없는 경우에는 사실이 발생하는 때는 물론이고 사실의 발생이 불가능한 것으로 확정되지는 않았더라도 합리적인 기간 내에 사실이 발생하지 않는 때에도 채무의 이행기한은 도래한다(대판 2018. 4. 24. 2017다205127).

383 기한에 관한 설명으로 옳지 않은 것은? (다툼이 있으면 판례에 따름)   [21 세무사]

① 기한은 법률행위 효력의 발생 및 소멸을 장래 발생할 것이 확실한 사실에 의존시키는 법률행위의 부관이다.
② 장래 반드시 실현되는 사실이면 그 실현시기가 비록 확정되지 않더라도 기한이다.
③ 부관에 표시된 사실이 발생한 때에는 물론이고 반대로 발생하지 않은 것이 확정된 때에도 채무를 이행해야 한다고 보는 것이 합리적인 경우에 그 사실은 정지조건으로 보아야 한다.
④ 기한부 권리는 특별한 사정이 없는 한 담보로 할 수 있다.
⑤ 기한은 채무자의 이익을 위한 것으로 추정한다.

해설

① (O) : 조건이란 법률행위의 효력 발생 여부를 장래의 불확실한 사실에 의존시키는 부관을 말하고, 기한이란 법률행위의 효력 발생 여부를 장래의 확실한 사실에 의존시키는 부관을 말한다.
② (O) : 불확정기한이 된다.
③ (×) : 부관이 붙은 법률행위에 있어서 부관에 표시된 사실이 발생하지 아니하면 채무를 이행하지 아니하여도 된다고 보는 것이 상당한 경우에는 조건으로 보아야 하고, <u>표시된 사실이 발생한 때에는 물론이고 반대로 발생하지 아니하는 것이 확정된 때에도 그 채무를 이행하여야 한다고 보는 것이 상당한 경우에는 표시된 사실의 발생 여부가 확정되는 것을 불확정기한으로 정한 것으로 보아야 한다</u>[55](대판 2003. 8. 19, 2003다24215).
④ (O) : 제154조【기한부권리와 준용규정】제148조와 제149조의 규정은 기한 있는 법률행위에 준용한다. 제149조【조건부권리의 처분 등】조건의 성취가 미정한 권리의무는 일반규정에 의하여 처분, 상속, 보존 또는 담보로 할 수 있다.
⑤ (O) : 제153조【기한의 이익과 그 포기】① 기한은 채무자의 이익을 위한 것으로 추정한다.

정답 ③

384 조건과 기한에 관한 설명으로 틀린 것은? (다툼이 있는 경우에는 판례에 의함)   [예상]

① 부관이 붙은 법률행위에서 부관에 표시된 사실이 발생하지 않으면 채무를 이행하지 않아도 된다고 보는 것이 상당한 경우에 그 부관은 조건이 아니라 불확정기한에 해당한다.
② 건축허가를 받지 못한 때에는 토지매매계약을 무효로 하기로 한 약정은 해제조건부 법률행위에 해당한다.
③ 정지조건부 법률행위에서 조건이 성취되었다는 사실은 이에 의하여 권리를 취득하고자 하는 자에게 증명책임이 있다.

---

55) 채무의 변제에 관하여 일정한 사실이 부관으로 붙여진 경우에는 특별한 사정이 없는 한 사실이 발생한 때뿐만 아니라 사실의 발생이 불가능하게 된 때에도 이행기한은 도래한 것으로 보아야 하고, 부관으로 정한 사실의 실현이 주로 채무를 변제하는 사람의 성의나 노력에 따라 좌우되고, 채권자가 사실의 실현에 영향을 줄 수 없는 경우에는 사실이 발생하는 때는 물론이고 사실의 발생이 불가능한 것으로 확정되지는 않았더라도 합리적인 기간 내에 사실이 발생하지 않는 때에도 채무의 이행기한은 도래한다(대판 2018. 4. 24. 2017다205127).

④ 불확정한 사실이 발생한 때를 이행기한으로 정한 경우에는 그 사실이 발생한 때는 물론 그 사실의 발생이 불가능하게 된 때에도 이행기한은 도래한 것으로 보아야 한다.

⑤ 민법 제150조 제1항은 계약 당사자 사이에서 정당하게 기대되는 협력을 신의성실에 반하여 거부함으로써 계약에서 정한 사항을 이행할 수 없게 된 경우에 유추적용 될 수 있다. 그러나 민법 제150조 제1항이 방해 행위로 조건이 성취되지 않을 것을 요구하는 것과 마찬가지로, 위와 같이 유추적용 되는 경우에도 단순한 협력 거부만으로는 부족하고 이 조항에서 정한 방해 행위에 준할 정도로 신의성실에 반하여 협력을 거부함으로써 계약에서 정한 사항을 이행할 수 없는 상태가 되어야 한다. 또한 민법 제150조는 사실관계의 진행이 달라졌더라면 발생하리라고 희망했던 결과를 의제하는 것은 아니므로, 이 조항을 유추적용 할 때에도 조건 성취 의제와 직접적인 관련이 없는 사실관계를 의제하거나 계약에서 정하지 않은 법률효과를 인정해서는 안 된다.

해설

① (✕) : 부관이 붙은 법률행위에 있어서 부관에 표시된 사실이 발생하지 아니하면 채무를 이행하지 아니하여도 된다고 보는 것이 상당한 경우에는 조건으로 보아야 하고, 표시된 사실이 발생한 때에는 물론이고 반대로 발생하지 아니하는 것이 확정된 때에도 그 채무를 이행하여야 한다고 보는 것이 상당한 경우에는 표시된 사실의 발생 여부가 확정되는 것을 불확정기한으로 정한 것으로 보아야 한다(대판 2003.8.19, 2003다24215).

② (○) : 주택건설을 위한 원·피고간의 토지매매계약에 앞서 양자간의 협의에 의하여 건축허가를 필할 때 매매계약이 성립하고 건축허가신청이 불허되었을 때에는 이를 무효로 한다는 약정 아래 이루어진 계약은 해제조건부 계약이다(대판 1983.8.23, 83다카552).

③ (○) : 정지조건부 법률행위에 있어서 조건이 성취되었다는 사실은 이에 의하여 권리를 취득하고자 하는 측에서 그 입증책임이 있다 할 것이므로, 정지조건부 채권양도에 있어서 정지조건이 성취되었다는 사실은 채권양도의 효력을 주장하는 자에게 그 입증책임이 있다(대판 1983.4.12, 81다카692).

④ (○) : 당사자가 불확정한 사실이 발생한 때를 이행기한으로 정한 경우 그 사실이 발생한 때는 물론 그 사실의 발생이 불가능하게 된 때에도 이행기한은 도래한 것으로 보아야 하고, 이때 불확정한 사실의 발생이 불가능하게 된 것인지 여부를 구체적으로 판단함에 있어서는 당사자의 의사·불확정기한사실의 종류와 특성 및 경과한 기간의 정도 등을 감안하여야 할 뿐만 아니라, 불확정기한사실이 사회경제적 상황에 영향을 받는 경우에는 이 점도 폭넓게 참작하여 사회통념에 따라 그 불가능 여부를 신중하게 판정하여야 한다(대판 2006.12.21, 2005다40754 ; 대판 2002.3.29, 2001다41766 등).

⑤ (○) : 대판 2021. 1. 14. 2018다223054

정답 ①

385 법률행위의 부관에 관한 설명으로 옳지 않은 것은? (다툼이 있으면 판례에 따름) [예상]

① 정지조건부 화해계약 당시 이미 그 조건이 성취되었다면, 이는 조건이 없는 화해계약이다.
② 민법 제150조 제1항은 조건의 성취로 인하여 불이익을 받을 당사자가 신의성실에 반하여 조건의 성취를 방해한 때에는 상대방은 그 조건이 성취한 것으로 주장할 수 있다고 정함으로써, 조건이 성취되었더라면 원래 존재했어야 하는 상태를 일방 당사자의 부당한 개입으로부터 보호하기 위한 규정을 두고 있다. 이 조항은 권리의 행사와 의무의 이행은 신의에 좇아 성실히 하여야 한다는 법질서의 기본원리가 발현된 것으로서, 누구도 신의성실에 반하는 행태를 통해 이익을 얻어서는 안 된다는 사상을 포함하고 있다. 당사자들이 조건을 약정할 당시에 미처 예견하지 못했던 우발적인 상황에서 상대방의 이익에 대해 적절히 배려하지 않거나 상대방이 합리적으로 신뢰한 선행 행위와 모순된 태도를 취함으로써 형평에 어긋나거나 정의 관념에 비추어 용인될 수 없는 결과를 초래하는 경우 신의성실에 반한다고 볼 수 있다.
③ 조건의 성취로 이익을 받게 되는 당사자가 신의성실에 반하여 조건을 성취시킨 경우, 상대방은 그 조건의 불성취를 주장할 수 있다.
④ 기한의 이익은 상대방의 이익을 해하지 않는 한 포기할 수 있으므로, 그 포기의 효과는 소급효를 갖는다.
⑤ 채무자가 담보제공의 의무를 이행하지 않는 경우, 기한의 이익을 주장할 수 없다.

해설

① (O) : 조건이 법률행위의 당시 이미 성취한 것인 경우에는 그 조건이 정지조건이면 조건 없는 법률행위로 하고 해제조건이면 그 법률행위는 무효로 한다(제151조 제2항).
② (O) : 대판 2021. 1. 14. 2018다223054
③ (O) : 조건의 성취로 인하여 이익을 받을 당사자가 신의성실에 반하여 조건을 성취시킨 때에는 상대방은 그 조건이 성취하지 아니한 것으로 주장할 수 있다(제150조 제2항).
④ (X) : 기한은 소급효가 금지된다.
⑤ (O) : 제388조【기한의 이익 상실】

정답 ④

제 5 장 기 간

I. 기간의 의의

II. 기간의 계산방법

386 2017년 4월 17일 10 : 30에 지금부터 1개월이라고 기간을 정한 경우, 민법의 기간계산 방법에 따른 그 기간의 기산점과 만료시점은? (토요일, 공휴일은 고려하지 않음) [17 세무사]

① 기산점은 2017년 4월 17일 10 : 30이고, 만료시점은 2017년 5월 16일 10 : 30이다.
② 기산점은 2017년 4월 17일 10 : 30이고, 만료시점은 2017년 5월 18일 24 : 00이다.
③ 기산점은 2017년 4월 18일 00 : 00이고, 만료시점은 2017년 5월 16일 10 : 30이다.
④ 기산점은 2017년 4월 18일 00 : 00이고, 만료시점은 2017년 5월 17일 24 : 00이다.
⑤ 기산점은 2017년 4월 18일 24 : 00이고, 만료시점은 2017년 5월 17일 24 : 00이다.

해설

제157조【기간의 기산점】기간을 일, 주, 월 또는 연으로 정한 때에는 기간의 초일은 산입하지 아니한다. 그러나 그 기간이 오전영시로부터 시작하는 때에는 그러하지 아니하다. 제160조【역에 의한 계산】① 기간을 주, 월 또는 연으로 정한 때에는 역에 의하여 계산한다. ② 주, 월 또는 연의 처음으로부터 기간을 기산하지 아니하는 때에는 최후의 주, 월 또는 연에서 그 기산일에 해당한 날의 전일로 기간이 만료한다. 따라서 기산점은 2017년 4월 18일 0 : 00 이 되고, 만료점은 2017년 4월 18일의 전일인 4월 17일 24 : 00 가 된다.

정답 ④

387 기간에 관한 설명으로 옳지 않은 것은? [18 세무사]

① 기간의 계산에는 재판상의 처분으로 다른 정함이 있으면 민법상의 기간에 관한 규정이 적용 되지 않는다.
② 기간을 월(月) 또는 연(年)으로 정한 때에는 기간의 초일은 산입하지 않는 것이 원칙이다.
③ 기간을 월(月) 또는 연(年)으로 정한 경우에 최종의 월에 해당일이 없는 때에는 그 월의 말일로 기간이 만료한다.
④ 연령계산에는 출생일을 산입한다.
⑤ 일정한 기산일로부터 소급하여 계산되는 기간의 계산방법에 관하여 민법은 명문의 규정을 두고 있다.

해설

① (O) : 제155조【본장의 적용범위】기간의 계산은 법령, 재판상의 처분 또는 법률행위에 다른 정한 바가 없으면 본장의 규정에 의한다.
② (O) : 제157조【기간의 기산점】기간을 일, 주, 월 또는 연으로 정한 때에는 기간의 초일은 산입하지 아니한다. 그러나 그 기간이 오전영시로부터 시작하는 때에는 그러하지 아니하다.
③ (O) : 제160조【역에 의한 계산】③ 월 또는 연으로 정한 경우에 최종의 월에 해당일이 없는 때에는 그 월의 말일로 기간이 만료한다.
④ (O) : 제158조【연령의 기산점】연령계산에는 출생일을 산입한다.
⑤ (X) : 기산일로부터 소급하여 계산되는 기간의 계산방법에 대하여 민법의 기간계산방법에 관한 규정이 준용되어야 한다(통설, 대판 1989.4.11. 87다카2901).

정답 ⑤

388 기간의 계산에 관한 설명으로 옳지 않은 것은? (기간 말일의 공휴일 등 기타 사유는 고려하지 않음) [18 감평]

① 기간을 연으로 정한 경우 최종의 월에 해당일이 없는 때에는 그 익월의 초일로 기간이 만료한다.
② 기간을 일(日)로 정한 때에는 기간말일의 종료로 기간이 만료한다.
③ 기간을 시, 분, 초로 정한 때에는 즉시로부터 기산한다.
④ 기간을 월로 정한 경우 그 기간이 오전 영시로부터 시작하는 때에는 기간의 초일을 산입한다.
⑤ 연령계산에는 출생일을 산입한다.

해설

① (X) : 제160조【역에 의한 계산】③ 월 또는 연으로 정한 경우에 최종의 월에 해당일이 없는 때에는 그 월의 말일로 기간이 만료한다.
② (O) : 제159조【기간의 만료점】기간을 일, 주, 월 또는 연으로 정한 때에는 기간말일의 종료로 기간이 만료한다.
③ (O) : 제156조【기간의 기산점】기간을 시, 분, 초로 정한 때에는 즉시로부터 기산한다.
④ (O) : 제157조【기간의 기산점】기간을 일, 주, 월 또는 연으로 정한 때에는 기간의 초일은 산입하지 아니한다. 그러나 그 기간이 오전영시로부터 시작하는 때에는 그러하지 아니하다.
⑤ (O) : 제158조【연령의 기산점】연령계산에는 출생일을 산입한다.

정답 ①

389 기간에 관한 설명으로 옳지 않은 것은? (단, 기간 말일이 토요일 또는 공휴일인 경우는 고려하지 않음) [19 감평]

① 기간을 시, 분, 초로 정한 때에는 즉시로부터 기산한다.
② 채무의 이행기를 일, 주, 월 또는 연으로 정한 때에는 기간이 오전 0시로부터 시작하는 경우가 아닌 한, 기간의 초일을 산입하지 않는다.
③ 기간을 일, 주, 월 또는 연으로 정한 때에는 기간말일의 종료로 기간이 만료한다.
④ 연령을 계산하는 경우에는 출생일을 산입한다.
⑤ 주, 월 또는 연의 처음부터 기간을 기산하지 아니한 때에는 최후의 주, 월 또는 연에서 그 기산일에 해당한 날로 기간이 만료한다.

해설

① (○) : 제156조【기간의 기산점】기간을 시, 분, 초로 정한 때에는 즉시로부터 기산한다.
② (○) : 제157조【기간의 기산점】기간을 일, 주, 월 또는 연으로 정한 때에는 기간의 초일은 산입하지 아니한다. 그러나 그 기간이 오전영시로부터 시작하는 때에는 그러하지 아니하다.
③ (○) : 제159조【기간의 만료점】기간을 일, 주, 월 또는 연으로 정한 때에는 기간말일의 종료로 기간이 만료한다.
④ (○) : 제158조【연령의 기산점】연령계산에는 출생일을 산입한다.
⑤ (×) : 제160조【역에 의한 계산】② 주, 월 또는 연의 처음으로부터 기간을 기산하지 아니하는 때에는 최후의 주, 월 또는 연에서 그 기산일에 해당한 날의 전일로 기간이 만료한다.

정답 ⑤

390 민법상 기간에 관한 설명으로 옳지 않은 것은? [19 세무사]

① 기간의 계산은 법령, 재판상의 처분 또는 법률행위에 다른 정한 바가 없으면 민법의 규정에 의한다.
② 기간을 시, 분, 초로 정한 때에는 즉시로부터 기산한다.
③ 기간을 일, 주, 월 또는 연으로 정한 때에도 그 기간이 오전 영시로부터 시작하는 경우에는 기간의 초일을 산입한다.
④ 연령계산에는 출생일을 산입하지 아니한다.
⑤ 기간의 말일이 토요일 또는 공휴일에 해당하는 때에는 기간은 그 익일로 만료한다.

해설

① (○) : 제155조【본장의 적용범위】기간의 계산은 법령, 재판상의 처분 또는 법률행위에 다른 정한 바가 없으면 본장의 규정에 의한다.

② (O) : 제156조【기간의 기산점】기간을 시, 분, 초로 정한 때에는 즉시로부터 기산한다.
③ (O) : 제157조【기간의 기산점】기간을 일, 주, 월 또는 연으로 정한 때에는 기간의 초일은 산입하지 아니한다. 그러나 그 기간이 오전영시로부터 시작하는 때에는 그러하지 아니하다.
④ (×) : 제158조【연령의 기산점】연령계산에는 출생일을 산입한다.
⑤ (O) : 제161조【공휴일 등과 기간의 만료점】기간의 말일이 토요일 또는 공휴일에 해당한 때에는 기간은 그 익일로 만료한다. 〈개정 2007.12.21.〉

정답 ④

391 기간에 관한 설명으로 옳은 것은? (다툼이 있으면 판례에 따름) [21 세무사]

① 다가오는 2월 16일부터 5일간이라고 한 경우에 기산점은 2월 17일이 된다.
② 원칙적으로 정년이 60세라 함은 만61세에 도달하는 날의 전날을 의미한다.
③ 1월 29일 정오에 오늘부터 1개월이라고 한 경우와 1월 31일 정오에 오늘부터 1개월이라고 한 경우, 양자는 같은 시점에 기간이 만료된다.
④ 5월 16일 정오에 오늘부터 6일간이라고 한 경우에 5월 17일이 공휴일이면, 그 기산점은 5월 18일이 된다.
⑤ 기간의 말일이 토요일인 경우에는 그 익일인 일요일에 기간이 만료된다.

해설

① (×) : 제157조【기간의 기산점】기간을 일, 주, 월 또는 연으로 정한 때에는 기간의 초일은 산입하지 아니한다. 그러나 그 기간이 오전영시로부터 시작하는 때에는 그러하지 아니하다. 따라서 다가오는 2월 16일부터라는 것은 2월 16일 오전 0시부터 기산하는 것을 의미하므로, 기산점은 2월 16일이 된다.
② (×) : 대한석탄공사에 피용 된 채탄부의 정년이 53세라함은 만 53세에 도달하는 날을 말하는 것이라고 보는 것이 상당하다(대판 1973.6.12, 71다2669).
③ (O) : 제160조【역에 의한 계산】③ 월 또는 연으로 정한 경우에 최종의 월에 해당일이 없는 때에는 그 월의 말일로 기간이 만료한다. 즉 1월 29일 정오에 오늘부터 1개월의 경우 기산점은 1월 30일이 되고, 만료점은 2월 30일의 전날인 2월 29일이나, 2월 29일은 해당일이 없으므로, 2월의 말일인 2월 28일이 된다. 그리고 1월 31일 정오에 오늘부터 1개월의 경우 기산점은 2월 1일이 되고, 만료점은 3월 1일의 전날인 2월 28일이 된다.
④ (×) : 민법 제161조가 정하는 기간의 말일이 공휴일에 해당한 때에는 기간은 그 익일로 만료한다는 규정의 취지는 명문이 정하는 바와 같이 기간의 말일이 공휴일인 경우를 정하는 것이고, 이는 기간의 만료일이 공휴일에 해당함으로써 발생할 불이익을 막자고 함에 그 뜻이 있는 것이므로 기간 기산의 초일은 이의 적용이 없다고 풀이하여야 할 것이다(대판 1982.2.23, 81누204).
⑤ (×) : 제161조【공휴일 등과 기간의 만료점】기간의 말일이 토요일 또는 공휴일에 해당한 때에는 기간은 그 익일로 만료한다. 〈개정 2007.12.21.〉

정답 ③

392 2021년 5월 8일(토)에 계약 기간을 '앞으로 3개월'로 정한 경우, 기산점과 만료점을 바르게 나열한 것은? (단, 기간의 계산방법에 관하여 달리 정함은 없고, 8월 6일은 금요일임) [21 노무]

① 5월 8일, 8월 7일   ② 5월 8일, 8월 9일   ③ 5월 9일, 8월 8일
④ 5월 9일, 8월 9일   ⑤ 5월 10일, 8월 9일

해설

제157조【기간의 기산점】기간을 일, 주, 월 또는 연으로 정한 때에는 기간의 초일은 산입하지 아니한다. 그러나 그 기간이 오전영시로부터 시작하는 때에는 그러하지 아니한다. 그리고 민법 제161조가 정하는 기간의 말일이 공휴일에 해당한 때에는 기간은 그 익일로 만료한다는 규정의 취의는 명문이 정하는 바와 같이 기간의 말일이 공휴일인 경우를 정하는 것이고, 이는 기간의 만료일이 공휴일에 해당함으로써 발생할 불이익을 막자고 함에 그 뜻이 있는 것이므로 기간 기산의 초일은 이의 적용이 없다고 풀이하여야 할 것이다(대판 1982.2.23, 81누204). 따라서 기산점은 5월 9일이 된다. 그리고 **제160조【역에 의한 계산】**① 기간을 주, 월 또는 연으로 정한 때에는 역에 의하여 계산한다. ② 주, 월 또는 연의 처음으로부터 기간을 기산하지 아니하는 때에는 최후의 주, 월 또는 연에서 그 기산일에 해당한 날의 전일로 기간이 만료한다. **제161조【공휴일 등과 기간의 만료점】**기간의 말일이 토요일 또는 공휴일에 해당한 때에는 기간은 그 익일로 만료 한다. 〈개정 2007.12.21.〉 채무불변제를 정지조건으로 한 매매계약에서 변제기가 공휴일인 경우에는 특약이 없는 이상 제161조를 준용하여 그 변제기가 그 익일까지 연장 된다(대판 1980.12.9. 80다1717·1718). 따라서 5월 9일에서 3개월을 더하면 8월 9일이 되고, 그 전날은 8월 8일이 되지만, 8월 8일은 일요일이므로(8월 6일이 금요일) 만료점은 그 다음 날인 8월 9일이 된다.

정답 ④

393 다음은 기간에 관한 A교수와 학생들(甲, 乙, 丙, 丁)의 수업내용이다. 옳은 답변을 한 학생을 모두 고른 것은? [19 서기보]

> A : 민사재판에서 판결에 대한 항소는 그 판결서가 송달된 날부터 2주 이내에 하여야 한다(민사소송법 제396조 제1항).
> 甲 : 따라서 판결서가 2019. 1. 1. 오후 2시에 송달되었다면, 항소기간은 2019. 1. 2.부터 기산하여야 합니다.
> 乙 : 그리고 항소기간의 말일인 2019. 1. 15.이 임시 공휴일이어서 그 다음날인 2019. 1. 16. 에 피고가 항소장을 법원에 접수시켰다면 이는 기간 내에 제기된 적법한 것입니다.
> A : 사람은 19세로 성년에 이르게 된다(민법 제4조).
> 丙 : 따라서 2000. 2. 2. 오후 2시에 태어난 사람은 2019. 2. 2. 오후 2시 현재 미성년자입니다.
> A : 사단법인의 사원총회의 소집은 1주간 전에 그 회의의 목적사항을 기재한 통지를 발송하여야 한다(민법 제71조).
> 丁 : 따라서 총회예정일이 2019. 3. 15. 오전 10시라면, 늦어도 2019. 3. 8. 오전 0시까지는 사원들에게 소집통지를 발송하여야 합니다.

① 甲, 乙　　　　　　　　　② 乙, 丙, 丁
③ 甲, 乙, 丁　　　　　　　④ 甲, 乙, 丙, 丁

해설

甲 (O) : 제157조【기간의 기산점】기간을 일, 주, 월 또는 연으로 정한 때에는 기간의 초일은 산입하지 아니한다. 그러나 그 기간이 오전영시로부터 시작하는 때에는 그러하지 아니하다. 따라서 판결서가 2019. 1. 1. 오후 2시에 송달되었다면, 항소기간은 2019. 1. 2.부터 기산한다. 즉 민법 제161조가 정하는 기간의 말일이 공휴일에 해당한 때에는 기간은 그 익일로 만료한다는 규정의 취의는 명문이 정하는 바와 같이 기간의 말일이 공휴일인 경우를 정하는 것이고, 이는 기간의 만료일이 공휴일에 해당함으로써 발생할 불이익을 막자고 함에 그 뜻이 있는 것이므로 기간 기산의 초일은 이의 적용이 없다고 풀이하여야 할 것이다(대판 1982.2.23, 81누204). – 2019 포춘 민법(Ⅰ), 228면 ; 2019 중요지문 OX, 51면 004 유사

乙 (O) : 제161조【공휴일 등과 기간의 만료점】기간의 말일이 토요일 또는 공휴일에 해당한 때에는 기간은 그 익일로 만료한다. 〈개정 2007.12.21.〉 공휴일이란 국경일・일요일을 비롯한 휴일을 말하며, 공휴일에는 임시공휴일이 포함 된다(대판 1964.5.26. 63다958). – 2019 포춘 민법(Ⅰ), 229면

丙 (X) : 2013.7.1.부터 시행되고 있는 현행 민법에서는 사람은 19세로 성년에 이르게 된다(제4조). 그리고 연령계산에는 출생일을 산입한다(제158조). 따라서 이에 따라 계산하면 초일을 산입하므로 2000. 2. 2.이 기산점이 되고, 19년을 더하면 2019. 2. 2.이 되지만 전일로 만료하므로, 2019. 2. 1. 24시 즉 2019. 2. 2. 0시에 성년이 된다. 따라서 2019. 2. 2. 오후 2시 현재 성년자이다. – 2019 포춘 민법(Ⅰ), 229면

丁 (O) : 민법의 기간에 대한 계산방법은 일정한 기산일로부터 과거에 소급하여 역산되는 기간에도 유추적용 되어(대판 1989.4.11, 87다카2901), 초일을 산입하지 않는다(제157조 본문). 즉 3월 14일이 기산일이고, 3월 8일 오전 0시로 만료된다. – 2019 포춘 민법(Ⅰ), 230면 ; 2019 중요지문 OX, 51면 001 유사

정답 ③

제 6 장 소멸시효

I. 서 설

394 소멸시효와 제척기간에 관한 설명으로 옳지 않은 것은? (다툼이 있으면 판례에 따름)

[19 감평]

① 소멸시효에 의한 권리소멸은 기산일에 소급하여 효력이 있으나, 제척기간에 의한 권리소멸은 장래에 향하여 효력이 있다.
② 소멸시효의 이익은 미리 포기가 가능하나, 제척기간에는 포기가 인정되지 않는다.
③ 제척기간의 경과는 법원의 직권조사사항이지만, 소멸시효의 완성은 직권조사사항이 아니다.
④ 소멸시효에는 중단이 인정되고 있으나, 제척기간에는 중단이 인정되지 않는다.
⑤ 소멸시효의 정지에 관해서는 민법에 명문의 규정이 있으나, 제척기간의 정지에 관해서는 민법에 명문의 규정이 없다.

해설

	소멸시효	제척기간
기산점	권리를 행사할 수 있는 때(제166조)	권리가 발생한 때
소급효	소급효 O(제167조)	소급효 X, 장래에 향하여 소멸
중단제도	O(제168조)	제척기간에 관하여는 중단제도 적용 X (대판 2003. 1. 10, 2000다26425).
정지제도	O(제179조 ~ 제182조)	X, 단 제182조의 적용여부에 관하여 긍정설, 부정설 대립
시효이익포기	可能(제184조 1항)	不可
기간 단축 여부	특약으로 단축, 감경 가능(연장, 가중은 불가)(제184조 2항)	단축, 감경도 불가능
효과	권리 소멸(절대적 소멸설)	권리 소멸
직권조사사항	항변사항	직권조사사항

정답 ②

395 소멸시효와 제척기간에 관한 설명으로 옳지 않은 것은? (다툼이 있으면 판례에 따름)

[19 세무사]

① 소멸시효에는 소급효가 인정되나 제척기간에는 소급효가 인정되지 않는다.
② 소멸시효기간은 단축 또는 경감할 수 있으나 제척기간은 단축 또는 경감할 수 없다.
③ 민법 제146조의 취소권의 단기행사기간은 제척기간이다.
④ 소송에서 소멸시효에 따른 권리소멸은 당사자가 주장하여야 하나, 제척기간의 결과에 따른 권리소멸은 법원의 직권조사사항이다.
⑤ 소멸시효나 제척기간은 모든 그 기간 중 권리자가 권리를 중단하면 그 때부터 다시 기간이 진행된다.

해설

도표 참고. 제척기간은 중단이 인정되지 아니한다.

정답 ⑤

396 소멸시효와 제척기간에 관한 설명으로 옳은 것은? (다툼이 있으면 판례에 따름) [20 세무사]

① 상인이 판매한 상품의 대가에 관한 채권은 5년의 소멸시효에 걸린다.
② 제척기간의 중단은 인정되지만 정지는 인정되지 않는다.
③ 소멸시효의 기산점인 권리를 행사할 수 있는 때라는 것은 권리를 행사하는데 법률상의 장애가 없는 경우를 말한다.
④ 제척기간이 지났는지 여부는 당사자의 원용에 따라야 하므로 법원의 직권조사사항이 아니다.
⑤ 매매대금 지급청구권에 정지조건이 붙어 있는 경우, 그 권리는 매매계약의 체결 시부터 소멸시효가 진행한다.

해설

① (X) : 제163조【3년의 단기소멸시효】다음 각 호의 채권은 3년간 행사하지 아니하면 소멸시효가 완성한다. 6. 생산자 및 상인이 판매한 생산물 및 상품의 대가
② (X) : 제척기간의 목적은 권리관계를 조속히 확정 시키려는 데 있으므로, 소멸시효의 중단은 제척기간에는 인정되지 않는다(통설). 정지사유는 제182조는 준용된다는 준용긍정설도 있으나, 명문규정이 없는 현행 민법 하에서는 해석상 위 규정의 준용을 긍정할 필요가 없다는 준용부정설이 다수설이다.
③ (O), ⑤ (X) : 소멸시효는 권리를 행사할 수 있는 때로부터 진행하고, 여기서 권리를 행사할 수 있는 때라 함은 권리행사에 법률상의 장애가 없는 때를 말하므로, 정지조건부 권리에 있어서 조건 미성취의 동안은 권리를 행사할 수 없어 소멸시효가 진행되지 아니한다(대판 2009. 12. 24. 2007다

64556). 따라서 매매대금 지급청구권에 정지조건이 붙어 있는 경우, 그 권리는 조건 성취 시부터 소멸시효가 진행한다.
④ (×) : 소멸시효의 완성은 권리항변사실 중 권리멸각사실이므로 당사자가 주장해야 하지만, 제척기간의 도과는 법관이 직권으로 조사해야 하는 직권조사사항이다.

정답 ③

397 제척기간에 관한 설명으로 옳은 것은? (다툼이 있으면 판례에 따름) [21 세무사]

① 제척기간은 소멸시효와 같이 중단이 인정된다.
② 형성권이외에 청구권도 제척기간의 경과에 의해 소멸할 수 있다.
③ 변론주의의 원칙상 제척기간에 따른 권리소멸은 당사자가 주장하여야 한다.
④ 특별한 사정이 없는 한 제척기간이 규정되어 있는 권리는 재판 외에서 행사할 수 없고 재판상 행사해야 한다.
⑤ 제척기간이 규정되어 있는 권리는 제척기간이 경과하더라도 당사자의 원용이 있어야 소멸한다.

해설

① (×) : 제척기간의 목적은 권리관계를 조속히 확정 시키려는 데 있으므로, 소멸시효의 중단은 제척기간에는 인정되지 않는다(통설).
② (○), ④ (×) : 判例는 권리행사기간 내에 권리를 행사하기만 하면 되고 반드시 재판상 청구를 하여야만 청구권이 보전되는 것은 아니라고 한다. 즉, 민법상 수급인의 하자담보책임(제670조)에 관한 기간은 제척기간으로서 재판상 또는 재판 외의 권리행사기간이며 재판상 청구를 위한 출소기간이 아니라고 한다(대판 2000.6.9, 2000다15371). 다만, 判例는 점유보호청구권에 관한 제204조 3항, 제205조 2항의 규정의 문언에 불구하고 이를 출소기간으로 보았다[56](대판 2002.4.26, 2001다8097).
③ (×) : 소멸시효의 완성은 권리항변사실 중 권리멸각사실이므로 당사자가 주장해야 하지만, 제척기간의 도과는 법관이 직권으로 조사해야 하는 직권조사사항이다.
⑤ (×) : 제척기간은 기간의 경과로 당연히 권리가 소멸한다.

정답 ②

---

[56] 민법 제204조 제3항과 제205조 제2항에 의하면 점유를 침탈 당하거나 방해를 받은 자의 침탈자 또는 방해자에 대한 청구권은 그 점유를 침탈 당한 날 또는 점유의 방해행위가 종료된 날로부터 1년 내에 행사하여야 하는 것으로 규정되어 있는데, 여기에서 제척기간의 대상이 되는 권리는 형성권이 아니라 통상의 청구권인 점과 점유의 침탈 또는 방해의 상태가 일정한 기간을 지나게 되면 그대로 사회의 평온한 상태가 되고 이를 복구하는 것이 오히려 평화질서의 교란으로 볼 수 있게 되므로 일정한 기간을 지난 후에는 원상회복을 허용하지 않는 것이 점유제도의 이상에 맞고 여기에 점유의 회수 또는 방해제거 등 청구권에 단기의 제척기간을 두는 이유가 있는 점 등에 비추어 볼 때, 침탈당한 날부터 1년 이내에 행사해야 하는 제척기간은 재판 외에서 권리행사 하는 것으로 족한 기간이 아니라 반드시 그 기간 내에 소를 제기하여야 하는 이른바 출소기간으로 해석함이 상당하다(대판 2002.04.26. 2001다8097 · 8103).

398 아래의 이것에 관한 다음 설명 중 가장 옳지 않은 것은? [19 서기보]

> ㄱ. 이것은 일정한 사실상태가 일정기간 계속된 경우, 진정한 권리관계와 일치하는지 여부를 묻지 않고 그 사실상태를 존중하여 일정한 법률효과를 발생시키는 제도 중의 하나이다.
> ㄴ. 이것은 권리불행사라는 사실상태가 일정기간 계속된 경우에 권리소멸의 효과를 발생시킨다는 점에서, 권리행사라는 외관이 일정기간 계속된 경우에 권리취득의 효과를 발생시키는 (Ⓐ)와/과 구별된다.
> ㄷ. 이것은 일정한 기간의 경과와 권리의 불행사라는 사정에 의하여 권리소멸의 효과를 발생시킨다는 점에서, 기간의 경과 자체만으로 곧바로 권리소멸의 효과를 발생시키는 (Ⓑ)와/과 구별된다.

① 이것이 완성되면 그 기간이 경과한 때부터 장래에 향하여 권리가 소멸하여 법률관계가 확정된다.
② 이것은 권리자의 청구나 압류 등 또는 채무자의 승인이 있으면 중단되고, 그때까지 경과된 기간은 산입되지 않는다.
③ 이것은 법률행위에 의하여 배제, 연장 또는 가중할 수 없다.
④ 채권 및 소유권 이외의 재산권은 20년간 행사하지 아니하면 이것이 완성된다.

해설

- 이것은 '소멸시효'가 된다. Ⓐ - 취득시효, Ⓑ - 제척기간
① (×) : 제167조【소멸시효의 소급효】소멸시효는 그 기산일에 소급하여 효력이 생긴다.
② (○) : 제178조【중단후의 시효진행】① 시효가 중단된 때에는 중단까지에 경과한 시효기간은 이를 산입하지 아니하고 중단사유가 종료한 때로 부터 새로이 진행한다.
③ (○) : 제184조【시효의 이익의 포기 기타】① 소멸시효의 이익은 미리 포기하지 못한다. ② 소멸시효는 법률행위에 의하여 이를 배제, 연장 또는 가중할 수 없으나 이를 단축 또는 경감할 수 있다.
④ (○) : 제162조【채권, 재산권의 소멸시효】② 채권 및 소유권이외의 재산권은 20년간 행사하지 아니하면 소멸시효가 완성한다.

정답 ①

Ⅱ. 소멸시효의 요건

1. 소멸시효의 대상이 되는 권리인지 여부

399 소멸시효에 걸리지 않는 권리를 모두 고른 것은? (다툼이 있는 경우에는 판례에 의함)

[12 세무사]

ㄱ. 인격권	ㄴ. 할부금채권
ㄷ. 판결에 의하여 확정된 채권	ㄹ. 호텔의 숙박료 채권
ㅁ. 공유물분할청구권	ㅂ. 유치권

① ㄱ, ㄴ, ㄷ ② ㄱ, ㄹ, ㅁ ③ ㄱ, ㅁ, ㅂ
④ ㄴ, ㄷ, ㅂ ⑤ ㄷ, ㄹ, ㅁ

해설

㉠ (✕) : 소멸시효의 대상이 되는 권리는 채권 및 소유권 이외의 재산권이다(제162조). 인격권은 비재산권으로서 소멸시효에 걸리지 않는다.

㉡ (○) : 제162조【채권, 재산권의 소멸시효】① 채권은 10년간 행사하지 아니하면 소멸시효가 완성한다. 제163조【3년의 단기소멸시효】다음 각 호의 채권은 3년간 행사하지 아니하면 소멸시효가 완성한다. 1. 이자, 부양료, 급료, 사용료 기타 1년 이내의 기간으로 정한 금전 또는 물건의 지급을 목적으로 한 채권

㉢ (○) : 제165조【판결 등에 의하여 확정된 채권의 소멸시효】① 판결에 의하여 확정된 채권은 단기의 소멸시효에 해당한 것이라도 그 소멸시효는 10년으로 한다.

㉣ (○) : 제164조【1년의 단기소멸시효】다음 각 호의 채권은 1년간 행사하지 아니하면 소멸시효가 완성한다. 1. 여관, 음식점, 대석, 오락장의 숙박료, 음식료, 대석료, 입장료, 소비물의 대가 및 체당금의 채권

㉤ (✕) : 공유물분할청구권은 공유관계에서 수반되는 형성권이므로 공유관계가 존속하는 한 그 분할청구권만이 독립하여 시효소멸 될 수 없다(대판 1981.3.24. 80다1888, 1889).

㉥ (✕) : 담보물권은 부종성에 의해 피담보채권과 분리되어 소멸시효에 걸리지 않는다.

정답 ③

400 소멸시효에 관한 설명으로 옳지 않은 것은? (다툼이 있으면 판례에 따름) [17 세무사]

① 인격권과 같은 비재산권은 소멸시효에 걸리지 않는다.
② 동시이행의 항변권이 붙은 채권도 소멸시효에 걸릴 수 있다.
③ 점유권과 유치권은 성질상 소멸시효에 걸리지 않는다.
④ 피담보채권이 존속하는 경우 담보물권만이 독립하여 소멸시효에 걸리지는 않는다.
⑤ 공유물분할청구권은 소유권과 독립하여 소멸시효에 걸릴 수 있다.

> **해설**

① (O) : 민법은 재산권에 한정하여 소멸시효에 걸린다고 정하고 있다(제162조).
② (O) : 부동산에 대한 매매대금 채권이 소유권이전등기청구권과 동시이행의 관계에 있다고 할지라도 매도인은 매매대금의 지급기일 이후 언제라도 그 대금의 지급을 청구할 수 있는 것이며, 다만 매수인은 매도인으로부터 그 이전등기에 관한 이행의 제공을 받기까지 그 지급을 거절할 수 있는 데 지나지 아니하므로 매매대금 청구권은 그 지급기일 이후 시효의 진행에 걸린다(대판 1991.3.22. 90다9797).
③ (O) : 점유권은 점유상태만으로 인정되는 권리이므로 소멸시효대상이 아니다. 유치권은 부종성에 의해 피담보채권과 분리되어 소멸시효에 걸리지 않는다.
④ (O) : 담보물권은 부종성에 의해 피담보채권과 분리되어 소멸시효에 걸리지 않는다.
⑤ (X) : 공유물분할청구권은 기초된 권리가 존속하는 한 독립하여 시효에 걸리지 않는다(대판 1981. 3.24. 80다1888·1889).

정답 ⑤

401 소멸시효의 대상이 되는 권리는?(다툼이 있으면 판례에 따름) [18 세무사]

① 점유권
② 공유관계가 존속하는 상황에서의 공유물분할청구권
③ 근저당권설정 약정에 의한 근저당권설정등기청구권
④ 소유권에 기한 물권적 청구권
⑤ 피담보채권이 존속하고 있는 담보물권

> **해설**

① (X) : 점유권은 소멸시효에 걸리지 않는다. 제192조【점유권의 취득과 소멸】① 물건을 사실상 지배하는 자는 점유권이 있다. ② 점유자가 물건에 대한 사실상의 지배를 상실한 때에는 점유권이 소멸한다. 그러나 제204조의 규정에 의하여 점유를 회수한 때에는 그러하지 아니하다.
② (X) : 기초된 권리가 존속하는 한 독립하여 시효에 걸리지 않는다[57](대판 1981.3.24. 80다1888·1889).

③ (O) : 채권적 청구권으로서 10년의 소멸시효에 걸린다.
④ (×) : 명의신탁의 해지로 인한 소유권에 기한 등기말소청구권은 소멸시효의 대상이 되지 못한다 (대판 1991.11.26, 91다34387).
⑤ (×) : 부종성에 의해 피담보채권과 분리되어 소멸시효에 걸리지 않는다.

정답 ③

2. 단기소멸시효

402 甲은 乙에게 1,000만 원을 대여하고 매월 10만 원의 이자를 받기로 하였다. 이에 관한 설명으로 옳지 않은 것은? (다툼이 있으면 판례에 따름)　　[17 세무사]

① 원금 1,000만 원의 소멸시효기간은 10년이다.
② 이자의 소멸시효기간은 1년이다.
③ 乙이 원금의 반환을 이행지체 하는 경우, 지연손해금의 소멸시효기간은 10년이다.
④ 甲이 乙에 대하여 압류 또는 가압류를 한 경우에는 소멸시효의 진행이 중단된다.
⑤ 甲이 乙의 파산절차에 참가한 경우에는 소멸시효의 진행이 중단된다.

해설

① (O) : 제162조【채권, 재산권의 소멸시효】① 채권은 10년간 행사하지 아니하면 소멸시효가 완성한다.
② (×) : 제163조【3년의 단기소멸시효】다음 각 호의 채권은 3년간 행사하지 아니하면 소멸시효가 완성한다. [개정 1997.12.13.] 1. 이자, 부양료, 급료, 사용료 기타 1년 이내의 기간으로 정한 금전 또는 물건의 지급을 목적으로 한 채권
③ (O) : 제163조 제1호 소정의 1년 이내의 기간으로 정한 채권이란 1년 이내의 정기에 지급되는 채권을 의미한다고 하고 **지연손해금은 민법 제163조 제1호 소정의 1년 이내의 기간으로 정한 이자에 해당되지 않으며 본래의 원본채권과 동일성을 유지한다고 한다**(대판 1991.5.14, 91다7156).
④ (O) : 제168조【소멸시효의 중단사유】소멸시효는 다음 각호의 사유로 인하여 중단된다. 2. 압류 또는 가압류, 가처분
⑤ (O) : 제171조【파산절차참가와 시효중단】파산절차참가는 채권자가 이를 취소하거나 그 청구가 각하된 때에는 시효중단의 효력이 없다.

정답 ②

---

57) 공유물분할청구권은 공유관계에서 수반되는 형성권이므로 공유관계가 존속하는 한, 그 분할청구권만이 독립하여 시효에 의하여 소멸 될 리 없다고 할 것이며 따라서 그 분할청구의 소 내지 공유물분할을 명하는 판결도 형성의 소 및 형성판결로서 소멸시효의 대상이 될 수 없다고 할 것이다(대판 1981. 3. 24. 80다1888,1889).

403 3년의 단기소멸시효가 적용되지 않는 것은? [18 세무사]

① 의사의 치료에 관한 채권
② 연예인에게 공급한 물건의 대금채권
③ 변호사의 직무에 관한 채권
④ 수공업자의 업무에 관한 채권
⑤ 약사의 조제에 관한 채권

> **해 설**

일정한 채권의 소멸시효기간에 관하여 이를 특별히 1년의 단기로 정하는 민법 제164조는 그 각 호에서 개별적으로 정하여진 채권의 채권자가 그 채권의 발생원인이 된 계약에 기하여 상대방에 대하여 부담하는 반대채무에 대하여는 적용되지 아니한다. 따라서 그 채권의 상대방이 그 계약에 기하여 가지는 반대채권은 원칙으로 돌아가, 다른 특별한 사정이 없는 한 민법 제162조 제1항에서 정하는 10년의 일반 소멸시효기간의 적용을 받는다(대판 2013.11.14. 2013다65178).

정답 ②

> **최신판례**

1. 채무불이행으로 인한 손해배상채권은 본래의 채권이 확장된 것이거나 본래의 채권의 내용이 변경된 것이므로 본래의 채권과 동일성을 가진다. 따라서 본래의 채권이 시효로 소멸한 때에는 손해배상채권도 함께 소멸한다. ( )
  ☞ (O) : 민법 제163조 제1호는 이자, 부양료, 급료, 사용료 기타 1년 이내의 기간으로 정한 금전 또는 물건의 지급을 목적으로 한 채권은 3년간 행사하지 아니하면 소멸시효가 완성한다고 규정하고 있다. 이는 기본 권리인 정기금채권에 기하여 발생하는 지분적 채권의 소멸시효를 정한 것으로서, 여기서 '1년 이내의 기간으로 정한 채권'이란 1년 이내의 정기로 지급되는 채권을 말한다. 그리고 채무불이행으로 인한 손해배상채권은 본래의 채권이 확장된 것이거나 본래의 채권의 내용이 변경된 것이므로 본래의 채권과 동일성을 가진다. 따라서 본래의 채권이 시효로 소멸한 때에는 손해배상채권도 함께 소멸한다. 한편 어떠한 계약상의 채무를 채무자가 이행하지 않았다고 하더라도 채권자는 여전히 해당 계약에서 정한 채권을 보유하고 있으므로, 특별한 사정이 없는 한 채무자가 채무를 이행하지 않고 있다고 하여 채무자가 법률상 원인 없이 이득을 얻었다고 할 수는 없고, 설령 채권이 시효로 소멸하게 되었다 하더라도 달리 볼 수 없다(대판 2018. 2. 28. 2016다45779).

2. 건설업을 하는 甲 주식회사가 공사에 투입된 인원이 공사 기간 중에 리조트의 객실과 식당을 사용한 데에 대한 사용료를 乙에게 매월 말 지급하기로 약정하였는데, 숙박료와 음식료로 구성되어 있는 위 리조트 사용료 채권의 소멸시효기간은 3년이다. ( )
  ☞ (X) : 민법 제164조 제1호는 여관, 음식점, 대석, 오락장의 숙박료, 음식료, 대석료, 입장료, 소비물의 대가 및 체당금의 채권은 1년간 행사하지 아니하면 소멸시효가 완성한다고 특별히 규정하고 있으므로, 甲 회사가 리조트 사용료를 월 단위로 지급하기로 약정하였더라도, 리조트 사용료 채권은 민법 제164조 제1호에 정한 '숙박료 및 음식료 채권'으로서 소멸시효기간은 1년이라는 이유로, 이와 달리 민법 제163조 제1호의 '사용료 기타 1년 이내의 기간으로 정한 금전의 지급을 목적으로 한 채권'으로서 소멸시효기간이 3년이라고 본 원심판결을 파기한 사례(대판 2020. 2. 13. 2019다271012).

3. 보험계약자가 다수의 계약을 통하여 보험금을 부정 취득할 목적으로 보험계약을 체결하여 그것이 민법 제103조에 따라 선량한 풍속 기타 사회질서에 반하여 무효인 경우 보험자의 보험금에 대한 부당이득반환청구권은 상법 제64조를 유추적용 하여 5년의 상사 소멸시효기간이 적용된다. ( )
☞ (O) : 대판[전합] 2021. 7. 22. 2019다277812

3. 판결 등에 의하여 확정된 채권의 소멸시효

404 소멸시효에 관한 설명으로 옳지 않은 것은? (다툼이 있으면 판례에 따름) [18 감평]

① 변제기가 도래한 단기소멸시효채권이 판결에 의해 확정된 경우 그 소멸시효는 5년으로 한다.
② 부작위를 목적으로 하는 채권의 소멸시효는 위반행위를 한 때로부터 진행한다.
③ 최고는 6월내에 재판상의 청구, 파산절차참가, 화해를 위한 소환, 임의출석, 압류 또는 가압류, 가처분을 하지 아니하면 시효중단의 효력이 없다.
④ 1년의 단기소멸시효에 걸리는 채권의 상대방이 그 채권의 발생 원인이 된 계약에 기하여 가지는 반대채권은 특별한 사정이 없는 한 10년의 소멸시효에 걸린다.
⑤ 소멸시효는 법률행위에 의하여 이를 배제, 연장 또는 가중할 수 없으나 이를 단축 또는 경감할 수 있다.

해설

① (×) : 제165조【판결 등에 의하여 확정된 채권의 소멸시효】① 판결에 의하여 확정된 채권은 단기의 소멸시효에 해당한 것이라도 그 소멸시효는 10년으로 한다.

② (O) : 제166조【소멸시효의 기산점】② 부작위를 목적으로 하는 채권의 소멸시효는 위반행위를 한 때로부터 진행한다.

③ (O) : 제174조【최고와 시효중단】최고는 6월내에 재판상의 청구, 파산절차참가, 화해를 위한 소환, 임의출석, 압류 또는 가압류, 가처분을 하지 아니하면 시효중단의 효력이 없다.

④ (O) : 일정한 채권의 소멸시효기간에 관하여 이를 특별히 1년의 단기로 정하는 민법 제164조는 그 각 호에서 개별적으로 정하여진 채권의 채권자가 그 채권의 발생원인이 된 계약에 기하여 상대방에 대하여 부담하는 반대채무에 대하여는 적용되지 아니한다. 따라서 그 채권의 상대방이 그 계약에 기하여 가지는 반대채권은 원칙으로 돌아가, 다른 특별한 사정이 없는 한 민법 제162조 제1항에서 정하는 10년의 일반소멸시효기간의 적용을 받는다(대판 2013. 11. 14. 2013다65178).

⑤ (O) : 제184조【시효의 이익의 포기 기타】② 소멸시효는 법률행위에 의하여 이를 배제, 연장 또는 가중할 수 없으나 이를 단축 또는 경감할 수 있다.

정답 ①

4. 소멸시효의 기산점

405 소멸시효의 기산점에 관한 설명으로 옳지 않은 것은? (다툼이 있으면 판례에 따름)

[18 세무사]

① 부작위를 목적으로 하는 채권의 소멸시효는 위반행위를 한 때부터 진행한다.
② 정지조건부 권리는 조건이 성취된 때부터 시효가 진행한다.
③ 변제기가 불확정 기한인 때에는 채무자가 기한도래를 안 때부터 시효가 진행한다.
④ 부당이득반환청구권은 원칙적으로 그 성립한 때부터 시효가 진행한다.
⑤ 무권대리인에 대한 상대방의 이행청구권이나 손해배상청구권은 그 선택권을 행사할 수 있을 때부터 시효가 진행한다.

해설

① (O) : 제166조【소멸시효의 기산점】② 부작위를 목적으로 하는 채권의 소멸시효는 위반행위를 한 때로부터 진행한다.
② (O) : 조건의 성취 시부터 진행한다.
③ (X) : 채권자의 기한도래에 관한 지, 부지를 불문하고 기한이 객관적으로 도래한 때부터 소멸시효가 진행 한다. 다만 지체책임은 채무자가 그 기한의 도래를 안 때부터 부담한다(제387조 1항).
④ (O) : 지방재정법 제87조 제1항에 의한 변상금부과처분이 당연무효 인 경우에 이 변상금부과처분에 의하여 납부자가 납부하거나 징수당한 오납금은 지방자치단체가 법률상 원인 없이 취득한 부당이득에 해당하고, 이러한 오납금에 대한 납부자의 부당이득반환청구권은 처음부터 법률상 원인이 없이 납부 또는 징수된 것이므로 납부 또는 징수 시에 발생하여 확정되며, 그 때부터 소멸시효가 진행한다(대판 2005.1.27. 2004다50143).
⑤ (O) : 민법 제135조 무권대리인에 대한 계약 이행 또는 손해배상청구권의 소멸시효는 대리권의 증명 또는 무권대리에 대한 본인의 추인을 얻지 못한 때부터 즉 선택권을 행사할 수 있을 때로부터 진행 한다(대판 1965.5.24. 64다1156).

정답 ③

406 소멸시효의 기산점에 관한 설명으로 옳지 않은 것은? (다툼이 있으면 판례에 따름) [19 감평]

① 소멸시효는 권리를 행사할 수 있는 때로부터 진행하며, 이때 '권리를 행사할 수 있다'는 것은 권리를 행사함에 있어 원칙적으로 법률상 장애가 없는 것을 가리킨다.
② 부작위를 목적으로 하는 채권의 소멸시효는 위반행위를 한 때로부터 진행한다.
③ 정지조건부권리의 경우에는 조건 미성취의 동안은 권리를 행사할 수 없는 것이어서 소멸시효가 진행되지 않는다.
④ 소유권이전등기의무의 이행불능으로 인한 전보배상청구권의 소멸시효는 이전등기의무가 이행불능이 된 때부터 진행된다.

⑤ 본래의 소멸시효 기산일과 당사자가 주장하는 기산일이 서로 다른 경우에는 법원은 본래의 소멸시효 기산일을 기준으로 소멸시효를 계산하여야 한다.

해설

① (O) : 소멸시효는 권리를 행사할 수 있는 때로부터 진행한다. "**권리를 행사할 수 없는 때**"라 함은 그 권리행사에 **법률상의 장애사유**, 예를 들면 **기한의 미도래나 조건불성취** 등이 있는 경우를 말하는 것이므로 사실상 그 권리의 존재나 권리행사의 가능성을 알지 못하였거나 알지 못함에 있어서의 과실유무 등은 시효진행에 영향을 미치지 아니한다(대판[전합] 1984.12.26, 84누572).

② (O) : 제166조 【소멸시효의 기산점】 ② 부작위를 목적으로 하는 채권의 소멸시효는 위반행위를 한 때로부터 진행한다.

③ (O) : 법률상 장애사유가 있기 때문이다.

④ (O) : 判例는 "이행불능으로 인한 손해배상청구권은 이행불능 시로부터 진행한다(대판 1990.11.9, 90다카22513)."고 본다.

⑤ (X) : 소멸시효의 기산일은 변론주의의 적용대상이므로, 본래의 소멸시효기산일과 당사자가 주장하는 기산일이 다른 경우에는 법원은 당사자가 주장하는 기산일을 기준으로 한다(대판 1995.8.25, 94다35886). 당사자가 주장하지도 않은 일자를 기산점으로 하여 소멸시효의 완성을 인정하는 것은 가령 그 날짜가 본래의 시효기산일이었다 하더라도 변론주의 원칙상 당사자가 주장하지 아니한 사실을 인정한 위법이 있게 된다.

정답 ⑤

407 소멸시효에 관한 설명으로 옳지 않은 것은? (다툼이 있으면 판례에 따름) [20 감평 변형]

① 인도받은 부동산을 소유권이전등기를 하지 않고 제3자에게 처분·인도한 매수인의 등기청구권은 소멸시효에 걸리지 않는다.

② 채무불이행으로 인한 손해배상청구권의 소멸시효는 손해배상을 청구한 때부터 진행한다.

③ 채권자가 보증인을 상대로 이행을 청구하는 소를 제기한 때에도 주채무의 소멸시효가 완성하면 보증인은 주채무가 시효로 소멸되었음을 주장할 수 있다.

④ 재산권이전청구권과 동시이행관계에 있는 매매대금채권의 소멸시효는 지급기일부터 진행한다.

⑤ 등기 없는 점유취득시효가 완성하였으나 등기하지 않은 토지점유자가 토지의 점유를 잃은 경우, 그로부터 10년이 지나면 등기청구권은 소멸한다.

⑥ 대한민국으로부터 구로 일대 농지를 분배받았던 수분배자들의 후손인 원고들이 피고를 상대로 분배 농지와 관련하여 불법행위로 인한 손해배상을 청구하는 사안에서, 원고들의 손해배상청구는 과거사정리법 제2조 제1항 제4호에서 말하는 중대한 인권침해·조작의혹사건에서 공무원의 위법한 직무집행으로 인하여 입은 재산상 손해에 대한 국가배상청구에 해당하고, 이 사건 위헌결정의 효력에 따라 원고들의 손해배상청구권에 대해서는 민법 제166조 제1항, 제766조 제2항, 구 예산회계법 제96조 제2항, 제1항에 따른 장기소멸시효가 적용되지 않는다.

> 해설

① (O) : 매수인이 부동산을 인도받아 이를 사용, 수익하다가 '보다 적극적인 권리행사의 일환으로' 타인에게 그 부동산을 처분하고 점유를 승계해 준 경우에도 스스로 사용, 수익하고 있는 경우와 특별히 다를 바 없으므로 이전등기청구권의 소멸시효는 진행하지 않는다(대판[전합] 1999.3. 18, 98다32175).

② (×) : 이행불능으로 인한 손해배상청구권은 이행불능 시로부터 진행한다(대판 1990.11.9, 90다카22513).

③ (O) : 보증채무에 대한 소멸시효가 중단되는 등의 사유로 완성되지 아니하였다고 하더라도 주채무에 대한 소멸시효가 완성된 경우에는 시효완성 사실로써 주채무가 당연히 소멸되므로 보증채무의 부종성에 따라 보증채무 역시 당연히 소멸된다. 그리고 주채무에 대한 소멸시효가 완성되어 보증채무가 소멸된 상태에서 보증인이 보증채무를 이행하거나 승인하였다고 하더라도, 주채무자가 아닌 보증인의 행위에 의하여 주채무에 대한 소멸시효 이익의 포기 효과가 발생된다고 할 수 없으며, 주채무의 시효소멸에도 불구하고 보증채무를 이행하겠다는 의사를 표시한 경우 등과 같이 부종성을 부정하여야 할 다른 특별한 사정이 없는 한 보증인은 여전히 주채무의 시효소멸을 이유로 보증채무의 소멸을 주장할 수 있다고 보아야 한다(대판 2012.7.12. 2010다51192).

④ (O) : 부동산에 대한 매매대금 채권이 소유권이전등기청구권과 동시이행의 관계에 있다고 할지라도 매도인은 매매대금의 지급기일 이후 언제라도 그 대금의 지급을 청구할 수 있는 것이며, 다만 매수인은 매도인으로부터 그 이전등기에 관한 이행의 제공을 받기까지 그 지급을 거절할 수 있는 데 지나지 아니하므로 매매대금 청구권은 그 지급기일 이후 시효의 진행에 걸린다(대판 1991.3.22. 90다9797).

⑤ (O) : 채권적 청구권이므로, 10년의 소멸시효에 걸린다(제162조 1항).

⑥ (O) : 따라서 이 사건 위헌결정의 효력은 과거사정리법 제2조 제1항 제3호의 '민간인 집단 희생사건'이나 같은 항 제4호의 '중대한 인권침해사건·조작의혹사건'에서 공무원의 위법한 직무집행으로 입은 손해에 대한 배상을 청구하는 소송이 위헌결정 당시까지 법원에 계속되어 있는 경우에도 미친다고 할 것이어서, 그 손해배상청구권에 대해서는 민법 제166조 제1항, 제766조 제2항에 따른 '객관적 기산점을 기준으로 하는 소멸시효'(이하 '장기소멸시효'라 한다)가 적용되지 않고, 국가에 대한 금전 급부를 목적으로 하는 권리의 소멸시효기간을 5년으로 규정한 국가재정법 제96조 제2항(구 예산회계법 제96조 제2항) 역시 이러한 객관적 기산점을 전제로 하는 경우에는 적용되지 않는다[58](대판 2019. 11. 14. 2018다233686).

정답 ②

---

58) 국가배상법 제8조, 민법 제166조 제1항, 제766조 제1항, 제2항, 국가재정법 제96조 제2항, 제1항(구 예산회계법 제96조 제2항, 제1항)에 따르면, 국가배상청구권에 대해서는 피해자나 법정대리인이 그 손해와 가해자를 안 날(민법 제166조 제1항, 제766조 제1항에 따른 주관적 기산점)로부터 3년 또는 불법행위를 한 날(민법 제166조 제1항, 제766조 제2항에 따른 객관적 기산점)로부터 5년의 소멸시효가 적용됨이 원칙이다. 그런데 헌법재판소는 2018. 8. 30. 민법 제166조 제1항, 제766조 제2항 중 진실·화해를 위한 과거사정리 기본법(이하 '과거사정리법'이라 한다) 제2조 제1항 제3호의 '민간인 집단 희생사건', 같은 항 제4호의 '중대한 인권침해사건·조작의혹사건'에 적용되는 부분은 헌법에 위반된다는 결정을 선고하였다(헌법재판소 2014헌바148 등 결정, 이하 '이 사건 위헌결정'이라 한다). 헌법재판소 위헌결정의 효력은 위헌제청을 한 당해 사건만 아니라 위헌 결정이 있기 전에 이와 동종의 위헌 여부에 관하여 헌법재판소에 위헌여부심판제청이 되어 있거나 법원에 위헌여부심판제청신청이 되어 있는 경우의 당해 사건과 별도의 위헌제청신청 등은 하지 않았지만 당해 법률 또는 법조항이 재판의 전제가 되어 법원에 계속된 모든 일반 사건에까지 미친다(대법원 1992. 2. 14. 선고 91누1462 판결, 대법원 1996. 4. 26. 선고 96누1627 판결 등 참조).

408 소멸시효의 기산점에 관한 설명으로 옳지 않은 것은? (다툼이 있으면 판례에 따름) [21 감평]

① 정지조건부 권리는 조건이 성취되지 않는 동안에는 소멸시효가 진행되지 않는다.
② 이행기한을 정하지 않은 채권은 채권자의 이행 최고가 있은 날로부터 소멸시효가 진행한다.
③ 채무불이행으로 인한 손해배상청구권은 채무불이행 시로부터 소멸시효가 진행한다.
④ 동시이행의 항변권이 붙은 채권은 그 이행기로부터 소멸시효가 진행한다.
⑤ 무권대리인에 대한 상대방의 계약이행청구권이나 손해배상청구권은 그 선택권은 행사할 수 있을 때부터 소멸시효가 진행한다.

해설

① (O) : 정지조건의 성취 시부터 진행한다. 즉 소멸시효는 권리를 행사할 수 있는 때로부터 진행하고, 여기서 권리를 행사할 수 있는 때라 함은 권리행사에 법률상의 장애가 없는 때를 말하므로, 정지조건부 권리에 있어서 조건 미성취의 동안은 권리를 행사할 수 없어 소멸시효가 진행되지 아니한다(대판 2009. 12. 24. 2007다64556).
② (×) : 기한의 정함이 없는 채권은 채권이 성립한 때부터 권리를 행사할 수 있으므로, 그 때부터 소멸시효가 진행한다.
③ (O) : <u>이행불능으로 인한 손해배상청구권은 이행불능 시로부터 진행한다</u>(대판 1990.11.9. 90다카22513).
④ (O) : 부동산에 대한 매매대금 채권이 소유권이전등기청구권과 동시이행의 관계에 있다고 할지라도 매도인은 매매대금의 지급기일 이후 언제라도 그 대금의 지급을 청구할 수 있는 것이며, 다만 매수인은 매도인으로부터 그 이전등기에 관한 이행의 제공을 받기까지 그 지급을 거절할 수 있는 데 지나지 아니하므로 매매대금 청구권은 그 지급기일 이후 시효의 진행에 걸린다(대판 1991.3.22. 90다9797).
⑤ (O) : 민법 제135조 무권대리인에 대한 계약 이행 또는 손해배상청구권의 소멸시효는 대리권의 증명 또는 무권대리에 대한 본인의 추인을 얻지 못한 때부터 즉 선택권을 행사할 수 있을 때로부터 진행 한다(대판 1965.5.24. 64다1156).

정답 ②

409 소멸시효의 기산점에 관한 설명으로 옳지 않은 것은? (다툼이 있으면 판례에 따름) [21 세무사]

① 부작위를 목적으로 하는 채권의 소멸시효는 위반행위를 한 때로부터 진행한다.
② 정지조건부 권리는 조건이 성취되지 않는 한 시효가 진행되지 않는다.
③ 신축 중인 건물에 관한 소유권이전등기청구권은 건물이 완공되지 않는 한 시효가 진행되지 않는다.
④ 주택임대차 종료 후 임차인이 보증금을 반환받기 위해 임차목적물을 적법하게 점유하고 있는 경우에 보증금반환채권의 시효는 진행된다.
⑤ 법원은 특별한 사정이 없는 한 당사자가 주장한 기산일을 기준으로 시효완성 여부를 판단해야 한다.

> 해설

① (O) : 제166조【소멸시효의 기산점】② 부작위를 목적으로 하는 채권의 소멸시효는 위반행위를 한 때로부터 진행한다.

② (O) : 소멸시효는 권리를 행사할 수 있는 때로부터 진행하고, 여기서 권리를 행사할 수 있는 때라 함은 권리행사에 법률상의 장애가 없는 때를 말하므로, 정지조건부 권리에 있어서 조건 미성취의 동안은 권리를 행사할 수 없어 소멸시효가 진행되지 아니한다(대판 2009. 12. 24. 2007다64556).

③ (O) : 건물에 관한 소유권이전등기청구권에서 그 건물이 완공되지 않아서 이를 행사할 수 없었다는 사유는 법률상의 장애사유에 해당하므로, 그에 관한 소멸시효는 건물 완공 시부터 진행한다고 보아야 한다(대판 2007.8.23. 2007다28024·28031).

④ (X) : 주택임대차보호법에 따른 임대차에서 그 기간이 끝난 후 임차인이 보증금을 반환받기 위해 목적물을 점유하고 있는 경우 보증금반환채권에 대한 소멸시효는 진행하지 않는다고 보아야 한다59)(대판 2020. 7. 9. 2016다244224, 244231).

---

59) 소멸시효는 권리자가 권리를 행사할 수 있는데도 일정한 기간 권리를 행사하지 않은 경우에 권리의 소멸이라는 법률효과가 발생하는 제도이다. 이것은 시간의 흐름에 따라 법률관계가 점점 불명확해지는 것에 대처하기 위한 제도로서, 일정 기간 계속된 사회질서를 유지하고 시간이 지남에 따라 곤란해지는 증거보전으로부터 채무자를 보호하며 자신의 권리를 행사하지 않는 사람을 법적 보호에서 제외함으로써 법적 안정성을 유지하는 데 중점을 두고 있다. 소멸시효가 완성되기 위해서는 권리의 불행사라는 사실상태가 일정한 기간 동안 계속되어야 한다. 채권을 일정한 기간 행사하지 않으면 소멸시효가 완성하지만(민법 제162조, 제163조, 제164조), 채권을 계속 행사하고 있다고 볼 수 있다면 소멸시효가 진행하지 않는다. 나아가 채권을 행사하는 방법에는 채무자에 대한 직접적인 이행청구 외에도 변제의 수령이나 상계, 소송상 청구 및 항변으로 채권을 주장하는 경우 등 채권이 가지는 다른 여러 가지 권능을 행사하는 것도 포함된다. 따라서 채권을 행사하여 실현하려는 행위를 하거나 이에 준하는 것으로 평가할 수 있는 객관적 행위 모습이 있으면 권리를 행사한다고 보는 것이 소멸시효 제도의 취지에 부합한다. 임대차가 종료함에 따라 발생한 임차인의 목적물반환의무와 임대인의 보증금반환의무는 동시이행관계에 있다. 임차인이 임대차 종료 후 동시이행항변권을 근거로 임차목적물을 계속 점유하는 것은 임대인에 대한 보증금반환채권에 기초한 권능을 행사한 것으로서 보증금을 반환받으려는 계속적인 권리행사의 모습이 분명하게 표시되었다고 볼 수 있다. 따라서 임대차 종료 후 임차인이 보증금을 반환받기 위해 목적물을 점유하는 경우 보증금반환채권에 대한 권리를 행사하는 것으로 보아야 하고, 임차인이 임대인에 대하여 직접적인 이행청구를 하지 않았다고 해서 권리의 불행사라는 상태가 계속되고 있다고 볼 수 없다. 임차인의 보증금반환채권과 동시이행관계에 있는 임대인의 목적물인도청구권은 소유권 등 물권에 기초하는 경우가 많으므로, 임대인이 적극적으로 권리를 행사하는지와 관계없이 권리가 시효로 소멸하는 경우는 거의 발생하지 않는다. 만일 임차인이 임대차 종료 후 보증금을 반환받기 위해 목적물을 점유하여 적극적인 권리행사의 모습이 계속되고 있는데도 보증금반환채권이 시효로 소멸한다고 보면, 임차인은 목적물반환의무를 그대로 부담하면서 임대인에 대한 보증금반환채권만 상실하게 된다. 이는 보증금반환채무를 이행하지 않은 임대인이 목적물에 대한 자신의 권리는 그대로 유지하면서 보증금반환채무만을 면할 수 있게 하는 결과가 되어 부당하다. 나아가 이러한 소멸시효 진행의 예외는 어디까지나 임차인이 임대차 종료 후 목적물을 적법하게 점유하는 기간으로 한정되고, 임차인이 목적물을 점유하지 않거나 동시이행항변권을 상실하여 정당한 점유권원을 갖지 않는 경우에 대해서까지 인정되는 것은 아니다. 따라서 임대차 종료 후 보증금을 반환받기 위해 목적물을 점유하는 임차인의 보증금반환채권에 대하여 소멸시효가 진행하지 않는다고 보더라도 그 채권에 관계되는 당사자 사이의 이익 균형에 반하지 않는다. 주택임대차보호법 제4조 제2항은 "임대차기간이 끝난 경우에도 임차인이 보증금을 반환받을 때까지는 임대차관계가 존속되는 것으로 본다."라고 정하고 있다(2008. 3. 21. 법률 제8923호로 개정되면서 표현이 바뀌었을 뿐 그 내용은 개정 전과 같다). 2001. 12. 29. 법률 제6542호로 제정된 상가건물임대차보호법도 같은 내용의 규정을 두고 있다(제9조 제2항). 이는 임대차기간이 끝난 후에도 임차인이 보증금을 반환받을 때까지는 임차인의 목적물에 대한 점유를 임대차기간이 끝나기 전과 마찬가지 정도로 강하게 보호함으로써 임차인의 보증금반환채권을 실질적으로 보장하기 위한 것이다. 따라서 임대차기간이 끝난 후 보증금을 반환받지 못한 임차인이 목적물을 점유하는 동안 위 규정에 따라 법정임대차관계가 유지되고 있는데도 임차인의 보증금반환채권은 그대로 시효가 진행하여 소멸할 수 있다고 한다면, 이는 위 규정의 입법 취지를 훼손하는 결과를 가져오게 되어 부당하다. 위와 같은 소멸시효 제도의 존재 이유와 취지, 임대차기간이 끝난 후 보증금반환채권에 관계되는 당사자 사이의 이익형량, 주택임대차보호법 제4조 제2항의 입법 취지 등을 종합하면, 주택임대차보호법에 따른 임대차에서 그 기간이 끝난 후 임차인이 보증금을 반환받기 위해 목적물을 점유하고 있는 경우 보증금반환채권에 대한 소멸시효는 진행하지 않는다고 보아야 한다.

⑤ (O) : 소멸시효의 기산일은 변론주의의 적용대상이므로, 본래의 소멸시효기산일과 당사자가 주장하는 기산일이 다른 경우에는 법원은 당사자가 주장하는 기산일을 기준으로 한다(대판 1995. 8. 25, 94다35886).

	소멸시효(객관적)	이행지체(주관적)
확정기한	이행기가 도래한 때	기한이 도래한 때
불확정기한	기한이 객관적으로 도래한 때	채무자가 기한이 도래함을 안 때
기한의 정함이 없는 경우	(1) 원칙 채권이 성립한 때(권리 발생시) (2) 예외 소비대차의 경우 계약 성립 시부터 상당한 기간이 경과한 때(제603조 2항)	(1) 원칙 채무자가 이행청구를 받은 때 (2) 예외 ① 소비대차의 경우 상당한 기간을 정하지 않고 최고한 때에는 최고한 때로부터 상당한 기간이 경과한 후(제603조 2항) ② 불법행위에 의한 손해배상채무는 불법행위 시(즉 그 당일부터)

정답 ④

Ⅲ. 소멸시효의 장애 - 소멸시효의 중단, 정지

1. 소멸시효의 중단

410 소멸시효 중단에 관한 설명으로 옳은 것을 모두 고른 것은? (다툼이 있으면 판례에 따름)

[15 감평]

> ㄱ. 채무자가 제기한 채무부존재확인소송에서 채권자가 피고로서 응소하여 적극적으로 권리를 주장하고 그것이 법원에 의해 받아들여진 경우, 채권의 소멸시효가 중단된다.
> ㄴ. 비법인사단의 대표자가 총회결의에 따라 총유물을 매도하여 소유권이전등기를 해주기 위해 매수인과 함께 법무사 사무실을 방문한 행위는, 소유권이전등기청구권의 소멸시효 중단의 효력이 있는 승인에 해당한다.
> ㄷ. 재판상 청구로 인하여 중단된 시효는 재판이 시작된 때부터 새로 진행된다.

① ㄱ   ② ㄴ   ③ ㄱ, ㄴ
④ ㄱ, ㄷ   ⑤ ㄴ, ㄷ

해설

㉠ (O) : 민법 제168조 제1호·제170조 제1항에서 시효중단사유의 하나로 규정하고 있는 재판상의 청구라 함은, 통상적으로는 권리자가 원고로서 시효를 주장하는 자를 피고로 하여 소송물인 권리를

소의 형식으로 주장하는 경우를 가리키지만, 이와 반대로 시효를 주장하는 자가 원고가 되어 소를 제기한 데 대하여 피고로서 응소하여 그 소송에서 적극적으로 권리를 주장하고 그것이 받아들여진 경우도 마찬가지로 이에 포함되는 것으로 해석함이 타당하다(대판 전합 1993.12.21., 92다47861).

ⓒ (O) : [1] 비법인사단의 사원총회가 그 총유물에 관한 매매계약의 체결을 승인하는 결의를 하였다면, 통상 그러한 결의에는 그 매매계약의 체결에 따라 발생하는 채무의 부담과 이행을 승인하는 결의까지 포함되었다고 봄이 상당하므로, 비법인사단의 대표자가 그 채무에 대하여 소멸시효 중단의 효력이 있는 승인을 하거나 그 채무를 이행할 경우에는 특별한 사정이 없는 한 별도로 그에 대한 사원총회의 결의를 거칠 필요는 없다고 보아야 한다. [2] 비법인사단이 총유물에 관한 매매계약을 체결하는 행위는 총유물 그 자체의 처분이 따르는 채무부담행위로서 총유물의 처분행위에 해당하나, 그 매매계약에 의하여 부담하고 있는 채무의 존재를 인식하고 있다는 뜻을 표시하는 데 불과한 소멸시효 중단사유로서의 승인은 총유물 그 자체의 관리·처분이 따르는 행위가 아니어서 총유물의 관리·처분행위라고 볼 수 없다. [3] 비법인사단의 대표자가 총유물의 매수인에게 소유권이전등기를 해주기 위하여 매수인과 함께 법무사 사무실을 방문한 행위가 소유권이전등기청구권의 소멸시효 중단의 효력이 있는 승인에 해당한다(대판 2009.11.26. 2009다64383).

ⓒ (X) : 제178조 제2항, 제178조【중단후의 시효진행】① 시효가 중단된 때에는 중단까지에 경과한 시효기간은 이를 산입하지 아니하고 중단사유가 종료한 때로 부터 새로이 진행한다. ② 재판상의 청구로 인하여 중단한 시효는 전항의 규정에 의하여 재판이 확정된 때로부터 새로이 진행한다.

정답 ③

411 甲의 乙에 대한 채권을 담보하기 위해 丙이 자신의 부동산에 저당권을 설정 해 준 경우, 甲의 乙에 대한 채권의 소멸시효 중단사유가 아닌 것은? (다툼이 있으면 판례에 따름) [17 감평]

① 丙의 저당권말소등기청구의 소에 대한 甲의 응소
② 甲의 乙에 대한 채권에 기한 지급명령 신청
③ 乙의 재산에 대한 甲의 가압류 신청
④ 乙이 변제기 도래 후에 한 채무의 승인
⑤ 乙의 파산절차에 대한 甲의 참가

해설

물상보증인이 그 피담보채무의 부존재 또는 소멸을 이유로 제기한 저당권설정등기 말소등기절차이행 청구소송에서 채권자 겸 저당권자가 청구기각의 판결을 구하고 피담보채권의 존재를 주장하였다고 하더라도 이로써 직접 채무자에 대하여 재판상 청구를 한 경우로 볼 수는 없으므로 피담보채권의 소멸시효에 관하여 규정한 민법 제168조 제1호 소정의 '청구'에 해당하지 아니 한다(대판 2004.1.16, 2003다30890).

정답 ①

412 시효중단에 관한 설명으로 옳지 않은 것은? (다툼이 있으면 판례에 따름) [19 세무사]

① 채권양수인이 채권양도의 대항요건을 갖추지 못한 상태에서 채무자를 상대로 재판상 청구를 한 경우, 소멸시효 중단사유인 재판상 청구에 해당한다.
② 가압류의 피보전채권에 관하여 본안의 승소판결이 확정된 경우에도 가압류에 의한 시효중단의 효력은 소멸되지 않는다.
③ 채무부존재확인의 소에서 피고로서 응소하여 그 소송에서 적극적으로 권리를 주장하고 그것이 받아들여진 경우, 시효중단사유인 재판상 청구에 해당한다.
④ 시효중단사유가 주채무자에 대한 압류·가압류 및 가처분인 경우, 이를 보증인에게 통지하여야 보증인에 대한 시표중단의 효력이 발생한다.
⑤ 시효중단의 효력이 있는 채무승인은 묵시적으로도 할 수 있다.

해설

① **(O)** ; 채무자를 상대로 재판상의 청구를 한 채권의 양수인을 '권리 위에 잠자는 자'라고 할 수 없는 점 등에 비추어 보면, 비록 대항요건을 갖추지 못하여 채무자에게 대항하지 못한다고 하더라도 채권의 양수인이 채무자를 상대로 재판상의 청구를 하였다면 이는 소멸시효 중단사유인 재판상의 청구에 해당한다고 보아야 한다(대판 2005.11.10. 2005다41818).

② **(O)** : 민법 제168조에서 가압류를 시효중단사유로 정하고 있는 것은 가압류에 의하여 채권자가 권리를 행사하였다고 할 수 있기 때문인바, 가압류에 의한 집행보전의 효력이 존속하는 동안은 가압류채권자에 의한 권리행사가 계속되고 있다고 보아야 하므로 가압류에 의한 시효중단의 효력은 가압류의 집행보전의 효력이 존속하는 동안은 계속 된다(대판 2006.7.27. 2006다32781).

③ **(O)** : 시효를 주장하는 자가 원고가 되어 소를 제기한 데 대하여 피고로서 응소하여 '그 소송에서 적극적으로 권리를 주장하고 그것이 받아들여진 경우'도 시효중단사유로 인정된다(대판[전합] 1993.12.21. 92다47861). 다만, 응소행위만으로 당연히 시효중단 효력이 발생하는 것은 아니다. 시효중단의 효과를 원하는 피고가 당해 소송 또는 다른 소송에서의 응소행위로서 시효가 중단되었다고 주장하지 않았다면 응소사실이 인정되더라도 법원은 시효중단의 효력을 인정해서는 안 된다(대판 1997.2.28. 96다26190).

④ **(×)** : 제440조【시효중단의 보증인에 대한 효력】주채무자에 대한 시효의 중단은 보증인에 대하여 그 효력이 있다.

⑤ **(O)** : 승인은 특별한 방식을 요하지 않는다. 변제기한의 유예요청, 이자의 지급, 일부변제(대판 1996.1.23. 95다39854), 담보제공, 매도인이 매수인과 함께 소유권이전등기를 해주기 위해 법무사 사무실을 방문한 행위(대판 2009.11.26. 2009다64384) 등은 묵시적 승인이 있는 것으로 볼 수 있다.

정답 ④

413 소멸시효의 중단에 관한 설명으로 옳지 않은 것은? (다툼이 있으면 판례에 따름) [20 세무사]

① 재심의 소제기는 시효중단 사유인 재판상 청구에 준한다.
② 원고의 소제기에 대하여 피고가 응소한 경우, 응소로 인한 시효중단 효력은 피고가 응소한 때가 아니라 원고가 소를 제기한 때에 발생한다.
③ 시효중단의 효력 있는 승인에는 상대방의 권리에 관한 처분권한이 있음을 요하지 않는다.
④ 원인채권의 지급을 확보하기 위하여 어음이 수수된 경우, 어음채권을 피보전권리로 한 가압류는 원인채권의 소멸시효를 중단시키는 효력이 있다.
⑤ 파산절차참가는 채권자가 이를 취소하면 시효중단의 효력이 없다.

해설

① (O) : 재심의 소가 인용되어 확정되었다면 재심의 소제기 일부터 그 확정 일까지 시효가 중단 된다 (대판 1996.9.24, 96다11334).
② (X) : 시효를 주장하는 자가 원고가 되어 소를 제기한 데 대하여 피고로서 응소하여 '그 소송에서 적극적으로 권리를 주장하고 그것이 받아들여진 경우'도 시효중단사유로 인정된다(대판[전합] 1993.12.21, 92다47861). 즉 피고가 응소 시에 시효가 중단된다.
③ (O) : 제177조【승인과 시효중단】시효중단의 효력 있는 승인에는 상대방의 권리에 관한 처분의 능력이나 권한 있음을 요하지 아니한다.
④ (O) : 어음채권의 재판상 청구는 원인채권에 대하여도 시효중단의 효력이 있다(어음채권은 원인채권의 실현수단이기 때문이다)(대판 1961.11.9, 4293민상748). 그러나, 원인채권의 재판상 청구는 어음채권에 대해서는 시효중단의 효력이 없다(어음채권 그 자체를 행사한 것으로 볼 수 없기 때문이다)(대판 1994.12.2, 93다59922).
⑤ (O) : 제171조【파산절차참가와 시효중단】파산절차참가는 채권자가 이를 취소하거나 그 청구가 각하된 때에는 시효중단의 효력이 없다.

정답 ②

414 소멸시효에 관한 설명으로 옳지 않은 것은? (다툼이 있으면 판례에 따름) [21 감평]

① 소멸시효는 법률행위에 의하여 이를 배제하거나 연장할 수 없다.
② 시효의 중단은 원칙적으로 당사자 및 그 승계인 사이에서만 효력이 있다.
③ 소멸시효 중단사유로서의 채무승인은 채무가 있음을 알고 있다는 뜻의 의사표시이므로 효과의사가 필요하다.
④ 소멸시효의 이익은 시효가 완성되기 전에 미리 포기하지 못한다.
⑤ 소멸시효 완성 후 채무자는 시효완성의 사실을 알고 그 채무를 묵시적으로 승인함으로써 시효의 이익을 포기할 수 있다.

해설

① (O) : 제184조【시효의 이익의 포기 기타】② 소멸시효는 법률행위에 의하여 이를 배제, 연장 또는 가중할 수 없으나 이를 단축 또는 경감할 수 있다.
② (O) : 제169조【시효중단의 효력】시효의 중단은 당사자 및 그 승계인간에만 효력이 있다.
③ (✗) : 의사표시가 아니라, 관념의 통지에 해당하는 준법률행위이다.
④ (O) : 제184조【시효의 이익의 포기 기타】① 소멸시효의 이익은 미리 포기하지 못한다.
⑤ (O) : 채무자가 시효완성 후에 채무의 승인을 한 때에는 일응 시효완성의 사실을 알고 그 이익을 포기한 것이라고 추정할 수 있다(대판 1967.2.7, 66다2173).

정답 ③

415 甲은 乙에게 1억 원을 대여하였고, 丙은 乙의 甲에 대한 채무를 담보하기 위하여 자기소유 X부동산 위에 甲명의의 저당권을 설정하였다. 다음 설명 중 옳은 것을 모두 고른 것은? (다툼이 있으면 판례에 따름) [21 세무사]

ㄱ. 丙이 제기한 대여금채무부존재확인의 소에서 甲이 피고로서 응소하여 그 소송에서 적극적으로 권리를 주장하고 그것이 받아들여진 경우에 甲의 乙에 대한 채권의 시효가 중단된다.
ㄴ. 甲이 X에 대한 압류를 한 후 이러한 사실을 乙에게 통지하면, 乙에 대한 시효중단의 효력이 발생한다.
ㄷ. 甲의 乙에 대한 채권의 시효가 완성된 경우에 丙은 甲에게 소멸시효를 주장할 수 있다.

① ㄴ
② ㄱ, ㄴ
③ ㄱ, ㄷ
④ ㄴ, ㄷ
⑤ ㄱ, ㄴ, ㄷ

해설

ㄱ. (✗) : 타인의 채무를 담보하기 위하여 자기의 물건에 담보권을 설정한 물상보증인은 채권자에 대하여 물적 유한책임을 지고 있어 그 피담보채권의 소멸에 의하여 직접 이익을 받는 관계에 있으므로 소멸시효의 완성을 주장할 수 있는 것이지만, 채권자에 대하여는 아무런 채무도 부담하고 있지 아니하므로, 물상보증인이 그 피담보채무의 부존재 또는 소멸을 이유로 제기한 저당권설정등기 말소등기절차이행청구소송에서 채권자 겸 저당권자가 청구기각의 판결을 구하고 피담보채권의 존재를 주장하였다고 하더라도 이로써 직접 채무자에 대하여 재판상 청구를 한 것으로 볼 수는 없는 것이므로 피담보채권의 소멸시효에 관하여 규정한 민법 제168조 제1호 소정의 '청구'에 해당하지 아니한다고 할 것이다(대판 2004.1.16, 2003다30890).
ㄴ. (O) : 제176조【압류, 가압류, 가처분과 시효중단】압류, 가압류 및 가처분은 시효의 이익을 받은 자에 대하여 하지 아니한 때에는 이를 그에게 통지한 후가 아니면 시효중단의 효력이 없다.
ㄷ. (O) : 물상보증인(대판 2004.1.16, 2003다30890) 등도 시효이익의 직접수익자에 해당한다.

정답 ④

416 소멸시효 중단에 관한 설명이다. 틀린 것은? [예상]

① 임차권등기명령에 따른 임차권등기에는 민법 제168조 제2호에서 정하는 소멸시효 중단사유인 압류 또는 가압류, 가처분에 준하는 효력이 있다.

② 민법 제174조가 시효중단 사유로 규정하고 있는 최고를 여러 번 거듭하다가 재판상 청구 등을 한 경우에 시효중단의 효력은 항상 최초의 최고 시에 발생하는 것이 아니라 재판상 청구 등을 한 시점을 기준으로 하여 이로부터 소급하여 6월 이내에 한 최고 시에 발생하고, 재판상의 청구는 그 소송이 취하된 경우에는 그로부터 6월내에 다시 재판상의 청구를 하지 않는 한 시효중단의 효력이 없고 다만 재판 외의 최고의 효력만을 갖게 되며, 이러한 법리는 그 소가 각하된 경우에도 마찬가지이다.

③ 채무자가 제3채무자를 상대로 제기한 금전채권의 이행소송이 압류 및 추심명령으로 인한 당사자적격의 상실로 각하되더라도, 위 이행소송의 계속 중에 피압류채권에 대하여 채무자에 갈음하여 당사자적격을 취득한 추심채권자가 위 각하판결이 확정된 날로부터 6개월 내에 제3채무자를 상대로 추심의 소를 제기하였다면, 채무자가 제기한 재판상 청구로 인하여 발생한 시효중단의 효력은 추심채권자의 추심소송에서도 그대로 유지된다고 보는 것이 타당하다.

④ 소장에서 청구의 대상으로 삼은 채권 중 일부만을 청구하면서 소송의 진행경과에 따라 장차 청구금액을 확장할 뜻을 표시하였으나 당해 소송이 종료될 때까지 실제로 청구금액을 확장하지 않은 경우에는 소송의 경과에 비추어 볼 때 채권 전부에 관하여 판결을 구한 것으로 볼 수 없으므로, 나머지 부분에 대하여는 재판상 청구로 인한 시효중단의 효력이 발생하지 아니하지만, 소를 제기하면서 장차 청구금액을 확장할 뜻을 표시한 채권자로서는 장래에 나머지 부분을 청구할 의사를 가지고 있는 것이 일반적이라고 할 것이므로, 다른 특별한 사정이 없는 한 당해 소송이 계속 중인 동안에는 나머지 부분에 대하여 권리를 행사하겠다는 의사가 표명되어 최고에 의해 권리를 행사하고 있는 상태가 지속되고 있는 것으로 보아야 하고, 채권자는 당해 소송이 종료된 때부터 6월내에 민법 제174조에서 정한 조치를 취함으로써 나머지 부분에 대한 소멸시효를 중단시킬 수 있다.

해설

① (✗) : 주택임대차보호법 제3조의3에서 정한 임차권등기명령에 따른 임차권등기는 특정 목적물에 대한 구체적 집행행위나 보전처분의 실행을 내용으로 하는 압류 또는 가압류, 가처분과 달리 어디까지나 주택임차인이 주택임대차보호법에 따른 대항력이나 우선변제권을 취득하거나 이미 취득한 대항력이나 우선변제권을 유지하도록 해 주는 담보적 기능을 주목적으로 한다. 비록 주택임대차보호법이 임차권등기명령의 신청에 대한 재판절차와 임차권등기명령의 집행 등에 관하여 민사집행법상 가압류에 관한 절차규정을 일부 준용하고 있지만, 이는 일방 당사자의 신청에 따라 법원이 심리·결정한 다음 등기를 촉탁하는 일련의 절차가 서로 비슷한 데서 비롯된 것일 뿐 이를 이유로 임차권등기명령에 따른 임차권등기가 본래의 담보적 기능을 넘어서 채무자의 일반재산에 대한 강제집행을 보전하기 위한 처분의 성질을 가진다고 볼 수는 없다. 그렇다면 임차권등기명령에 따른 임차권

등기에는 민법 제168조 제2호에서 정하는 소멸시효 중단사유인 압류 또는 가압류, 가처분에 준하는 효력이 있다고 볼 수 없다(대판 2019. 5. 16. 2017다226629).

② (O) : 민법 제174조가 시효중단 사유로 규정하고 있는 최고를 여러 번 거듭하다가 재판상 청구 등을 한 경우에 시효중단의 효력은 항상 최초의 최고 시에 발생하는 것이 아니라 재판상 청구 등을 한 시점을 기준으로 하여 이로부터 소급하여 6월 이내에 한 최고 시에 발생하고, 민법 제170조의 해석상 재판상의 청구는 그 소송이 취하된 경우에는 그로부터 6월내에 다시 재판상의 청구를 하지 않는 한 시효중단의 효력이 없고 다만 재판 외의 최고의 효력만을 갖게 된다. 이러한 법리는 그 소가 각하된 경우에도 마찬가지로 적용 된다[60](대판 2019.3.14. 2018다282473).

③ (O) : [1] 채무자의 제3채무자에 대한 금전채권에 대하여 압류 및 추심명령이 있더라도, 이는 추심채권자에게 피압류채권을 추심할 권능만을 부여하는 것이고, 이로 인하여 채무자가 제3채무자에게 가지는 채권이 추심채권자에게 이전되거나 귀속되는 것은 아니다. 따라서 채무자가 제3채무자를 상대로 금전채권의 이행을 구하는 소를 제기한 후 채권자가 위 금전채권에 대하여 압류 및 추심명령을 받아 제3채무자를 상대로 추심의 소를 제기한 경우, 채무자가 권리주체의 지위에서 한 시효중단의 효력은 집행법원의 수권에 따라 피압류채권에 대한 추심권능을 부여받아 일종의 추심기관으로서 그 채권을 추심하는 추심채권자에게도 미친다. [2] 재판상의 청구는 소송의 각하, 기각 또는 취하의 경우에는 시효중단의 효력이 없지만, 그 경우 6개월 내에 재판상의 청구, 파산절차참가, 압류 또는 가압류, 가처분을 한 때에는 시효는 최초의 재판상 청구로 인하여 중단된 것으로 본다(민법 제170조). 그러므로 채무자가 제3채무자를 상대로 제기한 금전채권의 이행소송이 압류 및 추심명령으로 인한 당사자적격의 상실로 각하되더라도, 위 이행소송의 계속 중에 피압류채권에 대하여 채무자에 갈음하여 당사자적격을 취득한 추심채권자가 위 각하판결이 확정된 날로부터 6개월 내에 제3채무자를 상대로 추심의 소를 제기하였다면, 채무자가 제기한 재판상 청구로 인하여 발생한 시효중단의 효력은 추심채권자의 추심소송에서도 그대로 유지된다고 보는 것이 타당하다(대판 2019. 7. 25. 2019다212945).

④ (O) : 하나의 채권 중 일부에 관하여만 판결을 구한다는 취지를 명백히 하여 소송을 제기한 경우에는 소제기에 의한 소멸시효중단의 효력이 그 일부에 관하여만 발생하고, 나머지 부분에는 발생하지 아니하나, 소장에서 청구의 대상으로 삼은 채권 중 일부만을 청구하면서 소송의 진행경과에 따라 장차 청구금액을 확장할 뜻을 표시하고 당해 소송이 종료될 때까지 실제로 청구금액을 확장한 경우에는 소제기 당시부터 채권 전부에 관하여 판결을 구한 것으로 해석되므로, 이러한 경우에는 소제기 당시부터 채권 전부에 관하여 재판상 청구로 인한 시효중단의 효력이 발생한다. 소장에서 청구의 대상으로 삼은 채권 중 일부만을 청구하면서 소송의 진행경과에 따라 장차 청구금액을 확장할 뜻을 표시하였으나 당해 소송이 종료될 때까지 실제로 청구금액을 확장하지 않은 경우에는 소송의 경과에 비추어 볼 때 채권 전부에 관하여 판결을 구한 것으로 볼 수 없으므로, 나머지 부분에 대하여는 재판상 청구로 인한 시효중단의 효력이 발생하지 아니한다. 그러나 이와 같은 경우에도 소를 제기하면서 장차 청구금액을 확장할 뜻을 표시한 채권자로서는 장래에 나머지 부분을 청구할 의사를 가지고 있는 것이 일반적이라고 할 것이므로, 다른 특별한 사정이 없는 한 당해 소송이 계속

---

[60] ☞ 정부지원금 반환채무의 채무자인 원고가 협약에 따라 정부지원금을 지급한 중소기업기술정보진흥원장을 상대로 정부지원금 반환처분의 무효확인을 구하는 취지의 소를 제기하였으나 각하되었고, 원고가 중소기업기술정보진흥원을 상대로 정부지원금 반환채무의 부존재확인의 소를 제기하였으나 다시 각하된 후, 이 사건에서 피고(대한민국)를 상대로 정부지원금 반환채무의 부존재확인의 소를 제기한 사안에서, 선행소송에서 이루어진 두 차례의 응소에는 민법 제168조 제1호에 따른 시효중단의 효력이 인정되지 않고, 민법 제170조 제2항의 유추적용에 따른 재판 외 최고의 효력만 인정되므로, 이 사건에서 피고의 응소는 두 번째 응소로부터 6월이 경과한 후에 그리고 정부지원금 반환채권의 소멸시효가 완성된 후에 이루어졌다고 판단하고, 이와 달리 소멸시효가 첫 번째 응소 시에 소급하여 중단되었다고 본 원심을 파기한 사례

중인 동안에는 나머지 부분에 대하여 권리를 행사하겠다는 의사가 표명되어 최고에 의해 권리를 행사하고 있는 상태가 지속되고 있는 것으로 보아야 하고, 채권자는 당해 소송이 종료된 때부터 6월내에 민법 제174조에서 정한 조치를 취함으로써 나머지 부분에 대한 소멸시효를 중단시킬 수 있다. 한편 대법원은, 보통의 최고와는 달리 법원의 행위를 통해 이루어지는 소송고지로 인한 최고에 대하여는 당해 소송이 계속 중인 동안 최고에 의해 권리를 행사하고 있는 상태가 지속되는 것으로 보아 당해 소송이 종료된 때부터 6월내에 민법 제174조에 정한 조치를 취함으로써 소멸시효를 중단시킬 수 있다는 점을 밝혀 왔다61)(대판 2020. 2.6. 2019다223723).

정답 ①

2. 시효중단의 효력

3. 시효중단의 사유

4. 승인과 시효중단

417 소멸시효의 중단사유로서 승인에 관한 설명으로 옳지 않은 것은? (다툼이 있으면 판례에 따름)

[16 세무사]

① 채무자의 승인사실은 채권자가 증명해야 한다.
② 승인의 의사표시는 명시적 또는 묵시적으로도 가능하다.
③ 시효중단의 효력은 그 승인의 통지가 상대방에게 도달한 때에 발생한다.
④ 채무자가 권리의 존재를 알지 못한 상태에서 시효가 진행되기 전에 승인한 것도 시효중단의 효력이 있다.
⑤ 승인으로 인하여 시효중단의 효력이 미치는 승계인은 시효중단에 관여한 당사자로부터 중단의 효과를 받는 권리를 그 중단효과 발생 이후에 승계한 자를 의미한다.

해설

① (O) : 소멸시효의 중단사유로서 채무자에 의한 채무승인이 있었다는 사실은 이를 주장하는 채권자 측에서 입증하여야 하는 것이다(대판 2005.02.17. 2004다59959).

② (O), ③ (O) : 시효중단사유로서의 승인은 시효이익을 받을 당사자인 채무자가 그 시효의 완성으로 권리를 상실하게 될 자 또는 그 대리인에 대하여 그 권리가 존재함을 인식하고 있다는 뜻을 표시함으로써 성립한다고 할 것이며, 이 때 그 표시의 방법은 아무런 형식을 요구하지 아니하고, 또한 명시적이건 묵시적이건 불문한다 할 것이나, 승인으로 인한 시효중단의 효력은 그 승인의 통지가 상대방에게 도달하는 때에 발생한다(95다30178).

---

61) ☞ 선행소송의 소장에 '일부청구'라는 제목 하에 소송의 진행경과에 따라 장차 청구금액을 확장할 뜻을 표시하면서 우선 2,000,000원 및 이에 대한 지연손해금만을 청구하였으나, 선행소송이 종료될 때까지 청구금액을 확장하지 아니한 이상 나머지 부분에 대하여는 재판상 청구로 인한 시효중단의 효력이 발생하지 아니하고, 선행소송이 종료된 때로부터 6월이 지난 이후에야 나머지 부분의 지급을 구하는 이 사건 소송을 제기한 이상 나머지 부분에 대하여는 소멸시효가 완성되었다고 본 원심의 판단을 수긍한 사례

④ (✕) : 소멸시효 중단사유로서의 승인은 시효이익을 받을 당사자인 채무자가 소멸시효의 완성으로 권리를 상실하게 될 자 또는 그 대리인에 대하여 그 권리가 존재함을 인식하고 있다는 뜻을 표시함으로써 성립하는바, 그 표시의 방법은 아무런 형식을 요구하지 아니하고 또한 명시적이건 묵시적이건 불문하며, 묵시적인 승인의 표시는 채무자가 그 채무의 존재 및 액수에 대하여 인식하고 있음을 전제로 하여 그 표시를 대하는 상대방으로 하여금 채무자가 그 채무를 인식하고 있음을 그 표시를 통해 추단하게 할 수 있는 방법으로 행해지면 족하다((대판 2010.11.11. 2010다46657).

⑤ (○) : 시효중단의 효력은 당사자 및 그 승계인 간에만 미치는 바, 여기서 당사자라 함은 중단행위에 관여한 당사자를 가리키고 시효의 대상인 권리 또는 청구권의 당사자는 아니며, 승계인이라 함은 '시효중단에 관여한 당사자로부터 중단의 효과를 받는 권리를 그 중단효과 발생 이후에 승계한 자'를 뜻하고, 포괄승계인은 물론 특정승계인도 이에 포함된다(대판 1997.04.25. 96다46484).

정답 ④

418 소멸시효에 관한 설명으로 옳지 않은 것은? (다툼이 있으면 판례에 따름) [16 감평]

① 소유권에 기한 물권적 청구권은 소멸시효의 대상이 되지 않는다.
② 공유관계가 존속하는 한 공유물분할청구권만이 독립하여 시효로 소멸될 수 없다.
③ 소멸시효를 주장하는 자가 제기한 소에 권리자가 응소하여 적극적으로 권리를 주장하고 그것이 받아들여진 경우, 응소한 때에 소멸시효가 중단된다.
④ 근저당권설정등기청구의 소제기에는 그 피담보채권이 될 채권에 대한 소멸시효 중단효력은 없다.
⑤ 소멸시효의 중단사유로서의 승인은 소멸시효의 진행이 개시된 이후에만 가능하다.

해설

① (○) : 매매계약이 합의해제 된 경우에도 매수인에게 이전되었던 소유권은 당연히 매도인에게 복귀하는 것이므로 합의해제에 따른 매도인의 원상회복청구권은 소유권에 기한 물권적 청구권이라고 할 것이고 이는 소멸시효의 대상이 되지 아니한다.(대법원 1982.07.27. 선고 80다2968)

② (○) : **상린권, 공유물분할청구권은** 기초된 권리가 존속하는 한 독립하여 시효에 걸리지 않는다(대판 1981.3.24, 80다1888・1889).

③ (○) : 시효를 주장하는 자가 원고가 되어 소를 제기한 데 대하여 피고로서 응소하여 '그 소송에서 적극적으로 권리를 주장하고 그것이 받아들여진 경우'도 시효중단사유로 인정된다(대판[전합] 1993.12.21, 92다47861).

④ (✕) : 근저당권설정등기청구권의 행사는 그 피담보채권이 될 금전채권의 실현을 목적으로 하는 것으로서, 근저당권설정등기청구의 소에는 그 피담보채권이 될 채권의 존재에 관한 주장이 당연히 포함되어 있는 것이고, 피고로서도 원고가 원심에 이르러 금전지급을 구하는 청구를 추가하기 전부터 피담보채권이 될 금전채권의 소멸을 항변으로 주장하여 그 채권의 존부에 관한 실질적 심리가 이루어져 그 존부가 확인된 이상, 그 피담보채권이 될 채권으로 주장되고 심리된 채권에 관하여는 근저당권설정등기청구의 소의 제기에 의하여 피담보채권이 될 채권에 관한 권리의 행사가 있은 것으로 볼 수 있으므로, 근저당권설정등기청구의 소의 제기는 그 피담보채권의 재판상의 청구에 준하

는 것으로서 피담보채권에 대한 소멸시효 중단의 효력을 생기게 한다고 봄이 상당하다(대판 2004. 02. 13. 2002다7213).

⑤ (O) : 아래 참고.

	승인(시효완성 前)	소멸시효완성	시효이익의 포기(시효완성 後)
법적 성질	관념의 통지		의사표시(법률행위)
처분행위성	처분행위 ×(처분능력 不要)		처분행위 O(처분능력 要)
보증인 영향	영향 O(제440조)		영향 ×(제433조)

정답 ④

419 소멸시효에 관한 설명으로 옳은 것은? (다툼이 있으면 판례에 따름) [17 노무]

① 소멸시효완성에 의한 권리의 소멸은 법원의 직권조사사항이다.
② 소멸시효는 그 시효기간이 완성된 때로부터 장래에 향하여 권리가 소멸한다.
③ 소멸시효는 법률행위에 의하여 그 기간을 단축할 수 없다.
④ 채무자가 소멸시효 완성 후에 채권자에 대하여 채무를 승인함으로써 그 시효의 이익을 포기한 경우에는 그때부터 새로이 소멸시효가 진행한다.
⑤ 부작위를 목적으로 하는 채권의 소멸시효는 채권이 성립한 때로부터 진행한다.

해설

① (×) : 소멸시효의 완성은 권리항변사실 중 권리멸각사실이므로 당사자가 주장해야 하지만, 제척기간의 도과는 법관이 직권으로 조사해야 하는 직권조사사항이다.
② (×) : 제척기간이 만료되더라도 소급효가 인정되지 않으나, 소멸시효가 완성되면 그 권리는 소급하여 소멸하는 것으로 인정된다(제167조).
③ (×) : 제184조【시효의 이익의 포기 기타】① 소멸시효의 이익은 미리 포기하지 못한다. ② 소멸시효는 법률행위에 의하여 이를 배제, 연장 또는 가중할 수 없으나 이를 단축 또는 경감할 수 있다.
④ (O) : 채무자가 시효완성 후에 채무의 승인을 한 때에는 일응 시효완성의 사실을 알고 그 이익을 포기한 것이라고 추정할 수 있다(대판 1967. 2. 7. 66다2173).
⑤ (×) : 제166조【소멸시효의 기산점】② 부작위를 목적으로 하는 채권의 소멸시효는 위반행위를 한 때로부터 진행한다.

정답 ④

5. 중단의 효과 – 중단 중의 시효진행, 기본적 효과

6. 시효정지

420 다음 중 소멸시효의 정지사유가 아닌 것은? [13 세무사 변형]

① 화해를 위하여 소환된 상대방이 출석할 수 없어 화해가 성립되지 않은 경우
② 소멸시효의 기간만료 전 6개월 내에 제한능력자의 법정대리인이 없는 경우
③ 부부의 일방의 타방에 대한 권리에 관하여 혼인관계가 종료한 경우
④ 상속재산에 속한 권리에 관하여 상속인이 확정되지 않은 경우
⑤ 천재 기타 사변으로 인하여 소멸시효를 중단할 수 없을 경우

해설

① (✕) : 제173조【화해를 위한 소환, 임의출석과 시효중단】화해를 위한 소환은 상대방이 출석하지 아니하거나 화해가 성립되지 아니한 때에는 1월내에 소를 제기하지 아니하면 시효중단의 효력이 없다. 임의출석의 경우에 화해가 성립되지 아니한 때에도 그러하다.
② (○) : 제179조【제한능력자의 시효정지】소멸시효의 기간만료 전 6개월 내에 제한능력자에게 법정대리인이 없는 경우에는 그가 능력자가 되거나 법정대리인이 취임한 때부터 6개월 내에는 시효가 완성되지 아니한다.
③ (○) : 제180조【재산관리자에 대한 제한능력자의 권리, 부부 사이의 권리와 시효정지】① 재산을 관리하는 아버지, 어머니 또는 후견인에 대한 제한능력자의 권리는 그가 능력자가 되거나 후임 법정대리인이 취임한 때부터 6개월 내에는 소멸시효가 완성되지 아니한다. ② 부부 중 한쪽이 다른 쪽에 대하여 가지는 권리는 혼인관계가 종료된 때부터 6개월 내에는 소멸시효가 완성되지 아니한다.
④ (○) : 제181조【상속재산에 관한 권리와 시효정지】상속재산에 속한 권리나 상속재산에 대한 권리는 상속인의 확정, 관리인의 선임 또는 파산선고가 있는 때로부터 6월내에는 소멸시효가 완성하지 아니한다.
⑤ (○) : 제182조【천재 기타 사변과 시효정지】천재 기타 사변으로 인하여 소멸시효를 중단할 수 없을 때에는 그 사유가 종료한 때로부터 1월내에는 시효가 완성하지 아니한다.

정답 ①

421 소멸시효에 관한 설명으로 옳은 것은? [18 세무사]

① 소멸시효의 중단은 당사자 간에만 효력이 있다.
② 주된 권리의 소멸시효가 완성되어도 종속된 권리에는 그 효력이 미치지 않는다.
③ 소멸시효는 법률행위에 의하여 단축 또는 경감할 수 없다.
④ 시효중단의 효력이 있는 승인에는 상대방의 권리에 관한 처분의 능력이나 권한이 있어야 한다.
⑤ 부부 중 한쪽이 다른 쪽에 대하여 가지는 권리는 혼인관계가 종료된 때부터 6개월 내에는 소멸시효가 완성되지 않는다.

해설

① (X) : 제169조【시효중단의 효력】시효의 중단은 당사자 및 그 승계인간에만 효력이 있다.
② (X) : 제183조【종속된 권리에 대한 소멸시효의 효력】주된 권리의 소멸시효가 완성한 때에는 종속된 권리에 그 효력이 미친다.
③ (X) : 제184조【시효의 이익의 포기 기타】② 소멸시효는 법률행위에 의하여 이를 배제, 연장 또는 가중할 수 없으나 이를 단축 또는 경감할 수 있다.
④ (X) : 제177조【승인과 시효중단】시효중단의 효력 있는 승인에는 상대방의 권리에 관한 처분의 능력이나 권한 있음을 요하지 아니한다.
⑤ (O) : 제180조【재산관리자에 대한 제한능력자의 권리, 부부 사이의 권리와 시효정지】② 부부 중 한쪽이 다른 쪽에 대하여 가지는 권리는 혼인관계가 종료된 때부터 6개월 내에는 소멸시효가 완성되지 아니한다.

정답 ⑤

422 소멸시효에 관한 설명으로 옳지 않은 것은? (다툼이 있으면 판례에 따름) [21 노무]

① 공유관계가 존속하는 한 공유물분할청구권은 소멸시효에 걸리지 않는다.
② 소멸시효는 그 기산일에 소급하여 효력이 생긴다.
③ 정지조건부 채권의 소멸시효는 조건성취 시부터 진행 된다.
④ 시효중단의 효력 있는 승인에는 상대방의 권리에 관한 처분의 능력이나 권한 있음을 요하지 아니한다.
⑤ 천재지변으로 인하여 소멸시효를 중단할 수 없을 경우, 그 사유가 종료한 때로부터 6월 내에는 시효가 완성되지 아니한다.

해설

① (O) : 공유물분할청구권은 기초된 권리가 존속하는 한 독립하여 시효에 걸리지 않는다62)(대판 1981.3.24, 80다1888·1889).
② (O) : 제167조【소멸시효의 소급효】소멸시효는 그 기산일에 소급하여 효력이 생긴다.
③ (O) : 소멸시효는 권리를 행사할 수 있는 때로부터 진행하며 여기서 권리를 행사할 수 있는 때라 함은 권리행사에 법률상의 장애가 없는 때를 말하므로 정지조건부권리의 경우에는 조건 미성취의 동안은 권리를 행사할 수 없는 것이어서 소멸시효가 진행되지 않는다(대판 1992. 12. 22. 92다28822). 즉 정지조건 성취 시부터 진행한다.
④ (O) : 제177조【승인과 시효중단】시효중단의 효력 있는 승인에는 상대방의 권리에 관한 처분의 능력이나 권한 있음을 요하지 아니한다.

---

62) 공유물분할청구권은 공유관계에서 수반되는 형성권이므로 공유관계가 존속하는 한, 그 분할청구권만이 독립하여 시효에 의하여 소멸 될 리 없다고 할 것이며 따라서 그 분할청구의 소 내지 공유물분할을 명하는 판결도 형성의 소 및 형성 판결로서 소멸시효의 대상이 될 수 없다고 할 것이다(대판 1981.3.24. 80다1888,1889).

⑤ (X) : 제182조【천재 기타 사변과 시효정지】천재 기타 사변으로 인하여 소멸시효를 중단할 수 없을 때에는 그 사유가 종료한 때로부터 1월내에는 시효가 완성하지 아니한다.

정답 ⑤

✽ 승소확정판결 후의 시효중단

1. 확정된 승소판결에는 기판력이 있으므로, 승소 확정판결을 받은 당사자가 그 상대방을 상대로 다시 승소 확정판결의 전소(前訴)와 동일한 청구의 소를 제기하는 경우 그 후소(後訴)는 권리보호의 이익이 없어 부적법하다. 하지만 예외적으로 확정판결에 의한 채권의 소멸시효기간인 10년의 경과가 임박한 경우에는 그 시효중단을 위한 소는 소의 이익이 있다. 이러한 법리는 현재에도 여전히 타당하다. ( )
   - ☞ (O) : 대판[전합] 2018.7.19. 2018다22008 – 확정된 승소판결에는 기판력이 있으므로, 승소 확정판결을 받은 당사자가 그 상대방을 상대로 다시 승소 확정판결의 전소(前訴)와 동일한 청구의 소를 제기하는 경우 그 후소(後訴)는 권리보호의 이익이 없어 부적법하다. 하지만 예외적으로 확정판결에 의한 채권의 소멸시효기간인 10년의 경과가 임박한 경우에는 그 시효중단을 위한 소는 소의 이익이 있다(대법원 1987. 11. 10. 선고 87다카1761 판결, 대법원 2006. 4. 14. 선고 2005다74764 판결 등 참조). 이러한 법리는 현재에도 여전히 타당하다. 다른 시효중단사유인 압류, 가압류나 승인 등의 경우 이를 1회로 제한하고 있지 않음에도 유독 재판상 청구의 경우만 1회로 제한되어야 한다고 보아야 할 합리적인 근거가 없다. 또한 확정판결에 의한 채무라 하더라도 채무자가 파산이나 회생제도를 통해 이로부터 전부 또는 일부 벗어날 수 있는 이상, 채권자에게는 시효중단을 위한 재소를 허용하는 것이 균형에 맞다.

2. 시효중단을 위한 후소로서 이행소송 외에 전소 판결로 확정된 채권의 시효를 중단시키기 위한 조치, 즉 '재판상의 청구'가 있다는 점에 대하여만 확인을 구하는 형태의 '새로운 방식의 확인소송'은 허용되지 않으며, 따라서 채권자는 확인의 소 보충성의 원칙상 이행의 소를 제기하여야 한다. ( )
   - ☞ (X) : 대판[전합] 2018.10.18. 2015다232316 – 위와 같은 종래 실무의 문제점[63])을 해결하기 위해서, <u>시효중단을 위한 후소로서 이행소송 외에 전소 판결로 확정된 채권의 시효를 중단시키기 위한 조치, 즉 '재판상의 청구'가 있다는 점에 대하여만 확인을 구하는 형태의 '새로운 방식의 확인소송'이 허용되고, 채권자는 두 가지 형태의 소송 중 자신의 상황과 필요에 보다 적합한 것을 선택하여 제기할 수 있다고 보아야 한다</u>[64]).

3. 시효중단을 위한 후소를 심리하는 법원으로서는 전소 판결이 확정된 후 소멸시효가 중단된 적이 있어 그 중단사유가 종료한 때로부터 새로이 진행된 소멸시효기간의 경과가 임박하지 않아 시효중단을 위한 재소(再訴)의 이익을 인정할 수 없다는 등의 특별한 사정이 없는 한, 후소가 전소 판결이 확정된 후 10년이 지나 제기되었다 하더라도 곧바로 소의 이익이 없다고 하여 소를 각하해서는 아니 되고, 채무자인 피고의 항변에 따라 원고의 채권이 소멸시효 완성으로 소멸하였는지에 관한 본안판단을 하여야 한다. ( )
   - ☞ (O) : 확정된 승소판결에는 기판력이 있으므로 승소 확정판결을 받은 당사자가 전소의 상대방을 상대로 다시 승소 확정판결의 전소(前訴)와 동일한 청구의 소를 제기하는 경우, 특별한 사정이 없는 한 후소(後訴)는 권리보호의 이익이 없어 부적법하다. 하지만 예외적으로 확정판결에 의한 채권의 소멸시효기간인 10년의 경과가 임박한 경우에는 그 시효중단을 위한 소는 소의 이익이 있다(대법원 1987. 11. 10. 선고 87다카1761 판결, 대법원 2018. 7. 19. 선고 2018다22008 전원합의체판결 등 참조). 이는 승소판결이 확정된 후 그 채권의 소멸시효기간인 10년의 경과가 임박하지 않은 상태에서 굳이 다시 동일한 소를 제기하는 것은 확정판결의 기판력에 비추어 권리보호의 이익을 인정할 수 없으나, 그 기간의 경과가 임박한 경우에는 시효중단을 위한 필요성이 있으므로 후소를 제기할 소의 이익을 인정하는 것이다. 한편 <u>시효중단을 위한 후소의 판결은 전소의 승소 확정판결의 내용에 저촉되어서는 아니 되므로, 후</u>

소 법원으로서는 그 확정된 권리를 주장할 수 있는 모든 요건이 구비되어 있는지에 관하여 다시 심리할 수 없으나(위 2018다22008 전원합의체판결 등 참조), 위 후소 판결의 기판력은 후소의 변론종결시를 기준으로 발생하므로, 전소의 변론종결 후에 발생한 변제, 상계, 면제 등과 같은 채권소멸사유는 후소의 심리대상이 된다. 따라서 채무자인 피고는 후소 절차에서 위와 같은 사유를 들어 항변할 수 있고 심리결과 그 주장이 인정되면 법원은 원고의 청구를 기각하여야 한다. 이는 채권의 소멸사유 중 하나인 소멸시효 완성의 경우에도 마찬가지이다. 이처럼 판결이 확정된 채권의 소멸시효기간의 경과가 임박하였는지 여부에 따라 시효중단을 위한 후소의 권리보호이익을 달리 보는 취지와 채권의 소멸시효 완성이 갖는 효과 등을 고려해 보면, **시효중단을 위한 후소를 심리하는 법원으로서는 전소 판결이 확정된 후 소멸시효가 중단된 적이 있어 그 중단사유가 종료한 때로부터 새로이 진행된 소멸시효기간의 경과가 임박하지 않아 시효중단을 위한 재소(再訴)의 이익을 인정할 수 없다는 등의 특별한 사정이 없는 한, 후소가 전소 판결이 확정된 후 10년이 지나 제기되었다 하더라도 곧바로 소의 이익이 없다고 하여 소를 각하해서는 아니 되고, 채무자인 피고의 항변에 따라 원고의 채권이 소멸시효 완성으로 소멸하였는지에 관한 본안판단을 하여야 한다**65)(대판 2019.1.17. 2018다24349).

---

63) 종래 대법원은 시효중단사유로서 재판상의 청구에 관하여 반드시 권리 자체의 이행청구나 확인청구로 제한하지 않을 뿐만 아니라, 권리자가 재판상 그 권리를 주장하여 권리 위에 잠자는 것이 아님을 표명한 것으로 볼 수 있는 때에는 널리 시효중단사유로서 재판상의 청구에 해당하는 것으로 해석하여 왔다. 이와 같은 법리는 이미 승소 확정판결을 받은 채권자가 그 판결 상 채권의 시효중단을 위해 후소를 제기하는 경우에도 동일하게 적용되므로, 채권자가 전소로 이행청구를 하여 승소 확정판결을 받은 후 그 채권의 시효중단을 위한 후소를 제기하는 경우, 그 후소의 형태로서 항상 전소와 동일한 이행청구만이 시효중단사유인 '재판상의 청구'에 해당한다고 볼 수는 없다. 시효중단을 위한 이행소송은 다양한 문제를 야기한다. 그와 같은 문제들의 근본적인 원인은 시효중단을 위한 후소의 형태로 전소와 소송물이 동일한 이행소송이 제기되면서 채권자가 실제로 의도하지도 않은 청구권의 존부에 관한 실체 심리를 진행하는 데에 있다. 채무자는 그와 같은 후소에서 전소 판결에 대한 청구이의사유를 조기에 제출하도록 강요되고 법원은 불필요한 심리를 해야 한다. 채무자는 이중집행의 위험에 노출되고, 실질적인 채권의 관리·보전비용을 추가로 부담하게 되며 그 금액도 매우 많은 편이다. 채권자 또한 자신이 제기한 후소의 적법성이 10년의 경과가 임박하였는지 여부라는 불명확한 기준에 의해 좌우되는 불안정한 지위에 놓이게 된다. 이처럼 시효중단을 위한 이행소송은 이를 제기한 채권자의 의사에도 부합하지 않을 뿐만 아니라 채권자와 채무자의 법률적 지위마저 불안정하게 한다. 그럼에도 시효중단을 위한 후소로서 이행소송만이 제기되어 온 것은 종래 '재판상의 청구'의 가장 전형적인 형태가 이행소송이라고 하는 고정 관념에 따라 확정판결의 기판력과 집행력에 관한 깊이 있는 고찰 없이 단지 기판력 저촉을 우회하는 수단으로서 시효완성이 임박했다는 모호한 기준에 기초하여 이를 규율해 오면서도, 보다 적정하고 효율적인 절차적 도구를 고안함으로써 위와 같은 불합리를 시정하려는 노력을 기울이지 않은 데 그 원인이 있다.
64) 앞으로 실무에서 새로운 방식의 확인소송이 시효중단을 위한 후소의 원칙적인 모습이 되는 것이 바람직하다는 취지의 대법관 이기택의 다수의견에 대한 보충의견이 있음.
65) 시효중단을 위한 후소가 전소 판결 확정 후 10년이 지나 제기되더라도 곧바로 소의 이익이 없다고 하여 각하해서는 아니 되고, 채무자인 피고의 항변에 따라 원고의 채권이 소멸시효 완성으로 소멸하였는지에 관한 본안판단을 하여야 한다는 이유로, 직권으로 소를 각하한 1심을 유지한 원심은 잘못이나, 피고의 소멸시효 완성 주장에 따라 원고의 청구는 결과적으로 기각될 것이 분명하여 불이익변경금지의 원칙에 따라 상고를 기각한 사례

Ⅳ. 소멸시효의 효과

1. 소멸시효 완성의 효과

423 소멸시효 완성에 관한 설명으로 옳지 않은 것은? (다툼이 있으면 판례에 따름) [18 감평]

① 소유권은 소멸시효에 걸리지 않는다.
② 동일한 목적을 달성하기 위하여 복수의 채권을 가진 채권자가 어느 하나의 채권만을 행사하는 것이 명백한 경우, 채무자의 소멸시효 완성 항변은 채권자가 행사하는 당해 채권에 대한 항변으로 볼 수 있다.
③ 유치권이 성립된 부동산의 매수인은 피담보채권의 소멸시효 완성으로 직접 이익을 받는 자에 해당하지 않으므로 소멸시효의 완성을 원용할 수 없다.
④ 물상보증인은 피담보채권의 소멸에 의하여 직접 이익을 받는 관계에 있으므로 피담보채권의 소멸시효의 완성을 주장할 수 있다.
⑤ 채무불이행으로 인한 손해배상청구권에 대한 소멸시효 항변이 불법행위로 인한 손해배상청구권에 대한 소멸시효 항변을 포함한 것으로 볼 수는 없다.

해설

① (O) : 소유권은 항구성이 있고, 점유권은 점유상태만으로 인정되는 권리이므로 소멸시효대상이 아니다.
② (O) : 채권자가 동일한 목적을 달성하기 위하여 복수의 채권을 가지고 이를 행사하는 경우 각 채권이 발생시기와 발생원인 등을 달리하는 별개의 채권인 이상 별개의 소송물에 해당하므로, 이에 대하여 채무자가 소멸시효 완성의 항변을 하는 경우에 그 항변에 의하여 어떠한 채권을 다투는 것인지 특정하여야 하고 그와 같이 특정된 항변에는 특별한 사정이 없는 한 청구원인을 달리하는 채권에 대한 소멸시효 완성의 항변까지 포함된 것으로 볼 수는 없다. 그러나 채권자가 동일한 목적을 달성하기 위하여 복수의 채권을 가지고 있더라도 선택에 따라 어느 하나의 채권만을 행사하는 것이 명백한 경우라면 채무자의 소멸시효 완성의 항변은 채권자가 행사하는 당해 채권에 대한 항변으로 봄이 타당하다(대판 2013. 2. 15. 2012다68217).
③ (✕) : 유치권이 성립된 부동산의 매수인은 피담보채권의 소멸시효가 완성되면 시효로 인하여 채무가 소멸되는 결과 직접적인 이익을 받는 자에 해당하므로 소멸시효의 완성을 원용할 수 있는 지위에 있다고 할 것이나, 매수인은 유치권자에게 채무자의 채무와는 별개의 독립된 채무를 부담하는 것이 아니라 단지 채무자의 채무를 변제할 책임을 부담하는 점 등에 비추어 보면, 유치권의 피담보채권의 소멸시효기간이 확정판결 등에 의하여 10년으로 연장된 경우 매수인은 그 채권의 소멸시효기간이 연장된 효과를 부정하고 종전의 단기소멸시효기간을 원용할 수는 없다(대판 2009.9.24. 2009다39530).
④ (O) : 타인의 채무를 담보하기 위하여 자기의 물건에 담보권을 설정한 물상보증인은 채권자에 대하여 물적 유한책임을 지고 있어 그 피담보채권의 소멸에 의하여 직접 이익을 받는 관계에 있으므로 소멸시효의 완성을 주장할 수 있는 것이지만, 채권자에 대하여는 아무런 채무도 부담하고 있지 아

니하므로, 물상보증인이 그 피담보채무의 부존재 또는 소멸을 이유로 제기한 저당권설정등기 말소등기절차이행청구소송에서 채권자 겸 저당권자가 청구기각의 판결을 구하고 피담보채권의 존재를 주장하였다고 하더라도 이로써 직접 채무자에 대하여 재판상 청구를 한 것으로 볼 수는 없는 것이므로 피담보채권의 소멸시효에 관하여 규정한 민법 제168조 제1호 소정의 '청구'에 해당하지 아니한다(대판 2004. 1. 16. 2003다30890).

⑤ (O) : 채무불이행으로 인한 손해배상청구권에 대한 소멸시효 항변이 불법행위로 인한 손해배상청구권에 대한 소멸시효 항변을 포함한 것으로 볼 수는 없다(대판 1998. 5. 29. 96다51110).

정답 ③

2. 소멸시효 완성의 소급효

424 소멸시효 완성에 관한 설명으로 옳지 않은 것은? (다툼이 있으면 판례에 따름) [21 세무사]

① 가압류의 피보전채권에 관하여 승소판결이 확정되면 가압류에 의한 시효중단의 효력은 소멸하므로 그 채권은 확정판결 후 10년이 경과하면 시효로 소멸한다.
② 저당권부 채권의 채무자가 그 채권의 시효완성 후에 시효이익을 포기한 경우에 그 포기는 저당부동산의 제3취득자에게는 효력이 미치지 않는다.
③ 시효가 완성되기 전에 한 시효이익의 포기는 무효이다.
④ 채무자가 시효이익을 포기하면 그 때부터 새로이 소멸시효가 진행된다.
⑤ 시효완성의 효력은 그 기산일로 소급하여 생긴다.

해설

① (✗) : 민법 제168조에서 가압류를 시효중단사유로 정하고 있는 것은 가압류에 의하여 채권자가 권리를 행사하였다고 할 수 있기 때문인데 가압류에 의한 집행보전의 효력이 존속하는 동안은 가압류채권자에 의한 권리행사가 계속되고 있다고 보아야 할 것이므로 가압류에 의한 시효중단의 효력은 가압류의 집행보전의 효력이 존속하는 동안은 계속된다고 하여야 할 것이다. 또한 민법 제168조에서 가압류와 재판상의 청구를 별도의 시효중단사유로 규정하고 있는데 비추어 보면, 가압류의 피보전채권에 관하여 본안의 승소판결이 확정되었다고 하더라도 가압류에 의한 시효중단의 효력이 이에 흡수되어 소멸된다고 할 수도 없다(대판 2000. 4. 25. 2000다11102).

② (O) : 소멸시효를 원용할 수 있는 사람은 권리의 소멸에 의하여 직접 이익을 받는 사람에 한정되는 바, 채권담보의 목적으로 매매예약의 형식을 빌어 소유권이전청구권 보전을 위한 가등기가 경료된 부동산을 양수하여 소유권이전등기를 마친 제3자는 당해 가등기담보의 피담보채권의 소멸에 의하여 직접 이익을 받는 자이므로, 그 가등기담보권에 의하여 담보된 채권의 채무자가 아니더라도 그 피담보채권에 관한 소멸시효를 원용할 수 있고, 이와 같은 직접수익자의 소멸시효 원용권은 채무자의 소멸시효 원용권에 기초한 것이 아닌 독자적인 것으로서 채무자를 대위하여서만 시효이익을 원용할 수 있는 것은 아니며, 가사 채무자가 이미 그 가등기에 기한 본등기를 경료하여 시효이익을 포기한 것으로 볼 수 있다고 하더라도 그 시효이익의 포기는 상대적 효과가 있음에 지나지 아니하므로 채무자 이외의 이해관계자에 해당하는 담보 부동산의 양수인으로서는 여전히 독자적으로 소멸시효를 원용할 수 있다(대판 1995. 07. 11. 95다12446).

③ (O) : 제184조【시효의 이익의 포기 기타】① 소멸시효의 이익은 미리 포기하지 못한다.
④ (O) : 채무자가 소멸시효 완성 후에 채권자에 대하여 채무를 승인함으로써 그 시효의 이익을 포기한 경우에는 그때부터 새로이 소멸시효가 진행한다(대판 2009. 7. 9. 2009다14340).
⑤ (O) : 제167조【소멸시효의 소급효】소멸시효는 그 기산일에 소급하여 효력이 생긴다.

정답 ①

3. 시효이익의 포기

425 소멸시효 완성 후에 한 시효이익의 포기에 관한 설명으로 옳지 않은 것은?(다툼이 있으면 판례에 따름) [17 감평]

① 시효이익을 포기하면 그 때부터 시효가 새로 진행한다.
② 시효완성의 이익을 받을 당사자 또는 그 대리인은 시효이익 포기의 의사표시를 할 수 있다.
③ 주채무자가 시효이익을 포기하더라도 보증인에게는 그 효력이 없다.
④ 시효이익을 이미 포기한 사람과의 법률관계를 통해 시효이익을 원용할 이해관계를 형성한 사람은 소멸시효를 주장할 수 있다.
⑤ 채권의 시효완성 후에 채무자가 그 기한의 유예를 요청한 때에는 시효이익을 포기한 것으로 보아야 한다.

해설

① (O) : 이미 경과한 기간만이 포기로서 유효하며 다시 진행한다.
② (O) : 소멸시효이익의 포기의 의사표시를 할 수 있는 자는, 시효완성의 이익을 받을 당사자 또는 대리인에 한정되고, 그 밖의 제3자가 시효이익 포기의 의사표시를 하였더라도 시효완성의 이익을 받을 자에 대한 관계에서 아무 효력이 없다(대판 1996.1.23. 95다39854).
③ (O) : 주채무가 시효로 소멸한 때에는 보증인도 그 시효소멸을 원용할 수 있으며, 주채무자가 시효의 이익을 포기하더라도 보증인에게는 그 효력이 없다(대판 1991.1.29. 89다카1114).
④ (✗) : 소멸시효 이익의 포기는 상대적 효과가 있을 뿐이어서 다른 사람에게는 영향을 미치지 아니함이 원칙이나, <u>소멸시효 이익의 포기 당시에는 권리의 소멸에 의하여 직접 이익을 받을 수 있는 이해관계를 맺은 적이 없다가 나중에 시효이익을 이미 포기한 자와의 법률관계를 통하여 비로소 시효이익을 원용할 이해관계를 형성한 자는 이미 이루어진 시효이익 포기의 효력을 부정할 수 없다.</u> 왜냐하면, 시효이익의 포기에 대하여 상대적인 효과만을 부여하는 이유는 포기 당시에 시효이익을 원용할 다수의 이해관계인이 존재하는 경우 그들의 의사와는 무관하게 채무자 등 어느 일방의 포기 의사만으로 시효이익을 원용할 권리를 박탈당하게 되는 부당한 결과의 발생을 막으려는 데 있는 것이지, 시효이익을 이미 포기한 자와의 법률관계를 통하여 비로소 시효이익을 원용할 이해관계를 형성한 자에게 이미 이루어진 시효이익 포기의 효력을 부정할 수 있게 하여 시효완성을 둘러싼 법률관계를 사후에 불안정하게 만들자는 데 있는 것은 아니기 때문이다[66](대판 2015.06.11. 2015다200227).

⑤ (○) : 채권의 소멸시효가 완성된 후에 채무자가 그 기한의 유예를 요청하였다면 그때에 소멸시효의 이익을 포기한 것으로 보아야 한다(대판 1965.12.28, 65다2133).

정답 ④

4. 주된 권리와 종된 권리

426 甲은 乙에 대하여 1,000만 원의 채권이 있다. 이에 관한 설명으로 옳지 않은 것은? (다툼이 있으면 판례에 따름) [17 세무사]

① 乙은 소멸시효 완성 전에는 미리 소멸시효의 이익을 포기하지 못한다.
② 乙이 소멸시효 완성 전에 500만 원을 갚은 경우, 다른 특별한 사정이 없는 한 나머지 500만 원에 대하여도 소멸시효가 중단된다.
③ 乙이 소멸시효 완성 후 500만 원을 갚은 경우, 다른 특별한 사정이 없는 한 그 채무 전체에 대하여 시효이익을 포기한 것으로 보아야 한다.
④ 위 ③항의 경우 500만 원을 갚은 시점부터 소멸시효가 새로이 진행한다.
⑤ 1,000만 원의 원금채권이 시효로 소멸하여도 그에 대한 이자채권까지 시효로 소멸하는 것은 아니다.

해설

① (○) : 제184조 【시효의 이익의 포기 기타】 ① 소멸시효의 이익은 미리 포기하지 못한다.
② (○) : 원금채무에 관하여는 소멸시효가 완성되지 아니하였으나 이자채무에 관하여는 소멸시효가 완성된 상태에서 채무자가 채무를 일부 변제한 때에는 액수에 관하여 다툼이 없는 한 원금채무에 관하여 묵시적으로 승인하는 한편 이자채무에 관하여 시효완성의 사실을 알고 그 이익을 포기한 것으로 추정되며, 채무자의 변제가 채무 전체를 소멸시키지 못하고 당사자가 변제에 충당할 채무를 지정하지 아니한 때에는 민법 제479조, 제477조에 따른 법정변제충당의 순서에 따라 충당되어야 한다(대판 2013. 5. 23. 2013다12464).
③ (○) : 채무자가 소멸시효 완성 후 채무를 일부 변제한 때에는 그 액수에 관하여 다툼이 없는 한 그 채무 전체를 묵시적으로 승인한 것으로 보아야 하고, 이 경우 시효완성의 사실을 알고 그 이익을

---

66) 상고이유에서 지적하고 있는 대법원 1995. 7. 11. 선고 95다12446 판결 등은 시효이익의 포기 시점에 이미 시효원용에 관한 이해관계를 형성하고 있는 경우에 관한 것으로서 이 사건과는 사안을 달리하므로 이 사건에 원용하기에는 적절하지 아니하다. 비교판례 - 대판 1995.07.11. 95다12446 : 소멸시효를 원용할 수 있는 사람은 권리의 소멸에 의하여 직접 이익을 받는 사람에 한정되는바, 채권담보의 목적으로 매매예약의 형식을 빌어 소유권이전청구권 보전을 위한 가등기가 경료된 부동산을 양수하여 소유권이전등기를 마친 제3자는 당해 가등기담보권의 피담보채권의 소멸에 의하여 직접 이익을 받는 자이므로, 그 가등기담보권에 의하여 담보된 채권의 채무자가 아니더라도 그 피담보채권에 관한 소멸시효를 원용할 수 있고, 이와 같은 직접수익자의 소멸시효 원용권은 채무자의 소멸시효 원용권에 기초한 것이 아닌 독자적인 것으로서 채무자를 대위하여서만 시효이익을 원용할 수 있는 것은 아니며, 가사 채무자가 이미 그 가등기에 기한 본등기를 경료하여 시효이익을 포기한 것으로 볼 수 있다고 하더라도 그 시효이익의 포기는 상대적 효과가 있음에 지나지 아니하므로 채무자 이외의 이해관계자에 해당하는 담보 부동산의 양수인으로서는 여전히 독자적으로 소멸시효를 원용할 수 있다.

포기한 것으로 추정되므로, 소멸시효가 완성된 채무를 피담보채무로 하는 근저당권이 실행되어 채무자 소유의 부동산이 경락되고 그 대금이 배당되어 채무의 일부 변제에 충당될 때까지 채무자가 아무런 이의를 제기하지 아니하였다면, 경매절차의 진행을 채무자가 알지 못하였다는 등 다른 특별한 사정이 없는 한, 채무자는 시효완성의 사실을 알고 그 채무를 묵시적으로 승인하여 시효의 이익을 포기한 것으로 보아야 한다(대판 2001.6.12, 2001다3580).

④ (O) : 채무승인에 따라 채무인수일로부터 새로이 진행 된다(99다12376).

⑤ (×) : 제183조【종속된 권리에 대한 소멸시효의 효력】주된 권리의 소멸시효가 완성한 때에는 종속된 권리에 그 효력이 미친다.

정답 ⑤

제 2 편

채권총칙

제1장 **채권의 목적**

제2장 **채권의 효력**

제3장 **수인의 채권자 및 채무자**

제4장 **채권의 양도와 채무인수**

제5장 **채권의 소멸**

제1장 채권의 목적

제1절 총설

Ⅰ. 채권의 목적

Ⅱ. 선관주의의무

제2절 목적에 의한 채권의 종류

Ⅰ. 종류채권

Ⅱ. 금전채권

427 금전채무에 관한 설명으로 옳은 것은? (다툼이 있으면 판례에 따름) [17 노무]

① 채권의 목적이 다른 나라 통화로 지급할 것인 경우, 채무자는 그 국가의 강제통용력 있는 각종 통화로 변제할 수 있다.
② 민사채권과 상사채권의 법정이율은 모두 연 5분이다.
③ 금전채무 불이행책임의 경우, 그 손해에 대한 채권자의 증명이 필요하다.
④ 금전채무의 이행지체로 인하여 발생하는 지연손해금은 3년간의 단기소멸시효의 대상이다.
⑤ 금전채권의 경우, 특정물채권이 될 여지가 없다.

해설

① (○) : 제377조【외화채권】① 채권의 목적이 다른 나라 통화로 지급할 것인 경우에는 채무자는 자기가 선택한 그 나라의 각 종류의 통화로 변제할 수 있다.

② (×) : 제379조【법정이율】 이자있는 채권의 이율은 다른 법률의 규정이나 당사자의 약정이 없으면 연 5분으로 한다. 그러나, 상법 제54조【상사법정이율】 상행위로 인한 채무의 법정이율은 연 6분으로 한다.

③ (×) : 제397조【금전채무불이행에 대한 특칙】② 전항의 손해배상에 관하여는 채권자는 손해의 증명을 요하지 아니하고 채무자는 과실 없음을 항변하지 못한다.

④ (×) : 제163조【3년 단기소멸시효】 제1호 소정의 1년 이내의 기간으로 정한 채권이란 1년 이내의 정기에 지급되는 채권을 의미한다고 하고 **지연손해금은 민법 제163조 제1호 소정의 1년 이내의 기간으**

로 정한 이자에 해당되지 않으며 본래의 원본채권과 동일성을 유지한다고 한다(대판 1991.5.14. 91다7156).

⑤ (×) : 특정종류의 금전의 인도를 목적으로 하는 금종채권은 금전채권이 아니라, 금전이라는 물건의 인도를 목적으로 하는 종류채권 또는 특정물채권이다.

정답 ①

428 금전채권에 관한 설명으로 옳지 않은 것은? (다툼이 있으면 판례에 따름) [20 노무]

① 우리나라 통화를 외화채권에 변제충당할 때 특별한 사정이 없는 한 채무이행기의 외국환시세에 의해 환산한다.
② 금전채무의 이행지체로 발생하는 지연손해금의 성질은 손해배상금이지 이자가 아니다.
③ 금전채무의 이행지체로 인한 지연손해금채무는 이행기의 정함이 없는 채무에 해당한다.
④ 금전채무의 약정이율은 있었지만 이행지체로 인해 발생한 지연손해금에 관한 약정이 없는 경우, 특별한 사정이 없는 한 지연손해금은 그 약정이율에 의해 산정한다.
⑤ 금전채무에 관하여 이행지체에 대비한 지연손해금 비율을 따로 약정한 경우, 이는 일종의 손해배상액의 예정이다.

해설

① (×) : 채권액이 외국통화로 정해진 금전채권인 외화채권을 채무자가 우리나라 통화로 변제하는 경우에 그 환산시기는 이행기가 아니라 현실로 이행하는 때, 즉 현실이행시의 외국환시세에 의하여 환산한 우리 나라 통화로 변제하여야 하고, 우리나라 통화를 외화채권에 변제충당할 때도 특별한 사정이 없는 한 현실로 변제충당할 당시의 외국환시세에 의하여 환산하여야 한다(대판 2000. 6. 9. 99다56512).
② (○) : 제163조 제1호 소정의 1년 이내의 기간으로 정한 채권이란 1년 이내의 정기에 지급되는 채권을 의미한다고 하고 **지연손해금은 민법 제163조 제1호 소정의 1년 이내의 기간으로 정한 이자에 해당되지 않으며 본래의 원본채권과 동일성을 유지한다고 한다**(대판 1991.5.14. 91다7156).
③ (○) : 금전채무의 지연손해금채무는 금전채무의 이행지체로 인한 손해배상채무로서 이행기의 정함이 없는 채무에 해당하므로, 채무자는 확정된 지연손해금채무에 대하여 채권자로부터 이행청구를 받은 때로부터 지체책임을 부담하게 된다(대판 2010. 9. 9. 2010다24435).
④ (○) : 소비대차에서 변제기 후의 이자약정이 없는 경우 특별한 의사표시가 없는 한 변제기가 지난 후에도 당초의 약정이자를 지급하기로 한 것으로 보는 것이 당사자의 의사이다(대판 1981.9.8. 80다264 9 67)).

---

67) 소비대차에 있어 그 변제기 후의 이자약정(엄밀한 의미로는 지연손해)이 없는 경우에는 특별한 의사표시가 없는 한 그 변제기가 지난 후에도 당초의 약정이자를 지급하기로 한 것으로 보는 것이 대차관계에 있어서의 당사자의 의사라고 할 것임은 (당원 1970.3.10선고 69다2269 판결참조) 소론과 같으나 소비대차 채권의 담보를 확보할 목적으로 일단 제소전 화해를 한 경우에는 화해를 하게 된 동기나 경위가 어떻든 간에 화해가 이루어진 이상 그 화해는 창설적 효력을 가지게 되므로 화해 전의 사유를 가지고 화해의 효력을 다툴 수 없고 화해가 이루어지면 종전의 법률관계를 바탕으로 한 권리의무관계는 소멸한다고 할 것이니(당원 1977.6.7선고 77다 235판결참조) 본건 제소전 화해는 채무원금을 금

⑤ (O) : 지연손해금에 대하여 따로 약정이 있는 경우(이는 손해배상액의 예정에 해당한다)에는 그에 따르고, 설사 그것이 법정이율 보다 낮다 하더라도 마찬가지이다(대판 2013.4.26. 2011다50509).

정답 ①

Ⅲ. 이자채권

429 금전채권 및 이자채권에 관한 설명으로 옳지 않은 것은? (다툼이 있으면 판례에 따름)

[15 노무]

① 금전채무불이행의 손해배상에 관하여 채권자는 손해의 증명을 요하지 않는다.
② 금전채무불이행의 손해배상에 관하여 채무자는 과실 없음을 항변하지 못한다.
③ 금전채무의 지연손해금채무는 금전채무의 이행지체로 인한 손해배상채무로서 이행기의 정함이 없는 채무에 해당한다.
④ 원본채권이 양도된 경우 이미 변제기에 도달한 이자채권은 원본채권의 양도당시 그 이자채권도 양도한다는 의사표시가 없어도 당연히 양도된다.
⑤ 채권의 목적이 다른 종류의 통화로 지급할 것인 경우에 그 통화가 변제기에 강제통용력을 잃은 때에는 채무자는 다른 통화로 변제하여야 한다.

해설

① (O), ② (O) : 제397조【금전채무불이행에 대한 특칙】① 금전채무불이행의 손해배상액은 법정이율에 의한다. 그러나 법령의 제한에 위반하지 아니한 약정이율이 있으면 그 이율에 의한다. ② 전항의 손해배상에 관하여는 채권자는 손해의 증명을 요하지 아니하고 채무자는 과실 없음을 항변하지 못한다.
③ (O) : 금전채무의 지연손해금채무는 금전채무의 이행지체로 인한 손해배상채무로서 이행기의 정함이 없는 채무에 해당하므로, 채무자는 확정된 지연손해금채무에 대하여 채권자로부터 이행청구를 받은 때로부터 지체책임을 부담하게 된다(대판 2004. 7. 9. 2004다11582).
④ (X) : 이자채권은 원본채권에 대하여 종속성을 갖고 있으나 이미 변제기에 도달한 이자채권은 원본채권과 분리하여 양도할 수 있고 원본채권과 별도로 변제할 수 있으며 시효로 인하여 소멸되기도 하는 등 어느 정도 독립성을 갖게 되는 것이므로, 원본채권이 양도된 경우 이미 변제기에 도달한 이자채권은 원본채권의 양도당시 그 이자채권도 양도한다는 의사표시가 없는 한 당연히 양도되지는 않는다(대판 1989. 3. 28. 88다카12803).
⑤ (O) : 제377조【외화채권】① 채권의 목적이 다른 나라 통화로 지급할 것인 경우에는 채무자는 자기가 선택한 그 나라의 각 종류의 통화로 변제할 수 있다. ②채권의 목적이 어느 종류의 다른 나라 통화로 지급할 것인 경우에 그 통화가 변제기에 강제통용력을 잃은 때에는 그 나라의 다른 통화로 변제하여야 한다.

정답 ④

18,000,000원으로 확정하고 원설시와 같은 변제기 및 담보로서 가등기 및 본등기를 한다는 외에 변제기 후의 지연손해에 대하여는 화해조항에 별도의 정함이 없었음이 뚜렷한 본건에 있어 변제기 후의 지연손해를 당시의 **법정이율**에 의하여야 한다고 한 원심의 판단조치는 정당하고 반대의 견해로 이와 같은 해석은 거래의 실정에 맞지 아니함을 이유로 원심판시를 비의하는 소론은 채택할 바 못되며 화해의 창설적 효력에 관한 위 당원 판례의 견해를 변경할 필요를 느끼지 아니한다.

430 금전채권·이자채권에 대한 설명으로 옳은 것은? [예상]

① 금전채무의 불이행으로 인한 지연손해금의 비율이 법정이율보다 낮은 비율로 한 약정은 무효이다.
② 주채무가 외화채무인 경우, 채권자와 보증인 사이에 미리 약정한 환율로 환산한 원화로 보증채무를 이행하기로 약정하는 것은 보증채무의 부종성에 따라 허용되지 않는다.
③ 금전채무에서 이자를 약정한 경우, 변제기 이후에는 다른 의사표시가 없는 한 법정이자를 지급하면 된다.
④ 금전채무는 이행불능·위험부담의 문제가 생기지 않는다.
⑤ 이미 발생한 이자에 관하여 채무자가 이행을 지체한 경우, 채권자는 그 이자에 대한 지연손해금을 청구할 수 없다.

해설

① (✕) : 금전채무의 불이행으로 인한 손해배상액은 달리 특별한 사정이 없는 한 민법 소정의 법정이율인 연 5푼의 비율에 의한 금원이라 할 것이고, 다만 그와 다른 이자율의 약정이 있거나 지연손해금률의 약정이 있는 경우에 한하여 그 별도의 약정에 따른 손해배상액을 인정할 수 있다 할 것인데, 이와 같이 별도의 약정이 있음을 이유로 하여 법정이율보다도 낮은 비율에 의한 지연손해금을 인정하기 위하여는 법정이율보다 낮은 이자율 또는 지연손해금률의 약정이 있다는 점에 관하여 당사자 사이에 다툼이 없거나 증거에 의하여 적극적으로 인정되는 사정이 존재하여야 할 것이고, 피고가 법정이자율보다 낮은 비율에 의한 이자율 또는 지연손해금률의 약정이 있음을 자인한다 하여 그에 따른 금원의 지급을 명할 수는 없다(대판 1995.10.12, 95다26797).
② (✕) : 보증채무는 채권자와 보증인간의 보증계약에 의하여 성립하고, 주채무와는 별개 독립의 채무이지만 주채무와 동일한 내용의 급부를 목적으로 함이 원칙이라고 할 것이나 채권자와 보증인은 보증채무의 내용·이행의 시기·방법 등에 관하여 특약을 할 수 있고, 그 특약에 따른 보증인의 부담이 주채무의 목적이나 형태보다 중하지 않는 한 그러한 특약이 무효라고 할 수도 없으므로, 주채무가 외화채무인 경우에도 채권자와 보증인 사이에 미리 약정한 환율로 환산한 원화로 보증채무를 이행하기로 약정하는 것도 허용된다(대판 2002.8.27, 2000다9734).
③ (✕) : 소비대차에 있어 그 변제기가 지난 후에 이자의 약정이 없는 경우, 특별한 의사표시가 없는 한 당초의 약정이자를 지급하기로 한 것이라고 보는 것이 상당하다(대판 1970.3.10, 69다2269).
④ (○) : 금전채권에는 종류채권과 같은 목적물의 특정이란 관념이 없으므로 완전히 이행을 완료할 때까지는 이행불능의 상태가 생길 여지가 없고, 다만 이행지체의 책임만 생길 따름이다. 따라서 채무자의 귀책사유 없는 후발적 불능을 전제로 하는 위험부담문제도 생길 여지가 없다.
⑤ (✕) : 이미 발생한 이자에 관하여 채무자가 이행을 지체한 경우에는 그 이자에 대한 지연손해금을 청구할 수 있다(대판 1996.9.20., 96다25302).

정답 ④

431 금전채권과 이자채권에 관한 다음 설명 중 옳은 것은? (다툼이 있는 경우에는 판례에 의함)

[예상]

① 금전채무에서 이자를 약정한 경우, 변제기 이후에는 다른 의사표시가 없는 한 법정이자를 지급하면 된다.
② 매매대금 및 그 채무불이행시의 손해배상의 예정액이 외화로 표시되었다면 채무자는 외화로만 지급하여야 한다.
③ 원본채권이 양도된 경우, 이미 변제기에 도달한 이자채권은 원본채권의 양도 당시 그 이자채권도 양도한다는 의사표시가 없더라도 양도되는 것이 원칙이다.
④ 특정물매매에서 매수인의 대금지급채무가 이행지체에 빠졌더라도 그 목적물이 그에게 인도될 때까지는 매수인은 매매대금의 이자를 지급할 필요가 없다.
⑤ 금전채무의 이행지체로 인하여 발생하는 지연손해금은 그 성질이 이자이므로 3년의 단기 소멸시효에 걸린다.

해설

① (✕) : 소비대차에 있어 그 변제기가 지난 후에 이자의 약정이 없는 경우, 특별한 의사표시가 없는 한 당초의 약정이자를 지급하기로 한 것이라고 보는 것이 상당하다(대판 1970.3.10, 69다2269 ; 대판 1995.10.12, 95다26797).
② (✕) : 채권액이 다른 나라 통화로 지정된 때에는 채무자는 지급할 때에 있어서의 이행지의 환금시가에 의하여 우리나라 통화로 변제할 수 있다(제378조).
③ (✕) : 이자채권은 원본채권에 대하여 종속성을 갖고 있으나 이미 변제기에 도달한 이자채권은 원본채권과 분리하여 양도할 수 있고 원본채권과 별도로 변제할 수 있으며 시효로 인하여 소멸되기도 하는 등 어느 정도 독립성을 갖게 되는 것이므로, 원본채권이 양도된 경우 이미 변제기에 도달한 이자채권은 원본채권의 양도 당시 그 이자채권도 양도한다는 의사표시가 없는 한 당연히 양도되지는 않는다(대판 1989.3.28, 88다카12803).
④ (O) : 특정물의 매매에 있어서 매수인의 대금지급채무가 이행지체에 빠졌다 하더라도 그 목적물이 매수인에게 인도될 때까지는 매수인은 매매대금의 이자를 지급할 필요가 없는 것이므로, 그 목적물의 인도가 이루어지지 아니하는 한매도인은 매수인의 대금지급의무이행의 지체를 이유로 매매대금의 이자 상당액의 손해배상청구를 할 수 없다(대판 1995.6.30, 95다14190 ; 대판 1981.5.26, 80다211 등). ⑤ (✕) : 변제기 이후에 지급하는 지연이자는 금전채무의 이행을 지체함으로 인한 손해배상금이지 이자가 아니고 또 민법 제163조 제1호 소정의 1년 이내의 기간으로 정한 채권도 아니므로 단기소멸시효의 대상이 되는 것도 아니다(대판 1989.2.28, 88다카214 ; 대판 1987.10.28., 87다카1409).

정답 ④

Ⅳ. 선택채권

432 선택채권에 관한 설명 중 옳은 것은? [예상]

① 채권의 목적인 급부 중 선택권 없는 당사자의 과실에 의해 불능으로 된 것이 있을 경우에, 선택권 있는 당사자는 불능으로 된 급부를 선택할 수 있다.
② 토지양도가 선택채권의 목적인 수개의 급부 중 하나인 경우에 그 급부가 선택되었을 때는 특약이 없는 한, 선택 시에 토지에 관한 소유권이전의 효과가 생긴다.
③ 제3자가 선택권을 가지는 경우에 제3자가 선택할 수 없는 때에는 선택권은 채권자에게 속한다.
④ 채무자가 한 선택의 의사표시는 채권자의 이익을 해치지 않는 한 언제라도 이것을 철회할 수 있다.
⑤ 제3자에 의한 선택은 채권자 또는 채무자 일방에 대한 의사표시로 한다.

해설

① (○) : 제385조【불능으로 인한 선택채권의 특정】① 채권의 목적으로 선택할 수개의 행위 중에 처음부터 불능한 것이나 또는 후에 이행불능하게 된 것이 있으면 채권의 목적은 잔존한 것에 존재한다. ② 선택권 없는 당사자의 과실로 인하여 이행불능이 된 때에는 전항의 규정을 적용하지 아니한다. 따라서 선택권자가 채권자인 때에는 채무자의 과실로 불능으로 된 급부를 선택하여 채무자에게 책임 있는 사유로 인한 이행불능으로 인한 손해배상을 청구할 수 있다. 그리고 선택권자가 채무자인 때에는 채권자의 과실로 불능으로 된 급부를 선택하여 채무자에게 책임 없는 이행불능으로서 채무를 면할 수 있다.
② (✕) : 선택권의 효력은 그 채권이 발생한 때에 소급하나(제386조 본문), 물권변동의 효력은 공시방법(등기)을 갖춘 때에 생긴다(제176조).
③ (✕) : 선택할 제3자가 선택할 수 없는 경우에는 선택권은 "채무자"에게 있다(제384조 제1항).
④ (✕) : 선택의 의사표시는 "상대방의 동의가 없으면" 철회하지 못한다(제382조 제2항).
⑤ (✕) : 제3자가 선택하는 경우에는 그 선택은 "채무자 및 채권자"에 대한 의사표시로 한다(제383조 제1항).

정답 ①

Ⅴ. 임의채권

제2장 채권의 효력

제1절 이행지체와 기한이익의 상실

Ⅰ. 이행지체

433 이행지체책임의 발생 시기에 관한 설명으로 옳지 않은 것은? (다툼이 있으면 판례에 따름)

[18 노무]

① 지시채권의 경우, 기한이 도래한 후 소지인이 그 증서를 제시하여 이행을 청구한 때로부터 지체책임을 진다.
② 동시이행관계에 있는 채무는 상대방이 채무의 이행을 제공하지 않는 한, 이행기가 도래하여도 지체책임을 지지 않는다.
③ 불확정기한부 채무의 경우, 기한 도래 사실의 인식여부를 불구하고 기한이 객관적으로 도래한 때로부터 지체책임을 진다.
④ 채무이행의 기한이 없는 경우, 채무자는 이행청구를 받은 때부터 지체책임을 진다.
⑤ 불법행위로 인한 손해배상채무는 원칙적으로 그 성립과 동시에 당연히 이행지체가 성립된다.

해설

① (O) : 지시채권이나 무기명채권의 채무자는 그 이행에 관하여 기한이 정해진 때에도 기한이 도래한 후 소지인이 증서를 제시하고 이행을 청구한 때부터 지체책임을 진다(제517조, 제524조).
② (O) : 쌍무계약상 확정기한 있는 채무에 있어서 양 채무가 동시이행의 관계에 있는 경우에는 상대방의 이행의 제공이 있음에도 불구하고 자기의 채무를 이행하지 않은 경우에만 지체책임을 진다(제536조).
③ (X) : 불확정기한의 경우에는 그 기한이 도래한 때부터 채권을 행사할 수 있지만, 채무자가 그 기한의 도래를 알지 못한 경우에도 그에게 지체책임을 지게 하는 것은 가혹하기 때문에, 이 경우에는 채무자가 기한의 도래를 안 때부터 지체책임을 지는 것으로 정한 것이다. 따라서 채무자가 몰랐어도 기한의 도래 후에 채권자의 이행청구가 있다면 그 때부터 안 것이 되므로, 이행지체가 된다.
④ (O) : 기한의 정함이 없는 채무는 그 채무가 발생한 때부터 채권자는 이행을 청구할 수 있지만, 그 때부터 채무자에게 지체책임을 지게 하는 것은 가혹하므로, 채무자가 채권자의 이행청구를 받은 때부터 그 책임을 지게 한 것이다.
⑤ (O) : 불법행위에 의한 손해배상채무에 있어서는 최고 없이 불법행위 시(즉 그 당일부터)로부터 당연히 지체의 효과로서 손해배상책임이 발생한다(대판 1975.5.27. 74다1393).

정답 ③

434 채무자의 이행지체책임 발생시기로 옳은 것을 모두 고른 것은? (다툼이 있으면 판례에 따름)

[20 노무]

> ㄱ. 불확정기한부 채무의 경우, 채무자가 기한이 도래함을 안 때
> ㄴ. 부당이득반환채무의 경우, 수익자가 이행청구를 받은 때
> ㄷ. 불법행위로 인한 손해배상채무의 경우, 가해자가 피해자로부터 이행청구를 받은 때

① ㄱ   ② ㄱ, ㄴ   ③ ㄱ, ㄷ
④ ㄴ, ㄷ   ⑤ ㄱ, ㄴ, ㄷ

해설

ㄱ. (O) : 제387조【이행기와 이행지체】① 채무이행의 확정한 기한이 있는 경우에는 채무자는 기한이 도래한 때로부터 지체책임이 있다. 채무이행의 불확정한 기한이 있는 경우에는 채무자는 기한이 도래함을 안 때로부터 지체책임이 있다. ② 채무이행의 기한이 없는 경우에는 채무자는 이행청구를 받은 때로부터 지체책임이 있다.

ㄴ. (O) : 당사자가 이행기에 관하여 어떤 약정도 하지 않고, 법률에도 이행기에 관한 규정이 없는 때, 기한의 정함이 없는 채무가 된다. 보통 법률의 규정에 의한 채무가 이에 해당한다(사무관리에 의한 채무, 부당이득반환채무).

ㄷ. (X) : 불법행위에 의한 손해배상채무에 있어서는 최고 없이 불법행위 시(즉 그 당일부터)로부터 당연히 지체의 효과로서 손해배상책임이 발생한다(대판 1975.5.27. 74다1393). 원래 법률규정에 의한 채무는 기한의 정함이 없는 채무여서 채권자의 이행청구가 있어야 지체책임을 지는 것이 원칙이나, 불법행위채무는 피해자가 입은 손해를 남김없이 배상하게 하고자 하는 원상회복의 이념에 기초한 것이므로 그 예외를 인정하는 것이다.

정답 ②

435 이행지체에 관한 다음 설명 중 옳은 것은? [예상]

① 채무자가 이행기 전에 담보를 훼손한 때에는 그 때부터 지체책임이 있다.
② 반환시기의 약정이 없는 소비대차는 반환을 청구한 때로부터 지체책임이 있다.
③ 판례에 의하면 기한이 없는 채무의 채무자는 이행의 최고를 받은 날의 다음날부터 지체책임이 있다.
④ 불법행위에 기인한 손해배상채무는 피해자로부터 최고를 받은 때로부터 지체책임을 진다.
⑤ 지시채권의 증서에 변제기한이 있는 경우에는 그 기한의 도래로 지체책임이 있다.

해설

① (×) : 채무자가 담보를 손상·감소 또는 멸실하게 한 때에는 기한의 이익을 주장하지 못한다(제388조 제1호). 그러나 기한의 도래가 의제되는 것은 아니므로 기한의 이익의 상실로 곧 이행기가 도래한 것이 되어 지체가 되지 않으며, 채권자의 청구(즉 최고)가 있는 때로부터 채무자는 지체책임을 지게 된다.

② (×) : 반환시기의 약정이 없는 소비대차상의 반환채무의 경우 대주는 상당한 기간을 정하여 반환의 최고를 하여야 한다(제603조 제2항). 따라서 채권자가 최고한 때로부터 상당한 기간이 경과한 때로부터 이행지체가 된다(대판 1966.5.31, 66다663).

③ (O) : 채무이행의 확정기한이 있는 경우에는 그 기한이 도래한 다음날부터 이행지체의 책임을 지고, 기한의 정함이 없는 경우에는 그 이행의 청구를 받은 다음날로부터 이행지체의 책임을 진다(대판 1988.11.8, 88다3253).

④ (×) : 불법행위에 기한 손해배상채무는 피해자의 최고를 기다리지 않고서 불법행위 시로부터, 즉 손해배상채무의 성립과 동시에 당연히 지체가 된다(대판 1966.10.21, 64다1102 등).

⑤ (×) : 지시채권의 증서에 변제기한이 있는 경우에도 그 기한이 도래한 후에 소지인이 증서를 제시하여 이행을 청구한 때로부터 채무자는 지체책임이 있다(제517조).

정답 ③

436 이행지체책임에 관한 다음의 설명 중 타당하지 아니한 것은?　　[예상]

① 채무의 이행에 대하여 확정기한이 있는 경우에 채무자는 그 기한이 도래한 때부터 지체책임을 부담하고, 쌍무계약상 채무에 확정기한이 있으면 양 채무가 동시이행의 관계에 있고 상대방의 이행제공이 없어도 그 기한이 도래한 때부터는 지체책임을 부담한다.
② 지시채권이나 무기명채권의 채무자는 그 이행에 관하여 기한이 정해진 경우에도 기한이 도래한 후 소지인이 증서를 제시하고 이행을 청구한 때부터 지체책임을 진다.
③ 소비대차에 있어서 반환시기의 약정이 없는 때에는 貸主는 상당한 기간을 정하여 반환을 최고하여야 한다. 그러나 借主는 언제든지 반환할 수 있다.
④ 채무의 이행에 관하여 불확정기한이 있는 경우에는 채무자가 그 기한이 도래함을 안 때부터 지체책임을 부담한다.
⑤ 채무의 이행에 관하여 기한의 정함이 없는 경우에는 채무자가 이행청구(최고)를 받은 때부터 지체의 책임을 진다.

해설

① (×) : 쌍무계약에서 쌍방의 채무가 동시이행관계에 있는 경우, 일방의 채무의 이행기가 도래하더라도 상대방 채무의 이행제공이 있을 때까지는 그 채무를 이행하지 않아도 이행지체의 책임을 지지 않는 것이고, 이와 같은 효과는 이행지체의 책임이 없다고 주장하는 자가 반드시 동시이행의 항변권을 행사하여야만 발생하는 것은 아니다(대판 1998.3.13, 97다54604·54611).

② (O) : 제517조【증서의 제시와 이행지체】증서에 변제기한이 있는 경우에도 그 기한이 도래한 후에 소지인이 증서를 제시하여 이행을 청구한 때로부터 채무자는 지체책임이 있다. 제524조【준용규정】 제514조 내지 제522조의 규정은 무기명채권에 준용한다.

③ (O) : 제603조【반환시기】① 차주는 약정시기에 차용물과 같은 종류, 품질 및 수량의 물건을 반환하여야 한다. ② 반환시기의 약정이 없는 때에는 대주는 상당한 기간을 정하여 반환을 최고하여야 한다. 그러나 차주는 언제든지 반환할 수 있다.

④ (O), ⑤ (O) : 제387조【이행기와 이행지체】① 채무이행의 확정한 기한이 있는 경우에는 채무자는 기한이 도래한 때로부터 지체책임이 있다. 채무이행의 불확정한 기한이 있는 경우에는 채무자는 기한이 도래함을 안 때로부터 지체책임이 있다. ② 채무이행의 기한이 없는 경우에는 채무자는 이행청구를 받은 때로부터 지체책임이 있다.

정답 ①

437 이행지체에 관한 다음 설명 중 옳지 않은 것은? [예상]

① 불확정기한부 채무에서 불확정한 사실의 발생이 불가능하게 되면 그 때부터 기한이 도래한 것으로 본다.
② 불법행위로 인한 손해배상채무는 불법행위 시부터 이행지체의 책임이 발생한다.
③ 금전채무자의 확정된 지연손해금채무는 채권자로부터 이행청구를 받은 때부터 지체책임이 발생한다.
④ 반환시기의 약정이 없는 소비대차의 경우 대주가 언제든지 이행청구를 하게 되면 그 다음 날부터 차주의 이행기가 도래한다.
⑤ 지시채권의 경우 채무자는 그 이행에 관하여 기한이 정해져 있어도 기한도래 후 증서의 소지인이 그 증서를 채무자에게 제시하고 이행을 청구한 때부터 지체책임을 진다.

해설

① (O) : 당사자가 불확정한 사실이 발생한 때를 이행기한으로 정한 경우 그 사실이 발생한 때는 물론 그 사실의 발생이 불가능하게 된 때에도 이행기한은 도래한 것으로 보아야 한다(대판 2006.12.21, 2005다40754 ; 대판 2002.3.29, 2001다41766 등).

② (O) : 불법행위에 기한 손해배상채무는 피해자의 최고를 기다리지 않고서 불법행위 시로부터, 즉 손해배상채무의 성립과 동시에 당연히 지체가 된다(대판 1966.10.21, 64다1102 등).

③ (O) : 금전채무의 지연손해금채무는 금전채무의 이행지체로 인한 손해배상채무로서 이행기의 정함이 없는 채무에 해당하므로, 채무자는 확정된 지연손해금채무에 대하여 채권자로부터 이행청구를 받은 때로부터 지체책임을 부담하게 된다(대판 2004.7.9, 2004다11582).

④ (X) : 반환시기의 약정이 없는 소비대차의 경우, 대주는 상당한 기간을 정하여 반환의 최고를 하여야 한다(제603조 제2항). 따라서 채권자가 최고한 때로부터 상당한 기간이 경과한 때로부터 이행지체가 된다. 그리고 상당한 기간을 정하지 않고 최고한 때에도 최고한 때로부터 상당한 기간이 경과한 후에 비로소 지체가 된다(대판 1966.5.31, 66다663).

⑤ (O) : 제517조【증서의 제시와 이행지체】증서에 변제기한이 있는 경우에도 그 기한이 도래한 후에 소지인이 증서를 제시하여 이행을 청구한 때로부터 채무자는 지체책임이 있다.

정답 ④

438 채권 소멸시효의 기산점과 이행지체책임의 발생 시기에 관한 설명으로 옳지 않은 것은?

[예상]

① 기한의 정함이 있고 동시이행의 항변권이 있는 채권은 기한이 도래한 때부터 소멸시효가 진행한다. 이에 반하여 이행지체책임은 기한도래 후 상대방이 이행의 제공을 하였으나 채무자가 자기의 채무를 이행하지 않은 때부터 생긴다.
② 불확정기한이 있는 채권은 기한이 도래한 때부터 소멸시효가 진행한다. 이에 반하여 이행지체책임은 채무자가 기한도래를 안 때부터 생긴다.
③ 계약해제에 의한 원상회복청구권은 계약해제 시부터 소멸시효가 진행한다. 또한 이행지체책임도 그 때부터 생긴다.
④ 정지조건부 채권은 조건성취 시부터 소멸시효가 진행한다. 이에 반하여 이행지체책임은 조건성취 후 채권자가 이행청구를 한 때부터 생긴다.
⑤ 반환시기의 정함이 없는 소비대차에 있어서 반환채권은 최고할 수 있는 때부터 상당기간이 경과한 후부터 소멸시효가 진행한다. 이에 반하여 이행지체책임은 최고 후 상당한 기간이 경과한 때부터 생긴다.

해설

① (O) : 쌍방의 채무가 동시이행의 관계에 있다 하더라도 각자 자기의 채무를 이행하면서 상대방의 이행을 청구할 수 있는 것이므로 변제기(이행기)로부터 소멸시효는 진행한다(대판 1991.3.22, 90다9797). 그러나 쌍방의 채무가 동시이행관계에 있는 경우, 기한의 도래로 지체책임이 생기는 것이 아니라 상대방으로부터 이행의 제공을 받았으면서도 자기의 채무를 이행하지 않을 때에 비로소 지체책임이 생긴다(대판 1998.3.13, 97다54604·54611 등).
② (O) : 불확정기한부 채권은 그 기한이 객관적으로 도래한 때부터 소멸시효가 진행한다. 그러나 불확정기한이 있는 경우에 채무자가 그 기한이 도래하였음을 안 때(제387조 제1항 후문) 또는 채권자의 최고 시(통설)로부터 이행지체책임을 진다.
③ (X) : 계약의 해제로 인한 원상회복청구권은 그 해제의 의사표시에 의하여 발생하므로, 그 의사표시가 행해진 시점부터 소멸시효가 진행한다. 그러나 원상회복청구권은 기한의 정함이 없는 경우이므로 상대방으로부터 이행청구(즉 최고)를 받은 때부터 지체 책임을 진다(제387조 제2항).
④ (O) : 정지조건부 채권은 조건이 성취되어야 권리행사가 가능하므로 조건의 성취시가 소멸시효의 기산점이다. 그러나 정지조건부 채무는 조건성취 시에 채권의 효력이 발생하고, 그 시점에서부터 기한 없는 채무로 된다. 따라서 조건성취 후 채권자의 이행청구(즉 최고)를 받은 때로부터 지체책임을 진다(제387조 제2항).

⑤ (O) : 반환시기의 정함이 없는 소비대차에 있어서 반환채권은 최고할 수 있는 때부터 상당기간이 경과한 후부터 소멸시효가 진행한다. 그러나 이행지체책임은 현실로 최고한 후 상당한 기간이 경과한 때부터 생긴다.

정답 ③

Ⅱ. 기한이익의 상실

1. 파산의 경우
2. 당사자 약정에 의한 기한이익의 상실

제2절 채무불이행에 대한 구제

Ⅰ. 강제이행

Ⅱ. 손해배상

439 계약의 유형에 따라서는 채무자가 채권자의 생명·신체·재산 등의 안전을 확보하기 위하여 인적·물적 환경을 정비하는 등 필요한 조치를 하여야 할 안전배려의무 또는 신의칙상의 보호의무를 부담하는 경우가 있다. 다음 중 이와 같은 의무를 부담하는 경우에 해당하지 않는 것을 모두 고르면? (다툼이 있는 경우 판례에 의함)

> ㄱ. 근로계약에서 사용자의 근로자에 대한 의무
> ㄴ. 기획여행계약에서 여행업자의 여행자에 대한 의무
> ㄷ. 숙박계약에서 숙박업자의 투숙객에 대한 의무
> ㄹ. 입원계약에서 병원의 입원환자에 대한 의무
> ㅁ. 노무도급계약에서 도급인의 수급인에 대한 의무
> ㅂ. 장외시장의 증권매매계약에서 매도인의 매수인에 대한 의무
> ㅅ. 통상의 임대차계약에서 임대인의 임차인에 대한 의무

① ㄱ, ㄷ, ㅁ
② ㄴ, ㄹ, ㅂ
③ ㄷ, ㅂ
④ ㄹ, ㅅ
⑤ ㅂ, ㅅ

해설

ㄱ. (O) : 사용자는 근로계약에 수반되는 신의칙상의 부수적 의무로서 피용자가 노무를 제공하는 과정에서 생명·신체·건강을 해치는 일이 없도록 인적·물적 환경을 정비하는 등 필요한 조치를 강구하여야 할 보호의무를 부담한다(대판 2001.7.27, 99다56734).

ㄴ. (O) : 여행업자는 기획여행계약의 상대방인 여행자에 대하여 기획여행계약상의 부수의무로서, 여행자의 생명·신체·재산 등의 안전을 확보하기 위하여, 여행목적지·여행일정·여행행정·여행서비스기관의 선택 등에 관하여 미리 충분히 조사·검토하여 전문업자로서의 합리적인 판단을 하고, 또한 그 계약내용의 실시에 관하여 조우할지 모르는 위험을 미리 제거할 수단을 강구하거나 또는 여행자에게 그 뜻을 고지하여 여행자 스스로 그 위험을 수용할지 여부에 관하여 선택의 기회를 주는 등의 합리적 조치를 취할 신의칙상의 주의의무를 진다(대판 1998.11.24, 98다25061).

ㄷ. (O) : 숙박업자는 통상의 임대차와 같이 단순히 여관 등의 객실 및 관련 시설을 제공하여 고객으로 하여금 이를 사용·수익하게 할 의무를 부담하는 것에서 한 걸음 더 나아가 고객에게 위험이 없는 안전하고 편안한 객실 및 관련 시설을 제공함으로써 고객의 안전을 배려하여야 할 보호의무를 부담한다(대판 2000.11.24, 2000다38718).

ㄹ. (O) : 환자가 병원에 입원하여 치료를 받는 경우에 있어서, 병원은 진료뿐만 아니라 환자에 대한 숙식의 제공을 비롯하여 간호·보호 등 입원에 따른 포괄적 채무를 지는 것인 만큼 병원은 병실에의 출입자를 통제·감독하든가 그것이 불가능하다면 최소한 입원환자에게 휴대품을 안전하게 보관할 수 있는 시정장치가 있는 사물함을 제공하는 등으로 입원환자의 휴대품 등의 도난을 방지함에 필요한 적절한 조치를 강구하여 줄 신의칙상의 보호의무가 있다(대판 2003.4.11, 2002다63275).

ㅁ. (O) : 건축공사의 일부분을 하도급 받은 자가 구체적인 지휘·감독권을 유보한 채 재료와 설비는 자신이 공급하면서 시공부분만을 시공기술자에게 재하도급하는 경우와 같은 노무도급의 경우, 그 노무도급의 도급인과 수급인은 실질적으로 사용자와 피용자의 관계에 있고, 이 경우 도급인은 수급인이 노무를 제공하는 과정에서 생명·신체·건강을 해치는 일이 없도록 물적 환경을 정비하고 필요한 조치를 강구할 보호의무를 부담하며, 이러한 보호의무는 실질적인 고용계약의 특수성을 고려하여 신의칙상 인정되는 부수적 의무로서, 만일 실질적인 사용관계에 있는 노무도급인이 고의 또는 과실로 이러한 보호의무를 위반함으로써 노무수급인의 생명·신체를 침해하여 손해를 입힌 경우 노무도급인은 노무도급계약상의 채무불이행책임과 경합하여 불법행위로 인한 손해배상책임을 부담한다(대판 1997.4.25, 96다53076).

ㅂ. (X) : 증권회사의 창구를 통하지 않고 매매당사자 사이에 직접 거래가 이루어지는 장외시장에서 증권의 매도인은 증권회사 임직원의 고객보호의무와 유사한 매수인 보호의무를 부담하지 아니하므로, 장외시장에서 증권을 거래하면서 증권투자 경험이 있는 매도인이 그러한 경험이 없는 매수인에게 투자 손실의 위험성이 높은 증권의 매수를 적극적으로 권유하였고 그 결과 매수인이 손실을 보았더라도, 매수 여부나 매수가격을 결정하는 데 기초가 되는 거래의 중요한 사항에 관하여 구체적 사실을 신의성실의 원칙에 비추어 비난받을 정도의 방법으로 허위로 고지하여 기망하는 등의 위법행위가 없다면 매도인의 불법행위가 성립하지 않는다(대판 2006.11.23, 2004다62955).

ㅅ. (X) : 통상의 임대차관계에 있어서 임대인의 임차인에 대한 의무는 특별한 사정이 없는 한 단순히 임차인에게 임대목적물을 제공하여 임차인으로 하여금 이를 사용·수익하게 함에 그치는 것이고, 더 나아가 임차인의 안전을 배려하여 주거나 도난을 방지하는 등의 보호의무까지 부담한다고 볼 수 없을 뿐만 아니라 임대인이 임차인에게 임대목적물을 제공하여 그 의무를 이행한 경우 임대목적물은 임차인의 지배 아래 놓이게 되어 그 이후에는 임차인의 관리하에 임대목적물의 사용·수익이 이루어지는 것이다(대판 1999.9.7., 99다10004).

정답 ⑤

Ⅲ. 채무불이행의 유형

440 채무불이행에 관한 설명으로 옳은 것은? (다툼이 있으면 판례에 따름) [17 노무]

① 기한이 정해져 있는 지시채권이나 무기명채권의 경우에는 그 증서의 제시 없이도 이행기에 도달하면 당연히 지체책임을 진다.
② 당사자가 불확정한 사실이 발생한 때를 이행기한으로 정한 경우에는 그 사실이 발생한 때는 물론 그 사실의 발생이 불가능하게 된 때에도 이행기한은 도래한 것으로 보아야 한다.
③ 부동산 이중매매의 경우, 제1매수인이 아닌 제2매수인과 그 부동산에 관한 매매계약이 체결된 사실이 있으면, 이행불능으로서 채무불이행에 해당한다.
④ 부동산의 이중매매에서 매매목적물을 제2매수인에게 처분한 가격이 통상가격을 넘는 경우, 그 처분가격이 매도인의 제1매수인에 대한 배상액 산정의 기준이 된다.
⑤ 아파트 광고모델계약을 체결하면서 품위유지약정을 한 유명 연예인이 남편과의 물리적 충돌로 멍들고 부은 얼굴 등을 언론에 공개한 행위는 채무불이행에 해당하지 않는다.

해설

① (×) : 지시채권이나 무기명채권의 채무자는 그 이행에 관하여 기한이 정해진 때에도 기한이 도래 후 소지인이 증서를 제시하고 이행을 청구한 때부터 지체책임을 진다(제517조, 제524조).
② (○) : 당사자가 불확정한 사실이 발생한 때를 이행기한으로 정한 경우에 있어서 그 사실이 발생한 때는 물론 그 사실의 발생이 불가능하게 된 때에도 이행기한은 도래한 것으로 보아야한다(대판 1989. 6. 27. 88다카10579).
③ (×) : 매매목적물에 관하여 이중으로 제3자와 매매계약을 체결하였다는 사실만 가지고는 매매계약이 법률상 이행불능이라고 할 수 없고, 채무의 이행이 불능이라는 것은 단순히 절대적, 물리적으로 불능인 경우가 아니라 사회생활에 있어서의 경험법칙 또는 거래상의 관념에 비추어 볼 때 채권자가 채무자의 이행의 실현을 기대할 수 없는 경우를 말한다(대판1996. 7. 26. 96다14616).
④ (×) : 토지의 소유권이전등기가 이행불능 된 데 대한 전보배상을 명함에 있어 이행불능사유 발생 당시의 시가를 감정하여 그 가액 상당의 배상을 명한 것은 정당한 것이고, 매도인이 그것을 타에 처분한 가격이 통상가격을 넘는다고 하더라도 그것을 배상액산정의 기준으로 삼을 수는 없다(대판 1990. 12. 7. 90다5672).
⑤ (×) : 광고주가 모델이나 유명 연예인, 운동선수 등과 광고모델계약을 체결하면서 출연하는 유명 연예인 등에게 일정한 수준의 명예를 유지할 의무를 부과하는 품위유지약정을 한 경우, 위와 같은 광고모델계약은 유명 연예인 등을 광고에 출연시킴으로써 유명 연예인 등이 일반인들에 대하여 가지는 신뢰성, 가치, 명성 등 긍정적인 이미지를 이용하여 광고되는 제품에 대한 일반인들의 구매욕구를 불러일으키기 위한 목적으로 체결되는 것이므로, 위 광고에 출연하기로 한 모델은 위와 같이 일정한 수준의 명예를 유지하기로 한 품위유지약정에 따라 계약기간 동안 광고에 적합한 자신의 긍정적인 이미지를 유지함으로써 그것으로부터 발생하는 구매 유인 효과 등 경제적 가치를 유지하여야 할 계약상 의무, 이른바 품위유지의무가 있고, 이를 이행하지 않는 경우에는 광고모델계약에 관한 채무불이행으로 인한 손해배상채무를 면하지 못 한다(대판 2009.5.28. 2006다32354).

정답 ②

441 채무불이행에 대한 설명으로 옳은 것은? (다툼이 있는 경우에는 판례에 의함) [예상]

① 불법행위로 인한 손해배상채무는 기한 없는 채무이므로 청구 시부터 지체에 빠진다.
② 소유권이전등기의무자가 그 부동산상에 제3자 명의로 가등기를 마쳐 주었다면, 그 가등기만으로 소유권이전등기의무는 이행불능으로 된다.
③ 채무자의 귀책사유 있는 이행불능의 경우, 손해배상을 청구해야 하며 대상청구권을 행사할 수는 없다.
④ 부동산소유권이전채무의 이행불능으로 인하여 매수인이 매도인에 대하여 갖게 되는 손해배상채권의 소멸시효는 계약체결시부터 진행한다.
⑤ 채무자의 채무불이행책임과 그 이행보조자의 불법행위책임이 모두 성립하는 경우, 양자는 부진정연대채무관계에 있다.

해설

① (✕) : 불법행위에 기한 손해배상채무는 피해자의 최고를 기다리지 않고서 불법행위 시로부터, 즉 손해배상채무의 성립과 동시에 당연히 지체가 된다(대판 1966.10.21, 64다1102 등).

② (✕) : 부동산소유권이전등기의무자가 그 부동산상에 가등기를 경료한 경우, 가등기는 본등기의 순위보전의 효력을 가지는 것에 불과하고 또한 그 소유권이전등기의무자의 처분권한이 상실되지 아니하므로 그 가등기만으로는 소유권이전등기의무가 이행불능이 된다고 할 수 없다(대판 1991.7.26, 91다8104).

③ (✕) : 대상청구권이 성립하려면 급부가 후발적으로 불능이 되어야 하는데, 후발적 불능인 한 채무자의 책임 있는 사유로 인한 것이냐의 여부는 묻지 않는다. 즉, 대상청구권은 채무자에게 귀책사유가 있는 경우에도 인정되나(대판 1996.6.25, 95다6601 참조), 채무자의 귀책사유가 없는 이행불능의 경우에 특히 그 실익이 있다.

④ (✕) : 매매로 인한 부동산소유권이전채무가 이행불능 됨으로써 매수인이 매도인에 대하여 갖게 되는 손해배상채권은 그 부동산소유권의 이전채무가 이행불능 된 때에 발생하는 것이고 그 계약체결일에 생기는 것은 아니므로, 위 손해배상채권의 소멸시효는 계약체결일 아닌 소유권이전채무가 이행불능 된 때부터 진행한다(대판 1990.11.9, 90다카22513 등).

⑤ (○) : 이행보조자의 고의·과실이 채무자의 고의·과실로 간주되어 채권자에 대한 채무자의 채무불이행책임이 성립하고(제391조), 동시에 이행보조자의 불법행위책임이 성립하는 경우, 양자는 동일한 사실관계에 기한 것으로 부진정연대채무관계에 있다(대판 1994.11.11, 94다22446 참조).

정답 ⑤

442 이행불능에 관한 설명 중 판례의 입장과 다른 것은? [예상]

① 매매계약이 체결된 후 그 목적부동산에 관하여 『공익사업을 위한 토지 등의 취득 및 보상에 관한 법률』(舊 공공용지의 취득 및 손실보상에 관한 특례법)에 따른 협의취득이 이루어진 경우, 매도인에게 소유권이전등기의무의 이행불능에 대한 귀책사유가 있다.
② 매매 목적 부동산에 관하여 제3자가 매도인을 상대로 소유권이전등기 말소청구소송을 제기함으로써 예고등기가 기입되어 있는 경우, 매도인의 소유권이전등기의무는 이행불능으로 된다.
③ 매매계약이 체결된 후 그 목적부동산에 가등기가 경료된 경우, 그 가등기만으로는 소유권이전등기의무가 이행불능이 된다고 할 수 없다
④ 쌍무계약 당사자 쌍방의 급부가 모두 이행불능이 된 경우, 특별한 사정이 없는 한 당사자 일방이 상대방에 대하여 대상청구권을 행사할 수 없다.
⑤ 동시이행의 관계에 있는 쌍방의 채무 중 어느 일방의 채무가 이행불능이 됨으로 인하여 발생한 손해배상채무도 여전히 타방의 채무와 동시이행의 관계에 있다.

해설

① (O) : 공공사업의 시행자가 "공공용지의 취득 및 손실보상에 관한 특례법"에 따라 그 사업에 필요한 토지를 협의취득 하는 행위는 토지수용의 경우와는 달리 사경제주체로서 하는 사법상의 법률행위에 지나지 아니하여, 토지소유자는 그 협의매수의 제의에 반드시 응하여야 할 의무가 있는 것은 아니므로, 교환계약의 목적물인 양 토지가 이후 공공사업의 시행자에게 "공공용지의 취득 및 손실보상에 관한 특례법"에 따라 각 협의취득 되었다면, 쌍방은 그 각 토지에 관한 소유권이전등기의무의 이행불능에 대하여 각 귀책사유가 없다고 단정할 수 없다(대판 1996.6.25, 95다6601 ; 대판 1995.10.13, 95다25497).

② (X) : 매매의 목적이 된 부동산에 관하여 이미 제3자의 처분금지가처분등기나 소유권말소예고등기가 기입되었다 할지라도, 가처분등기는 단지 그에 저촉되는 범위 내에서 가처분채권자에게 대항할 수 없는 효과가 있는 것이고, 예고등기는 등기원인의 무효 또는 취소로 인한 등기의 말소 또는 회복의 소가 제기된 경우에 그 등기에 의하여 소의 제기가 있었음을 제3자에게 경고하여 계쟁 부동산에 관하여 법률행위를 하고자 하는 선의의 제3자로 하여금 소송의 결과 발생할 수도 있는 불측의 손해를 방지하려는 목적에서 하는 것이므로, 위 각 등기에 의하여 곧바로 부동산 위에 어떤 지배관계가 생겨서 소유권등기명의자가 그 부동산을 임의로 타에 처분하는 행위 자체를 금지하는 것은 아니라 할 것이어서, 가처분등기 및 예고등기로 인하여 소유권이전등기절차 이행이 불가능하게 되어 바로 계약이 이행불능으로 되는 것은 아니다(대판 1999.7.9, 98다13754·13761 등).

③ (O) : 부동산소유권이전등기의무자가 그 부동산상에 가등기를 경료한 경우, 가등기는 본등기의 순위보전의 효력을 가지는 것에 불과하고 또한 그 소유권이전등기의무자의 처분권한이 상실되지 아니하므로 그 가등기만으로는 소유권이전등기의무가 이행불능이 된다고 할 수 없다(대판 1991.7.26, 91다8104).

④ (O) : 쌍무계약의 당사자 일방이 상대방의 급부가 이행불능이 된 사정의 결과로 상대방이 취득한 대상에 대하여 급부청구권을 행사할 수 있다고 하더라도, 그 당사자 일방이 대상청구권을 행사하려면 상대방에 대하여 반대급부를 이행할 의무가 있는 바, 이 경우 당사자 일방의 반대급부도 그 전부

가 이행불능이 되거나 그 일부가 이행불능이 되고 나머지 잔부의 이행만으로는 상대방이 계약목적을 달성할 수 없는 등 상대방에게 아무런 이익이 되지 않는다고 인정되는 때에는, 상대방이 당사자 일방의 대상청구를 거부하는 것이 신의칙에 반한다고 볼 만한 특별한 사정이 없는 한 당사자 일방은 상대방에 대하여 대상청구권을 행사할 수 없다(대판 1996.6.25. 95다6601).
⑤ (O) : 동시이행의 관계에 있는 쌍방의 채무 중 어느 한 채무가 이행불능이 됨으로 인하여 발생한 손해배상채무도 여전히 다른 채무와 동시이행의 관계에 있다(대판 2000.2.25., 97다30066).

정답 ②

443 이행불능에 대한 다음의 기술 중 옳지 않은 것은? [예상]

① 甲이 부동산을 乙에게 매도하였는데 그에 기하여 소유권이전등기를 乙 앞으로 경료 하여 주기 전에 甲의 채권자 丙이 그 부동산을 압류하면 甲의 乙에 대한 소유권이전등기채무는 특별한 사정이 없는 한 이행불능이 된다는 것이 판례의 태도이다.
② 민법은 원시적 불능의 경우에 일정한 요건을 충족하면 신뢰이익에 관한 손해의 배상책임이 발생한다고 규정하고 있다.
③ 이행불능은 특정물채무에서 그 목적물이 멸실한 경우와 같은 물리적 불능에 한정할 것이 아니고, 사회통념에 따라서 결정되어야 한다.
④ 채무자에게 책임 없는 사유로 그 채무의 이행이 객관적으로 불능하게 된 경우에는 채무자는 그 채무를 면하게 된다.
⑤ 甲이 부동산을 乙에게 매도한 후에 이를 다시 丙에게 매도하여 소유권이전등기를 丙 앞으로 경료하여 준 경우에는 특별한 사정이 없는 한 甲의 乙에 대한 소유권이전등기채무는 이행불능이 된다는 것이 판례의 태도이다.

해설

① (X) : 매매목적물에 대하여 (가)압류집행이 되었다고 하여 매매에 따른 소유권이전등기가 불가능한 것이 아니다(대판 1999.6.11. 99다11045 ; 대판 1992.12.22. 92다28518).
② (O) : 제535조【계약체결상의 과실】① 목적이 불능한 계약을 체결할 때에 그 불능을 알았거나 알 수 있었을 자는 상대방이 그 계약의 유효를 믿었음으로 인하여 받은 손해를 배상하여야 한다. 그러나 그 배상액은 계약이 유효함으로 인하여 생길 이익액을 넘지 못한다. ② 전항의 규정은 상대방이 그 불능을 알았거나 알 수 있었을 경우에는 적용하지 아니한다.
③ (O) : 대판 2003.1.24. 2000다22850 등.
④ (O) : 급부위험은 채권자가 부담하므로 채무자는 채무를 면하게 된다. 다만 쌍무계약에 있어서는 대가위험을 채무자가 부담함이 원칙이다(제537조 참조).
⑤ (O) : 대판 1983.3.22. 80다1416 등.

정답 ①

444 乙이 운영하는 여관 2층에 투숙한 甲은 그 다음날 아침 2층 복도에서 발생한 원인불명의 화재로 질식사망 하였다. 이에 甲의 상속인 丙이 乙을 상대로 손해배상을 청구하였다. 이에 대한 다음 기술 중 가장 타당하지 않은 것은? [예상]

① 乙에게 화재발생에 대한 경과실이 있는 경우 불법행위에 의한 손해배상을 청구할 수 있다.
② 숙박계약은 건물의 일시사용을 위한 일종의 임대차계약이다.
③ 신의칙상의 부수의무로서의 보호의무 위반을 이유로 불완전이행으로 인한 채무불이행책임을 추궁할 수 있다.
④ 채무자는 채무불이행에 대하여 자기에게 과실 없음을 입증해야 면책된다.
⑤ 급부의 불완전함에 관한 주장·입증책임은 채무자가 부담하고 채권자는 이를 주장·입증할 필요가 없다.

해설

① (O) : 실화에 중과실이 있어야 불법행위책임을 인정하던 『실화책임에 관한 법률』에 대한 헌법불합치결정으로 그 법은 적용중지 되었다(헌재 2007.8.30, 2004헌가25). 따라서 이제 일반불법행위와 마찬가지로 경과실에 의한 실화도 불법행위가 성립하게 된다.

② (O)·③ (O)·④ (O)·⑤ (✕) : 공중접객업인 숙박업을 경영하는 자가 투숙객과 체결하는 숙박계약은 숙박업자가 고객에게 숙박을 할 수 있는 객실을 제공하여 고객으로 하여금 이를 사용할 수 있도록 하고 고객으로부터 그 대가를 받는 일종의 일시사용을 위한 임대차계약으로서, 객실 및 관련 시설은 오로지 숙박업자의 지배 아래 놓여 있는 것이므로 숙박업자는 통상의 임대차와 같이 단순히 여관 등의 객실 및 관련 시설을 제공하여 고객으로 하여금 이를 사용·수익하게 할 의무를 부담하는 것에서 한 걸음 더 나아가 고객에게 위험이 없는 안전하고 편안한 객실 및 관련 시설을 제공함으로써 고객의 안전을 배려하여야 할 보호의무를 부담하며, 이러한 의무는 숙박계약의 특수성을 고려하여 신의칙상 인정되는 부수적인 의무로서 숙박업자가 이를 위반하여 고객의 생명·신체를 침해하여 투숙객에게 손해를 입힌 경우 불완전이행으로 인한 채무불이행책임을 부담하고, 이 경우 피해자로서는 구체적 보호의무의 존재와 그 위반사실(즉 급부의 불완전성)을 주장·입증하여야 하며 숙박업자로서는 통상의 채무불이행에 있어서와 마찬가지로 그 채무불이행에 관하여 자기에게 과실이 없음을 주장·입증하지 못하는 한 그 책임을 면할 수는 없다(대판 2000.11.24., 2000다38718·38725).

정답 ⑤

445 代償請求權에 관한 설명 중 옳은 것은? (다툼이 있는 경우에는 판례에 의함) [예상]

① 취득시효가 완성된 토지가 수용됨으로써 취득시효완성을 원인으로 하는 소유권이전등기의무가 이행불능이 된 경우에는 시효취득자가 대상청구권을 취득하므로 보상금수령권자가 된다.
② 경매목적물인 토지가 경락허가결정(매각허가결정) 이후 하천구역에 편입됨으로써 소유자의 경락자(매수인)에 대한 소유권이전등기의무가 이행불능이 된 경우, 경락자(매수인)는 소유자가 지급받게 되는 손실보상금에 대하여 대상청구권을 행사할 수 있다.
③ 교환계약의 목적물인 양 토지가 모두 『공익사업을 위한 토지 등의 취득 및 보상에 관한 법률』(舊 공공용지의 취득 및 손실보상에 관한 특례법)에 따라 협의취득되어 쌍방의 소유권이전등기의무가 이행불능이 된 경우, 양 당사자는 서로에게 대상청구권을 행사할 수 있다.
④ 채무자가 수령하게 되는 보상금이나 그 청구권에 대하여 채권자가 대상청구권을 가지는 경우, 어떤 사유로 채권자가 직접 자신의 명의로 대상청구의 대상이 되는 보상금을 지급받은 때에는 채무자에 대한 관계에서 부당이득이 된다.
⑤ 점유취득시효가 완성되었으나 소유권이전등기의무가 이행불능이 된 경우, 그 불능 전에 등기명의자에 대하여 시효취득자가 부동산소유권 취득시효가 완성되었음을 이유로 그 권리를 주장하지 않았더라도 대상청구권의 행사가 가능하다.

해설

① (✕) : 취득시효가 완성된 토지가 수용됨으로써 취득시효완성을 원인으로 하는 소유권이전등기의무가 이행불능이 된 경우에는 그 소유권이전등기청구권자가 대상청구권의 행사로서 그 토지의 소유자가 토지의 대가로서 지급받은 수용보상금의 반환을 청구할 수 있다고 하더라도, 시효취득자가 직접 토지의 소유자를 상대로 공탁된 토지수용보상금의 수령권자가 자신이라는 확인을 구할 수는 없다(대판 1995. 7. 28. 95다2074).
② (○) : 우리 민법은 이행불능의 효과로서 채권자의 전보배상청구권과 계약해제권 외에 별도로 대상청구권을 규정하고 있지 않으나 해석상 대상청구권을 부정할 이유가 없다고 할 것인데, 매매의 일종인 경매의 목적물인 토지가 경락허가결정 이후 하천구역에 편입되게 됨으로써 소유자의 경락자에 대한 소유권이전등기의무가 이행불능이 되었다면 경락자는 소유자가 위 하천구역편입으로 인하여 지급받게 되는 손실보상금에 대한 대상청구권을 행사할 수 있다고 할 것이다(대판 2002. 2. 8. 99다23901).
③ (✕) : 쌍무계약(교환계약)의 당사자 일방이 상대방의 급부가 이행불능이 된 사정의 결과로 상대방이 취득한 대상에 대하여 급부청구권을 행사할 수 있다고 하더라도, 그 당사자 일방이 대상청구권을 행사하려면 상대방에 대하여 반대급부를 이행할 의무가 있는바, 이 경우 당사자 일방의 반대급부도 그 전부가 이행불능이 되거나 그 일부가 이행불능이 되고 나머지 잔부의 이행만으로는 상대방이 계약목적을 달성할 수 없는 등 상대방에게 아무런 이익이 되지 않는다고 인정되는 때에는, 상대방이 당사자 일방의 대상청구를 거부하는 것이 신의칙에 반한다고 볼 만한 특별한 사정이 없는 한 당사자 일방은 상대방에 대하여 대상청구권을 행사할 수 없다(대판 1996. 6. 25. 95다6601).

④ (✗) : 채무자가 수령하게 되는 보상금이나 그 청구권에 대하여 채권자가 대상청구권을 가지는 경우에도 채권자는 채무자에 대하여 그가 지급받은 보상금의 반환을 청구하거나 채무자로부터 보상청구권을 양도받아 보상금을 지급받아야 할 것이나, 어떤 사유로 채권자가 직접 자신의 명의로 대상청구의 대상이 되는 보상금을 지급받았다고 하더라도 이로써 채무자에 대한 관계에서 바로 부당이득이 되는 것은 아니라고 보아야 할 것이다(대판 2002.2.8, 99다23901).

⑤ (✗) : 점유로 인한 부동산소유권취득기간 만료를 원인으로 한 등기청구권이 이행불능으로 되었다고 하여 대상청구권을 행사하기 위하여는, 그 이행불능 전에 등기명의자에 대하여 점유로 인한 부동산소유권취득기간이 만료되었음을 이유로 그 권리를 주장하였거나 그 취득기간 만료를 원인으로 한 등기청구권을 행사하였어야 하고, 그 이행불능 전에 그와 같은 권리의 주장이나 행사에 이르지 않았다면 대상청구권을 행사할 수 없다고 봄이 공평의 관념에 부합한다(대판 1996.12.10., 94다43825).

정답 ②

Ⅳ. 관련문제

1. 이행보조자

446 이행보조자의 관한 설명으로 옳은 것은? (다툼이 있으면 판례에 따름) [21 노무]

① 이행보조자는 채무자에게 종속되어 지시·감독을 받는 관계에 있는 자를 말한다.
② 동일한 사실관계에 기하여 채무자와 이행보조자가 각 채무불이행책임과 불법행위책임을 지는 경우, 이들의 책임은 연대채무관계에 있다.
③ 채무자가 이행보조자의 선임·감독상의 주의의무를 다하더라도 채무자는 이행보조자에 의해 유발된 채무불이행책임을 면하지 못한다.
④ 이행보조자의 경과실에 대하여 채무자가 채무불이행 책임을 지지 아니한다는 내용의 특약은 원칙적으로 무효이다.
⑤ 이행보조자가 제3자를 복이행보조자로 사용하는 경우, 채무자가 이를 묵시적으로 동의했다면 복이행보조자의 경과실에 대해서 채무자는 책임을 부담하지 않는다.

해설

① (✗), ⑤ (✗) : 민법 제391조는 이행보조자의 고의·과실을 채무자의 고의·과실로 본다고 규정하고 있는데, 이러한 이행보조자는 채무자의 의사 관여 아래 채무이행행위에 속하는 활동을 하는 사람이면 족하고 반드시 채무자의 지시 또는 감독을 받는 관계에 있어야 하는 것은 아니므로, 그가 채무자에 대하여 종속적 또는 독립적인 지위에 있는가는 문제되지 않으며, 이행보조자가 채무의 이행을 위하여 제3자를 복이행보조자로서 사용하는 경우에도 채무자가 이를 승낙하였거나 적어도 묵시적으로 동의한 경우에는 채무자는 복이행보조자의 고의·과실에 관하여 민법 제391조에 의하여 책임을 부담한다(대판 1999.4.13. 98다51077,51084 ; 대판 2011. 5. 26. 2011다1330).

② (×) : 이행보조자가 고의, 과실로 목적물을 훼손, 멸실시킨 경우에 있어서 이행보조자의 손해배상 의무와 채무자의 손해배상의무는 부진정연대채무이다.

③ (○) : 제391조【이행보조자의 고의, 과실】채무자의 법정대리인이 채무자를 위하여 이행하거나 채무자가 타인을 사용하여 이행하는 경우에는 법정대리인 또는 피용자의 고의나 과실은 채무자의 고의나 과실로 본다.

④ (×) : 채무자는 계약자유의 원칙상 채권자와 과실에 대한 면책약정을 할 수 있다. 그러나 채무자 자신의 고의에 대한 면책을 특약하는 것은 사회질서에 반하므로 무효이다.

정답 ③

2. 손해배상의 범위

447 통상손해와 특별손해에 관한 다음 설명 중 가장 옳지 않은 것은? [19 법행]

① 여행자가 해외 여행계약에 따라 여행하는 도중 여행업자의 고의 또는 과실로 상해를 입은 경우 계약상 여행업자의 여행자에 대한 국내로의 귀환운송의무가 예정되어 있고, 현지에서 당초 예정한 여행기간 내에 치료를 완료하기 어렵거나, 계속적, 전문적 치료가 요구되어 사회통념상 여행자가 국내로 귀환할 필요성이 있었다고 인정된다면, 이로 인하여 발생하는 귀환운송비 등 추가적인 비용은 여행업자의 고의 또는 과실로 인하여 발생한 통상손해의 범위에 포함될 수 있다.

② 금융기관의 임직원이 동일인에 대한 대출한도를 초과하는 등 여신업무에 관한 규정을 위반하여 자금을 대출하면서 충분한 담보를 확보하지 아니하는 등 그 임무를 게을리 하여 금융기관이 대출금을 회수하지 못하는 손해를 입은 경우 금융기관이 입은 통상손해는 위 임직원이 위와 같은 규정을 준수하여 적정한 담보를 취득하였더라면 회수할 수 있었을 미회수 대출 원리금이고, 특별한 사정이 없는 한 이에 대한 약정이율에 의한 대출금의 이자와 약정연체이율에 의한 지연이자는 특별손해에 해당한다.

③ 불법행위로 인하여 사망한 급여소득자의 일실수익은 원칙적으로 사망 당시를 기준으로 하여 산정하여야 하지만 장차 그 임금수익이 증가될 것을 상당한 정도로 확실하게 예측할 수 있는 객관적인 자료가 있을 때에는 장차 증가될 임금수익도 일실수익을 산정함에 있어서 고려되어야 하고, 이와 같이 증가될 임금수익을 기준으로 산정된 일실수익 상당의 손해는 통상손해에 해당한다.

④ 계약 당시 손해배상액을 예정한 경우에는 다른 특약이 없는 한 채무불이행으로 인하여 입은 통상손해는 물론 특별손해 까지도 예정액에 포함되고, 채권자의 손해가 예정액을 초과한다 하더라도 초과 부분을 따로 청구할 수 없다.

⑤ 부당한 가압류의 집행으로 그 가압류 목적물의 처분이 지연되어 소유자가 손해를 입은 경우, 가압류 집행 당시 부동산의 소유자가 그 부동산을 사용・수익하였다면 그 부동산의 처분이 지체되었다고 하더라도 그로 인한 손해는 그 부동산을 계속 사용・수익함으로 인한 이익과 상쇄되어 결과적으로 부동산의 처분이 지체됨에 따른 손해가 없다고 할 수 있

고, 만일 그 부동산의 처분 지연으로 인한 손해가 그 부동산을 계속 사용·수익하는 이익을 초과한다면 이는 특별손해라고 할 수 있다.

해설

① **(O)** : 민법 제393조 제1항은 "채무불이행으로 인한 손해배상은 통상의 손해를 그 한도로 한다."라고 규정하고 있고, 제2항은 "특별한 사정으로 인한 손해는 채무자가 이를 알았거나 알 수 있었을 때에 한하여 배상의 책임이 있다."라고 규정하고 있다. 제1항의 통상손해는 특별한 사정이 없는 한 그 종류의 채무불이행이 있으면 사회일반의 거래관념 또는 사회일반의 경험칙에 비추어 통상 발생하는 것으로 생각되는 범위의 손해를 말하고, 제2항의 특별한 사정으로 인한 손해는 당사자들의 개별적, 구체적 사정에 따른 손해를 말한다. 여행자가 해외 여행계약에 따라 여행하는 도중 여행업자의 고의 또는 과실로 상해를 입은 경우 계약상 여행업자의 여행자에 대한 국내로의 귀환운송의무가 예정되어 있고, 여행자가 입은 상해의 내용과 정도, 치료행위의 필요성과 치료기간은 물론 해외의 의료 기술수준이나 의료제도, 치료과정에서 발생할 수 있는 언어적 장애 및 의료비용의 문제 등에 비추어 현지에서 당초 예정한 여행기간 내에 치료를 완료하기 어렵거나, 계속적, 전문적 치료가 요구되어 사회통념상 여행자가 국내로 귀환할 필요성이 있었다고 인정된다면, 이로 인하여 발생하는 귀환운송비 등 추가적인 비용은 여행업자의 고의 또는 과실로 인하여 발생한 통상손해의 범위에 포함되고, 이 손해가 특별한 사정으로 인한 손해라고 하더라도 예견가능성이 있었다고 보아야 한다(대판 2019. 4. 3. 2018다286550).

② **(X)** : 금융기관 임직원이 동일인 신용대출한도를 초과하여 대출할 경우 담보를 취득하도록 정하고 있는 여신업무에 관한 규정을 위반하여 아무런 담보를 취득하지 않은 채 신용대출한도를 초과하여 대출한 경우, 이러한 금융기관 임직원의 채무불이행으로 인하여 금융기관이 입은 통상손해는 임직원이 규정을 준수하여 적정한 담보를 취득하고 대출하였더라면 회수할 수 있었을 미회수 대출원리금이고, 특별한 사정이 없는 한 이러한 통상손해의 범위에는 약정이율에 의한 대출금 이자와 약정연체이율에 의한 지연이자가 포함된다(대판 2012. 4. 12. 2010다75945).

③ **(O)** : 불법행위로 인하여 노동능력을 상실한 급여소득자의 일실이득은 원칙적으로 노동능력 상실 당시의 임금수익을 기준으로 산정할 것이지만, 장차 그 임금수익이 증가될 것을 상당한 정도로 확실하게 예측할 수 있는 객관적인 자료가 있을 때에는 장차 증가될 임금수익도 일실이득을 산정함에 고려되어야 할 것이고, 이와 같이 장차 증가될 임금수익을 기준으로 산정된 일실이득 상당의 손해는 당해 불법행위에 의하여 사회관념 상 통상 생기는 것으로 인정되는 통상손해에 해당하는 것이라고 볼 것이므로 당연히 배상 범위에 포함시켜야 하는 것이고, 피해자의 임금수익이 장차 증가될 것이라는 사정을 가해자가 알았거나 알 수 있었는지의 여부에 따라 그 배상범위가 달라지는 것은 아니다(대판 2004.2.27. 2003다6873).

④ **(O)** : 「민법」제398조에서 정하고 있는 손해배상액의 예정은 손해의 발생사실과 손해액에 대한 증명의 곤란을 덜고 분쟁의 발생을 미리 방지하여 법률관계를 쉽게 해결하고자 하는 등의 목적으로 규정된 것이고, 계약 당시 손해배상액을 예정한 경우에는 다른 특약이 없는 한 채무불이행으로 인하여 입은 통상손해는 물론 특별손해까지도 예정액에 포함되고 채권자의 손해가 예정액을 초과한다 하더라도 초과 부분을 따로 청구할 수 없다(대판 2010. 7. 15. 2010다10382).

⑤ **(O)** : 가압류나 가처분 등 보전처분은 법원의 재판에 의하여 집행되는 것이기는 하나, 그 실체 상 청구권이 있는지 여부는 본안소송에 맡기고 단지 소명에 의하여 채권자의 책임 아래 하는 것이므로, 그 집행 후에 집행채권자가 본안소송에서 패소 확정되었다면 그 보전처분의 집행으로 인하여 채무자가 입은 손해에 대하여는 특별한 반증이 없는 한 집행채권자에게 고의 또는 과실이 있다고

추정되고, 따라서 그 부당한 집행으로 인한 손해에 대하여 이를 배상할 책임이 있다고 할 것이나, 토지에 대한 부당한 가압류의 집행으로 그 지상에 건물을 신축하는 내용의 공사도급계약이 해제됨으로 인한 손해는 특별손해이므로, 가압류채권자가 토지에 대한 가압류집행이 그 지상 건물 공사도급계약의 해제사유가 된다는 특별한 사정을 알았거나 알 수 있었을 때에 한하여 배상의 책임이 있다(대판 2008.6.26. 2006다84874).

정답 ②

3. 손해배상의 방법

4. 과실상계

448 민법상 손해배상에 관한 설명으로 옳지 않은 것은? (다툼이 있으면 판례에 따름) [15 노무]

① 불법행위로 인한 손해배상채무는 채권자의 청구가 있어야 이행지체가 된다.
② 불법행위로 인하여 손해와 이득이 동시에 발생한 경우에 그 손해발생에 대하여 피해자에게도 과실이 있다면 먼저 손해액에서 과실상계를 한 후에 이득을 공제하여야 한다.
③ 특별손해로 인정되기 위해서는 특별한 사정에 관해서 알았거나 알 수 있었던 것으로 족하고, 손해액까지는 예견가능성이 필요하지 않다.
④ 가해행위와 피해자 측의 요인이 경합하여 손해가 발생하거나 확대된 경우에는 그 피해자 측의 요인이 체질적인 소인과 같이 피해자 측의 귀책사유와 무관한 것이라도, 법원은 손해배상액을 정하면서 과실상계의 법리를 유추적용 할 수 있다.
⑤ 매매 당사자가 계약금으로 수수한 금액에 관하여 매수인이 위약하면 이를 무효로 하고 매도인이 위약하면 그 배액을 상환하기로 하는 뜻의 약정을 한 경우, 실제손해액이 예정액을 초과하더라도 그 초과액을 청구할 수 없다.

해설

① (X) : 불법행위에 의한 손해배상채무에 있어서는 최고 없이 불법행위 시(즉 그 당일부터)로부터 당연히 지체의 효과로서 손해배상책임이 발생한다(대판 1975.5.27. 74다1393).
② (O) : 불법행위로 인하여 손해가 발생하고 그 손해발생으로 이득이 생기고 동시에 그 손해발생에 피해자에게도 과실이 있어 과실상계를 하여야 할 경우에는 먼저 산정된 손해액에서 과실상계를 한 다음에 위 이득을 공제하여야 한다(대판 1990.5.8. 89다카29129).
③ (O) : 채무불이행자 또는 불법행위자는 특별한 사정의 존재를 알았거나 알 수 있었으면 그러한 특별사정으로 인한 손해를 배상하여야 할 의무가 있는 것이고, 그러한 특별한 사정에 의하여 발생한 손해의 액수까지 알았거나 알 수 있었어야 하는 것은 아니다(대판 2002.10.25. 2002다23598).
④ (O) : 가해행위와 피해자 측의 요인이 경합하여 손해가 발생하거나 확대된 경우에는 피해자 측의 요인이 체질적인 소인 또는 질병의 위험도와 같이 피해자 측의 귀책사유와 무관한 것이라고 할지라도, 그 질환의 태양·정도 등에 비추어 가해자에게 손해의 전부를 배상하게 하는 것이 공평의 이념에 반하는 경우에는, 법원은 손해배상액을 정하면서 과실상계의 법리를 유추적용하여 손해의 발생 또는 확대에 기여한 피해자 측의 요인을 참작할 수 있다(대판 2014.7.10. 2014다16968).

⑤ **(O)** : 매매당사자가 계약금으로 수수한 금액에 관하여 매수인이 위약하면 이를 무효로 하고 매도인이 위약하면 그 배액을 상환하기로 하는 뜻의 약정을 한 경우에 있어서 그 위약금의 약정은 민법 제398조 제4항이 정한 손해배상의 예정으로 추정되는 것이고, 이와 같은 약정이 있는 경우에는 채무자에게 채무불이행이 있으면 채권자는 실제손해액을 증명할 필요없이 그 예정액을 청구할 수 있는 반면에 실제손해액이 예정액을 초과하더라도 그 초과액을 청구할 수 없다(대판 1988. 5. 10. 87다카3101).

정답 ①

449 민법상 과실상계에 관한 설명으로 옳지 않은 것은? (다툼이 있으면 판례에 따름) [20 노무]

① 불법행위의 성립에 관한 가해자의 과실과 과실상계에서의 피해자의 과실은 그 의미를 달리 한다.
② 피해자에게 과실이 있는 경우 가해자가 과실상계를 주장하지 않더라도 법원은 손해배상액을 정함에 있어서 이를 참작하여야 한다.
③ 매도인의 하자담보책임은 법이 특별히 인정한 무과실책임이지만 그 하자의 발생 및 확대에 가공한 매수인의 잘못이 있다면 법원을 이를 참작하여 손해배상의 범위를 정하여야 한다.
④ 피해자의 부주의를 이용하여 고의의 불법행위를 한 자는 특별한 사정이 없는 한 피해자의 그 부주의를 이유로 과실상계를 주장할 수 없다.
⑤ 손해를 산정함에 있어서 손익상계와 과실상계를 모두 하는 경우 손익상계를 먼저 하여야 한다.

해설

① **(O)** : 민법상 과실상계 제도는 채권자가 신의칙상 요구되는 주의를 다하지 아니한 경우 공평의 원칙에 따라 손해배상액을 산정함에 있어서 채권자의 그와 같은 부주의를 참작하게 하려는 것이므로 사회통념상 혹은 신의성실의 원칙상 단순한 부주의라도 그로 말미암아 손해가 발생하거나 확대된 원인을 이루었다면 채권자에게 과실이 있는 것으로 보아 과실상계를 할 수 있다(대판 2000. 6. 13. 98다35389).

② **(O)**, ④ **(O)** : 손해배상 청구소송에서 피해자에게 과실이 인정되면 법원은 손해배상의 책임 및 그 금액을 정함에 있어서 이를 참작하여야 하며, 배상의무자가 피해자의 과실에 관하여 주장하지 않는 경우에도 소송자료에 의하여 과실이 인정되는 경우에는 이를 법원이 직권으로 심리·판단하여야 할 것이지만, 피해자의 부주의를 이용하여 고의로 불법행위를 저지른 자가 바로 그 피해자의 부주의를 이유로 자신의 책임을 감하여 달라고 주장하는 것은 허용될 수 없다(대판 2000. 1. 21. 99다50538).

③ **(O)** : 민법 제581조, 제580조에 기한 매도인의 하자담보책임은 법이 특별히 인정한 무과실책임으로서 여기에 민법 제396조의 과실상계 규정이 준용될 수는 없다 하더라도, 담보책임이 민법의 지도이념인 공평의 원칙에 입각한 것인 이상 하자 발생 및 그 확대에 가공한 매수인의 잘못을 참작하여 손해배상의 범위를 정함이 상당하다(대판 1995. 6. 30. 94다23920).

⑤ (X) : 불법행위로 인하여 손해가 발생하고 그 손해발생으로 이득이 생기고 동시에 그 손해발생에 피해자에게도 과실이 있어 과실상계를 하여야 할 경우에는 먼저 산정된 손해액에서 과실상계를 한 다음에 위 이득을 공제하여야 한다(대판 1990.5.8. 89다카29129).

정답 ⑤

450 채무불이행책임에 관한 설명으로 옳은 것은? (다툼이 있으면 판례에 따름) [21 노무]
① 강제이행과 손해배상청구는 양립할 수 없다.
② 채권자의 단순한 부주의라도 그것이 손해확대의 원인이 되는 경우, 이를 이유로 과실상계를 할 수 있다.
③ 하는 채무에 대한 대체집행은 허용되지 않는다.
④ 손해배상청구권의 소멸시효는 본래의 채권을 행사할 수 있는 때로부터 진행된다.
⑤ 채무불이행으로 인하여 채권자의 생명침해가 있는 경우, 채권자의 직계존속은 민법 제752조를 유추적용 하여 채무불이행을 이유로 한 위자료를 청구할 수 있다.

해설

① (X) : 제389조【강제이행】④ 전3항의 규정은 손해배상의 청구에 영향을 미치지 아니한다.
② (O) : 민법상 과실상계 제도는 채권자가 신의칙상 요구되는 주의를 다하지 아니한 경우 공평의 원칙에 따라 손해배상액을 산정함에 있어서 채권자의 그와 같은 부주의를 참작하게 하려는 것이므로 사회통념상 혹은 신의성실의 원칙상 단순한 부주의라도 그로 말미암아 손해가 발생하거나 확대된 원인을 이루었다면 채권자에게 과실이 있는 것으로 보아 과실상계를 할 수 있다(대판 2000. 6. 13. 98다35389).
③ (X) : 제389조【강제이행】① 채무자가 임의로 채무를 이행하지 아니한 때에는 채권자는 그 강제이행을 법원에 청구할 수 있다. 그러나 채무의 성질이 강제이행을 하지 못할 것인 때[68]에는 그러하지 아니하다. ② 전항의 채무가 법률행위를 목적으로 한 때에는 채무자의 의사표시에 갈음할 재판을 청구할 수 있고 채무자의 일신에 전속하지 아니한 작위를 목적으로 한 때에는 채무자의 비용으로 제삼자에게 이를 하게 할 것을 법원에 청구할 수 있다.
④ (X) : 이행불능으로 인한 손해배상청구권은 이행불능 시로부터 진행 한다(대판 1990.11.9, 90다카22513).
⑤ (X) : 제752조【생명침해로 인한 위자료】타인의 생명을 해한 자는 피해자의 직계존속, 직계비속 및 배우자에 대하여는 재산상의 손해 없는 경우에도 손해배상의 책임이 있다.

정답 ②

---

[68] 직접강제가 허용되지 않는 '하는 채무'를 말한다.

5. 손해배상액의 예정

451 손해배상액의 예정에 관한 설명으로 옳은 것은? (다툼이 있으면 판례에 따름) [18 노무]

① 특별손해는 예정액을 초과하더라도 원칙적으로 청구할 수 있다.
② 계약체결 시 손해배상액 예정을 한 경우, 그 예정은 그 계약과 관련된 불법행위로 인한 손해배상까지 예정한 것으로 볼 수 있다.
③ 손해배상 예정액이 부당하게 과다한 경우에는 법원은 당사자의 주장이 없더라도 직권으로 이를 감액할 수 있다.
④ 채권자가 예정된 손해배상액을 청구하기 위하여 손해배상액을 증명할 필요는 없으나 적어도 손해의 발생은 증명하여야 한다.
⑤ 손해배상액 예정이 있어도 손해의 발생에 있어서 채권자의 과실이 있으면, 공평의 원칙상 과실상계를 한다.

해설

① (✗) : 계약 당시 손해배상액을 예정한 경우에는 다른 특약이 없는 한 채무불이행으로 인하여 입은 통상손해는 물론 특별손해까지도 예정액에 포함되고 채권자의 손해가 예정액을 초과한다 하더라도 초과부분을 따로 청구할 수 없다(대판 1993. 4. 23. 92다41719).

② (✗) : 계약 당시 당사자 사이에 손해배상액을 예정하는 내용의 약정이 있는 경우에는 그것은 계약상의 채무불이행으로 인한 손해액에 관한 것이고 이를 그 계약과 관련된 불법행위상의 손해까지 예정한 것이라고는 볼 수 없다(대판 1999. 1. 15. 98다48033).

③ (○) : 손해배상 예정액이 부당하게 과다한 경우에는 법원은 당사자의 주장이 없더라도 직권으로 이를 감액할 수 있고, 지연손해금의 과다 여부는 그 대상 채무를 달리할 경우에는 별도로 판단할 수 있다(대판 2000. 7. 28. 99다38637).

④ (✗) : 채무불이행으로 인한 손해배상액의 예정이 있는 경우에는 채권자는 채무불이행 사실만 증명하면 손해의 발생 및 그 액을 증명하지 아니하고 예정배상액을 청구할 수 있다.(대법원 2000. 12. 8. 2000다50350).

⑤ (✗) : 지체상금이 손해배상의 예정으로 인정되어 이를 감액함에 있어서는 채무자가 계약을 위반한 경위 등 제반사정이 참작되므로 손해배상액의 감경에 앞서 채권자의 과실 등을 들어 따로 감경할 필요는 없다(대판 2002. 1. 25. 99다57126). 즉 손해배상액예정의 경우에는 과실상계를 적용할 수 없다.

정답 ③

452 甲은 자기 소유의 토지에 대해 乙과 매매계약을 체결하면서 이행지체로 인한 손해배상액을 예정하였다. 乙의 이행지체를 이유로 甲이 손해배상을 청구하는 경우에 관한 설명으로 옳지 않은 것은? (다툼이 있으면 판례에 따름) [19 노무]

① 甲은 손해액에 대한 증명을 하지 않더라도 乙의 이행지체가 있었던 사실을 증명하면 예정배상액을 청구할 수 있다.
② 甲에게 손해가 발생하였더라도 특별한 사정이 없는 한 乙은 자신에게 귀책사유가 없음을 증명함으로써 예정배상액의 지급책임을 면할 수 있다.
③ 乙은 甲에게 손해가 발생하지 않았다는 사실을 증명하더라도 예정배상액의 지급책임을 면할 수 없다.
④ 甲은 乙의 이행지체로 인하여 입은 실제 손해액이 예정배상액보다 크다는 사실을 증명하더라도 다른 특약이 없는 한 그 초과부분을 따로 청구할 수 없다.
⑤ 乙의 이행지체로 인하여 특별손해가 발생한 경우, 다른 특약이 없는 한 甲은 乙에게 특별손해에 대한 손해배상을 별도로 청구할 수 있다.

해설

① (O), ② (O) : 채무불이행으로 인한 손해배상액이 예정되어 있는 경우에는 채권자는 채무불이행 사실만 증명하면 손해의 발생 및 그 액을 증명하지 아니하고 예정배상액을 청구할 수 있고, 채무자는 채권자와 채무불이행에 있어 채무자의 귀책사유를 묻지 아니한다는 약정을 하지 아니한 이상 자신의 귀책사유가 없음을 주장·입증함으로써 예정배상액의 지급책임을 면할 수 있다(대판 2007. 12. 27. 2006다9408).

③ (O) : 손해배상의 법률관계의 간이화라는 취지와 손해배상액의 예정이 채무자에 대한 이행강제의 기능도 수행한다는 점을 고려할 때, 채무자가 손해가 발생하지 않았음을 입증하더라도 채권자는 예정액을 청구할 수 있다 할 것이다.

④ (O) : 매매당사자가 계약금으로 수수한 금액에 관하여 매수인이 위약하면 이를 무효로 하고 매도인이 위약하면 그 배액을 상환하기로 하는 뜻의 약정을 한 경우에 있어서 그 위약금의 약정은 민법 제398조 제4항이 정한 손해배상의 예정으로 추정되는 것이고 또 이와 같은 약정이 있는 경우에는 채무자에게 채무불이행이 있으면 채권자는 실제손해액을 증명할 필요 없이 그 예정액을 청구할 수 있는 반면에 실제손해액이 예정액을 초과하더라도 그 초과액을 청구할 수 없다(대결 1990. 2. 13. 자 89다카26250).

⑤ (✕) : 계약 당시 손해배상액을 예정한 경우에는 다른 특약이 없는 한 채무불이행으로 인하여 입은 통상손해는 물론 특별손해까지도 예정액에 포함되고 채권자의 손해가 예정액을 초과한다 하더라도 초과부분을 따로 청구할 수 없다(대판 1993. 4. 23. 92다41719).

정답 ⑤

453 손해배상액의 예정에 관한 설명으로 옳지 않은 것은? (다툼이 있으면 판례에 따름) [21 노무]

① 채무자는 특별한 사정이 없는 한 자신의 귀책사유 없음을 이유로 예정배상액의 지급책임을 면할 수 있다.
② 손해배상액의 예정에는 특별한 사정이 없는 한 통상손해뿐만 아니라 특별손해도 포함된다.
③ 손해배상액이 예정되어 있는 경우라도 과실상계 할 수 있다.
④ 예정배상액의 감액범위에 대한 판단은 사실심 변론종결 당시를 기준으로 한다.
⑤ 금전채무에 관하여 이행지체에 대비한 지연손해금비율에 대한 합의는 손해배상액의 예정으로 보아 감액의 대상이 된다.

해설

① (O) : 채무불이행으로 인한 손해배상액이 예정되어 있는 경우에는 채권자는 채무불이행 사실만 증명하면 손해의 발생 및 그 액을 증명하지 아니하고 예정배상액을 청구할 수 있고, 채무자는 채권자와 채무불이행에 있어 채무자의 귀책사유를 묻지 아니한다는 약정을 하지 아니한 이상 자신의 귀책사유가 없음을 주장·입증함으로써 예정배상액의 지급책임을 면할 수 있다(대판 2007. 12. 27. 2006다9408).
② (O) : 계약 당시 손해배상액을 예정한 경우에는 다른 특약이 없는 한 채무불이행으로 인하여 입은 통상손해는 물론 특별손해까지도 예정액에 포함되고 채권자의 손해가 예정액을 초과한다 하더라도 초과부분을 따로 청구할 수 없다(대판 1993. 4. 23. 92다41719).
③ (X) : 지체상금이 손해배상의 예정으로 인정되어 이를 감액함에 있어서는 채무자가 계약을 위반한 경위 등 제반사정이 참작되므로 손해배상액의 감경에 앞서 채권자의 과실 등을 들어 따로 감경할 필요는 없다(대판 2002. 1. 25. 99다57126). 즉 손해배상액예정의 경우에는 과실상계를 적용할 수 없다.
④ (O) : 손해배상의 예정액이 부당하게 과다한지의 여부 내지 그에 대한 적당한 감액의 범위를 판단하는 데 있어서는, 법원이 구체적으로 그 판단을 하는 때, 즉 사실심의 변론종결 당시를 기준으로 하여 그 사이에 발생한 위와 같은 모든 사정을 종합적으로 고려하여야 할 것이다(대판 2004.12.10. 2002다73852).
⑤ (O) : 금전채무에 관하여 이행지체에 대비한 지연손해금 비율을 따로 약정한 경우에 이는 일종의 손해배상액의 예정으로서 민법 제398조에 의한 감액의 대상이 된다(대판 2000. 7. 28. 99다38637).

정답 ③

6. 손해배상자의 대위

제3절 채권자지체

454 채권자지체에 관한 다음 설명 중 가장 옳지 않은 것은? [예상]

① 채권자지체 중에는 채무자는 고의 또는 과실이 없으면 불이행으로 인한 모든 책임이 없다.
② 채권자지체 중에는 이자 있는 채권이라도 채무자는 이자를 지급할 의무가 없다.
③ 채권자지체 중 채무자의 공탁 등으로 채권이 소멸하면 자동적으로 채권자지체의 상태가 종료된다.
④ 채권자지체로 인하여 그 목적물의 보관 또는 변제의 비용이 증가된 때에는 그 증가액은 채권자의 부담으로 한다.
⑤ 채권자가 이행을 받을 수 없거나 받지 아니한 때에는 이행의 제공 있는 때로부터 지체책임이 있다.

해설

① (✕) : 제401조【채권자지체와 채무자의 책임】채권자지체중에는 채무자는 고의 또는 중대한 과실이 없으면 불이행으로 인한 모든 책임이 없다.
② (○) : 제402조【동전】채권자지체중에는 이자있는 채권이라도 채무자는 이자를 지급할 의무가 없다.
③ (○) : 채권이 소멸하였기 때문이다.
④ (○) : 제403조【채권자지체와 채권자의 책임】채권자지체로 인하여 그 목적물의 보관 또는 변제의 비용이 증가된 때에는 그 증가액은 채권자의 부담으로 한다.
⑤ (○) : 제400조【채권자지체】채권자가 이행을 받을 수 없거나 받지 아니한 때에는 이행의 제공 있는 때로부터 지체책임이 있다.

정답 ①

제4절 책임재산의 보전

I. 채권자대위권

455 채권자대위권에 관한 설명으로 옳지 않은 것은? (다툼이 있으면 판례에 따름) [15 노무]

① 재심의 소제기는 채권자대위권의 목적이 될 수 있다.
② 특별한 사정이 없는 한, 유류분반환청구권은 행사상의 일신전속성을 가지므로 채권자대위권의 목적이 될 수 없다.
③ 채권자취소권도 채권자가 채무자를 대위하여 행사하는 것이 가능하다.
④ 토지거래허가구역 내의 토지매매에서 토지거래허가 신청절차 협력의무의 이행청구권은 채권자대위의 목적이 될 수 있다.
⑤ 채무자가 제3채무자에 대한 권리를 재판상 행사하여 패소의 확정판결을 받은 경우에는 채권자는 채권자대위권을 행사할 수 없다.

해설

① (✕) : 채권을 보전하기 위하여 대위행사가 필요한 경우는 실체법상 권리뿐만 아니라 소송법상 권리에 대하여서도 대위가 허용되나, 채무자와 제3채무자 사이의 소송이 계속된 이후의 소송수행과 관련한 개개의 소송상 행위는 그 권리의 행사를 소송당사자인 채무자의 의사에 맡기는 것이 타당하므로 채권자대위가 허용될 수 없다. 같은 취지에서 볼 때 상소의 제기와 마찬가지로 종전 재심대상판결에 대하여 불복하여 종전 소송절차의 재개, 속행 및 재심판을 구하는 재심의 소제기는 채권자대위권의 목적이 될 수 없다(대판 2012. 12. 27. 2012다75239).

② (○) : 유류분반환청구권은 그 행사 여부가 유류분권리자의 인격적 이익을 위하여 그의 자유로운 의사결정에 전적으로 맡겨진 권리로서 행사상의 일신전속성을 가진다고 보아야 하므로, 유류분권리자에게 그 권리행사의 확정적 의사가 있다고 인정되는 경우가 아니라면 채권자대위권의 목적이 될 수 없다(대판 2010. 5. 27. 2009다93992).

③ (○) : 채권자취소권도 채권자가 채무자를 대위하여 행사하는 것이 가능하다(대판 2001. 12. 27. 2000다73049).

④ (○) : 매수인이 토지거래허가 신청절차의 협력의무 이행청구권을 보전하기 위하여 매도인의 권리를 대위하여 행사하는 것도 허용된다(대판 2013. 6. 13. 2011다83820).

⑤ (○) : 채권자대위권은 채무자가 제3채무자에 대한 권리를 행사하지 아니하는 경우에 한하여 채권자가 자기의 채권을 보전하기 위하여 행사할 수 있는 것이어서 채권자가 대위권을 행사할 당시는 이미 채무자가 권리를 재판상 행사하였을 때에는 설사 패소의 본안판결을 받았더라도 채권자는 채무자를 대위하여 채무자의 권리를 행사할 당사자적격이 없다(대판 1992. 11. 10. 92다30016).

정답 ①

456 채권자대위권에 관한 설명으로 옳은 것은? (다툼이 있으면 판례에 따름)

① 채권자대위권은 절차법상의 권리이다.
② 채권자대위권으로 보전되는 채권은 제3채무자에게 대항할 수 있는 것임을 요하지 않는다.
③ 채무자와 제3채무자 사이의 소송이 계속된 이후의 소송수행과 관련한 개개의 소송상 행위도 채권자대위가 허용된다.
④ 채무자가 대위권 행사의 통지를 받지 못한 경우에는 채권자가 대위권을 행사한다는 것을 알았더라도, 채무자는 대위 행사되는 권리를 처분할 수 있으며 이를 가지고 채권자에게 대항할 수 있다.
⑤ 채권자대위소송의 제기로 인한 소멸시효 중단의 효과는 채무자에게 미치지 않는다.

해설

① (×) : 채권자대위권은 실체법상의 권리이지 소송법상의 권리가 아니다.
② (○) : 보전될 채권은 그 발생원인을 불문하고 널리 청구권을 의미하며, 제3채무자에게 대항할 수 있는 것이어야 하는 것도 아니다.
③ (×) : 실체법상 권리를 주장하는 방법으로 인정되는 소송행위, 예를 들어 각종 소의 제기, 강제집행신청, 청구이의의 소, 제3자이의의 소, 가처분명령의 취소신청 등의 행위에 대해서는 대위할 수 있다. 그러나 채무자와 제3자 사이의 소송을 수행하기 위한 개별적 소송행위, 예를 들어 공격방어방법의 제출, 상소제기, 집행방법 또는 가압류결정에 대한 이의신청 등의 행위에 대해서는 대위할 수 없다(대판 1961.1.26. 4296민재항559).
④ (×) : 대위권 행사의 통지가 없었더라도 채무자가 대위권 행사의 사실을 알고 있었다면, 통지가 있었던 것과 마찬가지의 효과가 생긴다(대판 1988. 1. 19. 85다카1792 ; 대판 2003. 1. 10. 2000다27343. 채권자가 채권자대위권에 기하여 채무자의 권리를 행사하고 있는 경우에, 그 사실을 채무자에게 통지하였거나 채무자가 그 사실을 알고 있었던 때에는, 채무자가 그 권리를 처분하여도 이로써 채권자에게 대항하지 못한다).
⑤ (×) : 채무자가 제3자에 대하여 가지는 권리를 행사하지 않기 때문에 그 채권이 소멸시효에 걸릴 염려가 있는 경우 또는 채무자가 타인으로부터 부동산을 매수하였으나 그가 매도인에 대하여 등기청구권을 행사하지 않기 때문에 소유권을 취득하지 못하게 될 위험이 있는 경우에, 채권자는 채무자의 권리를 대신 행사하여 시효를 중단시키거나 채무자의 등기청구권을 대신 행사하여 채무자가 소유권을 취득하게 할 수 있다.

정답 ②

457 채권자대위권에 관한 설명으로 옳은 것은? (다툼이 있으면 판례에 따름) [17 노무]

① 채권자대위권 행사는 채무자의 무자력을 요하므로, 소유권이전등기청구권은 피보전채권이 될 수 없다.
② 토지거래규제구역 내의 토지 매매의 경우, 매수인이 매도인에 대하여 가지는 토지거래허가신청 절차 협력의무의 이행청구권도 채권자대위권 행사의 대상이 될수 있다.
③ 채무자의 채권자대위권은 대위할 수 있지만, 채무자의 채권자취소권은 대위할 수 없다.
④ 조합원의 조합탈퇴권은 일신전속적 권리이므로 대위의 대상이 되지 못한다.
⑤ 피보전채권이 금전채권인 경우, 대위채권자는 채무자의 금전채권을 자신에게 직접 이행하도록 청구할 수 없다.

해설

① (×) : 채권자는 채무자에 대한 채권을 보전하기 위하여 채무자를 대위해서 채무자의 권리를 행사할 수 있는바, 채권자가 보전하려는 권리와 대위하여 행사하려는 채무자의 권리가 밀접하게 관련되어 있고 채권자가 채무자의 권리를 대위하여 행사하지 않으면 자기 채권의 완전한 만족을 얻을 수 없게 될 위험이 있어 채무자의 권리를 대위하여 행사하는 것이 자기 채권의 현실적 이행을 유효·적절하게 확보하기 위하여 필요한 경우에는 채권자대위권의 행사가 채무자의 자유로운 재산관리행위에 대한 부당한 간섭이 된다는 등의 특별한 사정이 없는 한 채권자는 채무자의 권리를 대위하여 행사할 수 있다(대판 2007.5.10. 2006다82700,82717). 그러므로, 소유권이전등기청구권과 같은 특정 채권도 피보전채권이 된다.

② (○) : 국토이용관리법상의 토지거래규제구역 내의 토지에 관하여 관할 관청의 허가 없이 체결된 매매계약이라고 하더라도, 거래 당사자 사이에는 그 계약이 효력이 있는 것으로 완성될 수 있도록 서로 협력할 의무가 있어, 그 매매계약의 쌍방 당사자는 공동으로 관할 관청의 허가를 신청할 의무가 있고, 이러한 의무에 위배하여 허가신청에 협력하지 아니하는 당사자에 대하여 상대방은 협력의무의 이행을 청구할 수 있는 것이므로, 이와 같은 매수인이 매도인에 대하여 가지는 토지거래허가신청 절차의 협력의무의 이행청구권도 채권자대위권의 행사에 의하여 보전될 수 있는 채권에 해당한다(대판 1995. 9. 5. 95다22917).

③ (×) : 청구권은 물론 형성권(예를 들어 취소권·해제권·선택권·상계권·환매권·대금감액청구권·공유물분할청구권 등)·채권자대위권·채권자취소권도 대위의 목적이 될 수 있다.

④ (×) : 민법상 조합원은 조합의 존속기간이 정해져 있는 경우 등을 제외하고는 원칙적으로 언제든지 조합에서 탈퇴할 수 있고(민법 제716조 참조), 조합원이 탈퇴하면 그 당시의 조합재산상태에 따라 다른 조합원과 사이에 지분의 계산을 하여 지분환급청구권을 가지게 되는바(민법 제719조 참조), 조합원이 조합을 탈퇴할 권리는 그 성질상 조합계약의 해지권으로서 그의 일반재산을 구성하는 재산권의 일종이라 할 것이고 채권자대위가 허용되지 않는 일신전속적 권리라고는 할 수 없다. 따라서 채무자의 재산인 조합원 지분을 압류한 채권자는, 당해 채무자가 속한 조합에 존속기간이 정하여져 있다거나 기타 채무자 본인의 조합탈퇴가 허용되지 아니하는 것과 같은 특별한 사유가 있지 않은 한, 채권자대위권에 의하여 채무자의 조합 탈퇴의 의사표시를 대위행사할 수 있다 할 것이고, 일반적으로 조합원이 조합을 탈퇴하면 조합목적의 수행에 지장을 초래할 것이라는 사정만으로는 이를 불허할 사유가 되지 아니한다(대결 2007. 11. 30. 자, 2005마1130).

⑤ (✕) : 채권자가 자기의 금전채권을 보전하기 위하여 채무자의 금전채권을 대위행사하는 경우 제3채무자로 하여금 채무자에게 지급의무를 이행하도록 청구할 수도 있지만, 직접 대위채권자 자신에게 이행하도록 청구할 수도 있다(대판 2016. 8. 29. 2015다236547).

정답 ②

458 甲은 乙에게 변제기가 도래한 1억원의 금전채권을 가지고 있다. 乙은 현재 무자력 상태에 있고 丙에 대하여 변제기가 도래한 5,000만원의 금전채권을 가지고 있다. 이에 관한 설명으로 옳지 않은 것은? (다툼이 있으면 판례에 따름) [18 노무]

① 乙이 반대하는 경우에도 甲은 丙에 대하여 채권자대위권을 행사할 수 있다.
② 甲이 채권자대위권을 행사하는 경우에 丙은 乙에 대해 가지는 모든 항변사유로써 甲에게 대항할 수 있다.
③ 甲은 丙에게 5,000만원을 乙에게 이행할 것을 청구할 수 있을 뿐만 아니라, 직접 자기에게 이행할 것을 청구할 수 있다.
④ 甲이 丙으로부터 5,000만원을 대위수령한 경우, 甲은 상계적상에 있는 때에는 상계함으로써 사실상 우선변제를 받을 수 있다.
⑤ 甲이 丙에게 채권자 대위소송을 제기한 경우, 乙은 소송당사자가 아니므로 乙의 丙에 대한 채권을 소멸시효가 중단되지 않는다.

해설

① (O) : 대위권 행사에 채무자의 동의를 받아야 하는 것은 아니다(대판 1963. 11. 21. 63다634, 채무자가 그 행사에 반대하더라도 대위권 행사가 가능하다고 한다).
② (O) : 대위권 행사의 통지가 있기 전에 대위의 상대방은 채무자에 대한 항변권(예 : 동시이행의 항변권)을 대위행사 하는 채권자에 대해서도 주장할 수 있다. 대위권 행사로 인하여 제3자의 지위가 열악하게 될 수는 없기 때문이다.
③ (O) : 대위권 행사의 모든 효과는 채무자에게 귀속되어 전 채권자의 공동담보로 된다. 그러나 대위권을 행사함에 있어서 반드시 채무자에게 급부하라고 요구하여야 하는 것은 아니고, 채권자 자신에게 직접 급부하도록 요구하여도 된다. 즉 채권자에 의한 대위수령이 가능하다.
④ (O) : 제3채무자로부터 급부를 대위수령한 채권자는 그것을 채무자에게 인도하여야 하지만, 채권자의 채무자에 대한 채권과 채무자의 채권자에 대한 인도채권이 상계적상에 있다면, 상계의 의사표시에 의하여 '사실상'의 우선변제를 받을 수 있다.
⑤ (✕) : 채권자대위권 행사의 효과는 채무자에게 귀속되는 것이므로 채권자대위소송의 제기로 인한 소멸시효 중단의 효과 역시 채무자에게 생긴다(대판 2011. 10. 13. 2010다80930).

정답 ⑤

459 乙의 채권자 甲이 乙의 丙에 대한 금전채권에 대하여 채권자대위권을 행사하는 경우에 관한 설명으로 옳지 않은 것은? (다툼이 있으면 판례에 따름) [19 노무]

① 甲의 乙에 대한 채권의 소멸시효가 이미 완성된 경우, 丙은 乙의 甲에 대한 소멸시효의 항변을 원용할 수 없다.
② 丙이 乙의 이행청구에 대하여 동시이행항변권을 행사할 수 있는 경우, 丙은 甲에게 그 동시이행항변권을 가지고 대항할 수 있다.
③ 채권자대위소송에서 甲의 乙에 대한 채권이 존재하는지 여부는 법원의 직권조사사항이 아니다.
④ 甲의 乙에 대한 채권의 이행기가 도래하기 전이라도 甲은 법원의 허가를 받아 乙의 丙에 대한 채권을 대위행사 할 수 있다.
⑤ 甲은 丙에게 직접 자기에게 이행하도록 청구하여 급부를 대위수령 할 수 있다.

해설

① (O) : 채권자가 대위행사 하는 채권의 소멸시효가 완성된 경우 이를 원용할 수 있는 자는 원칙적으로 시효이익을 직접 받는 채무자뿐이므로 채권자대위소송의 제3채무자는 이를 행사할 수 없다(대판 1997. 7. 22. 97다5749).
② (O) : 대위권 행사의 통지가 있기 전에 대위의 상대방은 채무자에 대한 항변권(예 : 동시이행의 항변권)을 대위행사 하는 채권자에 대해서도 주장할 수 있다.
③ (×) : 채권자의 채무자에 대한 피보전권리(대위권리)의 존부는 법원이 직권으로 조사하여야 할 사항이고, 변론주의가 적용될 여지가 없다. 그리고 이 요건이 결여된 경우에 채권자대위소송은 부적법하여 각하 된다(대판 1990. 12. 11. 88다카4727).
④ (O) : 제404조【채권자대위권】② 채권자는 그 채권의 기한이 도래하기 전에는 법원의 허가없이 전항의 권리를 행사하지 못한다. 그러나 보전행위는 그러하지 아니하다.
⑤ (O) : 대위권 행사의 모든 효과는 채무자에게 귀속되어 전 채권자의 공동담보로 된다. 그러나 대위권을 행사함에 있어서 반드시 채무자에게 급부하라고 요구하여야 하는 것은 아니고, 채권자 자신에게 직접 급부하도록 요구하여도 된다. 즉 채권자에 의한 대위수령이 가능하다.

정답 ③

460 민법 제404조 채권자대위권에 관한 다음 설명 중 가장 옳지 않은 것은? [20 법행]

① 甲 종중이 종원인 乙에게 부동산을 적법하게 명의신탁 하였는데 乙과 丙이 공모하여 부동산을 매매한 사실이 없음에도 丙 명의로 허위의 소유권이전등기를 마친 경우 甲 종중은 명의신탁계약을 해지하지 않고도 乙을 대위하여 丙을 상대로 소유권이전등기의 말소를 구할 수 있다.

② 채권자대위권에서 보전되는 채권은 보전의 필요성이 인정되고 이행기가 도래한 것이면 족하고, 그 채권의 발생원인이 어떠하든 대위권을 행사함에는 아무런 방해가 되지 아니하나 적어도 채무자에 대한 채권이 제3채무자에게 대항할 수 있는 것이어야 한다.

③ 甲은 자기의 토지 위에 있는 乙 소유의 건물에 대한 건물철거청구권을 보전하기 위해 그 건물의 임대인 乙을 대위하여 乙로부터 건물을 임차한 丙을 상대로 임대차계약해지권 및 건물인도청구권을 행사할 수 있다.

④ 채권자가 자신의 금전채권을 보전할 목적으로 채무자의 제3자에 대한 권리를 대위행사하기 위하여는 특별한 사정이 없는 한 채무자의 변제 자력이 없어야 하고 채무자의 무자력에 대한 증명책임은 채권자에게 있다.

⑤ 甲의 채권자 乙이 甲을 대위하여 丙을 상대로 부당이득금의 반환을 구하는 소를 제기하여 '丙은 乙에게 1억원을 지급하라.'는 확정판결을 받았더라도 위 부당이득반환채권이 변제 등으로 소멸하기 전이라면 甲의 다른 채권자 丁은 위 채권을 압류할 수 있다.

해설

① (○) : 명의신탁자는 수탁자에 대하여 신탁계약상의 채권이 있으므로 명의신탁의 해지 없이도 그 채권을 보전하기 위하여 수탁자가 가지고 있는 원인무효로 인한 소유권이전등기말소절차이행청구권을 대위행사할 수 있다(대판 1993. 5. 11. 92다52870).

② (×) : [1] 민법 제404조에서 규정하고 있는 채권자대위권은 채권자가 채무자에 대한 자기의 채권을 보전하기 위하여 필요한 경우에 채무자의 제3자에 대한 권리를 대위행사할 수 있는 권리를 말하는 것으로서, 이 때 보전되는 채권은 보전의 필요성이 인정되고 이행기가 도래한 것이면 족하고, 그 채권의 발생원인이 어떠하든 대위권을 행사함에는 아무런 방해가 되지 아니하며, 또한 채무자에 대한 채권이 제3채무자에게까지 대항할 수 있는 것임을 요하는 것도 아니다. [2] 채권자대위권을 재판상 행사하는 경우에 있어서도 채권자인 원고는 그 채권의 존재사실 및 보전의 필요성, 기한의 도래 등을 입증하면 족한 것이지, 채권의 발생원인 사실 또는 그 채권이 제3채무자인 피고에게 대항할 수 있는 채권이라는 사실까지 입증할 필요는 없으며, 따라서 채권자가 채무자를 상대로 하여 그 보전되는 청구권에 기한 이행청구의 소를 제기하여 승소판결이 확정되면 제3채무자는 그 청구권의 존재를 다툴 수 없다(대판 2003. 4. 11. 2003다1250).

③ (○) : 토지 소유권에 근거하여 그 토지상 건물의 임차인들을 상대로 건물에서의 퇴거를 청구할 수 있었더라도 퇴거청구와 건물의 임대인을 대위하여 임차인들에게 임대차계약의 해지를 통고하고 건물의 인도를 구하는 청구는 그 요건과 효과를 달리하는 것이므로, 위와 같은 퇴거청구를 할 수 있었다는 사정이 채권자대위권의 행사요건인 채권보전의 필요성을 부정할 사유가 될 수 없다(대판 2007.05.10. 2006다82700·82717).

④ (○) : 금전채권에 관하여 채무자의 무자력에 관한 주장과 입증이 없는 한, 그 채권보전을 위한 대위권행사를 할 수 없다(대판 1972. 4. 28. 72다187, 188).

⑤ (○) : 채권자가 자기의 금전채권을 보전하기 위하여 채무자의 금전채권을 대위행사하는 경우 제3채무자로 하여금 채무자에게 지급의무를 이행하도록 청구할 수도 있지만, 직접 대위채권자 자신에게 이행하도록 청구할 수도 있는데, 채권자대위소송에서 제3채무자로 하여금 직접 대위채권자에게 금전의 지급을 명하는 판결이 확정되더라도, 대위의 목적인 권리, 즉 채무자의 제3채무자에 대한 피대위채권이 판결의 집행채권으로서 존재하는 것이고 대위채권자는 채무자를 대위하여 피대위채권에 대한 변제를 수령하게 될 뿐 자신의 채권에 대한 변제로서 수령하게 되는 것이 아니므로, 피대위채권이 변제 등으로 소멸하기 전이라면 채무자의 다른 채권자는 이에 대하여 압류 또는 가압류, 처분금지가처분을 할 수 있다. 그리고 이러한 경우에는 집행채권자의 채권자가 집행권원에 표시된 집행채권을 압류 또는 가압류, 처분금지가처분을 한 경우에 관한 법리가 그대로 적용된다(대판 2016. 9. 28. 2016다205915).

정답 ②

461 채권자대위권에 관한 설명 중 옳은 것은? (다툼이 있는 경우 판례에 의함)

① 채무자가 채권자대위권 행사의 통지를 받은 후에 제3채무자가 채무자의 채무불이행을 이유로 그 채무자와의 매매계약을 해제한 경우, 특별한 사정이 없는 한 제3채무자는 대위권을 행사하는 채권자에게 그 계약해제로써 대항할 수 있다.

② 채권자대위권을 재판상 행사하는 경우, 채권자가 채무자를 상대로 하여 그 보전되는 청구권에 기한 이행청구의 소를 제기하여 승소판결이 확정되었더라도, 제3채무자는 그 청구권의 존재를 다툴 수 있다.

③ 채권자 甲이 채무자 乙에 대한 금전채권을 보전하기 위하여 제3채무자 丙에 대한 금전채권을 대위행사 하는 경우, 丙으로 하여금 직접 甲에게 이행하도록 청구할 수도 있는데, 이러한 채권자대위소송에서 甲이 금전의 지급을 명하는 승소 확정판결을 받았다면, 위 피대위채권이 변제 등으로 소멸하기 전이라도 乙의 다른 채권자는 위 채권을 압류 또는 가압류할 수 없다.

④ 채권자 甲이 채무자 乙에 대한 금전채권을 보전하기 위하여 제3채무자 丙에 대한 금전채권을 대위행사 하는 경우, 甲이 乙에게 대위권 행사사실을 통지하거나 乙이 이를 알게 된 이후라고 하여도, 피대위채권에 대한 전부명령은 무효라고 할 수 없다.

⑤ 공유물분할청구권은 채권자대위권의 목적이 될 수 있으므로, 원칙적으로 금전채권자는 부동산에 관한 공유물분할청구권을 대위행사 할 수 있다고 보아야 한다.

해설

① (○) : 대판[전합] 2012.5.17. 2011다87235 : 민법 제405조 제2항은 '채무자가 채권자대위권행사의 통지를 받은 후에는 그 권리를 처분하여도 이로써 채권자에게 대항하지 못한다'고 규정하고 있다.

위 조항의 취지는 채권자가 채무자에게 대위권 행사사실을 통지하거나 채무자가 채권자의 대위권 행사사실을 안 후에 채무자에게 대위의 목적인 권리의 양도나 포기 등 처분행위를 허용할 경우 채권자에 의한 대위권행사를 방해하는 것이 되므로 이를 금지하는 데에 있다. 그런데 채무자의 채무 불이행 사실 자체만으로는 권리변동의 효력이 발생하지 않아 이를 채무자가 제3채무자에 대하여 가지는 채권을 소멸시키는 적극적인 행위로 파악할 수 없는 점, 더구나 법정해제는 채무자의 객관적 채무불이행에 대한 제3채무자의 정당한 법적 대응인 점, 채권이 압류·가압류된 경우에도 압류 또는 가압류된 채권의 발생원인이 된 기본계약의 해제가 인정되는 것과 균형을 이룰 필요가 있는 점 등을 고려할 때 채무자가 자신의 채무불이행을 이유로 매매계약이 해제되도록 한 것을 두고 민법 제405조 제2항에서 말하는 '처분'에 해당한다고 할 수 없다. 따라서 채무자가 채권자대위권행사의 통지를 받은 후에 채무를 불이행함으로써 통지 전에 체결된 약정에 따라 매매계약이 자동적으로 해제되거나, 채권자대위권행사의 통지를 받은 후에 채무자의 채무불이행을 이유로 제3채무자가 매매계약을 해제한 경우 제3채무자는 계약해제로써 대위권을 행사하는 채권자에게 대항할 수 있다.

② (×) : 채권자대위권을 행사함에 있어 채권자가 채무자를 상대로 그 보전되는 청구권에 기한 이행청구의 소를 제기하여 승소판결을 선고받고 그 판결이 확정되면 제3채무자는 그 청구권의 존재를 다툴 수 없게 된다(대판 2007.5.10. 2006다82700).

③ (×) : 채권자가 자기의 금전채권을 보전하기 위하여 채무자의 금전채권을 대위행사하는 경우 제3채무자로 하여금 채무자에게 지급의무를 이행하도록 청구할 수도 있지만, 직접 대위채권자 자신에게 이행하도록 청구할 수도 있는데, 채권자대위소송에서 제3채무자로 하여금 직접 대위채권자에게 금전의 지급을 명하는 판결이 확정되더라도, 대위의 목적인 권리, 즉 채무자의 제3채무자에 대한 피대위채권이 판결의 집행채권으로서 존재하는 것이고 대위채권자는 채무자를 대위하여 피대위채권에 대한 변제를 수령하게 될 뿐 자신의 채권에 대한 변제로서 수령하게 되는 것이 아니므로, 피대위채권이 변제 등으로 소멸하기 전이라면 채무자의 다른 채권자는 이에 대하여 압류 또는 가압류, 처분금지가처분을 할 수 있다. 그리고 이러한 경우에는 집행채권자의 채권자가 집행권원에 표시된 집행채권을 압류 또는 가압류, 처분금지가처분을 한 경우에 관한 법리가 그대로 적용된다(대판 2016. 9. 28. 2016다205915).

④ (×) : 채권자대위소송이 제기되고 대위채권자가 채무자에게 대위권 행사사실을 통지하거나 채무자가 이를 알게 되면 민법 제405조 제2항에 따라 채무자는 피대위채권을 양도하거나 포기하는 등 채권자의 대위권 행사를 방해하는 처분행위를 할 수 없게 되고 이러한 효력은 제3채무자에게도 그대로 미치는데, 그럼에도 그 이후 대위채권자와 평등한 지위를 가지는 채무자의 다른 채권자가 피대위채권에 대하여 전부명령을 받는 것도 가능하다고 하면, 채권자대위소송의 제기가 채권자의 적법한 권리행사방법 중 하나이고 채무자에게 속한 채권을 추심한다는 점에서 추심소송과 공통점도 있음에도 그것이 무익한 절차에 불과하게 될 뿐만 아니라, 대위채권자가 압류·가압류나 배당요구의 방법을 통하여 채권배당절차에 참여할 기회조차 가지지 못하게 한 채 전부명령을 받은 채권자가 대위채권자를 배제하고 전속적인 만족을 얻는 결과가 되어, 채권자대위권의 실질적 효과를 확보하고자 하는 민법 제405조 제2항의 취지에 반하게 된다. 따라서 채권자대위소송이 제기되고 대위채권자가 채무자에게 대위권 행사사실을 통지하거나 채무자가 이를 알게 된 이후에는 민사집행법 제229조 제5항이 유추적용 되어 피대위채권에 대한 전부명령은, 우선권 있는 채권에 기초한 것이라는 등의 특별한 사정이 없는 한, 무효이다(대판 2016. 8. 29. 2015다236547).

⑤ (×) : 1. 채권자는 자기의 채권을 보전하기 위하여, 일신에 전속한 권리가 아닌 한 채무자의 권리를 행사할 수 있다(민법 제404조 제1항). 공유물분할청구권은 공유관계에서 수반되는 형성권으로서 공유자의 일반재산을 구성하는 재산권의 일종이다. 공유물분할청구권이 오로지 공유자의 의사에 행사의 자유가 맡겨져 있어 공유자 본인만 행사할 수 있는 권리라고 볼 수는 없다. 따라서 공유물분할청구권도 채권자대위권의 목적이 될 수 있다. 2. 권리의 행사 여부는 그 권리자가 자유로운 의사에

따라 결정하는 것이 원칙이다. 채무자가 스스로 권리를 행사하지 않는데도 채권자가 채무자를 대위하여 채무자의 권리를 행사할 수 있으려면 그러한 채무자의 권리 행사를 통해 채권자의 권리를 보전해야 할 필요성이 있어야 한다. 여기에서 보전의 필요성은 채권자가 보전하려는 권리의 내용, 채권자가 보전하려는 권리가 금전채권인 경우 채무자의 자력 유무, 채권자가 보전하려는 권리와 대위하여 행사하려는 권리의 관련성 등을 종합적으로 고려하여 채권자가 채무자의 권리를 대위하여 행사하지 않으면 자기 채권의 완전한 만족을 얻을 수 없게 될 위험이 있어 채무자의 권리를 대위하여 행사하는 것이 자기 채권의 현실적 이행을 유효·적절하게 확보하기 위하여 필요한지 여부를 기준으로 판단하여야 하고, 채권자대위권의 행사가 채무자의 자유로운 재산관리행위에 대한 부당한 간섭이 되는 등 특별한 사정이 있는 경우에는 보전의 필요성을 인정할 수 없다(대법원 1993. 10. 8. 선고 93다28867 판결, 대법원 2013. 5. 23. 선고 2010다50014 판결, 대법원 2017. 7. 11. 선고 2014다89355 판결 등 참조). 3. 채권자가 자신의 '금전채권'을 보전하기 위하여 채무자를 대위하여 '부동산에 관한' 공유물분할청구권을 행사하는 것은, 책임재산의 보전과 직접적인 관련이 없어 채권의 현실적 이행을 유효·적절하게 확보하기 위하여 필요하다고 보기 어렵고 채무자의 자유로운 재산관리행위에 대한 부당한 간섭이 되므로 보전의 필요성을 인정할 수 없다. 또한 특정 분할방법을 전제하고 있지 않는 공유물분할청구권의 성격 등에 비추어 볼 때 그 대위행사를 허용하면 여러 법적 문제들이 발생한다. 따라서 **극히 예외적인 경우가 아니라면 금전채권자는 부동산에 관한 공유물분할청구권을 대위행사 할 수 없다고 보아야 한다.** 이는 채무자의 공유지분이 다른 공유자들의 공유지분과 함께 근저당권을 공동으로 담보하고 있고, 근저당권의 피담보채권이 채무자의 공유지분 가치를 초과하여 채무자의 공유지분만을 경매하면 남을 가망이 없어 민사집행법 제102조에 따라 경매절차가 취소될 수밖에 없는 반면, 공유물분할의 방법으로 공유부동산 전부를 경매하면 민법 제368조 제1항에 따라 각 공유지분의 경매대가에 비례해서 공동근저당권의 피담보채권을 분담하게 되어 채무자의 공유지분 경매대가에서 근저당권의 피담보채권 분담액을 변제하고 남을 가망이 있는 경우에도 마찬가지이다. 4. 이와 달리 공유물에 근저당권 등 선순위 권리가 있어 남을 가망이 없다는 이유로 민사집행법 제102조에 따라 공유지분에 대한 경매절차가 취소된 경우에는 공유자의 금전채권자는 자신의 채권을 보전하기 위하여 공유자의 공유물분할청구권을 대위행사 할 수 있다는 취지로 판단한 대법원 2015. 12. 10. 선고 2013다56297 판결은 이 판결의 견해에 배치되는 범위에서 이를 변경하기로 한다(대판[전합] 2020.5.21. 2018다879).

정답 ①

Ⅱ. 채권자취소권

462 채권자취소권에 관한 설명으로 옳은 것은? (다툼이 있으면 판례에 따름)   [17 노무]

① 채권자취소권은 재판상 또는 재판 외에도 행사할 수 있다.
② 특정물에 대한 소유권이전등기청구권과 같은 특정채권도 채권자취소권의 피보전채권이 될 수 있다.
③ 채권자취소권에 의해 보전되는 채권은 특별한 경우 사해행위 이후에도 성립할 수 있다.
④ 상속재산의 분할협의는 채권자취소권의 대상이 될 수 없다.
⑤ 수인의 채권자 중 일부가 제기한 채권자취소권 행사의 효력은 취소소송을 행한 채권자에게만 귀속된다.

해설

① (X) : 제406조【채권자취소권】① 채무자가 채권자를 해함을 알고 재산권을 목적으로 한 법률행위를 한 때에는 채권자는 그 취소 및 원상회복을 법원에 청구할 수 있다. 즉 소로써만 행사할 수 있다.

② (X) : 특정채권의 보전을 위하여 채권자취소권을 행사할 수 있는지 문제되는데, 채권자대위권과 달리 判例는 이를 부정한다. 채권자취소권은 채권자의 공동담보인 채무자의 책임재산의 감소를 방지하기 위한 것이기 때문이다(제407조).

③ (O) : 채권자취소권에 의하여 보전되는 채권은 원칙적으로 사해행위라고 할 수 있는 행위가 행하여지기 전에 발생하여야 한다. 재산을 감소시키는 행위로 인하여 그 후에 권리를 취득한 채권자를 해친다고 할 수는 없기 때문이다. 다만 判例는 이러한 원칙에 대한 예외를 인정한다. 즉 그 사해행위 당시에 이미 채권성립의 기초가 되는 법률관계가 발생되어 있고, 가까운 장래에 그 법률관계에 기하여 채권이 성립할 것이라는 고도의 개연성이 있으며, 실제로 가까운 장래에 그 개연성이 현실화 되어 채권이 성립한 경우에 한해서 예외적으로 그 채권도 채권자취소권의 피보전채권이 될 수 있다(대판 2007.6.29. 2006다66753).

④ (X) : 상속재산의 분할협의는 상속이 개시되어 공동상속인 사이에 잠정적 공유가 된 상속재산에 대하여 그 전부 또는 일부를 각 상속인의 단독소유로 하거나 새로운 공유관계로 이행시킴으로써 상속재산의 귀속을 확정시키는 것으로 그 성질상 재산권을 목적으로 하는 법률행위이므로 사해행위취소권 행사의 대상이 될 수 있다(대판 2001. 2. 9. 2000다51797).

⑤ (X) : 제407조【채권자취소의 효력】전조의 규정에 의한 취소와 원상회복은 모든 채권자의 이익을 위하여 그 효력이 있다.

정답 ③

463 채권자취소권에 관한 설명으로 옳지 않은 것은? (다툼이 있으면 판례에 따름) [19 노무]

① 채권자가 사해행위 취소소송을 통해 원상회복만을 구하는 경우, 법원은 가액배상을 명할 수 없다.
② 채권자가 사해행위의 취소와 원상회복을 구하는 경우, 사해행위의 취소만을 먼저 청구한 다음 원상회복을 나중에 청구할 수도 있다.
③ 채무초과상태의 채무자가 유일한 재산을 우선변제권 있는 채권자에게 대물변제로 제공하는 경우, 특별한 사정이 없는 한 사해행위가 되지 않는다.
④ 사해행위 취소소송에서 채무자는 피고적격이 없다.
⑤ 채권자취소권의 행사에 있어서 제척기간의 도과에 관한 증명책임은 사해행위 취소소송의 상대방에게 있다.

해설

① (X) : 원고가 사해행위 전부의 취소와 원물반환을 구하고 있더라도 그 청구취지 중에는 사해행위 일부취소와 가액배상을 구하는 취지도 포함되어 있으므로 법원으로서는 청구취지의 변경이 없더라도 가액배상을 명할 수 있다(대판 2001. 6. 12. 99다20612).

② (O) : 통상 사해행위취소소송은 사해행위의 취소라는 형성의 소와 원상회복이라는 이행의 소가 병합된 형태로 제기된다. 그러나 사해행위의 취소만을 먼저 청구한 다음 원상회복을 나중에 청구할 수도 있다.

③ (O) : 채무자의 재산이 채무의 전부를 변제하기에 부족한 경우에 채무자가 그의 유일한 재산을 어느 특정 채권자에게 대물변제로 제공하는 행위는 다른 특별한 사정이 없는 한 다른 채권자들에 대한 관계에서 사해행위가 되지만, 채권자들의 공동담보가 되는 채무자의 총재산에 대하여 다른 채권자에 우선하여 변제를 받을 수 있는 권리를 가지는 채권자는 처음부터 채무자의 재산에 대한 환가절차에서 다른 채권자에 우선하여 배당을 받을 수 있는 지위에 있으므로, 그와 같은 우선변제권 있는 채권자에 대한 대물변제의 제공행위는 특별한 사정이 없는 한 다른 채권자들의 이익을 해한다고 볼 수 없어 사해행위가 되지 않는다(대판 2008. 2. 14. 2006다33357).

④ (O) : 채권자취소권 행사의 상대방은 언제나 이득반환청구의 상대방, 즉 수익자 또는 전득자이고, 채무자는 상대방이 아니다.

⑤ (O) : 제척기간의 도과에 관한 증명책임은 채권자취소소송의 상대방에게 있다(대판 2009.3.26. 2007다63102).

정답 ①

464 채권자 甲, 채무자 乙, 수익자 丙을 둘러싼 채권자취소소송에 관한 설명으로 옳은 것은? (단, 乙에게는 甲 외에 다수의 채권자가 존재하며 다툼이 있으면 판례에 따름) [20 노무]

① 채권자취소소송에서 원고는 甲이고 피고는 乙과 丙이다.
② 원상회복으로 丙이 금전을 지급하여야 하는 경우에 甲은 직접 자신에게 이를 지급할 것을 청구할 수 있다.
③ 채권자취소권 행사의 효력은 소를 제기한 甲의 이익을 위해서만 발생한다.
④ 乙의 사해의사는 특정 채권자인 甲을 해한다는 인식이 필요하다.
⑤ 채권자취소소송은 甲이 乙의 대리인으로서 수행하는 것이다.

해설

① (X) : 채권자취소권의 상대방은 이득반환청구의 상대방인 수익자 또는 전득자이며, 채무자에게는 피고적격이 인정되지 않는다(대판 1988.2.23. 87다카1586).

② (O) : 사해행위취소로 인한 원상회복으로서 원물반환이 아닌 가액배상을 명하는 경우에는 그 이행의 상대방은 채권자이어야 한다(대판 2008.04.24. 2007다84352).

③ (X) : 채권자취소권 행사의 효과는 "모든 채권자의 이익을 위하여 그 효력이 있다"(민법 제407조).

④ (X) : 채무자가 그의 법률행위에 의하여 "채권자를 해함을 알고" 있어야 한다(민법 제406조 1항 본문). 채권자를 해함을 안다는 채무자의 악의, 즉 사해의사는 채무자의 재산처분행위에 의하여 그 재산이 감소되어 채권의 공동담보에 부족이 생기거나 이미 부족한 상태에 있는 공동담보가 한층 더 부족하게 됨으로써 채권자의 채권을 완전하게 만족시킬 수 없게 된다는 사실을 인식하는 것을 의미하고, 그러한 인식은 일반채권자에 대한 관계에서 있으면 충분하며 특정채권자를 해한다는 인식이 있어야 하는 것은 아니다.

⑤ (X) : 채권자취소권은 소송상 채권자의 이름으로 행사되고, 채권자가 채무자의 대리인이 되어 행사하는 것은 아니다.

정답 ②

465 채권자취소권에 관한 설명으로 옳은 것은 모두 고른 것은? (다툼이 있으면 판례에 따름)

[21 노무]

> ㄱ. 채권자취소의 소는 취소원인을 안 날로부터 3년, 법률행위가 있은 날로부터 10년 내에 제기하여야 한다.
> ㄴ. 채권자가 채무자의 사해의사를 증명하면 수익자의 악의는 추정된다.
> ㄷ. 채무초과상태에 있는 채무자의 상속포기는 채권자취소권의 대상이 되지 못한다.
> ㄹ. 사해행위 이전에 성립된 채권을 양수하였으나, 그 대항요건을 사해행위 이후에 갖춘 양수인은 이를 피보전채권으로 하는 채권자취소권을 행사할 수 없다.
> ㅁ. 건물신축의 도급인이 민법 제666조에 따른 수급인의 저당권설정청구권 행사에 의해 그 건물에 저당권을 설정하는 행위는 특별한 사정이 없는 한 사해행위에 해당하지 않는다.

① ㄱ, ㄴ, ㅁ   ② ㄱ, ㄷ, ㄹ   ③ ㄱ, ㄹ, ㅁ
④ ㄴ, ㄷ, ㄹ   ⑤ ㄴ, ㄷ, ㅁ

해설

ㄱ. (X) : 제406조【채권자취소권】① 채무자가 채권자를 해함을 알고 재산권을 목적으로 한 법률행위를 한 때에는 채권자는 그 취소 및 원상회복을 법원에 청구할 수 있다. 그러나 그 행위로 인하여 이익을 받은 자나 전득한 자가 그 행위 또는 전득당시에 채권자를 해함을 알지 못한 경우에는 그러하지 아니하다. ② 전항의 소는 채권자가 취소원인을 안 날로부터 1년, 법률행위 있은 날로부터 5년 내에 제기하여야 한다.

ㄴ. (O) : 채무자의 악의의 점에 대하여는 그 취소를 주장하는 채권자에게 입증책임이 있으나 수익자 또는 전득자가 악의라는 점에 관하여는 입증책임이 채권자에게 있는 것이 아니고 수익자 또는 전득자 자신에게 선의라는 사실을 입증할 책임이 있다(대판 1997. 5. 23. 95다51908).

ㄷ. (O) : 상속포기는 채권자취소권의 대상이 되지 않는다[69]고 하였다(대판 2011.06.09. 2011다29307).

---

69) [1] 상속의 포기는 상속이 개시된 때에 소급하여 그 효력이 있고(민법 제1042조), 포기자는 처음부터 상속인이 아니었던 것이 된다. 따라서 상속포기의 신고가 아직 행하여지지 아니하거나 법원에 의하여 아직 수리되지 아니하고 있는 동안에 포기자를 제외한 나머지 공동상속인들 사이에 이루어진 상속재산분할협의는 후에 상속포기의 신고가 적법하게 수리되어 상속포기의 효력이 발생하게 됨으로써 공동상속인의 자격을 가지는 사람들 전원이 행한 것이 되어 소급적으로 유효하게 된다. 이는 설사 포기자가 상속재산분할협의에 참여하여 그 당사자가 되었다고 하더라도 그 협의가 그의 상속포기를 전제로 하여서 포기자에게 상속재산에 대한 권리를 인정하지 아니하는 내용인 경우에는 마찬가지이다. [2] 상속의 포기는 비록 포기자의 재산에 영향을 미치는 바가 없지 아니하나(그러한 측면과 관련하여서는 '채무자 회생 및 파산에 관한 법률' 제386조도 참조) 상속인으로서의 지위 자체를 소멸하게 하는 행위로서 순전한 재산법적 행위와 같이 볼 것이 아니다. 오히려 상속의 포기는 1차적으로 피상속인 또는 후순위상속인을 포함하여 다른 상속인 등과의 인격적 관계를 전체적으로 판단하여 행하여지는 '인적 결단'으로서의 성질을 가진다. 그러한 행위에 대하여 비록 상속인인 채무자가 무자력상태에 있다고 하여서 그로 하여금 상속포기를 하지 못하게 하는 결과가 될 수 있는 채권자의 사해행위취소를 쉽사리 인정할 것이 아니다. 그리고 상속은 피상속인이 사망 당시에 가지던 모든 재산적 권리 및 의무·

ㄹ. (✕) : 채권자의 채권이 사해행위 이전에 성립되어 있는 이상 그 채권이 양도된 경우에도 그 양수인이 채권자취소권을 행사할 수 있고, 이 경우 채권양도의 대항요건을 사해행위 이후에 갖추었더라도 채권양수인이 채권자취소권을 행사하는 데 아무런 장애사유가 될 수 없다 할 것이다(대판 2006. 6. 29. 2004다5822).

ㅁ. (○) : 신축건물의 도급인이 민법 제666조가 정한 수급인의 저당권설정청구권의 행사에 따라 공사대금채무의 담보로 그 건물에 저당권을 설정하는 행위는 특별한 사정이 없는 한 사해행위에 해당하지 아니 한다[70](대판 2008.03.27. 2007다7861).

정답 ⑤

부담을 포함하는 총체재산이 한꺼번에 포괄적으로 승계되는 것으로서 다수의 관련자가 이해관계를 가지는데, 위와 같이 상속인으로서의 자격 자체를 좌우하는 상속포기의 의사표시에 사해행위에 해당하는 법률행위에 대하여 채권자 자신과 수익자 또는 전득자 사이에서만 상대적으로 그 효력이 없는 것으로 하는 채권자취소권의 적용이 있다고 하면, 상속을 둘러싼 법률관계는 그 법적 처리의 출발점이 되는 상속인 확정의 단계에서부터 복잡하게 얽히게 되는 것을 면할 수 없다. 또한 상속인의 채권자의 입장에서는 상속의 포기가 그의 기대를 저버리는 측면이 있다고 하더라도 채무자인 상속인의 재산을 현재의 상태보다 악화시키지 아니한다. 이러한 점들을 종합적으로 고려하여 보면, 상속의 포기는 민법 제406조 제1항에서 정하는 "재산권에 관한 법률행위"에 해당하지 아니하여 사해행위취소의 대상이 되지 못한다(대판 2011.06.09. 2011다29307).

[70] 수급인의 저당권설정청구권을 규정하는 민법 제666조는 부동산공사에서 그 목적물이 보통 수급인의 자재와 노력으로 완성되는 점을 감안하여 그 목적물의 소유권이 원시적으로 도급인에게 귀속되는 경우 수급인에게 목적물에 대한 저당권설정청구권을 부여함으로써 수급인이 사실상 목적물로부터 공사대금을 우선적으로 변제받을 수 있도록 하는 데 그 취지가 있고, 이러한 수급인의 지위가 목적물에 대하여 유치권을 행사하는 지위보다 더 강화되는 것은 아니어서 도급인의 일반 채권자들에게 부당하게 불리해지는 것도 아닌 점 등에 비추어, 신축건물의 도급인이 민법 제666조가 정한 수급인의 저당권설정청구권의 행사에 따라 공사대금채무의 담보로 그 건물에 저당권을 설정하는 행위는 특별한 사정이 없는 한 사해행위에 해당하지 아니한다(대판 2008.03.27. 2007다7861).

제3장 수인의 채권자 및 채무자

제1절 분할채권관계

제2절 불가분채권과 불가분채무

I. 서 설

II. 불가분채권

466 불가분 약정 등 특별한 사정이 없는 한, 불가분채권인 것은? (다툼이 있으면 판례에 따름)

[16 노무]

① A의 소유 건물을 B와 C가 공동으로 매수하는 경우, B와 C의 건물인도청구권
② A의 소유 건물을 B와 C가 공동으로 매수하는 경우, A의 매매대금청구권
③ A와 B가 공유하는 건물을 C에게 매도하는 경우, A와 B의 매매대금청구권
④ A와 B가 공유하는 건물을 C에게 매도하는 경우, C의 건물인도청구권
⑤ A와 B가 공유하는 토지를 C가 불법으로 점유한 경우, A와 B의 C에 대한 부당이득반환청구권

> **해설**
>
> ① (O) : 급부의 성질상 급부가 불가분인 경우이다. 주로 나눌 수 없는 하나의 물건에 대한 다수당사자의 채권이 이에 해당한다. 예컨대 공유자의 공유물분할청구권, 토지공유자의 건물철거 및 토지인도청구권, 임대인이 여럿인 경우의 건물명도청구권 등이 불가분채권에 속한다[주석민법-채권총칙(2), 409면]. 문제에서도 A소유의 건물은 나눌 수 없는 하나의 물건에 해당하므로 B, C의 건물인도청구권은 불가분채권이다.
>
> ② (X) : B, C가 매매대금 채무자가 되므로, A의 매매대금청구권은 분할채권관계가 된다. 민법상 다수당사자의 채권관계는 원칙적으로 분할채권관계이고, 채권의 성질상 또는 당사자의 약정에 기하여 특히 불가분으로 하는 경우에 한하여 불가분채권관계로 되는 것이다(대판 1992.10.27. 90다13628).
>
> ③ (X) : 공유물의 매도나 임대로 인한 대금채권이나 임료채권의 경우 민법상 공유의 개인주의적 성격을 감안할 때 분할채권의 성립을 긍정하는 것으로 해석한다[주석민법-채권총칙(2), 400면].
>
> ④ (X) : 불가분채무란 급부의 성질상 급부가 불가분인 경우로서 공유자의 공유물철거의무 또는 공유물인도의무가 이에 속한다[주석민법-채권총칙(2), 413면].
>
> ⑤ (X) : 공유물을 권원 없이 이용한 자에 대한 부당이득반환청구권은 분할채권이다(대판 1979.1.30. 78다2088, [주석민법-채권총칙(2), 399면]).

정답 ①

Ⅲ. 불가분채무

467 다수당사자 채권관계에 관한 다음 기술 가운데 옳지 않은 것은? [예상]

① 채권자가 1인인 불가분채무에 있어서 채권자가 채무자 1인에게 전부이행을 청구한 것의 효과가 다른 채무자에게도 발생하는가에 대하여 이를 부정하는 견해는 민법이 연대채무에 이행청구의 절대적 효력을 인정하는 규정을 불가분채무에 대한 준용규정에 포함시키지 않았음을 근거로 한다.
② 연대채무에 대한 민법의 규정에 의하면, 채무자의 부담범위가 평등하지 아니한 경우에 그 평등하지 아니한 부담비율을 적용하려면 채권자가 이를 알았거나 알 수 있었을 경우에 한한다.
③ 부진정연대채무자 중의 1인이 행한 변제는 채무자 전원에 대하여 절대적 효력이 발생하고, 1인의 채무자가 자신의 채권자에 대한 반대채권으로 채무를 대등액에서 상계하면 그 상계로 인한 채무소멸의 효력은 다른 부진정연대채무자에게도 미친다.
④ 주채무의 성립요건이 취소로 무효가 되면 보증계약도 소급적으로 무효가 됨이 원칙이다.
⑤ 채무의 액수와 변제기가 특정되어 있는 회사 채무에 대하여 연대보증계약을 체결한 연대보증인인 이사는 설사 그 이행기가 수년에 걸쳐 있더라도 이사직 사임이라는 사정변경을 이유로 하는 연대보증계약 해지권을 갖지 않는다는 것이 판례의 태도이다.

> **해설**

① (O) : 이행의 청구와 그 효과인 이행지체·시효중단에 대해서는 민법 제411조가 제416조를 준용하고 있지 않으므로 상대적 효력이 있을 뿐이라는 견해가 다수설이다. 이에 대해 제411조가 제410조를 준용하고 있고, 제410조 제1항을 제409조와 연계하여 이해한다면 변제와 함께 이행청구도 절대적 효력을 갖는다고 보는 견해도 있다(김형배·이은영). 즉 이행의 청구에 대해 불가분채권에 관한 규정을 준용하였으므로, 중복하여 연대채무에 관한 규정을 준용할 필요가 없어 제416조를 준용하지 아니한 것으로 보는 견해가 유력하다. 이 견해는 불가분채무자 중 1인에 대한 이행청구(그로 인한 이행지체·시효중단 효과 포함), 불가분채무자 중 채권자에 대한 상계에 대해서도 절대적 효력을 인정하여야 한다고 본다[주석 민법 - 채권총칙 (2), 415~416면].
② (X) : 민법에서는 명문의 규정을 두고 있지 아니하나, 해석상 그러하다(통설).
③ (O) : 부진정연대채무자 중 1인이 자신의 채권자에 대한 반대채권으로 상계를 한 경우에도 채권은 변제, 대물변제, 또는 공탁이 행하여진 경우와 동일하게 현실적으로 만족을 얻어 그 목적을 달성하는 것이므로, 그 상계로 인한 채무소멸의 효력은 소멸한 채무 전액에 관하여 다른 부진정연대채무자에 대하여도 미친다고 보아야 한다. 이는 부진정연대채무자 중 1인이 채권자와 상계계약을 체결한 경우에도 마찬가지이다. 나아가 이러한 법리는 채권자가 상계 내지 상계계약이 이루어질 당시 다른 부진정연대채무자의 존재를 알았는지 여부에 의하여 좌우되지 아니한다(대판[전합] 2010.9.16. 2008다97218).
④ (O) : 주채무가 그 발생원인의 무효 또는 취소에 의해 실효됨으로써 소멸하는 경우에는, 부종성으로 인해 보증채무도 소멸하는 것이 원칙이다.

⑤ (O) : 회사의 이사가 채무액과 변제기가 특정되어 있고, 다만 채무의 이행기만 수년에 걸쳐 있는 회사 채무에 대하여 연대보증계약을 체결한 경우에는 계속적 보증이나 포괄근보증과는 달리 이사직 사임이라는 사정변경을 이유로 연대보증인인 이사가 일방적으로 계약을 해지할 수 없다(대판 1991.7.9, 90다15501 등).

정답 ②

468 불가분채권 및 불가분채무에 관한 설명으로 옳지 않은 것은? [예상]

① 채권의 목적이 그 성질 또는 당사자의 의사표시에 의하여 불가분인 경우에 채권자가 수인인 때에는 각 채권자는 모든 채권자를 위하여 이행을 청구할 수 있고 채무자는 모든 채권자를 위하여 각 채권자에게 이행할 수 있다.
② 불가분채권자 중의 1인과 채무자간에 경개나 면제 있는 경우에 채무 전부의 이행을 받은 다른 채권자는 그 1인이 권리를 잃지 아니하였으면 그에게 분급할 이익을 채무자에게 상환하여야 한다.
③ 어느 불가분채무자에 대한 법률행위의 무효나 취소의 원인은 다른 불가분채무자에 대하여도 절대적 효력이 있다.
④ 불가분채무자 중에 상환할 자력이 없는 자가 있는 때에는 그 채무자의 부담부분은 구상권자 및 다른 자력이 있는 채무자가 그 부담부분에 비례하여 분담한다. 그러나 구상권자에게 과실이 있는 때에는 다른 불가분채무자에 대하여 분담을 청구하지 못한다.
⑤ 채무자가 채권자 아닌 제3자 명의로 근저당권설정등기를 경료해 준 경우에는 금전대차거래의 경위 등에 비추어 묵시적 약정에 의하여 채권자와 제3자가 불가분적 채권자의 지위에 있다고 볼 수 있는 경우가 있다. (판례에 의함)

해설

① (O) : 제409조【불가분채권】채권의 목적이 그 성질 또는 당사자의 의사표시에 의하여 불가분인 경우에 채권자가 수인인 때에는 각 채권자는 모든 채권자를 위하여 이행을 청구할 수 있고 채무자는 모든 채권자를 위하여 각 채권자에게 이행할 수 있다.
② (O) : 제410조【1인의 채권자에 생긴 사항의 효력】① 전조의 규정에 의하여 모든 채권자에게 효력이 있는 사항을 제외하고는 불가분채권자중 1인의 행위나 1인에 관한 사항은 다른 채권자에게 효력이 없다. ② 불가분채권자중의 1인과 채무자간에 경개나 면제 있는 경우에 채무전부의 이행을 받은 다른 채권자는 그 1인이 권리를 잃지 아니하였으면 그에게 분급할 이익을 채무자에게 상환하여야 한다.
③ (×) : 제411조【불가분채무와 준용규정】수인이 불가분채무를 부담한 경우에는 제413조 내지 제415조, 제422조, 제424조 내지 제427조 및 전조의 규정을 준용한다. 제415조【채무자에 생긴 무효, 취소】어느 연대채무자에 대한 법률행위의 무효나 취소의 원인은 다른 연대채무자의 채무에 영향을 미치지 아니한다.

④ (○) : 제411조【불가분채무와 준용규정】수인이 불가분채무를 부담한 경우에는 제413조 내지 제415조, 제422조, 제424조 내지 제427조 및 전조의 규정을 준용한다. 제427조【상환무자력자의 부담부분】① 연대채무자중에 상환할 자력이 없는 자가 있는 때에는 그 채무자의 부담부분은 구상권자 및 다른 자력이 있는 채무자가 그 부담부분에 비례하여 분담한다. 그러나 구상권자에게 과실이 있는 때에는 다른 연대채무자에 대하여 분담을 청구하지 못한다. ② 전항의 경우에 상환할 자력이 없는 채무자의 부담부분을 분담할 다른 채무자가 채권자로부터 연대의 면제를 받은 때에는 그 채무자의 분담할 부분은 채권자의 부담으로 한다.

⑤ (○) : 채무자가 채권자 아닌 제3자 명의로 근저당권설정등기를 경료해 준 경우에, 금전대차거래의 경위 등에 비추어 묵시적 약정에 의하여 채권자와 제3자가 불가분적 채권자의 지위에 있다고 볼 수 있다(대판 2000.1.14., 99다51265·51272).

정답 ③

제3절 연대채무

Ⅰ. 의의 및 성질

Ⅱ. 대외적 효력

Ⅲ. 연대채무자 1인에게 생긴 사유의 효력

Ⅳ. 대내적 효력 - 다른 연대채무자에 대한 구상권

469 乙, 丙, 丁은 연대하여 甲에 대하여 6,000만원의 채무를 부담하고 있다. 다음 설명 중 옳은 것을 모두 고른 것은? (단, 乙, 丙, 丁의 부담부분은 균등함) [15 노무]

> a. 乙이 甲에 대한 3,000만원의 반대채권으로 상계를 한 때에는 丙과 丁은 3,000만원에 대하여 연대채무를 부담한다.
> b. 甲이 丙에 대하여 채무 전부를 면제한 때에는 乙과 丁의 채무도 전부 소멸한다.
> c. 乙 한사람에 대하여 소멸시효가 완성한 때에는 丙과 丁은 4,000만원에 대하여 연대채무를 부담한다.
> d. 乙, 丙, 丁의 채무가 기한이 없는 연대채무인 경우, 甲이 乙에게 이행청구를 하였다면 丙과 丁의 채무는 이행기가 도래한다.

① a, c   ② c, d   ③ a, b, d
④ a, c, d   ⑤ a, b, c, d

해설

a. (O) : 연대채무자 1인이 한 상계의 절대적 효력을 규정하고 있는 민법 제418조 제1항의 규정에 의하여, 다른 연대채무자인 원채무자의 채권자에 대한 채무도 상계에 의하여 소멸되었다고 보아야 한다 (대판 1997. 4. 22. 96다56443).

b. (✕) : 제419조【면제의 절대적 효력】어느 연대채무자에 대한 채무면제는 그 채무자의 부담부분에 한하여 다른 연대채무자의 이익을 위하여 효력이 있다.

c. (O) : 제421조【소멸시효의 절대적 효력】어느 연대채무자에 대하여 소멸시효가 완성한 때에는 그 부담부분에 한하여 다른 연대채무자도 의무를 면한다.

d. (O) : 제387조【이행기와 이행지체】② 채무이행의 기한이 없는 경우에는 채무자는 이행청구를 받은 때로부터 지체책임이 있다. 제416조【이행청구의 절대적 효력】어느 연대채무자에 대한 이행청구는 다른 연대채무자에게도 효력이 있다.

470 A, B, C, D(부담부분은 균등)는 E에 대하여 1,200만원의 연대채무를 부담하고 있다. E는 A에 대하여 연대의 면제를 하였다. 그 후 B는 무자력이 되었다. A, C, D가 최종적으로 부담하는 금액은? (다툼이 있으면 판례에 따름) [16 노무]

① A는 100만원, C는 300만원, D는 300만원
② A는 300만원, C는 300만원, D는 300만원
③ A는 300만원, C는 400만원, D는 400만원
④ A는 350만원, C는 350만원, D는 350만원
⑤ A는 400만원, C는 400만원, D는 400만원

해설

연대채무자 A・B・C・D가 채권자 E에 대하여 1200만원의 연대채무를 지고 부담부분은 균등한 경우, 채권자 E가 연대채무자 A에 대하여 그의 연대채무 전부를 면제하였다면, 그의 부담부분인 300만원은 소멸하고, 남은 연대채무자 B・C・D는 900만원의 연대채무를 지게 된다. 이에 반하여 연대의 면제는 채권자가 어느 연대채무자의 채무액을 그의 부담부분의 한도로 줄여주는 일방적 의사표시를 말한다. 연대채무자 중 1인에 대하여 연대의 면제가 있으면 연대의 면제가 있었던 채무자는 자기 부담부분에 대응하는 채무만을 지게 된다(상대적 연대의 면제). 그 후 B가 무자력이 되었다면, 채권자 E로부터 연대의 면제를 받은 채무자 A가 있는 경우에 다른 채무자 가운데 변제할 자력이 없는 채무자 B가 있으면 그 무자력자가 변제할 수 없는 부담부분에 관하여 연대의 면제를 받은 자가 분담할 부분은 채권자 E가 부담해야 한다. 즉 각 부담부분은 A의 경우에는 300만원, B의 경우에는 400만원, C의 경우에는 400만원, E의 경우에는 100만원이 부담부분이 된다.

정답 ③

471 다수당사자간의 법률관계에 관한 설명으로 옳지 않은 것은? (다툼이 있으면 판례에 따름)

[21 노무]

① 공동임차인의 차임지급의무는 특별한 사정이 없는 한 불가분채무이다.
② 특별한 사정이 없는 한 연대채무자 중 1인이 채무 일부를 면제받더라도 그가 지급해야 할 잔존 채무액이 그의 부담부분을 초과한다면, 다른 연대채무자는 채무 전액을 부담한다.
③ 연대채무자 중 1인이 연대의 면제를 받더라도, 다른 연대채무자는 채무 전액을 부담한다.
④ 부진정연대채무의 다액채무자가 일부 변제한 경우, 그 변제로 인하여 먼저 소멸하는 부분은 다액채무자가 단독으로 부담하는 부분이다.
⑤ 보증채무의 이행을 확보하기 위하여 채권자와 보증인은 보증채무에 관해서만 손해배상액을 예정할 수 있다.

해설

① (×) : 제408조 【분할채권관계】 채권자나 채무자가 수인인 경우에 특별한 의사표시가 없으면 각 채권자 또는 각 채무자는 균등한 비율로 권리가 있고 의무를 부담한다.
② (○) : 민법 제419조는 "어느 연대채무자에 대한 채무면제는 그 채무자의 부담부분에 한하여 다른 연대채무자의 이익을 위하여 효력이 있다."라고 정하여 면제의 절대적 효력을 인정한다. 이는 당사자들 사이에 구상의 순환을 피하여 구상에 관한 법률관계를 간략히 하려는 데 취지가 있는바, 채권자가 연대채무자 중 1인에 대하여 채무를 일부 면제 하는 경우에도 그와 같은 취지는 존중되어야 한다. 따라서 연대채무자 중 1인에 대한 채무의 일부 면제에 상대적 효력만 있다고 볼 특별한 사정이 없는 한 일부 면제의 경우에도 면제된 부담부분에 한하여 면제의 절대적 효력이 인정된다고 보아야 한다. 구체적으로 연대채무자 중 1인이 채무 일부를 면제받는 경우에 그 연대채무자가 지급해야 할 잔존 채무액이 부담부분을 초과하는 경우에는 그 연대채무자의 부담부분이 감소한 것은 아니므로 다른 연대채무자의 채무에도 영향을 주지 않아 다른 연대채무자는 채무 전액을 부담하여야 한다. 반대로 일부 면제에 의한 피면제자의 잔존 채무액 이 부담부분보다 적은 경우에는 차액(부담부분 – 잔존 채무액)만큼 피면제자의 부담부분이 감소하였으므로, 차액의 범위에서 면제의 절대적 효력이 발생하여 다른 연대채무자의 채무도 차액만큼 감소한다(대판 2019.08.14. 2019다216435).
③ (○) : 연대의 면제는 채권자가 어느 연대채무자의 채무액을 그의 부담부분의 한도로 줄여주는 일방적 의사표시를 말한다. 즉 모든 연대채무자에 대하여 연대의 면제가 있으면 전체 연대채무가 분할채무로 바뀌게 되고(절대적 연대의 면제), 연대채무자 중 1인에 대하여 연대의 면제가 있으면 연대의 면제가 있었던 채무자는 자기 부담부분에 대응하는 채무만을 지게 된다(상대적 연대의 면제).
④ (○) : 금액이 다른 채무가 서로 부진정연대 관계에 있을 때 다액채무자가 일부 변제를 하는 경우 그 변제로 인하여 먼저 소멸하는 부분은 당사자의 의사와 채무 전액의 지급을 확실히 확보하려는 부진정연대채무 제도의 취지에 비추어 볼 때 다액채무자가 단독으로 채무를 부담하는 부분으로 보아야 한다. 이러한 법리는 사용자의 손해배상액이 피해자의 과실을 참작하여 과실상계를 한 결과 타인에게 직접 손해를 가한 피용자 자신의 손해배상액과 달라졌는데 다액채무자인 피용자가 손해배상액의 일부를 변제한 경우에 적용되고, 공동불법행위자들의 피해자에 대한 과실비율이 달라 손해배상액이 달라졌는데 다액채무자인 공동불법행위자가 손해배상액의 일부를 변제한 경우에도 적용된다. 또한 중개보조원을 고용한 개업공인중개사의 공인중개사법 제30조 제1항에 따른 손해배상

액이 과실상계를 한 결과 거래당사자에게 직접 손해를 가한 중개보조원 자신의 손해배상액과 달라졌는데 다액채무자인 중개보조원이 손해배상액의 일부를 변제한 경우에도 마찬가지이다[71](대판[전합] 2018.3.22. 2012다74236).

⑤ (O) : 제429조【보증채무의 범위】② 보증인은 그 보증채무에 관한 위약금 기타 손해배상액을 예정할 수 있다.

정답 ①

V. 부진정연대채무

472 다수당사자 사이의 채권관계에 관한 기술로서 가장 틀린 것은? (판례에 의함) [예상]

① 공동불법행위자 중 1인의 변제는 변제금액의 한도 내에서 다른 공동불법행위자를 위하여도 공동면책의 효력이 있다.
② 연대채무자에 대한 채무면제의 절대적 효력에 관한 민법 제419조의 규정은 임의규정이라고 할 것이므로 채권자가 의사표시 등으로 위 규정의 적용을 배제하여 어느 한 연대채무자에 대하여서만 채무면제를 할 수 있다.
③ 채권자가 연대보증인에 대하여 그 채무의 일부 또는 전부를 면제하였다 하더라도 그 면제의 효력은 주채무자에 대하여 미치지 아니한다.
④ 부진정연대채무자 중 1인에 대한 채무면제는 다른 채무자에 대하여 효력이 미치지 않는다.
⑤ 부진정연대채무자 중의 1인이 채권자에 대한 반대채권으로 채무를 대등액에서 상계한 경우, 그 상계로 인한 채무소멸의 효력은 다른 부진정연대채무자에게 미치지 않는다.

해설

① (O) : 부진정연대채무인 공동불법행위로 인한 손해배상채무에 있어서 공동불법행위자 중 1인의 변제는 변제된 금액의 한도 내에서 채무자 전원을 위하여 공동면책의 효력이 있다(대판 1981.8.11. 81다298).
② (O) : 대판 1992.9.25. 91다37553.
③ (O) : 연대보증인이라고 할지라도 주채무자에 대하여는 보증인에 불과하므로 연대채무에 관한 면제의 절대적 효력을 규정한 민법 제419조의 규정은 주채무자와 보증인 사이에는 적용되지 아니하는 것이니, 채권자가 연대보증인에 대하여 그 채무의 일부 또는 전부를 면제하였다 하더라도 그 면제의 효력은 주채무자에 대하여 미치지 아니한다(대판 1992.9.25. 91다37553).

---

71) 이와 달리 사용자책임 또는 공동불법행위책임이 문제 되는 사안에서 다액채무자가 손해배상액의 일부를 변제하는 경우 소액채무자의 과실비율에 상응하는 만큼 소액채무자와 공동으로 채무를 부담하는 부분에서도 변제된 것으로 보아야 한다고 판시한 대법원 1994. 2. 22. 선고 93다53696 판결, 대법원 1994. 8. 9. 선고 94다10931 판결, 대법원 1995. 3. 10. 선고 94다5731 판결, 대법원 1995. 5. 12. 선고 94다6246 판결, 대법원 1995. 7. 14. 선고 94다19600 판결, 대법원 1998. 7. 24. 선고 97다55706 판결, 대법원 1999. 2. 12. 선고 98다55154 판결, 대법원 2001. 11. 13. 선고 2001다12362 판결, 대법원 2004. 3. 26. 선고 2003다34045 판결, 대법원 2005. 4. 29. 선고 2005다11893 판결, 대법원 2012. 6. 28. 선고 2010다73765 판결, 대법원 2012. 9. 13. 선고 2012다26947 판결 등은 이 판결의 견해에 배치되는 범위 내에서 이를 변경하기로 한다.

④ (○) : 피해자가 부진정연대채무자 중 1인에 대하여 손해배상에 관한 권리를 포기하거나 채무를 면제하는 의사표시를 하였다 하더라도 다른 채무자에 대하여 그 효력이 미친다고 볼 수는 없다(대판 1997.12.12. 96다50896 등).
⑤ (✕) : 부진정연대채무자 중 1인이 자신의 채권자에 대한 반대채권으로 상계를 한 경우에도 채권은 변제, 대물변제, 또는 공탁이 행하여진 경우와 동일하게 현실적으로 만족을 얻어 그 목적을 달성하는 것이므로, 그 상계로 인한 채무소멸의 효력은 소멸한 채무 전액에 관하여 다른 부진정연대채무자에 대하여도 미친다고 보아야 한다. 이는 부진정연대채무자 중 1인이 채권자와 상계계약을 체결한 경우에도 마찬가지이다. 나아가 이러한 법리는 채권자가 상계 내지 상계계약이 이루어질 당시 다른 부진정연대채무자의 존재를 알았는지 여부에 의하여 좌우되지 아니한다(대판[전합] 2010.9.16. 2008다97218).

정답 ⑤

제4절 ▶ 보증채무

I. 서 설

II. 보증채무의 성질

III. 보증채무의 성립

IV. 보증채무의 내용 및 범위

V. 보증채무의 효력

473 甲은 乙로부터 금전을 빌렸고, 丙은 甲의 채무를 위해 보증인이 되었다. 이에 관한 설명으로 옳은 것은? (다툼이 있으면 판례에 따름) [17 노무]

① 丙이 모르는 사이에 주채무의 목적이나 형태가 변경되어 주채무의 실질적 동일성이 상실된 경우에도 丙의 보증채무는 소멸되지 않는다.
② 丙의 보증계약은 구두계약에 의하여도 그 효력이 발생한다.
③ 丙은 甲이 가지는 항변으로 乙에게 대항할 수 있으나, 甲이 이를 포기하였다면 丙은 그 항변으로 乙에게 대항할 수 없다.
④ 甲의 乙에 대한 채무가 시효로 소멸되더라도 丙의 보증채무는 원칙적으로 소멸하지 않는다.
⑤ 甲의 의사에 반하여 보증인이 된 丙이 자기의 출재로 甲의 채무를 소멸하게 한때에는 甲은 丙에게 현존이익의 한도에서 배상하여야 한다.

해설

① (✗) : 보증계약이 성립한 후에 보증인이 알지도 못하는 사이에 주채무의 목적이나 형태가 변경되었다면, 그 변경으로 인하여 주채무의 실질적 동일성이 상실된 경우에는 당초의 주채무는 경개로 인하여 소멸하였다고 보아야 할 것이므로 보증채무도 당연히 소멸하고, 그 변경으로 인하여 주채무의 실질적 동일성이 상실되지 아니하고 동시에 주채무의 부담 내용이 축소·감경된 경우에는 보증인은 그와 같이 축소·감경된 주채무의 내용에 따라 보증책임을 질 것이지만, 그 변경으로 인하여 주채무의 실질적 동일성이 상실되지는 아니하고 주채무의 부담내용이 확장·가중된 경우에는 보증인은 그와 같이 확장·가중된 주채무의 내용에 따른 보증책임은 지지 아니하고, 다만 변경되기 전의 주채무의 내용에 따른 보증책임만을 진다(대판 2000.1.21. 97다1013).

② (✗) : 제428조의2【보증의 방식】① 보증은 그 의사가 보증인의 기명날인 또는 서명이 있는 서면으로 표시되어야 효력이 발생한다. 다만, 보증의 의사가 전자적 형태로 표시된 경우에는 효력이 없다.

③ (✗) : 제433조【보증인과 주채무자 항변권】① 보증인은 주채무자의 항변으로 채권자에게 대항할 수 있다. ② 주채무자의 항변포기는 보증인에게 효력이 없다.

④ (✗) : 주채무가 소멸시효 완성으로 소멸된 경우에는 보증채무도 그 채무 자체의 시효중단에 불구하고 부종성에 따라 당연히 소멸 된다(대판 2002.5.14. 2000다62476).

⑤ (○) : 제444조【부탁 없는 보증인의 구상권】② 주채무자의 의사에 반하여 보증인이 된 자가 변제 기타 자기의 출재로 주채무를 소멸하게 한 때에는 주채무자는 <u>현존 이익의 한도에서</u> 배상하여야 한다(부당이득).

정답 ⑤

474 민법상 보증채무에 관한 설명으로 옳지 않은 것은? (다툼이 있으면 판례에 따름) [20 노무]

① 주채무가 민사채무이고 보증채무가 상사채무인 경우 보증채무의 소멸시효기간은 주채무에 따라 결정된다.
② 보증은 불확정한 다수의 채무에 대하여도 할 수 있다.
③ 주채권과 분리하여 보증채권만을 양도하기로 하는 약정은 그 효력이 없다.
④ 보증채권을 주채권과 함께 양도하는 경우 대항요건은 주채권의 이전에 관하여만 구비하면 족하다.
⑤ 보증인은 주채권자의 채권에 의한 상계로 채권자에게 대항할 수 있다.

해설

① (✗) : 보증채무는 채권자와 보증인 사이의 보증계약에 의하여 성립되는 채무로서, 주채무와는 별개의 독립된 채무이다(독립성). 따라서 주채무가 민사채무이고, 보증채무가 상행위로 인하여 생긴 상사채무인 경우에 보증채무의 소멸시효기간은 따로 결정된다(주채무는 민법 제162조 제1항에 따라 10년, 보증채무는 상법 제64조에 따라 5년).

② (○) : 제428조의3【근보증】① 보증은 불확정한 다수의 채무에 대해서도 할 수 있다. 이 경우 보증하는 채무의 최고액을 서면으로 특정하여야 한다.

③ (○), ④ (○) : 주채권과 보증인에 대한 채권의 귀속주체를 달리하는 것은, 주채무자의 항변권으로 채권자에게 대항할 수 있는 보증인의 권리가 침해되는 등 보증채무의 부종성에 반하고, 주채권을 가지지 않는 자에게 보증채권만을 인정할 실익도 없기 때문에 주채권과 분리하여 보증채권만을 양도하기로 하는 약정은 그 효력이 없다. 보증채무는 주채무에 대한 부종성 또는 수반성이 있어서 주채무자에 대한 채권이 이전되면 당사자 사이에 별도의 특약이 없는 한 보증인에 대한 채권도 함께 이전하고, 이 경우 채권양도의 대항요건도 주채권의 이전에 관하여 구비하면 족하고, 별도로 보증채권에 관하여 대항요건을 갖출 필요는 없다(대판 2002.9.10. 2002다21509).

⑤ (○) : 제434조【보증인과 주채무자 상계권】보증인은 주채무자의 채권에 의한 상계로 채권자에게 대항할 수 있다.

정답 ①

475 보증인의 구상권에 관한 설명 중 옳지 않은 것은? [예상]

① 수탁보증에 있어 주채무자가 면책행위를 하고도 보증인에게 통지를 하지 않고 있는 동안에 보증인이 사전통지 없이 이중의 면책행위를 한 경우, 판례는 주채무자에게 구상권을 행사할 수 있다고 본다.

② 과실 없이 채권자에게 보증채무를 이행할 재판을 받은 때에는 수탁보증인은 사전구상권을 행사할 수 있다.

③ 3인의 보증인이 각자의 행위로 3천만원의 주채무에 대하여 보증채무를 부담하였다면 채권자는 각 보증인에게 1천만원만을 청구할 수 있는 것이 원칙이다.

④ 수탁보증인이 사전구상권을 행사한 경우에 주채무자는 배상할 금액을 공탁함으로써 그 배상의무를 면할 수 있다.

⑤ 부탁을 받지 않은 보증인에게는 사전구상권이 인정되지 않으며, 주채무자는 그러한 보증인에게 통지의무를 부담하지 않는다.

해설

① (×) : 민법 제446조의 규정은 같은 법 제445조 제1항의 규정을 전제로 하는 것이어서 같은 법 제445조 제1항의 사전통지를 하지 아니한 수탁보증인까지 보호하는 취지의 규정은 아니므로, 수탁보증에 있어서 주채무자가 면책행위를 하고도 그 사실을 보증인에게 통지하지 아니하고 있던 중에 보증인도 사전통지를 하지 아니한 채 이중의 면책행위를 한 경우에는 보증인은 주채무자에 대하여 민법 제446조에 의하여 자기의 면책행위의 유효를 주장할 수 없다고 봄이 상당하고, 따라서 이 경우에는 이중변제의 기본원칙으로 돌아가 먼저 이루어진 주채무자의 면책행위가 유효하고 나중에 이루어진 보증인의 면책행위는 무효로 보아야 하므로 보증인은 민법 제466조에 기하여 주채무자에게 구상권을 행사할 수 없다(대판 1997.10.10. 95다46265).

② (○) : 민법 제442조 제1항 제1호.

③ (○) : 공동보증인은 원칙적으로 분별의 이익을 가진다(제439조・제408조).

④ (○) : 민법 제443조 후단.

⑤ (O) : 부탁 없이 보증인이 된 자에게는 사전구상권이 인정되지 아니한다. 그리고 부탁 없이 보증인이 된 자가 사전 또는 사후의 통지를 게을리 하면 그 구상권이 제한되지만(제445조), 주채무자는 부탁 없이 보증인이 된 자에게 사전 또는 사후의 통지의무를 부담하지 않는다. 따라서 통지를 하지 않았기 때문에 보증인이 이중으로 면책행위를 하여도 보증인은 자기의 면책행위를 유효하다고 주장하지 못한다.

정답 ①

---

476 보증채무에 관한 다음 설명 중 옳지 않은 것은? (판례에 의함) [예상]

① 보증인의 부담이 주채무의 목적이나 형태보다 중한 때에는 주채무의 한도로 감축한다.
② 특별한 사정이 없는 한 변제자가 타인의 채무에 대한 보증인으로서 부담하는 보증채무는 변제자 자신의 채무에 비하여 변제자에게 그 변제의 이익이 적다고 보아야 한다.
③ 채무가 특정되어 있는 확정채무에 대하여 보증한 연대보증인으로서는 자신의 동의 없이 피보증채무의 이행기가 연장되었더라도 그 연대보증채무를 면하지 못한다.
④ 보증인은 주채무자의 채권에 의한 상계로 채권자에게 대항할 수 있다.
⑤ 주채무자가 항변권을 포기하면 보증채무의 부종성에 비추어 그 포기의 효력은 보증인에게도 미친다.

해설

① (O) : 제430조【목적, 형태상의 부종성】보증인의 부담이 주채무의 목적이나 형태보다 중한 때에는 주채무의 한도로 감축한다.
② (O) : 특별한 사정이 없는 한, 변제자가 타인의 채무에 대한 보증인으로서 부담하는 보증채무(연대보증채무도 포함)는 변제자 자신의 채무에 비하여, 연대채무는 단순채무에 비하여, 각각 변제자에게 그 변제의 이익이 적다(대판 1999.7.9, 98다55543). 주의할 것은 변제자가 주채무자인 경우, 보증인이 있는 채무와 보증인이 없는 채무 사이에 변제이익의 점에서 차이가 없다는 점이다(대판 1999.8.24, 99다26481).
③ (O) : 채무가 특정되어 있는 확정채무에 대하여 보증한 연대보증인으로서는 자신의 동의 없이 피보증채무의 이행기를 연장해 주었느냐의 여부에 상관없이 그 연대보증채무를 부담한다(대판 2002.6.14, 2002다1).
④ (O) : 제434조【보증인과 주채무자 상계권】보증인은 주채무자의 채권에 의한 상계로 채권자에게 대항할 수 있다.
⑤ (✕) : 제433조【보증인과 주채무자 항변권】① 보증인은 주채무자의 항변으로 채권자에게 대항할 수 있다. ② 주채무자의 항변포기는 보증인에게 효력이 없다.

정답 ⑤

477 보증채무에 관한 다음의 설명 중 가장 잘못된 것은? (판례에 의함) [예상]

① 보증채무는 주채무와 동질성을 가지지만 주채무자의 이행이 우선하고 그 이행이 없는 때에 보충적으로 보증인이 이행하게 된다.
② 보증채무는 주채무에 부종하여 성립하고 소멸한다.
③ 주채무자의 사망으로 인하여 주채무자가 변경된 경우에도 원칙적으로 보증채무는 존속한다.
④ 보증채무는 주채무에 수반하므로 보증채무에 대한 존속기간을 정하여 만료되었다 하더라도 주채무가 존속하는 한 보증책임을 면할 수 없다.
⑤ 보증인은 최고·검색의 항변권을 가지지만 연대보증인은 그러하지 아니하다.

해설

① (O) : 보증채무는 원칙적으로 주된 채무가 이행되지 않는 경우에 그 보충으로 이행되어야 할 채무의 성격(보충성)을 가진다(제428조 제1항 참조). 따라서 채권자로부터 청구를 받은 경우에 보증인은 최고·검색의 항변권을 행사할 수 있다(제437조 본문).
② (O) : 보증채무는 주된 채무에 대하여 종된 채무로서의 성질, 즉 부종성을 가진다. 그러므로 보증채무는 주된 채무의 존재를 전제로 하여 성립하며 존속한다. 주채무가 존재하지 않으면 보증채무는 성립하지 않으며, 주채무가 변제 등에 의하여 소멸하면 보증채무도 소멸한다.
③ (O) : 주채무자의 사망으로 상속이 개시되어 주채무자의 변동이 생긴 때에도 보증채무는 존속한다. 다만 주채무에 관하여 상속의 한정승인이 행하여진 때에는 보증채무의 효력에 영향을 미치지 않는다. ④ (×) : 보증채무는 주된 채무에 대하여 부종성을 가지지만, 주된 채무와 별개의 독립한 채무, 즉 독립성이 있다. 따라서 보증채무의 존속기간이 만료되는 경우에는 주채무가 존속하더라도 보증책임을 면한다.
⑤ (O) : 보증인이 연대보증인 경우(제437조 단서), 주채무자가 파산선고를 받은 경우(변제자력이 없으므로), 주채무자가 행방불명인 경우(집행이 용이하지 않으므로) 및 보증인이 항변권을 포기한 경우에는 최고·검색의 항변권을 행사할 수 없다.

정답 ⑤

Ⅵ. 특수 보증

1. 연대보증
2. 공동보증
3. 근보증(계속적 보증)

478 계속적 신용보증계약에 관한 설명으로 옳지 않은 것은? [예상]

① 한도액을 정하지 않은 근보증계약도 유효하다.
② 보증인은 주채무자에 대한 신뢰관계가 파괴된 경우라도 채권자가 신의칙상 묵과할 수 없는 손해를 입게 되는 사정이 있는 때에는 보증계약을 해지할 수 없다.
③ 판례에 의하면 회사의 임원으로 확정채무의 보증인이 되었으나, 그 후 퇴사한 경우에는 사정변경을 이유로 보증계약을 해지할 수 있다.
④ 기간의 정함이 없는 계속적 신용보증계약에서는 그 성립 후 상당한 기간의 경과로 보증인에게 해지권이 생긴다.
⑤ 판례에 따르면 보증한도액이 정해진 경우, 보증인이 사망한 때에는 특별한 사정이 없는 한 상속인이 보증인의 지위를 승계한다.

해설

① (○) : 근보증에 있어서는 보증되는 채무의 범위를 확정할 수 있는 기준이 정하여져야 하고, 결산기·최고한도액 등이 그러한 구실을 하게 되나, 그 기준은 근저당의 경우에 비하여 너그럽게 새겨도 상관없는 것으로 이해된다. 그리하여 계속적 거래에서 생기는 일체의 채무라도 좋고(대판 1972.10.31, 72다1471), 보증기간의 약정이 없어도 상관없으며(대판 1976.8.24, 76다1778), 또한 보증하는 책임한도액을 정하는 것도 요건은 아니다(대판 1978.1.17, 77다2052).

② (○) : 기간의 정함이 없는 이른바 계속적 보증계약은 보증인의 주채무자에 대한 신뢰가 깨어지는 등 보증인으로서 보증계약을 해지할 만한 상당한 이유가 있는 경우에 보증인으로 하여금 그 보증계약을 그대로 유지 존속케 한다는 것은 사회통념상 바람직하지 못하므로, 그 "계약해지로 인하여 상대방인 채권자에게 신의칙상 묵과할 수 없는 손해를 입게 하는 등 특단의 사정이 있는 경우를 제외"하고 보증인은 일방적으로 이를 해지할 수 있다(대판 1992.7.14, 92다8668).

③ (✕) : 사정변경을 이유로 보증계약을 해지할 수 있는 것은 포괄근보증이나 한정근보증과 같이 채무액이 불확정이고 계속적인 거래로 인한 채무에 대하여 보증한 경우에 한하고, 회사의 이사로 재직하면서 보증 당시 그 채무가 특정되어 있는 확정채무에 대하여 보증을 한 후 이사직을 사임하였다 하더라도 사정변경을 이유로 보증계약을 해지할 수 없는 것이다(대판 1994.12.27, 94다46008).

④ (○) : 보증기간의 정함이 없거나 그 기간이 지나치게 장기간으로 정해져 있는 경우에는 보증계약체결 후 상당한 기간이 경과한 때에는, 보증인은 일정한 해지기간을 정하여 해지할 수 있다(대판 1978.3.28, 77다2298).

⑤ (○) : 보증한도액이 정해진 계속적 보증계약의 경우 보증인이 사망하였다 하더라도 보증계약이 당연히 종료되는 것은 아니고 특별한 사정이 없는 한 상속인들이 보증인의 지위를 승계한다고 보아야 할 것이나, 보증기간과 보증한도액의 정함이 없는 계속적 보증계약의 보증인이 사망한 경우에는 보증인이 사망하면 보증인의 지위가 상속인에게 상속된다고 할 수 없고, 다만, 기왕에 발생된 보증채무만이 상속된다고 할 것이다(대판 2001.6.12., 2000다47187).

정답 ③

4. 손해담보계약

제4장 채권의 양도와 채무인수

제1절 채권의 양도

I. 채권양도의 의의 및 성질

II. 지명채권 양도의 제한

III. 지명채권양도의 대항요건

479 지명채권의 양도에 관한 설명으로 옳은 것은? (다툼이 있으면 판례에 따름) [16 노무]

① 지명채권의 양도는 채권자의 통지 또는 채무자의 승낙에 의하여 효력이 발생한다.
② 양도인이 양도통지만을 한 때에는 채무자는 그 통지를 받은 때까지 양도인에 대하여 생긴 사유로써 양수인에게 대항할 수 있다.
③ 양도금지의 특약이 있는 채권은 압류가 금지된다.
④ 채권이 이중으로 양도된 경우, 양수인 상호 간의 우열은 양도 통지 증서의 확정일자 선후로 결정한다.
⑤ 채권양도의 통지는 관념의 통지로서, 양도인이 직접 하여야 하며 대리가 허용되지 않는다.

해설

① (×) : 지명채권의 양도는 당사자 사이의 의사표시만으로 효력이 발생하고 그 통지나 승낙은 유효요건이 아니다.
② (○) : 양도인이 양도통지만을 한 때에는 채무자는 그 통지를 받은 때까지 양도인에 대하여 생긴 사유로써 양수인에게 대항할 수 있다(민법 제451조 2항).
③ (×) : 당사자 사이에 양도금지의 특약이 있는 채권이라도 압류 및 전부명령에 따라 이전될 수 있고, 양도금지의 특약이 있는 사실에 관하여 압류채권자가 선의인가 악의인가는 전부명령의 효력에 영향이 없다(대판 1976. 10. 29. 76다1623).
④ (×) : 채권이 이중으로 양도된 경우의 양수인 상호간의 우열은 통지 또는 승낙에 붙여진 확정일자의 선후에 의하여 결정할 것이 아니라, 채권양도에 대한 채무자의 인식, 즉 확정일자 있는 양도통지가 채무자에게 도달한 일시 또는 확정일자 있는 승낙의 일시의 선후에 의하여 결정하여야 할 것이다(대판[전합] 1994.4.26. 93다24223).
⑤ (×) : 채권양도의 통지도 양도인이 직접 하지 아니하고 사자를 통하여 하거나 나아가서 대리인으로 하여금 하게 하여도 무방하고, 그와 같은 경우에 양수인이 양도인의 사자 또는 대리인으로서 채권양도 통지를 하였다 하여 민법 제450조의 규정에 어긋난다고 할 수 없다(대판 1997.6.27. 95다40977).

정답 ②

480 채권양도에 관한 설명으로 옳지 않은 것은? (다툼이 있으면 판례에 따름) [19 노무]

① 근로자가 임금채권을 양도한 경우, 양수인은 스스로 사용자에 대하여 임금지급을 청구할 수 없다.
② 주채권과 분리하여 보증채권만을 양도하기로 하는 약정은 그 효력이 없다.
③ 지명채권의 양도통지를 한 후 그 양도계약이 해제된 경우, 양도인이 그 해제를 이유로 채무자에게 양도채권으로 대항하려면 양수인이 그 채무자에게 해제사실을 통지하여야 한다.
④ 매매로 인한 소유권이전등기청구권에 관한 양도제한의 법리는 취득시효완성으로 인한 소유권이전등기청구권의 양도에도 적용된다.
⑤ 2인이 동업하는 조합의 조합원 1인이 다른 조합원의 동의 없이 한 조합채권의 양도행위는 무효이다.

해설

① (O) : 근로자가 그 임금채권을 양도한 경우라 할지라도 그 임금의 지급에 관하여는 근로기준법 제36조 제1항에 정한 임금 직접지급의 원칙이 적용되어 사용자는 직접 근로자에게 임금을 지급하지 아니하면 안 되고, 그 결과 비록 적법 유효한 양수인이라도 스스로 사용자에 대하여 임금의 지급을 청구할 수 없으며, 그러한 법리는 근로자로부터 임금채권을 양도받았거나 그의 추심을 위임받은 자가 사용자의 집행 재산에 대하여 배당을 요구하는 경우에도 그대로 적용 된다(대판 1996.3.22. 95다2630).

② (O) : 주채권과 보증인에 대한 채권의 귀속주체를 달리하는 것은, 주채무자의 항변권으로 채권자에게 대항할 수 있는 보증인의 권리가 침해되는 등 보증채무의 부종성에 반하고, 주채권을 가지지 않는 자에게 보증채권만을 인정할 실익도 없기 때문에 주채권과 분리하여 보증채권만을 양도하기로 하는 약정은 그 효력이 없다(대판 2002. 9. 10. 2002다21509).

③ (O) : 지명채권의 양도통지를 한 후 그 양도계약이 해제된 경우에, 양도인이 그 해제를 이유로 다시 원래의 채무자에 대하여 양도채권으로 대항하려면 양수인이 채무자에게 위와 같은 해제사실을 통지하여야 한다(대판 1993. 8. 27. 93다17379).

④ (X) : 매매로 인한 소유권이전등기청구권은 특별한 사정이 없는 한 그 권리의 성질상 양도가 제한되고 그 양도에 채무자의 승낙이나 동의를 요한다고 한다(대판 2005.3.10. 2004다67653·67660). 다만 취득시효완성으로 인한 소유권이전등기청구권은 채권자와 채무자 사이에 아무런 계약관계나 신뢰관계가 없고, 그에 따라 채권자가 채무자에게 반대급부로 부담하여야 하는 의무도 없다. 따라서 취득시효완성으로 인한 소유권이전등기청구권의 양도의 경우에는 매매로 인한 소유권이전등기청구권에 관한 양도제한의 법리가 적용되지 않는다(대판 2018. 7. 12. 2015다36167).

⑤ (O) : 2인이 동업하는 조합의 조합원 1인이 다른 조합원의 동의 없이 한 조합채권양도행위는 무효이다(대판 1990.2.27. 88다카11534).

정답 ④

481 지명채권의 양도에 관한 설명으로 옳지 않은 것은? (다툼이 있으면 판례에 따름) [20 노무]

① 장래의 채권도 그 권리의 특정이 가능하고 가까운 장래에 발생할 것임이 상당 정도 기대되는 경우에는 채권양도의 대상이 될 수 있다.
② 채권의 양도를 승낙함에 있어서는 이의를 보류할 수 있고 양도금지의 특약이 있는 채권양도를 승낙하면서 조건을 붙일 수도 있다.
③ 채권양도에 대한 채무자의 승낙은 양도인 또는 양수인에 대하여 할 수 있다.
④ 채권이 이중으로 양도된 경우 양수인 상호간의 우열은 통지 또는 승낙에 붙여진 확정일자의 선후에 의하여 결정된다.
⑤ 채권양도 없이 채무자에게 채권양도를 통지한 경우 선의인 채무자는 양수인에게 대항할 수 있는 사유로 양도인에게 대항할 수 있다.

해설

① (O) : 장래의 채권도 양도 당시 기본적 채권관계가 어느 정도 확정되어 있어 그 권리의 특정이 가능하고 가까운 장래에 발생할 것임이 상당 정도 기대되는 경우에는 이를 양도할 수 있다(대판 1996. 7. 30. 95다7932).

② (O) : 지명채권의 양도를 승낙함에 있어서는 이의를 보류하고 할 수 있음은 물론이고 양도금지의 특약이 있는 채권양도를 승낙함에 있어 조건을 붙여서 할 수도 있으며 승낙의 성격이 관념의 통지라고 하여 조건을 붙일 수 없는 것은 아니다(대판 1989.7.11. 88다카20866).

③ (O) : 민법 제450조 소정의 채무자의 승낙은 채권양도의 사실을 채무자가 승인하는 뜻으로서 동조가 규정하는 채권양도의 대항요건을 구비하기 위하여서는 채무자가 양도의 사실을 양도인 또는 양수인에 대하여 승인함을 요한다(대판 1986.2.25. 85다카1529).

④ (X) : 채권이 이중으로 양도된 경우의 양수인 상호간의 우열은 통지 또는 승낙에 붙여진 확정일자의 선후에 의하여 결정할 것이 아니라, 채권양도에 대한 채무자의 인식, 즉 확정일자 있는 양도통지가 채무자에게 도달한 일시 또는 확정일자 있는 승낙의 일시의 선후에 의하여 결정하여야 할 것이고, 이러한 법리는 채권양수인과 동일 채권에 대하여 가압류명령을 집행한 자 사이의 우열을 결정하는 경우에 있어서도 마찬가지이므로, 확정일자 있는 채권양도 통지와 가압류결정 정본의 제3채무자(채권양도의 경우는 채무자)에 대한 도달의 선후에 의하여 그 우열을 결정하여야 한다(대판[전합] 1994.4.26. 93다24223).

⑤ (O) : 제452조【양도통지와 금반언】① 양도인이 채무자에게 채권양도를 통지한 때에는 아직 양도하지 아니하였거나 그 양도가 무효인 경우에도 선의인 채무자는 양수인에게 대항할 수 있는 사유로 양도인에게 대항할 수 있다.

정답 ④

482 채권양도에 관한 설명으로 틀린 것은? (판례에 의함) [예상]

① 채권양도 당시 양도 목적 채권이 확정되어 있지 아니하였다 하더라도 현재 그 발생기초가 되는 법률관계가 존재하고 있으며 채무의 이행기까지 이를 확정할 수 있는 기준이 설정되어 있다면 그 채권의 양도는 유효하다.
② 임금채권도 양도 가능하며 그 양수인이 사용자에게 직접 이행을 청구할 수 있다.
③ 임차인과 임대인 사이의 약정에 의해 임차권의 양도가 금지되어 있더라도 임차보증금반환채권의 양도까지 금지되는 것은 아니다.
④ 채권양도의 통지는 양도인이 채무자에게 이를 하여야 하나, 양수인이 양도인의 사자(使者) 또는 대리인으로서 양도사실을 통지할 수도 있다.
⑤ 채무자에 의한 승낙의 경우 사전승낙도 유효하다.

해설

① (O) : 채권양도에 있어 사회통념상 양도 목적 채권을 다른 채권과 구별하여 그 동일성을 인식할 수 있을 정도이면 그 채권은 특정된 것으로 보아야 할 것이고, 채권양도 당시 양도 목적 채권의 채권액이 확정되어 있지 아니하였다 하더라도 채무의 이행기까지 이를 확정할 수 있는 기준이 설정되어 있다면 그 채권의 양도는 유효한 것으로 보아야 한다(대판 1997.7.25, 95다21624 등).

② (X) : 근로자의 임금채권은 그 양도를 금지하는 법률의 규정이 없어 이를 양도할 수 있으나, 양수인이 스스로 사용자에 대하여 임금의 지급을 청구할 수는 없다(대판 전합 1988.12.13, 87다카2803).

③ (O) : 임차인과 임대인간의 약정에 의하여 임차권의 양도가 금지되어 있다 하더라도 그러한 사정만으로 임대차계약에 따른 임차보증금반환채권의 양도까지 금지되는 것은 아니다(대판 2001.6.12, 2001다2624).

④ (O) : 채권양도의 통지는 양도인이 채무자에 대하여 당해 채권을 양수인에게 양도하였다는 사실을 알리는 관념의 통지이고, 법률행위의 대리에 관한 규정은 관념의 통지에도 유추적용 된다고 할 것이어서 채권양도 통지도 양도인이 직접 하지 아니하고 사자를 통하여 하거나 나아가서 대리인으로 하여금 하게 하여도 무방하다고 할 것이고, 또한 그와 같은 경우에 양수인이 양도인의 사자 또는 대리인으로서 채권양도 통지를 하였다 하여 민법 제450조의 규정에 어긋난다고 볼 수도 없고, 달리 이를 금지할 근거도 없다(대판 1994.12.27, 94다19242 ; 대판 2004.2.13, 2003다43490).

⑤ (O) : 채권양도의 대항요건으로서의 채무자의 승낙은 사후의 승낙은 물론, 장래 양도할 것을 조건으로 한 사전의 승낙도 양도할 채권과 양수인이 특정되어 있는 경우에는 유효하다(대판 1989.7.11, 88다카20866 참조). 참고로 채권양도가 있기 전에 미리 하는 양도인의 사전통지는 채무자로 하여금 양도의 시기를 확정할 수 없는 불안한 상태에 있게 하는 결과가 되어 원칙적으로 허용될 수 없다(대판 2000.4.11., 2000다2627).

정답 ②

483 채권양도에 관한 다수설·판례의 입장으로 옳지 않은 것은? [예상]

① 채권의 양수인이 양도인을 대리하여 한 양도통지도 유효하다.
② 양도금지의 특약이 있는 채권을 양수한 제3자가 중대한 과실로 그 특약의 존재를 모른 경우에는 그 채권을 취득할 수 없다.
③ 장래의 채권도 양도 당시에 확정 및 특정될 수 있으며, 가까운 장래에 발생할 가능성이 있는 경우에는 양도의 대상이 된다.
④ 채무자가 채권양도를 승낙한 후에 취득한 양도인에 대한 채권으로는 양수인에 대하여 상계로 대항하지 못한다.
⑤ 특약에 의하여 양도가 금지된 채권은 압류할 수 없다.

해설

① (O) : 채권양도의 통지는 양도인이 채무자에 대하여 당해 채권을 양수인에게 양도하였다는 사실을 알리는 관념의 통지이고, 법률행위의 대리에 관한 규정은 관념의 통지에도 유추적용된다고 할 것이어서 채권양도의 통지도 양도인이 직접 하지 아니하고 사자를 통하여 하거나 나아가서 대리인으로 하여금 하게 하여도 무방하다고 할 것이고, 또한 그와 같은 경우에 양수인이 양도인의 사자 또는 대리인으로서 채권양도통지를 하였다 하여 민법 제450조의 규정에 어긋난다고 볼 수도 없고, 달리 이를 금지할 근거도 없다(대판 1994.12.27, 94다19242).

② (O) : 민법 제449조 제2항이 채권양도금지의 특약은 선의의 제3자에게 대항할 수 없다고만 규정하고 있어서 그 문언상 제3자의 과실의 유무를 문제 삼고 있지는 아니하지만, 제3자의 중대한 과실은 악의와 같이 취급되어야 하므로 양도금지특약의 존재를 알지 못하고 채권을 양수한 경우에 있어서 그 알지 못함에 중대한 과실이 있는 때에는 악의의 양수인과 같이 양도에 의한 채권을 취득할 수 없다고 해석하는 것이 상당하다(대판 1996.6.28, 96다18281 등).

③ (O) : 장래의 채권도 양도 당시 기본적 채권관계가 어느 정도 확정되어 있어 그 권리의 특정이 가능하고 가까운 장래에 발생할 것임이 상당 정도 기대되는 경우에는 이를 양도할 수 있다(대판 1996.7.30, 95다7932).

④ (O) : 대판 1984.9.11, 83다카2288.

⑤ (×) : 양도금지의 특약은 임의의 양도를 제한할 수 있을 뿐이므로, 채권의 압류까지도 제한할 수 있는 것은 아니다(대판 1976.10.29, 76다1623 ; 대판 2002.8.27., 2001다71699).

정답 ⑤

484 채권양도에 관한 설명 중 옳지 않은 것은? (다툼이 있는 경우에는 판례에 의함) [예상]

① 채권양도가 다른 채무를 담보하기 위하여 이루어진 경우 그 피담보채무가 변제로 소멸되었다면 양도채권의 채무자는 이를 이유로 채권양수인의 양수금 청구를 거절할 수 있다.
② 채권양도에 있어서 양도채권이 사회통념상 다른 채권과 구별되어 그 동일성을 인식할 수 있다면 그 채권은 특정된 것으로 보아야 하기 양도채권의 종류나 금액 등이 구체적으로 적시될 필요는 없다.
③ 채권양도 금지특약에 반하여 채권양도가 이루어진 경우 양도금지특약이 있었음을 중대한 과실로 알지 못한 양수인은 채무자에게 대항할 수 없다.
④ 채권양도의 통지가 채무자에게 도달되었다고 보기 위해서는 채무자가 이를 현실적으로 수령하거나 그 내용을 알았어야 하는 것은 아니다.
⑤ 지시증권은 배서에 의하여 이를 양도할 수 있지만, 발행인이 배서를 금지하는 뜻을 기재한 경우에는 배서에 의해서는 양도할 없고, 그러한 경우에는 일반 지명채권양도의 방법에 의하여 양도할 수 있다.

> 해설

① (✗) : 채권양도가 다른 채무의 담보조로 이루어졌으며 또한 그 채무가 변제되었다고 하더라도, 이는 채권양도인과 양수인간의 문제일 뿐이고, 양도채권의 채무자는 채권양도·양수인간의 채무소멸 여하에 관계없이 양도된 채무를 양수인에게 변제하여야 하는 것이므로, 설령 그 피담보채무가 변제로 소멸되었다고 하더라도 양도채권의 채무자로서는 이를 이유로 채권양수인의 양수금 청구를 거절할 수 없다(대판 1999.11.26. 99다23093).
② (○) : 대판 1998.5.29. 96다51110.
③ (○) : 대판 2000.4.25. 99다67482.
④ (○) : 채권양도의 통지는 채무자에게 도달됨으로써 효력을 발생하는 것이고, 여기서 도달이라 함은 사회관념상 채무자가 통지의 내용을 알 수 있는 객관적 상태에 놓여 졌다고 인정되는 상태를 지칭한다고 해석되므로, 채무자가 이를 현실적으로 수령하였다거나 그 통지의 내용을 알았을 것까지는 필요로 하지 않는다(대판 1997.11.25. 97다31281).
⑤ (○) : 선하증권은 기명식으로 발행된 경우에도 법률상 당연한 지시증권으로서 배서에 의하여 이를 양도할 수 있지만, 배서를 금지하는 뜻이 기재된 경우에는 배서에 의해서는 양도할 수 없고, 그러한 경우에는 일반 지명채권양도의 방법에 의하여서만 이를 양도할 수 있다 할 것이다(대판 2001.3.27., 99다17890).

정답 ①

485 甲은 乙에 대한 1억원의 금전채권을 丙에게 양도하였다. 이 경우의 법률관계에 대한 다음의 기술 중 옳지 않은 것은? [예상]

① 위 금전채권의 발생원인인 계약에 관하여 乙이 이를 해제할 수 있는 권리를 채권양도 전에 가지고 있었던 경우에 乙은 채권양도의 통지를 받은 후에 계약해제의 의사표시를 함으로써 이를 丙에 대하여 대항할 수 있다.
② 甲의 채권이 채권양도 당시 이미 소멸하였다고 하면 비록 乙이 丙에의 채권양도에 대하여 이의 없이 승낙하였어도 丙은 채권을 취득하지 못한다.
③ 甲과 乙이 그 채권을 양도할 수 없는 것으로 미리 약정하였어도 丙이 그 사실을 중대한 과실 없이 몰랐던 경우에는 그 채권양도는 유효하다는 것이 판례의 태도이다.
④ 甲과 丙 사이의 채권양도가 가장행위이었는데 채권양도의 통지를 받은 乙이 이 사실을 모르고 丙에게 채무를 이행한 경우에는 甲은 乙에 대하여 채무의 이행을 청구할 수 없다.
⑤ 채권양도의 대항요건으로서의 통지는 甲이 乙에게 하여야 하지만, 채권양도의 대항요건으로서의 승낙은 乙이 甲에 대해서 하거나 丙에 대해서 하거나 관계없다.

해설

① (O) : 채권양도의 통지가 있으면 채무자는 그 통지를 받은 때까지 양도인에 대하여 생긴 사유로써 양수인에게 대항할 수 있다(제451조 제2항). 따라서 乙은 계약해제의 의사표시를 하여 이를 丙에게 대항할 수 있다. 그리고 해제되는 계약상의 채권을 양수한 丙은 민법 제548조 제1항 단서의 제3자에 해당하지도 아니한다(대판 2000.4.11, 99다51685 ; 대판 2003.1.24, 2000다22850 등).
② (X) : 채무자가 이의를 보류하지 아니하고 승낙을 한 때에는 양도인에게 대항할 수 있는 사유로써 양수인에게 대항하지 못한다(제451조 제1항 본문). 따라서 乙이 채권양도를 승낙하는데 있어 채권의 소멸 기타의 항변권을 보류하지 않은 경우에는 丙이 채권을 취득하게 된다.
③ (O) : 대판 2003.1.24, 2000다5336·5343 등.
④ (O) : 양도인이 채무자에게 채권양도를 통지한 때에는 그 양도가 무효인 경우에도, 채무자가 선의이면 양수인에게 대항할 수 있는 사유로 양도인에게 대항할 수 있다(제452조 제1항). 따라서 乙은 丙에 대한 채무의 이행을 유효한 것으로 甲에게 주장할 수 있고, 甲은 乙에 대하여 채무의 이행을 청구할 수 없다.
⑤ (O) : 통지는 양도인이 채무자에 대하여 하여야 한다. 반면에 채무자의 승낙은 양도인 또는 양수인의 어느 쪽에 대하여 하여도 무방하다(대판 1986.2.25., 85다카1529).

정답 ②

486 지명채권양도의 대항요건에 관한 설명 중 옳지 않은 것은? [예상]

① 채권양도의 통지는 양도행위 이후에도 가능하나, 그 경우 대항력에 소급효는 없다.
② 채권양도의 통지는 관념의 통지로 양도인이 직접 하지 아니하고 使者를 통하여 하거나 대리인으로 하여금 하게 할 수도 있다.
③ 민법 제451조 제1항 소정의 '양도인에게 대항할 수 있는 사유'란 채권의 성립·존속·행사를 저지·배척하는 사유 및 채권의 귀속(채권이 이미 타인에게 양도되었다는 사실)도 포함한다는 것이 판례이다.
④ 채권이 이중으로 양도되고 통지된 경우에 양수인 상호간의 우열은 통지에 붙여진 확정일자의 선후에 의하여 결정할 것이 아니라, 채권양도에 대한 채무자의 인식, 즉 확정일자 있는 양도통지가 채무자에게 도달한 일시를 기준으로 결정하여야 한다는 것이 판례이다.
⑤ 채권양도 통지와 채권가압류결정 정본이 같은 날 도달되었는데 그 선후관계에 대하여 달리 입증이 없으면 동시에 도달된 것으로 추정한다는 것이 판례이이다.

해설

① (O) : 채권양도의 통지는 양도의 행위와 동시에 하여야 할 필요는 없으며, 양도 후에 하는 사후의 통지라도 좋으나 대항력은 그 때부터 발생하며 소급효가 없다. 그러나 양도하기 전에 미리 하는 사전의 통지는 통지로서의 효력이 없다(대판 2000.4.11, 2000다2627).

② (O) : 대판 1994.12.27, 94다19242.

③ (X) : 민법은 채권의 귀속에 관한 우열을 오로지 확정일자 있는 증서에 의한 통지 또는 승낙의 유무와 그 선후로써만 결정하도록 규정하고 있는데다가, 채무자의 이의를 보류하지 아니한 승낙은 민법 제451조 제1항 전단의 규정 자체로 보더라도 그의 양도인에 대한 항변을 상실시키는 효과밖에 없고, 채권에 관하여 권리를 주장하는 자가 여럿인 경우 그들 사이의 우열은 채무자에게도 효력이 미치므로, 위 규정의 '양도인에게 대항할 수 있는 사유'란 채권의 성립·존속·행사를 저지·배척하는 사유를 가리킬 뿐이고, 채권의 귀속(채권이 이미 타인에게 양도되었다는 사실)은 이에 포함되지 아니한다(대판 1994.4.29, 93다35551).

④ (O), ⑤ (O) : 대판[전합] 1994.4.26., 93다24223.

정답 ③

제2절 채무인수

Ⅰ. 의의 및 법적 성질

Ⅱ. 면책적 채무인수의 요건

Ⅲ. 면책적 채무인수의 효과

487 채권양도와 채무인수에 관한 설명으로 옳은 것은? (다툼이 있으면 판례에 따름) [17 노무]

① 면책적 채무인수에 있어서 전(前)채무자에 대한 보증채무는 그 보증인이 채무인수에 동의하지 않아도 소멸하지 않는다.
② 기존채무에 관하여 제3자가 채무자를 위하여 어음이나 수표를 발행하는 것은 특별한 사정이 없는 한, 이는 면책적 채무인수이다.
③ 채무자와 인수인 간 채무인수의 합의는 다른 특별한 사정이 없는 한 병존적 채무인수로서, 이는 일종의 제3자를 위한 계약으로서 채권자가 수익의 의사표시를 함으로써 인수인에 대한 권리를 갖게 된다.
④ 지시채권 양도의 대항요건은 채무자에 대한 양도인의 통지 또는 채무자의 승낙이다.
⑤ 지명채권 양도의 경우 채무자는 승낙의 의사표시에 조건을 붙일 수 없다.

해설

① (X) : 제459조【채무인수와 보증, 담보의 소멸】전채무자의 채무에 대한 보증이나 제삼자가 제공한 담보는 채무인수로 인하여 소멸한다. 그러나 보증인이나 제삼자가 채무인수에 동의한 경우에는 그러하지 아니하다.
② (X) : 금전소비대차계약으로 인한 채무에 관하여 제3자가 채무자를 위하여 어음이나 수표를 발행하는 것은 특별한 사정이 없는 한 동일한 채무를 중첩적으로 인수한 것으로 봄이 타당하다(대판 1998.3.13. 97다52493).
③ (O) : 채권자, 채무자, 인수인 사이의 계약에 의한 병존적 채무인수를 인정하는 데에는 아무 문제가 없으며, 채권자와 인수인 사이의 계약에 의해서도 병존적 채무인수는 인정, 성립된다. 또한 병존적 채무인수는 채무자의 채무에 대한 담보로서의 기능을 한다는 점에서 면책적 인수계약과 달리 채무자의 의사에 반해서도 유효하게 성립할 수 있다(대판 1988.11.22. 87다카1836). 그리고 채무자, 인수인 사이의 계약으로도 성립하며, 이 경우에는 채권자를 수익자로 하는 제3자를 위한 계약이 있는 것으로 이해된다. 따라서 채권자는 수익의 의사표시를 함으로써 인수인에 대해 직접적인 채권을 갖는다. 채권자의 수익의 의사표시가 없는 한 이행인수가 있을 뿐이다.
④ (X) : 민법 제508조【지시채권의 양도방식】지시채권은 그 증서에 배서하여 양수인에게 교부하는 방식으로 양도할 수 있다. 채무자에 대한 양도인의 통지 또는 채무자의 승낙은 지명채권의 대항요건이다(민법 제450조).

⑤ (✗) : 지명채권의 양도를 승낙함에 있어서는 이의를 보류하고 할 수 있음은 물론이고 양도금지의 특약이 있는 채권양도를 승낙함에 있어 조건을 붙여서 할 수도 있으며 승낙의 성격이 관념의 통지라고 하여 조건을 붙일 수 없는 것은 아니다(대판 1989.7.11. 88다카20866).

정답 ③

488 채무인수에 관한 설명으로 옳은 것은? (다툼이 있으면 판례에 따름) [19 노무]

① 채권자와 인수인의 계약에 의한 중첩적 채무인수는 채무자의 의사에 반하여 할 수 없다.
② 채무자와 인수인의 계약에 의한 면책적 채무인수는 채권자의 승낙이 없더라도 유효하다.
③ 면책적 채무인수로 인하여 종래의 채무가 소멸하는 것은 아니므로 특별한 사정이 없는 한 종래의 채무를 담보하는 저당권도 당연히 소멸하지는 않는다.
④ 채무인수가 면책적 인수인지, 중첩적 인수인지 분명하지 않은 때에는 이를 면책적 채무인수로 본다.
⑤ 부동산 매수인이 매매목적물에 설정된 저당권의 피담보채무를 인수하는 한편 그 채무액을 매매대금에서 공제하기로 약정한 경우, 특별한 사정이 없는 한 이는 매도인을 면책시키는 채무인수로 본다.

해설

① (✗) : 중첩적 채무인수는 채권자와 채무인수인과의 합의가 있는 이상 채무자의 의사에 반하여서도 이루어질 수 있다(대판 1988.11.22. 87다카1836).
② (✗) : 민법 제454조는 제3자가 채무자와 계약으로 채무를 인수하여 채무자의 채무를 면하게 하는 면책적 채무인수의 경우에 채권자 승낙이 있어야 채권자에 대하여 효력이 생긴다고 규정하고 있으므로, 채권자의 승낙이 없는 경우에는 채무자와 인수인 사이에서 면책적 채무인수 약정을 하더라도 이행인수 등으로서 효력밖에 갖지 못하며 채무자는 채무를 면하지 못 한다(대판 2012.5.24. 2009다88303).
③ (○) : 면책적 채무인수라 함은 채무의 동일성을 유지하면서 이를 종래의 채무자로부터 제3자인 인수인에게 이전하는 것을 목적으로 하는 계약을 말하는바, 채무인수로 인하여 인수인은 종래의 채무자와 지위를 교체하여 새로이 당사자로서 채무관계에 들어서서 종래의 채무자와 동일한 채무를 부담하고 동시에 종래의 채무자는 채무관계에서 탈퇴하여 면책되는 것일 뿐 종래의 채무가 소멸하는 것이 아니므로, 채무인수로 종래의 채무가 소멸하였으니 저당권의 부종성으로 인하여 당연히 소멸한 채무를 담보하는 저당권도 소멸한다는 법리는 성립하지 않는다(대판 1996.10.11. 96다27476).
④ (✗) : 채무인수가 면책적인가 중첩적인가 하는 것은 채무인수계약에 나타난 당사자 의사의 해석에 관한 문제이고, 채무인수에 있어서 면책적 인수인지, 중첩적 인수인지가 분명하지 아니한 때에는 이를 중첩적으로 인수한 것으로 볼 것이다(대판 1998.11.24. 98다33765).
⑤ (✗) : 부동산의 매수인이 매매목적물에 관한 근저당권의 피담보채무, 가압류채무, 임대차보증금 반환채무를 인수하는 한편 그 채무액을 매매대금에서 공제하기로 약정한 경우, 다른 특별한 사정이 없는 이상, 이는 매도인을 면책시키는 채무인수가 아니라 이행인수로 보아야 한다(대판 2002.5.10. 2000다18578).

정답 ③

489 채권양도와 채무인수에 관한 설명으로 옳지 않은 것은? (다툼이 있으면 판례에 따름)

[21 노무]

① 매매로 인한 소유권이전등기청구권의 양도는 채무자의 동의나 승낙을 받아야 대항력이 생긴다.
② 중첩적 채무인수는 채권자와 채무인수인 사이에 합의가 있더라도 채무자의 의사에 반해서는 이루어질 수 없다.
③ 당사자 간 지명채권양도의 효과는 특별한 사정이 없는 한 통지 또는 승낙과 관계없이 양도계약과 동시에 발생한다.
④ 가압류된 채권도 특별한 사정이 없는 한 양도하는 데 제한이 없다.
⑤ 채무의 인수가 면책적인지 중첩적인지 불분명한 경우에는 중첩적 채무인수로 본다.

해설

① (O) : 매매로 인한 소유권이전등기청구권은 특별한 사정이 없는 한 그 권리의 성질상 양도가 제한되고 그 양도에 채무자의 승낙이나 동의를 요한다(대판 2005.3.10. 2004다67653·67660).

② (✗) : 중첩적 채무인수는 채권자와 채무인수인과의 합의가 있는 이상 채무자의 의사에 반하여서도 이루어질 수 있다(대판 1988.11.22. 87다카1836).

③ (O) : 제450조【지명채권양도의 대항요건】① 지명채권의 양도는 양도인이 채무자에게 통지하거나 채무자가 승낙하지 아니하면 채무자 기타 제3자에게 대항하지 못한다.

④ (O) : 일반적으로 채권에 대한 가압류가 있더라도 이는 가압류채무자가 제3채무자로부터 현실로 급부를 추심하는 것만을 금지하는 것이므로 가압류채무자는 제3채무자를 상대로 그 이행을 구하는 소송을 제기할 수 있고, 법원은 가압류가 되어 있음을 이유로 이를 배척할 수 없는 것이며, 채권양도는 구 채권자인 양도인과 신 채권자인 양수인 사이에 채권을 그 동일성을 유지하면서 전자로부터 후자에게로 이전시킬 것을 목적으로 하는 계약을 말한다 할 것이고, 채권양도에 의하여 채권은 그 동일성을 잃지 않고 양도인으로부터 양수인에게 이전된다 할 것이며, 가압류된 채권도 이를 양도하는 데 아무런 제한이 없으나, 다만 가압류된 채권을 양수받은 양수인은 그러한 가압류에 의하여 권리가 제한된 상태의 채권을 양수받는다고 보아야 할 것이다(대판 2000. 4. 11. 99다23888).

⑤ (O) : 채무인수가 면책적인가 중첩적인가 하는 것은 채무인수계약에 나타난 당사자 의사의 해석에 관한 문제이고, 채무인수에 있어서 면책적 인수인지, 중첩적 인수인지가 분명하지 아니한 때에는 이를 중첩적으로 인수한 것으로 볼 것이다(대판 1998.11.24. 98다33765).

정답 ②

490 채권양도와 채무인수에 관한 설명으로 옳지 않은 것은? (다툼이 있는 경우에는 판례에 의함)

[예상]

① 민법 제449조 제2항이 채권양도금지의 특약은 선의의 제3자에게 대항할 수 없다고만 규정하고 있어서 그 문언 상 제3자의 과실의 유무를 문제 삼고 있지는 아니하지만, 채권양수인이 양도금지특약의 존재를 알지 못하고 채권을 양수한 경우에 그 알지 못함에 중대한 과실이 있는 때에는, 악의의 양수인과 마찬가지로 양도에 의하여 채권을 취득할 수 없다.

② 부동산매매로 인한 소유권이전등기청구권을 매수인 甲으로부터 양수한 丙은 매도인 乙이 그 양도에 대하여 동의하지 않더라도, 乙에 대한 甲의 양도통지만 있으면 乙에 대하여 채권양도를 원인으로 하여 소유권이전등기절차의 이행을 청구할 수 있다.

③ 이중의 채권양도가 있는 경우, 제1의 채권양도를 채무자가 승낙하였다 할지라도 그 승낙이 확정일자 있는 증서에 의한 것이 아닌 이상, 이미 양도된 채권이 존속하는 동안에 이루어진 제2의 채권양도에 관하여 확정일자 있는 증서에 의한 통지가 있었다면, 제2의 채권양도는 제1의 채권양도에 우선하여 그 효력을 가지게 된다.

④ 물상보증인이 면책적 채무인수에 동의한 경우, 그가 제공한 담보는 기존의 담보와 동일한 내용을 가지는 것으로서 존속한다.

⑤ 채무자 甲과 제3자 乙 사이의 채무인수계약을 채권자 丙이 승낙한 후에 乙이 위 인수계약을 적법하게 취소하기 위해서는, 丙의 승낙이 있거나 丙이 위 인수계약을 승낙할 때에 乙의 취소권유보를 승낙하였다는 등의 특수한 사정이 있어야 한다.

해설

① (○) : 민법 제449조 제2항이 채권양도금지의 특약은 선의의 제3자에게 대항할 수 없다고만 규정하고 있어서 그 문언 상 제3자의 과실의 유무를 문제삼고 있지는 아니하지만, 제3자의 중대한 과실은 악의와 같이 취급되어야 하므로, 양도금지특약의 존재를 알지 못하고 채권을 양수한 경우에 있어서 그 알지 못함에 중대한 과실이 있는 때에는 악의의 양수인과 같이 양도에 의한 채권을 취득할 수 없다고 해석하는 것이 상당하다(대판 1996.6.28, 96다18281 등).

② (×) : 부동산의 매매로 인한 소유권이전등기청구권은 물권의 이전을 목적으로 하는 매매의 효과로서 매도인이 부담하는 재산권이전의무의 한 내용을 이루는 것이고, 매도인이 물권행위의 성립요건을 갖추도록 의무를 부담하는 경우에 발생하는 채권적 청구권으로 그 이행과정에 신뢰관계가 따르므로, 소유권이전등기청구권을 매수인으로부터 양도받은 양수인은 매도인이 그 양도에 대하여 동의하지 않고 있다면 매도인에 대하여 채권양도를 원인으로 하여 소유권이전등기절차의 이행을 청구할 수 없고, 따라서 매매로 인한 소유권이전등기청구권은 특별한 사정이 없는 이상 그 권리의 성질상 양도가 제한되고 그 양도에 채무자의 승낙이나 동의를 요한다고 할 것이므로 통상의 채권양도와 달리 양도인의 채무자에 대한 통지만으로는 채무자에 대한 대항력이 생기지 않으며 반드시 채무자의 동의나 승낙을 받아야 대항력이 생긴다(대판 2005.3.10, 2004다67653·67660 ; 대판 2001.10.9. 2000다51216).

③ (○) : 지명채권이 그 양도인과 양수인 및 채무자 3인의 합의에 따라 양도되고 비록 채권양도통지와 채무자의 승낙의 외형을 갖추었다 하더라도 이것이 확정일자 있는 증서에 의한 것이 아닌 경우에는

위 양도통지나 승낙으로서는 제3자에 대항할 수 없는 것이므로 위 채권에 관하여 전부명령을 받은 자는 위 채권양도를 부인하는 우월한 권리를 가진다(대판 1986.2.11, 85다카1087 ; 대판 1985.9.10, 85다카794).

④ (O) : 채무가 인수되는 경우에 구채무자의 채무에 관하여 제3자가 제공한 담보는 채무인수로 인하여 소멸하되, 다만 제3자(물상보증인)가 채무인수에 동의한 경우에 한하여 소멸하지 아니하고 신채무자를 위하여 존속하게 되는바, 이 경우 물상보증인이 채무인수에 관하여 하는 동의는 채무인수인을 위하여 새로운 담보를 설정하겠다는 의사표시가 아니라 기존의 담보를 채무인수인을 위하여 계속 유지하겠다는 의사표시에 불과하여, 그 동의에 의하여 유지되는 담보는 기존의 담보와 동일한 내용을 갖는 것이므로, 근저당권에 관하여 채무인수를 원인으로 채무자를 교체하는 변경등기가 마쳐진 경우 특별한 사정이 없는 한 그 근저당권은 당초 구채무자가 부담하고 있다가 신채무자가 인수하게 된 채무만을 담보하는 것이지, 그 후 신채무자가 다른 원인으로 부담하게 된 새로운 채무까지 담보하는 것으로 볼 수는 없다(대판 2000.12.26, 2000다56204 ; 대판 2002.11.26, 2001다73022).

⑤ (O) : 채무자와 제3자와 채무인수계약을 채권자가 승낙한 바 있다면 그 뒤 채권인수인이 위 채무인수계약을 적법하게 취소하려면 채무자의 승낙이 있다든가 채권자가 위 인수계약을 승낙할 때에 채무인수인의 취소권유보를 승낙하였다든가의 특수한 사정이 있어야 한다(대판 1962.5.17., 62다161).

정답 ②

491 채무인수에 관한 다음 설명 중 옳지 않은 것은? (다툼이 있는 경우에는 판례에 의함) [예상]

① 면책적 채무인수로 인하여 종래의 채무자는 채무관계에서 탈퇴하여 종래의 채무가 소멸되므로, 종래의 채무자가 설정한 저당권은 그 부종성으로 인하여 소멸한다.

② 인수채무가 원래 상사시효의 적용을 받던 채무라면 그 후 면책적 채무인수에 따라 채무자의 지위가 인수인으로 교체되었더라도 소멸시효의 기간은 여전히 5년의 상사시효의 적용을 받는다.

③ 면책적 채무인수에 의한 신채무자는 채권자와 구채무자 사이의 법률관계로부터 나오는 항변사유로써 채권자에게 대항할 수 있지만, 특별한 사정이 없는 한 구채무자에 대하여 가지는 자기의 채권으로 채권자와 상계할 수 없다.

④ 부동산의 매수인이 매매목적물에 관한 임대차보증금반환채무 등을 인수하는 한편, 그 채무액을 매매대금에서 공제하기로 약정한 경우에는 특별한 사정이 없는 이상 매도인을 면책시키는 면책적 채무인수가 아니라 이행인수로 보아야 한다.

⑤ 채무인수가 면책적인가 중첩적인가 하는 것은 채무인수계약에 나타난 당사자 의사의 해석에 관한 문제이나, 채무인수에 있어서 면책적 인수인지 중첩적 인수인지가 분명하지 아니한 때에는 이를 중첩적으로 인수한 것으로 볼 것이다.

해설

① (✕) : 면책적 채무인수로 인하여 인수인은 종래의 채무자와 지위를 교체하여 새로이 당사자로서 채무관계에 들어서서 종래의 채무자와 동일한 채무를 부담하고 동시에 종래의 채무자는 채무관계에

서 탈퇴하여 면책되는 것일 뿐 종래의 채무가 소멸하는 것이 아니므로, 채무인수로 종래의 채무가 소멸하였으니 저당권의 부종성으로 인하여 당연히 소멸한 채무를 담보하는 저당권도 소멸한다는 법리는 성립하지 않는다(대판 1996.10.11. 96다27476).

② (O) : 다만 그 소멸시효기간은 채무인수와 동시에 이루어진 소멸시효중단사유, 즉 채무승인에 따라 채무인수일로부터 새로이 진행된다(대판 1999.7.9. 99다12376).

③ (O) : 인수인은 前채무자의 항변할 수 있는 사유로 채권자에게 대항할 수 있다(제458조). 그러나 인수인은 前채무자가 가지는 반대채권을 가지고 상계하지 못하고, 또한 인수인의 前채무자에 대한 항변으로 채권자에게 대항할 수 없으므로 前채무자에 대하여 가지는 자기의 채권으로 채권자와 상계할 수도 없다.

④ (O) : 대판 1993.2.12. 92다23193 ; 대판 2004.7.9. 2004다13083 등.

⑤ (O) : 대판 1988.5.24., 87다카3104.

정답 ①

492 채무인수에 관한 설명 중 옳지 않은 것은? (다툼이 있는 경우에는 판례에 의함) [예상]

① 면책적 채무인수가 있는 경우, 인수채무의 소멸시효기간은 채무인수와 동시에 이루어진 채무승인에 따라 채무인수일로부터 새로이 진행한다.

② 토지의 매수인이 그 토지에 관한 임대차보증금반환채무 등을 인수하는 한편 그 채무액을 매매대금에서 공제하기로 약정한 경우, 임차인의 승낙이 있으면 면책적 채무인수로 볼 수 있다.

③ 면책적 채무인수는 채무자에게 유리하므로, 이해관계 없는 제3자도 채무자의 의사에 반하여 할 수 있다.

④ 면책적 채무인수인은 구채무자와 채권자 사이의 법률관계로부터 나오는 항변사유로써 채권자에게 대항할 수 있으나, 자기와 구채무자 사이의 법률관계로부터 나오는 항변사유로써는 채권자에게 대항하지 못한다.

⑤ 제3자가 채무자를 위하여 어음이나 수표를 발행하는 것은, 특별한 사정이 없는 한 동일한 채무를 중첩적으로 인수한 것으로 볼 수 있다.

해설

① (O) : 인수채무가 원래 5년의 상사시효의 적용을 받던 채무라면 그 후 면책적 채무인수에 따라 그 채무자의 지위가 인수인으로 교체되었다고 하더라도 그 소멸시효의 기간은 여전히 5년의 상사시효의 적용을 받는다 할 것이고, 이는 채무인수행위가 상행위나 보조적 상행위에 해당하지 아니한다고 하여 달리 볼 것이 아니며, 다만, 그 소멸시효기간은 채무인수와 동시에 이루어진 소멸시효중단사유, 즉 채무승인에 따라 채무인수일로부터 새로이 진행된다(대판 1999.7.9. 99다12376).

② (O) : 부동산의 매수인이 매매목적물에 관한 근저당권의 피담보채무·가압류채무·임대차보증금반환채무를 인수하는 한편, 그 채무액을 매매대금에서 공제하기로 약정한 경우, 그 인수는 특별한 사정이 없는 한 매도인을 면책시키는 채무인수가 아니라 이행인수로 보아야 하고, 면책적 채무인수로 보기 위하여는 이에 대한 채권자의 승낙이 있어야 한다(대판 1995.8.11. 94다58599).

③ (×) : 병존적 채무인수와는 달리 이해관계 없는 제3자는 채무자의 의사에 반하여 채무를 인수하지 못한다(제453조 제2항).

④ (O) : 채무인수는 동일성이 유지되므로 인수인은 前채무자가 가지고 있던 채권의 성립·존속·이행을 저지·배척하는 모든 항변으로 채권자에 대항할 수 있다(제458조). 그러나 인수인의 구채무자에 대한 항변으로 채권자에게 대항할 수 없음은 당연하다.

⑤ (O) : 금전소비대차계약으로 인한 채무에 관하여 제3자가 채무자를 위하여 어음이나 수표를 발행하는 것은 특별한 사정이 없는 한 동일한 채무를 중첩적으로 인수한 것으로 봄이 타당하다(대판 1998.3.13. 97다52493 ; 대판 1989.9.12., 88다카13806).

정답 ③

Ⅳ. 문제되는 경우

1. 병존적 채무인수

2. 이행인수

3. 계약인수(계약상 지위의 이전)

493 계약인수에 관한 설명 중 옳지 않은 것은? [예상]

① 계약당사자로서의 지위의 승계를 목적으로 하는 것이 계약인수이다.
② 계약인수는 계약으로부터 발생하는 채권·채무의 이전을 목적으로 하는 것이므로, 그 계약관계로부터 생기는 해제권 등 포괄적인 권리의무의 양도를 포함하는 것은 아니다.
③ 계약인수는 양도인과 양수인 및 잔류당사자의 동시적인 합의에 의한 3면 계약으로 이루어질 수 있다.
④ 계약인수는 양도인과 양수인 및 잔류당사자의 3인 중 2인의 합의와 나머지 당사자의 동의 내지 승낙의 방법으로도 가능하다.
⑤ 부도난 회사의 채권자들이 자신들의 대여금채권의 확보를 위하여 신설회사를 설립하여 기존회사가 분양계획에 따라 피분양자들에 대하여 부담하는 소유권이전등기채무의 이행뿐만 아니라 잔대금채권까지도 함께 양수하기로 하는 약정을 하였다면, 이는 분양계약의 분양자로서의 지위의 승계를 목적으로 하는 이른바 계약인수약정을 한 것으로 볼 수 있다.

해설

① (O) : 계약인수란 계약당사자로서의 지위의 승계를 목적으로 하는 계약으로서, 계약당사자 중 일방이 포괄적인 당사자의 지위를 제3자에게 이전하여 계약관계로부터 탈퇴하고, 그 제3자가 당사자의 지위를 승계하는 것을 목적으로 하는 계약이다.

② (O), ③ (O), ④ (O) : 계약당사자로서의 지위의 승계를 목적으로 하는 계약의 인수는 계약으로부터 발생하는 채권·채무의 이전 외에 그 계약관계로부터 생기는 해제권 등 포괄적인 권리의무의

양도를 포함하는 것이므로, 그 계약은 양도인과 양수인 및 잔류 당사자의 동시적인 합의에 의한 3면계약으로 이루어지는 것이 통상적이라고 할 것이지만, 계약관계자 3인 중 2인의 합의와 나머지 당사자의 동의 내지 승낙의 방법으로도 가능하다(대판 1992.3.13. 91다32534 등).

⑤ (O) : 회사가 공사 도중 자금난으로 부도가 나자 그 회사의 채권자들이 자신들의 대여금채권의 확보를 위하여 신설회사를 설립하여 기존회사가 분양계약에 따라 피분양자들에 대하여 부담하는 소유권이전등기채무의 이행뿐만 아니라 잔대금채권까지도 함께 양수하기로 하는 약정을 하였다면, 이는 분양계약의 분양자로서의 지위의 승계를 목적으로 하는 이른바 계약인수약정을 한 것으로 보는 것이 경험칙상 상당하고, 신설회사가 피분양자들에게 공사를 인수하였다면서 준공검사가 나면 소유권이전등기를 해주겠으니 준공검사동의서에 날인해 달라고 요청하여 피분양자들이 이에 응한 행위는 바로 신설회사와 기존회사 사이의 계약인수에 동의한 것으로 볼 수 있으므로, 기존회사의 분양계약상의 지위는 신설회사에 의해 유효하게 인수되었다고 볼 수 있다(대판 1996.2.27., 95다21662).

정답 ②

제5장 채권의 소멸

제1절 변제

I. 변제의 의의

II. 변제의 당사자

494 변제에 관한 설명으로 옳은 것은? (다툼이 있으면 판례에 따름) [15 노무]

① 변제충당에 관한 민법476조 내지 제479조의 규정은 강행규정이다.
② 채무자가 채무전부를 변제한 때에 인정되는 채권증서반환청구권은 변제와 동시이행관계에 있다.
③ 사실상의 이해관계를 가진 자는 변제할 정당한 이익이 있으므로 변제로 당연히 채권자를 대위한다.
④ 민법 제470조의 채권의 준점유자에는 채권자의 대리인이라고 하면서 채권을 행사하는 경우도 포함된다.
⑤ 착오로 변제기 이전에 변제한 자에 대하여 채권자는 그로 인하여 얻은 이익을 반환할 필요가 없다.

해설

① (×) : 변제충당에 관한 민법 제476조 내지 제479조의 규정은 임의규정이므로 변제자(채무자)와 변제수령자(채권자)는 계약(약정)에 의하여 위 각 규정을 배제하고 제공된 급부를 어느 채무에 어떤 방법으로 충당할 것인가를 결정할 수 있다(대판 1987. 3. 24. 84다카1324).
② (×) : 채권증서 반환청구권은 채권 전부를 변제한 경우에 인정되는 것이고, 영수증 교부의무와는 달리 변제와 동시이행관계에 있지 않다(대판 2005. 8. 19. 2003다22042).
③ (×) : 민법 제481조에 의하여 법정대위를 할 수 있는 '변제할 정당한 이익이 있는 자'라고 함은 변제함으로써 당연히 대위의 보호를 받아야 할 법률상의 이익을 가지는 자를 의미한다.(대결 2012. 7. 16. 자 2009마461)
④ (○) : 표현수령권자로서의 채권의 준점유자에는 스스로 채권자 본인이라고 하면서 채권을 행사하는 자는 물론이고 채권자의 대리인이라고 하면서 채권을 행사하는 자도 포함된다(대판 2004.4.23. 2004다5389).
⑤ (×) : 제743조【기한전의 변제】변제기에 있지 아니한 채무를 변제한 때에는 그 반환을 청구하지 못한다. 그러나 채무자가 착오로 인하여 변제한 때에는 채권자는 이로 인하여 얻은 이익을 반환하여야 한다.

정답 ④

495 변제에 관한 다음의 설명 중 가장 타당하지 않은 것은? (다툼이 있는 경우에는 판례에 의함)
[예상]

① 채권의 준점유자에 대한 변제는 변제자가 선의이며 과실이 없는 때에 한하여 효력이 있다.
② 영수증을 소지한 자에 대한 변제는 그 소지자가 변제를 받을 권한이 없는 경우에도 변제자가 선의·무과실인 경우에는 효력이 있다.
③ 채무자를 위해 변제한 자는 변제와 동시에 당연히 채권자를 대위한다.
④ 연대채무자·보증인·물상보증인 등과 같이 채무의 변제에 대하여 법률상 이해관계를 가지는 자는 채무자의 의사에 반해서도 유효한 변제를 할 수 있다.
⑤ 무효인 채권압류 및 전부명령을 받은 자에 대한 변제라도 그 채권자가 피전부채권에 관하여 무권리자라는 사실을 과실 없이 알지 못하고 변제한 때에는 그 변제는 채권의 준점유자에 대한 변제로서 유효하다.

해설

① (O) : 제470조【채권의 준점유자에 대한 변제】채권의 준점유자에 대한 변제는 변제자가 선의이며 과실 없는 때에 한하여 효력이 있다.
② (O) : 제471조【영수증소지자에 대한 변제】영수증을 소지한 자에 대한 변제는 그 소지자가 변제를 받을 권한이 없는 경우에도 효력이 있다. 그러나 변제자가 그 권한 없음을 알았거나 알 수 있었을 경우에는 그러하지 아니하다.
③ (X) : 채무자를 위하여 변제한 자는 변제와 동시에 채권자의 승낙을 얻어 채권자를 대위할 수 있다(제480조 제1항). 즉 변제할 정당한 이익이 없는 자는 변제와 동시에 채권자의 승낙을 받아야 대위할 수 있다. 이와 반대로 변제할 정당한 이익이 있는 자는 변제로 당연히 채권자를 대위한다(제481조).
④ (O) : 이해관계 없는 제3자는 채무자의 의사에 반하여 변제하지 못한다(제469조 제2항). 반대로 변제에 이해관계를 가지는 자는 채무자의 의사에 반해서도 변제할 수 있다. 채무의 변제에 이해관계 있는 자란 연대채무자·보증인·물상보증인·담보부동산의 제3취득자 등과 같이 법률상 이해관계 있는 자를 의미한다(대판 1991.7.12, 90다17774).
⑤ (O) : 대판 1997.3.11, 96다44747 등.

정답 ③

Ⅲ. 변제의 제공

Ⅳ. 변제의 장소, 시기, 목적물, 비용 등

496 특정물의 인도를 목적으로 하는 채권에 관한 다음 설명 중 타당한 것은? [예상]

① 변제 장소는 당사자 사이에 특별한 약정이 없는 한, 채권성립 당시의 채권자의 현주소이다.
② 채무의 이행이 가능하였지만 채무자가 그 귀책사유에 의하여 이행을 태만히 하여 이행기를 도과한 경우에 그 후 불가항력에 의하여 목적물이 멸실되더라도, 과실 책임의 원칙에 따라 채무자는 목적물의 멸실에 따른 책임을 부담하지 아니한다.
③ 채무의 이행기가 도래하였지만 동시이행의 항변권에 의하여 채무의 이행을 거절한 때에는 이행기 이후에 채무자가 부담하는 선관주의의무는 경감된다.
④ 특정물의 인도를 목적으로 하는 채권이 매매계약에 의하여 성립한 경우에 그 후에 발생한 果實은 특약이 없는 한 매수인에게 귀속한다.
⑤ 변제의 제공에 대하여 채권자가 그 귀책사유에 의하여 수령을 거절한 때에는 이후 채무자가 부담하는 선관주의의무는 경감된다.

해설

① (✗) : 일반적인 채무의 변제장소는 원칙적으로 채권자의 현주소이지만, 특정물의 인도를 목적으로 하는 채무의 이행장소는 당사자의 특별한 의사표시가 없으면 채권성립 당시에 그 물건이 있던 장소이다(제467조 제1항).
② (✗) : 이행지체의 경우에는 채무자의 책임이 가중된다. 즉 채무자는 지체 후에는 그에게 책임이 없는 사유에 의한 손해에 대해서도 책임을 진다(제392조 본문). 따라서 채무자는 지체 후에는 불가항력을 가지고 항변하지 못한다. 다만 이행기에 이행을 하였더라도 생겼을 손해에 대하여는 그 손해와 지체 사이에 인과관계가 없으므로 채무자는 책임을 면한다(제392조 단서). 이 경우 그 입증책임은 채무자에게 있다.
③ (✗) : 이행지체나 수령지체의 경우에는 채무자의 책임이 가중·경감되므로(제392조·제401조), 이행기 이후에는 이행을 않거나 못하는 것이 이행지체·수령지체의 어느 것으로도 되지 않은 때에만 선관주의의 보존의무를 부담한다. 예컨대 불가항력으로 인하여 또는 불확정기한의 도래사실을 몰라서(제387조 제1항 제2문) 이행기에 이행을 하지 못한 경우, 유치권이나 동시이행의 항변권과 같은 이행의 지연을 정당화하는 사유가 있어서 이행을 하지 않은 경우가 이에 해당한다.
④ (✗) : 특정물을 인도할 때까지 목적물로부터 생긴 천연과실은 원물에서 분리된 때에 이를 수취할 권리자에게 귀속한다(제102조 제1항). 따라서 특정물채무자가 과실수취권을 가지는 경우에는 인도의 이행기까지는 목적물로부터 분리된 과실을 수취할 수 있으나, 이행기 이후의 과실은 목적물과 같이 채권자에게 인도하여야 한다(통설). 다만 例外的으로 매매에 있어서 매수인이 이행기에 매매대금을 지급하지 않은 경우에는 이행기 이후라도 인도 전에 목적물로부터 생긴 과실은 매도인에게 속한다(제587조 참조). 판례도 "특정물의 매매에 있어서 매수인의 대금지급채무가 이행지체에 빠졌다 하더라도 그 목적물이 매수인에게 인도될 때까지는 매도인은 그 목적물에서 생기는 과실을 수취할 수 있는 한편 그 목적물의 관리보존의 비용도 자기가 부담하여야 하는 것이다"고 판시하고 있다(대판 1981. 5. 26, 80다211).

⑤ (O) : 제401조【채권자지체와 채무자의 책임】채권자지체중에는 채무자는 고의 또는 중대한 과실이 없으면 불이행으로 인한 모든 책임이 없다. 즉 수령지체의 경우에는 채무자의 책임이 경감된다.

정답 ⑤

V. 변제의 충당

497 변제의 충당에 관한 다음 설명 중 가장 잘못된 것은? (판례에 의함) [예상]

① 변제자가 주채무자인 경우, 보증인이 있는 채무가 보증인이 없는 채무보다 변제이익이 더 많다.

② 담보권의 실행 등을 위한 경매에 있어서 배당금이 동일 담보권자가 가지는 수개의 피담보채권과 그 이자 혹은 지연손해금채권 등을 전부 소멸시키기에 부족한 경우에는 획일적으로 민법 제477조 및 제479조의 규정에 의한 법정변제충당의 방법에 따라 충당을 하여야 한다.

③ 비용·이자·원본에 대한 변제충당에 있어서는 당사자 사이에 특별한 합의가 없는 한 비용·이자·원본의 순서로 충당하여야 할 것이고, 채무자는 물론 채권자라고 할지라도 위 법정순서와 다르게 일방적으로 충당의 순서를 지정할 수는 없다.

④ 미리 변제충당에 관한 별도의 약정이 있는 경우에는 채무자가 변제를 하면서 위 약정과 달리 특정 채무의 변제에 우선적으로 충당한다고 지정하더라도 그에 대하여 채권자가 명시적 또는 묵시적으로 동의하지 않는 한 그 지정은 효력이 없어 채무자가 지정한 채무가 변제되어 소멸하는 것은 아니다.

⑤ 변제충당에 관한 민법 제476조 내지 제479조의 규정은 임의규정이므로 변제자(채무자)와 변제수령자(채권자)는 계약(약정)에 의하여 위 각 규정을 배제하고 제공된 급부를 어느 채무에 어떤 방법으로 충당할 것인가를 결정할 수 있다.

해설

① (×) : 변제자가 주채무자인 경우 보증인이 있는 채무와 보증인이 없는 채무 사이에 변제이익의 점에서 차이가 없다고 보아야 한다(대판 1999.8.24, 99다26481).

② (O) : 담보권의 실행 등을 위한 경매에 있어서 배당금이 동일 담보권자가 가지는 수개의 피담보채권과 그 이자 혹은 지연손해금채권 등을 전부 소멸시키기에 부족한 경우에는 획일적으로 가장 공평·타당한 충당방법인 민법 제477조 및 제479조의 규정에 의한 법정변제충당의 방법에 따라 충당을 하여야 할 것이고, 이러한 법정변제충당은 이자 혹은 지연손해금과 원본 간에는 이자 혹은 지연손해금과 원본의 순으로 이루어지고, 원본 상호간에는 그 이행기의 도래 여부와 도래시기, 그리고 이율의 고저와 같은 변제이익의 다과에 따라 순차적으로 이루어지나, 다만 그 이행기나 변제이익의 다과에 있어 아무런 차등이 없을 경우에는 각 원본채무액에 비례하여 안분하게 된다(대판 1998.7.10, 98다6763 등).

③ (O) : 비용·이자·원본에 대한 변제충당에 있어서는 민법 제479조에 그 충당순서가 법정되어 있고 지정변제충당에 관한 같은 법 제476조는 준용되지 않으므로 당사자 사이에 특별한 합의가 없는 한 비용·이자·원본의 순서로 변제에 충당하여야 할 것이며, 채무자는 물론 채권자라고 할지라도 위 법정순서와 다르게 일방적으로 충당의 순서를 지정할 수는 없다(대판 2002.1.11, 2001다60767 등).

④ (O) : 대판 2004.3.25, 2001다53349 ; 대판 1999.11.26, 98다27517 등.

⑤ (O) : 대판 2004.3.25, 2001다53349 ; 대판 1987.3.24, 84다카1324 등.

정답 ①

Ⅵ. 변제자 대위

Ⅶ. 대물변제

제2절 공탁

Ⅰ. 서 설

Ⅱ. 변제공탁의 요건

Ⅲ. 변제공탁의 효과

498 민법상 변제공탁에 관한 다음 설명 중 가장 옳지 않은 것은? [예상]

① 채권자가 공탁을 승인하거나 공탁소에 대하여 공탁물을 받기를 통고하거나 공탁유효의 판결이 확정되기까지는 변제자는 공탁물을 회수할 수 있다.

② 매수인이, 매도인을 대리하여 매매대금을 수령할 권한을 가진 자에게 잔대금 수령을 최고하고 그 자를 공탁물수령자로 지정하여 한 변제공탁도 다른 특별한 사정이 없는 한 매도인에 대한 잔대금 지급으로서의 효력이 있다.

③ 채권양도금지특약에 반하여 채권양도가 이루어졌다는 사정만으로는 민법 제487조 후단의 채권자 불확지를 원인으로 하여 변제공탁을 할 수 없는 것이 원칙이나, 그 경우에도 확정일자 있는 채권양도 통지와 채권가압류명령을 동시에 송달받은 제3채무자는 변제공탁을 할 수 있다.

④ 채무자가 채권자의 상대의무이행과 동시에 변제할 경우에는 채권자는 그 의무이행을 하지 아니하면 공탁물을 수령하지 못한다.

⑤ 채무의 일부 변제제공은 채무의 본지에 따른 이행의 제공이라 할 수 없고 이행제공의 효력

이 발생할 수 없는 것이어서 그 채무의 일부를 공탁했다 하더라도 변제의 효력이 발생할 수 없다.

해설

① (O) : 제489조【공탁물의 회수】① 채권자가 공탁을 승인하거나 공탁소에 대하여 공탁물을 받기를 통고하거나 공탁유효의 판결이 확정되기까지는 변제자는 공탁물을 회수할 수 있다. 이 경우에는 공탁하지 아니한 것으로 본다. ② 전항의 규정은 질권 또는 저당권이 공탁으로 인하여 소멸한 때에는 적용하지 아니한다. -

② (O) : 매수인이 매도인을 대리하여 매매대금을 수령할 권한을 가진 자에게 잔대금의 수령을 최고하고 그 자를 공탁물수령자로 지정하여 한 변제공탁은 매도인에 대한 잔대금 지급의 효력이 있다(대판 2012. 3. 15. 2011다77849).

③ (×) : 채권양도금지특약에 반하여 채권양도가 이루어진 경우, 그 양수인이 양도금지특약이 있음을 알았거나 중대한 과실로 알지 못하였던 경우에는 채권양도는 효력이 없게 되고, 반대로 양수인이 중대한 과실 없이 양도금지특약의 존재를 알지 못하였다면 채권양도는 유효하게 되어 채무자로서는 양수인에게 양도금지특약을 가지고 그 채무이행을 거절할 수 없게 되어 양수인의 선의, 악의 등에 따라 양수채권의 채권자가 결정되는바, 이와 같이 양도금지의 특약이 붙은 채권이 양도된 경우에 양수인의 악의 또는 중과실에 관한 입증책임은 채무자가 부담하지만, 그러한 경우에도 채무자로서는 양수인의 선의 등의 여부를 알 수 없어 과연 채권이 적법하게 양도된 것인지에 관하여 의문이 제기될 여지가 충분히 있으므로 특별한 사정이 없는 한 민법 제487조 후단의 채권자 불확지를 원인으로 하여 변제공탁을 할 수 있다(대판 2000. 12. 22. 2000다55904).

④ (O) : 제491조【공탁물수령과 상대의무이행】채무자가 채권자의 상대의무이행과 동시에 변제할 경우에는 채권자는 그 의무이행을 하지 아니하면 공탁물을 수령하지 못한다.

⑤ (O) : 채무의 일부 변제제공은 채무의 본지에 따른 이행의 제공이라 할 수 없고 이행제공의 효력이 발생할 수 없는 것이어서 그 채무의 일부를 공탁했다 하더라도 변제의 효력이 발생할 수 없다(대판 1984.9.11. 84다카781 등).

정답 ③

499 채권자 甲은 채무자 乙에 대하여 1,000만원의 금전채권을 가지고 있다. 이 경우에 乙이 하는 공탁에 관한 다음 설명 중 옳지 않은 것은? (다툼이 있는 경우에는 판례에 의함) [예상]

① 甲이 변제제공 전에 미리 변제의 수령을 거절한 경우 乙은 바로 1,000만원을 공탁하여 자기의 채무를 면할 수 있다.
② 甲이 무단으로 이사하였기 때문에 乙이 과실 없이 甲의 현재의 주소를 알 수 없는 때에는 乙은 1,000만원을 공탁하여 자기의 채무를 면할 수 있다.
③ 甲이 사망하여 丙·丁이 甲의 상속인이라 칭하며 甲의 상속인의 지위를 다투고 있어 누가 상속인인지 알 수 없는 경우, 乙은 丙·丁 모두의 주소와 성명을 알고 있다 하더라도 공탁할 수 있다.
④ 乙의 공탁에 대하여 甲이 공탁소에 수령한다는 의사를 통지한 때에는 乙에게 그 의사를 통지하지 않아도 乙은 공탁한 1,000만원을 회수할 수 없다.
⑤ 乙이 1,000만원 중 700만원을 공탁하였다면 그 한도 내에서는 공탁의 효력이 생긴다.

> 해설

① (O) : 변제자가 변제를 제공했음에도 불구하고 채권자가 그것을 수령하지 않을 때에는 채권자의 귀책사유의 유무에 관계없이 변제자는 변제의 목적물을 공탁하여 채무를 면할 수 있다. 또한 채권자가 미리 변제의 수령을 거절한 경우에는 구두의 제공을 할 필요 없이 변제자는 공탁을 할 수 있다. 나아가 채권자의 태도로 보아 채무자가 설사 채무의 이행제공을 하였더라도 그 수령을 거절하였을 것이 명백한 경우에는 채무자는 이행의 제공을 하지 않고 바로 변제공탁할 수 있다(대판 1994.8.26, 93다42276).
② (O) : 민법 제487조 후단의 "변제자가 과실 없이 채권자를 알 수 없는 경우"에 해당하여 채권자 불확지의 공탁을 할 수 있다(대판 2007.2.9, 2006다68650·68667).
③ (O) : 객관적으로 채권자 또는 변제수령자가 존재하지만, 변제자가 누가 진정한 채권자인지를 과실 없이 알 수 없는 경우, 즉 선량한 관리자의 주의의무를 다하여도 채권자가 누구인지를 알 수 없는 경우, 예컨대 상속 또는 채권양도의 유무·효력 등에 관하여 법률상 또는 사실상의 의문이 있는 경우, 혹은 채권자라고 칭하는 자가 여럿 있는 경우에는 채무자는 공탁에 의해 채무를 면할 수 있다(대판 1996.4.26, 96다2583).
④ (O) : 채권자가 공탁소에 대하여 공탁물을 받기를 통고한 경우에는 변제자는 공탁물을 회수할 수 없다(제489조 제1항).
⑤ (✕) : 변제공탁이 유효하려면 채무 전부에 대한 변제의 제공 및 채무 전액에 대한 공탁이 있어야 하고, 채무 전액이 아닌 일부에 대한 공탁은 그 부족액이 아주 근소하다는 등의 특별한 사정이 있는 경우를 제외하고는 채권자가 이를 수락하지 않는 한 그 공탁부분에 관하여서도 채무소멸의 효과가 발생하지 않는다(대판 1998.10.13, 98다17046 ; 대판 1996.7.26, 96다14616 등).

정답 ⑤

제3절 상계

Ⅰ. 의 의
Ⅱ. 요 건

500 상계가 허용되는 경우는? (다툼이 있으면 판례에 따름) [16 노무]

① 수동채권이 고의의 불법행위로 인한 손해배상청구권인 경우
② 자동채권에 조건 미성취의 항변권이 붙어 있는 경우
③ 자동채권의 변제기가 도래하지 않는 경우
④ 수동채권이 압류금지 채권인 경우
⑤ 자동채권과 수동채권이 이행지가 다른 경우

해설

① (✕) : 채무가 고의의 불법행위로 인한 것인 때에는 그 채무자는 상계로 채권자에게 대항하지 못한다(민법 제496조).
② (✕) : 항변권이 붙어 있는 채권을 자동채권으로 하여 다른 채무(수동채권)와의 상계를 허용한다면 상계자 일방의 의사표시에 의하여 상대방의 항변권 행사의 기회를 상실시키는 결과가 되므로 그러한 상계는 허용될 수 없다(대판 2001.11.13. 2001다55222).
③ (✕) : 자동채권은 반드시 변제기에 있어야 한다. 변제기가 도래하지 않은 채권을 자동채권으로 상계하는 것을 허용한다면, 상대방은 이유 없이 기한의 이익을 상실하게 되기 때문이다. 그러나 수동채권은 반드시 변제기가 도래할 필요가 없다. 상계자는 기한을 포기하고 이행기 전에 변제할 수 있기 때문이다. 다만 이행기 전의 상계로 상대방에게 손해가 있는 경우에는 그 손해를 배상하여야 한다.
④ (✕) : 수동채권이 압류될 수 없는 것인 때에는 그 채무자는 상계로 채권자에게 대항하지 못한다. 즉 압류금지채권을 수동채권으로 하여 상계하지 못한다. 그러나 압류금지의 채권을 자동채권으로 하는 상계는 허용된다.
⑤ (○) : 각 채무의 이행지가 다른 경우에도 상계할 수 있다. 그러나 상계하는 당사자는 상대방에게 상계로 인한 손해를 배상하여야 한다(민법 제494조).

정답 ⑤

501 상계에 관한 설명으로 옳지 않은 것은? (다툼이 있으면 판례에 따름) [18 노무]

① 채무의 이행지가 서로 다른 채권은 상계할 수 없다.
② 지급을 금지하는 명령을 받은 제3채무자는 그 후에 취득한 채권에 의한 상계로 그 명령을 신청한 채권자에게 대항하지 못한다.
③ 채권이 압류하지 못할 것인 때에는 그 채무자는 상계로 채권자에게 대항하지 못한다.
④ 소멸시효가 완성된 채권이 그 완성 전에 상계할 수 있었던 것이면 채권자는 상계할 수 있다.
⑤ 쌍방의 채무자 상계적상에 있었으나 상계 의사표시를 않는 동안에 일방의 채무가 변제로 소멸한 후에는 상계할 수 없다.

해설

① (×) : 제494조【이행지를 달리하는 채무의 상계】 각 채무의 이행지가 다른 경우에도 상계할 수 있다. 그러나 상계하는 당사자는 상대방에게 상계로 인한 손해를 배상하여야 한다.
② (○) : 제498조【지급금지채권을 수동채권으로 하는 상계의 금지】 지급을 금지하는 명령을 받은 제3채무자는 그 후에 취득한 채권에 의한 상계로 그 명령을 신청한 채권자에게 대항하지 못한다.
③ (○) : 제497조【압류금지채권을 수동채권으로 하는 상계의 금지】채권이 압류하지 못할 것인 때에는 그 채무자는 상계로 채권자에게 대항하지 못한다.
④ (○) : 제495조【소멸시효완성 된 채권에 의한 상계】 소멸시효가 완성된 채권이 그 완성 전에 상계할 수 있었던 것이면 그 채권자는 상계할 수 있다.
⑤ (○) : 쌍방의 채권은 상계의 의사표시를 할 당시에 유효하게 현존하여야 한다. 두 채권 가운데 한 쪽이 부존재 또는 무효인 때에는 상계가 불가능하고, 일단 상계적상에 있었던 경우에도 상계를 하지 않고 있는 동안에 한 쪽의 채권이 변제, 계약해제 등의 사유로 소멸한 때에는 상계가 불가능하다.

정답 ①

502 상계에 관한 설명 중 옳지 않은 것은? (다툼이 있는 경우에는 판례에 의함) [예상]

① 수탁보증인은 주채무자에 대한 사전구상권을 자동채권으로 하여 상계할 수 있다.
② 국가는 확정된 벌금채권을 자동채권으로 하여 私人의 국가에 대한 부당이득반환채권과 상계할 수 있다.
③ 사용자는 근로자의 동의없이 근로자에 대한 대출금채권을 자동채권으로 하여 근로자의 퇴직금채권과 일방적으로 상계할 수 없다.
④ 상계금지특약이 있음을 알지 못한 채 채권을 양수한 자는 이를 자동채권으로 하여 상계할 수 있다.
⑤ 가압류명령을 받은 제3채무자가 가압류채무자에 대해 가지고 있는 반대채권이 가압류 당시 변제기에 이르지 않았지만, 피압류채권의 변제기보다 먼저 변제기에 이르는 경우, 제3채무자는 가압류채무자에 대한 반대채권을 자동채권으로 하여 상계할 수 있다.

해설

① (✕) : 항변권이 붙어 있는 채권을 자동채권으로 하여 타의 채무와의 상계를 허용한다면 상계자 일방의 의사표시에 의하여 상대방의 항변권 행사의 기회를 상실케 하는 결과가 되므로 이와 같은 상계는 그 성질상 허용될 수 없다(대판 2002.8.23, 2002다25242 등). 따라서 수탁보증인이 주채무자에 대하여 가지는 민법 제442조의 사전구상권에는 민법 제443조 소정의 면책청구권(혹은 담보제공청구권)이라는 항변권이 부착되어 있으므로 이를 자동채권으로 하는 상계가 허용되지 않는다(대판 2001.11.13, 2001다55222·55239 ; 대판 2004.5.28, 2001다81245 등).

② (○) : 상계는 쌍방이 서로 상대방에 대하여 같은 종류의 급부를 목적으로 하는 채권을 가지고 자동채권의 변제기가 도래하였을 것을 그 요건으로 하는 것인데, 형벌의 일종인 벌금도 일정 금액으로 표시된 추상적 경제 가치를 급부목적으로 하는 채권인 점에서는 다른 금전채권들과 본질적으로 다를 것이 없고, 다만 발생의 법적 근거가 공법관계라는 점에서만 차이가 있을 뿐이나 채권발생의 법적 근거가 무엇인지는 급부의 동종성을 결정하는 데 영향이 없으며, 벌금형이 확정된 이상 벌금채권의 변제기는 도래한 것이므로 달리 이를 금하는 특별한 법률상 근거가 없는 이상 벌금채권은 적어도 상계의 자동채권이 되지 못할 아무런 이유가 없다(대판 2004.4.27, 2003다37891).

③ (○) : 근로기준법 제42조 제1항 본문에 규정된 임금의 전액 지급의 원칙에 비추어 사용자가 근로자의 급료나 퇴직금 등 임금채권을 수동채권으로 하여 사용자의 근로자에 대한 다른 채권으로 상계할 수 없다(대결 1994.3.16, 93마1822·1823). 따라서 사용자가 근로자에 대하여 가지는 대출 원리금 등 채권을 가지고 일방적으로 근로자의 급료 및 퇴직금채권 등 임금채권을 상계하는 것은 금지된다고 할 것이지만, 사용자가 근로자의 동의를 얻어 근로자의 급료 및 퇴직금채권 등 임금채권에 대하여 상계하는 경우에 그 동의가 근로자의 자유로운 의사에 터잡아 이루어진 것이라고 인정할 만한 합리적인 이유가 객관적으로 존재하는 때에는 근로기준법 제42조 제1항 본문에 위반하지 아니한다(대판 2001.10.23, 2001다25184 ; 대판 2003.6.27, 2003다7623).

④ (○) : 제492조【상계의 요건】① 쌍방이 서로 같은 종류를 목적으로 한 채무를 부담한 경우에 그 쌍방의 채무의 이행기가 도래한 때에는 각 채무자는 대등액에 관하여 상계할 수 있다. 그러나 채무의 성질이 상계를 허용하지 아니할 때에는 그러하지 아니하다. ② 전항의 규정은 당사자가 다른 의사를 표시한 경우에는 적용하지 아니한다. 그러나 그 의사표시로써 선의의 제삼자에게 대항하지 못한다.

⑤ (○) : 채권가압류명령을 받은 제3채무자는 그 후에 취득한 채권에 의한 상계로 그 가압류채권자에게 대항하지 못하지만, 수동채권이 가압류될 당시 자동채권과 수동채권이 상계적상에 있거나 자동채권의 변제기가 수동채권의 그것과 동시 또는 그보다 먼저 도래하는 경우에는 제3채무자는 자동채권에 의한 상계로 가압류채권자에게 대항할 수 있다(대판 1989.9.12, 88다카25120 ; 대판 2003.6.27, 2003다7623 등).

정답 ①

Ⅲ. 효과

503 상계에 관한 설명으로 옳지 않은 것은? (다툼이 있는 경우에는 판례에 의함) [예상]

① 상계적상 시점 이전에 수동채권의 변제기가 이미 도래하여 지체가 발생한 경우, 그 시점까지의 수동채권의 약정이자 및 지연손해금을 자동채권으로써 먼저 소각하고 그 잔액을 가지고 수동채권의 원본을 소각 하여야 한다.
② 상계의 대상이 되는 채권에는 상대방과 사이에서 직접 발생한 채권뿐만 아니라 제3자로부터 양수 등을 원인으로 하여 취득한 채권도 포함된다.
③ 가압류명령을 받은 제3채무자가 가압류채무자에 대하여 가지는 자동채권이 압류 당시에 변제기에 이르지 않은 경우에는 피압류채권인 수동채권의 변제기와 동시에 또는 그 보다 먼저 변제기에 도달하여야 제3채무자가 가압류채권자에게 상계로써 대항할 수 있다.
④ 가압류명령이 제3채무자에게 송달되어 가압류의 효력이 생긴 후에 제3채무자의 가압류채무자에 대한 자동채권이 발생한 경우에는 제3채무자가 가압류채권자에게 상계로써 대항할 수 없고, 이는 자동채권과 수동채권이 동시이행의 관계에 있고 수동채권이 가압류되기 전에 자동채권 발생의 기초가 되는 원인이 이미 성립한 경우에도 마찬가지이다.
⑤ 고의의 불법행위에 의한 손해배상채권에 대한 상계금지는 중과실의 불법행위로 인한 손해배상채권에까지 유추 또는 확장적용 되지 않는다.

해설

① (O) : 상계의 의사표시가 있는 경우, 채무는 상계적상시에 소급하여 대등액에 관하여 소멸한 것으로 보게 되므로, 상계에 의한 양 채권의 차액 계산 또는 상계충당은 상계적상의 시점을 기준으로 하게 되고, 따라서 그 시점 이전에 수동채권의 변제기가 이미 도래하여 지체가 발생한 경우에는 상계적상 시점까지의 수동채권의 약정이자 및 지연손해금을 계산한 다음 자동채권으로써 먼저 수동채권의 약정이자 및 지연손해금을 소각하고 잔액을 가지고 원본을 소각하여야 한다(대판 2005.7.8. 2005다8125).

② (O) : 일반적으로 당사자 사이에 상계적상이 있는 채권이 병존하고 있는 경우에는 이를 상계할 수 있는 것이 원칙이고, 이러한 상계의 대상이 되는 채권은 상대방과 사이에서 직접 발생한 채권에 한하는 것이 아니라, 제3자로부터 양수 등을 원인으로 하여 취득한 채권도 포함한다 할 것이다(대판 2003.4.11. 2002다59481).

③ (O) : 채권가압류명령을 받은 제3채무자는 그 후에 취득한 채권에 의한 상계로 그 가압류채권자에게 대항하지 못하지만, 수동채권이 가압류될 당시 자동채권과 수동채권이 상계적상에 있거나 자동채권의 변제기가 수동채권의 그것과 동시 또는 그보다 먼저 도래하는 경우에는 제3채무자는 자동채권에 의한 상계로 가압류채권자에게 대항할 수 있다(대판 2003.6.27. 2003다7623 ; 대판 1989.9.12. 88다카25120 등).

④ (X) : 금전채권에 대한 압류 및 전부명령이 있는 때에는 압류된 채권은 동일성을 유지한 채로 압류채무자로부터 압류채권자에게 이전되고, 제3채무자는 채권이 압류되기 전에 압류채무자에게 대항할 수 있는 사유로써 압류채권자에게 대항할 수 있는 것이므로 제3채무자의 압류채무자에 대한 자동채권이 수동채권인 피압류채권과 동시이행의 관계에 있는 경우에는, 압류명령이 제3채무자에게

송달되어 압류의 효력이 생긴 후에 자동채권이 발생하였다고 하더라도 제3채무자는 동시이행의 항변권을 주장할 수 있고, 따라서 그 채권에 의한 상계로 압류채권자에게 대항할 수 있는 것으로서, 이 경우에 자동채권이 발생한 기초가 되는 원인은 수동채권이 압류되기 전에 이미 성립하여 존재하고 있었던 것이므로, 그 자동채권은 제498조상의 '지급을 금지하는 명령을 받은 제3채무자가 그 후에 취득한 채권'에 해당하지 않는다(대판 1993.9.28, 92다55794 ; 대판 2001.3.27, 2000다43819 ; 대판 2005.11.10, 2004다37676 등).

⑤ **(O)** : 민법 제496조의 입법취지나 적용결과에 비추어 볼 때 고의의 불법행위로 인한 손해배상채권에 대한 상계금지를 중과실의 불법행위로 인한 손해배상채권에까지 유추 또는 확장적용 하여야 할 필요성이 있다고 할 수 없다(대판 1994.8.12., 93다52808).

정답 ④

504 상계에 관한 다음 설명 중 옳지 못한 것은? (다툼이 있으면 판례에 의함)   [예상]

① 채권압류 및 전부명령에 있어 제3채무자는 그 명령이 송달되기 이전에 채무자에 대하여 상계적상에 있었던 반대채권을 가지고 있었다면 그 명령이 송달된 이후에 상계로서 전부채권자에게 대항할 수 있다.

② 소송비용상환청구권은 소송에서 패소하였다는 사실을 요건으로 소송상 발생하는 실체적 권리이기는 하나 그 성질은 사법상의 청구권이며 상계의 수동채권으로 될 수 있다.

③ 고의의 불법행위자가 피해자의 손해배상채권을 수동채권으로 하여 상계하는 것은 금지되고 있으나, 피해자가 이를 자동채권으로 하여 상계하는 것까지 금지되는 것은 아니다.

④ 사용자는 자기 직원으로 근무하다가 사망한 근로자의 퇴직금에 대하여 사용자의 근로자에 대한 대출금채권으로 상계할 수 있다.

⑤ 어음채권을 자동채권으로 하여 상계의 의사표시를 하는 경우에 있어 재판외의 상계의 경우에는 어음채무자의 승낙이 없는 이상 어음의 교부가 필요불가결하고 어음의 교부가 없으면 상계의 효력이 생기지 아니한다.

해설

① **(O)** : 대판[전합] 1973.11.13, 73다518 ; 대판 1980.9.9, 80다939.

② **(O)** : 대판 1994.5.13, 94다9856.

③ **(O)** : 채무가 고의의 불법행위로 인한 것인 때에는 그 채무자는 상계로 채권자에게 대항하지 못한다(제496조). 즉 고의의 불법행위자는 피해자의 손해배상청구권을 '수동채권'으로 하여 상계하는 것이 금지된다. 따라서 고의에 의한 불법행위로 발생된 손해배상채권이라 하더라도 피해자가 이를 자동채권으로 하여 상계하는 것은 상관없다.

④ **(X)** : 근로자가 받을 퇴직금은 임금의 성질을 가지는 것으로서 근로기준법 제43조에 의하여 사용자는 그 수령권자에게 직접 전액을 지급하여야 하는 것이므로, 사용자가 자기 직원으로 근무하다가 사망한 근로자의 퇴직금에 대하여 사용자의 동인에 대한 대출금채권으로 상계충당 할 수 없다(대판 1990.5.8, 88다카26413).

⑤ (O) : 어음채권을 자동채권으로 하여 상계의 의사표시를 하는 경우에 있어 재판외의 상계의 경우에는 어음채무자의 승낙이 없는 이상 어음의 교부가 필요불가결하고 어음의 교부가 없으면 상계의 효력이 생기지 아니한다 할 것이지만, 재판상의 상계의 경우에는 어음을 서증으로써 법정에 제출하여 상대방에게 제시되게 함으로써 충분하다(대판 1991.4.9., 91다2892).

정답 ④

505 상계에 관한 다음 설명 중 가장 옳지 않은 것은? [19 법행]

① 수탁보증인이 주채무자에 대하여 가지는 민법 제442조의 사전구상권에는 민법 제443조의 담보제공청구권이 항변권으로 부착되어 있는 만큼 이를 자동채권으로 하는 상계는 원칙적으로 허용될 수 없다.
② 매도인이나 수급인의 담보책임을 기초로 한 손해배상채권의 제척기간이 지난 경우 제척기간이 지나기 전에 상대방의 채권과 상계할 수 있었던 때에는 매수인이나 도급인은 민법 제495조를 유추적용 하여 위 손해배상채권을 자동채권으로 해서 상대방의 채권과 상계할 수 있다.
③ 상계에 있어 수동채권으로 될 수 있는 채권은 상대방이 상계자에 대하여 가지는 채권이어야 하고, 상대방이 제3자에 대하여 가지는 채권과는 상계할 수 없다.
④ 상계의 의사표시가 있는 경우 채무는 상계적상 시에 소급하여 대등액에서 소멸한 것으로 보게 되므로, 상계에 의한 양 채권의 차액 계산 또는 상계충당은 상계적상의 시점을 기준으로 하게 된다.
⑤ 일반적으로 당사자 사이에 상계적상이 있는 채권이 병존하고 있는 경우 이를 상계할 수 있는 것이 원칙이나, 이러한 상계의 대상이 되는 채권은 상대방과 사이에서 직접 발생한 채권에 한하는 것이고, 제3자로부터 양수 등을 원인으로 하여 취득한 채권은 포함되지 않는다.

해설

① (O) : 항변권이 붙어 있는 채권을 자동채권으로 하여 다른 채무(수동채권)와의 상계를 허용한다면 상계자 일방의 의사표시에 의하여 상대방의 항변권 행사의 기회를 상실시키는 결과가 되므로 그러한 상계는 허용될 수 없고, 특히 수탁보증인이 주채무자에 대하여 가지는 민법 제442조의 사전구상권에는 민법 제443조 소정의 이른바 면책청구권이 항변권으로 부착되어 있는 만큼 이를 자동채권으로 하는 상계는 허용될 수 없다(대판 2001.11.13. 2001다55222,55239).
② (O) : 매도인이나 수급인의 담보책임을 기초로 한 손해배상채권의 제척기간이 지난 경우에도 제척기간이 지나기 전 상대방의 채권과 상계할 수 있었던 경우에는 매수인이나 도급인은 민법 제495조를 유추적용해서 위 손해배상채권을 자동채권으로 해서 상대방의 채권과 상계할 수 있다고 봄이 타당하다[72](대판 2019. 3. 14. 2018다255648).

---
72) 민법 제495조는 "소멸시효가 완성된 채권이 그 완성 전에 상계할 수 있었던 것이면 그 채권자는 상계할 수 있다."라고

③ (O) : 상계는 당사자 쌍방이 서로 같은 종류를 목적으로 한 채무를 부담한 경우에 서로 같은 종류의 급부를 현실로 이행하는 대신 어느 일방 당사자의 의사표시로 그 대등액에 관하여 채권과 채무를 동시에 소멸시키는 것이고, 이러한 상계제도의 취지는 서로 대립하는 두 당사자 사이의 채권·채무를 간이한 방법으로 원활하고 공평하게 처리하려는 데 있으므로, 수동채권으로 될 수 있는 채권은 상대방이 상계자에 대하여 가지는 채권이어야 하고, 상대방이 제3자에 대하여 가지는 채권과는 상계할 수 없다고 보아야 한다. 그렇지 않고 만약 상대방이 제3자에 대하여 가지는 채권을 수동채권으로 하여 상계할 수 있다고 한다면, 이는 상계의 당사자가 아닌 상대방과 제3자 사이의 채권채무관계에서 상대방이 제3자에게서 채무의 본지에 따른 현실급부를 받을 이익을 침해하게 될 뿐 아니라, 상대방의 채권자들 사이에서 상계자만 독점적인 만족을 얻게 되는 불합리한 결과를 초래하게 되므로, 상계의 담보적 기능과 관련하여 법적으로 보호받을 수 있는 당사자의 합리적 기대가 이러한 경우에까지 미친다고 볼 수는 없다(대판 2011. 4. 28. 2010다101394).

④ (O) : 상계의 의사표시가 있는 경우, 채무는 상계적상 시에 소급하여 대등액에서 소멸한 것으로 보게 되므로, 상계에 의한 양 채권의 차액 계산 또는 상계충당은 상계적상의 시점을 기준으로 하게 된다. 따라서 그 시점 이전에 수동채권의 변제기가 이미 도래하여 지체가 발생한 경우에는 상계적상 시점까지의 수동채권의 약정이자 및 지연손해금을 계산한 다음 자동채권으로 그 약정이자 및 지연손해금을 먼저 소각하고 잔액을 가지고 원본을 소각하여야 한다(대판 2013. 2. 28. 2012다94155).

⑤ (×) : 일반적으로 당사자 사이에 상계적상이 있는 채권이 병존하고 있는 경우에는 이를 상계할 수 있는 것이 원칙이고, 이러한 상계의 대상이 되는 채권은 상대방과 사이에서 직접 발생한 채권에 한하는 것이 아니라, 제3자로부터 양수 등을 원인으로 하여 취득한 채권도 포함한다 할 것인바, 이러한 상계권자의 지위가 법률상 보호를 받는 것은, 원래 상계제도가 서로 대립하는 채권, 채무를 간이한 방법에 의하여 결제함으로써 양자의 채권채무관계를 원활하고 공평하게 처리함을 목적으로 하고 있고, 상계권을 행사하려고 하는 자에 대하여는 수동채권의 존재가 사실상 자동채권에 대한 담보로서의 기능을 하는 것이어서 그 담보적 기능에 대한 당사자의 합리적 기대가 법적으로 보호받을 만한 가치가 있음에 근거하는 것이므로 당사자가 상계의 대상이 되는 채권이나 채무를 취득하게 된 목적과 경위, 상계권을 행사함에 이른 구체적·개별적 사정에 비추어, 그것이 위와 같은 상계제도의 목적이나 기능을 일탈하고, 법적으로 보호받을 만한 가치가 없는 경우에는, 그 상계권의 행사는 신의칙에 반하거나 상계에 관한 권리를 남용하는 것으로서 허용되지 않는다고 함이 상당하고, 상계권 행사를 제한하는 위와 같은 근거에 비추어 볼 때 일반적인 권리 남용의 경우에 요구되는 주관적 요건을 필요로 하는 것은 아니다(대판 2003. 4. 11, 2002다59481).

정답 ⑤

정하고 있다. 이는 당사자 쌍방의 채권이 상계적상에 있었던 경우에 당사자들은 채권·채무관계가 이미 정산되어 소멸하였거나 추후에 정산될 것이라고 생각하는 것이 일반적이라는 점을 고려하여 당사자들의 신뢰를 보호하기 위한 것이다. 매도인이나 수급인의 담보책임을 기초로 한 매수인이나 도급인의 손해배상채권의 제척기간이 지난 경우에도 민법 제495조를 유추적용해서 매수인이나 도급인이 상대방의 채권과 상계할 수 있는지 문제 된다. 매도인의 담보책임을 기초로 한 매수인의 손해배상채권 또는 수급인의 담보책임을 기초로 한 도급인의 손해배상채권이 각각 상대방의 채권과 상계적상에 있는 경우에 당사자들은 채권·채무관계가 이미 정산되었거나 정산될 것으로 기대하는 것이 일반적이므로, 그 신뢰를 보호할 필요가 있다. 이러한 손해배상채권의 제척기간이 지난 경우에도 그 기간이 지나기 전에 상대방에 대한 채권·채무관계의 정산 소멸에 대한 신뢰를 보호할 필요성이 있다는 점은 소멸시효가 완성된 채권의 경우와 아무런 차이가 없다.

506 상계에 관한 다음 설명 중 가장 옳지 않은 것은? [20 법행]

① 사용자가 근로자에게 매월 계산의 착오 등으로 임금을 초과지급 하다가 근로자가 퇴직하여 퇴직금을 청구한 경우 사용자는 그 퇴직금채권의 2분의 1을 초과하는 부분에 해당 하는 금액에 관하여만 그동안 초과 지급한 임금의 반환청구권을 자동채권으로 하여 상계할 수 있다.

② 파산자의 보증인이 파산선고 후 채권자에게 그 보증채무의 일부를 변제하여 그 출재액을 한도로 파산자에 대하여 구상권을 취득하였다 하더라도 채권자가 파산선고 시의 채권 전액을 파산채권으로 신고한 이상 보증인으로서는 파산자에 대하여 그 구상권을 파산채권으로 행사할 수 없어 이를 자동채권으로 하여 파산자에 대한 채무와 상계할 수도 없다.

③ 甲이 乙의 丙에 대한 공사대금채권 2억 원 중 1억 원을 양수하고 채권양도의 대항요건을 갖춘 경우, 乙에 대하여 5천만 원의 반대채권을 갖고 있던 丙은 甲, 乙 중 누구라도 상계의 상대방으로 지정하여 5천만 원 전액을 상계할 수 있다.

④ 제3채무자가 압류 효력 발생 당시 이미 반대채권을 취득한 이상 그의 상계에 대한 기대는 합리적이고 정당하므로 그 당시 양 채권이 상계적상에 있지 아니하였다 하더라도 양 채권의 변제기 선후를 불문하고 그 후에 상계적상에 이르면 상계로써 압류채권자에게 대항할 수 있다.

⑤ 어음채권을 자동채권으로 하여 상계의 의사표시를 하는 경우에 있어 재판외의 상계의 경우에는 어음채무자의 승낙이 없는 이상 어음의 교부가 필요불가결하고 어음의 교부가 없으면 상계의 효력이 생기지 아니한다.

해설

① (O) : [다수의견] 구 근로기준법(2005. 1. 27. 법률 제7379호로 개정되기 전의 것) 제42조 제1항 본문에 의하면 임금은 통화로 직접 근로자에게 그 전액을 지급하여야 하므로 사용자가 근로자에 대하여 가지는 채권으로써 근로자의 임금채권과 상계를 하지 못하는 것이 원칙이고, 이는 경제적·사회적 종속관계에 있는 근로자를 보호하기 위한 것인바, 근로자가 받을 퇴직금도 임금의 성질을 가지므로 역시 마찬가지이다. 다만 계산의 착오 등으로 임금을 초과 지급한 경우에, 근로자가 퇴직 후 그 재직 중 받지 못한 임금이나 퇴직금을 청구하거나, 근로자가 비록 재직 중에 임금을 청구하더라도 위 초과 지급한 시기와 상계권 행사의 시기가 임금의 정산, 조정의 실질을 잃지 않을 만큼 근접하여 있고 나아가 사용자가 상계의 금액과 방법을 미리 예고하는 등으로 근로자의 경제생활의 안정을 해할 염려가 없는 때에는, 사용자는 위 초과 지급한 임금의 반환청구권을 자동채권으로 하여 근로자의 임금채권이나 퇴직금채권과 상계할 수 있다. 그리고 이러한 법리는 사용자가 근로자에게 이미 퇴직금 명목의 금원을 지급하였으나 그것이 퇴직금 지급으로서의 효력이 없어 사용자가 같은 금원 상당의 부당이득반환채권을 갖게 된 경우에 이를 자동채권으로 하여 근로자의 퇴직금채권과 상계하는 때에도 적용된다. 한편 민사집행법 제246조 제1항 제5호는 근로자인 채무자의 생활보장이라는 공익적, 사회 정책적 이유에서 '퇴직금 그 밖에 이와 비슷한 성질을 가진 급여채권의 2분의 1에 해당하는 금액'을 압류금지채권으로 규정하고 있고, 민법 제497조는 압류금지채권의 채무자는 상계로 채권자에게 대항하지 못한다고 규정하고 있으므로, 사용자가 근로자에게 퇴직금 명목으로 지

급한 금원 상당의 부당이득반환채권을 자동채권으로 하여 근로자의 퇴직금채권을 상계하는 것은 퇴직금채권의 2분의 1을 초과하는 부분에 해당하는 금액에 관하여만 허용된다고 봄이 상당하다(대판[전합] 2010. 5. 20. 2007다90760).

② (O) : 파산자의 보증인이 파산선고 후 보증채무를 전부 이행함으로써 구상권을 취득한 경우, 그 구상권은 파산선고 당시 이미 장래의 구상권으로서 파산채권으로 존재하고 있었다고 보아야 하는 점, 파산절차에서는 장래의 청구권을 자동채권으로 한 상계가 허용되는 점, 정지조건부채권 또는 장래의 청구권을 가진 자가 그 채무를 변제하는 경우에는 후일 상계를 하기 위하여 그 채권액의 한도에서 변제액의 임치를 청구할 수 있는 점 등에 비추어, 그 구상권을 자동채권으로 하여 파산채무자에 대한 채무와 상계할 수 있다고 봄이 상당하다. 그런데 파산선고 후 파산채권자가 다른 채무자로부터 일부 변제를 받거나 다른 채무자에 대한 회사정리절차 내지 파산절차에 참가하여 변제 또는 배당을 받았다 하더라도 그에 의하여 채권자가 채권 전액에 대하여 만족을 얻은 것이 아닌 한 파산채권액에 감소를 가져오는 것은 아니어서, 채권자는 여전히 파산선고시의 채권 전액으로써 계속하여 파산절차에 참가할 수 있고, 채권의 일부에 대한 대위변제를 한 구상권자가 자신이 변제한 가액에 비례하여 채권자와 함께 파산채권자로서 권리를 행사할 수 있는 것은 아니다. 따라서 파산자의 보증인이 파산선고 후 채권자에게 그 보증채무의 일부를 변제하여 그 출재액을 한도로 파산자에 대하여 구상권을 취득하였다 하더라도 채권자가 파산선고시의 채권 전액을 파산채권으로 신고한 이상 보증인으로서는 파산자에 대하여 그 구상권을 파산채권으로 행사할 수 없어 이를 자동채권으로 하여 파산자에 대한 채무와 상계할 수도 없다(대판 2008. 8. 21. 2007다37752).

③ (O) : [1] 지명채권의 양도는 양도인이 채무자에게 통지하거나 채무자가 승낙하지 않으면 채무자에게 대항하지 못한다(민법 제450조 제1항). <u>채무자가 채권양도 통지를 받은 경우 채무자는 그때까지 양도인에 대하여 생긴 사유로써 양수인에게 대항할 수 있고(제451조 제2항), 당시 이미 상계할 수 있는 원인이 있었던 경우에는 아직 상계적상에 있지 않더라도 그 후에 상계적상에 이르면 채무자는 양수인에 대하여 상계로 대항할 수 있다.</u> [2] 민법 제451조 제1항 본문은 "채무자가 이의를 보류하지 아니하고 전조의 승낙을 한 때에는 양도인에게 대항할 수 있는 사유로써 양수인에게 대항하지 못한다."라고 정하고 있다. 이 조항은 채무자의 이의를 보류하지 않은 승낙이라는 사실에 공신력을 주어 양수인을 보호하고 거래의 안전을 꾀하기 위한 것이다. 여기에서 양도인에게 대항할 수 있지만 양수인에게는 대항하지 못하는 사유는 협의의 항변권에 한정되지 않고 넓게 채권의 성립·존속·행사를 저지하거나 배척하는 사유를 포함한다. 채무자가 이 조항에 따른 이의를 보류하지 않은 승낙을 할 때에 명시적으로 항변사유를 포기한다거나 양도되는 채권에 대하여 이의가 없다는 뜻을 표시할 것까지 요구하지는 않는다. 그러나 이의를 보류하지 않은 승낙으로 말미암아 채무자가 양도인에 대하여 갖는 대항사유가 단절되는 점을 감안하면, 채무자가 이 조항에 따라 이의를 보류하지 않은 승낙을 했는지는 문제 되는 행위의 내용, 채무자가 행위에 이른 동기와 경위, 채무자가 행위로 달성하려고 하는 목적과 진정한 의도, 행위를 전후로 채무자가 보인 태도 등을 종합적으로 고려하여 양수인으로 하여금 양도된 채권에 대하여 대항사유가 없을 것을 신뢰하게 할 정도에 이르렀는지를 감안하여 판단해야 한다73)(대판 2019. 6. 27. 2017다222962).

---

73) [3] 의사인 甲이 乙 은행에 대한 대출금채무를 담보하기 위하여 '국민건강보험공단에 대하여 가지는 채권으로서 이미 발생하거나 장래 발생할 요양급여비용 채권 등'을 乙은행에 양도한 후 국민건강보험공단에 채권양도사실을 통지하였고, 국민건강보험공단은 甲에게 '압류진료비 채권압류 확인서'를 발급하여 乙은행에 팩스로 송부하였는데, 乙은행이 국민건강보험공단을 상대로 양수금의 지급을 구하자 국민건강보험공단이 甲에 대한 의료법 위반에 따른 손해배상채권으로 상계를 주장한 사안에서, 위 확인서는 발급목적과 용도가 채권압류 확인으로 제한되어 있고 발급목적 외 다른 용도로 사용하는 것이 엄격히 금지되어 있는 점, 확인서 발급 당시 채권양도의 대상이 된 채권의 한도만 정해져 있었을 뿐 발생 시기나 금액이 불확실한 상황에서 국민건강보험공단이 양도인에 대한 모든 대항사유를 포기한 채 채권양도를 승낙하였으리라고는 통상적으로 기대하기 어려운 점, 국민건강보험공단이 채권양도 통지를 받은 다음 甲의 의료법 위반 사실을 알기 전에 乙은행에 양수채권에 대한 변제를 하였다는 이유로 채권양도에 대하여 이의를 보류하지 않은 승

④ (✗) : 가압류 명령을 받은 제3채무자가 가압류채무자에 대한 반대채권(=자동채권)을 가지고 있는 경우에 가압류채권자에게 상계로써 대항하기 위하여는 가압류의 효력발생 당시에 양 채권이 상계적상에 있거나 반대채권(=자동채권)이 압류당시 변제기에 달하지 아니한 경우에는 피압류채권인 수동채권의 변제기와 동시에 또는 그 보다 먼저 변제기에 도달하는 경우이어야 한다(대판 1987.07.07. 86다카2762; 대판[全] 2012.02.16. 2011다45521).

⑤ (○) : 어음채권을 자동채권으로 하여 상계의 의사표시를 하는 경우에 있어 재판외의 상계의 경우에는 어음채무자의 승낙이 없는 이상 어음의 교부가 필요불가결하고 어음의 교부가 없으면 상계의 효력이 생기지 아니한다 할 것이지만, 재판상의 상계의 경우에는 어음을 서증으로써 법정에 제출하여 상대방에게 제시되게 함으로써 충분하다(대판 1991. 4. 9. 91다2892).

정답 ④

제4절 기타 채권의 소멸원인

I. 경 개

507 경개에 관한 설명 중 옳은 것은? (다툼이 있는 경우에는 판례에 의함) [예상]

① 채무의 중요부분의 변경이 있다면 경개의사가 없더라도 경개계약은 성립한다.
② 채무자변경의 경개계약은 구채무자의 의사에 반하더라도 채권자와 신채무자간의 합의로 유효하게 성립한다.
③ 경개로 인한 신채무가 원인의 불법 또는 당사자가 알지 못하는 사유로 성립하지 않거나 취소되더라도 구채무는 부활하지 않는다.
④ 경개에 의하여 성립된 신채무가 이행되지 않을 때에는 채무불이행을 이유로 경개계약을 해제할 수 있다.
⑤ 경개계약의 성립 후에 그 계약을 합의해제하여 구채권을 부활시키는 것은 적어도 당사자 사이에서는 가능하다.

해설

① (✗) : 경개란 당사자가 채무의 중요부분을 변경함으로써 신채무를 성립시키는 동시에 구채무를 소멸케 하는 계약이다(제500조). 그런데 기존채권이 제3자에게 이전된 경우 이를 채권의 양도로 볼

낙을 한 것으로 보기는 어려운 점, 확인서에 진료비채권에 대한 압류확인 외의 목적으로 확인서를 사용하는 것을 금지하고 확인서의 발급으로 인해서 어떠한 책임도 국민건강보험공단에 물을 수 없다는 내용이 기재되어 있는데, 국민건강보험공단은 위와 같은 기재내용을 통하여 대항사유의 단절이라는 법적 책임이나 불이익을 지지 않음을 포괄적으로 표시하였다고 볼 수도 있는 점을 종합하면, 국민건강보험공단이 채권양도에 대하여 이의를 보류하지 않은 승낙을 한 것으로 보기는 어려운데도, 이와 달리 본 원심판단에 법리오해의 잘못이 있다고 한 사례.

것인가 또는 경개로 볼 것인가 그리고 기존 채권·채무의 당사자가 그 목적물을 소비대차의 목적으로 할 것을 약정한 경우 그 약정을 경개로 볼 것인가 또는 준소비대차로 볼 것인가는 1차적으로 당사자의 의사에 의하여 결정되고, 당사자의 의사가 명백하지 않을 때에는 의사해석의 문제이나, 특별한 사정이 없는 한 동일성을 상실함으로써 채권자가 담보를 잃고 채무자가 항변권을 잃게 되는 것과 같이 스스로 불이익을 초래하는 의사를 표시하였다고는 볼 수 없으므로 일반적으로 채권의 양도(대판 1996.7.9, 96다16612) 그리고 준소비대차로 볼 것이다(대판 1989.6.27, 89다카2957 ; 대판 2003.9.26, 2002다31803·31810 ; 대판 2006.12.22, 2004다37669). 따라서 채무의 중요부분의 변경이 있다 하더라도 경개의사가 없는 한 경개계약이 성립할 수 없다.

② (×) : 채무자의 변경으로 인한 경개는 채권자와 신채무자간의 계약으로 이를 할 수 있다. 그러나 구채무자의 의사에 반하여 이를 하지 못한다(제501조).

③ (×) : 경개계약은 구채무를 소멸시키고 신채무를 성립시키는 처분행위로서 구채무의 소멸은 신채무의 성립에 의존하므로, 경개로 인한 신채무가 원인의 불법 또는 당사자가 알지 못한 사유로 인하여 성립하지 아니하거나 취소된 때에는 구채무는 소멸하지 않는 것(제504조)이며, 특히 경개계약에 조건이 붙어 있는 이른바 조건부 경개의 경우에는 구채무의 소멸과 신채무의 성립 자체가 그 조건의 성취 여부에 걸려 있게 된다(대판 2007.11.15, 2005다31316).

④ (×) : 경개계약은 신채권을 성립시키고 구채권을 소멸시키는 처분행위로서 신채권이 성립되면 그 효과는 완결되고 경개계약 자체의 이행의 문제는 발생할 여지가 없으므로 경개에 의하여 성립된 신채무의 불이행을 이유로 경개계약을 해제할 수는 없다(대판 2003.2.11, 2002다62333 ; 대판 1980.11.11, 80다2050).

⑤ (○) : 계약자유의 원칙상 경개계약의 성립 후에 그 계약을 합의해제 하여 구채권을 부활시키는 것은 적어도 당사자 사이에서는 가능하다(대판 2003.2.11., 2002다62333).

정답 ⑤

Ⅱ. 면 제

508 채권의 소멸원인에 관한 다음의 설명 중 가장 타당하지 않은 것은? (판례에 의함) [예상]

① 경개에 의하여 구채무는 소멸하고 이에 따라 구채무에 붙어 있던 인적·물적 담보 또한 특별한 사정이 없는 한 원칙적으로 부종성의 원리에 따라 함께 소멸한다.

② 경개계약은 신채권을 성립시키고 구채권을 소멸시키는 처분행위이므로 경개에 의하여 성립된 신채무의 불이행을 이유로 경개계약을 해제할 수 있다.

③ 기존 채권·채무의 당사자가 그 목적물을 소비대차의 목적으로 할 것을 약정한 경우 그 약정을 경개로 볼 것인가 또는 준소비대차로 볼 것인가에 관하여 당사자의 의사가 명백하지 않을 때에는 특별한 사정이 없는 한 일반적으로 준소비대차로 보아야 한다.

④ 채무의 면제는 반드시 명시적인 의사표시만에 의하여야 하는 것은 아니고 채권자의 어떠한 행위 내지 의사표시의 해석에 의하여 그것이 채무의 면제라고 볼 수 있는 경우에도 이를 인정하여야 한다.

⑤ 수탁보증인이 주채무자에 대하여 가지는 민법 제442조의 사전구상권을 자동채권으로 하는 상계는 허용될 수 없다.

> **해설**

① (O) : 경개에 의하여 舊채무는 소멸하는데(제500조), 舊채무의 소멸과 함께 舊채무에 붙어 있던 담보권·보증채무·위약금 등 기타 종된 권리도 소멸한다.
② (×) : 경개계약은 신채권을 성립시키고 구채권을 소멸시키는 처분행위로서 신채권이 성립되면 그 효과는 완결되고 경개계약 자체의 이행의 문제는 발생할 여지가 없으므로 경개에 의하여 성립된 신채무의 불이행을 이유로 경개계약을 해제할 수는 없다(대판 2003.2.11, 2002다62333 ; 대판 1980.11.11, 80다2050).
③ (O) : 대판 1989.6.27, 89다카2957 ; 대판 2003.9.26, 2002다31803·31810.
④ (O) : 대판[전합] 2007.2.15, 2004다50426 ; 대판 2006.12.21, 2004다45400.
⑤ (O) : 대판 2001.11.13, 2001다55222·55239 ; 대판 2004.5.28, 2001다81245.

정답 ②

Ⅲ. 혼 동

509 준소비대차와 경개, 혼동에 관한 설명 중 옳지 않은 것은? (판례에 의함)

① 준소비대차계약의 당사자는 기초가 되는 기존 채무의 당사자이어야 하고, 기존 채무가 소비대차일 경우에도 성립한다.
② 현실적인 자금의 수수 없이 형식적으로만 신규 대출을 하여 기존 채무를 변제하는 이른바 대환이 있었던 사안에서 그 대환의 성질이 준소비대차로 인정되는 경우에는 특별한 사정이 없는 한 기존 채무에 대한 보증책임이 소멸한다.
③ 경개로 인한 신채무가 원인의 불법 또는 당사자가 알지 못한 사유로 인하여 성립되지 아니하거나 취소된 때에는 구채무는 소멸되지 아니한다.
④ 경개에 의하여 성립된 신채무의 불이행을 이유로 경개계약을 해제할 수는 없다.
⑤ 토지를 乙에게 명의신탁하고 장차의 소유권이전의 청구권 보전을 위하여 자신의 명의로 가등기를 경료 한 甲이 이후 乙의 가등기에 기한 본등기 절차의 이행의무를 인수한 경우, 甲의 가등기에 기한 본등기청구권은 혼동으로 인하여 소멸한다.

> **해설**

① (O) : 준소비대차는 소비대차에 의하지 아니하고 금전 기타의 대체물을 지급할 의무가 있는 경우에 당사자가 그 목적물을 소비대차의 목적물로 할 것을 약정함으로써 당사자사이에 소비대차의 효력이 생기는 것을 말하는 것으로서 기존 채무의 당사자가 그 채무의 목적물을 소비대차의 목적물로 한다는 합의를 할 것을 요건으로 하므로 <u>준소비대차계약의 당사자는 기초가 되는 기존 채무의 당사자이어야 한다</u>(대판 2002.12.6, 2001다2846).
② (×) : 현실적인 자금의 수수 없이 형식적으로만 신규 대출을 하여 기존 채무를 변제하는 이른바 대환은 특별한 사정이 없는 한 형식적으로는 별도의 대출에 해당하나, 실질적으로는 기존 채무의 변

제기 연장에 불과하므로, 그 법률적 성질은 기존 채무가 여전히 동일성을 유지한 채 존속하는 준소비대차로 보아야 하고, 이러한 경우 채권자와 보증인 사이에 사전에 신규 대출 형식에 의한 대환을 하는 경우 보증책임을 면하기로 약정하는 등의 특별한 사정이 없는 한 기존 채무에 대한 보증책임이 존속된다(대판 2002.10.11. 2001다7445).

③ (O) : 제504조【구채무불소멸의 경우】경개로 인한 신채무가 원인의 불법 또는 당사자가 알지 못한 사유로 인하여 성립되지 아니하거나 취소된 때에는 구채무는 소멸되지 아니한다.

④ (O) : 경개계약은 신채권을 성립시키고 구채권을 소멸시키는 처분행위로서 신채권이 성립되면 그 효과는 완결되고 경개계약 자체의 이행의 문제는 발생할 여지가 없으므로 경개에 의하여 성립된 신채무의 불이행을 이유로 경개계약을 해제할 수는 없다(대판 2003.2.11. 2002다62333 ; 대판 1980.11.11. 80다2050).

⑤ (O) : 가등기를 경료 한 가등기권자가 그 가등기와는 상관없이 소유권이전등기를 넘겨받은 경우, 그 가등기에 기한 본등기 절차의 이행을 구할 수 있다(대판 1995.12.26. 95다29888). 즉 토지를 乙에게 명의신탁하고 장차의 소유권이전의 청구권 보전을 위하여 자신의 명의로 가등기를 경료 한 甲이 乙에 대하여 가지는 가등기에 기한 본등기청구권은 채권으로서, 甲이 乙을 상속하거나 乙의 가등기에 기한 본등기 절차 이행의 의무를 인수하지 아니하는 이상, 甲이 가등기에 기한 본등기 절차에 의하지 아니하고 乙로부터 별도의 소유권이전등기를 경료 받았다고 하여 혼동의 법리에 의하여 甲의 가등기에 기한 본등기청구권이 소멸하는 것은 아니다.

정답 ②

제 **3** 편

채권각칙

제1장 **계약총론**

제2장 **계약각론**

제3장 **사무관리**

제4장 **부당이득**

제5장 **불법행위**

제1장 계약총론

제1절 계약의 성립

I. 청약과 승낙의 합치 - 계약의 성립

II. 의사실현에 의한 계약 성립

III. 교차 청약에 의한 계약 성립

510 계약의 성립에 관한 설명으로 옳지 않은 것은? [15 노무]

① 승낙자가 청약에 대해 그 일부만을 승낙할 경우 그 청약을 거절하고 새로운 청약을 한 것으로 본다.
② 청약자는 연착된 승낙을 새로운 청약으로 보아 그에 대하여 승낙함으로써 계약을 성립시킬 수 있다.
③ 승낙기간을 정한 계약의 청약은 청약자가 그 기간 내에 승낙의 통지를 받지 못한 때에는 그 효력을 잃는다.
④ 당사자 간에 동일한 내용의 청약이 상호 교차된 경우에 양 청약이 상대방에게 도달한 때에 계약이 성립한다.
⑤ 격지자간의 계약은 승낙의 통지가 상대방에게 도달한 때에 성립한다.

해설

① (○) : 제534조【변경을 가한 승낙】승낙자가 청약에 대하여 조건을 붙이거나 변경을 가하여 승낙한 때에는 그 청약의 거절과 동시에 새로 청약한 것으로 본다.
② (○) : 제530조【연착된 승낙의 효력】전2조의 경우에 연착된 승낙은 청약자가 이를 새 청약으로 볼 수 있다.
③ (○) : 제529조【승낙기간을 정하지 아니한 계약의 청약】승낙의 기간을 정하지 아니한 계약의 청약은 청약자가 상당한 기간 내에 승낙의 통지를 받지 못한 때에는 그 효력을 잃는다.
④ (○) : 제533조【교차청약】당사자 간에 동일한 내용의 청약이 상호교차 된 경우에는 양청약이 상대방에게 도달한 때에 계약이 성립 한다.
⑤ (×) : 제531조【격지자간의 계약 성립 시기】격지자간의 계약은 승낙의 통지를 발송한 때에 성립한다.

정답 ⑤

511 청약과 승낙에 관한 설명으로 옳은 것은? [16 노무]

① 청약과 승낙의 의사표시는 특정인에 대해서만 가능하다.
② 승낙자가 청약에 변경을 가하지 않고 조건만을 붙여 승낙한 경우에는 계약이 성립된다.
③ 청약자는 청약이 상대방에게 도달하기 전에는 임의로 이를 철회할 수 있다.
④ 당사자 간에 동일한 내용의 청약이 상호교차 된 경우에는 양 청약의 통지가 상대방에게 발송된 때에 계약이 성립한다.
⑤ 승낙의 기간을 정한 청약은 승낙자가 그 기간 내에 승낙의 통지를 발송하지 아니한 때에는 그 효력을 잃는다.

해설

① (✕) : 청약의 의사표시는 상대방 있는 의사표시이지만, 상대방은 반드시 청약 당시에 특정되어 있을 필요도 없다. 따라서 불특정다수인에 대한 청약도 유효하다. 예를 들어 자동판매기에 의한 청약이 있다. 하지만 승낙은 청약에 대응하는 계약을 성립시킬 목적으로 청약자에게 하는 수령자의 의사표시이므로, 청약과 달리 불특정 다수인에 대한 승낙은 있을 수 없다.
② (✕) : 승낙자가 청약에 대하여 조건을 붙이거나 변경을 가하여 승낙한 때에는 그 청약의 거절과 동시에 새로 청약한 것으로 본다(민법 제534조).
③ (O) : 청약은 철회하지 못한다(민법 제527조). 즉, 청약의 의사표시가 상대방에게 도달하기 전에는 이를 철회할 수 있으나, 상대방에게 도달하여 효력이 발생한 후에는 임의로 철회할 수 없는데, 이를 청약의 형식적 효력(=청약의 구속력=청약의 비철회성)이라고 한다.
④ (✕) : 당사자 간에 동일한 내용의 청약이 상호교차 된 경우에는 양 청약이 상대방에게 도달한 때에 계약이 성립 한다(민법 제533조).
⑤ (✕) : 승낙의 기간을 정한 계약의 청약은 청약자가 그 기간 내에 승낙의 통지를 받지 못한 때에는 그 효력을 잃는다(민법 제528조 ①항).

정답 ③

512 甲은 2020. 2. 1. 자기 소유 중고자동차를 1,000만원에 매수할 것을 乙에게 청약하는 내용의 편지를 발송하였다. 이에 관한 설명으로 옳지 않은 것은? (다툼이 있으면 판례에 따름) [20 노무]

① 甲의 편지가 2020. 2. 5. 乙에게 도달하였다면 甲은 위 청약을 임의로 철회하지 못한다.
② 甲의 편지가 2020. 2. 5. 乙에게 도달하였다면 그 사이 甲이 사망하였더라도 위 청약은 유효하다.
③ 乙이 위 중고자동차를 900만원에 매수하겠다고 회신하였다면 乙은 甲의 청약을 거절하고 새로운 청약을 한 것이다.

④ 甲의 편지를 2020. 2. 5. 乙이 수령하였더라도 乙이 미성년자라면 甲은 원칙적으로 위 청약의 효력발생을 주장할 수 없다.
⑤ 乙이 위 청약을 승낙하는 편지를 2020. 2. 10. 발송하여 甲에게 2020. 2. 15. 도달하였다면 甲과 乙 간의 계약 성립일은 2020. 2. 15. 이다.

해설

① (O) : 제527조【계약의 청약의 구속력】계약의 청약은 이를 철회하지 못한다.
② (O) : 제111조【의사표시의 효력발생시기】① 상대방이 있는 의사표시는 상대방에게 도달한 때에 그 효력이 생긴다. ② 의사표시자가 그 통지를 발송한 후 사망하거나 제한능력자가 되어도 의사표시의 효력에 영향을 미치지 아니한다.
③ (O) : 제534조【변경을 가한 승낙】승낙자가 청약에 대하여 조건을 붙이거나 변경을 가하여 승낙한 때에는 그 청약의 거절과 동시에 새로 청약한 것으로 본다.
④ (O) : 제112조【제한능력자에 대한 의사표시의 효력】의사표시의 상대방이 의사표시를 받은 때에 제한능력자인 경우에는 의사표시자는 그 의사표시로써 대항할 수 없다. 다만, 그 상대방의 법정대리인이 의사표시가 도달한 사실을 안 후에는 그러하지 아니하다.
⑤ (✕) : 제531조【격지자간의 계약 성립 시기】격지자간의 계약은 승낙의 통지를 발송한 때에 성립한다. 이 경우 해제조건설은 민법 제531조는 승낙의 효력에 관하여 발신주의라는 예외를 규정한 것이라고 하면서, 그 의미를 승낙이 도달하지 않음을 해제조건으로 하여 발신에 의해 승낙의 효력이 생기는 것으로 이해하며, 승낙의 불착(不着)을 청약자가 증명해야 한다고 한다.

정답 ⑤

513 계약의 성립에 관한 설명으로 틀린 것은? (다툼이 있으면 판례에 의함) [예상]
① 격지자간의 계약은 승낙의 의사표시가 청약자에게 도달하면 그 발송시점에 성립한다.
② 당사자 사이에 동일한 내용의 청약이 교차된 경우, 두 청약이 모두 도달한 때에 계약이 성립한다.
③ 계약에 적용되는 법령과 동일한 약관내용도 중요한 것이면 사업자의 설명의무가 면제되지 않음이 원칙이다.
④ 약관의 일부조항이 무효이더라도 계약은 나머지 부분만으로 유효함이 원칙이다.
⑤ 행위자와 명의자 중 누가 계약당사자인가에 관하여 행위자와 상대방의 의사가 불일치하면 합리적인 상대방의 관점에서 계약당사자를 결정한다.

해설

① (O) : 격지자간의 계약은 승낙의 통지를 발송한 때에 성립한다(제531조). 반면에 민법 제528조 제1항과 제529조에 의할 경우에 승낙이 승낙기간 내에 도달하지 않은 경우에는 계약은 성립하지 않는

다. 따라서 승낙의 의사표시에 관한 발신주의와 도달주의규정간의 관계에 대한 해석상의 문제가 제기된다. 통설은 승낙은 승낙기간 내의 부도달을 해제조건으로 하여 발신에 의하여 효력이 생긴다는 입장이다(해제조건설).

② (○) : 당사자 간에 동일한 내용의 청약이 상호 교차된 경우에는 양 청약이 상대방에게 도달한 때에 계약이 성립한다(제532조). 즉 두 청약이 상대방에게 모두 도달한 때에 계약이 성립한다. 따라서 두 청약이 동시에 도달하지 않을 때에는, 후에 상대방에게 도달한 청약이 도달하는 때에 계약은 성립한다.

③ (×) : '약관의 규제에 관한 법률' 제3조의 규정에 의하여 사업자는 고객과 계약을 체결할 때에 고객에게 약관에 정하여져 있는 사항 중 고객의 이해관계에 중대한 영향을 미치는 계약의 중요한 내용에 대하여 명시·설명의무를 지고 있으나, 사업자에게 이러한 약관의 명시·설명의무가 인정되는 것은 상대방인 고객이 알 수 없는 가운데 약관에 정하여진 중요한 사항이 계약내용으로 되어 고객이 예상하지 못한 불이익을 받게 되는 것을 피하고자 하는 데에 그 취지가 있다고 할 것이므로, 당해 거래계약에 당연히 적용되는 법령에 규정되어 있는 사항은 그것이 약관의 중요한 내용에 해당한다고 하더라도 특별한 사정이 없는 한 사업자가 이를 따로 명시·설명할 의무는 없다고 할 것이다(대판 1999.9.7, 98다19240 ; 대판 2000.7.4, 98다62909·62916 등).

④ (○) : 약관의 전부 또는 일부의 조항이 사업자의 명시·설명의무의 위반에 의하여 계약의 내용이 되지 못하는 경우(제3조 제3항)나 제6조 내지 제14조의 규정에 의하여 무효인 경우 계약은 나머지 부분만으로 유효하게 존속한다. 다만 유효한 부분만으로는 계약의 목적달성이 불가능하거나 일방 당사자에게 부당하게 불리한 때에는 당해 계약을 무효로 한다(약관의 규제에 관한 법률 제16조).

⑤ (○) : 계약을 체결하는 행위자가 타인의 이름으로 법률행위를 한 경우에 행위자 또는 명의인 가운데 누구를 계약의 당사자로 볼 것인가에 관하여는, 우선 행위자와 상대방의 의사가 일치한 경우에는 그 일치한 의사대로 행위자 또는 명의인을 계약의 당사자로 확정해야 하고, 행위자와 상대방의 의사가 일치하지 않는 경우에는 그 계약의 성질·내용·목적·체결경위 등 그 계약체결 전후의 구체적인 제반사정을 토대로 상대방이 합리적인 사람이라면 행위자와 명의자 중 누구를 계약당사자로 이해할 것인가에 의하여 당사자를 결정하여야 한다(대판 2003.12.12, 2003다44059 ; 대판 2001.5.29, 2000다3897 등).

정답 ③

Ⅳ. 사실적 계약관계론

Ⅴ. 약관에 의한 계약

514 『약관의 규제에 관한 법률』에 관한 다음 설명 중 옳지 않은 것은? [예상]

① 이미 법령에 의하여 정하여진 것을 약관에 그대로 기재하거나 부연하는 정도에 불과한 사항에 대해서도, 그것이 약관의 중요내용을 이루는 경우에는 사업자는 이를 설명하여야 하고, 이를 위반한 때에는 계약의 내용으로 주장하지 못한다.

② 은행거래약관에서 예금채권에 관한 양도금지특약을 정하고 있는 경우, 은행이 이에 관해 설명을 하지 않은 상태에서 예금계약을 체결한 때에는, 은행은 그 특약을 예금계약의 내용으로 주장할 수 없다.

③ 계약의 성질상 설명이 현저하게 곤란한 경우에는 사업자의 설명의무가 면제된다.
④ 약관의 조항이 사업자의 명시·설명의무 위반으로 계약의 내용이 되지 못하는 경우나, 불공정약관조항에 해당하여 무효인 경우, 계약은 원칙적으로 나머지 부분만으로 유효하게 존속한다.
⑤ 약관은 신의성실의 원칙에 따라 공정하게 해석되어야 하며 고객에 따라 다르게 해석되어서는 아니된다.

해설

① (×) : 사업자가 약관의 명시·설명의무를 다하지 않고 약관에 의한 계약을 체결한 때에는 당해 약관을 계약의 내용으로 주장할 수 없다(약관규제법 제3조). 그러나 보험자에게 보험약관의 명시·설명의무가 인정되는 것은 어디까지나 보험계약자가 알지 못하는 가운데 약관에 정하여진 중요한 사항이 계약내용으로 되어 보험계약자가 예측하지 못한 불이익을 받게 되는 것을 피하고자 하는데 그 근거가 있다고 할 것이므로, 보험약관에 정하여진 사항이라고 하더라도 거래상 일반적이고 공통된 것이어서 보험계약자가 별도의 설명 없이도 충분히 예상할 수 있었던 사항이거나 이미 법령에 의하여 정하여진 것을 되풀이하거나 부연하는 정도에 불과한 사항이라면 그러한 사항에 대하여서까지 보험자에게 명시·설명의무가 인정된다고 할 수 없다(대판 1998.11.27, 98다32564 ; 대판 2000.7.4, 98다62909·62916 ; 대판 2001.7.27, 99다55533 등).

② (O) : 예금채권은 금전채권의 일종으로서 일반거래상 자유롭게 양도될 필요성이 큰 재산이므로, 은행거래약관에서 예금채권에 관한 양도금지의 특약을 정하고 있는 경우, 이러한 특약은 예금주의 이해관계와 밀접하게 관련되어 있는 중요한 내용에 해당하므로, 은행으로서는 고객과 예금계약을 체결함에 있어서 이러한 약관의 내용에 대하여 구체적이고 상세한 명시·설명의무를 지게 되고, 만일 은행이 그 명시·설명의무에 위반하여 예금계약을 체결하였다면, 은행거래약관에 포함된 양도금지의 특약을 예금계약의 내용으로 주장할 수 없다(대판 1998.11.10, 98다20059).

③ (O) : 사업자는 약관에 정하여져 있는 중요한 내용을 고객이 이해할 수 있도록 설명하여야 하나, 다만 계약의 성질상 설명이 현저하게 곤란한 경우에는 그러하지 아니하다(약관규제법 제3조 제2항).

④ (O) : 약관에 의한 계약의 일부무효에 대하여는 민법 제137조의 일부무효의 원칙에 대한 특칙이 인정된다(약관규제법 제16조). 즉 약관조항이 불공정조항으로 무효가 된 경우(동법 제6조~제14조) 또는 사업자가 명시의무 및 설명의무를 이행하지 않았기 때문에 계약내용으로 편입되지 않은 경우(동법 제3조)에는 원칙적으로 계약은 나머지 부분만으로 유효하게 존속한다. 다만 유효한 부분만으로 계약의 목적달성이 불가능하거나 일방 당사자에게 부당하게 불리한 때에는 당해 계약 전부를 무효로 한다(동법 제16조 단서).

⑤ O : 『약관의 규제에 관한 법률』 제5조 제1항 후단·제6조 제1항 전단.

정답 ①

515 약관에 관한 다음 설명 중 가장 옳지 않은 것은?(다툼이 있는 경우 판례에 의함) [15 법행]

① 보험자나 보험계약의 체결 또는 모집에 종사하는 자는 보험계약을 체결할 때 보험계약자 또는 피보험자에게 보험약관에 기재되어 있는 보험상품의 내용, 보험료율의 체계, 보험청약서상 기재사항의 변동사항 및 보험자의 면책사유 등 보험계약의 중요한 내용을 구체적이고 상세하게 명시·설명할 의무가 있고, 만일 보험자가 이러한 보험약관의 명시·설명 의무에 위반하여 보험계약을 체결한 때에는 그 약관의 내용을 보험계약의 내용으로 주장할 수 없다.

② 약관에 정하여진 사항이라고 하더라도 거래상 일반적이고 공통된 것이어서 보험계약자가 이미 잘 알고 있는 내용이거나 별도의 설명 없이도 충분히 예상할 수 있었던 사항이거나 이미 법령에 의하여 정하여진 것을 되풀이하거나 부연하는 정도에 불과한 사항이라면, 그러한 사항에 대하여 까지 보험자에게 명시·설명의무가 인정되는 것은 아니다.

③ 약관의 설명의무의 대상이 되는 중요한 내용이라 함은 사회통념에 비추어 고객이 계약체결의 여부나 대가를 결정하는 데에 직접적인 영향을 미칠 수 있는 사항을 말하고, 약관조항 중에서 무엇이 중요한 내용에 해당되는지에 대하여는 일률적으로 말할 수 없으며, 구체적인 사건에서 개별적 사정을 고려하여 판단하여야 한다.

④ 사업자와 고객 사이에서 사업자의 영업소를 관할하는 지방법원으로 전속적 관할합의를 하는 내용의 약관조항이 고객에 대하여 부당하게 불리하다는 이유로 무효라고 보기 위해서는 그 약관조항이 고객에게 다소 불이익하다는 점만으로는 부족하고, 사업자가 그 거래상의 지위를 남용하여 이러한 약관조항을 작성·사용함으로써 건전한 거래질서를 훼손하는 등 고객에게 부당하게 불이익을 주었다는 점이 인정되어야 한다. 그리고 전속적 관할합의 약관조항이 고객에게 부당한 불이익을 주는 행위인지 여부는, 그 약관조항에 의하여 고객에게 생길 수 있는 불이익의 내용과 불이익 발생의 개연성, 당사자들 사이의 거래과정에 미치는 영향, 관계 법령의 규정 등 제반 사정을 종합하여 판단하여야 한다.

⑤ 약관상 매매계약 해제 시 매도인을 위한 손해배상액의 예정조항은 있는 반면 매수인을 위한 손해배상액의 예정조항은 없는 경우라면 매도인 일방만을 위한 손해배상액의 예정조항을 둔 경우이어서 약관의 규제에 관한 법률에 위배되어 무효이다.

해설

① (O) : 일반적으로 보험자 및 보험계약의 체결 또는 모집에 종사하는 자는 보험계약의 체결에 있어서 보험계약자 또는 피보험자에게 보험약관에 기재되어 있는 보험상품의 내용, 보험료율의 체계 및 보험청약서상 기재사항의 변동사항 등 보험계약의 중요한 내용에 대하여 구체적이고 상세한 명시·설명의무를 지고 있으므로 보험자가 이러한 보험약관의 명시·설명의무에 위반하여 보험계약을 체결한 때에는 그 약관의 내용을 보험계약의 내용으로 주장할 수 없다(대판 1998.11.27. 98다32564).

② (○) : 명시・설명의무가 인정되는 것은 어디까지나 보험계약자가 알지 못하는 가운데 약관의 중요한 사항이 계약내용으로 되어 보험계약자가 예측하지 못한 불이익을 받게 되는 것을 피하고자 하는 데 그 근거가 있으므로, 약관에 정하여진 사항이라고 하더라도 거래상 일반적이고 공통된 것이어서 보험계약자가 별도의 설명 없이도 충분히 예상할 수 있었던 사항이거나 이미 법령에 의하여 정하여진 것을 되풀이하거나 부연하는 정도에 불과한 사항이라면, 그러한 사항에 대하여 까지 보험자에게 명시・설명의무가 있다고는 할 수 없다(대판 2004.4.27. 2003다7302).

③ (○) : 사업자가 약관을 사용하여 고객과 계약을 체결하는 경우, 고객에게 약관의 내용을 계약의 종류에 따라 일반적으로 예상되는 방법으로 명시함으로써 그 약관내용을 알 수 있는 기회를 제공하고(약관의 규제에 관한 법률 제3조 제2항), 약관에 정하여져 있는 중요한 내용을 고객이 이해할 수 있도록 설명하여야 하는바(같은 조 제3항), 여기서 설명의무의 대상이 되는 '중요한 내용'이라 함은 사회통념에 비추어 고객이 계약체결의 여부나 대가를 결정하는 데 직접적인 영향을 미칠 수 있는 사항을 말하고, 약관조항 중에서 무엇이 중요한 내용에 해당하는지에 관하여는 일률적으로 말할 수 없으며, 구체적인 사건에서 개별적 사정을 고려하여 판단하여야 한다(대결 2008.12.16. 자 2007마1328).

④ (○) : 사업자와 고객 사이에서 사업자의 영업소를 관할하는 지방법원으로 전속적 관할합의를 하는 내용의 약관조항이 고객에 대하여 부당하게 불리하다는 이유로 무효라고 보기 위해서는 그 약관조항이 고객에게 다소 불이익하다는 점만으로는 부족하고, 사업자가 그 거래상의 지위를 남용하여 이러한 약관조항을 작성・사용함으로써 건전한 거래질서를 훼손하는 등 고객에게 부당하게 불이익을 주었다는 점이 인정되어야 한다. 그리고 전속적 관할합의 약관조항이 고객에게 부당한 불이익을 주는 행위인지 여부는, 그 약관조항에 의하여 고객에게 생길 수 있는 불이익의 내용과 불이익 발생의 개연성, 당사자들 사이의 거래과정에 미치는 영향, 관계 법령의 규정 등 제반 사정을 종합하여 판단하여야 한다(대결 2008.12.16. 자 2007마1328).

⑤ (×) : 손해배상액의 예정이 있는 경우 손해액에 대한 입증이 없어도 손해배상으로 그 예정액을 청구할 수 있는 이점이 있는 반면 다른 특약이 없는 한 채권자의 손해가 예정액을 초과한다 하더라도 초과부분을 따로 청구할 수 없는 불이익도 있으므로, 매도인을 위한 손해배상액의 예정에 관한 조항을 두면서 고객인 매수인을 위한 손해배상액의 예정에 관한 조항을 두지 않았다 하더라도 단지 그와 같은 사정만으로는 이 사건 약관조항이 고객에 대하여 부당하게 불리하다거나 신의성실의 원칙에 반하여 불공정하다고 보기에 부족하다(대판 2000.9.22. 99다53759,53766).

정답 ⑤

Ⅵ. 계약체결상의 과실

516 매매계약의 불능에 관한 설명으로 옳지 않은 것은? (다툼이 있으면 판례에 따름) [21 노무]

① 계약목적이 원시적・객관적 전부불능인 경우, 악의의 매도인은 매수인이 그 계약이 유효를 믿었음으로 인하여 받은 손해를 배상하여야 한다.

② 계약목적이 원시적・주관적 전부불능인 경우, 선의의 매수인은 악의의 매도인에게 계약상 급부의 이행을 청구할 수 있다.

③ 당사자 쌍방의 귀책사유 없이 매도인의 채무가 후발적・객관적 전부불능 된 경우, 매도인은 매수인에게 매매대금의 지급을 구하지 못한다.

④ 매도인의 귀책사유로 그의 채무가 후발적 · 객관적 전부불능 된 경우, 매수인은 매도인에게 전보배상을 청구할 수 있다.
⑤ 대상을 발생시키는 매매목적물의 후발적 불능에 대하여 매도인의 귀책사유가 존재하는 경우, 매수인은 대상청구권을 행사하지 못한다.

해설

① (O) : 제535조【계약체결상의 과실】① 목적이 불능한 계약을 체결할 때에 그 불능을 알았거나 알 수 있었을 자는 상대방이 그 계약의 유효를 믿었음으로 인하여 받은 손해를 배상하여야 한다. 그러나 그 배상액은 계약이 유효함으로 인하여 생길 이익액을 넘지 못한다. ② 전항의 규정은 상대방이 그 불능을 알았거나 알 수 있었을 경우에는 적용하지 아니한다.

② (O) : 어느 누구도 법률행위의 목적을 실현할 수 없는 것을 객관적 불능이라고 하고, 당해 채무자만이 실현할 수 없는 것을 주관적 불능이라고 한다. 원시적 불능으로서 법률행위가 무효가 되는 것은 객관적 불능에 한하고, 그 밖의 경우에는 법률행위가 유효하고 다만 채무불이행 또는 위험부담의 문제가 된다.

③ (O) : 제537조【채무자위험부담주의】쌍무계약의 당사자일방의 채무가 당사자쌍방의 책임 없는 사유로 이행할 수 없게 된 때에는 채무자는 상대방의 이행을 청구하지 못한다.

④ (O) : 이행불능으로 인한 손해가 발생한 경우에 손해배상을 구할 수 있는데, 이때의 손해배상을 지연배상과 구별하여 전보배상(塡補賠償)이라고 부른다. 즉 이행의 전부가 불능이 된 경우에는 본래의 급부를 목적으로 하는 청구권은 소멸하고 그에 갈음하여 손해배상청구권이 성립하는 것이다.

⑤ (X) : 대상청구권이란 채무자의 급부불능 내지 이행불능으로 말미암아 채무자가 그 대상을 취득한 경우에 채권자가 그 대상을 청구할 수 있는 권리를 말한다. 이 경우 불능에 대한 채무자의 귀책사유는 요하지 아니한다.

정답 ⑤

517 당사자 일방이 계약교섭단계에서 계약이 확실하게 체결될 것이라는 정당한 기대 내지 신뢰를 부여하여 상대방이 그 신뢰에 따라 행동하였음에도 불구하고 상당한 이유 없이 계약체결을 거부한 경우에 야기되는 법률관계에 관한 설명 중 옳지 않은 것은? (다툼이 있는 경우에는 판례에 의함) [예상]

① 일방이 정당한 이유 없이 계약체결을 거부하여 손해가 발생하였다면 불법행위책임이 성립할 수 있다.
② 배상되어야 할 손해는 당사자 일방이 신의에 반하여 상당한 이유 없이 계약교섭을 파기함으로써 계약체결을 신뢰한 상대방이 입게 된 상당인과관계에 있는 손해로서 계약이 유효하게 체결된다고 믿었던 것에 의하여 입었던 손해에 한정된다.
③ 계약성립을 기대하고 지출한 계약준비비용 이외에 계약체결을 위하여 불가피하게 소요되는 비용, 예컨대 경쟁입찰에 참가하기 위하여 지출한 제안서 · 견적서 작성비용 등도 손해배상의 범위에 포함된다.

④ 계약교섭의 파기로 인한 불법행위가 인격적 법익을 침해함으로써 상대방에게 정신적 고통을 초래하였다고 인정되는 경우라면 그러한 정신적 고통에 대한 손해에 대하여는 별도로 배상을 구할 수 있다.
⑤ 이행의 착수가 상대방의 적극적인 요구에 따른 것이고 그 이행에 들어간 비용의 지급에 대하여 이미 계약교섭이 진행되고 있었다면 이행을 위하여 지출한 비용도 상당인과관계 있는 손해에 해당한다.

해설

① (O) : 어느 일방이 교섭단계에서 계약이 확실하게 체결되리라는 정당한 기대 내지 신뢰를 부여하여 상대방이 그 신뢰에 따라 행동하였음에도 상당한 이유 없이 계약의 체결을 거부하여 손해를 입혔다면, 이는 신의성실의 원칙에 비추어 볼 때 계약자유원칙의 한계를 넘는 위법한 행위로서 불법행위를 구성한다(대판 2004.5.28, 2002다32301 ; 대판 2003.4.11, 2001다53059).

② (O), ③ (×) : 계약교섭의 부당한 중도파기가 불법행위를 구성하는 경우 그러한 불법행위로 인한 손해는 일방이 신의에 반하여 상당한 이유 없이 계약교섭을 파기함으로써 계약체결을 신뢰한 상대방이 입게 된 상당인과관계 있는 손해로서 계약이 유효하게 체결된다고 믿었던 것에 의하여 입었던 손해 즉 신뢰손해에 한정된다고 할 것이고, 이러한 신뢰손해란, 예컨대 그 계약의 성립을 기대하고 지출한 계약준비비용과 같이 그러한 신뢰가 없었더라면 통상 지출하지 아니하였을 비용 상당의 손해라고 할 것이며, 아직 계약체결에 관한 확고한 신뢰가 부여되기 이전 상태에서 계약교섭의 당사자가 계약체결이 좌절되더라도 어쩔 수 없다고 생각하고 지출한 비용, 예컨대 경쟁입찰에 참가하기 위하여 지출한 제안서·견적서 작성비용 등은 여기에 포함되지 아니한다(대판 2003.4.11, 2001다53059).

④ (O) : 침해행위와 피해법익의 유형에 따라서는 계약교섭의 파기로 인한 불법행위가 인격적 법익을 침해함으로써 상대방에게 정신적 고통을 초래하였다고 인정되는 경우라면 그러한 정신적 고통에 대한 손해에 대하여는 별도로 배상을 구할 수 있다(대판 2003.4.11, 2001다53059).

⑤ (O) : 계약교섭의 부당한 중도파기가 불법행위를 구성하는 경우, 상대방에게 배상책임을 지는 것은 계약체결을 신뢰한 상대방이 입게 된 상당인과관계 있는 손해이고, 한편 계약교섭단계에서는 아직 계약이 성립된 것이 아니므로 당사자 중 일방이 계약의 이행행위를 준비하거나 이를 착수하는 것은 이례적이라고 할 것이므로 설령 이행에 착수하였다고 하더라도 이는 자기의 위험판단과 책임에 의한 것이라고 평가할 수 있지만, 만일 이행의 착수가 상대방의 적극적인 요구에 따른 것이고, 바로 위와 같은 이행에 들인 비용의 지급에 관하여 이미 계약교섭이 진행되고 있었다는 등의 특별한 사정이 있는 경우에는 당사자 중 일방이 계약의 성립을 기대하고 이행을 위하여 지출한 비용 상당의 손해가 상당인과관계 있는 손해에 해당한다(대판 2004.5.28, 2002다32301).

정답 ③

제2절 계약의 효력

I. 쌍무계약의 일반적 효력

1. 동시이행의 항변권

518 동시이행의 항변권에 관한 설명으로 옳지 않은 것은? (다툼이 있으면 판례에 따름) [16 노무]

① 종전의 임차인이 임대인의 동의 아래 임대인으로부터 새로 목적물을 임차한 사람에게 그 목적물을 직접 이전해 준 경우, 임대인은 종전 임차인의 보증금반환청구에 대하여 목적물 반환과 동시에 이행할 것을 항변하지 못한다.

② 지명채권의 채무자가 채무 전부를 변제할 때에는 채권자에게 채권증서의 반환을 청구할 수 있고, 채무의 변제와 채권증서의 반환은 동시이행의 관계에 있다.

③ 특별한 사정이 없는 한, 자동채권과 수동채권이 동시이행관계에 있다고 하더라도 서로 현실적으로 이행하여야 할 필요가 없는 경우라면 상계가 허용된다.

④ 동시이행의 관계에 있는 쌍방의 채무 중 어느 한 채무가 이행불능이 됨에 따라 발생한 손해배상채무도 여전히 상대방의 채무와 동시이행의 관계에 있다.

⑤ 상대방의 이행제공이 있었으나 이를 수령하지 않아 수령지체에 빠진 자는 그 후 상대방이 자기 채무의 이행제공을 다시 하지 않고 이행을 청구한 경우에 동시이행의 항변권을 행사할 수 있다.

해설

① (O) : 임대차관계가 종료된 후 임차인이 목적물을 임대인에게 반환하였으면 임대인은 보증금을 무조건으로 반환하여야 하고, 임차인으로부터 목적물의 인도를 받는 것과의 상환이행을 주장할 수 없다. 그리고 이는 종전의 임차인이 임대인으로부터 새로 목적물을 임차한 사람에게 그 목적물을 임대인의 동의 아래 직접 넘긴 경우에도 다를 바 없다. 그 경우 임차인의 그 행위는 임대인이 임차인으로부터 목적물을 인도받아 이를 새로운 임차인에게 다시 인도하는 것을 사실적인 실행의 면에서 간략하게 한 것으로서, 법적으로는 두 번의 인도가 행하여진 것으로 보아야 하므로, 역시 임대차관계 종료로 인한 임차인의 임대인에 대한 목적물반환의무는 이로써 제대로 이행되었다고 할 것이기 때문이다(대판 2009. 6. 25. 2008다55634).

② (X) : 채권증서 반환청구권은 채권 전부를 변제한 경우에 인정되는 것이고, 영수증 교부의무와는 달리 변제와 동시이행관계에 있지 않다(대판 2005. 8. 19. 2003다22042).

③ (O) : 상계제도는 서로 대립하는 채권·채무를 간이한 방법에 의하여 결제함으로써 양자의 채권·채무 관계를 원활하고 공평하게 처리함을 목적으로 하고 있으므로, 상계의 대상이 될 수 있는 자동채권과 수동채권이 동시이행관계에 있다고 하더라도 서로 현실적으로 이행하여야 할 필요가 없는 경우라면 상계로 인한 불이익이 발생할 우려가 없고 오히려 상계를 허용하는 것이 동시이행관계에 있는 채권·채무 관계를 간명하게 해소할 수 있으므로 특별한 사정이 없는 한 상계가 허용된다(대판 2006. 7. 28., 2004다54633).

④ (O) : 동시이행의 관계에 있는 쌍방의 채무 중 어느 한 채무가 이행불능이 됨으로 인하여 발생한 손해배상채무도 여전히 다른 채무와 동시이행의 관계에 있다고 할 것이다(대판 2000. 2. 25. 97다30066).

⑤ (O) : 동시이행관계에 있는 채무를 부담하는 쌍방 당사자 중 일방이 먼저 현실의 제공을 하고 상대방을 수령지체에 빠지게 하였다고 하더라도 그 이행의 제공이 계속되지 아니하였다면 과거에 이행제공이 있었다는 사실만으로 상대방이 가지는 동시이행의 항변권이 소멸하지 아니하고(대판 1993. 8. 24. 92다56490, 대판 1995. 3. 14. 94다26646).

정답 ②

519 동시이행의 관계에 있지 않은 것은? (다툼이 있으면 판례에 따름) [17 노무]

① 채권자의 채권증서 반환의무와 채무자의 전부 변제의무
② 부동산 매매의 경우 매도인의 소유권이전등기의무, 인도의무와 매수인의 잔대금 지급의무
③ 매매계약이 취소된 경우 각 당사자의 원상회복의무
④ 임대차가 종료된 경우 임차인의 목적물반환의무와 임대인의 보증금반환의무
⑤ 도급인의 하자보수청구권 또는 손해배상청구권과 수급인의 보수지급청구권

해설

① (×) : 채권증서 반환청구권은 채권 전부를 변제한 경우에 인정되는 것이고, 영수증 교부의무와는 달리 변제와 동시이행관계에 있지 않다(대판 2005. 8. 19. 2003다22042).

② (O) : 쌍무계약은 부동산매매계약에 있어서는 특별한 사정이 없는 한 매수인의 잔대금 지급의무와 매도인의 소유권이전등기서류 교부의무는 동시이행관계에 있다(대판 1987. 9. 8. 86다카1379).

③ (O) : 매매계약이 취소된 경우에 당사자 쌍방의 원상회복의무는 동시이행의 관계에 있다(대판 2001. 7. 10. 2001다3764).

④ (O) : 임대차계약의 종료에 따른 임차인의 임차목적물반환의무와 임대인의 연체차임을 공제한 나머지 임차보증금 반환의무는 동시이행의 관계에 있다(대판 1990. 12. 21. 90다카24076).

⑤ (O) : 도급계약에 있어서 완성된 목적물에 하자가 있는 때에는 도급인은 수급인에 대하여 하자의 보수를 청구할 수 있고, 그 하자의 보수에 갈음하여 또는 보수와 함께 손해배상을 청구할 수 있는 바, 이들 청구권은 특별한 사정이 없는 한 수급인의 보수지급청구권과 동시이행의 관계에 있다고 할 것이다(대판 2001. 6. 15. 2001다21632, 21649).

정답 ①

520 동시이행항변권에 관한 설명으로 옳은 것은? (다툼이 있으면 판례에 따름) [21 노무]

① 공사도급계약상 도급인의 지체상금채권과 수급인의 공사대금채권은 특별한 사정이 없는 한 동시이행관계에 있다.
② 선이행의무자가 이행을 지체하는 동안 상대방의 채무가 이행기에 도래한 경우, 특별한 사정이 없는 한 양 당사자의 의무는 동시이행관계에 있지 않다.
③ 동시이행항변권에 따른 이행지체책임 면제의 효력은 그 항변권을 행사·원용하여야 발생한다.
④ 동시이행항변권은 연기적 항변권으로 동시이행관계에 있으면 소멸시효는 진행되지 아니한다.
⑤ 자동채권과 수동채권이 동시이행관계에 있더라도 서로 현실적으로 이행하여야 할 필요가 없는 경우, 특별한 사정이 없는 한 상계는 허용된다.

해설

① (✕) : 공사도급계약상 도급인의 지체상금채권과 수급인의 공사대금채권은 특별한 사정이 없는 한 동시이행의 관계에 있다고 할 수 없다(대판 2015.08.27. 2013다81224·81231).
② (✕) : 일방채무자가 선이행의무를 부담하는 경우에는 동시이행의 항변권을 가질 수 없다. 그러나 선이행의무자가 그 이행을 지체하는 동안에 상대방의 채무가 이행기에 달하게 되면, 선이행의무를 부담하는 채무자도 동시이행의 항변권을 행사할 수 있다.
③ (✕) : 동시이행의 항변권을 가진 채무자는 상대방 채무의 이행제공이 있을 때까지 그 채무를 이행하지 않을 권능을 가지고 있으므로, 동시이행의 항변권을 실제로 행사하지 않더라도 이행지체책임을 지지 않는다. 항변권의 거절권능의 존재 자체만으로 이행거절은 정당화될 수 있기 때문이다(대판 2006.10.26. 2004다24106, 존재효과설).
④ (✕) : 부동산에 대한 매매대금 채권이 소유권이전등기청구권과 동시이행의 관계에 있다고 할지라도 매도인은 매매대금의 지급기일 이후 언제라도 그 대금의 지급을 청구할 수 있는 것이며, 다만 매수인은 매도인으로부터 그 이전등기에 관한 이행의 제공을 받기까지 그 지급을 거절할 수 있는데 지나지 아니하므로 매매대금 청구권은 그 지급기일 이후 시효의 진행에 걸린다(대판 1991.3.22. 90다9797).
⑤ (○) : 상계제도는 서로 대립하는 채권·채무를 간이한 방법에 의하여 결제함으로써 양자의 채권·채무 관계를 원활하고 공평하게 처리함을 목적으로 하고 있으므로, 상계의 대상이 될 수 있는 자동채권과 수동채권이 동시이행관계에 있다고 하더라도 서로 현실적으로 이행하여야 할 필요가 없는 경우라면 상계로 인한 불이익이 발생할 우려가 없고 오히려 상계를 허용하는 것이 동시이행관계에 있는 채권·채무 관계를 간명하게 해소할 수 있으므로 특별한 사정이 없는 한 상계가 허용된다(대판 2006. 7. 28. 2004다54633).

정답 ⑤

521 쌍무계약의 효력에 관한 설명으로 가장 타당한 것은? (다툼이 있는 경우에는 판례에 의함)

[예상]

① 우리 민법은 쌍무계약의 위험부담에 관하여 채무자주의를 택하고 있기 때문에, 쌍무계약의 당사자 일방의 채무가 어떠한 사유로 이행불능이 된 경우에는 채무자는 상대방의 이행을 청구하지 못한다.

② 동시이행의 항변권은 그것이 행사되어야 비로소 그 본래의 효력이 발생하는 것이므로, 동시이행의 항변권을 가지고 있는 채무자라도 그것을 행사하지 않은 채 자신의 채무를 이행하지 않는 경우에는 이행지체의 책임을 진다.

③ 동시이행의 항변권은 당사자 쌍방이 부담하는 각 채무가 고유의 대가관계에 있는 쌍무계약상의 채무인 경우에 발생하는 것이므로 동일한 쌍무계약에서 발생한 고유의 대가관계가 있는 채무가 아니라면 동시이행관계를 인정할 수 없다.

④ 쌍무계약의 당사자 일방이 먼저 한번 현실의 제공을 하고 상대방을 수령지체에 빠지게 하였다 하더라도 그 이행의 제공이 계속되지 않은 경우는 과거에 이행의 제공이 있었다는 사실만으로 상대방이 가진 동시이행의 항변권이 소멸한다고 볼 수 없다.

⑤ 선이행의무 있는 채무자가 자신의 채무를 이행하지 않고 있는 동안에 상대방의 채무가 변제기에 도달한 경우 선이행의무 있는 채무자가 동시이행항변을 하는 것은 신의칙상 허용되지 않는다.

해설

① (✕) : 쌍무계약의 당사자 일방의 채무가 당사자 쌍방의 책임 없는 사유로 이행할 수 없게 된 때에는 채무자는 상대방의 이행을 청구하지 못한다(제537조). 즉 민법은 원칙적으로 채무자부담주의를 채택하고 있다. 그러나 예외적으로 채권자부담주의를 채택하기도 한다. 따라서 쌍무계약의 당사자 일방의 채무가 채권자의 책임 있는 사유로 이행할 수 없게 된 때나 채권자의 수령지체 중에 당사자 쌍방의 책임 없는 사유로 이행할 수 없게 된 때에는 채무자는 상대방의 이행을 청구할 수 있다(제538조 제1항).

② (✕) : 쌍무계약에서 쌍방의 채무가 동시이행관계에 있는 경우, 일방의 채무의 이행기가 도래하더라도 상대방채무의 이행제공이 있을 때까지는 그 채무를 이행하지 않아도 이행지체의 책임을 지지 않는 것이고, 이와 같은 효과는 이행지체의 책임이 없다고 주장하는 자가 반드시 동시이행의 항변권을 행사하여야만 발생하는 것은 아니다(대판 1998.3.13, 97다54604・54611 등). 즉 대가적 채무간에 이행거절의 권능을 가지는 경우에는 비록 이행거절의사를 구체적으로 밝히지 아니하였다고 할지라도 이행거절권능의 존재 자체로 이행지체책임은 발생하지 않는다(대판 1997.7.25, 97다5541 ; 대판 1999.7.9, 98다13754・13761 등).

③ (✕) : 당사자가 부담하는 각 채무가 쌍무계약에 있어 고유의 대가관계에 있는 채무가 아니라고 하더라도, 구체적인 계약관계에서 각 당사자가 부담하는 채무에 관한 약정내용에 따라 그것이 대가적 의미가 있어 이행상의 견련관계를 인정하여야 할 사정이 있는 경우에는 동시이행의 항변권을 인정할 수 있다(대판 2006.6.9, 2004다24557 ; 대판 2006.2.24, 2005다58656・58663 등).

④ (○) : 대판 1995.3.14, 94다26646 ; 대판 1999.7.9, 98다13754・13761 등.

⑤ (✗) : 쌍무계약인 매매계약에서 매수인이 선이행의무인 잔금지급의무를 이행하지 않던 중 매도인도 소유권이전등기의무의 이행을 제공하지 아니한 채 소유권이전등기의무의 이행기를 도과한 경우, 여전히 선이행의무로 하기로 약정하는 등 특별한 사정이 없는 한 매도인과 매수인 쌍방의 의무는 동시이행관계에 놓이게 된다(대판 1999.7.9, 98다13754·13761 등).

정답 ④

522 동시이행의 항변권에 관한 판례의 내용으로서 옳지 않은 것은? [예상]

① 쌍방이 서로 채무를 지더라도 그 채무가 다른 법률상의 원인에 의해 발생한 경우에는 동시이행의 항변권은 인정되지 않는 것이 원칙이다.
② 매수인이 자신에게 선이행의무 있는 중도금을 지급하지 않고 있던 중에 매도인이 소유권이전등기 서류를 제공하지 않은 상태에서 잔대금 지급기일이 도과된 경우, 매수인은 잔금지급일 이후부터는 중도금 미지급에 대한 이행지체책임을 부담하지 않는다.
③ 당사자 일방이 이행의 제공을 하였음에도 상대방이 이를 수령하지 않아 수령지체에 빠진 경우, 그 후 그 일방이 자기의 채무에 이행을 다시 하지 않고서 이행을 청구하면 상대방은 동시이행의 항변권을 행사할 수 없다.
④ 부동산매매계약이 해제된 경우 매도인이 매매대금을 반환함에 있어서는, 매도인·매수인의 상호 반환의무간의 동시이행관계 유무와 상관없이 매매대금을 수령한 날부터 계산한 법정이자를 부가하여 지급하여야 한다.
⑤ 계약이 무효 또는 취소된 경우에 당사자 상호간의 반환의무는 동시이행의 관계에 있다.

해설

① (○) : 쌍방이 서로 채무를 부담하더라도 그 채무가 다른 법률상의 원인에 의해 발생한 경우에는 원칙적으로 동시이행의 항변권이 인정되지 아니한다(대판 1989.2.14, 88다카10753 ; 대판 1990.12.26, 90다카25383). 다만 예외적으로 민법 제571조에 의한 계약해제의 경우에도 매도인의 손해배상의무와 매수인의 대지인도의무는 발생원인이 다르다 하더라도 이행의 견련관계는 양 의무에도 그대로 존재하므로, 양 의무 사이에는 동시이행관계가 있다고 인정함이 공평의 원칙에 합치하고(대판 1993.4.9, 92다25946), 또 민법 제583조의 취지는 매도인은 같은 조에서 명시한 규정들에 터잡아 이미 지급받은 대금의 전부나 일부의 반환의무·손해배상의무·하자 없는 물건의 지급의무가 있는 반면, 매수인은 매도인에게서 수령한 목적물이 있다면 원상회복의무로서 이를 반환할 의무가 있는데, 이러한 쌍방 당사자의 의무는 하나의 쌍무계약에서 발생한 것은 아닐지라도 동일한 생활관계에서 발생한 것으로 서로 밀접한 관계에 있어 그 이행에 견련관계를 인정함이 공평의 원칙에 부합하기 때문에, 일반 해제의 경우와 마찬가지로 이들 경우에도 민법 제536조를 준용한다는 것이다(대판 1993.4.9, 92다25946).
② (○) : 매수인이 선이행의무 있는 중도금을 지급하지 않았다 하더라도 계약이 해제되지 않은 상태에서 잔대금 지급일이 도래하여 그 때까지 중도금과 잔대금이 지급되지 아니하고 잔대금과 동시이행관계에 있는 매도인의 소유권이전등기 소요서류가 제공된 바 없이 그 기일이 도과하였다면, 다른

특별한 사정이 없는 한 매수인의 중도금 및 잔대금의 지급과 매도인의 소유권이전등기 소요서류의 제공은 동시이행관계에 있다 할 것이어서, 그 때부터는 매수인은 중도금을 지급하지 아니한 데 대한 이행지체의 책임을 지지 아니한다(대판 2002.3.29, 2000다577 등).

③ (×) : 쌍무계약의 당사자 일방이 먼저 한 번 현실의 제공을 하고 상대방을 수령지체에 빠지게 하였다고 하더라도 그 이행의 제공이 계속되지 않는 경우는 과거에 이행의 제공이 있었다는 사실만으로 상대방이 가지는 동시이행의 항변권이 소멸하는 것은 아니다(대판 1995.3.14, 94다26646 등).

④ (○) : 법정해제권 행사의 경우 당사자가 일방이 그 수령한 금전을 반환함에 있어 그 받은 때로부터 법정이자를 부가함을 요하는 것은 민법 제548조 제2항이 규정하는 바로서, 이는 원상회복의 범위에 속하는 것이며 일종의 부당이득반환의 성질을 가지는 것이고, 반환의무의 이행지체로 인한 것이 아니므로, 부동산매매계약이 해제된 경우 매도인의 매매대금반환의무와 매수인의 소유권이전등기 말소등기 절차이행의무가 동시이행에 관계에 있는지 여부와는 관계없이 매도인이 반환하여야 할 매매대금에 대하여는 그 받은 날로부터 민법 소정의 법정이율인 연 5푼의 비율에 의한 법정이자를 부가하여 지급하여야 하고, 이와 같은 법리는 약정된 해제권을 행사하는 경우라 하여 달라지는 것은 아니다(대판 2000.6.9, 2000다9123 ; 대판 1996.4.12, 95다28892).

⑤ (○) : 쌍무계약이 무효로 되어 각 당사자가 서로 취득한 것을 반환하여야 할 경우에도 어느 일방의 당사자에게만 먼저 그 반환의무의 이행이 강제된다면 공평과 신의칙에 위배되는 결과가 되므로 각 당사자의 반환의무는 동시이행의 관계에 있다고 보아야 하고(대판 1996.6.14, 95다54693 등), 또 매매계약이 취소된 경우에 당사자 쌍방의 원상회복의무도 동시이행의 관계에 있다(대판 2001.7.10, 2001다3764).

정답 ③

523 동시이행관계에 있는 쌍무계약상의 채무에 관하여, 양 채무가 모두 이행기를 도과하였을 경우, 다음의 보기 중 옳은 것을 모두 고르면? (다툼이 있으면 판례에 의함) [예상]

① 판례에 의하면 양 채무는 모두 기한의 정함이 없는 채무로 된다.
② 쌍방이 모두 이행지체에 빠진 경우로 된다.
③ 자기의 채무에 대한 이행의 제공 없이 상대방에게 최고를 한 후 계약을 해제할 수 있다.
④ 양 당사자는 각각 서로에게 이행지체로 인한 손해를 배상하여야 하나, 손해배상채무는 서로 상계될 수 있다.
⑤ 당사자 일방이 상대방에 대하여 이행을 청구하려면 먼저 자기의 채무를 이행하던가, 혹은 적어도 이행의 제공을 하여야 한다.

해설

① (○) : 동시이행관계에 있는 당사자 쌍방이 이행기일을 다 같이 도과하여 그 기한 내에 변제나 변제의 제공이 없을 때에는 이후 위 쌍방의 채무는 기한의 정함이 없는 채무로서 다 같이 존속하는 것이다(대결 1972.3.28, 71마155). 매도인이 매매계약의 목적물상에 설정되어 있는 담보권설정등기를 말소해야 할 의무가 매수인의 잔대금 지급의무는 특별한 사정이 없는 한 동시이행관계에 있는 것이고, 쌍방이 그 이행기에 채무를 이행하지 아니하였다면 그 이후 쌍방의 채무는 "기한의 정함이 없는" 동시이행 관계에 있게 된다(대판 1980.8.26, 80다1037).

② (✕), ④ (✕) : 쌍무계약에서 쌍방의 채무가 동시이행관계에 있는 경우, 일방의 채무의 이행기가 도래하더라도 상대방 채무의 이행제공이 있을 때까지는 그 채무를 이행하지 않아도 이행지체의 책임을 지지 않는 것이고, 이와 같은 효과는 이행지체의 책임이 없다고 주장하는 자가 반드시 동시이행의 항변권을 행사하여야만 발생하는 것은 아니다(대판 1998.3.13. 97다54606・54611).

③ (✕) : 쌍무계약에서 상대방의 채무불이행을 이유로 계약을 해제하려면 먼저 자기의 채무이행을 제공하고 상당한 기간을 정하여 상대방의 채무이행을 최고함으로써 상대방으로 하여금 이행지체에 빠지게 하여야 하는 것인바, 자기의 채무의 이행에 상대방의 행위를 요하는 경우에는 이행의 준비를 완료한 다음 그 사실을 상대방에게 통지하고 수령을 최고하는 구두의 제공을 하면 되는 것이기는 하지만, 이 경우에도 상대방이 협력만 한다면 언제든지 현실로 이행을 할 수 있을 정도로 준비를 완료하고 그 사실을 상대방에게 통지하여 수령 기타 상대방의 협력과 상대방의 채무이행을 최고하여야만 상대방을 이행지체에 빠지게 할 수 있는 것이므로 단순히 자기의 채무를 이행할 준비태세를 갖추고 있는 것만으로는 부족하다(대판 1993.4.13. 92다56438).

⑤ (✕) : 동시이행의 항변권에 관한 입법주의에는 ㉮ 스위스채무법과 같이 쌍무계약의 채권자가 타방에 대하여 이행을 청구하려면 우선 자기의 채무를 이행하던가 또는 적어도 이행의 제공을 하여야 한다는 請求權否認主義(강한 牽連關係 認定主義)와 ㉯ 독일민법과 같이 쌍무계약의 각 당사자가 상대방에 대하여 이행을 청구할 수 있는 권리는 무조건의 것이나, 다만 서로 상대방으로부터 반대급부를 받을 때까지는 자기의 급부를 거절할 수 있는 항변권을 인정하는 延期的 抗辯主義(약한 牽連關係 認定主義)가 있다. 우리 민법은 "쌍무계약의 당사자 일방은 상대방이 그 채무이행을 제공할 때까지 자기의 채무이행을 거절할 수 있다"고 규정하여(제536조 제1항), 연기적 항변주의를 취하고 있다. 따라서 쌍무계약에서 생기는 채권・채무는 그 자체로서는 각각 독립한 것이며, 각 채권자는 그의 채권을 무조건으로 행사할 수 있으나, 상대방은 반대급부가 아직 행하여져 있지 않음을 이유로 이행을 거절할 수 있는 동시이행의 항변권을 갖게 된다.

정답 ①

2. 위험부담

524 甲은 자신의 X건물을 매매대금 1억원, 계약금 1,000만원으로 정하여 乙에게 매도하는 계약을 체결하고, 乙로부터 계약금을 수령하였다. 甲이 乙에게 X건물의 인도 및 소유권이전등기를 마쳐주기 전에 제3자 丙의 과실로 인한 화재로 X건물이 전부 멸실되었다. 이에 관한 설명으로 옳지 않은 것은? [18 노무]

① 乙은 丙에게 불법행위로 인한 손해배상을 청구할 수 있다.
② 乙은 甲에게 X건물에 관한 소유권이전등기를 청구할 수 없다.
③ 乙은 甲에게 채무불이행으로 인한 손해배상을 청구할 수 없다.
④ 乙은 甲에게 지급한 계약금에 대해 부당이득반환을 청구할 수 있다.
⑤ 乙은 甲에게 대상청구권의 행사로써 丙에 대한 손해배상채권의 양도를 청구할 수 있다.

해설

① (✕) : 일반적으로 채권에 대하여는 배타적 효력이 부인되고 채권자 상호간 및 채권자와 제3자 사이에 자유경쟁이 허용되는 것이어서 제3자에 의하여 채권이 침해되었다는 사실만으로 바로 불법행위로 되지는 않는 것이지만, 거래에 있어서의 자유경쟁의 원칙은 법질서가 허용하는 범위 내에서의 공정하고 건전한 경쟁을 전제로 하는 것이므로, 제3자가 채권자를 해한다는 사정을 알면서도 법규에 위반하거나 선량한 풍속 또는 사회질서에 위반하는 등 위법한 행위를 함으로써 채권자의 이익을 침해하였다면 이로써 불법행위가 성립한다고 하지 않을 수 없고, 여기에서 채권침해의 위법성은 침해되는 채권의 내용, 침해행위의 태양, 침해자의 고의 내지 해의의 유무 등을 참작하여 구체적, 개별적으로 판단하되, 거래자유 보장의 필요성, 경제·사회정책 적 요인을 포함한 공공의 이익, 당사자 사이의 이익균형 등을 종합적으로 고려하여야 할 것인 바, 이러한 법리는 제3자가 위법한 행위를 함으로써 다른 사람 사이의 계약체결을 방해하거나 유효하게 존속하던 계약의 갱신을 하지 못하게 하여 그 다른 사람의 정당한 법률상 이익이 침해되기에 이른 경우에도 적용된다고 할 것이다(대판 2007. 5. 11. 2004다11162).

② (○) : 제537조【채무자위험부담주의】쌍무계약의 당사자일방의 채무가 당사자쌍방의 책임 없는 사유로 이행할 수 없게 된 때에는 채무자는 상대방의 이행을 청구하지 못한다.

③ (○) : 제390조【채무불이행과 손해배상】채무자가 채무의 내용에 좇은 이행을 하지 아니한 때에는 채권자는 손해배상을 청구할 수 있다. 그러나 채무자의 고의나 과실 없이 이행할 수 없게 된 때에는 그러하지 아니하다.

④ (○) : 위험부담에서 일방의 채무가 불능이 된 이상 타방의 채무도 소멸하는 것이 쌍무계약의 견련관계상 옳다. 따라서 채무자는 자기의 채무를 면함과 동시에 채권자에게 반대채무의 이행을 청구할 수 없다. 그러나 채무자가 이미 반대급부를 전부 혹은 일부 이행 받았다면 이는 부당이득으로서 상대방에게 반환되어야 한다(제741조).

⑤ (○) : 민법에는 대상청구권에 관하여 명문규정이 없으나, 쌍무계약의 균형을 유지하는 데 필요한 경우에는 이를 인정할 수 있다. 즉, 채무자가 그의 급부불능을 원인으로 이에 갈음하여 대상물 또는 배상청구권을 취득한 경우에 채권자는 그 대상물의 인도 또는 배상청구권의 양도를 청구하는 한편, 자신의 반대급부를 이행할 수도 있다.

정답 ①

Ⅱ. 제3자를 위한 계약

525 제3자를 위한 계약에 관한 설명으로 옳지 않은 것은? (다툼이 있으면 판례에 따름) [15 노무]

① 제3자가 채무자에 대하여 계약의 이익을 받을 의사를 표시하여 제3자에게 권리가 생긴 후에는 당사자는 이를 변경 또는 소멸시키지 못한다.

② 계약의 당사자가 제3자에 대하여 가진 채권에 관하여 그 채무를 면제하는 계약도 제3자를 위한 계약에 준하는 것으로서 유효하다.

③ 낙약자는 요약자와 수익자 사이의 법률관계에 기한 항변으로 수익자에게 대항할 수 있다.

④ 낙약자와 요약자 사이의 매매계약이 무효인 경우, 특별한 사정이 없는 한 낙약자가 이미 제3자에게 급부한 것이 있더라도 낙약자는 부당이득을 원인으로 제3자를 상대로 그 반환을 구할 수 없다.
⑤ 채무자가 상당한 기간을 정하여 계약의 이익의 향수여부의 확답을 제3자에게 최고하였으나, 그 기간 내에 확답을 받지 못한 때에는 제3자가 계약의 이익을 받을 것을 거절한 것으로 본다.

해설

① (O) : 제541조【제3자의 권리의 확정】제539조의 규정에 의하여 제3자의 권리가 생긴 후에는 당사자는 이를 변경 또는 소멸 시키지 못한다.
② (O) : 계약의 당사자가 제3자에 대하여 가진 채권에 관하여 그 채무를 면제하는 계약도 제3자를 위한 계약에 준한다(대판 2004.9.3. 2002다37405).
③ (X) : 낙약자는 기본계약에 기한 항변으로 그 계약의 이익을 받을 제3자에게 대항할 수 있다(제542조).
④ (O) : 제3자를 위한 계약관계에서 낙약자와 요약자 사이의 법률관계(이른바 기본관계)를 이루는 계약이 해제된 경우 그 계약관계의 청산은 계약의 당사자인 낙약자와 요약자 사이에 이루어져야 하므로, 특별한 사정이 없는 한 낙약자가 이미 제3자에게 급부한 것이 있더라도 낙약자는 계약해제에 기한 원상회복 또는 부당이득을 원인으로 제3자를 상대로 그 반환을 구할 수 없다(대판 2005.7.22. 2005다7566).
⑤ (O) : 제540조【채무자의 제3자에 대한 최고권】전조의 경우에 채무자는 상당한 기간을 정하여 계약의 이익의 향수여부의 확답을 제3자에게 최고할 수 있다. 채무자가 그 기간 내에 확답을 받지 못한 때에는 제3자가 계약의 이익을 받을 것을 거절한 것으로 본다.

정답 ③

526 제3자를 위한 계약에 관한 설명으로 옳은 것을 모두 고른 것은? (다툼이 있으면 판례에 따름)
[19 노무 변형]

> ㄱ. 계약체결 당시에 수익자가 특정되어 있지 않으면 제3자를 위한 계약은 성립할 수 없다.
> ㄴ. 계약 당사자가 제3자에 대하여 가진 채권에 관하여 그 채무를 면제하는 계약도 제3자를 위한 계약에 준하는 것으로 유효하다.
> ㄷ. 낙약자는 요약자와 수익자 사이의 법률관계에 기한 항변으로 수익자에게 대항하지 못한다.
> ㄹ. 낙약자가 채무를 불이행하는 경우 수익자는 낙약자의 채무불이행을 이유로 계약을 해제할 수 있다.

① ㄱ, ㄴ   ② ㄴ, ㄷ   ③ ㄷ, ㄹ
④ ㄱ, ㄴ, ㄹ   ⑤ ㄴ, ㄷ, ㄹ

> **해설**

ㄱ. (✕) : 수익자는 수익의 의사표시 당시에는 현존·특정되어야 하고, 권리능력이 있어야 하지만, 계약 당시에는 현존하지 않거나 특정하지 않아도 되고 권리능력이 없어도 무방하다(대판 1997.10.10. 97다7264).
ㄴ. (○) : 계약의 당사자가 제3자에 대하여 가진 채권에 관하여 그 채무를 면제하는 계약도 제3자를 위한 계약에 준 한다(대판 2004.9.3. 2002다37405).
ㄷ. (○) : 제3자를 위한 계약의 체결 원인이 된 요약자와 제3자(수익자) 사이의 법률관계(이른바 대가관계)의 효력은 제3자를 위한 계약 자체는 물론 그에 기한 요약자와 낙약자 사이의 법률관계(이른바 기본관계)의 성립이나 효력에 영향을 미치지 아니하므로 낙약자는 요약자와 수익자 사이의 법률관계에 기한 항변으로 수익자에게 대항하지 못하고, 요약자도 대가관계의 부존재나 효력의 상실을 이유로 자신이 기본관계에 기하여 낙약자에게 부담하는 채무의 이행을 거부할 수 없다(대판 2003.12.11. 2003다49771).
ㄹ. (✕) : 수익자는 계약의 당사자가 아니므로 낙약자의 채무불이행을 이유로 계약을 해제, 해지할 수 없다.

정답 ②

---

527 제3자를 위한 계약에 관한 설명 중 옳지 않은 것은? (다툼이 있는 경우에는 판례에 의함)

[예상]

① 낙약자는 요약자와 수익자 사이의 법률관계에 의한 항변으로 수익자에게 대항하지 못한다.
② 요약자는 대가관계의 부존재나 효력의 상실을 이유로 기본관계에 기하여 낙약자에게 부담하는 자신의 채무이행을 거절할 수 있다.
③ 제3자를 위한 유상·쌍무계약의 경우, 요약자는 낙약자의 채무불이행을 이유로 수익자의 동의 없이 계약을 해제할 수 있다.
④ 수익의 의사표시를 한 제3자는 낙약자의 채무불이행을 이유로 요약자가 계약을 해제한 경우, 낙약자에게 자신의 손해에 대한 배상을 청구할 수 있다.
⑤ 제3자가 수익의 의사표시를 한 후에 요약자와 낙약자가 제3자의 권리를 임의로 변경·소멸시키는 행위를 하더라도 제3자에게는 그 효력이 발생하지 않는다.

> **해설**

① (○)·② (✕) : 제3자를 위한 계약의 체결원인이 된 요약자와 제3자(수익자) 사이의 법률관계(이른바 대가관계)의 효력은 제3자를 위한 계약 자체는 물론 그에 기한 요약자와 낙약자 사이의 법률관계(이른바 기본관계)의 성립이나 효력에 영향을 미치지 아니하므로 낙약자는 요약자와 수익자 사이의 법률관계에 기한 항변으로 수익자에게 대항하지 못하고, 요약자도 대가관계의 부존재나 효력의 상실을 이유로 자신이 기본관계에 기하여 낙약자에게 부담하는 채무의 이행을 거부할 수 없다(대판 2003.12.11. 2003다49771).

③ (○) : 대판 1970.2.24. 69다1410・1411.
④ (○) : 제3자를 위한 계약에 있어서 수익의 의사표시를 한 수익자는 낙약자에게 직접 그 이행을 청구할 수 있을 뿐만 아니라, 요약자가 계약을 해제한 경우에는 낙약자에게 자기가 입은 손해의 배상을 청구할 수 있는 것이므로 수익자가 완성된 목적물의 하자로 인하여 손해를 입었다면 낙약자(수급인)는 그 손해를 배상할 의무가 있다(대판 1994.8.12. 92다41559).
⑤ (○) : 제3자를 위한 계약에 있어서, 제3자가 민법 제539조 제2항에 따라 수익의 의사표시를 함으로써 제3자에게 권리가 확정적으로 귀속된 경우에는, 요약자와 낙약자의 합의에 의하여 제3자의 권리를 변경・소멸시킬 수 있음을 미리 유보하였거나, 제3자의 동의가 있는 경우가 아니면 계약의 당사자인 요약자와 낙약자는 제3자의 권리를 변경・소멸시키지 못하고, 만일 계약의 당사자가 제3자의 권리를 임의로 변경・소멸시키는 행위를 한 경우 이는 제3자에 대하여 효력이 없다(대판 2002.1.25. 2001다30285).

정답 ②

제3절 계약의 해제와 해지

Ⅰ. 계약의 해제

Ⅱ. 법정해제권

1. 발생원인

2. 해제권의 행사

3. 해제의 효과

528 계약의 해제에 관한 설명으로 옳지 않은 것은? (다툼이 있으면 판례에 따름) [15 노무]

① 계약이 해제된 경우, 반환할 금전에는 그 받은 날로부터 이자를 가하여야 한다.
② 계약상의 채권을 양수한 자는 민법 제548조 제1항 단서의 제3자에 해당한다.
③ 계약 해제의 효과로서 원상회복의무의 반환의 범위는 이익의 현존 여부나 청구인의 선의・악의를 불문하고 특단의 사유가 없는 한 받은 이익의 전부이다.
④ 계약의 합의해제에 있어서도 민법 제548조의 계약해제의 경우와 같이 이로써 제3자의 권리를 해할 수 없다.
⑤ 계약이 해제되면 그 계약의 이행으로 변동이 생겼던 물권은 당연히 그 계약이 없었던 원상태로 복귀한다.

> **해설**

① (O) : 제548조【해제의 효과, 원상회복의무】① 당사자일방이 계약을 해제한 때에는 각 당사자는 그 상대방에 대하여 원상회복의 의무가 있다. 그러나 제3자의 권리를 해하지 못한다. ② 전항의 경우에 반환할 금전에는 그 받은 날로부터 이자를 가하여야 한다.

② (X) : <u>계약상의 채권을 양수한 자는 여기서 말하는 제3자에 해당하지 않으므로, 계약이 해제된 경우 계약해제 이전에 해제로 인하여 소멸되는 채권을 양수한 자는 계약해제의 효과에 반하여 자신의 권리를 주장할 수 없으며, 나아가 채무자로부터 이행 받은 급부를 원상회복할 의무가 있다</u>(대판 2003.1.24. 2000다22850).

③ (O) : 해제에서의 원상회복의무도 그 본질상 부당이득반환의무와 동일하다. 다만 부당이득의 반환 범위에 관한 제748조 1항에 의해 반환하면 되는 것이 아니라, 이익의 현존 여부나 선·악의를 불문하고 받은 급부의 전체를 반환할 뿐이다. 즉, 제548조 1항 본문의 규정은 제741조에 대한 특칙으로서의 성질을 가진다.

④ (O) : 해제계약은 해제와 성격이 다르므로 민법상의 해제에 관한 규정은 적용되지 않는 것이 원칙이지만, 계약의 합의해제에 있어서도 민법 제548조의 계약해제의 경우와 같이 이로써 제3자의 권리를 해할 수는 없다(대판 2005.6.9. 2005다6341).

⑤ (O) : 민법 548조 1항 본문에 의하면 계약이 해제되면 각 당사자는 상대방을 계약이 없었던 것과 같은 상태에 복귀케 할 의무를 부담한다는 뜻을 규정하고 있는 바, 계약에 따른 채무의 이행으로 이미 등기나 인도를 하고 있는 경우에 그 원인행위인 채권계약이 해제됨으로써 원상회복 된다고 할 때 그 이론 구성에 관하여 소위 채권적 효과설과 물권적 효과설이 대립되어 있으나 우리의 법제가 물권행위의 독자성과 무인성을 인정하고 있지 않는 점과 민법 548조 1항 단서가 거래안정을 위한 특별규정이란 점을 생각할 때 계약이 해제되면 그 계약의 이행으로 변동이 생겼던 물권은 당연히 그 계약이 없었던 원상태로 복귀한다 할 것이다(대판 1977.5.24. 75다1394).

정답 ②

529 해제와 해지에 관한 설명으로 옳은 것은? (다툼이 있으면 판례에 따름) [16 노무]

① 해제는 상대방에 대한 의사표시로 하고 상대방에게 도달한 때부터 그 효력이 생긴다.
② 계약이 합의해제 되기 위해서는 명시적인 합의가 있어야 하며 묵시적인 합의해제는 인정되지 않는다.
③ 특별한 사정이 없는 한, 당사자의 일방 또는 쌍방이 수인인 경우에 해지나 해제의 권리가 당사자 1인에 대하여 소멸하여도 다른 당사자에게는 영향을 미치지 않는다.
④ 채무자의 책임 없는 사유로 채무의 이행이 불능하게 된 경우에도 채권자는 계약을 해제할 수 있다.
⑤ 계약이 해지된 경우, 계약은 소급적으로 그 효력을 잃기 때문에 이미 이행된 급부는 부당이득으로 상대방에게 반환하여야 한다.

해설

① (O) : 계약의 해제와 같은 상대방 있는 의사표시는 그 통지가 상대방에게 도달한 때 효력이 생기는 것이다(민법 제111조 제1항).
② (×) : 계약이 합의해제 되기 위하여는 일반적으로 계약이 성립하는 경우와 마찬가지로 계약의 청약과 승낙이라는 서로 대립하는 의사표시가 합치될 것을 그 요건으로 하는 것이지만, 계약의 합의해제는 명시적인 경우뿐만 아니라 묵시적으로도 이루어질 수 있는 것이므로 계약 후 당사자 쌍방의 계약 실현 의사의 결여 또는 포기가 쌍방 당사자의 표시행위에 나타난 의사의 내용에 의하여 객관적으로 일치하는 경우에는, 그 계약은 계약을 실현하지 아니한 당사자 쌍방의 의사가 일치됨으로써 묵시적으로 해제되었다고 해석함이 상당하다(대판 1998. 1. 20. 97다43499).
③ (×) : 해지나 해제의 권리가 당사자 1인에 대하여 소멸한 때에는 다른 당사자에 대하여도 소멸한다(민법 제547조 ②항).
④ (×) : 채무자의 책임 있는 사유로 이행이 불능하게 된 때에는 채권자는 계약을 해제할 수 있다(민법 제546조).
⑤ (×) : 해제와는 달리, 계약이 해지되면 그 계약은 장래에 향하여 그 효력을 잃는다(비소급효, 민법 제550조).

정답 ①

530 계약해제에 관한 설명으로 옳지 않은 것은? (다툼이 있으면 판례에 따름) [19 노무]

① 약정해제권 행사의 경우, 특별한 사정이 없는 한 그 해제의 효과로서 손해배상청구는 할 수 없다.
② 해제로 인해 소멸되는 계약상의 채권을 계약해제 이전에 양수한 자는 계약해제의 효과를 규정한 민법 제548조제1항 단서에 의해 보호받는 제3자에 해당하지 않는다.
③ 이행지체로 계약이 해제된 경우, 원상회복의무의 이행으로 반환할 금전에는 그 받은 날로부터 이자를 가하여야 한다.
④ 이행거절로 인한 계약해제의 경우, 해제자는 상대방의 최고 및 동시이행관계에 있는 자기 채무의 이행을 제공할 필요가 없다.
⑤ 계약해제에 따른 원상회복으로 매매대금의 반환을 구하는 경우, 해제자가 해제원인의 일부를 제공하였다면 과실상계가 적용된다.

해설

① (O) : 약정해제권은 상대방의 채무불이행을 전제로 발생한 것이 아니기 때문이다. 따라서 제551조는 적용되지 않는다.
② (O) : 계약상의 채권을 양수한 자는 여기서 말하는 제3자에 해당하지 않으므로, 계약이 해제된 경우 계약해제 이전에 해제로 인하여 소멸되는 채권을 양수한 자는 계약해제의 효과에 반하여 자신의 권리를 주장할 수 없으며, 나아가 채무자로부터 이행 받은 급부를 원상회복할 의무가 있다(대판 2003.1.24. 2000다22850).

제1장 계약총론 **497**

③ (O) : 당사자 일방이 계약을 해제한 때에는 각 당사자는 상대방에 대하여 원상회복의무가 있고, 이 경우 반환할 금전에는 받은 날로부터 이자를 가산하여 지급하여야 한다(제548조 2항).

④ (O) : 채무불이행에 의한 계약해제에 있어 미리 이행하지 아니할 의사를 표시한 경우로서 이른바 '이행거절'로 인한 계약해제의 경우에는 상대방의 최고 및 동시이행관계에 있는 자기 채무의 이행제공을 요하지 아니한다(대판 1992. 9. 14. 92다9463).

⑤ (X) : 과실상계는 본래 채무불이행 또는 불법행위로 인한 손해배상책임에 대하여 인정되는 것이고, 매매계약이 해제되어 소급적으로 효력을 잃은 결과 매매당사자에게 당해 계약에 기한 급부가 없었던 것과 동일한 재산상태를 회복시키기 위한 원상회복의무의 이행으로서 이미 지급한 매매대금 기타의 급부의 반환을 구하는 경우에는 적용되지 아니 한다(대판 2014. 3. 13. 2013다34143).

정답 ⑤

531 계약해제에 관한 설명으로 옳지 않은 것은? (다툼이 있으면 판례에 따름) [21 노무]

① 제3자를 위한 계약에서 요약자는 낙약자의 채무불이행을 이유로 제3자의 동의 없이 기본관계를 이루는 계약을 해제할 수 있다.
② 계약이 해제된 경우 금전을 수령한 자는 해제한 날부터 이자를 가산하여 반환하여야 한다.
③ 甲, 乙, 丙 사이에 순차적으로 매매계약이 이루어지고 丙이 매매대금을 乙의 지시에 따라 甲에게 지급한 경우, 乙과 丙사이의 매매계약의 해제되더라도 丙은 甲에게 직접 부당이득 반환을 청구할 수 없다.
④ 매도인이 계약금계약에 의한 해제를 하는 경우, 매도인은 해제의사표시와 약정 계약금의 배액을 제공하면 되고, 매수인의 수령거절 시 공탁할 필요는 없다.
⑤ 계약해제로 인한 원상회복의무가 이행지체에 빠진 이후의 지연손해금률에 관하여 당사자 사이에 별도의 약정이 있는 경우, 그 지연손해금률이 법정이율보다 낮더라도 약정에 따른 지연손해금률이 적용된다.

해설

① (O) : 제3자를 위한 계약관계에서 낙약자와 요약자 사이의 법률관계(이른바 기본관계)를 이루는 계약이 해제된 경우 그 계약관계의 청산은 계약의 당사자인 낙약자와 요약자 사이에 이루어져야 하므로, 특별한 사정이 없는 한 낙약자가 이미 제3자에게 급부한 것이 있더라도 낙약자는 계약해제에 기한 원상회복 또는 부당이득을 원인으로 제3자를 상대로 그 반환을 구할 수 없다(대판 2005.7.22. 2005다7566).

② (X) : 제548조【해제의 효과, 원상회복의무】① 당사자일방이 계약을 해제한 때에는 각 당사자는 그 상대방에 대하여 원상회복의 의무가 있다. 그러나 제3자의 권리를 해하지 못한다. ② 전항의 경우에 반환할 금전에는 그 받은 날로부터 이자를 가하여야 한다.

③ (O) : 계약상의 급부가 계약의 상대방뿐만 아니라 제3자의 이익으로 된 경우에 급부를 한 계약당사자가 계약 상대방에 대하여 계약상의 반대급부를 청구할 수 있는 이외에 그 제3자에 대하여 직접 부당이득반환청구를 할 수 있다고 보면, 자기 책임 하에 체결된 계약에 따른 위험부담을 제3자에게

전가시키는 것이 되어 계약법의 기본원리에 반하는 결과를 초래할 뿐만 아니라, 채권자인 계약당사자가 채무자인 계약 상대방의 일반채권자에 비하여 우대받는 결과가 되어 일반채권자의 이익을 해치게 되고, 수익자인 제3자가 계약 상대방에 대하여 가지는 항변권 등을 침해하게 되어 부당하므로, 위와 같은 경우 계약상의 급부를 한 계약당사자는 이익의 귀속 주체인 제3자에 대하여 직접 부당이득반환을 청구할 수는 없다고 보아야 한다(대판 2002.8.23. 99다66564,66571).

④ **(O)** : 수령자는 그 배액을 상환하면서 계약을 해제할 수 있으며, 반드시 현실의 제공이 있어야 한다. 제공만 하면 되기 때문에 상대방이 이를 수령하지 않는다고 하여 공탁까지 할 필요는 없다(대판 1992.5.12. 91다2151).

⑤ **(O)** : 원상회복의무가 이행지체에 빠진 이후의 기간에 대해서는 부당이득반환의무로서의 이자가 아니라 반환채무에 대한 지연손해금이 발생하게 되므로 거기에는 지연손해금률이 적용되어야 한다. 그 지연손해금률에 관하여도 당사자 사이에 별도의 약정이 있으면 그에 따라야 할 것이고, 설사 그것이 법정이율보다 낮다 하더라도 마찬가지이다. 계약해제 시 반환할 금전에 가산할 이자에 관하여 당사자 사이에 약정이 있는 경우에는 특별한 사정이 없는 한 이행지체로 인한 지연손해금도 그 약정이율에 의하기로 하였다고 보는 것이 당사자의 의사에 부합한다. 다만 그 약정이율이 법정이율보다 낮은 경우에는 약정이율에 의하지 아니하고 법정이율에 의한 지연손해금을 청구할 수 있다고 봄이 타당하다. 계약해제로 인한 원상회복 시 반환할 금전에 받은 날로부터 가산할 이자의 지급의무를 면제하는 약정이 있는 때에도 그 금전반환의무가 이행지체 상태에 빠진 경우에는 법정이율에 의한 지연손해금을 청구할 수 있는 점과 비교해 볼 때 그렇게 보는 것이 논리와 형평의 원리에 맞기 때문이다(대판 2013.4.26. 2011다50509).

정답 ②

532 합의해제에 관한 설명 중 옳지 않은 것은? (다툼이 있는 경우에는 판례에 의함) [예상]

① 계약이 합의해제 되기 위해서는 쌍방 당사자의 표시행위에 나타난 의사의 내용이 서로 객관적으로 일치하여야 한다.

② 계약이 합의해제 되기 위해서는 청약과 승낙이라는 명시적인 의사표시가 있어야 하므로 묵시적인 합의해제는 인정되지 않는다.

③ 합의해제의 효력은 그 합의내용에 의하여 결정되고 해제에 관한 민법 제543조(해지·해제권) 이하의 규정은 적용되지 않는다.

④ 매매계약을 합의해제한 후 해제된 매매계약을 부활시키는 약정도 계약자유의 원칙상 허용된다고 보아야 한다.

⑤ 합의해제 되면 계약은 소급하여 소멸되므로 원상회복의무가 발생하지만 이로 인하여 제3자의 권리를 해하지는 못한다.

해설

① **(O)** : 계약의 합의해제는 당사자가 이미 체결한 계약을 체결하지 않았던 것과 같은 효과를 발생시킬 것을 내용으로 하는 또 다른 계약으로서, 당사자 사이의 합의로 성립한 계약을 합의해제하기 위하여서는 계약이 성립하는 경우와 마찬가지로 기존 계약의 효력을 소멸시키기로 하는 내용의 해

제계약의 청약과 승낙이라는 서로 대립하는 의사표시가 합치될 것을 그 요건으로 하는 것이고, 이러한 합의가 성립하기 위하여는 쌍방 당사자의 표시행위에 나타난 의사의 내용이 서로 객관적으로 일치하여야 하며, 계약의 합의해제는 묵시적으로 이루어질 수도 있으나, 계약이 묵시적으로 합의해제되었다고 하려면 계약의 성립 후에 당사자 쌍방의 계약실현의사의 결여 또는 포기로 인하여 당사자 쌍방의 계약을 실현하지 아니할 의사가 일치되어야만 한다(대판 1998.8.21, 98다17602 등).

② (×) : 계약의 합의해제 또는 해제계약이라 함은 해제권의 유무를 불문하고 계약당사자 쌍방이 합의에 의하여 기존의 계약의 효력을 소멸시켜 당초부터 계약이 체결되지 않았던 것과 같은 상태로 복귀시킬 것을 내용으로 하는 새로운 계약으로서, 계약이 합의해제 되기 위하여는 일반적으로 계약이 성립하는 경우와 마찬가지로 계약의 청약과 승낙이라는 서로 대립하는 의사표시가 합치될 것(합의)을 그 요건으로 하는바, 계약의 합의해제는 명시적인 경우뿐만 아니라 묵시적으로도 이루어질 수도 있으나, 이와 같은 묵시적 합의해제는 계약 후 당사자 쌍방의 계약실현의사의 결여 또는 포기로 인하여 계약을 실현하지 아니할 당사자 쌍방의 의사가 일치되어야만 한다(대판 2004.6.11, 2004다11506 등). 따라서 계약의 성립 후에 당사자 쌍방의 계약실현의사의 결여 또는 포기로 인하여 쌍방 모두 이행의 제공이나 최고에 이름이 없이 장기간 이를 방치하였다면, 그 계약은 당사자 쌍방이 계약을 실현하지 아니할 의사가 일치함으로써 묵시적으로 합의해제 되었다고 해석함이 상당하다(대판 2007.6.15, 2004다37904·37911 ; 대판 2007.5.11, 2005후1202).

③ (○) : 합의해제·해지의 요건과 효력은 그 합의의 내용에 의하여 결정되고, 이에는 해제·해지에 관한 민법 제543조 이하의 규정은 적용되지 않는 것이다(대판 1997.11.14, 97다6193 ; 대판 1979.10.30, 79다1455 등).

④ (○) : 매매계약을 합의해제한 후 그 합의해제를 무효화시키고, 해제된 매매계약을 부활시키는 약정은 계약자유의 원칙상 적어도 당사자 사이에서는 가능하다 할 것이다(대판 2006.4.13, 2003다45700 ; 대판 1992.10.27, 91다483 ; 대판 1980.7.8, 80다1077 등). 그러나 이러한 약정이 종전의 해제된 계약을 부활시키는 것을 내용으로 하는 것이라도 그 자체로서는 종전의 해제된 계약과 별개의 새로운 법률행위인 이상, 종전 계약의 해제 여부에 관하여 이해관계를 갖는 제3자에 대한 관계에서도 종전의 계약이 해제로 실효된 바 없이 계속 효력을 유지하고 있었던 것이라고 주장할 수는 없다(대판 2007.12.27, 2007도5030).

⑤ (○) : 계약의 합의해제에 있어서도 민법 제548조의 계약해제의 경우와 같이 이로써 제3자의 권리를 해할 수 없다(대판 2005.6.9, 2005다6341).

정답 ②

533 계약의 해제에 관한 다음 설명 중 옳지 않은 것은? [예상]

① 민법은 쌍무계약에 한해 법정해제권이 인정되는 것으로 명문으로 규정하고 있지는 않다.
② 해제권의 불가분성에 관한 민법의 규정과 다른 내용의 당사자 간의 특약은 원칙적으로 유효하다.
③ 부동산매도인이 중도금의 수령을 거절하였을 뿐만 아니라 계약을 이행하지 아니할 의사를 명백히 표시한 경우에도, 매수인이 최고를 할 필요는 없지만 소유권이전등기의무 이행기일은 경과한 후에야 비로소 해제권을 행사할 수 있다는 것이 판례이다.

④ 이행불능의 경우에는 채권자는 최고 없이 또 이행기일까지 기다릴 필요 없이 계약을 해제할 수 있다.
⑤ 부수적 채무의 불이행의 경우에는 원칙적으로 채권자가 계약을 해제할 수 없다고 보아야 한다.

해설

① (O) : 명문의 규정이 없으므로 해석상 쌍무계약뿐만 아니라 편무계약에도 인정된다고 새긴다(통설). 예컨대 증여자가 이행지체에 빠져 있는 때에는, 수증자는 최고를 해서 해제하고 금전에 의한 전보배상을 청구할 수 있다.
② (O) : 해제권의 불가분성의 원칙은 실제상의 편의를 위해 인정된 것이지, 그 성질상 불가분의 것은 아니고 또 공익상의 이유로 채용된 것도 아니다. 따라서 당사자의 특약으로 해제권의 불가분성의 원칙을 배제할 수 있는 임의규정이다(대판 1994.11.18, 93다46209).
③ (✕) : 부동산매도인이 중도금의 수령을 거절하였을 뿐만 아니라 계약을 이행하지 아니할 의사를 명백히 표시한 경우, 매수인은 신의성실의 원칙상 소유권이전등기의무 이행기일까지 기다릴 필요 없이 이를 이유로 매매계약을 해제할 수 있다(대판 1993.6.25, 93다11821).
④ (O) : 채무자의 책임 있는 사유에 의한 이행불능 있으면 곧 해제권이 발생한다. 채권자는 이행의 최고를 할 필요 없이 상대방에 대하여 해제권을 행사하여 계약을 해제할 수 있다. 해제권의 발생시기는 이행불능이 생긴 때이나, 이행기 전에 불능으로 된 때에는 이행기를 기다릴 필요 없이 해제할 수 있다.
⑤ (O) : 계약 본래의 목적은 이미 달성되었고 부수적 채무의 이행만이 지체 중에 있는 경우에는 그 불이행으로 인하여 채권자가 계약을 달성할 수 없는 경우 또는 특별한 약정이 있는 경우를 제외하고는 원칙적으로 계약 전체의 해제가 허용되지 않는다고 봄이 통설·판례(대판 1968.11.5, 68다1808 등)이다.

정답 ③

534 계약해제와 관련한 설명 중 틀린 것은? (판례에 의함) [예상]

① 이행거절의 의사표시가 적법하게 철회된 경우 상대방으로서는 자기 채무의 이행을 제공하고 상당한 기간을 정하여 이행을 최고한 후가 아니면 채무불이행을 이유로 계약을 해제할 수 없다.
② 채무불이행을 이유로 계약해제와 아울러 손해배상을 청구하는 경우에 이행이익의 배상을 구하는 것이 원칙이나 신뢰이익의 배상을 구할 수도 있다.
③ 부동산매매계약 시 매수인이 잔대금을 지급기일까지 지급하지 못하면 그 계약이 자동해제된다는 취지의 약정이 있는 경우에는 특별한 사정이 없는 한 매도인이 계약의 자동해제를 위하여 잔대금지급기일에 자기 채무의 이행을 제공할 필요는 없다.
④ 당사자의 일방 또는 쌍방이 수인인 경우에는 계약의 해제는 전원으로부터 또는 전원에 대하여 하여야 한다.

⑤ 주택에 대한 매매계약의 해제로 인하여 소유권을 상실하게 된 임대인으로부터 그 계약이 해제되기 전에 주택을 임차받아 주택임대차보호법상의 대항요건을 갖춘 임차인에 대하여 계약해제로 소유권을 회복한 제3자가 보증금반환채무를 부담한다.

해설

① (O) : 쌍무계약에 있어서 계약당사자의 일방은 상대방이 채무를 이행하지 아니할 의사를 명백히 표시한 경우에는 최고나 자기 채무의 이행제공 없이 그 계약을 적법하게 해제할 수 있으나, 그 이행거절의 의사표시가 적법하게 철회된 경우 상대방으로서는 자기 채무의 이행을 제공하고 상당한 기간을 정하여 이행을 최고한 후가 아니면 채무불이행을 이유로 계약을 해제할 수 없다(대판 2003. 2.26, 2000다40995).

② (O) : 채무불이행을 이유로 계약해제와 아울러 손해배상을 청구하는 경우에 그 계약이행으로 인하여 채권자가 얻을 이익 즉 이행이익의 배상을 구하는 것이 원칙이지만, 그에 갈음하여 그 계약이 이행되리라고 믿고 채권자가 지출한 비용 즉 신뢰이익의 배상을 구할 수도 있다고 할 것이고, 그 신뢰이익 중 계약의 체결과 이행을 위하여 통상적으로 지출되는 비용은 통상의 손해로서 상대방이 알았거나 알 수 있었는지의 여부와는 관계없이 그 배상을 구할 수 있고, 이를 초과하여 지출되는 비용은 특별한 사정으로 인한 손해로서 상대방이 이를 알았거나 알 수 있었던 경우에 한하여 그 배상을 구할 수 있다고 할 것이고, 다만 그 신뢰이익은 과잉배상금지의 원칙에 비추어 이행이익의 범위를 초과할 수 없다(대판 2002. 6.11, 2002다2539).

③ (×) : 부동산매매계약에 있어서 매수인이 잔대금 지급기일까지 그 대금을 지급하지 못하면 그 계약이 자동적으로 해제된다는 취지의 약정이 있더라도 특별한 사정이 없는 한 매수인의 잔대금 지급의무와 매도인의 소유권이전등기의무는 동시이행의 관계에 있으므로 매도인이 잔대금 지급기일에 소유권이전등기에 필요한 서류를 준비하여 매수인에게 알리는 등 이행의 제공을 하여 매수인으로 하여금 이행지체에 빠지게 하였을 때에 비로소 자동적으로 매매계약이 해제된다고 보아야 하고 매수인이 그 약정 기한을 도과하였더라도 이행지체에 빠진 것이 아니라면 대금 미지급으로 계약이 자동해제된 것으로 볼 수 없다(대판 1998. 6.12, 98다505).

④ (O) : 당사자의 일방 또는 쌍방이 수인인 경우에는 계약의 해지나 해제는 그 전원으로부터 또는 전원에 대하여 하여야 한다(제547조 제1항). 해제의 불가분성에 관한 제547조는 당사자의 특약에 의하여 배제될 수 있는 임의규정이다(대판 1994.11.18, 93다46209).

⑤ (O) : 소유권을 취득하였다가 계약해제로 인하여 소유권을 상실하게 된 임대인으로부터 그 계약이 해제되기 전에 주택을 임차 받아 주택의 인도와 주민등록을 마침으로써 주택임대차보호법 제3조 제1항에 의한 대항요건을 갖춘 임차인은 민법 제548조 제1항 단서의 규정에 따라 계약해제로 인하여 권리를 침해받지 않는 제3자에 해당하므로 임대인의 임대권원의 바탕이 되는 계약의 해제에도 불구하고 자신의 임차권을 새로운 소유자에게 대항할 수 있고, 이 경우 계약해제로 소유권을 회복한 제3자는 주택임대차보호법 제3조 제2항에 따라 임대인의 지위를 승계한다(대판 2003.8.22, 2003다12717). ⇒ 따라서 제3자는 보증금반환채무를 부담한다.

정답 ③

535 계약의 해제에 관한 설명으로 옳은 것은? (다툼이 있는 경우 판례에 의함) [예상]

① 매매목적물인 부동산에 대한 가압류등기가 말소되지 아니한 경우에 매수인은 소유권이전등기의무의 이행불능을 이유로 이행의 최고 없이 바로 계약을 해제할 수 있다.
② 계약해제로 인한 원상회복을 위하여 금전의 반환을 구하는 소가 제기된 경우 채무자는 판결이 확정된 다음날부터 반환의무의 이행지체로 인한 책임이 있다.
③ 약정해제권의 행사로 인하여 당사자 일방이 원상회복을 위하여 수령한 금전을 반환하는 경우 그 받은 날로부터 법정이자가 부가된다.
④ 매매계약이 법정해제된 경우 원상회복으로서 매도인이 반환하여야 할 매매대금에 부가되는 법정이자는 이행지체로 인한 것이다.
⑤ 낙약자와 요약자 사이의 법률관계(기본관계)에 기초하여 수익자가 요약자와 원인관계(대가관계)를 맺음으로써 해제 전에 새로운 이해관계를 갖고 그에 따라 등기, 인도 등을 마쳐 권리를 취득하였다고 하여도, 수익자는 민법 제548조 제1항 단서에서 말하는 계약해제의 소급효가 제한되는 제3자에 해당하지 않는다고 봄이 타당하다.

> **해설**

① (✕) : 매매목적물인 부동산에 근저당권설정등기나 가압류등기가 있는 경우에 매도인으로서는 위 근저당권설정등기나 가압류등기를 말소하여 완전한 소유권이전등기를 해 주어야 할 의무를 부담한다고 할 것이지만, 매매목적물인 부동산에 대한 근저당권설정등기나 가압류등기가 말소되지 아니하였다고 하여 바로 매도인의 소유권이전등기의무가 이행불능으로 되었다고 할 수 없고, 매도인이 미리 이행하지 아니할 의사를 표시한 경우가 아닌 한, 매수인이 매도인에게 상당한 기간을 정하여 그 이행을 최고하고 그 기간 내에 이행하지 아니한 때에 한하여 계약을 해제할 수 있다(대판 2003.5.13, 2000다50688).
② (✕) : 계약해제로 인한 원상회복의무의 이행으로 금전의 반환을 구하는 소송이 제기된 경우 채무자는 그 소장을 송달받은 다음날부터 반환의무의 이행지체로 인한 지체책임을 지게 되므로 그와 같이 원상회복의무의 이행으로 금전의 반환을 명하는 판결을 선고할 경우에는 금전채무불이행으로 인한 손해배상액 산정의 기준이 되는 법정이율에 관한 특별규정인 "소송촉진 등에 관한 특례법" 제3조 제1항에 의한 이율을 적용하여야 한다(대판 2003.7.22, 2001다76298).
③ (○) : 법정해제권 행사의 경우 당사자 일방이 그 수령한 금전을 반환함에 있어 그 받은 때로부터 법정이자를 부가함을 요하는 것은 민법 제548조 제2항이 규정하는 바로서, 이는 원상회복의 범위에 속하는 것이며 일종의 부당이득반환의 성질을 가지는 것이고, 반환의무의 이행지체로 인한 것이 아니므로, 부동산매매계약이 해제된 경우 매도인의 매매대금반환의무와 매수인의 소유권이전등기 말소등기 절차이행의무가 동시이행의 관계에 있는지 여부와는 관계없이 매도인이 반환하여야 할 매매대금에 대하여는 그 받은 날로부터 민법 소정의 법정이율인 연 5푼의 비율에 의한 법정이자를 부가하여 지급하여야 하고, 이와 같은 법리는 약정된 해제권을 행사하는 경우라 하여 달라지는 것은 아니다(대판 2000.6.9, 2000다9123).
④ (✕) : 민법 제548조 제2항은 계약해제로 인한 원상회복의무의 이행으로 반환하는 금전에는 그 받은 날로부터 이자를 가산하여야 한다고 하고 있는바, 위 이자의 반환은 원상회복의무의 범위에 속하는 것으로 일종의 부당이득반환의 성질을 가지는 것이지 반환의무의 이행지체로 인한 손해배상

은 아니라고 할 것이고, "소송촉진 등에 관한 특례법" 제3조 제1항은 금전채무의 전부 또는 일부의 이행을 명하는 판결을 선고할 경우에 있어서 금전채무불이행으로 인한 손해배상액 산정의 기준이 되는 법정이율에 관한 특별규정이므로, 위 이자에는 "소송촉진 등에 관한 특례법" 제3조 제1항에 의한 이율을 적용할 수 없다(대판 2003.7.22, 2001다76298 ; 대판 2000.6.23, 2000다16275 등).

⑤ (✕) : [1] 제3자를 위한 계약은 통상의 계약이 그 효력을 당사자 사이에서만 발생시킬 의사로 체결되는 것과는 달리 계약 당사자가 자기들 명의로 체결한 계약에 의하여 제3자로 하여금 직접 계약당사자의 일방에 대하여 권리를 취득하게 하는 것을 목적으로 하는 계약이다. 어떤 계약이 제3자를 위한 계약에 해당하는지 여부는 당사자의 의사가 그 계약에 의하여 제3자에게 직접 권리를 취득하게 하려는 것인지에 관한 의사해석의 문제로서, 이는 계약 체결의 목적, 계약에서의 당사자 행위의 성질, 계약으로 인하여 당사자 사이 또는 당사자와 제3자 사이에 생기는 이해득실, 거래 관행, 제3자를 위한 계약제도가 갖는 사회적 기능 등 제반 사정을 종합하여 계약 당사자의 의사를 합리적으로 해석함으로써 판별할 수 있다. [2] 계약이 적법하게 해제되면 그 효력이 소급적으로 소멸하므로 그 계약상 의무에 기하여 실행된 급부는 원상회복을 위하여 부당이득으로 반환되어야 하고, 그 계약의 이행으로 변동이 되었던 물권은 당연히 그 계약이 없었던 상태로 복귀한다(민법 제548조 제1항 본문). 다만 이와 같은 계약해제의 소급효는 제3자의 권리를 해할 수 없으므로, 계약해제 이전에 계약으로 인하여 생긴 법률효과를 기초로 하여 새로운 권리를 취득한 제3자가 있을 때에는 그 계약해제의 소급효는 제한을 받아 그 제3자의 권리를 해하지 아니하는 한도에서만 생긴다(민법 제548조 제1항 단서). 이때 계약해제의 소급효가 제한되는 제3자는 일반적으로 그 해제된 계약으로부터 생긴 법률효과를 기초로 하여 해제 전에 새로운 이해관계를 가졌을 뿐만 아니라 등기, 인도 등으로 권리를 취득한 사람을 말한다. 나아가 **제3자를 위한 계약에서도 낙약자와 요약자 사이의 법률관계**(기본관계)**에 기초하여 수익자가 요약자와 원인관계**(대가관계)**를 맺음으로써 해제 전에 새로운 이해관계를 갖고 그에 따라 등기, 인도 등을 마쳐 권리를 취득하였다면, 수익자는 민법 제548조 제1항 단서에서 말하는 계약해제의 소급효가 제한되는 제3자에 해당한다고 봄이 타당하다**(대판 2021. 8. 19. 2018다244976).

정답 ③

4. 해제권의 소멸

Ⅲ. 약정해제권(=해제권 유보)

Ⅳ. 계약의 해지권

제2장 계약각론

제1절 전형계약의 분류

제2절 증여

Ⅰ. 증여의 의의

Ⅱ. 증여에 있어서의 해제

Ⅲ. 증여자의 담보책임

Ⅳ. 정기증여와 사망으로 인한 실효

Ⅴ. 부담부 증여

536 증여에 관한 설명으로 옳지 않은 것은? (다툼이 있으면 판례에 따름) [16 노무]

① 서면에 의하지 않은 증여의 경우, 수증자는 이를 해제할 수 있다.
② 증여자의 손자에 대하여 수증자가 범죄행위를 한 경우, 증여자는 증여를 해제할 수 있다.
③ 부담부 증여의 수증자가 그 부담을 이행 하지 않은 경우, 증여자는 증여를 해제할 수 있으나 이미 이행한 부분은 수증자에게 반환받지 못한다.
④ 증여의 목적인 물건의 하자나 흠결에 대하여 알면서 이를 수증자에게 고지하지 않은 증여자는 그에 대한 담보책임을 진다.
⑤ 수증자가 사망한 경우, 정기의 급여를 목적으로 하는 증여는 그 효력을 잃는다.

해설

① (O) : 증여의 의사가 서면으로 표시되지 아니한 경우에는 각 당사자는 이를 해제할 수 있다(민법 제555조).
② (O) : 제556조 【수증자의 행위와 증여의 해제】 ① 수증자가 증여자에 대하여 다음 각 호의 사유가 있는 때에는 증여자는 그 증여를 해제할 수 있다 1. 증여자 또는 그 배우자나 직계혈족에 대한 범죄행위가 있는 때
③ (X) : 상대부담 있는 증여에 대하여는 민법 제561조에 의하여 쌍무계약에 관한 규정이 준용되어 부담의무 있는 상대방이 자신의 의무를 이행하지 아니할 때에는 비록 증여계약이 이미 이행되어 있다

하더라도 증여자는 계약을 해제할 수 있고, 그 경우 민법 제555조와 제558조(해제와 이행완료부분)는 적용되지 아니 한다(대판 1997.7.8. 97다2177).

④ (O) : 증여자는 증여의 목적인 물건 또는 권리의 하자나 흠결에 대하여 책임을 지지 아니한다. 그러나 증여자가 그 하자나 흠결을 알고 수증자에게 고지하지 아니한 때에는 그러하지 아니하다(민법 제559조 ①항).

⑤ (O) : 제560조【정기증여와 사망으로 인한 실효】정기의 급여를 목적으로 한 증여는 증여자 또는 수증자의 사망으로 인하여 그 효력을 잃는다.

정답 ③

---

537 증여에 관한 설명 중 옳은 것은? (다툼이 있는 경우에는 판례에 의함) [예상]

① 아직 형성되지 않은 종중에 대한 증여의 의사표시도 유효한 청약으로 보아야 한다.
② 민법 제555조(서면에 의하지 아니한 증여와 해제)의 해제는 원래 의미의 해제와는 본질을 달리하나, 제척기간은 법정해제의 경우와 같다.
③ 증여자가 타인으로부터 매수한 토지에 대하여 소유권이전등기를 하지 않은 상태에서 수증자와 서면에 의하지 않은 증여계약을 체결하면서 그 토지에 관한 소유권이전등기청구권을 수증자에게 양도하고 매도인에게 양도통지까지 마쳤다면, 증여자가 해제를 한다 하더라도 수증자의 법적 지위에는 영향이 없다.
④ 서면에 의하지 않은 부동산의 증여에 있어서 증여자의 채무는 목적부동산의 인도와 등기이전이므로, 증여자가 수증자에게 인도를 하지 않고 소유권이전등기만 완료한 상태에서 증여계약을 해제하면 증여자는 소유권을 회복할 수 있다.
⑤ 상대부담 있는 증여라 하더라도 증여계약으로서의 본질을 유지하므로 그 증여가 서면에 의한 것이 아니라면 각 당사자가 해제할 수 있다.

해설

① (X) : 증여는 증여자와 수증자간의 계약으로서 수증자의 승낙을 요건으로 하므로 아직 형성되지도 아니한 종중 또는 친족공동체에 대한 증여의 의사표시는 아무런 효력이 없다(대판 1992.2.25. 91다28344).
② (X) : 민법 제555조에서 말하는 해제는 일종의 특수한 철회일 뿐 민법 제543조 이하에서 규정한 본래 의미의 해제와는 다르다고 할 것이어서 형성권의 제척기간의 적용을 받지 않는다(대판 2003.4.11. 2003다1755).
③ (O) : 민법 제558조에 의하면 서면에 의하지 아니한 증여의 해제는 이미 이행한 부분에 대하여는 영향을 미치지 않으므로, 증여자가 서면에 의하지 않고 소유권이전등기가 경료되지 않은 매수토지를 증여하였으나 위 토지에 관한 소유권이전등기청구권을 수증자에게 양도하고 매도인에게 양도통지까지 마친 경우에는, 그 이후 증여자의 상속인들에 의한 서면에 의하지 아니한 증여라는 이유의 해제는 이에 아무런 영향을 끼치지 않는다(대판 1998.9.25. 98다22543).

④ (✕) : 부동산의 증여에 있어서는 목적부동산을 인도받지 아니하여도 그에 대한 소유권이전등기절차를 마침으로써 그 이행이 종료되어 수증자는 그로써 확정적으로 그 소유권을 취득한다(대판 1981.10.13, 81다649 등).

⑤ (✕) : 상대부담 있는 증여에 대하여는 민법 제561조에 의하여 쌍무계약에 관한 규정이 준용되어 부담의무 있는 상대방이 자신의 의무를 이행하지 아니할 때에는 비록 증여계약이 이미 이행되어 있다 하더라도 증여자는 계약을 해제할 수 있고, 그 경우 민법 제555조와 제558조는 적용되지 아니한다(대판 1997.7.8, 97다2177).

정답 ③

Ⅵ. 사인증여

제3절 ▶ 매 매

Ⅰ. 의의 및 법적 성질

Ⅱ. 매매의 예약

538 매매예약완결권에 관한 다음 설명 중 가장 옳지 않은 것은? [20 법행]

① 매매예약의 완결권은 일종의 형성권으로서 당사자 사이에 그 행사기간을 약정한 때에는 그 기간 내에, 그러한 약정이 없는 때에는 그 예약이 성립한 때로부터 10년 내에 이를 행사하여야 한다.

② 상대방이 예약목적 부동산을 인도받아 계속 점유하고 있는 동안에는 예약완결권의 제척기간은 진행하지 않는다.

③ 예약완결권의 행사기간을 정하지 아니한 경우 예약완결권자에게 상당한 기간을 정하여 확답을 최고하였음에도 불구하고 확답을 받지 못한 때에는 예약은 효력을 잃는다.

④ 수인의 채권자가 각기 채권을 담보하기 위하여 채무자와 채무자 소유의 부동산에 관하여 수인의 채권자를 공동매수인으로 하는 1개의 매매예약을 체결하고 그에 따라 수인의 채권자 공동명의로 그 부동산에 가등기를 마친 경우, 수인의 채권자가 공동으로 매매예약완결권을 가지는 관계인지 아니면 채권자 각자의 지분별로 별개의 독립적인 매매예약완결권을 가지는 관계인지는 매매예약의 내용에 따라야 하고, 매매예약에서 그러한 내용을 명시적으로 정하지 않은 경우에는 매매예약을 체결하게 된 경위, 매매예약에 의하여 달성하려는 담보의 목적, 담보 관련 권리를 공동 행사하려는 의사의 유무, 채권자별 구체적인 지분권의 표시 여부 등을 종합적으로 고려하여 판단하여야 한다.

⑤ 甲이 乙에게 돈을 대여하면서 담보 목적으로 乙 소유의 부동산에 관하여 乙의 다른 채권자들과 공동명의로 매매예약을 체결하고 각자의 채권액 비율에 따라 지분을 특정하여 가등기를 마친 경우라면 甲이 단독으로 담보목적물 중 자신의 지분에 관하여 매매예약완결권을 행사할 수 있고, 이에 따라 단독으로 자신의 지분에 관하여 가등기에 기한 본등기절차의 이행을 구할 수 있다.

해설

① (O) : 제척기간은 권리자로 하여금 당해 권리를 신속하게 행사하도록 함으로써 법률관계를 조속히 확정 시키려는 데 그 제도의 취지가 있는 것으로서, 소멸시효가 일정한 기간의 경과와 권리의 불행사라는 사정에 의하여 권리 소멸의 효과를 가져 오는 것과는 달리 그 기간의 경과 자체만으로 곧 권리 소멸의 효과를 가져 오게 하는 것이므로 그 기간 진행의 기산점은 특별한 사정이 없는 한 원칙적으로 권리가 발생한 때이고, 당사자 사이에 매매예약 완결권을 행사할 수 있는 시기를 특별히 약정한 경우에도 그 제척기간은 당초 권리의 발생일로부터 10년간의 기간이 경과되면 만료되는 것이지 그 기간을 넘어서 그 약정에 따라 권리를 행사할 수 있는 때로부터 10년이 되는 날까지 연장된다고 볼 수 없다(대판 1995.11.10. 94다22682·22699).

② (×) : 제척기간에 있어서는 소멸시효와 같이 기간의 중단이 있을 수 없다(대판 2003. 1. 10. 2000다26425).

③ (O) : 제564조【매매의 일방예약】① 매매의 일방예약은 상대방이 매매를 완결할 의사를 표시하는 때에 매매의 효력이 생긴다. ② 전항의 의사표시의 기간을 정하지 아니한 때에는 예약자는 상당한 기간을 정하여 매매완결여부의 확답을 상대방에게 최고할 수 있다. ③ 예약자가 전항의 기간 내에 확답을 받지 못한 때에는 예약은 그 효력을 잃는다.

④ (O), ⑤ (O) : 수인의 채권자가 각기 그 채권을 담보하기 위하여 채무자와 채무자 소유의 부동산에 관하여 수인의 채권자를 공동매수인으로 하는 1개의 매매예약을 체결하고 그에 따라 수인의 채권자 공동명의로 그 부동산에 가등기를 마친 경우, 수인의 채권자가 공동으로 매매예약완결권을 가지는 관계인지 아니면 채권자 각자의 지분별로 별개의 독립적인 매매예약완결권을 가지는 관계인지는 매매예약의 내용에 따라야 하고, 매매예약에서 그러한 내용을 명시적으로 정하지 않은 경우에는 수인의 채권자가 공동으로 매매예약을 체결하게 된 동기 및 경위, 그 매매예약에 의하여 달성하려는 담보의 목적, 담보 관련 권리를 공동 행사하려는 의사의 유무, 채권자별 구체적인 지분권의 표시 여부 및 그 지분권 비율과 피담보채권 비율의 일치 여부, 가등기담보권 설정의 관행 등을 종합적으로 고려하여 판단하여야 한다. 이와 달리 1인의 채무자에 대한 수인의 채권자의 채권을 담보하기 위하여 그 수인의 채권자와 채무자가 채무자 소유의 부동산에 관하여 수인의 채권자를 권리자로 하는 1개의 매매예약을 체결하고 그에 따른 가등기를 마친 경우에, 매매예약의 내용이나 매매예약완결권 행사와 관련한 당사자의 의사와 관계없이 언제나 수인의 채권자가 공동으로 매매예약완결권을 가진다고 보고, 매매예약완결의 의사표시도 수인의 채권자 전원이 공동으로 행사하여야 한다는 취지의 대판 1984.06.12. 83다카2282, 대판 1985.05.28. 84다카2188, 대판 1985.10.08. 85다카604, 대판 1987.05.26. 85다카2203 등은 이 판결의 견해와 저촉되는 한도에서 변경하기로 한다(대판[全] 2012.02.16. 2010다82530).

정답 ②

Ⅲ. 해약금

539 계약금에 관한 설명으로 옳지 않은 것은? (다툼이 있으면 판례에 따름) [16 노무]

① 계약금은 해약금으로 추정한다.
② 해약금에 의하여 해제하는 경우에는 손해배상청구가 인정되지 아니한다.
③ 당사자의 약정에 따라 계약금이 해약금과 손해배상의 예정을 겸하는 경우, 그것이 부당히 과다한 때에는 법원은 이를 적당히 감액할 수 있다.
④ 계약금의 일부만 지급된 경우, 해약금의 기준이 되는 금원은 실제 교부받은 계약금이 아니라 약정 계약금이다.
⑤ 계약금의 수령자는 배액을 제공하고 해제할 수 있으며, 제공된 금액을 상대방이 수령하지 않으면 공탁할 의무를 부담한다.

해설

① (O) : 계약금은 해약금의 성질을 가질 뿐이며, 다만 당사자 일방이 위약한 경우에 있어서 그 계약금을 위약금으로 한다는 특약이 있을 때에 한하여 손해배상액 예정의 성질을 함께 갖는다(대판 2006.1.27. 2005다52078).

② (O) : 해약금에 의해 유보된 해제권이 행사됨으로써 나타나는 해제의 효과는 채무불이행을 전제로 하는 법정해제와 다르다. 즉 당사자가 이행에 착수하기 전에만 행사할 수 있으므로 원상회복의 문제는 발생하지 않는다. 그리고 계약금계약이라는 특약에 의한 것이기 때문에 채무불이행을 이유로 손해배상을 청구할 수도 없다.

③ (O) : 계약금이 해약금으로서의 성질과 손해배상 예정으로서의 성질을 겸하고 있는 경우, 매수인의 주장취지에는 매수인의 채무불이행을 이유로 매도인이 몰취한 계약금은 손해배상 예정액으로서는 부당히 과다하므로 감액되어야 하고 그 감액 부분은 부당이득으로서 반환하여야 한다는 취지도 포함되어 있다고 해석함이 상당하며 계약금이 손해배상 예정액으로서 과다하다면 감액 부분은 반환되어야 한다(대판 1996. 10. 25. 95다33726).

④ (O) : 해약금의 기준이 되는 금원은 '실제 교부받은 계약금'이 아니라 '약정 계약금'이라고 봄이 타당하므로, 매도인이 계약금의 일부로서 지급받은 금원의 배액을 상환하는 것으로는 매매계약을 해제할 수 없다(대판 2015.4.23. 2014다231378).

⑤ (✗) : 수령자는 그 배액을 상환하면서 계약을 해제할 수 있으며, 반드시 현실의 제공이 있어야 한다. 제공만 하면 되기 때문에 상대방이 이를 수령하지 않는다고 하여 공탁까지 할 필요는 없다(대판 1992.5.12. 91다2151).

정답 ⑤

Ⅳ. 매매의 효력

V. 담보책임

1. 권리의 하자에 대한 담보책임

유형(조문)	매수인	내용	제척기간
전부타인권리의 매매 (제570조)	선의	계약해제권, 손해배상청구권(=이행이익)	×
	악의	계약해제권 ○, 손해배상청구권 × 단, 채무불이행을 원인으로 손해배상청구 可能	
일부타인권리의 매매 (제572조)	선의	대금감액청구권, 계약해제권, 손해배상청구권	1년
	악의	대금감액청구권(제574조와 비교)	
수량부족, 일부멸실의 경우(제574조)	선의	대금감액청구권, 계약해제권, 손해배상청구권	1년
	악의	×	
제한물권 있는 경우(제575조)	선의	계약해제권, 손해배상청구권	1년
	악의	×	
저당권, 전세권(담보물권)의 경우(제576조)	선의·악의 불문	1. 담보물권의 실행 시에 문제가 됨. 2. 소유권을 취득할 수 없거나, 잃은 때 : 계약해제권, 손해배상청구권 3. 매수인의 출재로 소유권을 보존한 때 : 출재상환청구권, 손해배상청구권	×
경매의 경우(제578조)		제570조 ~ 제577조 준용	
채권매매의 경우 (제579조)		1. 매도인이 채무자의 자력을 담보한 때 : 매매계약당시의 자력을 담보한 것으로 "추정" 2. 변제기에 도달하지 아니한 채권의 경우 : 변제기의 자력을 담보한 것으로 "추정"	

2. 물권의 하자에 대한 담보책임

540 매도인의 담보책임에 관한 설명으로 옳지 않은 것은? (다툼이 있으면 판례에 따름) [15 노무]

① 저당권의 행사로 매매 목적 부동산의 소유권을 취득할 수 없게 된 경우, 악의의 매수인도 매매계약을 해제하고 매도인에 대하여 손해배상을 청구할 수 있다.
② 경매에 의하여 목적물을 매수한 경우, 물건의 하자에 대하여 매도인에게 담보책임을 물을 수 있다.
③ 건축을 목적으로 매매된 토지에 대하여 건축 허가를 받을 수 없어 건축이 불가능한 경우 등과 같은 법률적 제한 내지 장애는 매매목적물의 하자에 해당한다.
④ 제조물에 상품적합성이 결여되어 제조물 그 자체에 발생한 손해에 대해서는 제조물 책임이 아니라 하자담보책임을 물어야 한다.
⑤ 매매의 목적이 된 권리의 일부가 타인에게 속함으로 인하여 매도인이 그 권리를 취득하여 산 사람에게 이전할 수 없는 경우, 선의의 매수인은 물론이고 악의의 매수인도 대금의 감액을 청구할 수 있다.

해설

① (O) : 저당권이 설정된 부동산의 매수인이 저당권 행사로 소유권을 취득할 수 없는 경우에는 매수인의 선의, 악의를 불문하고 계약을 해제하고 손해배상을 청구할 수 있다.(제576조)

② (×) : 제580조【매도인의 하자담보책임】① 매매의 목적물에 하자가 있는 때에는 제575조제1항의 규정을 준용한다. 그러나 매수인이 하자있는 것을 알았거나 과실로 인하여 이를 알지 못한 때에는 그러하지 아니하다. ② 전항의 규정은 경매의 경우에 적용하지 아니한다.

③ (O) : 매매의 목적물이 거래통념상 기대되는 객관적 성질·성능을 결여하거나, 당사자가 예정 또는 보증한 성질을 결여한 경우에 매도인은 매수인에 대하여 그 하자로 인한 담보책임을 부담한다 할 것이고, 한편 건축을 목적으로 매매된 토지에 대하여 건축허가를 받을 수 없어 건축이 불가능한 경우, 위와 같은 법률적 제한 내지 장애 역시 매매목적물의 하자에 해당한다 할 것이나, 다만 위와 같은 하자의 존부는 매매계약 성립시를 기준으로 판단하여야 할 것이다(대판 2000. 1. 18. 98다18506).

④ (O) : 제조물책임이란 제조물에 통상적으로 기대되는 안전성을 결여한 결함으로 인하여 생명·신체나 제조물 그 자체 외의 다른 재산에 손해가 발생한 경우에 제조업자 등에게 지우는 손해배상책임이고, 제조물에 상품적합성이 결여되어 제조물 그 자체에 발생한 손해는 제조물책임의 적용 대상이 아니므로, 하자담보책임으로서 그 배상을 구하여야 한다(대판 2000. 7. 28. 98다35525).

⑤ (O) : 제572조【권리의 일부가 타인에게 속한 경우와 매도인의 담보책임】① 매매의 목적이 된 권리의 일부가 타인에게 속함으로 인하여 매도인이 그 권리를 취득하여 매수인에게 이전할 수 없는 때에는 매수인은 그 부분의 비율로 대금의 감액을 청구할 수 있다.

정답 ②

---

541 매도인의 담보책임에 관한 설명으로 옳지 않은 것은? (다툼이 있으면 판례에 따름) [18 노무]

① 경매절차에서 취득한 물건에 하자가 있는 경우, 그에 대하여 담보책임을 물을 수 없다.
② 수량을 지정한 매매의 목적물이 부족한 경우, 악의의 매수인은 대금감액을 청구할 수 있다.
③ 매매의 목적인 권리의 전부가 타인에게 속한 경우, 매도인이 그 권리를 취득하여 매수인에게 이전할 수 없는 때에는 악의의 매수인은 매매계약을 해제할 수 있다.
④ 매매목적물의 하자로 인한 매수인의 매도인에 대한 하자담보책임에 기한 손해배상청구권에는 채권의 소멸시효에 관한 규정이 적용된다.
⑤ 매매의 목적인 부동산에 설정된 저당권의 행사로 인하여 매수인이 그 소유권을 취득할 수 없게 된 경우, 악의의 매수인은 계약을 해제할 수 있다.

해설

① (O) : 민법은 제570조부터 제584조까지 매도인의 담보책임을 규정하면서 제578조와 제580조 제2항에서 '경매'에 관한 특칙을 두고 있다. 민법이 특칙을 둔 취지는 경매의 사법상 효력이 매매와 유

사하다고는 하나, 매매는 당사자 사이의 의사합치에 의하여 체결되는 것인 반면 경매는 매도인의 지위에 있는 채무자 의사와 무관하게 국가기관인 법원에 의하여 실행되어 재산권이 이전되는 특수성이 있고, 이러한 특수성으로 인해 경매절차에 관여하는 채권자와 채무자, 매수인 등의 이해를 합리적으로 조정하고 국가기관에 의하여 시행되는 경매절차의 안정도 도모할 필요가 있으므로, 일반 매매를 전제로 한 담보책임 규정을 경매에 그대로 적용하는 것은 부당하다는 고려에 따른 것이다.

② (×) : 제574조【수량부족, 일부 멸실의 경우와 매도인의 담보책임】전2조의 규정은 수량을 지정한 매매의 목적물이 부족 되는 경우와 매매목적물의 일부가 계약당시에 이미 멸실된 경우에 매수인이 그 부족 또는 멸실을 알지 못한 때에 준용한다.

③ (O) : 제570조【동전-매도인의 담보책임】전조의 경우에 매도인이 그 권리를 취득하여 매수인에게 이전할 수 없는 때에는 매수인은 계약을 해제할 수 있다. 그러나 매수인이 계약당시 그 권리가 매도인에게 속하지 아니함을 안 때에는 손해배상을 청구하지 못한다.

④ (O) : 매도인에 대한 하자담보에 기한 손해배상청구권에 대하여는 민법 제582조의 제척기간이 적용되고, 이는 법률관계의 조속한 안정을 도모하고자 하는 데에 취지가 있다. 그런데 하자담보에 기한 매수인의 손해배상청구권은 권리의 내용·성질 및 취지에 비추어 민법 제162조 제1항의 채권소멸시효의 규정이 적용되고, 민법 제582조의 제척기간 규정으로 인하여 소멸시효 규정의 적용이 배제된다고 볼 수 없으며, 이때 다른 특별한 사정이 없는 한 무엇보다도 매수인이 매매 목적물을 인도받은 때부터 소멸시효가 진행한다고 해석함이 타당하다(대판 2011.10.13. 2011다10266).

⑤ (O) : 제576조【저당권, 전세권의 행사와 매도인의 담보책임】① 매매의 목적이 된 부동산에 설정된 저당권 또는 전세권의 행사로 인하여 매수인이 그 소유권을 취득할 수 없거나 취득한 소유권을 잃은 때에는 매수인은 계약을 해제할 수 있다.

정답 ②

542 민법상 특정물 매도인의 하자담보책임에 관한 설명으로 옳지 않은 것은? (다툼이 있으면 판례에 따름) [20 노무]

① 매도인의 고의·과실은 하자담보책임의 성립요건이 아니다.
② 악의의 매수인에 대해서 매도인은 하자담보책임을 지지 않는다.
③ 매매 목적물인 서화(書畵)가 위작으로 밝혀진 경우, 매도인의 담보책임이 발생하면 매수인은 착오를 이유로는 매매계약을 취소할 수 없다.
④ 경매목적물에 물건의 하자가 있는 경우 하자담보책임이 발생하지 않는다.
⑤ 목적물에 하자가 있더라도 계약의 목적을 달성할 수 있는 경우에는 매수인에게 해제권이 인정되지 않는다.

해설

① (O) : 민법 제581조, 제580조에 기한 매도인의 하자담보책임은 법이 특별히 인정한 무과실책임으로서 여기에 민법 제396조의 과실상계 규정이 준용될 수는 없다 하더라도, 담보책임이 민법의 지도이념인 공평의 원칙에 입각한 것인 이상 하자 발생 및 그 확대에 가공한 매수인의 잘못을 참작하여 손해배상의 범위를 정함이 상당하다(대판 1995.6.30. 94다23920).

② (○) : 제580조【매도인의 하자담보책임】① 매매의 목적물에 하자가 있는 때에는 제575조제1항의 규정을 준용한다. 그러나 매수인이 하자있는 것을 알았거나 과실로 인하여 이를 알지 못한 때에는 그러하지 아니하다.

③ (×) : 착오로 인한 취소 제도와 매도인의 하자담보책임 제도는 취지가 서로 다르고, 요건과 효과도 구별된다. 따라서 매매계약 내용의 중요 부분에 착오가 있는 경우 매수인은 매도인의 하자담보책임이 성립하는지와 상관없이 착오를 이유로 매매계약을 취소할 수 있다(대판 2018. 9. 13. 2015다78703).

④ (○) : 제580조【매도인의 하자담보책임】① 매매의 목적물에 하자가 있는 때에는 제575조제1항의 규정을 준용한다. 그러나 매수인이 하자있는 것을 알았거나 과실로 인하여 이를 알지 못한 때에는 그러하지 아니하다. ② <u>전항의 규정은 경매의 경우에 적용하지 아니한다.</u>

⑤ (○) : 제580조【매도인의 하자담보책임】① 매매의 목적물에 하자가 있는 때에는 제575조제1항의 규정을 준용한다. 제575조【제한물권 있는 경우와 매도인의 담보책임】① 매매의 목적물이 지상권, 지역권, 전세권, 질권 또는 유치권의 목적이 된 경우에 매수인이 이를 알지 못한 때에는 이로 인하여 계약의 목적을 달성할 수 없는 경우에 한하여 매수인은 계약을 해제할 수 있다. 기타의 경우에는 손해배상만을 청구할 수 있다.

정답 ③

543 매매에 관한 설명으로 옳은 것은 모두 고른 것은? (다툼이 있으면 판례에 따름) [21 노무]

ㄱ. 당사자가 매매예약완결권의 행사기간을 약정하지 않은 경우, 완결권은 예약이 성립한 때로부터 10년 내에 행사되어야 하고, 그 기간을 지난 때에는 제척기간의 경과로 인하여 소멸한다.
ㄴ. 목적물이 일정한 면적을 가지고 있다는 데 주안을 두고 대금도 면적을 기준으로 정하여지는 아파트분양계약은 특별한 사정이 없는 한 수량지정매매에 해당한다.
ㄷ. 건축목적으로 매매된 토지에 대하여 건축허가를 받을 수 없어 건축이 불가능한 경우, 이와 같은 법률적 제한 내지 장애는 권리의 하자에 해당한다.
ㄹ. 특정물매매에서 매도인의 하자담보책임이 성립하는 경우, 매수인은 매매계약 내용의 중요부분에 착오가 있더라도 이를 취소할 수 없다.

① ㄱ, ㄴ
② ㄱ, ㄹ
③ ㄴ, ㄷ
④ ㄱ, ㄷ, ㄹ
⑤ ㄴ, ㄷ, ㄹ

해설

ㄱ. (○) : 매매의 일방예약에서 예약자의 상대방이 매매예약 완결의 의사표시를 하여 매매의 효력을 생기게 하는 권리, 즉 매매예약의 완결권은 일종의 형성권으로서 당사자 사이에 그 행사기간을 약정한 때에는 그 기간 내에, 그러한 약정이 없는 때에는 그 예약이 성립한 때로부터 10년 내에 이를 행사하여야 하고, 그 기간을 지난 때에는 예약 완결권은 제척기간의 경과로 인하여 소멸한다. 제척

기간은 권리자로 하여금 당해 권리를 신속하게 행사하도록 함으로써 법률관계를 조속히 확정 시키려는 데 그 제도의 취지가 있는 것으로서, 소멸시효가 일정한 기간의 경과와 권리의 불행사라는 사정에 의하여 권리 소멸의 효과를 가져 오는 것과는 달리 그 기간의 경과 자체만으로 곧 권리 소멸의 효과를 가져 오게 하는 것이므로 그 기간 진행의 기산점은 특별한 사정이 없는 한 원칙적으로 권리가 발생한 때이고, 당사자 사이에 매매예약 완결권을 행사할 수 있는 시기를 특별히 약정한 경우에도 그 제척기간은 당초 권리의 발생일로부터 10년간의 기간이 경과되면 만료되는 것이지 그 기간을 넘어서 그 약정에 따라 권리를 행사할 수 있는 때로부터 10년이 되는 날까지로 연장된다고 볼 수 없다(대판 1995.11.10, 94다22682・22699).

ㄴ. (O) : 부동산 매매계약에 있어서 매수인이 일정한 면적이 있는 것으로 믿고 매도인도 그 면적이 있는 것을 명시적 또는 묵시적으로 표시하며, 나아가 계약당사자가 면적을 가격을 정하는 여러 요소 중 가장 중요한 요소로 파악하고, 그 객관적 수치를 기준으로 가격을 정하는 경우라면 특정물이 일정한 수량을 가지고 있다는 데에 주안을 두고, 대금도 그 수량을 기준으로 하여 정한 경우에 속하므로 민법 제574조에 정한 '수량을 지정한 매매'에 해당 한다(대판 2001.04.10, 2001다12256).

ㄷ. (X) : 매매의 목적물이 거래통념상 기대되는 객관적 성질・성능을 결여하거나, 당사자가 예정 또는 보증한 성질을 결여한 경우에 매도인은 매수인에 대하여 그 하자로 인한 담보책임을 부담한다 할 것이고, 한편 건축을 목적으로 매매된 토지에 대하여 건축허가를 받을 수 없어 건축이 불가능한 경우, 위와 같은 법률적 제한 내지 장애 역시 매매목적물의 하자에 해당한다 할 것이나, 다만 위와 같은 하자의 존부는 매매계약 성립시를 기준으로 판단하여야 할 것이다(대판 2000.1.18. 98다18506).

ㄹ. (X) : 착오로 인한 취소 제도와 매도인의 하자담보책임 제도는 취지가 서로 다르고, 요건과 효과도 구별된다. 따라서 매매계약 내용의 중요 부분에 착오가 있는 경우 매수인은 매도인의 하자담보책임이 성립하는지와 상관없이 착오를 이유로 매매계약을 취소할 수 있다(대판 2018. 9. 13. 2015다78703).

정답 ①

Ⅵ. 매매 관련 기타 규정

544 매매계약의 이행에 관한 설명 중 옳지 않은 것은? [예상]

① 매매의 당사자 일방에 대한 의무이행의 기한이 있는 때에는 상대방의 의무이행에 대하여도 동일한 기한이 있는 것으로 추정된다.
② 매매의 목적물에 대하여 권리를 주장하는 자가 있어 매수인이 매수한 권리의 전부나 일부를 잃을 염려가 있다 하더라도 매도인이 상당한 담보를 제공한 때에는 대금지급의무를 이행하여야 한다.
③ 원칙적으로 매매계약에 있어서 채무의 이행비용은 채무자의 부담이고 계약비용은 계약당사자 쌍방이 균분하여 부담한다.
④ 매매목적물의 인도와 동시에 대금을 지급할 경우에는 계약성립 당시에 목적물이 있었던 장소가 대금지급채무의 이행지로 된다.
⑤ 매매의 목적물에 대하여 권리를 주장하는 자가 있어 매수인이 매수한 권리의 전부나 일부를 잃을 염려가 있음을 이유로 대금의 지급을 거절하는 경우에 매도인은 매수인에 대하여 대금의 공탁을 청구할 수 있다.

해설

① (○) : 제585조【동일기한의 추정】매매의 당사자일방에 대한 의무이행의 기한이 있는 때에는 상대방의 의무이행에 대하여도 동일한 기한이 있는 것으로 추정한다.

② (○) : 제588조【권리주장자가 있는 경우와 대금지급거절권】매매의 목적물에 대하여 권리를 주장하는 자가 있는 경우에 매수인이 매수한 권리의 전부나 일부를 잃을 염려가 있는 때에는 매수인은 그 위험의 한도에서 대금의 전부나 일부의 지급을 거절할 수 있다. 그러나 매도인이 상당한 담보를 제공한 때에는 그러하지 아니하다.

③ (○) : 제473조【변제비용의 부담】변제비용은 다른 의사표시가 없으면 채무자의 부담으로 한다. 그러나 채권자의 주소이전 기타의 행위로 인하여 변제비용이 증가된 때에는 그 증가액은 채권자의 부담으로 한다. 제566조【매매계약의 비용의 부담】매매계약에 관한 비용은 당사자쌍방이 균분하여 부담한다.

④ (×) : 매매대금의 지급장소에 관하여 특약·관습이 없는 때에는 지참채무의 원칙에 의하여 매도인의 주소에서 지급하는 것이 원칙이다(제467조 제2항). 그러나 매매목적물의 인도와 동시에 대금을 지급할 경우에는 그 인도장소에서 대금을 지급하여야 한다(제586조).

⑤ (○) : 제589조【대금공탁청구권】전조의 경우에 매도인은 매수인에 대하여 대금의 공탁을 청구할 수 있다.

정답 ④

제4절 사용대차 및 임대차

■ 제1관 사용대차

545 해외지점에 근무하게 된 甲은 외국에서 박사학위를 받고 귀국한 친구 乙이 거주할 집을 구하지 못하고 있음을 알고 자신의 집을 무상으로 사용하도록 乙과 합의하였다. 이에 관한 설명 중 옳지 않은 것은? [예상]

① 사용기간을 정하지 않은 때에는 乙은 언제든지 그 주택을 반환할 수 있지만, 甲은 6개월의 유예기간을 두고 반환청구를 하여야 한다.

② 乙은 甲의 승낙 없이는 제3자에게 그 주택을 사용·수익하게 하지 못한다.

③ 乙이 주택을 일반적인 용법에 따라 사용하던 중 출입문에 고장이 생겨 이를 수리하였더라도 나중에 甲에게 그 비용의 상환을 청구할 수 없다.

④ 乙이 사망하거나 파산선고를 받은 때에는 甲은 계약을 해지할 수 있다.

⑤ 甲이 그 주택의 흠이나 하자를 알면서도 乙에게 알리지 않았다면 乙에게 담보책임을 진다.

해설

① (X) : 시기의 약정이 없는 경우에는 차주는 계약 또는 목적물의 성질에 의한 사용·수익이 종료한 때에 반환하여야 한다. 그러나 사용·수익에 족한 기간이 경과한 때에는 대주는 언제든지 계약을 해지할 수 있다(제613조 제2항). 참고로 소비대차에 있어서는 반환시기의 약정이 없는 때에는 대주는 상당한 기간을 정하여 반환을 최고하여야 하나, 차주는 언제든지 반환할 수 있다(제603조 제2항).

② (O) : 사용대차의 차주는 대주의 승낙이 없으면 제3자에게 차용물을 사용·수익하게 하지 못한다(제610조 제2항).

③ (O) : 사용대차의 차주는 차용물의 통상의 필요비를 부담한다(제611조 제1항). 사용대차의 대주는 적극적 의무를 부담하지 않고 소극적 의무만을 부담하기 때문이다.

④ (O) : 사용대차의 차주가 사망하거나 파산선고를 받은 때에는 대주는 계약을 해지할 수 있다(제614조).

⑤ (O) : 사용대차는 무상계약이므로 그 대주의 담보책임에 관하여는 증여자의 담보책임에 관한 민법 제559조가 준용된다(제612조). 즉 대주는 원칙적으로 담보책임이 없으나, 대주가 목적물의 하자나 흠결을 알고 있으면서 차주에게 고지하지 않은 때에는 담보책임이 발생한다. 그리고 차주가 일정한 부담을 지는 사용대차에 있어서는, 그 부담의 한도에서 대주는 매도인과 동일한 담보책임을 지게 된다.

정답 ①

- 제2관 임대차

Ⅰ. 임대차의 의의

Ⅱ. 임대차의 성립

Ⅲ. 임대차의 효력

546 임대차에 관한 설명으로 옳지 않은 것은? [15 노무]

① 수인이 공동하여 물건을 임차한 때에는 분할하여 차임지급의무를 부담한다.
② 임차인이 임대인의 동의 없이 임차권을 양도한 경우 임대인은 임대차 계약을 해지할 수 있다.
③ 임차인이 임대인의 동의를 얻어 임차물을 전대한 때에는 전차인은 직접 임대인에 대하여 의무를 부담한다.
④ 임대차기간의 약정이 없는 때에는 당사자는 언제든지 계약해지의 통고를 할 수 있다.
⑤ 임차인이 임차물의 보존에 관한 필요비를 지출한 때에는 임대인에 대하여 그 상환을 청구할 수 있다.

해설

① (×) : 제616조【공동차주의 연대의무】수인이 공동하여 물건을 차용한 때에는 연대하여 그 의무를 부담한다.

② (○) : 제629조【임차권의 양도, 전대의 제한】① 임차인은 임대인의 동의 없이 그 권리를 양도하거나 임차물을 전대하지 못한다. ② 임차인이 전항의 규정에 위반한 때에는 임대인은 계약을 해지할 수 있다.

③ (○) : 제630조【전대의 효과】① 임차인이 임대인의 동의를 얻어 임차물을 전대한 때에는 전차인은 직접 임대인에 대하여 의무를 부담한다. 이 경우에 전차인은 전대인에 대한 차임의 지급으로써 임대인에게 대항하지 못한다.

④ (○) : 제635조【기간의 약정 없는 임대차의 해지통고】① 임대차기간의 약정이 없는 때에는 당사자는 언제든지 계약해지의 통고를 할 수 있다.

⑤ (○) : 제626조【임차인의 상환청구권】① 임차인이 임차물의 보존에 관한 필요비를 지출한 때에는 임대인에 대하여 그 상환을 청구할 수 있다.

정답 ①

547 임대차에 관한 설명으로 옳지 않은 것은? [16 노무]

① 일시사용을 위한 임대차가 명백한 경우, 임차인에게 부속물매수청구권이 인정되지 않는다.
② 임차물에 대하여 권리를 주장하는 자가 있고 임대인이 그 사실을 모르고 있는 경우, 임차인은 지체 없이 임대인에게 이를 통지하여야 한다.
③ 토지임대차의 기간의 약정이 없는 경우, 원칙적으로 각 당사자는 언제든지 임대차계약의 해지를 통고할 수 있다.
④ 다른 약정이 없는 한, 임대인의 행위가 임대물의 보존에 필요한 행위라도 임차인은 이를 거절할 수 있다.
⑤ 부동산임차인은 당사자 사이에 반대약정이 없으면 임대인에 대하여 그 임대차등기절차에 협력할 것을 청구할 수 있다.

해설

① (○) : 제653조(일시사용을 위한 임대차의 특례) 제628조, 제638조, 제640조, 제646조(임차인의 부속물매수청구권) 내지 제648조, 제650조 및 전조의 규정은 일시사용하기 위한 임대차 또는 전대차인 것이 명백한 경우에는 적용하지 아니한다.

② (○) : 제634조【임차인의 통지의무】임차물의 수리를 요하거나 임차물에 대하여 권리를 주장하는 자가 있는 때에는 임차인은 지체없이 임대인에게 이를 통지하여야 한다. 그러나 임대인이 이미 이를 안 때에는 그러하지 아니하다.

③ (○) : 제635조【기간의 약정 없는 임대차의 해지통고】① 임대차기간의 약정이 없는 때에는 당사자는 언제든지 계약해지의 통고를 할 수 있다.

④ (✕) : 제624조【임대인의 보존행위, 인용의무】임대인이 임대물의 보존에 필요한 행위를 하는 때에는 임차인은 이를 거절하지 못한다.
⑤ (O) : 제621조【임대차의 등기】① 부동산임차인은 당사자 간에 반대 약정이 없으면 임대인에 대하여 그 임대차등기절차에 협력할 것을 청구할 수 있다.

정답 ④

548 임대차에 관한 설명으로 옳은 것은? (다툼이 있으면 판례에 따름) [17 노무]

① 연체차임은 임대차계약 종료 전에 별도의 의사표시 없이 임대차보증금에서 당연히 공제된다.
② 건물임대차의 존속기간은 20년을 넘지 못한다.
③ 임대인이 수선의무를 이행함으로써 목적물의 사용·수익에 지장이 초래된 경우 임차인은 그 지장의 한도 내에서 차임지급을 거절할 수 있다.
④ 임대인이 임대목적물에 대한 소유권 기타 이를 임대할 권한이 없는 경우 임대차계약은 유효하게 성립하지 않는다.
⑤ 임차인이 임대인의 동의 없이 임차권을 양도한 경우 임대인은 임대차계약을 해지할 수 없다.

해설

① (✕) : 임대인에게 임대차보증금이 교부되어 있더라도 임대인은 임대차관계가 계속되고 있는 동안에는 임대차보증금에서 연체차임을 충당할 것인지를 자유로이 선택할 수 있다. 따라서 임대차계약 종료 전에는 공제 등 별도의 의사표시 없이 연체차임이 임대차보증금에서 당연히 공제되는 것은 아니고, 임차인도 임대차보증금의 존재를 이유로 차임의 지급을 거절할 수 없다(대판 2016. 11. 25. 2016다211309).
② (✕) : 헌법재판소는 계약의 자유를 침해한다는 이유로 민법 제651조 제1항(제651조【임대차존속기간】)에 대하여 위헌결정을 하였다(헌재 2013.12.26. 2011헌바234).
③ (O) : 임대차계약에서 목적물을 사용·수익하게 할 임대인의 의무와 임차인의 차임지급의무는 상호 대응관계에 있으므로 임대인이 목적물을 사용·수익하게 할 의무를 불이행하여 목적물의 사용·수익이 부분적으로 지장이 있는 상태인 경우에는 임차인은 그 지장의 한도 내에서 차임의 지급을 거절할 수 있고, 이는 임대인이 수선의무를 이행함으로써 목적물의 사용·수익에 지장이 초래된 경우에도 마찬가지이다(대판 2015. 2. 26. 2014다65724).
④ (✕) : 임대차는 당사자 일방이 상대방에게 목적물을 사용·수익하게 할 것을 약정하고 상대방이 이에 대하여 차임을 지급할 것을 약정함으로써 성립하는 것으로(민법 제618조) 나아가 임대인이 그 목적물에 대한 소유권 기타 이를 임대할 권한이 없다고 하더라도 임대차계약은 유효하게 성립한다.
⑤ (✕) : 제629조【임차권의 양도, 전대의 제한】① 임차인은 임대인의 동의 없이 그 권리를 양도하거나 임차물을 전대하지 못한다. ② 임차인이 전항의 규정에 위반한 때에는 임대인은 계약을 해지할 수 있다.

정답 ③

549 임대차에 관한 설명으로 옳은 것은? (다툼이 있으면 판례에 따름) [18 노무]

① 토지임차인이 지상물만 타인에게 양도하더라도 임대차가 종료하면 그 임차인이 매수청구권을 행사할 수 있다.
② 건물임차인이 임대인의 동의 없이 건물의 소부분을 전대한 경우, 임대인은 임대차계약을 해지할 수 있다.
③ 임차인의 채무불이행으로 임대차계약이 해지된 경우, 임차인은 부속물매수청구권을 행사할 수 있다.
④ 임대인은 보증금반환채권에 대한 전부명령이 송달된 후에 발생한 연체차임을 보증금에서 공제할 수 없다.
⑤ 건물소유를 위한 토지임대차의 경우, 임차인의 차임연체액이 2기의 차임액에 이른 때에는 임대인은 계약을 해지할 수 있다.

> **해설**

① (✕) : 민법 제643조 소정의 지상물매수청구권은 지상물의 소유자에 한하여 행사할 수 있다(대판 1993. 7. 27. 93다6386).
② (✕) : 제629조【임차권의 양도, 전대의 제한】① 임차인은 임대인의 동의 없이 그 권리를 양도하거나 임차물을 전대하지 못한다. ② 임차인이 전항의 규정에 위반한 때에는 임대인은 계약을 해지할 수 있다. 제632조【임차건물의 소부분을 타인에게 사용케 하는 경우】전3조의 규정은 건물의 임차인이 그 건물의 소부분을 타인에게 사용하게 하는 경우에 적용하지 아니한다.
③ (✕) : 공작물의 소유 등을 목적으로 하는 토지임대차에 있어서 임차인의 채무불이행을 이유로 계약이 해지된 경우에는 임차인은 임대인에 대하여 민법 제283조, 제643조에 의한 매수청구권을 가지지 아니한다(대판 2003.4.22. 2003다7685).
④ (✕) : 건물임대차에 있어서의 임차보증금은 임대차존속중의 임료뿐만 아니라 건물명도 의무이행에 이르기까지 발생한 손해배상채권 등 임대차계약에 의하여 임대인이 임차인에 대하여 갖는 일체의 채권을 담보하는 것으로서 임대차 종료 후에 임차건물을 임대인에게 명도할 때 체불임료 등 모든 피담보채무를 공제한 잔액이 있을 것을 조건으로 하여 그 잔액에 관한 임차인의 보증금반환청구권이 발생하고 이와 같은 임차보증금을 피전부채권으로하여 전부명령이 있은 경우에도 제3채무자인 임대인은 임차인에게 대항할 수 있는 사유로써 전부채권자에게 대항할 수 있는 것이다. 따라서 건물임대차보증금의 반환채권에 대한 전부명령의 효력이 그 송달에 의하여 발생한다고 하여도 위 보증금반환채권은 임대인의 채권이 발생하는 것을 해제조건으로 하는 것이며 임대인의 채권을 공제한 잔액에 관하여서만 전부명령이 유효하다고 할 것이다(대판 1988. 1. 19. 87다카1315).
⑤ (O) : 제640조【차임연체와 해지】건물 기타 공작물의 임대차에는 임차인의 차임연체액이 2기의 차임액에 달하는 때에는 임대인은 계약을 해지할 수 있다. 제641조【동전】건물 기타 공작물의 소유 또는 식목, 채염, 목축을 목적으로 한 토지임대차의 경우에도 전조의 규정을 준용한다.

정답 ⑤

550 乙이 甲 소유의 주택을 2년간 임차하는 계약을 甲과 체결하여 그 주택에 거주하는 경우에 관한 설명으로 옳지 않은 것은? (다툼이 있으면 판례에 따름) [19 노무]

① 특별한 사정이 없는 한 甲은 乙의 안전을 배려하거나 도난을 방지할 보호의무를 부담하지 않는다.
② 甲의 귀책사유로 임대차계약이 해지된 경우, 원칙적으로 乙은 원상회복의무를 부담하지 않는다.
③ 임대차계약 존속 중 주택에 사소한 파손이 생긴 경우, 乙의 사용·수익을 방해할 정도가 아니라면 특별한 사정이 없는 한 甲은 수선의무를 부담하지 않는다.
④ 원인불명의 화재로 주택이 소실된 경우 乙이 이행불능으로 인한 손해배상책임을 면하려면 그 주택의 보존에 관하여 선량한 관리자의 주의의무를 다하였음을 증명하여야 한다.
⑤ 乙이 주택의 사용·편익을 위하여 甲의 동의를 얻어 주택에 부속한 물건이 있는 경우, 특별한 사정이 없는 한 임대차 종료 시에 甲에 대하여 그 부속물의 매수를 청구할 수 있다.

해설

① (O) : 통상의 임대차관계에 있어서 임대인의 임차인에 대한 의무는 특별한 사정이 없는 한 단순히 임차인에게 임대목적물을 제공하여 임차인으로 하여금 이를 사용·수익하게 함에 그치는 것이고, 더 나아가 임차인의 안전을 배려하여 주거나 도난을 방지하는 등의 보호의무까지 부담한다고 볼 수 없을 뿐만 아니라 임대인이 임차인에게 임대목적물을 제공하여 그 의무를 이행한 경우 임대목적물은 임차인의 지배 아래 놓이게 되어 그 이후에는 임차인의 관리 하에 임대목적물의 사용·수익이 이루어지는 것이다(대판 1999.9.7, 99다10004).

② (X) : 임대차계약이 중도에 해지되어 종료하면 임차인은 목적물을 원상으로 회복하여 반환하여야 하는 것이고, 임대인의 귀책사유로 임대차계약이 해지되었다고 하더라도 임차인은 그로 인한 손해배상을 청구할 수 있음은 별론으로 하고 원상회복의무를 부담하지 않는다고 할 수는 없다(대판 2002. 12. 6. 2002다42278).

③ (O) : 임대차계약에 있어서 임대인은 목적물을 계약 존속 중 그 사용·수익에 필요한 상태를 유지하게 할 의무를 부담하는 것이므로, 목적물에 파손 또는 장해가 생긴 경우 그것이 임차인이 별 비용을 들이지 아니하고도 손쉽게 고칠 수 있을 정도의 사소한 것이어서 임차인의 사용·수익을 방해할 정도의 것이 아니라면 임대인은 수선의무를 부담하지 않지만, 그것을 수선하지 아니하면 임차인이 계약에 의하여 정해진 목적에 따라 사용·수익할 수 없는 상태로 될 정도의 것이라면 임대인은 그 수선의무를 부담한다(대판 1994. 12. 9. 94다34692).

④ (O) : 임차인의 임차물반환채무가 이행불능이 된 경우에 임차인이 그 이행불능으로 인한 손해배상책임을 면하려면 그 이행불능이 임차인의 귀책사유에 의하지 않은 것임을 입증할 책임이 있으며, 임차건물이 그 건물로부터 발생한 화재로 소실된 경우, 그 화재의 원인이 불명인 때에도 임차인이 그 책임을 면하려면 그 임차건물의 보존에 관하여 선량한 관리자의 주의의무를 다하였음을 입증하여야 한다(대판 1985. 4. 9. 84다카2416).

⑤ (O) : 제646조【임차인의 부속물매수청구권】① 건물 기타 공작물의 임차인이 그 사용의 편익을 위하여 임대인의 동의를 얻어 이에 부속한 물건이 있는 때에는 임대차의 종료 시에 임대인에 대하여 그 부속물의 매수를 청구할 수 있다.

정답 ②

551 A는 B에게 그 소유의 건물을 임대하여 주었다. 그 후 A는 이 건물을 C에게 양도하였다. C가 B에 대하여 그 건물의 명도청구를 할 경우 다음 중 옳은 것은? [예상]

① B가 임차차의 등기를 한 경우라고 하더라도 B는 「매매는 임대차를 깨뜨린다」고 하는 원칙에 의하여 C의 명도를 거부할 수 없다.

② 만일 C가 소유권이전등기를 경료하지 않은 상태에서 A를 대위하여 명도를 구하는 경우라면, B는 C에 대하여 보증금반환청구권에 관하여 동시이행의 항변권을 주장할 수 있다.

③ B가 주택임차인으로서 주택임대차보호법상의 대항력을 갖춘 후 건물이 양도되고, C가 임대인의 지위를 승계한 경우라고 하더라도 B는 A에 대하여 임대차보증금의 반환을 청구하여야 하고, C에게 임대차보증금의 반환을 청구하지 못한다.

④ A·B 사이의 임대차계약에 유익비포기특약이 있는 경우, 이 특약은 B에게 불리한 약정으로서 강행규정의 위반으로 무효이다. 그러므로 B가 유익비를 지출한 경우에는 유익비포기특약에도 불구하고, B는 C에 대하여 유익비의 상환을 청구할 수 있다.

⑤ B가 지출한 비용 중 그 영업에 관계되어 지출한 인테리어비·간판비 등은 유익비에 해당된다고 보는 입장이 판례의 태도이다.

해설

① (✕) : 원칙적으로 임차권에는 대항력이 없지만(매매는 임대차를 깨뜨린다), 등기된 부동산임대차는 예외적으로 대항력이 인정되어(제621조), B는 C의 명도청구를 거부할 수 있다. 즉 매매는 임대차를 깨뜨리지 못한다.

② (○) : C가 A에 대한 소유권이전등기청구권이라는 특정채권을 보전하기 위하여 B에게 채권자대위권을 행사하는 경우, B는 A에 대하여 가지는 모든 항변으로 C에게 대항할 수 있다.

③ (✕) : 임차주택의 양수인(기타 임대할 권리를 승계한 자를 포함)은 임대인의 지위를 승계한 것으로 본다(주택임대차보호법 제3조 제2항). 따라서 주택의 임차인이 제3자에 대한 대항력을 갖춘 후 임차주택의 소유권이 양도되어 그 양수인이 임대인의 지위를 승계하는 경우에는, 임대차보증금의 반환채무도 부동산의 소유권과 결합하여 일체로서 이전하는 것이므로 양도인의 임대인으로서의 지위나 보증금반환채무는 소멸한다(대판 1996.2.27, 95다35616 ; 대판 1995.5.23, 93다47318 등). 즉 B는 C에 대하여 임대차보증금의 반환을 청구하여야 하고, A에게 임대차보증금의 반환을 청구할 수는 없다.

④ (✕) : 임차인의 비용상환청구권에 관한 규정은 강행규정이 아니며(제652조 참조), 당사자 간의 약정으로 이를 포기할 수 있다(대판 1995.6.30, 95다12927 등).

⑤ (✕) : 민법 제626조 제2항에서 임대인의 상환의무를 규정하고 있는 유익비란 임차인이 임차물의 객관적 가치를 증가시키기 위하여 투입한 비용을 말하는 것이다(대판 1991.8.27, 91다15591·15607). 따라서 임차인이 임차건물부분에서 간이음식점을 경영하기 위하여 부착시킨 시설물에 불과한 간판비·인테리어비 등은 건물부분의 객관적 가치를 증가시키기 위한 것이라고 보기 어려울 뿐만 아니라, 그로 인한 가액의 증가가 현존하는 것도 아니어서 그 간판설치비를 유익비라 할 수 없다(대판 1994.9.30, 94다20389·20396).

정답 ②

552 임차인의 비용상환청구권과 부속물매수청구권에 관한 다음 설명 중 가장 잘못된 것은? [예상]

① 임차인이 필요비와 유익비를 지출한 때에는 임대차가 종료하여야 그 상환을 청구할 수 있다.
② 필요비 및 유익비의 상환청구권은 임대인이 목적물을 반환받은 날로부터 6개월 이내에 행사하여야 한다.
③ 유익비는 그 가액의 증가가 현존한 때에 한하여 임차인의 지출한 금액이나 그 증가액을 상환받을 수 있다.
④ 건물 기타 공작물의 임차인은 그 사용의 편익을 위하여 임대인의 동의를 얻어 부속한 물건 뿐만 아니라 임대인으로부터 매수한 부속물에 대해서도 임대차 종료시에 임대인에 대하여 그 매수를 청구할 수 있다.
⑤ 임차인의 부속물매수청구권에 관한 규정은 강행규정으로 이에 위반한 약정으로 임차인에게 불리한 것은 효력이 없다.

해설

① (×) : 임차인은 유익비를 임대차 종료 시에 그 상환을 청구할 수 있다(제626조 제2항). 그러나 필요비는 임대차의 종료를 기다리지 않고서 지출 즉시 그 상환을 청구할 수 있다(제626조 제1항).
② (O) : 제654조【준용규정】제610조제1항, 제615조 내지 제617조의 규정은 임대차에 이를 준용한다. 제617조【손해배상, 비용상환청구의 기간】계약 또는 목적물의 성질에 위반한 사용, 수익으로 인하여 생긴 손해배상의 청구와 차주가 지출한 비용의 상환청구는 대주가 물건의 반환을 받은 날로부터 6월내에 하여야 한다.
③ (O) : 제626조【임차인의 상환청구권】① 임차인이 임차물의 보존에 관한 필요비를 지출한 때에는 임대인에 대하여 그 상환을 청구할 수 있다. ② 임차인이 유익비를 지출한 경우에는 임대인은 임대차종료 시에 그 가액의 증가가 현존한때에 한하여 임차인의 지출한 금액이나 그 증가액을 상환하여야 한다. 이 경우에 법원은 임대인의 청구에 의하여 상당한 상환기간을 허여할 수 있다.
④ (O) : 제646조【임차인의 부속물매수청구권】① 건물 기타 공작물의 임차인이 그 사용의 편익을 위하여 임대인의 동의를 얻어 이에 부속한 물건이 있는 때에는 임대차의 종료시에 임대인에 대하여 그 부속물의 매수를 청구할 수 있다. ② 임대인으로부터 매수한 부속물에 대하여도 전항과 같다.
⑤ (O) : 제652조【강행규정】제627조, 제628조, 제631조, 제635조, 제638조, 제640조, 제641조, 제643조 내지 제647조의 규정에 위반하는 약정으로 임차인이나 전차인에게 불리한 것은 그 효력이 없다.

정답 ①

553 임차권의 효력에 관한 설명으로 옳은 것은? [예상]

① 임차인이 유익비를 지출한 경우, 임대인은 즉시 임차인이 지출한 비용을 상환하여야 한다.
② 임대차기간이 정해지지 않은 경우 원칙적으로 각 당사자는 언제든지 임대차계약의 해지를 통고할 수 있다.
③ 임차인은 임차권에 기하여 목적물을 점유하고 있는 자에게 직접 반환을 청구할 수 있다는 것이 판례의 입장이다.
④ 물건의 일시적 사용을 위한 임대차에 있어서도 임차인에게 부속물매수청구권이 인정된다.
⑤ 임차권을 무단으로 양도한 경우, 판례에 의하면 그 임차권의 양수인이 임차인과 부부로서 임차건물에 동거하면서 함께 가구점을 경영하고 있었다면 임대인은 임대차를 해지할 수 있다.

해설

① (✕) : 필요비는 지출 즉시 청구할 수 있으나, 유익비는 임대차 종료 시에 청구할 수 있다(제626조 제2항).

② (○) : 제635조【기간의 약정 없는 임대차의 해지통고】① 임대차기간의 약정이 없는 때에는 당사자는 언제든지 계약해지의 통고를 할 수 있다. ② 상대방이 전항의 통고를 받은 날로부터 다음 각 호의 기간이 경과하면 해지의 효력이 생긴다.
1. 토지, 건물 기타 공작물에 대하여는 임대인이 해지를 통고한 경우에는 6월, 임차인이 해지를 통고한 경우에는 1월
2. 동산에 대하여는 5일

③ (✕) : 임차인은 임대인의 소유권에 기한 방해배제청구권을 대위행사할 수 있으나(대판 1962.1.25, 4294민상607), 직접 반환을 청구할 수는 없다.

④ (✕) : 비용상환청구권과(제626조)는 달리 부속물매수청구권(제646조)은 일시사용의 임대차에 있어서는 인정되지 아니한다(제653조).

⑤ (✕) : 임차인이 임대인으로부터 별도의 승낙을 얻은 바 없이 제3자에게 임차물을 사용·수익하도록 한 경우에 있어서도 임차인의 당해 행위가 임대인에 대한 배신적 행위라고 인정할 수 없는 특별한 사정이 있는 경우에는 민법 제629조에 의한 해지권은 발생하지 않는다. 임차권의 양수인이 임차인과 부부로서 임차건물에 동거하면서 함께 가구점을 경영하고 있는 등의 사정은 여기의 "특별한 사정"에 해당한다(대판 1993.4.27, 92다45308).

정답 ②

Ⅳ. 보증금과 권리금

554 임대차의 보증금에 관한 다음 판례의 내용 중 옳지 않은 것은? [예상]

① 임대차보증금으로 연체차임 등 임대차관계에서 발생하는 모든 채무가 담보된다고 하더라도 임차인이 그 보증금의 존재를 이유로 차임의 지급을 거절하거나 그 연체에 따른 채무불이행책임을 면할 수 없다.
② 대항력을 갖춘 주택임차인이 그 주택에 대하여 저당권이 설정된 이후에 임대인과 합의로 임차보증금을 증액한 경우에는 경락인에 대하여 임차보증금의 증액부분에 관하여 대항할 수 없다.
③ 건물의 공유자가 공동으로 건물을 임대하고 보증금을 수령한 경우에는 특별한 사정이 없는 한 그 임대는 임대목적물을 다수의 당사자로서 공동으로 임대한 것이고 그 보증금반환 채무는 성질상 불가분채무에 해당된다.
④ 임대차기간 동안 임차인에게 연체된 차임채무나 목적물의 멸실·훼손 등으로 인한 손해배상채무가 존재하는 경우에는 임대차관계의 종료 후 목적물이 반환될 때에 별도의 의사표시 없이 보증금에서 당연히 공제된다.
⑤ 임대차계약서에 임차인의 원상복구의무를 규정하고 원상복구비용을 임대차보증금에서 공제할 수 있는 것으로 약정하였다면 임대인이 원상복구할 의사 없이 임차인이 설치한 시설을 그대로 이용하여 타인에게 다시 임대하려 하는 경우에는 원상복구비용을 임대차보증금에서 공제할 수 있다.

해설

① (O) : 임차인이 임대차계약을 체결할 당시 임대인에게 지급한 임대차보증금으로 연체차임 등 임대차관계에서 발생하는 임차인의 모든 채무가 담보된다 하여 임차인이 그 보증금의 존재를 이유로 차임의 지급을 거절하거나 그 연체에 따른 채무불이행책임을 면할 수는 없다(대판 1994.9.9, 94다4417). ② (O) : 대항력을 갖춘 임차인이 저당권설정등기 이후에 임대인과 보증금을 증액하기로 합의하고 초과부분을 지급한 경우 임차인이 저당권설정등기 이전에 취득하고 있던 임차권으로 선순위로서 저당권자에게 대항할 수 있음은 물론이나 저당권설정등기 후에 건물주와의 사이에 임차보증금을 증액하기로 한 합의는 건물주가 저당권자를 해치는 법률행위를 할 수 없게 된 결과 그 합의 당사자 사이에서만 효력이 있는 것이고 저당권자에게는 대항할 수 없다고 할 수 밖에 없으므로, 임차인은 위 저당권에 기하여 건물을 경락받은 소유자의 건물명도청구에 대하여 증액 전 임차보증금을 상환받을 때까지 그 건물을 명도할 수 없다고 주장할 수 있을 뿐이고 저당권설정등기 이후에 증액한 임차보증금으로써는 소유자에게 대항할 수 없는 것이다(대판 1990.8.24, 90다카11377).
③ (O) : 대판 1998.12.8, 98다43137.
④ (O) : 부동산임대차에 있어서 수수된 보증금은 차임채무, 목적물의 멸실·훼손 등으로 인한 손해배상채무 등 임대차에 따른 임차인의 모든 채무를 담보하는 것으로서 그 피담보채무 상당액은 임대차관계의 종료 후 목적물이 반환될 때에 특별한 사정이 없는 한 별도의 의사표시 없이 보증금에서 당연히 공제되는 것이다(대판 2004.12.23, 2004다56554 등).

⑤ (✕) : 임대차계약서에 임차인의 원상복구의무를 규정하고 원상복구비용을 임대차보증금에서 공제할 수 있는 것으로 약정하였다 하더라도 임대인이 원상복구 할 의사 없이 임차인이 설치한 시설을 그대로 이용하여 타에 다시 임대하려 하는 경우에는 원상복구비용을 임대차보증금에서 공제할 수 없다고 보아야 한다(대판 2002.12.10, 2002다52657).

정답 ⑤

Ⅴ. 임대차의 종료

Ⅵ. 주택임대차와 상가임대차

555 다음은 최근 개정된 주택임대차보호법에 관한 다음 설명이다. 틀린 것은? [예상]

① 임대인이 임대차기간이 끝나기 6개월 전부터 2개월 전까지의 기간에 임차인에게 갱신거절(갱신거절)의 통지를 하지 아니하거나 계약조건을 변경하지 아니하면 갱신하지 아니한다는 뜻의 통지를 하지 아니한 경우에는 그 기간이 끝난 때에 전 임대차와 동일한 조건으로 다시 임대차한 것으로 본다. 임차인이 임대차기간이 끝나기 2개월 전까지 통지하지 아니한 경우에도 동일하다.

② 주택임대차보호법은 임차인의 계약갱신요구권을 신설하였으며, 이 권리는 1회에 한하여 행사할 수 있다. 이 경우 갱신되는 임대차의 존속기간은 2년으로 본다. 그리고 갱신되는 임대차는 전 임대차와 동일한 조건으로 다시 계약된 것으로 본다.

③ 임대인은 임차인이 계약갱신을 요구할 경우 정당한 사유 없이 거절하지 못 하지만, 임대인이 목적 주택에 실제 거주하려는 경우에는 계약갱신을 거절 할 수 있다. 다만 이 경우 임대인은 임대인의 직계존속·직계비속을 포함하지는 아니한다.

④ 당사자는 약정한 차임이나 보증금이 임차주택에 관한 조세, 공과금, 그 밖의 부담의 증감이나 경제사정의 변동으로 인하여 적절하지 아니하게 된 때에는 장래에 대하여 그 증감을 청구할 수 있다. 이 경우 증액청구는 임대차계약 또는 약정한 차임이나 보증금의 증액이 있은 후 1년 이내에는 하지 못한다.

⑤ 주택임대차계약을 서면으로 체결할 때에는 법무부장관이 국토교통부장관과 협의하여 정하는 주택임대차표준계약서를 우선적으로 사용한다.

해설

① (〇) : 동법 제6조【계약의 갱신】① 임대인이 임대차기간이 끝나기 6개월 전부터 2개월 전까지의 기간에 임차인에게 갱신거절(갱신거절)의 통지를 하지 아니하거나 계약조건을 변경하지 아니하면 갱신하지 아니한다는 뜻의 통지를 하지 아니한 경우에는 그 기간이 끝난 때에 전 임대차와 동일한 조건으로 다시 임대차한 것으로 본다. 임차인이 임대차기간이 끝나기 2개월 전까지 통지하지 아니한 경우에도 또한 같다. 〈개정 2020.6.9〉

② (O) : 제6조의3(계약갱신 요구 등) ② 임차인은 제1항에 따른 계약갱신요구권을 1회에 한하여 행사할 수 있다. 이 경우 갱신되는 임대차의 존속기간은 2년으로 본다. ③ 갱신되는 임대차는 전 임대차와 동일한 조건으로 다시 계약된 것으로 본다. 다만, 차임과 보증금은 제7조의 범위에서 증감할 수 있다.

③ (X) : 제6조의3(계약갱신 요구 등) ① 제6조에도 불구하고 임대인은 임차인이 제6조 제1항 전단의 기간 이내에 계약갱신을 요구할 경우 정당한 사유 없이 거절하지 못한다. 다만, 다음 각 호의 어느 하나에 해당하는 경우에는 그러하지 아니하다. 8. 임대인(임대인의 직계존속·직계비속을 포함한다)이 목적 주택에 실제 거주하려는 경우

④ (O) : 제7조【차임 등의 증감청구권】① 당사자는 약정한 차임이나 보증금이 임차주택에 관한 조세, 공과금, 그 밖의 부담의 증감이나 경제사정의 변동으로 인하여 적절하지 아니하게 된 때에는 장래에 대하여 그 증감을 청구할 수 있다. 이 경우 증액청구는 임대차계약 또는 약정한 차임이나 보증금의 증액이 있은 후 1년 이내에는 하지 못한다. 〈개정 2020.7.31.〉

⑤ (O) : 제30조【주택임대차표준계약서 사용】주택임대차계약을 서면으로 체결할 때에는 법무부장관이 국토교통부장관과 협의하여 정하는 주택임대차표준계약서를 우선적으로 사용한다. 다만, 당사자가 다른 서식을 사용하기로 합의한 경우에는 그러하지 아니하다. 〈개정 2020.7.31.〉 [본조신설 2016.5.29.]

정답 ③

제5절 ▶ 소비대차

556 소비대차에 관한 다음 설명 중 가장 잘못된 것은? [예상]

① 빌린 사람은 약정된 시기에 차용한 것과 같은 종류·수량·품질의 물건을 반환하여야 한다.
② 이자 없는 소비대차의 당사자는 목적물의 인도 전이라도 상대방에게 손해가 생기는 때에는 계약을 해제할 수 없다.
③ 대물반환의 예약에 있어서 그 재산의 가액이 차용액과 이에 붙인 이자의 합산액을 넘는지 여부는 예약 당시를 기준으로 하여 판단한다.
④ 금전대차의 경우에 차주가 금전에 갈음하여 유가증권 기타 물건의 인도를 받은 때에는 그 인도시의 가액으로써 차용액으로 한다.
⑤ 대주가 목적물을 차주에게 인도하기 전에 파산선고를 받은 경우 소비대차는 그 효력을 잃는다.

해설

① (O) : 제598조【소비대차의 의의】소비대차는 당사자일방이 금전 기타 대체물의 소유권을 상대방에게 이전할 것을 약정하고 상대방은 그와 같은 종류, 품질 및 수량으로 반환할 것을 약정함으로써 그 효력이 생긴다.

② (✗) : 제601조【무이자소비대차와 해제권】이자 없는 소비대차의 당사자는 목적물의 인도전에는 언제든지 계약을 해제할 수 있다. 그러나 상대방에게 생긴 손해가 있는 때에는 이를 배상하여야 한다.
③ (○) : 제607조【대물반환의 예약】차용물의 반환에 관하여 차주가 차용물에 갈음하여 다른 재산권을 이전할 것을 예약한 경우에는 그 재산의 예약당시의 가액이 차용액 및 이에 붙인 이자의 합산액을 넘지 못한다.
④ (○) : 제606조【대물대차】금전대차의 경우에 차주가 금전에 갈음하여 유가증권 기타 물건의 인도를 받은 때에는 그 인도시의 가액으로써 차용액으로 한다.
⑤ (○) : 제599조【파산과 소비대차의 실효】대주가 목적물을 차주에게 인도하기 전에 당사자일방이 파산선고를 받은 때에는 소비대차는 그 효력을 잃는다.

정답 ②

557 금전소비대차에 대한 설명 중 옳지 않은 것은? [예상]

① 빌린 사람은 약정된 시기에 차용한 것과 같은 종류·수량·품질의 물건을 반환하여야 한다.
② 돈을 무이자로 빌려 주기로 약정한 사람은 후에 변심하여 이를 빌려 주고 싶지 않은 경우에는 아직 돈을 건네기 전이면 그 계약을 해제할 수 있다.
③ 이자 있는 소비대차는 빌린 사람이 목적물을 인도받은 때로부터 이자를 계산하여야 한다.
④ 반환시기의 약정이 없는 경우에 돈을 빌린 사람은 먼저 상당한 기간을 정하여 반환을 최고하여야 돈을 갚을 수 있다.
⑤ 빌린 사람이 금전에 갈음하여 유가증권 기타 물건의 인도를 받은 때에는 그 인도시의 가액을 차용액으로 한다.

해설

① (○) : 제598조【소비대차의 의의】소비대차는 당사자일방이 금전 기타 대체물의 소유권을 상대방에게 이전할 것을 약정하고 상대방은 그와 같은 종류, 품질 및 수량으로 반환할 것을 약정함으로써 그 효력이 생긴다.
② (○) : 제601조【무이자소비대차와 해제권】이자 없는 소비대차의 당사자는 목적물의 인도전에는 언제든지 계약을 해제할 수 있다. 그러나 상대방에게 생긴 손해가 있는 때에는 이를 배상하여야 한다.
③ (○) : 제600조【이자계산의 시기】이자있는 소비대차는 차주가 목적물의 인도를 받은 때로부터 이자를 계산하여야 하며 차주가 그 책임 있는 사유로 수령을 지체할 때에는 대주가 이행을 제공한 때로부터 이자를 계산하여야 한다.
④ (✗) : 제603조【반환시기】① 차주는 약정시기에 차용물과 같은 종류, 품질 및 수량의 물건을 반환하여야 한다. ② 반환시기의 약정이 없는 때에는 대주는 상당한 기간을 정하여 반환을 최고하여야 한다. 그러나 차주는 언제든지 반환할 수 있다.
⑤ (○) : 제606조【대물대차】금전대차의 경우에 차주가 금전에 갈음하여 유가증권 기타 물건의 인도를 받은 때에는 그 인도시의 가액으로써 차용액으로 한다.

정답 ④

제6절 도급

Ⅰ. 도급의 의의

Ⅱ. 도급의 효력

558 甲은 자신의 토지에 X건물을 신축하기로 하는 계약을 수급인 乙과 체결하면서 甲명의로 건축허가를 받아 소유권보존등기를 하기로 하는 등 완공된 X건물의 소유권을 甲에게 귀속시키기로 합의하였다. 乙은 X건물을 신축하여 완공하였지만 공사대금을 받지 못하고 있다. 이에 관한 설명으로 옳은 것은? (다툼이 있으면 판례에 따름) [18 노무]

① X건물의 소유권은 乙에게 원시적으로 귀속된다.
② X건물에 대한 乙의 하자담보책임은 무과실책임이다.
③ 乙의 甲에 대한 공사대금채권의 소멸시효는 10년이다.
④ 乙은 甲에 대한 공사대금채권을 담보하기 위하여 X건물을 목적으로 한 저당권설정을 청구할 수 없다.
⑤ X건물의 하자로 인하여 계약의 목적을 달성할 수 없는 경우, 甲은 특별한 사정이 없는 한 계약을 해제할 수 있다.

해설

① (✕) : 일반적으로 자기의 노력과 재료를 들여 건물을 건축한 사람이 그 건물의 소유권을 원시취득하는 것이지만, 도급계약에 있어서는 수급인이 자기의 노력과 재료를 들여 건물을 완성하더라도 도급인과 수급인 사이에 도급인 명의로 건축허가를 받아 소유권보존등기를 하기로 하는 등 완성된 건물의 소유권을 도급인에게 귀속시키기로 합의한 것으로 볼 경우에는 그 건물의 소유권은 도급인에게 원시적으로 귀속 된다(대판[전합] 2003.12.18. 98다43601). 따라서 이 경우 건물의 소유권자는 도급인이 되므로, 수급인은 유치권자가 될 수 있다.
② (○) : 수급인의 하자담보책임은 법이 특별히 인정한 무과실책임이다(대판 1990.3.9. 88다카31866).
③ (✕) : 제163조【3년의 단기소멸시효】다음 각 호의 채권은 3년간 행사하지 아니하면 소멸시효가 완성한다. 3. 도급받은 자, 기사 기타 공사의 설계 또는 감독에 종사하는 자의 공사에 관한 채권
④ (✕) : 제666조【수급인의 목적 부동산에 대한 저당권설정청구권】부동산공사의 수급인은 전조의 보수에 관한 채권을 담보하기 위하여 그 부동산을 목적으로 한 저당권의 설정을 청구할 수 있다.
⑤ (✕) : 제668조【동전-도급인의 해제권】도급인이 완성된 목적물의 하자로 인하여 계약의 목적을 달성할 수 없는 때에는 계약을 해제할 수 있다. 그러나 건물 기타 토지의 공작물에 대하여는 그러하지 아니하다.

정답 ②

559 수급인의 하자담보책임에 관한 설명으로 옳지 않은 것은? (다툼이 있으면 판례에 따름)

[20 노무]

① 신축된 건물에 하자가 있는 경우 도급인은 수급인의 하자담보책임에 기하여 계약을 해제할 수 없다.
② 수급인의 하자담보책임에 관한 제척기간은 재판상 또는 재판외의 권리행사 기간이다.
③ 완성된 목적물의 하자가 중요하지 아니하면서 동시에 보수에 과다한 비용을 요하는 경우 도급인은 수급인에게 하자의 보수에 갈음하는 손해배상을 청구할 수 있다.
④ 완성된 액젓저장탱크에 균열이 발생하여 보관 중이던 액젓의 변질로 인한 손해배상은 하자보수에 갈음하는 손해배상과는 별개의 권원에 의하여 경합적으로 인정된다.
⑤ 수급인의 하자담보책임을 면제하는 약정이 있더라도 수급인이 알면서 고지하지 아니한 사실에 대하여는 그 책임이 면제되지 않는다.

해설

① (○) : 제668조【동전-도급인의 해제권】도급인이 완성된 목적물의 하자로 인하여 계약의 목적을 달성할 수 없는 때에는 계약을 해제할 수 있다. 그러나 건물 기타 토지의 공작물에 대하여는 그러하지 아니하다.
② (○) : 민법상 수급인의 하자담보책임에 관한 기간은 제척기간으로서 재판상 또는 재판 외의 권리행사기간이며 재판상 청구를 위한 출소기간이 아니라고 할 것이다(대판 2000.6.9. 2000다15371).
③ (×) : 건물신축도급계약에 있어서 수급인이 신축한 건물의 하자가 중요하지 아니하면서 동시에 그 보수에 과다한 비용을 요하는 경우에는 도급인은 하자보수나 하자보수에 갈음하는 손해배상을 청구할 수 없고 그 하자로 인하여 입은 손해의 배상만을 청구할 수 있다 할 것인데, 이러한 경우 그 하자로 인하여 입은 통상의 손해는 특별한 사정이 없는 한 도급인이 하자 없이 시공하였을 경우의 목적물의 교환가치와 하자가 있는 현재의 상태대로의 교환가치와의 차액이 되고, 그 하자 있는 목적물을 사용함으로 인하여 발생하는 정신적 고통으로 인한 손해는 수급인이 그러한 사정을 알았거나 알 수 있었을 경우에 한하여 특별손해로서 배상받을 수 있다(대판 1997.2.25. 96다45436).
④ (○) : 액젓 저장탱크의 제작·설치공사 도급계약에 의하여 완성된 저장탱크에 균열이 발생한 경우, 보수비용은 민법 제667조 제2항에 의한 수급인의 하자담보책임 중 하자보수에 갈음하는 손해배상이고, 액젓 변질로 인한 손해배상은 위 하자담보책임을 넘어서 수급인이 도급계약의 내용에 따른 의무를 제대로 이행하지 못함으로 인하여 도급인의 신체·재산에 발생한 손해에 대한 배상으로서 양자는 별개의 권원에 의하여 경합적으로 인정된다(대판 2004. 8. 20. 2001다70337).
⑤ (○) : 제672조【담보책임면제의 특약】수급인은 제667조, 제668조의 담보책임이 없음을 약정한 경우에도 알고 고지하지 아니한 사실에 대하여는 그 책임을 면하지 못한다.

정답 ③

560 甲은 자기 소유의 대지 위에 건물을 신축하기로 하는 도급계약을 乙과 체결하였다. 이에 관한 설명 중 옳지 않은 것은? (다툼이 있는 경우에는 판례에 의함) [예상]

① 당사자 사이에 다른 합의가 없으면 도급계약상의 보수채무는 완성된 목적물의 인도와 동시에 이행되어야 한다.
② 당사자 사이의 특약이나 특별한 사정이 없는 한, 乙이 임의로 이행대행자를 사용하여 도급계약에서 정한 공사를 이행하더라도 계약채무불이행으로 볼 수 없다.
③ 甲은 일의 완성 전에 언제든지 도급계약을 해제할 수 있지만 乙이 입은 손해를 배상하여야 하는데, 이 때 甲은 乙에 대한 손해배상에 있어서 과실상계를 주장할 수 없다.
④ 완성된 건물의 하자가 甲의 지시에 의한 것이더라도, 그 지시가 부적당함을 알면서도 甲에게 고지하지 않았다면 乙은 담보책임을 진다.
⑤ 위 계약에서 계약이행보증금과 지체상금의 약정이 있는 경우에, 이것들이 과다할 때에는 법원이 감액할 수 있다.

해설

① (O) : 도급계약에서 보수의 지급시기에 관하여 당사자 사이의 특약이나 관습이 없으면 도급인은 완성된 목적물을 인도받음과 동시에 수급인에게 보수를 지급하는 것이 원칙이다(제665조 제1항 본문·제656조 제2항).

② (O) : 공사도급계약에 있어서 당사자 사이에 특약이 있거나 일의 성질상 수급인 자신이 하지 않으면 채무의 본지에 따른 이행이 될 수 없다는 등의 특별한 사정이 없는 한 반드시 수급인 자신이 직접 일을 완성하여야 하는 것은 아니고, 이행보조자 또는 이행대행자를 사용하더라도 공사도급계약에서 정한 대로 공사를 이행하는 한 계약을 불이행하였다고 볼 수 없다(대판 2002.4.12, 2001다82545·82552).

③ (O) : 민법 제673조에서 도급인으로 하여금 자유로운 해제권을 행사할 수 있도록 하는 대신 수급인이 입은 손해를 배상하도록 규정하고 있는 것은 도급인의 일방적인 의사에 기한 도급계약 해제를 인정하는 대신, 도급인의 일방적인 계약해제로 인하여 수급인이 입게 될 손해, 즉 수급인이 이미 지출한 비용과 일을 완성하였더라면 얻었을 이익을 합한 금액을 전부 배상하게 하는 것이라 할 것이므로, 위 규정에 의하여 도급계약을 해제한 이상은 특별한 사정이 없는 한 도급인은 수급인에 대한 손해배상에 있어서 과실상계나 손해배상예정액 감액을 주장할 수는 없다(대판 2002.5.10, 2000다37296·37302).

④ (O) : 수급인의 하자담보책임에 관한 규정은 목적물의 하자가 도급인이 제공한 재료의 성질 또는 도급인의 지시에 기인한 때에는 적용하지 아니한다. 그러나 수급인이 그 재료 또는 지시의 부적당함을 알고 도급인에게 고지하지 아니한 때에는 그러하지 아니하다(제669조).

⑤ (X) : 도급계약에 있어 계약이행보증금과 지체상금의 약정이 있는 경우에는 특별한 사정이 없는 한 계약이행보증금은 위약벌 또는 제재금의 성질을 가지고, 지체상금은 손해배상의 예정으로 봄이 상당하다(대판 1997.10.28, 97다21932 등). 그런데 손해배상의 예정액이 부당히 과다한 경우에는 법원이 이를 적당히 감액할 수 있으나(제398조 제2항), 위약벌의 약정은 채무의 이행을 확보하기 위해서 정해지는 것으로서 손해배상의 예정과는 그 내용이 다르므로 손해배상의 예정에 관한 민법 제398조 제2항의 규정을 유추적용 하여 그 액을 감액할 수는 없다(대판 2002.4.23, 2000다56976 등).

정답 ⑤

Ⅲ. 도급의 종료

제7절 위임

561 위임과 대리에 관한 다음의 설명 중 잘못된 것은? [예상]

① 수임인은 위임인의 승낙이나 부득이한 사유 없이 제3자로 하여금 자기에 갈음하여 위임사무를 처리하게 하지 못한다.
② 법정대리인은 그 책임으로 복대리인을 선임할 수 있다.
③ 대리인은 본인의 허락이 없으면 본인을 위하여 자기와 법률행위를 하거나 동일한 법률행위에 관하여 당사자 쌍방을 대리하지 못한다. 그러나 채무의 이행은 할 수 있다.
④ 위임 종료의 사유는 이를 상대방에게 통지하거나 상대방이 이를 안 때가 아니면 이로써 상대방에게 대항하지 못한다.
⑤ 대리권의 소멸은 선의의 제3자에게 대항하지 못한다. 제3자가 과실로 인하여 그 사실을 알지 못한 때에도 같다.

해설

① (O) : 제682조【복임권의 제한】① 수임인은 위임인의 승낙이나 부득이한 사유없이 제삼자로 하여금 자기에 갈음하여 위임사무를 처리하게 하지 못한다. ② 수임인이 전항의 규정에 의하여 제삼자에게 위임사무를 처리하게 한 경우에는 제121조, 제123조의 규정을 준용한다.
② (O) : 제122조【법정대리인의 복임권과 그 책임】법정대리인은 그 책임으로 복대리인을 선임할 수 있다. 그러나 부득이한 사유로 인한 때에는 전조 제1항에 정한 책임만이 있다.
③ (O) : 제124조【자기계약, 쌍방대리】대리인은 본인의 허락이 없으면 본인을 위하여 자기와 법률행위를 하거나 동일한 법률행위에 관하여 당사자쌍방을 대리하지 못한다. 그러나 채무의 이행은 할 수 있다.
④ (O) : 제692조【위임종료의 대항요건】위임종료의 사유는 이를 상대방에게 통지하거나 상대방이 이를 안 때가 아니면 이로써 상대방에게 대항하지 못한다.
⑤ (✕) : 대리권의 소멸은 선의의 제3자에게 대항하지 못한다. 그러나 제3자가 과실로 인하여 그 사실을 알지 못한 때에는 그러하지 아니하다(제129조).

정답 ⑤

제8절 임치

562 다음 중 가장 옳지 않은 것은? [예상]

① 수임인은 위임의 본지에 따라 선량한 관리자의 주의로써 위임사무를 처리하여야 한다.
② 위임사무의 처리에 비용을 요하는 때에는 위임임은 수임인의 청구에 의하여 이를 선급하여야 한다.
③ 수치인은 임치인의 동의 없이 임치물을 사용하지 못한다.
④ 임치를 받은 자는 유상임치라 하더라도 임치물을 자기재산과 동일한 주의로 보관하여야 한다.
⑤ 임치물은 특별한 사정이 없는 한 그 보관한 장소에서 반환하여야 한다.

해설

① (O) : 제681조【수임인의 선관의무】수임인은 위임의 본지에 따라 선량한 관리자의 주의로써 위임사무를 처리하여야 한다.
② (O) : 제687조【수임인의 비용선급청구권】위임사무의 처리에 비용을 요하는 때에는 위임인은 수임인의 청구에 의하여 이를 선급하여야 한다.
③ (O) : 제694조【수치인의 임치물사용금지】수치인은 임치인의 동의 없이 임치물을 사용하지 못한다.
④ (X) : 제695조【무상수치인의 주의의무】보수 없이 임치를 받은 자는 임치물을 자기재산과 동일한 주의로 보관하여야 한다.
⑤ (O) : 제700조【임치물의 반환장소】임치물은 그 보관한 장소에서 반환하여야 한다. 그러나 수치인이 정당한 사유로 인하여 그 물건을 전치한 때에는 현존하는 장소에서 반환할 수 있다.

정답 ④

제9절 조합

Ⅰ. 조합의 의의

Ⅱ. 조합의 법률관계

563 민법상 조합에 관한 설명으로 옳지 않은 것은? (다툼이 있으면 판례에 따름) [15 노무]

① 조합원의 지분에 대한 압류는 그 조합원의 장래의 이익배당 및 지분의 반환을 받을 권리에 대하여 효력이 있다.
② 탈퇴한 조합원의 지분은 그 출자의 종류여하에 불구하고 금전으로 반환할 수 있다.

③ 민법상 조합의 채권은 조합원 전원에게 합유적으로 귀속하는 것이어서 특별한 사정이 없는 한, 조합원 중 1인에 대한 채권으로써 그 조합원 개인을 집행채무자로 하여 조합의 채권에 대하여 강제집행을 할 수 없다.
④ 조합의 채무자는 그가 조합에 대하여 부담하는 채무와 조합원에 대한 채권을 상계할 수 있다.
⑤ 금전을 출자의 목적으로 한 조합원이 출자시기를 지체한 때에는 연체이자를 지급하는 외에 손해를 배상하여야 한다.

해설

① (○) : 제714조【지분에 대한 압류의 효력】조합원의 지분에 대한 압류는 그 조합원의 장래의 이익배당 및 지분의 반환을 받을 권리에 대하여 효력이 있다.
② (○) : 제719조【탈퇴조합원의 지분의 계산】② 탈퇴한 조합원의 지분은 그 출자의 종류여하에 불구하고 금전으로 반환할 수 있다.
③ (○) : 조합의 채권은 조합원 전원에게 합유적으로 귀속하는 것이어서, 특별한 사정이 없는 한 조합원 중 1인이 임의로 조합의 채무자에 대하여 출자지분의 비율에 따른 급부를 청구할 수 없는 것이므로, 조합원 중 1인의 채권자가 그 조합원 개인을 집행채무자로 하여 조합의 채권에 대하여 강제집행하는 경우, 다른 조합원으로서는 보존행위로서 제3자이의의 소를 제기하여 그 강제집행의 불허를 구할 수 있다(대판 1997.8.26. 97다4401).
④ (✕) : 제715조【조합채무자의 상계의 금지】조합의 채무자는 그 채무와 조합원에 대한 채권으로 상계하지 못한다.
⑤ (○) : 제705조【금전출자지체의 책임】금전을 출자의 목적으로 한 조합원이 출자시기를 지체한 때에는 연체이자를 지급하는 외에 손해를 배상하여야 한다.

정답 ④

564 조합계약에 관한 설명으로 옳은 것을 모두 고른 것은? (다툼이 있으면 판례에 따름) [20 노무]

ㄱ. 2인이 상호출자 하여 부동산 임대사업을 하기로 약정하고 이를 위해 부동산을 취득한 경우 그 부동산은 위 2인이 총유 한다.
ㄴ. 업무집행자가 수인인 경우 그 조합의 통상사무는 각 업무집행자가 전행할 수 있다.
ㄷ. 당사자들이 공동이행방식의 공동수급체를 구성하여 도급인으로부터 공사를 수급 받는 경우 그 공동수급체는 원칙적으로 민법상 조합에 해당한다.

① ㄱ
② ㄱ, ㄴ
③ ㄱ, ㄷ
④ ㄴ, ㄷ
⑤ ㄱ, ㄴ, ㄷ

해설

ㄱ. (×) : 제704조 【조합재산의 합유】 조합원의 출자 기타 조합재산은 조합원의 합유로 한다.

ㄴ. (○) : 제706조 【사무집행의 방법】 ③ 조합의 통상사무는 전항의 규정에 불구하고 각 조합원 또는 각 업무집행자가 전행할 수 있다. 그러나 그 사무의 완료 전에 다른 조합원 또는 다른 업무집행자의 이의가 있는 때에는 즉시 중지하여야 한다.

ㄷ. (○) : 공동이행방식의 공동수급체는 기본적으로 민법상 조합의 성질을 가지는 것이므로, 공동수급체가 공사를 시행함으로 인하여 도급인에 대하여 가지는 채권은 원칙적으로 공동수급체 구성원에게 합유적으로 귀속하는 것이어서 특별한 사정이 없는 한 구성원 중 1인이 임의로 도급인에 대하여 출자지분 비율에 따른 급부를 청구할 수 없고, 구성원 중 1인에 대한 채권으로써 그 구성원 개인을 집행채무자로 하여 공동수급체의 도급인에 대한 채권에 대하여 강제집행을 할 수 없다(대판[전합] 2012.5.17. 2009다105406).

정답 ④

---

565 민법상 조합에 관한 설명으로 옳지 않은 것은? (다툼이 있으면 판례에 따름) [21 노무]

① 수인이 공동사업을 경영할 목적 없이 전매차익만을 얻기 위해 상호 협력한 경우, 특별한 사정이 없는 한 이들 사이의 법률관계는 조합에 해당하지 않는다.
② 조합채무자가 조합원들 중의 1인에 대하여 개인 채권을 가지고 있는 경우, 그 채권과 조합에 대한 채무를 서로 대등액에서 상계할 수 없다.
③ 조합계약에서 출자의무의 이행과 이익분배를 직접 연결시키는 특약을 두지 않은 경우, 조합은 출자의무를 이행하지 않은 조합원의 이익분배 자체를 거부할 수 없다.
④ 조합원의 지분에 대한 압류는 그 조합원의 장래의 이익배당 및 지분의 반환을 받을 권리에 대하여 효력이 있다.
⑤ 2인 조합에서 조합원 1인이 탈퇴하면 조합관계는 종료되고, 원칙적으로 조합은 즉시 해산된다.

해설

① (○) : 민법상의 조합계약은 2인 이상이 상호 출자하여 공동으로 사업을 경영할 것을 약정하는 계약으로서(민법 제703조) 특정한 사업을 공동 경영하는 약정에 한하여 이를 조합계약이라고 할 수 있고, 공동의 목적달성이라는 정도만으로는 조합의 성립요건을 갖추지 못하였다고 할 것이다(대판 2008.7.10. 2007다44965).

② (○) : 제715조 【조합채무자의 상계의 금지】 조합의 채무자는 그 채무와 조합원에 대한 채권으로 상계하지 못한다.

③ (○) : 건설공동수급체는 기본적으로 민법상 조합의 성질을 가지는 것인데, 건설공동수급체의 구성원인 조합원이 그 출자의무를 불이행하였더라도 그 조합원을 조합에서 제명하지 않는 한 건설공동수급체는 조합원에 대한 출자금채권과 그 연체이자채권, 그 밖의 손해배상채권으로 조합원의 이익

분배청구권과 직접 상계할 수 있을 뿐이고, 조합계약에서 출자의무의 이행과 이익분배를 직접 연계시키는 특약을 두지 않는 한 출자의무의 불이행을 이유로 이익분배 자체를 거부할 수는 없다(대판 2006.8.25. 2005다16959).

④ (O) : 제714조【지분에 대한 압류의 효력】조합원의 지분에 대한 압류는 그 조합원의 장래의 이익배당 및 지분의 반환을 받을 권리에 대하여 효력이 있다.

⑤ (×) : 2인 조합에서 조합원 1인이 탈퇴하면 조합관계는 종료되지만 특별한 사정이 없는 한 조합이 해산되지 아니하고, 조합원의 합유에 속하였던 재산은 남은 조합원의 단독소유에 속하게 되어 기존의 공동사업은 청산절차를 거치지 않고 잔존자가 계속 유지할 수 있다(대판 2006.3.9. 2004다49693).

정답 ⑤

566 조합에 관한 설명 중 틀린 것은? [예상]

① 조합채권자는 그 채권발생 당시에 조합원의 손실부담의 비율을 알지 못한 때에는 각 조합원에게 균분하여 그 권리를 행사할 수 있다.

② 조합원 중에 변제할 자력이 없는 자가 있는 때에는 그 변제할 수 없는 부분은 다른 조합원이 균분하여 변제할 책임이 있다.

③ 조합계약으로 조합의 존속기간을 정하지 아니하거나 조합원의 종신까지 존속할 것을 정한 때에는 각 조합원은 언제든지 탈퇴할 수 있으나, 부득이한 사유가 없으면 조합에 불리한 시기에 탈퇴하지는 못한다.

④ 탈퇴한 조합원과 다른 조합원간의 계산은 탈퇴 당시의 조합재산상태에 의하여 한다.

⑤ 조합원의 제명은 정당한 사유가 있는 때에 한하여 다른 조합원의 과반수로써 결정한다.

해설

① (O) : 조합채권자는 그 채권발생당시에 조합원의 손실부담의 비율을 알지 못한 때에는 각 조합원에게 균분하여 그 권리를 행사할 수 있다(제712조).

② (O) : 조합원 중에 변제할 자력 없는 자가 있는 때에는 그 변제할 수 없는 부분은 다른 조합원이 균분하여 변제할 책임이 있다(제713조).

③ (O) : 조합계약으로 조합의 존속기간을 정하지 아니하거나 조합원의 종신까지 존속할 것을 정한 때에는 각 조합원은 언제든지 탈퇴할 수 있다. 그러나 부득이한 사유 없이 조합의 불리한 시기에 탈퇴하지 못한다(제716조 제1항).

④ (O) : 탈퇴한 조합원과 다른 조합원간의 계산은 탈퇴 당시의 조합재산 상태에 의하여 한다(제719조 제1항).

⑤ (×) : 조합원의 제명은 정당한 사유 있는 때에 한하여 다른 조합원의 일치로써 이를 결정한다(제718조 제1항).

정답 ⑤

567 민법상 조합에 관한 설명으로 잘못된 것은? [예상]

① 조합채권자는 그 채권발생 당시에 조합원의 손실부담의 비율을 알지 못한 때에는 각 조합원에게 균분하여 그 권리를 행사할 수 있다.
② 조합원 중에 변제할 자력 없는 자가 있는 때에는 그 변제할 수 없는 부분은 다른 조합원이 균분하여 변제할 책임이 있다.
③ 당사자가 손익분배의 비율을 정하지 아니한 때에는 각 조합원의 균분으로 추정된다.
④ 조합의 채무자는 그 채무와 조합원에 대한 채권으로 상계하지 못한다.
⑤ 탈퇴한 조합원의 지분은 그 출자의 종류 여하에 불구하고 금전으로 반환할 수 있다.

해설

① (O) : 제712조【조합원에 대한 채권자의 권리행사】조합채권자는 그 채권발생당시에 조합원의 손실부담의 비율을 알지 못한 때에는 각 조합원에게 균분하여 그 권리를 행사할 수 있다.
② (O) : 제713조【무자력조합원의 채무와 타조합원의 변제책임】조합원 중에 변제할 자력 없는 자가 있는 때에는 그 변제할 수 없는 부분은 다른 조합원이 균분하여 변제할 책임이 있다.
③ (X) : 당사자가 손익분배의 비율을 정하지 아니한 때에는 각 조합원의 출자가액에 비례하여 이를 정한다(제711조 제1항).
④ (O) : 제715조【조합채무자의 상계의 금지】조합의 채무자는 그 채무와 조합원에 대한 채권으로 상계하지 못한다.
⑤ (O) : 제719조【탈퇴조합원의 지분의 계산】② 탈퇴한 조합원의 지분은 그 출자의 종류여하에 불구하고 금전으로 반환할 수 있다.

정답 ③

568 甲·乙·丙 세 사람이 상호 출자하여 공동사업인 서점을 경영하려고 한다. 이들 간의 법률관계에 관한 설명으로 틀린 것은? [예상]

① 丙이 금전이 아닌 노무만을 출자하여도 계약은 성립된다.
② 甲·乙·丙의 출자재산 기타 이들의 영업으로 인한 재산은 甲·乙·丙의 합유이다.
③ 당사자가 손익분배의 비율을 정하지 아니한 때에는 甲·乙·丙의 손익분배의 비율은 출자가액에 비례하여 이를 정한다.
④ 이익 또는 손실에 대하여 분배의 비율을 정한 때에는 그 비율은 이익과 손실에 공통된 것으로 추정한다.
⑤ 甲·乙·丙이 경영하는 서점으로부터 책을 공급받은 자는 그 채무와 甲에 대한 대여금채권으로 상계할 수 있다.

해설

① (○) : 제703조【조합의 의의】② 전항의 출자는 금전 기타 재산 또는 노무로 할 수 있다.
② (○) : 제704조【조합재산의 합유】조합원의 출자 기타 조합재산은 조합원의 합유로 한다.
③ (○) : 제711조【손익분배의 비율】① 당사자가 손익분배의 비율을 정하지 아니한 때에는 각 조합원의 출자가액에 비례하여 이를 정한다.
④ (○) : 제711조【손익분배의 비율】② 이익 또는 손실에 대하여 분배의 비율을 정한 때에는 그 비율은 이익과 손실에 공통된 것으로 추정한다.
⑤ (×) : 제715조【조합채무자의 상계의 금지】조합의 채무자는 그 채무와 조합원에 대한 채권으로 상계하지 못한다.

정답 ⑤

Ⅲ. 조합의 해산과 청산

569 조합에 관한 설명으로 옳지 않은 것은? [예상]

① 조합의 채무자는 조합원에 대한 채권과 자신의 채무를 상계할 수 있다.
② 조합원의 지분에 대한 압류는 그 조합원의 장래의 이익배당 및 지분의 반환을 받을 권리에 대하여 효력이 있을 뿐이고, 지분 그 자체에 대한 강제집행은 허용되지 않는다.
③ 조합원의 임의탈퇴는 다른 조합원 전원에 대한 의사표시로 하여야 한다.
④ 탈퇴한 조합원의 지분은 그 출자의 종류를 묻지 않고 금전으로 반환할 수 있다
⑤ 조합원 중에 변제자력이 없는 자가 있는 때에는 그 변제할 수 없는 부분은 다른 조합원이 균분하여 변제할 책임이 있다.

해설

① (×) : 제715조【조합채무자의 상계의 금지】조합의 채무자는 그 채무와 조합원에 대한 채권으로 상계하지 못한다.
② (○) : 조합원의 지분에 대한 압류는 그 조합원의 장래의 이익배당 및 지분의 반환을 받을 권리에 대하여 효력이 있다(제714조). 즉 조합원의 압류채권자는 장래의 이익배당청구권이나 조합해산 시 또는 채무자인 조합원의 조합탈퇴시의 지분반환청구권을 제외하고는, 조합이 존립하고 있는 동안에 조합관계로부터 발생되는 그 조합원의 지분(권리)을 주장 또는 강제집행 할 수는 없다. 그리고 민법 제714조가 조합원의 지분에 대한 압류를 허용하고 있으나, 여기에서의 조합원의 지분이란 전체로서의 조합재산에 대한 조합원 지분을 의미하는 것이고, 이와 달리 조합재산을 구성하는 개개의 재산에 대한 합유지분에 대하여는 압류 기타 강제집행의 대상으로 삼을 수 없다 할 것이다(대결 2007.11.30, 2005마1130).
③ (○) : 민법상 조합에 있어서 조합원은 임의로 탈퇴할 수 있고 그 탈퇴는 다른 조합원 전원에 대한 의사표시로 하여야 하나, 조합계약에서 탈퇴의사의 표시방식을 따로 정하는 특약은 유효하다고 할

것이다(대판 1997.9.9, 96다16896). 그리고 업무집행자가 따로 있더라도 조합원 전원에 대하여 탈퇴의 의사표시를 하여야 한다.

④ (O) : 제719조 【탈퇴조합원의 지분의 계산】 ① 탈퇴한 조합원과 다른 조합원간의 계산은 탈퇴당시의 조합재산상태에 의하여 한다. ② 탈퇴한 조합원의 지분은 그 출자의 종류여하에 불구하고 금전으로 반환할 수 있다. ③ 탈퇴당시에 완결되지 아니한 사항에 대하여는 완결 후에 계산할 수 있다.

⑤ (O) : 제713조 【무자력조합원의 채무와 타조합원의 변제책임】 조합원 중에 변제할 자력 없는 자가 있는 때에는 그 변제할 수 없는 부분은 다른 조합원이 균분하여 변제할 책임이 있다.

정답 ①

570 조합에 관한 설명으로 가장 옳은 것은? (다툼이 있을 경우 판례에 의함) [예상]

① 탈퇴한 조합원과 다른 조합원간의 계산은 사실심 변론종결시의 조합재산상태에 의하여 한다.
② 조합계약당사자 사이에 조합계약을 해제하고 그로 인한 원상회복을 주장할 수 있다.
③ 비임의탈퇴사유는 파산, 성년후견개시, 제명으로 3가지이다.
④ 업무집행조합원의 배임행위로 조합이 손해를 입은 경우 그로 인하여 조합의 목적을 달성할 수 없게 되었다면 조합원으로서는 조합관계를 벗어난 개인의 지위에서 그 손해의 배상을 구할 수 있는 것이 원칙이다.
⑤ 2인 조합에서 조합원 1인이 탈퇴하면 조합관계는 종료되지만 특별한 사정이 없는 한 조합이 해산되지 아니하고, 조합원의 합유에 속하였던 재산은 남은 조합원의 단독소유에 속하게 되어 기존의 공동사업은 청산절차를 거치지 않고 잔존자가 계속 유지할 수 있다.

해설

① (×) : 탈퇴한 조합원과 다른 조합원간의 계산은 민법 제719조 제1항에 의하여 탈퇴 당시의 조합재산상태에 의하여 하는 것이므로, 그 지분계산에 있어서 자산평가의 기준시기는 탈퇴 당시라고 보아야 한다(대판 1996.9.6, 96다19208 ; 대판 1987.6.23, 86다카2951).

② (×) : 조합계약에 있어서는 조합의 해산청구를 하거나 조합으로부터 탈퇴를 하거나 또는 다른 조합원을 제명할 수 있을 뿐이고, 계약해제에 관한 계약법 총칙규정에 의하여 조합계약을 해제하고 상대편에게 원상회복의 의무를 부담시킬 수 없는 것이다(대판 1994.5.13, 94다7157 ; 대판 1988.3.8, 87다카1448 등).

③ (×) : 제717조 【비임의탈퇴】 전조의 경우 외에 조합원은 다음 각호의 사유로 인하여 탈퇴된다. 1. 사망 2. 파산 3. 성년후견의 개시 4. 제명

④ (×) : 일부 조합원이 동업계약에 따라 동업자금을 출자하였는데 업무집행조합원이 본연의 임무에 위배되거나 혹은 권한을 넘어선 행위를 자행함으로써 끝내 동업체의 동업목적을 달성할 수 없게끔 만들고, 조합원이 출자한 동업자금을 모두 허비한 경우에 그로 인하여 손해를 입은 주체는 동업자금을 상실하여 버린 조합, 즉 조합원들로 구성된 동업체라 할 것이고, 이로 인하여 결과적으로 동업자금을 출자한 조합원에게 손해가 발생하였다 하더라도, 이는 조합과 무관하게 개인으로서 입은

손해가 아니고, 조합체를 구성하는 조합원의 지위에서 입은 손해에 지나지 아니하는 것이므로, 결국 피해자인 조합원으로서는 조합관계를 벗어난 개인의 지위에서 그 손해의 배상을 구할 수는 없다 (대판 1999.6.8, 98다60484).

⑤ (O) : 대판 2006.3.9, 2004다49693·49709.

정답 ⑤

제10절 화 해

I. 화해의 의의

II. 화해의 효력

571 화해계약에 관한 설명으로 옳지 않은 것은? (다툼이 있으면 판례에 따름) [19 노무]

① 화해당사자의 자격에 관한 착오가 있는 경우에는 이를 이유로 취소하지 못한다.
② 화해계약은 특별한 사정이 없는 한, 당사자 일방이 양보한 권리가 소멸되고 상대방이 화해로 인하여 그 권리를 취득하는 효력이 있다.
③ 채권자와 채무자간의 잔존채무액의 계산행위는 특별한 사정이 없는 한 화해계약이 아니다.
④ 화해계약이 사기로 인해 이루어진 경우에는 화해의 목적인 분쟁에 관한 사항에 착오가 있더라도 사기에 의한 의사표시를 이유로 이를 취소할 수 있다.
⑤ 성질상 당사자가 임의로 처분할 수 없는 법률관계는 화해계약의 대상이 될 수 없다.

해설

① (X) : 제733조【화해의 효력과 착오】화해계약은 착오를 이유로 하여 취소하지 못한다. 그러나 화해당사자의 자격 또는 화해의 목적인 분쟁이외의 사항에 착오가 있는 때에는 그러하지 아니하다.
② (O) : 화해계약이 성립하면 특별한 사정이 없는 한 그 창설적 효력에 따라 종전의 법률관계를 바탕으로 한 권리의무관계는 소멸하고, 계약 당사자 사이에 종전의 법률관계가 어떠하였는지를 묻지 않고 화해계약에 따라 새로운 법률관계가 생긴다.
③ (O) : 채권자와 채무자간의 잔존채무액의 계산행위는 다른 특별한 사정이 없는 한 채무자가 채권자에게 지급할 채무액을 새로이 확정하는 채권자와 채무자간의 화해계약이라고는 볼 수 없다(대판 1984. 3. 13. 83다358).
④ (O) : 민법 제733조의 규정에 의하면, 화해계약은 화해당사자의 자격 또는 화해의 목적인 분쟁 이외의 사항에 착오가 있는 경우를 제외하고는 착오를 이유로 취소하지 못하지만, 화해계약이 사기로 인하여 이루어진 경우에는 화해의 목적인 분쟁에 관한 사항에 착오가 있는 때에도 민법 제110조에 따라 이를 취소할 수 있다고 할 것이다(대판 2008.9.11. 2008다15278).

⑤ (O) : 화해는 분쟁이 된 법률관계에 대한 처분행위이므로 그 대상은 처분할 수 있는 법률관계이어야 한다.

정답 ①

572 민법 제731조가 규정하는 화해의 요건 및 효력에 관한 다음의 설명 중 명백히 잘못된 것은?

[예상]

① 화해계약은 당사자 일방이 양보한 권리가 소멸되고 상대방이 화해로 인하여 그 권리를 취득하는 효력이 있다.
② 화해계약은 착오를 이유로 하여 취소할 수 있다. 그러나 화해 당사자의 자격 또는 화해의 목적인 분쟁 이외의 사항에 착오가 있는 때에는 그러하지 아니하다.
③ 화해계약도 역시 채권계약이므로 특별한 사정이 없는 한 당사자 사이에서만 효력이 생긴다.
④ 화해는 당사자 사이에 분쟁을 중지하는 것을 목적으로 하는 계약이므로 당사자 사이에 어떠한 분쟁이 존재하는 것을 전제로 한다. 그러므로 구체적인 분쟁이 없으면 화해도 있을 수 없다.
⑤ 화해는 처분 가능한 법률관계에 관하여 처분의 능력이나 권한을 갖고 있는 당사자에 의하여 체결되어야 한다.

해설

① (O) : 화해계약은 당사자 일방이 양보한 권리가 소멸되고 상대방이 화해로 인하여 그 권리를 취득하는 효력이 있다(제732조).
② (X) : 제733조【화해의 효력과 착오】화해계약은 착오를 이유로 하여 취소하지 못한다. 그러나 화해 당사자의 자격 또는 화해의 목적인 분쟁이외의 사항에 착오가 있는 때에는 그러하지 아니하다.
③ (O) : 화해는 쌍무·유상·낙성·불요식의 계약이다.
④ (O) : 화해는 ㉠ 분쟁의 존재, ㉡ 당사자의 상호양보, ㉢ 분쟁을 종지시키려는 합의를 요건으로 한다. 다툼이란 법률관계의 존부, 범위, 태양 등에 관하여 당사자가 서로 다른 주장을 하는 것을 말한다. 따라서 분쟁이 없으면 화해도 없다.
⑤ (O) : 화해에 의해 당사자 간에 새로운 권리의무가 확정되는 것이므로, 화해의 목적이 될 수 있는 분쟁사항은 당사자가 자유로이 처분할 수 있는 성질의 것이어야 한다.

정답 ②

제11절 기타의 전형계약

I. 교환

573 甲은 시가 75만원인 중고자동차를 갖고 있는데, 乙이 시가 100만원인 자신의 중고오토바이와 자동차를 교환하자고 제안하였다. 이에 甲은 가격의 차이가 난다는 사실을 알았지만, 유리한 계약을 체결하기 위해서 중고자동차의 시가를 숨기고 중고자동차에 10만원을 추가하여 중고오토바이와 교환하기로 하는 계약을 乙과 체결하였다. 이 사안에 대한 설명 중 옳은 것은? [예상]

① 甲과 乙 사이에 체결된 교환계약은 낙성·편무·유상·불요식의 계약이다.
② 甲이 乙에게 보충지급하기로 한 10만원에 대하여는 매매대금에 관한 규정이 준용된다.
③ 甲과 乙 사이에 체결된 교환계약은 불공정한 법률행위로서 무효이다.
④ 甲이 자기가 소유하는 목적물의 시가를 묵비하여 상대방에게 고지하지 아니하였기 때문에 사기를 이유로 乙은 의사표시를 취소할 수 있다.
⑤ 甲이 자기가 소유하는 목적물의 시가를 묵비하여 상대방에게 고지하지 아니하고 계약을 체결하였다는 이유로 乙은 甲에 대하여 불법행위로 인한 손해배상을 청구할 수 있다.

해설

① (×) : 교환계약은 쌍무계약이다.
② (○) : 보충금지급의 약정이 있는 경우에는 그 보충금에 관하여는 매매대금에 관한 규정이 준용된다(제597조).
③ (×) : 민법 제104조에 규정된 불공정한 법률행위는 객관적으로 급부와 반대급부 사이에 현저한 불균형이 존재하고, 주관적으로 그와 같이 균형을 잃은 거래가 피해 당사자의 궁박·경솔 또는 무경험을 이용하여 이루어진 경우에 성립하는 것으로서, 약자적 지위에 있는 자의 궁박·경솔 또는 무경험을 이용한 폭리행위를 규제하려는 데 그 목적이 있는바, 피해 당사자가 궁박·경솔 또는 무경험의 상태에 있었다고 하더라도 그 상대방 당사자에게 위와 같은 피해 당사자측의 사정을 알면서 이를 이용하려는 의사, 즉 폭리행위의 악의가 없었다면 불공정법률행위는 성립하지 않는다고 할 것이다(대판 2002.9.4, 2000다54406·54413 ; 대판 2000.7.7, 2000다15784 ; 대판 1999.5.28, 98다58825 등). 따라서 먼저 교환을 제안하였으므로 乙에게 궁박·경솔 또는 무경험의 상태를 인정할 수 없을 뿐만 아니라, 설령 乙이 궁박·경솔 또는 무경험의 상태에 있었다고 하더라도 甲이 그 사실을 알면서도 이를 이용하려는 의도를 가졌다고 볼 수도 없으므로 불공정법률행위에 해당한다고 볼 수 없다.
④ (×) : 교환계약의 일방당사자가 자기가 소유하는 목적물의 시가를 묵비하여 상대방에게 고지하지 아니하더라도 민법 제110조의 기망에 해당하지 아니한다(대판 2002.9.4, 2000다54406·54413).
⑤ (×) : 일반적으로 교환계약을 체결하려는 당사자는 서로 자기가 소유하는 교환목적물은 고가로 평가하고 상대방이 소유하는 목적물은 염가로 평가하여, 보다 유리한 조건으로 교환계약을 체결하기를 희망하는 이해상반의 지위에 있고, 각자가 자신의 지식과 경험을 이용하여 최대한으로 자신의 이익을 도모할 것이 예상되기 때문에, 당사자 일방이 알고 있는 정보를 상대방에게 고지하여야 할

신의칙상의 주의의무가 인정된다고 볼 만한 사정이 없는 한, 일방 당사자가 자기가 소유하는 목적물의 시가를 묵비하여 상대방에게 고지하지 아니하거나, 혹은 허위로 시가보다 높은 가액을 시가라고 고지하였다 하더라도, 이는 상대방의 의사결정에 불법적인 간섭을 한 것이라고 볼 수 없으므로 불법행위가 성립한다고 볼 수 없다(대판 2001.7.13, 99다38583 ; 대판 2002.9.4, 2000다54406・54413).

정답 ②

Ⅱ. 고 용

Ⅲ. 여행계약

574 여행계약에 관한 설명으로 옳지 않은 것은? [16 노무]

① 여행자는 여행을 시작하지 전에는 언제든지 여행계약을 해제할 수 있으나, 여행주최자에게 발생한 손해는 배상하여야 한다.
② 여행대금의 지급에 대하여 당사자의 약정 및 관습이 없는 경우, 여행자는 여행종료 후에 지체 없이 지급하여야 한다.
③ 여행에 하자가 있는 경우 여행자는 여행주최자에게 하자의 시정 또는 대금의 감액을 청구할 수 있으나, 시정에 지나치게 많은 비용이 드는 경우에는 시정을 청구할 수 없다.
④ 여행계약이 중대한 하자로 해지된 경우 여행주최자는 대금청구권을 상실하지만, 여행자가 이미 실행된 여행으로 이익을 얻은 대에는 이를 여행주최자에게 상환해야 한다.
⑤ 예측할 수 없는 천재지변으로 여행주최자가 여행계약을 해지한 경우, 여행주최자는 귀환운송의 의무를 지며 계약해지로 발생한 추가 비용은 여행자가 전액 부담한다.

해설

① (○) : 제674조의3【여행 개시 전의 계약 해제】여행자는 여행을 시작하기 전에는 언제든지 계약을 해제할 수 있다. 다만, 여행자는 상대방에게 발생한 손해를 배상하여야 한다.
② (○) : 제674조의5【대금의 지급시기】여행자는 약정한 시기에 대금을 지급하여야 하며, 그 시기의 약정이 없으면 관습에 따르고, 관습이 없으면 여행의 종료 후 지체 없이 지급하여야 한다.
③ (○) : 제674조의6【여행주최자의 담보책임】① 여행에 하자가 있는 경우에는 여행자는 여행주최자에게 하자의 시정 또는 대금의 감액을 청구할 수 있다. 다만, 그 시정에 지나치게 많은 비용이 들거나 그 밖에 시정을 합리적으로 기대할 수 없는 경우에는 시정을 청구할 수 없다.
④ (○) : 제674조의7【여행주최자의 담보책임과 여행자의 해지권】② 계약이 해지된 경우에는 여행주최자는 대금청구권을 상실한다. 다만, 여행자가 실행된 여행으로 이익을 얻은 경우에는 그 이익을 여행주최자에게 상환하여야 한다.
⑤ (×) : 제674조의4【부득이한 사유로 인한 계약 해지】② 제1항에 따라 계약이 해지된 경우에도 계약상 귀환운송 의무가 있는 여행주최자는 여행자를 귀환운송 할 의무가 있다. ③ 제1항의 해지로 인하여 발생하는 추가 비용은 그 해지 사유가 어느 당사자의 사정에 속하는 경우에는 그 당사자가 부담하고, 누구의 사정에도 속하지 아니하는 경우에는 각 당사자가 절반씩 부담한다.

정답 ⑤

Ⅳ. 현상광고

575 현상광고에 관한 다음 설명 중 틀린 것은?

① 현상광고는 계약이라고 볼 때에는 요물계약이다.
② 현상광고는 보수지급의사가 표시되지 않아도 유효하다.
③ 현상광고는 지정행위의 완료기간이 정해지지 않은 경우에는 이를 철회할 수 있다.
④ 보수청구권을 취득하기 위하여는 광고자에 대한 사전 또는 사후의 통지가 필요하지 않다.
⑤ 응모기간이 없는 우수현상광고는 무효이다.

해설

① (O) : 현상광고의 법적 성질을 단독행위로 새기는 유력설(곽윤직)이 있으나, 통설은 이를 일종의 계약으로 이해한다. 계약으로서 현상광고는 편무·유상계약이고, 지정된 행위를 완료하여야 계약이 성립하므로 요물계약이다.

② (×) : 광고(청약)에는 응모자가 해야 할 행위가 구체적으로 지정되어야 할 뿐만 아니라, 지정행위를 한 자에게 일정한 보수를 지급한다는 내용이 반드시 포함되어야 한다. 따라서 청약의 유인(구인광고·상품광고)은 현상광고가 아니며, 일정한 행위의 완료가 아니라 사실상태의 존재에 대해 보수를 지급하겠다는 광고(우량아·미인선발대회의 광고)도 현상광고가 아니다.

③ (O) : 계약당사자는 자신의 의사표시를 일방적으로 철회할 수 없는 것이 원칙이다(제527조). 제679조【현상광고의 철회】① 광고에 그 지정한 행위의 완료기간을 정한 때에는 그 기간만료 전에 광고를 철회하지 못한다. ② 광고에 행위의 완료기간을 정하지 아니한 때에는 그 행위를 완료한 자 있기 전에는 그 광고와 동일한 방법으로 광고를 철회할 수 있다. ③ 전광고와 동일한 방법으로 철회할 수 없는 때에는 그와 유사한 방법으로 철회할 수 있다. 이 철회는 철회한 것을 안 자에 대하여만 그 효력이 있다.

④ (O) : 현상광고상의 지정행위 완료에는 조건이나 기한을 붙일 수 있다(대판 2000.8.22, 2000다3675). 현상광고에서 지정된 행위를 완료한 자는 광고자에 대하여 보수청구권을 취득한다. 따라서 통지는 보수청구권 취득의 요건이 아니다.

⑤ (O) : 제678조【우수현상광고】① 광고에 정한 행위를 완료한 자가 수인인 경우에 그 우수한 자에 한하여 보수를 지급할 것을 정하는 때에는 그 광고에 응모기간을 정한 때에 한하여 그 효력이 생긴다. 제679조【현상광고의 철회】① 광고에 그 지정한 행위의 완료기간을 정한 때에는 그 기간만료 전에 광고를 철회하지 못한다.

정답 ②

Ⅴ. 종신정기금

| 제 3 장 | 사무관리 |

I. 서 설

II. 성립요건

III. 사무관리의 효과

576 사무관리에 관한 설명으로 옳지 않은 것은? (다툼이 있으면 판례에 따름) [15 노무]

① 관리자가 본인의 의사에 반하는 관리행위로 인하여 필요비 또는 유익비를 지출한 때에는 본인의 현존이익 한도에서 그 상환을 청구할 수 있다.
② 관리자가 사무관리를 함에 있어서 과실 없이 손해를 받은 때에는 본인의 현존이익의 한도에서 그 손해의 보상을 청구할 수 있다.
③ 사무를 처리한 자에게 타인을 위하여 처리한다는 관리의사가 없는 경우에도 사무관리가 성립될 수 있다.
④ 관리자가 관리를 개시한 때에는 지체 없이 본인에게 통지하여야 하지만, 본인이 이미 이를 안 때에는 그러하지 아니하다.
⑤ 관리자가 타인의 생명, 신체, 명예 도는 재산에 대한 급박한 위해를 면하게 하기 위하여 그 사무를 관리한 때에는 고의나 중대한 과실이 없으면 이로 인한 손해를 배상할 책임이 없다.

해설

① (O) : 제739조【관리자의 비용상환청구권】③ 관리자가 본인의 의사에 반하여 관리한 때에는 본인의 현존이익의 한도에서 전2항의 규정을 준용한다.
② (O) : 제740조【관리자의 무과실손해보상청구권】관리자가 사무관리를 함에 있어서 과실없이 손해를 받은 때에는 본인의 현존이익의 한도에서 그 손해의 보상을 청구할 수 있다.
③ (X) : 사무관리라 함은 의무 없이 타인을 위하여 그의 사무를 처리하는 행위를 말하는 것이므로, 만약 그 사무가 타인의 사무가 아니라거나 또는 사무를 처리한 자에게 타인을 위하여 처리한다는 관리의사가 없는 경우에는 사무관리가 성립될 수 없다(대판 1995. 9. 15. 94다59943).
④ (O) : 제736조【관리자의 통지의무】관리자가 관리를 개시한 때에는 지체 없이 본인에게 통지하여야 한다. 그러나 본인이 이미 이를 안 때에는 그러하지 아니하다.
⑤ (O) : 제735조【긴급 사무관리】관리자가 타인의 생명, 신체, 명예 또는 재산에 대한 급박한 위해를 면하게 하기 위하여 그 사무를 관리한 때에는 고의나 중대한 과실이 없으면 이로 인한 손해를 배상할 책임이 없다. - 경과실의 경우 책임 없음.

정답 ③

577 甲은 법률상 의무 없이 乙의 사무를 처리하고 있다. 이에 관한 설명으로 옳지 않은 것은? (다툼이 있으면 판례에 따름) [21 노무]

① 甲이 제3자와의 별도의 위임계약에 따라 乙의 사무를 처리한 경우, 원칙적으로 甲과 乙 사이에 사무관리는 성립하지 않는다.
② 사무관리가 성립되기 위한 甲의 사무관리의사는 甲 자신을 위한 의사와 병존할 수 있다.
③ 사무관리가 성립하는 경우, 甲은 乙에게 부당이득반환을 청구할 수 없다.
④ 사무관리가 성립하는 경우, 甲이 乙의 의사를 알거나 알 수 있었다면 甲은 사무의 성질에 좇아 乙에게 이익이 되는 방법으로 관리하여야 한다.
⑤ 甲이 사무관리하면서 과실 없이 손해를 입은 경우, 甲은 乙의 현존이익의 한도 내에서 그 손해의 보상을 청구할 수 있다.

해설

① (O) : 의무 없이 타인의 사무를 처리한 자는 그 타인에 대하여 민법상 사무관리 규정에 따라 비용상환 등을 청구할 수 있으나, 제3자와의 약정에 따라 타인의 사무를 처리한 경우에는 의무 없이 타인의 사무를 처리한 것이 아니므로 이는 원칙적으로 그 타인과의 관계에서는 사무관리가 된다고 볼 수 없다(대판 2013.9.26. 2012다43539).

② (O) : 사무관리가 성립하기 위하여는 우선 그 사무가 타인의 사무이고 타인을 위하여 사무를 처리하는 의사, 즉 관리의 사실상의 이익을 타인에게 귀속시키려는 의사가 있어야 하며, 나아가 그 사무의 처리가 본인에게 불리하거나 본인의 의사에 반한다는 것이 명백하지 아니할 것을 요한다. 여기에서 '타인을 위하여 사무를 처리하는 의사'는 관리자 자신의 이익을 위한 의사와 병존할 수 있고, 반드시 외부적으로 표시될 필요가 없으며, 사무를 관리할 당시에 확정되어 있을 필요가 없다(대판 2013.08.22. 2013다30882).

③ (△) : 사무관리는 법적 의무나 권리 없이 타인의 사무를 처리하는 것으로 타인에게 이익을 가져다 주는 요소를 포함하고 있기 때문에 경우에 따라서는 부당이득과 구성요건이 겹칠 수 있어 양자의 관계가 문제된다. 사무관리와 부당이득의 관계는 우선 법정채권관계로서의 사무관리가 관리자의 행위를 통해 본인이 얻게 되는 이득의 법적 근거로 평가될 수 있는지와 관련된다. 만약 이를 긍정한다면 사무관리가 인정되는 범위에서는 부당이득은 성립할 여지가 없게 되기 때문이다. 이에 관해서 다수의 견해는 사무관리가 성립되면 불법행위와 부당이득 등 다른 제도는 적용이 배제된다고 이해한다. 즉 사무관리는 부당이득과 관련하여서는 이득의 정당성의 근거가 되고(김형배), 불법행위와 관련하여서는 간섭의 적법성의 근거가 되며(곽윤직), 이런 관점에서 원칙적으로 사무관리에 관한 규정은 특별규정으로서의 지위를 갖는다(김형배). 그러나 사무관리의 특별규정성을 부인하고 부당이득 및 불법행위와 사무관리의 경합을 주장하기도 한다[74](이은영).

④ (O) : 제734조【사무관리의 내용】① 의무 없이 타인을 위하여 사무를 관리하는 자는 그 사무의 성질에 좇아 가장 본인에게 이익 되는 방법으로 이를 관리하여야 한다. ② 관리자가 본인의 의사를 알거나 알 수 있는 때에는 그 의사에 적합하도록 관리하여야 한다.

---

[74] 안춘수, 불법행위・부당이득・사무관리, 335면 ~ 336면, 동방문화사, 2018

⑤ (O) : 제740조【관리자의 무과실손해보상청구권】관리자가 사무 관리를 함에 있어서 과실 없이 손해를 받은 때에는 본인의 현존이익의 한도에서 그 손해의 보상을 청구할 수 있다.

정답 정답 없음(소수설은 ③)

578
甲과 丙 사이에 아무런 법적 의무가 없음에도 불구하고, 甲의 수임인 乙이 위임의 내용에 따라 丙의 집을 수리하였다. 이와 관련한 다음 기술 중 옳지 않은 것은? [예상]

① 甲과 丙 사이에는 사무관리가 성립하나, 乙과 丙 사이에는 사무관리가 성립하지 아니한다.
② 집을 수리한 것이 丙의 의사에 합치한다면, 甲은 丙에게 유익비 전액의 상환을 청구할 수 있다.
③ 집을 수리한 것이 丙의 의사에 합치하지 않는다면, 甲은 丙에게 현존이익의 한도에서 유익비의 상환을 청구할 수 있다.
④ 만약 甲과 丙 사이에 법적 의무가 있는 경우에는, 사무관리가 성립할 여지가 없다.
⑤ 乙이 집을 수리하다가 과실 없이 다친 경우, 乙은 甲에게 손해배상을 청구할 수 있으며, 甲은 丙에 대하여 그 전액을 구상할 수 있다.

해설

① (O) : 甲・乙 사이에는 위임관계, 甲・丙 사이에는 사무관리관계가 성립한다.
② (O) : 제739조【관리자의 비용상환청구권】① 관리자가 본인을 위하여 필요비 또는 유익비를 지출한 때에는 본인에 대하여 그 상환을 청구할 수 있다.
③ (O) : 제739조【관리자의 비용상환청구권】③ 관리자가 본인의 의사에 반하여 관리한 때에는 본인의 현존이익의 한도에서 전2항의 규정을 준용한다.
④ (O) : 사무관리자가 법률의 규정(친권자・후견인・파산관재인 등) 또는 계약(위임・고용・도급 등)에 의하여 본인에 대해 그 사무를 관리할 법적 의무를 부담하는 경우에는 사무관리는 성립하지 않는다.
⑤ (X) : 수임인 乙이 위임사무의 처리를 위하여 과실 없이 손해를 받은 때에는 위임인 甲에 대하여 손해배상을 청구할 수 있다(제688조 제3항). 그리고 관리자 甲이 사무관리를 함에 있어서 과실 없이 손해를 받은 때에는 본인 丙의 현존이익의 한도에서 그 손해의 보상을 청구할 수 있다(제740조).

정답 ⑤

제4장 부당이득

I. 서 설

II. 부당이득의 요건

579 부당이득에 관한 설명으로 옳은 것을 모두 고른 것은? (다툼이 있으면 판례에 따름) [15 노무]

> ㄱ. 법률행위가 사기에 의한 것으로 취소되는 경우에 그 법률행위가 동시에 불법행위를 구성하는 때에는 취소의 효과로 생기는 부당이득반환청구권과 불법행위로 인한 손해배상청구권은 경합하여 병존하는 것이므로, 채권자는 어느 것이라도 선택하여 행사할 수 있지만 중첩적으로 행사할 수는 없다.
> ㄴ. 채무자가 횡령한 금전으로 자신의 채권자에 대한 채무를 변제하는 경우, 채권자가 그 변제를 수령함에 있어 단순히 과실이 있는 경우에는 그 변제는 유효하고 채권자의 금전 취득이 피해자에 대한 관계에 있어서 법률상 원인을 결여한 것이라고 할 수 없다.
> ㄷ. 비채변제에 관한 규정(민법 제742조)은 변제자가 채무 없음을 알면서도 변제를 한 경우에 적용되는 것이므로, 채무 없음을 알지 못한 경우에는 그 과실 유무를 불문하고 적용되지 아니한다.

① ㄱ ② ㄱ, ㄴ ③ ㄱ, ㄷ
④ ㄴ, ㄷ ⑤ ㄱ, ㄴ, ㄷ

해설

ㄱ. (O) : 법률행위가 사기에 의한 것으로서 취소되는 경우에 그 법률행위가 동시에 불법행위를 구성하는 때에는 취소의 효과로 생기는 부당이득반환청구권과 불법행위로 인한 손해배상청구권은 경합하여 병존하는 것이므로, 채권자는 어느 것이라도 선택하여 행사할 수 있지만 중첩적으로 행사할 수는 없다(대판 1993. 4. 27. 92다56087).

ㄴ. (O) : 부당이득제도는 이득자의 재산상 이득이 법률상 원인을 결여하는 경우에 공평·정의의 이념에 근거하여 이득자에게 그 반환의무를 부담시키는 것인바, 채무자가 피해자로부터 횡령한 금전을 그대로 채권자에 대한 채무변제에 사용하는 경우 피해자의 손실과 채권자의 이득 사이에 인과관계가 있음이 명백하고, 한편 채무자가 횡령한 금전으로 자신의 채권자에 대한 채무를 변제하는 경우 채권자가 그 변제를 수령함에 있어 악의 또는 중대한 과실이 있는 경우에는 채권자의 금전 취득은 피해자에 대한 관계에 있어서 법률상 원인을 결여한 것으로 봄이 상당하나, 채권자가 그 변제를 수령함에 있어 단순히 과실이 있는 경우에는 그 변제는 유효하고 채권자의 금전 취득이 피해자에 대한 관계에 있어서 법률상 원인을 결여한 것이라고 할 수 없다(대판 2003.6.13. 2003다8862).

ㄷ. (O) : 민법 제742조 소정의 비채변제에 관한 규정은 변제자가 채무 없음을 알면서도 변제를 한 경우에 적용되는 것이어서 채무 없음을 알지 못한 경우에는 그 과실 유무를 불문하고 적용되지 아니

하며, 변제자가 채무 없음을 알았다는 점에 대한 입증책임은 반환청구권을 부인하는 측에 있다고 할 것이다(대판 2012. 11. 15. 2010다68237).

정답 ⑤

580 부당이득의 반환의무 또는 책임의 범위가 현존이익으로 한정되는 경우가 아닌 것은? [16 노무]

① 선의의 부당이득자의 반환의무
② 실종선고가 취소된 경우, 실종선고를 직접원인으로 하여 선의로 재산을 취득한 자의 반환의무
③ 법률행위가 제한능력을 이유로 취소되는 경우, 제한능력자의 상환의무
④ 수탁보증인이 과실 없이 변제 기타의 출재로 주채무를 소멸시킨 경우, 주채무자의 수탁보증인에 대한 구상채무
⑤ 사무관리를 함에 있어 관리자가 과실 없이 손해를 받은 경우, 본인의 관리자에 대한 무과실손해보상채무

해설

① (O) : 제748조【수익자의 반환범위】① 선의의 수익자는 그 받은 이익이 현존한 한도에서 전조의 책임이 있다.
② (O) : 제29조【실종선고의 취소】② 실종선고의 취소가 있을 때에 실종의 선고를 직접원인으로 하여 재산을 취득한 자가 선의인 경우에는 그 받은 이익이 현존하는 한도에서 반환할 의무가 있고 악의인 경우에는 그 받은 이익에 이자를 붙여서 반환하고 손해가 있으면 이를 배상하여야 한다.
③ (O) : 제141조【취소의 효과】취소된 법률행위는 처음부터 무효인 것으로 본다. 다만, 제한능력자는 그 행위로 인하여 받은 이익이 현존하는 한도에서 상환할 책임이 있다.
④ (×) : 제441조【수탁보증인의 구상권】① 주채무자의 부탁으로 보증인이 된 자가 과실 없이 변제 기타의 출재로 주채무를 소멸하게 한 때에는 주채무자에 대하여 구상권이 있다. ② 제425조제2항(구상권은 면책된 날 이후의 법정이자 및 피할 수 없는 비용 기타 손해배상을 포함한다)의 규정은 전항의 경우에 준용한다.
⑤ (O) : 제740조【관리자의 무과실손해보상청구권】관리자가 사무 관리를 함에 있어서 과실 없이 손해를 받은 때에는 본인의 현존이익의 한도에서 그 손해의 보상을 청구할 수 있다.

정답 ④

581 부당이득에 관한 설명으로 옳지 않은 것은? (다툼이 있으면 판례에 따름) [17 노무]

① 소유권과 같은 물권의 취득뿐만 아니라 채권의 취득도 이득에 해당한다.
② 채무 없는 자가 착오로 변제한 경우에 그 변제가 도의관념에 적합한 때에는 그 반환을 청구하지 못한다.
③ 법률상 원인 없이 타인 소유의 건물을 점유하여 거주하는 자는 특별한 사정이 없는 한 건물의 차임 상당액을 부당이득으로 반환할 의무가 있다.
④ 부당이득으로 취득한 금전은 취득자의 소비 여부를 불문하고 현존하는 것으로 추정된다.
⑤ 부당이득 반환의무는 수익자에게 고의 또는 과실이 있는 경우에만 인정된다.

해설

① (O) : 채권도 물권과 같이 재산의 하나이므로 그 취득도 당연히 이득이 되고 수익이 된다(대판 1996.11.22. 96다34009).
② (O) : 제744조【도의관념에 적합한 비채변제】채무 없는 자가 착오로 인하여 변제한 경우에 그 변제가 도의관념에 적합한 때에는 그 반환을 청구하지 못한다.
③ (O) : 법률상 원인 없이 타인 소유의 건물을 점유하여 거주하는 자는 건물의 소유자에게 그 점유기간 동안 건물의 사용, 수익에 따른 차임 상당액을 부당이득으로 반환할 의무가 있다(대판 1995. 8. 22. 95다11955).
④ (O) : 법률상 원인 없이 타인의 재산 또는 노무로 인하여 이익을 얻고 그로 인하여 타인에게 손해를 가한 경우, 그 취득한 것이 금전상의 이득인 때에는 그 금전은 이를 취득한 자가 소비하였는가의 여부를 불문하고 현존하는 것으로 추정 된다(대판 1996.12.10. 96다32881).
⑤ (×) : 제748조【수익자의 반환범위】① 선의의 수익자는 그 받은 이익이 현존한 한도에서 전조의 책임이 있다.

정답 ⑤

582 부당이득에 관한 설명으로 옳은 것은? (다툼이 있으면 판례에 따름) [18 노무]

① 선의의 수익자가 패소한 때에는 그 판결이 확정된 때부터 악의의 수익자로 본다.
② 악의의 비채변제라도 변제를 강제당한 경우 등 그 변제가 자유로운 의사에 반하여 이루어진 때에는 반환을 청구할 수 있다.
③ 임차인이 동시이행의 항변권에 기하여 임차목적물을 사용·수익한 경우에는 부당이득이 성립하지 않는다.
④ 무효인 명의신탁약정에 의하여 타인 명의의 등기가 마쳐졌다는 이유만으로 그것이 불법원인급여에 해당한다.
⑤ 채무 없는 자가 착오로 변제한 경우에 그 변제가 도의관념에 적합한 때에도 그 반환을 청구할 수 있다.

해설

① (×) : 제749조【수익자의 악의인정】② 선의의 수익자가 패소한 때에는 그 소를 제기한 때부터 악의의 수익자로 본다.

② (O) : 지급자가 채무 없음을 알면서도 임의로 지급한 경우에는 민법 제742조 소정의 비채변제로서 수령자에게 그 반환을 구할 수 없으나, 지급자가 채무 없음을 알고 있었다고 하더라도 변제를 강제당한 경우나 변제거절로 인한 사실상의 손해를 피하기 위하여 부득이 변제하게 된 경우 등 그 변제가 자유로운 의사에 반하여 이루어진 것으로 볼 수 있는 사정이 있는 때에는 지급자가 그 반환청구권을 상실하지 않는다(대판 2004.1.27. 2003다46451).

③ (×) : 동시이행의 항변권 또는 유익비 상환청구권에 의한 유치권을 행사하여 가옥을 사용 수익한 경우에는 임료상당의 금원을 부당이득 한 것으로 본다(대판 1963.7.11. 63다235).

④ (×) : 부동산실권리자명의등기에관한법률이 규정하는 명의신탁약정은 부동산에 관한 물권의 실권리자가 타인과의 사이에서 대내적으로는 실권리자가 부동산에 관한 물권을 보유하거나 보유하기로 하고 그에 관한 등기는 그 타인의 명의로 하기로 하는 약정을 말하는 것일 뿐이므로, 그 자체로 선량한 풍속 기타 사회질서에 위반하는 경우에 해당한다고 단정할 수 없을 뿐만 아니라, 위 법률은 원칙적으로 명의신탁약정과 그 등기에 기한 물권변동만을 무효로 하고 명의신탁자가 다른 법률관계에 기하여 등기회복 등의 권리행사를 하는 것까지 금지하지는 않는 대신, 명의신탁자에 대하여 행정적 제재나 형벌을 부과함으로써 사적자치 및 재산권보장의 본질을 침해하지 않도록 규정하고 있으므로, 위 법률이 비록 부동산등기제도를 악용한 투기·탈세·탈법행위 등 반사회적 행위를 방지하는 것 등을 목적으로 제정되었다고 하더라도, 무효인 명의신탁약정에 기하여 타인 명의의 등기가 마쳐졌다는 이유만으로 그것이 당연히 불법원인급여에 해당한다고 볼 수 없다(대판 2003.11.27. 2003다41722).

⑤ (×) : 제744조【도의관념에 적합한 비채변제】채무 없는 자가 착오로 인하여 변제한 경우에 그 변제가 도의관념에 적합한 때에는 그 반환을 청구하지 못한다.

정답 ②

583 부당이득에 관한 설명으로 옳은 것은? (다툼이 있으면 판례에 따름) [19 노무]

① 채무자가 채무 없음을 알고 임의로 변제한 경우, 그 반환을 청구할 수 있다.
② 선의의 수익자가 패소한 때에는 패소 시부터 악의의 수익자로 본다.
③ 불법원인급여로 인해 반환을 청구하지 못하는 이익은 종국적인 것임을 요하지 않는다.
④ 제한능력을 이유로 법률행위를 취소하는 경우, 악의의 제한능력자는 그 행위로 인하여 받은 이익 전부를 상환하여야 한다.
⑤ 수익자가 법률상 원인 없이 이득 한 재산을 처분함으로 인하여 원물반환이 불가능한 경우, 반환하여야 할 가액은 특별한 사정이 없는 한 그 처분 당시의 대가이다.

해설

① (×) : 제742조【비채변제】채무 없음을 알고 이를 변제한 때에는 그 반환을 청구하지 못한다.

② (×) : 제749조【수익자의 악의인정】② 선의의 수익자가 패소한 때에는 그 소를 제기한 때부터 악의의 수익자로 본다.

③ (×) : 민법 제746조에서 불법의 원인으로 인하여 급여함으로써 그 반환을 청구하지 못하는 이익은 종국적인 것을 말한다(대판 1995.8.11. 94다54108). 즉 수령자가 이를 실현하기 위하여 다시 국가의 협력 내지 법의 보호를 기다려야 하는 경우에는 불법원인급여에 관한 규정은 적용되지 않는다(대판 1989.9.29. 89다카5994).

④ (×) : 제141조【취소의 효과】취소된 법률행위는 처음부터 무효인 것으로 본다. 다만, 제한능력자는 그 행위로 인하여 받은 이익이 현존하는 한도에서 상환할 책임이 있다.

⑤ (O) : 일반적으로 수익자가 법률상 원인 없이 이득한 재산을 처분함으로 인하여 원물반환이 불가능한 경우에 있어서 반환하여야 할 가액은 특별한 사정이 없는 한 그 처분 당시의 대가이다(대판 1995.5.12. 94다25551).

정답 ⑤

584 부당이득반환청구권에 관한 설명으로 옳지 않은 것은? (다툼이 있으면 판례에 따름) [20 노무]

① 부당이득반환청구권의 요건인 수익자의 이득은 실질적으로 귀속된 이득을 의미한다.
② 법률상 원인 없이 이득을 얻은 자는 있지만 그로 인해 손해를 입은 자가 없다면 부당이득반환청구권은 성립하지 않는다.
③ 수인이 공동으로 법률상 원인 없이 타인의 재산을 사용한 경우 발생하는 부당이득반환채무는 특별한 사정이 없는 한 부진정연대관계에 있다.
④ 부당이득이 금전상 이득인 경우 이를 취득한 자가 소비하였는지 여부를 불문하고 그 이득은 현존하는 것으로 추정된다.
⑤ 선의의 수익자가 부당이득반환청구소송에서 패소한 때에는 그 소가 제기된 때부터 악의의 수익자로 간주된다.

해설

① (O) : 법률상의 원인 없이 이득하였음을 이유로 한 부당이득의 반환에 있어 이득이라 함은 실질적인 이익을 의미하므로, 임차인이 임대차계약관계가 소멸된 이후에도 임차목적물을 계속 점유하기는 하였으나 이를 본래의 임대차계약상의 목적에 따라 사용·수익하지 아니하여 실질적인 이득을 얻은 바 없는 경우에는 그로 인하여 임대인에게 손해가 발생하였다 하더라도 임차인의 부당이득반환의무는 성립되지 않는다(대판 1998.5.29. 98다6497).

② (O) : 일방이 이득을 얻었더라도 그로 인하여 타인이 손실을 입지 않은 경우에는 부당이득은 성립하지 않는다(통설).

③ (×) : 수명이 공동으로 법률상 원인 없이 타인의 재산을 사용한 경우의 부당이득의 반환채무는 특별한 사정이 없는 한 불가분적 이득의 상환으로서 불가분채무라 할 것이고, 불가분채무는 각 채무자가 채무 전부를 이행할 의무가 있고, 1인의 채무이행으로 다른 채무자도 그 의무를 면하게 된다(대판 1981.8.20. 80다2587 ; 대판 2001.12.11. 2000다13948).

④ (O) : 법률상 원인 없이 타인의 재산 또는 노무로 인하여 이익을 얻고 그로 인하여 타인에게 손해를 가한 경우, 그 취득한 것이 금전상의 이득인 때에는 그 금전은 이를 취득한 자가 소비하였는가의 여부를 불문하고 현존하는 것으로 추정된다(대판 1996.12.10. 96다32881).

⑤ (O) : 제749조【수익자의 악의인정】① 수익자가 이익을 받은 후 법률상 원인 없음을 안 때에는 그때부터 악의의 수익자로서 이익반환의 책임이 있다. ② 선의의 수익자가 패소한 때에는 그 소를 제기한 때부터 악의의 수익자로 본다.

정답 ③

585 다음의 내용 중 틀린 것은? [예상]

① 채무 없음을 알고 이를 변제한 때에는 그 반환을 청구하지 못한다.
② 변제기에 있지 아니한 채무를 변제한 때에는 그 반환을 청구하지 못하나, 채무자가 착오로 인하여 변제한 때에는 채권자는 이로 인하여 얻은 이익을 반환하여야 한다.
③ 채무 없는 자가 착오로 인하여 변제한 경우에 그 변제가 도의관념에 적합한 때에는 그 반환을 청구하지 못한다.
④ 채무자 아닌 자가 착오로 인하여 타인의 채무를 변제한 경우에 채권자가 선의로 증서를 훼손하거나 담보를 포기하거나 시효로 인하여 그 채권을 잃은 때에는 변제자는 그 반환을 청구하지 못하고, 채무자에 대하여 구상권을 행사할 수도 없다.
⑤ 불법의 원인으로 인하여 재산을 급여하거나 노무를 제공한 때에 그 불법원인이 수익자에게만 있는 경우에는 그 이익의 반환을 청구할 수 있다.

해설

① (O) : 제742조【비채변제】채무 없음을 알고 이를 변제한 때에는 그 반환을 청구하지 못한다.
② (O) : 제743조【기한전의 변제】변제기에 있지 아니한 채무를 변제한 때에는 그 반환을 청구하지 못한다. 그러나 채무자가 착오로 인하여 변제한 때에는 채권자는 이로 인하여 얻은 이익을 반환하여야 한다.
③ (O) : 제744조【도의관념에 적합한 비채변제】채무 없는 자가 착오로 인하여 변제한 경우에 그 변제가 도의관념에 적합한 때에는 그 반환을 청구하지 못한다.
④ (X) : 제745조【타인의 채무의 변제】① 채무자 아닌 자가 착오로 인하여 타인의 채무를 변제한 경우에 채권자가 선의로 증서를 훼멸하거나 담보를 포기하거나 시효로 인하여 그 채권을 잃은 때에는 변제자는 그 반환을 청구하지 못한다. ② 전항의 경우에 변제자는 채무자에 대하여 구상권을 행사할 수 있다.
⑤ (O) : 제746조【불법원인급여】불법의 원인으로 인하여 재산을 급여하거나 노무를 제공한 때에는 그 이익의 반환을 청구하지 못한다. 그러나 그 불법원인이 수익자에게만 있는 때에는 그러하지 아니하다.

정답 ④

586 부당이득에 관한 설명 중 옳지 않은 것은? [예상]

① 채무 없음을 알고 이를 변제한 때에는 반환을 청구하지 못한다.
② 변제기 전의 변제라 하더라도 반환청구를 하지 못하는 것이 원칙이다.
③ 채무 없는 자가 착오로 변제한 경우라도 그 변제가 도의관념에 적합한 경우에는 그 반환을 청구하지 못한다.
④ 수익자가 이익을 받은 후 법률상 원인 없음을 안 때에는 그 때로부터 악의의 수익자로서의 지위에 있게 된다.
⑤ 선의의 수익자가 패소한 때에는 당해 소송의 판결 선고 시로부터 악의의 수익자로서의 지위에 있게 된다.

해설

① (○) : 제742조【비채변제】 채무 없음을 알고 이를 변제한 때에는 그 반환을 청구하지 못한다.
② (○) : 제743조【기한전의 변제】 변제기에 있지 아니한 채무를 변제한 때에는 그 반환을 청구하지 못한다. 그러나 채무자가 착오로 인하여 변제한 때에는 채권자는 이로 인하여 얻은 이익을 반환하여야 한다.
③ (○) : 제744조【도의관념에 적합한 비채변제】 채무 없는 자가 착오로 인하여 변제한 경우에 그 변제가 도의관념에 적합한 때에는 그 반환을 청구하지 못한다.
④ (○) : 제749조【수익자의 악의인정】① 수익자가 이익을 받은 후 법률상 원인 없음을 안 때에는 그때부터 악의의 수익자로서 이익반환의 책임이 있다.
⑤ (×) : 제749조【수익자의 악의인정】② 선의의 수익자가 패소한 때에는 그 소를 제기한 때부터 악의의 수익자로 본다.

정답 ⑤

587 부당이득에 관한 설명 중 옳지 아니한 것은? [예상]

① 변제기에 있지 아니한 채무를 변제한 때에는 그 반환을 청구하지 못한다. 그러나 채무자가 착오로 인하여 변제한 때에는 채권자는 아직 변제기 전이면 반환하여야 한다.
② 채무 없는 자가 착오로 인하여 변제한 경우에 그 변제가 도의관념에 적합한 때에는 그 반환을 청구하지 못한다.
③ 불법의 원인으로 인하여 재산을 급여한 경우 그 이익의 반환을 청구하지 못한다. 그러나 그 불법원인이 수익자에게만 있는 경우에는 그러하지 아니한다.
④ 선의의 수익자가 이익을 받은 후 법률상 원인 없음을 안 때에는 그 때부터 악의의 수익자로서 이익반환의 책임이 있다.
⑤ 악의의 수익자는 그 받은 이익에 이자를 붙여 반환하고 손해가 있으면 이를 배상하여야 한다.

해설

① (✕) : 변제기에 있지 아니한 채무를 변제한 때에는 그 반환을 청구하지 못한다. 그러나 채무자가 착오로 인하여 변제한 때에는 채권자는 이로 인하여 얻은 이익을 반환하여야 한다(제743조).
② (O) : 제744조【도의관념에 적합한 비채변제】채무 없는 자가 착오로 인하여 변제한 경우에 그 변제가 도의관념에 적합한 때에는 그 반환을 청구하지 못한다.
③ (O) : 제746조【불법원인급여】불법의 원인으로 인하여 재산을 급여하거나 노무를 제공한 때에는 그 이익의 반환을 청구하지 못한다. 그러나 그 불법원인이 수익자에게만 있는 때에는 그러하지 아니하다.
④ (O) : 제749조【수익자의 악의인정】① 수익자가 이익을 받은 후 법률상 원인 없음을 안 때에는 그때부터 악의의 수익자로서 이익반환의 책임이 있다.
⑤ (O) : 제748조【수익자의 반환범위】② 악의의 수익자는 그 받은 이익에 이자를 붙여 반환하고 손해가 있으면 이를 배상하여야 한다.

정답 ①

588 부당이득의 반환에 관한 다음의 설명 중 가장 잘못된 것은? [예상]

① 수익자가 그 받은 목적물을 반환할 수 없는 때에는 그 가액을 반환하여야 한다.
② 선의의 수익자는 그 받은 이익이 현존한 한도에서 부당이득을 반환할 책임이 있다.
③ 악의의 수익자는 그 받은 이익에 이자를 붙여 반환하고 손해가 있으면 이를 배상하여야 한다.
④ 수익자가 이익을 받은 후 법률상 원인 없음을 안 때에는 그때부터 악의의 수익자로서 이익반환의 책임이 있다.
⑤ 선의의 수익자가 패소한 때에는 그 패소판결이 확정된 때부터 악의의 수익자로 본다.

해설

① (O) : 수익자가 그 받은 목적물을 반환할 수 없는 때에는 그 가액을 반환하여야 한다(제747조 제1항). 즉 원물반환이 원칙이고, 원물반환의 불능인 경우에는 예외적으로 가액반환을 한다.
② (O) : 선의의 수익자는 그 받은 이익이 현존한 한도에서 부당이득 반환책임이 있다(제748조 제1항).
③ (O) : 악의의 수익자는 그 받은 이익에 이자를 붙여 반환하고 손해가 있으면 이를 배상하여야 한다(제748조 제2항).
④ (O) : 수익자가 이익을 받은 후 법률상 원인 없음을 안 때에는 그때부터 악의의 수익자로서 이익반환의 책임이 있다(제749조 제1항).
⑤ (✕) : 선의의 수익자가 패소한 때에는 그 소를 제기한 때부터 악의의 수익자로 본다(제749조 제2항).

정답 ⑤

589 불법원인급여에 대한 설명 중 틀린 것은? (판례에 의함) [예상]

① 불법원인급여에 있어서 수익자의 불법성이 급여자의 불법성보다 현저히 큰 경우, 급여자의 부당이득반환청구가 허용된다.
② 도박자금채무의 담보를 위하여 근저당권설정등기가 경료 된 경우 등기설정자는 그 근저당권설정등기의 말소를 구할 수 있다.
③ 불법의 원인으로 인하여 금원을 급여한 사람은 그 금원의 교부가 단순히 임치한 것임을 전제로 그 반환을 구하는 것도 허용되지 아니한다.
④ 원인되는 행위가 선량한 풍속 기타 사회질서에 위반하지 않더라도 법률의 금지에 위반하는 경우에는 민법 제746조가 규정하는 불법원인에 해당한다.
⑤ 도박채무가 불법무효로 존재하지 않는다는 이유로 양도담보조로 이전해 준 소유권이전등기의 말소를 청구하는 것은 허용되지 않는다.

해설

① (O) : 민법 제746조에 의하면 급여가 불법원인급여에 해당하고 급여자에게 불법 원인이 있는 경우에는 수익자에게 불법 원인이 있는지의 여부나 수익자의 불법 원인의 정도 내지 불법성이 급여자의 그것보다 큰지의 여부를 막론하고 급여자는 그 불법원인급여의 반환을 구할 수 없는 것이 원칙이나, 수익자의 불법성이 급여자의 그것보다 현저히 크고 그에 비하면 급여자의 불법성은 미약한 경우에도 급여자의 반환 청구가 허용되지 않는다고 하는 것은 공평에 반하고 신의성실의 원칙에도 어긋나므로 이러한 경우에는 민법 제746조 본문의 적용이 배제되어 급여자의 반환 청구는 허용된다고 해석함이 상당하다(대판 1997.10.24, 95다49530 · 49547).

② (O) : 민법 제746조에서 불법의 원인으로 인하여 급여함으로써 그 반환을 청구하지 못하는 이익은 종국적인 것을 말한다. 도박자금으로 금원을 대여함으로 인하여 발생한 채권을 담보하기 위한 근저당권설정등기가 경료 되었을 뿐인 경우와 같이 수령자가 그 이익을 향수하려면 경매신청을 하는 등 별도의 조치를 취하여야 하는 경우에는, 그 불법원인급여로 인한 이익이 종국적인 것이 아니므로 등기설정자는 무효인 근저당권설정등기의 말소를 구할 수 있다(대판 1995.8.11, 94다54108).

③ (O) : 민법 제746조의 규정취지는 민법 제103조와 함께 사법의 기본이념으로 사회적 타당성이 없는 행위를 한 사람은 그 형식 여하를 불문하고 스스로 한 불법행위의 무효를 주장하여 그 복구를 소구할 수 없다는 법의 이상을 표현한 것이고 부당이득반환청구만을 제한하는 규정이 아니므로 불법의 원인으로 인하여 금원을 급여한 사람이 그 금원의 교부가 단순히 임치한 것임을 전제로 이의 반환을 구하는 것도 허용되지 아니한다(대판 1991.3.22, 91다520).

④ (X) : 부당이득의 반환청구가 금지되는 사유로 민법 제746조가 규정하는 불법원인이라 함은 그 원인되는 행위가 선량한 풍속 기타 사회질서에 위반하는 경우를 말하는 것으로서, 법률의 금지에 위반하는 경우라 할지라도 그것이 선량한 풍속 기타 사회질서에 위반하지 않는 경우에는 이에 해당하지 않는다(대판 2003.11.27, 2003다41722).

⑤ (O) : 민법 제746조의 규정취의는 민법 제103조와 함께 사법의 기본이념으로 사회적 타당성이 없는 행위를 한 사람은 그 형식여하를 불문하고 스스로 한 불법행위의 무효를 주장하여 그 복구를 소구할 수 없다는 법의 이상을 표현한 것이고 부당이득반환청구만을 제한하는 규정이 아니므로 불법의 원인으로 급여를 한 사람이 그 원인행위가 무효라고 주장하고 그 결과 급여물의 소유권이 자

기에게 있다는 주장으로 소유권에 기한 반환청구를 하는 것도 허용할 수 없는 것이니, 도박채무가 불법무효로 존재하지 않는다는 이유로 양도담보로 이전해 준 소유권이전등기의 말소를 청구하는 것은 허용되지 않는다(대판 1989.9.29, 89다카5994).

정답 ④

Ⅲ. 구체적 고찰

Ⅳ. 부당이득이 문제되는 특수 관계

제5장 불법행위

I. 일반 불법행위

1. 고의 및 과실
2. 위법성
3. 손해 발생(인과관계)

590 불법행위책임에 관한 설명이다. 판례의 입장과 다른 것은? [예상]

① 불법행위로 인한 손해배상채권에 있어서 민법 제766조 제2항에 의한 소멸시효의 기산점이 되는 '불법행위를 한 날'이란 가해행위가 있었던 날이 아니라 현실적으로 손해의 결과가 발생한 날을 의미한다.

② 甲과 乙이 계약의 체결을 교섭하는 단계에서, 甲이 乙에게 계약이 확실하게 체결되리라는 정당한 기대 내지 신뢰를 부여하여 乙이 그 신뢰에 따라 행동하였음에도, 甲이 상당한 이유 없이 계약의 체결을 거부하여 乙에게 손해를 입혔다면, 甲은 乙에 대하여 불법행위책임을 부담한다.

③ 명예를 위법하게 침해당한 자는 손해배상 또는 명예회복을 위한 적당한 처분을 구할 수 있는 이외에, 인격권으로서 명예권에 기초하여 현재 이루어지고 있는 침해행위를 배제하거나 장래에 생길 침해를 예방하기 위하여 침해행위의 금지를 청구할 수 있다.

④ 불법행위로 인하여 건물이 훼손된 경우, 수리가 가능하다면 그 수리비가 통상의 손해라 할 것이고, 수리로 인하여 훼손 전보다 건물의 교환가치가 증가한 경우에도 역시 통상의 손해는 수리비 전체이며, 수리비에서 교환가치 증가분을 공제한 금액이라고 할 것은 아니다.

⑤ 불법행위로 영업용 물건이 멸실된 경우, 이를 대체할 다른 물건을 마련하기 위하여 필요한 합리적인 기간 동안 그 물건을 이용하여 영업을 계속하였더라면 얻을 수 있었던 이익은 그에 대한 증명이 가능한 한 통상의 손해로서 그 교환가치와는 별도로 배상하여야 한다.

해설

① (O) : 불법행위에 기한 손해배상채권에 있어서 민법 제766조 제2항에 의한 소멸시효의 기산점이 되는 '불법행위를 한 날'이란 가해행위가 있었던 날이 아니라 현실적으로 손해의 결과가 발생한 날을 의미하지만, 그 손해의 결과발생이 현실적인 것으로 되었다면 그 소멸시효는 피해자가 손해의 결과발생을 알았거나 예상할 수 있는가 여부에 관계없이 가해행위로 인한 손해가 현실적인 것으로 되었다고 볼 수 있는 때로부터 진행한다(대판 2005.5.13, 2004다71881 등).

② (O) : 어느 일방이 교섭단계에서 계약이 확실하게 체결되리라는 정당한 기대 내지 신뢰를 부여하여 상대방이 그 신뢰에 따라 행동하였음에도 상당한 이유 없이 계약의 체결을 거부하여 손해를 입혔다면, 이는 신의성실의 원칙에 비추어 볼 때 계약자유원칙의 한계를 넘는 위법한 행위로서 "불법행위"를 구성한다(대판 2004.5.28, 2002다32301 ; 대판 2003.4.11, 2001다53059).

③ (O) : 명예는 생명·신체와 함께 매우 중대한 보호법익이고 인격권으로서의 명예권은 물권의 경우와 마찬가지로 배타성을 가지는 권리라고 할 것이므로 사람의 품성·덕행·명성·신용 등의 인격적 가치에 관하여 사회로부터 받는 객관적인 평가인 명예를 위법하게 침해당한 자는 손해배상 또는 명예회복을 위한 처분을 구할 수 있는 이외에 인격권으로서 명예권에 기초하여 가해자에 대하여 현재 이루어지고 있는 침해행위를 배제하거나 장래에 생길 침해를 예방하기 위하여 침해행위의 금지를 구할 수도 있다(대결 2005.1.17, 2003마1477).

④ (×) : 불법행위 등으로 인하여 건물이 훼손된 경우, 수리가 가능하다면 그 수리비가 통상의 손해이며, 훼손 당시 그 건물이 이미 내용연수가 다 된 낡은 건물이어서 원상으로 회복시키는 데 소요되는 수리비가 건물의 교환가치를 초과하는 경우에는 형평의 원칙상 그 손해액은 그 건물의 교환가치 범위 내로 제한되어야 할 것이고, 또한 수리로 인하여 훼손 전보다 건물의 교환가치가 증가하는 경우에는 그 수리비에서 교환가치 증가분을 공제한 금액이 그 손해이다(대판 2004.2.27, 2002다39456 등).

⑤ (O) : 불법행위로 영업용 물건이 멸실된 경우, 이를 대체할 다른 물건을 마련하기 위하여 필요한 합리적인 기간 동안 그 물건을 이용하여 영업을 계속하였더라면 얻을 수 있었던 이익, 즉 휴업손해는 그에 대한 증명이 가능한 한 통상의 손해로서 그 교환가치와는 별도로 배상하여야 하고, 이는 영업용 물건이 일부 손괴된 경우, 수리를 위하여 필요한 합리적인 기간 동안의 휴업손해와 마찬가지라고 보아야 할 것이다(대판[전합] 2004.3.18, 2001다82507 등).

정답 ④

4. 책임능력

Ⅱ. 공동불법행위

591 불법행위책임에 관한 설명으로 옳지 않은 것은? (다툼이 있으면 판례에 따름)   [21 노무]

① 피용자의 불법행위로 인하여 사용자책임을 지는 자가 그 피용자에 대하여 행사하는 구상권의 신의칙을 이유로 제한 또는 배제 될 수 있다.

② 공동불법행위에서 과실상계를 하는 경우, 피해자에 대한 공동불법행위자 전원의 과실과 피해자의 공동불법행위자 전원에 대한 과실을 전체적으로 평가하여야 한다.

③ 가해자 중 1인이 다른 가해자에 비하여 불법행위에 가공한 정도가 경미한 경우, 그 가해자의 피해자에 대한 책임범위를 손해배상액의 일부로 제한하여 인정할 수 있다.

④ 불법행위에 경합된 당사자들의 과실정도에 관한 사실인정이나 그 비율을 정하는 것은 특별한 사정이 없는 한 사실심의 전권사항에 속한다.

⑤ 일반육체노동을 하는 사람의 가동연한은 특별한 사정이 없는 한 경험칙 상 만65세로 보아야 한다.

해설

① (O) : 사용자가 피용자의 업무집행으로 행해진 불법행위로 인하여 직접 손해를 입었거나 또는 사용자로서의 손해배상책임을 부담한 결과로 손해를 입게 된 경우에는 사용자는 그 사업의 성격과 규모, 사업시설의 상황, 피용자의 업무내용, 근로조건이나 근무태도, 가해행위의 상황, 가해행위의 예방이나 손실의 분산에 관한 사용자의 배려정도 등의 제반사정에 비추어 손해의 공평한 분담이라는 견지에서 신의칙상 상당하다고 인정되는 한도 내에서만 피용자에 대하여 위와 같은 손해의 배상이나 구상권을 행사할 수 있다(대판 1987.9.8. 86다카1045).

② (O) : 공동불법행위책임은 가해자 각 개인의 행위에 대하여 개별적으로 그로 인한 손해를 구하는 것이 아니라 가해자들이 공동으로 가한 불법행위에 대하여 그 책임을 추궁하는 것으로, 법원이 피해자의 과실을 들어 과실상계를 함에 있어서는 피해자의 공동불법행위자 각인에 대한 과실비율이 서로 다르더라도 피해자의 과실을 공동불법행위자 각인에 대한 과실로 개별적으로 평가할 것이 아니고 그들 전원에 대한 과실로 전체적으로 평가하여야 한다(대판 1998.6.12. 96다55631 ; 대판 2005. 10.13. 2003다24147).

③ (×) : 공동불법행위책임은 가해자 각 개인의 행위에 대하여 개별적으로 그로 인한 손해를 구하는 것이 아니라 그 가해자들이 공동으로 가한 불법행위에 대하여 그 책임을 추궁하는 것이므로, 공동불법행위로 인한 손해배상책임의 범위는 피해자에 대한 관계에서 가해자들 전원의 행위를 전체적으로 함께 평가하여 정하여야 하고, 그 손해배상액에 대하여는 가해자 각자가 그 금액의 전부에 대한 책임을 부담하는 것이며, 가해자의 1인이 다른 가해자에 비하여 불법행위에 가공한 정도가 경미하다고 하더라도 피해자에 대한 관계에서 그 가해자의 책임 범위를 위와 같이 정하여진 손해배상액의 일부로 제한하여 인정할 수 없다(대판 1998.10.20. 98다31691).

④ (O) : 불법행위로 인한 손해배상청구 사건에서 책임감경사유에 관한 사실인정이나 비율을 정하는 것은 그것이 형평의 원칙에 비추어 현저히 불합리하다고 인정되지 않는 한 사실심의 전권사항에 속한다(대판 2020. 6. 25. 2019다292026, 292033, 292040).

⑤ (O) : 대법원은 1989. 12. 26. 선고한 88다카16867 전원합의체 판결(이하 '종전 전원합의체 판결'이라 한다)에서 일반육체노동을 하는 사람 또는 육체노동을 주로 생계활동으로 하는 사람(이하 '육체노동'이라 한다)의 가동연한을 경험칙상 만 55세라고 본 기존 견해를 폐기하였다. 그 후부터 현재에 이르기까지 육체노동의 가동연한을 경험칙상 만 60세로 보아야 한다는 견해를 유지하여 왔다. 그런데 우리나라의 사회적·경제적 구조와 생활여건이 급속하게 향상·발전하고 법제도가 정비·개선됨에 따라 종전 전원합의체 판결 당시 위 경험칙의 기초가 되었던 제반 사정들이 현저히 변하였기 때문에 위와 같은 견해는 더 이상 유지하기 어렵게 되었다. 이제는 특별한 사정이 없는 한 만 60세를 넘어 만 65세까지도 가동할 수 있다고 보는 것이 경험칙에 합당하다(대판[전합] 2019. 2. 21. 2018다248909).

정답 ③

592 다음 중 그 액수가 가장 큰 것은?(각 지문은 상호 독립적임) [19 법행]

① 甲과 乙이 A에 대하여 고의의 공동불법행위에 의한 1천만원의 손해배상채무를 지고 있는데, 乙이 A에 대하여 가지고 있는 임금채권 4백만 원으로 대등액에서 상계하기로 하는 상계계약을 체결한 경우, 남게 되는 甲의 채무액

② 피용자 甲이 A에 대하여 불법행위로 1천만 원의 손해배상채무를 지고, 甲의 사용자 乙은 A와의 관계에서 과실상계에 의해 7백만 원의 손해배상채무를 지고 있는데, 甲이 3백만원을 A에게 변제한 경우, 남게 되는 乙의 채무액

③ 甲과 乙이 A에 대하여 공동불법행위에 의한 2,400만원의 손해배상채무를 지고 있는데(甲과 乙의 내부적 부담부분 비율은 2 : 1), 甲의 사용자 丙이 A에게 2,400만 원을 변제한 경우, 丙의 乙에 대한 구상가능 액

④ 甲이 乙에게 1천만 원을 빌려주면서, 이를 담보하기 위해 乙소유의 X토지에 저당권을 설정하고, 그 외에 乙의 채무에 대한 보증인으로 丙을 두었는데, 乙이 X토지를 丁에게 양도하고 丁이 甲에게 1천만 원을 변제한 경우, 丁의 丙에 대한 대위가능 액

⑤ 甲은 3천만 원의 현금재산을 가지고 있고(다른 증여재산 또는 채무는 없음), 그 상속인으로 자녀 乙, 丙, 丁만이 있는데, 甲이 사망하면서 위 재산 3천만 원 전부를 乙에게 유증한 경우, 丙의 유류분액

해설

① 부진정연대채무자 중 1인이 자신의 채권자에 대한 반대채권으로 상계를 한 경우에도 채권은 변제, 대물변제, 또는 공탁이 행하여진 경우와 동일하게 현실적으로 만족을 얻어 그 목적을 달성하는 것이므로, 그 상계로 인한 채무소멸의 효력은 소멸한 채무 전액에 관하여 다른 부진정연대채무자에 대하여도 미친다고 보아야 한다. 이는 부진정연대채무자 중 1인이 채권자와 상계계약을 체결한 경우에도 마찬가지이다. 나아가 이러한 법리는 채권자가 상계 내지 상계계약이 이루어질 당시 다른 부진정연대채무자의 존재를 알았는지 여부에 의하여 좌우되지 아니한다(대판(전합) 2010.9.16. 2008다97218). - 6백만원

② 금액이 다른 채무가 서로 부진정연대 관계에 있을 때 다액채무자가 일부 변제를 하는 경우 그 변제로 인하여 먼저 소멸하는 부분은 당사자의 의사와 채무 전액의 지급을 확실히 확보하려는 부진정연대채무 제도의 취지에 비추어 볼 때 다액채무자가 단독으로 채무를 부담하는 부분으로 보아야 한다. 이러한 법리는 사용자의 손해배상액이 피해자의 과실을 참작하여 과실상계를 한 결과 타인에게 직접 손해를 가한 피용자 자신의 손해배상액과 달라졌는데 다액채무자인 피용자가 손해배상액의 일부를 변제한 경우에 적용되고, 공동불법행위자들의 피해자에 대한 과실비율이 달라 손해배상액이 달라졌는데 다액채무자인 공동불법행위자가 손해배상액의 일부를 변제한 경우에도 적용된다. 또한 중개보조원을 고용한 개업공인중개사의 공인중개사법 제30조 제1항에 따른 손해배상액이 과실상계를 한 결과 거래당사자에게 직접 손해를 가한 중개보조원 자신의 손해배상액과 달라졌는데 다액채무자인 중개보조원이 손해배상액의 일부를 변제한 경우에도 마찬가지이다[4](대판[전합] 2018.3.22. 2012다74236). - 7백만원

③ 공동불법행위자는 채권자에 대한 관계에서는 연대책임(부진정연대채무)을 지되, 공동불법행위자들 내부관계에서는 일정한 부담 부분이 있고, 이 부담 부분은 공동불법행위자의 과실의 정도에 따라 정하여지는 것으로서 공동불법행위자 중 1인이 자기의 부담 부분 이상을 변제하여 공동의 면책을 얻게 하였을 때에는 다른 공동불법행위자에게 그 부담 부분의 비율에 따라 구상권을 행사할 수 있다. 공동불법행위자 중 1인이 다른 공동불법행위자에 대하여 구상권을 행사하기 위하여는 자기의 부담 부분 이상을 변제하여 공동의 면책을 얻었음을 주장·입증하여야 하며, 위와 같은 법리는 피해자의 다른 공동불법행위자에 대한 손해배상청구권이 시효소멸한 후에 구상권을 행사하는 경우라고 하여 달리 볼 것이 아니다(대판 1997.12.12. 96다50896). - 8백만원

④ 제482조【변제자대위의 효과, 대위자간의 관계】 ① 전2조의 규정에 의하여 채권자를 대위한 자는 자기의 권리에 의하여 구상할 수 있는 범위에서 채권 및 그 담보에 관한 권리를 행사할 수 있다. ② 전항의 권리행사는 다음 각호의 규정에 의하여야 한다. 2. 제3취득자는 보증인에 대하여 채권자를 대위하지 못한다. - 0원

⑤ 제1112조【유류분의 권리자와 유류분】 상속인의 유류분은 다음 각호에 의한다. 1. 피상속인의 직계비속은 그 법정상속분의 2분의 1, 3천만원×(1/3)×(1/2) = 5백만원

정답 ③

Ⅲ. 특수 불법행위

1. 사용자 책임

593 민법 756조(사용자의 배상책임)에 관한 설명으로 옳지 않은 것은? (다툼이 있으면 판례에 따름)
[20 노무]

① 사용자와 피용자 간의 고용계약이 무효이더라도 사실상의 지휘·감독관계가 인정된다면 사용자의 배상책임이 성립할 수 있다.
② 폭행과 같은 피용자의 범죄행위도 민법 제756조 소정의 사무집행관련성을 가질 수 있다.
③ 파견근로자의 파견업무에 관련한 불법행위에 대하여 파견사업주는 특별한 사정이 없는 한 사용자의 배상책임을 부담한다.
④ 고의로 불법행위를 한 피용자가 신의칙상 과실상계를 주장할 수 없는 경우에도 사용자는 특별한 사정이 없는 한 과실상계를 주장할 수 있다.
⑤ 피용자와 공동불법행위를 한 제3자가 있는 경우, 사용자가 피해자에게 손해 전부를 배상하였다면 사용자는 그 제3자에게 배상액 전부를 구상할 수 있다.

---

75) 이와 달리 사용자책임 또는 공동불법행위책임이 문제 되는 사안에서 다액채무자가 손해배상액의 일부를 변제하는 경우 소액채무자의 과실비율에 상응하는 만큼 소액채무자와 공동으로 채무를 부담하는 부분에서도 변제된 것으로 보아야 한다고 판시한 대법원 1994. 2. 22. 선고 93다53696 판결, 대법원 1994. 8. 9. 선고 94다10931 판결, 대법원 1995. 3. 10. 선고 94다5731 판결, 대법원 1995. 5. 12. 선고 94다6246 판결, 대법원 1995. 7. 14. 선고 94다19600 판결, 대법원 1998. 7. 24. 선고 97다55706 판결, 대법원 1999. 2. 12. 선고 98다55154 판결, 대법원 2001. 11. 13. 선고 2001다12362 판결, 대법원 2004. 3. 26. 선고 2003다34045 판결, 대법원 2005. 4. 29. 선고 2005다11893 판결, 대법원 2012. 6. 28. 선고 2010다73765 판결, 대법원 2012. 9. 13. 선고 2012다26947 판결 등은 이 판결의 견해에 배치되는 범위 내에서 이를 변경하기로 한다.

해설

① (O) : 반드시 유효한 고용관계가 있는 경우에 한하는 것이 아니고, 사실상 어떤 사람이 다른 사람을 위하여 그 지휘·감독 아래 그 의사에 따라 사무를 집행하는 관계에 있으면 족한 것이며, 타인에게 위탁하여 계속적으로 사무를 처리하여 온 경우 객관적으로 보아 그 타인의 행위가 위탁자의 지휘·감독의 범위 내에 속한다고 보이는 경우 그 타인은 민법 제756조에 규정한 피용자에 해당 한다(대판 1998.8.21. 97다13702).

② (O) : 근로자들의 친선을 위하여 회사의 현장소장이 주관하고 노무대리가 진행을 지휘한 배구대회 중 심판판정문제를 둘러싸고 잠시 시비가 있었으나 곧 속행되어 경기가 종료되었는데 그 직후 패한 팀의 대표인 가해자가 심판을 보았던 피해자를 인근 구석으로 데리고가서 구타하여 상해를 입게 하였다면, 그 경기의 진행책임을 맡았던 노무대리로서는 공식적으로 개최된 경기와 관련된 분규의 재발을 방치한 사무집행상의 과실이 있고 가해자는 그의 사무집행 그 자체는 아니지만 그 사무집행 과 밀접하게 관련된 행위 중 폭행을 한 것이므로 결국 회사에게 사용자책임이 있다(대판 1989. 2. 28. 88다카8682).

③ (O) : 파견사업주와 파견근로자 사이에는 민법 제756조의 사용관계가 인정되어 파견사업주는 파견 근로자의 파견업무에 관련한 불법행위에 대하여 파견근로자의 사용자로서의 책임을 져야 하지만, 파견근로자가 사용사업주의 구체적인 지시·감독을 받아 사용사업주의 업무를 행하던 중에 불법행 위를 한 경우에 파견사업주가 파견근로자의 선발 및 일반적 지휘·감독권의 행사에 있어서 주의를 다하였다고 인정되는 때에는 면책된다고 할 것이다(대판 2003.10.9. 2001다24655).

④ (O) : 사용자책임에 대해서도 피해자에게 과실이 있으면 과실상계를 할 수 있다(대판 1994.2.22. 93 다53696).

⑤ (X) : 피용자와 제3자가 공동불법행위로 피해자에게 손해를 가하여 그 손해배상채무를 부담하는 경우에 피용자와 제3자는 공동불법행위자로서 서로 부진정연대관계에 있고, 한편 사용자의 손해배 상책임은 피용자의 배상책임에 대한 대체적 책임이어서 사용자도 제3자와 부진정연대관계에 있다 고 보아야 할 것이므로, 사용자가 피용자와 제3자의 책임비율에 의하여 정해진 피용자의 부담부분 을 초과하여 피해자에게 손해를 배상한 경우에는 사용자는 제3자에 대하여도 구상권을 행사할 수 있으며, 그 구상의 범위는 제3자의 부담부분에 국한된다고 보는 것이 타당하다(대판[전합] 1992. 6. 23. 91다33070).

정답 ⑤

594 사용자책임에 관한 설명으로 옳지 않은 것은? (다툼이 있으면 판례에 따름) [17 노무]

① 사용자책임이 성립하려면 사용자가 피용자를 실질적으로 지휘·감독하는 관계에 있어야 한다.

② 특별한 사정이 없다면 퇴직 이후 피용자의 행위에 대하여 종전의 사용자에게 사용자책임 을 물을 수 없다.

③ 도급인이 수급인에 대하여 특정한 행위를 지휘한 경우 도급인에게는 사용자로서의 배상책 임이 없다.

④ 피용자의 불법행위가 외형상 객관적으로 사용자의 사무집행행위로 보일 경우 행위자의 주관적 사정을 고려함이 없이 이를 사무집행에 관하여 한 행위로 본다.
⑤ 사용자책임의 경우에도 피해자에게 과실이 있으면 과실상계 할 수 있다.

해설

① (O) : 불법행위에 있어 사용자책임이 성립하려면 사용자와 불법행위자 사이에 사용관계 즉 사용자가 불법행위자를 실질적으로 지휘·감독하는 관계가 있어야 하는 것으로, 위임의 경우에도 위임인과 수임인 사이에 지휘·감독관계가 있고 수임인의 불법행위가 외형상 객관적으로 위임인의 사무집행에 관련된 경우 위임인은 수임인의 불법행위에 대하여 사용자책임을 진다(대판 1998. 4. 28. 96다25500).

② (O) : 민법 제756조의 사용자책임이 성립하려면 사용자가 불법행위자인 피용자를 실질적으로 지휘·감독하는 관계에 있어야 하므로, 피용자가 퇴직한 뒤에는 퇴직에도 불구하고 사용자의 실질적인 지휘·감독 아래에 있었다고 볼 수 있는 특별한 사정이 없다면 그의 행위에 대하여 원칙적으로 종전의 사용자에게 사용자책임을 물을 수 없다(대판 2001. 9. 4. 2000다26128).

③ (X) : 도급인은 도급 또는 지시에 관하여 중대한 과실이 없는 한 수급인이 그 일에 관하여 제3자에게 가한 손해를 배상할 책임이 없으나(민법 제757조), 다만 도급인이 수급인의 일의 진행 및 방법에 관하여 구체적인 지휘 감독권을 유보한 경우에는 도급인과 수급인의 관계는 실질적으로 사용자 및 피용자의 관계와 다를 바 없으므로 수급인 또는 그 피용인의 불법행위로 인한 손해에 대하여 도급인은 민법 제756조에 의한 사용자책임을 면할 수 없고 이러한 이치는 하도급의 경우에도 마찬가지인바, 사용자 및 피용자 관계 인정의 기초가 되는 도급인의 수급인에 대한 지휘 감독은 건설공사의 경우에는 현장에서 구체적인 공사의 운영 및 시행을 직접 지시 지도하고 감시 독려함으로써 시공 자체를 관리함을 말하는 것이고, 단순히 공사의 운영 및 시공의 정도가 설계도 또는 시방서대로 시행되고 있는가를 확인하여 공정을 감독하는 데에 불과한 이른바 감리는 여기에 해당하지 않는다(대판 1992. 6. 23. 92다2615).

정답 ③

2. 도급인의 불법행위 책임

3. 공작물 등의 점유자, 소유자의 책임

595 불법행위에 관한 설명으로 옳은 것은? (다툼이 있으면 판례에 따름)   [18 노무]

① 민법 제758조의 공작물의 소유자책임은 과실 책임이다.
② 불법행위에서 고의 또는 과실의 증명책임은 원칙적으로 가해자가 부담한다.
③ 명예훼손의 경우, 법원은 피해자의 청구가 없더라도 직권으로 명예회복에 적합한 처분을 명할 수 있다.
④ 중과실의 불법행위자는 피해자에 대한 채권을 가지고 피해자의 손해배상채권을 상계할 수 있다.
⑤ 여럿이 공동의 불법행위로 타인에게 손해를 가한 때에는 분할하여 그 손해를 배상할 책임이 있다.

> **해설**

① (×) : 공작물의 책임은 공작물의 '하자' 즉 공작물이 용도에 따라 통상 갖추어야할 안전성을 결여한 것을 전제로 한다. 이 경우 1차적으로 공작물에 가장 가까운 점유자가 책임을 부담하는 것이고, 점유자가 손해의 방지에 필요한 주의를 다하였음을 증명하면, 소유자가 2차 책임을 지게 된다. 다만 소유자의 책임은 면책이 허용되지 않는다는 면에서 무과실책임을 부담하게 된다.

② (×) : 법률요건분류설에 의할 경우, 채무불이행책임은 채무자가 자신에게 고의·과실이 없음을 증명하여야 하지만(제390조 단서), 불법행위는 불법행위의 성립을 주장하는 피해자(채권자)가 가해자(채무자)의 고의·과실이 있음을 증명하여야 한다(제750조 본문).

③ (×) : 제764조【명예훼손의 경우의 특칙】타인의 명예를 훼손한 자에 대하여는 법원은 피해자의 청구에 의하여 손해배상에 갈음하거나 손해배상과 함께 명예회복에 적당한 처분을 명할 수 있다.

④ (○) : 민법 제496조가 고의의 불법행위로 인한 손해배상채권에 대한 상계를 금지하는 입법취지는 고의의 불법행위에 인한 손해배상채권에 대하여 상계를 허용한다면 고의로 불법행위를 한 자가 상계권행사로 현실적으로 손해배상을 지급할 필요가 없게 됨으로써 보복적 불법행위를 유발하게 될 우려가 있고, 고의의 불법행위로 인한 피해자가 가해자의 상계권행사로 인하여 현실의 변제를 받을 수 없는 결과가 됨은 사회적 정의 관념에 맞지 아니하므로 고의에 의한 불법행위의 발생을 방지함과 아울러 고의의 불법행위로 인한 피해자에게 현실의 변제를 받게 하려는 데 있는바, 이 같은 입법취지나 적용결과에 비추어 볼 때 고의의 불법행위에 인한 손해배상채권에 대한 상계금지를 중과실의 불법행위에 인한 손해배상채권에까지 유추 또는 확장적용 하여야 할 필요성이 있다고 할 수 없다(대판 1994. 8. 12. 93다52808).

⑤ (×) : 공동불법행위자는 채권자에 대한 관계에서는 연대책임(부진정연대채무)을 진다.

정답 ④

4. 동물의 점유자의 책임

Ⅳ. 불법행위의 효과

596 불법행위에 관한 설명으로 옳지 않은 것은? (다툼이 있으면 판례에 따름) [19 노무]

① 타인의 불법행위로 모체 내에서 사망한 태아는 불법행위로 인한 손해배상청구권을 갖지 못한다.

② 고의의 불법행위로 인한 손해배상청구권을 수동채권으로 하는 상계는 허용되지 않는다.

③ 불법행위에 의하여 재산권이 침해된 경우, 특별한 사정이 없는 한 그 재산적 손해의 배상에 의하여 정신적 고통도 회복된다고 볼 수 있다.

④ 공동불법행위자 1인에 대한 이행청구는 다른 공동불법행위자에 대하여 시효중단의 효력이 있다.

⑤ 책임능력 있는 미성년자가 불법행위책임을 지는 경우에 그 손해가 그 미성년자의 감독의무자의 의무위반과 상당인과관계가 있으면 그 감독의무자도 일반불법행위책임을 진다.

> 해설

① (O) : 민법 제762조의 취지는 태아가 살아서 출생한 때에 출생시기가 문제의 사건의 시기까지 소급하여 그때에 태아가 출생한 것과 같이 법률상 보아준다고 해석함이 상당하므로 그가 모체와 같이 사망하여 출생의 기회를 못 가졌다면 손해배상청구권을 논할 여지가 없다(대판 1976.9.14. 76다1365).

② (O) : 제496조【불법행위채권을 수동채권으로 하는 상계의 금지】채무가 고의의 불법행위로 인한 것인 때에는 그 채무자는 상계로 채권자에게 대항하지 못한다.

③ (O) : 일반적으로 타인의 불법행위 등에 의하여 재산권이 침해된 경우에는 그 재산적 손해의 배상에 의하여 정신적 고통도 회복된다고 보아야 할 것이므로 재산적 손해의 배상에 의하여 회복할 수 없는 정신적 손해가 발생하였다면, 이는 특별한 사정으로 인한 손해로서 가해자가 그러한 사정을 알았거나 알 수 있었을 경우에 한하여 그 손해에 대한 위자료를 청구할 수 있다(대판[전합] 2004. 3. 18. 2001다82507).

④ (×) : 통설, 판례는 공동불법행위자간의 채무를 부진정연대채무 관계로 본다. 따라서 채무자 1인에 대한 사유 중에서 변제·대물변제·공탁·상계·채권자지체 만이 절대적 효력을 가지며, 그 밖의 사유인 경개, 면제, 혼동, 소멸시효, 이행청구 등은 상대적 효력을 갖는다.

⑤ (O) : 미성년자가 책임능력이 있어 그 스스로 불법행위책임을 지는 경우에도 그 손해가 당해 미성년자의 감독의무자의 의무위반과 상당인과관계가 있으면 감독의무자는 일반불법행위자로서 손해배상책임이 있다 할 것이므로, 이 경우에 그러한 감독의무위반사실 및 손해발생과의 상당인과관계의 존재는 이를 주장하는 자가 입증하여야 할 것이다(대판[전합] 1994.2.8. 93다13605).

정답 ④

597 다음은 불법행위의 효과에 관한 설명이다. 틀린 것은? [예상]

① 불법행위로 인한 손해배상의 청구권은 피해자나 그 법정대리인이 손해 및 가해자를 안 날로부터 소멸시효가 시작된다. 가해행위와 이로 인한 현실적인 손해의 발생 사이에 시간적 간격이 있는 불법행위의 경우 소멸시효의 기산점이 되는 불법행위를 안 날은 단지 관념적이고 부동적인 상태에서 잠재하고 있던 손해에 대한 인식이 있었다는 정도만으로는 부족하고 그러한 손해가 그 후 현실화된 것을 안 날을 의미한다.

② 불법행위에 기한 손해배상채권에서 민법 제766조 제2항의 소멸시효의 기산점이 되는 '불법행위를 한 날'이란 가해행위가 있었던 날이 아니라 현실적으로 손해의 결과가 발생한 날을 의미하나, 그 손해의 결과발생이 현실적인 것으로 되었다면 그 소멸시효는 피해자가 손해의 결과발생을 알았거나 예상할 수 있었을 때부터 진행한다.

③ 공작물 점유·소유자의 책임에 기한 손해배상 채권이 단기소멸시효완성에 대한 소멸시효의 기산점은 관련사건의 제1심 판결 선고일이 아니라 상고심 판결 선고일이 된다.

④ 피상속인의 사망 당시에는 분배농지에 관한 권리가 상속재산분할의 대상이 되는 상속재산이었다가 구 농지법 부칙 제3조에서 정한 3년의 기간이 지나 소멸하였고, 이에 따라 상속재산분할협의 당시에는 수분배권의 대상재산인 손해배상청구권이 상속재산분할의 대상이 된다.

⑤ 불법행위를 이유로 배상하여야 할 손해는 현실로 입은 확실한 손해에 한하므로, 불법행위로 인하여 피해자가 제3자에 대하여 채무를 부담하게 된 경우 채권자가 채무자에게 그 채무액 상당의 손해배상을 구하기 위해서는 채무의 부담이 현실적·확정적 이어서 실제로 변제하여야 할 성질의 것이어야 하고, 현실적으로 손해가 발생하였는지는 사회통념에 비추어 객관적이고 합리적으로 판단하여야 한다.

⑥ 교통사고 피해자가 자동차손해배상 보장법에 의하여 손해배상을 주장하지 않았더라도 법원은 민법에 우선하여 자동차손해배상 보장법을 적용하여야 한다.

⑦ 미성년자가 성폭력, 성추행, 성희롱, 그 밖의 성적(성적) 침해를 당한 경우에 이로 인한 손해배상청구권의 소멸시효는 그가 성년이 될 때까지는 진행되지 아니한다.

정답 ②

해설

① (○) : 대판 2019. 7. 25. 2016다168776). 이때 신체에 대한 가해행위가 있은 후 상당한 기간 동안 치료가 계속되는 과정에서 어떠한 증상이 발현되어 그로 인한 손해가 현실화된 사안이라면, 법원은 피해자가 담당의사의 최종 진단이나 법원의 감정 결과가 나오기 전에 손해가 현실화된 사실을 알았거나 알 수 있었다고 인정하는 데 매우 신중할 필요가 있다. 특히 가해행위가 있을 당시 피해자의 나이가 왕성하게 발육·성장활동을 하는 때이거나, 최초 손상된 부위가 뇌나 성장판과 같이 일반적으로 발육·성장에 따라 호전가능성이 매우 크거나(다만 최초 손상의 정도나 부위로 보아 장차 호전가능성이 전혀 없다고 단정할 수 있는 경우는 제외한다), 치매나 인지장애 등과 같이 증상의 발현 양상이나 진단 방법 등으로 보아 일정한 연령에 도달한 후 전문가의 도움을 받아야 정확하게 진단할 수 있는 등의 특수한 사정이 있는 때에는 더욱 그러하다.

② (×) : 불법행위에 기한 손해배상채권에서 민법 제766조 제2항의 소멸시효의 기산점이 되는 '불법행위를 한 날'이란 가해행위가 있었던 날이 아니라 현실적으로 손해의 결과가 발생한 날을 의미하나, 그 손해의 결과발생이 현실적인 것으로 되었다면 그 소멸시효는 피해자가 손해의 결과발생을 알았거나 예상할 수 있는지 여부에 관계없이 가해 행위로 인한 손해가 현실적인 것으로 되었다고 볼 수 있는 때부터 진행 한다(대판 2019. 8. 29. 2017다276679).

③ (○) : 불법행위로 인한 손해배상청구권의 단기소멸시효의 기산점이 되는 민법 제766조 제1항 소정의 '손해 및 가해자를 안 날'이라고 함은 손해의 발생, 위법한 가해행위의 존재, 가해행위와 손해의 발생 사이에 상당인과관계가 있다는 사실 등 불법행위의 요건사실에 대하여 현실적·구체적으로 인식하였을 때를 의미한다. 피해자가 언제 불법행위의 요건사실을 현실적·구체적으로 인식하였는

---

76) 甲이 만 15개월 무렵에 교통사고를 당하여 뇌 손상 등을 입은 후 약간의 발달지체 등의 증세를 보여 계속 치료를 받던 중 만 6세 때 처음으로 의학적으로 언어장애 등의 장애진단이 내려지고 제1심에서의 신체감정 결과 치매, 주요 인지장애의 진단이 내려진 사안에서, 치료경과나 증상의 발현시기, 정도와 함께 사고 당시 甲의 나이, 최초 손상의 부위 및 정도, 최종 진단경위나 병명 등을 종합적으로 고려하면, 사고 직후에 언어장애 등으로 인한 손해가 현실화되었다고 단정하기 어렵고, 나아가 甲이나 그 법정대리인으로서도 그 무렵에 혹시라도 장차 상태가 악화되면 甲에게 어떠한 장애가 발생할 수도 있을 것이라고 막연하게 짐작할 수 있었을지언정 뇌 손상으로 인하여 발생할 장애의 종류나 정도는 물론 장애가 발생할지 여부에 대해서조차 확실하게 알 수 없었을 것으로 볼 여지가 충분한데도, 교통사고 당시 甲이 손해의 발생 사실을 알았다고 인정한 다음 그에 따라 교통사고가 발생한 날이 불법행위에 기한 손해배상청구권 의 소멸시효의 기산점이 된다고 본 원심판단에 법리오해 등의 잘못이 있다고 한 사례.

지는 개별 사건에서 여러 객관적 사정을 참작하고 손해배상청구가 사실상 가능한 상황을 고려하여 합리적으로 인정하여야 한다(대법원 2008. 4. 24. 선고 2006다30440 판결, 대법원 2011. 11. 10. 선고 2011다54686 판결, 대법원 2018. 7. 24. 선고 2018다215664 판결 등 참조). 이 사건 화재의 원인이나 발화지점, 그 책임의 주체 등 그 위법행위 여부를 판단하기 위해서는 전문적인 지식이 필요하고, 원고의 대표이사 甲에 대하여 구상금 청구에 관한 소가 진행 중이었던 사정, 위 구상금 청구 소송의 진행경과 등에 비추어, 원고의 입장에서 관련사건 제1심 판결 선고 무렵에 이 사건 화재의 원인 및 공작물 설치·보존상의 하자에 기한 손해배상책임의 요건사실에 관하여 현실적·구체적으로 인식하였다고 단정할 수 없고, 다만 원고는 관련사건 판결이 확정된 때에 비로소 이 사건 화재로 인한 위법한 손해의 발생, 위법한 가해행위의 존재, 가해행위와 손해의 발생 사이에 상당인과관계가 있다는 사실 등 불법행위의 요건사실을 현실적·구체적으로 인식하였다고 볼 여지가 있다[77](대판 2019. 12. 13. 2019다259371).

④ (O) : [1] 공무원들의 불법행위로 말미암아 분배농지에 관한 권리를 상실한 피상속인이 사망한 이후 상속인들이 위 분배농지에 관한 손해배상청구권에 관하여 상속재산분할협의를 하였는데, 위 채권이 상속재산분할의 대상이 될 수 있는지 문제 된 사안에서, 피상속인의 사망 당시에는 분배농지에 관한 권리가 상속재산분할의 대상이 되는 상속재산이었다가 구 농지법(2007. 4. 11. 법률 제8352호로 전부 개정되기 전의 것) 부칙(1994. 12. 22.) 제3조에서 정한 3년의 기간이 지나 소멸하였고, 이에 따라 상속재산분할협의 당시에는 수분배권의 대상재산인 손해배상청구권이 상속재산분할의 대상이 된다고 본 원심판단이 정당하다고 한 사례. [2] 헌법재판소는 2018. 8. 30. 민법 제166조 제1항, 제766조 제2항 중 「진실·화해를 위한 과거사정리 기본법」(이하 '과거사정리법'이라 한다) 제2조 제1항 제3호의 '민간인 집단 희생사건', 같은 항 제4호의 '중대한 인권침해사건·조작의혹사건'에 적용되는 부분은 헌법에 위반된다는 결정을 선고하였다. 위 위헌결정의 효력은 과거사정리법 제2조 제1항 제3호의 '민간인 집단 희생사건'이나 같은 항 제4호의 '중대한 인권침해사건·조작의혹사건'에서 공무원의 위법한 직무집행으로 입은 손해에 대한 배상을 청구하는 소송이 위헌결정 당시까지 법원에 계속되어 있는 경우에도 미친다. 따라서 그러한 손해배상청구권에 대해서는 민법 제766조 제2항에 따른 10년의 소멸시효 또는 국가재정법 제96조 제2항[구 예산회계법(2006. 10. 4. 법률 제8050호 국가재정법 부칙 제2조로 폐지) 제96조 제2항]에 따른 5년의 소멸시효가 적용되지 않는다(대판 2020. 4. 9. 2018다238865).

⑤ (O) : 대판 2019. 8. 14. 2016다217783[78])

⑥ (O) : 대판 2020. 1. 30. 2016다267890

⑦ (O) : 제766조【손해배상청구권의 소멸시효】① 불법행위로 인한 손해배상의 청구권은 피해자나 그 법정대리인이 그 손해 및 가해자를 안 날로부터 3년간 이를 행사하지 아니하면 시효로 인하여 소멸

---

[77] ☞ 원고가 관련사건 제1심 판결 선고 무렵에 그 손해의 발생 등을 현실적·구체적으로 인식하였을 것이라고 단정하여 소멸시효가 완성되었다고 판단한 원심판결에 불법행위로 인한 손해배상채권의 단기소멸시효의 기산점에 관한 법리를 오해한 잘못이 있다고 파기한 사례

[78] 甲이 소유하던 구분건물의 대지지분이 등기공무원의 과실로 실제 지분보다 많은 지분으로 등기부에 잘못 기재되어 있는 상태에서 乙이 부동산임의경매절차를 통해 위 구분건물을 낙찰 받아 소유권이전등기를 마친 다음 이를 다시 丙 주식회사에 매도하여 丙 회사 명의의 소유권이전등기가 이루어졌는데, 그 후 丙 회사가 乙에게 '구분건물의 대지지분이 등기부 기재와 다르므로 등기부 기재대로 부족 지분을 취득하여 이전해 달라'는 취지의 내용증명을 보내자, 乙이 등기공무원의 과실로 구분건물의 대지지분이 잘못 기재되는 바람에 실제 취득하지 못한 부족지분에 상응하는 만큼 매매대금을 과다 지급하는 손해를 입었다며 국가를 상대로 손해배상을 구한 사안에서, 중간매도인인 乙은 丙 회사로부터 담보책임을 추궁 당해 손해배상금을 지급하였거나 丙 회사에 대하여 손해배상의 지급을 명하는 판결 을 받는 등으로 丙 회사에 대해 현실적·확정적으로 실제 변제하여야 할 성질의 채무를 부담하는 등 특별한 사정이 없는 한 위와 같이 매매대금을 과다 지급하였다거나 丙 회사로부터 부족지분의 이전을 요구받았다는 사정만으로 현실적으로 손해를 입었다고 볼 수 없는데도, 이와 달리 보아 국가의 손해배상책임을 인정한 원심판단에 법리오해의 잘못이 있다고 한 사례

한다. ② 불법행위를 한 날로부터 10년을 경과한 때에도 전항과 같다. ③ 미성년자가 성폭력, 성추행, 성희롱, 그 밖의 성적(성적) 침해를 당한 경우에 이로 인한 손해배상청구권의 소멸시효는 그가 성년이 될 때까지는 진행되지 아니한다. 〈신설 2020.10.20.〉 [단순위헌, 2014헌바148, 2018. 8. 30. 민법(1958. 2. 22. 법률 제471호로 제정된 것) 제766조 제2항 중 '진실·화해를 위한 과거사정리 기본법' 제2조 제1항 제3호, 제4호에 규정된 사건에 적용되는 부분은 헌법에 위반된다.]

V. 현대 형 불법행위

Civil Law

공인노무사
객관식 민법 600제

Civil Law

공인노무사
객관식 민법 600제

편저자 **김춘환**

- **약력**
  - 부산대학교 법과대학 사법학과 졸업
  - 부산대학교 일반대학원 법학과(민사법 전공) 수료
  - 중앙대학교 일반대학원 법학과 박사과정 수료(민사법 전공)
  - 前) 평생교육진흥원 학점은행 교강사(민법, 민소법)
  - 現) 차세대콘텐츠재산학회 이사(회장 이규호 중앙대 법학전문대학원 교수)
    중앙법학회 이사
    한국법제연구원 법령번역센터 전문가 과정 특강 강사(민법, 민소법)
    윌비스한림법학원 변호사시험, 공인노무사, 감정평가사 민사법 전임교수
    공단기-법검단기, 경찰간부단기 민사법 대표 교수

- **주요저서**
  - FORTUNE 슬림한 민사소송법 조문집 (학연)
  - FORTUNE 민법 중요지문 O× (학연)
  - FORTUNE 민사소송법 중요지문 O× (학연)
  - FORTUNE 객관식 민법의 종결 (학연)
  - FORTUNE 객관식 민사소송법의 종결 (학연)
  - 김춘환 민사소송법 필기노트 (학연)
  - ACL 김춘환 경찰 민법총칙 (ACL)
  - ACL 김춘환 경찰 민법총칙 객관식 문제집 (ACL)
  - THEME 민사소송법 (윌비스)
  - THEME 민사소송법 핵심암기장 (윌비스)
  - 공인노무사 민법 (윌비스)
  - 공인노무사 객관식 민법 600제 (윌비스)
  - 세무사 민법 (윌비스)
  - 세무사 객관식 민법 (윌비스)

공인노무사 객관식 민법 600제 (전면개정판)

초 판 발행 2014년 03월 07일
제2판 발행 2015년 03월 23일
전면개정판 인쇄 2022년 03월 10일
전면개정판 발행 2022년 03월 15일

편저자 김 춘 환
발행인 송 주 호
발행처 ㈜윌비스
등 록 119-85-23089
주 소 서울시 관악구 신림로 129-1
전 화 02)883-0202 / Fax 02)883-0208

저자와의 협의에 의해 인지를 생략합니다.

ISBN 979-11-6618-318-8 / 13360   **정 가** 30,000원

이 책은 도서출판 윌비스가 저작권자와의 계약에 따라 발행하였습니다.
저작권법에 의해 보호를 받는 저작물이므로 본사의 허락 없는 무단 전재와 무단 복제를 금합니다.

Civil Law

공인노무사
객관식 민법 600제